U0930030

法律出版社决定从2006年起，结合中国律师面临的新的执业环境、执业领域以及执业发展需求，对原“律师业务必备”丛书进行改版，重新规划，陆续推出新版“律师业务必备”丛书。听闻此事,我很高兴。法律出版社的这一举措，将是一次对我国优秀律师的优秀执业经验的集中总结，丛书的作者都是国内长期从事相关律师业务的资深律师，他们积累了丰富的实践经验，并且能够花费时间和精力进行认真总结，提供非常宝贵的执业策略和操作指引，这些正是目前我国律师业务发展和业务水平提高过程中亟需了解和学习的内容，必将对我国律师的职业化发展和执业水平的提高起到良好的促进作用。

—— 中华全国律师协会会长 于宁

企业法律顾问实务是律师非诉讼业务的主要内容，而本书更是法律顾问业务的扛鼎之作，本书特色：

1.内容全面，操作性强

本书涉及企业设立、管理、解散等企业全流程的法律顾问实务。其中，在企业运营过程中，作者将企业可能涉及的合同制作、知识产权、国企改制、房地产、投资并购、税收管理等各项法律顾问业务均一一加以分析和讲解，其内容之全面，案例之丰富，操作性之强，是其他同类法律图书望尘莫及的。此次在第一版的基础上进行修订出版，将书中过时的内容进行更新，增加了实务中更具操作性的内容，使得全书的专业性、实用性大大增强。

2.作者权威，值得信赖

本书主编乔路，系资深律师，办案经验丰富，长期从事企业法律顾问业务，著作颇丰，深受读者欢迎。

编写组成员，均系长期从事企业法律顾问业务的律师，均为所负责章节业务的资深律师。

3.资料翔实，工具性突出

本书引用了大量的法律文书范本和企业法律顾问法律法规，符合实际问题法律解决方案的诸多要素，其工具价值突出，可操作性强，是律师、企业法务人员必读之书和执业办案的重要参考资料。

与作者携手，打造第一流法律实务图书，以飨读者。

ISBN 978-7-5118-4325-8

上架建议：公司法 · 非诉讼业务

定价：188.00 元

ZHONG GUO ZHI SHI CHAN QUAN SI FA BAO HU NIAN JIAN

中国知识产权司法保护年鉴

2012年

中国知识产权司法保护年鉴编辑委员会

2012 年 5 月 28 日，中美知识产权司法审判研讨会在中国人民大学开幕，最高人民法院常务副院长沈德咏出席开幕式并致辞。

2012 年 2 月 8 日，最高人民法院在广州举办首届全国法院知识产权审判庭庭长研讨班。

2012 年 11 月 1 日，最高人民法院知识产权庭在江西景德镇召开进一步加大知识产权司法保护力度研讨会。

2012 年 9 月 6 日，最高人民法院副院长奚晓明出席广州两级法院全面启动知识产权“三审合一”改革试点暨广州市天河区人民法院“知识产权审判基层示范法院”授牌仪式。

2012 年 5 月 24 日，最高人民法院知识产权庭与国家食品药品监督管理局政策法规司共同举办药品有关知识产权问题座谈会。

2012 年 6 月 4 日，最高人民法院知识产权庭在重庆市召开网络环境下著作权和商标权司法保护研讨会。

2012 年 6 月 18 日，最高人民法院知识产权审判庭和美国华盛顿大学知识产权高级研究中心在江苏南京联合举办信息时代的知识产权保护研讨会。

2012 年 6 月 2 日，中国审判理论研究会知识产权专委会与西南政法大学联合举办纪念商标法颁布三十周年暨商标法修改国际研讨会。

2012 年 7 月 26 日，公安部听取各地“7.25”打击假药犯罪集群战役收网情况汇报。

2012 年 10 月 9 日，公安部举办全国公安机关严厉打击经济犯罪“ 破案会战 ”成果展。

2012 年 6 月 26 日，最高人民检察院在浙江湖州举办全国知识产权培训班暨行政执法与刑事司法衔接工作现场推进会。

2012 年 12 月 6 日，最高人民检察院派员出席全国打击侵权假冒行政执法与刑事司法衔接工作会。

2012 年 4 月 24 日，内蒙古自治区高级人民法院与自治区科学技术协会举行知识产权合作备忘录签署仪式。

2012 年 4 月 26 日，浙江省慈溪市人民法院开展“提高全民意识 保护知识产权”宣传活动。

2012 年 9 月 13 日，北京市高级人民法院召开第四届全市法院知识产权精品案件研讨会。

2012 年 12 月 14 日，广东省高级人民法院举办技术合同热点难点问题研讨会。

《中国知识产权司法保护年鉴(2012)》编辑委员会名单

总 目 录

分类目录

第一部分 领导讲话

第二部分 司法解释及规范性文件

第三部分　概　　况

中国法院知识产权司法保护状况

工 作 综 述

大　事　记

第四部分　调 研 成 果

司法保护　工作探讨

调 研 报 告

地方经验

域外动态

第五部分 典型案例

十大案件

知识产权民事案件

知识产权行政案件

知识产权刑事案件

五十典型案件

第一部分　领 导 讲 话

加强司法合作　共同应对挑战

——在中美知识产权司法审判研讨会上的致辞

最高人民法院常务副院长、大法官　沈德咏

(2012年5月28日)

尊敬的各位来宾,女士们,先生们,朋友们:

很高兴应邀出席“中美知识产权司法审判研讨会”的开幕式。这是中美两国知识产权法律界首次联合举办的高端峰会,也是一次中美知识产权界的盛会。美国是世界上最大的发达国家,是拥有有效知识产权数量最多的国家之一;中国是世界上最大的发展中国家,就知识产权拥有量而言也已经成为知识产权大国之一。中美两国知识产权领域的知名法官、专家云集于此,就彼此关心的问题进行深入探讨,对于解决双方共同面临的知识产权保护难题,完善各自的知识产权保护制度,推动整个世界的知识产权保护的发展都将产生积极而深远的影响。在此,我谨代表中国最高人民法院对远道而来的美国法律界同仁、对出席会议的各位来宾表示诚挚的欢迎,对会议主办方中国法学会为筹办本次会议所付出的努力表示衷心的感谢。

知识产权是创新成果的法律体现,是保护创新者权益的最有力工具。保护知识产权,对于推动科技进步和文化创新,促进经济文化繁荣和社会发展,都具有重要意义。国际金融危机发生以来,世界各国纷纷把加大知识产权保护力度作为推动其经济发展和创新战略的重要组成部分,可以说,大力加强知识产权保护,促进创新活力竞相迸发,规范创新资源合理流动,创建更富竞争力的创新环境,已经成为当今世界各国的普遍共识。

中国与世界各国一样,始终高度重视知识产权保护。30年前,中国颁布了改革开放以来的第一部知识产权法——《商标法》。从那时起,中国通过建立和完善知识产权立法,不断加强知识产权执法,在知识产权事业领域取得了举世瞩目的巨大成就。在立法方面,经过30年的不懈努力,目前中国已经形成了以《专利法》、《商标法》、《著作权法》、《反不正当竞争法》为主干,以《专利法实施细则》、《商标法实施条例》、《信息网络传播权保护条例》等行政法规为支撑的、比较完善的知识产权法律体系。同时,中国还加入了《保护工业产权巴黎公约》、《保护文学艺术作品伯尔尼公约》等主要的知识产权国际公约,并早已成为世界贸易组织的成员。在执法方面,中国在对知识产权提供司法保护的同时,还根据国情建立了知识产权行政保护制度,形成了司法保护与行政保护双轨并行、优势互补,具有中国特色的知识产权保护体系。

知识产权司法保护是知识产权保护的重要组成部分,在知识产权保护中具有主导地位。改革开放以来,中国用了短短20年的时间即建立起了适应国情需要、符合国际条约标准、体系比较完整的中国知识产权司法保护制度。与此同时,中国法院通过依法审理知识产权案件、制定知识产权司法解释、发布知识产权典型案例、加强知识产权保护对外合作,不断完善司法保护工作机制,加大司法保护力度,提高司法保护水平,赢得了人民群众的信赖和国际社会的尊重。自2000年以来,中国最高人民法院制定了近20件司法解释,出台了近20件重要的司法解释性规范性文件,为进一步完善知识产权司法保护制度、统一知识产权法律适用起到了重要作用。例如,知识产权诉前禁令保护制度、网络域名保护制度、专利侵权判定标准等重大知识产权保护制度都是通过司法解释得以确立和形成的。近年来,中国法院审理的知识产权案件增长迅速。2010年,中国法院审结的知识产权一审案件数量超过5万件,去年达6.6万余件,其中涉外案件1300余件。中国法院成为世界上年均审结知识产权案件数量最多的法院系统之一。中国法院还以开放的姿态加强知识产权领域的对外合作,与多个国家和地区的法院建立了良好关系,并通过互访、举办研讨会等方式加强了知识产权司法保护对外沟通和交流。

当今世界,经济全球化深入发展,各国经济相互依存度不断加深。科技发展日新月异,科技创新、文化繁荣与社会发展相互促进,深度融合。科技进步和创新已经成为经济社会发展的最根本动力。随着经济全球化的深入和科学技术的发展,尤其是信息网络技术的发展和新商业模式的不断涌现,给知识产权保护带来了新的挑战。知识产权保护的国际化趋势日益明显,对知识产权保护的地域性形成新的冲击。与此同时,新的侵权行为方式层出不穷,隐蔽性增强,危害性更大,传统的知识产权规则在应对时愈发捉襟见肘。需要保护的新客体不断产生,它们与现有的知识产权保护体系并不完全适应,形成对传统知识产权法律体系的冲击甚至突破。面对共同的法律和技术挑战,中美两国法院在知识产权司法领域加强交流和合作显得愈加重要。期待中美两国法院在知识产权保护领域创新合作方式、丰富合作内容、完善合作机制,增进相互理解,加强相互学习和借鉴,以创新的思维、创新的方法和创新的制度来保护创新,应对挑战,为世界知识产权保护事业的发展注入新的活力。

女士们,先生们:

中国南宋著名思想家朱熹有一首诗曾经写道:“问渠哪得清如许,为有源头活水来。”其寓意是只有不断获取新知识,才能与时俱进。我相信,中美两国的知识产权法律界同仁一定能以本次会议为契机,相互学习,增进交流,扩大共识,为推动两国知识产权司法保护事业的发展做出新的更大贡献。

预祝中美知识产权司法审判研讨会取得圆满成功!

准确把握当前知识产权司法保护政策 进一步加强知识产权司法保护

——在全国法院知识产权审判庭庭长研讨班上的讲话

最高人民法院副院长　奚晓明

（2012 年 2 月 8 日）

为贯彻党的十七届六中全会、中央政法工作会议和全国高级法院院长会议精神，最高人民法院决定举办首届全国法院知识产权审判庭庭长研讨班。这是最高人民法院创新知识产权审判指导方式的重要举措，是集思广益，推动知识产权审判工作科学、协调、创新发展的重要方式；也是加强知识产权审判基层基础建设、提高审判水平、适应新形势新任务需要的重要途径。本次研讨班将对知识产权司法理念、司法政策和基本法律制度进行为期一周的研讨，内容丰富全面，研讨专家层次高、代表性强。参加研讨班的同志应充分利用这次机会，积极参与研讨，共同学习提高。下面我就准确把握知识产权司法保护政策，进一步加大知识产权司法保护力度讲几点意见。

一、充分认识知识产权司法保护政策的重要意义

司法政策是特定时期国家宏观政策、内政外交政策和社会经济文化需求在司法审判领域中的凝聚和体现，是政治与法律交互作用的产物，是连接法律与政治的桥梁，是法律精神的提炼和总结。司法政策是司法审判工作的灵魂，具有指导法律规则在司法中正确实施，确保法律适用正确方向的重要功能。当法律规则在具体适用上存在多个选项，或者适用结果具有一定的弹性和裁量性，或者法官在个案裁判中找不到可以适用的法律规范时，正是司法政策和理念最终决定个案的裁决方向和结果。正如一位外国同行所说，司法政策和司法哲学具有根本性，因为它们会在最艰难的时刻为我们提供指引。

知识产权制度在很大程度上是各国为促进本国的经济社会发展而采取的政策性手段。正如英国知识产权委员会所说，“无论怎样称呼知识产权，我们最好将它视做公共政策的一种手段，通过授予个人或机构一些经济特权，以实现更大的公共利益，而这些特权只是一种目标实现手段，其本身并非目标”。由此带来的结果必然是，知识产权保护具有浓厚的公共政策色彩。同时，由于知识产权既缺乏物权所具有的天然的物理边界，又缺乏债权所具有的清晰的法律边界，因而在保护范围和保护强度方面，都存在政策上的考虑和利益上的衡平，存在弹性的法律空间。正是由于知识产权保护的上述特点，知识产权司法政策和理念在知识产权司法中占据着特殊的重要地位，起到特殊的重要作用。

二、准确定位我国当前知识产权司法保护的基本政策

知识产权司法保护政策的定位,主要取决于三个基本因素:一是知识产权专门法律及其他相关法律的基本精神、基本原则和基本政策。二是我国的基本国情和发展阶段。知识产权司法保护要适应我国所处的国际国内发展环境,符合我国经济社会文化发展新的阶段性特征,符合我国文化发展和科技创新的新要求。三是知识产权自身的特点和属性。知识产权司法保护要适应各类知识产权的属性和特点,符合各类不同知识产权的功能和保护需求。我们结合近年来我国知识产权司法审判实践,对上述三个方面进行了研究、论证和探索,总结出“加强保护、分门别类、宽严适度”,作为我国知识产权司法保护基本政策。

(一)加强保护是基于当前我国经济社会发展状况及所处国内外环境的必然选择

加强保护,是我国当前知识产权司法保护的主要矛盾、基本定位和政策取向。加强保护,首先,要切实保障知识产权法律体系的有效实施,做到有法必依,执法必严,违法必究;其次,在法律存在裁量空间或者法律适用存在多种可能时,行使司法裁量权应以有利于加强保护为出发点,做出有利于加强保护的选择;最后,在法律范围内,要采取有效的措施,加大司法惩处力度和降低维权成本,切实实现加强保护的效果。加强保护是由我国经济社会文化发展的内在要求和国内外环境的新特点所决定的。

当今世界,科技发展日新月异,创新活力竞相迸发,科技创新与经济社会发展相互促进、深度融合,正深刻改变着人类社会的生产方式和人们的生活方式。创新成为最鲜明的时代特色,成为决定一个国家未来发展的关键因素。同时,世界经济形势复杂多变,国际金融市场动荡不已,各种形式的保护主义明显增多,经济复苏之路艰难曲折,世界经济面临严峻挑战。历史经验启示我们,走出危机,最根本的还是要依靠科技、依靠创新,通过科技创新的重大突破,提供新的经济增长引擎。为此,世界各国都非常重视科技创新,全球正进入一个创新空前活跃的时代。与此相适应,各国纷纷把知识产权提升到国家战略高度,更加注重知识产权在经济发展战略中的核心地位和作用,加紧国际知识产权布局,知识产权国际竞争更加激烈。2011 年美国发布新版的美国创新战略,围绕为创新保驾护航的目标,提出了改革专利审查制度,加强知识产权执法,积极参与国际知识产权合作等原则,把知识产权作为国际竞争的利器。2011 年 8 月,英国发布《英国知识产权国际战略》,鼓励本国企业家和知识产权密集型产业通过知识产权开拓国际市场。2011 年 6 月,日本政府推出《知识产权战略推进计划 2011》,以应对全球化、网络化时代的新挑战。在抢占国际知识产权制高点的竞争中,发达国家提升知识产权保护强度的意图非常明显。2011 年 10 月 1 日,部分国家在日本东京签署了《反假冒贸易协定》(ACTA)。该协定设立了超越 TRIPs 协定的保护标准,更加关注知识产权执法力度的提升和落实,加大对假冒和盗版尤其是网络环境下盗版行为的打击力度。

随着知识产权在获取国际竞争优势方面的作用日益突出和我国经济科技的发展,西方发达国家对我国知识产权保护的关注日益强烈,对我国发展的防范和遏制心理增强。部分国家片面宣传知识产权保护道德化的意识形态,把国内经济发展不力、贸易逆差增大的主要原因归结为中国知识产权保护不力,诋毁、丑化我国知识产

权保护形象,并利用多种手段加大对我国施压力度。2011年12月12日,某国贸易代表办公室向该国国会提交了一份评价中国入世后各项进展状况的报告,该报告延续了指责我国知识产权保护不力的一贯做法,并称将通过双边及其他国际机制框架寻求解决方案,强调该国将继续向WTO提起诉讼。我国知识产权保护将面临越来越大的国际压力。

从国内来看,我国的发展取得巨大成就,现代化建设已经站在了一个新的历史起点上。同时,发展中不平衡、不协调、不可持续的问题依然突出,资源环境等瓶颈制约越发明显,传统经济发展方式已难以为继。加快转变经济发展方式,使经济社会发展尽快走上创新驱动、内生增长的轨道,已经成为摆在我们面前的一项重大战略任务。十七届六中全会通过的《中共中央关于深化文化体制改革推动社会主义文化大发展大繁荣若干重大问题的决定》确立了建设社会主义文化强国的战略目标,明确要求"加大知识产权保护力度,依法惩处侵权行为,维护著作权人合法权益"。胡锦涛总书记在多个场合反复强调,要"坚持创新驱动,强化知识产权保护","加大知识产权执法力度和司法保护力度"。可以说,加强知识产权保护,为科技进步、知识创新和文化发展提供法律保障,已经成为我国当前经济社会发展的内在要求。

在外在压力和内在需求两个因素中,内在因素的作用和力量日益突出,是我们确定加强保护这一司法政策的主导性因素。这一变化表明,我国知识产权保护已经从消极的被动接受阶段转变为主动选择的时期。

(二)分门别类是适应知识产权自身属性和特点的必然要求

分门别类,是指在加强保护时应根据不同知识产权自身的属性和特点,在法律原则和规则的范围内有区别地采取相应的行之有效的措施。简言之,加强保护有其针对性和适应性,应分门别类,区别对待。分门别类的根本原因在于知识产权本身的内容丰富性、种类多样性和特质差异性。知识产权的权利类型包括著作权与邻接权、专利权、植物新品种、集成电路布图设计、商标权、反不正当竞争等。其中,既有类似绝对权的权利,又有具有某种相对性的应予保护的利益(如反不正当竞争法通过禁止行为所体现的利益);既有纯粹经济性质的权利(如专利权),又有兼具精神性质的权利(如版权)。各类知识产权具有不同的特质和保护要求,各有其特殊的保护政策、保护标准和保护思路。这些领域中的权利,大致可以分为科技成果权和商业标识权两大类。

科技成果类知识产权,包括专利、植物新品种、集成电路布图设计等。基于技术成果的扩散和传播对社会进步的重大推动作用,法律对该类知识产权往往设定了较高的保护条件,保护范围相对较小,法律边界较为清晰。与此相适应,边界范围内的保护强度相对较高,而边界之外则通常属于可以自由借鉴模仿的领域。由此所决定,科技成果类知识产权具有如下特点:一是具有较为严格的法定性特征。科技成果类知识产权的类型、保护期限和权利范围均由法律规定,具有较强的法定色彩。因此,法律对科技成果类知识产权的保护是穷尽性的,凡是科技成果专门法未作明确规定的权利类型或者权利内容,通常不属于权利的范围,司法一般不能创设新的权利类型和权利内容。以专利权为例,我国现行专利法对发明和实用新型专利权规定了制造、使用、许诺销售、销售、进口五种权能,对外观设计专利权规定了制造、许诺销售、销售、进口四种权能。两者对比可以发现,与发明专利权相比,外观设计专利权缺少了“使用”这一权能。它表明,立法已经把使用外观设计专利产品的行为排除在保护范围之外。在加强保护时,司法不能无视法律的这一有意安排随意进行“漏洞填补”。二是具有较短的保护期限。科技成果类知识产权如果受到长期的保护,则会造成技术的长期垄断,妨碍技术的传播和利用。因此,各国的知识产权法无不对科技成果类知识产权确立较短的保护期限,而且权利到期后一般不能续展。保护期限届满后,科技成果当然进入公有领域,任何人均可自由利用。三是权利范围的严格限定性和权利边界的清晰性。技术成果类知识产权的保护对象是技术构思,不仅直接影响着社会对科技成果的运用和大众对科技成果的共享,也构成后续创新的基础,因此其保护范围不宜过宽,以免压缩整个社会的创新和发展空间。同时,它与生产和投资关系密切,如果缺乏清晰的法律边界,企业和个人就会对自己的商业行为的合法性缺乏明确的预期,必将制约商业生产和投资行为的积极性,阻碍经济社会的发展和繁荣。因此,各国立法和司法无不尽力为科技成果类知识产权设立清晰的法律边界。

商业标识类知识产权,包括商标、企业名称、商品包装装潢等。此类知识产权保护的是商业标识的区别性,其保护目的在于维护商业标识的声誉和显著性,制止不正当的搭车模仿行为,保护公众不受模仿性标识的误导,从而为企业的长远发展铺平道路和清除障碍。与此相适应,商业标识类知识产权的保护范围往往会超出权利人自身使用权的界限,具有一定的弹力性和模糊性。由此所决定,商业标识类知识产权具有与科技成果类知识产权截然不同的特点:一是权利法定性的色彩较弱。法律对商业标识类知识产权的保护一般不具有穷尽性,在专门法保护之外,商业标识通常还会受到反不正当竞争法的补充保护。二是保护期限的永续性。由于商业标识类知识产权保护的是标识的区别性,防止公众受到误导和误认,因此只要该商业标识存在,法律对它的保护就不应该停止。所以,商业标识的保护通常不受期限的限制,即使存在期限,该期限也是可以续展的,实际上达到了永续使用的效果。例如,《反不正当竞争法》的保护本身是没有期限的,《商标法》虽然规定了十年的保护期,但是这个期限不仅可以续展而且不受次数限制。三是保护范围的弹力性和权利边界的延展性。为了尽可能保护商业标识的区别性,尽最大努力使商业标识之间保持足够的距离,法律往往通过设定裁量性的法律标准对商业标识给予较宽的保护范围,限制模仿搭车的空间,同时也使得其保护范围具有较强的伸缩性。这种伸缩性与商业标识自身的显著性和知名度有关,显著性越强,知名度越高,其保护范围越宽,反之则越窄。

即便对于同一种知识产权而言,其内部也并非都是同质的,同样有着不同的保护特点和需求。专利权保护创新性的技术方案,在专利权内部,还存在发明与实用新型专利权、外观设计专利权的区分,前者更注重对具有技术效果的创新性技术方案的保护,后者则保护具有美感的设计方案,两者在保护对象上具有显著差异。著作权保护具有独创性的表达,但是在著作权内部,还存在更具实用功能和科技属性的技术性作品(如计算机软件、地图、设计图等图形作品以及建筑作品等)和更具欣赏功能和文化属性的文学艺术性作品(如文字作品、音乐作品、电影作品等)的区别。这两类作品在独创性的把握、保护范围的确定上就存在很大不同。同一种知识产权内部的这种差异性,也同样决定了具体保护措施和强度上的差异性。

（三）宽严适度是知识产权保护与经济发展内在规律性的要求

宽严适度,是指加强保护应当以我国的国情和保护需求为尺度和限制。加强保护不是盲目提高保护水平,而是要以我国的国情和发展阶段为基础,适应我国经济社会发展客观需求,确定相应的保护尺度和界限。宽严适度是由知识产权保护与经济发展的内在关系所决定的。

知识产权制度对科技进步和知识创新发挥促进作用是有条件的,依赖于社会经济基础和其他制度环境。虽然知识产权保护很重要,但并不意味着只要提高知识产权保护水平,就一定可以促进国家的创新和经济发展。知识产权保护与国家经济发展之间具有内在的不以人的意志为转移的规律性。世界各国知识产权制度的发展历程和经济学的研究表明,在国家经济发展水平较低时,保护强度增加往往会制约经济发展;只有在国家经济发展水平达到一定程度时,适当提高保护强度才有利于促进经济发展。如果知识产权制度安排和保护水平不适当,超过社会的或特定行业的发展水平,其消极方面就可能超过积极方面,成为进步的障碍。因此,我们多次强调知识产权保护宽严适度的理念:“一个国家的知识产权制度必须与本国经济社会发展目标相匹配,起到引领未来的作用;同时,又必须与经济社会发展的客观条件相适应,过高过低的保护水平都会妨碍经济社会的正常发展。知识产权保护是一把‘双刃剑’,适当保护可以激励创新,实现资源的合理配置,促进经济社会发展,形成良性循环;不顾发展水平、超越发展阶段和发展水平的过高或者过低保护,都会妨碍经济社会的发展。”

不仅整个知识产权制度需要宽严适度,就一种具体知识产权的保护力度而言,同样需要结合其具体特点和保护需求,实现宽严适度。“过分强化的知识产权保护将导致由于过度垄断带来的成本问题,而削弱知识产权保护则会引起过度的搭便车现象,并导致在创新领域减少投资的情况。任何立法的难点就在于在占有规则和传播规则之间找到一种平衡。”可以说,知识产权保护力度永远面临这样一种矛盾的状态:没有保护就不会有足够的创新,但是有了过多的保护又会妨碍创新成果的扩散与运用,反过来又会制约和妨碍创新。寻找知识产权保护的最佳的“度”,是知识产权司法保护的永恒追求。

“加强保护、分门别类、宽严适度”的知识产权司法政策的提出,表明人民法院对知识产权司法保护政策、理念的认识和把握达到了一个新阶段和新高度,表明其更趋理性和成熟,更加主动和自觉。

三、妥善运用不同知识产权领域的具体司法政策

根据“加强保护、分门别类和宽严适度”的基本政策定位,在加强保护时,必须根据不同知识产权的特殊属性、功能和特点,进行分门别类,区别对待,使各类知识产权的保护恰如其分,更好地服务于我国的科技进步、知识创新和文化发展。

（一）涉文化领域的知识产权司法保护政策

根据十七届六中全会精神和文化领域知识产权保护的特点,涉文化领域知识产权司法保护政策和理念应着重把握以下几点:

一要强化利益平衡观念,把利益平衡作为知识产权司法保护的重要基点。利益平衡既是宽严适度这一司法政策的体现和要

求,又是整个知识产权制度的重要基点。在文化领域知识产权司法保护工作中,基于著作权保护对创作自由、研究自由、表达自由等基本权利的关联和影响,更应强调利益平衡观念,统筹兼顾文化创造者、商业利用者和社会公众的利益,协调好激励创作、促进产业发展和保障基本文化权益之间的关系,使利益各方共同受益、均衡发展。利益平衡具有动态性,需要根据文化创新需要、大众文化需求、科学技术发展、商业模式创新等因素具体衡量。在信息技术和网络技术飞速发展,新的商业模式不断涌现的形势下,在追求利益平衡的过程中,不仅应关注文化创造者权益的保护,还应把促进产业发展和商业模式创新作为重要关注点。

二要妥善处理作品的独创性与独创高度的关系,实现保护强度与独创高度的协调。独创性是作品的本质属性和获得著作权保护的核心条件,它决定了著作权保护的范围,界定了著作权与公共领域的界限。独创性标准的要求越高,受到保护的作品和作品自身的保护范围就越少,公共领域的范围就越大;独创性的要求越低,受到保护的作品就越多,作品自身的保护范围就越大,公共领域的范围必然受到压缩。著作权司法保护既要维护独创性基本标准的统一性,坚持获得著作权保护首先要以具备最低限度的独创高度为条件,又要根据各类不同作品的特点,适应相关保护领域的特殊需求,以利益平衡为重要基点,综合考虑作品属性、所属领域的作品现状、创作空间、产业政策、公众需求等因素,灵活把握独创高度,合理确定保护强度。例如,技术性作品(如地图、产品设计图、示意图等)往往涉及技术信息的使用,与产业化和商业化关系密切,如果独创性高度要求过低,则会因保护范围过大造成信息的过度垄断。因此,与文学艺术性作品相比,对技术性作品独创性高度的要求应该适当提高,不宜适用文学艺术作品独创性通常适用的独立创作标准。

三要妥善处理保护著作权与促进信息网络产业发展和保障信息传播的关系。网络环境下侵权行为具有多发、隐蔽、超越时空等特点,发现和制止侵权行为均存在相当的难度。同时,当前网络已经成为公民获取信息、交流观点、表达意见、体验娱乐的重要途径之一。在网络著作权司法保护中,既要考虑著作权人维权的现实困难,依法加强网络环境下著作权保护,又要注意促进信息网络技术创新和商业模式发展,确保社会公众利益。追求权利人、网络服务提供者和社会公众之间的利益平衡,是处理网络环境下侵权纠纷案件应当重点把握的一项重要原则。为此,需要注意如下问题:一是注意维护“通知与移除”规则的基本价值。“通知与移除”规则是保障网络服务提供者能够正常开展网络服务,免遭突如其来的纠纷困扰和不可预见的责任风险,保障网络整体顺利运营的重要条件,既是立法为网络服务提供者设定的安全港,又是网络环境下著作权人行使自己权利的基本程序规则。除根据明显的侵权事实能够认定网络服务提供者具有明知或者应知的情形外,追究网络服务提供者的侵权赔偿责任应当以首先适用“通知与移除”规则为前提。二是注意准确把握网络服务提供者的侵权过错标准。面对网络的海量信息,网络服务提供者客观上没有能力对每条信息进行审查。根据信息网络环境的这一特点和实际,在把握网络服务提供行为的侵权过错认定时,应以侵权事实明显作为认定过错的标准,不应当使网络服务提供者承担一般性的事先审查义务和较高的注意义务。同时,对于侵权事实的明显程度又不宜要求过高,防止造成网络服务提供者对网络侵权行为的漠视或者放任，丧失主动防止侵权以及与权利人合作防止侵权的积极性。三是注意处理好技术中立与侵权行为认定的关系。技术作为工具手段具有价值中立性和多用途性，既可能具有侵权用途，又可能具有非侵权的其他用途。同时，也应看到，技术不是自然物，而是人类利用自然规律的成果，其多用途性在一定程度上受到技术开发者和提供者意志的控制和影响，并反映和体现着技术开发者和提供者的行为与目的。既不能把技术所带来的侵权后果无条件地归责于技术提供者，窒息技术创新和发展；也不能将技术中立绝对化，简单地把技术中立作为不适当免除侵权责任的挡箭牌。在审理涉及技术创新的著作权案件时，尤其要准确把握技术中立的精神，既有利于促进科技和商业创新，又防止以技术中立为名行侵权之实。

四要高度重视和大力加强非物质文化遗产保护。非物质文化遗产是凝聚民族精神、传承民族文化、维护文化多样性、促进社会和谐和可持续发展的重要基础和纽带，是文化创新的重要源泉。同时，随着科学技术的不断发展，人类利用新技术手段开发和利用非物质文化遗产的能力越来越强，非物质文化遗产的潜在经济和商业价值也日益受到重视。近年来，发达国家利用技术优势，有意识地收集、开发、改造和商业利用发展中国家的民间文学、传统知识和遗传资源，通过知识产权制度获得专有权，取得丰厚的利润，那些创造、维系并传承这些非物质文化遗产的个人或者群体不仅没有获得公平合理的回报，反而被迫支付昂贵的使用费。我国是非物质文化遗产大国，加强非物质文化遗产保护，促进非物质文化遗产的保护、传承、利用和创新，已是迫在眉睫和势在必行。为此，我们应坚持保护先行、大胆探索的精神，非物质文化遗产中凡是能够纳入现行知识产权法律体系的内容，都要依法予以保护，不能因其在权利主体、保护期限、保护范围等方面存在特殊性而拒绝保护。在具体案件的审理中，应坚持尊重原则和来源披露原则，鼓励知情同意和惠益分享，公平合理地协调和平衡在发掘、整理、传承、保护、开发和利用过程中各方主体的利益关系。

（二）科技领域的知识产权司法保护政策

科技类知识产权保护与科技进步和创新的关系最为密切和直接。科技类知识产权保护对科技进步和创新的引导、激励、促进和保障作用的充分发挥，取决于保护强度和水平是否与我国科技发展水平、创新能力和发展目标相适应。专利权是科技类知识产权的主导类型，在专利权保护中，尤其需要正确把握宽严适度的司法政策。

一是要适当加大专利权的保护力度。目前，我国正处于深化改革开放、全面建设小康社会的关键时期和提高自主创新能力、建设创新型国家的攻坚阶段；人均国内生产总值虽然很低，但已经成为全球第二大经济体；科技和创新能力增长较快，一些领域达到国际先进水平，一些领域具备了冲击国际先进水平的能力和条件；就本国专利部门受理的专利申请量而言，2010 年我国已超过日本成为世界第二大专利申请国。在这种形势下，我们需要适当加大专利权保护力度。根据专利创新程度、所属技术领域特点和产业政策等，通过权利要求解释、等同侵权等裁量性法律标准的适当行使，使专利权的保护强度与我国国情和发展阶段相适应，符合我国创新和发展的实际，最大限度地促进我国的创新和发展。对于创新程度高、研发投入大、对经济增长具有突破和带动作用的首创发明，应给予相对较高的保护强度和较宽的等同保护范围。

二是要合理界定专利权的保护范围。界定专利权的保护范围,既要使专利权得到公平保护,又要使社会公众对专利权的保护范围有稳定和可期待的预期。为此,在解释权利要求时,应坚持发明和实用新型专利权利范围的折中解释原则;确定保护范围时,坚持全部技术特征原则和禁止反悔原则,避免专利权保护范围确定的随意性;坚持等同侵权应以手段、功能和效果基本相同并且对所属领域普通技术人员显而易见为必要条件,防止简单机械适用或者不适当扩展其适用范围。坚持保护范围内的严格保护,对于落入保护范围的内容,则应依法给予严格和高强度的保护,保障专利权人的利益能够获得充分实现。对于未落入专利保护范围的内容,则应依法肯定行为人的利用自由,促进技术的传播和运用,实现力度和适度的统一。

(三)商标领域的知识产权司法保护政策

根据保护商标的区别性、防止混淆误认的立法目的,商标权司法保护政策的把握,应当以制止混淆为指针,充分划清商业标识之间的边界,遏制恶意抢注他人知名商业标识及"傍名牌"行为,为知名品牌的创立和发展提供和谐宽松的法律环境。

一要最大限度地划清商业标识之间的边界。划清商业标识之间的边界,需要正确确定商标权的保护范围。商标权的保护范围与商标的显著性和知名度紧密相关,显著性越强和市场知名度越高的商标,其可以获得的保护范围就越宽,保护强度相应就越大。划清商业标识之间的边界,还需要妥善运用商标法规定的裁量性法律标准。商标法规定的商标近似、商品类似、在先使用并且有一定影响的商标、以欺骗或者其他不正当手段取得商标注册等要素,都属于裁量性法律标准。在具体案件的裁判中,应充分利用裁量性法律标准所允许的弹性空间,加大遏制恶意抢注、"傍名牌"等不正当行为的力度。当然,在最大限度划清商业标识之间的边界的同时,在特殊情况下也应允许构成要素近似的商标之间的适当共存,防止简单地把商标构成要素近似等同于商标近似,实现经营者之间的包容性发展。不过,这种包容发展应当限于极其特殊的例外情况,通常属于因复杂历史因素导致的共存,或者其他因客观因素导致的善意共存。例如,最高人民法院裁决的"鳄鱼"商标侵权案、上海法院裁判的张小泉剪刀案等就是这样的特殊情形。

二要依法规范驰名商标保护,恢复驰名商标保护的本来面目。驰名商标制度的本意在于对具有较高知名度的商标给予更宽的保护范围和更高的保护强度,主要体现在跨类保护上。前些年,由于获得驰名商标所可能带来的巨大商业利益,加上整个社会对驰名商标的片面追逐,造成了驰名商标的神化和驰名商标保护的异化。最高人民法院通过及时制定司法解释和完善案件管辖等制度,基本遏制了驰名商标保护被异化的现象,驰名商标保护日趋规范化。但是,在实践中又出现了另一种倾向,即对符合保护条件和确有保护需求的驰名商标却不敢或者不愿给予驰名商标保护,为驰名商标保护人为设置了不应有的障碍。这两种倾向都应该避免,使驰名商标的保护恢复其法律本意。凡是当事人主张驰名商标保护且符合保护条件和确有必要的,应当依法予以认定和保护。驰名商标的保护范围和强度也是与其显著性和知名度相适应的,驰名商标的显著性越强,知名度越高,其可以获得的跨类保护范围就越宽,保护力度就越强。

(四)反不正当竞争领域的知识产权司法保护政策

知识产权保护制度由反不正当竞争法

和知识产权专门法共同组成。知识产权专门法是财产法,它通过赋予权利人某种专有权,提供一种对世性的积极权利保护。反不正当竞争法是行为法,它不是提供对世性的积极权利保护,而是一种消极性保护,即禁止以违反工商业道德或诚实信用原则的方式侵犯他人的利益。由于两者的保护角度和保护条件不同,反不正当竞争法对知识产权专门法起到一定的补充作用。反不正当竞争领域知识产权司法保护政策的把握,突出地体现在两个方面:一是如何妥善处理知识产权专门法与反不正当竞争法的关系;二是如何妥善处理反不正当竞争法内部原则规定与特别规定的关系。

正确处理知识产权专门法与反不正当竞争法的关系,需要正确认识反不正当竞争法对知识产权专门法发挥补充作用的有限性。反不正当竞争法对知识产权专门法的补充作用的发挥具有一定的条件和门槛,并非无限地兜底适用。在市场经济环境下,利用和借鉴他人的市场成果是文化和经济发展的基石。模仿自由是自由市场的重要原则。仅有他人的市场成果被利用的事实,并不足以引起以不正当竞争为基础的任何救济。只有利用他人的市场成果变得不公平时,反不正当竞争法才提供救济。更重要的是,反不正当竞争法对知识产权专门法的补充作用的发挥,要受到知识产权专门法立法政策的制约,不得抵触知识产权专门法的立法政策。凡是知识产权专门法已作穷尽性规定的领域(如科技成果权领域),反不正当竞争法原则上不再提供附加保护,允许自由利用和自由竞争。只有与知识产权专门法的立法政策相兼容的范围内,才可以从制止不正当竞争的角度给予保护。不过,此时提供补充保护的目的已经不是保护特定的商业或者技术成果,而是制止不正当竞争行为,维护公平竞争秩序。

正确处理反不正当竞争法中的原则规定与特别规定的关系,一要严格把握反不正当竞争法原则规定的适用条件。凡属反不正当竞争法特别规定已作明文禁止的行为领域,只能依照特别规定规制同类不正当竞争行为,原则上不宜再适用原则规定扩张适用范围;反不正当竞争法未作特别规定予以禁止的行为,只有在给其他经营者的合法权益造成损害,确属违反诚实信用原则和公认的商业道德而具有不正当性,不制止不足以维护公平竞争秩序的情况下,才可以适用原则规定予以禁止。二要正确把握诚实信用原则和公认的商业道德的评判标准。在反不正当竞争法意义上,诚实信用原则与公认的商业道德具有某种一致性和交叉性。商业道德既不同于个人品德,也不等同于一般的社会公德,所体现的是一种商业伦理。公认的商业道德应该按照特定商业领域中市场交易参与者,即经济人的伦理标准来加以评判,避免将其等同于个人品德或者社会公德,造成打击面过宽,伤及正当竞争行为,对自由竞争造成过度限制,削弱市场竞争的活力。

上面所谈的知识产权司法理念和政策,无不源于对人民法院知识产权司法保护经验的总结和概括,源于对广大知识产权法官司法智慧的提炼和升华。这些司法理念和政策是否适当,是否能够在实践发挥指引作用并实现预期效果,最终取决于广大知识产权法官的正确理解、创造性运用和实践检验。广大知识产权法官要高度重视对知识产权司法政策的学习、理解和把握,不断提高知识产权司法能力和司法水平,与时俱进,开拓进取,不断开创知识产权司法保护工作新局面。

在广州两级法院全面启动知识产权"三审合一"改革试点暨广州市天河区人民法院"知识产权审判基层示范法院"授牌仪式上的讲话

最高人民法院副院长　奚晓明

(2012 年 9 月 6 日)

同志们:

大家下午好。今天非常高兴来到广州市中级人民法院,为广州市中级人民法院知识产权庭"知识产权三审合一综合试点合议庭"揭牌,并向天河区人民法院颁授"知识产权审判基层示范法院"。我代表最高人民法院,对广州市中级人民法院及天河区人民法院表示热烈祝贺,并借此机会向长期奋战在审判一线默默付出的知识产权法官表示诚挚的问候。

实施知识产权审判"三审合一"试点工作,是人民法院贯彻落实国家知识产权战略的重大举措,是人民法院改革完善知识产权审判体制和工作机制的重大探索。它对于优化知识产权审判资源配置、统一知识产权司法标准、提高知识产权司法保护整体效能,都具有重要意义。一些法院在审判实践中感到,知识产权民事、行政和刑事案件由不同业务庭分别审理,不利于各种保护手段的衔接,不利于裁判标准的协调和统一,也造成了有限审判资源的浪费。为解决上述问题,在审判实践的客观需要和推动下,一些地方法院自下而上、自觉自发地开展了"三审合一"的实验和探索。早在 1996 年,上海浦东新区法院就开展了知识产权审判"三审合一"试点工作。2008 年颁布实施的《国家知识产权战略纲要》,明确了知识产权审判"三审合一"试点工作的改革方向。有关地方人民法院积极行动,经最高人民法院审核批准,自上而下、上下结合,有计划地、有组织地开展了相关试点活动。截至去年年底,全国已有 5 个高级法院、50 个中级法院和 52 个基层法院开展了相关试点。随着试点面的增加,在总结试点工作经验的基础上,最高人民法院沈德咏常务副院长在去年全国高级法院院长会议上对知识产权审判"三审合一"试点工作提出了明确的目标要求:"进一步推进由知识产权审判庭集中审理知识产权民事、行政和刑事案件试点工作,发挥整体保护效能,努力构建资源优化、科学运行、高效权威的知识产权审判工作机制。"这标志着人民法院知识产权审判"三审合一"试点工作进入了规范化阶段。

广州市法院系统较早开展了"三审合一"的试点和探索。从 2006 年开始,经最高人民法院同意,广州市天河区人民法院就开展了"三审合一"试点。5 年多来,天河区人民法院试点成效明显,知识产权审判质量、效率和保护水平显著提升,知识产权司法保护的整体保护效能进一步发挥。在试点成功的基础上,广州中院在全市推广实行知识产权“三审合一”试点工作，并成立专门的“知识产权三审合一综合试点合议庭”。这不仅是知识产权“三审合一”试点工作的一大进展，也是试点工作的一种模式创新。这标志着广州中院在探索加强知识产权司法保护、优化知识产权审判机制和工作机制方面又迈出了重要一步。

设立知识产权审判基层示范法院，是最高人民法院基层基础建设方面的重要制度创新，是新时期新形势下加强知识产权司法保护的重要举措，其目的在于发挥基层优秀法院的示范和引领作用，提升全国法院知识产权基层审判工作水平，促进全国知识产权审判基层基础建设的健康发展。去年“4·26”知识产权宣传周期间，最高人民法院通过地方推荐、审核批准等程序，确定首批五个知识产权审判基层示范法院。今年4月，最高人民法院又决定广东省广州市天河区人民法院、北京市海淀区人民法院、上海市黄浦区人民法院、江苏省南京市鼓楼区人民法院、浙江省杭州市西湖区人民法院五家基层法院为知识产权审判基层示范法院。天河区人民法院审理的知识产权案件数量大，案件审理质量高，“三审合一”试点改革工作走在全国前列，队伍建设成绩显著。授予天河区人民法院“知识产权审判基层示范法院”，既是对天河区人民法院知识产权审判工作的肯定和褒奖，也是一种信任和期盼。希望天河区法院再接再厉，充分发挥知识产权审判的示范辐射效应。

在今年7月召开的全国科技创新大会上，胡锦涛总书记在讲话中明确指出，要“以提高自主创新能力为核心，以促进科技与经济社会发展紧密结合为重点，进一步深化科技体制改革，着力解决制约科技创新的突出问题，充分发挥科技在转变经济发展方式和调整经济结构中的支撑引领作用，加快建设国家创新体系，为全面建成小康社会进而建设世界科技强国奠定坚实基础”。在当前国际金融危机继续蔓延，实体经济增长乏力，各国经济下行压力增大的背景下，各国更加重视科技和文化创新，更加重视知识产权国家发展战略中的核心地位和作用，知识产权的国际竞争比以往任何时候都要激烈。不断完善知识产权保护制度、大力提高知识产权司法保护力度已经成为各国激励创新、吸引投资和鼓励贸易的重要竞争手段。借此机会，下面我讲三点意见：

第一，增强创新意识，不断改革和完善知识产权审判体制和工作机制。“道路拓展永无止境、理论创新永无止境，制度完善永无止境”。科技创新和文化创新同样需要知识产权司法保护制度创新。人民法院要强化创新意识，不断完善适应我国国情、符合知识产权审判规律和特点的审判体制和工作机制。要按照国家知识产权战略的要求，继续积极推进由知识产权审判庭集中审理知识产权民事、行政和刑事案件的试点工作，建立知识产权民事、行政和刑事审判协调机制，提高司法效率，统一司法标准，充分发挥司法保护的综合效能。要根据知识产权民事、行政和刑事案件的各自特点，不断创新和完善“三审合一”的试点模式，逐步形成成熟经验和做法。

第二，增强责任意识，充分发挥广州知识产权审判的引领和示范作用。广州法院地处改革开放前沿，知识产权审判起步早，审理案件数量多，审判经验积淀深厚，案例资源丰富，法官队伍优秀，党委政府对知识产权工作十分重视，是全国知识产权审判工作的排头兵。广州中院和天河区人民法院要增强当好排头兵的责任感，在提高知识产权审判工作质效、提升司法能力、创新和完善审判体制和工作机制、加强审判规范化建设和队伍建设等方面创造出更多好的经验,做好表率,真正发挥榜样和标杆作用。在做好自身工作的同时,还要勇于承担起支援中西部法院的任务,在中西部法官挂职交流、培训等方面做出贡献。

第三,增强管理意识,大力提升知识产权司法能力和水平。无论是知识产权审判"三审合一",还是授予"知识产权审判基层示范法院",都对广州法院尤其是广州中院和天河区人民法院提出了更高的要求。要加强队伍建设,配备精干力量负责"三审合一"工作,积极争取党委政府支持,解决一些制约工作发展的人员、编制等问题。要加强学习培训,尤其是加强知识产权行政审判和刑事审判业务知识培训,确保适应"三审合一"的需要。要做好与检察机关、公安机关的协调和衔接工作,推动工作有序开展,努力形成保护合力。广东高院要加强对广州中院和天河区人民法院的指导和支持,及时总结和推广其典型经验。

同志们,人民法院知识产权审判工作事关创新型国家建设,事关社会主义文化发展繁荣,任务艰巨、使命光荣、责任重大。我们要以开拓创新的精神和奋发有为的风貌,进一步加大知识产权司法保护力度,努力完善知识产权司法保护体系,不断开创知识产权司法保护工作新局面!

在进一步加大知识产权司法保护力度研讨会上的讲话

最高人民法院副院长　奚晓明

(2012 年 11 月 1 日)

同志们:

今天,我们在风光秀美的历史文化名城江西省景德镇市召开"进一步加大知识产权司法保护力度研讨会"。此次会议的主要任务是根据当前形势和任务的要求,结合审判工作实际,研讨当前知识产权司法保护中的突出问题,寻求进一步加大知识产权司法保护力度的对策。下面,我讲几点意见。

一、人民法院始终重视加强知识产权司法保护力度

加强保护是知识产权司法保护的基本定位和政策取向。特别是近几年来,各级人民法院不断加大保护力度,主要表现在:

一是始终注重通过裁判案件加大知识产权司法保护力度。2008 年至 2011 年全国法院新收一审案件年均增幅达 33.12%,超出一般民事案件增长幅度 26.3 个百分点。2008 年 1 月至 2012 年 6 月,全国法院共受理知识产权案件 226,753 件,其中民事案件 196,209 件,已审结 208,653 件,行政案件 9948 件,已审结 8749 件。民事案件中,著作权案件 108,203 件,专利案件 26,687件,商标案件 44,163 件,技术合同案件 3036 件,不正当竞争和垄断案件 5297 件,其他知识产权案件 8823 件,涉外知识

产权案件8814件，涉港澳台案件2394件。案件数量的大幅度增长和案件类型的不断增多，充分说明了人民法院的司法保护力度在不断加大，司法保护机制赢得了人民群众越来越多的信赖。

二是始终注重通过完善和统一法律适用标准加大知识产权司法保护力度。近几年，最高人民法院注重加强和规范知识产权司法解释工作，先后制定知识产权权利冲突解决、驰名商标保护、专利侵权判定、反垄断民事诉讼、商标授权确权案件审理等司法解释，明确法律适用标准、尺度和界限，保障知识产权法律体系的统一正确适用。高度重视司法政策对法律适用统一的指引作用，根据知识产权法律原则和精神，考虑知识产权的内在多样性，明确提出“加强保护、分门别类、宽严适度”的知识产权司法保护政策，以适应各类知识产权的功能特点和保护需求，并细化不同类别知识产权的具体司法保护政策，明晰法律适用思路，保障各项知识产权法律立法目标的充分实现。共发布司法政策性指导文件16件，如《关于当前经济形势下知识产权审判服务大局若干问题的意见》（2009年）、《关于为加快经济发展方式转变提供司法保障和服务的若干意见》（2010年）、《关于充分发挥知识产权审判职能作用推动社会主义文化大发展大繁荣和促进经济自主协调发展若干问题的意见》（2011年）、《关于充分发挥审判职能作用为深化科技体制改革和加快国家创新体系建设提供司法保障的意见》（2012年）等。司法解释、司法政策和侵权判断的标准越来越完善和统一。

三是始终注重通过不断提高损害赔偿数额，加大知识产权司法保护力度。近几年，各级人民法院加大司法惩处力度，积极采取多项有效措施，努力降低维权成本，提高侵权代价，赔偿数额不断提高。贯彻全面赔偿原则，保证权利人获得充分赔偿；在加大实际赔偿的同时，在一定证据和事实的基础上，加大对酌定赔偿数额的裁量力度；发挥定额赔偿的作用，但防止其简单适用；探索引入专业评估方法，合理把握证明责任，完善损害赔偿计算机制。加重假冒盗版、重复侵权、恶意侵权、以侵权为业的行为人的赔偿责任，依法运用民事制裁手段惩处侵权行为人，有力遏制严重侵犯知识产权的行为。

四是始终注重通过不断明确和完善证据规则，加大知识产权司法保护力度。举证困难是制约当前加大知识产权司法保护力度的重要问题。近年来，各级人民法院积极采取各种有针对性的措施，重视依法采取证据保全，正确适用举证责任分配规则、优势证据规则和推定规则，适当简化域外证据的举证手续，切实解决举证困难等问题。针对知识产权审判中的商业秘密和专利侵权判定上的专业技术事实查明难题，积极探索技术调查的有效方式。建立和完善司法鉴定、专家辅助人、专家咨询等技术事实查明制度，增进知识产权审判的科学性。

二、当前的形势和任务对进一步加大知识产权司法保护力度提出新要求

知识产权审判工作取得了令人瞩目的成绩，但我们也必须清醒地认识到，知识产权审判工作面临复杂形势和严峻挑战。特别是改革开放的日益深化、经济社会的快速发展和对外交往的逐步扩大，对知识产权审判工作提出了新要求和新任务。

一是服务大局的任务更重。在国际金融危机继续蔓延、实体经济增长乏力的背景下，科技创新和知识产权在世界各国经济发展战略中的地位作用日趋重要。我国进入全面建设小康社会的关键时期和加快转变经济发展方式的攻坚时期，加强知识

产权保护已经成为我国经济社会发展的内在要求。知识产权审判必须找准服务大局的结合点和着力点,更好地推动我国的科技进步、知识创新和文化发展。

二是新一轮的知识产权法律修订对司法保护提出新要求。《商标法》、《专利法》和著作权法的修订正在进行。提高专利、商标授权确权效率,加大对侵权行为的惩处力度和降低维权成本成为各方高度关注的议题。现行法律框架下,专利商标授权确权程序过于复杂冗长,难以避免循环诉讼,也拖延了关联民事诉讼的最终解决。知识产权侵权损害赔偿计算机制还有待进一步完善,重复侵权、恶意侵权等行为还时有发生,需要进一步探索损害赔偿确定方式,加大赔偿力度,进一步探索完善惩罚性赔偿等制裁机制。在法律修订过程中,如何协调行政执法与民事诉讼的关系,触及知识产权保护制度设计的深层问题,也可能会引发一些讨论和争议,也会对我们进一步发挥司法保护的主导作用产生一定影响,应引起关注。

三是知识产权审判专项报告将会有新的工作安排。今年12月,第十一届全国人民代表大会常务委员会将听取和审议王胜俊院长代表最高人民法院所作的知识产权审判工作的专项报告,对近年来我们取得的工作进展和成效进行检查,并研究和解决当前面临的问题和困难,进一步推动加大知识产权司法保护力度。最高人民法院进行了精心的调研和准备,已形成初步报告,对我们今后如何进一步加强知识产权审判工作有针对性地提出一些措施和建议。我们将充分利用这次专项报告的有利契机,全面反映人民法院知识产权审判工作取得的显著成就,分析面临的困难,研究解决问题的办法,争取更加广泛和有力的支持。全国人大常委会也必将对人民法院知识产权审判提出新的要求,需要我们认真贯彻落实。

三、积极寻求加大保护力度和发挥主导作用的对策

这次会议就是通过研讨,重点请大家就当前知识产权司法保护的形势、任务和挑战作出更准确的判断,重点研究制约加大保护力度的突出问题,重点研究有效解决问题的对策。

一是要在深入研究和准确判断当前形势的基础上,研究如何把握好知识产权司法保护的“度”。要深入思考和研究如何处理好加强保护与利益平衡的关系,研究如何既要加强保护,又要兼顾利益平衡;既要有利于保护创新成果,又有利于激活创新机制,有利于全社会的创新。要切实维护知识产权权利人合法权益,激励自主创新,规范市场竞争,促进提高全社会知识产权的创造、运用和管理水平。

二是认真研究如何进一步发挥现有司法机制的效能和作用。经过多年的实践,各级人民法院已建立健全行之有效的司法保护体系和工作机制。在此基础上,要进一步研究如何完善和优化知识产权案件管辖的布局,如何方便当事人诉讼,优化审判资源配置,如何深化“三审合一”的试点工作,如何进一步完善审判体制和机制,积极发挥知识产权审判整体保护的效能,为持续增长的知识产权司法保护需求提供及时有效的司法供给。

三是要深入研究如何用好用足现行法律制度,充分运用侵权判断、证据规则和诉讼手段的具体措施。要研究如何用足用好知识产权实体规范,确保侵权判断的准确性。要积极研究如何进一步运用证据规则,切实减轻知识产权权利人的举证负担;研究如何发挥知识产权审判对侵权判断的专业性优势,发挥专家辅助人和专家证人

的作用。要进一步研究如何使诉前临时措施发挥积极有效作用,及时制止侵权行为。要结合贯彻修改后的民事诉讼法,进一步研究如何明确诉前行为保全的适用程序和条件,提高诉前行为保全裁定与终审裁判结果的一致性。研究如何进一步明确专利商标授权确权案件程序和实体审查标准,不断强化司法复审的深度和力度,促进行政争议的实质性解决,提高审判效率,降低维权成本。

同志们,参加本次研讨会的各位代表,都来自于受理案件数量较多、知识产权审判工作开展时间较长、审判经验相对丰富的地方法院,希望大家集思广益、畅所欲言,为不断提升我国的知识产权司法保护水平和我们今后一个时期知识产权审判工作的部署积极建言献策。

临近年底,党的十八大即将召开,各级人民法院的各项工作已经进入了最为忙碌的阶段。明年上半年最高人民法院也拟召开第三次全国法院知识产权审判工作会议,确定未来五年的发展方向。预祝此次研讨会圆满成功,达到预期的目的,让我们以更加优异的工作成绩,努力实现知识产权司法保护的新发展,迎接党的十八大的胜利召开!

第二部分　司法解释及规范性文件

最高人民法院
关于审理因垄断行为引发的民事纠纷案件应用法律若干问题的规定

（2012年1月30日最高人民法院审判委员会第1539次会议讨论通过）

为正确审理因垄断行为引发的民事纠纷案件，制止垄断行为，保护和促进市场公平竞争，维护消费者利益和社会公共利益，根据《中华人民共和国反垄断法》、《中华人民共和国侵权责任法》、《中华人民共和国合同法》和《中华人民共和国民事诉讼法》等法律的相关规定，制定本规定。

第一条　本规定所称因垄断行为引发的民事纠纷案件（以下简称垄断民事纠纷案件），是指因垄断行为受到损失以及因合同内容、行业协会的章程等违反反垄断法而发生争议的自然人、法人或者其他组织，向人民法院提起的民事诉讼案件。

第二条　原告直接向人民法院提起民事诉讼，或者在反垄断执法机构认定构成垄断行为的处理决定发生法律效力后向人民法院提起民事诉讼，并符合法律规定的其他受理条件的，人民法院应当受理。

第三条　第一审垄断民事纠纷案件，由省、自治区、直辖市人民政府所在地的市、计划单列市中级人民法院以及最高人民法院指定的中级人民法院管辖。

经最高人民法院批准，基层人民法院可以管辖第一审垄断民事纠纷案件。

第四条　垄断民事纠纷案件的地域管辖，根据案件具体情况，依照民事诉讼法及相关司法解释有关侵权纠纷、合同纠纷等的管辖规定确定。

第五条　民事纠纷案件立案时的案由并非垄断纠纷，被告以原告实施了垄断行为为由提出抗辩或者反诉且有证据支持，或者案件需要依据反垄断法作出裁判，但受诉人民法院没有垄断民事纠纷案件管辖权的，应当将案件移送有管辖权的人民法院。

第六条　两个或者两个以上原告因同一垄断行为向有管辖权的同一法院分别提起诉讼的，人民法院可以合并审理。

两个或者两个以上原告因同一垄断行为向有管辖权的不同法院分别提起诉讼的，后立案的法院在得知有关法院先立案的情况后，应当在七日内裁定将案件移送先立案的法院；受移送的法院可以合并审理。被告应当在答辩阶段主动向受诉人民法院提供其因同一行为在其他法院涉诉的相关信息。

第七条　被诉垄断行为属于反垄断法第十三条第一款第（一）项至第（五）项规定的垄断协议的，被告应对该协议不具有排除、限制竞争的效果承担举证责任。

第八条　被诉垄断行为属于反垄断法第十七条第一款规定的滥用市场支配地位的，原告应当对被告在相关市场内具有支配地位和其滥用市场支配地位承担举证责任。

被告以其行为具有正当性为由进行抗辩的,应当承担举证责任。

第九条 被诉垄断行为属于公用企业或者其他依法具有独占地位的经营者滥用市场支配地位的,人民法院可以根据市场结构和竞争状况的具体情况,认定被告在相关市场内具有支配地位,但有相反证据足以推翻的除外。

第十条 原告可以以被告对外发布的信息作为证明其具有市场支配地位的证据。被告对外发布的信息能够证明其在相关市场内具有支配地位的,人民法院可以据此作出认定,但有相反证据足以推翻的除外。

第十一条 证据涉及国家秘密、商业秘密、个人隐私或者其他依法应当保密的内容的,人民法院可以依职权或者当事人的申请采取不公开开庭、限制或者禁止复制、仅对代理律师展示、责令签署保密承诺书等保护措施。

第十二条 当事人可以向人民法院申请一至二名具有相应专门知识的人员出庭,就案件的专门性问题进行说明。

第十三条 当事人可以向人民法院申请委托专业机构或者专业人员就案件的专门性问题作出市场调查或者经济分析报告。经人民法院同意,双方当事人可以协商确定专业机构或者专业人员;协商不成的,由人民法院指定。

人民法院可以参照民事诉讼法及相关司法解释有关鉴定结论的规定,对前款规定的市场调查或者经济分析报告进行审查判断。

第十四条 被告实施垄断行为,给原告造成损失的,根据原告的诉讼请求和查明的事实,人民法院可以依法判令被告承担停止侵害、赔偿损失等民事责任。

根据原告的请求,人民法院可以将原告因调查、制止垄断行为所支付的合理开支计入损失赔偿范围。

第十五条 被诉合同内容、行业协会的章程等违反反垄断法或者其他法律、行政法规的强制性规定的,人民法院应当依法认定其无效。

第十六条 因垄断行为产生的损害赔偿请求权诉讼时效期间,从原告知道或者应当知道权益受侵害之日起计算。

原告向反垄断执法机构举报被诉垄断行为的,诉讼时效从其举报之日起中断。反垄断执法机构决定不立案、撤销案件或者决定终止调查的,诉讼时效期间从原告知道或者应当知道不立案、撤销案件或者终止调查之日起重新计算。反垄断执法机构调查后认定构成垄断行为的,诉讼时效期间从原告知道或者应当知道反垄断执法机构认定构成垄断行为的处理决定发生法律效力之日起重新计算。

原告起诉时被诉垄断行为已经持续超过二年,被告提出诉讼时效抗辩的,损害赔偿应当自原告向人民法院起诉之日起向前推算二年计算。

最高人民法院
关于审理侵害信息网络传播权
民事纠纷案件适用法律若干问题的规定

（2012年11月26日最高人民法院审判委员会第1561次会议通过）

为正确审理侵害信息网络传播权民事纠纷案件，依法保护信息网络传播权，促进信息网络产业健康发展，维护公共利益，根据《中华人民共和国民法通则》《中华人民共和国侵权责任法》《中华人民共和国著作权法》《中华人民共和国民事诉讼法》等有关法律规定，结合审判实际，制定本规定。

第一条 人民法院审理侵害信息网络传播权民事纠纷案件，在依法行使裁量权时，应当兼顾权利人、网络服务提供者和社会公众的利益。

第二条 本规定所称信息网络，包括以计算机、电视机、固定电话机、移动电话机等电子设备为终端的计算机互联网、广播电视网、固定通信网、移动通信网等信息网络，以及向公众开放的局域网络。

第三条 网络用户、网络服务提供者未经许可，通过信息网络提供权利人享有信息网络传播权的作品、表演、录音录像制品，除法律、行政法规另有规定外，人民法院应当认定其构成侵害信息网络传播权行为。

通过上传到网络服务器、设置共享文件或者利用文件分享软件等方式，将作品、表演、录音录像制品置于信息网络中，使公众能够在个人选定的时间和地点以下载、浏览或者其他方式获得的，人民法院应当认定其实施了前款规定的提供行为。

第四条 有证据证明网络服务提供者与他人以分工合作等方式共同提供作品、表演、录音录像制品，构成共同侵权行为的，人民法院应当判令其承担连带责任。网络服务提供者能够证明其仅提供自动接入、自动传输、信息存储空间、搜索、链接、文件分享技术等网络服务，主张其不构成共同侵权行为的，人民法院应予支持。

第五条 网络服务提供者以提供网页快照、缩略图等方式实质替代其他网络服务提供者向公众提供相关作品的，人民法院应当认定其构成提供行为。

前款规定的提供行为不影响相关作品的正常使用，且未不合理损害权利人对该作品的合法权益，网络服务提供者主张其未侵害信息网络传播权的，人民法院应予支持。

第六条 原告有初步证据证明网络服务提供者提供了相关作品、表演、录音录像制品，但网络服务提供者能够证明其仅提供网络服务，且无过错的，人民法院不应认定为构成侵权。

第七条 网络服务提供者在提供网络服务时教唆或者帮助网络用户实施侵害信息网络传播权行为的，人民法院应当判令其承担侵权责任。

网络服务提供者以言语、推介技术支持、奖励积分等方式诱导、鼓励网络用户实施侵害信息网络传播权行为的,人民法院应当认定其构成教唆侵权行为。

网络服务提供者明知或者应知网络用户利用网络服务侵害信息网络传播权,未采取删除、屏蔽、断开链接等必要措施,或者提供技术支持等帮助行为的,人民法院应当认定其构成帮助侵权行为。

第八条 人民法院应当根据网络服务提供者的过错,确定其是否承担教唆、帮助侵权责任。网络服务提供者的过错包括对于网络用户侵害信息网络传播权行为的明知或者应知。

网络服务提供者未对网络用户侵害信息网络传播权的行为主动进行审查的,人民法院不应据此认定其具有过错。

网络服务提供者能够证明已采取合理、有效的技术措施,仍难以发现网络用户侵害信息网络传播权行为的,人民法院应当认定其不具有过错。

第九条 人民法院应当根据网络用户侵害信息网络传播权的具体事实是否明显,综合考虑以下因素,认定网络服务提供者是否构成应知:

(一)基于网络服务提供者提供服务的性质、方式及其引发侵权的可能性大小,应当具备的管理信息的能力;

(二)传播的作品、表演、录音录像制品的类型、知名度及侵权信息的明显程度;

(三)网络服务提供者是否主动对作品、表演、录音录像制品进行了选择、编辑、修改、推荐等;

(四)网络服务提供者是否积极采取了预防侵权的合理措施;

(五)网络服务提供者是否设置便捷程序接收侵权通知并及时对侵权通知作出合理的反应;

(六)网络服务提供者是否针对同一网络用户的重复侵权行为采取了相应的合理措施;

(七)其他相关因素。

第十条 网络服务提供者在提供网络服务时,对热播影视作品等以设置榜单、目录、索引、描述性段落、内容简介等方式进行推荐,且公众可以在其网页上直接以下载、浏览或者其他方式获得的,人民法院可以认定其应知网络用户侵害信息网络传播权。

第十一条 网络服务提供者从网络用户提供的作品、表演、录音录像制品中直接获得经济利益的,人民法院应当认定其对该网络用户侵害信息网络传播权的行为负有较高的注意义务。

网络服务提供者针对特定作品、表演、录音录像制品投放广告获取收益,或者获取与其传播的作品、表演、录音录像制品存在其他特定联系的经济利益,应当认定为前款规定的直接获得经济利益。网络服务提供者因提供网络服务而收取一般性广告费、服务费等,不属于本款规定的情形。

第十二条 有下列情形之一的,人民法院可以根据案件具体情况,认定提供信息存储空间服务的网络服务提供者应知网络用户侵害信息网络传播权:

(一)将热播影视作品等置于首页或者其他主要页面等能够为网络服务提供者明显感知的位置的;

(二)对热播影视作品等的主题、内容主动进行选择、编辑、整理、推荐,或者为其设立专门的排行榜的;

(三)其他可以明显感知相关作品、表演、录音录像制品为未经许可提供,仍未采取合理措施的情形。

第十三条 网络服务提供者接到权利人以书信、传真、电子邮件等方式提交的通知,未及时采取删除、屏蔽、断开链接等必要措施的,人民法院应当认定其明知相关侵害信息网络传播权行为。

第十四条 人民法院认定网络服务提供者采取的删除、屏蔽、断开链接等必要措施是否及时,应当根据权利人提交通知的形式,通知的准确程度,采取措施的难易程度,网络服务的性质,所涉作品、表演、录音录像制品的类型、知名度、数量等因素综合判断。

第十五条 侵害信息网络传播权民事纠纷案件由侵权行为地或者被告住所地人民法院管辖。侵权行为地包括实施被诉侵权行为的网络服务器、计算机终端等设备所在地。侵权行为地和被告住所地均难以确定或者在境外的,原告发现侵权内容的计算机终端等设备所在地可以视为侵权行为地。

第十六条 本规定施行之日起,《最高人民法院关于审理涉及计算机网络著作权纠纷案件适用法律若干问题的解释》(法释〔2006〕11号)同时废止。

本规定施行之后尚未终审的侵害信息网络传播权民事纠纷案件,适用本规定。本规定施行前已经终审,当事人申请再审或者按照审判监督程序决定再审的,不适用本规定。

最高人民法院关于在知识产权审判中贯彻落实《全国人民代表大会常务委员会关于修改〈中华人民共和国民事诉讼法〉的决定》有关问题的通知

各省、自治区、直辖市高级人民法院,解放军军事法院,新疆维吾尔自治区高级人民法院生产建设兵团分院:

第十一届全国人民代表大会常务委员会第二十八次会议审议通过的《关于修改〈中华人民共和国民事诉讼法〉的决定》(以下简称《民事诉讼法修改决定》)将于2013年1月1日起施行。为在知识产权审判工作中正确适用《民事诉讼法修改决定》,现就有关事项通知如下:

一、充分认识贯彻落实《民事诉讼法修改决定》对知识产权审判工作的重要意义

《民事诉讼法修改决定》明确规定了诚实信用原则,修改了关于委托代理人的规定,完善了证据制度,新增了诉前证据保全和诉前行为保全制度等,对于完善知识产权司法保护机制、充分发挥知识产权司法保护主导作用具有重要意义。要高度重视和深入研究《民事诉讼法修改决定》在知识产权审判工作中的贯彻落实,进一步完善知识产权诉讼制度,加大司法保护力度,提高司法保护水平。

二、规范专利代理人以公民身份担任诉讼代理人

《民事诉讼法修改决定》施行后,专利代理人经中华全国专利代理人协会推荐,可以公民身份在专利案件中担任诉讼代理人。

中华全国专利代理人协会在具体案件中向人民法院个别推荐专利代理人担任诉讼代理人的，人民法院应当对推荐手续和专利代理人资格予以审查。

中华全国专利代理人协会以名单方式向最高人民法院推荐专利代理人担任诉讼代理人，经最高人民法院确认后，名单内的专利代理人在具体案件中担任诉讼代理人无须再履行个别推荐手续。各级人民法院根据最高人民法院确认的推荐名单对专利代理人资格予以审查。

三、正确适用诉前保全制度

《民事诉讼法修改决定》施行后，利害关系人因专利、商标和著作权纠纷在起诉前向人民法院申请采取诉前证据保全或者诉前行为保全措施的，适用修改后民事诉讼法。相关司法解释关于诉前证据保全和诉前行为保全的规定与修改后民事诉讼法有关规定不一致的，不再适用；不相冲突的，应继续适用。

《民事诉讼法修改决定》施行后，利害关系人因不正当竞争、植物新品种、垄断等纠纷在起诉前向人民法院申请采取诉前证据保全或者诉前行为保全措施的，人民法院应当依法受理。

本通知执行中如有问题和新情况，请及时层报最高人民法院。

最高人民法院

2012 年 12 月 24 日

最高人民法院
印发《关于充分发挥审判职能作用
为深化科技体制改革和加快国家创新体系建设
提供司法保障的意见》的通知

各省、自治区、直辖市高级人民法院，解放军军事法院，新疆维吾尔自治区高级人民法院生产建设兵团分院：

现将《最高人民法院关于充分发挥审判职能作用　为深化科技体制改革和加快国家创新体系建设提供司法保障的意见》印发给你们，请结合审判工作实际，认真贯彻执行。

最高人民法院

2012 年 7 月 19 日

最高人民法院关于充分发挥审判职能作用为深化科技体制改革和加快国家创新体系建设提供司法保障的意见

为深入贯彻全国科技创新会议精神和党中央、国务院《关于深化科技体制改革加快国家创新体系建设的意见》，充分发挥人民法院在深化科技体制改革和加快国家创新体系建设中的审判职能作用，制定本意见。

一、进一步提高认识，切实增强为深化科技体制改革和加快国家创新体系建设提供司法保障的责任感和使命感

（一）深刻认识深化科技体制改革和加快国家创新体系建设的重要性和紧迫性。科学技术是第一生产力，是经济社会发展的重要动力源泉。党和国家历来高度重视科技工作，改革开放30多年来，我国整体科技实力和科技竞争力明显提升，在促进经济社会发展和保障国家安全中发挥了重要支撑引领作用。当前，我国正处在全面建设小康社会的关键时期和深化改革开放、加快转变经济发展方式的攻坚时期。科技在经济社会发展中的作用日益凸显，国际科技竞争与合作不断加强，新科技革命和全球产业变革步伐加快，我国科技发展面临重要战略机遇和严峻挑战。抓住机遇大幅提升自主创新能力，激发社会创造活力，真正实现创新驱动发展，迫切需要进一步深化科技体制改革，加快国家创新体系建设。深化科技体制改革和加快国家创新体系建设与人民法院知识产权审判及其他有关审判工作关系密切，各级人民法院要牢固树立机遇意识、忧患意识、责任意识，立足审判职能，找准人民法院服务大局的结合点和切入点，进一步增强工作的针对性和有效性，能动司法，积极作为，切实增强服务深化科技体制改革和加快国家创新体系建设的责任感和使命感。

（二）充分发挥各项审判职能作用，推动科技事业又好又快发展。深化科技体制改革和加快国家创新体系建设，要求突出企业技术创新主体作用，强化产学研用紧密结合，促进科技资源开放共享，各类创新主体协同合作。面对新形势新要求，人民法院要以激励创新源泉、增强创新活力、发展创新文化为导向，高度重视与科技成果孕育、创造相关的案件审理，遏制侵犯科技成果权的违法犯罪行为，有效激励自主创新和技术跨越；高度重视与科技成果流转、转化相关的案件审理，规范和引导技术创新活动，积极推动科技与经济社会发展紧密结合；高度重视综合采取各种有力措施，积极营造有利于科技创新的司法环境，促进智力成果创造、运用和管理水平的提高，为深化科技体制改革和加快国家创新体系建设提供有力的司法保障。

二、加大智力成果保护力度，有效激励自主创新和技术跨越

（三）切实贯彻加强保护、分门别类和宽严适度的知识产权司法政策，合理界定专利权保护范围和强度。根据原始创新、集成创新和引进消化吸收再创新的实际和特点,进一步完善专利等科技成果司法保护体系和裁判标准,积极促进关键领域的原创性重大突破以及战略性高技术领域跨越式发展,不断适应科技领域日益活跃的创新实际,不断强化法律适用标准的与时俱进。结合专利创新程度和产业政策,进一步强化司法裁判对科技创新活动的导向作用,有针对性地加大对关键领域和核心技术的保护力度。对于创新程度高、对技术革新具有突破和带动作用的首创发明,给予相对较高的保护强度和较宽的保护范围,促进原始创新能力明显提高。适度从严把握等同侵权的适用条件,避免不适当地扩张专利权保护范围,防止压缩创新空间和损害公共利益,促进集成创新、引进消化吸收再创新能力大幅增强。进一步完善权利要求解释规则,合理划定民事权利与公有领域的法律界限,既保护权利人的正当权益,鼓励发明创造,又防止其不适当地侵入公有领域,妨碍科技创新。

(四)合理调整专利授权确权司法审查标准,积极鼓励发明创造。妥善审理专利授权确权纠纷案件,依法履行对专利授权确权行为的司法审查职责,强化对实质性授权条件的审查判断,为科技创新营造良好的司法环境。根据不同技术领域的特点、具体产业政策的要求和我国科技发展的实际,细化和完善专利授权确权司法审查标准,促使专利审查规则和授权行为的规范化、科学化,不断提高专利授权质量。完善司法审查程序和证据规则,改进裁判方式,尽可能避免循环诉讼和程序往复,促进行政争议的实质性解决,尽快稳定权利状态,提高司法审查、授权确权的质量和效率。充分考虑专利文件撰写的客观局限,在专利申请文件公开的范围内,尽可能保证确有创造性的发明创造取得专利权,实现专利申请人所获得的权利与其技术贡献相匹配,最大限度地提升科技支撑引领经济社会发展的能力。

(五)加强工业设计司法保护,推动经济和产业格局优化。依法审理涉及发明、实用新型、外观设计、集成电路布图设计等各类科技成果权的纠纷案件,积极推进我国工业设计和制造水平的深刻变革。综合利用各种法律手段,加大工业设计保护力度,激发设计人员的创作热情,促进实用与美感兼具、创新与文化融合的工业设计不断涌现,提升我国在国际分工和产业链中的地位。贯彻新专利法提高外观设计授权标准的立法精神,根据一般消费者的知识水平和认知能力,适当考虑外观设计的设计空间,细化和完善司法审查标准,提高外观设计授权质量,推动产品设计多样化。加强对具有独创性的集成电路布图设计的保护,依法打击非法复制和商业利用集成电路布图设计的行为,鼓励集成电路技术创新。

(六)依法明晰技术成果归属,激发创造热情。依法审理技术成果权属、发明人资格纠纷案件,准确界定职务成果与非职务成果的法律界限,既要根据意思自治原则,依法支持发明人依合同约定取得技术成果权,又要准确把握职务技术成果的认定标准,防止职务成果非职务化。依法审理职务发明人奖励、报酬纠纷案件,结合科技创新质量和实际贡献,保障发明人获得相应奖励和报酬的权利,既要激励企业职工从事技术创新的积极性,又要鼓励企业加大研发投入,增强社会创造活力。

(七)妥善处理专利与标准的关系,合理平衡各方利益。对于涉及国家、行业或者地方标准的专利侵权纠纷案件,要结合行业特点、标准性质、制定程序等,根据公平合理无歧视的原则,合理确定当事人的法律责任,推动专利信息事先披露、许可费支付等标准制定程序和规则的完善。合理规范和平衡专利权人与社会公众之间的利益关系，规范公众可以获得实施许可的方式、条件和程序，既要鼓励专利的标准化，发挥标准对技术创新的推动作用，又要防止标准对技术创新的阻碍，实现标准和技术创新的互相促进和良性循环，共同提高创新主体的核心竞争力。

（八）依法制止科技领域的不正当竞争和垄断行为，营造公平有序的创新环境。针对高新技术领域市场竞争激烈、新类型不正当竞争行为频发的新情况新特点，妥善运用反不正当竞争法的原则条款，以诚实信用原则和公认的商业道德为基本标准，有效遏制各种搭车模仿、阻碍创新的新类型不正当竞争行为，为形成公平诚信的竞争秩序提供及时有力的司法规范和引导。加强高科技领域垄断纠纷案件的审理，积极探索和总结法律适用的新问题，有效遏制垄断行为，打破行业壁垒和部门分割，保障各类企业公平获得创新资源，实现创新资源的合理配置和高效利用，促进技术创新和产业发展。

（九）加强商业秘密司法保护，维护合法正当的创新秩序。结合商业秘密保护的实际，针对商业秘密纠纷案件举证难、保密难等特点，尽可能降低商业秘密权利人的维权难度，合理分配当事人的举证责任，有效遏制侵犯商业秘密行为。依法认定商业秘密的构成要件，促使企业增强对商业秘密的保护意识，规范和完善保密措施。妥善处理商业秘密保护与科技人才合理流动的关系，既要保护企业的商业秘密，又要保障科技人才的合理流动，鼓励科研院所、高等院校与企业创新人才双向交流。

（十）加大农业科技成果保护力度，促进农业科技创新。依法审理各类涉农科技纠纷案件，严厉打击制售假冒伪劣品种、侵犯植物新品种权等侵犯农业科技成果的行为，最大程度地激励农业技术创新，促进农业生物技术、先进制造技术、精准农业技术等方面重大自主创新成果的创造，积极推动突破农业技术瓶颈和抢占现代农业科技制高点。切实从我国农业科技整体水平出发，依法确认育种者免责、农民免责，合理平衡权利人与社会公众的利益关系，加快农业技术转移和成果转化，推动现代农业经营方式转变，促进涉农新型产业的发展。

（十一）加强科技领域的商标权司法保护，促进企业提高品牌战略的创新能力。依法审理商标权纠纷案件，增强科技型企业的商标意识，支持和引导科技型企业实施商标品牌战略，促使其在经营中积极、规范使用自主商标，提高企业的市场竞争力和创新能力。严厉制裁商标假冒、恶意模仿等侵权行为，维护知名品牌市场价值，发挥知名品牌凝聚创新要素和整合创新资源的品牌效应，促使拥有知名品牌的企业发挥骨干创新主体的引领作用。

（十二）加大涉科技领域和商业领域的著作权保护力度，推进科技创新、文化创新和新兴产业发展。针对科技创新带来的著作权保护领域和保护需求的新变化，根据文化创新的需要和商业领域著作权保护的新特点，加强相关著作权保护力度，积极促进文化创新、商业模式创新和文化创意产业发展，推进文化与科技、产业相互激励和深度融合。大力加强软件、数据库、动漫、网络、文化创意等新兴文化产业和高新科技领域的著作权保护，准确把握新科技环境下著作权司法标准，实现激励创作、促进产业发展和保障创新成果惠及民生的协调统一。积极应对数字化、网络化、智能化带来的著作权保护新问题，在保护著作权益的同时，注重促进工业化和信息化的融合，提高科技对文化事业和文化产业发展的支撑能力。

（十三）充分发挥涉科技领域的司法审

查职能,积极营造促进科技创新的执法环境。依法审理涉科技领域的行政案件,支持和监督行政机关依法制裁侵犯科技成果权的行为,促进行政执法的法治化和规范化。依法受理行政机关申请的强制执行案件,经审查符合执行条件的,应及时裁定并予以执行,促进行政机关营造有利于知识产权保护和国家创新体系建设的行政管理秩序。

(十四)充分发挥刑罚功能,严惩侵犯知识产权犯罪。对侵犯商标权、著作权、商业秘密及假冒专利等知识产权犯罪行为,进一步完善定罪量刑标准,规范缓刑适用,根据犯罪情况和危害后果,依法从严惩处。在依法判处主刑的同时,加大罚金刑的适用与执行力度,并通过采取销毁侵权产品以及追缴、退赔违法所得等措施,剥夺侵权人的再犯罪能力和条件。

三、依法促进创新要素合理配置,积极推动科技与经济社会发展紧密结合

(十五)妥善处理技术合同纠纷,促进科技成果转化。依法审理科技创新中产生的各类技术合同纠纷案件,认真贯彻合同法,尊重当事人意思自治,审慎把握合同无效和合同解除的事由,加强保护守约方合法权益,合理认定技术成果开发、转让、许可、质押、技术咨询和中介等环节形成的利益分配及责任承担,引导和支持企业加强技术研发能力建设,推动产学研用紧密结合,培育和规范知识产权服务市场,促进技术成果迅速转化为现实生产力和市场竞争力。

(十六)妥善处理科技领域的劳动、人事纠纷,保障科技人才合理流动。坚持依法保障劳动者合法权益与用人单位生存发展并重理念,依法审理科研人才与用人单位的劳动、人事纠纷案件,切实保障科研院所、高等院校等单位的科研人才在订立、履行、变更、解除或者终止劳动、聘用合同过程中的合法权益,保障科研人才向企业研发机构的合理流动,推动建立开放、竞争、流动的单位用人机制。

(十七)妥善处理科技领域的企业改制、破产纠纷,优化创新主体运作机制。依法审理科技型企业纠纷案件,促进技术开发类科研机构向企业化转制,引导科技型企业不断完善公司治理结构和建立现代企业制度。依法审理涉及以技术成果投资的股权、期权纠纷案件,合理平衡创业投资机构与企业等创新主体的利益关系,引导创业投资机构投资科技型中小企业,促进社会投资主体多元化。依法受理企业破产案件和强制清算案件,妥善处理淘汰落后技术和过剩产能中的企业破产纠纷,保障市场主体依法有序退出市场。

(十八)妥善处理科技领域的金融纠纷,促进对科技创新的金融支持。依法审理借款纠纷案件,保护合法的民间借贷和企业融资行为,拓宽金融为企业科技创新融资的渠道,引导银行等金融机构加大对科技型中小企业的金融支持。依法审理担保物权纠纷案件,依法认定企业以知识产权和股权质押等方式作出的担保,促进解决科技型中小企业融资难的问题。

(十九)妥善处理科技领域的涉外纠纷,促进科技国际合作与交流。依法平等保护中外当事人的合法权益,积极营造更加公平、透明、稳定、可预期的贸易投资环境和发展环境,积极促进创新主体充分利用国际国内创新资源,提高科技发展的科学化水平和国际化程度。依法审理企业在参股并购、联合开发、专利交叉许可以及外商来华设立研发机构中的纠纷案件,促进对国际科技资源的引进,推动全方位、多层次、高水平的科技国际合作。

四、加强统筹协调,完善工作措施,进一步提高司法保障能力

(二十)加大调解力度,不断完善多元

纠纷解决机制。坚持以“调解优先、调判结合”为原则，以“案结事了”为目标，根据科技创新的特点和实际，积极引导当事人选择委托调解、专家调解、行业调解等方式解决科技领域的各类纠纷。从有利于科技成果转化出发，着眼于当事人市场利益的包容共存，努力促成当事人和解。对于相关科技行业亟须明确行为规则的典型案件，依法及时裁判，明确法律标准，充分发挥司法裁判的指引和导向功能。

（二十一）积极完善知识产权审判体制和工作机制，不断满足科技创新对知识产权司法保护的新需求。适应科技体制改革和国家创新体系建设对于知识产权审判专业化程度要求越来越高的新形势，进一步推进由知识产权审判庭集中审理知识产权民事、行政和刑事案件的试点工作，加强对试点工作的指导和总结，不断推动试点工作规范化。根据科技创新对知识产权司法保护的新需求，统筹规划知识产权审判管辖布局。在科技成果司法保护需求强烈的国家自主创新示范区、国家高新技术产业开发区、国家高技术产业基地等区域，适当增加具有审理专利、植物新品种、集成电路布图设计等技术类案件管辖权的第一审法院，在具有特色创新资源的区域适当增加具有审理一般知识产权案件管辖权的基层法院，保障创新资源密集的区域率先实现创新驱动发展。

（二十二）加强能动司法，积极促进智力成果创造、运用和管理水平提高。在加强知识产权司法保护的同时，积极推动知识产权创造、运用和管理。密切关注科技体制改革和国家创新体系建设带来的新情况新问题，及时发布司法解释和司法政策，增强司法服务的针对性和前瞻性。及时总结成熟可行的司法经验，向立法机关和国家有关部门提出立法建议，推动激励创新的法律体系不断完善。高度重视通过审判工作发现影响和制约科技创新的普遍性、苗头性问题，及时向政府、企业、科研机构等有关方面提出司法建议，促进加强管理、健全制度。大力加强对关键技术领域科技创新可能产生重大影响的诉讼态势分析，及时向有关方面发出工作预警，形成保护创新的合力。加强宣传和舆论引导，充分发挥人民法院的法制宣传教育职能，不断增强全社会的创新意识，进一步形成尊重劳动、尊重知识、尊重人才、尊重创造的创新文化氛围。

最高人民法院办公厅关于印发有关知识产权司法保护工作管理规定的通知

各省、自治区、直辖市高级人民法院，解放军军事法院，新疆维吾尔自治区高级人民法院生产建设兵团分院：

现将《最高人民法院知识产权司法保护理论研究基地管理规定》、《最高人民法院知识产权司法保护调研基地管理规定》、《最高人民法院知识产权审判基层示范法院管理规定》印发给你们，请认真贯彻执行。

二〇一二年三月十五日

最高人民法院
知识产权司法保护理论研究基地管理规定

第一条 为进一步加强人民法院知识产权司法保护理论研究工作,加强最高人民法院与知识产权理论研究机构的合作,推动知识产权司法保护理论研究水平的不断提高,根据工作实际,制定本规定。

第二条 本规定适用于最高人民法院设立的知识产权司法保护理论研究基地。

第三条 最高人民法院主管知识产权司法保护理论研究基地的设立审批工作。

最高人民法院知识产权审判庭负责具体组织、协调知识产权司法保护理论研究基地的研究工作。

第四条 设立知识产权司法保护理论研究基地,应当遵循统一规划、合理布局、便于合作的原则,在具备下列条件的单位中确定:

(一)属于全国重点高校、科研机构,有较强的知识产权科研力量;

(二)在知识产权司法保护理论研究方面,与省、自治区、直辖市高级人民法院合作过三年以上;

(三)有符合条件的可行性报告和其他需要提交的申报材料。

具备前款规定条件的单位,可以向其所在地的高级人民法院提交书面申请和可行性报告等资料,由高级人民法院审查后向最高人民法院知识产权审判庭推荐。

第五条 最高人民法院设立的知识产权司法保护理论研究基地,有效期为五年。期间因工作不符合要求或者其他原因,可以取消理论研究基地资格。期间届满后是否继续作为理论研究基地,由最高人民法院考评后决定。

第六条 最高人民法院加强与知识产权司法保护理论研究基地在知识产权重大理论课题研究、信息资料交流、研讨培训等方面的合作,加强理论研究信息的交流及研究成果的转化、应用。

最高人民法院可以将知识产权司法保护有关的重大课题、重点调研课题,委托给知识产权司法保护理论研究基地进行研究或者进行合作研究。

最高人民法院可以根据实际情况,对知识产权司法保护理论研究基地拟定的研究课题进行协调沟通。

第七条 最高人民法院、地方各级人民法院为知识产权司法保护理论研究基地的专家、学者开展理论研究提供便利条件。

最高人民法院采取专题研讨会等形式,邀请知识产权司法保护理论研究基地的专家、学者为知识产权审判建言献策,交流研究成果、经验,对重大理论课题进行研讨、交流。

地方各级人民法院可以依据法定程序选择知识产权司法保护理论研究基地的专家、学者担任人民陪审员或者到知识产权审判部门交流挂职。

第八条 最高人民法院、高级人民法院可以与知识产权司法保护理论研究基地合作,有计划地开展知识产权法官的进修、联合培养工作，以及开展多种形式的专题研讨培训；选择知识产权法官到知识产权司法保护理论研究基地做访问学者、兼职研究人员。

第九条　知识产权司法保护理论研究基地应当明确负责知识产权司法保护理论研究工作的部门和人员。

知识产权司法保护理论研究基地应当在每年第一季度提交上一年度的工作总结及本年度的研究课题和研究方案，报送最高人民法院知识产权审判庭备案。

第十条　知识产权司法保护理论研究基地应当坚持正确的政治方向，坚持以马克思主义法学理论和社会主义法治理念为指导，开展知识产权司法保护理论与实践相结合问题的基础性研究。

第十一条　知识产权司法保护理论研究基地应当跟踪研究国际上知识产权保护理论和实务发展的最新动态，借鉴国内外知识产权司法保护理论成果和实践经验，研究我国知识产权司法保护需要解决的重大理论问题、难点问题，对知识产权司法保护工作提出意见或建议。

第十二条　知识产权司法保护理论研究基地应当制定研究信息、文献资料、研究成果交流与共享的具体办法。

知识产权司法保护理论研究基地可以结合各自的课题研究，举办研讨会进行交流，促进研究成果的转化与利用。

第十三条　知识产权司法保护理论研究基地的专家、学者要加强与人民法院知识产权审判部门的联系沟通，深入基层、深入实际，充分掌握第一手材料，增强理论研究工作的科学性、针对性，使理论研究与司法实践良性互动。

第十四条　对在知识产权司法保护理论研究工作中成绩突出的单位和个人，最高人民法院给予表扬和鼓励。

第十五条　本规定自印发之日起施行。

最高人民法院
知识产权司法保护调研基地管理规定

第一条　为保障知识产权司法保护调研基地有序高效地开展工作，促进知识产权司法保护调研成果的交流、应用及转化，进一步提高知识产权司法保护决策水平和审判质量，根据工作实际，制定本规定。

第二条　本规定适用于最高人民法院设立的知识产权司法保护调研基地。

第三条　最高人民法院主管知识产权司法保护调研基地的设立审批工作。

最高人民法院知识产权审判庭具体负责设立知识产权司法保护调研基地的遴选、考察工作。

第四条　最高人民法院设立知识产权司法保护调研基地，应当从知识产权审判工作代表性强，调研力量强、调研工作成绩显著的中级人民法院中选择。

第五条　最高人民法院设立的知识产权司法保护调研基地，有效期为五年。

第六条　最高人民法院加强知识产权司法保护调研基地的信息交流、调研成果的验收、应用及转化等方面的工作,用科学的调研成果指导审判实践,促进全国知识产权司法保护水平和能力的提高。

第七条 最高人民法院知识产权审判庭建立知识产权司法保护调研基地调研信息资料、研究成果定期通报的机制,指导知识产权司法保护调研基地制订调研方案和工作计划,并对调研工作成效进行督导、考核。

最高人民法院知识产权审判庭应当在每年三月底之前制定知识产权司法保护调研基地工作的年度计划,报最高人民法院主管院领导审批后,下发给知识产权司法保护调研基地,并抄送相关高级人民法院。

第八条 最高人民法院及知识产权司法保护调研基地所在地的高级人民法院应当加强对知识产权司法保护调研基地法官的培养工作,在同等条件下优先为知识产权司法保护调研基地的法官提供挂职交流、进修、培训的机会。

为充分发挥知识产权司法保护调研基地的作用,最高人民法院知识产权审判庭及知识产权司法保护调研基地所在地的高级人民法院,可以按照组织程序,选派其他地区的知识产权法官到知识产权司法保护调研基地进行工作交流或挂职锻炼。

最高人民法院及知识产权司法保护调研基地所在地的高级人民法院应当在调研课题和经费分配等方面对知识产权司法保护调研基地给予优先支持。

第九条 知识产权司法保护调研基地应当坚持以马克思主义法学理论和社会主义法治理念为指导,在调研工作中既要重视本地知识产权审判中的地域特色和现实需求,又要重视知识产权审判中具有普遍意义的司法理念、司法政策、法律适用、体制机制、队伍建设等方面。

第十条 知识产权司法保护调研基地应当结合审判实践中出现的新情况、新问题、新趋势,借鉴国内外知识产权司法保护的理论成果和实践经验,研究相应的应对措施和解决方案,充分发挥在知识产权司法保护调研方面的示范作用。

第十一条 知识产权司法保护调研基地应当确定其负责知识产权司法保护调研工作的部门和人员。

知识产权司法保护调研基地应当在每年二月底之前提出本年度的调研项目、调研课题和调研工作计划、方案,报送最高人民法院知识产权审判庭,并抄送所在地的高级人民法院。

第十二条 知识产权司法保护调研基地应加强与国内外知识产权教学研究机构的专家、学者的联系与合作,充分利用社会研究力量,提高调研工作的效率和质量。

知识产权司法保护调研基地每年可以结合各自的调研课题、项目,举办研讨会,最高人民法院、相关高级人民法院知识产权审判庭应当给予支持。

第十三条 对在知识产权司法保护调研工作中成绩突出的单位和个人,最高人民法院给予表扬和鼓励;不按照本规则开展工作的,予以批评教育。

第十四条 本规定自印发之日起施行。

最高人民法院
知识产权审判基层示范法院管理规定

第一条　为加强知识产权审判基层示范法院建设工作，充分发挥示范法院的示范和引领作用，促进全国知识产权审判基层基础建设的健康发展，根据工作实际，制定本规定。

第二条　本规定适用于最高人民法院确定的知识产权审判基层示范法院。

第三条　最高人民法院主管知识产权审判基层示范法院的确定工作。

最高人民法院知识产权审判庭具体负责知识产权审判基层示范法院的遴选、考察工作。

第四条　最高人民法院确定知识产权审判基层示范法院，应当从在知识产权审判工作中取得突出成绩、有代表性的基层人民法院中选择。

第五条　最高人民法院确定的知识产权审判基层示范法院，有效期为五年。

第六条　最高人民法院知识产权审判庭应当在每年三月底之前，对知识产权审判基层示范法院上一年度的工作情况进行考核。

最高人民法院知识产权审判庭应当建立知识产权审判基层示范法院工作情况定期通报机制。

第七条　最高人民法院及知识产权审判基层示范法院所在地的高、中级人民法院应当对知识产权审判基层示范法院的工作给予指导、支持。

最高人民法院知识产权审判庭应当加强对知识产权审判基层示范法院工作经验的交流、推广工作，促进全国法院知识产权审判工作水平和能力的提高。

第八条　知识产权审判基层示范法院应该坚持以社会主义法治理念为指导，在提高审判质量和效率、提升司法能力、审判体制和工作机制改革试点等方面创造出更多好的经验，做好表率。

知识产权审判基层示范法院应当坚持“调解优先、调判结合”的原则，努力把知识产权纠纷解决在基层、矛盾化解在基层。

第九条　知识产权审判基层示范法院应当准确把握形势发展变化对知识产权司法保护工作的新要求，在加强基层法院知识产权审判规范化建设、加强队伍建设等方面，发挥示范和引领作用。

第十条　知识产权审判基层示范法院应当在每年二月底之前，向最高人民法院知识产权审判庭报送上一年度知识产权审判工作的总结及本年度的工作计划。

第十一条　对在知识产权审判工作中取得突出成绩的知识产权审判基层示范法院，最高人民法院给予表扬和鼓励。

第十二条　本规定自印发之日起施行。

最高人民法院办公厅关于印发有关知识产权司法保护工作决定的通知

各省、自治区、直辖市高级人民法院，解放军军事法院，新疆维吾尔自治区高级人民法院生产建设兵团分院：

现将《最高人民法院关于设立医药产业知识产权司法保护调研基地及增加知识产权审判基层示范法院和知识产权司法保护理论研究基地、调研基地的决定》印发给你们。

二〇一二年四月十一日

最高人民法院关于设立医药产业知识产权司法保护调研基地及增加知识产权审判基层示范法院和知识产权司法保护理论研究基地、调研基地的决定

加强医药产业的知识产权司法保护，增强我国医药产业的自主创新能力和竞争能力，对于推进我国医药产业健康持续发展、保障人民的医疗安全和福祉，具有重要意义。为了加大我国医药产业知识产权司法保护力度，加强涉及医药产业知识产权审判的业务指导及调研工作，最高人民法院决定在江苏省泰州市中级人民法院、连云港市中级人民法院设立医药产业知识产权司法保护调研基地。希望两个调研基地及时把握医药产业知识产权保护的最新动向和发展趋势，深入开展医药产业的知识产权保护需求及相关法律问题的专项调研工作，为不断提高医药产业知识产权纠纷案件的审判质量，提高医药产业知识产权保护司法政策的决策水平，不断满足医药产业知识产权司法保护的新需求，作出应有的贡献。

为了进一步加强知识产权审判基层基础建设和知识产权司法保护理论研究、调研工作，决定增加北京市海淀区人民法院、上海市黄浦区人民法院、广东省广州市天河区人民法院、江苏省南京市鼓楼区人民法院、浙江省杭州市西湖区人民法院为知识产权审判基层示范法院；增加华中科技大学为知识产权司法保护理论研究基地，增加江苏省南京市中级人民法院、湖北省武汉市中级人民法院为知识产权司法保护

调研基地。

希望新增加的知识产权审判基层示范法院按照《最高人民法院知识产权审判基层示范法院管理规定》(法办〔2012〕68 号)的要求,不断提高知识产权审判工作的质量和效率,创新知识产权审判工作机制,充分发挥示范和引领作用。希望新增加的知识产权司法保护理论研究基地、调研基地充分发挥自身的特色和优势,按照《最高人民法院知识产权司法保护理论研究基地管理规定》、《最高人民法院知识产权司法保护调研基地管理规定》(法办〔2012〕68 号)的要求,做好知识产权司法保护理论研究、调研工作,为推动人民法院知识产权司法保护事业健康发展、推进创新型国家建设做出更大贡献。

国家工商行政管理总局、公安部、最高人民检察院关于加强工商行政执法与刑事司法衔接配合工作若干问题的意见

各省、自治区、直辖市工商行政管理局、公安厅(局)、人民检察院,新疆生产建设兵团公安局、人民检察院:

为进一步强化工商行政管理机关(以下简称工商机关)、公安机关和人民检察院的协作配合,加强工商行政执法与刑事司法衔接,切实形成打击违法犯罪合力,共同维护社会主义市场经济秩序,针对衔接配合工作中的新情况、新问题,根据《行政执法机关移送涉嫌犯罪案件的规定》、《国务院办公厅转发全国打击侵犯知识产权和制售假冒伪劣商品工作领导小组办公室等单位关于做好打击侵犯知识产权和制售假冒伪劣商品工作中行政执法与刑事司法衔接意见的通知》等有关规定,现提出如下意见:

一、关于涉嫌犯罪案件的移送

工商机关向公安机关移送涉嫌犯罪案件,应当按照《行政执法机关移送涉嫌犯罪案件的规定》第五条规定,指定 2 名或者 2 名以上行政执法人员组成专案组负责,按程序审批后依法移送。工商机关应当向公安机关提供涉嫌犯罪案件移送书、案件情况调查报告、涉案物品清单、有关检验报告或者鉴定意见等案件的全部材料,并将案件移送书、调查报告及有关材料目录抄送同级人民检察院。案件情况调查报告应当说明行为人的违法事实、法律依据以及工商机关意见等。工商机关移送案件前已经作出行政处罚决定的,应当将行政处罚决定书一并抄送同级公安机关、人民检察院。

对于工商机关移送的涉嫌犯罪案件,公安机关应当在涉嫌犯罪案件移送书回执上签字;其中,不属于本机关管辖的,应当在 24 小时内转送有管辖权的机关,并在转送后 3 个工作日内书面告知工商机关,同时抄送同级人民检察院。公安机关应当自接受移送案件之日起 3 个工作日内作出是否立案的决定,并在作出决定后 3 个工作日内书面告知工商机关,同时抄送同级人民检察院;其中,不予立案的,应当向工商机关书面说明理由、退回案卷材料,工商机

关应当依法作出处理。公安机关立案后又撤销案件的,应当在作出决定后3个工作日内书面告知工商机关,同时抄送同级人民检察院。

二、关于工商机关对公安机关不予立案决定有异议的处理

工商机关对公安机关不予立案决定有异议的,可以自接到不予立案通知之日起3个工作日内,提请作出决定的公安机关复议,也可以建议人民检察院进行立案监督。公安机关应当自收到提请复议的文件之日起3个工作日内作出是否立案的决定,并书面通知工商机关。工商机关对不予立案的复议决定仍有异议的,可以自接到复议决定通知书之日起3个工作日内建议人民检察院进行立案监督。人民检察院认为公安机关应当立案侦查的,依法进行立案监督。

三、关于涉案物品的处置

工商机关在查处违法行为过程中,必须妥善保存所收集的与违法行为有关的证据。对于公安机关决定立案的案件,工商机关应当自接到立案通知书之日起3日内将涉案物品以及与案件有关的其他材料移交公安机关,并办结交接手续。其中,对于工商机关已经作出没收决定的物品,公安机关可以采取提取样品、拍照录像等方式,在3个工作日内及时、全面提取、固定证据完毕,没收物品由工商机关依法处理。对于工商机关尚未作出没收决定,但已采取查封、扣押等行政强制措施的物品,公安、工商机关应当加强协作,确保在查封、扣押、冻结期限届满前办结交接手续。公安机关对容易腐烂变质及其他不易保管的物品,可以根据具体情况,在拍照或者录像后委托有关部门变卖、拍卖,所得价款暂予保存,待结案后一并处理;对于大宗的、不便搬运的物品,可采取提取样品、拍照录像等方式固定证据,原物不随卷保存,由公安机关按照国家有关规定分别移送主管部门处理或者销毁。

四、关于明显涉嫌犯罪案件线索的通报

工商机关在执法检查和接受举报投诉时,发现违法行为明显涉嫌犯罪的,要立即书面通报同级公安机关,并抄送同级人民检察院。工商机关向公安机关通报涉嫌犯罪案件线索,应当附有通报函及相关材料。犯罪嫌疑人有可能逃匿及销毁证据或转移、隐匿涉案财物的,工商机关应当立即通知公安机关,并在1个工作日内补办相关手续。

公安机关接到通报后,应当立即派员调查,自接到通报之日起10个工作日内决定是否立案侦查并书面通知工商机关,同时抄送同级人民检察院。公安机关书面通知不予立案的,工商机关应当依法作出处理。工商机关对公安机关不予立案决定有异议的,按照本意见第二条规定办理。

五、关于公安机关对涉嫌行政违法案件的移送

公安机关对于工作中发现的行政违法行为,或者立案侦查后认为不构成犯罪,或者犯罪事实显著轻微,不需要追究刑事责任,但依法应当由工商机关追究行政责任的,应当在作出不立案或者撤销案件决定后7个工作日内依法将案件材料移送工商机关,同时抄送同级人民检察院。公安机关移送的涉嫌行政违法案件,工商机关应当依法作出处理。对于不属于本机关管辖的,工商机关应当在3个工作日内转送有管辖权的机关,并书面告知公安机关。

六、关于对工商、公安机关不移送、不受理涉嫌犯罪案件的监督

对于公安机关不受理工商机关移送案件,未在法定期限内作出是否立案决定,或者立案后又撤销案件等问题，工商、公安机关可以协商或者提请上级机关协调解决；仍有异议的，可以建议人民检察院进行立案监督。人民检察院对工商机关提出的立案监督建议，应当依法受理并进行审查。

对于工商机关不移送或者逾期未移送涉嫌犯罪案件等问题，公安、工商机关可以协商或者提请上级机关协调解决；仍有异议的，公安机关可以建议人民检察院进行纠正。人民检察院发现工商机关不移送或者逾期未移送涉嫌犯罪案件的，应当向工商机关提出书面意见，建议其移送，工商机关应当在收到书面意见后3个工作日内移送，并将有关材料及时抄送人民检察院。工商机关仍不移送的，人民检察院应当将有关情况书面通知公安机关并函告上级工商机关，必要时公安机关可以直接立案侦查，工商机关应当积极配合。

七、关于在执法办案中相互协助调查

工商机关在向同级公安机关移送涉嫌犯罪案件时，应当将行政执法和查办案件过程中收集的物证、书证、视听资料、电子数据等证据材料，连同案件其他有关材料一并移送，公安机关在刑事诉讼中可以作为证据使用。

工商机关在行政执法和查办案件过程中收集的证据难以确定是否达到刑事案件立案追诉标准，但确有重大犯罪嫌疑，公安机关应当支持、会同工商机关开展进一步调查工作，彻查案件事实。工商机关在执法办案时发现涉嫌犯罪案件的嫌疑人可能逃匿、销毁证据或者转移、隐匿涉案财物的，要立即向公安机关通报，公安机关应当迅速派员介入，涉嫌犯罪的要依法立案侦查。对于以暴力、胁迫等方式阻碍工商机关依法执行公务构成违法犯罪的，公安机关应当严格依法处理。

对于情节严重、性质恶劣或者疑难复杂的重大涉嫌犯罪案件，公安、工商机关可以采取组成联合工作组等形式，共同商定工作策略和步骤，联合打击，形成合力，深挖首要违法犯罪分子，彻底摧毁犯罪网络，必要时请人民检察院提前介入研究案件。上级公安、工商机关可以对重大涉嫌犯罪案件开展联合督办，加强指导协调力度，确保严格依法办案。

八、关于案件咨询

工商机关就刑事案件的立案追诉标准、证据的固定保全、违法犯罪行为人身份等问题咨询公安机关、人民检察院，或者公安机关、人民检察院就案件办理中的有关政策法规、企业信息及有关专业性问题等咨询工商机关，受咨询的机关应当认真研究，及时答复；书面咨询的，应当在7个工作日内书面答复。

公安机关在办理案件过程中，对涉案商标是否属于相同商标、涉案商品是否属于同一种商品、商标权利人出具的书面证明材料是否有效、涉案广告是否属于虚假广告等一般法律、事实问题，可以直接进行认定；对于重大、复杂、疑难的专业问题，需要向国家工商总局有关部门咨询的，各地公安机关应当通过公安部主管业务局向国家工商总局有关部门进行咨询，国家工商总局有关部门应当积极协助、及时反馈。

九、关于案件信息共享

各级工商机关、公安机关、人民检察院应当积极推进工商行政执法与刑事司法衔接工作信息共享平台建设纳入电子政务建设规划，实现有关违法犯罪案件的执法、司法信息互联互通。尚未建立信息共享平台的，工商机关对于按照一般程序作出行政处罚案件的主要信息（包括主体信息、简要案情、处罚结果等），每年度向同级公安机关、人民检察院通报一次；有条件的地方，工商机关、公安机关可以探索通过建立协作办公室、互派执法协作员等方式,依托本部门信息数据库,按照有关查询规定,实现案件信息即时查询和信息共享。公安机关应当主动对行政处罚案件信息进行排查分析,对可能涉嫌犯罪的,应当向工商机关查询案件,必要时直接立案侦查,并于作出立案决定后3个工作日内书面告知工商机关,同时抄送同级人民检察院。人民检察院对行政处罚案件信息进行梳理研究,认为需要移送的,应当向工商机关提出书面意见,工商机关应当在收到书面意见后3个工作日内移送,并将有关材料及时抄送同级人民检察院。

十、关于建立联席会议制度

工商机关、公安机关、人民检察院应当建立健全两法衔接工作联席会议制度,每半年至少召开一次联席会议,相互通报查处破坏市场经济秩序等违法犯罪行为以及两法衔接工作的有关情况,交流重要的执法办案信息,研究衔接工作中存在的问题,提出加强两法衔接工作的对策,必要时可以结合各地实际,制定切实可行的衔接工作规程。

十一、关于加强执法培训和监督等机制建设

工商机关、公安机关和人民检察院应当运用实习教学、以案代训、培训班等多种形式,组织开展业务培训,重点加强对有关法律、行政法规、专业技能等方面的教学。最高人民检察院、公安部、国家工商总局每年要举办一次联合培训。各级工商、公安机关应当强化层级监督,通过案件评查、专项检查等措施,督导下级执法办案部门依法移送、及时受理,并将衔接配合工作纳入部门考核评价体系当中,对在行政执法与刑事司法衔接工作中做出突出成绩的单位和个人给予联合表彰奖励,不断提升公安、工商机关执法办案的水平和案件移送的成效。

国家工商行政管理总局
公安部
最高人民检察院
二○一二年十二月十八日

第三部分　概　　况

第二讲 合唱音乐

中国法院知识产权司法保护状况

中国法院知识产权司法保护状况(2011)

前 言

人民法院作为国家审判机关,充分发挥司法保护知识产权的主导作用,在依法调整知识产权关系、维护知识产权权利人合法权益、惩治侵犯知识产权犯罪和维护社会主义市场经济秩序等方面,负有重要神圣职责。2011 年是“十二五”时期的开局之年,是社会主义法治建设加快推进的重要一年,是人民法院知识产权司法事业取得长足进步的一年。人民法院在以胡锦涛同志为总书记的党中央坚强领导下,在全国各级人民代表大会及其常委会有力监督下,适应中国特色社会主义法律体系形成后的新要求,忠实履行宪法和法律赋予的知识产权审判职责,深入推进社会矛盾化解、社会管理创新、公正廉洁执法三项重点工作,依法公正高效廉洁司法,着力提升队伍素质、审判质量和司法公信力,各项知识产权司法工作取得新进展,为推动经济发展、文化繁荣和科技创新做出了积极努力。

关于 2011 年人民法院知识产权审判工作,正如最高人民法院院长王胜俊所指出的:随着经济社会的发展,知识产权审判工作的地位和作用越来越重要。近年来,各级人民法院高度重视这项工作,坚持能动司法,围绕中心,服务大局,坚持开拓创新,大胆探索,坚持队伍业务两手抓,为我国经济社会发展和建设创新型国家作出了重大贡献。

一、依法履行审判职责,始终抓好执法办案第一要务

2011 年,人民法院知识产权司法保护工作始终坚持以执法办案为第一要务,将案件审理工作作为各项工作的重中之重,依法公正高效审理各类案件,在案件审理中始终严把事实认定关、法律适用关和司法政策关,努力实现法律效果和社会效果的统一,案件审理的质量和效率得到进一步提高,知识产权司法公信力得到进一步提升。

(一)始终注重发挥知识产权民事审判在保护知识产权中的主导作用

2011 年,人民法院始终高度重视知识产权民事案件的审理工作,切实发挥民事审判在保护知识产权中的主导作用。在案件审理中,人民法院通过依法加大知识产权保护力度,制止各类知识产权侵权行为,保障知识产权权利人利益的充分实现,维护生机勃勃的创新机制。同时,通过科学界定知识产权保护范围和合理确定保护强度,防止知识产权滥用,促进知识传播和运用,拓展创新空间,构建公平合理的发展环境,使知识产权的市场价值和竞争优势转化为现实生产力和市场竞争力。围绕促进自主创新能力和国家核心竞争力的提高,不断加强专利权保护;围绕促进自主品牌的形成和品牌经济的发展,不断加强商业标志权益保护;围绕促进新商业模式的发展和文化创意产业的繁荣,不断加强著作权保护;围绕完善市场结构和维护公平竞争,不断加强对公平竞争的保护。全国地方人民法院共新收和审结知识产权民事一审案件 59,882 件和 58,201 件,同比分别增长 39.48% 和 39.51%。其中,新收专利案件 7819 件,比上年增长 35.16%;商标案件 12,991件,比上年增长 53.56%;著作权案件35,185件,比上年增长 42.34%;技术合同案件 557 件,比上年下降 16.87%;不正当竞争案件 1137 件(其中垄断民事一审案件 18 件),比上年上升 0.53%;其他知识产权案件 2193 件,比上年增长 11.55%。共审结涉外知识产权民事一审案件 1321 件,同比下降 3.51%;审结涉港澳台知识产权民事一审案件 635 件,同比增长 128.42%。共新收和审结知识产权民事二审案件 7642 件和 7659 件(含旧存),同比分别增长 17.17% 和 18.18%;共新收和审结再审案件 294 件和 224 件,同比分别增长 164.86% 和 105.50%。2011 年,最高人民法院新收和审结知识产权民事案件 305 件和 311 件(含旧存),其中新收申请再审案件 255 件,审结 262 件(含旧存)。

案件审判质量和效率进一步提高。全国地方人民法院知识产权民事案件一审结案率从 2010 年的 86.39% 上升到 2011 年的 87.61%;上诉率从 2010 年的 49.65% 下降到 2011 年的 47.02%;再审率从 2010 年的 0.27% 上升到 2011 年的 0.51%;上诉案件改判发回重审率从 2010 年的 4.57% 下降到 2011 年的 3.66%。全国地方人民法院知识产权一审民事案件审限内结案率由 2010 年的 97.93% 上升到 2011 年的 98.57%。

全国各级人民法院依法慎重受理与知识产权有关的诉前临时禁令申请案件,共计 130 件,裁定支持率 98.23%;受理诉前证据保全申请案件 186 件,裁定支持率 93.42%。注意依法积极采取证据保全措施,切实减轻当事人的举证负担。受理诉前财产保全申请案件 20 件,裁定支持率 100%。

产生较大社会影响的案件有珠海格力电器股份有限公司与广东美的制冷设备有限公司、珠海市泰锋电业有限公司发明专利权纠纷案,广州市红太阳机动车配件有限公司与安徽江淮汽车集团有限公司、安徽江淮汽车股份有限公司确认不侵犯商标专用权纠纷案,衣念(上海)时装贸易有限公司诉浙江淘宝网络有限公司、杜国发侵害商标权纠纷案,尚杜·拉菲特罗兹施德民用公司与深圳市金鸿德贸易有限公司、湖南生物医药集团健康产业发展有限公司侵犯商标专用权、不正当竞争纠纷案,腾讯科技(深圳)有限公司、深圳市腾讯计算机系统有限公司与北京奇虎科技有限公司、北京三际无限网络科技有限公司、奇智软件(北京)有限公司不正当竞争纠纷案,北京开心人信息技术有限公司与北京千橡互联科技发展有限公司、北京千橡网景科技发展有限公司不正当竞争纠纷案等。

(二)始终履行好知识产权行政审判监督和支持知识产权行政执法的职能作用

2011 年,人民法院依法公正高效审理行政案件,不断促进知识产权行政争议实质性解决。2011 年,全国地方人民法院新收一审知识产权行政案件 2433 件,同比下降 6.06%;审结 2470 件,同比上升 3.30%。

其中，新收专利案件654件，同比上升18.69%；商标案件1767件，同比下降12.78%；著作权案件2件，与2010年相同；其他案件10件。最高人民法院知识产权庭新收和审结知识产权行政申诉案件102件和101件。在审结的案件中，驳回73件，占72.28%；裁定提审20件，占19.80%；裁定指令再审3件，占2.97%；撤诉3件，占2.97%；发函1件，占0.99%；其他结案方式1件。最高人民法院新收和审结知识产权行政提审案件13件和11件。在审结的案件中，维持1件，占9.09%；改判10件，占90.91%。

一审涉外、涉港澳台知识产权行政案件大幅上升，共计1237件，占知识产权行政一审结案的50.08%。其中，审结涉外知识产权行政一审案件986件，涉港案件116件，涉澳案件3件，涉台案件132件。

二审知识产权行政案件数量增幅较大。全国地方人民法院新收知识产权行政二审案件1333件，审结1266件，其中维持原裁判1134件，改判67件，发回重审3件，撤诉42件，驳回14件，撤销原裁定指令立案审理2件，其他结案方式4件。

产生较大社会影响的案件有韦廷建与天丝医药保健有限公司、国家工商行政管理总局商标评审委员会商标撤销复审决定行政纠纷案，北京双鹤药业股份有限公司与湘北威尔曼制药有限公司、国家知识产权局专利复审委员会发明专利权无效行政纠纷案，法国卡斯特兄弟股份有限公司与中华人民共和国国家工商行政管理总局商标评审委员会、李道之商标撤销复审行政纠纷案等。

（三）始终重视充分发挥知识产权刑事审判惩治和震慑侵犯知识产权犯罪的职能作用

2011年，人民法院进一步加大知识产权刑事司法保护力度，积极参与打击侵犯知识产权和制售假冒伪劣商品专项行动，知识产权刑事审判惩治和震慑侵犯知识产权犯罪的功能得到有效发挥。一审知识产权刑事案件增幅较大，全国地方人民法院新收一审案件5707件，同比上升42.96%。其中侵犯知识产权罪3134件（假冒注册商标等侵犯注册商标案件2417件），同比上升142.19%；生产、销售伪劣商品罪案件中涉及侵犯知识产权的774件，同比上升29.87%；非法经营罪案件中涉及侵犯知识产权的1747件，同比下降15.93%；其他案件52件。

全国地方人民法院审结一审案件5504件，同比上升39.62%，生效判决人数10,055人，其中给予刑事处罚7892人。在审结案件中，以侵犯知识产权犯罪判决的案件2967件，生效判决人数5384人，同比分别上升136.60%和173.86%；以生产、销售伪劣商品犯罪（涉及侵犯知识产权）判处案件750件，生效判决人数1509人；以非法经营罪（涉及侵犯知识产权）判处的案件1735件，生效判决人数3032人；以其他犯罪判处的涉及侵犯知识产权的案件52件，生效判决人数130人。在以侵犯知识产权犯罪判决的案件中，以假冒注册商标罪判决的案件1060件，生效判决人数2163人；以销售假冒注册商标的商品罪判决的案件863件，生效判决人数1507人；以非法制造、销售非法制造的注册商标标识罪判决的案件370件，生效判决人数691人；以假冒专利罪判决的案件1件，生效判决人数2人；以侵犯著作权罪判决的案件594件，生效判决人数852人；以销售侵权复制品罪判决的案件30件，生效判决人数75人；以侵犯商业秘密罪判决的案件49件，生效判决人数94人。产生较大社会影响的案件有鞠文明、徐路路、华轶侵犯著作权罪案等。

知识产权案件总体呈现出以下特点:一是新收案件增幅较大。2011年,全国地方人民法院共新收知识产权民事一审案件59,612件,同比增长38.86%;共新收知识产权行政一审案件2433件,同比下降6.06%;共新收刑事一审案件5707件,同比上升42.96%。二是重大疑难复杂和新类型案件增多。案件普遍呈现出涉外案件比重较大,国际关注度高;因法律规定较为原则需要明确具体界限的疑难案件所占比重不断增多;裁判结果对当事人切身利益有重大影响的案件不断增多。三是随着创新型国家建设进程的加快,对自主创新成果的保护需求日益强烈,专利案件数量持续上升;专利案件涉及的经济利益越来越大,发明专利案件和涉及药品、通信和环保等高科技领域的案件明显增多;争议金额和判赔数额越来越高;涉及自主知识产权的专利纠纷增多,起诉外国公司和外资企业的案件开始增多;涉外专利纠纷比重较大,对审判进程和裁判结果的国内外关注度越来越高。四是随着企业创造和保护自主品牌意识的明显增强,涉及商业标志的争议越来越多。商标授权确权诉讼争议明显增加;商标侵权诉讼程序与授权确权程序交叉关联案件明显增多;涉及知名企业的重要品牌的案件明显增多;商业标志类权利冲突纠纷持续增多。五是随着文化创意产业的蓬勃发展,版权保护已经超出传统的文化意义而更多地向经济意义拓展。著作权案件持续大幅增长,始终占有知识产权案件总数的一半有余;网络成为版权保护的主战场;串案和关联案件较多;与网络技术开发和应用有关的版权纠纷受到业界的高度关注,加强版权保护与促进新商业模式发展的利益平衡空前重要。六是随着市场竞争程度的日益激烈和商业行为模式的多样化,越来越多的市场竞争行为需要依法予以界定和规范。法律明文禁止的不正当竞争行为有所减少,但挑战法律边界的行为屡见不鲜,需要适用反不正当竞争法的原则条款判断的案件越来越多;反垄断法的实施使一些长期以来司空见惯行为的合法性受到质疑,一些非为个人利益得失而重在检验法律和挑战界限的试探性、挑战性纠纷进入司法程序,通过司法解决垄断纠纷受到越来越多的关注。

(四)着眼于妥善化解矛盾,始终坚持“调解优先、调判结合”原则

在案件审理中,人民法院始终坚持正确处理调解和判决的关系,注重规范调解行为,不断提高调解质量。坚持有利于解决纠纷、有利于化解矛盾、有利于实现案结事了的标准,根据每起案件的具体情况,合理选择处理案件的方式,有效化解社会矛盾。始终坚持合法自愿原则进行调解,坚决避免脱离实际设定调解率指标、违背当事人意愿强调硬调等做法,不能调解以及调解不成的及时作出裁判。健全诉讼与非诉讼相衔接的矛盾纠纷解决机制,推动完善人民调解、行政调解、司法调解相结合的大调解工作体系,加强人民调解协议司法确认工作,支持调解组织、仲裁机构、行业协会充分发挥作用,共同化解社会矛盾。天津、山东、辽宁、湖北、安徽、陕西、新疆、贵州、海南、宁夏、青海、西藏等地高级人民法院以及兵团法院结合当地实际,不断探索建立符合本地区的诉讼调解纠纷解决机制。北京市高级人民法院在不断深化与中国互联网协会调解中心、中国作家协会建立的纠纷化解机制的同时,与北京市知识产权局签订知识产权纠纷司法委托调解合作协议,制定司法调解与行政调解相配合的指导意见。在湖南省高级人民法院协调下,长沙县人民法院、长沙市(县)仲裁委建立了与长沙经济技术开发区非诉讼纠纷解决制度对

接的机制。福建省法院系统充分发挥专家调解员、人民陪审员、行业协会、诉讼代理人等社会资源参与调解的作用，构筑大调解格局。四川省法院系统积极构建司法调解、人民调解与行政调解“三位一体”的大调解格局。上海市法院系统利用上海版权纠纷调解中心、中国互联网协会等平台成功调解知识产权案件120余起，普陀区法院首次委托上海版权纠纷调解中心成功调解68件。全国知识产权民事案件一审调撤率达到72.72%，同比上升4.13个百分点。

（五）着力深化司法公开，司法公信力不断提升

人民法院切实抓好各项审判公开制度在知识产权审判工作中的落实，不断促进案件审理的公开、公正、透明，确保“阳光司法”，切实保障案件当事人和社会公众的知情权，确保公正司法阳光照耀在知识产权审判的每个角落。通过新闻发布会制度、法院开放日活动、网络直播等多种方式提高审判工作透明度，不断提升司法公信力。最高人民法院采取一系列措施积极推进司法公开，发布《中国法院知识产权司法保护状况（2010年）》（中英文），举办全国法院知识产权司法公开座谈会，培训全国法院知识产权裁判文书上网工作信息员，开通升级改版的“中国知识产权裁判文书网”，实现全国法院知识产权裁判文书及时上网，不断提升网络的使用功能。截至2011年年底，已经有40,175份生效知识产权裁判文书通过“中国知识产权裁判文书网”公开。继续丰富最高人民法院官方网站“知识产权司法保护子网站”的内容，并及时进行改版。上海市高级人民法院开通“上海法院知识产权司法保护网”。湖南省法院系统建立人大代表旁听庭审和庭审网络直播长效机制。江苏省法院系统全面推行庭审“三同步”（庭审同步录音录像、同步记录、同步显示庭审记录）、裁判文书上网和庭审网络直播工作。北京、天津、重庆、山东、广东、广西、四川、甘肃、河北、江苏、海南、新疆等地高级人民法院发布2010年度知识产权司法保护状况白皮书或者蓝皮书。安徽、吉林、青海、西藏等地高级人民法院以及兵团法院推进建立健全知识产权司法公开机制。辽宁省法院系统普遍配备了信息化、智能化程度较高的知识产权审判法庭，对庭审网络直播进行常态化管理。浙江省高级人民法院不断完善专业型人民陪审员制度，在知识产权行政管理部门中选任专业型人民陪审员参与知识产权审判，出台关于知识产权审判专业型人民陪审员管理的若干意见。

二、立足党和国家工作大局，始终贯彻实施国家知识产权战略

2011年，人民法院结合知识产权审判工作实际，始终坚持能动司法，找准积极服务党和国家工作大局的结合点和切入点，服务领域进一步拓宽，服务能力和水平进一步提高，国家知识产权战略得到进一步深入贯彻落实，为“十二五”时期经济长期平稳较快发展提供更加有力的知识产权司法保障。

（一）紧紧围绕党和国家工作大局能动司法，为促进经济社会科学发展服务

人民法院知识产权司法工作紧紧服从服务于国内国际两个大局，着眼于服务经济结构战略性调整以及科技进步和自主创新，更好地为加快转变经济发展方式服务。始终高度关注国内国际形势的发展变化，充分发挥知识产权司法保护服务经济社会科学发展的功能作用。以推动加快形成先导性、支柱性产业为重点，进一步加强专利等技术类案件审判工作，切实提高产业核心竞争力；以加强驰名商标司法保护为重点，加强商标审判工作确保品牌经济发展；在防止滥用驰名商标保护制度的同时，依

法充分保护驰名商标;以推动新兴产业发展,全面提高信息化水平和增强国家文化软实力为重点,加强涉及软件、数据库、网络等著作权案件的审判工作;以维护公平竞争和规范市场秩序为重点,进一步加强竞争案件的审判工作;以加大侵权惩罚力度和降低维权成本为重点,加快知识产权司法保护制度建设,加强对自主创新品牌、基础前沿领域、核心关键技术和文化创意产业知识产权的司法保护;积极参与打击侵犯知识产权和制售假冒伪劣商品的专项治理活动,促进自主创新能力和国家核心竞争力的提高。组织开展"加强知识产权司法保护,促进经济发展方式转变"年度主题活动,为加快转变经济发展方式提供坚强知识产权司法保障。最高人民法院制定为推动社会主义文化大发展大繁荣服务的意见,出台加强文化创造者权益保护和科技成果保护等30项措施,指导地方各级法院加大知识产权司法保护力度。山东省高级人民法院出台了进一步加强知识产权审判工作的指导意见,为全省法院的知识产权审判工作指明方向。浙江省法院系统根据地方经济发展情况和产业发展特点,积极延伸知识产权审判职能,积极开展"知识产权特色审判"主题活动。天津市高级人民法院发布关于为社会主义文化大发展大繁荣提供知识产权司法保障与服务的实施意见。湖北省高级人民法院发布关于充分发挥司法保护知识产权的主导作用推动文化强省建设和科学发展的实施意见。云南省高级人民法院发布关于进一步加强特色和优势产业知识产权司法保护的意见。

(二)积极推动知识产权审判庭集中审理知识产权民事、行政和刑事案件的试点工作

全国各级人民法院坚持知识产权审判领域的改革创新,推动建立更为科学的知识产权审判体制和工作机制。按照国家知识产权战略的要求,知识产权审判庭集中审理知识产权民事、行政和刑事案件的试点工作得到进一步推广。在2011年12月召开的全国高级法院院长会议上,最高人民法院明确提出要进一步推进由知识产权审判庭集中审理知识产权民事、行政和刑事案件试点工作,发挥整体保护效能,努力构建资源优化、科学运行、高效权威的知识产权审判工作机制。已经开展试点的法院切实加强对试点工作的总结,不断推动试点工作规范化,及时发现试点中的新情况和解决新问题。不断推进建立知识产权民事、行政和刑事审判协调机制,大力加强与公安机关、检察机关以及行政执法机关的配合,提高司法效率,统一司法标准,发挥整体保护效能,努力构建资源优化、科学运行、高效权威的知识产权审判体系。截至2011年年底,全国已有5个高级法院、50个中级法院和52个基层法院开展了相关试点。江苏、浙江、内蒙古等地高级法院加强与检察院、公安厅的协调,就"三审合一"试点工作中刑事保护问题出台指导性意见。江苏省高级人民法院联合省公安厅、省检察院,制定关于办理知识产权刑事案件若干程序问题的意见,从权利审查、证据收集固定以及技术秘密鉴定等方面全面规范知识产权刑事案件办理工作,在商业秘密犯罪案件中引入公知技术抗辩制度,有效统一知识产权刑事案件执法尺度,提高刑事司法保护水平。

(三)注重知识产权司法保护宣传,不断扩大知识产权司法保护的影响力

人民法院通过各种形式的宣传手段,全方位地、多维度地宣传知识产权司法保护所取得的成绩和状况,将知识产权司法保护宣传工作作为一项重要工作抓紧抓好,不断扩大知识产权司法保护的影响力,

努力树立知识产权司法保护的良好形象。一如既往地抓好“4·26”世界知识产权日宣传周的各项宣传活动，不断丰富宣传内容。“4·26”世界知识产权日宣传周期间，全国各级人民法院抓好中宣部、最高人民法院等25个单位组成的全国知识产权宣传周组委会发布的《关于开展2011年全国知识产权宣传周活动的通知》落实，广泛宣传2010年全国法院知识产权司法保护工作取得的成就，开展了形式多样、富有创意的大规模宣传活动，取得了良好的社会效果，产生了广泛和积极的影响。最高人民法院在此期间主要举办了如下活动：召开全国法院知识产权司法公开座谈会，签署《互联网知识产权纠纷调解机制备忘录》，发布《中国法院知识产权司法保护状况（2010年）》（中英文）白皮书，发布《最高人民法院知识产权案件年度报告（2010年）》，开通升级改版的“中国知识产权裁判文书网”，设立知识产权司法保护理论研究基地、调研基地和基层示范法院，发布2010年中国法院知识产权司法保护10大案件和50个典型案例，公布审理垄断民事纠纷的司法解释的征求意见稿，组织中央新闻媒体“知识产权司法保护江苏行”活动等。数十家国内主要媒体对宣传活动进行了深度报道，美联社等国外媒体也高度赞扬我国加强知识产权司法及增强知识产权司法透明度的举措。我国法院知识产权司法保护所取得的成就得到了海内外的普遍赞誉，受到了积极评价，进一步提升了知识产权司法保护的公信力，提高了国际影响力。在“知识产权司法保护江苏行”活动中，人民日报、人民网、新华社、光明日报、中央广播电台、中国知识产权报、法制日报、人民法院报等中央媒体深入江苏南京、苏州、常州和无锡进行采访，实地了解江苏法院在司法体制和工作机制改革、知识产权司法公开、知识产权纠纷调处机制、知识产权司法保护制度建设和队伍建设等方面的实际情况，深入进行报道。

（四）进一步完善知识产权案件管辖布局，大力弘扬司法为民便民精神

人民法院从方便知识产权权利人诉讼，确保权利人更好地行使自己的合法权益，节约案件当事人诉讼成本的角度出发，认真贯彻最高人民法院《关于调整地方各级人民法院管辖第一审知识产权民事案件标准的通知》和《关于印发基层人民法院管辖第一审知识产权民事案件标准的通知》的精神，推进知识产权案件管辖布局的合理化和科学化，进一步优化审判资源配置。在经济、科技和文化相对发达的地区，适当增加批准管辖一般知识产权案件的基层法院，鼓励中级法院和基层法院根据工作需要开展跨地区划片集中管辖。截至2011年年底，具有专利、植物新品种、集成电路布图设计案件和涉及驰名商标认定案件管辖权的中级人民法院分别为82个、45个、46个和43个，具有一般知识产权案件管辖权的基层法院达到119个，3个试点审理实用新型和外观设计专利纠纷案件的基层法院。江苏省高级人民法院积极推动苏州、无锡、南京等地法院开展基层法院知识产权案件跨区域管辖工作，并下发《关于进一步明确全省知识产权案件级别管辖标准的通知》，规范辖区内知识产权案件级别管辖秩序。

（五）始终注重知识产权审判制度创新，不断完善公正高效权威的知识产权审判制度

人民法院始终将知识产权审判制度创新作为一项重要工作。最高人民法院知识产权审判庭与中国互联网协会签署《互联网知识产权纠纷调解机制备忘录》，创新和发展诉讼与非诉讼相衔接的纠纷解决机

制。黑龙江、上海、天津、青海、河北、浙江、福建、广西、山西、江西、新疆、内蒙古等地高级法院积极探索建立和完善案件技术事实查明机制,充分发挥科学技术专家的作用,试行专家陪审员和专家证人制度,不断提高案件审判质量。山东、湖南等省高级人民法院与本省科协签署知识产权司法保护合作备忘录,聘请特邀科学技术咨询专家,制定特邀科学技术咨询专家工作办法,积极探索技术专家参与知识产权审判的新途径。江苏省高级人民法院指导辖区内中院普遍成立技术专家库,出台知识产权技术专家库管理办法(试行)。广东省高级人民法院建立法律咨询顾问制度,聘请十位长期从事科学技术、知识产权理论研究和行政执法的专家担任全省法院系统的知识产权法律咨询顾问。

(六)加强横向联系,努力构建全方位的知识产权保护体系

人民法院始终重视加强与知识产权行政管理部门、科学技术行政管理部门、行业协会和高校等的沟通与联系,提高保护知识产权的实效,充分发挥司法、行政保护知识产权并存的优势作用,努力推动我国知识产权整体保护水平不断进步。全国部分人民法院继续与国家知识产权局专利复审委员会互派人员开展工作交流。积极参与立法建议和行政决策建议工作,有效开展司法建议工作。北京市法院系统注重横向联动、搭建平台、加强合作,探索建立区域知识产权保护体系,石景山区法院与区知识产权局、司法局等共同成立"中关村科技园石景山园法律服务平台",朝阳区法院与区有关单位联合主办"保护知识产权,促进创新发展"主题活动,东城区法院与区知识产权局、雍和园管委会等单位联合主办第三届"知产雍和行"活动,怀柔区法院与北京电子商会等七家行业协会建立联络机制等。河南省法院系统建立与知识产权相关部门的沟通协调机制,形成知识产权保护合力。

(七)加强知识产权司法保护国际和区际交流,努力提升中国知识产权司法保护负责任大国形象

人民法院始终重视知识产权司法保护的国际和区际交流活动,不断拓展交流的渠道,不断丰富合作的形式,注意加强中美、中欧及与其他国家之间的交流与合作。组织知识产权法官前往美国进行交流学习,派员参加中欧知识产权工作组会议、中美商贸联委会知识产权工作组会议、中瑞知识产权工作组会议。通过外事活动,积极回应外方的关注,澄清有关误解,宣传我国知识产权保护成就,维护良好的国际形象。最高人民法院全年共接待涉及知识产权司法保护的日本、美国等高层代表团近二百人,全面介绍我国知识产权司法保护的状况和成绩,提升了中国法院知识产权司法保护的国际影响力。最高人民法院为加强海峡两岸知识产权法律界和司法界的交流,组成以知识产权法官为主要成员的中国法官协会代表团前往台湾进行了访问,代表团与台司法界人士就两岸司法制度、知识产权司法保护及其他审判制度等问题进行了广泛和深入的交流。通过访问,两岸司法界增进了了解,加深了友谊,凝聚了共识,对于促进两岸司法互信与合作,加深沟通与交流,具有重要意义。

三、夯实基层基础,统一法律适用尺度,始终注重审判监督和业务指导工作

基层基础建设事关人民法院工作全局,统一司法标准事关法治国家和人民法院公信力建设。2011 年,全国各级人民法院始终注重基层基础建设,始终在统一司法标准上做文章、下力气,始终履行好审判监督职责,始终抓好业务指导工作,不断规

范上下级人民法院审判业务关系，明确上级法院监督指导的范围与程序，促进提高基层知识产权司法水平。

（一）大力加强知识产权审判基层基础建设，夯实知识产权审判工作根基

全国各级人民法院根据知识产权审判工作的特点和规律，深入贯彻最高人民法院关于加强人民法院基层基础建设的意见。进一步完善基层法院知识产权审判业务机构设置，加强人员配备；有针对性地加强基层法院法官培训，加强基层法院知识产权法官到上级法院或兄弟法院的挂职交流，提升基层法院知识产权审判能力和水平。支持基层法院在知识产权审判体制和工作机制方面的改革和探索，及时总结和推广其经验。发挥基层示范法院的模范带头作用，使各基层示范法院在提高知识产权审判工作质效、创新审判体制和工作机制、加强审判规范化建设和队伍建设等方面，发挥示范和引领作用。最高人民法院实施加强知识产权审判基层基础建设"三五工程"，即在北京大学、中国人民大学、华东政法大学、西南政法大学、深圳大学设立知识产权司法保护理论研究基地；在已设立中国知识产权司法保护（苏州）调研基地的基础上，增设青岛、深圳、长沙、成都四个调研基地；决定北京市朝阳区、上海市浦东新区、江苏省苏州市虎丘区、浙江省义乌市、湖北省武汉市江岸区人民法院为知识产权审判基层示范法院。最高人民法院知识产权审判庭与苏州高新区管委会签署合作备忘录，将苏州高新区作为中国知识产权司法保护典型案例评选发布基地。辽宁省高级人民法院和大连海事大学合作，联合创设"辽宁知识产权司法保护研究基地"。

（二）大力加强知识产权审判专题调研

全国各级人民法院牢固树立"以调研促审判"理念，高度重视知识产权审判调研工作，不断提高调研水平，注重成果转化。就加大侵权惩处力度、降低维权成本，明确知识产权案件损害赔偿计算的原则和标准，提高损害赔偿计算的科学性和合理性等问题开展调研。就网络环境下的著作权司法保护继续开展调研，完成网络著作权司法保护的重点调研课题。就专利授权确权行政案件的审判、商业秘密司法保护和知识产权案件诉前临时措施制度等相关问题开展调研。就提高商标行政案件的审理质量和效率，改革商标行政案件管辖制度开展调研。开展包括涉境外作品著作权保护、涉网吧著作权纠纷、传统戏剧作品保护等在内的专项调研工作。

充分发挥中国审判理论研究会知识产权专业委员会知识产权审判专业学术组织和学术交流平台的作用，为推进全国法院知识产权审判事业的发展提供重要的理论支持，在重庆召开中国审判理论研究会知识产权专业委员会2011年会暨"加大知识产权司法保护力度与降低维权成本"研讨会，表决通过《关于调整中国审判理论研究会知识产权专业委员会主要成员的决定》。积极配合有关单位和部门做好民事诉讼法、反不正当竞争法等法律法规修改工作，从全国法院范围内选择有丰富审判经验和理论素养的法官组成著作权法、商标权法两个修改法律小组，积极开展调研，为立法提出高质量的建议。

针对审判中出现的难点热点以及新情况新问题积极开展专题调研，全国地方各级人民法院不断丰富和创新调研手段和方法，撰写专题调研报告、总结审判经验、发表论文、编写审判经验交流资料、召开座谈会、举办讲座等，不断提高调研的能力和水平，服务审判实践。

(三)不断拓宽知识产权审判业务指导途径

全国各级人民法院通过制定司法解释、发布司法文件、发布指导性案例、出台指导性意见、开展专项调研等多种形式,切实担负起对下级法院进行业务指导的职责。最高人民法院切实抓好知识产权司法解释或司法解释性规范文件的制定工作,完成起草审理垄断民事诉讼司法解释并向社会公开征求意见,起草审理网络著作权案件的司法解释,起草审理专利授权确权行政案件审判标准的指导性意见,起草审理商标授权确权案件程序问题的指导性意见。最高人民法院、最高人民检察院、公安部联合发布了《关于办理侵犯知识产权刑事案件适用法律若干问题的意见》,进一步明确了有关知识产权犯罪的定罪量刑标准,完善了知识产权刑事司法保护规范体系,为公安机关、人民检察院、人民法院依法办理侵犯知识产权刑事案件提供了重要规范保障,进一步明确了近年来公安机关、人民检察院、人民法院在办理侵犯知识产权刑事案件中遇到的法律适用疑难问题,对于依法惩治侵犯知识产权犯罪,充分发挥司法保护知识产权主导作用,提高中国知识产权刑事司法保护水平,维护公平有序的市场环境具有十分重要的意义。在浙江省杭州市召开全国法院知识产权审判工作座谈会,会议深入学习贯彻十七大、十七届六中全会精神,以牢固树立社会主义法治理念为指导,准确把握人民法院知识产权审判工作面临的机遇与挑战,进一步明确知识产权审判工作所担负的历史使命,回顾总结2011年知识产权审判工作,深入分析当前面临的形势任务,研究部署今后一个时期的知识产权审判工作。会议的召开对于2012年以及今后一个时期做好知识产权审判工作具有重要意义。组织知识产权专家学者以及优秀知识产权法官编写全国法院知识产权法学案例教程,为知识产权法官教育培训提供高质量的教材。广东省高级人民法院指导中山市中级人民法院建立中山灯饰知识产权快速维权机制和知识产权巡回审判庭,指导深圳龙岗区法院推行电子证据固化系统建设。

(四)充分发挥司法政策在促进知识产权司法统一上的重要作用

人民法院根据分门别类、区别对待和宽严适度的宏观知识产权司法政策要求,调整和规划各类知识产权案件的具体司法政策,充分发挥司法保护知识产权的主导作用。在审判过程中,准确运用司法政策指导法律规则正确实施,系统总结和细化知识产权司法政策,通过各种方式保障知识产权司法政策的贯彻落实,不断推进知识产权司法的统一、规范和公开。

(五)创新和加强审判管理

全国各级人民法院努力建立起一套科学、完备、有效的知识产权审判管理体系,加强审判管理制度建设,以制度促管理、以管理保质效,突出强调审判管理的规范化、制度化、科学化,把知识产权审判管理覆盖到每个审判人员和审判工作全过程,不断提高案件审判质效,不断完善审判流程管理,建立结案定期通报制度,确保办案效率,实现均衡结案。严把裁判文书质量关,突出文书的说理性和示范作用。积极开展优秀裁判文书评选活动,不断促进裁判文书质量提高。强化对疑难复杂案件的审理,通过召开审判长联席会、相关法官会、专家论证会等多种方式研究讨论,确保案件公正审理。进一步加大提级管辖、异地管辖的力度,防止地方保护,确保公正司法。始终高度关注关联案件的协调,确保关联案件处理的一致性。广东省高级人民法院建立健全知识产权审判情况分析通报、分类指导和沟通协调三项工作机制，不断提高知识产权审判工作水平。重庆市法院系统建立大要案报告制度。

（六）充分发挥典型案例在知识产权审判中的示范作用

人民法院高度重视典型案例在知识产权审判中的示范作用，将典型案例的评选和发布作为一项长期重要工作，不断推进知识产权案例指导工作的规范化、制度化和长效化。最高人民法院发布《最高人民法院知识产权案件年度报告（2010）》，公布2010年中国法院知识产权司法保护10大案件和50个典型案例。北京、天津、重庆、山东、安徽、福建、江西、湖南、四川、山西、黑龙江、广东、广西、甘肃、贵州等地高级法院公布当地的典型案例，不断探索完善典型案例指导制度。

四、加强知识产权审判队伍建设，始终重视提高队伍素质

建设高素质的知识产权法官队伍，是做好知识产权审判工作的关键。2011年，全国各级人民法院将抓党建带队建促审判贯穿于知识产权法官队伍建设的始终，注重在全面提高知识产权法官队伍整体素质上下工夫，广大知识产权法官积极投身到法院文化建设之中，不断提高自身的法律文化修养，促进知识产权司法文化建设。

（一）加强法院文化建设，积极树立知识产权法官的良好职业形象

加强文化建设，大力提升知识产权法官的思想境界、职业操守、人文素养，努力营造崇尚学习、积极进取、特色鲜明的文化氛围，培养和树立知识产权法官司法公正、清正廉洁、一心为民、规范文明的职业形象。

（二）加强学习型审判庭建设，着力提高知识产权法官的政治素质和业务素质

全国各级人民法院始终注重知识产权审判庭的政治学习和业务学习，广泛开展学习型审判庭建设。加强广大知识产权法官“忠诚、为民、公正、廉洁”的政法干警核心价值观教育。加强广大知识产权法官应用法学理论研究，创新学习方法，定期开展多种形式的业务学习，及时更新知识产权法学理论知识，适应中国特色社会主义法律体系形成对人民法院知识产权司法保护的深刻影响。

（三）深入开展两项主题实践活动，牢固树立社会主义法治理念

全国各级人民法院将“人民法官为人民”主题实践活动纳入中央政法委组织开展的“发扬传统、坚定信念、执法为民”主题教育实践活动中，按照中央政法委的统一要求和最高人民法院的部署，突出加强党建工作和司法作风建设两个重点，结合知识产权审判工作实际，加强组织领导，狠抓工作落实，确保两项活动取得实效。切实改进广大知识产权法官的司法作风，坚持党的群众路线，牢固树立群众观点，深入开展群众观点大讨论，确保群众观点深入人心。努力促进知识产权司法廉洁，进一步落实以人为本、执政为民理念，扎实开展党风廉政建设，强化知识产权司法廉洁教育，督促广大知识产权法官廉洁自律，坚守防线。

（四）扎实开展知识产权法官培训教育，全面提升知识产权队伍素质

最高人民法院和高级人民法院举办各种形式的培训，进一步增强知识产权法官的司法能力，提高知识产权法官的司法水平。全国各级人民法院将认真贯彻“一个目标、两个转变、三个倡导”教育培训工作方针贯彻落实于知识产权法官的教育培训中，严格落实最高人民法院制定的2011～2015年全国法院教育培训规划，不断优化知识产权审判培训内容，创新知识产权审

判培训方式,提高知识产权审判培训质量。最高人民法院举办全国法院知识产权审判培训班,注重加强宏观司法政策、社会主义法治理念教育,就知识产权司法前沿理论问题开展研讨和交流,增强知识产权法官的司法能力,提高司法保护知识产权的水平。最高人民法院与美国国际发展署、亚洲基金会举办了首届全国法院知识产权审判庭庭长研讨班,全国各级人民法院的230余名知识产权审判庭庭长参加了研讨班,研讨班对知识产权司法理念、司法政策和基本法律制度等宏观和中观问题进行了为期一周的研讨。

结 束 语

2011年,人民法院的广大知识产权法官们开拓创新,兢兢业业,硕果累累;2012年,广大知识产权法官们信心满怀,仍须努力,更上一层楼。

2012年是我国发展进程中具有特殊重要意义的一年,中国共产党将召开举世瞩目的第十八次全国代表大会。人民法院知识产权司法工作将继续坚持以审判工作为中心,认真践行“为大局服务、为人民司法”工作主题,着力在深化上下工夫、在落实上见成效、在巩固中求提高,积极应对好知识产权保护工作面临的新情况新问题新挑战,切实完成好知识产权审判工作为保护知识产权承担的繁重任务;进一步加强调查研究,坚持能动司法,更加有效地推进知识产权审判制度机制创新,争取更好的法律效果和社会效果;进一步加强与有关执法部门的配合,切实加大对侵犯知识产权犯罪的打击力度,维护公平竞争的良好市场经济秩序;进一步加强自身建设,认真开展“忠诚、为民、公正、廉洁”的政法干警核心价值观教育实践活动,切实做到知行统一,努力实现人民法院知识产权司法工作的新发展,为开创知识产权审判工作新局面作出新的更大的贡献!

工 作 综 述

2012 年人民法院知识产权司法保护工作综述

2012 年,人民法院深入贯彻十七届六中全会和“十二五”规划纲要要求,牢牢抓住科学发展这个主题,紧紧围绕加快转变经济发展方式这条主线,突出司法办案,强化队伍建设,不断完善知识产权审判体制和工作机制,重点做好向全国人大常委会报告知识产权审判工作的相关各项工作,不断提高知识产权司法保护能力和水平,在推动科技创新、经济发展、文化繁荣和对外关系等方面发挥了重要作用。

一、坚持执法办案第一要务,充分发挥司法保护知识产权主导作用

立足审判职能,发挥知识产权司法保护的全面性、终局性和实效性优势,切实维护知识产权权利人合法权益,激励自主创新,规范市场竞争,促进提高知识产权创造、运用和管理水平。

(一)积极发挥民事审判在保护知识产权中的主渠道作用

人民法院受理的知识产权民事案件继续迅猛增长,司法解决知识产权纠纷的主渠道作用更加明显。人民法院受理的知识产权民事案件继续迅猛增长,司法解决知识产权纠纷的主渠道作用更加明显。2012 年全国地方法院共新收和审结知识产权民事一审案件 87,419 件和 83,850 件,分别比上年增长 45.99% 和 44.07%。其中,新收专利案件 9680 件,比上年增长 23.80%;商标案件 19,815 件,比上年增长 52.53%;著作权案件 53,848 件,比上年增长 53.04%;技术合同案件 746 件,比上年增长 33.93%;不正当竞争案件 1123 件(其中垄断民事一审案件 55 件),比上年下降 1.23%;其他知识产权案件 2207 件,比上年增长 0.64%。全年共审结涉外知识产权民事一审案件 1429 件,比上年增长 8.18%;审结涉港澳台知识产权民事一审案件 613 件,同比上年降低 3.46%;审结垄断民事一审案件 49 件。全年共新收和审结知识产权民事二审案件 9581 件和 9292 件,分别比上年增长 25.37% 和 21.32%;再审案件 172 件和 223 件,分别比上年下降 41.50% 和下降 0.45%。

知识产权民事案件的审判质量和效率不断提高。全国地方法院知识产权民事案件一审结案率保持稳定,2012 年知识产权民事案件一审结案率为 87.61%;上诉率从 2011 年的 49.65% 下降到 2012 年的 39.53%;再审率从 2011 年的 0.51% 下降到 2012 年的 0.20%;上诉案件改判发回重审率为 5.46%。知识产权诉讼调解效果显著,2012 年全国知识产权民事一审案件平均调解撤诉率为 70.26%。全国地方法院知识产权一审民事案件审限内结案率由2011年的98.57%上升到2012年的99.24%。

（二）充分发挥刑事审判职能，惩罚和震慑犯罪功能得以进一步发挥

2012年全国地方法院共审结涉及知识产权侵权的刑事案件12,794件；判决发生法律效力15,518人，其中有罪判决15,518人。在审结案件中，以侵犯知识产权犯罪判决的案件7684件，生效判决人数9010人；以生产、销售伪劣商品犯罪（涉及侵犯知识产权）判处案件2504件，生效判决人数3126人；以非法经营罪（涉及侵犯知识产权）判处的案件2535件，生效判决人数3287人；以其他犯罪判处的涉及侵犯知识产权的案件71件，生效判决人数95人。在以侵犯知识产权犯罪判决的案件中，以假冒注册商标罪判决的案件2012件，生效判决人数2629人；以销售假冒注册商标的商品罪判决的案件1906件，生效判决人数2452人；以非法制造、销售非法制造的注册商标标识罪判决的案件615件，生效判决人数864人；以假冒专利罪判决的案件63件，生效判决人数0人；以侵犯著作权罪判决的案件3018件，生效判决人数2941人；以销售侵权复制品罪判决的案件27件，生效判决人数59人；以侵犯商业秘密罪判决的案件43件，生效判决人数65人。积极配合国务院部署开展的打击侵犯知识产权和制售假冒伪劣商品专项行动。制订工作计划，下发专项通知，加大案件督办力度，形成打击侵犯知识产权犯罪的持续高压态势。

（三）充分发挥行政审判职能，支持和监督依法行政的功能得以进一步发挥

2012年全国地方法院新收一审知识产权行政案件2928件；审结2899件。其中，新收专利案件760件，同比上升16.2%；商标案件2150件，同比上升21.68%；著作权案件3件，同比上升50%；其他案件15件。审结案件中，维持具体行政行为2117件，撤销540件。全国地方人民法院新收知识产权行政二审案件1424件，审结1388件，其中维持原裁判1225件，改判118件，发回重审3件，撤诉22件，驳回15件，撤销原裁定指令立案审理1件，其他结案方式4件。

二、坚持能动司法，积极主动服务大局

发挥主观能动性，主动回应国内外形势发展变化和群众司法需求，服务推动科技创新，营造良好知识产权司法保护环境，树立知识产权保护负责任大国形象。2012年4月，周密安排和部署“4·26”知识产权宣传周活动，通过发布典型案例、知识产权年度报告、知识产权司法保护白皮书等方式，大力宣传知识产权司法保护工作，增进社会对知识产权司法保护的理解和认同；2012年5月，积极协助举办中美知识产权司法审判研讨会，宣传我国知识产权司法保护进展与成就，促进中美知识产权交流，服务外交工作大局；2012年7月，发布《关于充分发挥审判职能作用，为深化科技体制改革和加快国家创新体系建设提供司法保障的意见》，营造有利于科技创新的司法环境，服务创新驱动发展；2012年12月，王胜俊院长向第十一届全国人民代表大会常务委员会作《关于加强知识产权审判工作促进创新型国家建设情况的报告》，系统总结五年工作，分析存在的困难与问题，提出进一步加大保护力度、推进知识产权审判改革创新和加强队伍建设等工作建议。

三、坚持改革创新，完善知识产权审判体制和工作机制

最高人民法院强化知识产权司法改革意识，采取多项有效措施，积极推动知识产权审判体制和工作机制的改革和完善。一是积极推进知识产权审判庭集中审理知识产权民事、行政和刑事案件试点工作（以下简称“三审合一”），优化审判资源配置，发

挥知识产权审判整体保护效能。截至2012年年底，已有5个高级法院、59个中级法院和69个基层法院开展了相关试点。二是调整和优化知识产权案件管辖制度。适应审判实践需求，坚持专利等技术类案件集中管辖制度，适当增加管辖一般知识产权案件的基层法院，积极开展中、基层法院跨区管辖，优化知识产权案件管辖布局。截至2012年年底，经最高人民法院指定具有专利、植物新品种、集成电路布图设计案件和涉及驰名商标认定案件管辖权的中级人民法院分别为83个、45个、46个和44个，具有一般知识产权案件管辖权的基层法院达到141个。三是加强基层基础建设。增设北京市海淀区、上海市黄浦区、广东省广州市天河区、江苏省南京市鼓楼区、浙江省杭州市西湖区五个基层法院为知识产权审判基层示范法院；增设华中科技大学为知识产权司法保护理论研究基地；增设江苏省南京市和湖北省武汉市两个中级法院为知识产权司法保护调研基地；在江苏省泰州市和连云港市两个中级法院设立医药产业知识产权司法保护调研基地。

四、加强业务指导，切实维护知识产权司法统一

大力加强司法解释工作，明晰司法保护政策，通过多种方式开展业务指导，保证知识产权法律统一适用。一是制定反垄断和网络著作权保护领域的司法解释。2012年5月，出台《关于审理因垄断行为引发的民事纠纷案件应用法律若干问题的规定》，建立起我国反垄断民事诉讼的基本框架和制度设计，进一步明晰了反垄断法相关规定的含义，为垄断民事纠纷案件的审理提供可操作的具体依据。2012年12月，出台《关于审理侵害信息网络传播权民事纠纷案件适用法律若干问题的规定》，明确网络著作权案件审理的具体规则，依法保护信息网络传播权，促进信息网络产业健康发展。二是重视司法政策的指引作用。2012年2月，举办全国法院知识产权审判庭庭长研讨班，进一步厘清当前知识产权司法保护的理念，明确提出“加强保护、分门别类、宽严适度”的知识产权司法保护政策，明晰法律适用思路，保障各项知识产权法律立法目标的充分实现。三是发挥典型案例的示范作用。发布2011年中国知识产权司法保护10大案件、50件典型案例和最高人民法院知识产权案件年度报告（2011年），明确知识产权司法的具体原则和标准，增强业务指导的灵活性、针对性。

2012年人民法院知识产权刑事保护工作综述

2012年，最高人民法院根据知识产权刑事司法保护的新形势新要求，监督指导地方各级人民法院依法履行职责，全国知识产权刑事审判工作取得了长足进展，为进一步规范市场秩序，推动科技创新，促进经济发展和文化繁荣发挥了重要作用。

一、狠抓执法办案第一要务

2012年，全国法院依法发挥审判职能作用，严肃惩处了一批犯罪分子，有力地打击了侵犯知识产权犯罪，有效维护了权利人的合法权益和正常的市场秩序。全国法院新收一审案件13,104件,同比上升129.61%。其中侵犯知识产权罪案件7840件,同比上升150.16%;生产、销售伪劣商品罪案件中涉及侵犯知识产权的2607件,同比上升236.82%;非法经营罪案件中涉及侵犯知识产权的2587件,同比上升148.08%;其他案件70件,同比上升34.62%。

全国法院共审结涉及知识产权侵权的刑事案件12,794件21,391人,同比分别上升132.45%和112.74%,其中判决生效人数15,518人,有罪判决人数15,518人,同比分别上升了95.19%和96.63%。在审结的案件中,以侵犯知识产权犯罪判决的案件7684件,生效判决人数9010人;同比分别上升158.98%和123.9%;以生产、销售伪劣商品犯罪(涉及侵犯知识产权)判处案件2054件,生效判决人数3126人,同比分别上升233.87%和142.89%;以非法经营罪(涉及侵犯知识产权)判处的案件2535件,生效判决人数3287人,同比分别上升46.11%和31.96%;以其他犯罪判处的涉及侵犯知识产权的案件71件,生效判决人数95人,同比分别上升36.54%和下降35.81%。在以侵犯知识产权犯罪判决的案件中,以假冒注册商标罪判决的案件2012件,生效判决人数2629人;以销售假冒注册商标的商品罪判决的案件1906件,生效判决人数2452人;以非法制造、销售非法制造的注册商标标识罪判决的案件615件,生效判决人数864人;以侵犯著作权罪判决的案件3018件,生效判决人数2941人;以销售侵权复制品罪判决的案件27件,生效判决人数59人;以侵犯商业秘密罪判决的案件43件,生效判决人数65人。在案件量大幅上升、工作压力增大的情况下,各级法院集中办案力量,提高工作效率,有力地打击了侵犯知识产权和制售假冒伪劣商品犯罪,严肃惩处了一批犯罪分子。

二、加强调研和指导力度

根据全国打击侵犯知识产权和制售假冒伪劣商品工作领导小组关于完善现有法律法规的要求,2012年,最高人民法院与最高人民检察院、公安部继续深入调研,从立法层面对影响侵犯知识产权违法行为定罪和影响案件量刑的问题进行深入研究,对入罪门槛、刑期和财产刑的幅度等方面问题提出立法修改建议并提交国务院法制办。

最高人民法院认真履行审判指导职责,要求各级法院在审理侵犯知识产权刑事案件过程中,严格贯彻罪刑法定和罪刑相适应原则,深入贯彻宽严相济刑事政策,做到不枉不纵。2012年,最高人民法院督办了杭州世纪连线侵犯著作权案等多起重大、典型的侵犯知识产权刑事案件,案件的审判结果取得了良好的社会效果和法律效果。

三、注重沟通与对外交流

2012年,作为全国打击侵犯知识产权和制售假冒伪劣商品工作领导小组成员,最高人民法院在依法履行审判职责的同时,继续加强与领导小组各成员单位的沟通与协调配合,完善行政执法与刑事司法的衔接机制,并在多部行政法规的修改过程中,提出修改意见和建议。最高人民法院还多次与公安机关、检察机关沟通,进一步统一证据标准和执法尺度。

此外,最高人民法院积极与权利人沟通,听取权利人对人民法院知识产权刑事保护的意见和建议,对权利人的诉求及时予以回应。最高人民法院还参加了中美版权网络执法研讨会等多个对外交流活动,了解国外最新的知识产权刑事司法保护状况,同时回应对方关切,消除有关误解。

四、强化司法公开与法制宣传

2012年，最高人民法院借助中国打击侵权假冒工作网，大力宣传国家保护知识产权的政策和法律法规，地方各级人民法院通过公开庭审和宣判、发布典型案例、司法大走访等多种形式，展示人民法院打击侵犯知识产权犯罪的成果，宣传知识产权司法保护的政策和法律法规，提升企业诚信守法和维权意识，提高公众自觉抵制侵权商品的意识，营造全社会重视知识产权保护的良好氛围。

保护知识产权工作是一项长期而艰巨的任务，最高人民法院将在2013年继续加大对知识产权的司法保护力度，依法审理侵犯知识产权刑事案件，统一执法尺度，深入调研新情况、新问题，为实施创新驱动发展战略、建设创新型国家和全面建成小康社会做出更大贡献。

2012年全国检察机关打击侵权假冒工作综述

检察机关作为国家法律监督机关，始终高度重视知识产权司法保护。在2012年3月召开的十一届全国人大五次会议上，曹建明检察长在工作报告中强调要强化知识产权司法保护。今年以来，曹检察长3次批示，要求全国检察机关要高度重视、积极参与、全力配合和支持国务院部署开展的打击侵权假冒专项整治，要依法及时批捕、起诉涉嫌侵权假冒犯罪案件，进一步加大对侵权假冒犯罪案件的刑事司法打击力度，进一步加强对行政执法机关移送涉嫌犯罪案件、公安机关刑事立案和侦查活动的监督，积极会同有关部门进一步强化和完善“两法衔接”机制，促进社会诚信体系建设和检察机关法律监督能力建设。

一、充分履行职责加强知识产权刑事保护

1. 审查逮捕。全国检察机关受理提请批准逮捕的涉嫌生产、销售伪劣商品罪案件和涉及侵犯知识产权犯罪案件共计10,687件19,984人，批捕8194件14,842人。其中，受理提请批准逮捕的涉嫌生产、销售伪劣商品罪案件5431件10,657人，同比分别上升27.9%和25%。经审查，批捕4035件7847人，同比分别上升34.3%和30.5%。共受理提请批准逮捕涉及侵犯知识产权犯罪案件（涉及知识产权犯罪案件是指包括刑法分则第3章第7节侵犯知识产权罪、数罪中含侵犯知识产权罪和他罪中含侵犯知识产权行为的案件）5256件9327人，同比分别上升20.3%和19.5%；经审查，批捕4159件6995人，同比分别上升17.8%和17.5%。

2. 审查起诉。全国检察机关受理移送审查起诉涉嫌生产、销售伪劣商品罪案件和涉及侵犯知识产权犯罪案件共计36,488件70,159人，提起公诉16,143件28,419人。其中，受理公安机关移送审查起诉的涉嫌生产、销售伪劣商品罪案件19,244件38,279人，同比分别上升392%和345.1%。经审查，提起公诉7531件14,266人，同比分别上升198.1%和176%。共受理移送审查起诉的涉及侵犯知识产权犯罪案件17,244件31,880人，同比分别增长203.1%和

186%;经审查,提起公诉8612件14,153人,同比分别增长127.5%和106%。

3. 立案监督。全国检察机关共受理公安机关应当立案侦查而不立案侦查涉及侵犯知识产权犯罪案件线索213件;要求公安机关说明不立案理由206件;公安机关主动立案201件;检察机关通知公安机关立案4件,公安机关接通知后立案4件。其中,假冒注册商标案件54件,占26.3%;销售假冒注册商标的商品案件61件,占29.8%;非法制造、销售非法制造的注册商标标识案件20件,占9.8%;侵犯著作权案件63件,占30.7%;侵犯商业秘密案件5件,占2.4%,实现零的突破。

4. 查办职务犯罪。依法决定逮捕放纵制售伪劣商品的犯罪嫌疑人9人,提起公诉35人。而在因涉嫌徇私舞弊不移交刑事案件被决定逮捕的18人、被提起公诉的111人以及因涉嫌帮助犯罪分子逃避处罚被决定逮捕的97人、被提起公诉的228人中,涉及侵犯知识产权领域的占相当比例。为准确打击侵权假冒犯罪背后的利益链,广东省检察院出台了《关于在"三打两建"工作中查办"保护伞"案件的指导意见》,并先后办理了原东莞市工商行政管理局经济检查支队二大队大队长邓某和原东莞市质监局食品科科长马某为汕头澄海"407"假烟案的犯罪分子充当"保护伞"等重大有影响的案件。各级检察机关还针对"双打"工作中发现的管理漏洞,提出检察建议,帮助相关部门建章立制。

二、推进行政执法与刑事司法衔接工作机制不断完善

1. 积极推进"两法衔接"工作。积极配合全国"双打办"等单位赴云南、重庆、上海、江苏、四川、广东等地,就进一步规范打击侵权假冒领域的行政执法与刑事司法衔接工作和中央信息共享平台建设深入调研。会同全国"双打办"等单位起草了《关于做好打击侵犯知识产权和制售假冒伪劣商品工作中行政执法与刑事司法衔接的意见》。9月27日,国务院办公厅转发《意见》后,高检院随即下发通知对全国各级检察机关充分发挥法律监督职能,进一步与有关部门加强配合,共同做好"两法衔接"提出要求。在高检院的统一部署下,各级检察机关及时传达学习了国务院文件精神,并结合各地区实际,认真研究下一阶段完善"两法衔接"工作机制的意见。河南、湖北、甘肃、贵州等地检察机关召开了全省行政执法与刑事司法衔接现场会;宁夏举办了全区检察机关"两法衔接、信息共享"第二期业务培训班。

2. 积极推动信息共享平台建设。高检院在全国"双打办"12月6日召开的上海会议上就各级检察机关积极促进并配合各地负责牵头打击侵权假冒工作的部门加快"网上衔接、信息共享"平台建设再次提出要求。各级检察机关正按照高检院的要求,积极采取多种措施,加快推进本地区信息共享平台建设。福建、湖北、湖南、甘肃等省检察院分别推动省人民政府出台了关于进一步加强本省行政执法与刑事司法衔接工作的实施办法和指导意见。甘肃、贵州等省检察院起草了《行政执法与刑事司法衔接机制信息共享平台建设工作计划》,明确了建设信息共享平台的牵头单位和建成时间。截至年底,上海、江苏、云南、宁夏已在全省(自治区、直辖市)范围内基本建立了三级信息共享平台。北京、河北、山西、内蒙古、辽宁、吉林、黑龙江、浙江、安徽、福建、山东、河南、湖北、广东、重庆、四川16个省(自治区、直辖市)也部分建立或者试点建立了信息共享平台。各级检察机关充分运用"两法衔接"机制,通过强化对行政执法机关移送涉嫌犯罪案件的监督,有效促进了依法行政和公正司法，成效明显。2012年，全国检察机关加强对行政执法机关备案案件的审查，从中发现可能涉嫌犯罪案件，及时监督行政执法机关向公安机关移送案件，并监督公安机关立案，有效防止了以罚代刑。截至11月，重庆市检察机关共督促行政机关移送“双打”相关刑事案件线索147件217人，移送案件线索的行政执法机关涉及畜牧兽医局、烟草专卖局、工商局、食品药品监督局、质监局等部门；广州市两级检察机关共建议行政执法机关移送涉嫌侵权假冒犯罪案件129件；中山市院通过两法衔接平台，累计审查行政执法机关网上备案资料100余份，查询并督促行政机关向公安机关移交行政处罚案件30余件，推动了两法衔接工作的顺利开展。

三、扎实推进打击侵权假冒犯罪长效机制建设

1. 设立常态化的领导机构。2010年12月高检院在侦查监督厅设立了保护知识产权处，全面负责与国务院有关行政执法机关的联络工作、指导全国检察机关对行政执法机关不移送涉嫌犯罪案件的监督工作以及检察环节保护知识产权的协调指导工作。河北、安徽、四川等地设立了由省院领导任组长，相关内设机构为成员的打击侵权假冒工作领导小组，统一负责本省各级检察机关打击侵权假冒工作的组织领导和统筹协调。

2. 强化工作部署。高检院下发了《关于进一步依法严厉打击食品安全犯罪行为的通知》和《最高人民检察院关于切实做好打击侵犯知识产权和制售假冒伪劣商品工作中行政执法与刑事司法衔接的通知》，对各级检察机关充分履行职责，加大对相关领域犯罪的打击力度作出部署。四川、广东、江苏等省级检察院也制定了规范性文件，对“两法衔接”、知识产权保护等工作提出要求。

3. 健全监督考核、执法协作等工作机制。高检院积极配合全国“双打办”研究起草了《全国打击侵犯知识产权和制售假冒伪劣工作绩效考核办法意见》，目前高检院正在修改统计报表，将各级检察机关监督行政执法机关移送涉嫌犯罪案件的情况纳入对下级检察院工作的考核范畴。认真就《关于行政执法机关在打击侵犯知识产权和制售假冒伪劣商品工作中依法公开行政处罚案件信息的指导意见》研提意见。会同国家工商行政管理总局、国家质量监督检验检疫总局研究起草“两法衔接”意见细则，现会同工商总局的细则已会签完毕。

4. 完善侵权假冒案件办案机制。近年来，北京、江苏、上海、广东等地检察机关建立了专门办理知识产权案件的机构，深入探索适合办理知识产权案件特点的检察工作模式。目前，江苏和上海的三级检察机关已经成立了专门办理侵犯知识产权犯罪案件的机构，并已初步建立了一批稳定而专业的办案队伍，为更加精准、有力地打击侵权假冒犯罪提供了可靠的办案保障。浙江、天津等地则针对知识产权案件专业性强、疑难复杂的特点，采用案件督办和类案专办、研讨等方式，跟踪指导、上下联动做好案件办理工作。

5. 加强队伍专业化建设。为切实提高检察人员办理侵犯知识产权犯罪案件的技能和水平，2012年5月高检院侦查监督厅举办了侦查监督能力建设座谈会，将知识产权专业化建设作为提高侦查监督能力的重要举措。6月高检院举办了第五期全国检察机关知识产权培训班，各省级人民检察院侦查监督处负责人和负责知识产权刑事保护业务骨干及协办单位代表约150人参加了培训。

四、加强对内对外知识产权检察保护宣传

检察机关通过各种形式全方位地、多维度地宣传知识产权司法保护所取得的成绩和状况，将知识产权司法保护宣传工作作为一项重要工作抓紧抓好，不断扩大知识产权检察保护的影响力，努力树立知识产权司法保护的良好形象。2012 年以来，高检院向全国“双打办”、国家知识产权局等单位转发了各地检察机关建立健全“两法衔接”工作机制和加强知识产权检察保护的经验材料 10 余次；为法制日报、检察日报、中美知识产权特刊、网络电视台等新闻媒体撰写新闻通稿，宣传检察机关知识产权保护工作 7 次；协助国家知识产权局、国家工商行政管理总局等单位编写《中国知识产权年鉴》、《中国知识产权司法保护年鉴》、《商标年鉴》、《中国知识产权保护状况白皮书》等各类书刊材料 10 件，以充分展示地方检察机关知识产权司法保护成果。各级检察机关充分发挥广播、电视、报刊等媒体的宣传和导向作用，并通过开展法制宣传周活动加强知识产权保护的宣传和普法力度，积极延伸检察职能。江苏、贵州、山东等省检察机关在“世界知识产权日”采用宣传展板展示、现场接受咨询投诉、讲座培训等形式，开展知识产权保护宣传，鼓励人民群众坚决抵制制假售假违法犯罪活动。同时设置举报电话，充分发动群众举报有案不移、有罪不究、以罚代刑的案件线索，努力营造全社会参与打击侵犯知识产权和制售假冒伪劣商品犯罪的浓厚氛围。

检察机关还十分注重通过开展知识产权司法保护国际交流加强宣传努力提升中国知识产权司法保护负责任大国形象。2012 年派员参加了中美商贸联委会及其知识产权工作组会议、中欧保护知识产权工作组等各类工作会议 40 余次；参加了与美国、欧盟等关于知识产权保护的谈判；参加了知识产权战略部级联席会议；参加了外商投资企业知识产权保护工作座谈会；参加了中美知识产权工作组副部级会议及中国知识产权海外交流活动、东盟成员国检察官合作打击侵犯知识产权违法犯罪活动研讨会等，向国际社会客观介绍中国检察机关保护知识产权工作情况。

2012 年公安部知识产权刑事保护工作综述

2012 年，公安部部署全国公安机关深入完善工作体制、提升思想认识、狠抓推进落实，继续保持“亮剑”的严打高压态势，对侵权假冒犯罪发动“破案会战”。据统计，全国公安机关当年共破获侵犯知识产权和制售伪劣商品犯罪案件 4.3 万起，抓获犯罪嫌疑人 6 万余名，涉案总价值 113 亿元。

一、全面发动，深入推进打假会战

2012 年 3 月至 8 月，公安部组织全国公安机关开展严厉打击经济犯罪“破案会战”，将打击假冒伪劣犯罪放在首要位置，调集全国优势警力，坚决为人民利益而战，突出打击假药品、假食品、假机电、假日化等关切人民群众生命健康安全的制假售假

犯罪,全国公安机关共破获各类假冒伪劣犯罪案件2.8万起,总体战果在去年"亮剑"行动攀升9倍的基础上成倍增长。期间,公安部指导各地强化大案攻坚,重点打击假冒伪劣商品生产窝点、批发团伙,深挖缉捕犯罪幕后组织者、策划者和骨干分子,彻底摧毁犯罪网络、断绝犯罪链条死灰复燃能力。截至目前,440余起公安部督办案件已全部办结。

二、突出重点,组织发起集群战役

针对当前制假售假犯罪链条化、产业化、跨地域的趋势特点,公安部组织、指导各地坚持运用集群战役主战模式,紧紧围绕货物、人员、资金、技术的来源流向,统一指挥,协同作战,连续开展打假集群战役369轮次,破案3942起,抓获犯罪嫌疑人1.1万余名。一是抓好"上下合力"。充分发挥上级实战职能,连续召开全国会议统筹推进,并在部机关、战区前指、省级指挥部和基层一线之间建立起畅通的四级指挥作战机制,实施扁平化指挥协调,形成集约调动各地警力,实施多点同时精确打击的格局。二是组织"全警协同"。公安部调集各地经侦、治安、刑侦、技侦、网安、派出所等各部门警力,抓住线索质量、参战职责、情报传递、区域联动、战果共享引导5个关键环节,强化各地、各部门协同意识、组织意识和纪律意识,确保警令畅通、令行禁止,切实形成整体战斗力。三是务求"前后贯通"。指导各地从零售环节打到原材料生产,从生产窝点打到售假终端,彻底铲断产供销产业链条;同时围绕主线、突出重点,着力揭开了假冒牛奶菌落超标、"地沟油"换上名牌包装、翻新汽配流入市场、废弃油料变身名牌润滑油、无业人员承包医院敲诈行骗、无良假药添加激素毒素、假冒服装转换"代购"、"尾货"、假冒手表混入名表商城、执法人员充当"保护伞"等恶劣实质、黑暗内幕,这也有效提升了基层一线打击此类犯罪的积极性和主动性。2012年7月25日,公安部组织31个省(区、市)190个城市同步开展打击假药行动,铲除24个特大假药犯罪网络,涉案价值达11.6亿元,在国内外引发广泛关注和良好反响。

三、完善机制,推动工作长远发展

一是强队伍。公安部注重"边打边建",督促各部门、警种协同打假,并指导全国各地公安机关普遍建立起打击侵犯知识产权犯罪的领导协调机构,形成公安机关内部最大合力;总结北京等地做强专业力量、强化打假队伍建设的有益探索和积极经验,引导全国各级公安机关健全打假机构设置。二是建机制。大力加强与行政执法部门的衔接配合,联合工商总局、高检院出台《关于加强工商行政执法与刑事司法衔接工作若干问题的意见》;联合高法院、知识产权局、工商总局等部门建立"知识产权司法领域杰出个人"、"知识产权保护重大事件"等评选制度,联合知识产权局评选先进集体和个人,激励地方打击假冒伪劣积极性;推动与香港海关会商加强知识产权领域刑事执法合作,并畅通联系沟通渠道。三是促法制。会同高法院、高检院、工商总局等部门召开多次跨部门研究会议,并广泛征求各地、各部门意见,形成完善相关知识产权刑法立法建议初稿。同时,结合打击破案实践,积极研究起草假冒伪劣领域重点类案的证据标准,联合高检、高法、工商总局深化研究,建立知识产权刑事保护案例指导机制,推动解决法律适用问题,提高知识产权执法规范化水平。

四、国际合作,树立负责任大国形象

公安部针对侵权假冒犯罪跨国境的突出特点,主动会同国境外执法部门,共商联合打击策略。2012年5月,公安部会同美方开展“蓝色计划”打击跨国制售假箱包案,抓获78名犯罪嫌疑人,捣毁制假售假窝点37个,缴获假冒“路易威登”、“蔻驰”、“爱马仕”等名牌箱包13,380个,制假原料2.7万平方米,价值1.07亿元,彻底铲除一个向美国、中东等多个国家和地区走私假冒名牌箱包的生产源头。同时,督促美国国土安全部深入开展侦查,全面摧毁美国内销售网络,并积极筹组赴美警官小组,细化对接,固定证据,再创中美执法合作典范。此外,利用中欧、中美、中法、中北欧等多边、双边机制以及国际刑警组织知识产权执法大会、中美版权执法研讨会等国际会议平台提出我方观点,围绕瑞典大使馆致信感谢等案、事件进行宣传,展示公安机关丰硕战果,树立我负责任大国的形象,得到国内外广泛认同。7月17日,全球反假冒机构向我局颁发“2012年度全球反假冒执法部门最高贡献奖”,表达了国际社会对中国政府和公安机关的肯定和赞许。

五、宣传策应,营造良好社会氛围

公安部在组织各地严打假冒伪劣犯罪的同时,坚持将宣传发动贯穿工作始终,与打击工作同重亮点、重策划,多层面、全视角反映公安打假成果,深层次揭露制假售假犯罪坑人害人本质,树立良好形象,发动群众积极参与打假工作,营造良好社会氛围。一是集中宣传,会同央视筹备“3·15”打击假冒伪劣消防产品集中宣传活动,反响热烈;结合“4·26”知识产权宣传周会同相关部门发布《中国知识产权白皮书》;组织开展“5·15”打击防范经济犯罪宣传日活动,剖析典型案例,讲解法律常识,传授识假技能;结合“7·25”打击假药集群战役和重点案件,策划重点宣传,《新闻联播》等多个媒体、栏目连篇报道。二是专题报道,在《人民公安报》刊发专版,刊发公安机关打假工作进展和重点案件报道;结合典型重大案件,向《焦点访谈》等央视重点栏目推荐、提供题材,配合就谢某制售假药案等10起重点案件进行深度专题采访。三是展示成果,组织开展“破案会战”成果展,以百余幅生动的图片配以简要的文字介绍以及各地公安机关查获的300余件有代表性的假冒伪劣商品,反映打击假冒伪劣犯罪总体成效,全国打假领导小组部分成员单位观展后给予充分肯定和高度评价。

2012年地方法院知识产权工作概况

北京法院2012年度知识产权司法保护工作总结

2012年,北京市法院深入推进三项重点工作,充分发挥知识产权审判职能,知识产权司法保护工作取得了新进展。

一、坚持办案第一要务,公正、高效完成审判任务

北京市三级法院知识产权庭2012年

共新收一审知识产权民事案件8492件，同比增长15.54%；审结8424件，同比增长15.49%。其中：新收专利案件305件，商标案件1224件，著作权案件6390件，技术合同案件164件，不正当竞争案件131件，其他案件278件。市高、中级法院知识产权庭共新收二审知识产权民事案件785件，审结807件（含旧存）。

市一中院知识产权庭2012年共新收一审知识产权行政案件2813件，同比增长22.15%，其中：专利案件700件，商标案件2113件；审结2789件，同比增长18.88%。市高院知识产权庭共新收二审知识产权行政案件1377件，同比增长6.83%，其中：专利案件353件，商标案件1024件；审结1341件，同比增长10.46%。

全市法院知识产权庭在案件审理中，注重法律与社会效果的统一，有效维护权利人的合法权益，制裁侵权行为，终审审结了一批社会广泛关注的复杂、疑难案件。面对知识产权授权确权行政案件的迅速增长，坚决贯彻最高人民法院"加强保护、分门别类、宽严适度"的知识产权司法保护政策，加强对涉重大发明创造、驰名商标案件的司法审查与保护，不断提高审判人员专业能力，克服行政案件涉外及涉外埠数量大、审理周期长、程序烦琐等困难，高效办案，知识产权行政审判工作又上新台阶。

全市三级法院刑事审判庭2012年共审结侵犯知识产权犯罪案件624件（一审案件587件，二审及申诉案件37件），较上年的114件增加了4.47倍。其中，侵犯商标权类犯罪193件，较上年的87件增长了1.22倍；侵犯著作权类犯罪423件，较上年的27件增长了13.6倍；侵犯商业秘密类犯罪8件。

二、创新审判机制，强化能动司法

全市法院知识产权庭不断创新机制，探索建立区域知识产权保护模式。市一中院知识产权庭与该院立案庭联合试点，开展知识产权诉讼服务改革；市二中院知识产权庭充分运用"三人技术组、五人合议庭"模式审理复杂技术案件；东城区法院知识产权庭吸收社会力量参与联合调处，完善"大调解"格局；丰台区法院知识产权庭对疑难、复杂和新类型案件实行"四跟踪"制度；顺义区法院知识产权庭建立庭前问询、庭前调解和调解双重合议制度等。

在推进国务院打击侵犯知识产权和制售假冒伪劣商品专项行动中，全市法院积极部署，加强与知识产权行政执法部门协作，强化知识产权庭与刑事审判庭的配合，开展专项行动定期汇报制度，通过公开、公正审理与集中宣判一批侵害知识产权的大要案，充分发挥知识产权司法保护的主导作用。

继续推进知识产权案件诉讼与非诉讼相衔接的纠纷解决机制。全市各级法院通过委托调解、联合协作等方式，积极落实与中国互联网协会调解中心、中国作家协会、市知识产权局等单位建立的纠纷化解机制。全市法院知识产权庭总结各种调解经验，实现调解模式共享与创新。市二中院的"五梯次"调解法在向辖区法院推广后，化解社会矛盾取得更好效果。昌平区法院的"五时三式"调解法在知识产权案件审理中发挥重要作用，实现案结事了。

延伸知识产权审判职能，促进区域经济发展。结合区域经济发展特点，全力做好"送法、传法"活动，通过对口建设、法官讲堂、义务咨询等，直接将知识产权法送进企业、校园、社区等。如西城区法院知识产权庭深入老字号企业，会同有关部门就老字号及非物质文化遗产开展"老字号知识产权保护行动"；石景山区法院知识产权庭提出"智护CRD"，打造"石景山服务"品牌,为辖区商品流通和文化创意产业的发展提供司法保障等。

三、加强督导调研,确保司法统一

为配合最高人民法院向全国人大常委会作知识产权专项报告,北京法院对近五年来的知识产权审判工作取得的成绩、经验和存在的问题做了全面总结,并做专门汇报。结合二审改判、发回情况,与一审法院交换意见,完成并公开发表"2011 年知识产权审判新发展",使审级监督职能得到充分发挥。

组织召开了"北京市法院第四届知识产权精品案件研讨会",全市知识产权法官就审判中的新经验进行了深入交流。参与完成"裁判文书和庭审两评查"活动,成功举办全市法院知识产权优秀裁判文书评选。为保障十八大召开,市高院知识产权庭认真落实市委政法委部署的"健全完善知识产权审判工作机制"重点任务,顺利完成 6 大项 18 个具体工作;配合市高院申诉审查庭,探索建立信访案件临时合议庭制度,认真做好信访化解工作。

围绕审判实践中出现的普遍性问题,市高院组织并完成《关于部分知识产权案件适用简易程序进行审理的规定(试行)》、《关于审理电子商务侵害知识产权纠纷案件若干问题的解答》、《关于视频分享著作权纠纷案件的审理指南》、《关于规范专利商标行政诉讼案由的规定》、《关于服务首都文化创意产业发展的指导意见》,提高并规范了知识产权司法保护水平。此外,受最高人民法院等单位委托,就著作权法、商标法、网络著作权司法解释等认真提出修改意见和建议,为知识产权法律的修订做出贡献。

编辑出版了由市高院吉罗洪副院长主编的《北京法院商标疑难案件法官评述(2011)》、《北京市高级人民法院知识产权审判新发展(2006~2011)》两本专业书籍,受到知识产权界的高度关注。与市知识产权局合作编写《展会知识产权保护指导案例》一书,成为宣传展会知识产权保护的重要读本。继续与《中国知识产权报 · 商标周刊》、《科技与法律》杂志、12330 中国知识产权保护网等深度合作,刊发了多篇全市法院知识产权法官撰写的调研文章、案例评析。举办"网络文化知识产权保护高级研修班",形成 8 篇共计 10 余万字的课题报告,提出网络文化发展中的一些热点、难点、重点问题的保护意见,促进了首都文化、经济发展。

市高院发布了 2011 年度知识产权十大典型案例及《北京市法院知识产权司法审判年度报告》;制作并发放了 2012 年北京市法院知识产权裁判文书电子版光盘。利用"4 · 26"世界知识产权日和"12 · 4"法制宣传日,积极做好知识产权宣传工作。加强与电视台、网络媒体的合作,开辟知识产权法治栏目,展示首都法院在知识产权司法保护方面取得的成绩。

四、加强培训力度,努力建设专家型法官队伍

在备受关注的"中美知识产权司法审判研讨会"上,北京法院多位法官发表演讲或参与模拟法庭;成功举办了第三届首都互联网知识产权保护论坛,多名法官作主题发言。在全市"知识产权案件调解能力专项培训视频讲座"上,5 位调解能手传授了调解经验。在最高人民法院组织的"知识产权法律应用征文大赛"评选活动中,多位法官取得优异成绩。此外,组建并开展了"首都知识产权专家法官志愿者队伍"活动,参与志愿服务 25 次,受众 500 余人。

北京市法院始终高度重视廉政建设,严格执行《五个严禁》等廉政规定,不断提高知识产权法官的职业素养、树立良好的审判作风。全市法院知识产权法官以典型带先进,形成“传帮带”的良好风气。市一中院姜颖法官被英国知识产权权威刊物《知识产权管理》评选为2012年度知识产权界全球最具影响力50人之一。此外,通过举办审判实务专题培训、实地调研考察、建立知识产权保护实践基地等形式,培养了一批知识产权业务骨干,为知识产权审判工作可持续发展打下了坚实基础。

天津法院2012年度知识产权司法保护工作总结

2012年,天津法院系统充分发挥知识产权审判职能,全面提高审判质量和效率,积极践行“忠诚、为民、公正、廉洁”的政法干警核心价值观,落实廉洁自律各项规定,圆满完成全年工作任务。

一、案件审理情况

2012年,天津法院共收民事知识产权案(含旧存)1250件,结案1161件,同比分别上升104.93%和113.44%,结案率为92.88%,其中一审收案(含旧存)1103件,二审135件,再审收案2件。行政知识产权案1件,结1件。新收刑事知识产权案42件,结案35件35人。

1. 依法妥善审结了一些有影响的知识产权案件,审判效果良好。例如:涉及“泥人张”的擅自使用他人企业名称及虚假宣传纠纷案、“星河湾”商品房建造销售服务商标侵权纠纷案、“天津青旅”企业名称纠纷、沙河酒业“九龄坛”商标侵权案等。

2. 加强诉讼调解,努力化解矛盾纠纷。全部案件调解和撤诉结案的640件,调撤率为51.2%,高院二审知产案件调撤率为43.13%。1件知识产权案件入选全国法院100个优秀调解案例。

3. 坚持司法公开,全面提高审判质量。庭内开展庭审经验交流和庭审评比。主动邀请市人大领导及部分全国及天津市人大代表和政协委员来院观摩案件庭审活动。召开庭审观摩座谈会,认真听取人大代表和政协委员的意见和建议。规范裁判文书制作,严格要求,杜绝瑕疵。按月上传全市法院的生效知识产权裁判文书至中国知识产权裁判文书网。

二、完成重点工作情况

1. 制定《天津法院为社会主义文化大发展大繁荣提供知识产权司法保障与服务的实施意见》。加强涉文化领域的知识产权保护,充分发挥知识产权审判对文化建设的规范、引导、促进和保障作用,推动传统文化产业发展壮大,促进新兴文化产业迅速发展。

2. 积极探索审判中面临的专业技术事实认定难题解决途径,建立“天津法院知识产权审判技术咨询专家库”,制定《知识产权审判技术咨询专家库运行办法》,举行知识产权审判技术咨询专家聘任仪式。

3. 开展保障和服务天津市科技型中小企业知识产权发展的专题调研活动。召开“天津市科技小巨人企业知识产权保护座谈会”,邀请40多家天津市的科技小巨人企业参会,对企业面临的知识产权问题提供法律服务和咨询帮助。起草“天津市科技小巨人企业知识产权司法保障和服务措施”。

4. 召开知识产权司法保护新闻发布会。发布天津法院知识产权司法保护保护年度报告和典型案例。

5. 总结天津法院五年来的知识产权审判工作作情况,起草《天津法院知识产权审判工作情况报告(2008~2012)》,分别报送市人大内司委和最高人民法院。

6. 加强对外联系和工作协作。与市政府科学技术委员会签署《加强知识产权工作合作备忘录》;认真落实与市知识产权局的工作协作机制,共同组织科技型中小企业调研;加强与天津市版权协会的工作联络,共商版权保护对策。

7. 参加全国人大财经委员会组织的商标法修改征求意见座谈会,报送书面意见。

8. 承办全国部分法院知识产权审判工作情况调研座谈会。参加最高法院组织的"纪念商标法颁布30周年座谈会"、"影像作品版权保护座谈会"、"全国法院知识产权庭庭长研讨班"等。

9. 认真完成市知识产权战略领导小组部署的各项工作。在全市知识产权工作会议上介绍天津法院系统的知识产权司法保护经验。对全市知识产权战略实施工作总结和知识产权工作要点提出法院系统的修改意见。

三、开展业务指导和审判研究情况

1. 制定和印发全市法院知识产权审判工作要点,明确年度工作思路和重点工作。

2. 针对知识产权审判工作中发现的问题及时开展指导工作。先后对侵害著作权案件的赔偿标准问题、商业秘密案件的审理思路问题、专利商标案件审理中存在的突出问题等开展业务指导,明确裁判思路和方法。

3. 组织开展业务研讨活动。例如,《著作权法》、《关于审理侵犯信息网络传播权民事纠纷案件适用法律若干问题的规定》、《全国部分法院涉及卡拉OK经营者著作权纠纷案件与文化管理创新座谈会会议纪要(征求意见稿)》、《最高人民法院审理侵犯专利权纠纷案件若干问题的意见(征求意见稿)》、《审理华盖创意图片著作权等比例案件权属认定问题的意见》、《商标侵权案件审判情况》等,先后形成天津法院的研究意见,及时报送最高人民法院。

4. 积极申报和承担法院系统重点调研课题《关于天津市科技型中小企业知识产权保护问题研究》,扎实开展调研活动,形成调研报告后,认真研究和推动调研成果的转化应用。

5. 积极开展审判研究和学术研讨。高院民三庭荣获中国审判理论研究会知识产权分会"涉文化领域知识产权司法保护及知识产权民事诉讼证据规则"研讨活动组织奖,1篇论文获三等奖。1篇学术论文获天津市法院系统2012年度学术征文二等奖、全国法院第二十四届学术讨论会优秀奖。1篇论文获天津市法院系统学术征文优秀奖。1篇论文在全国首届审判业务专家论坛上交流。市委政法委研究室2012年第11期《天津政法》刊发了民三庭的《加大知识产权司法保护力度主动服务全市经济社会又好又快发展》。1篇调研报告入选《2012天津经济社会蓝皮书》。在《人民司法》、《中国审判》等刊发论文7篇。

6. 编写涉及疑难法律适用问题的知识产权典型案例,充分发挥典型案例的参考作用。在《人民法院案例选》等刊发6篇案例。

7. 编发《天津知识产权审判》二期,及时反映知识产权审判工作动态、研究成果、典型案例、指导意见等,报送最高人民法院,并与外地法院开展审判经验交流。维护和更新天津法院网"知识产权司法保护"专栏的相关内容,展示司法保护工作信息和成果。

四、加强队伍建设情况

1. 坚持业务学习常态化。及时学习新

颁布的法律法规和司法解释，认真贯彻落实最高人民法院专业会议的精神，注重信息共享，共同提高。

2. 有针对性开展业务培训。主动邀请最高人民法院法官对全市法院的知识产权审判人员开展著作权审判、商标审判疑难问题培训。积极参加最高人民法院组织的知识产权审判业务培训和研讨会，会后共享全部学习资料，组织专题学习。开展典型案例研讨，提高正确理解、适用法律的能力。

3. 加强廉洁自律教育和警示教育不松懈。要求审判人员严格执行"五个严禁"，结合正反两方面的事例，切实提高廉洁自律意识，澄清模糊认识，在思想上牢固筑起廉洁司法的防线，确保公正、廉洁司法。

河北法院2012年度知识产权司法保护工作总结

2012年，我院民三庭以创先争优为主旋律，积极开展好"两评查"活动，认真学习贯彻十八大的重要精神及新民诉法，各项工作取得了新的进展。现总结如下：

一、审判工作的基本情况

1. 案件审理情况

2012年，我院民三庭共受理一、二审和请示案件158件，(其中一审案件1件，二审案件146件，请示案件11件)，结案157件(其中知识产权案件135件，涉外商事案件11件，请示案件11件)，结案率99.37%。所结二审案件中，维持27件，维持率18%；改判22件，改判率14.7%；发还6件，发还率4%；调撤30件，调撤率20%；其他61件。一审案件1件，为判决结案。全年案件归档，在期限内归档率100%，行政文书归档率100%。

2. 案件特点

纵观全年情况，大致有以下特点：一是知识产权系列案件增多，上半年受理案件中涉及包括著作权侵权案件、商标侵权案、信息网络传播权案等多个知识产权保护领域的系列案件。二是理论、实务新问题不断涌现，增加审理难度。知识产权法保护和鼓励的是创新，同时也随着文化和技术的创新而不断变革和完善。因新技术和新问题引发的审理难点不断涌现。

二、以开展专项活动为抓手，不断提高案件审判质量

1. 积极开展"两评查"活动。自两评查活动开展以来，根据院党组关于"两评查"活动的部署安排，我院民三庭立即组成评查小组，认真全面地传达学习了开展"两评查"活动的会议精神和具体实施方案，并将我院的《实施方案》及庭审评查指导标准、裁判文书评查指导标准印发至人手一份，全体审判人员深刻领会了活动的具体要求，进一步统一了思想。根据全庭排期开庭的情况确定评查的案件，采取自评和庭内评查相结合的方式对半年的裁判文书进行全面评查，严格按照《实施方案》的要求，抓两头促中间，找差距、补短板、练真功、求实效。该活动对提高我院民三庭干警庭审的规范化水平和裁判文书的质量起到推动作用。经过全年的艰苦奋战，我院民三庭共计评查了庭审45件，其中优秀庭审30件，良好的15件，评查裁判文书30件，其中优秀裁判文书13件，良好的17件。在这其中，有1件庭审被评为全省法院优秀庭审，2份文书被评为全省法院优秀文书。

2. 开展改判发还案件专项研讨活动。我院民三庭与石家庄中院民五庭全体审判人员共同座谈,就去年及一季度改判发还情况逐案进行交流,认真进行分析研究、制定出一系列措施,为减少改判发还率共同努力。我院民三庭就典型案件进行讲解,以统一审判标准,提高审判质量。

3. 以加强矛盾化解为抓手,不断提高司法为民宗旨意识。在调解过程中,以"调执并行、案结事全了"为目的。即在调解工作中将"调解完毕,执行完毕"作为开展调解工作的目标,坚持促成案件调解与实现当庭执结并重推进,尤其是在民事案件调解成功后,在结案前要求被告必须将赔偿款等内容履行完毕,避免出现调而未执、纠纷未解现象的出现,确保真正实现案结事了。我院民三庭所调解的案件中,全部实现当庭执结,受到当事人高度赞扬。

三、紧密围绕审判难点热点问题,积极开展专题调研

1. 一月份,我院民三庭就"涉及卡拉OK经营者著作权"为题举行了调研,并形成了调研报告。

2. 积极参加我院调研活动,以《民族优秀文化知识产权保护研究》为课题,进行调研。

3. 7月份就近5年我省知识产权审判工作进行调研,完成《河北省法院近年来知识产权审判工作调研报告》。

四、树立知识产权司法保护良好形象,积极开展法制宣传

为进一步宣传普及知识产权保护意识,增强公众保护知识产权意识,我院民三庭积极开展"世界知识产权日宣传周"活动,取得了良好的社会效果。

1. 举行广场集中宣传活动。4月22日,我院民三庭在省知识产权局的统一安排部署下,在人民广场进行了为期一天的知识产权普法活动,就群众所关心的知识产权问题进行解答,就知识产权保护的相关法律法规进行宣讲。

2. 送法进高校。为配合宣传周活动,4月26日下午,民三庭张晓梅副庭长应邀到河北科技大学文法学院,为师生作了题为"商标侵权的热点问题"的讲座。

3. 举行企业知识产权保护研讨会。4月25日,我院民三庭与石家庄市中级人民法院民五庭,共同在省法院新闻发布厅举办企业知识产权保护研讨会,就企业在知识产权司法保护中遇到的困惑及需求进行了深入研讨。这次活动旨在鼓励创新,促进发展,服务经济促进企业提升知识产权保护的理念,解决企业在知识产权保护方面遇到的问题,为我省建设创新型省份提供强有力的司法保障。

4. 配合相关部门做好知识产权宣传、培训工作。5月,我院民三庭张晓梅副庭长应省知识产权局邀请,为河北全省专利行政执法人员培训班学员做了题为《专利侵权判定的若干问题》的讲座,对专利行政执法人员在专利侵权判定中的思路、原则、具体判定方法等做了详尽的阐述,并对有关案件的疑难问题进行了细致分析。

5. 受我省知识产权局的邀请,我院民三庭派员参加我省"知识产权行政、司法保护衔接机制"论坛,就我省知识产权行政与司法保护衔接过程中的细节问题进行研讨。

6. 参加了省商务厅组织的"建设全省知识产权双法衔接网络平台"会议,参与讨论省知识产权小组"知识产权工作评分机制"。

五、积极参加全国性的教育培训活动,把握审判方向,提升审判质量

1. 2月,我院民三庭张晓梅副庭长、石家庄中级法院民五庭罗湘英庭长参加全国法院知识产权审判庭庭长研讨班。该次研讨班是由最高人民法院主办，广东省高级人民法院、美国发展总署、亚洲基金会协办。最高人民法院奚晓明副院长、广东省政法委书记梁伟发、国家知识产权局田力普局长、广东省高级人民法院郑鄂院长等出席了会议并致辞。本次研讨班对知识产权司法理念、司法政策和基本法律制度进行了为期一周的研讨，内容丰富全面，对提高知识产权审判质量有着积极的作用。

2. 5月，由中国法学会主办的中美知识产权司法审判研讨会在北京中国人民大学举行。我院民三庭张晓梅副庭长、张岩法官应邀参加了该次会议，并分别就“医药专利保护”及“商标权保护”同中美法官一起参与了分场讨论。

3. 张晓梅副庭长参加“第六期高级法官香港研修班”，系统学习与考察了香港法院的设置及司法运行机制。

4. 积极参加院里组织的新民事诉讼法培训班。新民诉法颁布后，我院民三庭通过参加院里培训及自己庭组织自学的方式，认真进行学习，为明年新民诉法的实施做好充分准备。

山西法院2012年度知识产权司法保护工作总结

2012年，全省两级法院共受理各类知识产权一审案件418件，审结338件，其中调撤结案264件，审结率为80.9%，调撤率为78.1%。受理知识产权二审案件33件，审结33件，其中调撤结案15件，审结率为100%，调撤率为45.4%。全省以判决结案的94件一审知识产权案件中，仅有33件上诉，其中有15件在二审中调撤结案。知识产权审判在全省呈现出有序良好的发展态势，在促进科技进步、自主创新和文化大繁荣等方面发挥着越来越独特的作用。

一、深入贯彻全国科技创新会议精神和党中央、国务院《关于深化科技体制改革加快国家创新体系建设的意见》，根据最高人民法院部署，结合本省实际，制定并转发了《关于充分发挥审判职能作用，为深化科技体制改革和加快国家创新体系建设提供司法保障的意见》（晋高法发〔2012〕15号文件）。该《意见》对人民法院在知识产权司法保护中贯彻加强保护、分门别类和宽严适度的司法政策作了明确阐述，并分别对在知识产权审判中如何加强对专利权、制止不正当竞争与垄断行为、商业秘密、商标权、著作权等权利的保护提出具体指导意见，为激励创新，实现我省率先走出转型新路提供了强有力的司法保障。

二、积极开展知识产权宣传周活动，为发挥司法保护知识产权的主渠道作用营造良好的社会环境。今年，我庭指导和组织的全省两级法院“4·26”知识产权宣传周活动，形式多样，内容丰富，充分展示了司法保护知识产权在全省各地经济自主创新和文化大繁荣大发展中的主渠道作用，在社会上引起了强烈反响，得到政府相关部门和社会民众的高度评价，进一步增加了知识产权司法保护在全省的社会认同度和影响力，为保障全省综改区建设和经济的转型跨越发展提供了良好的司法环境。

三、积极组织和参与最高人民法院相关司法解释和司法政策的讨论和制定，参加业务培训。今年我庭积极组织两级法院参与著作权法修改、涉及卡拉OK经营者案件的调研、《中国法院知识产权司法保护状况（2011 年）》的撰稿与修改、涉文化领域知识产权司法保护及知识产权民事诉讼证据规则的调研等工作，在全省知识产权法官中营造出加强学习的良好氛围。积极和最高法院协调，组织两级法院部分知识产权庭庭长及业务骨干参加了中美知识产权司法审判研讨会，开阔了视野，增长了见识。全年全庭共组织审判人员参加各种业务培训 60 余人次。

四、主动承担知识产权疑难复杂案件法律适用的调研工作，增强司法调研能力。由白险峰庭长主持的《关于在知识产权司法保护中加大保护力度和降低维权成本问题研究》司法调研课题，全面系统地梳理在知识产权司法保护中加大惩处力度和降低维权成本司法政策，对司法保护知识产权的各个环节，从理论和司法实践层面作了全面解读。该课题在今年全省法院组织的 2011 年重点课题评比中获得三等奖。郭建岗法官撰写的《加强知识产权司法保护》一文在山西省经济法学会举办的“山西综改区”法律问题研讨会上获得三等奖。

五、深入贯彻实施国家知识产权战略，认真执行最高人民法院知识产权审判的司法政策和工作部署，坚持信息报送工作和知识产权案件报告备案制度。

内蒙古法院 2012 年度知识产权司法保护工作总结

2012 年，我院知识产权审判工作认真践行“为大局服务，为人民司法”工作主题，强化能动司法，自觉服务大局，狠抓执法办案第一要务，公正高效地审理各类知识产权案件，以改革创新和求真务实的工作作风，建立健全适应知识产权审判规律的审判管理机制，规范法官自由裁量权，统一裁判尺度，树立公正、高效、清廉的司法形象，以持续、稳定的知识产权审判业绩赢得社会和人民群众的认可与信任为努力方向，充分发挥知识产权审判职能作用，为推动自治区文化大发展大繁荣和促进经济自主协调发展作出了积极贡献。

一、案件审理情况

全区法院共受理知识产权民事一、二审案件 473 件（不正当竞争纠纷 6 件，技术转让合同纠纷 2 件，侵害商业秘密 1 件，特许经营合同纠纷 2 件，侵犯专利权纠纷 36 件，侵害著作权纠纷 381 件，侵害商标权纠纷 45 件），审结 383 件，结案率 80.97%；其中，受理知识产权二审民事案件 63 件（不正当竞争纠纷 1 件，技术转让合同纠纷 1 件，侵害商业秘密 1 件，特许经营合同纠纷 1 件，侵犯专利权纠纷 4 件，侵害著作权纠纷 49 件，侵害商标权纠纷 6 件），审结 63 件，结案率 100%；知识产权二审民事案件调撤 20 件，调撤率 31.75%。

全区法院共受理知识产权刑事一、二审案件 21 件，审结 19 件，结案率 90.48%，其中知识产权二审刑事案件 3 件（销售假冒注册商标的商品罪 1 件，非法制造、销售非法制造的注册商标标识罪 2 件），审结 3 件，结案率 100%。

二、主要措施及亮点

（一）强化能动司法，切实增强服务大局的针对性和有效性

1. 坚持能动司法，自觉服务大局，将知识产权审判工作融入自治区“文化强区”建

设中，切实增强服务大局的针对性，下发了《内蒙古自治区高级人民法院关于充分发挥知识产权审判职能作用，推动自治区文化大发展大繁荣和促进经济自主协调发展的实施意见》，加大对涉文化领域知识产权司法保护力度。

2. 强化与行政执法机关的沟通和协作，构建知识产权多元化纠纷解决机制。在全面调研的基础上，与自治区知识产权局、自治区工商行政管理局、自治区新闻出版局、自治区文化厅共同协商制定了《关于建立知识产权多元化纠纷解决机制的规定》，进一步明确建立健全知识产权诉前调解与诉讼程序的衔接机制以及在诉讼过程中的邀请调解、委托调解机制的有关事项，鼓励和支持知识产权行政执法机关依当事人申请或者依职权进行调解，并积极开展司法确认工作，与自治区行政执法机关形成化解社会矛盾的合力，共同做好知识产权矛盾纠纷的化解工作。在此基础上我庭指导呼市中院知识产权审判庭积极探索建立知识产权多元化纠纷解决机制的途径，将该院受理的一起侵犯实用新型专利权纠纷案件，委托通辽市知识产权局调解。通辽市知识产权局接受呼市中院知识产权审判庭的委托并积极组织上述案件双方当事人进行调解，最终促成双方当事人握手言和，签订了和解协议。上述系列案件的成功委托调解，不仅化解了涉案双方当事人之间的矛盾，节省了当事人的诉讼成本，还为建立知识产权多元化纠纷解决机制，促进综合运用行政调解、司法调解等多种方式化解社会矛盾进行了一次有效尝试。

3. 坚持“调解优先、调判结合”原则，针对知识产权案件的特点，加大调解力度，不断创新调解方法，注重调解质量，做到能动司法。我庭审理的一起侵犯企业名称权、不正当竞争纠纷一案，双方当事人从2006年开始诉讼，因各种原因长达6年未审结。我庭组织法官到双方当事人所在地赤峰市元宝山区开展调解工作。我们在全面掌握大量真实情况的基础上，对双方当事人讲事实，讲法律，讲亲情关系，深刻分析双方当事人产生矛盾的因果关系，从思想深处解决双方当事人对法律、对事实的认识，几经反复做耐心细致的思想工作，双方当事人终于握手言和，对本案民事纠纷达成了和解协议，同时一方当事人又撤销了相关的行政诉讼，一并解决了两起案件。以调解结案的同时提出执行方案，实现审执同步，并对有关单位存在的问题提出司法建议，收到了良好的社会效果和法律效果。该案例2012年被最高法院评为全国法院践行能动司法理念优秀案例。

（二）强化司法为民，切实增强司法为民的主动性和实效性

1. 向全区各中院下发了《关于强化企业知识产权司法保护工作的若干意见》，要求全区法院知识产权审判部门建立知识产权信息通报制度，建立科技名牌企业和知识产权试点企业联络员制度，建立企业知识产权纠纷协调对接机制，建立知识产权案件年度报告制度，建立企业知识产权维权绿色通道，建立知识产权法律法规培训合作机制六项制度，真正把审判工作促进全区经济结构调整、加快经济发展方式转变落到实处。

2. 以“4·26”世界知识产权日为依托，积极开展“培育知识产权文化，促进社会创新发展”主题活动。“4·26”世界知识产权日期间，全区两级法院精心安排，集中调处了一批知识产权案件，并对我区法院所审结的知识产权案件和所采取的工作措施及取得成绩做了总结和回顾，分管领导及法官接受内蒙古日报、内蒙古法制报、北方新报、内蒙古电视台等媒体的专访，集中展示了我区

法院知识产权案件的司法保护情况和成绩,取得良好的社会效果,得到了知识产权行政执法部门和社会各界的一致好评。

3. 积极开展"千名法官下基层"活动,深入高校进行知识产权法律法规和基本知识宣传。在呼和浩特民族学院公开审理了一起涉及蒙译汉著作权纠纷案件,引起呼和浩特民族学院师生极大的关注,共130人观摩该案的庭审。观摩庭审的师生表示,"庭审入校园"活动为该校师生提供了难得的庭审观摩机会,使同学们零距离接触到了法庭庭审,完成了一堂富有成效的实践课。

(三)强化司法公开,确保人民群众的知情权和监督权

1. 主动邀请人大代表、政协委员、企业代表、专家学者和社会公众旁听知识产权案件的庭审,增加司法工作的公开、透明度,进一步扩大知识产权司法保护的社会影响力。

2. 为进一步强化与人大代表联络工作,我院与全国及自治区人大代表、政协委员建立了单项直接的联络制度,要求各级法院要做到接受监督平时化、征求意见随时化,高院领导及庭室负责人在基层调研时均召开人大代表、政协委员座谈会,主动征求意见,改进工作,得到了高度重视和有力支持。

3. 认真落实《内蒙古自治区高级人民法院关于在互联网公布知识产权案件裁判文书的实施办法》,开展在互联网公布知识产权案件裁判文书工作,依法保障人民群众对知识产权审判工作的监督权,截至2012年12月全区法院共在互联网公布知识产权民商事案件裁判文书112份。

(四)强化审判管理,建立符合知识产权审判规律的新机制

1. 认真贯彻最高人民法院《关于在内蒙古自治区高、中两级人民法院开展知识产权审判庭统一受理知识产权民事、行政和刑事案件试点工作的批复》精神和自治区高院"三合一"试点工作实施方案,2012年,全区两级法院知识产权审判庭以"三合一"的审判方式审理各类侵犯知识产权刑事案件21件,其中二审知识产权刑事案件3件,有力地打击了侵犯知识产权犯罪行为,并为我区两级法院开展由知识产权审判庭统一受理知识产权民事、行政、刑事案件试点工作积累了宝贵的经验,为知识产权案件执法尺度的统一,提高知识产权司法保护效率和水平奠定了良好的基础。

2. 根据知识产权审判工作特点,积极探索建立知识产权专家咨询和专家证人制度,与自治区科学技术协会共同签署了知识产权司法保护合作备忘录,聘任了25位技术专家担任诉讼辅助人,参与知识产权案件的咨询和调解,为知识产权案件中的专业技术问题提供智力支持。此举受到社会广泛关注,国内20多家主流媒体予以报道。

3. 建立知识产权案件改判或发回重审之前的双向沟通机制,强化上下级法院之间的沟通,妥善处理政治敏感性强、重大疑难复杂案件,进一步提高一审初次判决案件的审判质量。

4. 认真实施案件质量定期分析通报制度。对各中级法院审理的知识产权案件的质量变化情况进行综合分析,指出适用法律、审判程序、认定事实等方面存在的突出问题,并将两级法院的分析意见通报全区各中级法院对口业务庭,提高第一审初次裁判的正确率,进一步提升了全区法院知识产权审判工作公信力。

(五)强化对下指导,切实增强审判业务指导的有效性

1. 针对知识产权关联案件审判中存在

的问题，及时指导知识产权审判业务，有效地统一了我区法院知识产权审判裁判尺度，取得了良好的效果。在此基础上形成调研报告，并转化为《知识产权关联案件审判实务指导》。如在审理涉及卡拉OK经营者的侵犯著作权纠纷关联案件中，指导各中级法院严把集体管理组织（音著协、音集协）会员自行起诉案件的原告主体资格审查，在进行必要的释明工作的同时，建议未作“保留诉权”约定的会员主体撤回起诉，依法维权。

2. 开展知识产权案件“两评查”及裁判文书评比活动，有效地指导下级法院审判业务工作。我院组织各中级法院知识产权审判庭庭长在全区法院开展知识产权案件评查及裁判文书评比活动，评查共抽取知识产权案件401件及其裁判文书，其中评选10份裁判文书为全区优秀裁判文书，在全区法院知识产权审判系统通报表扬。

3. 我院以公布知识产权案件年度报告的形式整理典型案例，指导全区法院知识产权审判工作，向社会发布了“2011年知识产权案件年度报告”，有效地指导各中级人民法院知识产权案件审判工作。

4. 针对知识产权审判中存在的问题，及时将有关知识产权法律法规及政策整理编辑成《知识产权司法文件选编（二）》等知识产权审判业务指导资料，提供给各中级法院审理知识产权案件的法官学习运用，为统一全区法院知识产权审判裁判尺度，提高审判质量效率奠定了良好的基础。

（六）强化队伍建设，全面提升知识产权法官综合素质

1. 深入开展“创先争优”活动，强化法官综合素质。针对知识产权审判工作特点，加强法官对知识产权法律法规及政策的学习，重点培养了知识产权审判法官综合素质，并积极开展争当“办案标兵”、“调解能手”等活动，努力在全区营造“比学赶帮超”的氛围。我庭和呼和浩特市中院知识产权审判庭被评为全国法院打击侵犯知识产权和制售假冒伪劣产品犯罪活动先进集体，呼市中院胡雪莹和鄂尔多斯市中院边晓燕被评为先进个人，受到最高法院表彰。

2. 积极开展业务培训，强化法官业务素质。根据知识产权和涉外案件具有专业性强、法律关系复杂、适用法律难、审理难度大、社会影响面广等特点，对知识产权和涉外审判法官采取多渠道进行培训。采取“请进来，走出去”的办法，通过上下级法院之间交流学习，与行政执法机关沟通协作，知识产权案件多的法院与知识产权案件少的法院之间观摩学习。组织全区法院知识产权法官采取利用内蒙古知识产权司法保护网参加中国知识产权培训中心远程教育培训方式，进行网上培训，今年全国知识产权远程教育工作十周年总结大会上表彰我庭为中国知识产权远程教育工作优秀单位。

3. 深入开展社会主义法治理念主题实践教育活动，强化核心价值观教育。教育法官坚定理想信念，牢固树立“忠诚、为民、公正、廉洁”政法干警核心价值观并积极参加“群众观点大讨论”活动，深入基层，化解矛盾，服务群众，强化广大法官对群众观点的理论认同、思想认同、感情认同，以实际行动取信于民。

4. 强化司法作风建设。我庭以“内练素质，外树形象”为着力点，组织全体干警认真学习《法官职业道德基本规范》、《人民法院文明用语基本规范》、《法官行为规范》及“四个一律”、“五个严禁”规定，认真查找在道德修养、司法理念、司法行为等方面存在的问题，进行了有针对性的整改，做到警钟长鸣，从思想教育和制度防范两方面，促进公正廉洁司法，从而使全体干警自律意识明显增强，综合素质有了新的提高。

辽宁法院2012年度知识产权司法保护工作总结

辽宁法院系统充分发挥知识产权审判工作保护、规范、调节和服务的职能作用,努力践行“为大局服务、为人民司法”的工作主题,以能动司法、为民司法、规范司法、廉洁司法为工作目标,较好地完成了2012年度知识产权审判工作的各项任务。

一、知识产权审判工作的基本情况

(一)案件的受理、审结情况

2012年我省共受理一审知识产权案件1152件,其中新收1019件,旧存133件。审结一审知识产权案件1004件,结案率为87.2%。

2012年受理各类案件情况:专利纠纷269件,著作权纠纷474件,商标纠纷324件,技术合同纠纷20件,植物新品种纠纷2件,商业秘密纠纷27件,其他36件。审结的一审知识产权案件中,调解145件,撤诉489件,调撤率63.1%。

(二)案件受理的主要特点

1. 案件数量有所增长,各类案件比例有所变化。今年的案件受理量较去年有明显增加。其中著作权、商标类纠纷上升速度明显,值得注意的是近几年知识产权案件总体受理量在增加,但专利类纠纷下降趋势明显,主要是除专利纠纷以外其他知识产权案件数量增多,其中著作权纠纷案件增长速度较快。著作权纠纷大幅上升的案件类型主要为涉及网络传播权及摄影作品的侵权纠纷。

2. 新类型和疑难复杂案件逐渐增多,审理难度加大。2012年信息网络传播权、计算机软件著作权、技术合同、网络域名、特许经营、企业名称权、商业秘密、商业诋毁及虚假宣传等新类型案件增加较快。案件中相关的技术和法律问题日趋复杂,涉及的经济利益愈加重大,有的案件直接关系到企业的生存发展和行业的兴衰成败。

3. 涉及名企、名牌案件增多。2012年受理了多起国内外知名企业提起的诉讼,涉及长城干红葡萄酒、茅台白酒、LV皮包等商标侵权案件和喜羊羊、灰太狼等著作权侵权案件。

二、知识产权司法保护工作的特点和亮点

(一)知识产权司法保护工作的特点

1. 调判结合,双管齐下

知识产权案件具有专业性强、法律关系复杂、涉及技术问题多、审理结果影响广泛的特点。这就要求审判人员必须认真对待每一起案件、每一个审判环节、每一个工作细节,把各项工作做实、做细、做深。因此,辽宁法院系统针对每一起案件均制定了调解结案和判决结案的两种预案。对案件进行“审前合议”,初步确定案件可能涉及的争议焦点及法律适用问题,充分利用举证期限,遵循力争将案件在举证期限内调解的工作思路,加大案件的调撤力度,针对个案特点,因人、因案而异开展案件调撤工作,并结合释明权的正确、正当的行使,促使当事人握手言和。在调解工作中,不仅考虑个案中当事人的个人利益,还从社会整体利益出发、从大局出发考虑问题,着重对矛盾复杂、当事人争议大、法律适用难度大、社会关注多的案件进行调解,真正做到“调判结合,案结事了”,为和谐社会的构建提供优质的司法服务。

2. 注重调研,辅助决策

调研是发现审判实践中存在问题的重要途径,也是探寻解决问题方案的有效方法。因此,辽宁法院坚持将调查研究作为工作决策的理论支撑,号召法官将工作当做事业来追求、当做学问来研究。着力于以调研为基础、以理论研究为主线、以经验总结为主导,开展知识产权司法保护工作。对有典型意义的知识产权案件,辽宁法院均进行了全局观察、全国比较、全面研究,并结合调研结果科学、谨慎地作出判决,这种做法不但打破了审判人员的眼界障碍、地域障碍和个案法律适用的障碍,也同时提升法官的司法能力。

3. 加强对下指导,提高司法公信力

成熟的知识产权审判离不开审判人员思路的统一和法律适用的一致。因此,辽宁高院在2012年着重加大了对下指导的力度,通过半年通报、典型案例分析、专题研讨、专家授课等方式对全省知识产权审判人员进行业务指导。为保证知识产权审判的质量,辽宁高院不但自己成立了专门的知识产权审判合议庭,还要求各基层法院设立相对固定的知识产权案审判组织,以实现知识产权审判结果的公正、统一,大大提高了辽宁地区的知识产权司法保护公信力。

(二)知识产权司法保护工作的亮点

1. 加强对知识产权司法保护的宣传力度

为配合"4·26"知识产权日宣传活动,辽宁法院系统通过召开新闻发布会、录制专题片、制作展览宣传板的形式宣扬知识产权司法保护成果。并将一年一度的宣传周打造成2012年最具特色的亮点工程。自4月16日知识产权宣传周的启动仪式拉开帷幕后,相继公布了十大知识产权典型案例、确定了知识产权专家咨询员名单、在辽宁电视台播放两期"知识产权审判光辉历程"专题片、制作并向社会发放"回顾与展望"宣传册、邀请各界人士旁听公开示范庭、参加侵权盗版及非法出版物集中销毁活动,在社会上引起较大的反响。通过一周陆续开展的系列活动,建起一座让民众了解和走近知识产权保护的桥梁,从而唤起更多人重视司法裁判的引领和导向功能,重视平等保护和长效机制的建设。

以"万名法官走基层"活动为契机,坚持全员参与、精心部署,通过带案下访、上门释疑、联合调研等多种形式扩大走基层活动的效果。为了将走基层与促进品牌经济发展有机结合,由院领导带队重点走访地方名企,详细了解了企业当前的经营状况、在品牌培养和知识产权维权方面的态势,确立了联合调研的工作思路。在走访有关企事业单位时,现场给予详细解答和指导,为探索知识产权审判服务民生、推进企业发展提供有益尝试。

2. 总结经验,提出合理性司法建议

在总结全年审判经验的基础上,针对全年受案较多的中国音像著作权集体管理协会诉KTV经营者侵害音像制品著作权类纠纷案件,向沈阳市版权协会发出司法建议,建议通过市场调研考察,制定合理收费标准,统一进行收费。增加管理部门的权威性和公信力,消除业主对多家单位混乱收费的抵触情绪,促进知识产权市场保护的良性发展。

3. 树立审判品牌意识,着力打造"精品案"

相对于民商事案件,知识产权案件数量不多,但对社会生活,特别是对创新型社会发展影响巨大,为此以树立精品案为追求目标,从程序到实体,到裁判文书写作,以精取胜。以"精致的庭审"、"精细的评议"、"精准的判决"为工作目标,制定了一系列规范化管理制度和措施,将精品意识始终贯穿于整个诉讼过程。建立疑难案件研讨制度,通过全员参与、民主讨论,集思广益,开拓审判思路,提高了审判质量,维护了法制的统一性,避免了同案不同判的发生,增强了法院的公信力。

吉林法院2012年度知识产权司法保护工作总结

2012年,民三庭深入学习贯彻党的十七届六中全会和十八大精神,坚持以服务科学发展观为主题,积极应对分工职能调整,在继续加强知识产权审判工作专业化的同时,拓宽审判视野,主动服务地方经济社会发展,加强知识产权司法保护,为加快地方经济增长方式转变,建设尊重和保护知识产权的经济发展软环境做出了应有的贡献。

2012年7月,由于知识产权审判工作的重要性不断提升,根据院党组决定,省高院民三庭工作职能进行了调整,不再审理涉及合同、公司的商事二审案件,集中力量办理和指导全省的知识产权案件审理,知识产权审判工作的专业化进一步提升。

2012年,全省共受理知识产权民事案件588件,比去年相比,收案数量大幅上升,其中,省高院受理48件,现已全部审结。其中包括涉及浙江淘宝电商平台、广东奥飞动漫、广州星河湾地产、北京华盖创意等一系列在全国范围内矛盾较为突出但在我省尚属首例的二审商标权、著作权案件,在遵循最高法院相关判例和参考兄弟省份高院判例的同时,结合案件具体情况,充分考虑我省经济发展实际,坚持调解优先、调判结合的原则,在合理合法的保护权利人权益的同时,为我省该类型案件在审判工作中的证据认定和侵权赔偿标准的确立起到了一定的示范作用。

在全省知识产权纠纷案件中,著作权纠纷321件,商标权纠纷161件,专利权纠纷89件,技术合同类纠纷12件,植物新品种纠纷5件。著作权纠纷案件中,KTV歌曲侵权案件上升幅度最大,与去年比增加收案100多件;其次是影视作品的信息网络传播权纠纷上升幅度也较大。另外,在著作权纠纷中,串案、关联案件较多。

我省的专利案件还比较少,且专利的创新程度还不高。这可能涉及知识产权意识问题。一方面,权利人没有知识产权意识,不去申请专利;另一方面,权利人没有诉讼救济意识,不懂得维权。

在知识产权刑事案件中,全省共审理105件刑事犯罪案件,侵犯著作权犯罪案件最多,有48件,但涉及数额总量并不大,多是贩卖盗版光盘等行为;其次是侵犯注册商标权犯罪和销售假冒注册商标的商品犯罪,有35件,多是制假售假;对于群众关注的食品案件问题,全省共审理7件生产销售不符合食品安全标准食品犯罪,多为销售病死猪(猪蓝耳病毒、猪瘟病毒、猪圆环2型病毒,人食用后将导致严重食物中毒事故或其他严重食源性疾患。),重点打击了食品市场违法犯罪活动,确保群众的食品安全。

知识产权民事审判呈现以下几个突出特点:一是知识产权民事案件数量不断增多,审判压力不断增加。二是新类型案件不断出现,审理难度加大。除了传统的著作权、专利权、商标权、侵犯商业秘密、技术合同纠纷外,还出现了网络著作权、网络域名、不正当竞争、特许经营、驰名商标认定、植物新品种权属纠纷等新类型案件。三是一方当事人人数众多的案件、关联案件时有出现,裁判结果具有较强的法律政策导向性,极易引起相关行业和社会公众的高度关注。四是涉外案件不断增加,对审判工作提出了更高要求。五是知识产权案件的调解率和撤诉率再创新高。今年,我们省知识产权案件的调解率和撤诉率达到了50%,达到了历史上的最高值。

2012年,我省知识产权审判和涉外商事审判的主要亮点是:一是加大调解力度,贯彻"调解优先,调判结合"的审判原则。全年全省调撤率为50%,长春中院全年调解撤诉案件128件,省法院当庭调解达5件。二是提高裁判质量,打造精品案件。知识产权案件,全部公开开庭审理,裁判文书全部在知识产权裁判文书网上公开,主动接受全社会的监督;加大裁判文书的说理性,首先在证据的质证、认证上,严格质证认证;其次在案件事实的认定上,要求严格按证据内容进行客观阐述,确保事实的客观性。三是加强知识产权宣传,走进厂矿,走进校园。今年,我们在"4·26"知识产权日走进吉林大学校园,公开审理了一起植物新品种案件,给吉林大学学生上了一堂生动的知识产权课。

2012年9月,应第八届东北亚投资贸易博览会秘书处的邀请,经院党组讨论决定,我庭在本届东博会期间派员全程参与了展会"知识产权投诉中心"的工作。在吕岩峰副院长的亲自指导下,省高院民三庭坚持从法院的职能和工作特点出发,结合东博会的实际情况,适度地、有选择地参与了展会的相关工作。

本届展会的"知识产权投诉中心"由省高院和省商务厅、省科技厅、省工商局、省新闻出版局共同派员组成,这种集管理、服务和司法保障为一体的组合模式在国内大型展会中尚属首例,这项工作得到了莅临展会指导工作的国务院王岐山副总理的充分肯定,在开幕式结束后,时任国务院副总理王岐山同志在孙政才书记和王儒林省长的陪同下视察了"中心"工作,并与包括我院李广军同志在内的"中心"工作人员亲切握手、交谈(有视频和照片)。在"中心"工作中,我院参与修订了组委会印制的《东北亚博览会知识产权保护手册》,并会同专利、商标、著作权的相关行政主管部门,共同对来宾和展商所提出的有关我国知识产权保护的政策、法规等相关疑问进行了解答,向与会的展商、尤其是外商,展示了我国尊重知识产权、依法保护知识产权能力和决心,展现了我省知识产权司法保护工作的良好形象。通过我院工作人员的认真履职,使本届东博会在知识产权纠纷方面未产生任何负面新闻,人民法院的参与为东博会投资、贸易的和谐氛围的营造,作出了积极的贡献。《吉林日报》、《新文化报》等省内主流媒体对我们的工作给予了高度评价。

黑龙江法院2012年度知识产权司法保护工作总结

2012年,黑龙江省法院系统在最高法院、黑龙江省委的正确领导下,全面贯彻落实最高法院关于加强知识产权司法保护工作的各项要求和部署,以强化制度建设、队伍建设、文化建设三个建设为保障,坚持以执法办案为重心,切实抓好司法服务和调研指导,较好地完成了全年各项工作任务,有力地推动了全省法院知识产权司法保护工作进一步向前发展。

一、围绕依法履行职责,切实抓好执法办案

2012年,黑龙江省两级法院新收知识产权案件数量有所上升,全年共受理各类知识产权民事案件249件,同比2011年的243件上升2.5%;结案238件,与去年基本持平;结案率为95.6%,同比2011年的97.5%略有下降。全年两级法院共受理各类型知识产权民事一审案件178件,其中新收174件,与去年同期相比下降9.6%,审结173件,结案率97.19%,与去年相比基本持平;对难以调解和不适合调解的案件,两级法院注重发挥司法判决的导向作用,共判决结案63件,占结案总数的36.42%。在新收一审案件中,权属侵权纠纷案件231件,占知识产权民事案件收案总数的92.8%,合同纠纷案件13件、不正当竞争纠纷案件5件。在案件类型上,著作权纠纷案件、商标权纠纷案件、专利纠纷案件分别为99件、62件和70件,分别占收案总数的39.8%、24.9%和28.1%,其余为不正当竞争纠纷案件和技术合同纠纷案件。黑龙江高院民三庭共受理各类型知识产权民事二审案件71件,其中新收70件(著作权纠纷22件、商标权纠纷18件、专利权纠纷23件、不正当竞争纠纷4件、技术服务合同2件、其他1件),同比去年上升54.35%,审结65件,结案率为91.55%。

在受理的案件中,有重大影响的和新类型的案件有所增多,既有省内知名企业的案件,也有涉及我国台湾地区、香港地区个人、企业、国家有关部门、新闻媒体等较为关注的案件。此外,系列案件、关联案件增幅明显,陆续出现多起律师事务所、律师等机构、个人受让取得权利后,分别向网吧、KTV提起诉讼的案件,受诉者大多为个体工商户或小微企业,个案标的虽较小,但牵涉范围广、人员多。

2012年,全省法院共受理假冒注册商标、销售假冒注册商标的商品、非法制造、销售非法制造的注册商标标识、侵犯著作权等侵犯知识产权犯罪案件44件90人,其中有45件案件涉及87人的判决已审结生效。其中判处十五年以上至二十年有期徒刑1人,三年以上五年以下有期徒刑5人,三年以下有期徒刑2人,缓刑69人,单处罚金10人,并处罚金75人;审结生产销售假冒伪劣商品犯罪案件236件483人,判决生效208件401人,其中判处无期徒刑1人,十五年以上二十年以下有期徒刑1人,十年以上十五年以下有期徒5人,七年以上十年以下有期徒5人,五年以上七年以下有期徒刑3人,三年以上五年以下有期徒刑13人,三年以下有期徒刑91人,拘役31人,缓刑221人,单处罚金6人,并处罚金350人。

二、围绕提高审判质效,切实抓好审判管理

在审判工作中,全省法院着重做好以下三项工作:**一是抓均衡结案**。认真贯彻最高法院及我院党组关于实现均衡结案的任务要求,深入研究结案不均衡成因,科学设定均衡结案目标,重新修订完善《审判流程管理办法》,采取加快分案、送达等工作运转,科学安排庭审排期,严格庭后及时合议制度,加快文书审核,强化监督管理等措施,全年四个季度结案率稳步提升,实现了月均结案4~6件、每季度结案15件左右、审判人员个人每月结案亦较为均衡的既定目标。**二是抓办案效果**。理顺诉讼调解与及时裁判的关系,贯彻"调解优先、调判结合"原则,结合知识产权案件实际,从有利于维护企业发展经营,促进科技成果创新运用出发,找准各方的利益平衡点,花大力气做好社会敏感案件、关联系列案件以及事实难以查清、责任难以界定的疑难复杂案件的调解工作。2012年,我庭调解和撤诉案件为38件,调撤率达到了53.5%,有多件矛盾尖锐、社会影响大的案件平稳审结,案件裁判整体效果较好。**三是抓案件质量**。结合"三评查"等项活动开展,紧紧抓住庭审、合议和文书制作三个重点环节,围绕强化审前合议、庭后及时评议、全庭进行共同研究复议、强化审核文书责任制等项工作,不断加强合议庭建设和审判管理。继续深入开展"裁判文书零差错"活动,切实加强撰写、审核、校对等项工作,尤其是在出口设专人审核评查,有效杜绝了校对、排版、印刷等项技术错误,提升了裁判文书整体水平。严格执行主审人不同时担任审判长制度,充分发挥合议庭整体职能,调动合议庭成员集体力量。对疑难案件实行全庭同志一同研究讨论,集思广益,尽力将案件研究透。

三、围绕统一裁判尺度,切实强化调研指导

一年来,黑龙江高院围绕统一裁判尺度,针对知识产权审判工作的重点和难点开展了形式多样的调研指导工作:

一是构建对下指导网络。于年初开始,黑龙江高院从三级法院选拔具有一定理论水平、实践经验和研究能力的人员,以黑龙江审判网为依托,以互联网即时通讯工具、电子信箱为载体,建立起覆盖全省法院系统的知识产权综合调研指导网络,作为交流经验、传递信息、开展调研的有效平台,有效提高了系统间交流联络效率。

二是加大对下指导力度。结合黑龙江高院党组"三评查"活动部署,汇总了近5年各中院被发改案件和裁判文书存在的问题,制发了两份情况通报;对个案反映的各地存在的立案审查、审判管理等方面存在问题,发出沟通意见函12份;本年度首次专门组织召开了全省法院知识产权审判工作座谈会,系统研究部署了今后一个时期工作,并由各地代表发言,交流了知识产权工作开展情况。会议还邀请最高法院民三庭同志讲授知识产权审判实务,澄清了模糊认识,统一了执法尺度,有效提高了干警业务素质。人民法院报在报眼位置对此次会议进行了报道。

三是增编学习资料。在继续编辑每年四期的《黑龙江知识产权、涉外民商事审判参考》的基础上,于今年开始增编《黑龙江知识产权、涉外民商事学习资料汇编》,侧重理论文章、案例、问题研讨等专业业务知识,至今已编发三期。省法院还将首届知识产权获奖裁判文书、"全员调研促审判"的调研文章单独汇编成册,并将《审判参考》、《学习资料》制作电子版,通过电子邮箱下发,有效提高了发送效率,节约了制作成本,取得了较好效果。

四、围绕推进能动司法,切实发挥审判职能

一年来,全省法院认真贯彻落实最高法院关于知识产权审判工作的部署要求,细化年初工作计划,扎实推进各项工作协调发展:

一是扎实开展“大走访、大调研”活动。先后三次分别前往哈尔滨、齐齐哈尔、大庆、牡丹江、绥芬河等地,重点就战略性高成长、高科技、涉文化等企业走访调研,深入了解企业法律需求,帮助企业排查在知识产权司法保护和经营过程中存在的风险,有针对性地提出司法建议和法律对策,完善管理机制,防范法律风险,维护企业自主创新的积极性。为扎实推进司法服务科技创新,切实为高新技术企业提供知识产权司法保护,还专门前往哈尔滨高新技术产业开发区,就在科技创新城开展法律服务等项工作进行专项调研,为下步在哈尔滨高新区企业搭建全方位、多角度的知识产权保护服务平台做好前期准备。

二是深入开展知识产权司法保护宣传。为树立知识产权司法保护的良好形象,全方位、多角度展示我省法院知识产权司法保护工作取得的成绩,黑龙江高院与相关部门密切合作,开展了形式多样、富有创意的大规模宣传活动,取得了良好的社会效果,主要有:与黑龙江大学联办知识产权论坛,就知识产权案件审判、近期热点问题进行讲座交流;在世界知识产权日前召开新闻发布会,通报近三年来全省知识产权司法保护工作情况;发布2011年度黑龙江省知识产权司法保护十大典型案例;邀请人大代表、政协委员参加案件庭审观摩,并就案件裁判座谈听取意见;制作全省法院知识产权审判宣传手册和宣传片。此次宣传活动得到了新华社、人民法院报、黑龙江电视台、黑龙江日报、黑龙江法制报等国家和省级新闻媒体的关注,以信息专稿、法官说法、案例点评等多种形式进行了报道。

三是强化与外部的交流协作。与知识产权、工商、版权等行政管理部门和中小企业等行业协会建立起稳定顺畅的沟通协作机制,定期通报工作情况,交流工作信息,开展工作协作。为进一步加大知识产权保护工作力度,实现优势互补,建立互利共赢、长期稳定的合作关系,于4月份与省知识产权局、省版权局、省工商局签署了《加强知识产权保护合作备忘录》,以共同致力提升我省知识产权保护和管理,促进我省知识产权业健康有序发展。

四是完善知识产权审判专家咨询制度。在去年建立的黑龙江省知识产权审判科学技术咨询专家库的基础上,根据工作实际,拟定了《黑龙江省知识产权审判科学技术咨询实施细则》,从制度上明确开展专家咨询的运行程序和具体办法,广泛征求各位专家意见,于2012年11月印发施行。

上海法院2012年度知识产权司法保护工作总结

2012年,全市法院知产审判条线在高院和各法院党组正确领导下,努力发挥司法保护知识产权的主导作用,各项工作取得了新成效、新进展。

一、抓好执法办案第一要务，审判工作有新进步

（一）审判质效进一步提升。2012年全市法院共受理一、二审知产民事、行政和刑事案件4433件、审结4390件，同比分别增加49.9%、48.1%。其中受理一审知产民事案件3521件、审结3503件，同比分别增加41.0%、40.7%；受理二审知产民事案件326件、审结337件，同比分别增加12.8%、19.9%；受理一审知产刑事案件574件、审结533件，同比分别增加235.7%、206.3%；受理二审知产刑事案件9件、审结14件，同比分别减少65.4%、26.3%，其中受理刑事抗诉案件1件、审结1件，同比分别减少50.0%、66.7%；受理一审知产行政案件3件、审结2件，受理二审知产行政案件0件、审结1件。在收案数量大幅增长的情况下，知产条线同期结案率达到了99.2%；一审服判息诉率为85.9%，同比上升3.4个百分点；审限内结案率为96.7%，同比上升0.1个百分点；民事案件调撤率为64.8%，同比上升2.2个百分点。审结申请再审的知产民事案件18件，无一进入再审程序。

（二）大要案审判工作进一步规范。高院出台了《关于审理知识产权大、要案的若干规定》，各法院认真贯彻执行，及时上报大要案情况，积极妥善应对舆情，依法妥善审结了一批大要案。

（三）适法统一工作进一步加强。高院协调了多家法院受理的十多件电子游戏软件被诉侵害喜羊羊动画形象著作权案、数十件卡拉OK歌厅被诉侵害音乐电视著作权案、数十件网吧经营者被诉侵害单机游戏软件著作权案以及多起上海艺想文化用品公司与上海帕弗洛文化用品公司之间的侵害商标权纠纷案等4批关联案件，统一裁判尺度，避免了“同案不同判”现象发生。

（四）知产刑事审判工作进一步推进。审结一批重大知产刑事案件，严厉打击了侵犯知识产权犯罪行为。

（五）精品案件审判工作进一步推进。各法院及时发现、审理、总结了一批在法律适用上具有示范意义的新类型案件和疑难案件，如：“葫芦娃”动画形象著作权权属纠纷案，法院认定传统计划经济时代职务作品作者享有署名权、单位享有著作权的其他权利，该案入选高院发布的首批参考性案例；某著作权合同纠纷案，法院认定合同约定的创作义务不得强制履行；某侵害商标权纠纷案，法院认定仅为指示所销售正牌商品的信息而使用他人注册商标，未造成相关公众混淆的，不构成商标侵权；某侵害商业秘密纠纷案，法院认定网站用户注册信息数据库符合商业秘密要件的，可作为商业秘密予以保护。

二、加强调研指导，调研水平有新提高

（一）积极出台指导性意见。高院审委会通过的《关于知识产权刑事审判工作若干问题的意见》，对知产刑事案件的审理部门、审判组织、审判程序、审判指导等问题进行了规范；高院民三庭编发《著作权案件审判指引》，为新法官审理著作权案件提供指导，还下发了《关于商标纠纷案件若干法律适用问题的解答》、《关于审理特许经营合同纠纷案件若干问题的解答》、《2012年上半年知识产权审判工作中存在的若干问题》等指导和评析意见；对知产审判咨询专家库的使用情况进行了调研并提出改进措施。

（二）深入开展调研工作。圆满完成高院党组重大调研课题《推进文化创意产业发展的知识产权司法保护问题研究》；在最高法院召开的“人民法院纪念《商标法》颁布三十周年座谈会”上，高院作了《依法加强商标司法保护，大力促进品牌经济发

展——〈商标法〉颁布30年来上海法院商标司法保护工作概况》的交流发言；高院编发《知产审判调研与参考》28期、《知产审判案例参考》15期、《知产审判信息》75期，出版中英双语版的上海法院《知识产权案例精选(2009～2010)》。全市法院在最高法院2012年编辑出版的《知识产权审判指导》上发表论文、案例、文书共7篇。杨浦、普陀、徐汇等法院分别会同公安、检察等机关召开“知产刑事审判疑难问题研讨会”、“知产刑事司法实务研讨会”、“打击假冒伪劣产品刑事犯罪研讨会”。

(三)积极开展理论研究。全市知产法官在《人民司法》、《人民法院报》等省级以上报刊共发表论文100余篇。在最高法院组织的“涉文化领域知识产权司法保护及知识产权民事诉讼证据规则”专题论文评选活动中，上海法院3篇论文分别获一、二、三等奖，在全国地方法院名列第一；在最高法院组织的“知识产权法律应用征文大赛”中，上海法院有10篇论文获奖，在全国地方法院名列第二。

三、加强法制宣传和对外交流，司法形象有新提升

(一)精心组织“4·26世界知识产权日”宣传活动。高院召开新闻发布会，发布“2011年上海法院知识产权审判白皮书”和“2011年上海法院知识产权司法保护十大案件”，美国商会等机构代表以及新华社、人民日报、美联社、路透社等30余家中外媒体记者参加。各法院也通过各种形式开展了集中宣传，“4·26”宣传周期间，各类媒体报道上海法院知产审判工作达305件次。

(二)在主流媒体上加强上海知识产权司法宣传。《人民法院报》多次头版或大篇幅报道上海法院知识产权司法保护工作；《中国知识产权报》、《解放日报》等对一中院审理的北京锐邦涌和公司诉强生公司全国首例纵向垄断协议纠纷案等重大案件进行了报道；中央电视台《经济与法》栏目报道了二中院审理的戴敦邦诉安徽口子酒业股份有限公司著作权侵权纠纷案；二中院审理的周立波域名纠纷案在上海电视台《案件聚焦》栏目播出；中央电视台新闻频道以及《焦点访谈》栏目对杨浦法院审理的《亮剑》等三部小说著作权侵权案进行了报道。

(三)加强对外交流。高院先后接待美国、英国、法国等国的来宾9批次，向外宾介绍上海法院知识产权司法保护成效，美国知识产权人协会代表团、美国华盛顿大学知识产权高级研究中心主任竹中俊子教授、美国专利商标局驻上海美领馆知识产权官员芮杰德、英格兰及威尔士上诉法院法官罗宾·雅各布爵士、英国驻华大使馆高级知识产权官员杜涛等外宾，均对上海法院知产审判工作给予高度评价。

四、加强审判延伸工作，能动司法有新成效

(一)积极建言献策，推动社会管理创新。全市法院知产庭共发出司法建议28份，得到中国建筑装饰装修材料协会、上海市会展行业协会等单位积极反馈；黄浦法院针对影视作品署名不规范的问题向国家广电总局发送司法建议书，国家广电总局回函表示将在《著作权法》修订过程中予以关注，《人民日报》内参对此进行了报道；黄浦法院还就网络证据保全公证规范化问题与上海市公证协会交换了意见；针对杨浦法院提出的加强网站备案管理的司法建议，上海市通信管理局专门开展了全市整治网站虚假备案专项行动；二中院民五庭编写出版了社区常见知识产权法律纠纷调处手册。

(二)加强与产业界的沟通，主动回应司法服务需求。高院组织知产法官先后赴有关单位调研文化创意产业发展情况，并召开两次专题座谈会听取文化创意企业、高科技企业的意见和建议；浦东法院编写了《商业秘密诉讼风险案例提示手册》、《企业知识产权简明提示手册》等向辖区企业发放；普陀法院与区文化局联合对网吧、卡拉 OK 歌厅开展了加强著作权保护的专题培训。

（三）加强与理论界的互动，促进审判水平提高。高院召开“推进理论与实践互动，促进知识产权司法保护”专题座谈会，征求本市知名知识产权法律专家对上海法院知识产权司法保护工作的意见和建议；一中院先后召开了“商标共存问题的法律适用研讨会”、“功能限定的权利要求解释研讨会”、“知识产权司法前沿研讨会”，二中院召开了“百度推广服务商标侵权疑难案件研讨会”，这些研讨会均邀请理论界、实务界专家参与，取得了良好的效果；普陀法院与上海大学知识产权学院联合成立了“知识产权教学研究基地”。

五、加强队伍建设，司法能力有新拓展

（一）加强业务培训。除召开 2 次全市法院知产法官参加的知产审判工作会议，以会代训外，还先后举办了为期 1 周的知产审判专题培训及专利审判培训、实施修正后的《民事诉讼法》专题培训。

（二）开展“两评查”工作。全市法院知产审判部门共抽查 19 次庭审和 35 份裁判文书，自查 79 次庭审、212 份裁判文书，评查范围基本覆盖所有审判人员、所有类型知产案件。

（三）学习兄弟法院经验。3 月，高院知产庭与来沪考察的广东高院知产法官进行了学习交流；9 月，邀请北京一中院知产庭姜颖副庭长与上海知产法官交流座谈；12 月，高院组织知产法官赴浙江高院学习交流文化创意产业知识产权司法保护、完善“三合一”综合审判机制等方面的做法和经验。

一年来，通过全市知识产权法官的共同努力，我们获得了很多荣誉。高院民三庭荣获“2012 年世界知识产权组织版权金奖（中国）保护奖”；浦东法院民三庭、杨浦法院民三庭荣立集体二等功；黄浦法院民三庭被市妇联授予“巾帼文明岗”称号，黄浦法院还被最高法院确定为全国知识产权审判基层示范法院；普陀法院民三庭荣获国家版权局“2011 年度查处侵权盗版案件有功单位一等奖”；徐汇法院民三庭荣获“2011 年徐汇区新长征突击队”称号；一中院陆凤玉同志当选为上海市第十次党代会代表；浦东法院陈惠珍同志被评为上海法院优秀法官；黄浦法院金滢同志被评为 2012 年上海法院“十大感动的人和事”之一；6 位同志荣立个人二等功、三等功；在“四个一百”评选中，知产条线入选 6 件精品案例、9 份优秀裁判文书、7 个示范庭审、2 名办案标兵。另外，全市法院知产条线有 1 起案件被最高法院公报刊载、1 起案件入选 2011 年中国法院知识产权司法保护十大案件、4 起案件入选 2011 年中国法院知识产权司法保护 50 件典型案例、1 起案件入选第一届全国法院优秀调解案例。

江苏法院2012年度知识产权司法保护工作总结

2012年,江苏法院努力践行科学发展观,充分发挥司法保护知识产权的主导作用,努力促进社会主义文化大发展大繁荣,为创新驱动战略实施和创新型省份建设提供了坚强有力的司法保障。

一、以执法办案为中心,充分发挥知识产权民事审判职能

一是依法审理大量知识产权案件。2012年,全省法院共审理知识产权民事案件9175件(一审案件8740件、二审案件430件,再审案件3件,请示案件2件),其中新收案件8916件(一审案件8526件、二审案件387件,再审案件1件,请示案件2件),一审新收案件同比增加3329件,增幅为64%。新收一审案件中,著作权纠纷案件3929件,占新收案件总数的46.1%;商标权纠纷案件3151件,占37%;专利权纠纷案件822件,占9.6%;知识产权合同类案件84件,占1%;不正当竞争案件83件,占1%;其他类型案件129件。全省法院共审结一、二审知识产权民事案件8297件(一审案件7920件、二审案件375件),同比增长54.3%。

二是继续深入推进审判精品战略。江苏高院不断探索总结新类型案件和疑难复杂问题的裁判思路和审理经验。对于带有描述性文字的注册商标的侵权判定、贴牌加工行为的商标侵权认定、因未实际使用被撤销的注册商标应否给予司法保护、涉及主题名称的专利权保护、计算机软件最终用户认定的适用规则、合法来源抗辩的证明标准等领域形成了一批典型案例。深入总结专家证人在知识产权诉讼中的运用方法,《专家证人制度在知识产权案件审判中的运用实践》被评为全省法院A类优秀审判经验总结。连续两年发布《江苏法院知识产权案件年度报告》,承担《关于知识产权审判证据规则有关问题的调研》、《文化产业知识产权司法保护研究》等2012年度最高人民法院司法调研重大课题、全省法院重点调研课题。1篇案例入选2011年度中国知识产权司法保护10大案件,4篇入选全国50件知识产权典型案例。在《中国知识产权报》开辟“江苏高院典型案例选登”专栏,连续刊登商标权纠纷典型案例。在全省法院第六届“金法槌杯”优秀指导案例表彰会上被评为“案例指导工作先进集体”。获最高人民法院主办的“全国知识产权法律应用征文大赛”和“涉文化领域知识产权司法保护及知识产权民事诉讼证据规则专题征文活动”优秀组织奖。江苏高院、无锡中院民三庭被江苏省委政法委和省依法治省领导小组办公室联合授予“江苏省公正司法示范点”荣誉称号。

三是重点化解关联案件纠纷,积极拓展诉调对接新领域。2012年,江苏法院知识产权关联案件纠纷持续升高,新收原告或被告相同的一审关联案件共计497起7130件,占一审收案总数的83.6%,同比增长19.4个百分点。全省法院继续加大调解工作力度,全年共调解、撤诉案件6838件,调撤率为82.6%,且绝大部分调解撤诉案件得以自觉履行。

全省法院不断加强对商业性维权引发的批量关联案件的信息上报制度建设和案件协调力度。2012年,江苏高院十余次组织相关法院对涉及商标侵权关联案件协调会，探索既相对统一又存在合理区别的关联案件裁判标准。积极探索关联案件裁判方式的改进，江苏高院及各地中院法院选择部分具有典型意义或示范效应的二审案件，主动开展巡回审判，把握时机现场开展调解工作。针对目前涉卡拉OK知识产权纠纷矛盾较为突出的情况，江苏高院联合省文化厅对江苏各地卡拉OK企业进行调研，了解行业实际情况。在联合调研和深入了解产业发展的基础上，江苏高院进一步细化裁判的具体标准和酌定因素，确定合理的判赔尺度。江苏高院还组织省文化厅、省版权局、著作权集体管理组织、著作权权利人、卡拉OK业主代表进行集中座谈，推动卡拉OK行业MTV作品的付费使用，从源头上化解涉卡拉OK行业MTV作品著作权纠纷。不断拓展知识产权诉调对接新领域，江苏高院与中国互联网协会、省文化厅、省知识产权局深入会商，分别会签三个诉调对接机制建设意见，初步建立涉互联网、娱乐产业、专利技术领域诉调对接工作机制，整合各方力量，着力化解上述领域内的关联案件纠纷。

二、深入推进"三审合一"改革试点工作，知识产权刑事、行政执法水平不断提高

2012年，全省法院共审理知识产权"三审合一"试点刑事案件798件。其中，新收一审案件768件，增幅为159.7%，审结一审762件，增幅为164.5%；二审案件新收19件，审结12件；审结请示案件2件。审理知识产权"三审合一"试点行政案件14件。其中，一审案件8件，审结6件；二审案件6件，审结1件。

一是准确把握当前形势下知识产权刑事司法政策和执法理念。针对目前知识产权刑事司法保护领域存在的打击重点还不够突出，在有些重点领域方面打击不够有力，部分领域打击面过宽，打击的社会效果不够理想等问题，省法院及时开展调研，收集和梳理各类问题，积极、审慎地探索确立当前形势下知识产权刑事司法保护的整体政策定位，确立正确合理的执法理念。省法院党组副书记、常务副院长周继业在江苏知识产权审判"三审合一"刑事法律适用问题研讨会上发表重要讲话，系统地就当前知识产权刑事执法理念问题提出要求，要求以我国国情、发展阶段以及知识产权保护实际需求为基础，依法合理确定刑事保护尺度，充分体现"突出重点，区别对待，宽严相济"的精神。要重点保护创新程度高、研发投入大、对经济增长具有突破和带动作用的关键性技术知识产权；重点打击涉及食品、医药等严重危害人民群众生命、健康，严重扰乱市场经济秩序的各类严重知识产权犯罪；重点加强对侵犯知识产权犯罪的源头性打击，依法从严惩治团伙犯罪和共同犯罪中的主犯，震慑严重犯罪行为，慎重处理涉及面广、人数众多的普通刑事案件，确保打击效果。最高人民法院、省法院有关院领导对江苏法院知识产权"三审合一"改革试点工作进行充分肯定，最高人民法院民三庭《知识产权审判动态》也全文予以刊发。

二是集中力量解决刑事实体法律适用争议问题。2012年，江苏高院民三庭重点加强了对知识产权刑事实体法律适用问题的调研，专门吸纳刑事案件较多的中级法院、基层法院法官组成专题调研组，先后召开三次座谈会，牵头完成《关于知识产权刑事法律适用问题纪要（征求意见稿）》。联合省公安厅、省检察院在淮安共同召开江苏知识产权审判"三审合一"刑事法律适用问题研讨会，最高人民法院民三庭、司改办、刑二庭，最高人民检察院侦查监督厅，公安部经侦局，省检察院公诉一处、侦查监督处,省公安厅经侦总队、治安总队、网络安全保卫总队,以及各市中级法院、各省辖市公安、检察、法院以及部分基层单位代表约140人参加会议。会议通报并部署全省知识产权审判“三审合一”改革试点工作和刑事司法保护工作,并对刑事实体法律适用问题进行集中研讨。省法院民三庭将在充分汇总意见的基础上,于2013年出台正式会签意见。

三是进一步推进知识产权刑事、行政执法的协作机制建设。各地法院与公安、检察、行政执法机关紧密协作,成功审结了一批严重侵犯知识产权的大要案,确保国务院“双打”行动取得新成效。省法院先后与公安、检察机关、版权执法机关召开多次座谈会,集中研讨案件办理中存在的疑难复杂问题。省法院与省工商局联合召开商标疑难案件研讨会,组织法院、工商系统近100名代表参加,对司法审判与行政执法中存在的商标疑难问题进行集中梳理、集中研讨,有效统一执法尺度。

三、牢固树立大局观念,依法服务全省创新经济发展

一是完成、落实人大专题审议工作。江苏高院完成《江苏省高级人民法院关于贯彻落实省十一届人大常委会第二十五次会议审议意见的报告》,制定《关于加强知识产权风险预警和司法建议工作的意见》、《关于加强知识产权诉调对接工作的意见》、《关于加强知识产权指导工作的意见》三个配套意见,全面落实省人大常委会专题审议全省法院知识产权审判工作意见。常州、连云港等中级法院圆满完成市人大专题审议知识产权审判工作,受到当地人大及各有关方面的充分肯定。

二是着眼服务经济发展方式转变,重点推动知识产权优势产业发展。江苏高院认真梳理文化产业目前存在的知识产权问题,深入调研文化产业知识产权司法保护的各类需求,先后走访音像制品、电信网络、影视制作、出版发行、计算机软件、卡拉OK、动漫设计、广告、非物质文化遗产等文化产业领域,以及省文联、省文化厅等行业主管部门,形成《江苏省文化产业知识产权保护状况分析报告》,有针对性地提出14条司法建议。南京、苏州、连云港等中院也相继出台司法文件,为地方创新经济发展和文化发展提供司法保障。苏州中院编制《文化企业知识产权创造、应用、管理和保护指南》,南京中院出台《关于在审判工作中贯彻落实“科技九条”的指导意见》,无锡中院走访动画设计公司,撰写新兴文化产业知识产权保护专调研报告,常州中院在创意产业重点企业环球动漫嬉戏谷创建“知识产权司法保护工作联系点”,徐州中院在徐州“创意68”文化产业园设立了司法服务站暨知识产权保护基地,南通中院进一步推动“南通家纺市场”由单一版权保护模式向版权、商标权、外观设计专利权相结合的综合立体保护模式发展。连云港、泰州中院发挥医药产业知识产权司法保护调研基地职能作用,积极助推当地医药产业发展。

三是积极延伸知识产权审判职能,促进社会管理创新。全省法院通过案件审理、走访企业、问卷调查等方式,定期收集、分析研判涉及技术创新、知识产权价值、侵权表现形式、侵权隐患、潜在风险以及相关典型案例等各类动态信息,向地方党委、政府报告和企业发出司法建议和预警信息。江苏院连续四年发布全省企业知识产权状况分析报告。苏州中院发布知识产权审判十大司法建议及《商业秘密司法保护工作报告》,全年累计向司法保障网络企业发送案例816篇。无锡中院与新区10多家530企业座谈,撰写《关于无锡地区“530”企业知识产权保护的调研报告》。盐城中院分别向工商、版权等部门发出《关于加强企业名称名称管理的司法建议》、《关于加强对网络经营者著作权管理的司法建议》。徐州中院分别向工商行政管理局、网吧协会和装饰城等单位发出4份司法建议。宿迁中院开展苏酒集团知识产权立体保护模式专题调研。扬州中院针对当地宝应县曹甸镇为生产销售教玩具的集散地，侵权案件频发的情况，向曹甸镇人民政府发出司法建议，得到积极响应。南京中院充分发挥徐庄软件园、紫金智梦园知识产权巡回法庭、雨花台法院软件谷法庭的作用，定期组织案件巡回审判和法律咨询，努力满足不同主体的知识产权司法需求。

四、加强司法宣传，不断扩大知识产权司法保护的社会影响

江苏高院组织开展以"推进创新驱动、保障文化繁荣"为主题的知识产权司法保护年度活动，省法院向全社会发布江苏法院知识产权司法保护蓝皮书，连续第八次公布全省知识产权司法保护状况，在继续发布全省法院知识产权十大民事典型案例的同时，首次发布十大刑事和行政案例，连续四年发布江苏企业知识产权保护状况分析报告。各地法院也积极采取召开新闻发布会、公布知识产权司法保护状况和典型案例、邀请各界代表性人士旁听案件审判并征求意见、公开宣判等多种形式，有效推动全社会知识产权保护意识的提高。"4·26"世界知识产权日期间，全省法院共召开9场新闻发布会；公开开庭审理案件160余件，来自社会各界的1200余人参加旁听；走访企业100多家，开展法制宣讲50余次，培训人数达3000余人，发放各类宣传材料共4200余册。继续推行"阳光司法"，不断增强司法保护的透明度。全省法院全面推行庭审"三同步"（庭审同步录音录像、同步记录、同步显示庭审记录）、裁判文书上网和庭审网络直播工作。省法院全年共网络直播知识产权案件4件。截至目前共上网公布知识产权裁判文书5503篇。

2013年，是贯彻落实党的十八大精神的开局之年，是实施"十二五"规划承上启下的关键一年，知识产权审判工作面临着一系列新情况、新问题。江苏法院将牢牢把握科学发展主题，积极推动创新型经济建设，积极促进社会主义文化大发展大繁荣，奋力开创全省法院知识产权审判工作的新局面。

浙江法院2012年度知识产权司法保护工作总结

2012年，我省法院知识产权审判工作紧紧围绕"八项司法"，充分发挥审判、协调、督促、指导的职能作用，开拓进取，扎实工作，取得显著成效和丰硕成果。

一、注重审判质效 狠抓办案质量

2012年，全省法院新收一审案件16,171件，同比增长112.86%；共审结15,118件，同比上升103.33%，面临成倍上升的受理案件数量，全省法院知识产权审判庭克服案多人少的矛盾，始终坚持以执法办案为第一要务，将案件审理工作作为各项工作的重中之重，依法公正高效审理各类案件。在审判中，我省法院注重审判质效，狠抓办案质量，省高院通过召开条线会议、实行重点疑难案件的请示汇报制度、指导中院开展案件评查制度等多种方式,保障司法公信力,使上诉案件改判发回重审率从2011年的8.13%大幅下降到2012年的2.09%,再审率从2011年的1.04%下降到2012年的0.03%。在案件审理过程中,我省法院克服各种矛盾,认真贯彻“调解优先、调判结合”的原则,对构成恶意侵权、重复侵权、属制售源头的侵权案件以及具有示范性效应的侵权案件,及时判决,体现对侵权行为的惩戒以及公平竞争市场秩序的维护,促进社会交易规则的形成。

二、加强调研工作统一法律适用尺度

全省法院高度重视知识产权审判调研工作,不断提高调研水平,注重成果转化。省高院民三庭2012年中标全省法院重点课题《电子商务平台中的知识产权保护》后,多次前往淘宝公司调研,联合杭州、西湖、余杭等案件数量较多的法院组成课题组,认真完成调研任务,现已顺利结项,并完成了成果转化,形成了《关于电子商务平台知识产权保护问题的纪要》,要求各级法院参照执行。绍兴中院知识产权审判庭成功中标最高院《关于知识产权审判证据规则调研》的课题,通过召开座谈会、总结审判经验、发表论文等多种手段丰富和创新调研方法,认真完成调研任务,服务审判实践。

省高院和各级中院也通过发布司法文件、出台疑难问题解答、开展专项调研等多种形式,切实担负起对下级法院进行业务指导的职责。省高院民三庭制定了包括适应新民诉法要求的《一审知识产权审判流程管理规定(试行)》、诉讼需知等,指导下级法院的审判实践,同时又制定了《关于建立知识产权民事案件办案质量通报制度的规定》和《关于知识产权民事审判业务骨干培训制度的规定》,加大对下级法院的业务监督。宁波中院在制定《发挥知识产权审判职能作用推动我市文化大发展大繁荣和加快经济发展方式转型升级的指导意见》的基础上出台了《关于知识产权民事诉讼证据保全的若干规定》和《知识产权审判若干疑难或需统一问题(一)》,指导辖区内法院统一法律适用尺度。

省高院民三庭前后分别在杭州和绍兴召开了全省知识产权审判工作会议和全省中院知识产权庭庭长通气会,及时梳理各类案件的审理思路,并就新类型新问题案件的裁判尺度进行了统一。义乌法院成为全国首个试点审理部分专利纠纷案件的基层法院以来,省高院民三庭通过各种方式对其进行指导,使义乌法院专利试点工作顺利开展,成效显著,最高院奚晓明副院长、省高院齐奇院长、金华市委书记陈一新、金华市委常委、义乌市委书记黄志平等领导都作出重要批示,充分肯定义乌法院的专利审判试点工作。

为了切实提升办案水平,规范法律适用,我庭今年参加了高院组织的“两评查”活动,并会同宁波、温州、绍兴、台州等中院对杭州中院及西湖法院2010年至2012年6月之间审结生效的案件集中进行质量评查,并形成详细的书面评查报告,使被评查法院正确面对出现的问题,提高办案质量,参与评查的法院也学习和推广被评查法院的先进经验,达到双赢。杭州、绍兴、宁波、温州等中院也积极开展案件评查活动,严把裁判文书质量关。同时,各级法院为强化对疑难复杂案件的审理,通过召开审判长联席会议、专家论证会等多种方式研究讨论,确保案件公正审理,统一法律适用尺度。

三、完善审判机制　创新审判管理

2012年我省具有一般知识产权民事案件管辖权的基层法院又增加5家,总量达到32家，数量位居全国第一，基层法院一审案件审理比例从2010年的35%、2011年的51%增加至2012年的71%，扩大管辖效果明显。9月，省高院民三庭首次指定杭州滨江法院和温州瑞安法院实行跨地区划片集中管辖，实现了我省现有知识产权管辖布局的新突破。10月省高院民三庭又指定杭州西湖法院、温州鹿城法院适用简易程序审理部分知识产权民事纠纷案件。这些措施的采取使我省知识产权案件的管辖布局日趋合理，一定程度缓解了各级法院案多人少的矛盾。

2012年年初，《人民法院报》对温州中院民三庭的调解工作予以整版报道，并称之为知识产权纠纷调解的"温州模式"。在此基础上，该院率先试水知识产权纠纷诉调对接机制，将大调解体系建设推向新的高度。在总结温州中院与温州市知识产权局实行的知识产权案件委托调解机制的基础上，省高院民三庭积极与浙江省知识产权局沟通，探索建立专利民事纠纷委托调解机制，与省知识产权局共同制定了《关于建立专利民事纠纷委托调解机制的意见》下发，在专利民事纠纷委托调解机制探索成功的基础上，下一步将就商标、著作权等民事纠纷探索建立相应的委托调解机制。

四、加强能动司法　推进司法公开

自在全省法院开展"知识产权特色审判"主题活动以来，全省各级法院为各地区域特色经济发展提供了强有力的知识产权司法保障，取得了良好的法律效果和社会效果。如绍兴中院开展绍兴黄酒的特色调研，并形成《绍兴黄酒知识产权战略研究》一书公开发行，丽水中院针对龙泉青瓷宝剑、木玩企业，湖州中院针对湖笔开展的一系列特色审判活动都取得了良好的效果。今年以来，在取得现有成效的基础上，各级法院对前期活动成果进行了认真总结梳理，着眼特色审判活动向纵深方向推动，重点督促各中院指导相关基层法院有计划、有步骤地开展好这项活动，最大限度地使特色审判扎根基层、服务一方。

4月12日，省高院民三庭召开了2012年浙江法院知识产权审判新闻发布会，通过邀请媒体列席会议、网上直播庭审等多种方式践行司法公开。各级法院也积极在知识产权宣传周期间，宣传知识产权司法保护，效果显著，如杭州中院在宣传周期间主办了涉外知识产权司法保护座谈会；通过杭州大厦等宣传平台将"尊重知识产权、共享品质生活"的理念送到社会公众身边；编辑《知识产权与网络》系列宣传册分发宣传，以案说法，反响热烈。温州中院也通过新闻发布会、公众开放日、进园入企、做客温州网、拍摄专题片等形式多样的活动，全方位、多维度的宣传知识产权司法保护所取得的成绩和状况，扩大知识产权司法保护的影响力。裁判文书上网工作也是我省司法公开的重要内容，至今已有万余篇裁判文书上网发布，占全国20%以上。同时，各级法院也十分重视信息报送工作，2012年共编发《知识产权审判动态》5期，多篇各级法院采写的知识产权审判新闻报道被浙江法院信息、浙江法院工作简报、机关动态等采用。

五、加强队伍建设　提升业务素质

2012年11月，党的十八大胜利召开，全省法院知识产权审判庭积极通过各种方式原原本本地学习党的十八大报告，审判人员纷纷表示要在十八大精神的指引下，明确职责目标，确保公正廉洁司法。通过学习，知识产权审判人员在政治思想、道德素养方面取得了很大的收获，涌现出一大批先进个人、先进集体，宁波中院和台州中院知识产权审判庭荣立全省法院集体一等功。在注重思想道德建设的同时，我省法院也加强文化建设,积极树立知识产权法官的良好职业形象,着力提高知识产权法官业务素养的提升,5月份,省高院民三庭与法官学院联合举办全省知识产权审判业务培训班,培训班围绕知识产权审判疑难法律问题、实务问题进行专题培训,邀请专家进行授课,进行经验交流,取得了较好的效果。

安徽法院2012年度知识产权司法保护工作总结

2012年全省法院始终坚持以科学发展观为统领,紧紧围绕科学发展主题和全面转型、加速崛起、兴皖富民主线,强化能动司法,服务科学发展;优化审判管理,实现质效并进;改进调研指导,提升整体水平;知识产权司法保护工作全面推进均衡发展。

一、倾心尽力,大力加强知产审判

(一)狠抓执法办案,服务创新发展

2012年,全省各级法院共受理一审知识产权民事案件1283件,受理二审知识产权民事案件184件。具体见下表:

表一

一审	收案(件)	结案(件)	结案率	调撤(件)	调撤率	判决(件)	驳回起诉(件)	移送(件)	涉外(件)
	1283	1267	98.7%	982	77.5%	91	6	10	16
二审	收案(件)	结案(件)	结案率	调撤(件)	调撤率	改判(件)	维持(件)	其他(件)	涉外(件)
	184	184	100%	124	67.4%	11	35	8	3

表二

案件类型	著作权(件)	商标权(件)	专利权(件)	技术合同(件)	植物新品种(件)	其他(件)	合计(件)
一审	560	537	107	27	38	14	1283
二审	96	59	17	4	4	4	184

2012年我省法院审理的知识产权民事纠纷案件,较上年呈现出"三多一高二低"特点:案件类型"多",目前全省法院已审理案件基本涵盖了所有知识产权领域,涉及知识产权的创造、运用、保护和管理的全过程;涉外案件数量增"多",由2011年的一审收案6件上升为2012件的16件,集中于商标领域,涉及"轩尼诗"、"LV"、"立邦"、"家乐福"、"微软"等知名品牌;系列案件"多",商业化维权现象明

显；案件调撤率“高”，全省知识产权民事一、二审案件调撤率分别较上一年上升9.6个百分点和1.6个百分点；知识产权民事一审案件上诉率“低”，由上一年的16.4%下降为14.5%，上诉案件发改判率“低”，由上一年的2.5%降至0.6%，全年仅发回案件5件。

（二）有效化解矛盾，保障和谐发展

全省法院牢固树立和谐司法理念，围绕案结事了目标，充分运用和谐的审判方式，努力实现法律效果和社会效果的最佳契合。一是调解贯穿全程，加大释明力度。通过庭前集中调解，减少审判环节；加大保全力度，固定侵权事实，促进调解；送达时现场调解，减少诉讼成本等各种手段不失时机进行调解。如池州中院采取知识产权纠纷案件“三讨论、三合议、三释明”审理机制，其中“三释明”要求合议庭细致耐心向当事人解释判决的结果和庭审中遇到的各种问题，通过积极的沟通协调充分了解双方当事人的真实想法并在此基础上组织调解。2012年其所受理的20件知识产权案件均依此种工作方法在庭前以调解、撤诉方式结案。合肥高新区法院在知识产权审判过程中，建立三段式调解模式，根据当事人在庭前、庭审、庭后不同的心理预期，结合案情说理释法，提高调解工作的实际效果。二是拓展调解视野，多元化解纠纷。积极建立诉调对接机制，邀请委托行业协会、企业主管单位、国有资产管理部门或个人协助调解，增强法院的调解效果。如某某著作权侵权纠纷案件时，积极寻求市文化委分管领导及相关科室负责人协助，邀请芜湖市部分文化娱乐业业主与相关行政职能部门进行座谈，通过座谈交流及知识产权保护的法律宣传，为后期法院调解工作奠定了较好基础，14件案件得以最终调解结案。三是拓宽调解思路，创新调解方法。积极创造条件，找准利益结合点，引导双方通过权利共有、交叉许可、授权使用以及转让等适当方式，变非法使用为合法使用，实现“双赢”。芜湖经开区法院在审理158件网吧系列著作权侵权案件时，通过调解积极促成双方达成商业合作意向，158件中大部分案件以原告撤诉告终。四是尝试对关联案件的处理更加侧重社会效果。我省受理著作权关联案件集中表现为网吧及KTV经营者被控侵犯著作权，权利人为专业公司，被控侵权人多为网吧、KTV、个体经营户等，涉及面广，双方诉讼能力悬殊，系列案件的出现对被控侵权人的现有经营模式也产生了一定的冲击。我省法院注意处理好依法保护与适度保护的关系，正确确定网吧、KTV经营者的责任承担，既有效制止了侵权行为，又把握好了司法导向和利益平衡，促进了信息传播，规范了传播秩序，推动了相关互联网和文化产业健康发展。

（三）强化审判管理，实现质效并进

“庭审评查和裁判文书评查”活动启动以来，全省法院以此为契机，找差距、补短板、练技能，求实效，进一步强化审判管理，庭审水平和裁判文书质量有了新的提升。省高院民三庭通过丰富评查形式，前移评查关口，将全庭同志划归两个评查小组，所有文书在签发后送达前均实行两组互查、逐案把关，及时反馈、点评、整改，实现文书评查“零差错”，超额完成院机关布置的庭审和文书评查任务。省高院民三庭知识产权案件示范庭被评选为全国法院优秀庭审。蚌埠市禹会区人民法院高度重视知识产权庭审录像工作，共刻录光盘4盘，有效促进标准化庭审的开展。六安中院民三庭积极开展“开好一个庭、写好一篇裁判文书”活动，该庭知识产权案件裁判文书在六安市法院系统优秀裁判文书评比中获得一等奖。

二、与时俱进,能动司法延伸职能

(一)着力深化司法公开机制

一是进一步完善裁判文书网络发布机制,实施上网情况定期通报制度,提高裁判文书的上网率。二是完善庭审观摩旁听机制。邀请人大代表、政协委员、专家咨询员等代表性人士和组织高校学生等旁听案件庭审,适时选择有影响的案件进行庭审网络直播,如蚌埠禹会区法院将3件知识产权刑事案件全部进行庭审网络直播,自觉接受社会监督,扩大司法效果,增强司法公开性与公信力。三是积极开展法制宣传,继续贯彻"五进"要求,促进社会各界对知识产权保护工作的了解和认同。合肥中院走进"中安在线",接受关于知识产权保护的网络访谈;六安中院在2011年"六安市部分民营企业知识产权司法保护座谈会"的基础上,于2012年有选择性地对部分企业进行了回访,进一步听取意见,并为他们提供相关的司法建议,受到了民营企业的好评;池州中院知识产权庭自组建以来连续4年参与该院组织的"送法进万家"活动,积极参加"江淮普法行"、"12·4"法制宣传日活动,开展较大规模法律咨询活动5次,举办法律讲座3场,发送法律宣传手册近千册,与媒体联办《法苑风采》、《法官说法》等法制宣传专栏24期,刊发稿件10余篇。四是继续编辑、发布2011年度全省知识产权十大民事审判案件,积极发挥知识产权典型案例的示范效应。同时通过编印《安徽知识产权审判》加强与其他省市法院的交流。

(二)探索与行政执法部门协调联动机制

着力探索与知识产权行政执法部门间的沟通协调途径,努力实现知识产权司法与行政执法的良性互动,形成知识产权司法保护合力。如合肥中院民三庭于2012年"世界知识产权日"前夕与市工商局商标处联合举办了商标和反不正当竞争法律问题研讨会,邀请企业和新闻媒体参加,既沟通了执法办案经验,又回应了企业和新闻媒体的关切。蚌埠禹会区法院深入推进与公安机关、行政机关在知识产权刑事保护、行政保护方面的沟通,探索建立联席会议制度,通过联席会议等长效协调机制的有效运行使得系列案件顺利调解结案。

(三)优化司法资源配置

经报请最高法院批准,蚌埠市禹会区法院、芜湖经济技术开发区法院可以作为第一审法院,审理辖区内除专利、植物新品种、集成电路布图设计纠纷案件和涉及驰名商标认定纠纷案件及垄断纠纷案件之外,标的额50万元以下的一般知识产权纠纷案件。该两个基层法院知识产权审判庭于2012年初正式挂牌成立。

(四)深化"三审合一"审判机制试点

合肥高新区法院继续推进"三审合一"试点,其知识产权庭审结的首例侵害知识产权单位犯罪案件,认定事实清楚、适用法律正确,未出现抗诉和上诉情形。蚌埠禹会区法院知识产权审判庭自挂牌成立之日起瞄准国内知识产权审判改革最前沿,一步到位实行知识产权"三审合一"审判模式,该院在省高院、蚌埠中院指导下,在蚌埠市、区政法委牵头下,高标准定位,高起点谋划,考察借鉴"朝阳模式"、"义乌模式"、"武汉模式"等兄弟法院先进经验,形成《蚌埠市中级人民法院、蚌埠市人民检察院、蚌埠市公安局关于知识产权"三审合一"改革试点工作中刑事案件集中管辖的意见》和《蚌埠市中级人民法院关于对本市辖区知识产权行政案件指定管辖的意见》。在近一年的试点实践中,该院"三审合一"审判模式有效、平稳、持续运行,知识产权刑事、民事、行政保护及案件之间的程序衔接紧密和通畅，民事赔偿与刑事罚金的关系协调，权利人的经济利益得到最大限度的保护。该院已审结的3件知识产权刑事案件，被告人均服判息诉，公诉机关亦未抗诉。2012年12月25日，在蚌埠市委政法委的协调下，蚌埠市法院、检察院和公安局共同签署知识产权三审合一文件，自2013年1月1日起，将蚌埠市辖区内所有知识产权民事案件、刑事案件、行政案件集中到蚌埠禹会区法院知识产权庭审理，初步打造出立体全面、统一高效的知识产权司法保护模式，较好地优化了审判资源，提高了审判质效、简化了救济程序，保证了司法统一。

三、统筹兼顾，大力加强调研指导

一年来，在抓好执法办案的同时，省高院不断加强监督指导，综合采取各种有效措施，激发知识产权审判工作的内在发展动力。与此同时，全省法院继续把调查研究作为审判工作的重点来抓，通过强化调研手段、扩大调研成效，逐步形成了审判推动调研，调研促进审判的良性循环机制。

（一）认真履行监督指导职责

一是以会议形式进行指导。省高院于2012年3月在马鞍山召开全省法院知识产权审判工作座谈会，传达贯彻全国法院知识产权审判工作座谈会精神，全面总结了2009年以来全省法院知识产权审判工作，研究部署了当前及今后一个时期全省法院知识产权审判工作任务。二是加强个案指导。针对二审案件审理中发现的问题，及时与一审法院进行沟通，统一认识，并对下级法院审理案件中带有普遍性、倾向性的问题，提出改进措施和建议。三是充分运用常规督导手段，省高院民三庭定期对全省法院知识产权民事案件收结案及审理情况进行统计研判，加强对审判运行态势的把握分析。四是省高院民三庭编印《1998—2011知识产权司法保护政策和精神》和《知识产权审判经验交流资料》分发全省各法院知识产权庭，不定期编印《安徽知识产权审判》资料，及时汇总通报全省法院知识产权审判动态信息，总结提炼来自审判实践的鲜活经验，推动全省法院知识产权审判质效整体提升。

（二）深入开展审判业务调研活动

全省法院始终围绕审判工作中存在的共性问题、法律适用问题以及热点、难点等问题开展专题调研，同时积极完成最高法院民三庭部署的各类综合文字材料报送及调研工作任务。省高院民三庭还针对近年来全省法院受理的著作权、商标权侵权系列案件频发、商业维权现象突出的状况，在全省法院知识产权庭配合下，通过实地调研、广泛座谈，初步形成了《关于著作权、商标权关联案件审理情况的调研报告》；针对知识产权审判中适用法定赔偿制度案件不断增加、适用过程中出现的泛化适用和适用中简单化处理现象，形成了《关于知识产权法定赔偿制度适用问题的调研报告》。合肥高新区法院在审判实践的基础上，完成合肥市哲学社会科学规划项目《合肥市著作权审判典型案例规律解析与文化产业发展对策研究》，并且根据工作实践形成了《商标诉讼中的司法鉴定若干问题研究》。蚌埠中院主动走访了本市15家企业及相关的主管部门，通过调研掌握了全市企业知识产权的基本情况以及对企业对法院知识产权保护的了解和需求。

四、以人为本，大力加强队伍建设

在深化能动司法服务大局，强化调研督导夯实基础的同时，全省法院狠抓队伍建设不放松，引导干警坚定理想信念，改进司法作风，增长专业才干，恪守廉洁本色，队伍素质形象稳步提升。

(一)纯洁信念为先,加强思想政治建设

扎实开展“保持党的纯洁性、迎接党的十八大”主题教育实践活动和政法干警核心价值观教育实践活动,深化创先争优活动,引导全体同志坚定理想信念,确保队伍的正确政治方向。认真组织学习、深刻领会党的十八大精神,倡导集中学习和个人自学相结合,学习原著和专题研讨相结合,注重理论联系实际,将学习成果转化为工作思路。以庆祝建党91周年为契机,弘扬艰苦奋斗、励精图治、知难而进、自强不息精神,抵制思想蜕变、作风滑坡的不良倾向。

(二)提升水平为要,加强司法能力建设

加强业务知识学习,积极选派法官参加最高法院和省高院组织的各类业务会议或培训。2012年10月,省高院举办全省法院知识产权审判理论与实务培训班,由最高法院、国家知识产权局专利复审委专家、学者、省高院业务骨干授课,中、基层法院知识产权法官参训,获得法官学员的一致好评。注重审判梯队健康发展,高度重视对年轻法官的培养锻炼,发挥资深优秀法官的传帮带作用,及时总结推广审判经验,鼓励年轻法官勇挑重担,在锻炼中成长。

(三)树立正气为本,加强党风廉政建设

筑牢拒腐防变思想防线,以交流谈心等形式查摆问题、交流思想,通过示范教育、警示教育强化自律观念;加强日常监督,严格执行廉政规章制度,坚持依法办案,杜绝关系案、人情案、金钱案,圆满实现了全年全省知识产权庭“不出一人一事”的廉政目标。

福建法院2012年度知识产权司法保护工作总结

2012年,福建法院忠实履行司法职责,不断强化知识产权司法保护,为落实国家创新驱动发展战略、推动福建科学发展跨越发展提供了有力的司法服务保障。

一、坚持执法办案第一要务,知识产权司法保护主导作用进一步发挥

去年,福建知识产权案件继续大幅增长,司法解决知识产权纠纷的主渠道作用继续发挥。全省法院共受理知识产权民事一审案件2438件,同比上升29.13%。审结2342,一审结案率96.06%,同比上升2.05个百分点。受理知识产权民事二审案件310件,同比下降17.11%,审结307件。受理知识产权民事再审案件4件,审结4件。受理知识产权行政一审案件9件,审结9件。所审结的9件行政案件,双方当事人均未提起上诉。其中,省法院受理知识产权民事一审案件1件,目前尚在审理中;二审案件247件,审结245件;再审案件1件,审结1件。开展“三审合一”审判试点的福州市鼓楼法院、厦门市思明共受理刑事一审案件107件197人,审结91件169人;厦门中院受理刑事一审案件8件17人,审结5件9人;福州中院和厦门中院受理刑事二审案件10件,审结9件。

坚持“阳光司法”,以公开促公正公信。全省法院积极邀请人大代表和政协委员旁听庭审,选择有典型意义的案件开展网络庭审直播,将所有以判决方式结案、依法可公开的裁判文书全部在“中国知识产权裁判文书网”和“福建法院网”上公布,提高知识产权审判工作的透明度,促进公正公信司法。

充分发挥人民陪审员的作用,促进提

升司法民主性。福州中院2012年共有580件知识产权一审案件依法由人民陪审员参与组成合议庭进行审理，人民陪审员参审率超过65%，同比增长2个百分点。

二、坚持能动司法，知识产权司法服务保障功能进一步强化

深入开展“四·二六”主题活动，强化知识产权法制宣传教育。省法院和厦门中院召开新闻发布会，向社会公布2011年度十大案例；省法院还利用接受东南网等的采访契机，借助新闻媒体的力量加大知识产权法律宣传力度，节目播出后社会反响良好。泉州中院组织召开知识产权巡回法庭座谈会暨知识产权保护工作联席会议，并与科技局、文体局、工商局等单位共同探讨知识产权行政执法与司法保护的衔接等问题，加强横向合作，积极营造鼓励创新、保护知识产权的法治环境。各级法院普遍开展知识产权法律咨询及宣传普及活动。

加强司法建议工作，服务经济发展大局。泉州中院就近年来酒店、KTV涉侵害著作权案件大幅上升这一情况，及时向市委报告案件审理情况，分析纠纷发生原因，建议有关部门加强宣传和监管，引导行业与著作权集体管理组织进行谈判等，泉州市委高度重视，市委书记对此专门作出批示。全省法院积极走访陶瓷、网络公司等上百家高新技术企业，向企业发放知识产权诉讼指南三百多份，提出针对性建议数十条。

大力推行多元化调解机制，积极构建大调解格局。一方面，全省法院认真贯彻“调解优先、调判结合”原则，不断创新诉讼调解机制，促进社会矛盾化解。据统计，全省法院共有1996件知识产权民事一审案件以调撤形式结案，调撤率68.15%，同比上升2.12个百分点。省法院审结的246件知识产权案件中，有56件以调撤方式结案。厦门中院妥善运用良性互动机制形成调解合力，在处理音集协起诉KTV等娱乐行业数十家企业著作权侵权案件时，会同厦门市文化广电新闻出版局组织诉讼双方进行面对面调解，促成20多家企业与音集协达成了调解协议。该院在诉讼调解中还注重为案件当事人双方创造合作机会，变侵权行为为合法使用，如在某某商标侵权案的调解过程中，积极引导原被告开展合作，促成双方订立商标许可使用合同，实现了“双赢”。泉州中院探索建立“申请+介入”简易诉前调解模式，一年来共成功调解版权纠纷5件，诉前调解成功率100%。另一方面，福州中院与福州海关、福州市工商局等四个知识产权行政执法部门签订了“知识产权纠纷诉调对接协议”，并联合发布了《关于建立知识产权纠纷“大调解”联动机制的若干意见》。该院还对行政部门主持调解的五起知识产权纠纷进行了确认，使知识产权行政、司法保护“双轨制”实现了交汇，为知识产权行政执法规范化、合理化提供了有力支持。

积极推动“三审合一”审判试点工作。厦门中院每年召开一次知识产权行政执法与刑事司法衔接协调会，将衔接协调工作机制化长效化，加强日常的信息沟通和协调机制。福州中院继续深入开展知识产权审判“三审合一”试点工作，五次下基层调研。基层试点法院审理的知识产权案件，无一改判和发回重审，审判质量和效果良好。

三、坚持强化审判业务指导，知识产权司法尺度进一步统一

通过规范性文件加强指导。为充分发挥知识产权审判在推动经济文化发展中的服务保障作用，省法院制定《福建省高级人民法院关于加强和改进知识产权审判工作为推动经济文化发展提供司法服务保障的意见》,下发全省法院贯彻执行。《实施意见》充分体现了“加强保护、分门别类、宽严适度”的知识产权司法政策,对表达类、涉文化类、技术类、标识类、竞争类知识产权案件审理中应注意的一些理论和实践问题进行明确,规范自由裁量权的行使,统一司法标准。

召开研讨会加强指导。针对近年来各中院网络著作权、美术作品著作权等纠纷判赔标准不一的情况,省法院两次组织召开全省法院著作权侵权赔偿调研会,探讨法律适用问题,避免出现不同法院同案不同判的现象。

通过调研加强指导。省法院民三庭积极配合全国人大、最高院开展的各项调研工作。八月,全国人大内司委到福建调研,省法院林卫理副院长作了《关于福建法院知识产权审判工作情况的报告》的专题汇报,充分展示我省法院五年来知识产权司法保护工作所取得的成效。针对试点的“三审合一”审判工作,省法院庭领导带队到鼓楼法院、思明法院调研指导,总结工作经验,形成调研报告,推动试点工作规范化。

发挥三级法院内网互联互通的优势加强指导。省法院民三庭指派专人维护系统局域内网,及时将出台的法律法规、司法解释、司法政策与理论热点,以及最高法院、兄弟法院典型案例公布上网,供全省法院知识产权法官学习,受到下级法院欢迎。

四、坚持推进队伍建设,知识产权法官队伍素质进一步提升

紧密结合知识产权审判工作实际,将加强法官队伍建设作为夯实知识产权司法基础的重要工作。注重学习和借鉴上级法院、兄弟法院及国外知识产权审判的先进理念和工作方法。省法院协助最高法院召开有北京、上海等全国十多个省市知识产权法官参加的“网络著作权案件法律适用调研会”,就最高法院网络著作权司法解释进行了系统详细的研讨。同时指派业务骨干参加由中国法学会主办的“2012 中美知识产权司法审判研讨会”。认真开展庭审质量和裁判文书质量“两评查”活动,提高法官驾驭庭审的能力和裁判文书的制作水平。

全省法院知识产权审判庭始终注重加强政治理论学习,加强学习型审判庭建设,扎实开展各项主题实践活动,坚持以党建带队建促审判。认真贯彻落实最高法院公布的“五个严禁”、省法院《关于规范法官和当事人及其律师相互关系的七条禁令》的规定,进一步严明审判纪律,规范法官行为。不断纯洁知识产权审判队伍,提升知识产权司法公信形象。

江西法院 2012 年度知识产权司法保护工作总结

2012 年,江西法院知识产权审判部门认真贯彻科学发展观和党的十八大精神,围绕“为大局服务,为人民司法”的工作主题,牢固树立“忠诚、为民、公正、廉洁”政法干警核心价值观,深入推进三项重点工作,在全省法院开展的“案件质量提升年”活动中,着力推动案件审理质效的提高,妥善化解知识产权纠纷,充分发挥了知识产权司法保护的主导作用,各项工作取得新进展。

一、认真履行职责，妥善处理各类知识产权纠纷

2012年，江西省法院系统共受理知识产权民事案件488件，其中商标权纠纷161件，专利权纠纷66件，著作权纠纷215件，技术合同纠纷21件，不正当竞争纠纷11件，商业秘密纠纷4件，特许经营合同6件，其他4件。审结案件415件，结案率为85.04%。在已结的案件中，调解、撤诉241件，调撤率为49.4%。全年审结的所有案件，实现了零申诉、零上访。在最高法院开展的庭审/裁判文书“两评查”活动和中央政法委“百万案件评查”活动中，全省法院知识产权庭被抽查的案件均未发现有重大差错的情况。案件审理过程中，我们紧密结合知识产权案件的特点，准确把握各类知识产权案件的司法原则和司法政策，统筹兼顾处理好知识产权保护与利用的关系，坚持知识产权利益平衡的原则与理念，正确处理依法保护与适度保护、保护权利与防止滥用等关系，能动司法，公正、高效审理好各类知识产权案件。

1. 始终抓住“调解”这一息诉服判法宝。全省法院牢固树立调解意识，始终贯彻调解优先的司法理念，积极创新调解方式和手段，不断提高调解能力，努力实现“定分止争、案结事了”的司法目标。如新余中院积极加强与新余市知识产权局等相关单位和部门的沟通合作，积极探索知识产权案件多元调解的工作模式，推动多元化知识产权纠纷解决机制的建立健全。

2. 有效运用各种司法救济手段，切实维护权利人权益。知识产权司法审判的突出问题之一是“维权难”，我省法院系统为避免侵权扩大化，严格依照法律和司法解释的规定，大胆运用证据保全、财产保全和诉前禁令等手段。2012景德镇中院接受申请证据保全、财产保全申请数量占案件数的92%，保全执行到位率100%。

3. 将审判管理与专项活动有机结合，积极构建司法规范化工程。根据最高院工作部署，江西高院结合自身实际情况加强审判管理，民三庭配合高院参与起草了《江西省法院审判管理实施细则》。此前，江西高院民三庭已经形成了较为成熟的审判管理制度，充分发挥庭长、副庭长在审判管理中的能动作用，明确庭长“一岗双责”。并且，通过庭长对于案件的分案，副庭长对于案件的排期开庭，庭长、副庭长督促案件的及时合议及列席案件审理等，来强化庭长、副庭长对案件的全程精细化管理，促使案件得以均衡结案。再如，新余中院注重裁判文书制作过程，为杜绝文书制作差错、提高文书质量，要求每一份裁判文书都做到“三读”（主审法官制作、合议庭成员审核、庭长把关）、“三校”（主审法官一校、文书交印前书记员二校文书发送前主审法官和书记员再校）。

4. 畅通上下级法院知识产权案件信息沟通机制，确保裁判尺度统一。江西省内各级法院注重对关联案件、重大敏感案件的沟通和协调，通过每月汇总知识产权收结案信息以及所结案件的裁判文书，及时把握全省知识产权审判趋势，以确保疑难复杂敏感案件得到妥善解决，关联案件做到同案同判。

二、坚持能动司法，延伸审判工作职能

1. 各级法院加强沟通与联系，积极为地方品牌发展、创新发展建言献策。新余中院组织人员编写《关于我市企业专利工作的调查报告》，并将该报告报送新余市人民政府以及市领导，此外还形成了《关于我市知识产权司法保护的调研报告》一文，新余市委领导对该文做了重要批示并予以充分肯定。景德镇中院完成了地方品牌商标权司法保护及艺术陶瓷保护模式构建等审

判实证调研,并就拟报景德镇市人大审议的《陶瓷知识产权保护办法》及《景德镇陶瓷工艺标准》的起草建言献策,还向景德镇市人大常委会作了知识产权审判工作的专题汇报,受到了市人大常委会的高度评价。

2. 主动搭建工作桥梁,促进当地知识产权创新发展。各地法院及时准确掌握本地知识产权工作发展的特色与动态,为当地品牌与创新发展竭尽全力,受到了当地政府与群众的广泛好评。萍乡中院2012年针对当地专利、商标权益保护存在的薄弱环节,共发出司法建议11条,同时以本院知识产权司法援助中心为平台接待知识产权咨询,并配合政府相关机构共同研究知识产权非诉纠纷与争端的合理解决方案。新余中院向辖区内30余家重点企业发放调查问卷以深入了解知识产权保护的基本情况与实际需求,同时选择有影响的案例,邀请人大代表、政协委员、行业协会和有关部门的代表、专家学者等代表性人士旁听庭审。

3. 大力开展知识产权司法保护宣传,加大舆论引导力度,改善司法环境。省内各级法院通过"网、会、展、刊、报"等多种渠道强化知识产权司法保护宣传,如省高院民三庭于"4·26"活动中在南昌市中心地带与省知识产权局、省普法办、省律师协会等单位联合举办了多次主题为"培育知识产权文化,促进社会创新发展"的知识产权法律宣传和法律咨询活动,共现场解答群众法律咨询70多人次,发放宣传资料300余份。此外,省高院民三庭还在各级媒体上发表各类文章20余篇,这些宣传报道既涉及审理的具体案件,也涉及知识产权庭重大事件,既展示了全省法院知识产权司法保护工作取得的成就,又树立了知识产权司法保护的形象,对在全社会普及知识产权法律知识,改善司法环境有很大的裨益。萍乡中院民三庭全年共发表调研文章15篇,其中国家级2篇,省级5篇,市级8篇。发表宣传报道45篇,其中省级12篇,市级33篇,同时发表市级信息6篇,并邀请了8位人大代表和政协委员旁听知识产权案件的开庭审理。

三、强化教育培训,提升队伍整体素质

1. 加强业务交流活动。江西法院系统知识产权庭派出多名人员参与业务培训,如参加2月在广州召开的全国法院知识产权庭庭长研讨班、5月在北京召开的"中美知识产权司法审判研讨会"、7月在江苏南京召开的最高法院知识产权审判工作情况调研座谈会。此外,最高法院于11月在景德镇召开主题为"加大知识产权司法保护力度"研讨会,最高法院副院长奚晓明、省高级人民法院院长张忠厚出席会议,高院民三庭与景德镇中院共同承办了此次会议。景德镇中院由于地处陶瓷技术和艺术氛围浓厚的瓷都,因地制宜,与景德镇陶瓷学院积极商讨建立合作关系,搭建理论与实务互动的桥梁,建立独具特色的业务交流内容与模式。

2. 狠抓作风建设。江西省内各级法院知识产权庭认真落实"五个严禁"、"四个一律"等廉政规定,通过每月自评、季度自查、观看贪腐案警示教育片、学习优秀党员的先进事迹等方式不断加强廉政教育。根据《全省法院开展集中整治影响发展环境的干部作风突出问题活动实施方案》的要求,全省知识产权审判人员认真分析和查找自身干部作风和司法作风中存在的突出问题,并一一对照进行整改,切实解决工作作风上的"慵、懒、散"、领导作风上的"假、浮、蛮"和司法不廉上的"私、奢、贪"等问题,通过自查自纠,改进司法作风、规范司法行为,提升司法公信力。截至目前,全省知识产权司法审判人员没有发生任何违法违纪问题。省高院民三庭由于良好的作风和优异的成绩，获得省妇联、省妇女“巾帼建功”活动协调小组联合授予的“巾帼文明岗”荣誉称号。

回顾一年来的工作，尽管江西法院的知识产权司法保护取得了一定的成绩，但仍存在着一些不足：如知识审判工作发展不均衡，不同地区案件受理数量受经济和其他因素影响较多；部分干警司法能力不能适应新形势的需要；对知识产权审判中出现的新情况、新问题的研究不够，处理复杂疑难案件的水平有待加强，尚需进一步加强学习；深入基层开展调查研究的力度还有待进一步加大；裁判文书质量不高，辨法析理水平有待提高。我们将在新的一年采取有力措施，努力加以改进，争取更大进步。

山东法院2012年度知识产权司法保护工作总结

2012年，山东省法院在知识产权案件总量大幅增长、新类型疑难复杂案件持续增多、审理难度不断加大的发展态势下，充分发挥司法保护知识产权的主导作用，全省法院知识产权审判工作又迈上了一个新的台阶，先后获得“全国法院十大践行能动司法优秀案例”、“全国法院十大司法建议”、全国法院“两评查”活动优秀庭审、优秀裁判文书、“山东省三八红旗集体”等荣誉，《人民法院报》以“为知识产权撑起一方法治晴空”为题对山东法院知识产权审判工作进行全面报道。

一、审判水平日益提高，质量数量双获丰收

一是案件数量大幅增长。2012年，全省法院紧紧围绕“四位一体”的办案目标，全力抓好执法办案这个第一要务，共新收和审结知识产权民事一审案件5309件和5247件，比上年分别增长35.2%和39.3%，均达历史最高，增长幅度高于最近几年平均水平，反映出全省知识产权案件数量在高基数上稳健发展的良好势头。并且，青岛、烟台、泰安、莱芜、滨州、临沂六个中院结案率达到100%，青岛、枣庄、莱芜中院实现了零存案。其中，全省法院**新收著作权案件2358件，比上年增长102.4%**，商标案件2293件，比上年增长13.3%；专利案件469件，比上年减少9.5%；不正当竞争和技术合同案件分别为77件和57件，同比基本持平；其他知识产权案件52件。新收涉外涉港澳台知识产权民事一审案件1069件，同比增长135%，其中著作权案件占92.4%。著作权案件包括涉外著作权案件数量增幅明显高于其他案件，集中体现出2012年全省法院知识产权案件的发展走向，知识产权司法保护对于规范、引导和促进新兴商业模式发展、推动文化产业繁荣具有举足轻重的作用。

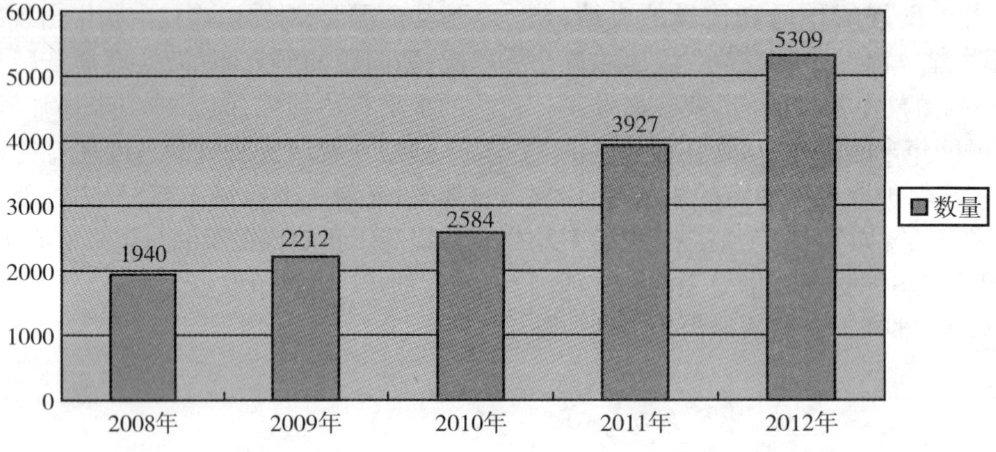

近五年全省法院知识产权一审民事案件收案情况示意图

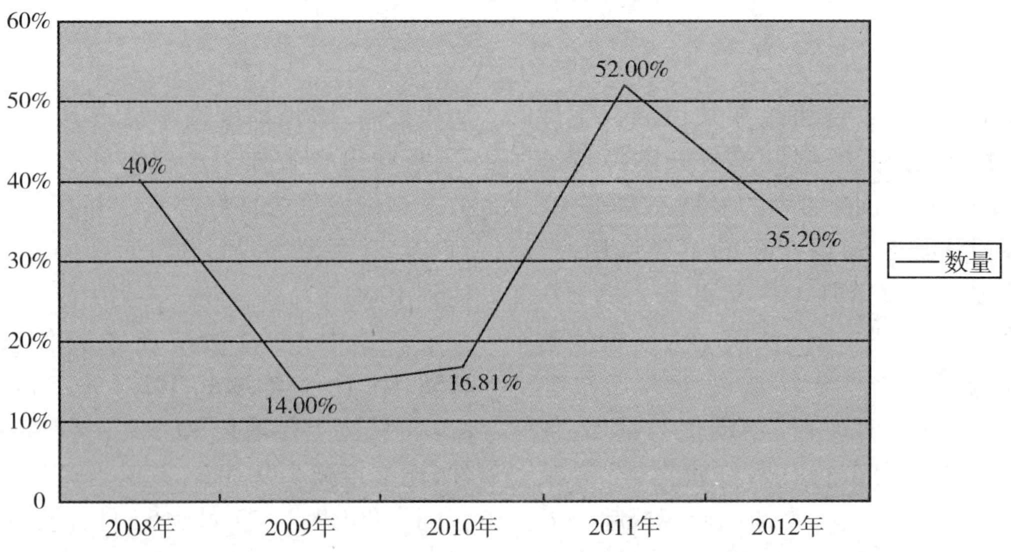

近五年全省法院知识产权一审民事案件增长率示意图

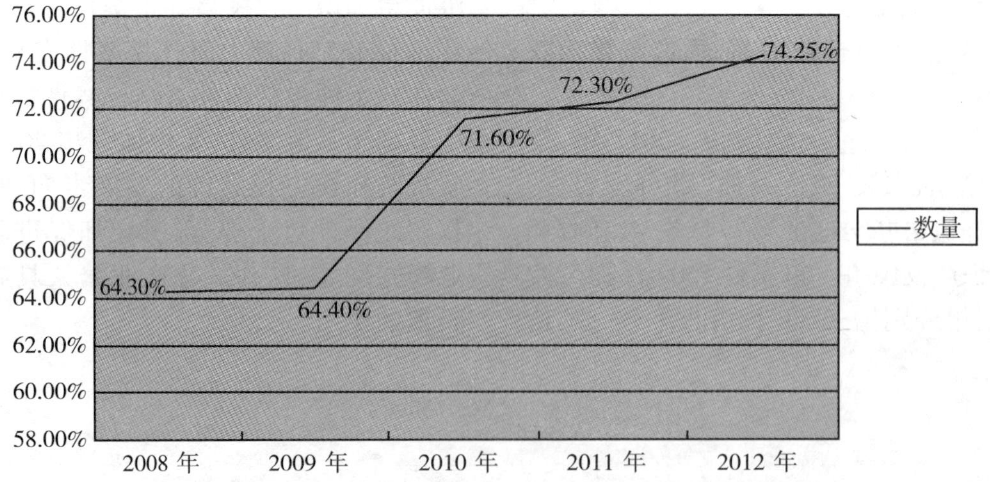

近五年全省法院知识产权一审民事案件调撤率示意图

二是案件调撤率持续提升。2012年，全省法院共调撤知识产权一审民事案件3896件，调撤率达到74.25%，高于全省民商事案件水平，同比提高了近2个百分点，达到历史最高点。其中，日照、枣庄、威海、德州四个中院调撤率在90%以上，日照中院审结129件，128件撤诉，调解撤诉率几近100%。全省法院坚持能动司法理念，努力树立主动型、服务型、高效型司法形象，妥善处理了一批社会关注度高的重大案件，如省法院通过审理某某发明专利侵权一案，促使双方当事人达成和解，一揽子解决了包括该案在内的5起专利诉讼争议，创造了良性竞争、合作双赢的市场环境，为国家民族产业与跨国公司建立合作，走向国际市场提供了成功范例，也改变了长期以来境外组织机构和媒体对国内企业缺乏自主创新能力的偏见。济南中院则成功化解了国家信访局督办的1件涉及香港中华总商会会长旗下公司的版权纠纷案件，受到上级机关的通报表扬。

三是新类型案件审理水平不断提高。知识产权案件类型新颖，所涉法律关系和法律适用问题前沿，在保护权利与维护新型商业模式发展之间存在利益平衡需求。从涉诉案件标的来看，2012年全省法院新收知识产权民事一审案件总标的达到7.5亿余元，是去年同期的2.5倍，仅省法院就受理了3起涉案标的在1亿元以上的案件，对于此类重大利益纠纷案件，往往涉及新类型行业的发展和产业转型换代，在全国、全省具有重大影响。山东法院始终坚持“精细化管理、精品案审判”双精工程，力争通过个案为新类型、疑难复杂案件的审理提供范例。今年全省法院又审理了多起在全国具有影响力的案件：如某某模型著作权纠纷一案，是全国首例涉及将海洋微生物模型制作成城市大型雕塑的知识产权侵权案件，省法院在依法认定侵权成立并赔偿损失的同时，为避免社会资源浪费，对拆除侵权作品予以变通判决，开创了审理此类案件的新思路；再如某某商标侵权一案，因准确认定“定牌加工”行为不构成商标侵权而得到最高法院的认可，入选《最高人民法院公报》。

四是特色审判工作开展得有声有色。2012年，全省各地法院结合审判实际，积极开展特色审判。如济南中院多次走访驻济创新型企业和高新技术企业，与企业座谈，解答企业关心的知识产权保护问题。潍坊中院围绕寿光蔬菜、高密家纺、临朐铝业等特色产业，对潍柴动力、福田雷沃等重点企业及时提供法律服务，保护企业自主创新，促进新的产业集群的形成和发展。聊城中院针对其涉诉案件较多的个体工商户侵害知识产权案件进行专题调研。泰安中院为妥善处理涉网吧系列诉讼案件，主动与当地网吧协会建立联系，通过调撤一批案件推动其他案件调解。威海中院对某报社因图片著作权侵权案件加大调解力度，使双方就100余张图片达成一揽子和解协议，被告当庭支付赔偿款，原告撤回已起诉的15起案件。淄博中院继周村家具城“知识产权司法保护站”之后，又在淄博义乌小商品城挂牌成立工作站，开展知识产权宣传和咨询活动，以及诉前调解工作。日照中院对辖区内涉小微企业侵犯知识产权案件进行调查分析，并提出对策建议。以上举措均有效延伸了知识产权司法保护职能，为知识产权纠纷实质性化解、企业创新发展提供了更加优质高效的司法服务。

五是三审合一试点工作有序推进。山东法院目前有东营、济南、青岛三个中院知识产权审判庭集中审理知识产权民事、行政和刑事案件，共审理了3起知识产权行政案件，6起刑事案件。2012年，济南中院成功审理了一起知识产权行政案件,维持了行政机关的行政处理决定,作为原告的行政相对人服判息诉,明确表示不上诉。青岛中院二审审结了一起全省涉案金额最大的销售假冒注册商标罪案件,二被告涉嫌销售LV包、小包、钱包、adidas帽子、LACOTSTE帽子、PUMA帽子等假冒注册商标产品,涉诉金额高达2.3亿余元,分别被判处有期徒刑三年六个月和三年,并各处罚金50万元和30万元。在上述案件的审理过程中,相关法院不断加强对试点工作的总结,努力推动试点工作规范化。

二、能动司法效果凸显,经验做法获得认可

一是司法建议效果突出并连获殊荣。最近几年,公证证据在网络著作权维权案件中为权利人广泛采用,为切实保障当事人合法权益,避免其证据瑕疵影响诉讼目的的实现,省法院通过分析网络公证过程中存在的可能影响公证效力的瑕疵而向省司法厅、省公证协会提出《加强网络环境下公证保全证据工作的司法建议书》,成效显著。该《司法建议书》继在山东省法院首届优秀司法建议评选中获得一等奖后,2012年又当选为首届"全国法院十大司法建议"。泰安、聊城、菏泽、德州等中院也针对当地知名企业品牌保护与发展、网吧公证保全等提出司法建议并取得实效。

二是服务大局取得实效并收获硕果。2012年,为贯彻落实中央、省委和最高人民法院关于推动社会主义文化大发展大繁荣的一系列重大决策部署,省法院在第一时间制定下发了《关于充分发挥审判职能作用保障和推动社会主义文化大发展大繁荣的意见》,指导全省法院围绕国家文化发展战略,充分发挥审判职能作用,充分发挥权利救济、公权制约、纠纷终结"三大功能",依法规范文化市场秩序,着力促进文化事业和文化产业跨越式发展。济南、枣庄、潍坊、临沂等中院也先后制定了相关意见,指导审判实践。2012年,在全国法院践行能动司法理念优秀案例评选活动中,全省法院有二起知识产权案件入选,其中,省法院审理的某某商标侵权一案,被评为"全国法院十大践行能动司法优秀案例",这是省法院近年来开展能动司法,服务经济社会发展大局的生动缩影。

三是注重经验总结并获得全国认可。省法院将"能动司法、服务大局"的经验做法简要归纳为"四个强化",即在依法办案、政策考量、利益平衡与和谐司法四个方面进行强化管理。这一经验也得到最高法院的认可,在年初召开的全国法院知识产权审判工作座谈会上,省法院作为大会第一发言顺序,将这一经验向全国法院进行介绍和推广,受到好评。

三、宣传调研并驾齐驱,司法形象不断提升

一是继续抓好宣传工作。不断加强与新闻媒体的沟通协调,继续依托"4·26"世界知识产权日宣传周、知识产权互联网站等平台,通过发布知识产权司法保护状况和典型案例,网上公开裁判文书等常规化工作充分展示全省法院知识产权司法保护成果,大力宣传知识产权司法保护的意义、司法政策和工作成绩,不断推动知识产权意识深入人心。今年《人民法院报》整版刊登了省法院工作纪实文章"为知识产权撑起一方法治晴空",中国人民大学知识产权学院院长刘春田教授亲自执笔点评,对省法院取得的工作实绩给予了高度评价。另外,山东卫视、法制日报、大众日报、山东法制报等多家媒体对全省法院知识产权审判工作进行报道。

二是继续抓好调研工作。今年省法院着力完成了关于商业秘密保护与促进人才合理流动的调研课题,形成了高质量的调研报告,为企业的健康发展提供了切实可行的参考。同时,省法院积极参加最高法院以及相关部门组织的各项研讨活动,先后在“2012年中美知识产权司法审判研讨会”、“全国法院纪念商标法颁布三十周年座谈会”、“全国法院审理驰名商标案件座谈会”、“知识产权审判与民事诉讼证据研讨会”、“进一步加强知识产权保护座谈会”等会议上进行大会发言,介绍山东省知识产权审判经验,得到最高法院和兄弟法院的高度评价,并在全国予以推广。全省法院也紧密结合当地经济发展亮点,做好结合文章,为司法助推地方经济转型提供有力的保障。具体包括:济南中院提出了《优化济南高新技术企业和核心竞争力》调研课题,被列为济南市重点软科学项目;淄博中院完成的《关于淄博市日用陶瓷产业知识产权司法保护相关问题的调查分析》,被《人民法院报》大篇幅报道;枣庄中院的《论台儿庄古城的知识产权保护》助力城市产业转型,在专业学刊上全文发表。

三是加强对外交往,影响力不断提高。2012年5月,由中国法学会主办的“中美知识产权司法审判研讨会”在北京举行。来自中美两国的部分知识产权界专家学者、法官代表、知识产权职能管理部门的代表、相关法律人士及企业界人士共计1000余人参加了会议。此次研讨会聚焦知识产权领域法律应用主题“司法、诉讼、创新”,嘉宾阵容强大、主题鲜明,会议规模之大,内容之丰富,前所未有,是一次影响全球知识产权界的具有历史意义的盛会。全省法院数十位知识产权法官应邀参加了本次会议。11月,山东省法官协会组织全省8位知识产权法官赴台湾地区,对台湾地区的知识产权保护体制及纠纷解决机制进行考察学习,与台湾地区的知识产权法官就知识产权司法保护前沿问题进行深入探讨和交流。

四、党建队建常抓不懈,司法能力稳步提高

2012年以来,省法院紧紧围绕“抓党建带队建促审判”的工作目标,采取多种形式筑牢和巩固党性修养的基础,促进队伍整体素质的提高。

一是抓政治学习。认真开展深入学习实践科学发展观、“人民法官为人民”主题实践活动,引导、组织干警认真学习党的路线方针政策和中国特色社会主义理论体系,在实践中加深对社会主义法治理念、司法核心价值观的理解和把握,正确认识新形势下人民法院肩负的历史使命和挑战,准确定位知识产权审判的司法职能。

二是抓业务学习。扎实推进学习型党支部建设,既重视抓好干警的政治理论学习,也重视抓好干警的法律业务知识和司法实务技能的学习,除继续利用每周例会的时间研究和讨论知识产权审判中的难点重点问题,学习新出台的法律、司法解释外,还积极给干警创造机会参加最高法院举办的各类业务培训班。今年初我庭还举办了有史以来规模最大、层次最高的全省知识产权法官培训班,邀请最高法院以及中科院、山大的知名法官、学者来授课,受益匪浅。

三是抓作风建设。规范司法行为,讲究司法礼仪。2012年3月,省法院民三庭在全院率先开展了内部庭审观摩活动,从庭审中的程序公开公正、用语规范、思路清晰、焦点准确、认证及时、合议庭功能充分发挥等方面进行规范,重点查找不足,发现问题,切实提升了庭审质量和队伍形象。基于扎实的审判功底,在全国法院“两评查”活动中,省法院审理的某某侵犯著作权纠纷一案分别荣获全国法院优秀庭审和优秀裁判文书。

四是抓廉政建设。认真落实"五个严禁"和"四个一律",不断增强反腐倡廉的自觉性,加强和完善庭内监督制约制度,大力开展廉政警示教育活动和廉政文化建设,使干警时时处在廉政警示的浓郁氛围之中,受到廉政教育的精神洗礼,全年无违法违纪现象发生,树立和维护了知识产权法官的良好形象。

河南法院2012年度知识产权司法保护工作总结

2012年,我院民三庭以邓小平理论和"三个代表"重要思想为指导,深入贯彻落实科学发展观,积极践行"为大局服务、为人民司法"工作主题,坚持"抓党建带队建促审判"总体工作思路,坚持精品战略意识,狠抓执法办案第一要务,创新知识产权审判审判机制,充分发挥知识产权司法保护主导作用,打造专业化的知识产权审判队伍,积极推进平安建设工作深入开展。

2012年全省法院共受理知识产权纠纷案件1640件,结案1539件,结案率94%,调解撤诉724件,调撤率47.04%。今年出现跨国知识产权纠纷增多,针对这种状况,民三庭始终坚持精品战略,注重品牌效应,要求全庭同志以公正高效的精品案件,努力赢得人民群众的认可和信任,今年知识产权案件无申诉、缠诉和上访,为我省的平安建设工作做出了应有贡献。

一、积极推进"三合一"

"三合一"是知识产权民事、刑事、行政案件统一集中审理的审判机制,是我国审判机制的一项重要改革。民三庭积极推动知识产权民事、刑事、行政"三合一"审判模式改革,协调省检察院、公安厅会签改革文件。根据最高人民法院关于批准同意河南省高级法院和郑州、洛阳两市中级法院开展知识产权民事、刑事、行政审判"三合一"试点工作的要求,省法院已做好试点的全面准备工作,洛阳中院已出台具体实施意见,并已开始受理案件。作为实验性措施,民三庭知识产权法官根据知识产权行政案件需要,积极配合行政庭,参与了专利等行政纠纷案件的审理。

二、参加知识产权宣传周开幕式

4月20日,史小红副院长携民三庭全体同志出席了在省人民会堂前广场举行的2012年河南省知识产权宣传周活动开幕式,通过制作展板向社会公众展示我省法院2011年知识产权司法审判的成果,通过向社会公众发放宣传资料宣传知识产权法律知识、典型案例等,增强人民群众的知识产权保护意识。

三、发布知识产权司法保护现状白皮书

4月24日,省法院召开新闻发布会,史小红副院长向社会发布《河南法院知识产权司法保护状况(2011年)》白皮书(中英文本),全面回顾总结了全省法院2011年的知识产权司法保护工作,充分展示了我省法院知识产权司法保护所取得的成就,彰显了我省对知识产权进行保护的决心和信心。白皮书肯定了我省知识产权审判队伍建设情况,河南法院知识产权审判法官政治思想坚定,勤于努力,苦于钻研,善于克艰攻难,为我省知识产权司法保护做出了努力。河南知识产权审判培养和造就了

一批先进集体和个人，推出了相当数量的专家型法官和人才。刘冠华庭长被国家知识产权局确定为首批国家知识产权专家库专家，王永伟副庭长入选国家百千万知识产权人才工程百名高层次人才。这是我省法院首次以白皮书的形式向国内外全面公开介绍我省法院知识产权司法保护状况，是我省法院进一步贯彻落实国家知识产权战略和加强知识产权司法保护工作的重要举措，是我省法院知识产权审判工作中的一件大事。

四、公布年度十大典型案件

国际知识产权宣传周期间，民三庭抽调全省 11 名知识产权审判骨干组成评审组，对个中级法院选报的具有典型代表性、具有指导意义的案件进行评选，评选出我省知识产权司法保护十大典型案件，并于 4 月 24 日通过省法院新闻发布会进行公布。十大案件是根据社会影响的大小和法律适用的典型与否等标准，经过各中院的初评、重点推荐、省法院组织集中评析等多步骤地层层筛选和推荐产生的，包含了专利、植物新品种权案件、著作权、商标及不正当竞争等几乎全部知识产权案件类型。如新乡市瑞丰化工有限责任公司与刘某专利权侵权纠纷案，涉及单位对于职员特别是高级技术管理人员在任职期间完成的科研成果归属问题，通过案件审理，厘清了复杂事实交织下的职务发明与非职务发明之间的区别，为该类案件事实的认定和裁决提供了先例参考。十大案件的公布，生动地向社会展现了人民法院加大知识产权司法保护力度、维护权利人合法利益、合理确定权利界限的职能作用。一方面，充分宣传和弘扬了典型案例的示范效应，有助于社会公众提高知识产权法治观念，推动了自主创新和诚信守法的竞争文化的形成；另一方面，充分发挥了典型案件的指导意义，有助于各级人民法院学习和借鉴上述案件所体现的司法理念、裁判规则和处理方法，进一步增强知识产权司法能力和水平，促进知识产权裁判标准的统一和完善，充分发挥司法保护知识产权的主导作用。发布的十大典型案件，是五年来河南法院知识产权审判中具有典型意义的案件，纠纷内容涉及社会生活的方方面面。通过这些典型案件，为知识产权司法保护工作做一个更深层次的探索，更好地提高社会公众尊重知识产权的自觉性，在全社会形成弘扬知识产权文化，尊重知识产权的良好社会氛围。

五、召开全省地理标志司法保护工作座谈会

8 月 21 日，全省地理标志司法保护工作座谈会在信阳召开。省工商局、农业厅、河南出入境检验检疫局等相关行政主管部门对我省地理标志的注册和管理情况做了简要介绍，地理标志持证人代表对地理标志产品的法律问题及维权经验教训做了发言。史小红副院长在会上指出，要充分发挥地理标志的品牌带动作用，培育地方主导产业，促进农业产业结构优化升级；要高度重视特色农业发展，不断开拓农副产品高端市场，提高农业企业的国际竞争力。史小红副院长要求全省法院知识产权法官要站在农业产业结构调整、实现河南三化协调发展的战略高度，充分做好地理标志司法保护工作。民三庭总结地理标志保护的经验，听取各方对地理标志司法保护的建议，形成地理标志保护调研报告，并将在全国率先出台指导意见，规范全省地理标志司法保护工作。

六、保护我省农业企业品牌

2012 年，民三庭在院领导的带领下先后四次走访我省农业产业化龙头企业，了解企业生产经营中存在的问题，对全省法院保护我省涉农企业品牌提出明确要求。

在妥善化解相关农业企业商标纠纷后,积极同行政部门沟通联系,保护驰名商标合法权益。通过加大司法保护力度,努力营造一个权利人依法维权,法院审理裁决及时公正,侵权人侵权必受惩处,他人不敢为、不愿为、不能为的良好的司法保护环境。有效保护了我省知名农业品牌的商业价值。

七、坚持推行公开审判,庭审过程网上直播

民三庭紧紧围绕“以公开促公正”这一关键,进一步增强司法透明度,主动接受监督,促进司法公正,坚持知识产权案件网上直播庭审及文书上网工作。2012 年度共有 10 起知识产权案件进行网络直播开庭,只要进行网上点击,人们就可浏览观看知识产权案件的庭审过程,使人民法院的庭审活动曝于阳光之下,力促知识产权审判工作公开化、明晰化,接受全社会公众的监督,很大程度上也宣传了我们的知识产权审判工作,树立了知识产权审判的形象。同时,民三庭狠抓文书质量,强化督促落实文书上网政策,安排专人负责,今年共有 41 份知识产权裁判文书上网,已送达当事人的非调撤文书已全部上网,圆满完成了年度知识产权裁判文书上网任务。

八、坚持调解优先、调判结合

知识产权审判法官持续发扬马锡五审判方式的精神实质,坚持巡回审判,到人民群众中去,采取委托调解、上下级法院联动调解、社会力量援助调解等调解方法,调解结案了一大批知识产权纠纷案件。2012 年度知识产权案件的调撤率为 35.78%。通过调解工作,很多案件由原来的面红耳赤、互相为仇,甚至即将转化为刑事案件的当事人握手言和,当庭履行,极大地调节了人与人之间的矛盾纠纷,构建善良和谐的社会风气。

九、坚持提升审判底蕴,强化业务指导

民三庭不断提高我省知识产权的法律水平,始终保持河南知识产权审判位居中西部前列的地位,时刻保持审判为平安建设工作服务的新理念。在审判工作中,适时发现社会热点,积极应对各种突发、新型和突出性现象。针对当前新类型案件急剧上升,由于各中院认识不同导致处理裁判结果不尽一致的突出问题,民三庭及时采取相应措施,强化对类似关联案件的业务指导,统一案件调解和裁判标准。首先,建立知识产权关联案件报告制度,要求各中院对受理的知识产权案件中同类和关联案件,及时向省法院报告。其次,民三庭在与最高法院、全省各中院沟通交流的基础上,召集各相关法院进行座谈,对同类案件和关联案件的执法标准进行讨论研究,不仅统一了案件裁判标准,也为这些案件的调解工作奠定了良好基础。最后,及时召开全省知识产权审判工作研讨会,针对各地频发的典型知识产权侵权案件及时进行研讨,统一司法保护尺度和标准。

十、打造专业性强的知识产权审判法官队伍

积极参加各项培训工作,不断提升审判业务素质和水平,打造河南省知识产权专业审判法官队伍。9 月 10 日至 9 月 19 日由民三庭带队,全省共 14 名知识产权专业法官参加最高人民法院知识产权培训班。培训后,参加培训班的同学第一时间将培训内容向全庭通报,保证全庭同志及时了解知识产权审判工作的新态势,准确把握解决问题的新方案,进一步做好知识产权审判工作。

湖北法院2012年度知识产权司法保护工作总结

2012年，湖北法院认真贯彻落实《国家知识产权战略纲要》的精神，知识产权司法保护工作取得了一定成效。

一、基本情况

（一）案件受理数量逐年大幅增长

2012年，湖北法院不断提高司法保护知识产权能力，知识产权案件数量呈现出快速增长态势。2010年至2012年，湖北全省法院受理的知识产权民事一审案件的受理数分别为952件、2196件和4758件；知识产权民事二审案件的受理数分别为92件、232件和304件；知识产权刑事一审案件的受理数分别为35件、42件和120件；知识产权行政一审案件的受理数分别为4件、2件和2件。

（二）案件类型不断丰富

除了传统的著作权、商标权、专利权、技术合同纠纷案件外，湖北法院还审理了计算机软件著作权、网络域名权、植物新品种权、驰名商标认定等新类型纠纷，基本覆盖《与贸易有关的知识产权协议》涉及的领域，涉外知识产权案件也逐渐增多。湖北法院成功审理了诸多新颖、疑难案件，取得了良好的法律效果和社会效果。

（三）审判质量不断提高

湖北法院注重培养具有专业理论素养的专家型法官，通过打造精品案件，宣传湖北法院知识产权的审判水平。湖北法院连续四年有案件入选“全国知识产权十大精品案件”或“50件知识产权典型案例”，其中2011年度有两件案件入选。湖北高院民三庭连续三年有案件和文书同时入选湖北高院评选的“十大精品案件”和“十大优秀裁判文书”，其中有两年的优秀裁判文书均为全院第一名。2012年，湖北省知识产权案件的发改率为7.24%，低于全省民事案件的平均数，且无涉讼上访案件。

（四）社会矛盾化解能力不断增强

在案件审理中，我们坚持有利于纠纷解决、有利于矛盾化解、有利于实现案结事了的标准，根据各种类型案件的特点，合理选择处理案件的方式，加强调解疏导工作，有效化解社会矛盾。2012年，全省法院知识产权民事一审案件的调、撤率为80.66%，2012年度二审知识产权民事案件调解、撤诉率为50.88%。某某侵犯商业秘密案入选最高人民法院评选的100件“全国法院优秀调解案例”。

二、湖北知识产权司法保护的主要特点

（一）知识产权刑事案件增长迅猛

武汉市两级法院和宜昌市中级人民法院试点“三审合一”审判模式以来，有力地促进了当地知识产权刑事案件的增长。2012年，随着打击盗版侵权等知识产权专项整治活动的开展，湖北省知识产权刑事一审案件从2011年的42件跳跃性地增长到120件。据湖北高院调研了解，2013年武汉市的知识产权刑事案件预计突破200件。

（二）专业技术类案件日益增多

专业技术类案件的增多，使得知识产权案件审理难度增大，部分案件需要咨询相关专业领域的专家。如我省审理的某某侵犯发明专利权纠纷案，涉及水利大坝建造的专业知识，法院专门咨询了有关专家。

又如某某侵害著作权案,涉及“云视频”等前沿技术,湖北高院依职权对案外人进行了调查,在查清技术事实、分清各方责任之后,上诉人撤回了上诉。

(三)著作权案件比例较大

2012年,著作权案件占全部知识产权民事案件比例为82.38%,著作权案件的比例较大且有逐年上升的趋势,这与影视作品权利人、音乐电视作品权利人、词曲作者等针对网站、网吧、KTV经营场所进行大规模地诉讼维权密切相关。

(四)商业化维权现象比较普遍

近年来,随着知识产权权利人维权力度的加大和商业化打假维权模式的普及,权利人一次性起诉数十个甚至上百个被告侵权的群体性纠纷日益凸显。这些案件的被告,往往是网吧业主、KTV场所经营者、零售商店店主等处于社会底层的小本经营者,知识产权法律意识淡薄、诉讼能力较弱、经济承受能力有限,此类案件的处理稍有不慎容易引发群体性上访事件。

三、主要措施

(一)发布指导意见,贯彻司法政策

最高人民法院发布《最高人民法院关于充分发挥知识产权审判职能作用推动社会主义文化大发展大繁荣和促进经济自主协调发展若干问题的意见》后,为深入贯彻落实该意见,充分发挥审判职能作用,为经济社会科学发展的大局服务,湖北高院在全国率先出台了《湖北省高级人民法院关于充分发挥司法保护知识产权的主导作用推动文化强省建设和科学发展问题的实施意见》,指导全省法院贯彻落实“加强保护、分门别类、宽严适度”的知识产权司法保护基本政策,要求全省法院在推动文化强省建设和科学发展中充分发挥保障者的作用,为湖北经济社会科学发展、跨越式发展提供优质司法保障。

(二)能动司法,服务企业

湖北法院认真落实湖北省委政法委“服务企业六项措施”的要求,不断加大为企业服务的力度,加强企业知识产权保护,维护企业合法权益,做到简案快办、难案精办,为推动全省经济平稳快速发展和科技创新提供有力的司法保障和优质的法律服务。充分发挥审判职能作用,积极采取提出司法建议、送法上门、专题讲座等多种形式,积极发挥自身专业优势,开展企业调研,为企业服务,引导企业走创新经济之路,指导企业开展知识产权保护工作,建立知识产权发展战略。2012年,湖北省宜昌市中级人民法院连续第三年在湖北省宜昌市举办了知识产权保护论坛,一百多家知识产权行政主管单位、大专院校和企业参加了论坛,取得了良好成效。湖北省高级人民法院、湖北省黄冈市中级人民法院等法院针对企业名称权纠纷、KTV侵犯著作权纠纷、网吧侵犯著作权纠纷等案件审理中发现的问题,给当地政府、工商局、版权局、文化局、网吧协会等单位发出司法建议,引导知识产权使用者合法经营、规范经营,促进相关行业的健康发展、有序发展。

(三)对知识产权刑事附带民事案件进行了有益探索

湖北高院和宜昌中院积极探索知识产权刑事附带民事诉讼,充分发挥知识产权刑事附带民事诉讼的刑事打击与民事赔偿的双重司法保护功能,有效地调动了企业通过司法诉讼渠道维权的积极性。宜昌中院一审、湖北高院二审的某某假冒注册商标罪刑事附带民事诉讼案入选了2011年度中国法院知识产权司法保护50件典型案例。湖北高院民三庭的研究成果“知识产权刑事附带民事诉讼案件的法律责任之确定”一文发表于《人民法院报》2012年9月6日版,“知识产权刑事附带民事诉讼的刑民之别”一文发表于《科技与法律》2012年第2期。

（四）司法保护宣传

2012年，湖北法院以“4·26”世界知识产权日宣传周为平台，创新法制宣传方式，多渠道宣传知识产权司法保护。一是召开新闻发布会。向全社会通报2008年《国家知识产权战略纲要》实施以来湖北法院知识产权司法保护的工作情况，省知识产权局、省工商局、省版权局的相关负责人应邀出席了会议。二是发布典型案例。省法院发布了2011年湖北法院审理的十大知识产权典型案件，充分发挥典型案例的规范引导作用，规范市场主体的知识产权使用行为，引导社会公众尊重知识、尊重权利。三是知识产权宣传进社区。“4·26”当天，省法院审判人员走进社区，参加了省政府统一组织的大型知识产权普法宣传活动，发放知识产权诉讼介绍材料，现场解答群众关心的法律问题，受到广大群众的好评。四是集中宣判大要案。集中宣判了一批受到社会高度关注的大要案，弘扬了司法保护知识产权的主旋律，保障了人民群众对热点案件的知情权。

四、相关建议

（一）以推进“三审合一”工作为切入点推动知识产权审判平衡发展

按照《国家知识产权战略纲要》和《最高人民法院关于实施国家知识产权战略纲要任务分工》的精神，湖北法院积极创新审判工作机制，不断推进“三审合一”试点工作。针对湖北省经济发展地域差别大、知识产权审判发展不平衡的特点，湖北法院采取了因地制宜的试点模式，即在武汉地区由武汉中院下辖的江岸区人民法院集中受理全武汉市的一审知识产权刑事案件、行政案件和江岸区的一般知识产权民事案件，在宜昌等地区将全市的一审知识产权刑事和行政案件提级到中院集中审理。经过三年来的试点，无论哪种模式的“三审合一”试点工作，均体现出了资源配置的合理性、法律适用的专业性、级别管辖的稳妥性和裁判结果的一致性等优势，且并未发现任何机制运行或个案裁判上的明显问题。由此可见，知识产权民事、刑事和行政三类诉讼合一的“三审合一”审判机制，经过多年以来多种模式的试点，已经证明其先进性和成熟性，具备了进一步推广实施的条件。目前，“三审合一”试点工作处于有精神、无规范，有成效、难推广的局面，故建议最高法院适时出台“三审合一”工作的规范性文件，进一步推广“三审合一”审判机制，充分发挥人民法院知识产权审判庭在知识产权司法保护中的主导作用。

（二）充分利用社会智力资源为知识产权审判工作服务

充分利用社会智力资源建立知识产权智力库，借助各行业专家的专业知识和实践经验，为案件所涉专业性、技术性等问题提供意见和咨询。完善和发展人民陪审员制度，从知识产权智力库中遴选专家作为人民陪审员，通过引进具备专业技术背景的人民陪审员，弥补人民法院知识产权法官在专业技术知识方面的不足，为知识产权审判工作服务。

湖南法院2012年度知识产权司法保护工作总结

2012年,湖南法院紧紧围绕党和国家工作大局,以提高司法质效、提升司法公信力、加大司法保护力度为重点,牢牢抓住执法办案第一要务,依法审理各类知识产权案件,强化审判监督和业务指导,加强队伍和基层建设,开创了我省知识产权审判工作新局面。省法院知识产权庭被最高法院评为“全国法院打击侵犯知识产权和制售假冒伪劣商品专项行动”先进集体,省法院知识产权合议庭荣获省直机关“巾帼文明岗”称号。

一、着力抓好执法办案,知识产权审判职能作用得到充分发挥

2012年,全省法院不断提升审判质效,切实保障权利人的合法权益,为知识产权的创新发展营造了良好的市场环境和司法环境。

一是切实履行知识产权民事审判职能。全省法院共受理知识产权民事一审案件1012件,二审案件52件,案件数与去年基本持平。审结的854件一审案件中,上诉案件为52件,上诉率较去年下降了6.1个百分点。上诉案件中,改判或发回的案件约占上诉案件的6%,案件质效一直保持在较好水平。一批新型案件和社会影响较大的案件,充分发挥民事审判的补偿、教育作用,取得了较好的法律和社会效果。通过加强诉讼引导,合理分配举证责任,加大惩罚力度等方式,提高权利人的维权积极性,为自主创新品牌、核心关键技术、地方特色产业的创新发展提供了有力司法保障。

二是严厉惩处和预防知识产权犯罪行为。全省法院共受理知识产权刑事案件34件,审结28件。生效判决中,有62人被判处刑罚。积极参与国务院部署开展的打击侵犯知识产权和制售假冒伪劣商品专项行动,形成多部门合力打击的高压态势。针对当前部分经营者法律意识淡薄的现状,全省法院注重个案的示范、引导作用,综合运用刑事制裁手段,对侵权者依法从严判处限制人身自由、没收违法所得、缴纳罚金等刑罚,提高侵权者的违法犯罪成本,充分体现人民法院保护知识产权的力度和决心,有力打击、震慑了违法犯罪分子。

二、始终坚持能动司法,知识产权审判服务大局成效显著

全省法院自觉把知识产权审判工作融入党和国家工作大局之中,结合地方发展实际和需要,找准服务工作大局的切入点,把能动司法落到实处,全力服务创新型湖南建设。

一是出台保障创新型湖南建设的专项司法文件。为了贯彻落实湖南省委、省政府颁布实施的《创新型湖南建设纲要》,进一步满足当前和今后一段时期我省创新发展面临的新的司法需求,根据我省法院知识产权审判工作实际,我院制定了《关于为创新型湖南建设提供司法保障和服务的意见》,指导全省法院深入贯彻落实建设创新型湖南的战略部署,为地方科学技术创新发展提供良好司法保障。

二是加强创新型湖南建设的司法宣传。精心组织全省法院“4·26”世界知识产权宣传周活动,制定全省联动宣传方案,选取21件有代表性的案件巡回开庭并网

络在线直播。主管副院长和庭长做客省人民广播电台，宣传知识产权保护。召开中央及省市媒体参加的新闻发布会，发布了2011年湖南法院知识产权司法保护状况白皮书和八大典型案例，并通过电视、报刊、网络多渠道宣传报道，向社会集中展示湖南法院保护知识产权的决心和成果，为创新型湖南建设营造良好氛围。

三是有效开展司法建议工作。全省法院将司法建议工作作为服务创新型湖南建设的主要内容，深入分析案件反映出的知识产权创造、管理、运用和保护等方面存在的突出问题，向行政管理部门、行业协会和企业提出司法建议，社会反响较好。省法院《规范电子信息证据公证保全的司法建议》被最高法院评为全国优秀司法建议。

三、不断深化改革创新，知识产权司法保护机制逐步完善

知识产权审判存在新类型案件多、技术事实认定难等难题，全省法院大胆探索，勇于创新，促进知识产权审判工作机制进一步健全。

一是继续推进和完善技术鉴定、专家证人、专家陪审员等诉讼制度。继去年建立技术专家咨询制度后，积极探索和建立技术专家陪审员机制，长沙中院和岳麓区法院选任技术专家担任人民陪审员，让技术专家直接参与案件审理，帮助查明技术事实。

二是继续推进知识产权“三合一”改革试点工作。在长沙中院实行知识产权刑事、民事和行政案件统一由知识产权庭审理的试点工作的基础上，推动株洲中院于2012年11月1日正式启动“三合一”改革试点工作，知识产权刑事、民事和行政案件归口由株洲市天元区人民法院和株洲市中级人民法院知识产权庭审理，为进一步统一执法裁判尺度，完善知识产权审判体制，促进知识产权司法保护专业化积累了更多的实践经验。

三是继续推进和完善知识产权审判公开制度。坚持法院开放日制度，代表、委员、群众旁听庭审及庭审网络直播制度，指导长沙中院、株洲中院和岳麓区等法院在高校、园区建立巡回法庭，邀请高校师生、企业员工旁听庭审，展示审判透明度，提高司法公信力。2012年10月，组织全省法院对知识产权生效裁判文书进行清理，所有符合上网条件的知识产权生效裁判文书统一在“中国知识产权裁判文书网”上发布，自觉接受社会监督。

四是探索专利纠纷诉与非诉相衔接的矛盾纠纷解决机制，开展专利纠纷行政调解协议司法确认试点工作。2012年，我院以《湖南省专利条例》的实施为契机，承担了湖南省知识产权软科学研究重点课题《专利纠纷行政调解协议的司法确认研究》，完成了调研报告。根据调研成果，制定了《关于在长沙市岳麓区人民法院开展专利纠纷行政调解协议司法确认试点工作的通知》及相关工作规范，指导长沙市岳麓区法院在全国法院首创开展专利纠纷行政调解协议司法确认试点工作。

四、加强审判监督和指导，全省知识产权审判整体水平明显提升

全省法院始终注重对全省知识产权审判工作的监督和指导，努力统一知识产权司法理念、法律适用和裁判尺度，全省知识产权司法水平有了进一步提高。

一是充分发挥《知识产权审判动态》的指导作用。今年共编印下发《知识产权审判动态》专刊两期，内容涵盖最高法院及本院下发的指导文件、我省及外省法院审判信息、本年度的典型案例等栏目，增进了法院间的业务交流。

二是坚持和完善案件动态信息报送制

度、发改案件质效分析制度和案件发改沟通机制，对案件审理中存在的突出问题，及时组织全省范围的沟通与交流，及时就审判实践中亟须解决的问题予以规范。

三是加强典型案例的研究和撰写。在“4·26”知识产权宣传周期间，发布2011年度湖南知识产权司法保护八大案例，充分发挥典型案例的示范作用，促进知识产权司法标准的统一。一个案例被最高法院评为2011年度全国知识产权司法保护10大典型案例，并被《最高人民法院公报》刊载。共有两个案例分别被《人民法院案例选》、《知识产权审判指导》登载。

四是深入开展有针对性的调研活动。撰写关于全省法院涉及卡拉OK经营者著作权案件的调研报告、全省法院近五年来知识产权司法保护调研报告，召开全省法院专利审判工作研讨会，编发会议综述对下指导。

五、狠抓司法能力建设，全省知识产审判工作基础进一步得到夯实

2012年，省法院与省知识产权局联合举办全省法院知识产权审判业务培训班，邀请最高法院知识产权庭的领导和法官以及高校知名专家来湘授课，对全省各中院主管副院长、庭领导和审判业务骨干共计160多人进行了系统培训。积极组织法官参加最高法院的专业培训，参与全国性的专题研讨会，全年共派出40余人次参与全国性的培训和研讨。学习回来后进行传达、讲解，带动全省法院知识产权审判专业法官业务素质的整体提升。定期开展业务学习，每月第一周周一上午定为业务学习时间，由各合议庭轮流主讲法律法规、司法解释、典型案例和相关司法政策，对实践中突出的法律适用问题组织专业研讨，更新业务知识，提升业务水平。

广东法院2012年度知识产权司法保护工作总结

2012年，广东法院围绕“改革创新、领潮争先，当好法院科学发展排头兵”总目标，解放思想、稳妥改革、大胆创新，在案件审理、机制改革、审判指导、司法公开及队伍建设等方面取得一定成绩，为贯彻实施国家知识产权战略纲要，加快科技创新及经济转型升级提供了有力的司法保障和优质的司法服务。

一、审结一大批知识产权民事案件特别是重大、疑难及新类型案件，有效发挥知识产权审判职能

全省法院2012年民事一审案件收案23,672件，同比上升47.09%。结案22,461件，同比增长49.62%，结案率为85.45%。调撤案件14,140件，调撤率为62.95%。共受理和审结知识产权民事二审案件3433件和3254件，结案率为90.26%，二审发改率为3.1%。审结的民事一审案件中，涉外案件有323件，涉港澳台案件有278件。广东高院民三庭全年新收案件677件，结案673件，同比增长20%，结案率为98.1%，案件结收比为99.26%，调撤率为30.91%，99.55%的案件在法定审限内审结，法官人均结案数为43.42件，同比增长率达30%。各项指标在全院办案部门中名列前茅。

2012年，知识产权新类型案件、复杂疑难案件、重大涉外案件持续增多，案件审理难度加大。全省法院秉持打造精品案件的理念，广东高院以调解结案方式审结备受国际国内社会瞩目的某某商标权属纠纷案，实现了合同双方当事人利益及社会公众利益的多赢，显示了人民法院化解复杂矛盾的智慧和能力；审结某某侵害外观设计专利权纠纷案，开创以在先申请比照现在设计抗辩制度作不侵权抗辩并予以认定的全国先例；审结某某侵害商标专用权纠纷案，在法定赔偿额之上确定赔偿数额，保障我省高新技术企业的健康发展；审理的某某侵害发明专利权纠纷案，为侵害发明方法专利纠纷案的审理创造出一条新的法律适用原则。由于精品案件取得的社会效果显著，多个案件的承办人员受到奖励。其中某某商标权属案件被评为全省政法工作十大亮点，案件合议庭成员及参与相关工作的人员分别受到我院记功嘉奖。深圳中院成功调解的某某侵犯信息网络传播权纠纷案被评为“全国法院优秀调解案例”。广州中院审理的某某侵犯发明专利权纠纷案获中国外商投资企业协会优质品牌保护委员会“2011～2012 年度知识产权保护十佳案例”。

二、加大改革力度，探索建设符合国家知识产权战略纲要要求的知识产权审判体制之路

加大力度推进设置统一受理知识产权民事、行政和刑事案件的专门知识产权法庭的改革试点工作。广东高院将开展“三审合一”改革试点工作确定为党组重点调研课题，以徐春建副院长为调研组组长，对现有试点工作进行总结，对深化改革的方式和步骤进行科学论证，形成《关于在我省全面开展知识产权审判庭集中审理知识产权民事、行政、刑事案件试点工作的研究报告及实施方案》，经院党组讨论通过，报请最高法院批准，拟在全省三级法院全面推行试点工作。全省已经实施试点的广州中院、深圳中院等 5 个中院和 21 个基层法院全年共受理知识产权刑事案件 1309 件；受理行政案件 57 件。通过积极组织调研并报请最高法院审批，新增 8 个基层法院管辖部分知识产权民事案件，使广东目前具有部分知识产权民事案件管辖权的基层法院达到 30 个。根据佛山地区的经济发展状况，向最高法院申请由佛山中院审理涉及驰名商标认定民事纠纷案件并获批准，成为全国第 3 家具有涉驰名商标案件管辖特别授权的法院。继深圳中院被最高法院确定为知识产权司法保护调研基地之后，广州市天河区法院被授予全国知识产权审判基层示范法院称号。

针对长期困扰知识产权审判的赔偿难问题，以徐春建副院长为调研课题组组长，开展“在知识产权司法保护中加大赔偿力度和降低维权成本”调研，形成了《以制度创新破解知识产权赔偿难问题》调研报告。积极探索以证据披露、证据妨碍和优势证据规则来查明知识产权侵权损害的实际损失，降低维权成本，加大赔偿力度。在重大案件的庭审中引入专家辅助人对技术事实进行陈述说明，对专家辅助人的证言效力、民事责任、诉讼义务等进行深入研究。探索在知识产权审判中适用简易程序问题，进一步提高审判效率，解决审判力量不足的困境。

三、深入推进司法公开，构建司法与民意的良性互动

在中国知识产权裁判文书网、广东知识产权司法保护网和广东法院网司法公开栏依法公开生效裁判文书近 8000 份。全面提高取证、庭审、听证、裁判文书、审务信息等多个环节的透明度，2012 年广东高院民三庭公开开庭率达 91%。建立社会公众申请旁听知识产权案件审理的自动审查系统，方便社会公众参与旁听庭审。扩大重大敏感案件公开透明度,在审理某某商标案件中,以微博直播的方式向全社会公开庭审活动。在诉讼标的额达 1.5 亿元的某某反垄断案件中,参与旁听的公众和媒体人数达 200 余人,该案作为优秀庭审示范被推荐代表广东省参加全国法院优秀庭审评选活动。广东高院及广州、深圳、珠海、东莞等市中院组织“4 · 26”世界知识产权日主题活动,发布《知识产权司法保护状况白皮书》及“年度知识产权司法保护十大案件”。广东高院首次采用网络投票评选的方式产生十大案件,近万名网民参加了投票,受到多家媒体和专家学者的好评,认为“通过网络公开投票,满足了一般社会成员的阅读和理解方式,传递了最为基础的法制信息,让‘司法公开’落到实处”。在今年广东高院公布的十大案例中,某某专利侵权案件被最高法院选定为年度知识产权司法保护十大案件。广州、佛山、东莞中院开展了庭审进高校、企业活动,深圳中院在《深圳商报》开展 100 期的“知识产权司法保护在行动”案例评析专栏,进一步加大知识产权宣传力度。

将司法公开与司法建议等参与社会管理的工作有机结合,创新向有关部门提出司法建议的节点和方式。如在深圳中院审理某某专利侵权系列纠纷中,敏锐分析,洞察到双方系列纠纷背后隐含着的深层次复杂问题,广东高院和深圳中院联合行文,向深圳市委、市政府提出了《关于就某某互诉专利侵权案件调解工作的司法建议书》。广东省委常委、深圳市委书记王荣、市长许勤等领导高度重视并作出重要批示,为推进全面化解双方在国内外互诉的 40 多宗案件,创造了有利条件。围绕如何加强知识产权保护推动文化强省建设问题,向省委、省政府提交了《关于建议进一步加强知识产权保护推动文化强省建设的报告》,得到时任广东省委书记汪洋、省长朱小丹等省领导的高度重视和重要批示,省委、省政府相关部门围绕落实省领导批示采取了一系列措施。另外,广东高院还就如何提高商品质量,建立企业诚信体系问题,向省工商局提出《关于提高商品质量　建立企业诚信体系的司法建议》,得到了相关部门的积极响应。广州、深圳、珠海、汕头、佛山、韶关、东莞、中山、阳江、茂名、肇庆、清远、潮州、揭阳等地区法院在广东高院的协调指导下分别向当地党委、政府等有关单位和部门提出一批有典型意义的健全规章制度、改进和完善管理工作的司法建议,并引起党委、政府的高度重视,得到积极响应。其中,广州市越秀区法院《关于加强知识产权保护、完善网络证据保全公证程序的司法建议》获评我省优秀司法建议三等奖。

四、建立健全审判工作情况分析通报和反馈、分类指导和沟通协调等工作机制,统领各级法院优质、高效审结各类知识产权案件

广东高院每季度开展全省知识产权审判运行态势分析,及时召开重点地区加快办案进度督促会。根据不同类型知识产权案件分类指导,组织审判骨干和国家知识产权局交流人员到多个中院巡回辅导。经过向全省征询疑难问题、召开部分中院研讨会、指定专人研究、审判长会议集体讨论和报请审委会讨论通过等程序,高院制定下发《关于审理侵害影视和音乐作品著作权纠纷案件若干问题的办案指引》,对著作权审判中存在的法律适用的疑难问题及法定赔偿的幅度加以明确,统一裁判尺度。围绕构建“十八大”和谐环境,指导广州、珠海等地法院审理涉及网吧、KTV 侵权系列案件;指导深圳、东莞等市中院审理某某动漫系列案件,防止群体性闹访或当事人矛盾激化事件发生。针对广州、东莞各地受理的全国知名的某某商标侵权纠纷案，广东高院从全局上把握案件的受理、送达等法律问题，最终经最高院批准，指定广州中院和北京一中院受理的相同诉讼标的而互为原被告的案件合并由广东高院一审审理，为该案最终公正、妥善审结打下良好基础。

五、扩大对外合作交流，形成知识产权保护合力

今年全省法院注重与行政管理部门、高等院校、行业协会和国外知识产权同行的沟通交流，共同促进知识产权保护水平的提高，向外介绍广东知识产权审判经验，展示公正、权威的司法形象。今年以来广东高院联合省知识产权局共同开展建立行政执法机关参与专利纠纷案件调解工作机制的调研，与省工商局举办相关商标侵权纠纷行政执法与司法如何衔接的座谈会，加速推进与中山大学合作共建“广东知识产权司法保护研究中心”筹备工作，落实最高院提出的建立人民法院与法学院校双向交流机制的意见，加强知识产权人才培养和储备，推进我省知识产权司法保护理论研究和制度创新。佛山中院与佛山市公安、检察机关召开联席会议，形成会议纪要，统一知识产权刑事案件司法尺度。东莞中院先后与东莞市知识产权局、工商局等合作举办两期东莞市博士论坛，各大媒体均大幅报道，反响热烈。广东高院与中国互联网调解中心合作举办互联网环境下的滥用市场支配地位研讨会，联合广东法官学院、中国外商投资企业协会优质品牌保护委员会召开技术合同难点热点问题研讨会，对进一步运用好司法保护手段保障技术交易的活跃和安全，推动科技创新，包括网络技术进步进行了实践经验总结和理论探讨。广州中院与广东知识产权保护协会共同举办“2012 年广州知识产权司法保护论坛”。

六、加强文化培养和队伍建设，打造公正廉洁、业务精湛的高素质审判队伍

贯彻落实全广东高院司法文化“岭南工程”的各项部署，树立“忠诚、为民、公正、廉洁”核心价值观，使司法队伍服务大局、服务民生的能力和形象得到不断增强和树立。坚持“以党建带队建，以队建促审判”，将审判管理中的“流程管人”与党风廉政工作中的“制度管人”相结合，落实到审判工作各个环节。高院民三庭实行廉政监督卡制度，建立及时反馈办案人员党风廉政问题的群众监督机制。注意在大要案中体现依法办事、坚持组织行为的原则。致力于法官业务素质和专业水平的提高。利用承办全国知识产权庭长研讨班等多个业务研讨会的机会，积极开展与兄弟省法院、国内外多个政府机构、行业组织、学术单位的业务交流，拓宽法官的视野。各级法院的法官个人在《知识产权审判指导》、《人民司法》、《法律适用》等权威专业期刊发表多篇专业论文。高院民三庭被最高人民法院授予“全国法院先进集体”荣誉称号，被省妇联授予“巾帼文明岗”荣誉称号，被授予全省法院先进集体嘉奖。深圳民三庭被深圳市直机关工委评为“优秀党建工作示范点”。广东高院陈国进庭长、深圳中院叶若思庭长当选中国知识产权研究会理事，欧修平、张学军副庭长入选国家知识产权专家库专家。珠海法院曾艺能法官被评为“全国法院办案能手”。广东高院欧修平副庭长撰写的《外观设计近似性判断的司法困境及出路》，荣获广东法院第二十三届学术讨论会优秀奖，广东高院民三庭荣获最高法院民三庭与中国审判理论研究会知识产权专业委员会举办“涉文化领域知识产权司法保护及知识产权民事诉讼证据规则”专题研讨暨论文评选表彰会专题论文评选组织奖,东莞中院程春华庭长撰写的《论知识产权民事侵权纠纷举证责任转移正当性及适用》荣获优秀奖。

回顾一年的工作,虽然取得了一定的成绩,但仍然存在一定的问题:一是全省法院案件增长速度过快带来审判人员力量配置严重不足,这种现象在基层法院尤其突出。如广州市天河区法院目前只有4名专业法官,全年人均结案350余件,但人均存案也达350余件,2012年10~12月每周一至周五晚均需要加班,法官的身心健康和可持续发展状况堪忧。二是部分法院知识产权审判机构的专业性受到冲击,人员变动频繁,业务经验的积淀和传承不够,审判人员的司法能力和水平存在薄弱环节。三是"重结案率而轻调研指导"的现象依然存在。在占全国近三分之一案件中,尚未很好地总结提炼出与之相匹配的"广东做法"和"广东经验"。大多数基层法院、中级法院目前配备的力量仅仅能够完成办案任务,对审判实践经验的总结以及与上级法院沟通协调不够主动,等等。

当前,世界各国更加注重知识产权在经济发展战略中的核心地位和作用,更加关注自己在国际知识产权保护领域的参与权、话语权和主动权。世界著名的跨国企业发挥自身的知识产权战略优势,娴熟地利用知识产权战术,遏制我国高新技术企业走向世界。知识产权争端日趋深化和复杂。今年是全面贯彻落实十八大精神的开局之年,国家正加紧推进经济发展方式转变和经济结构的战略性调整,对自主创新成果的保护需求日益增加。广东法院身处经济发达地区和改革开放的前沿阵地,必将面临经济转轨和社会转型所带来的新类型案件、重大疑难复杂案件集中涌现,个案维权中往往隐藏市场份额竞争乃至国家利益博弈,审判进程和裁判结果将受到国内外关注等各种复杂局面。

根据对目前形势的研判,今年广东法院知识产权审判工作的总体目标、任务和思路是:贯彻落实党的十八大、第二十次全国法院工作会议、广东省委十一届二次全会精神,以提高执法办案质效、确保司法公正为中心,以加强理论和体制机制创新、克服长期制约知识产权保护力度和司法能力提高的瓶颈问题为突破口,以清正廉洁、高效专业的知识产权审判队伍为保障,力争在全国法院中当好排头兵,在全省知识产权保护体系中发挥好主导作用,为构建法治化、国际化营商环境,加快转型升级,率先全面建成小康社会、率先基本实现社会主义现代化提供有力司法保障。为此要突出抓好六方面工作:一是坚持以执法办案为第一要务,切实维护公平正义。二是在总结实践经验的基础上,正确运用新民诉法赋予的职能,更好地破解长期制约知识产权保护力度和司法能力提高的瓶颈问题。三是全面推进司法公开,有效提升司法公信力。四是把握广东高院机关审判业务部门管辖案件范围调整的契机,加强全省法院知识产权审判工作的协调、指导和监督。五是积极开展对外交流合作,加强知识产权保护合力。六是切实提高知识产权审判机构和人员的反腐倡廉水平和专业化水平,推进队伍建设。

广西法院2012年度知识产权司法保护工作总结

2012年,民三庭认真贯彻落实国家知识产权战略,深入推进社会矛盾化解、社会管理创新、公正廉洁执法三项重点工作,充分发挥知识产权司法保护的作用,促进广西自主创新,努力探索完善广西边疆民族地区特点的知识产权司法保护工作机制,审判质量效率进一步提升、调研工作成效明显、指导基层工作扎实推进、队伍建设和党建工作取得新进展。年内,我庭两件案件入选全区百件精品案件、两份裁判文书入选全区百份优秀裁判文书,其中一份选送参评全国优秀裁判文书,一件案件入选全国五十件优秀知识产权案件、一件案件入选中国应用法学研究所、清华大学举办首届知识产权论坛典型案例,百万案件评查抽查我庭八件二审案件,全部评为优秀。

一、强化能动司法,积极服务创新发展

民三庭坚持把知识产权审判工作与服务发展大局、促进科学创新、增强核心竞争力结合起来,通过发挥知识产权司法保护的核心作用,积极服务经济社会文化科技发展。

一是出台《关于充分发挥知识产权审判职能作用为广西民族文化强区建设提供司法保障的实施意见》。为贯彻落实党的十七届六中全会提出的促进社会主义文化大繁荣大发展的战略部署和自治区第十次党代会关于建设民族文化强区的目标要求,民三庭结合审判专业优势,在调研的基础上,年初在全国率先制定了《关于充分发挥知识产权审判职能作用为广西民族文化强区建设提供司法保障的实施意见》,提出知识产权审判工作服务我区民族文化强区建设的十九项具体措施,为推动文化大发展大繁荣及促进广西民族文化强区建设提供有力的司法保障和优质的司法服务。

二是积极构建完善知识产权司法保护联动机制。继续加强与新闻出版、文化、科技、工商等版权、专利、商标行政管理部门的沟通联系,构建知识产权行政执法与司法保护的联动工作机制,与自治区版权局就建立司法审判与版权行政执法工作协调配合机制达到一致(待签署)。

三是深入开展专项调研,不断提高服务大局能力。为进一步探索提升知识产权审判工作服务大局的有效途径,我庭确定了《关于人民法院发挥知识产权审判职能作用,服务广西民族文化强区建设的调研》课题调研,被列为全区法院2012年三个重点调研课题之一。同时继续开展广西农产品知识产权保护研究、知识产权侵权赔偿数额等专题调研。民三庭将专题调研与案件审理、业务指导相结,深入全区大部分中级法院和部分基层法院,广泛召开有知识产权行政执法部门,科技、农业、文化服务产业等行业主管机构,以及人大代表、政协委员、企业研发人员、相关行业经营业主等参加的座谈会,研讨知识产权审判服务科技创新、文化产业发展的成效、经验、问题,听取各方意见,为进一步提高我区法院发挥知识产权司法审判职能服务发展大局的能力、水平探究新方法新路径。

四是结合具体案件审判工作,主动开展司法服务工作。针对KTV行业发生的大面积知识产权纠纷,为促进我区KTV行业的健康发展,邀请区版权局、区工商局及多家KTV业主在我院召开座谈会,还派出

调研组到防城港、梧州、柳州、玉林等地召开专题座谈会，就当前我区 KTV 行业经营面临的知识产权纠纷风险及如何依法规范经营、提高风险防范能力、妥善处理面临的知识产权纠纷等问题进行交流，为妥善处理 KTV 系列著作权纠纷案件、确保取得良好的法律效果和社会效果奠定了基础。

二、强化业务能力建设，不断提高审判质量和效率

2012 年，除去挂职、学习任务，民三庭在实际在岗人数不足 6 人，审判人员不足 5 人的情况下，全庭同志充分发挥主观能动性，在坚持“多办案、快办案、办好案”的同时，不断探索提高业务能力的新途径新机制，审判质量和效率有了新的提高。全年共受理案件 214 件(其中旧存 7 件，新收 207 件)，结案 177 件，结案率 82.7%，收案和结案是历年来最多的 1 年。其中，受理二审知识产权案件 27 件，结案 22 件，未结案件 5 件均是 11 月 20 日以后新收案件，结案率 81.5%，受理申诉复查案件 170 件，结案 154 件，结案率 90.58%。无论是知识产权案件还是申诉复查案件，当事人都服判息诉，实现了法律效果和社会效果的有机统一。

加强知识产权审判理论和实务研究，努力提高自身业务水平。针对知识产权审判工作专业性强、知识更新快、新情况新问题多的特点，民三庭始终把加强审判理论研究和实务调研，深入研判知识产权审判新形势、新问题，作为提高知识产权司法能力、提升知识产权案件审判质量和效率的重要途径。同时，加强对审判业务的总结研究，完成了一批高质量的知识产权审判学术论文和案例分析，多篇论文在《人民司法》等核心期刊发表，多个典型案例评析被最高人民法院采用。

主动深入一线，做好矛盾化解工作。坚持把案结事了人和作为审判工作的目标和要求。今年以来，我庭办案人员分别到桂林市、柳州市、来宾市忻城县、贺州市八步区、河池市都安县等地，就一些影响大的系列案件主动到当地组织当事人、律师、相关行业主管机构代表开展座谈，对双方争议较大、案情复杂的案件，到案件发生地现场组织双方当事人做调解工作，取得了良好的办案效果，审结的案件没有发生缠访申诉现象。

创新业务指导工作机制，提高知识产权审判质量效率。今年以来，全区法院知识产权案件一审案件增长超过 40%，一些过去几年没有一件知识产权案件的中院一下受理了几十件案件，而且多是影响面大的系列案件，为统一全区司法审判尺度，确保全区法院知识审判工作质量和效率，我庭进一步加强和创新审判业务指导工作。一是加强对审判态势的研究。对突然大面积爆发的 KTV 音乐作品著作权侵权、卡通形象著作权纠纷、商标侵权等系列案件，我庭及时指示各地受理法院慎重审理，加强请示，确保全区执法尺度统一。二是召开了全区法院知识产权审判工作座谈会，以会代训方式，就全区知识产权审判工作共同面临的问题进行指导。三是组织开展庭审观摩点评，促进交流提高。今年以来，我庭两次组织全区知识产权庭庭长分别到北海、防城港、南宁市中院及青秀区法院开展知识产权案件庭审观摩及点评活动，还协调柳州中院全体知识产权审判法官到南宁市中院开展庭审观摩交流。通过采取多种方式的指导确保了全区法院知识产权案件统一司法尺度，规范了各级知识产权法官的自由裁量权，避免当事人因为法官的自由裁量权不一致而申诉缠访，有利于类型化案件的调解，进一步提高司法公信力。

三、推进阳光司法，以公开促公正

一是积极开展知识产权司法保护宣传

工作。民三庭积极开展“4·26”世界知识产权日宣传周活动,集中审结和宣判多起知识产权案件,公布2011年影响广西的十大知识产权司法保护案例,《广西日报》、《法治快报》、《南宁晚报》、新华网广西频道、人民网广西频道、广西新闻网等广西主流媒体都作了宣传报道。将我区每年知识产权司法保护采取的措施、取得的成就以及典型案例编印成书面宣传资料,制作图文并茂的宣传板报在朝阳广场展出;组织4篇专稿和庭领导对案件的评析在广西日报、广西新闻网等区内有影响的媒体上发表;联合各中级法院开展法律咨询服务,到玉柴等企业单位宣传、指导知识产权保护工作,普及知识产权法律知识,提高社会公众的知识产权保护意识。

二是坚持庭审公开。除当事人申请不公开审理的涉及商业秘密的案件外,所有二审知识产权案件都公开开庭,公开宣判,庭审中允许当事人亲属、朋友以及社会公众旁听,允许新闻媒体公开报道。在具体做法上注意加强庭前证据交换和庭前释明,民三庭的知识产权案件的庭前证据交换率达到100%,并做到将释明贯穿于诉讼的全过程,确保当事人及时正确地完成举证任务并充分行使自己的诉讼权利;对于专业技术问题,除了传统的委托鉴定外,注意引入专家证人制度和召开专家咨询会,积极探索解决专业技术方面的新方法,今年6月,民三庭就某专利侵权纠纷案件召开了专家咨询会,邀请了广西大学、广西建材科研设计院等部门的6名专家就涉案技术问题发表咨询意见,该专家咨询会加强了法官对专业技术问题的理解,使当事人对争议技术问题的认识更为理性,促进其服判息诉。邀请人大代表、政协委员旁听案件庭审,组织庭后座谈,接受人大代表、政协委员的监督,得到代表委员们的充分肯定。

三是坚持裁判文书公开。广西高院民三庭专门制定了裁判文书上网的规定,除涉及当事人的商业秘密或者当事人在调解时明确要求不上网的调解书外,民三庭生效的裁判文书都上传至中国知识产权裁判文书网和广西法院网向社会公开。民三庭专门指定专人负责文书上网并指导全区法院知识产权裁判文书的上网工作,广西法院的知识产权裁判文书上网工作得到最高法院的肯定和表扬。

四是实行知识产权审务公开。主动向人大代表、政协委员、知识产权管理部门、当事人代表等通报知识产权案件审理情况。2012年8月至9月,庭领导带领民三庭同志分别到柳州、桂林、贺州、梧州、防城港、北海、河池等地中级人民法院及部分基层法院,召开人大代表、政协委员、当事人、律师、知识产权行政管理部门、行业主管理机构代表参加的座谈会,向他们通报广西法院及高院知识产权司法保护情况、案件审理情况,征求对法院知识产权审判工作的意见建议,得到了人大代表、政协委员以及当事人代表的高度评价。此外,我庭还将年度工作计划、工作总结、审判动态及重要活动在广西法院网公开。

四、加强支部建设,以党建带队建促审判

今年以来,我庭按照机关党委统一部署,结合民三庭工作实际,深化“党组织建设年”活动,推进“发扬传统、坚定信念、执法为民”、“人民法院为人民”主题教育实践活动和创先争优活动深入开展,紧密结合“解放思想、赶超跨越”和“富民强桂我先行”和“司法能力提升年”活动,认真、扎实开展各项党建工作,以党建带队建促审判。

一是认真学习十八大精神。民三庭党支部组织全体党员集中学习十八大精神,畅谈学习体会,进一步增强了党员的使命感、责任感、自豪感,进一步增强了做好工作的信心和决心。

二是开展传统教育主题实践活动,增强全体同志的责任感、使命感。2012年10月29日至30日,民三庭支部组织全体党员同志到革命老区东兰县开展革命传统教育活动,瞻仰韦拔群烈士墓和纪念馆,以及列宁岩、魁星楼等革命遗址,学习韦拔群烈士等革命前辈坚定的革命信念和百折不挠的革命精神,进一步增强履行好肩负的审判职责的责任感和使命感,做中国特色社会主义事业的坚定捍卫者和优秀建设者。

三是开展坚持学用政策抓落实活动,增强群众观念和服务意识。民三庭党支部按学用政策与破解难题、推动工作、强化责任、提高能力相结合的“四个结合”要求,组织党员到博白县江宁镇和邦村开展结对帮扶活动,了解困难户黄立旺的家庭情况,送去慰问品、慰问金,还对其子女的学习教育尽可能提供力所能及的帮助。支部党员还结合案件审理工作,深入基层一线化解矛盾纠纷,到来宾市忻城县、河池市都安县澄江乡、贺州市八步区、南宁市西乡塘区位子渌村等地实地调解案件、做好当事人的纠纷化解工作,目前有6件案件调撤结案,当事人的自动履行率为100%,实现了案件审理法律效果、社会效果和政治效果的统一,促进了社会的和谐与稳定。对于判决结案和驳回申请再审结案的案件,也尽量做好判后答疑等服判息诉工作,审结的案件还没有发现申诉和重复访情况。

四是坚持政治理论学习制度,不断提高思想政治素质。共组织12次全庭集中学习。每次集中学习提前通知主要发言人和参会人员,要求准备书面发言材料。支部和个人都有学习制度、有学习计划、有学习笔记、有学习心得、有学习档案。坚持集体学习和自学相结合的制度,坚持理论联系实际,做好集中讨论和中心发言,谈深谈透学习内容。支部全年集体学习时间达到12天,个人自学达到25天。

五、认真履行职责,圆满完成各项工作任务

一是积极参加最高法民三庭举办各类知识产权研讨会,包括:知识产权庭长研讨会、中美知识产权司法保护研讨会、反垄断研讨会、商业特许经营座谈会等,介绍我区知识产权审判工作经验,开展学习交流。

二是完成最高人民法院布置的调研任务。年初民三庭积极配合最高人民法院民三庭调研组到崇左、桂林、北海就民族文学艺术作品的保护问题进行专题调研;完成了本辖区内有关卡拉OK经营者著作权案件的审理情况的调研。

海南法院2012年度知识产权司法保护工作总结

2012年,海南法院深入贯彻落实《国家知识产权战略纲要》和《海南省知识产权战略纲要》,紧紧围绕执法办案第一要务,高度重视知识产权案件审判工作,公正廉洁司法,发挥司法保护知识产权的主导作用,为国际旅游岛建设以及海南经济快速发展营造良好的司法环境,提供优质的司法保障。

一、审判工作概况

2012年,海南法院共受理一审知识产权民事案件411件,其中著作权案件316件,商标权案件37件,专利权案件16件,其他知识产权民事案件42件。全年共审结一审知识产权案件398件,未结13件,结案率为96.8%。所结案件中,调解(撤)221件,调解(撤)率为53.8%。

同期,高院受理二审知识产权民事案件45件,其中著作权案件17件,商标权案件2件,专利权案件1件,其他知识产权案件25件。全年共审结二审知识产权案件45件,未结0件,结案率为100%。所结案件中,调解(撤)21件,调解(撤)率为46.7%。

二、审判工作特点

(一)加强审判管理,落实均衡结案

高院认真贯彻落实最高人民法院《关于贯彻实施国家知识产权战略若干问题的意见》等有关文件精神,高度重视并加强知识产权审判工作,切实发挥司法保护知识产权的主导作用,在有效保护知识产权权利人合法权益、鼓励创新的同时,又兼顾社会公共利益,通过适当的权利限制,使知识产品得到更广泛的传播和运用,使科技成果得以顺利转化,使知识产权发挥了最大的经济效益。

高院把落实均衡结案作为司法作风转变的具体措施之一,积极做好积案清理工作,狠抓办案质量,在保证办案质量的前提下提高办案效率。根据《民事诉讼法》有关二审审判程序的规定和我院编写的《庭审审理规则》,细化庭审制度,加强案件审判流程的管理,尤其加强审限管理,认真落实审限督办制度,强调均衡结案。

(二)加大调解力度,促进社会和谐

高院在知识产权案件审判工作中,遵循"调解优先、调判结合"的审判原则,坚持践行司法为民的宗旨,贯彻"和谐诉讼"理念,坚持用"爱心"、"耐心"、"真心"、"诚心"化解矛盾。我院积极探索调解机制,完善调解制度,创新调解方法,推行有利于解决纠纷的庭前调、庭中调、庭后调、执行调的全程调节方法,把每个案件的审理都作为促进社会和谐的具体实践;同时推行主审法官、合议庭成员、庭长、主管院长全员调解方法,将调解工作做细、做实、做到家,力争案结事了。

海南法院知识产权案件调解取得了不错的成绩,特别是2011年和2012年,在知识产权案件数量激增的情形下,一审和二审知识产权案件的调解(撤)率基本超过了50%。高院民三庭因调解工作成绩优异,荣立集体三等功。

(三)深化调研工作,指导审判实务

2012年,根据推动社会主义文化大发展大繁荣的大局要求,高院民三庭承办了海南省法院重点调研项目《国际旅游岛背景下的知识产权审判研究》,加大知识产权调研力度,积极研究当前知识产权审判中出现新的新问题、新动向,为创造和规范国际旅游岛知识产权良好市场不懈努力。同年,民三庭还完成了《海南省高级人民法院民三庭关于知识产权民事审判工作情况的调研报告(2008～2012年6月)》的调研报告,总结了我省近5年知识产权案件审理经验,对下一步工作提出了具体的建议和思路。进一步加大对网络著作权案件等新类型案件的调研力度,认真总结知识产权案件审判检验,起草审理网络著作权案件的指导意见,及时明确裁判标准和统一司法尺度,回应社会的司法需求,服务国际旅游岛建设。今年出台的《海南省高级人民法院关于审理网吧侵犯影视作品信息网络传播权案件若干意见》,有效统一了此类案件的判赔标准。为增强网吧、宾馆版权意识,充分保护著作权利,共建良好的网络文

化环境,促进网络市场的健康发展,撰写了《海南省高级人民法院关于规范相关行业影视作品网络传播服务的司法建议书》。为落实司法公开,起草了《海南省高级人民法院关于知识产权裁判文书上网的规定(暂行)》,为增强知识产权审判透明度提供了依据和保障;针对我省知识产权侵权纠纷的发改率偏高的情况,撰写了《关于2009年~2012年二审改判和发回重审案件情况的调研报告》,通过对改判和发回重审的案件进行调查分析,深刻挖掘案件质量存在的问题和原因,查找案件存在的普遍性问题,避免类似问题的再次发生,进一步降低知识产权案件的发改率。高院民三庭荣获"海南省法院系统调研工作先进集体"的荣誉。

(四)坚持司法公开,规范市场运行

以"4·26"为契机,召开知识产权司法保护新闻发布会,联系多家媒体发布打击侵犯知识产权和制售假冒伪劣商品专项行动典型案例案情,发布2011年海南法院知识产权司法保护五大案例,发布《海南法院知识产权司法保护状况(2011)》(白皮书),较好地总结了我省知识产权司法保护现状,并与海口市中级人民法院联合进行知识产权案件庭审观摩,邀请人大代表、政协委员旁听案件审理等形式,大力宣传我省打击侵犯知识产权的司法力度和良好效果,进一步扩大知识产权司法保护的影响力和公信力。

高院民三庭建立了两个交流平台,一个是《知识产权审判动态》,另一个是《涉外商事海事审判动态》,汇编知识产权及涉外、商事、海事最新法律规范、典型案例、学术论文及审判及会议动态,旨在对全省法院的知识产权审判、涉外、商事、海事审判进行业务指导。

(五)加强队伍建设,培养专业人才

重视对知识产权法官的培训以及专业知识和审判技能的强化训练,加大培训力度,加强专门人才培养,有针对性地选派知识产权法官参加最高法院举办的知识产权审判热点、难点问题业务培训,积极研讨知识产权司法难题,组织审判人员到兄弟法院取经,及时向最高法院相关庭室报告审判实践中遇到的难题,增强对知识产权案件的审判能力,不断总结审判经验,积极探索审理知识产权案件的新路子,提高知识产权审判的整体水平,为知识产权司法提供智力支持,不断提高知识产权法官的政治素质、业务素质和职业道德素质,确保知识产权司法的公正和廉洁。

四川法院2012年度知识产权司法保护工作总结

2012年是四川灾后重建任务胜利完成后的第一年和实施"十二五"规划承上启下的重要一年。四川高院民三庭在院党组的坚强领导下,认真学习深刻领会党的十八大工作报告,贯彻落实党的十七届六中全会、全国政法工作会议、全国高级法院院长会议、省委十次党代会和四川高院院机关"转变审判作风,提升审判质效"促进会精神,牢固树立"三个至上"指导思想,紧紧围绕"为大局服务,为人民司法"工作主题,求实创新,锐意进取,努力实现"争创一流业绩,打造一流队伍"总体目标,着力推进知识产权司法保护工作，在稳定巩固基础上进一步提高，为加快转变经济发展方式、建设创新型国家和促进社会和谐稳定提供有力的司法保障。

一、坚持公正高效司法，充分发挥知识产权司法保护的主导作用

四川法院始终狠抓执法办案第一要务，不断加大知识产权司法保护力度，完善知识产权司法保护体系，为建设创新型四川提供了坚强有力的司法保障。

（一）依法公正高效审理各类知识产权案件，充分发挥知识产权司法保护的主导作用

2012 年，四川法院共受理各类知识产权案件 2689 件，较 2011 年受理的 1806 件增加了 883 件，受理案件数量增长了 48.89%；审结 2444 件，较 2011 年审结的 1612 件增加了 832 件，审结案件数量增长了 51.61%；结案率为 90.89%，较 2011 年的 89.26% 提高了 1.63 个百分点。四川法院知识产权审判法官在案件数量大幅增加，办案人员数量没有太大变动的情况下，凭借过硬的业务能力，依法公正、高效地审结了各类知识产权案件，在审判质效的提高上作出了新成绩。

1. 充分发挥民事审判在知识产权司法保护中的主渠道作用

2012 年全省法院受理的知识产权案件数量持续大幅增长，其中民事知识产权案件占据了主要部分。2012 年，四川法院共受理知识产权民事案件 2500 件，占全部知识产权案件的 92.97%，较 2011 年的 1612 件增加了 888 件，增幅为 55.09%；审结 2261 件，占审结的全部知识产权案件的 92.51%，结案率达到了 90.44%，较 2011 年审结的 1431 件增加了 830 件，增幅为 58%。其中，受理著作权纠纷 1452 件，占民事知识产权案件总数的 58.08%，较 2011 年的 1002 件增加了 450 件，增幅为 44.91%；商标权纠纷 489 件，占民事知识产权案件总数的 19.56%，较 2011 年的 222 件增加了 267 件，增幅为 120.27%；专利权纠纷 425 件，占民事知识产权案件总数的 17%，较 2011 年的 233 件增加了 192 件，增幅为 82.40%；技术合同纠纷 50 件，占民事知识产权案件总数的 2%，较 2011 年的 45 件增加了 5 件，增幅为 11.11%。2012 年，四川法院妥善审理了大批法律关系复杂、社会关注度高、影响范围广的知识产权民事案件，正确引导了知识产权领域的价值判断和司法导向，有力维护了知识产权权利人的合法权益，为鼓励创新、优化经济发展环境、创建公平竞争的市场秩序发挥了重要作用。四川省成都市郫县人民法院经最高人民法院批准获得部分知识产权纠纷案件管辖权。

2. 全面发挥知识产权刑事审判严厉打击知识产权犯罪的功能

2012 年，四川法院切实发挥刑事司法对知识产权的保护作用，共审理知识产权刑事案件 180 件，较 2011 年的 188 件减少了 8 件，减幅为 4.25%；审结 173 件，结案率达到 96.11%，较 2011 年的 93.09%，上升了 3.02 个百分点。在审结的知识产权刑事案件中，以侵犯知识产权犯罪判决的案件 139 件；以生产、销售伪劣商品犯罪判处的案件 17 件；以非法经营罪判处的案件 15 件；以其他犯罪判处的涉及侵犯知识产权的案件 1 件。通过严惩侵犯知识产权的犯罪行为，严厉打击和遏制了侵犯知识产权的犯罪，从经济上剥夺了犯罪分子再次犯罪的能力和条件，有效净化了市场环境。

3. 不断强化知识产权行政审判支持和监督依法行政的职能作用

2012 年，全省法院共受理知识产权行

政案件 9 件,较 2011 年的 5 件增加了 4 件,增幅为 80%;审结 9 件,结案率 100%。9 件知识产权行政案件中 8 件为一审案件,1 件为再审案件,其中技术监督案件 8 件,较 2011 年的 4 件增加了 4 件;其他案件 1 件。随着法院不断强化对知识产权行政执法案件的司法审查职能,我省知识产权行政执法部门规范行政行为的意识不断增强,依法行政能力不断提高,知识产权行政相对人的合法权益得到了有力保障。

(二)积极探索、稳妥推进知识产权案件“三合一”试点工作,不断加大知识产权司法保护力度

实行“三合一”,有助于解决知识产权民事、行政、刑事案件执法理念、标准不统一的问题,有利于合理配置审判资源、提高司法效率、保证案件审判质量。2012 年,四川高院继续推进由知识产权审判庭集中审理知识产权民事、行政和刑事案件的试点工作,不断研究新问题、总结新经验,并适时采取措施进行推广;加强对绵阳中院、成都武侯区法院、成都高新区法院的知识产权审判“三合一”试点工作的指导与监督,及时总结相关的做法和经验,适时扩大知识产权审判“三合一”试点范围;加强与公安机关、检察机关以及行政执法机关的协调配合,发挥整体保护效能,形成保护合力,构建资源优化、科学运行、高效权威的知识产权“三合一”综合审判模式,逐步形成知识产权的三重责任追究体系。

(三)继续推进知识产权巡回审理机制的建设,不断完善知识产权司法保护体系

建立知识产权巡回审理机制,是我省法院在延伸审判服务职能、创新司法服务措施、落实司法为民上的有益尝试。进一步规范巡回法庭建设工作,有利于提高司法便民措施的针对性和有效性。全省已有多个法院根据辖区内知识产权案件的特点,选择具有代表性的地点开展知识产权巡回审判工作,取得了良好效果。各级法院综合运用知识产权巡回审理这一平台,充分发挥知识产权巡回审理“既便利人民群众诉讼,又便利人民法院审判案件”的优势,通过公开审理案件、诉前诉中调解纠纷、开展法律咨询、举办法律讲座等方式,让法官下沉到一线,让司法服务到一线,营造良好的知识产权保护氛围,确保知识产权矛盾纠纷化解在基层。四川高院还制定了统一的指导性意见《关于开展知识产权巡回审判服务经济发展大局的指导意见》,四川省委政法委副书记张建魁批示:“知识产权保护对于创新发展起到重要的保障和推动作用。省法院‘指导意见’很有必要,关键是抓好落实。”

(四)努力探索专家证人制度,促进审判质效提升

为了发挥专家证人制度的作用,保证人民法院在审理知识产权纠纷案件中正确审查和认定案件技术事实,统一规范各法院的做法,四川法院大力提倡在知识产权审判工作中运用专家证人帮助查明案件技术事实,并在全国率先出台了《关于知识产权案件专家证人出庭作证的规定(试行)》,对专家证人的资格、出庭作证的程序、职责、专家证人意见采信等问题进行了规范,为人民法院正确认定案件事实,准确适用法律,依法、及时、公正地审理案件发挥了重要作用。

二、主动延伸审判职能,坚持能动司法,积极服务我省经济发展方式转变

四川法院在充分认真履行自身审判职能的同时,积极主动延伸审判职能,长期不懈地能动司法,从源头上防范和化解知识产权矛盾纠纷,为我省经济发展方式的转变提供了坚实可靠的司法保障。

（一）切实增强涉文化领域知识产权保护力度，促进社会主义文化创新和发展，确保国家知识产权战略落实到位

为深入贯彻落实十七届六中全会《关于深化文化体制改革，推动社会主义文化大发展大繁荣若干重大问题的决定》，更好地发挥知识产权审判职能作用，推进国家知识产权战略实施，推动我省经济发展方式转型，促进我省文化大发展大繁荣，四川高院先后制定下发了《关于实施〈国家知识产权战略纲要〉的意见》、《关于加强知识产权审判工作，服务经济发展方式转变的指导意见》、《关于发挥知识产权审判职能作用为四川文化大发展大繁荣提供司法保障的指导意见》，明确了知识产权审判工作服务党政中心工作的指导思想、司法原则和具体措施，为我省法院贯彻国家知识产权战略、服务我省经济发展方式加快转变、推进全省文化大发展大繁荣提供了坚实的制度保障。省委政法委副书记张建魁批示："文化领域中涉及知识产权保护的面宽、类型多，司法审判既有保障又有导向的作用，应着力抓好落实，抓出成效。"

（二）着力开展"四个三"活动，丰富完善与创新主体联系机制，不断增强知识产权审判服务大局的针对性和实效性

不断丰富和完善高新产业园区、科研机构、高等院校、高新技术企业联系制度。全省各级法院通过定期或不定期走访企业、召开创新主体知识产权保护工作座谈会、恳谈会，建立联系创新主体的常态机制，加强与创新主体的联系与沟通，了解创新主体在知识产权保护及对外经济交往中的困难和需求，为创新主体增强自主创新能力、市场竞争能力和抗风险能力及科研成果的产业转化，提出法律意见，增强工作的前瞻性、主动性、针对性和实效性。例如，我省法院先后召开100余家创新主体参加的"知识产权保护工作恳谈会"、"民营企业知识产权法律风险防范研讨会"、"网络企业著作权保护座谈会"、"创新主体知识产权司法保护工作座谈会"等会议，并就创新主体如何加强知识产权管理、防范知识产权风险、有效保护知识产权等提出了有益建议，赢得了众多创新主体的好评。

（三）不断完善、坚持做好知识产权司法预警制度

将知识产权司法审判中遇到的情况和问题与司法建议工作有机结合，注意发现、总结、剖析纠纷中暴露出来的共性及典型突出问题，及时向有关行政主管部门、行业协会和企事业单位、科研机构等发出预警、提出建议，帮助其健全制度、加强管理、堵塞漏洞。如针对近年来我省尤其是成都地区大型展会上发生的一些知识产权侵权，客观上损害了我省展会的品牌形象，不利于会展业的健康发展，也不利于促进企业自主创新的情况，我院民三庭组织省、市、区三级相关法院广泛收集情况，梳理突出问题，并进行了分析研究，向省政府报送《关于加强我省展会知识产权保护工作的意见》，提出了参展企业需出具知识产权保护承诺书，组展单位完善展前审查制度等六条建议；又如成都市锦江区法院在审理摄影图片作者起诉报社的著作权侵权案件时，发现报社对扩版版面存在管理缺位的问题，及时向部分新闻媒体发出司法建议书，新闻媒体在认真研究的基础上进行全面整改，并与专业图片机构签订了长期合作协议，有效避免了类似纠纷的再次发生；再如针对近年来个别律师在诉讼活动中违反诉讼法及律师法相关规定，接受委托后不在法院规定的时间内签收文书、无正当理由不出庭或迟到、着装不规范、出庭手续不全等不规范行为，我院民三庭向四川省律师协会提出司法建议：希望省律协加强

行业自律,规范律师执业行为,采取有效措施,加大对律师违法、违纪行为的监督和查处力度。省律协相关负责人专门到我院民三庭进行了回访和征求意见,表示将采取有力措施,加强行业管理,共同塑造良好的司法职业形象。

(四)进一步加强调研工作,协助研析风险防范

四川法院将审判工作与全省经济、社会、科技、文化发展紧密结合,及时调查研究知识产权司法保护遇到的新情况、新问题,为全省加快经济发展方式转变发挥了一定作用。在全省相关法院组织精干力量,通过以案说法、辨析法理,宣讲知识产权法制,帮助企业及相关市场主体树立知识产权法律意识,增强风险防范和应对能力。例如,为协助四川省委省政府打造“中国白酒金三角”这一白酒区域品牌,全面保护四川酒类企业的知识产权,四川法院多次到省内知名酒类企业开展调研,准确掌握酒类企业在知识产权保护方面遇到的新问题,并及时向酒类企业建言献策,促进驰名商标、知名字号的培育和发展,极大增强了我省酒类企业的国内和国际竞争力。2012 年,四川高院为着手撰写《企业知识产权法律风险防范》一书做了很多前序工作,打下了坚实基础。

三、坚持和谐司法,完善多元化解知识产权纠纷机制

2012 年,在四川法院审结的 2261 件知识产权民事案件中,调解、撤诉 1514 件,调撤率达到 66.96%,比 2011 年略有上升,有力促进了四川经济社会和谐稳定发展。

(一)继续推进调解工作,大力探索和创新诉调对接机制

四川高院在知识产权司法审判工作中,继续贯彻“调解优先、调判结合”的工作原则;做好群体性纠纷、新类型案件、疑难案件的矛盾纠纷化解工作;进一步落实知识产权纠纷邀请调解、行业调解、联合调解机制;贯彻运用好 2011 年我院与省司法厅、省知识产权局等部门联合出台的《关于加强司法调解与人民调解衔接工作的指导意见》、《关于构建知识产权纠纷“大调解”工作体系的实施意见》等文件,充分发挥行政机关、社会团体、行业协会等在化解知识产权纠纷中的独特作用;整合资源,完善多元化解矛盾纠纷机制,推动司法调解、人民调解、行政调解“三位一体”调解格局的互相促进、良性发展,充分利用各方力量及各种调解方法妥善化解社会矛盾。

(二)积极主动寻求人大理解和支持

2012 年 7 月 25 日,为积极争取人大的理解支持,四川高院院长王海萍在四川省第十一届人民代表大会常务委员会第三十一次会议上作了《关于知识产权审判工作的情况报告》的专项汇报,展现了 2012 年我省知识产权审判工作取得的成绩。四川法院 2012 年的知识产权审判工作获得省人大的高度评价,推动全省知识产权审判工作再上新台阶。四川高院还多次邀请人大代表、政协委员等观摩庭审并召开座谈会,深入推进四川法院司法能力建设。

(三)加强与政府及相关职能部门的沟通联系,充分发挥行政执法部门化解知识产权纠纷的独特作用

针对知识产权案件类型多样、专业性强的特点,四川法院结合个案自身特点,充分发挥行政机关化解知识产权纠纷的独特作用,加强与知识产权行政执法部门的协调和沟通,实现信息资源共享,并建立相应的协调机制,增强共识,增进共为,确保各项为加快经济发展方式转变提供司法保障和服务的应对措施有效落实。

四、坚持阳光司法，不断提升知识产权司法公信力

2012 年，四川法院积极采取多项措施，加大知识产权审判工作信息的公开和宣传，以公开促公正，以公正立公信，不断提升知识产权审判的司法公信力。

（一）坚持开展庭审公开工作

四川法院每年均精选知识产权典型案例进行公开审理，并邀请人大代表、政协委员、行业协会和有关部门代表、专家学者、学生和社会公众到庭旁听庭审，全面公开法院审理知识产权案件的全过程。例如，2012 年，四川省高级人民法院精选有典型意义的涉外、涉案人数众多的知识产权案件进行了公开审理，共有人大代表等约 100 人旁听了案件庭审，最大限度展示了知识产权审判的公平公正。

（二）认真做好裁判文书上网和网络空间等特色工作

2012 年，四川高院继续着力推进知识产权司法特色工作。一是继续做好裁判文书上网工作。充分利用好中国知识产权裁判文书网这个平台，按照最高人民法院《裁判文书公布管理办法》规定的程序和范围进行上网，应当公开的文书全部上网公开，进一步促进审判公开、公正，接受社会各界监督，并以此为契机，进一步提高文书质量。二是创设知识产权审判特色网络空间。以法院信息化建设及网络运行为依托，以法院局域网为载体，协调信息中心、新闻中心等相关部门支持配合，在现有的业务庭主页基础上，创设反映知识产权审判业务的特色网络空间，以此搭建上下级法院审判信息交流沟通平台，加强审判指导，加大宣传力度。

（三）坚持发布年度知识产权司法保护白皮书

发布知识产权司法保护白皮书是四川法院深入贯彻落实国家知识产权战略和加强知识产权司法保护工作的重要举措，为社会了解知识产权审判工作、确保知识产权司法的公平正义提供了全面、方便、快捷的平台。2012 年四川高院继续发布《知识产权司法保护状况白皮书》，展示成就的同时彰显了知识产权司法保护的决心和信心。白皮书梳理总结了审判实践中反映出来的知识产权创造、管理、运用和保护方面的新情况、新问题，指导四川法院的知识产权司法保护工作，为相关部门、企业决策提供了重要借鉴。

（四）继续发布知识产权司法保护典型案例

为深入贯彻实施国家知识产权战略，不断加大知识产权司法保护的宣传力度，提高全社会尊重知识、崇尚创新的意识，2012 年四川高院再次召开知识产权司法保护新闻发布会，开展了“4·26”知识产权宣传周活动，及时回应社会关注的知识产权司法保护热点问题。同时，四川高院以 2012 年“4·26 世界知识产权日”为契机，向社会继续发布《2012 年四川法院知识产权司法保护十大典型案例》，充分发挥了案例示范作用，对于不断扩大知识产权审判的社会效果，促进社会对知识产权审判工作的理解和监督有积极作用。

五、高度重视队伍建设，不断提高知识产权司法保护水平

2012 年，全省法院继续高度重视知识产权审判法官队伍建设，紧密结合知识产权审判工作的特点和实际，推进知识产权审判法官牢固树立“忠诚、为民、公正、廉洁”的司法核心价值观；同时，对知识产权法官的职业素养和专业知识技能进行强化培训，注重从精通法律、外语基础较好、具有理工科专业背景和一定审判经验的人员中选拔、培养知识产权法官，进一步充实法官队伍，完善知识产权法官的知识结构，努力打造一支政治过硬、作风优良、业务精通的专家型知识产权法官队伍。

(一)进一步加强思想政治建设

一是坚持解放思想、实事求是、与时俱进、求真务实;在加强执法办案、服务四川经济社会发展、推进司法服务、加强司法公信力建设等方面出实招,办实事,不断创新突破,民事审判各方面工作再上新台阶;二是扎实开展理想信念教育和核心价值观教育。结合实际,突出重点,切实加强政法干警核心价值观教育,突出思想认同和知行合一,使"忠诚、为民、公正、廉洁"司法核心价值观贯穿于干警的工作、办案中,潜移默化,入脑入心,成为干警的共同信念和基本准则。充分发挥党支部战斗堡垒作用和党员先锋模范作用,形成团结奋进、勇争一流的良好团队氛围。

(二)进一步加强司法能力建设

以培养具有精湛业务技能、丰富审判经验、高端研究能力的专家型、复合型法官为目标,着力加强干警司法能力建设。通过各种培训,有计划地组织法官到基层、到相关部门锻炼,适时举办典型案例研讨会、改判发回重审案件专题分析会等方式,着力提升干警做好新形势下群众工作和维护社会公平正义的能力。继续加强将对新任助理审判员的培养,进一步完善实施"一对一"导师培养机制,全面加强工作、学习指导,使他们成为政治过硬、业务精通、作风优良、廉洁清正的好法官。

(三)进一步加强党风廉政建设

一是重点加强廉洁执法教育,加强日常监督防范,注重先进典型的引领示范、反面典型的警示作用;二是毫不动摇地坚持从严治警的方针,严格落实党风廉政建设责任制,严格执行"五个严禁"、"七条禁令"和"一个规范",坚决防止"金钱案"、"人情案"、"关系案"。

(四)进一步加强司法作风建设

一是将改进司法作风与"公正为民,求实奋进"的四川法院精神相契合,提升民事审判法官的精神面貌,提高干警软实力;二是严格按照最高人民法院六项措施的要求,切实转变司法作风,提升司法公信力。扩大司法民主、推进司法公开、改进文风、会风、审判作风等方面存在的差距和不足。密切联系群众,推行司法公开,接受群众监督;三是进一步认真学习《法官职业道德基本准则》、《法官行为规范》和《人民法院文明用语基本规范》,强化职业道德,规范行为用语,加强行政管理。进一步严格执行出勤、休假、出差等事项的组织纪律。

贵州法院2012年度知识产权司法保护工作总结

2012年,贵州省高级人民法院民三庭高度重视知识产权司法保护工作,根据我省经济社会发展的形势和审判工作的实际,不断深化认识,坚持能动司法,围绕中心,自觉服务大局,积极探索知识产权审判新思路,坚持依法保护、平等保护和宽严适度原则,强化专利、商标、不正当竞争、著作权等各类知识产权和涉外商事案件的审判力度,有效发挥知识产权民事审判在保护知识产权、激励自主创新中的主导作用,进一步促进和保障全社会的创造活力和创新能力，为维护公平竞争的市场秩序和优化我省投资环境提供了及时有效的司法保障。

一、依法履行审判职责，抓好执法办案第一要务

2012年，我庭始终坚持以执法办案作为知识产权司法保护工作的第一要务，将案件审理工作作为各项工作的重心，依法公正高效地审理一年来受理的各种案件，坚持以事实为依据、以法律为准绳，严格适用法律，努力实现法律效果和社会效果的统一。在案件审理中，通过依法加大知识产权保护力度，制止各类知识产权侵权行为，保障知识产权权利人利益的充分实现。今年，贵州省各地法院共新收和审结知识产权民事一审案件508件和336件，同比分别增长37.3%和118.18%；新收和审结知识产权民事二审案件67件和66件（含旧存1件），同比分别增长235%和425%。通过依法审理专利、商业秘密等案件，加大对具有自主知识产权的关键核心技术和科技成果的保护力度；通过依法审理商标、不正当竞争等案件，维护知名品牌，营造公平竞争诚信有序的市场环境；通过依法审理信息网络著作权纠纷等案件，保障文化权益，保护文化创意，积极推动社会主义文化大发展、大繁荣。

案件审理中，我省法院一直坚持"调解优先、审判结合"原则，根据每起案件的具体情况，能调则调，当判则判，以求公正高效地解决纠纷。今年我省知识产权一审案件调撤率高，平均达50%左右；服判率高，平均达84%，因而上诉率、申诉率较低。

我省知识产权案件主要有如下特点：第一，知识产权案件总量不多，但增速明显。相对于发达地区甚至周边省市而言，我省法院受理的知识产权案件总量明显偏少，这与贵州经济文化发展相对滞后、权利人维权意识不强是密不可分的。第二，近年来知识产权案件数量成倍增长。增长的主要原因是随着商业化维权模式的出现，涉及影视、图片及MTV等侵犯著作财产权纠纷案件大量出现，而且在我省有加速增长的趋势。

二、服务大局，始终贯彻实施国家知识产权战略

（一）积极推动三审合一试点改革工作

2012年，我省法院结合知识产权审判工作实际，积极推动知识产权审判庭集中审理知识产权民事、行政和刑事案件的试点工作。经最高人民法院批准，在我省贵阳市中级人民法院、遵义市中级人民法院开展知识产权民事、刑事、行政案件"三审合一"试点工作，制定并下发《关于印发贵阳市、遵义市中级人民法院知识产权审判"三审合一"改革试点工作的通知》（〔2012〕黔高法213号）和《关于知识产权审判"三审合一"改革试点工作中刑事司法保护若干问题的意见》（〔2012〕黔高法214号）。进一步落实《国家知识产权战略纲要》，优化审判职权配置，加强知识产权立体保护，创新知识产权审判新机制。

（二）加大实施知识产权司法保护宣传工作

为切实贯彻实施国家和我省知识产权战略，充分发挥司法保护知识产权的主导作用，切实加大知识产权司法保护的宣传力度，我庭每年都以"4·26"世界知识产权日和知识产权宣传周为契机，通过选取有影响的案件公开开庭、公布典型案例等方式，加大知识产权保护和宣传力度，集中展示我省知识产权保护的重大成就和重要职能。同时完善知识产权裁判文书上网公开发布机制，制定了《裁判文书上网公布暂行办法》，确立了信息员制度，各中院文书上网季度通报制度等，要求全省所有知识产权裁判文书在生效后及时通过贵州省高级人民法院上传至《中国知识产权裁判文书网》予以公开。

(三)加强与其他行政机关沟通协调力度

今年,我庭积极加强与知识产权局、工商局、药监局、文化监管部门、公安机关等相关部门的协调配合与信息共享,建立联动机制,与部分机关定期或不定期地开展知识产权司法保护座谈会,努力探索通过司法途径、行政途径联动保护贵州少数民族文化遗产、地理标志、传统中医药等知识产权的措施。

三、统一司法裁判尺度,注重审判监督与业务指导工作

为更好地指导监督全省的知识产权审判工作,今年我庭召开知识产权审判工作(研讨)会议,对我省知识产权审判实践中存在的突出情况和重点问题以及在知识产权领域出现的新情况、新问题进行调研、研讨,统一全省法院知识产权案件的审判标准和裁判尺度,并对可能出现的新情况、新问题提前进行部署。多次去贵阳、遵义、安顺等案件较多的中院巡回走访,及时发现下级法院在知识产权审判中存在的问题和困难,坚持对省法院发回的案件逐一沟通交流,有针对性地进行监督指导。同时,注重关联案件的协调,确保关联案件处理的一致性。建立与下级法院对涉及知识产权的大案要案和新类型案件的沟通交流机制,定期或不定期地召开座谈会,对今年发生的大案要案及新类型案件进行探讨研究。

为认真落实国务院〔2012〕2 号文件精神,加强对高新技术企业和民族企业的保护力度,全省法院知识产权审判发挥能动司法,主动到企业开展法律服务,帮助企业学会运用法律武器维权,提高企业的核心竞争力,如贵州名烟名酒企业较多,非物质文化遗产较多,而这些公司企业大多存在维权意识低等问题,我们针对这一情况,对这些公司企业提供一定的法律帮助,真正把司法为民落到实处。

云南法院 2012 年度知识产权司法保护工作总结

2012 年,云南省各级人民法院知识产权审判法官深入学习党的十八大报告,深刻领会“法治”内涵,找准“依法治国”的新高度、新定位,不断增强司法能力,提高知识产权审判水平。全省法院共审结知识产权民事案件 620 件,比上年上升 19%。其中著作权纠纷 360 件、商标权纠纷 96 件、专利权纠纷 116 件,技术合同纠纷 7 件、其他知识产权纠纷 41 件。

2012 年,云南省知识产权审判工作有以下亮点:

一、依法妥善审理知识产权纠纷,取得良好的社会效果。

2012 年,云南省各级人民法院审结的知识产权案件涉及知识产权侵权判定标准、权利冲突、技术秘密保护、网络环境下的知识产权保护等诸多新问题和疑难问题,审理难度加大。云南省各级人民法院以“公正、公平、公开”为原则,在严肃执法的同时兼顾案件处理的社会效果,在工作任务繁重、审判力量薄弱的情况下成功审结一批社会影响大、法律适用难的疑难案件和新类型案件。这些案件的成功审结,不仅解决了纷争,维护了当事人的合法权益,而且推动了云南省的知识产权保护工作,树立了云南法院保护知识产权、激励自主创新的良好形象,取得了良好的社会效果。

二、积极探索“三审合一”知识产权审判模式,推进知识产权审判机制创新。

我省2007年开始在昆明市中级人民法院试行知识产权“三审合一”审判模式试点工作,根据试点情况,昆明市中级人民法院不断探索三大诉讼的协调和衔接机制,创新知识产权审判体制。2012年,为统一昆明市法、检知识产权刑事审判相关问题的认识,昆明市中级人民法院与昆明市人民检察院召开座谈会,研究形成《昆明市中级人民法院、昆明市人民检察院关于知识产权刑事诉讼工作座谈会纪要》,下发全市两级法、检部门指导知识产权刑事审判工作。

三、增强审判公开性和透明度,加强司法能力建设。

2012年,云南省高级人民法院陆续将全省各级人民法院审结的知识产权案件裁判文书发布在中国知识产权裁判网上,加大了知识产权裁判文书上网工作,并继续挑选全省知识产权司法保护十大典型案例,召开新闻发布会,向社会公布。此外,在最高人民法院组织的全国法院“两评查”活动中,全省法院知识产权审判法官积极响应,通过参加评查活动,查找出庭审和裁判文书中的各种问题和瑕疵,并有针对性地开展讲评、整改和业务培训,健全完善相关制度规范,达到了找差距、补短板、练技能、提质效的预期目的。云南省高级人民法院民三庭和昆明市中级人民法院知识产权审判庭的2个知识产权案件庭审被最高人民法院评为优秀庭审。

四、加大司法宣传力度,提升人民法院形象。

2012年,全省法院紧密结合审判实际,切实加强知识产权审判宣传工作,提升了人民法院的司法形象。一是通过《人民法院报》、《法制日报》等法制类报纸杂志以及云南省高级人民法院的《审判与法治》等内刊进行法制宣传。二是利用“4·26”世界知识产权日宣传平台号召各级法院开展知识产权宣传活动,如对昆明市曾经涉及知识产权诉讼的企业进行回访,到知名企业开展知识产权保护座谈,进行经验总结和交流研讨。三是积极参与制定云南省知识产权发展战略,并与有关部门协同开展了全省打击侵犯知识产权和制售假冒伪劣商品专项行动。四是与省内各大新闻媒体合作,通过各种新闻手段报道典型案件的审判情况,增强公众的知识产权保护意识。在2012年全省法院开展的“阳光司法工程”活动中,全省法院知识产权审判法官积极参加“百件精品庭审案件”评选活动,取得了很好的宣传效果。云南省高级人民法院民三庭组织的公开庭审被评为精品庭审,获得了优秀表彰。通过搭建多样化的平台,集中审理和宣判一批具有一定影响的知识产权案件,云南法院在全社会进一步树立人民法院公正司法、一心为民、依法保护知识产权,激励自主创新的良好形象。

五、落实司法为民措施,全心全意为人民服务。

2012年,云南省各级人民法院坚持“公正司法、一心为民”的指导方针,强化司法为民举措,增强司法行为亲和力。在具体措施上,云南法院通过编制知识产权年度工作计划、坚持公开审判制度、推行当事人权利义务告知制度、实行诉讼风险提示制度、探索当事人举证指导制度、规范公民代理知识产权诉讼行为、强化审限意识和效率意识、增强裁判文书的说理性等有效方法,落实司法为民措施。与此同时,积极推行判后释疑工作,力争做到辨法析理,胜败皆明。上述措施使得云南法院知识产权司法活动贴近了民众,受到群众好评。

西藏法院2012年度知识产权司法保护工作总结

一、2012年全区法院和高院民三庭受理案件情况

2012年,除区高级法院和拉萨市中院、日喀则地区中院有新收案件外,其他各中级法院均无新收知识产权案件。

一审5件知识产权案件,其中拉萨市中级人民法院受理2件侵犯商标专用权案件和1件专利侵权案件,日喀则地区中级人民法院受理2件侵犯商标专用权案件,5件案件均已结案,结案方式为判决。

二审的2件知识产权案件均为高院民三庭受理,案由均为侵犯商标专用权案件,诉讼标的额都为20万元,已全部审结,结案方式为:1件为调解,调解后达成的赔偿额为3万元;1件为经调解后撤诉。

1. 案件的主要特点。

知识产权案件因其专业性和技术性强、主要由中级法院和高级法院行使管辖权,一审案件均为各地市中级法院受理,二审案件为高级法院受理,目前我区还没有指定基层人民法院受理一审知识产权案件。从2008年至2012年的五年来,全区法院受理的知识产权案件总数虽然不多,但有以下几个主要特点:

一是调撤率较高。2008年至2012年,共受理的18件二审案件中,高院民三庭除不能调解的3件要求认定驰名商标案件和因程序有问题而发回重审的1件案件外,其他均为调解或经调解后撤诉,前几年的调撤率均在67%至100%之间,而今年所结2件案件的调撤率则为100%。

二是无再审案件。从2004年西藏法院受理知识产权案件以来,全区所有的知识产权案件,当事人有的在一审后就服判息诉,有的在二审终审后服判息诉,未出现1件再审案件。

三是无申诉上访情况发生,几年来未出现知识产权案件当事人申诉上访的情况,也未出现当事人缠诉闹访事件,更未出现涉诉信访事件。

2. 坚持调解优先、调判结合工作原则,调解案件效果好,自觉履行率高。由于到我庭的案件都是终审案件,对于当事人已经是最后一道保护屏障,其处理结果牵扯到双方当事人的直接利益,主审法官在充分阅卷的基础上,要通盘考虑案件的结案方式,会尽全力将案件办成双方都满意的结果,取得最大的政治效果、法律效果和社会效果,经得起时间和历史的考验。只要案件有一分调解的可能,就不轻易下判,而会尽百分的努力去调解,努力使案件能够案结事了人和,以免引起败诉一方当事人不满,而使案件进入到再审。

民三庭调解案件当事人自觉履行率高的原因在于,对于有给付内容的调解案件,我庭的一贯做法是:在调解结案的案件中,只要案件的双方当事人一达成调解协议,就要求应给付一方将应付款项打到区高法的执行账户上,等双方当事人均签收了法院的调解书后,再通知院财务室将执行账户上的应付款项转给另一方。这样，就避免了当事人事后赖账，引起执行争议，给执行部门增加负担。

二、其他工作开展情况

1. 认真完成院里交办的所有工作和任务。

积极参加院里组织的“岗位大练兵”活动。根据院党组的统一安排，在今年开展的“岗位大练兵”活动，能够积极参加活动办组织的各项活动，如“审判员、助审员裁判文书制作比赛”等活动，一人荣获“裁判文书制作优秀奖”。

2. 按时完成最高法院下达的各项任务。

2012 年，按照最高法院的要求，共转发最高法院下发的各类通知、文件多份，并按照要求按时上报了各类材料多份，组织全区法院上报论文 3 篇，参加了最高法院组织的“知识产权法律应用征文大赛”。九月份最高法院连续下发了两个通知，一是要求我庭对西藏全区法院自 2008 年至 2012 年审理知识产权案件的人员情况、机构编制、队伍建设、对今后工作如何发展设想等情况进行调研并撰写出调研报告的通知；二是对西藏全区法院自 2008 年至 2012 年全区法院商标案件审理情况的及其他情况进行调研并撰写出调研报告的通知，在时间紧、整个部门只有一个人在岗无法到实地去调研的情况下，克服各种困难，按时完成了调研报告并上报至最高法院民三庭。

3. 积极参加培训及学习任务。今年二月中旬及四月下旬，最高法院举办了两次“中外知识产权研讨会”的培训学习，我庭对此非常重视，庭长李从仁亲自参加了这两次学习，通过学习培训，增加了知识、拓宽了视野。

重庆法院 2012 年度知识产权司法保护工作总结

2012 年，重庆法院认真履行审判职责，求实创新，锐意进取，为建设创新型国家、促进文化大发展大繁荣提供了有力的司法保障。

一、保持精进促精品，稳步推进知识产权审判工作

全市法院今年新收知识产权案件 1521 件（一审案件 1391 件，二审案件 130 件），同比增长 5.77%（一审案件同比增长 13.09%，二审案件同比减少 37.50%），旧存 216 件，审结 1445 件（一审案件 1318 件，二审案件 127 件），同比增长 8.89%（审结一审同比增长 17.99%，二审案件同比减少 39.52%），结案率为 83.19%。从全市法院案件审理情况来看，知识产权案件数量仍稳步增长，审判质效较好，一审服判息诉率达 90.14%，服判息诉率较高，二审案件改判率 6.29%。

一年来，重庆法院依法审理了一批社会影响较大、关注度较高的知识产权案件。如某某委托创作合同纠纷一案，该案是动漫行业源文件交付争议国内第一案，在法无明文规定的情况下，法院从有利于动漫行业发展、有利于投资方收益及有利于保护制作方利益的角度，充分平衡三方利益，适用民法的公平原则作出了判决，对动漫作品源文件的交付起到了示范性作用，同时，也为规范动漫行业进行了有益探索。

二、把握细节促优化，不断完善审判监督指导制度

针对知识产权案件数量不断增加、新类型案件不断出现、法律适用问题日益复杂等情况,我庭进一步加强审判监督指导工作,拓展业务指导途径,细化质效数据监控,进一步确保司法公正,提高审判效率,统一裁判尺度。

2012年年初,我庭召开了2012年全市法院知识产权和涉外商事审判工作座谈会,全面总结了近5年来全市法院知识产权和涉外商事审判工作的成绩和经验,深入分析了当前审判工作面临的形势任务,研究部署了今后一个时期的知识产权和涉外商事审判工作任务。同时,还下发了今年全市法院知识产权和涉外商事审判工作要点。通过会议和制定下发文件,明确了目标,统一了思想,部署了任务。会议还安排了中基层法院经验交流,通过创造交流机会,搭建学习平台,促进信息共享、激发创新、推进工作。

"4·26"世界知识产权宣传日前夕,我庭出台了2011年重庆市知识产权司法保护状况白皮书,全面回顾了2011年我市知识产权司法保护工作,总结了司法保护工作经验。同时,还评选出了重庆法院2011年知识产权十大典型案例。通过公布白皮书和十大典型案例,对新类型案件和难点、热点问题的法律适用做出示范,发挥业务指导作用。

同时,以全市法院开展全员岗位大培训活动为契机,着重抓好全市法院知识产权案件庭审规范和裁判文书质量。通过开展两评查活动,发现开庭审理及裁判文书制作中存在的问题和不足,提出改进建议和措施,有力地促进了本庭及中基层法院条线业务庭开庭审理的进一步规范和裁判文书质量的进一步提高。

此外,积极组织全市法院知识产权法官参加相关业务研讨会和交流活动,先后参加了"中美知识产权司法审判研讨会"、"知识产权前沿问题研讨会"、"网络著作权与驰名商标保护研讨会"、"2012中国反垄断民事诉讼论坛研讨会"、"规范商业特许经营行业发展,促进司法行政标准统一研讨会"、全国部分法院知识产权审判工作情况调研座谈会以及纪念《商标法》颁布三十周年座谈会等理论研讨活动,通过参加各种研讨会,实现司法理念更新、司法政策明晰、司法难题破解,有利于裁判尺度统一。

三、创新机制促管理,切实提升案件法律效果和社会效果

我庭一直强调审判管理的规范化和制度化创新,把知识产权审判管理覆盖到每个审判人员和审判工作全过程,确保办案公正高效,切实提升案件社会效果和法律效果。

一是以活动为载体抓好质效管理。结合知识产权审判实际,根据《重庆市高级人民法院在全员岗位大培训中开展民商事案件庭审评查和裁判文书评查活动的实施方案》,我庭制定并下发了《知识产权和涉外商事案件庭审评查、裁判文书评查活动实施方案》,明确了工作目标,成立了评查组织,部署了活动开展。通过组织动员、专项学习、庭审示范、庭审及裁判文书评查、评查点评、评选优秀等活动,扎实地推动了庭审活动和裁判文书制作的规范化,有力地增强了庭审活动实效性和裁判文书说理性,稳步地促进了案件审理质效的提高。

二是定岗定责抓好人员管理。制定了民三庭定编定岗定责表,明确了每个岗位所占编制数,细化了每个岗位具体的工作职责。同时,进一步完善了《民三庭绩效考核实施细则》、《民三庭个人绩效考核加分指标参考表》以及《民三庭个人绩效考核表》。通过这些工作,明晰了岗位职责,优化了绩效考评。使每位同志明确了自己的职责所在,有了确定的努力方向,部门对每位同志工作业绩的考核评定也有了客观的标准、科学的方法、较为准确的结果。

三是用信息化手段抓好审判管理。充分利用内网审判管理系统带来的便利，实现案件审判的现代化管理。依靠审判管理系统，合理分案、了解案件办理进程、掌握大要案情况、分析办案质效、适时指导监督，抓好审判管理，保质保量完成了审判任务。

四、积淀资源兴调研，大力推动审判理论创新

我庭继续依托知识产权专业委员会这一平台开展调研工作，调研工作呈现出辐射广、影响大、实效强、成果丰的生动局面。

一年来，针对知识产权审判中的热点问题，我庭先后承办了4次全国性的研讨会。2012年6月初，承办了由最高人民法院主办、中国外商投资企业协会优质品牌保护委员会和知识产权专业委员会协办的“网络环境下著作权和商标权司法保护研讨会”，60余名来自北京、上海、广东、江苏等地的知识产权审判法官以及知识产权律师、一些知名跨国公司知识产权法律顾问等参加了研讨会。同月，还承办了由知识产权专委会与西南政法大学联合举办的“纪念商标法颁布三十周年暨商标法修改国际研讨会”，最高法院、国务院法制办、世界知识产权组织等单位和组织、美日韩泰等国的知识产权专家共计150人参加了研讨会。12月，承办了由最高法院和知识产权专委会共同主办的“涉文化领域知识产权司法保护及知识产权民事诉讼证据规则研讨会”，50余名来自全国各地四级法院的知识产权法官就“涉文化领域知识产权司法保护”和“知识产权民事诉讼证据规则”两个专题进行了深入的研讨。同月，还承办了由知识产权专委会与西南政法大学联合举办的“中美专利诉讼研讨会”，会议邀请了中美两国的学者、法官、律师等80余人参会。通过研讨会，代表们对知识产权保护实践和理论上的热点、难点问题各抒己见、畅所欲言，达到了观点汇集、思想交锋的效果，实现了中外互相借鉴、学院与法院交流、理论与实践相互促进的目的，有力地推进了知识产权审判理论创新。

同时，我庭还承办了由知识产权专业委员会和最高人民法院民三庭共同举办的“涉文化领域知识产权司法保护及知识产权民事诉讼证据规则”专题征文比赛。此次征文比赛共收到全国范围内法院投稿188篇，我庭从这188篇论文中初选出60篇论文进入第二轮专家评审，通过专家评审最终评选出10篇获奖论文。我庭组织了论文表彰会对获奖论文作者及获得组织奖的单位进行了表彰。通过论文评选表彰活动，有力地推动了知识产权审判理论研究工作，有效地扩大了知识产权专委会的影响力。

此外，一年一册的专委会会刊《中国知识产权审判研究》已经完成了大部分编辑工作，今年的会刊已是第四辑，本辑仍然沿袭前几辑的格局，包括审判动态、审判研究、案例研究及调研与指导四部分，审判研究部分以“涉文化领域知识产权司法保护及知识产权民事诉讼证据规则”专题论文为主体，全书约70万字，将于2013年年初由法律出版社出版。

在依托专委会平台开展调研工作的同时，我庭还完成了其他调研任务。一是完成了重庆法院2012年“大讨论、大调研”之能动司法服务大局专题的调研任务，在分管副院长的主持下，与行政庭、法官学院、綦江区人民法院和潼南县人民法院共同完成了题为《“能动司法，服务大局”的科学发展之路探索——重庆法院能动司法实践的启示》的课题报告，该报告在总结重庆法院能动司法实践的基础上提炼出重庆法院的主要经验，并分析了推进能动司法应理顺的几个关系,进而进一步提出了推进能动司法具体制度完善的措施。该课题经专家评审组评定,确定为良好课题。二是按照最高人民法院民三庭以及重庆市人大内司委的要求,就2008年以来重庆法院知识产权民事审判工作开展情况进行了全面调研,形成了调研报告。三是编辑出版了重庆法院文丛第四卷《用创新的方法保护创新》一书,该书由法律出版社出版,收集了重庆法院和重庆法官多年来在知识产权审判理论研究、司法实践、制度创新等方面的研究成果70余篇,共计65万余字。文章多数曾在核心期刊或其他相关刊物上发表或是获奖论文,有较高的学术研究价值和较强的实践参考意义。

五、拓展渠道服务社会,积极践行能动司法

一是把对外宣传作为服务社会的重要手段。继续抓好"4·26"世界知识产权宣传周的各项宣传活动。制作了知识产权司法保护宣传专栏,出台了2011年重庆市知识产权司法保护状况白皮书,公布了重庆法院2011年知识产权十大典型案例。还借助报刊、电视、网络等媒体宣传知识产权司法保护状况,增强社会成员知识产权保护意识。

二是把司法建议作为能动司法的重要抓手。如一中院认真梳理近年来受理的网吧侵权案件的特点,积极开展调研工作,并在此基础之上形成司法建议递交于重庆市网吧协会;五中院针对特许经营合同法律纠纷不断增多的情况,向重庆市商委发出司法建议。这些建议都得到了相关单位的积极回应和充分肯定。

三是把审务进校园作为能动司法的重要途径。2012年10月,我庭在西南政法大学公开开庭审理了某某著作权侵权纠纷一案,百余名学习知识产权法的学生旁听了本案,亲历了庭审过程,对他们的学习很有帮助。

六、重视队伍建设和人才培养,确保公正廉洁司法

我庭始终高度重视队伍建设和廉政风险防控。一是坚持每周学习。通过组织各种政治学习和主题教育活动,帮助同志们树立"公正、廉洁、为民"的司法核心价值观,增加公正高效司法、依法为民司法的自觉风性。二是突出抓好业务能力和专业水平的提高。尽可能地提供和创造参加各类多层次业务培训、专题研讨的机会,一年来,先后派出10余人次参加了业务培训和专题研讨会。同时,通过一月一次的庭务会和两周一次的业务学习,组织法官学习庭审示范视频和优秀裁判文书,研讨热点难点问题,学习最新司法政策和司法解释等,引导法官自觉提高案件质效,今年结案率与去年相比提升1.25个百分点。三是廉政建设常抓不懈。认真落实"五个严禁"、"四个一律"等廉政规定,通过签订党风廉政建设责任书加强同志们的责任意识。通过建立廉政作风跟踪评查机制,将该机制与廉政风险防控和岗位廉政风险排查工作紧密结合起来,对评查机制的落实和岗位廉政风险的防控进行了重点督促,加强风险高案件和环节的监督和管理,有效预防腐败,确保公正廉洁。

陕西法院2012年度知识产权司法保护工作总结

2012年,我省法院深入学习实践科学发展观,紧紧围绕三项重点工作,深入开展了思想纪律作风教育整顿活动,进一步改进司法作风,加强司法管理,提高司法水平和司法公信力。认真学习、深入调研、转变作风、扎实工作,着力开展知识产权审判工作,并取得了较为明显的成效。

一、工作成效

(一)案件数量略有下降,审判任务圆满完成。2012年1~12月,全省各级法院共受理知识产权民事纠纷一审案件871件(含旧存31件),其中知识产权合同纠纷103件,知识产权权属、侵权纠纷754件,不正当竞争纠纷14件。全年共审结案件824件,其中调解、撤诉的案件512件,调撤率为62.1%。受理知识产权民事纠纷二审案件68件。其中知识产权合同纠纷43件,知识产权权属、侵权纠纷21件,不正当竞争纠纷4件。全年共审结案件68件,其中调解、撤诉的案件36件,调撤率为52.9%。

(二)调研工作不断深入,取得较为明显的成效。面对新形势、新问题,陕西省各级法院不断加大对新类型知识产权案件调查与研究。针对知识产权审判工作的特点,一方面我们要求审判人员学习相关知识并借鉴兄弟法院经验,另一方面对于既无法律明确规定又无先例可循的案件,在实践的基础上大胆进行有益的探索。在调研为审判服务的方针指导下,今年全省十分重视对审判工作的调查研究。为了适应审判工作需要,省法院采取多种措施,鼓励全省知识产权审判人员结合工作实践撰写调研文章,多次派员参加"中美知识产权司法审判研讨会"、最高法院举办的知识产权审判工作座谈会、农业植物新品种保护等研讨会。通过学习和调研,为审判经验交流和疑难法律问题研究提供了平台,有力地促进了审判水平的提高。2012年,全省先后有《商业秘密案件基本情况及审理中应注意的问题》、《网络服务提供者侵犯著作权的新探讨——兼议〈侵权责任法〉第三十六条的辨析及其延伸》等文章先后在中国法制出版社《商业秘密司法保护实务》、《法律适用》上发表。西安中院撰写的两篇知识产权论文《竞业限制不正当竞争诉讼研究——以竞业限制与商业秘密的关系为视角》、《知识产权视野下商业使用盗版软件与侵犯软件著作权犯罪研究》分获第24届全国法院学术研讨会二等奖、优秀奖;此外,在最高法院公布的年度中国知识产权司法保护50件典型案例中,有2件案例入选;1件案例载入陕西参阅案例。省法院还就2012年陕西省知识产权司法保护情况等多次向最高法院作了专题汇报。全省有30余篇文章先后在《知识产权审判指导》、《人民法院报》、《人民司法》、《中国知识产权报》、《知识产权》等国家级报刊上发表。

二、工作亮点

我省法院积极推进审判机制创新,提高知识产权司法保护水平。重点抓了三个方面:

一是与省知识产权局共同签署《合作备忘录》。为加强我省知识产权行政执法与司法的紧密衔接,保障投资环境,规范市场秩序,省法院与省知识产权局签署了《知识产权保护合作备忘录》,就加强宣传教育、推进业务交流、促进资源共享、相关疑难案件的探讨、重大问题研判等达成共识,共同提高知识产权案件审判水平。

二是建立“三合一”审判模式。随着社会主义市场经济的发展与完善,知识产权司法保护越来越显示其重要性,也遇到了许多新情况、新问题,存在着同样的案件反映在不同的诉讼程序中、导致不同的处理情形的现象。根据最高人民法院的要求及我省的实际情况,省法院推行知识产权审判“三合一”,其模式为:(1)知识产权民事、行政案件由我院民三庭及各市中院有知识产权案件管辖权的审判庭审理。(2)知识产权刑事案件,在合议时邀请知识产权审判庭一名审判人员列席。西安中院推行的模式为:凡是涉及知识产权的刑事、行政案件,吸收知识产权民事审判法官参与审判。

三是在全国法院两评查活动中,省法院民三庭的专利侵权纠纷庭审被评为优秀庭审。另有多篇法律文书被评为优秀法律文书。

甘肃法院2012年度知识产权司法保护工作总结

2012年,我省法院知识产权庭全面落实“司法为民”各项举措,在案件审理、审判管理、队伍建设和司法能力提升等方面都取得了新的进步,为服务我省科技创新和文化产业发展、保障民生等方面做出了应有的贡献。

一、公正、高效地审理好知识产权案件和其他民事案件

2012年度,全省法院共受理和审结各类知识产权案件285件,调撤率为65.7%,其中著作权案件26件、专利权案件57件、商标权案件36件、植物新品种案件116件,审理和调解了一批有较大社会影响力的案件,都产生了良好的法律和社会效果,圆满完成了2012年度的审判工作。我省知识产权案件有以下几个特点:

1. 玉米植物新品种案件成为我省知识产权案件的一大特色。我省的河西走廊以其优越的自然条件,已经成为了全国主要的玉米杂交种制种基地之一,每年的育种量占全国的60%以上。酒泉、张掖、武威等三个地区,集中了全国相当数量的制种企业,纠纷也相应地增加,目前,我省兰州市中级法院、酒泉市中级法院、张掖市中级法院和武威市中级法院根据最高法院的授权都享有植物新品种案件的管辖权,近年来受理的玉米植物新品种案件也是逐年增多。仅2012年就受理了植物新品种案件116件,为历年来数量之最。且案件审理难度加大,出现的一个明显的新情况是,作为侵权人的制种企业隐身幕后,而将制种农户推向前台,以规避侵权制裁。因为根据法律规定,制种农户是不承担责任的。而农户数量众多,又是涉农案件,处理不当,极易引发农民的群体性事件。张掖市中级法院是我省受理植物新品种案件最多的法院,2012年受理的植物新品种案件47件,案件调撤率达到91.5%,为此法官们付出了加倍的辛苦和努力。该庭总结的审理此类案件的经验为:“审慎采取诉前保全。扎实做好证据保全,严格靠实鉴定环节,切实保障当事人权益。”对同类案件的审理具有示范意义。针对植物新品种案件的特点和审理难点问题,省院知识产权庭通过二审案件的审理、学习与交流,及时与相关中级法院沟通,规范了这类案件的田间取证程

序、侵权赔偿标准，促进了我省制种产业健康有序地发展。今后针对出现的新问题，我们还要加强调研，及时出台指导性意见，以应对不断涌现的纠纷。

2. 新类型案件不断涌现，案件审理难度加大。随着国家知识产权战略的实施，科技创新和文化产业加速发展，2012 年我国发明专利申请量突破 100 万件，已成为世界发明专利申请第一大国。此类纠纷也呈现持续强劲增长势头。机械、电子、通信、化工及建筑、生物科技等领域的创新科技伴随着案件一同出现，使知识产权法官的知识和能力面临前所未有的严峻挑战。2012 年兰州中院和省法院审理的专利案件就达 46 件，且类型多样，法官对案件把握的难度明显增大。

3. 发展不平衡。我省知识产权案件主要集中在兰州、天水、白银、及兰州市城关区等经济相对发达的几个城市或区域，植物新品种案件主要集中在兰州、张掖、武威、酒泉等地，大部分中级法院民三庭每年只有几件知识产权案件，陇南、甘南、临夏等地方甚至几年也没有一件知识产权案件。由于经济社会发展水平所限，上述趋势今后还将长期存在。

二、积极参与社会管理工作

在审理好案件的同时，民三庭积极参与省知识产权局和省工商局等部门组织的各项社会管理活动，先后参加了“4·26”知识产权宣传周活动、第二届“甘肃专利周”启动活动、“甘肃省著名商标颁奖”等活动。召开新闻发布会，发布了“2011 年甘肃省知识产权司法保护十大案例”，省市新闻媒体报道热烈。作为甘肃省知识产权战略实施成员单位之一，受省知识产权局委托，省院民三庭主持编撰了《2011 年甘肃省知识产权保护状况》白皮书，受到了省知识产权局及成员单位的充分肯定。

三、强化审判管理，不断提高案件质量

2012 年，省院法院民三庭普遍加强了审判管理工作，在去年的基础上主要突出了以下几个方面：一是强化了审判流程管理的对接，在庭审、合议、裁判文书写作、送达等各个环节上与审判管理的要求完全一致，实现了管理规范化。二是强化了合议庭职能，案件先由合议庭评议，再由全体审判人员列席的庭务会评议，强化了合议庭成员的责任意识。三是加强了审限意识。审管办实行月排名通报制度，在客观上促使审判人员在审限内结案意识的提高。2012 年，省院民三庭的均衡结案率月排名均在全院各庭室前三名，实现了案件审理的良性循环。四是规范开庭审理程序，各地法院普遍开展庭审观摩活动，不断规范庭审程序，得到了当事人和评查组的较好评价。五是进一步规范裁判文书格式，增强说理性，杜绝错别字及标点的失误，裁判文书的质量有了较大提高，省院民三庭在 2011 年优秀裁判文书评选中获二等奖和优秀奖各一篇。

四、多措并举提升司法能力

首先，2012 年 5 月，省院民一庭与民二庭共同在天水举办了“民事审判工作研讨会”，用以会代训的形式，对全省法院知识产权庭的庭长及审判业务骨干进行了培训，形成了“天水会议纪要”，取得了良好的效果；8 月，协助最高法院民三庭在敦煌举办了“加强驰名商标保护及遏制非法抢注商标研讨会”，得到了最高法院领导充分肯定。其次，全省法院有 43 名知识产权法官接受了各级各类培训，为知识产权审判业务的提高奠定了基础。最后，参加了“全省知识产权保护工作会议”，听取了省政府对知识产权保护工作的部署，组织兰州法院民三庭的审判人员参加了省知识产权局举办的“植物新品种保护专题讲座”，增长了专业知识,拓宽了视野。

五、坚持司法公开,树立知识产权审判的良好形象

省院民三庭坚持二审案件全部公开开庭审理,在庭审中尽量保持良好的形象、使用规范的语言,平等对待每一位当事人,高效地开展工作,展现了良好的职业素养。坚持裁判文书公开,知识产权裁判文书全部上中国知识产权裁判文书网,在甘肃法院网上公布的裁判文书超过90%。刊发了《甘肃知识产权审判》两期,以期指导下级法院的工作。为宣传我省知识产权审判的成果,甘肃卫视《看法》栏目以省法院民三庭工作为蓝本,拍摄播出了专题片《甘肃知识产权审判》,取得了良好的社会效果。

六、严明纪律、廉洁司法

一年来,全省法院民三庭在不断完善各项规章制度的同时,更加注重对制度的落实,不论执行是院里的规章制度,还是审判纪律,以及干警廉洁自律的要求,都坚决不打折扣,严格执行一岗双责,全年未发生违法违纪现象。

青海法院2012年度知识产权司法保护工作总结

2012年青海省法院的知识产权审判工作紧紧围绕执法办案工作主题和司法为民要求,积极开展知识产权司法保护工作。

一、以政治学习为先导,积极开展各项主题实践教育活动,不断增强社会主义法治理念,提升司法为民工作水平

在今年开展的政法干警核心价值观主题教育实践等活动中,为贯彻落实“忠诚、为民、公正、廉洁”的司法核心价值观,立足知识产权审判实际,寻找工作差距,规范执法行为,重点解决了审判工作、审判管理以及工作作风中存在的突出问题。通过对“十八大”精神的学习、领会,进一步加强了对科学发展观、依法治国及确立社会主义法治理念的认识。在各项教育实践活动和学习中,我们的主要做法表现在以下方面:一是始终坚持以创建“五型法院”为目标,突出政治学习的常态化、全面化和学习成果的应用化。通过党支部组织学习,不断吸收正确的司法价值观和先进的司法理念,不断增强为大局服务、为群众服务的观念,切实增强司法活动中辨法析理和做群众工作的能力。二是增强自觉学习的意识,按照知识产权保护要求,紧扣事实认定、法律适用和司法政策,不断强化业务学习力度,提升法官对教育和司法实务的认识水平。通过学术调研、业务学习、庭审观摩、裁判文书评比等活动,不断积累司法经验,深化理论水平,以学习促能力,以能力促实践,切实提高法官为群众排忧解难的实际水平。三是不断完善司法行为规范化建设,明确司法行为标准,切实增强法官依法办案、规范办案和优质办案的能力。四是在强化审判管理的实效性上下工夫,对工作中存在的薄弱环节,及时采取措施进行整改。通过制定岗位职责和明确工作职责,增强法官的责任意识,使之成为法官依法履职的行为规范,有效促进案件审判质效。五是严格落实“一岗双责”和党风廉政责任制,切实把党风廉政建设的落实与平时的审判工作结合起来,常抓不懈,进一步增强法官廉洁自律意识,筑牢拒腐防变的思想防线。今年以来,我们积极参加反腐倡廉教育及警示活动,结合审判实际和岗位职责,查找了审判环节中存在的廉政风险点,进一步做好了预防工作。我们把廉政建设始终作为工作重要内容之一,要求恪守法官职业道德规范,树立正确的人生观、世界观和价值观,慎重行使审判权。在工作中要警钟长鸣,切实落实“五个严禁”要求,依法履职,确保司法权的纯洁性。通过上述学习及廉政教育警示等活动,使法官宗旨服务意识和敬业奉献精神进一步增强,廉洁自律意识和拒腐防变的自觉性不断提高,未发生涉及与审判权有关的不廉洁现象和问题。

二、依法妥善化解社会矛盾,切实履行知识产权的司法保护,积极履行审判职责

截至目前,省院民三庭共受理专利权转让及涉外案件6件(含旧存1件),已审结5件。其中未结1件是今年11月份新收案件,已排期开庭,其余5件案件均已在法定审限内审结,新收及旧存案件结案率为83%。西宁市中级人民法院受理一审民事案件收案70件(含旧存8件),同比去年一审民事案件收案49件(含旧存5件)上升42.86%。其中一审审结62件,结案率为88.57%;同比去年上升4.9%;一审陪审案件15件,应完成指标10%,实际完成27.27%。审结的62件一审案件中,判决22件、调解5件、撤诉35件,调撤率为64.52%。当庭宣判19件,当庭宣判率为34.55%;上诉4件,上诉率为7.27%,一审判决改判1件,占结案数的1.18%。在所审结的案件中均未发生超过法定审理期限的情形。我院与去年同期收案30件相比,今年知识产权及涉外案件下降幅度较大,仅占去年收案数的20%,其中涉及知识产权类案件仅1件,下降幅度明显。分析其原因,知识产权案件下降的主要原因为:一是青海省立足资源开发,企业科技含量不高,经济总量较小,品牌意识不强;二是企业技术开发、科技创新能力与发达地区相比较弱,处在低水平阶段;三是企业维权意识不强,维权主体经验有限,尚处在摸索起步阶段。在这种情形下,我省法院知识产权案件受经济社会发展的制约,呈现不稳定状态符合发展规律,属正常现象。从2011年省院民三庭受理30件案件的类型看,其中24件是网络著作权侵权案件,占我庭全年收案的80%。这部分案件经过二审裁判,今年未发生新的诉讼。

三、认真做好上下级法院的沟通工作,提高知识产权业务水平

根据知识产权审判工作特点和规律,我们将夯实基层基础,统一司法评判标准作为今年的工作重点之一。主要采取的措施包括:一是调整工作思路,充分利用业务指导对象单一、案件集中和新颖的特点,采用审判重心下移方式,加大协调和沟通力度,切实做好对下级法院的业务指导工作。今年我们加强上下级法院之间的联系与互动,统一了认识,对于提升一审案件裁判水平,起到了很好的促进作用。二是不断改进和完善知识产权审判工作机制,积极推动案件精品化、规范化审理进程。根据年初的安排,我们先后制定了二审案件合议庭成员集体阅卷、庭审规范和裁判文书制作规范等工作制度,细化了工作标准,通过提升个案质效,进一步增强法官责任意识,达到切实提高知识产权审判综合水平的目的。一年来,这项工作通过大家努力已初见成效,但在增强裁判文书说理性、规范性方面尚需进一步深化。

四、调研信息宣传工作的完成情况

(1)在全国知识产权宣传周期间,参与省知识产权局组织的“4·26”集中宣传、法律咨询活动。(2)撰写2011年知识产权审判年鉴和我省五年审判工作总结,上报最高人民法院。(3)制定了我院《民三庭庭审行为规范》、《民三庭裁判文书制作规范》和《民三庭庭审程序用语规范》等相关工作制度。(4)参与并完成省委政法委8件涉诉信访案件评查工作。(5)在部署的“两评查”活动中,我们参与了“百万案件”评查及庭审评查工作。(6)我们参加了最高人民法院举办的业务培训和工作会议。并根据全国法院贯彻落实民事诉讼法修改决定座谈会要求,负责起草了《全国法院贯彻落实民事诉讼法修改决定座谈会精神传达提纲》,提出了我省法院贯彻落实的意见。按照我院会议研究决定,进行了安排部署。(7)撰写2011年知识产权审判年鉴和我省五年来知识产权审判工作总结,上报最高人民法院。

西宁市中级人民法院为切实履行知识产权的司法保护,建立了《青海省知识产权局与西宁市中级人民法院知识产权保护行政与司法联动机制》、《青海广播电视台经济广播〈生活与法〉与西宁市中级人民法院民三庭法制宣传合作机制》,此两项工作目前已在稳步实施之中,通过健全参与社会管理创新机制,必将最大限度满足人民群众法制诉求,为人民群众提供更多可供选择的纠纷解决方式,使案件有效分流,将矛盾纠纷化解在诉讼之前,化解在萌芽状态,为我市经济社会发展和稳定提供司法保障服务。

宁夏法院2012年度知识产权司法保护工作总结

2012年,宁夏法院通过知识产权司法保护工作,进一步强化了对关键核心技术、基础前沿领域、战略性新兴产业和具有自主知识产权的重大农业科技成果和植物新品种的保护力度,推动了技术进步和创新;进一步强化了对商标权的保护,促进了市场经济的竞争性、创新性和包容性增长;进一步强化了对文化产业发展的保障力度,推动了宁夏文化市场的健康有序发展,充分发挥了人民法院推动文化大发展大繁荣、促进经济发展方式转变和经济自主协调发展的职能作用,为经济社会全面协调可持续发展提供了坚强有力的司法保障。

一、高质量审理好各类知识产权纠纷案件,充分发挥审判职能作用

执法办案是第一要务。2012年,全区两级法院共受理一、二审知识产权民事案件109件;其中,一审案件107件,二审案件2件。受案总数同去年相比有较大幅度上升,其中涉及网络的著作权侵权案件数量增长较大。坚持调解优先,调判结合的原则,努力实现法律效果和社会效果的统一,在已审结的92件案件中,调解、撤诉65件,调撤率达到70%。

二、2012年度知识产权司法保护工作特点

2012年,全区两级法院加强对知识产权案件的审理,注重调解,以调解促和谐,以调解促双赢。调解解决了争议达5年的中华老字号、宁夏著名商标“敬义泰”的使用权纠纷,保护了宁夏老字号商标的健康发展。正确理解和把握审理网吧侵权案件的司法政策,说服原告将一批涉及网吧的案件撤诉,缓解了审判压力。因银川中院审理的知识产权案件占全区案件量的90%以上,宁夏高院于“4·26”世界知识产权日,组织自治区、银川市知识产权局的工作人员及新闻媒体的30余人到银川中院旁听了一起商标侵权案件的审理，并两次组织全区其他中院，旁听专利侵权案件的审理。对一些社会普遍关注的案件，主动邀请人大代表、政协委员、廉政监督员参加庭审旁听，接受社会各界监督。

2012 年年末，高院民三庭组织具有多年知识产权审判经验的法官对全区近 3 年已审结的案件进行了评查，对知识产权案件的审判质量予以了评查。

主动与自治区知识产权研究会、知识产权局、版权局、商标局等单位沟通交流，通报法院审理知识产权保护案件中发现的问题，提醒有关部门在行政执法中切实防范侵犯知识产权行为的发生，加强知识产权行政保护与司法保护的密切配合，推动了知识产权社会管理创新工作。

新疆法院 2012 年度知识产权司法保护工作总结

2012 年，是实施"十二五"规划承上启下的关键之年，是自治区实现跨越式发展和长治久安的关键之年，是人民法院司法能力建设之年。一年来，新疆法院系统在自治区党委的坚强领导、人大及其常委会监督、人民政府支持和最高人民法院指导下，深入学习贯彻党的十八大和中央新疆工作座谈会精神，自治区第八次党代会、八届历次全委（扩大）会议精神，深入贯彻落实科学发展观，坚持"党的事业至上、人民利益至上、宪法法律至上"指导思想，认真落实"为大局服务、为人民司法"工作主题，坚持"说话和气，办事认真，公平正义，人民满意"的工作方针，紧紧围绕自治区"稳疆兴疆、富民固边"工作总基调，依法全面履行知识产权审判职责，知识产权司法保护领域不断拓宽，司法保护水平不断提高，司法保护力度不断加大，知识产权司法保护工作取得了长足的进步与发展，不断满足人民群众对知识产权保护的新要求，为建设创新型新疆提供了更加有力的司法保障。

一、充分发挥知识产权审判职能，依法受理和审结知识产权案件

始终高度重视知识产权民事案件的审理，切实发挥民事审判在保护知识产权中的主渠道作用。2012 年全区法院新受理知识产权民事案件 335 件，其中一审案件 288 件，占新受理案件的 85.97%，二审案件 45 件，占新受理案件的 13.43%；再审案件 2 件，占新受理案件的 0.6%；2011 年的旧存知识产权民事案件 64 件，其中一审案件 53 件，二审案件 11 件；新受理知识产权民事案件中专利纠纷案件 41 件、商标纠纷案件 156 件、著作权纠纷案件 80 件、技术合同纠纷案件 6 件、植物新品种纠纷案件 2 件、其他知识产权纠纷案件 3 件。

全年共审理知识产权民事案件 399 件（含旧存案件 64 件），其中已结案件 354 件，结案率 88.72%；其中一审结案 299 件，结案率 87.68%；二审结案 53 件，结案率 94.64%；再审结案 2 件，再审结案率 100%。

积极参与"打击侵犯知识产权和制售伪劣商品犯罪亮剑专项行动"，依法严惩涉及知识产权犯罪，全力保障经济社会健康有序发展。全年新收刑事知识产权案件 87 件，旧存 2 件，共审理知识产权刑事案件 89 件，审结 86 件，判处罪犯 114 人，单处或并处罚金 61 人。其中生产销售伪劣产品罪 7 件 10 人、生产销售假药罪 5 件 6 人、非法经营罪22件31人、假冒注册商标罪14件24人、销售假冒注册商标的商品罪30件34人、侵犯著作权罪8件9人。

加强知识产权行政审判，依法监督行政行为，支持依法行政。依法审理各类知识产权行政案件，在合法性审查中既保护知识产权行政相对人的合法权益，又维护知识产权行政管理秩序，依法支持行政机关制裁侵权行为，促进知识产权行政保护。全年新收行政知识产权案件13件，旧存1件，共审理知识产权行政案件14件，审结11件，其中原告撤诉5件，以其他方式结案2件，维持行政机关具体行政行为2件，撤销和确认行政机关具体行政行为2件。

二、加强知识产权审判管理，强化业务指导力度，提升知识产权案件质量和知识产权审判水平

截至2012年年底，全疆法院系统中有自治区高级人民法院及伊犁哈萨克自治州分院、新疆生产建设兵团分院、乌鲁木齐市中级人民法院、昌吉回族自治州中级人民法院、克拉玛依市中级人民法院、吐鲁番地区中级人民法院、哈密地区中级人民法院、新疆生产建设兵团农八师中级人民法院等9家法院设立了民事审判第三庭(专门审理知识产权案件)。其他中级人民法院虽然没有单独设立知识产权庭，但也设立了审理知识产权案件的合议庭或指定专人从事知识产权审判工作。目前全疆法院共有专门审理知识产权案件的审判人员45人，其中人员结构为：审判员36人、助理审判员9人；学历结构为：硕士12人、本科33人。相对稳定的审判力量为知识产权司法保护工作提供了组织保障。高级人民法院通过加强审判管理和业务指导，提升知识产权法官队伍职业化建设水平。

(一)以法院系统开展“庭审评查、文书评查”两评查活动为契机，加强知识产权案件审判管理，在庭审、合议、文书制作等各个环节狠下工夫，努力提升知识产权案件质量。

庭审是审判活动的中心环节，是法官作风建设和工作能力的集中展示。庭审中审判长牢固树立程序意识，充分保证当事人在庭审中行使诉讼权利，规范庭审，合议庭每位成员全身心地投入，相互配合，为保证案件质量奠定了基础。评查活动中通过自查、互查和上级法院对下级法院的抽查，及时发现问题并针对存在的问题及时提出切实可行的整改措施。严格将合议制贯彻落实到审判活动的各个环节，杜绝庭审陪而不审、合议合而不议。针对裁判文书的制作我们在整改中提出了更高标准、更严格的要求。一是提高裁判文书制作质量意识，提高裁判文书的说理性，增强辨法析理力度。在说理时将认定事实的理由和适用法律的理由紧密结合，客观、详细地论述裁判理由，充分体现裁判的公平、公开、公正，作出具有逻辑性、合理性、公正性的裁判。二是严格按照最高人民法院发布的裁判文书格式制作裁判文书。三是加强文书校对和把关，杜绝裁判文书中的文字、标点符号、数字运用等低级错误。通过不懈的努力，我区的知识产权裁判文书在历次评查中均获较高评价，乌鲁木齐市中级人民法院和高级人民法院审理的知识产权案件保持了多年案件评查100%优秀率的好成绩，质效、公正等各项指标均位居法院考评前列。

(二)强化对下业务指导，提升知识产权审判水平。

1. 高级人民法院在年初及年终对发回重审和改判的知识产权上诉案件进行分析梳理，分别形成专项报告，有针对性地进行

对下指导。

2. 审理案件中，发现下级人民法院存在的问题及时加以指出，并通过召开座谈会，个案讨论、电话、内部函等形式具体指导。对个别在查明事实、赔偿数额与二审认识不一致有可能被部分改判但经二审调解结案的案件，及时与中院相关领导及承办法官沟通，对存在的问题予以指出，达到在今后的案件审理中杜绝类似问题目的。

3. 通过授课培训开展对下指导。今年分别两次邀请最高法院法官来我区授课，针对知识产权案件审理中的热点难点问题进行讲解，兵团分院主审知识产权案件的法官及全疆各中级法院知识产权审判庭庭长及主管副院长参加了培训班，取得了较好的效果。高级法院民三庭采取以会代训的形式对乌鲁木齐市中级人民法院民三庭开展了专题授课、问题研讨、经验交流等内容丰富形式多样的对下指导及业务交流活动。针对在案件审理中存在的问题、应注意的问题及相关热点、难点问题进行了系统的讲述；针对案件中存在的具有不同观点问题以及法律规定不明确、各地法院处理不同的问题，有针对性地进行深入浅出的分析；针对诉讼调解中应注意的问题及知识产权案件调解方法与技巧进行了经验交流。培训工作在互动、讨论甚至是在争论的过程中进行，大家畅所欲言、各抒己见，不少问题也因此而达成了共识，为统一执法尺度奠定了基础。

三、注重调解工作，不断加大调解力度，努力构建和谐司法，做到“案结、事了、人和”

我区知识产权审判工作严格贯彻“调解优先、调判结合”的工作方针，在明晰知识产权法律规则的前提下，将调解贯穿案件审理的各个环节。知识产权法官坚持嘴勤、手勤、腿勤、眼勤，把握好恰当的调解时机，情、理、法并用，采取“面对面”、“背靠背”、电话调解等多种灵活的调解方式，耐心细致地给当事人摆事实、讲道理，帮助当事人理解法律，为当事人提出切实可行、公平合理的调解方案，帮助当事人找到各方均能接受的平衡点。根据案件的具体情况积极引入专家调解、行业调解，邀请知识产权局等行政机关协助调解，在推进社会矛盾化解方面，狠下工夫。2012 年全区法院审结的知识产权民事案件中，调解及撤诉结案的案件 226 件，占审结案件的 63.84%；其中一审调解及撤案结案 188 件，占一审结案数的 62.88%，二审调解及撤案结案 37 件，占二审结案数的 69.81%，再审调解及撤诉结案 1 件，占再审结案数的 50%。

四、不断完善知识产权司法保护机制，充分发挥知识产权司法保护职能

1. 积极稳妥地推进知识产权审判机制改革，建立知识产权民事、行政“二合一”审判机制。

为贯彻落实《国家知识产权战略纲要》的具体要求，优化审判资源配置，改革和完善知识产权审判体制和工作机制，经过充分调研论证，高级人民法院 2009 年 5 月份下发了《关于在乌鲁木齐市中级人民法院试行知识产权审判“三合一”审判模式的实施方案》。在知识产权案件相对集中的乌鲁木齐市中级人民法院试行知识产权刑事、民事、行政“三合一”审判机制改革工作。乌鲁木齐市辖区各法院的知识产权刑事、行政、民事案件即统一由乌鲁木齐市中级人民法院知识产权审判庭统一审理。经过两年多的试行，乌鲁木齐市中级人民法院根据实际情况，形成了知识产权民事、行政“二合一”审判机制。在这一机制日渐成熟后，为了加强知识产权司法保护的统一性，2012 年乌鲁木齐市中级人民法院民三庭进一步延伸审判职能,对于由刑事审判庭审理的知识产权刑事案件,由知识产权民事法官共同组建合议庭参与审理和案件讨论。这一机制的运行,有效提高了知识产权审判资源利用效率,统一知识产权案件审判的执法标准,充分发挥知识产权专业化综合审判的优势和知识产权审判整体效能。

2. 积极与相关行政执法部门沟通,组织"二加一"合议庭,聘请专家陪审案件。

知识产权案件,涉及专利、商标、著作权等专业性较强、案件类型比较疑难等特点,针对这一特点,乌鲁木齐市中级人民法院加强与自治区知识产权局、自治区工商局、商标局以及自治区版权局多方面的沟通与联系,一方面在专业知识以及技术难题上通过座谈等方式对专业性问题进行分析、讨论,保证案件公正审理;另一方面组织"二加一"合议庭,开展专家陪审员的试点,聘请在专利、商标、版权方面具有较高理论造诣和研究水平的专家作为知识产权审判庭的人民陪审员,采取技术问题与非技术问题分离审理的方式,专家陪审员在承办案件时与法院的审判人员享受同样的权利,承担同样的义务,在案件审理、合议、判决等环节充分发挥陪审员的陪审作用,这一审判模式既提高了知识产权案件技术问题认定的准确性,开拓了审判员的思路,进而提高了此类案件的审判质量;又向知识产权行政机关有效传递了对于相关知识产权纠纷的司法政策,审判理念。乌鲁木齐市中级人民法院知识产权案件陪审率达到100%,其中知识产权局、工商局商标处以及版权局等单位选派的专家型陪审员参加陪审的达到40%以上。

五、加强调查研究,总结审判经验

1. 全面总结回顾我区法院知识产权审判庭成立十年来的工作成果,形成新疆法院系统知识产权司法保护调研报告(2001年至2011年)。

2. 2012年自治区人大常委会专项听取知识产权审判工作报告。高级人民法院配合自治区人大常委会,参加联合调研组赴南北疆对各地知识产权司法保护情况的进行检查、调研,形成新疆法院系统知识产权司法保护状况五年报告,并在此基础上完成高级人民法院乃依木院长向自治区人大常委会所做的《全区人民法院知识产权审判工作情况的报告》,该报告在常委会上顺利审议通过。

3. 高级人民法院乃依木·亚森院长带队组成调研组赴广西法院对当地法院的知识产权司法保护情况进行调研,了解兄弟省区知识产权司法保护工作开展情况,学习先进经验,形成调研报告。

4. 高级人民法院邀请知识产权局、版权局、工商局、文化厅、人大内司委、律师代表及乌鲁木齐周边法院审理知识产权案件的法官代表参加座谈会,对当前知识产权案件审理中存在的热点、难点问题进行探讨,充分听取知识产权行政保护机关的意见,达成共识,形成会议综述。

5. 为庆祝商标法发布30周年庆祝活动向最高人民法院报送《关于新疆法院审理商标案件的调研报告》及《谈审判实践中对商标侵权判定标准的把握》两篇调研材料。

6. 根据最高法院关于审理涉及卡拉OK经营者著作权案件情况调研工作的要求,在总结此类案件审理情况的基础上形成《新疆法院关于审理涉及卡拉OK经营者著作权案件调研报告》,上报最高法院。

7. 结合审判实践及对相关问题的思考,撰写和编纂了多篇理论文章和典型案例,刊登在相关刊物上。发表的文章有:《我区网吧侵权成因分析及其责任认定》、

《谈知识产权侵权行为的司法认定》、《知识产权审判工作相关问题研究》。编纂的典型案例有:《谈企业名称涉嫌侵犯商标权案件的认定——评“楼兰”注册商标侵权案》、《视渠时代与龙苑网友俱乐部著作权侵权纠纷案》、《香港栢银资源有限公司诉新疆兆恒国际贸易有限公司期货点价交易合同纠纷案》、《卞红山与新疆天农畜牧科技公司侵犯著作财产权纠纷案》、《热依木·努尔与蓝色畅想公司、亚力坤·阿不都克力木侵犯著作财产权纠纷案》。《新疆岳麓巨星建材有限责任公司诉新疆天元建设有限责任公司专利侵权纠纷案》,被最高人民法院评入《2011 年中国法院知识产权司法保护 10 大案件和 50 件典型案例》。《知识产权民事案件证据的审查判断》在最高人民法院举办的“2012 年涉文化领域知识产权司法保护及知识产权民事诉讼证据规则”论文征集中获奖。

六、坚持能动司法,强化大局意识,延伸审判职能

1. 注重服务地方特色产业发展,积极帮助企业解决知识产权难题。今年审理了多起涉及阿尔曼集团公司、古城公司、红双喜公司等多个知名企业的知识产权纠纷案件,且多以调撤方式结案,既肯定了这些企业的知识产权维权意识,又以和谐的方式使侵权方认识到自己的错误行为,在保证不再侵权的基础上给予权利人适度赔偿。通过新闻发布会,对这些企业的知识产权意识及以和谐方式解决纠纷的做法给予高度肯定,并向社会大力宣传,取得了较好的效果。今年在配合自治区人大对知识产权司法保护情况进行专题调研过程中,通过与各地人大代表、政协委员、律师代表进行座谈,参观考察我区多家知名企业,了解代表、委员及企业界对法院知识产权审判工作的意见建议及现实司法需求,对大家提出的问题和疑惑进行了认真解答。针对新疆伊犁特股份公司在投入了大量的人财物,采取了多种方式进行品牌保护,但侵权现象屡见不鲜,没有取得应有的维权效果和回报的现状进行了分析,并提出采取多角度、多层次、多种途径的维权建议,除行政、刑事外还可通过民事诉讼的方式加大维权力度,减少维权成本。企业通过调研组的指导,认识到自身维权中存在的问题,表示要加强与知识产权相关部门的沟通联系,使自身知识产权的研发、使用、维护工作再上新台阶。

2. 加强与政府部门的联系,建立横向沟通渠道。密切与知识产权相关部门的沟通,共同探讨知识产权相关问题。高级人民法院审理的某公司诉某个人不侵权纠纷案,由于该类案件系我区法院审理的第一起确认不侵权之诉,且合议庭初步合议的结果与工商局商标处的意见不一致,为取得更加扎实的理论依据,高级人民法院民三庭召开由知识产权局、工商局、版权局等知识产权相关部门、知识产权法官代表、律师代表及本院研究室参加的座谈会,共同探讨涉案法律问题,大家畅所欲言、集思广益,为案件的正确处理打下了坚实的理论基础。高级人民法院审理的一起以服装设计为标的著作权侵权纠纷案,亦为新类型案件,在此案的审理中,法院积极与版权部门联系,虚心听取他们的意见建议,为案件的审理拓宽了思路,为调解工作的开展提供了依据。高级人民法院作为自治区知识产权战略领导小组成员单位,积极参与、配合领导小组组织、开展的各项专项活动,发挥知识产权司法保护主导作用,积极提供典型案例、完成年度司法保护状况白皮书等日常工作,对自治区品牌战略的实施起到了积极的促进作用。

2012 年 3 ~ 9 月第二届中国—亚欧博

览会召开期间和10月第八届中国喀什商品交易会期间，在自治区高级人民法院知识产权审判庭指导下、乌鲁木齐市中级人民法院知识产权审判庭派出法官与水磨沟区人民法院民事审判庭派出的法官在中国—亚欧博览会上组成临时法庭，喀什地区中级人民法院和喀什市人民法院在喀什商品交易会上组成临时法庭。知识产权法官主动向国内外的参展人员提供面对面的服务，宣传我国的知识产权法律体系，对参展人员提出的问题给予细致的解答，为博览会涉及知识产权的保护事项提供了高效快捷的法律服务。

七、加强知识产权司法保护宣传工作，建立良好社会氛围

1. 积极宣传社会关注的知识产权案件。今年审理的案件有涉及“楼兰”、“古城”、“昆仑”、“赛里木”、“红双喜”等在新疆具有广泛知名度的商标侵权案件，有电视台、网吧等侵犯著作权人播放权，信息网络传播权案件，还有奥飞动漫、阿尔曼公司包装袋外观设计专利权纠纷案等，这些案件引起了社会的广泛关注，通过审判，保护了权利人的合法权益，取得了很好的法律效果、社会效果。对这些审判实践中出现的知识产权侵权典型案例，积极向新闻媒体投稿，大力宣传，以让广大群众了解发生在身边的知识产权侵权事例，杜绝因无知而发生侵犯知识产权事件的再度发生。同时，也借此起到积极的法制宣传作用，让法人、公民树立起知识产权保护的意识。

2. 组织庭审观摩。在“4·26”知识产权宣传周期间，组织人大代表、政协委员、知识产权局相关人员参加庭审观摩，并在庭审观摩后组织召开座谈会，认真听取代表、委员及知识产权局代表的意见和建议，了解代表委员对知识产权司法保护的需求。通过庭审观摩形式，大力宣传知识产权司法保护，宣传法律，增进全社会对人民法院知识产权司法保护工作的了解和认可度，营造更贴近民生的知识产权保护氛围。

3. 举办新闻发布会。4月26日，自治区高级人民法院召开“4·26”世界知识产权日新闻发布会。通报了10年来全区法院知识产权司法保护状况（白皮书）；公布了我区十五个知识产权审判典型案例、知识产权司法保护十年大事记；发布会上，相关领导就知识产权案件审判的相关热点问题回答了记者的提问。

4. 加强与广播媒体的配合，多渠道宣传知识产权司法保护。选派法官参加新疆人民广播电台《说法》栏目。通过电波向广大听众介绍自治区知识产权司法保护工作情况，传播知识产权基础知识，通过评述著作权纠纷、专利权纠纷、商标权纠纷等几类多发的知识产权纠纷案例，以案释法，深入浅出地说明了知识产权保护离我们日常生活并不遥远，帮助公众树立保护知识产权的意识，避免陷入侵权，法官起到了良好的法律宣传效果。

兵团法院2012年度知识产权司法保护工作总结

为全面贯彻落实国家知识产权战略，使知识产权审判更好地服务党和国家工作大局，为“十二五”时期经济发展提供更加有力的司法保障，兵团法院切实履行知识产权司法保护职责，高度重视兵团知识产权的司法保护工作，使知识产权司法保护的能力和水平不断提高。现就具体情况总结如下。

一、充分发挥知识产权审判职能，积极有效化解社会矛盾

一年来，兵团法院知识产权审判始终坚持以执法办案为第一要务，认真履行审判职责，有效地化解了社会矛盾，充分发挥了司法保护知识产权的主导作用。2012年兵团法院系统受理知识产权案件15件，其中一审受理11件，包含著作权3件，商标权2件，专利权2件，技术合同1件，植物新品种纠纷1件，其他知识产权案件2件；二审受理4件，包含著作权1件，商标权1件，其他知识产权案件2件，结案率100%，调解结案达到80%。在办理案件中，各级法院通过邀请新闻界、知识产权局、群众代表、在校学生旁听审判等各种方式，提高司法公信力，扩大知识产权保护的影响力，很好地延伸了司法审判的社会教育职能。

从办理的这些案件来看，由于兵团地处西部，属经济欠发达区域，兵团法院受理知识产权案件较少，案件类型单一，不具有典型性。

二、延伸审判职能，积极配合行政机关营造激励自主创新的良好司法环境

兵团法院以“4·26”世界知识产权日为契机，努力打造“4·26”世界知识产权日宣传周平台，采取切实可行的方式，立体、多视角地广泛宣传知识产权司法保护所取得的成就，充分展示知识产权法官的风采，努力树立兵团法院知识产权司法保护的良好形象。在2012年开展的“知识产权宣传周”活动中，兵团法院系统以审判为中心，积极和兵团知识产权局联系，围绕弘扬“尊重知识、崇尚创新、诚信守法”为核心的知识产权活动，不断加大知识产权司法保护的宣传力度。自2012年4月20日起至4月26日，兵团各级法院与兵团及各师相关部门共同开展了为期一周的兵团知识产权宣传周活动。活动期间，通过发放知识产权知识问答卷、派发法律书籍、提供法律咨询等方式，展出具有知识产权内容的展板，涉及兵团知识产权战略的制定、知识产权宣传及试点示范、行政执法、司法保护等方面内容。重点介绍了兵团专利、商标（品牌）、版权工作典型单位、典型人物和典型事迹，展示了兵团知识产权工作取得的成就，使参展人员进一步了解了法律对知识产权保护的重要性，努力树立兵团法院知识产权司法保护的良好形象。

另外，兵团法院系统紧紧围绕“知识产权助推经济转型”主题，组织法官深入企业开展“送法上门”服务活动，了解企业对知识产权司法保护的需求，宣传知识产权法律制度与司法政策，扩大知识产权司法保护的影响，帮助企业解决在知识产权保护等方面遇到的法律问题，增强知识产权自我保护能力，支持和引导企业实施各项知识产权保护战略，了解企业对知识产权司法保护的诉求，提出司法保护对策。

三、加强审判监督，进一步完善审判机制

兵团分院民三庭始终注重对知识产权审判工作的监督和指导，积极创新对下监督和指导途径，努力统一辖区内的知识产权审判司法理念、法律适用和裁判尺度，努力提高兵团三级法院知识产权审判质效。兵团法院通过合理配置司法资源，不断健全专业审判组织，审判力量得到充实，审判专业化水平进一步提升。面对知识产权案件新类型、新问题的不断出现，审判人员注重加强理论学习、理论创新，不断总结积累实践经验，以适应快速发展的司法实践的需求。

四、着力开展调研,提升知识产权司法保护的能力

针对审判实践中的热点、难点问题,结合审判实际的需要,开展专项调研工作,取得调研成果,用调研成果指导审判实践,有效统一了裁判尺度;注重知识产权审判的理论学习研讨和裁判文书的制作水平,增强了知识产权司法保障能力。为提高知识产权的审判能力和水平,今年着重就知识产权将专家智慧引入审判工作问题进行调研,对遇到知识产权技术上的难题,经常性与他们采取电话或座谈的形式进行学习交流,提倡"学有所长、术有专攻",对审判中的热点、难点问题进行研究;针对知识产权方面新修改法律、新出台司法解释较多的情形,组织大家结合审判实践,有针对性地学习讨论。上述措施的实施将从整体上提升法官的理论素养和业务水平。

中国审判理论研究会知识产权审判理论专业委员会2012年工作总结及2013年工作计划

一、2012年工作总结

2012年,中国审判理论研究会知识产权审判理论专业委员会根据《中国审判理论研究会章程》和《知识产权专业委员会规则》的要求,在中国审判理论研究会的领导下,在最高人民法院民三庭的指导下,在全国各兄弟法院的大力支持下,认真开展各项工作,切实担负起"加强组织协调、促进信息共享、扩大交流合作、创造优秀成果、提高司法水平"的职责,促进了知识产权应用理论创新和社会主义文化大发展、大繁荣。主要在以下几方面开展了卓有成效的工作:

(一)大力开展学术研讨活动。

2012年年初,专委会紧密结合促进社会主义文化大发展、大繁荣的新任务和知识产权民事诉讼中的突出问题,与最高人民法院民三庭共同确定了以"涉文化领域知识产权司法保护"和"知识产权民事诉讼证据规则"为本年度研究主题,向全国各地高级法院广泛征集论文。截止到10月底,共征集到全国各地法院论文188篇,经专委会秘书处初审后,由最高人民法院民三庭孔祥俊庭长等三位博士生导师共同组成专家评审组,对论文进行了评审,共评出2篇一等奖,3篇二等奖,5篇三等奖,5个优秀组织奖。

6月,专委会与西南政法大学联合举办了"纪念商标法颁布三十周年暨商标法修改国际研讨会",国内外数十位知识产权法学专家和法官参加研讨,为商标法的修改提供了理论支持。

随后,由最高人民法院民三庭主办,专委会和中国外商投资企业协会优质品牌保护委员会共同协办的"网络环境下著作权和商标权司法保护研讨会"胜利召开,40余名知识产权法官及国际知名企业知识产权顾问参加了研讨,其中针对网络环境下商标权司法保护的专题研讨尚属首次。

12月5日,专委会和最高人民法院民

三庭隆重举行了“涉文化领域知识产权司法保护及知识产权民事诉讼证据规则”专题研讨暨论文评选表彰会，全国各地法院50余位知识产权法官及获奖论文作者参会，中国知识产权法学研究会会长刘春田教授受邀进行了会议点评，本次年会参评论文数量创历史新高，整体质量较高，为知识产权审判理论研究贡献了一批新成果。会议还对十八大后知识产权审判理论研究的新定位、新目标、新任务进行了动员和部署。

12月3日，专委会还与西南政法大学、美国南美以美大学、中国知识产权司法保护理论研究基地联合举办了“中美专利诉讼研讨会”，中美两国的数十位知识产权学者、法官、律师参加了研讨会，会议围绕两国专利诉讼中的程序、标准、规则等重点、难点问题进行了深入交流，为知识产权审判理论研究提供了国际化、高端化平台。

（二）继续编辑会刊，推动研究成果转化。

为了整合优秀研究成果，加强成果转化，促进理论创新，提高司法水平，专委会继续编辑了以书代刊的专委会会刊《中国知识产权审判研究》（第四辑）。该书共约80万字，基本沿用前三辑体例，并开辟“涉文化领域知识产权司法保护”和“知识产权民事诉讼证据规则”两个专栏，专门刊登年会征集的获奖论文和其他优秀论文。该书组稿编辑工作已基本完成，即将交付法律出版社编辑出版。

（三）认真配合最高人民法院民三庭开展专项调研。

专委会以推进知识产权审判理论创新为使命，积极配合最高人民法院民三庭开展各个领域的专项调研。根据最高人民法院的调研工作安排，专委会组织专人对知识产权审判工作综合情况、商标案件审理情况、商业特许经营案件审理情况等进行了深入调研，调研报告汇集、融合了专委会几年来开展学术研讨活动的最新成果，提出了一些有针对性的观点和建议，为最高人民法院的专题调研提供了比较有参考价值的素材。

（四）积极参加最高人民法院组织的理论研讨活动。

为了不断开拓工作思路，提升工作水平，专委会高度重视，积极参加最高人民法院组织的各种理论研讨活动。专委会副秘书长蒙洪勇庭长及其他工作人员先后参加了“中美知识产权司法审判研讨会”、“知识产权前沿问题研讨会”、“网络著作权与驰名商标保护研讨会”、“2012中国反垄断民事诉讼论坛”、“规范商业特许经营行业发展，促进司法行政标准统一研讨会”等理论研讨活动。

（五）学习贯彻十八大精神，明确专委会发展思路。

十八大胜利召开后，专委会秘书处迅速开展了学习贯彻十八大精神的活动，对十八大报告中“要全面落实经济建设、政治建设、文化建设、社会建设、生态文明建设五位一体总体布局”、“实现中华民族伟大复兴，必须推动社会主义文化大发展大繁荣”、“建设社会主义文化强国，关键是增强全民族文化创造活力，要让一切文化创造源泉充分涌流”等科学论断进行了系统学习和梳理，在此基础上确定了专委会围绕激励与保护创新、促进与保障文化建设开展审判理论研究的发展思路，并在专委会年会上进行了初步传达。

在取得上述成绩的同时，专委会工作还存在一些问题和不足。一是因客观条件限制，年初制订的培训计划未能完成。二是因工作安排较多，与兄弟专委会的交流活动未能持续。三是高端的、系统的审判理论研究成果还比较少。我们将在今后的工作中逐步加以改进。

二、2013 年工作计划

2013 年将是全面深入贯彻十八大精神的一年,文化建设作为小康社会的五大建设之一被赋予了更加明确和高端的定位,知识产权司法保护也将被更加重视,专委会将紧紧把握全新的发展机遇,不断开创工作新局面。为此,我们将重点做好以下几方面工作:

(一)落实培训计划,举办首期培训班。

最高人民法院民三庭高度重视和支持专委会发挥好培训职能,如期举办首期培训班是专委会 2013 年的一项重点工作。首期培训班暂定在重庆举办,培训时间大约一周,培训对象主要针对从事知识产权审判的基层法院法官,主题将尽快确定。

(二)继续办好专委会会刊,不断提高学术影响。

经过前四期的成功编辑出版,专委会会刊编辑工作已经比较成熟,论文质量也不断提高,2013 年除继续编辑《中国知识产权审判研究》(第五辑)外,工作重心将放在扩大会刊的学术影响上。一是扩大赠阅范围,除各地法院外,还要向全国比较有影响力的各大知识产权法学研究机构、部分高等院校赠阅,吸引更多学者对知识产权审判理论研究的关注和参与。二是增设“学者论坛”专栏,向专家学者主动约稿,拓宽会刊的研究视野。三是争取把会刊纳入培训班学习资料,让更多一些法官了解会刊,向会刊投稿。

(三)开展专项调研活动,深化调研成果。

专委会将在 2012 年研讨会成果的基础上,以知识产权审判如何服务文化建设为主题开展深度调研,通过调查、走访、研讨等形式,力争完成一份系统的、高质量的综合调研报告。

大　事　记

2012 年最高人民法院知识产权司法保护大事记

1. 1 月 16 日，最高人民法院民三庭在江苏省镇江市召开全国部分法院涉及音像作品著作权集体管理问题座谈会，孔祥俊庭长出席会议。

2. 2 月 8 日，首届全国法院知识产权审判庭庭长研讨班在广州开班。最高人民法院副院长奚晓明出席研讨班开幕式，并作了题为“准确把握当前知识产权司法保护政策，进一步加强知识产权司法保护”的演讲。研讨班为期一周，全国各高级人民法院知识产权审判庭庭长、部分中基层人民法院知识产权审判庭庭长代表、相关学者等共 230 余人参加了研讨。

3. 2 月 23 ~ 24 日，由最高人民法院主办，美国国际发展署、美国律师协会、华东政法大学协办的知识产权前沿问题研讨会在上海举行。全国部分高级、中级和基层人民法院知识产权审判庭的代表，最高人民法院民三庭、外事局代表，美国国际发展署、美国律师协会的项目官员，以及华东政法大学知识产权学院的专家学者共约 60 人参加了本次会议。

4. 3 月 15 日，最高人民法院印发《最高人民法院知识产权司法保护理论研究基地管理规定》、《最高人民法院知识产权司法保护调研基地管理规定》和《最高人民法院知识产权审判基层示范法院管理规定》。

5. 3 月 28 日至 29 日，最高人民法院民三庭在福建召开了“网络著作权案件法律适用研讨会”。最高人民法院知识产权庭孔祥俊庭长和部分法官，以及来自全国部分省市法院的法官共计 40 余人参加了会议。会议就《最高人民法院关于审理侵犯信息网络传播权民事纠纷案件适用法律若干问题的规定（讨论稿）》逐条进行了研讨。

6. 4 月 11 日，最高人民法院印发《最高人民法院关于设立医药产业知识产权司法保护调研基地及增加知识产权审判基层示范法院和知识产权司法保护理论研究基地、调研基地的决定》。

7. 4 月 16 日，最高人民法院民三庭在江苏省苏州市召开了“网络著作权与驰名商标保护问题研讨会”，民三庭孔祥俊庭长和部分法官，以及全国部分地区人民法院的部分法官代表共三十余人参加了本次研讨会。会议就网络著作权与驰名商标审判实践中的热点、难点问题进行了专题发言和经验交流。

8. 4 月 17 日，最高人民法院在江苏苏州发布 2011 年中国法院知识产权司法保护十大案例和 50 个典型案例。

9. 4 月 18 日，最高人民法院发布《中国法院知识产权司法保护状况（2011 年）》白皮书。

10. 4 月 19 日,最高人民法院发布《最高人民法院知识产权案件年度报告(2011)》,对其在过去一年审结的知识产权和竞争案件中明确的审判标准、裁判方法和司法政策进行了系统总结并予以公开展示。

11. 4 月 19 日,最高人民法院民三庭在京召开网络著作权司法解释座谈会,听取互联网企业和权利人意见,孔祥俊庭长出席会议。

12. 4 月 22 日,最高人民法院全文公布了《关于审理侵犯信息网络传播权民事纠纷案件适用法律若干问题的规定(征求意见稿)》,向社会各界广泛征求意见。

13. 5 月 3 日,最高人民法院民三庭金克胜副庭长出席由中央国家机关团工委举办的“中央国家机关青年五四奖章表彰会”,最高人民法院民三庭王艳芳同志被授予“中央国家机关青年五四奖章”。

14. 5 月 8 日,最高人民法院举行新闻发布会,公开发布《最高人民法院关于审理因垄断行为引发的民事纠纷案件应用法律若干问题的规定》。该司法解释是最高人民法院在反垄断审判领域出台的第一部司法解释,对于指导人民法院正确适用反垄断法、依法制止垄断行为、保护和促进市场公平竞争具有重要意义。

15. 5 月 24 日,最高人民法院民三庭与国家食品药品监督管理局政策法规司共同举办了“药品有关知识产权问题座谈会”。民三庭孔祥俊庭长、国家食品药品监督管理局郁正兵巡视员出席会议。法院系统、食品药品行政管理部门、医药领域的专家学者以及制药企业的代表等 30 余人参会。会议就目前实践中存在的药品说明书能否受著作权法保护等问题进行了研讨。

16. 5 月 28 日,中美知识产权司法审判研讨会在中国人民大学开幕,最高人民法院常务副院长沈德咏出席开幕式并致辞。此次研讨会分别就“知识产权审判”、“专利诉讼中的案件管理”、“专利判决的实施”、“计算机软件著作权的保护”等 19 个专题进行讨论,中美两国知识产权法官在会上进行了精彩对话,从事知识产权法制研究和司法实务的专家学者、律师和企业界代表 1000 多人参加了此次研讨会。

17. 6 月 18 日,由最高人民法院知识产权审判庭和美国华盛顿大学知识产权高级研究中心主办,江苏省高级人民法院、南京市中级人民法院承办的“信息时代的知识产权保护”研讨会在南京召开。来自美国、德国、日本及中国法院等 44 名会议代表参加了此次研讨会。

18. 7 月 17 日,最高人民法院民三庭孔祥俊庭长在最高人民法院会见了美国专利商标局政策和外部事务办公室 Joel Blank 先生一行。

19. 7 月 19 日,最高人民法院发布《最高人民法院关于充分发挥审判职能作用为深化科技体制改革和加快国家创新体系建设提供司法保障的意见》。

20. 2012 年 7 月 19 日至 8 月 11 日,应美国华盛顿大学的邀请,孔祥俊庭长率团赴美国进行专业交流访问。孔庭长一行六人参加了华盛顿大学知识产权研究中心举办的为期两周的国际知识产权课程高级研讨班,会见了美国专利商标局、美国国会图书馆、美国商会等单位的有关人士,就知识产权相关问题进行了深入研讨,并向外方介绍了中国知识产权司法保护的最新进展。期间,孔祥俊庭长在华盛顿大学举办的“2012 高技术保护高峰论坛”上用英文作了题为“最高人民法院在中国专利保护中的地位和作用”的演讲。

21. 8 月 10 日,最高人民法院民三庭召开调研座谈会,听取部分在京全国人大代表、全国政协委员以及国家知识产权战略实施工作部际联席会议成员单位对2008年以来人民法院知识产权审判工作的意见和建议。

22. 8月22日，由最高人民法院民三庭承办的"人民法院纪念《商标法》颁布三十周年座谈会"在最高人民法院中法庭隆重举行。奚晓明副院长出席会议并作重要讲话。全国人大法工委、国务院法制办、国家工商行政管理总局商标局、商标评审委员会的领导同志及北京大学、中国人民大学、中国社会科学研究院的专家学者及部分地方人民法院的法官代表共五十余人应邀参加了本次会议。

23. 8月23日，由国家工商行政管理总局商标局主办的"纪念商标法颁布三十周年座谈会"在人民大会堂举行。最高人民法院奚晓明副院长出席座谈会并讲话。

24. 8月30日，由最高人民法院民三庭主办、亚洲基金会、甘肃省高级人民法院协办的"加强驰名商标保护及遏制非法抢注商标研讨会"在甘肃召开，最高人民法院民三庭孔祥俊庭长和部分法官、部分高级人民法院和中级人民法院的法官代表参加了会议。

25. 9月6日，最高人民法院奚晓明副院长赴广东出席广州两级法院全面启动知识产权"三审合一"改革试点暨广州市天河区人民法院"知识产权审判基层示范法院"授牌仪式，并赴基层工作联系点广州市南沙区法院调研。

26. 9月13～14日，中欧商标混淆可能性法律问题研讨会在北京召开，本次会议由最高人民法院和欧盟委员会贸易总司共同主办，中欧世贸项目(二期)承办。中欧双方的法官、学者、执法人员以及业界代表参加了此次会议，就双方关于商标混淆可能性问题的法律规定、考虑因素、判断方法以及典型案例等进行了深入的交流和探讨。

27. 10月23日，最高人民法院民三庭孔祥俊庭长在最高人民法院会见了美国篮球协会资产有限公司资深副总裁兼首席知识产权顾问阿雅拉·道奇女士一行。

28. 11月1日，最高人民法院在江西省景德镇市召开"进一步加大知识产权司法保护力度研讨会"，会议由最高人民法院民三庭主办、江西省高级人民法院和亚洲基金会协办、江西省景德镇市中级人民法院承办。奚晓明副院长出席并作重要讲话。来自全国部分高级、中级人民法院的知识产权法官以及知名学者对如何进一步加大司法保护力度问题进行了研讨。会上还进行了"知识产权法律应用征文大赛"的评选活动。该评选由最高人民法院知识产权庭、人民法院报社、人民司法杂志社等共同主办。共收到论文310余篇，会上评选出特别奖论文一篇，一等奖论文4篇，另评选出二等奖、三等奖、优秀奖若干及优秀组织奖。

29. 11月7日，最高人民法院民三庭孔祥俊庭长在最高人民法院会见美国洛约拉大学法学院维克多·哥德副院长和宋海燕教授。

30. 12月17日，最高人民法院发布《最高人民法院关于审理侵害信息网络传播权民事纠纷案件适用法律若干问题的规定》。

31. 12月24日，最高人民法院印发通知，在知识产权审判中贯彻落实《全国人民代表大会常务委员会关于修改〈中华人民共和国民事诉讼法〉的决定》。

32. 12月25日，第十一届全国人民代表大会常务委员会第三十次会议举行第二次全体会议。最高人民法院院长王胜俊作了2008年以来人民法院知识产权审判工作情况的专项报告。

33.12月25日,《中国知识产权司法保护年鉴(2011)》由法律出版社首次出版发行,最高人民法院王胜俊院长专门为年鉴题写了序言。年鉴收录了过去一年中国知识产权司法保护领域中的重要规范性文件及指导意见、工作综述、统计数据、调研成果、典型案例等资料,反映了过去一年中国知识产权司法保护工作的全貌。

34.12月27日,最高人民法院民三庭法官李剑、江苏省高人民法院民三庭庭长宋健和四川省高级人民法院副院长谢商华入选首批全国知识产权领军人才名单。

2012年最高人民检察院知识产权司法保护大事记

1.2月16日,最高人民检察院检察长曹建明在《国务院食品安全委员会第四次全体会议纪要》上批示:“请侦监厅进一步推动落实行政执法和刑事司法有效衔接机制。”

2.2月27日至3月2日,最高人民检察院侦查监督厅厅长应欧盟邀请派员赴德国就中欧知识产权执法进行交流。

3.3月6日至8日,最高人民检察院与国家质量监督检验检疫总局在福建省福州市就进一步加强打击侵犯知识产权和制售假冒伪劣商品领域“两法衔接”工作机制深入讨论,并对《质量技术监督行政执法案件移送标准(讨论稿)》进行了研究。

4.3月11日,在十一届全国人大五次会议上,最高人民检察院检察长曹建明在工作报告中强调要强化知识产权司法保护。

5.4月5日,最高人民检察院侦查监督厅发布通知,对全国检察机关知识产权队伍专业化建设情况进行调研。

6.5月22日,最高人民检察院检察长曹建明在《国务院办公厅关于印发2012年全国打击侵犯知识产权和制售假冒伪劣商品工作要点的通知》上批示:“国务院部署开展打击侵犯知识产权和制售假冒伪劣商品专项整治,十分重要。检察机关要高度重视、积极参与、全力配合和支持,依法及时批捕、起诉涉嫌侵权假冒犯罪案件,进一步加大对侵权假冒犯罪案件的刑事司法打击力度,进一步加强对行政执法机关移送涉嫌犯罪案件、公安机关刑事立案和侦查活动的监督,积极会同有关部门进一步强化和完善行政执法与刑事司法衔接机制,促进社会诚信体系建设和检察机关法律监督能力建设。”

7.6月25日至30日,最高人民检察院在浙江省湖州市举办第五届全国检察机关知识产权培训班暨行政执法与刑事司法衔接工作现场推进会。来自全国检察机关的相关负责人、业务骨干以及微软、杜邦、索尼、苹果等世界500强企业驻亚太(华)代表共150人参加了培训班。

8.6月29日,最高人民检察院侦查监督厅荣获2011年度查处侵权盗版案件有功单位一等奖。

9.8月23日,最高人民检察院检察长曹建明在《关于做好打击侵犯知识产权和制售假冒伪劣商品工作中行政执法与刑事司法衔接意见(送审稿)》上批示:“国务院常务会议审议的《意见》，是一份十分重要的文件，对加强行政执法与刑事司法的衔接，加大对侵权和假冒伪劣行为打击力度，有效惩治犯罪，更好推动其他行政执法领域的‘两法衔接’，具有十分重要的意义。全国检察机关要高度重视，会同有关行政执法机关、公安机关、监察机关认真落实好这一文件。”

10.9月，最高人民检察院副检察长朱孝清在《中国外经贸》（特刊）上发表署名文章《认真履行法律监督职能，加大知识产权保护力度》。

11.9月7日，最高人民检察院侦查监督厅副厅长元明应邀出席由中国外商投资企业协会和中国外商投资企业协会优质品牌保护委员会共同举办的“知识产权保护与创新型投资环境”论坛并发言，介绍检察机关知识产权刑事司法保护有关情况。

12.9月19日，第二届中美知识产权国际合作论坛在华盛顿开幕。最高人民检察院侦查监督厅派代表在论坛上向美国商务部、专利商标局相关政府部门和企业代表介绍了近年来中国检察机关开展打击侵权假冒违法犯罪活动的工作情况。

13.9月24日至25日，第一届东盟成员国检察官合作打击侵犯知识产权犯罪研讨会在泰国曼谷召开。最高人民检察院作为特邀成员国代表在研讨会上作主题发言。

14.9月27日，国务院办公厅转发了最高人民检察院、全国打击侵犯知识产权和制售假冒伪劣商品工作领导小组办公室等单位共同起草的《关于做好打击侵犯知识产权和制售假冒伪劣商品工作中行政执法与刑事司法衔接的意见》。10月11日，最高人民检察院转发了国务院文件，并下发通知对全国各级检察机关充分发挥法律监督职能，进一步与有关部门加强配合，共同做好“两法衔接”提出要求。

15.11月13日，最高人民检察院侦查监督厅派员做客中国打击侵权假冒工作网在线访谈栏目就打击侵权假冒犯罪与网友交流。

16.11月28日，最高人民检察院侦查监督厅副厅长黄海龙出席北京市“行政执法与刑事司法衔接的理论与实践”研讨会。部分地方人民检察院和北京市公安机关、部分行政执法机关的代表在研讨会上就健全“两法衔接”机制作了专题发言并进行了交流讨论。

17.12月6日，全国打击侵权假冒行政执法与刑事司法衔接工作会在上海浦东新区召开。最高人民检察院侦查监督厅派员出席会议，并在会议上就各级检察机关积极促进并配合各地负责牵头打击侵权假冒工作的部门加快“网上衔接、信息共享”平台建设再次提出要求。

18.12月18日，最高人民检察院、国家工商总局、公安部印发《关于加强工商行政执法与刑事司法衔接配合工作若干问题的意见》。

第四部分　调 研 成 果

司法保护 工作探讨

进一步加强驰名商标司法保护

——驰名商标司法保护的回顾与展望

民事审判第三庭庭长 孔祥俊

十八大报告做出“实施创新驱动发展战略”的重要部署,提出“实施知识产权战略,加强知识产权保护”,要求“形成以技术、品牌、质量、服务为核心的出口竞争新优势”。加强驰名商标司法保护是贯彻国家知识产权战略、加强知识产权保护的重要内容,是形成出口竞争新优势、提高对外经济开放的核心环节。

人民法院驰名商标司法保护历经十余年的发展,今天又到了新的起点上。当前面临的主要问题是如何在巩固整顿规范成果的基础上依法加强保护,真正恢复驰名商标保护的本来面目。驰名商标制度的本意在于对具有较高知名度的商标给予更宽的保护范围和更高的保护强度,主要体现在跨类保护等方面。由于获得驰名商标可能给权利人带来巨大的商业利益,加上企业和有关方面对驰名商标的片面追逐,造成了驰名商标的“神化”和驰名商标保护的“异化”,一些法院在保护驰名商标中也出现了一些偏差。最高人民法院通过及时制定司法解释和完善案件管辖等制度和措施,基本遏制了驰名商标司法保护被异化的现象,驰名商标保护日趋规范化。但是,当前在实践中又出现了另一种倾向,即一些法院对认定和保护驰名商标心有余悸和顾虑重重,对符合保护条件和确有保护需求的驰名商标不敢或者不愿给予驰名商标保护,为驰名商标保护人为设置了不应有的障碍。这种倾向应该尽快纠正,要使驰名商标的保护恢复其法律本意。凡是当事人主张驰名商标保护且符合保护条件和确有必要的,应当依法予以认定和保护。应该说,最高人民法院有关驰名商标保护的指导思想和工作思路一直是明确的,也一直在不断地建立健全司法制度和工作措施,但由于驰名商标司法保护的历史毕竟不久,期间经历了摸索前进的过程,也经历了一些波折和波动,当前还有不少人在指导思想、工作思路和具体标准的把握上存在一些不清晰的或者混乱的认识,还存在不少问题,这些问题需要尽快解决。本文拟在梳理最高人民法院有关司法政策和工作措施的基础上,试就加强驰名商标司法保护的有关问题进行阐述,供大家参考。

一、关于指导思想和政策取向

(一)驰名商标司法保护的发展历程

2001年7月17日公布的最高人民法院《关于审理涉及计算机网络域名民事纠纷案件适用法律若干问题的解释》第6条明确规定,人民法院审理域名纠纷案件,根据当事人的请求以及案件的具体情况,可以对涉及的注册商标是否驰名依法作出认定。法院自此开始根据该司法解释认定驰名商标。2001年10月27日修改的《商标法》正式引进驰名商标保护制度,法院自此开始依照商标法开展驰名商标的司法认定和保护。初期涉及驰名商标保护的案件较少,商标权人很少寻求司法认定和保护驰名商标,驰名商标司法保护未受到太多关注和重视,但后来案件逐渐增多,问题亦随之开始出现和增多,最高人民法院开始加强监督。2006年11月12日最高人民法院发出《关于建立驰名商标司法认定备案制度的通知》[法(民三)明传〔2006〕8号],决定实行备案制度。2007年1月18日召开的全国法院知识产权审判工作座谈会上,最高人民法院开始专门讲到"驰名商标的司法认定问题",此前类似的会议上均未涉及。这表明此时才将其作为一种重要问题给予关注并开始明确相关司法政策。此后历次类似会议都强调该问题。因此,大体上说,2006年之前的阶段,可以称为驰名商标司法认定和保护的初期阶段。

由于社会上对于驰名商标大肆追捧,一些地方政府也通过奖励等措施推波助澜,大概自2005年前后开始,商标权人开始关注寻求驰名商标的司法认定和保护,涉驰名商标保护案件迅速增多,其中部分案件是当事人人为制造的(即俗称的"造假案"或者虚假诉讼),目的是为了获得驰名商标的认定。此间,驰名商标司法保护出现了一些问题,于是最高人民法院陆续采取一系列措施,开始整顿和规范驰名商标司法认定和保护。例如,涉及驰名商标保护案件的备案制度、判前审核制度(裁判前报高级法院审核)及集中管辖等,均是此间有针对性地建立起来的司法制度。特别是,最高人民法院在此期间先后发布一系列具有浓厚整顿和规范色彩的司法文件和司法解释,其严格限制驰名商标司法认定的基调是明显的。

例如,2007年1月18日全国法院知识产权审判工作会议开始强调,"要把握好认定驰名商标的正确导向";"要严把驰名商标司法认定的法律适用关";"要严把驰名商标司法认定的事实关";"要加强对驰名商标认定工作的监督指导"。会议主报告通篇贯穿了加强规范的精神,特别是提出如下要求:"要严把驰名商标司法认定的法律适用关。一是要准确把握驰名商标司法认定的范围。驰名商标的认定必须有明文的法律依据,根据商标法和有关司法解释,法院只有在审理涉及注册的驰名商标跨类保护、请求停止侵害未注册驰名商标以及有关域名与驰名商标冲突的商标侵权和不正当竞争民事纠纷等案件中,才可以认定驰名商标。必须对当事人是否存在商标侵权等争议依法进行严格审查,确保驰名商标的认定为审理案件所必需,凡是超出认定范围的案件或虽在该范围之内但原告的侵权指控不能成立的案件,不得认定驰名商标。二是要坚持被动认定和个案认定原则。认定驰名商标必须是原告已经提出明确的诉讼请求,法院不得依职权自行认定;所作出的认定也仅对本案的处理发生效力。三是合理确定驰名商标的保护范围。对驰名商标跨类保护的范围,应当根据具体案件情况,考虑其知名度、显著性和被控侵权行为的误导性后果等因素在个案中合理确定,不能变成无原则的全类保护。另外，拟认定驰名的未注册商标，首先应符合商标法关于商标构成要件的规定。”“要严格执行驰名商标认定备案制度，作出认定的法院应当按照有关规定在判决生效后即时层报最高法院备案。各高级法院要切实负起责任，加强对驰名商标认定工作的宏观指导和具体案件的监督，对于反映出来的问题和情况，要认真研究总结并及时予以上报，严格依法纠正不适当做法，避免工作偏差。对于刻意制造纠纷以获得驰名商标认定，能够查实的，应当按照《民事诉讼法》第102条规定的妨害民事诉讼行为处理，并依法撤销原判和对驰名商标的认定。”[①]2008年2月召开的第二次全国法院知识产权审判工作会议仍以较大的篇幅强调规范驰名商标的司法认定。2008年11月召开的全国法院知识产权审判工作座谈会提出：“要严格认定制度和规范认定程序，加强驰名商标认定的监督，有效遏制当事人在驰名商标司法保护中追求不正当利益的‘异化’现象。”[②]有关司法文件也指出：“依法慎重认定驰名商标，凡是超出认定范围或者不符合认定条件的案件、原告的侵权指控不能成立的案件，不得认定驰名商标。”[③]“正确把握驰名商标司法认定和保护的法律定位，坚持事实认定、个案认定、被动认定、因需认定等司法原则，依法慎重认定驰名商标，合理适度确定驰名商标跨类保护范围，强化有关案件的审判监督和业务指导。”[④]“加强驰名商标司法认定的审核监督，完善驰名商标司法保护制度，确保司法保护的权威性和公信力。严格把握驰名商标的认定范围和认定条件，严禁扩张认定范围和降低认定条件。凡商标是否驰名不是认定被诉侵权行为要件的情形，均不应认定商标是否驰名。凡能够在认定类似商品的范围内给予保护的注册商标，均无须认定驰名商标。”“认真贯彻《最高人民法院关于涉及驰名商标认定的民事纠纷案件管辖问题的通知》（法〔2009〕1号），凡通知下发以后不具有管辖权的法院受理的此类案件，均需移送有管辖权的法院审理；通知下发前受理、尚未审结的此类案件，要严格执行判前审核制度。各级法院均应加强已认定驰名商标的案件的评查和审判监督，对于伪造证据骗取驰名商标认定的案件，以及其他违法认定驰名商标的案件，均需通过审判监督程序予以纠正；当事人在涉及驰名商标认定的案件中有妨碍民事诉讼行为的，依法给予制裁。有管辖权的法院均应积极接受各有关方面对于驰名商标司法认定的监督，发现问题务必及时解决。有关驰名商标司法保护的司法解释颁布施行以后，各级法院要认真贯彻落实，使驰名商标司法保护更加规范化。”[⑤]

2009年公布的《驰名商标司法解释》（以下简称解释）仍贯彻了严格控制和整顿规范驰名商标司法认定的精神，严格控制和整顿规范仍然是其主要基调。例如，该司法解释从正反两个方面限定了可以认定

① 原最高人民法院副院长曹建明：《全面加强知识产权审判工作为建设创新型国家和构建和谐社会提供强有力的司法保障——在全国法院知识产权审判工作座谈会上的讲话》（2007年1月18日）。

② 最高人民法院副院长奚晓明：《充分发挥司法保护知识产权主导作用 为实践科学发展观和建设创新型国家提供坚强有力的司法保障——在全国法院知识产权审判工作座谈会暨知识产权审判工作先进集体和先进个人表彰大会上的讲话》（2008年11月28日）。

③ 《最高人民法院关于全面加强知识产权审判工作为建设创新型国家提供司法保障的意见》（2007年1月11日印发，法发〔2007〕1号）。

④ 《最高人民法院关于贯彻实施国家知识产权战略若干问题的意见》（2009年3月23日印发，法发〔2009〕16号）。

⑤ 《最高人民法院关于当前经济形势下知识产权审判服务大局若干问题的意见》（2009年4月21日印发，法发〔2009〕23号）。

驰名商标的案件的范围[①];取消了域名争议中驰名商标的认定[②];基本不承认驰名商标事实认定的自认[③];调解书中不写入商标驰名的事实[④],等等。

这些司法文件强调的都是“依法慎重”、“严禁”、“严格”等。在司法制度和政策的严格调控之下,驰名商标司法保护迅速走向规范化和制度化。同时,各地法院也迅速收紧驰名商标的司法认定,甚至许多法院的指导思想是能够不认定驰名商标就尽量不去认定,近年来基本上不再认定驰名商标。这种多少有点因噎废食的态度和做法,也招致权利人及社会有关方面有关驰名商标司法保护不力的抱怨,驰名商标权利人的正当权益反而得不到及时有效的保护。这一阶段大体上可以称为规范整顿阶段。

应该说,新事物的出现总有摸索、熟悉和总结规范的过程,期间出现一些波动和波折也是难免的,有时为解决特殊问题甚至也难免需要采取一些矫枉过正的措施。驰名商标司法保护的历程亦然。尽管一些法院在司法保护中出现了一些偏差,但驰名商标司法保护的成绩依然是主流和主要的,如实践经验的积累和一整套规范性制度的建立,就是突出的成就。早在2008年,最高人民法院已经指出:“经过近七年来的积极探索,人民法院在驰名商标司法认定和保护方面,积累和总结了一系列新鲜经验,完善了有关法律程序和监督指导措施,成效是显著的,成绩是主要的。”[⑤]经过五六年的规范整顿,当前驰名商标保护又面临新的形势和需求,需要按照新的形势和需求进行适当的调整。

(二)当前驰名商标司法保护的新起点

当前驰名商标司法保护的突出问题是指导思想和政策导向,即是收紧、放松还是适当放松的问题。诸如,是能不认定就不认定、能绕过去就绕过去的导向性很强的态度,还是需要认定就认定、不需要认定就不认定的中性态度。当然,在此之外还有一些折中性态度,如以能认定就认定或者凡需要即认定为基本态度,同时根据目前的社会环境等客观情况适当增加一些制度约束。具体法律标准的把握则取决于如何确定指导思想和政策导向,是对于指导思想和政策导向的落实。具体标准要服从和服务于指导思想和政策导向的落实。

究竟采取哪一种指导思想和政策取向,需要根据当前的形势和社会需求进行定位,要符合形势和需求。对于目前的形

---

① 为遵循按需认定原则以及规范和统一司法认定范围,同时,为防止当事人单纯地获取驰名商标的司法认定,不正当地追求法律保护以外的其他意义,在总结审判经验的基础上,《解释》第2条对于需要认定驰名商标的民事纠纷案件类型作出了规定,即只有在审理涉及驰名的注册商标跨类保护、请求停止侵害驰名的未注册商标以及有关企业名称与驰名商标冲突的侵犯商标权和不正当竞争民事纠纷案件中,才可以认定驰名商标。且在第3条中规定了不需要认定驰名商标的情形,从不同角度对驰名商标司法认定的适用范围作出限定。

② 《解释》第3条第2款规定:“原告以被告注册、使用的域名与其注册商标相同或者近似,并通过该域名进行相关商品交易的电子商务,足以造成相关公众误认为由,提起的侵权诉讼,按照前款第(一)项的规定处理。”此即将此类案件作为不予审查驰名商标的情形予以规范,并统一了此类案件的认定标准。

③ 虽然《最高人民法院关于适用〈中华人民共和国民事诉讼法〉若干问题的意见》第75条、《最高人民法院关于民事诉讼证据的若干规定》第8条规定了一方当事人对另一方当事人陈述的案件事实和提出的诉讼请求明确表示承认的,当事人无须举证,但基于商标驰名属于动态事实的考虑,以及为防止当事人在驰名商标认定中“串通”造假,《解释》第7条第2款规定:“除本解释另有规定外,人民法院对于商标驰名的事实,不适用民事诉讼证据的自认规则。”对方当事人对于驰名商标的认可,并不免除原告的举证责任。

④ 《解释》第13条规定:“在涉及驰名商标保护的民事纠纷案件中,人民法院对驰名商标的认定,仅作为案件事实和判决理由,不写入判决主文;以调解方式审结的,在调解书中对商标驰名的事实不予认定。”

⑤ 原最高人民法院副院长曹建明:《求真务实锐意进取努力建设公正高效权威的知识产权审判制度——在第二次全国法院知识产权审判工作会议上的讲话》(2008年2月19日)。

势和需求可以有如下判断:(1)社会加强驰名商标司法保护的呼声很高,而对于保护不力质疑颇多。(2)一定时期内对于驰名商标保护的紧缩和收紧是为了更好地回归驰名商标保护的法律本意,是为了更好地向法律制度的本意靠拢,最大限度和不折不扣地落实法律本意和制度设计。“过路的小旅馆终非行程的目的地”。现在一些法院采取的“明哲保身”式的普遍收紧态度是有些“因噎废食”了,有些偏离法律本意了,使本该正常保护的不能给与正常保护。在特殊情势下采取一些特殊措施和做法是必要的,但我们不能长期偏离法律本意,否则就不能正确履行法律职责,就是司法的失职。我们需要适时地改弦更张。(3)驰名商标的司法保护在一些地方经历了由“乱”到“治”的过程,教训是深刻的,大家在思想上更加高度重视了,制度也更加完善了,思想上的重视和长效机制的建立完善,能够确保那短暂的“混乱”历史不会重演。现在确实是转折点即拐点了。

正是基于这些判断,最高人民法院开始在指导思想和司法政策上有所调整,即在要求巩固整顿规范成果的基础上,开始强调着力加强保护,强调以保护为基点。换言之,司法政策已经开始由偏重强调整顿规范向加强保护的方向转变,在此基础上强调两手抓。2010 年 4 月 28 日召开的全国法院知识产权审判工作座谈会开始较为明确地提出“两手抓”,即“要继续完善驰名商标司法保护制度和加强驰名商标保护。前些年一些法院在驰名商标的认定上有把关不严等混乱现象,甚至个别法院和法官因为违法违纪受到了追究,教训深刻,令人痛心。针对实践中存在的突出问题,2009 年以来最高人民法院通过制定司法解释和完善案件管辖等制度,进一步明晰了驰名商标认定和保护的法律标准,集中了案件管辖法院,堵塞了制度漏洞,为驰名商标司法保护的健康发展奠定了重要基础。各级法院务必要严格执行这些制度措施,确保驰名商标司法保护的规范性和公信力。同时,也要充分认识到,驰名商标保护制度的初衷是加强保护而非限制保护。在防止滥用驰名商标保护制度的同时,也不能因噎废食和放弃职责,走向另一个极端,对该认定和保护的不敢旗帜鲜明地给予保护,为驰名商标保护设置不应有的障碍”。①2011 年年底召开的全国法院知识产权审判工作座谈会更为明确地转变了基调和发出了政策调整的信号,即“要依法规范驰名商标的认定和保护,切实加强驰名商标保护。要统筹兼顾加强驰名商标保护与防止滥用驰名商标保护制度,防止一种倾向掩盖另一种倾向。一方面,驰名商标保护的目的在于适当扩张具有较高知名度的商标的保护范围和保护强度,不是评定或者授予荣誉称号,要准确把握驰名商标保护的立法本意,通过正确裁判,有效引导当事人正当运用驰名商标保护制度,防止当事人在驰名商标保护中片面追求获取驰名商标认定的制度异化现象。另一方面,对于当事人主张驰名商标保护且符合保护条件的,应当依法予以认定和保护,防止对驰名商标的保护设置不适当的障碍”。当然,会议仍然强调“准确把握驰名商标的保护范围,加强对驰名商标事实认定的严格把关,坚持判前审核制度,坚决防止当事人为骗取驰名商标认定而弄虚作假,进行虚假诉讼”②,但这已不是主基调。2011 年年底发布的司法

① 最高人民法院副院长奚晓明:《能动司法,服务大局,努力实现知识产权审判工作新发展——在全国法院知识产权审判工作座谈会上的讲话》(2010 年 4 月 28 日)。

② 最高人民法院副院长奚晓明:《充分发挥知识产权审判职能作用,为推进社会主义文化大发展大繁荣和加快转变经济发展方式提供有力司法保障——在全国法院知识产权审判工作座谈会上的讲话》(2011 年 11 月 28 日)。

政策性文件继续强调,“规范驰名商标的认定和保护,切实加强驰名商标保护”;“凡当事人主张驰名商标保护且符合保护条件和确有必要的,应当依法予以认定和保护”。①

这说明,当前驰名商标司法保护的指导思想和政策取向是,在规范和加强保护两手抓的前提下,强调加强保护。规范驰名商标的司法保护是巩固近年来工作成果的需要,体现了有关工作的连续性和长期性,但它本身不是目的,而是手段,规范的目的是为加强驰名商标保护创造更好的条件,是为了更加有利于加强保护,而不是为保护设置障碍。

二、关于驰名商标保护的法律定位

(一)司法政策对于事实认定的强调和澄清

驰名商标保护的法律定位主要涉及事实认定与按需认定的把握问题。之所以会强调这一点,乃是因为实践中驰名商标保护存在“异化”的倾向,偏离了法律的本意。例如,2009年年初最高人民法院对于涉及驰名商标案件决定采取集中管辖的一个重要背景是:“由于现实中对驰名商标认定的种种误解,一些企业为了追求不正当的经济利益,将获得驰名商标司法认定作为获得政府的优惠政策、快速提高产品知名度、打击竞争对手的捷径,‘神化’和‘异化’驰名商标的现象时有发生,使驰名商标承载了超出其法律本意的商业意义。这些现象反映在司法实践中,一些当事人为了达到司法认定驰名商标的目的,不惜通过造假案、伪造法院的法律文书等来认定驰名商标。这些现象的发生客观上也导致了请求司法认定驰名商标案件的增多。”②最高人民法院《关于审理涉及驰名商标保护的民事纠纷案件应用法律若干问题的解释》(2009年4月22日通过,法释〔2009〕3号)重要的制定背景是:“由于各种经济因素、社会环境和思想观念的影响,‘神化’和‘异化’驰名商标的现象时有发生,一些当事人试图通过司法认定驰名商标达到其不适当的商业目的,使驰名商标司法保护非正常承载了其他的意义。对司法保护中的一些问题,当事人、社会公众和一些审判人员还存在一些模糊甚至错误的认识。”③为准确把握立法本意和搞准立法定位,最高人民法院多次提出:“如果脱离开认定案件事实的立法本意而追求荣誉称号、广告效用等商业价值,就会使驰名商标认定制度异化,会产生一系列不良后果和负面影响。”④“随着实践的深入和经济社会的发展,驰名商标司法认定和保护也存在一些新情况和新问题,需要我们积极应对和妥善解决。特别是,驰名商标认定和保护本来是加强商标权保护的一项制度,但由于一些地区所处的特殊的市场环境和社会氛围,个别经营者不正当地追逐驰名商标的个案认定,使之非正常地衍生了其他意义。”⑤

驰名商标保护中反映出来的不正确倾向突出地表现为两种,即一是把驰名商标当成一种荣誉称号,把依法认定的案件事实当成评比,如当前不少企业就把有关行政机关认定驰名商标当成一种评比,尤其

---

① 《最高人民法院关于充分发挥知识产权审判职能作用推动社会主义文化大发展大繁荣和促进经济自主协调发展若干问题的意见》(2011年12月16日印发,法发〔2011〕18号)。

② 孔祥俊主编:《最高人民法院知识产权司法解释理解与适用》,中国法制出版社2012年版,第132~133页。

③ 孔祥俊主编:《最高人民法院知识产权司法解释理解与适用》,中国法制出版社2012年版,第137页。

④ 原最高人民法院副院长曹建明:《全面加强知识产权审判工作为建设创新型国家和构建和谐社会提供强有力的司法保障——在全国法院知识产权审判工作座谈会上的讲话》(2007年1月18日)。

⑤ 原最高人民法院副院长曹建明:《求真务实锐意进取努力建设公正高效权威的知识产权审判制度——在第二次全国法院知识产权审判工作会议上的讲话》(2008年2月19日)。

是在行政机关批量认定和公布的情况下，更是容易给人一种这样的印象和看法；二是把认定与保护颠倒了位置，即不是或者首先不是为了保护而请求认定驰名商标，而是为了获得驰名商标的认定而以获得保护的名义进行诉讼，获得认定成为首当其冲追求的目标。

正是为了拨乱反正和避免混淆视听，最高人民法院一直三令五申，重视和强调驰名商标保护的法律本意和定位。例如，“要把握好认定驰名商标的正确导向。对达到驰名度的商标认定为驰名商标只是依法给予特别保护的前提事实，属于案件事实认定范畴。”“各级法院在认定驰名商标时务必准确理解好立法本意，把握好正确导向，确保司法认定的准确性和公信力，引导和维护驰名商标认定制度的健康发展，切实维护人民法院依法认定驰名商标的良好形象。”①“要准确把握驰名商标司法认定和保护的法律定位。各级法院必须充分认识到，认定驰名商标是为了强化驰名商标的法律保护，而法律强化保护的范围和限度是明确的，即是在制止抢注和侵权行为上强化对驰名商标的保护。任何在法律保护范围以外衍生的非正常意义，都不是驰名商标司法保护的本意，人民法院不予支持。知识产权司法保护只能立足于法律规定，严格遵守立法意图。要进一步研究认定驰名商标的必要标准和考量要素，既把那些能够准确反映商标驰名状况的因素‘筛选’出来，提高认定的准确度，又要避免在考量因素和举证上的过于烦琐，增加权利保护的负担。”②“驰名商标保护的目的在于适当扩张具有较高知名程度的商标的保护范围和保护强度，不是评定或者授予荣誉称号。”③

当前《商标法》第三次修订中，遏制驰名商标制度的“异化”是一个关注点，有必要通过明确强调其案件事实个案认定属性等，遏制各种形式的本质上脱离案件事实的驰名商标认定做法。

（二）对于事实认定的从严把握和控制

虚假诉讼在民事诉讼的许多领域都是存在的。为遏制虚假诉讼，刚刚修订的《民事诉讼法》增加了有关诚实信用原则等的规定。知识产权司法领域的虚假诉讼主要发生在驰名商标保护领域，前些年确实发生过一些，引起了较大的关注。为此，司法政策特别强调注意遏制虚假诉讼，主要是强调对于事实问题的审查。在整顿和规范期间，为防止出现偏差，最高人民法院在强调事实认定的同时，也针对实践中存在的突出问题，对于事实认定提出了严格要求和限定。例如，“要严把驰名商标司法认定的事实关。一是要严格审查是否有真正的争议存在。审理法院要认真核实被告身份和有关行为的真实性，防止刻意制造纠纷以获得驰名商标认定。二是要正确适用驰名商标的认定标准。《商标法》第 14 条规定了认定驰名商标应当考虑的相关因素，法院认定驰名商标时，必须根据案件事实，对于请求认定驰名的商标是否符合法定要求进行全面审查，防止孤立片面地考虑相关因素。所认定的驰名商标，至少应在国内大部分地区具有较高的市场知名度，为相关公众所熟知。对于驰名程度确属众所周知的商标，可以适当减轻当事人的举证

① 原最高人民法院副院长曹建明：《全面加强知识产权审判工作为建设创新型国家和构建和谐社会提供强有力的司法保障——在全国法院知识产权审判工作座谈会上的讲话》(2007 年 1 月 18 日)。

② 原最高人民法院副院长曹建明：《求真务实锐意进取努力建设公正高效权威的知识产权审判制度——在第二次全国法院知识产权审判工作会议上的讲话》(2008 年 2 月 19 日)。

③ 《最高人民法院关于充分发挥知识产权审判职能作用推动社会主义文化大发展大繁荣和促进经济自主协调发展若干问题的意见》(2011 年 12 月 16 日印发，法发〔2011〕18 号)。

责任。三是对已认定驰名的商标依法进行个案审查认定。当事人对于曾经被行政主管机关或法院认定的驰名商标有异议的,应当提供相应的证据,并由法院对该商标是否符合驰名商标条件依法审查认定。"①"要杜绝滥用驰名商标保护制度的行为。各级法院要坚决防止个别企业对驰名商标认定制度的滥用,在审判程序中要注意严把事实关,并可以适当加强审查事实的主动性和职权性,可以采取特殊的查明事实措施。在域名争议中认定驰名商标,要特别加强对于争议事实真实性的审查。对于为认定驰名商标而有意造假或者串通的,要依法予以制裁和严肃处理,绝不姑息。"②

上述司法政策对于认定范围、认定需求等的限制是极为严格的。例如,"认定驰名商标必须是原告已经提出明确的诉讼请求,法院不得依职权自行认定",这固然限定了驰名商标的认定范围,但却突出了驰名商标认定的独立意义。倘若不是因为驰名商标制度被"异化"和"神话",不是因为当事人有片面的追逐,而大家都习以为常地把它当做一种普通的案件事实,还用得着如此强调被动认定吗?这本身就是发人深省的。

(三)事实认定的适当回归

事实认定乃是将是否构成驰名商标作为案件事实,即驰名商标属于案件事实的认定问题。该事实构成涉驰名商标案件的定性或者定量的法律要件事实,也即影响到行为的定性或者赔偿额确定上的定量。一般地说,如果不把驰名商标认定当成太重要和太神圣的事情,那么凡应当作为案件定性或者定量的要件事实的,或者说只要是定性或者定量的必要的考虑因素,也即与案件处理具有关联性,均可根据案件的需要认定是否构成驰名商标。这本来就应该是驰名商标法律保护的制度定位。

商标法设定驰名商标制度的原因显然是为了加强驰名商标保护,而不是为保护设定障碍。驰名商标保护制度的落实也当然应当是有利于驰名商标的保护。理想化的驰名商标的认定状态应当是,凡有认定需求,就应该予以认定,没有什么了不起和大不了的。从长远看,越不把驰名商标认定的意义放大,就越有利于回归驰名商标的本来面目。以下几个问题值得关注:

(一)几个要件的相互关系。驰名商标、相同近似(复制、翻译、模仿)、误导混淆等在驰名商标保护中涉及行为定性的要件,如果驰名商标以外的要件的认定不以商标为要素的,如显然不构成近似(也即即便认定商标驰名也无法认定构成近似),或者根本不可能构成误导混淆的,无须认定商标是否驰名;如果其他要素的成立需要考量商标是否驰名的,或者商标是否驰名需要与其他因素结合起来考虑的,则可以对于商标是否驰名作出认定。

(二)在相同类似商品上是否有必要认定驰名商标。注册商标的保护能否在相同类似商品上认定驰名商标问题,可以从举重以名轻或者举轻以名重的角度进行理解。商标法为保护未注册驰名商标,尚有可以在相同类似商品上认定驰名商标的规定,倘若相同类似商品上保护注册商标需要以商标是否驰名作为构成要素的,即为定性或者定量所必要的,应该是可以认定的。这是符合当然解释的解释方法的。这是因为,注册商标的保护不应该低于未注

① 原最高人民法院副院长曹建明:《全面加强知识产权审判工作为建设创新型国家和构建和谐社会提供强有力的司法保障——在全国法院知识产权审判工作座谈会上的讲话》(2007年1月18日)。

② 原最高人民法院副院长曹建明:《求真务实锐意进取努力建设公正高效权威的知识产权审判制度——在第二次全国法院知识产权审判工作会议上的讲话》(2008年2月19日)。

册商标，倘若注册商标的保护仍以认定商标是否驰名为必要的，可以认定。而且，所涉商标的知名度直接影响商标近似、商品类似等定性，还可能影响损害赔偿额的确定，确实具有关联性。

（三）相同类似商品上有注册商标，是否还可以要求以非相同类似商品上驰名的注册商标作为权利要求依据？这应当看有无必要性，不宜"一刀切"。倘若有必要性，可以认定；倘若驰名商标的认定无助于所涉案件的定性或者定量，以相同类似商品上的商标为权利依据足以保护其权利，就可以不加以认定。

（四）不正当竞争案件中的驰名商标认定。如果涉及不正当竞争行为的构成要件事实，需要认定驰名商标的，同样可以认定。有关驰名商标的司法解释体现了这种精神。

当然，这种驰名商标的认定不囿于《商标法》明文规定、只根据案件需要的态度，是从驰名商标保护本意出发的认识，是驰名商标保护的一种理想化的状态，或者说是法律意义上的驰名商标的本来状态。从法理上讲，驰名商标毕竟只是案件事实，社会附加的含义和当事人片面的追求并不具有法律意义，如果确为案件定性或者定量所必须，认定驰名商标是没有问题的。司法政策指出："凡当事人主张驰名商标保护且符合保护条件和确有必要的，应当依法予以认定和保护。"[①]必要性是一条当然的法律界限。在确有必要性时，在裁判文书中认定了驰名商标事实，就不存在什么法律上的错误。当然，鉴于我国经济社会环境的特殊性，实践中如何具体把握还需要从实际出发和实事求是，不能过于理想化，要适当注意防止驰名商标制度的滥用。

三、关于加大驰名商标保护力度

既然法律设定驰名商标制度的初衷是加强驰名商标的保护，加大驰名商标保护力度是符合立法精神和导向的。加大保护力度是全方位和多方面的，正确贯彻按需认定和事实认定是加大保护力度的重要方面。除此之外，加大保护力度还涉及其他方面。

（一）关于正确把握证据规则

由于究竟知名到何种程度才构成驰名并没有泾渭分明的界限，加上为防止虚假诉讼等，当前司法实践中对于驰名商标的驰名程度及其举证的要求总体上是较高的，有时甚至达到了僵化苛刻的程度。在当前社会环境下，适当从严把握驰名商标的证明程度等是必要的，但仍要在此前提下具体分析，不宜"一刀切"式地处理问题，否则不利于驰名商标保护。例如，对于知名度较高的驰名商标，可以适当减轻权利人的举证责任；达到众所周知程度的，甚至引入适当的司法认知，避免举证烦琐化。司法政策和司法解释均已体现了这种精神。例如，"对于一般公众广泛知晓的驰名商标，要结合众所周知的驰名事实，减轻商标权人对于商标驰名情况的举证责任。认定驰名商标并不要求具有等同划一的知名程度，但驰名商标的保护范围和强度要与其显著性和知名度相适应，对于显著性越强和知名度越高的驰名商标，要给予其更宽的跨类保护范围和更强的保护力度。"[②]

2009年《驰名商标司法解释》考虑到不同的驰名商标的驰名程度是有差别的，有些"超级"驰名商标可能达到了家喻户

---

① 《最高人民法院关于充分发挥知识产权审判职能作用推动社会主义文化大发展大繁荣和促进经济自主协调发展若干问题的意见》（2011年12月16日印发，法发〔2011〕18号）。

② 最高人民法院副院长奚晓明：《充分发挥知识产权审判职能作用，为推进社会主义文化大发展大繁荣和加快转变经济发展方式提供有力司法保障——在全国法院知识产权审判工作座谈会上的讲话》（2011年11月28日）；《最高人民法院关于充分发挥知识产权审判职能作用推动社会主义文化大发展大繁荣和促进经济自主协调发展若干问题的意见》（2011年12月16日印发，法发〔2011〕18号）。

晓、众所周知的程度,对于这些众所周知的商标,不应再要求进行烦琐的举证,应当有限度地引入司法认知,减轻权利人的举证责任[①]。因此,该《司法解释》第 8 条规定"对于在中国境内为社会公众广为知晓的商标,原告已提供其商标驰名的基本证据,或者被告不持异议的,人民法院对该商标驰名的事实予以认定。"这里的"基本"证据,是指"初步"证据。

(二)关于时间节点的把握

认定驰名商标需要把握好时间节点,既要有原则性,又要有灵活性。司法政策曾经指出:"要正确把握认定驰名商标的时间界限,根据被控侵权行为发生当时而非起诉时的驰名程度进行认定。"[②]确定这种时间节点原则是必要的,但实践中具体把握时还有一些较为复杂的情况。例如,商标是否驰名通常反映的是一种连续的和不能割裂的过程,有时需要从前后过程来判断,而不能仅限于一个时间点,或者说最后才会落脚到一个时间点;举证往往是复原过去的事实,本身已使权利人处于不利状态,当事前事后使用的事实影响驰名情况的判断时,有必要酌情予以考虑,以此方式可以适当地补救举证制度对于权利人天然的不公平。因此,可以根据案件具体情况,以注册申请或者被诉侵权发生时间为节点是基本原则,但此前或者此后的连续使用能够印证时间节点中的驰名情况的,也可以予以考虑。当然,根据此前此后的连续使用事实进行认定本身也是认定驰名商标的具体方法,尤其是以在后使用的事实进行认定,乃是一种补强的认定方法,不能理解为混淆了认定的性质,其基点仍然是侵权行为发生时的状况。

(三)关于关联商标之间的传导效应

驰名商标与其他商标结合起来使用时,可以根据案件具体情况考虑其相互之间的知名度传导效应。当然,此时仍应当以使用和实际知名度的事实为基础,不能简单地以传导替代实际使用等情况。

考虑当今经济全球化的实际,同一商标由权利人在中国国(境)内外均同时使用的,认定在中国的驰名情况可以适当考虑其在国(境)外的驰名情况。但是地域性仍然是原则和基础,只是在确有必要时,国外使用与国内使用可以印证。

(四)关于反淡化和丑化标准

《商标法》第 13 条第 1 款、第 2 款将"容易导致混淆"和"误导公众,致使该驰名商标注册人的利益可能受到损害"分别规定为相应驰名商标保护的要件。如何解释这些要件的含义,法律并未明确规定。考虑到法律措辞的不同,以及其分别适用于未注册商标在相同类似商品上的保护和注册商标的跨类保护,应当作出不同的界定。因此,最高人民法院《关于审理涉及驰名商标保护的民事纠纷案件应用法律若干问题的解释》第 9 条规定:"足以使相关公众对使用驰名商标和被诉商标的商品来源产生误认,或者足以使相关公众认为使用驰名商标和被诉商标的经营者之间具有许可使用、关联企业关系等特定联系的,属于商标法第十三条第一款规定的'容易导致混淆'";"足以使相关公众认为被诉商标与驰名商标具有相当程度的联系,而减弱驰名商标的显著性、贬损驰名商标的市场声誉,或者不正当利用驰名商标的市场声誉的,属于商标法第十三条第二款规定的'误导公众,致使该驰名商标注册人的利益可能

① 孔祥俊主编:《最高人民法院知识产权司法解释理解与适用》,中国法制出版社 2012 年版,第 139 页。

② 原最高人民法院副院长曹建明:《求真务实锐意进取努力建设公正高效权威的知识产权审判制度——在第二次全国法院知识产权审判工作会议上的讲话》(2008 年 2 月 19 日)。

受到损害'。"有人说，我国《商标法》并未引进驰名商标的反淡化保护制度，这些规定虽然有合理性，但不应该由司法解释规定，而应该通过修改法律解决。显然，《商标法》对于驰名的注册商标实行跨类别保护，本身已突破了一般商标保护的相对性，事实上已采取反淡化、反丑化的保护态度。或者说，驰名商标跨商品类别保护具有天然的反淡化、反丑化色彩，即既然已经在非相同类似商品上进行保护，当然不能再囿于相同类似商品上的市场混淆标准，必然是对于混淆性的突破，否则无法达成驰名商标保护的目的。

对于驰名的注册商标的跨类保护，在认定"误导公众，致使该驰名商标注册人的利益可能受到损害"的结果要件时，既要注意一般情况下"误导公众"与"可能受到损害"之间需要具有因果关系，又要根据"可能受到损害"来衡量是否达到了"误导公众"的程度，并可以根据使用被控侵权商标致使相关公众将其与驰名商标产生经济联系的程度、对于驰名商标识别能力的减损程度和对驰名商标声誉的损害情况以及不正当利用其市场声誉的情况，进行综合判断。要考虑该驰名商标在使用被控侵权商标的商品的相关公众中的知悉程度，既不能无限制地扩张其跨类保护范围，把明显不能产生联系的商品类别纳入其保护范围，又不能按照狭义的混淆要求进行把握，不适当地限制其保护范围。[①]

既然驰名的注册商标跨类保护具有反淡化、反丑化的属性，决定是否保护的基点应当放在是否导致淡化、丑化以及是否不正当利用驰名商标的市场声誉上。为此，可以根据案件的具体情况，在必要时可以适当淡化误导的要求，即使未实际发生误认，但确实产生淡化等损害性后果，仍认定符合结果要件。如果简单地将误导与淡化、丑化之间仅限定为因果关系，有时不能有效地实现立法意图，不能为驰名商标提供正当有效的保护。司法政策提出的根据"可能受到损害"来衡量是否达到了"误导公众"的程度，已有这方面的考量。

（五）妥善地行使裁量权

涉及驰名商标保护的大量裁量性法律标准和考量因素，需要法官根据相关因素妥善把握，重点考虑各种因素之间的关联性，融会贯通，灵活把握。上述考量显然都体现了这些要求。裁量权的行使要有利于落实驰名商标司法保护的指导思想和政策导向。裁量性标准有核心领域，有边缘区域，边缘区域靠政策导向。裁判案件时，各种相关要素之间要注意印证和互证。

四、继续加强驰名商标司法保护的规范化

根据我国的社会环境和实际，需要从法律制度和工作制度两个层面加强驰名商标司法保护的规范化。前者要求严格执行法律规定，将驰名商标司法保护的法律制度落到实处；后者要求根据驰名商标的保护实际，采取一些针对性的工作措施。两者是相辅相成和相互促进的。

工作制度是落实法律制度的重要方面，工作制度要有利于贯彻落实法律制度。认识和把握两者的关系，需要处理好"本"与"末"的关系，不能本末倒置。当前的一些司法管理措施或者工作措施，如集中管辖、备案、判前审核制度等，主要是为了防止驰名商标制度滥用。相对于法律制度，这些工作制度一般具有应时性、权宜性、过渡性等，可以根据需要进行调整。这些制

① 原最高人民法院副院长曹建明：《求真务实锐意进取努力建设公正高效权威的知识产权审判制度——在第二次全国法院知识产权审判工作会议上的讲话》（2008年2月19日）。

度既然是辅助于和服务于法律制度的落实的,就应该服从于法律制度的落实,而不能妨碍法律制度的落实,不能成为落实法律制度的障碍。

近年来,最高人民法院陆续建立的驰名商标保护工作制度,是实践经验教训的总结,实践证明是行之有效的。例如,2006年11月12日最高人民法院决定实行备案制度;2009年1月5日最高人民法院发布《关于涉及驰名商标认定的民事纠纷案件管辖问题的通知》(法〔2009〕1号),决定实行集中管辖制度;最高人民法院还通过司法政策,推行判前审核制度。最高人民法院先后要求:“要加强对驰名商标认定工作的监督指导。要严格执行驰名商标认定备案制度,作出认定的法院应当按照有关规定在判决生效后即时层报最高法院备案。各高级法院要切实负起责任,加强对驰名商标认定工作的宏观指导和具体案件的监督,对于反映出来的问题和情况,要认真研究总结并及时予以上报,严格依法纠正不适当做法,避免工作偏差。对于刻意制造纠纷以获得驰名商标认定,能够查实的,应当按照《民事诉讼法》第102条规定的妨害民事诉讼行为处理,并依法撤销原判和对驰名商标的认定。”[①]“要进一步完善驰名商标司法认定的审查和备案制度。针对驰名商标司法认定的特殊性,一些法院在判前审核等方面进行了一些有益的探索,建立了相应的监督制度,取得了明显的成效。只要这些措施总体效果是好的,就可以积极推行。要注意及时总结经验,在制度和程序上不断加以完善。最高人民法院已建立驰名商标认定备案制度,各级法院应当按照要求认真落实和执行。”[②]“要加大审判监督力度,可以适当采取特殊的审判监督措施,适当增强审判监督的主动性。驰名商标的认定不写入判决书主文,也不以调解书认定驰名商标。”[③]“要认真执行司法解释的规定,准确把握驰名商标的保护范围,加强对驰名商标事实认定的严格把关,坚持判前审核制度,防止当事人弄虚作假,为骗取驰名商标的认定而进行虚假诉讼。”[④]上述司法措施的发展脉络是清晰的,这些措施仍需继续坚持。只有在条件成熟时,最高人民法院才会根据实际情况进行适当的调整。

驰名商标司法保护中的备案、判前审核、集中管辖等制度和措施,都不是知识产权审判的常规做法,但有其存在的合理性和符合当前审判实际,都是从实际出发而采取的,而不是源于法理逻辑,并不追求法理和法律逻辑上的严密,也不能简单地用法理或者国际惯例衡量评判。我们从来都不能因为拘泥于法理而牺牲有效解决实际问题的智慧。诚如霍姆斯所说:“由于法律是由一些能干而有经验的人掌管,这些人清楚地知道,不应为了三段论而牺牲解决实际问题的智慧。”[⑤]如果从纯粹法律标准的角度来衡量,这些措施可能是过渡性的,但在特定时期确实符合实际和切实有效的。

---

① 原最高人民法院副院长曹建明:《全面加强知识产权审判工作为建设创新型国家和构建和谐社会提供强有力的司法保障——在全国法院知识产权审判工作座谈会上的讲话》(2007年1月18日)。

② 原最高人民法院副院长曹建明:《求真务实锐意进取努力建设公正高效权威的知识产权审判制度——在第二次全国法院知识产权审判工作会议上的讲话》(2008年2月19日)。

③ 原最高人民法院副院长曹建明:《求真务实锐意进取努力建设公正高效权威的知识产权审判制度——在第二次全国法院知识产权审判工作会议上的讲话》(2008年2月19日)。

④ 《最高人民法院关于充分发挥知识产权审判职能作用推动社会主义文化大发展大繁荣和促进经济自主协调发展若干问题的意见》(2011年12月16日印发,法发〔2011〕18号)。

⑤ 小奥利弗·温德尔·霍姆斯:《普通法》,冉昊等译,中国政法大学出版社2006年版,第32页。

蓬勃发展的商标审判事业

——为《商标法》颁布三十周年而作

孔祥俊

伴随着我国改革开放的匆匆脚步,《商标法》已颁布30周年了。30年来,人民法院商标审判事业从无到有和由弱及强,30年前的小树已经枝繁叶茂,已呈现出朝气蓬勃和欣欣向荣的发展局面。30年来,各级人民法院解放思想、实事求是和与时俱进,不作茧自缚,不故步自封,不抱残守缺,通过依法裁判商标案件、及时明晰商标法律标准和总结提炼商标司法政策,不断丰富商标法律内涵,不断创新商标审判理论,不断强化商标权益保护,已成为我国商标法制建设的重要参与者、推动者和见证者。回顾过去的历程,可以说"看到的都是一片辛勤耕耘的土地,品尝它们的果实即可感到它们的价值"。① 本文从一些侧面对于我国商标司法保护的成就做些概览。

一、日益完善的司法政策

为更好地指导《商标法》的适用,统一司法标准,裁判好各类商标案件,近年来最高人民法院加强了商标司法政策的提炼、总结和明确,这些司法政策在商标司法中发挥了重要作用。商标司法政策既体现了"加强保护、分门别类和宽严适度"的知识产权保护总体司法政策,又适应了商标权保护的特点和实际。

(一)"加强保护、划清界限、留足空间、营造环境"的司法保护导向

商标司法必须有明确的取向和导向。只有确定和贯彻正确的取向和导向,商标司法才能更准确地贯彻好立法意图,最大限度地实现良好的法律效果和社会效果。在裁判案件时,把握好导向和取向,才可以指导法官在多个法律选项中进行正确的选择,才能澄清法律的模糊性。在商标司法中,保护商标权是原则,但商标权毕竟是一个具有一定程度的模糊性的概念,其保护范围和程度具有很强的弹性,因而在确定如何保护时,司法具有很强的政策选择和取舍的色彩。与立法需要政策指引一样,司法同样有相应的政策空间,需要确定、把握和运用好司法政策。近年来最高人民法院通过总结提炼商标司法政策,加强对于商标司法取向和导向的明确和贯彻,并通过明确法律标准确保其落到实处。

根据保护商标的区别性、防止混淆误认的立法目的,商标权司法保护政策的把握,应当以制止混淆为指针,充分划清商业标识之间的边界,遏制恶意抢注他人知名商业标识及"傍名牌"行为,为知名品牌的创立和发展提供和谐宽松的法律环境。在总结审判经验和立足保护需求的基础上,最高人民法院逐步明确了一系列司法导向,这些导向可以概括为"加强保护、划清界限、留足空间、营造环境",即"加强权利

① ［美］本杰明·内森·卡多佐:《法律的成长》,刘培峰等译,贵州人民出版社2003年版,第17页。

保护、划清市场界限、留足创立空间、营造发展环境”。例如,最高人民法院《关于当前经济形势下知识产权审判服务大局若干问题的意见》指出:“正确把握商标权的专用权属性,合理界定权利范围,既确保合理利用商标资源,又维护公平竞争;既以核定使用的商品和核准使用的商标为基础,加强商标专用权核心领域的保护,又以市场混淆为指针,合理划定商标权的排斥范围,确保经营者之间在商标的使用上保持清晰的边界,使自主品牌的创立和发展具有足够的法律空间。未经商标注册人许可,在同一种商品上使用与其注册商标相同的商标的,除构成正当合理使用的情形外,认定侵权行为时不需要考虑混淆因素。认定商品类似和商标近似要考虑请求保护的注册商标的显著程度和市场知名度,对于显著性越强和市场知名度越高的注册商标,给予其范围越宽和强度越大的保护,以激励市场竞争的优胜者,净化市场环境,遏制不正当搭车、模仿行为。”《最高人民法院关于充分发挥知识产权审判职能作用推动社会主义文化大发展大繁荣和促进经济自主协调发展若干问题的意见》(2011 年 12 月 16 日印发法发〔2011〕18 号)指出:“加强商标权保护,培育和维护知名品牌,积极促进社会主义市场经济的竞争性、创新性和包容性增长”;“依法加强商标权保护。商标权的保护,必须有利于鼓励正当竞争,有利于划清商业标识之间的边界,有利于遏制恶意抢注他人知名商业标识及‘傍名牌’行为,有利于为知名品牌的创立和发展提供和谐宽松的法律环境,为培育知名品牌和提升企业综合竞争力提供助力,推动我国从制造大国向品牌强国加快转变。”[①]这里还提出了商标权保护的“三个有利于”标准。

商标权的保护力度和政策取向与经济背景和社会基础息息相关,对于社会的特别需求必须有更多的眷顾。特别是,当前一些经营者有不正当模仿他人商业标识的习惯性偏好,无论是商标还是字号等的注册使用,常常有意与他人有知名度的商业标识贴近,以收到傍名牌、搭便车、鱼目混珠和浑水摸鱼等效果。近些年此类纠纷较多,恶意抢注、仿冒等花样层出不穷,成为损害市场竞争优胜者、妨碍创新和危害经济秩序的痼疾,足以说明这一点。在这种社会背景下,治顽疾需要猛药,法院应当以力挽狂澜和激浊扬清的气概,充分发挥司法政策的导向作用,对于商业标识给予强保护,提高商标的保护强度和加大遏制不正当模仿行为的力度。

(二)商标权保护的强弱适度

商标在具体保护中的情况很复杂,不能进行简单化处理和“一刀切”,需要区别情况,有强有弱,强弱适度。例如,坚持商标权相对性原则,除法律另有规定外,一般情况下不进行跨商品类别的保护,如对于在先使用并具有一定影响的商标及不构成驰名的注册商标不采取跨类保护;以正当使用制度适当限制商标权[②],如“商标侵权行为应以在商业标识意义上使用相同或者近似商标为条件,被诉侵权人为描述或者说明其产品或者服务的特点而善意合理地

---

① 《最高人民法院关于充分发挥知识产权审判职能作用推动社会主义文化大发展大繁荣和促进经济自主协调发展若干问题的意见》(2011 年 12 月 16 日印发法发〔2011〕18 号)。

② 《商标法实施条例》第 49 条规定:“注册商标中含有的本商品的通用名称、图形、符合,或者直接表示商品的质量、主要原料、功能、用途、重量、数量及其他特点,或者含有地名,注册商标专用权人无权禁止他人正当使用。”最高人民法院民事审判第三庭〔2008〕民三他字第 12 号答复函(2008 年 12 月 20 日)指出:“对于一定地域内的相关公众中约定俗成的扑克游戏名称,如果当事人不是将其作为区分商品或者服务来源的商标使用,只是将其用作反映该类游戏内容、特点等的游戏名称,可以认定为正当使用。”

使用相同或者近似标识的,可以依法认定为正当使用”[①];适当承认在先商标权人的善意抗辩,如,“注册商标权人的注册商标属于复制、摹仿或者翻译他人未在中国注册的驰名商标、抢注被代理人或者被代表人的商标或者以不正当手段抢注他人已经使用并有一定影响的商标,被诉侵权的在先商标使用人以此为由提出抗辩的,应当予以支持”[②];适当弱化未实际使用商标的保护,等等。

划清商业标识之间的边界,需要正确确定商标权的保护范围。商标权的保护范围与商标的显著性和知名度紧密相关,显著性越强和市场知名度越高的商标,其可以获得的保护范围就越宽,保护强度相应就越大。划清商业标识之间的边界,还需要妥善运用商标法规定的裁量性法律标准。《商标法》规定的商标近似、商品类似、在先使用并且有一定影响的商标、以欺骗或者其他不正当手段取得商标注册等要素,都属于裁量性法律标准。在具体案件的裁判中,应充分利用裁量性法律标准所允许的弹性空间,加大遏制恶意抢注、“傍名牌”等不正当行为的力度。

当然,在最大限度划清商业标识之间的边界的同时,在特殊情况下也应允许构成要素近似的商标之间的适当共存,防止简单地把商标构成要素近似等同于商标近似,实现经营者之间的包容性发展。不过,这种包容发展应当限于极其特殊的例外情况,通常属于因复杂历史因素导致的共存,或者其他因客观因素导致的善意共存。例如最高人民法院裁决的“鳄鱼”商标侵权案、上海法院裁判的张小泉剪刀案等就是这样的特殊情形。

二、细化和丰富了法律标准

商标司法在细化和丰富商标法律内容方面发挥了重要作用。商标司法需要将立法的一般性、抽象性规定具体化。司法解释、司法政策和案件裁判都是细化和丰富法律内容的重要载体和途径。司法通过将商标法的一般性规定运用到具体案件,解决丰富多彩的个案,使商标法规范的内容具体化和明确化。法律规范的裁量性越强,司法作为的空间越大。这样的实例不胜枚举。

例如,《商标法》第 13 条第 1 款、第 2 款将“容易导致混淆”和“误导公众,致使该驰名商标注册人的利益可能受到损害”分别规定为相应驰名商标保护的要件。如何解释这些要件的含义,法律并未明确规定。考虑到法律措辞的不同,以及其分别适用于未注册商标在相同类似商品上的保护和注册商标的跨类保护,应当作出不同的界定。因此,最高人民法院《关于审理涉及驰名商标保护的民事纠纷案件应用法律若干问题的解释》第 9 条规定:“足以使相关公众对使用驰名商标和被诉商标的商品来源产生误认,或者足以使相关公众认为使用驰名商标和被诉商标的经营者之间具有许可使用、关联企业关系等特定联系的,属于商标法第十三条第一款规定的‘容易导致混淆’”;“足以使相关公众认为被诉商标与驰名商标具有相当程度的联系,而减弱驰名商标的显著性、贬损驰名商标的市场声誉,或者不正当利用驰名商标的市场声誉的,属于商标法第十三条第二款规定的‘误导公众,致使该驰名商标注册人的利益可能受到损害’。”有人说,我国《商标法》并未引进驰名商标的反淡化保护制度,这些

① 《最高人民法院关于充分发挥知识产权审判职能作用推动社会主义文化大发展大繁荣和促进经济自主协调发展若干问题的意见》。

② 《最高人民法院关于充分发挥知识产权审判职能作用推动社会主义文化大发展大繁荣和促进经济自主协调发展若干问题的意见》。

规定虽然有合理性,但不应该由司法解释规定,而应该通过修改法律解决。显然,《商标法》对于驰名的注册商标实行跨类别保护,本身已突破了一般商标保护的相对性,事实上已采取反淡化保护的态度。或者说,驰名商标跨商品类别保护具有天然的反淡化色彩,即既然已经在非相同类似商品上进行保护,当然不能再囿于相同类似商品上的市场混淆标准,必然是对于混淆性的突破,否则无法达成驰名商标保护的目的。何况,驰名商标反淡化保护本来就非一个模式,更不是只有一个美国模式,不同立法模式下的保护范围、条件和程度不尽相同。美国有些绝对化的纯粹反淡化保护制度,它采取驰名商标的高门槛、强保护制度;欧盟有相对化的反淡化保护,它采取门槛相对不高的弹性保护态度。我国的驰名商标反淡化保护有些接近于欧盟制度,而与美国制度差异较大,不宜想当然地以美国反商标淡化法之类的保护制度想象我国的反淡化保护,更不能将其作为衡量我国反淡化制度的标尺。在《商标法》未界定相关要件含义的情况下,司法解释当然可以根据立法精神、事物本身的属性和社会需求,进行正当合理的解释。实践证明,这些解释符合我国驰名商标保护实际,效果是好的。

按照《商标法》有关规定,通用名称不能注册为商标,但实践中对于通用名称的理解分歧很大,把握的标准不尽相同。最高人民法院《关于审理商标授权确权行政案件若干问题的意见》(法发〔2010〕12 号)第 7 条规定:“人民法院在判断诉争商标是否为通用名称时,应当审查其是否属于法定的或者约定俗成的商品名称。依据法律规定或者国家标准、行业标准属于商品通用名称的,应当认定为通用名称。相关公众普遍认为某一名称能够指代一类商品的,应当认定该名称为约定俗成的通用名称。被专业工具书、辞典列为商品名称的,可以作为认定约定俗成的通用名称的参考。”“约定俗成的通用名称一般以全国范围内相关公众的通常认识为判断标准。对于由于历史传统、风土人情、地理环境等原因形成的相关市场较为固定的商品,在该相关市场内通用的称谓,可以认定为通用名称。”“申请人明知或者应知其申请注册的商标为部分区域内约定俗成的商品名称的,应视其申请注册的商标为通用名称。”该解释赋予通用名称如此之多的含义和类型,足见看似简单的术语和明确的规定,其实践中的含义却是如此之丰富,任何简单化的理解都行不通,也足见司法解释之能动空间。这些复杂而具体的情况更适合司法根据案件具体情况具体处置。

《商标法》第 15 条只是禁止代理人或者代表人抢注他人注册商标,但一些代理人或者代表人为规避该条规定,与第三人串通并以第三人名义实施抢注行为。如果仅仅从字面含义理解,不能适用上述规定禁止该第三人的抢注。但是,考虑到该条规定有关禁止不正当抢注的立法意图,以及第三人只是被作为代理人或者代表人抢注他人注册商标的工具的事实,如果扩张解释上述规定,将此类第三人的抢注行为纳入该条规定的调整范围,对于遏制当前社会上不正当抢注多发的现象是很适宜的。司法实践中就是如此扩张适用的,这显然有很强的政策取向成分。

按照《商标法》有关规定,“三年不使用”的注册商标可予撤销,但看似简单的“三年不使用”却有丰富内涵和复杂情形。如最高人民法院《关于审理商标授权确权行政案件若干问题的意见》(法发〔2010〕12 号)第 20 条规定:“商标权人自行使用、许可他人使用以及其他不违背商标权人意志的使用,均可认定属于实际使用的行为。实际使用的商标与核准注册的商标虽有细微差别,但未改变其显著特征的,可以视为注册商标的使用。没有实际使用注册商标,仅有转让或许可行为,或者仅有商标注册信息的公布或者对其注册商标享有专有权的声明等的,不宜认定为商标使用。”实践中还另有一些商标使用的情形,需要根据情况进行认定。

《商标法》规定,同中华人民共和国的国家名称相同或者近似的标志不得注册为商标。但何谓此处的相同或者近似,实践中却有较大分歧。在申诉人国家工商行政管理总局商标评审委员会与被申诉人劲牌有限公司商标驳回复审行政纠纷案中①,最高人民法院再审判决认为,“《商标法》第10条第1款第(1)项所称同中华人民共和国的国家名称相同或者近似,是指该标志作为整体同我国国家名称相同或者近似;如果该标志含有与我国国家名称相同或者近似的文字,但其与其他要素相结合,作为一个整体已不再与我国国家名称构成相同或者近似的,则不宜认定为同中华人民共和国国家名称相同或者近似的标志。”就本案涉及的“中国劲酒”商标是否能够认为与国名相同近似,该再审判决认为,申请商标可清晰识别为“中国”、“劲”、“酒”三部分,虽然其中含有我国国家名称“中国”,但其整体上并未与我国国家名称相同或者近似,因此申请商标并未构成同中华人民共和国国家名称相同或者近似的标志,商标评审委员会关于申请商标属于《商标法》第10条第1款第(1)项规定的同我国国家名称相近似的标志,据此驳回申请商标的注册申请不妥。但是,国家名称是国家的象征,如果允许随意将其作为商标的组成要素予以注册并作商业使用,将导致国家名称的滥用,损害国家尊严,也可能对社会公共利益和公共秩序产生其他消极、负面影响。因此,对于上述含有与我国国家名称相同或者近似的文字的标志,虽然对其注册申请不宜根据《商标法》第10条第1款第(1)项进行审查,但并不意味着属于可以注册使用的商标,而仍应当根据商标法其他相关规定予以审查。例如,此类标志若具有不良影响,仍可以按照《商标法》相关规定认定为不得使用和注册的商标。对于含有国名的标志的界定,商标授权机关一直做宽泛的习惯性理解,如将“含有与我国国家名称相同或者近似的文字,但其与其他要素相结合,作为一个整体已不再与我国国家名称构成相同或者近似”的情形也纳入其中,甚至在此基础上发展出专门的行政审查标准,规定了一系列例外情形。但是,上述行政再审判决显然不完全同意商标行政授权机关长期形成的习惯性认识。这也说明,看似理解起来比较简单的法律问题和法律规定,居然有如此长时间的误解误判,甚至至今可能还意识不到或者仍自以为是。

三、开拓创新的商标司法理论

知识产权审判实践对于审判理论有了更多更高的渴求,审判理论创新对于审判实践具有更大的推动作用。审判实践既需要对于既有理论进行实践检验和创造性适用,又需要在审判理论上进行新的概括和创新。审判实践受审判理论的指导,以减少盲目性;审判实践又为审判理论提供经验素材和对审判理论进行验证,能动地引领和推进审判理论创新和发展。审判理论创新是各有关方面和有关主体共同努力的结果,尤其是,各级法院和广大法官是审判理论的接受者和践行者,同样又是创造者。在商标司法领域,理论创新成绩斐然,并有

---

① 最高人民法院〔2010〕行提字第4号行政判决书。

力地支撑和推动了实践发展。

波斯纳法官曾说:“一个理论内所接受的判例就提供了检验这一理论继续适用的范例。但是,这里必须要有一个理论。一个人不可能只是从判例到判例,什么也不顾。你不能说,我没有什么私隐的理论,正当程序的理论或任何其他东西的理论,但是,由于有了格力斯沃德案(Griswold),跟着就有了若伊案(Roe)。你必须能够说清楚,格力斯沃德案判例中有什么决定了若伊案。格力斯沃德判例并没有告诉你应如何宽泛或如何狭窄地理解格力斯沃德案。”[①]这就是说,理论是把判例的理由说清楚的东西,且判例通常都是有理论在背后支撑着。我们的裁判及裁判标准同样是有理论支撑的。

商标司法中法律适用标准的创新更是俯拾即是。一些新的法律标准的确立和适用,往往都是以进行理论创新或者通过克服理论障碍实现的,理论创新总会开辟一片法律适用的新空间。这里以一些著名的例子加以说明。

为应对审理商标侵权及授权确权案件中的一些复杂问题,实践中进行了一系列理论创新,确立了一系列审理标准。例如,为解决因复杂历史因素等导致的商标共存问题,司法实践逐步创设了区分商标近似与商标构成要素近似、混淆性近似等理论。为解决已有较大规模使用的商标的去留问题,我们明确了商标客观区分的判断标准,即已有较大规模的使用、客观已经能够区分的商标,不宜轻率地予以撤销[②]。我们还提出了商标不完全区分或者商标区分缺陷理论,即在商标已客观上善意共存的情况下,我们已不是在一张白纸上画最新最美的图画,而是基于事实,从事实和实际出发,甚至迁就现实,允许其共存,在防止市场混淆上不作理想化处理或者追求理想化状态,甚至适当容忍一些无法避免的混淆。对于这样的商标,如果作完全泾渭分明的切割,可能使一方当事人欣喜若狂,但会使另一方当事人遭受灭顶之灾;有限度地切割可能使一方或者双方均不尽满意,但总体上总比彻底切割公平一些,这是一种相对的公平(如最高人民法院裁判的鳄鱼商标侵权案、散列通商标行政案)。

商标权保护的总体司法政策是尽量划清商标之间的界限,为创立品牌留足法律空间[③],但特殊情况下的商标共存又是必不可少的。如何处理尽量划清界限与共存之间的关系,避免商标去留处理上的任意性或者避免给人产生法院任意处置的印象,需要以有说服力的理论和可操作的法律标准为支撑,妥善处理最大限度划清商业标识之间的边界与特殊情况下允许构成要素近似商标之间适当共存的关系。尤其是,针对一些近似商标系非主观恶意原因形成,但其权利人往往有一心打掉对方商标的你死我活心态,我们以包容性增长理论,

---

① [美]理查德·A. 波斯纳:《超越法律》,苏力译,中国政法大学出版社 2001 年版,第 201 ~202 页。

② 《最高人民法院关于审理商标授权确权行政案件若干问题的意见》(2010 年 4 月 20 日发布)第 1 条指出:“对于使用时间较长、已建立较高市场声誉和形成相关公众群体的讼争商标,应当准确把握商标法有关保护在先商业标识权益与维护市场秩序相协调的立法精神,充分尊重相关公众已在客观上将相关商业标识区分开来的市场实际,注重维护已经形成和稳定的市场秩序。”

③ 《最高人民法院关于当前经济形势下知识产权审判服务大局若干问题的意见》(2009 年 4 月 21 日)第 6 条关于“完善商标司法政策,加强商标权保护,促进自主品牌的培育”部分指出:“既以核定使用的商品和核准使用的商标为基础,加强商标专用权核心领域的保护,又以市场混淆为指针,合理划定商标权的排斥范围,确保经营者之间在商标的使用上保持清晰的边界,使自主品牌的创立和发展具有足够的法律空间。”奚晓明副院长在 2009 年全国法院知识产权审判工作座谈会上的讲话中指出:“要以制止混淆为核心,以为自主品牌的形成和企业品牌做大做强创造足够的法律空间为导向,准确把握商业标志授权确权的条件和侵权行为的认定标准,正确界定商业标志保护范围,使商业标志之间具有充分的可区别性,有效遏制不正当搭车模仿行为。”

解决善意使用商标之间的共存问题，即如果相关争议商标均具有较高知名度，或者相关商标的共存是特殊条件下形成时，认定商标近似还应根据两者的实际使用状况、使用历史、相关公众的认知状态、使用者的主观状态等因素综合判定，注意尊重已经客观形成的市场格局，防止简单地把商标构成要素近似等同于商标近似，实现经营者之间的包容性增长。

为合理确定商标权保护范围，创设了商标意义上的使用或者商标侵权意义上的近似（最高人民法院裁判的红河红商标侵权案、伟哥商标侵权案）。为遏制恶意抢注或者不正当搭车模仿行为，将关联商品标准引入类似商品判断的范畴（如最高人民法院裁定的啄木鸟商标行政案）。

商标近似或者近似商标的认定在商标案件审判中具有重要意义，但其具体认定情况复杂，我们为此进行了理论探索和标准归纳，并上升为司法政策。司法政策指出，认定是否构成近似商标，要根据案件的具体情况。通常情况下，相关商标的构成要素整体上构成近似的，可以认定为近似商标。相关商标构成要素整体上不近似，但主张权利的商标的知名度远高于被诉侵权商标的，可以采取比较主要部分决定其近似与否。要妥善处理最大限度划清商业标识之间的边界与特殊情况下允许构成要素近似商标之间适当共存的关系。相关商标均具有较高知名度，或者相关商标的共存是特殊条件下形成时，认定商标近似还应根据两者的实际使用状况、使用历史、相关公众的认知状态、使用者的主观状态等因素综合判定，注意尊重已经客观形成的市场格局，防止简单地把商标构成要素近似等同于商标近似，实现经营者之间的包容性发展。①

对于企业名称与在先注册商标之间的权利冲突纠纷，法院大体上经历了不予受理、有条件受理和全面受理三个阶段。期间是以不同的理论依据为支撑的。如不予受理阶段的理由主要是，经合法注册的企业名称，不经行政程序撤销即不得通过民事诉讼认定侵权。全面受理阶段的理论依据是经行政注册程序产生的民事权利仍然是民事权利，直接认定使用行为构成侵权无法理上的障碍，即为追求实体公平而采取的“揭开企业名称注册的面纱”。如，“有工商登记等的合法形式，但实体上构成商标侵权或者不正当竞争的，依法认定构成商标侵权或者不正当竞争，既不需要以行政处理为前置条件，也不应当因行政处理而中止诉讼。”②可见，理论与认识紧密联系，理论认识的转变和深化，使实践发生了根本性转变。

四、任重而道远

人民法院的商标司法经由初创和发展，正在逐步走向成熟。人民法院司法审判事业方兴未艾，任重道远。人民法院将不负重托和不辱使命，在裁判案件、明晰法律标准和创新审判理论等方面仍将发挥更大的作用。

当前，我们又迎来了《商标法》的新一轮修改，法律的修改与商标司法息息相关。总体上讲，《商标法》具有稳定性，虽然《商标法》每隔数年都要修改一次，但修改法律所要解决的都是重要的、不通过修改法律即无法解决的问题。每当新一轮法律修改启动之时，人们往往对法律修改寄予厚望，期望修改的内容多多益善，最好能够把自己希望解决的问题都包容进去，但最终往

---

① 最高人民法院《关于充分发挥知识产权审判职能作用推动社会主义文化大发展大繁荣和促进经济自主协调发展若干问题的意见》（法发〔2011〕18号）第19条。

② 曹建明副院长在第二次全国法院知识产权审判工作会议上的讲话（2008年2月29日）。

往都会与具体预期有较大差距。尤其是,在我国社会主义法律体系已经建成的今天,法律修改的幅度一般不会太大,修改的内容不会太多,实践中的不少具体法律适用问题仍然不能靠修改法律解决,而需要或者只能留待在具体执行中解决。之所以会这样,这既与人们所寄予的修改期望是否适当有关,又与立法的特性有关。立法首先只解决重大问题,立法重视相关各方的共识,立法强调原则性、一般性和稳定性,立法不会事无巨细和无所不包,等等。

立法与司法的差异久已为立法者和司法者所体认。即便如《法国民法典》那样本来有包罗万象、为任何可能遇到的法律问题提供答案的良苦初衷和勃勃雄心,其立法者也深知立法不可能无所不能和无所不包,而只能有所为有所不为,需要给司法留下足够的和必要的空间,司法的问题只能由司法去解决。《法国民法典》的起草者为此指出:"立法机关的任务是从大处着眼确立法律的一般准则。它必须是确立高度概括的原则,而不是陷于对每一种可能发生的问题的琐细规定。法律的适用乃属于法官和律师的事情,他们需要深刻理解法律的基本精神……立法同司法一样也有技巧,而二者是颇为不同的。立法的技巧是要发现每一领域中对公共福利最有利的原则,法官的技巧则是要把这些原则付诸实施,要凭借智慧与理性的运用而将其扩大到具体的情况……那些没有纳入合理立法范围内的异常少见的和特殊的案件,那些立法者没有时间处理太过于变化多样的、太易于引起争议的细节,及即使是努力预见也于事无益,或轻率预见则不无危险的一切问题,均留给判例去解决。我们应当留有一些空隙让经验去陆续填补。民众的法典应时而立,但确切地说,人们尚没有完成。"[①]可见,司法不仅是法律的适用,而且是立法的延伸和继续,也即法律"应时而立",但"尚没有完成"。商标立法和司法的关系同样如此。在商标立法没有规定、规定不清晰或者有裁量余地时,司法应发挥积极作用,通过法律解释和案件裁判等澄清疑问,解决纷繁复杂的各类问题。

---

① [德]茨威格特等:《比较法总论》,潘汉典等译,贵州人民出版社1992年版,第167~168页。

浅析我国对侵犯知识产权犯罪的从严打击趋势

元　明　张建忠　余　岚

内容提要：近 30 年来，我国通过增加犯罪主体范围、扩大保护对象范围、完善罪名体系，降低入罪门槛的方式扩大侵犯知识产权犯罪圈；与此同时，立法和司法还分别通过提高最高法定刑、周全刑种的配置，严格刑罚的适用等方式增加侵犯知识产权犯罪的法定刑强度。所有立法和司法举措都彰显着我国对侵犯知识产权犯罪从严打击的趋势，表明我国从严打击侵犯知识产权犯罪的决心。

关键词：侵犯知识产权犯罪　从严　趋势

知识产权作为重要的生产要素，在经济社会发展中发挥着越来越重要的作用。与此同时，侵犯知识产权犯罪已经成为联合国规定的 17 类跨国犯罪中最为严重的犯罪之一。[①] 自 1979 年《刑法》设立假冒商标罪以来，为有效打击犯罪，我国通过不断加强和完善知识产权刑事立法、颁布司法解释，建立了较为系统的知识产权刑法保护体系。综观 30 年来《刑法》对知识产权保护的发展历程，我国对侵犯知识产权犯罪呈现出总体从严打击的趋势，主要体现在多次修改立法、不断出台司法解释来扩大犯罪圈和增加法定刑适用强度等方面。

一、犯罪圈的扩大

近年来，我国不断加大知识产权的刑事立法力度，通过扩大犯罪主体和保护对象的范围、完善罪名体系的方式，使知识产权刑法保护取得了重大进展。特别是 1998 年以来，"两高"单独或联合有关部门陆续出台了七个有关保护知识产权的刑事司法解释或司法解释性文件，通过逐步降低侵犯知识产权犯罪的入罪门槛，加大规制力度，使侵犯知识产权犯罪圈得到了快速扩大。据有关方面统计，1998 年全国法院一审审结侵犯知识产权犯罪案件数量只有 131 件，至 2008 年，这一数据已经增加到 3326 件。[②]

（一）立法对犯罪圈的拓展

1. 犯罪主体的扩大。1979 年《刑法》将假冒商标罪的主体限定为工商企业的直接责任人员，由此导致实践中除此以外的任何人即使假冒了他人的商标，也不能被追究刑事责任。这与当时的计划经济时代背景基本相适应。全国人大常委会于 1993 年出台的《关于惩治假冒注册商标犯罪的补充规定》（以下简称 1993 年的《补充规定》）以单行刑法的形式，对 1979 年《刑法》做出重要补充和修改，将假冒商标罪的主体扩展为包括工商企业、事业单位、个体工

---

① 作者简介：元明，最高人民检察院侦查监督厅副厅长；张建忠，最高人民检察院侦查监督厅处长；余岚，最高人民检察院侦查监督厅干部。孙万怀："侵犯知识产权犯罪刑事责任基础构造比较"，载《华东政法学院学报》1999 年第 2 期。

② 参见《中国知识产权年鉴 2007》，中国检察出版社 2008 年版，第 327 页，转引自"解构与嵌合：宽严相济视野下的知识产权刑事审判研究"，载 http://www.jhcourt.cn/NewsShow.aspx? id =4836。

商户及个人在内的一般主体,并确定了该罪单位犯罪的处罚原则。后来的1997年《刑法》将上述修改内容予以了吸收。

2. 保护对象的扩展。1979年《刑法》第127条规定假冒商标罪的保护对象仅为"其他企业已经注册的商标"。由此导致假冒个人注册商标的行为无法以犯罪论处。1993年的《补充规定》对此规定进行了修改,将商标犯罪的对象进行了扩展,认定任何单位、个人已注册的商标均应受到刑法保护。此项修改,不仅体现了知识产权平等保护的原则,也大大严密了法网,提高了对注册商标的保护力度。

3. 罪名的完善。1979年《刑法》只规定了假冒商标罪。1984年出台的《中华人民共和国专利法》第63条以附属刑法的形式设立了假冒专利罪。在我国加入《保护工业产权巴黎公约》和《商标国际注册马德里协定》后,为了适应国内外形势,1993年的《补充规定》增加了销售假冒注册商标商品罪,伪造、擅自制造他人注册商标标识罪和销售伪造、擅自制造的注册商标标识罪。1994年全国人大常委会制定的《关于惩治侵犯著作权的犯罪的决定》以单行刑法的形式增设了侵犯著作权罪和销售侵权复制品罪。至1997年《刑法》,又增设了侵犯商业秘密罪。

(二)司法对犯罪圈的拓展

针对1997年《刑法》对侵犯知识产权犯罪的有关规定,有关部门相继出台了《关于审理非法出版物刑事案件具体应用法律若干问题的解释》(以下简称1998年的《非法出版物解释》)、《关于经济犯罪案件追诉标准的规定》(以下简称《追诉标准》)、《关于办理侵犯知识产权刑事案件具体应用法律若干问题的解释》[以下简称2004年的《解释(一)》]、《关于办理侵犯著作权刑事案件中涉及录音录像制品有关问题的批复》、《关于办理侵犯知识产权刑事案件具体应用法律若干问题的解释(二)》[以下简称2007年的《解释(二)》]、《关于公安机关管辖的刑事案件立案追诉标准的规定(二)》和《关于办理侵犯知识产权刑事案件适用法律若干问题的意见》(以下简称2011年的《若干意见》)共7部司法解释或司法解释性文件。实践证明,上述司法解释为有力打击知识产权违法犯罪活动提供了可操作性的准则。

1. 降低自然人入罪门槛。2004年的《解释(一)》大幅降低了4种侵犯知识产权犯罪自然人的定罪量刑标准:将假冒注册商标罪的入罪标准由"非法经营数额"10万元以上调整为"非法经营数额"5万元以上或者违法所得数额3万元以上;将销售假冒注册商标的商品罪的入罪标准由"销售数额"10万元以上调整为5万元以上;将非法制造、销售非法制造的注册商标标识罪的入罪标准由"非法经营数额"20万元以上调整为5万元以上;将侵犯著作权罪的入罪标准之一的"违法所得数额"5万元以上调整为3万元以上。2007年的《解释(二)》将侵犯著作权罪的入罪标准之一的侵权复制品数量从一千张(份)降低为五百张(份)。2011年的《若干意见》则在2007年的《解释(二)》的基础上,对侵犯著作权罪的入罪标准作了进一步修改,规定数额或数量未达到相应入罪标准,但分别达到其中两项以上入罪标准一半以上的,也应被追究刑事责任。

2. 缩小并消灭单位犯罪与自然人犯罪间的入罪数额差距。1998年的《非法出版物解释》并没有对单位侵犯知识产权的定罪量刑标准作统一规定,只是将第217条侵犯著作权罪和第218条销售侵权复制品罪中单位犯罪的起刑数额设置为4倍或5倍于自然人的起刑数额。而《追诉标准》则将假冒注册商标罪和销售假冒注册商标的商品罪的单位犯罪起刑数额标准规定为自然人犯罪标准的5倍。2004年的《解释(一)》在降低个人犯罪定罪门槛的基础上，又把单位犯罪与自然人犯罪起刑数额标准比值进行了统一，降为3倍。为进一步加大对侵犯知识产权犯罪的打击力度，2007年的《解释(二)》取消了单位侵犯知识产权犯罪和自然人犯罪的起刑数额标准的差别。这项规定突破了我国《刑法》一贯采取的单位犯罪和自然人犯罪区别对待的政策，其目的在于防止自然人以单位犯罪为借口逃避制裁，并给予对市场经济秩序具有更强破坏力的规模型集团造假犯罪活动更为严厉的打击。

二、法定刑强度的增加

我国政府在入世时承诺无保留全面执行TRIPs协议。而TRIPs协议第61条规定："全体成员均应提供刑事程序及刑事惩罚，至少对有意以商业规模假冒商标或对版权盗版的情况是如此。可以采用的救济应包括处以足够起威慑作用的监禁，或处以罚金，或二者并处，以符合适用于相应严重罪行的惩罚标准为限，在适当场合，可采用的救济还应包括扣留、没收或销毁侵权商品以及主要用于从事上述犯罪活动的原料及工具。成员国可规定将刑事程序及刑事惩罚适用于侵犯知识产权的其他情况，尤其是有意侵权并且以商业规模侵权的情况。"①为切实履行入世时的庄严承诺，我国通过设定较高的自由刑刑期、配置完善的刑罚种类和严格刑罚的适用原则等手段，不断加强侵犯知识产权犯罪的法定刑强度，以加大侵犯知识产权犯罪的打击力度。

(一)提高法定刑强度的立法表征

1979年《刑法》规定的假冒商标罪的法定最高刑仅为3年有期徒刑，且采用了自由刑和罚金刑选择适用的方式配置刑种。1993年的《补充规定》将假冒商标罪的最高法定刑提高到7年有期徒刑，并采用了自由刑与罚金刑并重的刑种配置方式。随后的1997年《刑法》延续了上述做法，规定销售假冒注册商标的商品罪，非法制造、销售非法制造的注册商标标识罪，侵犯著作权罪和侵犯商业秘密罪的法定最高刑为7年有期徒刑，并处罚金。从下面的三个表格②可知，我国刑事立法对知识产权犯罪自由刑上限的设置，远远高于日本、德国、英国等一些发达国家刑法的规定，而我国刑事立法对侵犯知识产权犯罪的刑种设置体现了自由刑和罚金刑并重的特征，较一些西方国家的刑种配置更为全面。以上立法举措，体现了我国惩治侵权犯罪行为的决心。

表一　侵犯商标权犯罪各国的刑事处罚规定

国别	立法规定最高刑期
日本	5年有期徒刑或50万元以下罚金
法国	3年监禁和1.5万法郎罚金
德国	6个月有期徒刑或180天以下日额罚金
英国	两年监禁
挪威	3个月有期徒刑或罚金
瑞典	6个月监禁
中国	7年有期徒刑并处罚金

① 刘剑文主编：《Trips视野下的中国知识产权制度研究》，人民出版社2003年版，第416页。

② 表一和表二相关数据来源于"侵犯知识产权犯罪刑事责任基础构造比较"，载 http://china.findlaw.cn/chanquan/zsvqrw/zhuanlifalunwen/24976_5.html，表三数据转引自张佩钰"论知识产权的刑法保护"，载中国知网中国优秀硕士学位论文全文数据库。

表二　侵犯著作权犯罪各国的刑事处罚规定

国别	立法规定最高刑期
日本	3 年有期徒刑或 100 万日元罚金
德国	5 年监禁或罚金
法国	2 年有期徒刑并处 1 万 2 千法郎
中国	7 年有期徒刑并处罚金

表三　侵犯商业秘密罪各国的刑事处罚规定

国别	立法规定最高刑期
德国	2 年自由刑或罚金
英国	5 年监禁或罚金
中国	7 年有期徒刑并处罚金

(二)提高法定刑强度的司法表征

1. 严格缓刑的适用。我国《刑法》规定,被判处拘役、三年以下有期徒刑的犯罪分子,由于犯罪情节较轻,有悔罪表现,没有再犯罪的危险,暂不执行刑罚对所居住社区没有重大不良影响的,就可以规定一定的考验期,暂缓刑罚的执行;如果犯罪人在考验期内遵守一定条件,原判刑罚就不再执行。所以,缓刑制度是一种有条件不执行刑罚的刑事责任承担方式。近年来,由于知识产权犯罪案件调查难、取证难的特点,公安机关往往更加注重案件的突破而忽视对案件的深挖;加上侦查手段落后,证据收集不扎实,客观上也容易导致对此类案件公诉不力,以致司法实践中相当数量的犯罪分子因认罪态度较好,在被处以较轻刑罚的同时被宣告缓刑。为遏制较高的缓刑率,同时也为防止惩处此类犯罪时出现缓刑滥用的情况,2007 年的《解释(二)》第 3 条明确了四种情形一般不得适用缓刑,即"侵犯知识产权被刑事处罚或者行政处罚后,再次侵犯知识产权构成犯罪的;不具有悔罪表现的;拒不交出违法所得的;其他不宜适用缓刑的情形"。

需要特别指出的是,为了严格某个罪名的缓刑适用,而专门出台司法解释的情况,在我国刑事司法实践中并不多见。截至目前,仅有 1996 年的《关于对贪污、受贿、挪用公款犯罪分子依法正确适用缓刑的若干规定》(以下简称《若干规定》)、《关于贯彻宽严相济刑事政策的若干意见》(以下简称《若干意见》)和 2011 年的《关于进一步加强危害生产安全刑事案件审判工作的意见》(以下简称《工作意见》)分别对贪污、受贿犯罪和严重危害生产安全的犯罪行为,提出了严格适用缓刑的意见。

值得注意的是,与《若干意见》和《工作意见》相比,2007 年的《解释(二)》对适用缓刑的控制力度显然更加严格。《工作意见》只规定符合特定情形的犯罪分子"原则上"不适用缓刑,《若干意见》也仅规定应"严格控制"、"切实规范"缓刑的适用。而 2007 年的《解释(二)》第 3 条的规定,一般不得对符合特定情形的行为适用缓刑。

2. 加大罚金刑适用力度。我国刑法分则对罚金刑种类的规定有以下几种情况:一是无限额罚金制,即只规定判处罚金而没有规定具体的数额。二是倍比罚金制,即以违法所得数额或者犯罪涉及数额为基准,处以一定倍数的罚金,如《刑法》第 175 条高利转贷罪规定,并处违法所得一倍以上五倍以下罚金。三是比例罚金制,即以犯罪涉及数额为基准,处以一定比例的罚金,如《刑法》第 191 条洗钱罪规定,并处或单处洗钱数额百分之五以上百分之二十以下罚金。四是相对确定的罚金数额,即规定了比较确定的罚金数额幅度,如《刑法》第 3 章第 5 节金融诈骗犯罪规定,并处二万元以上二十万元以下罚金,或者五万元以上五十万元以下罚金。

综观《刑法》第3章破坏社会主义市场经济秩序罪对倍比罚金制的规定仅为两种:一种是类似第140条生产、销售伪劣产品罪的规定,将倍比比例设定在50%至2倍;另一种是类似第175条高利转贷罪的规定,将倍比比例设定在1至5倍。而根据该章对比例罚金的规定,比例幅度控制在1%至30%。对比上述两种罚金制可见,在基准金额相同的情况下,倍比罚金制的处罚力度显然更大。

由于1997年《刑法》对侵犯知识产权犯罪现采用无限额罚金制的规定,容易导致出现罚金数量畸轻畸重等不合理现象。为规范罚金刑的适用,2007年的《解释(二)》结合刑法对破坏社会主义市场经济秩序罪设定的罚金刑种类,以处罚更重的倍比罚金制作为确定侵犯知识产权犯罪的罚金刑适用的一般原则,并将倍比比例就高设定为1至5倍。2007年的《解释(二)》同时规定如果按照比例罚金制处刑更重,则应按照非法经营数额的百分之五十以上一倍以下,就高确定罚金数额。

需要强调的是,侵犯知识产权犯罪是经济类犯罪。一般认为,经济类犯罪轻刑的空间大,刑法对其惩治力度应当有所节制。基于此,在经济犯罪轻刑化已成为我国刑罚改革的大趋势背景下,2007年的《解释(二)》第3条、第4条的规定,更加凸显了我国严厉打击侵犯知识产权犯罪的决心。

《关于审理因垄断行为引发的民事纠纷案件应用法律若干问题的规定》的理解与适用

朱 理

最高人民法院《关于审理因垄断行为引发的民事纠纷案件应用法律若干问题的规定》(法释〔2012〕5号)(以下简称《垄断司法解释》)经审判委员会第1539次会议讨论通过,已于2012年5月3日公布,自2012年6月1日起施行。该司法解释是最高人民法院在反垄断审判领域出台的第一部司法解释,对于指导人民法院正确适用反垄断法、依法制止垄断行为、保护和促进市场自由竞争及公平竞争具有重要意义。本文拟对《垄断司法解释》的制定背景、起草的基本原则和精神、主要内容等进行简要介绍,以期对该解释的正确理解和适用有所裨益。

一、《垄断司法解释》的起草背景和过程

反垄断法是制止垄断行为、保护市场竞争和维护市场秩序的基本法律,也是完善市场结构、保障经济安全和确保市场配置资源基础性作用的重要法律,素有“经济宪法”之称。它对于维护经营者、消费者合法利益和社会公共利益,提高企业竞争力和促进社会主义市场经济健康发展,具有极为重要的作用。反垄断法实施以来,反垄断民事诉讼已经成为人民法院的重要审判领域。据统计,自2008年8月1日至

2011年年底,全国地方法院共受理垄断民事一审案件61件,审结53件。人民法院通过垄断纠纷民事案件的审理,积累了初步的司法经验。

由于垄断民事案件通常疑难复杂,经济与法律问题相互交织,专业性很强,对企业和行业均有重大影响,而《反垄断法》的一些规定具有较强的原则性和抽象性,涉及人民法院的操作条款相对比较简单。反垄断民事审判成为人民法院面临的重大挑战之一。正因如此,尽早出台相关司法解释,尽快明确受理和审理垄断民事纠纷案件的规则,为人民法院充分发挥审判职能、正确适用法律提供指引,已经成为一项紧迫的工作任务。为此,最高人民法院早在2009年就正式启动了垄断司法解释的起草工作,历时3年,中间反复修改并多次征求意见。司法解释的起草受到国内外的较多关注,美国政府、美国律师协会、中国欧盟商会、中国日本商会、中国世贸组织研究会竞争政策与法律专业委员会等中外机构提出了修改建议,加上其他机构、团体和个人的意见,汇集的修改意见多达250余条。在综合各方意见的基础上,又经多次讨论修改,形成送审稿,提请最高人民法院审判委员会审议后通过。

二、坚持的基本原则

《反垄断法》实施3年多来,人民法院在反垄断民事审判方面进行了初步的探索和尝试,但是总体说来尚缺乏充足的反垄断司法经验。在起草《垄断司法解释》的过程中,最高人民法院始终注意坚持以下原则:一是遵循法律规定。垄断民事纠纷案件本质上是民事案件,尽管《反垄断法》只有第50条涉及反垄断民事审判,但是我国法律体系中的《民事诉讼法》、《侵权责任法》、《合同法》等法律同样适用于反垄断民事审判,它们构成《垄断司法解释》的重要法律依据。当然,在适用和解释这些基本民事司法制度时,应当结合反垄断法的基本规律和理念,考虑垄断民事纠纷案件的特殊性。二是总结司法成熟经验。在起草过程中,除了深入总结反垄断法实施之后适用反垄断法审理的案件之外,对于反垄断法实施之前人民法院依据反不正当竞争法审理的具有垄断性质的纠纷,也进行了大量调查研究,总结了一些较为成熟、认可度较高的司法经验。对于那些争议较大、尚处于探索当中的问题,基本未纳入《垄断司法解释》。三是从国情和实际出发。既要通过明确规则、便利当事人诉讼来充分发挥反垄断民事司法的功能与优势,提高人们的竞争意识和培育良好的竞争精神,又要避免威慑过度,抑制市场活力,同时还要协调好反垄断行政执法与民事司法之间的关系,保证《反垄断法》最佳实施效果的实现。四是体现全球视野和国际眼光。在起草过程中,比较借鉴了有关国家和地区较为成熟的反垄断民事司法经验,在此基础上根据我国的立法和国情进行了适当创新。

《垄断司法解释》建立起了我国反垄断民事诉讼的基本框架和制度设计。但是限于篇幅和条件,《垄断司法解释》对于许多重要问题尤其是《反垄断法》实体条文的理解等未作规定。对于《垄断司法解释》未涉及的问题以及未来可能出现的新情况、新问题,有关法院要根据《反垄断法》和《垄断司法解释》的原则和精神积极探索,不断解决新问题和积累新经验,为将来法律的修改和司法解释的制定提供借鉴和参考。

三、《垄断司法解释》的主要内容

《垄断司法解释》共16条,规定了案件类型、起诉、管辖与审理、举证责任分配、证据与证明、民事责任及诉讼时效等问题,进一步明晰了反垄断法相关规定的具体含义。

(一)垄断民事纠纷案件的类型与原告资格

《垄断司法解释》第1条规定了垄断民事纠纷案件的两种基本类型,一是因垄断行为受到损失而引起的诉讼;二是因合同内容、行业协会的章程等违反反垄断法而发生争议引起的诉讼。前一种诉讼主要是侵权之诉,原告在此类案件中往往诉请人民法院判令被告停止垄断行为并赔偿损失。后一种诉讼主要是非侵权之诉,其中确认之诉是常见的案件类型。原告在此类案件中通常诉请人民法院确认民事法律行为的效力,例如确认合同或者合同的条款、行业协会的章程等因违反反垄断法而无效。需要注意的是,《垄断司法解释》第1条对于非侵权之诉的类型保留了一定程度的开放性,非侵权之诉并不限于确认之诉。“因……违反反垄断法而发生争议”这一表达揭示出垄断民事纠纷案件的定性标准:凡是需要以反垄断法为裁判依据的民事纠纷,都属于垄断民事纠纷。

垄断民事纠纷案件原告资格的界定决定着当事人的范围和条件,同时也反映了一国基于具体国情而选择的反垄断司法政策导向。在《民事诉讼法》上,原告首先要符合民事诉讼原告的一般条件。根据我国现行《民事诉讼法》第108条的规定,原告应与本案有直接利害关系。在垄断民事诉讼中,根据案件类型的不同,原告的资格条件存在差异。在侵权之诉中,垄断民事诉讼的原告资格需要满足更严格的条件。在该类案件中,原告与本案具有利害关系具体体现在其因垄断行为受到损失,原告需要对此提供证据。这里的损失需具备三个条件:一是这种损失应该是实际损失;二是这种损失应该是由垄断行为造成的,即损失与垄断行为之间存在因果关系;三是这种损失必须是反垄断法所意图防止的那种损失,即由垄断行为的违法性所导致的损失。如果某种损害虽然由垄断行为造成,但与垄断行为的违法性无关,那么这种损害不能依据反垄断法得到救济。在非侵权之诉中,垄断民事纠纷案件的原告资格条件要相对宽松一些。在此类案件中,原告通常不需要证明其因垄断行为受到实际损失。

根据我国《反垄断法》第50条的规定,只要因垄断行为受到损失的人,均可以要求垄断行为人承担民事责任。该规定并没有对原告主体资格作出其他限制。在理论上,包括直接和间接受到垄断行为侵害的经营者和消费者都具有原告资格。实际上,间接受害人尤其是间接受害的消费者往往是垄断行为的终极受害者,他们更易于发现和揭露垄断行为。赋予间接受害人尤其是消费者以原告资格,可以提高垄断行为被揭发的可能性,及时制止垄断行为,同时也使受害人能够最终获得赔偿救济。从国际上看,赋予间接受害人以原告资格也为越来越多的国家所采纳。因此,《垄断司法解释》第1条没有对垄断行为受害人的身份类型作出限制。只要能够证明其因垄断行为受到实际损失,无论直接受害人和间接受害人均可提起诉讼。

(二)起诉方式

我国《反垄断法》通过第50条的规定,确立了行政执法和民事诉讼双轨并行的执法体制。两条途径各有特点,相互补充。垄断民事纠纷案件中,原告往往面临取证困难、缺乏必要专业知识等难题。如果涉嫌垄断行为已经反垄断执法机构查处,并认定构成垄断行为,那么允许原告在该处理决定发生法律效力后起诉,更有利于原告维护自身的正当权益并最终获得赔偿救济。为此,《垄断司法解释》第2条对这种后继诉讼做了明确指引。从国际上看,它是原告提起反垄断民事诉讼的基本方式之一。

对于未经反垄断执法机构查处的行为,原告能否直接向人民法院提起民事诉讼,涉及反垄断民事诉讼是否需要以行政执法程序前置为条件的问题。《垄断司法解释》第 2 条特别对此予以明确,原告可以直接向人民法院提起民事诉讼,无须以反垄断执法机构的行政执法为前置条件。这一规定的理由在于:首先,我国《反垄断法》第 50 条并没有对反垄断民事诉讼规定行政执法前置的条件。我国反垄断法在起草过程中曾规定过行政执法前置程序,但在最终的法律文本中被删除。这说明《反垄断法》并没有设定行政执法前置程序的立法本意。如果在反垄断民事诉讼中实施行政执法程序前置,不仅于法无据,而且会妨碍当事人诉权的正常行使。其次,要求行政执法程序前置将影响垄断行为受害人获得救济。受财政预算和人力资源的限制,反垄断执法机构不可能对所有的垄断行为进行调查。为了有效地发挥执法功能,反垄断执法机构必然将更多的精力投入到那些涉及重大公共利益的案件。同时,反垄断执法机构对于被调查的涉嫌垄断行为并非都会做出处理决定。根据《反垄断法》的规定,反垄断执法机构可以根据经营者的承诺及其履行情况决定终止调查。对于反垄断执法机构不立案调查或者因经营者承诺而终止调查的行为,如果坚持以行政执法程序前置为民事诉讼的条件,受害人实际上就被剥夺了获得救济的权利和机会。再次,从反垄断民事诉讼的国际发展趋势来看,接受当事人直接向法院提起的诉讼已经成为国际潮流。最后,司法实践中已采取由当事人直接向法院提起诉讼的做法。最高人民法院在《关于认真学习和贯彻〈中华人民共和国反垄断法〉的通知》中,也已明确了此种诉讼方式。

(三)管辖与审理

1. 集中管辖

垄断民事纠纷案件有其特殊性,主要体现在其高度的专业性、复杂性和较大的影响力。由于反垄断民事诉讼刚刚起步,人民法院对于反垄断民事诉讼的规律和特点认识还不够深刻。因此,由审判力量相对充足、审判经验相对较多的法院集中管辖,更有利于尽快提高审判水平、保证审判质量和统一裁判标准。实际上,最高人民法院早在 2008 年 4 月 1 日起施行的《民事案件案由规定》中,就将垄断纠纷与各种不正当竞争纠纷集中规定,统一纳入了知识产权纠纷范畴。这既明确了由人民法院知识产权审判庭统一负责各类垄断民事纠纷案件的审理,也确定了垄断民事纠纷案件要与知识产权案件一样,实行集中管辖。《垄断司法解释》遵循这一精神,在第 3 条第 1 款中明确规定:“第一审垄断民事纠纷案件,由省、自治区、直辖市人民政府所在地的市、计划单列市中级人民法院以及最高人民法院指定的中级人民法院管辖。”

考虑到未来垄断纠纷民事案件可能会有增加的趋势,人民法院对垄断纠纷案件的审判经验和审理水平也将进一步提高,为以后合理规划管辖布局留下空间,参照知识产权案件的管辖模式,《垄断司法解释》第 3 条第 2 款规定,基层人民法院经最高人民法院批准,可以管辖第一审垄断民事纠纷案件。

2. 地域管辖

垄断民事纠纷案件既包括侵权纠纷,也包括合同纠纷等其他纠纷。在确定地域管辖时,根据案件具体情况,依照《民事诉讼法》及相关司法解释有关侵权纠纷、合同纠纷等的管辖规定确定。如果属于侵权纠纷,应由侵权行为地和被告住所地人民法院管辖;如果属于合同纠纷,则由合同履行地和被告住所地人民法院管辖。

3. 移送管辖

如果案件并非以垄断纠纷立案,那么在立案时就不可能适用垄断纠纷案件的集中管辖。但在审理过程中,当事人可能依据反垄断法提出抗辩或者反诉。例如,在合同纠纷中,被告以原告实施了垄断行为为由提出抗辩或者反诉。此时,这种抗辩和反诉直接影响着合同的效力,如果受理法院以其没有垄断纠纷案件管辖权为由不予审理或者要求当事人另行起诉,可能会造成不同审理法院对于同一合同的效力判断出现冲突,影响司法的权威性和公信力。即使当事人没有提出抗辩或者反诉,人民法院也可能依职权认为案件需要依据反垄断法作出裁判。这就意味着,该案件属于垄断民事纠纷,需要适用垄断民事纠纷案件的管辖制度。如果审理该案的法院本身不具备垄断民事纠纷案件的管辖权,就可能发生移送管辖问题。在决定是否符合移送管辖的条件时,一方面要维护垄断民事纠纷案件的集中管辖制度,另一方面也要防止当事人滥用垄断抗辩或者反诉拖延诉讼。因此,受诉人民法院应该首先对当事人提出的垄断抗辩或者反诉进行审查,看其是否确有证据支持。如果确有证据支持,则应将案件移送有管辖权的人民法院;如果明显缺乏证据支持,则不应移送管辖。

4. 合并审理

垄断行为的受害人可能人数众多,他们可以选择单独诉讼、共同诉讼、代表人诉讼以及法律规定的其他方式提起诉讼。因此,可能出现多个原告针对相同的垄断行为向同一法院分别起诉的情况。在多个被告共同实施垄断行为的情况下,也可能出现多个原告针对同一垄断行为向不同法院分别起诉的情况。为了节省审判资源、提高审理效率和保证裁判结果的统一性,《垄断司法解释》第6条对此作了如下处理:对于前一种情况,受诉法院可以合并审理;对于后一种情况,后立案的法院在得知有关法院先立案的情况后,应当在七日内裁定将案件移送先立案的法院,受移送的法院可以合并审理。为更有效地实现合并审理,受诉法院需要及时获得关联案件的诉讼信息。为此,第6条还规定了被告的信息披露义务,以便受诉法院及时了解相关信息,做好案件的移送工作。

(四)举证责任分配

原告取证难、证明垄断行为难已经成为制约反垄断民事诉讼的“瓶颈”。如果不在一定程度上缓解这一难题,垄断行为受害人的权益就难以得到有效维护,反垄断民事司法的职能和作用就难以有效发挥。为此,《垄断司法解释》根据垄断行为的不同类型对举证责任问题进行了规定。

1. 垄断协议案件的举证责任

我国《反垄断法》区分了两类垄断协议:横向协议和纵向协议。该两种协议对于竞争的可能影响具有较大差异。横向协议是在生产或者销售过程中处于同一阶段的经营者(即相互处于竞争关系的经营者)之间达成的协议,对竞争的危害程度往往更大。纵向协议是指在生产或者销售过程中处于不同阶段的经营者(即相互之间不具有竞争关系的经营者)之间达成的协议。对于大多数纵向协议,只有在品牌间竞争不充分的情况下才会产生竞争问题。也就是说,只有在供应商层面或购买商层面或这两个层面同时存在特定水平的市场势力的情况下才可能对竞争有消极影响。针对不同类型的垄断协议以及对竞争秩序的影响程度,有的国家或地区在执法实践中形成了两种认定垄断协议的分析方法:本身违法原则和合理分析原则。前者只关注某种行为是否发生,行为本身就必然具有排除或者限制竞争的效果(即具有违法性);后者则要求对行为是否具有排除、限制竞争的效果进行具体分析和评估,考虑协议所涉及的市场具体情况、协议实施前后的市场变化、协议的性质和后果等因素综合确定。只有确认该协议确实具有排除、限制竞争的效果时,才能认定构成垄断协议。本身违法原则并非基于逻辑的必然性,而是基于长期实践观察的结果。所以,适用本身违法原则的垄断行为并不是固定不变的。从美国的反垄断执法经验看,本身违法原则越来越局限于有限的情形,即横向固定价格、划分市场、操纵投标等行为,其他横向协议以及纵向协议则通常适用合理分析原则。

我国《反垄断法》第 13 条第 2 款对垄断协议规定了排除、限制竞争的效果条件,该规定不仅适用于横向协议,也适用于纵向协议。根据这一规定,经营者之间的协议是否构成反垄断法所禁止的垄断协议,应当以该协议是否具有排除、限制竞争的效果为根本标准。由此,合理规则成为分析协议、决定或者其他协同行为是否构成垄断协议的唯一方法。

根据举证责任分配的一般规则,请求权人应当对其请求权所依据的要件事实承担举证责任;请求权人的对方当事人应当对消除或者妨碍该请求权所依据的要件事实承担举证责任。根据这一规则,垄断协议案件的原告主张损失赔偿请求权的,原则上应当对被诉垄断协议的存在及其具有排除、限制竞争的效果、原告所受损失、被诉垄断协议与所受损失之间的因果关系承担举证责任。被诉垄断协议具有排除、限制竞争的效果的证明是一个复杂的、综合评估的过程,一般遵循如下步骤:原告首先对被诉垄断协议具有排除、限制竞争的效果提供证据;如果原告达到了证明标准,则转由被告对被诉垄断协议可能具有的促进竞争的效果提供证据;如果被告提供的证据证明了促进竞争的效果,则原告需要进一步证明该垄断协议在总体上是排除或者限制竞争的。这个过程通常伴随着较为全面的调查和复杂的经济分析。

横向协议对于竞争的危害性更大。经过长期的实践观察,有些特定的横向协议已经被证明在通常情况下都会对竞争具有非常明显的消极效果。固定价格、限制产量、划分市场、限制技术、联合抵制等属于此类横向协议。对于上述横向协议,如果仍然坚持上述举证分配规则,会给原告造成过重的举证负担,同时不可避免地会导致司法资源的浪费,不利于及时制止垄断行为。因此,对于该类横向协议,可以根据经验法则,认定其具有排除、限制竞争的效果的事实成立,转由被告对其行为不具有排除、限制竞争效果承担举证责任。我国《反垄断法》第 13 条第 1 款第(1)~(5)项对这类通常对竞争具有排除、限制后果的横向协议作了明确列举。有鉴于此,《垄断司法解释》第 7 条规定,对于上述五种横向协议,被告应对该协议不具有排除、限制竞争的效果承担举证责任。因此,在这种情况下,原告仅需证明被告实施了特定横向协议即可,由被告对其不构成垄断的抗辩或责任豁免承担举证责任。

需要说明的是,除了《反垄断法》第 13 条第 1 款第(1)~(5)项明文列举的横向协议外,其他横向协议对竞争是否具有消极效果通常是不确定的,需要具体问题具体分析。因此,对于《反垄断》第 13 条明文列举之外的其他横向协议,原告通常仍需对该协议具有排除、限制竞争的效果承担举证责任。

对于纵向协议，由于其对竞争的影响效果并不确定，原则上仍应适用举证责任分配的一般规则，原告应对该纵向协议具有排除、限制竞争的后果承担举证责任。

2. 滥用市场支配地位案件的举证责任

滥用市场支配地位行为的成立，首先需要证明被告在相关市场内具有支配地位，这同时隐含着需要确定该行为所涉及的相关市场。此外，还需要证明该行为属于《反垄断法》第17条第1款规定的情形。根据举证责任分配的一般规则，上述举证责任应由原告承担。根据《反垄断法》第17条第1款规定的字面表述，如果拘泥于依据要件事实分配举证责任的一般规则，该款规定的正当性理由应由原告负担举证责任。但这样将导致原告举证困难，不利于原告的权利救济，也不符合反垄断法的立法目的。为此，《垄断司法解释》第8条第2款明确规定，这类正当性理由应由被告提出抗辩并承担举证责任。

在滥用市场支配地位的行为中，公用企业或者其他依法具有独占地位的经营者滥用市场支配地位的行为具有一定特殊性。公用企业或者其他依法具有独占地位的经营者所在的市场往往是自然垄断或者市场竞争不充分的市场，市场支配地位常常是自身固有或者依法确立的。基于此类市场主体和市场竞争的特殊性，可以适度减轻原告在证明此类市场主体的市场支配地位方面的举证责任。但是，并非所有的公用企业或者其他依法具有独占地位的经营者都当然在相关市场内具有支配地位。因此，在认定该类主体是否在相关市场内具有市场支配地位时，既要适当减轻原告的举证责任，又要坚持认定市场支配地位的市场竞争标准。如果通过对市场结构和竞争状况的分析，结合经济学基本经验和常识，明显能够认定该类主体在相关市场内具有支配地位的，则可以认定其具有市场支配地位，不再要求原告承担过重的举证责任。当然，公用企业或者其他依法具有独占地位的经营者可以提供相反证据推翻这一认定。正是基于这一认识，《垄断司法解释》第8条规定：“被诉垄断行为属于公用企业或者其他依法具有独占地位的经营者滥用市场支配地位的，人民法院可以根据市场结构和竞争状况的具体情况，认定被告在相关市场内具有支配地位，但有相反证据足以推翻的除外。”

在证明被告具有市场支配时，原告常常以被告对外发布的信息作为证据。为促进企业行为的诚信和缓解原告证明的困难，《垄断司法解释》第10条特别规定：“原告可以以被告对外发布的信息作为证明其具有市场支配地位的证据。被告对外发布的信息能够证明其在相关市场内具有支配地位的，人民法院可以据此作出认定，但有相反证据足以推翻的除外。”在适用该条时，需要注意被告对外发布的信息所涉及的某类产品市场与具体案件中所界定的相关市场的匹配性和关联性。例如，如果根据被告对外发布的信息所涉某类产品市场及其市场份额可以合理确定被告在案件所涉相关市场中的市场份额超过50%，则可据此认定被告在相关市场内具有支配地位，被告需要对推翻这一认定提供证据。

（五）证据与证明

垄断民事纠纷案件中，当事人提交的证据有时涉及国家秘密、商业秘密、个人隐私或者其他依法应当保护的内容，有必要采取有效措施予以保护，防止泄露或者扩散。为此，《垄断司法解释》总结了多年来人民法院在商业秘密案件审理中的成功经验，规定人民法院可以依职权或者当事人的申请采取不公开开庭、限制或者禁止复制、仅对代理律师展示、责令签署保密承诺书等保护措施。

垄断行为的认定往往需要运用比较复杂的经济学分析,而法官通常并非经济学专家,因此具有经济学等专门知识的专家辅助人在反垄断民事诉讼中发挥着非常重要作用。《垄断司法解释》对此明确规定,当事人可以向人民法院申请一至二名具有经济学等专门知识的人员出庭就案件的专门性问题进行说明,以指引当事人在诉讼中积极申请具有经济学专门知识的专家辅助人出庭,为人民法院更清楚地查明案件事实和更准确地认定垄断行为提供帮助。人民法院在审理垄断纠纷时,应当注意发挥专家辅助人的作用。在庭审中,审判人员可对出庭的专家辅助人进行询问,可以允许专家辅助人向对方当事人提问,允许双方当事人的专家辅助人进行对质,还可以允许专家辅助人向作出市场调查或者经济分析报告的专业人员提问,以方便理解和查明专业技术问题。

除了专家辅助人之外,在反垄断民事诉讼中还经常涉及专家意见,其对于解决案件中关键经济学问题亦具有重要作用。《垄断司法解释》第 13 条第 1 款明确规定:"当事人可以向人民法院申请委托专业机构或者专业人员就案件的专门性问题作出市场调查或者经济分析报告。经人民法院同意,双方当事人可以协商确定专业机构或者专业人员;协商不成的,由人民法院指定。"考虑到反垄断民事诉讼中涉及的专家意见尤其是市场调查或者经济分析报告与鉴定结论的性质相类似,《垄断司法解释》第 13 条第 2 款规定,对于此类市场调查或者经济分析报告可以参照《民事诉讼法》及相关司法解释有关鉴定结论的规定进行审查判断。在审查判断时,除了参照对鉴定结论审查判断的一般做法外,还要注意结合市场调查或者经济分析报告自身的特点,着重审查如下问题:该报告是否具有充分的事实或者数据基础;是否运用了合理、可靠的市场调查或者经济分析方法;是否考虑了可能改变市场调查或者经济分析结果的相关事实;专家是否尽到了专业人员所应具有的谨慎和勤勉,等等。

(六)民事责任

1. 责任方式与归责原则

根据《反垄断法》第 50 条的规定,经营者实施垄断行为,给他人造成损失的,应承担民事责任。该条并没有把垄断行为人的民事责任方式限定为损害赔偿,而是使用了更上位的"民事责任"概念。因此,反垄断法为垄断行为的民事责任留下了很大的选择空间。从本质上讲,垄断行为的民事责任是一种侵权民事责任,其责任承担方式应适用侵权责任法的相关规定。《反垄断法》第 50 条在规定实施垄断行为的经营者的民事责任时,没有规定过错作为承担侵权民事责任的要件。这就意味着,无论垄断行为人是否过错,只要其垄断行为给他人的合法权益造成了损失,均应承担侵权民事责任。这实际上是一种无过错责任。垄断行为损害赔偿的无过错责任,有助于提高法律的确定性,有助于保障作为强制性公共政策的组成部分的反垄断法得以有效执行。根据这一归责原则,垄断行为受害人只需证明被告实施了垄断行为、受害人受到实际损失、损失和垄断行为之间存在因果关系,就可以获得赔偿救济。《垄断司法解释》第 14 条第 1 款明确了上述三个要件,并根据垄断行为的性质和特点,规定了停止侵害、赔偿损失两种最常见的民事责任方式。

2. 损害赔偿数额的确定

垄断民事纠纷案件审理中,损害赔偿的计算往往比较困难,需要较为复杂的经济分析。在司法实践中,经常采用的计算方法有前后方法、基准方法、市场份额方法、回归分析方法等。前后方法是将垄断行为实施前的价格同垄断行为实施期间的价格进行比较，在其差额的基础上计算损失数额。基准方法是将存在垄断行为的市场上的产品价格与一个不受垄断行为影响的可比市场上的产品价格进行比较，在其差额的基础上计算损失数额。市场份额方法是指以原告在没有受到垄断行为影响的其他可比市场上的市场份额为基础，与其受到垄断行为侵害的市场上的市场份额相比较，以该市场份额的差额计算损失数额。回归分析方法主要用于有多种因素影响市场价格的场合，利用回归分析确定垄断行为对市场价格上涨影响度，以此为基础确定损失数额。上述方法既不相互排斥，也没有优先顺序，需要根据案件具体情况合理选择对案件而言更为适宜的方法。

由于经济分析通常比较复杂，需要耗费较大的诉讼成本，而且经济分析方法并非完全可靠和无懈可击，有时案件证据和相应数据的缺乏导致经济分析缺乏基础。因此，各国在司法实践中还利用其他方法来克服垄断民事纠纷案件损害赔偿计算的难题。例如，有些国家的法律规定，法院可以根据垄断行为的具体情况酌定合理赔偿数额。在审理垄断纠纷案件时，如果原告有证据证明垄断行为已经给其造成实际损失，只是证明该损失的数额较为困难，常规的经济分析方法难以适用的，人民法院可以借鉴知识产权案件法定赔偿的经验，探索垄断行为的酌定赔偿。例如，可以根据已查明的事实，考虑违法行为的性质、程度和持续的时间等因素，酌定合理的赔偿数额。当然，在探索酌定赔偿时，应以原告已经证明其受到了实际损失以及损失的证明较为困难为条件，防止滥用酌定赔偿。

垄断民事纠纷案件的原告通常需要在调查取证和制止垄断行为方面花费更多时间和金钱。这在一定程度上制约了原告起诉的积极性。为缓解这一问题，借鉴知识产权诉讼的经验，《垄断司法解释》第 14 条第 2 款规定，根据原告的请求，人民法院可以将原告因调查、制止垄断行为所支付的合理开支计入损失赔偿范围。

3. 法律行为无效

如果一种法律行为违反法律的强制性规定，可能发生该法律行为无效的法律后果。对此，《民法通则》第 58 条第 1 款第(5)项、《合同法》第 52 条第(5)项以及第 329 条均有明确规定。最高人民法院《关于适用〈中华人民共和国合同法〉若干问题的解释(二)》第 14 条的规定，《合同法》第 52 条第(5)项规定的“强制性规定”，是指效力性强制性规定。这一解释将强制性规定区分为效力性强制性规定和管理性强制性规定。违反效力性强制规定的，合同无效；违反管理性强制规定的，合同未必无效。虽然这一解释针对的是合同这一法律行为，但是这一解释的精神对于合同外的其他法律行为同样适用。

除合同这一典型的民事法律行为外，行业协会的章程或者决定亦属法律行为范畴。在传统民法理论上，一般将行业协会的章程和决定称为合同行为(又称协同行为[①])。行业协会通过其章程或者决定实施垄断行为的现象时有发生，因此其章程或者决定也经常成为垄断民事纠纷案件的诉争对象。当行业协会的章程和决定违反《反垄断法》的强制性规定时，同样存在无效问题。认定其无效的依据则是《民法通则》第 58 条第 1 款第(5)项等规定。

---

① 这里的合同行为或者协同行为是指多数当事人就同一内容的意思表示达成一致的法律行为，与《反垄断法》第 13 条第 2 款中的“协同行为”并非同一含义。

(七)诉讼时效

在垄断民事诉讼中,当事人经常提出的诉讼请求是损害赔偿和停止侵害。诉讼时效的客体是债权请求权,所以只有损害赔偿请求权才适用诉讼时效,停止侵害请求权则不适用诉讼时效的规定。关于诉讼时效的起算,《垄断司法解释》第16条第1款规定,损害赔偿请求权诉讼时效期间,从原告知道或者应当知道权益受侵害之日起计算。对于持续性的侵权行为导致他人损失的情形,每个单独的损害均应分别计算诉讼时效。因此,《垄断司法解释》第16条第3款规定,原告起诉时被诉垄断行为已经持续超过二年,被告提出诉讼时效抗辩的,损害赔偿数额应当自原告向人民法院起诉之日起向前推算二年计算。这一规定延续了最高人民法院对于持续性侵权行为损害赔偿请求权诉讼时效问题的一贯做法,如《关于审理专利纠纷案件适用法律问题的若干规定》第23条即有类似规定。

在行政执法与民事诉讼双轨并行的反垄断执法体制下,需要协调行政执法程序对民事诉讼中诉讼时效的影响。特别是,在反垄断执法机构认定被诉垄断行为人实施了垄断行为的情况下,需要保证受害人的损害赔偿请求权不至于因罹于诉讼时效而丧失法律强制力的保障。为此,《垄断司法解释》第16条第2款采取了原告启动行政执法程序将导致其民事诉讼时效中断的方法,并根据行政执法程序的不同结果,规定了诉讼时效重新起算的时点。根据该款规定,原告向反垄断执法机构举报被诉垄断行为的,诉讼时效从其举报之日起中断。反垄断执法机构决定不立案、撤销案件或者决定终止调查的,诉讼时效期间从原告知道或者应当知道不立案、撤销案件或者终止调查之日起重新计算。反垄断执法机构调查后认定构成垄断行为的,诉讼时效期间从原告知道或者应当知道反垄断执法机构认定构成垄断行为的处理决定发生法律效力之日起重新计算。

沈德咏常务副院长批示:

知识产权保护是中美关系中的一个敏感问题。此次研讨会规模之大、规格之高、所研讨范围之广都属首次,虽由中国法学会主办,但真正唱主角的是人民法院和知产法官。中美知产法官的直接对话,有助于加强交流、消除误解、增进互信、扩大合作,对研讨会取得的多方面成效应当充分肯定并望有效发挥其积极作用。

2012年6月29日

中美知识产权司法审判研讨会总结报告

何　鹏

2012年5月28日至30日,中美知识产权司法审判研讨会在北京市中国人民大学顺利举办。本次研讨会由中国法学会主办,中国知识产权法学研究会、中国人民大学法学院、中国人民大学知识产权学院共同承办。遵照最高人民法院院领导批示,知识产权庭作为本次研讨会的指导单位，全程参与会议的筹备、组织、研讨等各环节工作。现将研讨会情况总结报告如下：

一、会议概况

本次研讨会具有以下几个特点：

1. 规格高。出席会议并在开幕式上致辞的嘉宾有全国政协社会与法制委员会副主任、中国法学会常务副会长陈冀平，中国最高人民法院常务副院长沈德咏，美国驻华大使骆家辉，美国联邦巡回上诉法院首席法官兰德尔·雷德，中国商务部国际贸易谈判副代表崇泉，中国国家知识产权局局长田力普，美国商务部副部长兼美国专利商标局局长大卫·卡波斯，美国联邦巡回上诉法院律师协会会长史蒂文·兰伯特，美国商务部副部长兼美国专利商标局局长高级顾问马克·柯恒，中国人民大学校长陈雨露。中国法学会常务副会长刘飏主持开幕式。

2. 规模大。我国各级法院知识产权法官代表约有240余人参加了本次研讨会，最高人民法院知识产权审判庭的法官在孔祥俊庭长的率领下除有其他公务外全部参会。美国联邦巡回上诉法院则极为罕见地派出了7位（超过半数）法官参会，由首席法官兰德尔·雷德领队。除了从事知识产权审判工作的法官，参加会议的还有来自中美两国知识产权界的政府官员、专家、学者、律师，以及知名企业的知识产权权利人代表。与会的中外各界代表共计1200余人，并有143位代表在会上发言。

3. 形式新。为了能在较短的三天会期内更有效地促进中美知识产权司法保护领域的沟通与交流，本次研讨会除了主题报告、问答互动等传统的会议组织形式以外，还颇有新意地设置了“中美法官对话”、“模拟法庭审判”等板块，力图在与会代表之间搭建一个高层次、全方位、多角度的交流平台。

4. 范围广。本次研讨会以“司法、诉讼、创新”为主题，围绕这一主题，会议共设置了四个会场：主会场，著作权专题分会场，商标专题分会场，医药专题分会场。与会代表们在四个会场分别就“知识产权审判宏观问题”、“专利诉讼中的案件管理”、“知识产权的商业化”、“法院对于知识产权制度的贡献”、“著作权法修改的热点难点问题”、“计算机软件著作权的保护”、“网络环境下著作权保护中的利益平衡”、“驰名商标保护的新进展”、“侵犯商标权抗辩事由”、“医药知识产权的司法保护”等26个专题进行了深入而广泛的交流和讨论，涉及知识产权制度的各个领域。

二、会议的成就、效果与反响

此次研讨会云集中外知识产权法官、专家、学者、律师和知名公司代表，尤其是美方派出了200多人的强大阵容，基本上集中了美国知识产权界的精英，这足以表明美国知识产权界对此次中美知识产权司法保护交流的重视，也足以说明我国知识产权司法保护所具有的国际地位和国际影响力。通过这次会议，进一步展示了我国知识产权司法保护所取得的巨大成就和我国知识产权法官们的良好风貌。美国华裔教授宋海燕女士，在会后的感言中这样写道：**“此次大会上最高法院知识产权庭的各位法官所表现出的敏锐、客观与坦诚让我们十分震撼，彻底推翻了某些人对于法院工作人员的传统印象。应该说，当中国最高法院的法官和美国的各位大法官并排坐在一起、共同回答问题的时候，咱们法官的表现与反应毫不逊色。而更为有趣的是，虽然我们的法官队伍普遍年轻于美国的各位大法官，但展现出的气度与风范同样令人折服。本人深感钦佩与自豪！”**

经过三天紧张有序、坦诚热烈的研讨

交流,中美知识产权司法审判研讨会顺利结束。在三天的会议期间里,1200余位中美各界代表积极参与会议的各项议程,坦诚沟通、畅所欲言,围绕"司法、诉讼、创新"这一主题,就26个专题进行了深入研讨,并开拓性地开展了中美法官对话、模拟法庭审判等互动交流性的板块活动,达到了交流思想、增进友谊的目的,取得了丰硕的成果,会议取得圆满成功。

与会的中美各界代表纷纷表示,本次研讨会是中美知识产权界的一次"历史性盛会",是一次广泛参与、深入研讨、理论界与实务界密切联系的历史性盛会;是一次开拓中美知识产权审判交流历史、增进理解、加强友谊、促进合作共赢的历史性盛会。最高人民法院知识产权审判庭孔祥俊庭长在闭幕式致辞中说,"这几天大家评论这次会议时,代表们使用最多的词汇恐怕是'历史性'。的确这是一次历史性的盛会,无论是议题之广泛、代表层次之高、讨论之深广度,还是参会人数之众多,都开拓了中美知识产权审判交流的历史。通过交流我们增进理解、加强友谊,在中美知识产权审判历史上留下浓墨重彩的一笔"。美国联邦巡回上诉法院首席法官兰德尔·雷德在闭幕式致辞中,表达了对未来中美知识产权审判进一步交流合作的美好愿望,"今天美国代表团所有人都在讨论一件事,就是我们要努力确保这个会议能够持续下去。回到美国我将起草一份邀请函,邀请孔法官和最高院以及其他法院的中国法官明年到美国也参加这样的会议,同时我们也要规划未来的活动。这并不是伤感的结束,而是一个盛大的开始"。

日前,美国联邦巡回上诉法院首席法官兰德尔·雷德就此次研讨会的成功举办,专门向最高人民法院知识产权审判庭及我国地方法院的与会法官代表发来感谢信。在信中,兰德尔·雷德法官再次肯定了此次研讨会所取得的巨大成功,具有"历史性"意义,同时,兰德尔·雷德法官代表美国联邦巡回上诉法院,对中国与会法官代表的积极参与表示衷心的感谢,并希望今后能进一步加强两国法院知识产权审判的交流与合作。

知识产权是现代社会的基础性、全局性、战略性问题,是中美两国战略合作的重要基础之一,也是经久不衰的全球性话题。本次中美知识产权司法审判研讨会的举行,反映了在全球化环境下,中美双方交流、合作和共同面向未来的诚意、善意。会议对中美知识产权关系具有里程碑式的意义,并将产生广泛、深远的历史影响。

三、会议的主要内容

1. 主会场研讨

为期三天的研讨会,主会场主要包括"知识产权审判宏观问题"、"专利诉讼中的案件管理"、"专利判决的实施"、"知识产权审判中的书面说明、有效性、证明侵权"、"知识产权审判中的著作权问题和反不正当竞争"、"知识产权审判中的显而易见性、商业秘密保护、损害赔偿与禁令救济"、"知识产权审判中的商标权问题和外观设计专利保护"、"知识产权的商业化"、"法院对于知识产权制度的贡献"等9个专题研讨,以及"中美法官对话"与"模拟法庭审判"两大板块。

在专题研讨中,与会代表们围绕大会主题"司法、诉讼、创新"畅所欲言、各抒己见,建言献策。

国家知识产权局局长田力普在题为"中国专利法的发展"的报告中指出,经过近30年的努力,中国在借鉴包括美国在内的世界各国专利制度的基础上,建立起一整套既符合国际条约又与中国自身国情相适应的专利制度。在保护对象、授权条件、审查制度、保护期限、权利效力、侵权救济等诸多方面,中国的专利制度已经与世界贸易组织 TRIPs 协定相一致。同时,中国又根据国情形成了一些鲜明的特色。一是将发明、实用新型、外观设计三种制度规定在一部法律之中;二是对专利实行不同审查制度,对发明使用实质审查制,对实用新型采取初步审查制;三是建立行政、司法两条途径协调运作的保护模式;四是先后取消了授权前的异议和授权后的撤销制度,建立统一的无效宣告制度。**美国商务部副部长兼美国专利商标局局长大卫·卡波斯**在题为"专利法改革"的演讲中谈到,中美专利制度都在改进,而且需要改进。我们可以更好地推动全球的专利协调,通过跨管辖区的合作实现更好的协调,尽管我们目前还不能正式实现全球司法体制,但是我相信通过一种协调机制,我们能够实现非常好的效果。**新闻出版总署副署长、国家版权局副局长阎晓宏**在题为"著作权法的改革"的演讲中指出,中国的著作权法具有以下几个特点:一是与国际规则相衔接;二是司法保护与行政保护并重;三是关怀弱势人群;四是关注新技术带来的问题,如数字技术给版权带来的诸多问题。但是,中国的著作权法还存在着很多的问题,修订著作权法的任务很紧迫。2011 年 7 月第三次修订著作权法正式启动,今年(2012 年)3 月国家版权局向社会发布了修订著作权法的征求意见稿,这一次的修订和现行的法律比较,一是赋予了著作权人部分新的权利,提高了保护水平;二是加大了对盗版处罚的力度,增加著作权行政管理部门查封扣押权,并将法定赔偿最高额从现行著作权法规定的 50 万元提高到了 100 万元;三是回应了信息网络技术发展带来的挑战;四是在制度设计上更加完善,明确了作品登记制度、专有许可合同与转让合同登记制度,以及法定许可事先备案以及报酬支付等操作性规定,进一步完善著作权集体管理制度。**中国人民大学知识产权学院院长刘春田**在演讲中以知识产权与中国现代性为主题谈了三点认识,一是知识产权制度是现代性的基本标志;二是知识产权制度输入中国是源于中国人对现代性的渴求;三是中国现代性需要构建中国特色知识产权理论体系。**最高人民法院知识产权审判庭庭长孔祥俊**在题为"法院对于知识产权制度的贡献"的专题演讲中指出,法律具有稳定性,社会生活是发展变化的,所以法院裁判应当时时处处注意处理一般与具体、原则与例外、稳定和变动、统一性和差异性等这些矛盾、关系,因此,裁判过程不是简单地在法律当中对号入座的过程,其中充满了创造性和能动性。我们经常在法律选项之间进行很纠结、很矛盾的选择,经常为获得恰当的裁判而尝试探索。正是创造性的裁判,不断细化法律标准,推动法律制度不断完善。中国的法院对知识产权制度的贡献体现在以下三个方面:一是通过司法解释和个案裁判等方式,丰富、细化和完善知识产权法律制度;二是中国的法院非常注意维护知识产权法制的统一;三是中国的法院非常重视知识产权审判领域的理论创新,以创新的理论指导审判实践。**国务院法制办教科文卫司司长张建华**在发言中高度评价了中国司法机关对立法所起到的重要作用,如知识产权行政案件司法最终裁决、侵犯知识产权的赔偿数额涵盖合理开支、临时禁令等制度的确立,都得益于司法力量的推动。中国知识产权立法集中司法机关的智慧,主要体现在两个方面,一是很多知识产权法律制度来源于司法机关的建议;二是很多知识产权法律条文在参考司法解释的基础上形成。**最高人民法院知识产权审判庭副庭长金克胜**在题为

"知识产权与反不正当竞争"的演讲中指出,知识产权法主要涉及财产法,反不正当竞争法主要涉及行为法。知识产权具有积极支配权和消极禁止权,反不正当竞争法主要是消极禁止权。反不正当竞争法的法定性并不是十分严格,知识产权权利类型是法定的。知识产权的权利边界较为清晰,反不正当竞争法保护的权利边界比较模糊。反不正当竞争法的规则往往是道德的法律化或者是法律的道德化。**最高人民法院知识产权审判庭审判长王永昌**在发言中介绍了中国专利审判工作的最新情况,一是人民法院对专利权的司法保护起主导作用;二是有效发挥诉前临时措施的独特作用,包括诉前临时禁令、诉前证据保全、诉前财产保全等;三是司法规则影响专利立法,如禁止重复授权、现有技术抗辩、法定赔偿等制度的完善;四是专利侵权审判规则已基本建立并不断得到完善;五是专利确权授权案件已具规模。**美国联邦巡回上诉法院法官雷曼·克莱文杰**在发言中介绍了美国专利审判的情况,其一,美国在1982年创立联邦巡回上诉法院,同时又是地区巡回法院,可以审专利侵权案件,对所有94个地区法院600多个法官的判决有上诉的审理职能;其二,公开进行判决,在判决中详细公布事实认定、法律适用与推理的过程;其三,美国联邦巡回上诉法院可对美国专利局的授权工作进行审查,一是就是否应当授予专利进行审查,二是就谁在先发明这一事实进行审查。**江苏省高级人民法院知识产权庭庭长宋健**在题为"专利案件审判实践中的若干问题"的演讲中着重讨论了两个问题,一是关于权利要求中功能性限定技术特征的解释及其侵权判定,二是关于外观设计专利权的侵权判定。

在主会场参加主题发言讨论的还有其他法官、学者、律师以及知名企业代表。

在"中美法官对话"板块,通过主持人向两国法官提问的方式,来自最高人民法院知识产权审判庭的7位法官(孔祥俊庭长领队),与来自美国联邦巡回上诉法院的七位法官(首席法官兰德尔·雷德领队)进行了持续两个小时的交流对话。对话内容涉及中美两国知识产权审判领域的抽象理念、具体制度、司法办案情况等问题。

就**"理想中的司法系统应该是什么样子"**这一问题,**孔祥俊庭长**回答,心目当中理想的司法体系应当是既公正又高效。理查德·霖恩法官回答,在这个司法系统中,第一是任何人都可以提起诉讼,第二是这样一个司法体系应该有非常高素质专业人才在工作,第三是这个体系里面的法官应该是独立的、诚实的、正直的法官。就**"敏感案件的审理会不会受到媒体的影响"**这一问题,孔祥俊庭长说,我们审判案子是依照法律法规独立进行审判。当然法律法规规定的情况比较复杂,有的规定非常清晰,只有一个答案,有的可能有不同选项,对法律理解解释有两个或者两个以上的选择。在这个时候我们要考虑多种因素,比如法理、社会需求、裁判效果,等等。所以,对于外界的关注我们也会根据案件的具体情况给予关注,进行理性的分析,然后也可能从中发现一些社会需求。首席法官兰德尔·雷德回答说,媒体或者媒体报道对于法官审判工作没有影响,我们法官根本不会看媒体对我们审案子的任何报道。或许我们可以往后再退一步,实际上我们审的这些案子并没有得到媒体关注,媒体不感兴趣,所以谈不上媒体怎么影响我们了。还有一点,在美国是否允许在法庭录像,这个问题是由法官自己决定的。就**"法院在做出判决的时候,可能有法官持有不同意见,对于这样的不同意见如何处理,以及如何对待下级法院法官的不同意见"**这一问题,**张绳**

祖高级法官说，在审理案件的时候我们要进行合议，每个人发表自己的观点，有时候会有不同意见，这些不同意见会被记录在合议卷宗里面。由于上诉案件的全部卷宗会移送上级法院，所以上级法院的法官会看到这些不同意见，但这些意见不具有拘束力，上诉法院的法官是依据他对整个案件事实和法律理解独立地做出裁决。**孔祥俊庭长**就这一问题继续说道，有不同意见是正常情况，不同的制度有不同的处理。有的国家在裁判文书中可以表达不同意见，在我们现行制度下裁判文书当中不表达不同意见，但是不同意见是客观存在的，所以我们对于不同意见还有一个化解机制，就是少数服从多数，最后裁判体现的是多数意见。**金百莉·摩尔法官**说道，您对于美国的制度有非常好的了解，我们确实是公开我们的不同意见。在三个法官组成的合议庭里，实行的确实是多数规则，但是不同的意见可以写下来，以解释为什么他们认为不应该这样判决或者不应该有这样一个结果，这样就使得整个法院或者美国最高法院可以真正地看到这个问题的不同方面，然后判断多数意见到底正确还是不正确，所以异议对我们是相当有帮助的。就**"证据交换"**这一制度，**王永昌审判长**回答，在中国我们没有这样一个叫做证据开示的专业名词，但是，在中国法院审理知识产权案件的过程中，收集、调查、质证这样的程序是有的。**杰米·瑞纳法官**说道，我们确实有个程序是发现证据，一般情况下这是一个很冗长的过程，而且可以说成本非常高。所以总有一些人会问，这是不是我们制度的一个缺陷，我们是不是应该缩短证据发现的程序，让它不那么复杂不那么昂贵。就**"法院判决在什么情况下可能会引用权威的学说而不仅仅是法律规定"**这一问题，夏君丽审判长回答，以事实为根据、以法律为准绳是我们审判活动的要求，全国人大常委会、国务院制订的法律、法规，以及最高人民检察院、最高人民法院所制定的司法解释都是我们可以引用的法律规定，我们不会引用权威著作。**金百莉·摩尔法官**回答，我们需要适用法律，但是有一些法律是模糊的或者对于某件事没有涉及，这种情况下我们也许看看法律评论，包括一些教授的论文，他们可能会解释法律背后的政策。

交流对话还涉及"在知识产权审判中专业化的法官发挥了什么样的作用"、"在上诉程序中如何对待新证据"、"中国法规定的两年诉讼时效是否足够"、"上诉法院在什么情况下一定要开庭审理"、"从09年开始法官年均审理的案件数量是多少"、"诉讼制度在设计上有没有特别的考虑和安排，以确保外国当事人在本国诉讼时能够受到公平一致的对待"等问题。

在"模拟法庭审判"板块，北京市高级人民法院、美国联邦巡回上诉法院就同一件侵犯发明专利权案件，分别组成合议庭进行开庭审理，并宣布判决结果。随后，中美双方合议庭以及参与模拟审判的中美两国律师，就中美两国知识产权案件审理程序上的异同进行了讨论交流。

2. 著作权专题分会场研讨

为期一天（5月29日）的著作权专题分会包括"著作权法修改的热点难点问题"、"侵犯知识产权赔偿确定原则"、"实用艺术作品与美术作品在认定以及著作权保护方面的异同以及实践"、"计算机软件著作权的保护"、"网络环境下著作权保护中的利益平衡"、"网络环境下的间接侵犯著作权问题"等6个专题研讨。

中国科学院院士倪光南在题为"著作权法为我国文化产业发展保驾护航"的演讲中说，党的十七届六中全会提出文化大发展大繁荣、加快发展文化产业,推动文化产业成为国民经济支柱产业。著作权法是保护文化产业原创权利和形成文化产业原动力的重要法律,对推动社会主义文化大发展大繁荣具有重要意义。只有尽快完善著作权法,加大著作权保护力度,依法惩处侵权行为、维护著作权人的合法权益,才能提升文化产业的竞争力。**国家版权局法规司司长王自强**在演讲中从三个方面介绍了本次修改著作权法的基本情况。一是关于新闻出版总署、国家版权局对于本次修法的基本定位,即在保护作者基本权利的前提下促进作品的广泛传播,促进经济发展、文化繁荣,以及科技的进步,最终满足社会公众对文化和精神产品的需求。二是关于本次修法的基本过程和初步成果。经过三次修订,目前已形成一个 8 章 88 条的建议稿。这个建议稿具有以下几个特点,在法律体例上有重大调整;著作权和相关权利都得到了不同程度的增加;调整了著作权的授权机制和市场交易规则;加大了著作权保护力度,增加了行政执法的措施,提高了法定许可的标准,增加了惩罚性赔偿的规定。三是关于社会公众对本次修法的强烈关注和热烈反响。**华东政法大学知识产权学院院长高富平**在演讲中着重探讨了知识产权的损害赔偿问题。他说,知识产权作为知识权利,损害赔偿的基本原则应当是全面赔偿。目前需要讨论的主要问题是我们是否要引入惩罚性赔偿,因为侵权损害赔偿除了补偿权利人损失等的功能,还具有教育、预防、惩治的功能。因此,对于非故意的侵权,可以适用补偿性原则;而对于故意的侵权,可以适用惩罚性原则。**北京市高级人民法院知识产权审判庭庭长陈锦川**在演讲中探讨了计算机软件著作权保护中的两个问题。一是关于计算机操作界面的著作权保护。要注意区别计算机程序和计算机程序的用户界面,同样的用户界面不一定来源于同一个程序,因此,一个用户界面与另外一个用户界面相同、相似,不能直接认定是对已有用户界面的程序的复制。符合作品构成要件的用户界面可以作为作品来给予保护,但应当注意用户界面所具有的实用性功能。二是关于计算机软件侵权认定中的证据运用。一方面,司法者要非常重视民事诉讼法关于证据保全的相关规定,另一方面,对软件相似性的判定可以采取各种办法进行对比,其中,对软件的源程序进行对比是最有把握的方法。**最高人民法院知识产权审判庭法官王艳芳**在题为“网络著作权的利益平衡问题及其体现”的演讲中着重谈了三个问题,一是利益平衡原则,二是信息网络传播权条例规定的避风港的规则,三是最高人民法院信息网络传播权司法解释。王法官在演讲中指出,网络著作权的利益平衡其核心理念就是保护权利人的合法利益,同时要促进作品的传播和利用,并且保护公共利益。在这个基础上,促进网络服务商和权利人进行合作,鼓励网络技术的进步,促进商业模式的创新。

在著作权专题分会场参加主题发言讨论的还有其他法官、学者、律师以及知名企业代表。

3. 商标专题分会场研讨

为期一天(5 月 29 日)的商标专题分会包括“商标制度的改革与发展”、“非传统商标的保护”、“商标注册、商标使用与商标混淆”、“商标的功能与商标权的保护”、“网络环境下电子交易平台的侵犯商标权问题”、“侵犯商标权抗辩事由”等 6 个专题研讨。

中华商标协会副会长兼秘书长赵刚在演讲中说,新中国的《商标法》伴随着改革开放已经走过了 30 年的历程,就我本人的感受来说,从1989年到2010年的21个年头,《商标法》经历了第一次修改、第二次修改,在这个过程中我看到了中国商标法的逐步完善,特别是2001年的修改,完全达到加入世界贸易组织的标准。正是因为这个原因,我们加入世贸十几年来没有遇到什么问题。**韩国首尔大学知识产权中心主任丁相朝**在演讲中介绍了韩国知识产权法的历史变革与最新进展。在20世纪80年代之前,韩国人还不太了解知识产权的概念,韩国大学的法学院也没有人讲知识产权法。后来韩国逐步开发出自己的技术,并认识到知识产权的重要性,在这方面也就产生了版权、商标和其他知识产权法方面的重要变化。韩国的知识产权法体系最初是按照德国的体系建立起来的,但是在过去的30年,这个体系受到了美国的影响。关于非传统商标,目前我们已经推出了一些嗅觉和声音的商标,这是根据韩国和美国之间的自由贸易区建立的。**最高人民法院知识产权审判庭审判长夏君丽**在主题为"商标的功能与商标权的保护"的演讲中,着重讨论了商标和商标权的法律属性。她说,作为从事审判工作的法官,我有一点体会想跟大家分享,那就是商标法的理解适用最终都要归结到商标和商标权的法律属性。商标权具有四个属性,一是标志属性,这体现在两个方面,一方面体现为注册商标的显著性,另外一个反映就是未注册商标在我们商标法里受保护的条件是必须起到区分和识别商品或者服务来源的作用。二是相对性,主要体现在商标专用权是基于核定商品或者服务上的权利。三是弹力性,主要体现在商标权的不断扩张趋势。四是地域性,商标权的保护是以各国国内法为基础,导致同一个商标在不同国家识别不同的商品来源。只有准确地把握商标的功能和权利属性,才能准确地适用商标法。**中国外商投资企业协会副会长兼中国外商投资企业协会优质品牌保护委员会主席张为安**在演讲中围绕第三次商标法修改,着重讨论了以下几个问题:第一,站在品保委的立场,此次商标法的修改应当以加强商标权的保护作为目标;第二,我国现行商标法有些条文与TRIPs没有完全对接,希望这一次修改能够解决这个对接问题;第三,现行商标法规定,如果工商行政管理部门认定侵权成立,就必须要责令停止侵权。但是2011年公布的征求意见稿不知道为何加上了"可以"两字,这就给工商执法部门有一个行政裁量的权限,"可以"两字必须改成"应当";第四,征求意见稿里面有一个新的条文,商标权人主张侵权请求民事赔偿,必须要提供三年内使用这个商标的证据。我们认为,如果有正当理由这三年内没有使用该商标,应当不影响其主张成立。

在商标专题分会场参加主题发言讨论的还有其他法官、学者、律师以及知名企业代表。

4. 医药专题分会场研讨

为期一天(5月29日)的医药专题分会包括"医药知识产权的司法保护"、"医药专利确权程序中的常见问题"、"专利侵权诉讼中权利要求解释的常见因素和标准"、"侵犯专利权诉讼中的程序与实体问题"、"医药企业技术仿制与创新"5个专题研讨。

美国联邦巡回上诉法院首席法官兰德尔·雷德在演讲中说,在医药这一领域,专利的知识是至关重要的,没有专利的保护,这个行业就无法长期生存下去,这个行业就没有办法继续做出创新。当然,我们也应该允许人们对新药专利提出异议,允许异议的同时要对专利权人进行足够的保护。这是一个非常重要的原则。**最高人民**

法院知识产权审判庭副庭长金克胜在演讲中指出,医药的知识产权保护,在我们国家特别是人民法院越来越受到重视。目前,涉及医药专利权的案件纠纷越来越多,这些案件往往社会关注度高,审理难度大,同时又影响到行业和企业的发展,关系到人民生命的健康等非常重要的方面。最高人民法院非常重视这类案件的审理,积极调研,并于今年4月26日世界知识产权日期间,决定由江苏省连云港市中级人民法院和泰州市中级人民法院作为第一批中国医药知识产权司法保护的调研基地。**美国药物研发与制造协会国际知识产权部副总裁理查德·杰德嘉德**在发言中说,现在的中国政府和美国在20世纪80年代碰到的困难是一样的,即政府在努力寻求一种平衡,在创新药和仿制药之间求得一种平衡。在20世纪80年代的时候,美国政府知道美国本土的创新型医药企业已经发展得非常蓬勃,美国国会希望多少能够给仿制药一些空间。那个时候美国的仿制药行业规模还很小。于是通过一些法案,给仿制药一个快速的审批和上市的通道,不需要重新做临床实验,这极大地推动了美国仿制药的发展。**最高人民法院知识产权审判庭法官朱理**在题为"发明专利申请原因的修改和限制"的演讲中,着重探讨了如何判断专利文件的修改是否合乎法律规定。朱法官分析了相关法律规定的立法目的,包括立法为什么允许申请人修改专利申请文件,以及为什么要对专利申请人的修改进行限制。经过分析推理,其结论是,应该重新思考《专利法》第33条的含义,放宽对记载范围的理解,回到公开的范围上。应该重新思考专利审查指南关于修改方式的合理性和合法性,实现效率与公正的结合。我们既要鼓励发明人积极申请和公开发明创造,同时也要保证社会公众对专利申请文件信赖的合理性,兼顾行政程序的效率。**江苏省南京市中级人民法院知识产权审判庭庭长姚兵兵**在演讲中着重讨论了有关化学药物类专利的权利要求解释问题。他说,专利保护范围不是以权利要求记载的文字为准,而是以权利要求的内容为准,这给权利要求的解释留下了很大的空间。权利要求最基本最核心的内容,就是要体现发明创造对科学技术进步所作出的贡献。专利审查机关根据申请人对于技术进步的贡献度大小授予专利权,法院则根据案件的实际情况,对专利的贡献度进行测定,从而在每一个个案当中确定一个适当、合理的专利权保护范围。

在医药专题分会场参加主题发言讨论的还有其他法官、学者、律师以及知名企业代表。

中外信息时代的知识产权保护研讨会总结报告

廖继博

经最高人民法院院领导批准和外事立项,"中外信息时代的知识产权保护研讨会"于2012年6月18日至20日在江苏省南京市顺利召开。会议由我庭和美国华盛顿大学联合主办，江苏省南京市中级人民法院承办。中外知识产权法官、学者、律师共计40余人参加了此次会议。现将会议情况报告如下：

一、会议概况

此次会议旨在以国际化的视野，就信息时代知识产权保护的前沿问题进行深入探讨，以应对技术进步和商业模式创新给知识产权保护带来的挑战。会议呈现出以下特点：

（一）会议层次较为高端

此次会议的参会代表来自中、美、德、日四国，既有法官、行政官员，也有学者、律师，均是各国知识产权实务界和学术界的资深专家。尤其是我国最高人民法院知识产权审判庭庭长、美国联邦巡回上诉法院首席法官、日本知识产权高等法院院长首度齐聚一堂，就有关问题进行了深入而富有成效的探讨。

美国第九巡回上诉法院的玛格丽特·麦克纽恩法官、我国专利复审委员会的王霄惠副主任、美国华盛顿大学的竹中俊子教授、罗伯特·高默凯维茨教授、德国不莱梅大学的海茨·高德教授、德国洪堡大学的金·诺德曼教授，以及我国最高人民法院和部分地方人民法院的知识产权法官也参加了会议。

（二）议题设计相对前沿

此次会议的议题均系信息时代知识产权保护的前沿问题，具体包括软件专利保护、软件著作权保护、软件商业秘密保护、网络专利侵权、网络著作权侵权和网络商标侵权、行业标准专利，以及美国发明法案等。

会议在每个议题项下都安排了来自不同国家的专家介绍本国情况，评价他国做法，权衡利弊得失，探索解决方案，以使与会者既能对各国动态有纵向了解，又能对不同做法作横向比对，从而全面掌握信息时代知识产权保护的核心理念和最新实践。

二、会议的效果和评价

在为期五天紧张有序的研讨中，中外与会代表均积极参与各项会议议程，交流思想、切磋观点，各个议题均得以充分探讨，会议取得了圆满成功。

中外与会代表都认识到：信息时代，技术发展日新月异，商业模式不断创新，知识产权与产业的联系愈发紧密，新现象、新问题层出不穷，知识产权保护所面临的挑战越来越多，压力也越来越大。虽然各国历史、国情不尽相同，法律制度有所差异，但加强知识产权保护的信心和决心是一致的，在知识产权保护中的基本价值取向也是趋同的。尽管在路径的选择和规则的制定上会有不同，但也大都殊途同归。法有尽而情无穷，尚待解决的问题还很多。唯有通过坦诚的交流探讨，理性的相互借鉴，审慎的司法探索，才能为信息时代的知识产权保护提供思路。

外方代表纷纷表示，在全球化的浪潮下，各国在知识产权保护中所面临的新问题有着很强的共性，会议选题具有国际前沿性，议程安排合理，探讨热烈深入，与会的中国知识产权法官法律功底扎实，审判经验丰富，且具有较为广阔国际视野和良好的外语水平。**中方参会代表亦均表示，**机会难得，受益匪浅，在较短时间内对信息时代知识产权司法保护的最新国际动态有了全面而深入的了解，与此同时也向国际社会展示了中国知识产权司法保护的成果和中国知识产权法官的风采。

美国第九巡回上诉法院的玛格丽特·麦克纽恩法官说道："科技和商业的不断发展给知识产权司法带来了诸多挑战。中美法院面临的新问题往往是相同的，交流非常必要。这次会议实现了中美两国知识产权司法界的又一次良好沟通。”

美国华盛顿大学的罗伯特·高默凯维茨教授在闭幕式的致辞中讲道:“看到中国有这样优秀的知识产权法官队伍,我深受鼓舞。讨论中,各位中国法官所表现出的智慧着实让我叹服。我从你们身上学到了很多。”

德国洪堡大学的金·诺德曼教授在会后感言道:“这是我首次在中国大陆参加会议。这次会议层次之高,讨论之热烈都超乎我的预期。中国知识产权法官的优异表现给我留下了非常深刻的印象。”

三、会议主要内容

(一)软件的知识产权保护

在大型电脑时期,程序的编辑依赖于打孔卡片,用户界面是纯文字性的,输入工具也只限于键盘。这一时期的电脑不可移动,每一台电脑都是一个“孤岛”。在相当长的时间里,计算机技术都以硬件开发为中心。随着技术的不断发展,电脑变得小型化、个人化,编程工具变得生动直接,用户界面集合了颜色、动画效果、图像、声音等,输入工具也从单一的键盘拓展到光标点击、触摸、声控等多种模式。电脑的可移动性急剧增强,每一台电脑都成为网络中的一个节点,与其他电脑相连。在这一时期,软件的价值逐渐凸显。

20 世纪 60 年代,人们开始思索如何对软件进行保护。基本上,世界各国都选择在已有的著作权、专利、商标、商业秘密、合同法律框架下对软件进行保护。如何对软件进行恰如其分的保护,是软件知识产权保护的核心问题。

1. 软件专利保护问题

(1)软件专利的可专利性问题

①美国

《美国专利法》第 101 条规定:对新而实用的方法、机器、产品或其组合物的发明与发现,或对其所作出的任何新而实用的改进,均具有可专利性;但自然规律、自然现象和抽象概念不具有可专利性。美国最高法院在对专利适格性问题保持沉默 20 多年后,对第 101 条产生了新的兴趣。

Lab. Corp. 诉 Metabolite Labs. 案

美国最高法院对专利适格性的新兴趣始于 Lab. Corp. 诉 Metabolite Labs. 案。该案的一审法院和二审法院(即联邦巡回上诉法院)均认为涉案方法专利是有效的,原告关于专利侵权的主张成立。2005 年,美国最高法院下达调卷令,以审判该案中方法是否具备专利适格性;但又于 2006 年撤销了该调卷令。当时有三位大法官持有不同意见,认为涉案方法只是借鉴医学知识,对阅读一些数据的指示,该方法本质上是不具有可专利性的自然现象,因此不同意撤销调卷令。

In Re Bilski 案

Lab. Corp. 诉 Metabolite Labs. 案的调卷令被撤销后不久,联邦巡回上诉法院受理了 In Re Bilski 案。涉案发明是一种向商品提供商按照固定价格所出售商品的消费风险成本进行管理的方法。美国专利复审委员会(BPAI)认为涉案发明是一个纯粹的商业方法,其未与机器相关联,是一个抽象概念,不具备可专利性。联邦巡回上诉法院对该案开庭审理后又自行决定对之进行联席审理。多数法官肯定了 BPAI 的观点,但有三位法官持相反观点。

多数意见认为,最高法院早已阐明了判断方法的可专利性的标准,即检验该方法发明的权利要求是否仅限于包含对某项基本原理的特定应用,而非涵盖该原理本身。这一标准被称为“机器或转换”标准,即如果一项方法是与特定的机器或装置结合使用的,或者可以将特定物转换成不同的形态或物体,则其具有可专利性。联邦巡回上诉法院于1998年在道富银行案中所确立的“如果方法可以产生实用、具体且有形的结果，就具有可专利性”的标准是不恰当的，仍应坚持“机器或转换”标准。多数意见认为将商业方法明确排除在可专利的客体范围之外是不具有合法性的，对商业方法的可专利性判断和对任何其他方法的可专利性判断应持同一标准。但多数意见中拒绝了在软件的可专利性问题上表态。

持少数意见的三位法官的观点不相一致。其中Newman法官认为涉案方法是具有可专利性的，她也是唯一持此观点的法官。她认为：“法院拒绝认可没有转换成有形物质或者并非由机器实施的方法的可专利性，从而排除了采用电子和光子技术的许多类型的发明和新颖的数据处理方法。将为信息时代的繁荣和多样化做出突出贡献的发明排除在专利之外的做法，有违在先的判例和宪法的规定。”Mayer法官认为涉案方法不具备可专利性的理由与多数意见一致，但他认为，应当进一步明确商业方法和软件都是不具有可专利性，因为对商业方法和软件提供专利保护，有违宪法和法律，且有损公众利益。Rader法官认为涉案方法不具有可专利性的原因是其为抽象概念。他认为，该案的判断本应基于《美国专利法》第101条的表述，如果又回归“机器或转换”标准，则将无从解释为什么仅仅因为未与机器相关联或不具有转换性就不能受到专利法的保护。

2010年，Bilski案又在美国最高法院得以重审。美国最高法院认为：涉案方法不具有可专利性，因为其实质是抽象概念。“机器或转换”标准确有其作用，但它并非确定一项发明是否是具有可专利性的方法的唯一标准。技术不断进步，专利适格性的判断也必须具有与时俱进的灵活性，不应将所有的商业方法都排斥在专利范围以外，专利法应该在不侵害公众利益的前提下，给新的、预期以外的发明成为专利的可能性。

Research Corp. 诉 Microsoft 案

地区法院在该案的即决审判中撤销了Research Corp. 公司所拥有的数项涉及数字半色调方法专利组中的两项专利。该案上诉至联邦巡回上诉法院后，原审判决被撤销。联邦巡回上诉法院认为：专利适格的例外仅有三个，即自然规律、物理现象和抽象概念，不应用“机器或转换”检验法替代可专利性分析，涉案方法是具有可专利性的。

CyberSource 诉 Retail Decisions 案

地方法院在该案中判决CyberSource所拥有的检测信用卡交易欺诈的方法和系统专利无效，其理由是涉案权利要求所描述的是一种用于收集数据和估量价值的思维方法，因而不具有可专利性。联邦巡回上诉法院对此予以了肯定，认为完全可以在人类思维中完成的算法应向所有人开放，而不应被排他地授权给某一个体。

Ultramercial 诉 Hulu 案

涉案专利是Ultramercial所拥有的在互联网传播具有著作权的内容的方法。地方法院认为其中并不包含可专利的技术方案，因此驳回了Ultramercial的诉讼请求。联邦巡回上诉法院撤销了这一判决，并指出该专利的第一项权利要求即具有可专利性，因为尽管抽象原理是不可专利的，但对抽象原理的应用具有可专利性：涉案权利要求需要互联网站与终端用户之间的互动，而这显然已不属于纯粹的思想了。

Dealertrack 诉 Huber 案

涉案专利是对汽车经销商和银行之间的汽车信贷进行管理的计算机辅助方法。联邦巡回上诉法院认为，涉案专利的权利要求中并无任何关于“计算机辅助”的程度和细节，其所指向的是抽象概念，因此不具有可专利性。

②欧盟和德国

欧盟和德国的专利法都规定,具有技术特征的方法才能被授予专利,不具有技术特征的方法全部被排斥在专利保护的范围之外。因而软件专利的可专利性问题在欧洲并不像在美国那么复杂。

2004年的日立案件(也称竞价拍卖案件),对欧洲的软件可专利性问题有着决定性意义。欧洲专利局在该案中认为,如果在权利要求中至少有一个软件之外的,具有技术贡献的技术要素(例如电脑),则该项发明就不单单只与软件相关,从而存在专利适格的可能性。日立案件后来又经历了欧洲专利局扩大上诉委员会的审核,该委员会支持了欧洲专利局的意见,因而由此确立的"自由实务"(Liberal Practice)仍旧有效。

2010年4月,德国联邦最高法院在其第Xa ZB20/08号决定指出"专利权利要求中只要至少存在一项软件之外的技术特征,就具有可专利性"。这项决定使得德国在软件方面的判例法与欧洲专利局的自由实务相一致。

因此,在欧洲和德国,软件获得专利适格性的关键在于创造一个使软件和硬件交流互动的环境,通过该互动可以将本来不可专利的软件纳入可专利的范畴内。

③日本

20世纪90年代开始,软件相关的发明越来越多。2000年时,日本的商业方法应用软件就已达1.7万件。软件的专利保护问题开始得以广泛讨论。

《日本专利法》第2条规定:"发明是指利用自然规律做出的具有较高水平技术思想的创作。"据此,以人类精神活动和记忆力为基础的技术方案不具备可专利性,因为人类精神活动并非"自然规律"。而软件的本质恰恰就是把人的算法通过计算机执行出来,其并未利用自然规律解决问题,所以在日本法中,软件并不具备严格意义上的可专利性。

但若不对软件进行专利保护,将不利于鼓励软件产业的发展。为此,日本的行政机构和司法机关都做了一些变通,通过对"自然规律"这一概念进行扩大化解释,将软件纳入可专利的范围内。

日本专利局认为,如果软件带来了硬件上的实用方法,即软件对信息的处理可以通过硬件准确实现,则该软件就具有可专利性。简言之,日本专利局认为对电脑等硬件的利用,亦可解释为对自然规律的利用,从而认定利用了电脑等硬件的软件具有可专利性,反之则不具有可专利性。

日本法院对专利局的这一做法持肯定态度,法院对"自然规律"的解释甚至会更加宽泛,一些日本专利局认为不具有可专利性的方法,都在日本法院得到了专利适格的认定。

④中国

中国在软件专利适格问题上的观点和做法均与德国相似。

依据2010年的专利审查指南,软件因属于智力活动而不可专利。尽管其在运行中表现出了电信号、符号转换等,但因未对具体对象的自然属性进行改变,而不具有可专利性。但如果该软件发明依附了硬件,且该硬件本身是有技术贡献的,而非简单的执行程序的装置,则该软件、硬件的结合体是可专利的。

(2)软件专利侵权救济问题

①美国

四要素审查法

美国关于软件专利侵权救济的原则与其他专利侵权救济相似,都遵循"四要素审查法",即如果满足以下四个条件,就应当发布禁令:第一,侵权行为给专利人造成不可弥补的损失,包括市场声誉、市场占有率等;第二,赔偿不能充分弥补这一损失;第三,权衡双方困境的结果仍是倾向于发布禁令;第四,公共利益因素(健康和安全)不排除禁令。

发布禁令的比例和未发布禁令的原因

自 eBay 案到 2011 年 12 月止,美国地区法院所裁决的专利侵权案件中有 200 件被认定为构成侵权,其中 150 件发布了禁令,另有 50 件法院拒绝发布永久禁令,发布禁令的比例为 75%。未发布禁令的原因有两类:一类是案件涉及的专利仅为一个较大产品中的一小部分;另一类是专利权人自己并未实施该专利。

损害赔偿额的确定

损害赔偿应为专利权人损失的利润或者合理的提成费。但因为利润的损失很难举证和计算,所以越来越多的案件中以合理提成费作为确定赔偿额的标准。其计算公式为:合理提成费 = 提成费基底 × 提成率。

在确定软件专利损害赔偿额时所面临的核心问题是:如何计算复杂的设备当中"小组件"的价值。

第一,提成率的确定问题。

在 Lucent 诉 Microsoft 案中,地区法院判决覆盖 Outlook 小日历功能的专利获得相当于 Outlook 总收入 8% 的赔偿,但这一判决被联邦巡回上诉法院撤销。联邦巡回上诉法院认为这一比例过高,且权利人并未充分举证证明 Outlook 中其他专利授权许可的情况,从而未能准确认定涉案专利的合理提成费在所有专利授权费中所应占的比例。

在 ResQNet. com 诉 Lansa 案中,地区法院认定 Lansa 销售的一款终端仿真程序"Newlook"侵犯了 ResQNet 的"075 专利",判令 Lansa 赔偿 ResQNet 50 余万美元,其所确定的提成率为 12.5%。联邦巡回上诉法院认为地方法院判决所依靠的证据并不扎实,提成比率过高,因此推翻了这一判决。

在 IPI 诉 RedHat 案中,RedHat 侵犯了 IPI 基于 Linux 操作系统的多个虚拟工作区,以及工作区切换功能专利。地区法院认为该专利仅为涉案产品上千个组件之一,IPI 的专家报告没有说明其与广阔的提成基底之间存在可信的经济联系,因而排除了这一专家报告。联邦巡回上诉法院认为地方法院排除该专家报告的做法是正确的。

第二,提成基底的确定问题。

在 Cornell 诉 HP 案中,涉案专利覆盖了指令重新排序缓冲区(IRB)的一个组件。IRB 本身仅为计算机处理器的一部分,而计算机处理器又仅为 CPU 模块的一部分。CPU 模块再与其他电子元件相结合是才能构成所谓"CPU 砖"。Cornell 所主张的提成费基底是基于 HP 的服务器和工作站系统的整个市场价值的,远远超过了专利发明范围之外。在地方法院驳回 Cornell 的这一主张后,Cornell 继而主张基于整个"CPU 砖"而非 IRB 来计算赔偿,这一主张得到了陪审团的认可,陪审团认为可以按照"CPU 砖"的销售总额 230 亿美元的 0.8% 来计算赔偿额,即赔偿额为 1.84 亿美元。但法院认为,"赔偿证据必须显示产品消费者对产品的需求和专利发明之间的关系",最终判赔 5300 万美元。

在 Uniloc 诉 Microsoft 案中,Uniloc 主张 Microsoft 的 Word XP,Word 2003 及 Windows XP 的产品激活功能侵犯了其一项覆盖防止软件复制的软件登记系统的专利。陪审团认为 Microsoft 是故意侵权,应当处以 3.88 亿美元的赔偿金。但 Uniloc 的赔偿专家则认为,赔偿额应为 5.65 亿美元,因为以 Microsoft 产品的销售总市值 190 亿美元为提成基底,则 5.65 亿美元的赔额只占其2.9%,在合理范围内。联邦巡回上诉法院明确了“专利权人只有在专利功能创造了客户需求的基础上,或者专利功能在相当程度上创造了组成部件价值的情况下,才能基于被告产品的总市场价值来评估赔偿。当专利并未创造客户需求时,使用被告产品的整个市场价值作为提成费基底是(有被法院驳回的)危险的”,因而认定Uniloc将Microsoft产品总市值作为提成基底是错误的。

②欧盟和德国

发布禁令与否的考量

德国对软件专利侵权也是以发布禁令为原则,以不适用禁令为例外。德国禁令的发布程序简单,速度快,一般在起诉后十个月左右就能得到禁令;且禁令一经发布,立即执行,即便一方提起上诉,也不妨碍禁令的执行。

在德国,仅在涉及危害公共健康和危及国家安全的情况下才不适用禁令。但德国也有因停止侵权造成的损失超过保护专利本身的价值,因而判决不适用禁令的案例。

在德国,虽然法律规定,具有重要的技术价值和社会价值的改进专利可以获得基本专利的强制许可,但是目前并没有实例。

损害赔偿额的确定

德国的损害赔偿遵循“填平原则”,即所有的损害赔偿都是恢复性的,而非惩罚性的。其确定赔额方式有三种:第一,估算许可费价值;第二,确定专利权人的利润损失;第三,确定侵权人的侵权获利。

③日本

除了基于公共利益的考量外,日本对于所有的专利侵权都发布禁令,比例接近百分之百。当然日本也规定了与德国类似的改进专利获得基本专利强制许可的情形,但也是没有实例。

日本对于侵权赔偿额的计算公式为:侵权赔偿额 = 专利权人于侵权未发生时在每件产品的可得利润 × 侵权产品的数量。于此,专利权人须证明两个事实:第一,其可获得的利润已转移到侵权产品上;第二,其具有相关的工作能力,如生产制造能力等。

④中国

在我国,对软件专利侵权的救济原则和其他专利侵权救济原则相似,都是以禁令为主要手段。我国的禁令发布率高于美国,发布速度快于德国。但也存在不适用禁令的可能性,主要有两种:其一是出于公共利益的考虑——如健康、环境、安全等,其二是出于经济的考虑——若既不能给权利人带来很大利益,又会给侵权人造成很大损失,则倾向于不发布禁令。

中国的专利侵权赔偿,也遵循填平原则。

2. 软件著作权保护问题

软件包括源代码、目标代码、用户界面、结构、顺序、组织等多个要素。

(1)美国

美国著作权法对软件的保护及于源代码、目标代码、用户界面、结构、顺序、组织等各个层面。其保护范围看似宽,实则窄。首先,在著作权法本身的框架内,软件的保护范围受到一定的限制,凡是属于思想与表达的结合、表达途径有限、公共领域、已获授权的、合理使用的内容,均不受保护;其次,在知识产权法框架内,基于著作权法和专利法的不同意旨,著作权法不能对功能性作品给予保护;最后,在整个法律框架内,软件著作权的行使还须受到禁止滥用原则、反垄断法等的限制。

(2)欧盟与德国

欧盟的著作权法尚未完全统一,但在软件著作权保护领域,已有《欧盟计算机程序指令》(2009/24/EC)予以统一协调。

保护范围问题

《欧盟计算机程序指令》第1条规定，应将软件作为文字作品来保护，但其中所包含的思想和规则不受保护。欧盟法院在其今年作出的一个判决中指出："软件中的关键词、选项、数学概念等并不是编程者的智力成果，对这些元素的选择、排序、组合才是作者的原创性表达。"

此外，用户界面亦不能获得软件著作权。欧盟法院在Bezpecnostnísoftwarovóasociace诉Ministerstvo kultury案的判决中指出，"计算机程序的'任何形式的表达'均受著作权法保护，但该表达仅指包括源代码和目标代码等，不包括图形化用户界面。用户界面如为原创，可作为图像作品受到保护；但若其仅是为技术功能的要求，则不能受到著作权法的保护。"

在赛仕研究所(SAS Institute Inc.)诉世界编程公司(World Programming Ltd.)案中，欧盟法院进一步明确了软件著作权保护的门槛。该案中，赛事研究所拥有一款SAS系统软件，它能让用户运用SAS语言编写程序，并在SAS系统中运行其程序。世界编程有限公司研发了一款替代性软件，即世界编程系统。在该系统中，用SAS语言编写的程序也能够得以运行，且在绝大多数情况下，在两个系统中的相同输入能够得到相同的输出。但赛仕研究所并无证据证明，世界编程公司有途径复制SAS系统软件的组件源代码，或该源代码的任何编程文本，或任何结构性设计。欧盟法院在其该案的判决中指出："软件著作权既不保护软件功能，也不保护其编程语言，更不保护其数据文件格式。"因而欧盟法院认定世界编程公司的软件构成有别于SAS系统软件的作品，应为著作权法所保护。

欧盟所划定的原创性门槛非常低，各成员国也都在执行这一低门槛。例如，德国联邦最高法院就确立了这样一个事实性假设：只要软件具有一定程度复杂性，就可以认定其具有原创性。

合理使用问题

欧盟关于软件著作权的合理使用有着特殊的规定，符合以下条件的使用不构成软件著作权侵权：第一，终端用户在预期用途范围内的复制或修改(包括纠错)；第二，制作副本；第三，反向编译；第四，旨在通过监控、审查、测试找出软件背后思想及原理的使用。

(3)日本

软件著作权保护的是软件的表达形式，是为了防止别人一字不差地复制软件。在日本的司法实践中，软件著作权诉讼的原告胜诉率较大。

(4)中国

在中国，对软件著作权的侵犯，可能构成民事侵权，也可能构成《刑法》第217条的侵犯著作权罪。在司法实践中，如何对原被告的软件进行比对是审理的难点问题。一般来说，应对两个软件的源程序进行比对；当源程序比对存在困难时，也可以比对目标程序。在确实难以判断两个软件是否构成实质性相似时，应当准确运用证据规则，恰当分配举证责任，予以分析判断。

(5)开源代码软件问题

所谓开源代码软件，是指通过合同约定排除了独占的著作权，从而使其源代码可以被公众使用、修改和分发的软件。因其理念恰与著作权(Copyright)相反，故被戏称为"著佐权"(Copyleft)。开源代码软件看似排斥著作权，实则依赖著作权的保护，因为开放源代码的实质是软件作者向不特定人群直接授予的非独占性许可。

开源代码软件的许可方式有多种，不同许可方式下使用者的权利大都一致，但义务却不尽相同，具体有以下三种许可模式:第一,非著佐权许可(Non-Copyleft-Licenses),如伯克利软件许可(BSD-License, Berkeley Software Distribution License)、麻省理工软件许可(MIT-License);第二,严格著佐权许可,如公共通用许可(General Public License);第三,有限著佐权许可,如摩斯拉公共许可(Mozilla Public License)。

软件开发商开放源代码的回报是获得较高知名度和良好商誉。其亦可通过提供有偿的培训、咨询、维护等服务的方式获得收入。目前运作良好、获得一定商业成功的开源软件大都是基础性的底层软件,即结构性软件,如安卓手机系统软件和 Linux 电脑系统软件等。

3. 软件商业秘密保护问题

(1)美国

随着软件产业的不断发展,软件开发商之间的合作和共享越来越重要,甚至竞争对手之间的共享也越发不足为奇。鉴于软件著作权和专利权保护范围的有限和相关规定的严苛,越来越多的美国软件开发商更倾向于将源代码作为商业秘密来保护。

美国的软件商业秘密保护作为一项知识产权保护手段,优缺点都十分显著。一方面,以商业秘密来保护软件的确优势明显:首先,软件开发商得以按照自己的意愿商定受保护的内容,而无须受制于相关法律对于适格客体的种种要求;其次,相关内容的传播范围和使用方式灵活可控,各方当事人可以自行决定在什么样的范围内进行什么样形式的共享。但另一方面,商业秘密保护方式也面临着各种挑战:首先,美国的软件程序员的流动性非常大,随着程序员的流动,技术和商业秘密也流动和扩散开来,尽管竞业禁止条款非常普遍,但该类条款在美国正在遭遇着十分广泛的质疑;其次,不同的软件需要相互兼容,具有兼容性的软件(如 Windows 系统软件)不能用商业秘密来保护;最后,在逐渐繁盛的开源代码运动中,越来越多的程序员选择贡献出其源代码,并允许他人享用,这也无疑披露了很多商业秘密。

商业秘密的保护一般通过保密协议来实现。目前,越来越多的保密协议更多是以促进公司内外的共享为目的,而不是保护商业秘密。因此,有人认为保密协议虽名为"保密协议",但实为"披露协议",即商业秘密的许可协议。

(2)欧盟

鉴于欧盟软件著作权保护先天或后天的缺陷,如未注册软件的作者身份证明非常困难,无法善意取得软件著作权,对立软件的解码被禁止、软件的设计想法无法受到保护等;亦鉴于软件专利权保护也存在种种不足,如管理过程非常复杂、相关费用十分昂贵、保护期相对较短、必须公开技术方案、每项专利所保护的只是某一特定的技术解决方案而非某一特定的软件等,软件的商业秘密保护日渐兴盛。

在欧洲,商业秘密的保护尚未得到协调统一。在德国,商业秘密是通过反不正当竞争法来保护的,在法国则是通过侵权法和合同法来保护,而在英国则是通过普通法中的"泄露秘密"来保护。但欧盟商业秘密保护的基本理念非常明确。例如,除完全琐碎的信息或者缺乏市场价值的信息外,任何理论、技术诀窍、商业模式、算法等均可成为商业秘密。又如,商业秘密的保护没有时间限制。再如,商业秘密本身并不受保护,法律只是禁止揭露秘密的不正当手段。

较为典型的侵犯软件商业秘密的行为包括:违反保密合同;从事工业间谍活动,如黑客或技术监视;偷盗;贿赂员工等。但反向工程和独立的发明或发现不属于侵害商业秘密的情形。

(3)日本

软件商业秘密保护在日本的应用也非常广泛。在日本,软件商业秘密与其他商业秘密一样,必须满足以下三个条件:第一,确实采取了保密措施;第二,确实具有商业价值;第三,确实具有事实上的秘密性。但其中第一点和第三点很难举证证明,这也就成为包括软件商业秘密案件在内的商业秘密案件的一大难题。

(二)网络知识产权保护

1. 网络专利侵权

按照传统的专利法中的全面覆盖原则,被控侵权的产品必须包括涉案专利的每一个技术特征。但随着网络技术,尤其是云技术的发展,以及个人电脑、智能手机的普及,这一传统原则逐渐被打破。下面就以美国为例,从直接侵权和间接侵权两个方面对此加以说明。

(1)直接侵权问题

2005 年的微软诉 AT&T 案中的情形是:如果一个在云端存储的软件并未覆盖全部技术特征,仅当该软件被下载并安装在终端用户的智能手机中时才覆盖了全部技术特征。则终端用户构成直接侵权,上载软件者不构成直接侵权。

2007 年的 NTP 诉 Research in Motion 案(即黑莓案)中的情形又更进一步:存储在域外云端的软件并未覆盖全部技术特征,仅当终端用户获得使用该云端软件的权限,并通过其智能手机接入云端,在线运行该软件后,才能覆盖全部技术特征。依据传统的专利侵权理论,在此情形中,终端用户和上载软件者均未覆盖全部技术特征,均不构成直接侵权。但联邦巡回上诉法院认为,终端用户确实实施了整个过程并获得收益,即便云端处于域外,也应认定处于美国域内的智能手机覆盖了全部技术特征,从而可以依据美国专利法认定该用户构成直接侵权。

2007 年的 BMC Res. 诉 Paymentech L. P. 案中,联邦巡回上诉法院阐明了全面覆盖原则的例外情形,即当涉案专利为方法专利时,如被控侵权人控制或指示第三人实施了某些其未实施的步骤,进而完成了对整个方案的实施,则该被控侵权人也构成对该专利的直接侵权。

(2)间接侵权:引诱侵权和帮助侵权

《美国专利法》第 271 条的 b 和 c 分别规定了引诱侵权和帮助侵权。

引诱侵权的成立有四个条件:其一,他人的直接侵权;其二,存在引诱行为;其三,知悉该专利,故意地视而不见亦被认定为知悉(Globle-Tech 诉 SEB 案);其四,诱导侵权行为的特定意图(DSU Medical 诉 JMS 案)。因此,在前述情形中,将软件上传至云端者或为之刊登广告都可能构成积极诱导的行为,进而构成引诱侵权。

帮助侵权的成立条件也有四个:其一,他人的直接侵权;其二,销售、经营或进口专利发明组件;其三,知悉该发明组件;其四,知悉该专利,故意地视而不见亦被认定为知悉。但依照微软诉 AT&T 案的判决,软件并不构成发明的元件,因而在前述情形中,上传或销售软件都很难构成帮助侵权。

2. 网络著作权侵权

(1)美国

美国的著作权案件量在 2006 年达到顶峰,美国地区法院在这一年度受理的著作权案件共计 5488 件。此后该类案件的数量就开始逐渐回落。2010 年,这一数字减至 1984 件。

从 Napster 案到 Grokster 案,美国的著作权法不断迎接着新技术和新商业模式的挑战。备受关注的 Viacom 诉 YouTube 案目前仍在美国第二巡回上诉法院进行审理,该案的判决将进一步澄清具体知情与对侵权行为的控制之间的关系。

(2)欧盟和德国

①存储空间服务商的责任问题

侵权判断问题

《欧盟电子商务指令》(2000/31/EC)第14条规定,如果存储空间服务商仅为用户存储其内容的中间人,并不实际知悉违法行为,且不知悉明显违法的事实或情况,则不应承担损害赔偿责任,亦免于刑事制裁。这一免责条款并不妨碍禁令的发布和执行。至于取得禁止令的条件和形式,则由各成员国的国内法加以规定。

2011年7月12日,欧盟法院在欧莱雅诉eBay案中对这一规定作出了解释。该院认为,要构成"仅为用户存储其内容中间人",存储空间服务商须对用户内容保持中立的立场,不得发挥积极作用去了解或控制用户内容。对用户内容的优化和推广都将被视为发挥积极作用。

关于是否发挥积极作用的认定尚不统一。2010年9月3日,德国汉堡地方法院在其第308 O 27/09号判决中认定YouTube将用户上传内容变为了自有内容,从而构成著作权直接侵权。其理由是YouTube在其网站上广泛使用"YouTube"标识,对用户上传内容进行了大量编辑(如向浏览者提供诸如"最受欢迎"、"娱乐"、"音乐"、"新闻与政治"、"精选"、"推荐视频"等分类),并在投放贴片广告。这些行为使YouTube脱离了中立立场,成为发挥积极作用的直接侵权人。但该院在2012年4月20日作出的第310 O 461/10号判决中却持相反观点。

德国联邦最高法院在marions-kochbuch. de诉chefkoch. de案的判决中指出,如果用户生成内容被视为存储空间服务商的自有内容,则该服务商对其获知侵权前的用户生成内容也应承担直接负责。

移除之外的适当措施与监控义务问题

欧盟法院在欧莱雅诉eBay案中明确表示,一旦存储空间服务商发挥积极作用,将用户内容变为自有内容,则其除应立即移除侵权内容外,还应防止该内容的再次上传和同类侵权行为的发生。用户生成内容网站还应在合理范围内,采取监控已侵权用户、自动过滤关键字、手动检查等措施防范侵权。

欧盟法院在Netlog案中对存储空间服务商的过滤责任作了进一步的界定。该院认为,依照《欧盟电子商务指令》第15条规定,存储空间服务商需要采取专门的过滤措施来防止侵权,但其并无一般性监控义务。

2012年3月14日,汉堡上诉法院就GEMA诉Rapidshare一案作出了判决。该案中,GEMA在Rapidshare网站上发现了其4000首音乐的下载链接,于是向Rapidshare发出通知,要求其移除这些盗版音乐文件。Rapidshare在接到通知后立即使用Hash过滤器移除了相关文件。此后有其他用户向Rapidshare再次上传了这4000首音乐的清晰盗版文件。汉堡上诉法院认为,为防止同类侵权的发生,Rapidshare有义务采取适当措施,如关键词过滤、链接检查、甚至用户实名登记等。Rapidshare未采取适当措施,应承担相应责任。但杜塞尔多夫上诉法院认为,存储空间服务商并没有超出Hash过滤器之外的其他监控义务。这一问题的最终确定,有待德国联邦最高法院做出相关判决。

②接入服务商的责任问题

禁令

尽管《欧盟电子商务指令》第12条规定,若接入服务商未启动或选择一项传输或接收,则不承担损害赔偿责任,亦不受刑事制裁。但《欧盟著作权指令》第8条第3

款规定，"成员国应当保证权利人有权针对中间商申请禁令，禁止第三方使用中间商的服务侵犯著作权或相关权利"。欧盟法院通过 LSG 诉 Tele2 案明确了，该条款中的"中间商"也包括接入服务商。因此，针对接入服务商的避风港规定，并不影响对其发布和执行禁令。

欧盟法院在 Scarlet Extended SA 诉 SABAM 案的判决中，进一步确定了依照《欧盟著作权指令》第 8 条第 3 款针对接入提供商的禁令申请框架，并再次澄清"所有欧盟成员国必须允许其法院下令采取旨在停止已有侵权，并且防止其他侵权的措施"。目前，丹麦、英国、奥地利等国的法院都作出了关于封锁域名服务器（DNS-Block），以及无附加转播（Clean Feed）的判决。这些裁判均是对《欧盟著作权指令》第 8（3）条的具体实施。但德国汉堡上诉法庭却对此持不同意见，该院认为，除非根据具体的德国法条文，否则不得对任何网站使用域名服务器封锁或任何其他封锁措施（如 IP 地址或 URL 封）。

接入服务商也没有一般性的监控义务，但有可能承担针对特定用户或特定 IP 地址的过滤义务。

③终端用户的责任问题

《欧盟电子商务指令》第 8 条规定了权利人的信息获取权，即权利人在一定条件下可以请求接入服务商提供终端用户的相关信息。不同的欧盟成员国对此有着不同的做法。《德国著作权法》第 108 条规定，权利人有权可依据单独的法庭指令要求接入服务商提供终端用户的相关信息。法国则由其网络著作传播与权利保护高级公署（HADOPI）直接向接入提供商索取信息。此后，该公署会向侵权接入的所有者发出警告。3 次警告后如仍有侵权行为发生的，即采取暂时切断互联网接入服务等措施。到目前为止，初级警告多达十万余次，但终极警告的发出量仅有一百余次。可见，这一方法非常有效。英国也采取了这一"逐级回应"的模式。唯一不同的是，仍由权利人来负责实施。因此，权利人将面临非常高昂的执行费用。目前，英国的这一系统尚未能得以有效运行。

对于接入拥有者并不实际知情的第三人利用其接入设施实施的侵权行为，接入拥有者是否应当承担一定责任的问题，德国联邦最高法院在 Sommer unseres Lebens 案中作出了回答。该案中接入拥有者在外度假，其无线局域网（WLAN）被用于非法 P2P 上传，其辩称此系黑客所为。德国联邦最高法院认为，接入拥有者负有在一般性的私人使用范围内保护 WLAN 免受黑客攻击的审慎义务，如果购买时未适用无线网络保护接入标准（WPA-Standard）或未对 12 位验证码进行修改，则构成对审慎义务的违反。但仅可向该接入拥有者发布禁令和索取信息，而不能判决其承担赔偿责任。

3. 网络商标侵权

美国法院对商标网络侵权案件的处理作了一些探索。在 Tiffany 诉 eBay 案中，Tiffany 发现 eBay 上所收的 Tiffany 商品有 73% 都是假冒的，故主张 eBay 构成对其商标权的直接侵权。但鉴于 eBay 在收到 Tiffany 的通知后，及时切断了相关链接，并移除了信息；亦鉴于 eBay 对售假事实的知悉仅属于一般性的知情，其并未实际控制这些产品，因而法院判决 eBay 不构成对 Tiffany 商标的直接侵权。此外，在 Rescuecom 案、1 - 800 Contacts 案、Rosetta Stone 诉 Google 案、Louis Vuitton 诉 Akanoc Solutions 案等案件中，美国法院也对商标网络侵权问题进行了一些论述。

（三）行业标准专利问题

2007 年以前，行业标准专利问题并不

突出,但自2007年起这一问题在欧盟和德国逐渐凸显。

1. 行业标准的概念及其产生

行业标准是为实现互用性、促进技术推广而设立的一整套技术规则,其实质是对技术的说明。行业标准或通过标准制定组织产生,如国际电信联盟ITU制定的ISDN、ADSL标准,欧洲电信标准研究院ETSI制定的GSM、UMTS标准;或由公众广泛接受或占市场主导地位的产品衍生,如微软Word软件的DOC格式。

2. 标准必要专利

如果一项专利必然为遵循某一标准的产品所使用,则该项专利构成该标准的必要专利(Standard-Essential Patent)。

一般来说,标准制定组织都要求其成员披露其认为构成标准必要专利的专利或申请,并发布关于自愿将该专利公平、合理、非歧视地许可给任何人的声明。但并非所有申报的专利最终都能被认定为标准必要专利。根据2005年的Goodman/Myers报告,在UMTS标准必要专利的申报中,仅有20%被最终认定为标准必要专利。

对标准必要专利的侵犯相对容易证明,专利权人仅需证明行业标准中确实采纳了该专利,以及被控侵权人确有声明称其产品符合该标准即可,而无须再对产品的技术特征进行分析。

一旦标准必要专利的所有人获得针对其竞争者的禁令,该专利权人就得以据此阻止其竞争者对相关产品的生产和销售,从而迫使其以有利于专利权人的条件进行和解。这显然是反竞争的。正如德国Mannheim地区法院的Tochtermann法官所言:“专利权人不恰当地利用了并非来源于专利本身,而是来源于外部环境的力量,如标准化机构将该专利纳入行业标准的决定,获取了远高于该专利市场价值的报酬。一般而言,这一行为是对反垄断法的违反。”

3. FRAND抗辩

为解决这一问题,荷兰和德国设立了“FRAND抗辩”制度,其中FRAND是指公平、合理且无歧视(Fair, Reasonable And Non-Discriminatory)。这一抗辩制度的基础是专利权人负有依照FRAND条款,向任何人授予其标准必要专利的义务。

FRAND抗辩的成立,并不意味着许可协议的成立。这一抗辩仅能阻却禁令的发布,专利权人仍然有权对被控侵权人的侵权行为请求损害赔偿。

(1)荷兰:三星诉苹果案

2012年荷兰海牙地区法院审理了三星诉苹果一案。该案中,三星指控苹果侵犯了其4项UMTS标准必要专利。因三星向该标准的制定者欧洲电信标准研究院ETSI申报标准专利时即声明,其可以依照FRAND标准授予专利许可。苹果就涉案4项专利在荷兰境内的许可提出了要约,请求以每部手机2美分的价格获得许可。三星就此提出反要约,要求苹果为其每部手机支付15美元以获取三星所有UMTS标准必要专利在世界范围内的“一揽子”许可。

荷兰海牙地区法院认定,三星既然声明将依照FRAND条款授予专利许可,就应本着善意进行协商。但其在与苹果协商的过程中,向对方施加了不适当的压力,意图迫使苹果接受非FRAND的条款。且三星未能证明苹果无意按照FRAND条款进行协商。因而,三星在此情况下申请禁令,是对权利的滥用且违反了善意协商的义务,故驳回了三星关于发布禁令的诉讼请求。

(2)德国:橘皮书裁定

飞利浦诉Master & More议案中,飞利浦认为Master & More所经销的可反复读写CD,侵犯了其所拥有的“橘皮”标准必要专利。Master & More 认为，就这些专利而言，支付1%到5%的许可使用费都是合理的，故其向飞利浦作出了3%的发价。飞利浦认为这一发价过低，因而拒绝了该要约。

卡尔斯鲁厄上诉法院认为，涉案专利确系橘皮书标准必要专利，且被控侵权产品确系依据该标准生产的，Master & More 构成对飞利浦标准必要专利的侵权。但 Master & More 的发价过低，其 FRAND 抗辩不能成立，因而发布了禁令。

Master & More 遂上诉至德国联邦最高法院。该院认为，Master & More 基于反垄断法的 FRAND 抗辩是成立的。标准必要专利的所有人能够控制执行标准的产品的市场准入，其拒绝授予专利的行为足以构成主导地位的滥用。在此情况下，寻求禁令救济同样是滥用主导地位的行为，故判令撤销禁令。

德国联邦最高法院在该案判决中明确了 FRAND 抗辩成立的两个条件：其一，被告必须提出一个专利权人在公平、合理、无歧视的情况下无法拒绝的许可要约。这就要求要约中的发价必须足够高，以至于一旦专利权人进一步加价就将导致对反垄断法的违反。被告对其要约满足上述条件负有举证责任。其二，被告必须按照已经签署 FRAND 许可协议的情形履行相关义务，即其必须定期提交销售账目，并定期按照其要约支付或提存许可使用费。

鉴于被告通常并不清楚多高的许可使用费是专利权人无法拒绝的，从而使 FRAND 抗辩成立，联邦最高法院列举了符合 FRAND 抗辩的四种情况：其一，被告提出了"开放式"要约，即接受 FRAND 条件下的任何许可；其二，被告提存了一笔足以保护专利权人合理要求的资金；其三，由专利权人确定的费用；其四，由法院评估的金额。

尽管通过橘皮书裁定，德国的 FRAND 抗辩制度基本得以建立，但仍由很多问题尚待解决，例如对于此前侵权行为的损害赔偿是否应以 FRAND 许可使用费为标准？被告是否可以在提出 FRAND 要约的同时提起无效诉讼？要约可否修正？当标准本身即要求须在世界范围内组合许可时，专利权人能否拒绝仅限于一国的要约？

（3）欧盟：谷歌兼并摩托罗拉案

欧盟法院在谷歌兼并摩托罗拉案中提出了其对于标准必要专利的看法。欧盟法院的观点和德国橘皮书裁定中的观点基本一致。该院认为，各项标准必要专利都应视为具有一个独立的相关市场，专利权人在该市场具有市场主导地位。在标准必要专利基础上强制执行禁令是反竞争的，但禁止不愿意按照 FRAND 条款进行善意协商的被告继续使用该专利，则可能是合法的。

同时，欧盟委员会也保持着对标准必要专利禁令反竞争作用的警觉：2012 年 1 月，欧盟委员会发起了对三星的调查程序，以检验三星是否兑现了其 FRAND 承诺；2012 年 4 月，欧盟委员会又发起了对摩托罗拉的调查程序，以查明摩托罗拉寻求针对苹果和微软的禁令是否构成对市场主导地位的滥用。

（四）美国发明法案

颁布于2011 年9 月16 日的《美国发明法案》（American Invents Act，简称 AIA）对《美国专利法》作了多处重要修改，其中包括发明人先申请制度、补充审查、无欺骗意图、优先审查、行政有效性异议等。

1. 先申请制度

在发明法案颁布之前，美国是全球唯一一个采用先发明制度的国家。该法案实施后，美国将改先发明制为先申请制。依照这一法案的规定，一般情况下，有效申请日为2013年3月16日及该日之后的美国专利申请,将被认定为“先申请发明”。该“有效申请日”,既可能是实际申请日,也可能是权利要求基于其在美国或其他国家的申请所享有的最早申请日。

2. 现有技术的新定义

根据发明法案,修改后的《美国专利法》第102条规定,于有效申请日前,在世界任意地区以任何语言公开披露的技术,或者在其他发明人于有效申请日前提交,且之后被公开的专利申请中所披露的技术为现有技术。但以下两种情形中的相关技术不能被视为现有技术:其一,在有效申请日前一年以内,发明人或者从发明人处直接获得该技术的人于世界任何地区公开披露的同主题技术;其二,该发明人或者从发明人处直接获得该技术的人在美国专利或专利申请里的披露的技术。修改后的第103条规定,非显而易见性判断的时间点为“申请专利的发明的有效申请日之前”。

2013年3月16日前提交的专利申请,仍适用旧法中的现有技术条款;2013年3月16日及该日之后提交的专利申请,如不包含任何主张在2013年3月16日之前的优先权的权利要求,方可适用发明法案中的现有技术条款;对于2013年3月16日或该日之后提交的申请,如果其中包含至少一项有效申请日在2013年3月16日之前的权利要求和至少一项2013年3月15日之后的权利要求,则旧法和新法同时适用。这意味着,新旧两法将至少共存至2034年。

此外,只要专利申请中每一项权利要求的有效申请日都早于2013年3月16日,则即使这些权利要求的修改是在2013年3月16日之后很久,也仍旧仅适用旧法。

3. 补充审查

美国发明法案所涉及的补充审查(Supplemental Examination)制度,是旨在于授予专利后提起诉讼之前,消除潜在的不正当行为的可行方式,但其程序烦琐,费用高昂。专利权人可以请求美国专利商标局审议、复议或者纠正专利的相关信息。补充审查适用于有效日2012年9月16日之前、当天或者之后颁发的专利。

4. 无欺骗意图

旧法里多次提及关于“欺骗意图”(Deceptive Intent)的规定,但发明法案中,取消了“欺骗意图”的说法。尽管如此,发明法案并没有否定对美国专利商标局的诚信义务,该法案中仍有针对不正当行为以及有意为之的虚假陈述的惩罚等规定。

5. 优先审查

发明法案设置了优先审查(Prioritized Examination)制度。优先审查又称一号路径审查(Track 1 Examination),旨在于12个月内完成某些专利申请的审查授权。含有不超过4个独立的权利要求或者总权利要求不超过30个的专利申请可以适用优先审查。但尚未进入国家阶段的国际申请、外观设计申请、重新颁证申请、临时性申请或复审程序不在此范围内。

优先审查的相关制度已于2011年9月26日生效。在其付诸实施后头四个月内,授权率高达88%。

6. 行政有效性异议

授权前的异议(Pre-Issuance Submissions)

旧法禁止第三人在授权前异议中针对现有技术进行解释,且限制其递交的文件不能超过10份;发明法案则允许简明描述每份文件的关联性,对文件数量也不再予以限制,但要求必须在公开后6个月内或首次驳回之前提交(以较晚者为准)。该项规定适用于任何在2012年9月16日之前、之日或之后提交的专利申请。

授权后复审(Post-Grant Review)

在2013年3月16日及该日之后提交的申请被授予专利后,或专利重颁后九个月内,可以提起复审。提起复审的理由可以是与专利无效或者任何权利要求无效有关的任何理由。

授权后复审的启动条件是,能够证明确有很大可能至少有一项权利要求不能被授予专利,或者确有对其他专利或专利申请很重要的尚待解决的新法律问题。

多方复审(Inter Partes Review)

在授权9个月后,或者授权后复审结束之后,可以提起多方复审,请求宣告专利中一个或多个权利要求无效,但只能基于《美国专利法》第102条、第103条的理由,且只能基于现有技术中所包含的专利或公开发表。

多方复审的启动条件是,美国专利商标局局长认为至少有一项权利要求,请求人有胜出的合理可能。这一条件已接近于发布禁令的条件。

调 研 报 告

网络文化知识产权保护研究报告

北京市高级人民法院

序 论

网络文化作为一种新兴的文化产业，在满足人民群众日益增长的精神文化需求上作用凸显。建设中国特色的网络文化，是推动社会主义文化大繁荣大发展的重要举措，是社会主义先进文化事业的重要组成部分。北京作为全国文化中心，打造网络文化精品产业、提升网络文化服务水平对推进具有世界影响力的文化中心城市建设具有重要意义。

网络文化产业已是北京市重要的知识经济产业之一，对其进行科学、有效地规范和引导，确保其健康、稳定发展，是首都知识产权保护的重要任务。网络文化市场具有模式新、发展快、传播方式灵活、信息量大、类型多、影响广泛等鲜明的时代特征，其内容涉及网络音乐、网络视频、网络游戏、网吧、博客、微博、“三网融合”、网络转载文字等诸多领域，这些领域的飞速发展、技术手段不断创新，使得网络文化知识产权保护问题面临一系列新的挑战。

研修报告通过对当前网络文化发展的现状、特点研判，提出实际存在的问题及困难，经过研究分析，得出系列合理可行的建设意见和保护措施。意在提升全民网络文化保护意识，提高网络文化知识产权保护水平，促进相关部门对网络文化的利用和管理，加强有关网络文化企业的法治意识，为首都科学决策提供参考，为首都中心工作提供智力支持，为北京建设一流的世界城市提供保障。

第一章　网络音乐知识产权保护相关问题研究

一、网络音乐的特点

网络音乐一直是最主要的网络娱乐形式，是网民使用率最高的一种网络娱乐形式。[①] 网络音乐主要由两部分组成：一是通过电信互联网提供在电脑终端下载或者播放的互联网在线音乐；二是无线网络运营商通过无线增值服务提供在手机终端播放的无线音乐。音乐与网络是内容与传播手段的关系。网络音乐作为一种网络文化产品，具有以下特点：一、传播速度快，范围

① 参见从1997年至2012年历年中国互联网信息中心发布的《中国互联网络发展状态统计报告》，至2012年7月已发布30次。

广;二、公众获取音乐更加便捷、成本低廉;三、侵权盗版更容易发生;四、发布音乐的门槛降低,促生了更多的原创音乐产品和原创作者、歌手,大大活跃了音乐市场。

二、网络音乐的现状

网络音乐的发展状况是与互联网应用的广度和深度相关的。根据中国互联网信息中心的统计,2011 年 12 月至 2012 年 6 月,我国网民在整体互联网应用方面,即时通讯、搜索引擎、网络音乐占据了各类互联网应用的前三名,其中网络音乐的用户规模达到了 41060 万,网民使用率达到了 76.4%。2011 年 12 月至 2012 年 6 月,我国手机网民在各类手机应用中,手机音乐占 49.2%。[①] 另外,根据文化部发布的《2011 年中国网络音乐市场年度报告》显示,2011 年我国网络音乐企业数量达到了 452 家,同比增长 28.7%,网络音乐总体市场规模已达到 27.8 亿元,同比增长 20.8%。[②] 可见,网络音乐在我国现阶段发展平稳,整体趋势较好。

三、网络音乐发展中的知识产权问题及成因分析

(一)大量侵权、盗版、未经进口审批的国外音乐仍在网络上传播。网络音乐从开始发展到现在一直处于盗版、侵权困扰中。经历了十几年的发展,版权人也维权了十几年,但收效甚微,未经授权发布在网络上的歌曲依然很多。根据规定,对于国外的音乐作品,必须经过文化主管部门进口审批,否则在我国不能发行,更不能在网络上传播。但是很多网站还是直接侵权传播未经进口审批的国外未授权音乐作品。

(二)网络原创作品质量低,经常发生对知名歌曲抄袭、模仿。有的网络歌手为了尽快出名,把知名歌曲加以改造后当成自己的原创歌曲;有的草根歌手为了出名,未经许可演唱他人的音乐作品;有的歌手为了在彩铃业务中多赚收入,擅自把他人的歌曲改编并演唱,导致词曲作者起诉该歌手侵犯著作权,彩铃运营商起诉歌手违约。

(三)网络原创音乐作品的权属认定较难。网络化的原创音乐作品并未公开出版发行,基本上都不署名。在作品被侵权时,作品的作者往往难以证明自己的身份,从而导致难以确定权利人。

(四)没有资质的网站传播网络音乐作品。很多网站没有按照《互联网文化管理暂行规定》的规定获得审批,实际上不具备市场准入资质。这些没有资质的企业往往是盗版音乐的集中营。

(五)视频分享网站成为侵权音乐的重灾区。在视频分享网站的经营者为用户提供的信息存储空间里,网友上传的大量非原创音乐作品,导致音乐作品的权利人近几年对视频分享网站发起了大规模的诉讼。

分析上述问题,原因主要有:

(一)一些音乐网站经营者受利益驱动。在能够逃避法律制裁并经济利益的驱动下,为了短期获利,对法律置若罔闻,铤而走险,置他人的权利于不顾。

(二)消费者免费消费的习惯难以改进。大众已经习惯于从网络上获取免费的资源,付费消费音乐的网站,在这种环境中难以生存。这就导致音乐网站无法依靠从消费者收费获利,导致音乐网站丧失花钱购买版权的动力。

(三)集体管理组织的作用发挥欠佳。多年来,中国音乐著作权协会主要是打击卡拉 OK 经营场所、现场演唱会、商场背景

---

① 中国互联网信息中心:《第 30 次中国互联网络发展状态统计报告》,2012 年 7 月。

② 文化部:《2011 中国网络音乐市场年度报告》,载文化部网站。

音乐、广播电台电视台等领域的侵权行为,尚未真正顾忌网络侵权领域。

(四)司法保护的程度有待提高。司法判决保护的力度不够,赔偿数额较低,赔偿标准不够明确。一些侵权者抱着即使被发现,法院也判不了多少钱的心态,故意侵权,使用他人作品。

(五)行政执法不到位。知识产权领域的保护不仅仅是法院的事,行政机关也有执法的职责。如果行政机关执法及时、到位,制止侵权行为,能够很大程度上减少侵权纠纷的发生。

四、解决上述问题的对策及建议

第一,立法机关要紧跟网络产业发展的步伐,实时修法、立法。对于已经有的法律规范,如果在适用中存在争议及不明确的地方,应当及时发布解释予以澄清,对于一些纠纷无法可依的情况,应当及时立法。

第二,执法机关应当积极执法。行政权具有主动性、积极性的特点,更能发挥制止不法、维护合法权利、营造良好环境的作用。因此,行政机关应当各司其职,做到执法制度化、常态化、经常化。

第三,司法机关应当加大司法保护力度。应当统一执法,加大侵权赔偿数额,体现威慑力,才能一方面使权利人的利益得到充分的补偿,另一方面使侵权人意识到靠侵权是无法保持正常经营的,迫使侵权人正常交易。对于多次故意侵权者,加大赔偿力度,加大民事制裁措施并予以罚款,使侵权人得不到任何利益。

第四,加强对网络音乐网站经营者的法制教育,特别是知识产权法的普及教育。要想将网络音乐产业做强做大,必须加强知识产权的培训,强化知识产权意识。企业要真正建立知识产权管理制度,建立自己企业的知识产权战略。

第五,培养消费者付费消费音乐产品的习惯。这是一个长期、复杂的问题,受到各方因素制约,有文化因素、习惯因素、制度因素、经济因素、教育因素,等等。只要长期坚持,总有一天消费者会意识到天下没有免费的午餐,自己收听的音乐是他人劳动的成果,对其应予尊重。

第六,著作权集体管理组织要拓展维权领域。著作权集体管理组织不仅要在传统的侵权领域继续维权,也要向网络侵权领域拓展维权,真正做到维护版权人的合法权益,推动中国网络音乐正版化整体进程。

第二章 涉视频网站知识产权保护研究

一、视频网站概述及特点

视频网站是以网站或者客户端为媒介,提供视频分享、搜索链接、播放、下载等服务的网络平台。网站的视频内容主要由合作媒体、网络用户上传分享。[①] 也有一些视频内容链接自其他网站。视频网站的发展经历了盲目扩张、理性觉醒、分化成熟三个时期,发生的侵权纠纷主要体现为:视频网站上的视频侵犯他人对作品享有的信息网络传播权。

涉视频网站纠纷的特点:一是数量呈逐步上升的趋势;二是视频网站互诉案件增加,诉讼成为网络视频行业的竞争策略,部分视频网站将诉讼作为排挤竞争对手的重要策略;三是视频网站案件调撤率高,海淀法院视频网站案件调撤率占74.1%;四是侵权行为形式多样化,呈现新特点;五是视频网站败诉率高,"避风港规则"[②]难以适

① 高丽华著:《新媒体经营》,机械工业出版社2009年版,第155~156页。

② 避风港规则来源于美国1998年的《数字千年版权法案》(Digital Millennium Copyright Act)。

用;六是侵权赔偿数额多由法院酌定,当事人证明权利人实际损失或侵权人的违法所得具有难度。

二、问题及原因分析

(一)法律层面的问题及原因

1. 涉及视频网站的立法尚不完善。目前,相关的法律法规直接移植了国际条约或外国立法①,规定相对原则,对现实情况没有充分了解和预见力,所以在实际适用时存在明显缺陷。

2. 现有司法制度在应对视频网站案件时存在缺陷。行业普遍的侵权行为通过个案方式解决存在弊端且无法彻底解决。我国的民事诉讼立法尚未建立团体诉讼制度②。

3. 法定赔偿数额的确定依据不足。绝大多数情况下,当事人不会提交权利人损失和侵权人违法所得的证据,视频网站侵权判决在论述赔偿数额依据时表述模糊,缺乏说服力,无法区分赔偿数额差别因素。权利人认为过低,侵权打击不力,侵权网站又认为过高,影响网站的发展③。

(二)行业层面的问题及原因

1. 在线视频行业对经营模式的设计未充分考虑版权问题。国内的视频网站行业缺乏权利意识,同时出于经济原因,不惜采用先搁置版权问题求得快速发展的经营理念。

2. 视频网站创新能力不足,在"大跃进"中尚未形成良好的竞争机制。视频网站大都抄袭国外网站的经营模式,自主创新能力不足,在经营模式高度雷同、技术水平相当的情况下,为了抢占资源,视频网站不惜动用各种力量换取竞争优势。

3. 网络侵权后果的影响程度难以客观评估。对权利人而言,网络视频行业是个新兴且陌生的行业,相比较传统行业,互联网不受时空、作品载体磨损限制的优势会让权利人对作品失去控制。

(三)社会管理层面的问题及原因

1. 行业组织对企业的沟通指导仍有较大的空间。总的来说,行业协会对视频网站经营模式的调整、行业发展的指导、纠纷的事前预防等工作成效尚待提高。

2. 行政机关对新兴行业缺乏系统化管理。行政机关对传统行业从决策到执行的垂直管理模式和经验直接套用到互联网行业时,会因为网络不受时空限制的特点而显得效率低下。相关的行政机关在短时间内难以划清自身的监管职责。

三、对涉视频网站知识产权保护的建议

(一)法律层面建议

1. 完善实体法和程序法,优化司法程序。细化对信息网络传播权的规定,统一裁判尺度。建议民事诉讼能建立广义的团体诉讼制度。新兴行业的发展不能损害社会公共利益或他人合法权益,团体诉讼制度能对行业普遍的违法行为给予更有效的规制。

2. 优化民事诉讼程序,对于当事人一致或作品一致的案件合并审理。实行民事与刑事保护相结合,加强对网络侵权行为

---

① 《著作权法》中的信息网络传播权保护条例直接引用自世界知识产权组织的《世界版权公约》WCT,《信息网络传播权保护条例》第22条、第23条的规定引用自美国《千年数字版权法案》DMCA。

② 团体诉讼制度成为各国保护集团性利益和社会公益的重要诉讼形式。随着科技的进步和工商业的快速发展,各国出现了大量的环境污染纠纷、消费者权益保护纠纷、反不正当竞争和反垄断纠纷等现代型民事纠纷。这类纠纷的重要特点在于,往往涉及众多当事人的集合性权益的保护或者社会公共利益的保护问题。受传统的民事诉讼当事人制度的限制,此类争议往往难以得到高效、合理的解决,难以实现实体法所欲达到的目的。在此背景下,赋予一定的团体以诉权并构建相应的团体诉讼程序制度,就成为各国解决上述现代型纠纷、实现公共利益之保护的一个极为重要的管道。刘学在:"团体诉讼之当事人适格的类型化分析",载《法学评论》2010年第2期。

③ 视频网站案件中,权利人的上诉理由都认为法院判赔数额过高,侵权人的上诉理由都认为法院判赔数额过低。

的威慑力。

3. 运用法经济学理论解决法定赔偿问题。作品权利人和使用人往往会通过诉讼方式试水法院定价,以此为参考依据来确定双方都可接受的市场价格。只有建立充分考虑市场价格和各种成本负担基础上的法院定价标准,才能基本反映市场对侵权行为的责任预期。

(二)行业层面建议

1. 加强企业自律意识,将重视版权深化落实到企业管理中。只有将重视版权落实到行动,特别是具体到经营模式、技术措施、部门设置、人员配备等方面,才能从根本上防止侵权纠纷的发生。设置诸如影视作品片名之类的关键词,来控制网民未经许可的上传行为,在视频网站检索结果列表中屏蔽侵权作品[①]。

2. 提高创新能力,逐步改变高度雷同的经营模式。制定科学合理的激励创新和内部管理机制,在促进技术研发的同时保护创新成果。对自主研发的新技术在可采用商业秘密来保护;若无法避免公开后被他人抄袭模仿,则可寻求注册为专利或进行版权登记等方式来保护。

(三)社会层面建议

1. 加大宣传力度,提高全民版权意识。互联网行业持续健康发展,离不开网民版权意识的提高。加强版权保护的宣传力度,提高社会公众特别是青少年版权意识。

2. 加强行业组织对网络企业的经营指导和矛盾化解。行业组织可以在权限范围内发挥外力作用帮助企业实现良性竞争和矛盾化解,增强企业的行业共同体意识。同时,互联网协会可对为企业发展提供建设性指导意见。行业协会也有便利提供权威中立的行业经营及营利的报告供相关行政、司法机关参考,或协助行政、司法机关对严重侵权行为予以制裁。

3. 减少网络监管部门,明确监管职责。可以明确一家或两家网络监管部门进行重点监管,制定较为清晰的监管要求。针对不同的要求进行事前监管或事后监管,在尽量不增加网站运营成本的情况下,提高网站对监管要求的执行力。当网站执行不力时,再给予适当惩戒和处罚。

4. 发挥行政和司法机关的联动作用。目前,网络行业发展受到版权局、文化部、广电总局、工业与信息化部等多个部门管理,各个部门执法侧重点有所不同,或关注版权、或关注安全。政府管理部门可以积极探索部门联动,成立专门的网络版权执法小组,将有关行业发展的信息和数据进行整合和汇总,并可尝试与司法部门的合作,对一定时期内网站经营中反映出的问题集中通报,对经常性出现侵权问题的网站给予相应的行政处罚,形成司法与行政的联动机制,为网站健康发展创造良好的社会环境。

第三章 网络环境下博客及 BBS 知识产权保护问题研究

一、博客及 BBS 在我国的现状

2002 年,博客的概念被引入中国并首次在博客中国网开通,2005 年,博客在我国得到规模性增长。2006 年,网民注册的博客空间超过 3300 万个,近几年来更是呈现井喷的态势。据中国博客市场研修报告显示,博客用户对博客的信任度较高,近 80% 的博主在博客上留下了自己的真实信息。[②]

博客平台提供商(BSP)是博客产业链上的重要组成部分。目前我国的 BSP 市场

---

① 黄武双:"视频网站面临的版权侵权困境与经营出路",载《中国版权》2008 年第 3 期。

② 参见《中国博客市场调查报告》,中国互联网络信息中心 2007 年 12 月。

基本呈现三类并存形式。第一类是独立运营的BSP,比如blogcn、blogbus等;第二类是基于传统的门户网站而建立起来的BSP,比如新浪博客、搜狐博客等;第三类是借助关联产品建立起来的BSP,比如网易空间、QQ空间、MSN Space等。博客读者是"博客"这一互联网现象的重要组成部分。博客作者浏览别人博客的比例高达90%以上。

与博客类似,BBS开辟了一个简单的互动沟通环境,近年来也在不断地成熟发展。据中国互联网发展报告的统计数据来看,自2008年以来,BBS的使用率呈平稳上升的态势,2010年BBS的使用率高达32%,2011年略有降低,达到28%。BBS产业链与博客类似,其中,提供BBS平台服务的网络服务提供商的地位类似于博客平台提供商(BSP),而在BBS上发帖以及浏览、评论、转发帖子的众多网民也是BBS的读者,和博客读者一样,构成"BBS"这一互联网现象的重要组成部分。

二、网络环境下博客及BBS知识产权保护存在的问题

(一)各大网站对于著作权归属规定混乱

各大网站关于著作权的归属主要有:第一,原创作品的著作权归属于博客服务商,比如新浪博客;第二,原创作品的著作权归属于原作者,网站可以对作品进行合理使用,比如中国博客网;第三,网络服务商享有原创作品的部分著作权,比如网易博客,等等。

(二)著作权侵权现象严重

1. 博主,即博客的主人。博主可能侵犯他人著作权的有:第一,撰写发表在博客空间里的文章系全部或部分抄袭他人的文章①,系直接侵权;第二,转载他人享有著作权的文章②或者盗用他人享有著作权的摄影作品③等,却没有署名抑或未经原作者许可,转载了原作者在博客声明中禁止转载的文章或摄影作品,构成侵权;第三,未授权建立超文本链接,侵犯他人的著作权。

2. 博客及BBS论坛服务提供商,其和博主以及在论坛中发言的网民之间是一种网络服务提供者或者经营商和服务对象之间的关系。在网络环境下,其普遍存在直接侵权以及间接侵权的风险。体现在:第一,有些博客网站为提高点击率,未经许可私自转载其他网络作品或博客,和博主转载者侵权一样,其主观过错十分明显,直接侵犯了他人的著作权④;第二,博客及BBS论坛服务提供商对于博主或者论坛网友所上传的相关内容进行了选择、整理、编辑、推荐或与本网站相关栏目进行链接,主观上存在明知的过错,不具备免责条款的必要条件。⑤ 此外,博客及BBS论坛作为信息存储空间提供者,主要承担消极审查义务,在没有履行相应的注意义务情况下,可能构成间接侵犯著作权。

3. 浏览博客及BBS论坛的网民,大致可分两类:一类是"传播者",主要是指将他人博客中的相关内容和BBS论坛上其他网民的发言等进行转发和转载,或者做技术上的链接。该传播行为在某种程度上扩大了侵权的范围和后果;另一类是"评论者",如果评论者发布的内容具有侮辱、诽谤他人的言论,则依法应承担侵权责任。但其常以"过路者"匿名的方式留言,要确认真实身份十分困难。

(三)侵权责任的确定难度大

第一,网络环境下著作权法意义上的

① 参见〔2010〕海民初字第02197号判决。
② 参见〔2011〕海民初字第14445号判决。
③ 参见〔2010〕海民初字第24416号判决。
④ 参见〔2006〕海民初字第19036号判决。
⑤ 参见〔2010〕海民初字第24416号判决。

作品的界定争议较大。原则上BBS上的这些东西均属于作者个人独立创作,但能否称得上具有独创性,还要根据具体内容来定。第二,网络虚拟身份无法与现实身份一一对应,存在大量的笔名或匿名博主以及评论者、转发者,从而为准确认定侵权主体增加了难度。第三,基于博客注册的隐名性、电子证据的易修改性等特点,涉博客及BBS著作权侵权纠纷面临证据采信难、权属认定难等困境。

(四)博客及BBS论坛空间技术保护措施缺乏

博客及BBS论坛空间的技术保护措施很不到位,绝大部分著作权人版权意识淡薄,从而导致侵权现象严重的局面。对于网络环境下作品的版权保护,采取一定的电子技术措施,如电子签名、电子水印、密码锁等是十分必要的。而目前除了部分博主会在自己的页面上标注“版权声明”外,鲜有博客及BBS论坛网站对作品采取以上技术保护措施,几乎任何登录者都可以轻易复制、下载、转载其上的作品。

(五)网络环境下的赔偿数额难以确定

从现行规范来看,国家版权局对于传统作品的稿酬只适用以纸介质出版的文字作品,并无涉及在网络上刊载作品的付酬标准。网络上的传播与传统不同,对于著作权人受到的损害而言,网络传播中的“点击量”远比“字数”更重要,传统的赔偿额度计算方法无法直接适用于网络环境下的侵权,而法定赔偿却又仅是一个数额范围,实践中难免同案不同判。

(六)运营模式及利益分配的矛盾

随着这种越来越多的商业化使用行为,也带来了博客运营模式以及利益分配的多重矛盾。网络服务商意图通过博主对博客的商业化使用而进行利益均沾,而博主却认为在注册协议中并没有禁止进行商业性用途的要求而拒绝网络服务商的要求。

三、推动网络环境下博客及BBS知识产权保护的建议

(一)完善博客及BBS的相关立法

第一,加强对博客及BBS注册协议的规范。在博客及BBS注册协议中应当明确的条款,如确定协议的性质以及原创作品著作权的归属问题;第二,正视默示授权的现实价值。对于一般的博客及BBS论坛中的原创作品,可以考虑默示许可而对其加以非商业性使用;第三,适当放宽对网络作品著作权的限制,扩大“法定许可”的范围。由于大部分网站具备支付报酬的能力,也并非不愿意向权利人支付报酬,因此可以考虑扩大法定许可的范围。

(二)加强对博客及BBS论坛网站的法律管制

第一,对博客及BBS注册用户实名制进行试点;第二,加强特定情形下网络服务提供商的审查义务;第三,加强对博客及BBS论坛网络服务商的行政监管。

(三)建立博客及BBS著作权集体管理制度

集体管理组织可以代替权利人和网络服务提供商、个人使用者进行谈判、提供咨询服务、收取使用费甚至代表诉讼等,从而实现维护权利人的利益、防止网络服务提供商滥用权利的目的。

(四)确定合理的“博客及BBS”著作权侵权赔偿标准

网络环境下侵权赔偿数额的判定,可以考虑:第一,博客及BBS相关内容的点击率;第二,权利作品被评论、转载和引用的次数。

(五)加强网站的制度建构和自律规范

第一,建立博客及BBS论坛著作权管理规范,引入风险评价机制,慎重选择可能引起纠纷的博客作品使用方式;第二,促进技术措施得到合理应用,目前来看,可以考虑给不同信用程度的用户设置访问权限,采用用户身份信息自动认证程序、反复制程序以及电子水印、电子签名、电子指纹等,对于侵权内容采用自动禁止发表、屏蔽、删除等技术措施,或对博主以及BBS论坛中的用户提出警告、暂停博客以及发帖功能,乃至取缔违法博主和发帖人的资格;第三,充分发挥自律机制对博客著作权保护的影响。通过行业自律的方式营造有利于保护博客著作权的环境,提高博客服务商保护博客著作权的自律性,有效减少和避免权利纠纷和法律诉讼的发生。

第四章 涉微博著作权问题研究

一、微博的定义、特征及本质

微博,即微型博客(MicroBlog),是一种“基于用户关系的信息分享、传播以及获取平台,用户可以通过WEB、WAP以及各种客户端组件个人社区,以140字左右的文字更新信息,并实现即时分享”。[①] 2011年上半年,中国微博用户从6331万增至1.95亿,增长约2倍。[②]

目前,微博最主要的功能是发布信息,当然还可以上传图片。此外,微博的功能还包括:转发、收藏、评论。微博的上述功能展现出诸多特点,其最主要的特征为碎片化、分享性以及基于用户信任关系的极快的传播速度。“自由、开放、共享”是微博的重要理念。

微博就是网络存储空间,所以,它应当受到《信息网络传播权保护条例》的调整,而微博服务商就是网络服务提供者,受到包括《信息网络传播权保护条例》、《侵权责任法》、《著作权法》等系列法律的调整。如何处理微博的分享、传播的特性与著作权保护的冲突是著作权法律制度中应该关注的新问题。

二、微博作品分析

(一)微博内容能否构成作品

微博内容能否构成作品,从而得到《著作权法》的保护,要具体分析其是否满足作品的法定要件,不能一概而论。微博能否构成作品受到质疑最主要的原因是其140字左右的字数限制。通常而言,作品所使用的文字越少,越容易与公众惯常使用的语言表达重合,越难满足独创性的标准。但是,140字的字数限制并不影响作者通过选择、取舍、安排等来传情达意,从而其达到独创性的要求。微博内容仅仅是通过微博这种传播手段发布的,那么该内容能否构成作品与传播手段无关,微博内容能否构成作品与微博无关。除了微博140字的正文可能构成文字作品外,上传图片的功能使得微博内容越来越丰富,微博内容可能构成的作品并不限于微博正文。因此,作品的认定和字数多少无关,和微博无关,甚至和网络也无关。微博内容完全可能构成作品。

(二)微博作品著作权的主体

据《著作权法》的相关规定,若无相反证据,在作品上署名的主体就是作者。因此,发表微博内容的用户,即博主对微博作品享有著作权。

(三)微博作品著作权的内容

微博作品的著作权与其他作品并无区别,博主对微博作品应当享有《著作权法》规定的所有17项权利[③],包括人身权和财

---

① 百度百科[EB/OL],http://baike.baidu.com/view/1567099.html。

② 中国互联网络信息中心(CNNIC)发布的《第28次中国互联网络发展状况统计报告》。

③ 《著作权法》第10条规定著作权包括发表权、署名权、修改权、保护作品完整权、复制权、发行权、出租权、展览权、表演权、放映权、广播权、信息网络传播权、摄制权、改编权、翻译权、汇编权以及应当由著作权人享有的其他权利。

产权。当然著作权的行使也同其他作品一样受到《著作权法》有关合理使用、法定许可等一系列限制,并不能仅以微博的特点简单得出其天然的受到某些限制的结论。但是,将作品在微博中发布符合发表的要件,此时博主已经行使了发表权,根据发表权一次穷尽的原则,其他人不可能再侵犯其发表权。除此以外,博主的其他具体权利不受限制。

三、涉微博侵犯著作权行为分析

(一)使用微博作品的行为

微博作品的使用有很多方式,部分行为可能涉嫌侵犯了微博作品的著作权,这种行为应当得到制止,以保护著作权人的私权利,但是,有些使用行为并不侵权,其还可能是实现微博传播分享的重要基础,应当得到肯定。

1. 微博范围内使用微博作品的行为及其责任

(1)转发行为。将微博作品转发的行为推定为默示许可更合理,从用户与微博服务商之间签订的服务协议来看,因为微博用户既然同意使用由服务商为其提供的服务,那么就应当对其中转发的功能予以认可并接受。此外,默示许可也符合微博用户使用微博服务的初衷,其正是通过默示许可他人转发自己的微博内容,实现获取、传播信息的目的。当然,这种默示许可的被许可人应当是微博用户,许可使用的范围应当是微博范围内,许可的权项仅是复制权,并约定无须支付报酬。当然,人身权利不得许可他人使用,因此,博主的署名权、修改权、保护作品完整权仍应当得到尊重。

(2)评论。评论是指实现上述转发功能的基础上,博主在其微博正文中一并发布自己对于被转发内容的评论。该评论内容很有可能单独构成作品,但是仅就评论功能是否侵犯被评论作品的著作权问题,其与转发并无本质上的区别,故评论应当也不构成侵权。

(3)收藏是微博的一项基本功能。点击微博中的收藏选项,只是将该微博内容放入个人的收藏夹。在被收藏的内容构成作品的前提下,如果这种收藏并未下载该内容,仅仅是将链接放入微博用户的网络存储空间中的某个文件夹,那么其当然不构成侵权;如果这种收藏功能是使得被收藏内容下载到浏览该内容的移动设备中,例如手机、电脑等,那么其已经复制了该作品,但这种收藏符合"为个人学习、研究或者欣赏,使用他人已经发表的作品"的合理使用行为,并不侵权。因此,收藏并不侵犯微博作品的著作权。

(4)抄袭发布行为性质及其责任。抄袭发布的行为是一种明显的侵权行为,其未经著作权人许可使用了微博作品,并且该行为既不符合合理使用的要件,也并非默示许可的范围。抄袭发布行为至少侵犯了原作者的署名权和复制权,还有可能侵犯其修改权和保护作品完整权。

2. 微博范围外使用微博作品行为分析

如果微博原作品被微博外主体使用,应当构成侵权。其典型的行为包括但并不限于以下几种:第一,转载在微博以外的媒体上;第二,集中出版;第三,收费表演。上述各种行为均不符合"合理使用"条件,亦超出了默示许可的范围,属于侵权行为。

(二)微博用户使用他人作品的行为分析

微博用户使用他人的作品若符合侵权要件,还是应构成侵权的。只是在支持微博的发展的同时,也得尊重他人的智力成果。我们在确定这种使用行为应承担的责任时,可以充分考虑微博的特殊性,要求仅应当承担停止侵权的责任,无须再承担赔偿责任，这样更能够体现著作权这种私权利与微博社会价值之间的平衡，更好地相互促进。

（三）微博服务商的共同侵权责任

微博范围外其他主体使用微博的行为，例如转载、出版等，微博服务商无须为此承担责任。那么，当微博用户实施了抄袭发布的行为或者在微博中使用他人作品的侵权行为时，微博服务商则须根据情况承担相应的责任。

法律并未给微博服务商规定事前审查义务的义务，但规定了其承担通知删除的义务。当微博服务商接到符合法律规定的通知时，如果其不履行删除的义务，则构成帮助侵权，需要承担侵权责任。当然如果微博服务商对侵权行为是明知或者应知的，其并未予以制止或放任其实施，那么则也构成帮助侵权。

（四）其他行为分析

1. 微博服务商直接使用微博作品的行为。如果微博服务商使用微博作品（例如新浪、腾讯）是否构成侵权呢？一般而言，微博服务商妄图采取格式条款，强迫用户授权其使用微博作品，其目的并非善意，这种行为应当得到制止。并且该格式条款应当是无效条款，因此，微博服务商若使用微博作品，其行为满足侵权的构成要件时，不能以注册协议中本属无效的条款予以抗辩，排除自己的侵权责任，其行为依然侵犯著作权，应当依法承担侵权责任。

2. 外围软件的侵权风险。随着微博用户规模的不断扩大，针对微博的各种外围软件不断涌现，很多公司着手开发一系列配合微博使用的独立软件，实现微博分类、微博搜索等各种功能，满足不同微博用户的需求。其中，某些软件的某些功能需要引起开发者的注意，其很有可能涉嫌侵犯微博著作权。

四、涉微博著作权保护的建议

（一）民事救济的困难和对策

目前，还没有涉微博著作权的案件进入司法程序，有些遭受侵权的作者采取和解的方式解决，更多人选择沉默。其原因是多样的。最主要的原因是，普通公众更多地将微博视为分享的平台，并未意识到著作权受到侵犯或者已经侵犯他人的著作权。另一个原因是，此类侵权行为的损害不大，权利人主动维权的积极性不高。此外，举证困难也是原因之一。最后，微博作品权利主体、微博侵权主体难以确定，维权无从谈起。在这一点上，微博实名制可能对此有所帮助。微博服务商应当承担起提供用户真实信息的义务，尤其是在有主体对侵权行为投诉的情况下，如果微博服务商不肯提供涉嫌侵权的微博用户信息，则可能承担侵权责任。

（二）涉微博著作权保护的其他途径

1. 细化规范协议。将微博范围内可以为哪些行为，不得为哪些行为进行更加明确的约定。例如，转发行为是可以的，利用其他软件的不当转发行为则可能侵权。改进注册协议签订方式。为了使用户对协议内容认真阅读，建议采取多种形式帮助用户了解协议内容，更好地避免纠纷的发生。

2. 设置版权表情。在2011年年底召开的“微博版权保护倡议研讨会”会议上，有专家建议微博可预设“版权表情”，确定微博版权的处理方式。这种事前措施对著作权保护大有裨益。例如，未来用户发表的每条微博中有可能提供“原创”、“非原创”、“不得转发”、“无须署名”等版权表情备选，让使用者自己选择是否主张微博知识产权。这种先进而简单的技术措施的介入，有可能使得微博诸多著作权问题瞬间明晰，值得尝试。

第五章　网络游戏“同质化”问题研究

一、网络游戏“同质化”的现状及成因

网络游戏“同质化”是指不同网络游戏企业制作相同类型题材的游戏,在故事情节、画面、玩法、名称和市场营销方面相近、相同甚至是模仿、抄袭。我国网络游戏市场自20世纪90年代初出现发展到今天,已经形成了完整的产业链,用户规模大幅增长,市场日益壮大。文化部发布的《2010年中国网络游戏市场年度报告》显示,2010年中国网络游戏市场规模——包括互联网游戏和移动网游戏市场达349亿元,增长幅度26.2%。据国外相关调研机构统计数据,预计2012年我国游戏市场规模将超80亿美元并取代美国成为世界第一。① 游戏同质化现象却日益显现,据国家版权局调查统计,中国游戏市场中的同质化游戏约占游戏总数的90%到95%,成为导致近几年我国网络游戏发展趋缓的重要原因之一。

造成网游产业同质化现象的主要成因为:第一,网络游戏发展进程中,国内游戏代理商急于摆脱国外网游代理权限制的发展模式。第二,部分网游企业缺乏作品原创意识和能力,缺少专业人员,原创难度较大。第三,部分网游企业对作品定位与公司发展没有规划,急功近利,为了尽快回报,以“搭便车”方式达到短期内盈利的目的。

二、网游“同质化”的相关知识产权问题

(一)网络游戏的著作权保护

网络游戏同质化中的模仿、抄袭行为,主要是涉及网络游戏中的美术作品、文学作品以及计算机软件形式的权属、侵权纠纷。网络游戏本身是多个版权作品的集合体,我国对网络游戏还多是基于将其作为一种计算机软件或将其中的人物、道具、脚本作为传统美术、文字作品进行保护,汇编及视听作品的保护方式并不常见。

著作权“只保护思想表达方式”的原则对于网络游戏保护具有很大的局限性。一款成功的网络游戏,吸引玩家的不仅仅是设计独特的人物、道具、场景等,更重要的是游戏的思路与方法,这是体现网络游戏设计者创造性智力成果的本质所在,也是最有价值的部分。在目前的著作权法保护模式下,体现网络游戏精髓的游戏角色设置、技能描述组合等思想范畴的成果却得不到保护。这种情况下,对网络游戏而言,版权保护形同虚设。②

(二)专利、商业秘密等其他保护

专利、商业秘密、反不正当竞争法中有关诚信原则等规定也能够在一定程度上弥补版权保护的局限性。首先,对于网游软件可以授予计算机软件专利权。对涉及网络游戏的技术方法、系统、装置等可以申请授予发明专利。但专利保护网络游戏的局限性在于专利申请、授予的周期较长,而网游产品的生命周期相对较短,在游戏已经没有经营利润的时候却还要花费人力物力解决专利问题,这是很多网游企业不愿申请网游产品专利保护的重要原因。

其次,网络游戏可以以商业秘密与《反不正当竞争法》中诚信原则进行保护。但仍有缺陷。一是商业秘密的界定比较严格,必须是“不为公众所知悉、能为权利人

① 李舫:“中国网络游戏消费调查与市场谋略”,载http://game.people.com.cn/GB/14453220.html,最后访问日期:2012年8月16日。

② 杨晖、马宁:“网络游戏的知识产权保护——‘韩国NEXON诉腾讯QQ堂’案引发的思考”,载《中国版权》2008年第1期。

带来经济利益、具有实用性并经权利人采取保密措施的技术信息和经营信息”；[①]二是《反不正当竞争法》中对于商业秘密的保护并不禁止他人通过反向工程获取；三是商业秘密一旦泄露，网游软件所有人即永远失去了专有权；四是商业秘密保护有赖于有限的保密措施，需要网游企业付出实质性努力。

三、解决网游“同质化”问题的对策与建议

（一）完善网络游戏立法与知识产权保护体系

建立网络游戏知识产权立法保护体系。鼓励和引导网游企业根据自身实际发展情况综合采用多角度保护模式。对于企业所反映的专利申请周期较长、商业秘密保护耗费精力的问题，网络游戏监管部门、专利申请部门等应当发挥各自作用，为网游企业提供专利申请指导、开设网游专利申请专用通道等，强化企业商业秘密保护等措施，为网游企业知识产权保护和减少网游同质化现象发挥积极作用。

（二）发挥司法引导作用，明确网游同质化的认定标准

在判断涉网络游戏同质化认定问题上，应用较为普遍的方法有两种：一种方法是“抽象—过滤—对比”检验法，可分三步进行：第一步将受版权保护和不受版权保护的内容区分开；第二步将不受保护的内容过滤分离；第三步将受保护的部分与被控侵权的部分作比较。在对网游同质化判断时，可对其各个部分游戏程序、游戏情节等内容进行一一甄别，再根据分别甄别的结果进行判定。另一种方法是“实质性相似—接触法”：具体到网络游戏中，比如对于网络游戏显现的功能，可采用一般读者的角度去评判这两部作品是否具有相似性；而具体到其中的游戏音乐、游戏程序等，则需要从专业读者的角度去考察。建议出台统一、规范的司法认定标准，并发挥司法审判的指引导向作用，积极回应网游企业的司法需求，通过审判引导减少网游同质化现象。

（三）网游企业监管部门强化引导与扶持，帮助网游企业提高创新能力

解决网络游戏模仿、抄袭的同质化问题的根本途径是网游企业提高创新能力和自主研发能力、创立企业品牌、完善服务，以此吸引市场玩家，并走上规范化、专业化的发展道路。第一，重视网游人才培养。国家应当建立网络游戏开发和相关产业人员的系统培养体系，鼓励和指导企业加强对人员的培训与培养，使企业走上品牌化发展道路。第二，加大对网游企业创新的奖励力度。政府层面应当通过设立“创新奖励基金”、对于产品在创新方面有所突破、获得创新方面荣誉的企业给予更低的税收优惠、物质奖励或融资帮助，促进企业以创新谋发展。第三，建立网游知识产权保护的服务机制。建议网游行业监管和政府相关部门充分发挥政府服务职能，与国家专利行政管理部门、版权保护部门、司法审判部门加强协作，提高网游企业的知识产权保护意识。

（四）网游行业加强行业自律，促进行业整体良性发展

一是发挥自律功能，制定行业内认可的抄袭、模仿认定标准，减少模仿、抄袭；二是发挥培训功能，行业协会组织可以有计划、有组织的进行创新人才及企业知识产权保护能力培训，提高企业的创新能力和竞争力；三是发挥沟通、协调功能，行业协会组织可以代表行业利益向相关监管部门、知识产权保护部门及时反馈广大网游

---

① 参见《反不正当竞争法》第10条。

企业的需求,协作解决侵权纠纷,维护企业利益。

第六章 网吧行业知识产权保护相关问题研究

一、网吧侵权类知识产权案件多发的原因及存在的问题

归纳起来,网吧侵权类知识产权案件发生的主要原因有:(1)网吧经营者版权意识较淡薄;(2)不规范的平台提供商助长网吧侵权态势;(3)相关立法尚不完善,执法部门无法可依;(4)版权人维权力度加强,反盗版团体职业化。

目前法院所受理的网吧侵犯他人著作权纠纷案件,主要涉及影视作品和单机游戏。两者所遇到的问题基本相同,下面仅以影视作品为例进行说明。

(一)通过影视平台提供影视是现在网吧播放影视的主流经营模式。影视服务器从影视硬盘上获取了节目的数据块后必须先将其存放到一定的缓存区中,这由缓存服务器来完成,而缓存服务器及客户机对影视是否复制又取决于网吧是有盘还是无盘。这将导致网吧的侵权方式有所不同:有盘的情况下,假设客户机都复制了影视,用户只需启动本地硬盘影视即可观看,无须与服务器连接,这时客户机与服务器没有形成局域网,因此网吧只侵犯影视的复制权,而没有侵犯影视的信息网络传播权;而在无盘的情况下,用户都必须从服务器端启动影视,服务器与客户机形成局域网,网吧同时侵犯影视的信息网络传播权和复制权。而且如果判决网吧删除涉案影视的时候,对于有盘的网吧,服务器删除了涉案影视,客户机可能还有备份。无盘的情况下,网吧只需在服务器删除涉案影视。

(二)网吧经营者不承担赔偿损失的民事责任的前提条件是其举证证明其从有"经营资质"的提供者手中合法取得。在司法实践中,对"经营资质"的理解并不统一。有观点认为,对网吧经营者审查平台提供商的资质问题应当从严掌握;另有观点认为,只要网吧能证明其从具有软件开发经营资格的企业法人或其代理人处有偿获取,即可以认定符合免赔规定。本文同意后者。对网吧经营者在经营中是否尽到著作权的合理注意义务的判断,应以其经营活动的内容、预见能力和预见范围为基础。不能因为平台上某项资质的不完整就要求网吧"代为受过",承担经济赔偿责任。

(三)影视平台的举证责任。在网吧提供了其与提供商签订协议的基础上,可以推定涉案作品由提供商提供,除非提供商提交的相关证据材料足以推翻前述推定的事实。之所以对提供商施以比较严格的举证责任,是因为在技术和法律的掌握上,提供商远比网吧要有优势,他们有能力开发出网吧不能自行添加影视的软件平台,并对其进行控制。

(四)网吧案件赔偿标准。因平台上传作品的行为是一次完成,网吧使用情况只能作为作品传播范围、程度来考虑,不能视为多个侵权行为。现在大部分普通网吧经营为微利,对网吧、平台侵权判赔,应当合理、适度。应当考虑涉案影视作品的使用范围限于特定的网吧环境内,消费群体特定、收费方式特定,确定的赔偿标准要符合网吧经营活动的特点和实际。如果适用法定赔偿方法确定赔偿数额的,法院应当根据涉案影视作品的票房受益、上映档期、平台、网吧的经营规模、侵权行为性质、主观过错程度、持续时间、对侵权作品的点击或下载数量等相关因素酌情判决侵权赔偿及诉讼合理支出数额。

二、处理网吧侵权类知识产权案件的若干建议

(一)加强司法审判工作,充分发挥司法导向功能

一是统一确责标准和裁判尺度,树立司法公信力。法院应当统一网吧侵权类案件的责任承担标准和裁判赔偿尺度,减少"同案不同责"、"同案不同判"现象发生;二是加大调解力度,加强判后释明工作。形成"一调众调"的局面,尽力做到"案结事了",充分发挥裁判的导向和指引作用。

(二)法院积极延伸审判职能,多种形式引导网吧规范经营

一是加强司法宣传力度,开展"送法入网吧"活动。开展面向网吧行业的普法活动,提高网吧经营者的版权意识和法律意识。二是以司法建议促进网吧行业形成保护著作权的自律和维权机制。建议网吧业主选择信誉良好、管理规范的正规企业的影视服务或游戏平台产品,购买服务器软件时,严格审查平台提供商的经营资质等。三是与行政管理部门构建联动机制,完善行政监管。从源头和关键环节两个方面减少网吧侵权行为的发生。

(三)文化管理部门创新管理举措,行业协会承担重要角色

一是基于网吧对影视及游戏平台服务的强烈需求,与工商、电信等相关部门协作,筛选并确定具有经营资质的影视作品提供商或计算机游戏提供商的名册并予以公示,以方便网吧经营者选择。二是促进网吧行业协会的成立,指引并监督网吧行业协会的工作。网吧行业协会应当充分发挥自身优势,加强行业引导,着手运用调解手段处理网吧侵权纠纷,减少诉讼,促进社会和谐。

第七章 互联网电视与三网融合的知识产权保护相关问题研究

一、互联网电视的特点及现状

互联网电视是一种利用宽带有线电视网,集互联网、多媒体、通讯等多种技术于一体,向家庭互联网电视用户提供包括数字电视在内的多种交互式服务的崭新技术。其特点有:(1)拥有"电影博物馆";(2)家庭互联;(3)在线自动升级。

目前通过广电总局验收的7家互联网电视平台分别是:CNTV、百视通、南方传媒、华数、中国国际广播电台的CIBN、湖南广电以及中央人民广播电台的CNBN——央广电视网络台。[①] 互联网电视案件进入司法程序的并不多见。

二、互联网电视与三网融合所产生的问题及成因

存在最大的问题不是技术、网络或者商业模式问题,而是法律体系薄弱以及监管不明的障碍。[②]

(一)部分法律规范界定不清晰

我国现行《著作权法》第10条中规定了信息网络传播权及广播权。信息网络传播权,限定于有线或无线方式下的"交互式"传播的权利;广播权,限定在无线方式下"非交互式"直接传播。但"三网融合"下出现了网络直播(如IPTV技术)、网络广播等以"非交互式"直接传播作品的行为,若此传播是通过有线系统或网络传播的,

---

① 参见百度百科"互联网电视",载 http://baike.baidu.com/view/2566515.htm,最后访问日期:2012年10月22日。

② 参见王冰:"三网融合中法律监管的问题与对策",载《西安邮电学院学报》2011年3月第16卷第2期。

那么上述两种权利都不能涵盖这种传播行为。[①]

(二)技术事实认定难度大

在"三网融合"背景下,涉嫌侵权的互联网电视、电视机顶盒等播放工具或产品载体,软硬件成果不断推出,技术革新速度十分快,表象和事实含混不清,应用的技术性质很难简单地归入复制、链接、嵌套、搜索、P2P 等传统技术领域。而且为了保持在业内的竞争力,在涉及合作对象身份、技术合作协议、相关费用标准等问题时,被控侵权人往往以保护商业秘密为由,拒绝向法院提供,导致事实认定难度大。[②]

(三)"技术中立原则"面临挑战

"技术中立原则"也称作"实质性非侵权用途原则",系指只要产品能够具有一种潜在的"实质性非侵权用途",产品的制造商和经销商就不承担"帮助侵权责任"。[③]一般情况下,权利人几乎不会起诉硬件制造商,但是在三网融合的背景下可能发生改变。现有的电视机及电子播放器制造商已经推出了互联网电视或网络播放器,就会面临著作权被诉侵权的问题。其实,"技术是中立的"和"技术中立原则"是两个不同的概念。"技术是中立的"是指技术本身,无所谓合法与非法,它既可以被用于合法用途,也可以被用于非法用途。而"技术中立原则"则是为了应对新技术发展而提出的立法原则,其含义是:法律对行为的定性,不能仅因实施的技术手段不同就发生变化,而应当以行为人的目的和行为的效果为标准,具有相同效果的行为应受到相同的法律评价。

(四)部门利益争夺

在国内相关部门之间对"三网融合"主导权的争夺,打破了传统上电信网、电视网和互联网各自为政的模式,使三大行业在同一个信息平台系统上传输信息并提供服务,所以就不能仍然沿用以往的法律内容进行管理。因此,目前我国关于三网融合的法律监管仍有许多空白之处,这样就很容易产生规避法律或者无法可依的状态。

三、解决问题的对策及建议

(一)构建并完善法律体系,为互联网电视及三网融合提供法律保障

一是构建并完善立法,从宏观上为互联网电视与三网融合提供法律保障。二是对于目前的司法实践遇到的问题,可以通过对现行《著作权法》的修改或司法解释的形式,增加著作权权利项目涵盖"三网融合"下所有权能,以适应新技术的发展,更充分合理地保护权利人。

(二)建设统一的司法裁判体系,促进互联网电视及三网融合的健康发展

统一司法裁量标准,如对于没有直接提供视频资源的,没有参与特定模块制作,没有对搜索结果进行编辑、修改的,电视机制造商无须承担法律责任。相关的行政管理机构,应统一互联网电视平台准入门槛,制定相应的模块标准,要求电视机制造商将标准模块内置,可以让所有的平台共同使用。电视机厂负责硬件平台搭建,互联网电视平台负责平台运营,各司其职。电视机制造商应当避免制作与特定的平台相适应的特定模块,因为这样有帮助侵权的意图。

(三)废除许可证制度

广电总局和工信部的许可证制度严重阻碍了三网融合的进程。可以学习欧盟和美国的经验,消除市场准入条件,采用一般

---

① 参见王迁:"我国《著作权法》中'广播权'与'信息网络传播权'的重构",载《重庆工学院学报》2008 年 9 月。

② 参见朝阳法院:"民三庭调研发现'三网融合'背景下新型著作权纠纷案件审理存在五方面困难",载 http://jlpt.gy.bj/cac/265062421.htm,最后访问日期:2012 年 9 月 10 日。

③ 参见王迁:"'索尼案'20 年祭——回顾、反思与启示",载《科技与法律》2004 年第 4 期。

的申请审批程序代替发放许可证的方式，使得大多数新设企业得到监管部门审批后就能够进入相关领域参与经营，这样才能真正做到充分竞争，促进三网融合健康发展。许可证制度虽然这有利于保护权利人，避免了大量侵权的存在。但是，从长期来看，广电总局仅给部分企业牌照的行为，无法做到竞争充分，最终仍是消费者无法享受到最好的服务。

（四）成立独立、融合的监管部门

广电总局和工信部在我国都属于行业主管部门，分别对广播电视电影、通信和互联网这三个行业进行管理监督，但是本位主义使得行业间建立了行业壁垒，以限制对方进入自己的市场参与竞争，这些限制也极大地阻碍三网融合的发展。三网融合需要建立一个独立的监管机构进行统一、协调监管，监管的范围要从三网融合的大局进行统筹安排。

第八章 企业网络宣传的规范问题研究

一、企业网络宣传的特殊性

企业网络宣传内容上主要有两种，一种是形象宣传，另一种是产品宣传。企业网络宣传的形式主要包括企业官方网站、企业博客、企业微博、企业论坛、企业实时通讯（如QQ、MSN）、企业网络广告链接等多种形式。

企业网络宣传与传统企业宣传的区别：(1)传播范围广、速度快；(2)社会影响力大；(3)宣传成本低。

二、企业网络宣传的负面问题及其原因

（一）企业网络宣传负面问题的表现形式多种多样

主要有：(1)侵犯知识产权。中国对于知识产权的立法起步较晚，无论是个人还是企业，知识产权保护意识均比较淡薄。在这种环境下，网络中的“拿来主义”更是肆无忌惮，多数人未经权利人许可即使用他人的作品或商标。这些行为严重侵犯了权利人的合法权益，给权利人带来了巨大的损失。(2)构成不正当竞争。企业之间的竞争，已经从传统意义上的实体空间竞争逐步发展到网络空间竞争。网络已经成为企业竞争必不可少的平台和新的阵地。但是在激烈竞争的同时，一些企业为了获得更有利的竞争地位，往往会采用一些虚假宣传、商业诋毁等违法违规的网络宣传手段，从而可能使其企业网络宣传构成不正当竞争。(3)侵犯个人隐私。大多数企业网站会要求浏览者采用先注册后登录的形式。为了获得网站服务，客户在注册时不得不申报个人信息。对于这些信息，一些企业却尽到保护义务，例如在企业网站公布的获奖名单中公布客户姓名及电话，甚至身份证号码，一旦这些个人信息被泄露出去，可能会给客户带来很大的困扰，甚至是难以估量的经济损失。

（二）企业网络宣传负面问题的深层原因

企业网络宣传行为负面问题产生的原因：一方面是，一些网络新型法律现象的出现，通过网络以极快的速度蔓延、投射到现实生活中，而现实的法律却没有系统地将企业网络宣传进行规制。另一方面是，我国相应的道德文化约束亦没有跟上时代的步伐。表现为：(1)道德约束的乏力。(2)网络行业规范欠缺。(3)相关法律制度不完善。问题有：(1)责任主体难确定；(2)相关证据保全难度大；(3)相关实体法规范较少。

三、我国企业网络宣传规制机制的完善

我国目前没有独立成系统的网络法，

各种网络相关法律法规散见于各部门法中。多数企业采用行业自律的模式,由行业内部制定规则并监督。由此可见。我国企业网络宣传规制机制亟待完善。

(一)企业文化培养

(1)在合理范围内追求个性自由;(2)形成公共精神,没有良好的公共精神就无法形成健康的公民社会。以公共认同的善与价值观为基础,培育公民的公共意识对于整体的社会行为会有好的促进与正面的引导。

(二)加强行业自律

在控制和监管企业网络宣传方面,行业自律往往比国家立法更为有效,且较易被从业者所接受。结合我国目前网络监管情况,我们可以采用以行业协会为主导,依据制定的协会规范对企业网络宣传进行管理。我们应在协会内部先进行正面的舆论引导,让网络行业从事者先对本行业协会重视起来,自觉加入行业协会。

(三)建立健全法律规范

(1)相对统一网络宣传法律规定,目前可以初步制定相对单一的规制企业网络宣传行为的规范性文件。(2)适时出台有关企业网络宣传的司法解释和指导意见,对于那些新型的网络宣传行为,则可以司法解释或指导意见的形式对其进行调整。以判例的形式规制一些尚处于法律空白领域的企业网络宣传行为,能动司法,解决网络立法滞后于网络发展的问题。(3)加强对违法企业网络宣传行为的打击力度,行政执法部门应进一步加大执法力度,将企业产品上市时期的"严打"与平时的"常打"相结合,增加侵权人的违法成本。司法机关应依据法律的相关规定,通过到涉案企业巡回审判等途径,突出司法的社会服务职能。

从根本上对企业的日常网络宣传行为规范进行疏导,从企业文化建设开始,从引导企业自律、行业自律开始,使企业自觉自愿地为维护社会稳定约束自己的网络宣传行为,同时通过完善法律法规对其进行惩罚以维护社会公共秩序和受害者的利益,使企业违法网络宣传行为成为个别现象。全方位多角度地对企业网络宣传进行理性规制,方能治标治本。

结　语

作为高级研修班的研究成果,报告的八个部分既独立又横向牵连,既剖析了当前社会主流网络文化产业的利益格局,也指明了网络环境下各类主体的利益预期,报告立足于司法实践,吸收了网络文化发展中的优秀成果,力求研究引领网络文化阵地的前沿,起到方向标的作用。报告的八个部分基于一定的数据和分析,深度研究了网络文化保护在促进首都经济发展方式转变中的作用。

报告将高级研修班在交流座谈、考察学习、集中授课、自主研修等活动中的成果进行了汇总,既提出了网络文化发展中的一些热点、难点、重点问题的保护意见,又增强了研修班学员的专业研修能力。报告定位网络文化产业建设,不拘泥于具体的法律运用,利用全市法院的审判资源优势,着力解决网络文化的社会问题,同时也指导司法审判实践。

推进上海文化创意产业发展的知识产权司法保护问题研究

上海市高级人民法院民三庭课题组[①]

党的十八大报告在全面建成小康社会的宏伟目标中提出，文化产业要成为国民经济支柱性产业。报告还提出，要推动文化事业全面繁荣、文化产业快速发展，促进文化和科技融合，发展新型文化业态，提高文化产业规模化、集约化、专业化水平。党的十七届六中全会通过的《中共中央关于深化文化体制改革推动社会主义文化大发展大繁荣若干重大问题的决定》提出，要发展壮大出版发行、影视制作、印刷、广告、演艺、娱乐、会展等传统文化产业，加快发展文化创意、数字出版、移动多媒体、动漫游戏等新兴文化产业。文化产业已经成为当前经济社会发展的重要方面。

近年来，上海在实现“创新驱动、转型发展”的进程中，文化创意产业正成为引领和支撑上海新一轮发展的战略性支柱产业。2011 年，上海文化创意产业从业人员已达 118.02 万人，全年共实现总产出 6429.18 亿元，同比增长 16.9%；实现增加值 1923.75 亿元，同比增长 13%；占上海全市生产总值的 10.02%，首次在上海 GDP 占比超一成，其增幅超过同期上海 GDP 增幅 4.8 个百分点，已逐步发展成为支柱型产业。“十二五规划”期间，上海力争到 2015 年文化创意产业增加值增幅快于服务业平均值、占全市生产总值的比重达到 12% 左右，战略性支柱产业的作用更加明显。[②]

随着文化创意产业的发展，产业与社会、产业与产业、产业内不同主体的利益冲突也不断显现，涉及文化创意产业的知识产权诉讼也日益增多，新类型和疑难法律问题不断凸显。鉴于文化创意产业与知识产权有着天然的、紧密的关联性，如何依法保护文化创意产业主体的合法权益，加快推进上海文化创意产业又好又快发展，成为上海法院知识产权司法保护工作服务大局所面临的新的重要课题。本课题研究，通过分析上海文化创意产业发展现状、趋势及其知识产权司法保护需求，明确上海法院为促进上海文化创意产业大发展，在发挥知识产权司法保护职责、完善保护机制、延伸司法保护职能以及提升法官队伍素养等方面尚需努力的方向，进而提出上海法院加强知识产权司法保护促进文化创意产业发展的意见和举措，从而进一步推动上海文化创意产业的稳步健康发展。

---

① 本课题系上海市高级人民法院 2012 年党组重大调研课题，由上海市高级人民法院陈立斌副院长主持，课题组成员有上海市高级人民法院民三庭朱丹、丁文联、徐卓斌、陶冶和浦东新区人民法院民三庭徐飞。

② 上海市文化创意产业推进领导小组办公室：《2012 年上海文化创意产业发展报告》。

一、上海文化创意产业发展状况

(一)文化创意产业概述

1. 国外文化创意产业发展情况

文化创意产业(Cultural and Creative Industries),是一种在经济全球化背景下产生的以创造力为核心的新兴产业,强调一种主体文化或文化因素依靠个人(团队)通过技术、创意和产业化的方式开发、营销知识产权的行业。[①] 20世纪后半叶,文化创意产业萌生兴起并蓬勃发展,短时间内即成为西方发达国家重要的支柱产业之一。2001年英国文化创意产业的产值即达到1120亿英镑,占其GDP的8.2%,雇佣了4.3%的就业人口。[②] 文化创意产业之所以快速发展,一方面,是因为20世纪西方发达国家完成了工业化,开始向服务业、高附加值的制造业转变。这些国家在将一些粗加工工业、重工业生产向低成本的发展中国家转移的同时,本国许多传统产业和城市出现了衰落,并由此产生了经济转型的实际需要。另一方面,20世纪60年代,欧美等西方发达国家出现了大规模的社会运动,亚文化、流行文化、新社会思潮等风起云涌,对传统的产业结构和社会结构产生了极大冲击,社会文化更趋多样性,形成了有利于发挥个人创造力的社会环境。在发展过程中,文化创意产业形成了如下特点:(1)产业附加值高、能耗低,符合低碳环保的发展理念;(2)从业人员素质较高,向社会提供大量就业机会;(3)发展空间广阔,既适合大中型企业,又适合小微企业。上述特点也是文化创意产业快速发展的经济优势。

2. 我国文化创意产业发展情况

我国文化创意产业起步较晚,但发展势头迅猛。在国家层面先后出台了《文化及相关产业分类标准》(2004年)、《国家"十一五"时期文化发展规划纲要》(2006年)、《文化产业振兴规划》(2009年),标志着文化产业已经上升为国家的战略性产业。十七届六中全会通过了《中共中央关于深化文化体制改革推动社会主义文化大发展大繁荣若干重大问题的决定》,明确了推动文化事业和文化产业全面协调可持续发展的要求。随着中央精神的不断明确,全国各大城市也都推出相关政策支持和推动文化创意产业的发展,从而为推动文化创意产业发展起到了关键作用。根据国家统计局的统计数据,2011年我国文化产业增加值达到13479亿元,比2010年增加21.96%,占GDP比重为2.85%,比2010年提高0.1个百分点。党的十八大报告指出,要推动社会主义文化大发展大繁荣,兴起社会主义文化建设新高潮,增强全民族文化创造活力,这为文化创意产业的大发展进一步指明了方向。

(二)文化创意产业与上海新一轮发展

文化创意产业对于现代城市发展所需的经济结构调整、文化创新发展和对外沟通交流均具有其特有的重要价值,在国外一些国际性大都市、区域性大都市以及后工业化城市的发展过程中,文化创意产业对城市建设的推动作用得到充分体现。上海当前正处在"创新驱动、转型发展"的关键阶段,文化创意产业对于上海新一轮发展具有不容忽视的重要作用。

1. 文化创意产业是上海经济快速发展、产业结构调整的重要驱动力

一方面,文化创意产业的产业特性符合上海区域经济的特点,有利于上海在经济快速发展过程中扬长避短,实现产业发展和城市经济发展的共赢。上海虽然地域面积狭小,自然资源不足,但地理位置特

---

① 参见百度百科,http://baike.baidu.com/view/70810.htm,2012年8月25日访问。

② 佟贺丰:"英国文化创意产业发展概况及其启示",载《科技与管理》2005年第1期。

殊、水陆交通便捷、人口密集众多、人才实力雄厚、经济基础良好等，为文化创意产业这样自然资源依赖度较低、城市活力需求度较高的现代服务业和战略性新兴产业提供了良好的发展基础，有助于城市经济增长与产业发展的对接融合，并进而促使产业对城市的经济发展贡献巨大力量。

另一方面，文化创意产业是文化与科技、产业融合的产物，并由此形成了许多新产业和新业态，给城市产业结构的调整转型带来了新的动力和活力。比如，数字内容产业是信息技术、网络服务与传统的文化出版、文化娱乐等融合而成的新产业；多媒体技术与传统的杂技艺术表演融合，能够诞生像上海马戏团“梦幻时空之旅”那样的创意艺术表演形式等。城市在转型发展中，若能大量产生这样的新产业、新业态，使这些融合性新产业的比重大幅提升，势必促进城市的产业结构发生改变。实践证明，文化创意产业的这种特点当前已在上海产业结构调整和经济转型发展的进程中起到了巨大作用。

2. 文化创意产业是体现上海城市精神、创新社会文化的重要推动力

文化创意产业的核心内涵是创新，这恰恰是城市发展最重要的推动力之一，并与上海海纳百川、兼容并蓄的城市精神和文化底蕴不谋而合。一方面，文化通过与城市的产业、科技、服务等各领域的融合及渗透，使文化创意的创造性激发各领域的创新，从而为城市创造更多的文化价值和经济价值，同时也使上海充满活力，获得持续发展的创新动力。另一方面，文化在很大程度上如同一个城市的名片，对于树立城市良好形象具有不容忽视的意义，而文化创意产业通过其与各个领域的不断融合和渗透，既通过城市规划、城市建筑与环境美化来提升城市形象，又通过丰富城市精神内涵来丰富创新城市文化。[①]

3. 文化创意产业是上海建设国际化大都市、促进对外交流的重要拉动力

一方面，文化创意产业的交流性和互动性很强，可以成为上海建设国际大都市，促进对外交流的重要载体。以已经落户上海的“东方梦工厂”为例，作为迄今为止投资规模最大的中外文化合作交流投资项目之一，该项目于2012年8月7日签署并正式启动，由华人文化产业投资基金（CMC）牵头中方公司与美国梦工厂动画公司合资开展，其中中方控股55%，美方控股45%。这一项目是美国先进的动画核心制作技术和创意管理经验，与中华传统文化内涵和当代中国价值追求的一次融合，非常有利于上海乃至中国加强对外文化交流。另一方面，城市发展需要多样性和多元化，需要开放、宽松、包容的社会文化环境，能够容忍和接纳不同的文化潮流，能够为不同人群提供适宜的轻松、活跃、多样性的工作和生活方式。文化创意产业多样性的特征可以充分满足城市发展的这一需要，有助于催生更多跨界的碰撞与交融，让上海真正成为创意的“熔炉”，吸引更多国内外创意业人士及其他各业人士来上海工作、居住。

（三）上海文化创意产业发展的现状与未来

1. 上海文化创意产业的产业界定

历经多年发展，作为国内最早推进文

① 文化创意产业对城市形象的提升，既有显性的、外在的方面，又有隐性的、内在的方面。前者较为典型地反映在通过城市规划设计、建筑空间设计、环境设计所带来的舒适、便捷、具有文化创意氛围的人居和工作等环境，对于完善城市空间改造，提升城市文化形象和宜居功能，增强市民自豪感，吸引创意人士集聚和外来旅游者到访均具有积极的促进作用。后者则较为典型地反映在融合了文化内涵的创意成果方面。这些成果通过挖掘和创意性地开发利用地域历史文化资源，为产品、产业、地域注入更多的、主题鲜明的文化内涵，不断提升文化创意成果的产业附加值，从而促进城市形象塑造、知名度提升和地域经济的发展。

化创意产业发展的城市之一,上海已经成为我国文化创意产业发展最迅速、总体实力最大、产业形态相对成熟的城市之一,已形成十大类的产业格局,包括媒体业、艺术业、工业设计业、建筑设计业、网络信息业、软件与计算机服务业、咨询服务业、广告服务业、会展服务业和休闲娱乐服务业,并细分形成了相关产业的中类产业。[①] 上海文化创意产业的范围,大致相当于国家统计局的《文化及相关产业分类》的文化产业概念。

2. 上海文化创意产业的发展趋势

2011 年,上海文化创意产业从业人员已达 118. 02 万人,全年共实现总产出 6429. 18 亿元,同比增长 16. 9%;实现增加值 1923. 75 亿元,同比增长 13%;占上海全市生产总值的 10. 02%,其增幅超过同期上海 GDP 增幅 4. 8 个百分点,已逐步发展成为支柱型产业。

其中,工业设计业、建筑设计业、软件与计算机服务业、广告服务业和会展服务业等五大类产业已经构成了上海文化创意产业的优势主体产业,未来将进一步巩固其领先主导地位。这些产业在 2011 年的总产出占总量的 76. 27%,增加值占总量的 73. 84%,其中工业设计业的年增长幅度达到 37. 6%,是增长速度最快的强势产业。

此外,以动漫产业、网络游戏产业、网络视听产业等为代表的新媒体业,以及与时尚相关的新兴产业等近年来展现出蓬勃发展的活力,保持了良好的发展态势,在推动文化创意产业转型升级方面发挥了日益显著的作用。这些行业未来将进一步做大规模,并积极培育、鼓励更多新兴业态健康发展,形成文化创意产业创新、融合开放的发展格局。

根据上海市委、市政府发布的上海市文化创意产业发展"十二五"规划的要求,"十二五"期间,上海将进一步优化产业结构和布局,大力推动文化与科技、金融、贸易、信息、旅游等产业融合发展,着力培育文化创意产业新业态和产业链,力争到 2015 年文化创意产业增加值增幅快于服务业平均值、占全市生产总值的比重达到 12% 左右,文化创意产业战略性支柱产业的作用更加明显。

二、文化创意产业与知识产权立法、司法保护的关系

(一)知识产权保护对保障文化创意产业发展的重要性

文化创意产业创造的是知识产品,其通过对知识产品的开发、利用、流转等获得利润。知识产品具有无形性、可复制性的特点。它可以被无数次地利用到外化物上,而保持自身不变的特性。这同时决定了其具有经济学上公共物品的特征——消费上的非排他性。某个主体对公共物品的消费并不减少或排斥他人对该物品的消费。[②]对于知识产品而言,同一技术只要被公开,便可以在同一时间被无数人共享,同一作品也可以被印成许多本书被许多人同时阅读。

知识产品的可复制性和在消费上的非排他性使得它的复制成本远远低于创造成本,这会造成很大的外部经济效应。它无法和物权一样根据物的外部特征和个人可能掌管的状态确定其权利范围,权利人无法完全意义上控制知识产品被他人利用。"对付外部经济效益一般的药方是,用某种

① 参见上海市文化创意产业推进领导小组办公室:《2012 年上海文化创意产业发展报告》。

② 经济学上存在着私人物品和公共物品之分。私人物品在消费或使用上具有排他性,即在特定时空下只能被特定的主体所使用,比如一件衣服由一个人穿着,其他人在同一时间便不能穿;而公共物品在消费或使用上则不具有排他性。参见刘茂林:《知识产权法的经济分析》,法律出版社 1996 年版,第 62 ~ 63 页。

方法将外部经济效果内部化”,[①]例如,设立某种制度让该物品的消费者支付成本。对于知识产品而言,通过法律赋予其独占性的知识产权并对其予以保护,便是鼓励或制止外部经济效应的一种极为有效的手段。

因此,文化创意产业所“生产”的“产品”的自然属性决定了知识产权法律对其进行保护的重要性。创意产业若想获得发展,必须要有相应的知识产权法律予以保障。通过著作权保护文学艺术作品,通过商标保护品牌商誉,通过专利保护产品发明及设计等,以制止外部经济效应,刺激创新者进行智力创造,保障投资者对文化创意产业的投资得到合理的回报。如果研发设计和创新成果被创造出来而得不到切实有效的知识产权法律保护,则文化创意产业将失去赖以生存的源泉,也将失去使其发展的动力。

2004年,国家统计局为规范文化及相关产业统计工作,出台了《文化及相关产业分类》标准,界定了以新闻出版、广播影视、文化艺术为主的行业为**文化产业核心层**,以网络、旅游、休闲娱乐、经纪代理、广告会展等为主的新兴文化服务业为**文化产业外围层**,以文化用品、设备及相关文化产品生产和销售为主的行业为**文化产业相关层**,明确了文化及相关产业的分类及标准。按照此分类标准,各层次的产业所涉及知识产品与服务各有差异,所涉及知识产权亦各有侧重,以新闻出版、广播影视、文化艺术等行业为主的产业核心层,主要涉及著作权;以网络、旅游、休闲娱乐、经纪代理、广告会展等行业为主的产业外围层,主要涉及著作权和商标;以文化用品、设备及相关文化产品生产和销售等行业为主的产业相关层,主要涉及外观设计专利、商标。产业的核心层、外围层、相关层,构成了产业链的源与流,知识产权保护的作用,就在于保障“源之不竭、流之清澈”。

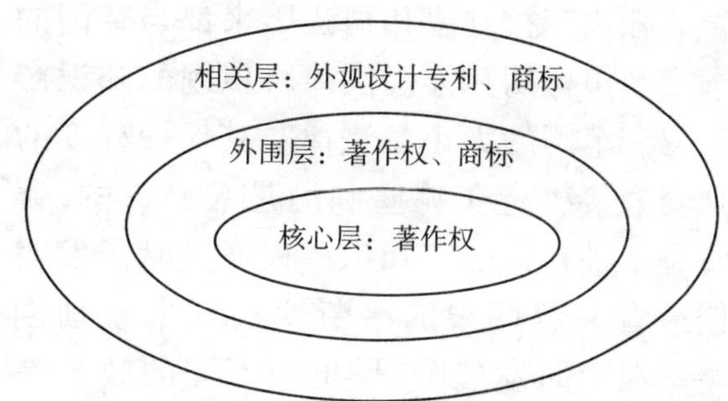

早在1998年英国把“创意产业”作为一种国家产业政策时,就在《英国创意产业路径文件》中将“创意产业”界定为“源自个人的创造、技能及才能,能够通过知识产权的开发和运用创造财富和就业的产业”。[②] 英国著名经济学家、世界创意产业之父约翰·霍金斯(John Howkins)在《创意经济》一书中也将创意经济界定为:其产品都在知识产权法保护范围内的经济部门。他认为,知识产权法的每一类别都有庞大的产业与其相对应。发展创意经济的核心基础是要有完备的知识产权保护法与法律促进政策,没有这个核心,创意活动将无法真正形成创意产业与经济。“创意产业之所以能成为创造财富的产业,必须通过知识产权的开发利用。其路径就是文化创意⇒知识产权⇒创造财富。”[③]

---

① 保罗·A. 萨缪尔森、威廉·D. 诺德豪斯:《经济学》,中国发展出版社1992年版,第1203页。

② “those industries which have their origin in individual creativity, skill and talent and which have a potential for wealth and job creation through the generation and exploitation of intellectual property”, from *Creative Industries Mapping Document* 1998,载 http://www. creativitycultureeducation. org/creative – industries – mapping – document – 1998,最后访问日期:2012年10月3日。

③ 厉无畏:“实施知识产权战略,推进创意产业发展”,载 http://www. minge. gov. cn/txt/2009 – 06/05/content_2944101. htm,最后访问日期:2012年10月3日。

(二)知识产权保护在保障文化创意产业发展方面的利益考量

知识产权立法和司法历来都与某国的国家政策密切相连。法律所拟制的知识产权权利范围的大小及法律对其保护程度的强弱直接决定了哪些利用是被允许的,哪些是不被允许的。知识产权通过赋予发明创造者一定期限的垄断性权利来鼓励创新。在不同发展阶段,出于不同的政策考量,各国会通过调整知识产权权利范围、保护期限等对某些知识产权的保护强度予以调整,以更加适应产业发展的需要。

例如,随着版权产业在美国国民经济中的比重日益提高,美国国会在修改版权法时将版权保护期一再延长。按照 1909 年《美国版权法》,版权保护期为首保期 28 年 + 续保期 28 年,因此,米老鼠的保护截止期限为 1984 年。但是,根据 1976 年版权法,版权又延长 19 年。而在 1998 年,版权被再次延长 20 年,于是米老鼠在美国的保护期共计 95 年,最终截至 2023 年。① 随着版权贸易在美国对外贸易中的份额不断增大,美国越来越重视其版权在其他国家的保护问题。美国政府加强了与各国政府的合作,积极推动国际组织与版权有关的国际条约的制定和缔结,还通过特别 301 条款、337 调查等,在全球保护包括电影、音乐等在内的美国版权利益,尤其重视监控在全球的盗版活动。自 1989 年美国特别 301 条款生效以来,美国贸易代表每年都根据美国国际知识产权联盟提交的名单,向有关国家施加压力,保护美国的版权。以上这些都为美国版权产业的发展起到积极的推动作用。

但是,无论是立法还是司法,知识产权法律制度在发挥保障文化创意产业发展的作用时,需要充分考虑并平衡各方利益。文化创意产业的培育和发展同样需要适度的知识产权法律保障,对知识产权的过度保护与保护不足是同样有害的。当知识产权法律制度设计不当,知识产权将成为市场的既得利益者阻碍竞争者进入市场并参与竞争的"合法"手段和工具,也会成为旧的商业模式阻挡新技术以及新的商业模式发展的"冠冕堂皇"的借口和理由,最终将阻碍经济的发展和社会的进步。

首先,创新是在一定公共资源基础上的创新。今天的任何事物都不是纯粹新创的:文化创意同科学技术一样,都是通过积累进行增长的。每个新的发明创造都是建立在之前的发明创造基础之上的。如果公共资源太少、知识产品的交易成本过高或知识产权人对知识产权控制过度而使得使用人难以获得许可时,文化创意产业将成为无源之水,本应培育的创新力量将会被扼杀在摇篮之中。

其次,文化创意产业内部的不同业态对知识产权的保护需求存在差异,需要进行利益平衡。文化创意产业中有的行业以知识产权创造为主,有的行业以知识产权传播、利用为主,有的兼具创造与利用。不同的行业特点及盈利方式决定了其对知识产权保护有不同的需求。如艺术业中的电影产业需要加强版权保护,尤其是网络环境下的版权保护,其希望网络服务商能够承担更多的制止版权侵权的义务。而网络信息业又呼吁适当宽松的版权政策,降低版权交易费用,尽可能减少或免除其因提供网络服务所需承担的赔偿责任。这就需要通过立法或司法及时调整相关的权利义务,平衡传统行业与新兴行业之间的利益,对新形势下各行业的发展

---

① 袁真富:"贪婪的知识产权",载 http://www.iprlawyers.com/ipr_Html/31_04/2010-10/26/20101026132719957.html,最后访问日期:2012 年 10 月 23 日。

指明前进的方向。

在这方面，美国1998年的《千禧年数字版权法案》（Digital Millennium Copyright Act）无疑是个有益的借鉴。该法案中的一个重要组成部分就是《在线版权侵权责任限制法案》（The Online Copyright Infringement Liability Limitation Act，OCILLA），也就是修订后的《美国版权法》第512条。该条规定了四种网络服务在一定条件可以不承担版权侵权赔偿责任。关于该立法的必要性，1998年参议院对司法部的报告中指出，"……如果不界定网络服务商的责任，服务商将对是否在提高互联网速度及能力上进行投资而犹豫不决。网络服务商在日常运作中，必须从事各种将使他们面临承担版权侵权责任的行为。例如，仅仅在网络上进行信息传输就会产生无数的电子复制件。某些复制件的产生是维持互联网所必需的。许多服务商致力于为用户访问其所感兴趣的网站提供向导，而这些网站上可能包含有侵权材料。总之，通过限制服务商的责任，《千禧年数字版权法案》确保了网络效率将继续提高，网络服务的品种及质量将继续提升。"①此后，美国法院适用该条款判决了包括Perfect 10诉CCBill、Corbis诉Amazon. com、Viacom诉Youtube在内的数起网络版权侵权纠纷案件，免除了服务商在提供存储空间等网络服务的赔偿责任，为网络产业的发展提供了更为广阔的空间。

最后，文化创意产业的同一业态内部对知识产权的保护需求也存在差异，需要进行利益平衡。如网络的发展给网络媒体业的发展带来了无限的空间，也给同为媒体业的传统媒体业带来了巨大的挑战。两种不同传播方式对版权保护提出不同的要求。传统媒体业希望强化对专有出版发行权的保护，对网络服务商课以较强的注意义务。而网络媒体业则希望能够打破传统媒体业的垄断，得到更强的"避风港"的保护。同样，计算机软件业对于开源软件与闭源软件之间的争执从一定程度上也反映了行业内部对版权保护的不同需求。

此外，中国当前的具体国情决定了需要平衡各方利益确定知识产权保护强度。知识产权的保护力度和水平离不开具体国情。目前我国处于经济发展方式转型时期，鼓励创新、保护知识产权是中国当前经济结构转型升级的内在要求。但当前国民的知识产权保护意识不强，侵权现象和侵权行为还较为普遍。知识产权立法和司法既要考虑我国当前的经济发展水平、发展目标和发展阶段，也要考虑到具体的行业规模、特点和消费对象等因素，还要考虑到在知识产权全球化的趋势下我国要树立负责任大国形象的使命。

综上所述，上海文化创意产业的发展需要完善而又适度的知识产权法律制度的保障。上海的知识产权的立法和司法要充分发挥促进上海文化创意产业发展的职能作用，必须对新技术发展所导致的社会利益划分的变化做出反应，努力维系各主体之间的利益均衡。既要考虑到对智力创造成果的保护，也要考虑到新兴产业的发展及公共利益的保障。只有统筹兼顾智力创造者、商业利用者与社会公众的利益，协调好鼓励创造与促进产业发展和保护社会公众利益之间的关系，使利益各方共同受益、均衡发展，才能最终有效鼓励持续创新和良性竞争，促进上海整个文化创意产业的发展。

三、上海法院文化创意产业知识产权司法保护现状

多年来，上海法院知识产权审判积极服务保障文化创意产业的发展，公正审理

---

① S. Rep. No. 105－190（1998），at 8.

了大量涉及文化创意产业的著作权案件、外观设计专利案件、商标案件和不正当竞争案件,取得了良好的法律效果和社会效果。

(一)上海涉文化创意产业知识产权案件概况及特点

涉及文化创意产业的知识产权案件[①]主要类型有:著作权纠纷案件、外观设计专利纠纷案件,以及涉及文化创意产业企业的商标案件、不正当竞争纠纷案件,较少涉及发明专利和实用新型专利。2010年1月至2012年10月近三年时间里,上海法院共受理一审著作权纠纷案件5062件,外观设计专利纠纷案件397件。2012年1月至10月,上海法院共受理涉及文化创意产业企业的一审商标案件37件、不正当竞争纠纷案件15件。案件特点如下:

1. 网络信息业被诉著作权侵权案件数量多、增长快、败诉率高。自2010年1月至2012年10月,上海法院共受理在沪经营的视频网站及文件分享类网站[②]被诉著作权侵权(网络著作权侵权)一审案件2056件,占一审著作权侵权案件收案数的40.6%。而且随着权利人保护意识的提高及商业化维权的增多,该类案件呈逐年上升的态势。涉及的侵权行为主要集中在网络直接提供、提供P2P软件服务、提供信息存储空间服务、提供搜索引擎服务、提供深度链接服务、网络直播、网路定时播放等。作品类型相对集中,主要涉及影视作品、文字作品、摄影作品、美术作品、计算机软件等。视频网站被诉侵权案件以影视作品为主,近年案件中还涉及综艺节目、体育赛事、音乐电视、地方曲艺、教学节目等。以判决方式结案的网络信息业被诉著作权侵权案件中,被告败诉率达到90%以上。

2. 设计服务业未经授权使用图片导致版权侵权案件数量较多、原告较集中、败诉率高。上海法院受理的图片版权侵权案件主要涉及摄影作品、卡通形象美术作品。几家大的图片公司在网站上提供其享有著作权的摄影作品,然后通过公证取证等方式收集侵权证据,在全国各地提起诉讼。自2006年以来,上海法院受理的由华盖创意(北京)图像技术有限公司提起的一审著作权侵权案件共计229件,由北京全景视拓图片有限公司或北京全景视觉网络科技有限公司提起的一审著作权侵权案件共计303件。纠纷产生原因在于,设计服务业缺乏知识产权保护意识,未经授权擅自将他人享有著作权的摄影作品或美术作品使用于广告宣传册、网页、产品包装上,引发侵权。诉讼中,只要原告具备主体资格,被告基本被判决承担侵权责任。

3. 涉文化创意产业的商标及不正当竞争纠纷主要涉及建筑设计、网络信息、软件与计算机服务、咨询服务、广告及会展等行业。2012年1月至10月,上海法院受理的52件涉文化创意产业商标及不正当竞争纠纷案件中,涉及媒体业1件、建筑设计4件、网络信息业6件、软件及计算机服务业3件、咨询服务业2件、广告及会展服务5件、休闲娱乐服务1件、文化创意相关产业30件,其中以广东奥飞动漫文化股份有限公司为原告提起的商标侵权诉讼即有21件,主要是侵权人制造或销售其享有商标权的"火力少年王"玩具。

4. 与会展业相关的诉前证据保全案件不断增多,对法院工作提出更高要求。近些年,随着上海会展业的发展,因参会展商涉嫌知识产权侵权而被申请诉前证据保全的案件不断增多。由于许多展会只举办

---

① 涉文化创意产业的知识产权案件以民事案件为主,为统计上的便利,此处的案件数量仅指一审知产民事案件。

② 被告主要有5家:上海全土豆网络科技有限公司、上海聚力传媒技术有限公司、上海激动网络股份有限公司、上海众源网络有限公司、上海隐志网络科技有限公司。

一、两天的时间，且根据我国相关法律规定，诉前证据保全裁定必须在当事人提出申请后的四十八小时内做出，裁定采取保全措施的，应立即开始执行。而法院往往在接受证据保全之前已有了开庭等工作安排，执行工作更需要执行庭等部门的配合，因此对法院诉前证据保全工作效率提出了较高的要求。

5. 动漫产业卡通形象侵权案件不断增多，被侵权卡通形象知名度高，侵权载体多样，生产商责任难追究。近些年来，涉及喜羊羊灰太狼、奥特曼、Hello Kitty 等知名动漫形象的民事侵权及刑事犯罪案件的数量不断增多。有的在文具、服装上直接印刷卡通形象，有的在网络游戏中使用卡通形象作为游戏角色，还有的直接将卡通形象做成钥匙环或毛绒玩具。多数案件的被告系销售商，其法律意识淡薄，认为产品并非自己生产，并不构成侵权。由于部分商品上标注的生产商与实际生产商并不一致，而销售商由于未保存进货凭证亦难以提供实际生产商，权利人难以追究生产商的责任。在部分能够确定生产商的案件中，生产商不应诉，侵权责任亦难以实际落实，给权利人有效制止侵权带来难度。

6. 娱乐服务业近期被控音乐作品著作权侵权，涉及面广，多为卡拉 OK 经营场所。近年来，上海水田商务信息咨询有限公司以音乐作品著作权独家被许可人的身份在全国范围内对卡拉 OK 经营场所提起著作权侵权诉讼。自 2011 年来，我市共有 85 家卡拉 OK 经营场所被诉。部分经营场所从未向任何版权人支付过许可使用费，故被判定承担侵权责任。好乐迪等部分经营场所虽然与音乐著作权集体管理组织订立过许可使用合同，但由于该集体管理组织未取得过原告授权，故亦被判决承担责任。

（二）上海涉文化创意产业知识产权案件反映出的行业、企业问题

文化创意产业作为新兴产业，其中的新类型法律问题较多，出现的频率也较高，一些新行业和新文化现象缺乏相应立法的调整，总体看，在行业管理和企业管理等方面都存在一些问题，具体有：

1. 行业管理方面，著作权的权属管理不太规范。比如，影视作品权利信息标注混乱，导致权属认定困难。目前，影视作品已经成为权利人请求著作权保护的主要作品类型之一。根据我国著作权法的规定，电影作品和以类似摄制电影的方法创作的作品的著作权由制片者享有，但我国目前影视剧的制片者多为个人，并非著作权人。而影视作品的权属标注不统一。很多影视作品的片首、片尾以及 DVD 封套上，会同时出现诸如“出品”、“联合出品”、“摄制”、“联合摄制”、“协助摄制”、“拍摄”、“联合拍摄”、“承制”、“制作”、“联合制作”等众多单位。出于给作品造势或完成上级单位拍摄任务指标的目的，常有一些并未参与拍摄的赞助商或电视台被标注为“摄制单位”、“出品单位”。这些均导致诉讼中作品权属认定困难，从而给权利人维权带来障碍。

2. 企业管理方面，一是部分企业知识产权保护意识不强，权利证据举证困难。我们在案件审理中发现，许多文化创意企业缺乏知识产权保护意识，对创作环节中的研发记录、创作档案和相关材料不予保存、整理，作品创作完成后不进行著作权登记，亦不保存首次发表原件。这些直接导致其权利被他人侵犯后难以举证证明其权利。**二是公司与员工关于智力创作成果的归属约定不清，后续开发利用中矛盾凸显。**有些公司在智力成果开发过程中没有妥善处理好个人作品、职务作品和法人作品，以及职务发明与非职务发明的关系，对员工

就职期间的智力创作成果的归属缺乏明确的约定。公司将智力创作成果产业化后,员工主张权利引发诉讼。如上海法院受理的越剧《红楼梦》的编曲诉上海越剧院等著作权权属、侵权纠纷,《新概念英语》背诵书籍的编写者诉原公司的著作权权属、侵权纠纷案等,均因上述原因导致诉讼。此外,由于公司与职工权属约定不清,还导致部分侵权案件难以确定权利人的诉讼主体资格。如在动画片《阿凡提》的绘图者起诉阿凡提形象的使用人著作权侵权案中,该动画片的制作方上海美术电影制片厂并未参与诉讼,原告是否对系争作品享有著作权成为审理的难点。

3. 中介服务方面,一是软件开发、技术开发服务中开发需求、验收标准等约定不明,导致权利、义务难以界定。我们在审理计算机软件开发合同纠纷及技术开发合同纠纷时发现,许多当事人在签订合同时对开发需求或验收标准约定不明,常常导致双方对软件或技术应达到何种技术标准和功能效果,即开发成果是否符合合同的约定、能否达到合同的目的,产生争议。虽然现实中在许多软件或技术的开发初始,委托方对开发要求和标准并没有一个明确的认识,但随着开发的逐步推进,双方应对开发要求以书面形式进行明确和完善。但我们在审理中发现,不少公司对此仅有口头约定,难以提交书面材料,或者仅能提交部分往来函件,验收时也缺乏书面确认文件。导致当事人争执不清,法院也难以界定开发方开发义务的履行程度。**二是部分知识产权案件诉讼代理人专业知识欠缺,诉讼能力较弱。**知识产权诉讼需要代理人具有较强的专业素质和能力,但部分当事人委托非知识产权专业律师代理诉讼。诉讼中,律师连视听作品与录像制品的区别、商业秘密的法定构成要件等基本的知识产权法律知识都不具备,法院一再释法,诉讼举步维艰。**三是部分知识产权维权服务存在不规范现象。**由于知识产权侵权查处需要大量的调查取证工作,企业难以独立完成办理,不少企业委托相关机构代为维权。但部分知识产权维权委托合同存在一定的问题:(1)相关服务机构缺乏风险管理意识。服务机构设立门槛较低,营业范围多注册为市场调查等,纠纷发生时委托方往往以其无权对侵权行为进行调查、取证作为抗辩,请求委托合同无效。(2)相关服务机构服务能力不强。由于知识产权维权服务要求较高,部分服务机构人员素质未能同维权服务要求相匹配,维权方式欠妥,导致委托方不予认可服务内容。(3)合同约定不明。有些机构在订立合同时,对所需提供的服务约定不明确,往往以笼统的“索赔款”等为合同约定的支付款额,付款条件上通常以对侵权人的起诉索赔作为结算条件,一旦委托方不起诉,便难以获得报酬。(4)相关服务机构合作对象选择不慎。有的服务机构对合作对象是否是知识产权实际权利人审查不严,有的委托方实际并不享有系争知识产权,导致相关服务机构作为受托一方所获授权不合法,相关公司以此为由拖延或拒绝支付相关费用。

(三)上海法院涉文化创意产业知识产权司法保护的成就与困难

上海法院积极采取各种措施,提升知识产权审判质效,推进文化创意产业知识产权保护,取得较大成就。**一是推行精品战略,不少案件产生重大影响。**近年来,上海法院审结了一批具有很大影响的涉文化创意产业的新类型案件。其中,北京精雕科技有限公司诉上海奈凯电子科技有限公司计算机软件著作权侵权纠纷案、衣念(上海)时装贸易有限公司诉浙江淘宝网络有限公司等侵害商标权纠纷案、大宇资讯股份有限公司诉上海盛大网络发展有限公司侵害商标权纠纷案被《最高人民法院公报》刊载；世博会法国馆建筑设计专利纠纷案、淘宝商标侵权纠纷等案入选2010年、2011年中国法院知识产权司法保护十大案件并位居首位；上海玄霆娱乐信息科技有限公司诉北京百度网讯科技有限公司“百度搜索”侵害著作财产权纠纷案、五合国际建筑设计集团诉上海五合国际建筑设计咨询有限公司等不正当竞争纠纷案等案件引起社会广泛关注并获好评。**二是依法加大侵权赔偿力度，有效保护权利人的合法权益。**上海法院在知识产权侵权纠纷案件的审判中，坚持贯彻全面赔偿原则，依法判决侵权人赔足权利人经济损失以及合理的维权成本。加大恶意侵权、重复侵权、群体侵权、规模化侵权等侵权行为的赔偿责任。在涉及文化创意产业的（美国）赛门铁克有限公司诉马靖易、广东威雅光电有限公司等侵害计算机软件著作权纠纷案中，被告被判赔偿原告经济损失及合理费用1000余万元；最近，高院成功调解微软公司诉上海瑞创网络科技股份有限公司等侵害计算机软件著作权纠纷案，上海瑞创公司赔偿人民币3600万元。**三是有效整合资源，高质高效采取诉前临时措施。**近年来，为充分发挥证据保全、临时禁令等临时司法措施在及时保护知识产权方面的积极作用，上海法院加强临时措施的采用。2009年全市法院仅受理和准许1件诉前临时措施；2010年共受理申请26件，裁定支持14件；2011年共受理申请28件，裁定支持20件。上海法院整合审判资源，知识产权审判庭与立案庭、执行庭等相关部门建立联动机制，根据保全证据特性邀请技术专家共同参与执行保全，大大提高了证据保全的准确性与有效性。**四是完善审判机制，推动质效提升。**目前在高、中院及6家基层法院设立知识产权庭，积极实施由知识产权审判庭统一审理知识产权民事、行政、刑事案件的“三审合一”综合审判模式，并在基层法院实施“跨区划片集中指定管辖”，将全市法院应由基层法院审理的一审知识产权案件集中由高院指定的6家法院审理。实践证明，“三审合一”与“跨区划片集中指定管辖”相配合，在提高知识产权案件专业化审判水平与效率方面取得良好成效。**五是充分利用多方资源，探索知识产权纠纷多元解决机制。**2011年一审知识产权民事案件调撤率达到66.3%。各法院尝试与上海版权纠纷调解中心、中国互联网协会合作开展委托调解，成功调解120余件。**六是充分利用互联网站平台，促进司法公开。**上海高院于2011年4月开通了上海法院知识产权司法保护网互联网站，提供包括审判信息、裁判文书、典型案例等在内的信息资源。各法院积极推广知识产权案件裁判文书后附商标标识、被控侵权标识、外观设计与被控侵权产品图样。坚持在互联网公开裁判文书，依法可以上网公开的裁判文书全部上网公开。**七是积极延伸审判职能，推动社会管理创新。**高院每年发布上海法院知识产权审判白皮书，评选并发布年度上海法院知识产权司法保护十大案件，引导规范社会行为。各法院知识产权审判庭积极发送司法建议，积极采用编写普法教材、举办法制讲座等多种方式加强知识产权法制宣传。

文化创意产业的迅猛发展，在给知识产权司法保护带来发展机遇、促进上海法院知识产权司法保护水平快速提升的同时，也给上海法院知识产权司法保护工作带来不少困难，主要表现在：

1. 文化创意产业商业模式创新、技术创新速度快，新类型案件层出不穷，疑难复杂案件不断出现。在文化创意产业特别是互联网产业飞速发展过程中,新技术与新商业模式不断涌现,不断改变着人们的行为方式与相互关系,导致知识产权案件事实查明更困难、利益关系更复杂、利益平衡更矛盾,需要知识产权法官深入研究互联网时代的知识产权司法保护基本规律,需要在保持稳健司法风格的同时,跟上技术与商业模式的快速变化节奏,避免司法裁判严重滞后对产业发展带来不利影响。

2. 知识产品类型、载体多样化,不断在客体范围、权利类型等方面对知识产权司法保护提出新要求。知识产权制度自诞生以来,伴随技术商业与社会的不断发展,一直在客体范围、权利类型方面不断扩张。文化创意产业的发展,则由于其不断催生新型知识产品,会时时加剧知识产权保护供需之间的张力,近几年在知识产权诉讼中就创意策划、电视节目策划、服装设计、发型设计、字体设计、技术标准等知识产品对著作权或其他知识产权保护的诉求,正是体现了文化创意产业发展对知识产权保护带来的强烈冲击,需要在不突破现行立法、不破坏知识产权法律体系的前提下,尽可能地通过灵活适用法律来鼓励保护创新和维护公平竞争秩序。

3. 在产业升级、产业融合过程中,在知识产品商业化过程中,对知识产品商品化权利的保护问题日益突出。文化创意产业的突出特点,在于将文化创意予以产业化,知识产品的商业化是文化创意企业的盈利基础,而产业升级、产业融合则意味着知识产品商品化的进一步加深和扩大。这两年,上海法院受理的"美猴王"、"葫芦娃"等动画形象著作权归属纠纷案、乔丹商标被诉侵犯美国运动员乔丹姓名权纠纷案,北京、南京、杭州等地法院受理的计算机单字设计著作权侵权纠纷案,均体现了知识产品商品化过程中的利益冲突、权利冲突。面对动画形象、名人姓氏、计算机单字被商业化运用的此类问题,在立法欠缺情形下,法官也需要在维持现有民事法律体系、知识产权法律体系的前提下以创造性的司法回应文化创意产业发展的实际需求。

4. 通过滥用知识产权进行恶意竞争的现象开始增多,遏制权力滥用也成为法院长期面临的任务。知识产权竞争是市场竞争的常用手段,滥用知识产权进行恶意竞争的现象在世界范围内已长期存在,难以禁绝。从司法实践看,在文化创意产业涉及的著作权、商标权和外观设计等知识产权领域,这种现象更容易发生。比如,淘宝网目前每天收到逾万件针对其电子商务平台上网店的侵犯商标权或著作权的投诉,其中,有相当比例的投诉属于商户之间的恶意投诉。在上海法院受理的外观设计侵权纠纷案件中,也有相当比例的案件属于当事人利用外观设计专利不经过实质审查即授权的便利轻易获得授权后针对竞争对手展开的恶意诉讼。在这类案件中,需要法官一方面仔细甄别正当维权与权利滥用,另一方面研究采取合理措施遏制权利滥用。

四、上海文化创意产业知识产权司法保护需求

自2004年上海正式提出发展创意产业以来,上海文化创意产业的发展不断深化,产业内部的各种利益关系和利益冲突也日益显现,有一些已经体现为诉讼案件出现在法院。为进一步深入了解上海文化创意产业的知识产权司法需求,课题组先后召开数次座谈会,先后赴有关部门和企业调研,了解企业目前所面临的知识产权保护难题和实际诉求。通过分析总结法院已审理的涉文化创意产业知识产权案件情况,梳理调研座谈中有关单位和企业反映的知识产权保护中存在的问题和建议,我

们认为上海文化创意产业目前对知识产权司法保护的需求主要是：

（一）推进产业发展的公正裁判

公正是一切司法活动永恒的主题。司法实践是“活的法律”，现实中发生的诉讼及其裁判结果，以其在法律适用上的准确性、确定性和终局性，对相关主体有最直观、最生动的教育引导作用，司法机关通过各种类型的知识产权纠纷案件的公正裁判，可以为文化创意企业提供从事经营活动的“规矩尺”和“方向标”。**一是通过审理新难案件厘清权利边界。**上海法院在审判实践中发现，文化创意产业领域存在较多的新类型案件和疑难复杂案件，侵权类案件如围巾上的图案设计是否可以进行著作权法保护、服装的款式被模仿可否追究模仿者的侵权责任、餐饮菜单的设计是否受到法律的保护等问题，合同类案件如策划创意类服务合同的履行标准、电子证据效力、损失数额确定等问题，类似问题如果久拖不决，将导致权利边界不明，给文化创意企业的商业活动带来不确定性。知识产权纠纷诉讼发生后，文化创意企业亟须司法机关能够准确地做出裁判，厘清权利边界，及时给予保护，定分止争，给企业发展提供“定心丸”。**二是通过案件裁判确立行为规则。**知识产权审判不仅仅是解决个案争议，更重要的是通过裁判确立行为规则，引导社会主体尊重他人权利和正确行使权利，不同的裁判结果甚至可能对整个产业的发展具有决定性的作用。在某些领域，法院对特定的纠纷案件如何裁判，往往可能或可以影响该产业能否健康有序的发展，例如对于淘宝网等电子商务企业，法院采取何种裁判理念对其今后的发展无疑具有重要影响。

（二）及时高效的司法运作

文化创意企业经营方式灵活，市场化程度很高，一个创意产品、一种经营模式出来后，其市场生命周期往往不长，企业发现市场上存在侵权行为后必须及时起诉并获得及时的裁判，如果案件在立案后不能及时审结，则很可能导致当事人丧失大量市场机会，最终在审判的社会效果方面出现“迟到的公正”现象。在司法保护的效率方面，主要有三大需求：**一是降低立案门槛。**立案是寻求司法保护的第一步，有文化创意企业反映有的法院在立案审查方面标准过高，特别是对于一些新类型案件，未立先审，相当于在没有查清事实的情况下给出判断结果，视疑难案件为烫手山芋，影响了权利人诉权的行使；**二是依法及时审结。**案件在法律规定的审限内及时审结并送达裁判文书，是司法高效运作的关键所在，但由于知识产权纠纷的特殊性，案件往往基于技术鉴定、专利无效程序、商标撤销程序等发生延期，这主要是法律的程序规定使然，但也有部分原因是审判效率不高；**三是兑现胜诉权益。**裁判文书的执行是胜诉方兑现权益的核心，没有及时到位的执行，胜诉裁判将成一纸“空判”，在知识产权案件中，不仅有财产的执行，也有较多的行为执行，如何将法院裁判执行到位是关系到权利人的知识产权能否得到有效保护的关键问题。

（三）更加便捷丰富的司法资源

文化创意产业企业众多，利益冲突和新问题层出不穷，有着强烈的纠纷解决需求，迫切要求有便捷的解决渠道和低廉的纠纷解决成本，使司法程序变得更加容易“接近”、司法救济更加容易“获得”。**一是多元化的纠纷解决渠道。**大量纠纷产生后，其中绝大部分具备调解和解的可能，完全可以不必通过诉讼方式解决，但是知识产权纠纷由于专业性较强，一般的调解机构和调解人员往往难以胜任，需要有专业性较强的调解机构进行调解，目前这方面的建设有待加强。**二是高端的中介服务机构和专业人才。**文化创意企业往往员工数量不多，各方面资源有限，一般很少设置专门的法律事务岗位，遇有诉讼事务，一般由不具备法律专门知识和诉讼技能的企业员工兼职处理，部分则委托律师代理。我们在调研中发现，由不具备法律专门知识技能的企业员工代理起诉或应诉的情况还是比较多的，而在法院进行诉讼专业性很强，诉讼过程也比较长，一般的企业员工疲于应付。权利人需要专业水平很高的律师提供咨询和诉讼服务，知识产权案件要确保较高的审判质量，也有赖于专业水平很高的技术鉴定机构和鉴定人、技术咨询专家、技术型的人民陪审员。**三是适当的维权成本。**一方面，文化创意企业的规模普遍偏小，经费有限，无力或不愿主动维权或应诉，导致无法有效处理知识产权权利归属、侵权争议、合同纠纷等，使得创意企业在研发设计、生产经营中潜伏着大量知识产权风险。另一方面，文化创意领域知识产权侵权成本低，被侵权企业即使投入人力物力提起维权诉讼并获得胜诉，能够获得的赔偿数额也不高，与被侵权的损失相比，乃至与诉讼投入成本相比，赔偿金额在企业眼中都显得有些得不偿失。对于以中小型企业居多的文化创意企业，维权投入成本是他们维权时的主要经济考虑因素。

(四)长期保持优良的司法环境

跳出司法活动的视域看，司法环境是一个地区、一个行业的投资发展环境的重要部分。知识产权保护环境好的地区，能够聚集一批创新者、创作者，能够吸引一批投资者、管理者，这是文化创意产业发展的基本前提。营造良好司法环境也是一项系统工程，实际上是司法资源、司法效率、司法公正、司法权威的综合表现，只有做到司法活动全过程的优秀，才能真正营造出公正高效优良的司法环境。要营造优良的知识产权司法保护环境，必须具备以下条件：**一是高素质的知识产权法官。**法官的素质是决定案件审判质效的关键因素，知识产权法官不仅应该精通法学知识，而且应当具备一定的技术背景或行业知识，具有较强的学习新知识的能力，在审理涉文化创意产业的案件时，能够准确把握案件特点和行业特点并最终作出公正裁判。**二是公开透明的司法审判。**“阳光是最好的防腐剂”，案件的审理过程和审理结果不仅要让当事人知晓，而且应当公之于众，接受社会的监督，以此来破除司法腐败和地方保护主义，确保司法公正。文化创意产业是上海今后一个时期重点发展的产业之一，上海法院的知识产权司法保护工作要加强能动司法，增强服务文化创意产业发展的主动性，在抓好执法办案第一要务的同时，围绕文化创意企业的知识产权司法需求，充分运用自身知识产权审判资源，创新服务机制，丰富服务形式，为文化创意产业发展营造良好的知识产权司法环境，通过良好的司法环境来吸引投资、激发创造活力、激活创作激情。

五、推进上海文化创意产业发展的知识产权司法保护举措

文化创意产业正成为引领和支撑上海创新型城市建设和新一轮发展的战略性支柱产业，知识产权保护事关文化创意产业兴衰，如何推进上海文化创意产业又好又快发展，是上海法院知识产权司法保护工作服务大局所面临的重大课题。为此，上海法院知识产权司法保护工作将积极回应文化创意产业发展中的知识产权司法保护需求，加大知识产权司法保护力度，加强知识产权司法保护机制创新，为推进上海文化创意产业发展、上海创新型城市和国际

文化大都市建设提供有力的知识产权司法保障，通过营造优良的知识产权司法保护环境，为上海建设成为亚太知识产权中心和知识产权诉讼首选地之一创造良好条件。

（一）依法加大司法保护力度

与传统产业相比，创意产业的产品极易被侵害，这种高侵权风险的特征决定，要发展文化创意产业，必须要加大对知识产权的保护力度，特别是与文化创意产业关联度最高的版权保护，版权是创意企业主要的盈利源泉，如果创意产品被任意复制、使用，创意企业就难以生存，创意产业也无法壮大。加强保护，是当前知识产权司法保护的主要矛盾、基本定位和政策取向。①《上海市文化创意产业发展"十二五"规划》也要求"加大知识产权保护和违法侵权执法力度，严厉打击各种侵权行为，维护知识产权所有人的合法权益"。**一是要贯彻"加强保护、分门别类、宽严适度"的知识产权司法政策。**依法审理各类特别是设计、出版、网络游戏、动漫、软件、影视制作等领域的著作权侵权纠纷案件，加大对盗版行为的惩处力度，鼓励优秀文学、艺术、科学作品的创作与传播；依法审理侵犯信息网络传播权案件，规范互联网传播秩序；依法审理涉及文化创意产业的商标、商号、地理标志等商业标识的商标侵权纠纷案件、不正当竞争案件，制止假冒、仿冒等混淆和误导公众行为，规范市场竞争秩序；依法审理涉及文化创意产业的商业秘密纠纷案件，制裁窃取他人商业秘密的行为，妥善处理竞业限制纠纷案件中保护商业秘密与自由择业、涉密者竞业限制与人才合理流动的关系，规范和引导企业强化商业秘密管理，维护职工合法权益；依法审理涉及文化创意产业的知识产权合同纠纷案件，维护合同秩序，促进知识产权流转与利用；依法审理涉及传统知识、民间文艺的知识产权纠纷案件，保护持有者知情同意和惠益分享的权益，推动传统知识、民间文艺的保护、开发和利用。加强对新类型案件和疑难复杂案件的"会诊"研究，依法在审限内审结案件。**二是要依法加大侵权赔偿和民事制裁力度。**坚持贯彻全面赔偿原则，补偿权利人经济损失以及合理的维权成本。积极引导当事人举证，尽量依据权利人实际损失或侵权人非法获利判决赔偿数额，避免简单适用法定赔偿；加大恶意侵权、重复侵权、群体侵权、规模化侵权等侵权行为的赔偿责任。**三是要依法加大刑事司法保护力度。**运用知识产权民事、行政、刑事案件"三合一"综合审判模式，认真贯彻宽严相济的刑事政策，准确把握罪与非罪的界限，坚持教育与惩处相结合，对于主犯、累犯以及涉案次数多、涉案数额大、造成严重后果的犯罪分子依法严厉打击。**四是要依法采取多种措施降低诉讼成本。**采取缓交、减交、免交诉讼费措施，支持经济困难的权利人起诉维权，支持文化创意企业特别是中小企业起诉维权。充分利用网络技术，探索电子送达、视频作证、远程审判、远程调解等新型工作方式，减少当事人参与诉讼活动的支出。

（二）及时研究解决新难问题

涉文化创意产业知识产权案件数量较多，案件类型多元，涉及著作权、商标、不正当竞争以及外观设计专利等各个领域，近年来新类型案件、疑难复杂案件一直层出不穷，加强新类型案件、疑难案件的应对解决具有重要意义，有利于及时引导文化创意产业企业规避法律风险、提高知识产权

---

① 奚晓明："准确把握当前知识产权司法保护政策，进一步加强知识产权司法保护"，载《知识产权审判指导》2011年第2辑，人民法院出版社2012年版，第23页。

保护和运用水平。**一是要及时研究解决新类型案件的法律适用问题。**依法及时回应文化创意产业特别是新型文化业态的司法需求,对创意的保护请求要正确确定其载体和形式,对于符合著作权法要求构成作品的,依法给予著作权保护,对于符合商业秘密保护或反不正当竞争法保护要件的,也应依法给予保护。对于技术标准、证券分析报告等作品形式,要正确判断其是否构成著作权法意义上的作品,凡符合著作权法要求的,应当给予著作权法保护。积极探索动画形象等的商业化权利的保护,凡符合知识产权构成要件的,应给予知识产权法保护。**二是要及时研究解决疑难复杂法律问题。**对于涉文化创意产业案件审判实践中出现的疑难复杂问题,要加强上下级法院的沟通研究,发挥集体智慧攻克法律适用难题。要加强对类案的调查研究和对关联案件的协调力度,加强法律适用统一工作,确保案情基本相似、法律适用问题基本相同的案件,其审判结果基本一致。

(三)不断提高司法运作效率

一是探索依法加快审理进程。完善诉前调解与诉讼的有序衔接机制,探索建立诉前临时措施绿色通道。诉讼阶段的送达、举证、答辩等如果在诉前调解阶段已经完成,在进入诉讼程序后,可以直接安排开庭,不再给当事人举证期和答辩期,提高知识产权案件审理效率。推广建设专业化审判合议庭,在基层法院普遍设置著作权案件合议庭与商标竞争案件合议庭。**二是完善知识产权案件跨区划片集中指定管辖机制,**根据各法院知识产权审判庭法官配备情况合理调整跨区划片范围,方便权利人就近获得司法救济。**三是完善"三合一"综合审判机制。**统一知识产权案件的案号,统一知识产权民事、行政和刑事案件权利归属与侵权判断的法律适用,充分发挥知识产权专业化综合审判的优势。加强与公安、检察及其他行政执法机构的沟通协调,建立多方参与的联席会议制度,加强知识产权刑事司法保护。**四是推进知识产权纠纷委托调解机制。**促进知识产权纠纷多元解决机制建设,充分发挥著作权纠纷委托调解机制作用,利用好上海版权纠纷调解中心、中国互联网协会等调解平台。探索建立商标、专利等案件的委托调解机制。**五是加强与知识产权行政管理部门的交流机制。**强化与国家知识产权局专利复审委员会的合作交流机制,继续互派人员工作交流,并拓展在人员培训、资料信息共享等方面的交流合作。探索建立与国家工商行政管理总局商标评审委员会的工作交流机制。与版权局、工商局、知识产权局、公安局等行政管理机关建立沟通协调机制,就信息共享、联合执法、案件移送等开展合作,提高知识产权保护的效能。**六是要提升知识产权审判队伍素质和能力。**加强涉文化创意产业知识产权审判业务的培训工作。建立健全专业化的人民陪审员队伍,吸收文化创意产业领域的专门人才作为人民陪审员参与到知识产权审判中来。积极推动知识产权审判庭引入有文化创意产业相关技术背景和行业背景的复合型法律人才。

(四)加强文创产业司法服务

一是探索建立针对文化创意产业的司法服务机制。吸收文化创意产业领域的专业人才充实人民陪审员队伍,加强人民陪审员实质性参与案件审理,提高案件审理质量。根据案件数量等实际情况,研究在园区规模较大、纠纷案件较多的区法院新设知识产权审判庭。**二是建立与文化创意产业园区管理机构以及行业协会等民间组织的协作机制。**就委托调解、司法宣传、普法教育、典型案例发布等开展合作,并可以此作为法院的知识产权审判调研平台。**三是加强对重大文化创意产业项目的司法服务**。加强对迪斯尼、东方梦工厂以及国家数字出版基地、中国(上海)网络视听产业基地等重大文化项目的司法服务,通过合作开展课题研究等方式加强对企业经营知识产权风险的防范。

(五)加强案例资源推广利用

法院审结的知识产权案例有独特的教育作用,文化创意企业可以从案例中学到好的知识产权保护经验,吸取相关的教训,努力将知识产权案例资源有效转化为文化创意企业的管理能力和经营能力。**一是加强司法公开**。凡可以公开的裁判文书,一律在互联网上公开,方便社会各界人士学习、研究、利用。**二是加强案例总结**。对已审结的涉文化创意产业案件进行梳理,通过多种形式对诉讼中的常见问题予以解答,对常见误区予以澄清。每年评选年度十大知识产权案件,编写出版知识产权案例选。**三是善用行业协会、园区平台**。建立与文化创意产业行业协会和园区的沟通机制,借用其平台发布知识产权审判白皮书和案例等审判信息。选取对企业知识产权保护、行业发展具有典型性的案件到文化创意产业园区进行公开庭审,进园区开设专题讲座。

(六)加强司法建议司法宣传

一是加强司法建议工作。深入文化创意企业和有关管理部门,了解行业发展情况和企业生存状况,根据行业实际有针对性地开展司法保护指导服务,针对文化创意行业企业和产品特点,提出知识产权保护改进措施。对行业自律组织给予一定的指导。针对案件审理中发现的文化创意企业知识产权保护存在的问题和知识产权风险,向相关单位发送司法建议,提出切实可行的办法,促进相关行业、企业及时采取预防和补救措施。坚持每年发布年度知识产权司法保护白皮书。**二是加强知识产权司法宣传**。创新知识产权司法宣传的方式和载体,加强知识产权法律知识的司法宣传和普及教育。完善"上海法院知识产权司法保护网"互联网站,及时更新有关信息,提高其影响力。在新浪、腾讯等有影响力的微博平台开设"上海知识产权审判"微博账号,快速发布审判信息,进一步深入推进司法公开。利用公开开庭、集中宣判、法制讲座、专题报道、深度报道等多种形式以及报纸、电视、互联网等各种传播媒介,加强对知识产权审判工作和案件的宣传报道,树立上海法院知识产权司法保护的良好形象,推动全社会知识产权意识提高和知识产权文化建设。

专家证人制度在知识产权审判中的运用实践

江苏省高级人民法院知识产权庭

一、经验产生的背景

目前,在知识产权技术类案件的审理中,解决涉及专利侵权、技术秘密侵权、软件著作权侵权、植物新品种侵权、技术合同等纠纷中技术事实的认定,主要手段依靠司法技术鉴定,其他则辅之以专家咨询,或者聘请技术专家担任人民陪审员直接参与案件的审判。但是,在司法实践中,司法技术鉴定存在着鉴定周期普遍较长影响审判效率,且鉴定费用过高,当事人诉讼负担较重的问题,事实上一些案件所涉技术难题可能并不高深,或者根本无须通过实验等技术手段加以解决,仅仅是因为审理法官不具有专业技术背景,无法直接作出技术事实判断,不得不借助鉴定的方式;技术咨询虽然可以帮助法官解决技术事实认定上存在的困惑,但如果不要求抑或技术专家不愿意出庭作证,则专家咨询意见不能作为裁判的依据,其作用也只限于帮助法官就技术问题的正确理解形成裁判心证。至于目前各地法院正在推行的技术专家作为人民陪审员直接参与案件审判的制度,由于专家陪审员的技术背景与涉案技术领域重合的概率较低,且技术专家工作繁忙的程度远甚于其他领域人民陪审员,故在知识产权审判领域,专家陪审员能够参审的案件数量极少,其效果也远未达到预期。正是基于以上原因,对专家证人制度在知识产权诉讼中的运用进行研究与探讨极其必要。2008 年 6 月 5 日颁布实施的《国家知识产权战略纲要》第 46 条明确提出,要针对知识产权案件专业性强等特点,建立和完善司法鉴定、专家证人、技术调查等诉讼制度。近年来,江苏省高级人民法院在知识产权审判中积极探索与尝试专家证人制度的适用,虽然案件数量有限,但效果明显,取得了一些初步的经验,为解决长期以来困扰法院的技术事实认定难问题寻找到一条可行路径。

二、专家证人制度的模式选择

(一)专家证人与专家意见的学理分析

在证据法领域,专家证人是英美法上的概念。《布莱克法律词典》对专家证人如此定义:“专家证人”是指“通过受教育或者专业经历而获得某一方面超常知识的人”,“并且任何该方面缺乏专业训练的人都不能对案件事实提出准确的意见或者作出正确的结论”。英国法在学理上对专家证人的定义是:“作为普通法一项古老的规则,如果诉讼中有某一事项需要特殊知识与能力,那么通过在该方面(通过研究或实践)拥有所特长的证人获得有关证据,此类证人就被称为‘专家证人’。”

在英国证据法理论上,将专家证人就案件事实所提出的意见称为“专家意见证据”(expert opinion evidence),在证据分类上,属于言辞证据的一种,是一种特殊的意见证据。在美国证据法理论中将此种证据称为“专家证据”(expert testimony),《布莱克法律词典》的解释是“通过专门教育或经历而在某些科学、职业或业务领域掌握常人所不具有的特殊技术或知识的人所提供的意见证据”。有专家认为,受美国法影响,我国许多学者都倾向于使用“专家证据”这一概念,但“采用‘专家意见’这一提法更为妥当,因为作为证据的并不是专家本身,而是专家证人就诉讼中某一具体事项出具的意见”。事实上,就专家证人协助查明技术事实的作用而言,无论是采用“专家意见证据”或“专家证据”,抑或表述“专家证言”都没有本质上差异,本文采用“专家意见”的表述。

(二)专家证人制度运用的现行法依据

目前,我国立法及司法解释中并没有明确的专家证人概念,更无有关专家证人选任、专家证人权利义务、专家证人出庭程序以及专家意见运用等具体内容的规定。在审判实践中,适用专家证人制度的法律依据主要是《最高人民法院关于民事诉讼证据的若干规定》第 61 条第 1 款的规定,

“当事人可以向人民法院申请一至两名具有专门知识的人员出庭就案件的专门性问题进行说明。人民法院准许其申请的，有关费用由提出申请的当事人负担。审判人员和当事人可以对出庭的具有专门知识的人员进行询问。经人民法院准许，可以由当事人各自申请的具有专门知识的人员就有关案件中的问题进行对质。具有专门知识的人员可以对鉴定人进行询问”。在上述司法解释起草说明及著作文献中，通常将“具有专门知识的人员”称之为诉讼辅助人。由于“具有专门知识的人员”主要是各类专家，故也被称为“专家辅助人”。尽管司法解释创设的仅仅是专家辅助人制度，并不是完整意义上的专家证人制度，只能视作专家证人制度的萌芽或开端，但司法解释毕竟为专家证人制度在我国民事诉讼中的运用及其未来发展提供了法律空间。

根据司法解释的规定，目前我国民事诉讼中专家证人制度（抑或称之为“专家辅助人制度”）具体包括以下内容：(1)专家证人的聘请。当事人可以就涉案技术问题向人民法院申请一至二名诉讼辅助人出庭。(2)专家证人的作用。表现为：一是就涉案专门性问题向法庭作出说明；二是接受法庭和当事人的询问；三是专家辅助人相互之间进行质询；四是帮助当事人对鉴定人进行询问。(3)专家辅助人出庭费用的负担。专家辅助人出庭的相关费用由提出申请的当事人负担。由此可见，司法解释规定的专家证人具有限定性，属于当事人的专家证人，其出庭目的是为了协助当事人“就案件的专门性问题”向法庭作出说明。

（三）专家证人的模式选择及其制度创新

如前所述，司法解释为专家证人制度的适用提供了法律依据，但就制度资源而言，尚不足以解决司法实践对技术事实查明的现实需求。以知识产权诉讼为例，司法解释规定的当事人专家证人制度，虽然从形式上体现了诉讼的对抗，即当事人通过申请专家证人出庭增强其诉讼能力，但距离真正发挥诉讼上攻击和防御作用且实现高效查明技术事实的目的还有较大差距。主要表现在：(1)根据司法解释的规定，专家证人需由当事人向法庭提出申请，当事人不主动申请或经法庭提示后仍不提出申请，则法庭能否依职权指定专家证人目前存在争议；(2)在对抗性的专家证人作证体制中，“专家证人对己方当事人存在天然的偏袒性”，“专家总是会为了己方当事人遮蔽某些观点”，“在诉讼程序中，当事人聘请的专家证人如何保持中立一直是各方面争议的焦点”。因此，即使司法解释规定当事人可以聘请专家证人出庭就专门性问题发表意见，协助法院查明技术事实，但缺乏技术背景的法官事实上很难当庭就专家意见作出恰当判断，更无法谈及围绕专家证人意见深入组织法庭质询和辩论，有的案件仍需庭后咨询专家或组织司法技术鉴定加以验证。基于上述原因，导致原本对专家证人制度最有需求的知识产权审判领域，适用专家证人的案件很少，法官更倾向于适用传统的司法技术鉴定方式查明技术事实。现行专家证人制度的局限性，促使司法实践进行制度创新，拓展司法解释的适用空间。即在当事人聘请专家证人的基础上，法庭根据个案情形也有权指定专家证人，这是贯彻实施《国家知识产权战略纲要》关于建立和完善专家证人制度的基本要求。

江苏省高级人民法院在专家证人制度方面的实践，总结起来，具体有以下几方面：

1. 根据司法解释，准许当事人提出专

家证人的申请。通常当事人在案件受理之初不会立即提出专家证人的申请,但随着诉讼进程,因案涉技术问题争议极大且专业性很强,当事人会倾向于申请专家证人出庭,以影响法官心证,说服法庭支持己方的诉讼主张。如果是一方当事人提出申请,为确保双方聘请专家证人的权利与机会平等和双方诉讼力量的均衡,法庭会及时告知对方当事人同样有权提出申请。实践证明,技术类案件的审理,只有双方都提交专家证人,就同一专业问题分别发表专家意见,才能形成有效的诉辩对抗。

2. 根据个案情形,直接要求当事人提交专家证人的申请。鉴于当事人的争议焦点直接涉及复杂技术问题的判断,为提高审判效率,即使当事人自己没有提出申请,法庭也可以在开庭前直接要求双方当事人提交专家证人出庭诉讼。例如,在徐农种业公司起诉海丰农场侵犯植物新品种权纠纷一案中,一审鉴定机构对被控侵权"津1007A"和涉案植物新品种"徐9201A"两份水稻样品进行DNA水平差异鉴定,在进行样品预处理时发现,由于由农业执法大队行政执法保全的"津1007A"的剑叶采集时间过长,且保存条件不合理,叶片枯黄发霉,需要进行处理比较。经采用超纯水对叶片表面的霉菌污点进行冲擦洗,并进行灭菌消毒,分别用SDS法(国家标准GB/T20396－2006中附录A方法)、CTAB法和试剂盒法提取DNA。SDS法和CTAB法提取的DNA均为棕褐色,试剂盒法提取的DNA为无色透明溶液,感观上符合分析要求。鉴定结果显示:在所测试的所有标记中,未发现两样品间存在差异。据此,一审认定海丰农场侵犯了徐农种业公司涉案"徐9201A"植物新品种权,应当承担相应的民事责任。海丰农场不服一审判决提起上诉,认为一审鉴定机构采用的鉴定标准、鉴定方法及鉴定程序违反了国家标准。鉴于该案所涉植物新品种鉴定所采用的DNA鉴定方法具有较强的专业性,为便于查明案件事实,解决当事人之间的争议,二审根据司法解释规定,在第一次开庭前即直接要求双方当事人提供技术专家作为诉讼辅助人出庭,并就涉案技术问题作出说明。二审中,徐农种业公司申请技术专家李某作为诉讼辅助人出庭。李某系江苏徐州甘薯研究中心/国家甘薯改良中心遗传育种研究室主任,从事甘薯转基因、甘薯分子标记及辅助育种和甘薯遗传育种工作。海丰农场虽然曾经表示要申请技术专家出庭,但在开庭前表示其专家无法出庭,但庭前海丰农场委托代理人就涉案技术问题咨询了专家,并在庭审时专门向对方专家李某进行了技术询问。该案虽然具有很强的专业性且仅有一方专家辅助人出庭,但鉴于DNA鉴定方法在植物品种鉴定中已经是很成熟的检测方法,技术专家出庭所作的技术陈述清晰而准确,科学依据充分,被上诉人委托代理人无法提出更多异议,仅一次庭审即查明了相关技术事实。二审判决驳回上诉,维持原判决。

总之,在一些技术事实争议特别大的案件中,明确要求当事人提交专家证人是十分必要的。因为有些案件当事人或其技术人员不出庭,代理人对技术事实一知半解陈述不清,或者完全不知,导致庭审质证无法顺利进行。例如,在江苏省高级人民法院审理的一件涉及自由降落式救生艇技术秘密侵权案件中,在二审及申请再审阶段组织对鉴定结论的质证时,原告代理人因非专业背景,对技术事实无法作出准确描述,其针对技术问题的提问回答最多的一句话是"这个问题鉴定报告中专家已经讲得很清楚了"。由这个案件中可以看出,专家证人在技术类案件事实调查中所具有的重要作用。

3.针对个案技术事实特别疑难复杂，且当事人争议激烈的案件，在当事人聘请专家证人的同时，法庭亦有权同时指定法庭的专家证人出庭。因为，在一些专业性很强的案件审理中，即使双方或一方当事人聘请专家证人出庭，但鉴于当事人的专家证人可能存在对己方当事人的天然偏袒，法庭对专家意见是否客观、中立难以作出判断，因此，法庭指定专家证人出庭，协助法庭向当事人的专家证人提出询问，并帮助法庭进行技术事实判断十分必要。例如，在恒春公司起诉爱博德公司等侵犯商业秘密纠纷一案中，工商行政执法阶段对涉案被控侵权产品进行了证据保全，并送交鉴定机构进行鉴定，根据鉴定结论，行政执法认定被控侵权产品侵犯了权利人恒春公司的技术秘密。恒春公司据此提起商业秘密民事侵权诉讼，要求赔偿其损失。一审根据工商行政查处过程中出具的鉴定意见，亦认定爱博德公司等的行为构成商业秘密侵权，应承担相应的民事责任。爱博德公司不服一审判决提起上诉，认为一审判决以工商行政查处过程中所形成的技术鉴定意见作为定案依据是不适当的，技术鉴定意见不能作为认定侵权的证据。首先，鉴定意见未明确指出传动组件各零部件的具体技术要求及工艺参数是什么，无法对被控侵权产品是否使用相同或实质相同的技术进行评判。其次，技术鉴定意见指出传动部件各零件设计尺寸等四项技术信息的确切组合属于非公知信息，但在相同及相似比对时却只比对了各零件的设计尺寸。该比对方法无疑扩大了技术信息的保护范围。最后，就技术鉴定意见唯一比对的内容来看，就有一半的尺寸不在恒春公司所主张的公差范围内，爱博德公司产品使用的是阿基米德蜗杆，而恒春公司使用的是渐开型蜗杆，两者明显不同，鉴定结论依据不足。由于在案件审理中，双方当事人争议很大且情绪均极为激烈。二审决定对形成于行政查处程序中的技术鉴定意见再次组织质证。为提高质证的效率和效果，法庭在第二次开庭前明确要求双方当事人提供专家辅助人出庭，同时法庭也指定了法庭专家证人出庭，共同对鉴定专家进行质询。此次庭审采取了专家论证会的形式，包括鉴定专家在内共有 7 名专家出庭，就涉案技术信息是否为非公知信息等技术事实问题进行论证，各位专家均明确发表了专家意见。法庭通过认真听取专家意见，并组织专家就争议的问题进行充分、深入地讨论，对涉案技术事实的认定形成了充分心证，并在此基础上直接作出二审判决。近年来，江苏省高级人民法院在若干涉及机械、化学领域的技术类案件中，采取当事人专家证人和法庭专家证人共同出庭的方式，就技术问题进行庭审质证，借助专家证人的力量直接查明技术事实，取得了初步经验。实践证明，采取当事人专家证人与法庭专家证人相结合的模式，对于建立和完善我国民事诉讼中的专家证人制度，具有制度创新意义。

尽管在审判实务中，法庭专家证人出庭参与知识产权诉讼已经显示出制度上的优越性和必要性，但法庭专家证人出庭的法律依据依然是实践中面临的困惑，因为司法解释对此并未作出规定。但是值得一提的是，《最高人民法院关于行政诉讼证据若干问题的规定》第 48 条规定："对被诉具体行政行为涉及的专门性问题，当事人可以向法庭申请由专业人员出庭进行说明，法庭也可以通知专业人员出庭说明。必要时，法庭可以组织专业人员进行对质。当事人对出庭的专业人员是否具备相应专业知识、学历、资历等专业资格有异议的，可以进行询问,由法庭决定其是否可以作为专业人员出庭。专业人员可以对鉴定人进行询问。”上述行政诉讼证据司法解释规定的专家辅助人制度的突出特点是,当事人和人民法院都有权启动专家证人程序。对此,有观点认为,法庭有权选择专家证人的必要性在于,“在行政诉讼中,由于原告相对人和行政主体可能在经济实力、诉讼经验上存在巨大差异,从而容易形成选任的专家证人能力不同而造成双方诉讼地位失衡”,法官根据案情在当事人选任的专家之外指定专家证人,“这种做法能够有效地帮助法官全面公正地面对各方专家证言,也能减少行政诉讼双方在专业知识上的差异给‘平衡’造成的破坏”。相对于行政诉讼,在知识产权诉讼中设置法庭专家证人制度具有相同的必要性:一是尽管绝大多数技术类案件的双方当事人本身就是技术专家,但仍有一些案件双方当事人在专业知识及经济实力、诉讼能力上存在差异,如果法庭不提供专家证人帮助,有可能导致诉讼失衡;二是出于诉讼地位的特殊性,当事人的专家证人意见是否中立和客观,缺少必要且有效的制衡措施。而法庭专家证人甚至鉴定专家共同出庭,形成专家论证式的法庭调查氛围,其专家身份及其科学良知会形成制约专家发表相对中立和客观意见的有形或无形力量;三是法庭对当事人的专家证人发表的意见是否符合科学原理,有时难以判断,而法庭专家证人参与诉讼,直接增强了法庭对技术事实的判断能力。有鉴于此,在知识产权诉讼中完全可以借鉴行政诉讼专家辅助人的规定,拓展民事证据司法解释专家辅助人的范围,允许法庭直接选任法庭专家证人,这不仅符合民事诉讼证据规则的精神,也将为未来全面建立和完善专家证人制度积累宝贵经验。

三、基本做法

(一)适用专家证人制度案件的选择

有资料显示,在美国约有60%的案件使用专家证人制度,另有资料显示,加利福尼亚州高等法院在20世纪80年代末审理的案件中,有专家证人出庭的占86%,平均起来,每个案件中有3.3个专家证人。一些评论家认为,美国的司法程序已经变成由专家审理的程序。由此在美国“面临的问题不是如何鼓励专家参加诉讼,而是如何有效控制专家参加诉讼,如何有效地分辨专家证言的真伪”。而我国民事诉讼继承大陆法系的传统,对技术类知识产权案件、医疗纠纷案件等技术事实查明主要采取司法鉴定的方式。就知识产权诉讼而言,目前司法面临的问题不是“如何有效控制专家参加诉讼”,而是如何鼓励法官积极尝试专家证人制度的适用,当然也包括鼓励当事人积极申请专家证人出庭。目前亟待通过一定案件数量的积累,总结经验,完善机制,促进有关专家证人制度立法和司法解释的发展,以满足日益发展的司法实践的需求。

从江苏省高级人民法院的实践看,目前制约知识产权诉讼专家证人出庭的不利因素有以下几个方面:一是审判理念与习惯。法官对于当事人的专家证人意见存在着天然的不信任,对于因专业背景原因无法直接判断的技术类案件,特别是当事人争议激烈的案件,普遍倾向于采取司法技术鉴定,以减少裁判风险。二是选择专家证人的环节复杂且耗时较长,如果专家证人为数人且一些专家在外地,专家工作普遍较为繁忙,法庭协调各专家确定开庭时间均颇费周折。如果开庭后各方专家证人意见观点分歧较大,法官无法通过专家意见得出明确结论,仍存在启动鉴定程序的可能性,反而影响审判效率。三是在法治环境较差的区域,专家证人特别是法庭专家证人对出庭参与诉讼顾虑较多,有时难以选择到合适的专家。尽管如此,从已有成功案例看,专家证人制度的积极适用对于增强庭审查明技术事实的功能和强化裁判说理,说服当事人服判息诉都具有重要价值,需要积极探索,全力推进。

鉴于知识产权诉讼中专家证人制度尚处于起步阶段,目前最有司法需求且最具备条件的是在技术类案件中尝试适用专家证人制度。具体而言,第一步:充分运用现行司法解释规定,调动当事人申请专家证人参与诉讼的积极性。可以选择一些复杂技术事实争议的案件,在开庭之前即明确要求双方当事人提交专家证人出庭。从江苏高院的实践看,对于法庭明确提出要求的,当事人一般均予积极配合,且二审案件的适用情况最为理想,因为多数案件一审已经过司法技术鉴定,当事人对技术事实的争议很明确,专家证人出庭所作的技术阐述及质证内容针对性很强,且专家证人的准备也很充分,往往开庭一次即可。第二步:选择合适的案件,尝试聘请法庭专家证人出庭。根据审判经验,法庭专家证人的选择往往通过各地法院建立的技术专家库资源,寻找与涉案技术相关的专家证人出庭,这一方面要求审理法院平时与技术专家库的专家有着较好的联系和沟通,另一方面也要求专家对知识产权审判有着较高的认同感和配合度。总之,专家证人制度特别是法庭专家证人制度的建立与完善尽管困难重重,但稳步推进是知识产权审判的必然趋势。

(二)专家证人适格性标准的确定与审查

所谓专家证人适格性标准,是指具备什么条件的人才有资格提出专家证言。按照美国《联邦证据规则》(2011 年重塑版)第 702 条规定,专家证人是指"因知识、技能、经验、训练或者教育而具备专家资格的证人,可以以意见或其他的形式就此作证"。在美国证据法上专家证人的标准并不很高,"这里的专家,显然是广义含义上的专家。在规则范围内的专家,不仅是最严格意义上的专家,例如医生、物理学家和建筑师,而且包括有时叫做'熟练'(skilled)证人的巨大群体,如就土地价值作证的银行家或者土地所有者可以作为专家证人。""在评估专家资格时应当自由和灵活。审判法院在就某一特定事项确定专家资格时,具有很大的自由裁量权"。

就知识产权诉讼而言,专家证人适格性标准不必确定得过高,即不必是相关领域内声名卓著的专家,但必须符合以下两个方面的要求:一是接受过系统教育、专门训练或具有实践经验;二是其所受系统教育、专门训练或具有实践经验与案涉专业相关。一般来说,"专家证人对于相关领域必须拥有充分的知识和技能","这种知识可能单独来自于对某一领域的学习(如教育),也可能单独来自于其他领域的实践(如经验),或者更为常见的二者兼而有之。"根据已有案件的经验,掌握知识产权诉讼专家证人的适格性标准,应注意以下三点:

1. 专家证人的适格性标准虽然不宜确定的过高,但涉及疑难复杂科学技术事实认定的案件,当事人或法庭选择具有高级职称,在涉案专业领域具有一定影响力和丰富经验的专家出庭,的确有助于增强法庭对专家证人意见的采信度。从江苏高院的实例看,涉及技术问题比较复杂且当事人争议很大的案件,当事人或法庭均会倾向于选择所属专业领域具有相当权威性的专家证人,专家证人的专业权威性越高,尤其是有若干专家证人出庭论证,专家证人意见的可靠性会明显增强，对法庭最终认定技术事实都产生了重要影响。例如，在原告神农大丰公司起诉省农科院、两优培九公司等专利实施许可合同纠纷一案中，双方当事人的争议焦点是，原告 2003 ~ 2004 年度两优培九制种纯度"南鉴"结果大面积制种不合格，是否是是因为涉案培矮 64S 种子在育性敏感期遭遇到了低温冷害。一审中被告提交的专家辅助人系南京信息工程大学环境科学系的教授，其作为气象专家常年参与我国杂交水稻领域的科学研究，具有较高的学术地位。其出庭说明涉案培矮 64S 亲本种子在育性敏感期遭遇低于育性转换指标温度(≤23.5℃ ~24.0℃连续 3 天或以上)的危害时，母本的部分花粉恢复育性，产生自交结实，导致原告制种失败。再如，前述恒春公司起诉爱博德公司等侵犯商业秘密等纠纷一案，涉案"CKD 系列智能电动执行机构传动组件部分"分属机械领域，恒春公司聘请的专家证人是北京机床研究所副总工程师、教授级高级工程师，曾任中国机电一体化应用协会副秘书长；爱博德公司聘请的专家证人一位是东南大学机械学院机械电子系主任、教授和博士生导师，另一位是江苏省机械研究设计院机电室副主任、高级工程师；法庭指定的专家证人一位是东南大学机械工程学院教授、博士生导师、国家自然科学基金委员会机械学科专家组成员，中国机械动力学学会副理事长，享受国务院特殊津贴，另一位曾任南京数控机床有限公司总工程师；鉴定机构出庭作证的专家系北京工业大学教授。上述专家在相关机械设计和制造领域均具有较高的学术地位和影响力。

2. 对涉及交叉学科知识的案件，专家证人的选择领域应当扩大到相关学科领域，专家证人意见的多角度和多学科性有助于准确查明技术事实。例如，江苏省高级人民法院在审理一起化学发明专利侵权纠纷案件中，在对涉案"一种海绵状泡沫镍的制备方法"发明专利组织专家论证时，出庭 6 名专家证人的专业涉及物理电子学、纳米薄膜电子学、真空镀膜技术、化学、金属电沉积和金属腐蚀领域、物理学纳米喷射机理等多个学科，专家从不同学科角度发表的专家意见，对于法庭对争议技术事实的判断发挥了重要作用。

3. 相关领域具有丰富经验的普通技术人员也可以作为专家证人出庭。什么样的普通技术人员可以出庭发表专家证言，关键在于该意见对于认定争议事实的价值，对此法庭具有自由裁量权。例如，前述恒春公司起诉爱博德公司等侵犯商业秘密等纠纷一案，恒春公司的另一位专家证人则是该公司的机械设计师，其出庭主要就普通技术人员的设计过程作出说明。再如，在江苏省高级人民法院二审审理的一起涉及化学产品生产的技术转让合同纠纷案中，原告受让方出庭的两名证人都只是化工企业的普通技术人员，其出庭对涉案"高效润湿分散剂"产品生产技术存在的工艺线路不通、配方中缺少部分化学原料、凭现有资料无法生产出合格产品的问题向法庭作出说明，并回答了法庭及对方当事人的询问。而在庭审过程中，被告转让方是大学在读化学专业硕士研究生，其就证人的大专学历质疑证人的适格性。从庭审询问及质证的最终结果看，证人虽然不具有较高的学历和高级专家身份，但就涉案化工产品而言，因其技术并不高深，证人所表现出来的专业知识和生产能力，完全符合所属领域"熟练"技术人员的要求，具备专家证人的适格性要求。

审判实践中，对于专家证人进行的适格性审查，包括以下几方面：(1) 当事人在庭前应当提交专家证人出庭申请，并提交专家证人情况简介，包括专家证人姓名、工作单位、职务和技术职称、个人简历（工作简历及主要学历和海外学习经历）、主要学术成就和科研成果（包括著述、论文、负责完成的重大项目、取得的重大科研成果奖项等）；（2）开庭时由专家证人就其专家资格和身份向法庭作出说明，并核对其身份证、工作证及专业资质等相关证明文件，专家还应提供能够证明其在相应领域学术影响地位的著述论文等资料，以供法庭及对方当事人审查；（3）由双方当事人就专家证人的适格性发表质证意见。例如，前述原告神农大丰公司起诉省农科院、两优培九公司等专利实施许可合同纠纷一案，被告专家证人教授姚某某在庭审中就专业背景和科研成果作了如下陈述："其本人有30年水稻气象研究史。从1993年起参加由袁隆平院士主持的863计划01项目101专题'水稻新品种选育和研究'，曾担任'新育成不育系联合生态鉴定研究'课题技术组组长，对不育系育性转换指标鉴定进行了为期7年的工作，并参与了三本论著的编写，发表30多篇论文。"庭后，姚教授向法庭提交了其本人参与编著的三本论著。如果各方当事人对出庭专家熟悉或知悉其学术影响力，通常对其专家证人的身份不会提出异议。

关于对专家证人资格的异议。在知识产权诉讼中，许多案件所涉技术领域范围事实上很窄，专家证人彼此之间或是熟悉，或有所耳闻，是常见的情形，从江苏省高级人民法院已有案例看，对专家证人资格明确提出异议的尚不多见。而最有可能提出的异议包括：一是专家证人不属于案涉技术领域的专家。例如，前述徐农种业公司起诉海丰农场侵犯植物新品种权纠纷一案，海丰农场的委托代理人以对方专家证人所属技术领域是甘薯基因、甘薯遗传育种，与本案的水稻DNA检测非相同专业为由，对徐农种业公司的专家证人资格提出异议。法庭经审查，认为两者均属于植物DNA检测，且植物DNA检测目前已经是一项常规鉴定，并不具有特别的技术难度，故当庭驳回异议。二是专家证人之间存在师生关系，可能影响专家意见的客观中立性。例如，在前述恒春公司起诉爱博德公司等侵犯商业秘密等纠纷一案，恒春公司的委托代理人以被告专家证人与法庭专家证人系师生关系且现为同一大学老师为由，提出异议。鉴于许多科学技术领域具有专业范围窄、专家较难选择的特点，故在当事人未提出进一步回避理由的情况下，法庭驳回了当事人异议。事实上，恒春公司的担心虽然可以理解但并无依据，两位法庭专家证人与被告专家证人虽为师生和同事，但观点并不完全一致，且法庭专家证人的意见明显有利于原告。庭后恒春公司委托代理人对法庭组织的专家论证会的程序正当性予以认可。

（三）专家证人出庭质证的庭审方式

司法解释规定："审判人员和当事人可以对出庭的具有专门知识的人员进行询问。经人民法院准许，可以由当事人各自申请的具有专门知识的人员就有关案件中的问题进行对质。具有专门知识的人员可以对鉴定人进行询问。"比较专家证人与一般证人出庭质证的庭审方式，其特殊性在于，对专家证人的询问，专家证人相互之间的对质，以及专家证人协助法庭及当事人向鉴定人询问，都围绕着案涉相关科学技术等"专门性"问题，而一般证人出庭质证的内容只能围绕证人"所知道的案件情况"。司法解释对专家证人出庭质证只作了指引性原则规定，即专家证人意见需经过庭审质证。而从审判实践看，目前存在以下突出问题:一是庭审质证时,有的当事人及其代理人向专家证人提问的内容与技术问题无关,无谓耗费庭审时间;二是向专家证人的提问过于“法律技巧化”,特别是在交叉询问时,使用“法言法语”以类似于诘问或盘问的方式询问技术问题,致使专家不知所云且不知如何回答。以上问题的存在不仅影响专家证人作证的效果,也影响法庭对技术事实的查明。对此,有必要根据知识产权案件的特点,对专家证人出庭作证的庭审方式进行探索。

1. 专家证人出庭作证的性质。专家证人出庭向法庭所作的技术阐述,性质上应当界定为专家论证。特别是在有各方专家证人和法庭专家证人共同出庭的情况下,专家证人之间对技术问题的讨论,应当视作由法庭主持下召开的专家论证会。因而在审判实践中,通常会将有各方专家证人出庭的直接称为召开“专家论证会”。

2. 专家证人出庭质证的庭审地点。有若干专家证人出庭的,可以将开庭地点变更在会议室,采用圆桌会议的形式。其优点在于:一是便于传递证据材料。因为技术类案件中相关图纸、研发资料、著作文献资料很多,专家证人在论证过程中通常需要反复传看相关资料,而在法庭内开庭传递资料则受限很多。二是利于专家证人发表专家意见时调整紧张的情绪。专家证人大多缺乏庭审经历,在正式法庭内开庭,因气氛紧张严肃,其发表意见比较拘谨。如果能够灵活变更开庭的地点和形式,对于缓解专家情绪,从容讨论技术问题很有帮助。而即使在正式法庭内组织专家证人论证会,法庭也应尽量通过释明缓解专家证人的紧张情绪。例如。前述江苏省高级人民法院审理的化学发明专利纠纷一案,出庭专家共有 6 人,审判长在开庭之初即说明专家证人出庭实质上是法庭组织的一次专家论证会,并希望各方及法庭专家证人能从观念上消融彼此在法庭上的空间距离,共同协助法庭查明技术事实,该释明效果很好。

3. 专家证人出庭质证的方式。为尽量减少当事人及其代理人对专家证人出庭的不当影响,在庭审方式上应当注意把握以下几点:(1)开庭之初,法庭应当释明专家证人质证的内容,即专家证人出庭只就“技术问题”发表专家意见,不得涉及具体案件事实。同时,对专家证人的交叉询问,一是内容上应当限定于技术问题;二是询问方式上要求尽量直接、明确和具体,以专家能够听明白的语言提问。同理,专家证人对鉴定人的询问,也应围绕鉴定报告和鉴定结论的依据展开。(2)宣布质证顺序和庭审纪律。首先,由当事人或代理人申请专家证人出庭,说明其提交专家证人的证明目的。其次,由专家证人之间就专业问题进行讨论和质证,发表专家意见。当事人及代理人未经法庭许可,不得向专家证人发问。最后,在专家证人之间讨论结束后,再由当事人及代理人向专家提问。当然,上述质证顺序可以根据争议的焦点问题划分成若干阶段进行。江苏省高级人民法院的审判经验表明,当限定当事人及代理人的提问顺序后,专家证人之间的讨论更自由且更倾向于学术性和专业性。专家证人基于共同的专业背景和科学良知,在当事人争议的很多技术问题上,很容易通过讨论达成共识,甚至完全消除了技术争议;即使专家之间不能达成一致的问题,通常当事人和专家证人也都同意交由法庭作出认定和裁决,而法庭也已清楚地了解各方争议的观点及依据,对法庭形成心证提供有力的支持,绝大多数案件无须再启动司法技术鉴定。审理至此,事实上当事人及代理人能够询问的问题已经很少,即使有所提问，也显得提问很不专业或者很勉强。例如，前述某化学专利侵权纠纷案中，6 位专家证人出庭，经过一天质证，讨论了 5 个有重大争议的技术特征是否构成相同或等同侵权的问题。庭审结束后，一方当事人的委托代理人向法庭表示，尽管己方专家证人在庭审中也发表了对己方不利的专家意见，但仍认为法庭程序是合法的。

（四）专家证人意见的可采性

我国《民事诉讼法》规定的法定证据有 7 种，包括书证、物证、视听资料、证人证言、当事人的陈述、鉴定结论、勘验笔录，2012 年最新修订的《民事诉讼法》增加规定了电子数据，使法定证据由 7 类增加至 8 类，专家证人意见并没有纳入其中。对于专家证人意见的性质及效力，学界及实务界普通认为，其属于证人证言，甚至有观点认为专家证人意见的效力不及一般证人证言。对此，从专家证人意见对认定技术事实所发挥的作用看，通过有效的程序设计并结合其他证据，可以大大提升专家证人意见的可采性。

有观点认为，“专家证人是确定案件事实中专业性问题的决定性力量”，因此，如何克服专家证人的偏袒性，保持专家证人的中立性，是研究专家证人意见可采性需要解决的重要问题。毋庸置疑，法庭聘请的专家证人只对法庭负责，而当事人聘请的专家证人究竟是对当事人负责还是对法庭负责，是一个存疑的问题。由于法律设置专家证人制度的目的是为了协助法庭查明仅凭法官的自身常识无法查明的科学与技术等“专门性问题”，因此，专家证人提供的意见显然不同于提供一般证据的事实证人，其属于特殊的证人证言，经过质证，有充分科学依据的专家证人意见可以采信作为定案的依据。正如国际法院在英国诉阿尔巴尼亚 Corfu 海峡案的判决中所称：专家证人应当以查明事实为己任。对于如何保证专家证人特别是当事人聘请的专家证人的客观中立性，最大限度地克服专家证人的偏袒性，江苏省高级人民法院在实践中采取了以下做法：

1. 特别质证程序的设计。如前所述，通过采用召开专家证人论证会的庭审方式，并适当限制当事人及代理人对专家之间讨论技术问题的干扰，有助于专家证人站在专家的立场上发表意见。实践证明，在有各方专家证人出庭时，会形成相对有效的制约力量，一方面是专家证人专家身份的自我约束；另一方面是专家证人彼此之间的专业约束，两者结合可以最大限度地将专家证人对己方当事人的偏袒降低到最低。同时，法庭在开庭之初也会对专家提出相应的要求，通常作如下述表述：“法庭相信，（在有三方甚至四方专家出庭的情况下），专家会秉持科学良知和专业知识，客观、公正和中立地发表专家意见，协助法庭查明技术事实”，法庭的要求会对专家证人的道德与科学良知形成压力。一般而言，专家证人在其所属领域学术地位及学术权威性越高，其专家身份、地位、学识等因素越能够在一定程度上制约其发表意见的随意性，这在有若干专家同时出庭的情况下更是如此。目前，从江苏省高级人民法院审理的知识产权案件看，专家证人出庭时故意违背科学，发表意见混淆视听，干扰法庭对技术事实认定的情况尚未所见，庭审中专家意见的分歧至多可以理解为对技术观点的不同。

2. 专家证人发表专家意见应当充分阐明其科学依据。为防止专家证人利用其技术权威地位误导法庭，所有出庭作证的专家证人，特别是当事人的专家证人应当采取书面形式详细说明其得出结论的依据和推理过程。在司法实践中，来自专家的意见,即使是司法技术鉴定结论也并不具有必然可采性,只有经过庭审质证,具有充分科学依据的结论,才能作为认定技术事实的依据。否则,将不予采信,予以排除。就此而言,许多技术类案件,在专家证人充分作出技术阐述和论证后,有经验的法官对技术事实基本可以作出较为准确的判断。例如,前述原告神农大丰公司起诉省农科院、两优培九公司等专利实施许可合同纠纷一案中,原告专家证人作为气象专家出庭详细阐述了持续性低温冷害对于温敏型杂交水稻"两优培九"制种的影响,而且在庭后专门向法庭出具了"关于证词的科学依据",进一步明确其专家意见为"认定造成该公司相当部分鉴定样本的制种纯度低于国家种子二级标准(<96%)的关键原因,是因为制种母本(指温敏类型不育系培矮 64S)在育性敏感期(指抽穗前 5 ~ 15 天或幼穗分化期Ⅲ至Ⅵ期)遭遇低于育性转换指标温度(≤23.5℃ ~ 24℃连续 3 天或以上)的危害,使母本的部分花粉恢复育性,造成了母本自交结实。这些自交结实的种子在'南鉴'结果中即表现为不育株","针对以上证词",专家还进一步详细列举了其本人参编的 3 本学术著作中相关 10 个专业问题的科学与研究的依据,包括指向的内容及其相对应页码,体现出专家作证时的高度审慎和科学严谨。

3. 判决书对专家证人质证过程以及专家意见采信情况的记载。对于一审或二审已经过鉴定程序得出鉴定结论的案件,专家证人出庭主要是协助当事人和法庭对鉴定结论进行质询,专家意见证据的采信往往与鉴定结论可以形成相互印证。而对于未经过鉴定程序的案件,专家证人意见对技术事实的认定将产生重大影响,应当根据证据规则慎重审查决定是否采信。但是,无论何种情形,对于专家证人出庭质证的过程和发表的意见,以及当事人的质证意见和法院的认证意见,都应当明确载入判决书,以体现程序的公开与透明。在江苏省高级人民法院审结的专家证人出庭的案件中,大都体现了上述要求。例如,在原告神农大丰公司起诉省农科院、两优培九公司等专利实施许可合同纠纷案中,就专家证人出庭作证一节事实,江苏省高级人民法院一审民事判决书载明了以下内容:"被告诉讼辅助人南京信息工程大学(原南京气象学院)环境科学系(原农业气象系)教授姚某某出庭就杂交水稻专业问题作出说明。据姚某某在庭审中的陈述,其本人有 30 年水稻气象研究史。从 1993 年起参加由袁隆平院士主持的 863 计划 01 项目 101 专题"水稻新品种选育和研究",曾担任"新育成不育系联合生态鉴定研究"课题技术组组长,对不育系育性转换指标鉴定进行了为期 7 年的工作,并参与了三本论著的编写,发表 30 多篇论文。庭后,姚某某向法庭提交了其本人参与编著的三本论著,即 863 生物高科技丛书《两系杂交水稻理论与技术》(科学出版社 2001 年版)、863 生物高科技丛书《中国光、温敏雄性不育水稻育性生态》(科学出版社 2003 年版)、《水稻光温敏核不育系生态适应性研究》(气象出版社 2001 年版)。在庭审中,姚某某发表的主要意见是:(1)两优培九是母本培矮 64S 与父本 9311 的杂种。培矮 64S 如有部分株体自行授粉,产生的后代就是"南鉴样品登记表"中的杂株"不育系"。(2)从"南鉴样品登记表"看,所有杂株主要是不育系类型杂株,少量的是大青稞,无其他类型杂株。不育系类型杂株系因母本培矮 64S 种子自交结实所致。(3)国家规定二级种子应达到 96% 的纯度。以 96% 为标准,原告的种子并非所有都不合格。据此可以判断:不育系类型杂株那么多的原因,应是

2003年发生的连续低温。当年全省所有县市,除苏南部分地区,均遭受了强低温的影响;送检的种子部分合格、部分不合格只能说明是受低温影响。如果是母本种子质量有问题,应当全部不合格。(4)低温危害水稻制种纯度必须具备两个条件:第一个条件必须有连续3天或3天以上的低温;第二个条件是不育系必须处于育性敏感期。如不育系处于育性敏感期,又遇到低温,会同时产生自交种和异交种,肉眼看不出来,要在显微镜下观测花粉颜色,且稻田里去杂的方式无法剔除不育系类型杂株。(5)抽穗扬花期制种田发现的杂株应是异型株。异型株用肉眼可以明显看出来,与培矮64S明显不同。异型株主要有四种类型。此外,姚某某还就“育性敏感安全期”和“育性敏感期”的划分进行了说明。该案一审判决书的认证意见表述如下:**“一审被告诉讼辅助人姚某某专家出庭所作专业问题的说明,原告质询后并未提出反证,鉴于姚某某本人的专家身份及其杂交水稻专业研究经历和相关著述,本院认为,姚某某专家证言的科学性可以得到印证,本院予以采信。”**再如,在前述恒春公司起诉爱博德公司等侵犯商业秘密等纠纷一案中,江苏省高级人民法院二审判决书载明:“2011年9月9日的庭审中,当事人和法庭邀请的专家诉讼辅助人以及涉案技术鉴定意见的鉴定专家组成员共7人对涉案技术信息是否为非公知信息等技术事实问题进行了充分、深入地讨论,均明确发表了专家意见。除爱博德公司邀请的专家诉讼辅助人对涉案技术信息不为公众所知悉持有异议外,其他专家均认为涉案技术信息具有不为公众所知悉的内容。同时,所有到庭专家均认为,智能电动执行机构技术源于国外同类产品、20世纪80年代引进国内且目前仿制厂家众多、产品整体技术含量不高。”对于专家证人意见的采信情况,二审判决书中作了如下表述,“判断涉案技术信息是否非公知的实质还在于涉案技术鉴定意见中关于‘CKD系列智能电动执行机构传动组件部分的技术图纸中记载的各零件设计尺寸、公差配合、技术要求以及具体工艺参数等技术信息的确切组合,不为公众所知悉’的结论是否客观、准确。对此本院认为,如果不考虑上述技术信息的形成过程以及各技术信息之间的内在关联性,孤立地看待图纸上所记载的某一项技术信息,那么大部分零件的设计尺寸参数、公差配合、技术要求以及具体工艺参数都能在相关国家标准和行业标准中找到,并且是所属领域技术人员的常规选择。这是因为除外观设计之外,标准化或常规设计是机械设计人员在设计产品过程中优先考虑的,这样有利于提高设计效率和降低加工成本。然而设计过程不是简单地从标准手册中寻找参数并将其罗列在图纸上,而是一个需要设计人员根据机械产品工况和性能要求,通过一系列计算来确定各参数的过程。如涉案产品的主要传动部件——蜗轮蜗杆的设计,通常步骤为:(1)确定输入功率、蜗杆工作转速、传动比、预期寿命等工况参数;(2)选择材料及热处理方式;(3)进行传动基本尺寸的计算,确定模数、分度圆直径、导程角、蜗轮齿数、蜗杆头数、变位系数等尺寸参数,尽量选择标准值;(4)进行齿面接触疲劳强度、轮齿弯曲疲劳强度、蜗杆轴挠度验算;(5)温度计算并确定冷却和润滑方式;(6)确定公差配合和工艺参数。如果上述(4)、(5)步计算结果无法满足要求,则还需从(2)、(3)步重新开始计算。虽然上述设计步骤为所属领域普通技术人员所知悉,但最终的设计结果——设计尺寸、公差配合、技术要求以及具体工艺参数等技术信息的确切组合会因不同设计人员的经验、专业水平、风格偏好、审慎程度而异。并且,经过设计人员精心计算并最终选择的某一标准参数,其性质已由手册上供所有人员选择参考的公开属性转变为专用于某个产品对象的专有属性。此外,恒春公司CKD系列产品传动部件图纸中所记载的材料及其热处理方式、公差配合、工艺参数等技术参数无法通过观察产品就能直接获得。因此,涉案电动执行机构传动部分的图纸上所记载的各技术信息的确切组合,是该产品设计人员特有的创造性劳动的结果,既不为本领域相关人员普遍知悉,也不容易获得,因此不为公众所知悉。对此,在2011年9月9日的庭审中,除爱博德公司的专家诉讼辅助人持相反意见外,其他专家均发表了支持涉案技术信息不为公众所知悉的专家意见。综上所述,应当认定涉案技术信息为非公知的技术信息”。

四、专家证人制度需要进一步完善的内容

从江苏省高级人民法院及各地法院的实践看,在知识产权审判领域里,专家证人制度的适用,对于保障当事人有效举证、帮助法官准确理解技术事实,拓展技术事实查明的司法途径,提高审判效率和裁判的公正性和说服力,都发挥了重要作用。一些看似疑难复杂的技术问题,经过庭审专家证人出庭说明并质证,往往能够当庭解决所有技术质疑,基本无须启动专家咨询或技术鉴定程序,而即使需要启动上述程序,因技术争点已经明确,法官对技术问题也已获得相当程度的理解。此外,专家证人参与诉讼的作用还体现在,一是参与涉及化学、机械、电子等领域技术类案件的证据保全,协助法官进行技术性证据的收集,可以有效减少法官因缺乏专业背景而导致技术证据保全时的盲目性,解决取证难的问题;二是专家证人参与司法技术鉴定程序,协助进行鉴定材料的筛选、确定和质证,参与对鉴定结论的质证,可以有效提高鉴定程序的效率和采信鉴定结论的准确性;三是专家证人参与诉讼调解,可以从技术层面澄清双方当事人的认识误区,促使当事人合理确定诉讼预期,促进案结事了。实践表明,作为同行技术专家提出的调解方案,针对性强,双方当事人的接受程度较高,等等。当然,对专家证人制度的适用目前仍处于起步和探索阶段,而专家证人制度已经取得的实际成效,足以形成推动司法实践对专家证人制度的建立与完善作更为深入研究和制度化建设的力量。这包括以下几方面的内容:

1. 明确适用专家证人制度的启动条件。目前,复杂技术类案件的审理,更多地依赖于司法技术鉴定,而对于一些无须通过实验手段加以验证的技术事实争议,和当事人对鉴定结论争议较大的案件,都完全可以运用专家证人制度以解决技术事实的认定。当然,对鉴定制度与专家证人制度的时间成本、诉讼成本等进行实证比较分析,也是专家证人制度设计时需要考虑的重要因素,因为从审判实践看,并非所有案件都需要聘请专家证人,只有当技术性或专业性问题超出一般法官的知识范围,且在解决技术争端过程中确有合理的必要性时,法庭才有必要适用专家证人制度,这需要法庭根据个案技术事实所属专业领域、争议的特点以及其他因素合理评估并权衡启动专家证人制度的价值。美国《联邦证据规则》(2011年重塑版)第702条(a)规定:“专家的科学、技术或者其他专门知识将会帮助事实审判者理解证据或者确定争议事实”,这说明,只有在此标准或情形下法庭才有必要运用专家意见证据。显然,专家意见证据运用的结果使得诉讼更为高效,审判程序更为公开和透明,裁判依据更为充分,才是鼓励法官改变审判观念和习惯,更多地选择运用专家证人制度查明技术事实的主要动因。同时,还应当明确无论当事人是否聘请专家证人出庭,根据个案审判的需要,指定专家证人出庭协助查明技术事实是法庭的权利,这一点在目前我国知识产权诉讼尚未建立诸如日本、我国台湾地区知识产权法院的技术调查官或技术审查官制度的情况下,更具有现实必要性。

2. 明确专家证人的选任条件和资格审查方式。(1)专家证人的适格性标准。根据美国《联邦证据规则》(2011 年重塑版)第 702 条规定的专家证人适格性标准的启示,应当明确专家证人的选任条件是"因知识、技能、经验、训练或者教育而具备专家资格的证人",同时,针对知识产权案件的特点,应当明确要求专家证人提供相应的学历、资历、职称、学术成果(著述)和科研成果(包括获奖情况)等相应资料和证明材料,经庭审审查后附卷。专家证人适格性的审查,因目前互联网资讯十分发达,且技术圈范围事实上很小,一般可以采取庭前通知当事人核查,由当事人在庭审中发表是否异议的意见。对于普通技术人员担任专家证人的适格性审查,即其是否具有与涉案技术相适应的技术水平和能力,还需要进一步明确和细化审查的标准和方式。(2)专家证人的基本道德要求。专家证人应当品行端正,没有违法违纪记录,例如在以往诉讼过程中没有作伪证或剽窃他人学术成果等不良记录。

目前,各地政府、法院都建立了经过一定程序审查和推荐的技术专家库,如何将专家证人的选择与各类技术专家库的使用有机建立联系,也需要研究制定规则。可以考虑专家证人优先从各类技术专家库中选择,如果没有合适技术专业背景的专家,再扩大选择的范围。从技术专家库中选择专家证人,从某种程度上可以减少法庭及当事人对专家证人信用的疑虑。

3. 明确专家证人的权利义务和责任。就设置专家证人制度的目的而言,专家证人既要对当事人负责,更要对法庭负责。绝大多数知识产权案件中专家证人具有特殊地位和学术声誉,专家证人即使受当事人聘请出庭,也应当在其专业范围内客观、中立地陈述"专门性问题",协助法院查明技术事实。对于专家证人明显违反科学技术常识,发表与其专业知识背景和学术水平不相符的专家证人意见的,应将专家证人发表意见的情况以及不采信的具体理由写入判决书,这对专家证人将起到重要的制约作用。而对于情节特别严重的,应当给予民事制裁。

专家证人的权利包括,对案件事实的知情权,如了解案件相关技术事实,查阅相关技术资料和卷宗;与其他专家证人的对质权,主要体现为与其他专家共同讨论涉案技术争议;向鉴定专家的询问权;拒绝当事人无理要求的权利;获得一定报酬的权利。目前,司法解释明确规定当事人聘请专家证人的"有关费用由提出申请的当事人负担",此费用是否应当由败诉方当事人负担,仍需要进一步研究。而法庭专家证人的报酬及负担问题,目前是审判实践中的困惑,江苏省高级人民法院在聘请法庭专家证人时,只给付极微少的交通补贴等,有的专家甚至明确予以婉拒,将其作为专家对司法的无偿贡献,这成为制约许多法院无法聘请法庭专家证人的重要因素,需要从制度层面加以解决。

专家证人的义务包括,认真履行当事人或法庭的委托事务;在其专业范围内客观、中立地陈述"专门性问题";接受当事人和其他专家证人、鉴定专家和法庭的询问;保守在诉讼过程中知悉的各种秘密,对于涉及当事人商业秘密等的,应当签署保密承诺书。

4. 明确专家证人参加庭审的方式。(1)根据个案情形选择专家论证会的庭审方式。美国"统一法案"(The Uniform Act)规定,不管专家由法官任命还是由当事人选择,法官都可以召集专家会议。该会议为专家证人提供一个解决他们之间在解释数据时因为观点和看法不同产生的争议的机会。会议的结果有可能达成一项完全的合意,解决双方当事人之间的纠纷。即使不能达成合意,至少也能缩小双方当事人之间争议的范围。该法案还规定,两个或者两个以上专家证人可以在一个报告中共同提出专家意见。在庭审过程中,专家证人可以向法庭宣读个人报告或者联合报告作为其证言的一部分,并且对方律师也可以就该报告对专家证人进行交叉询问。从上述内容看,美国法及美国法院对待专家证人参与庭审方式规定得很灵活且很务实,而审前专家论证会的作用明显,值得借鉴。因此,在确定专家证人出庭的方式上,根据已有经验,在有若干方面专家证人出庭时,以专家论证会的方式,由专家证人之间充分进行技术讨论,然后再由当事人及代理人进行询问或交叉询问,是行之有效的方式。同时,对于技术资料数量特别多(例如,在江苏省高级人民法院审理的一起涉外技术秘密侵权纠纷一审案件中,一方当事人提交法庭仅"证据一"就达百份之多)、技术事实特别复杂疑难的案件,可以探索在庭前召开专家会议,先行就相关技术争议进行讨论,缩小争议的范围,提高专家证人出庭效率和庭审质量。(2)对专家意见的质询,主要应当围绕涉案技术问题展开,其他例如专家证人与当事人的关系、报酬等问题是否允许询问,目前尚无案例经验,仍需要进一步研究。(3)明确专家意见的发表方式。一是专家证人意见必须详细说明所依据的科学依据和论证过程,证明是"可靠的科学技术知识";二是专家除出庭进行技术说明和阐述外,对于特别疑难复杂的技术问题,还应当明确要求专家证人庭前或者庭后提交书面专家意见报告。目前对专家证人意见书面报告的格式和具体内容都没有明确要求,实践中有的比较规范,有的则比较简单,有必要加以统一范式和内容。

5. 明确专家证人意见的可采性标准。为防止科技力量对审判权的控制,防止"假冒专家"、"伪科学"或"垃圾科学"进入法庭,防止专家证据的滥用,美国《联邦证据规则》第702条(2011年重塑版)和相关判例法确定了专家证人的适格性标准、专家证据的有助性标准(即"有助于事实发现或者理解证据或认定案件的争点事实")和专家证据的可靠性标准(即"指是什么样的专门知识才可作为专家证据")。美国联邦最高法院在1993年道伯特(Daubert)一案判决中宣布,当一方提供科学问题的专家证人时,提供方必须保证该专家所持有的理论或者技术如《联邦证据规则》第702条规定的含义一样,是可靠的"科学……知识"。具体标准:(1)该项理论、技术或方法能否被验证或已被验证;(2)该项理论、技术或方法是否接受过同行的评论并发表过;(3)该项理论、技术或方法已知或潜在的出错率是否确定,是否存在并维持可控制这一理论、技术或方法应用的标准;(4)该项理论、技术或方法在相关领域是否得到普遍接受。而《联邦证据规则》第702条对专家证据的可采性也设定了三个限定条件:(1)专家证言基于足够的事实和数据;(2)证言是可靠的原理和方法的产物;

(3)专家将这些原理和方法可靠地适用于案件的事实。目前我国审判实践中对专家证人意见采信的实际把握标准,即专家证人意见必须具有充分可靠的科学依据并经过庭审质证,就本质而言,与美国证据法的“可靠性”标准并无不同,但就标准表述的指引性而言,还有必要进一步明确为“可靠的科学技术知识”并抽象出相关标准,还应明确专家证人意见未能证明其具有“可靠性”(充分的科学依据),不应采信。同时,对于专家证人意见是否采信及其相应的理由,都应当在判决书中作出详细阐述。

2012年11月

关于电子商务平台中知识产权保护的调研

浙江省高级人民法院联合课题组

电子商务平台是指为各类电子商务交易(包括B2B、B2C和C2C交易)提供服务的网站或者网络系统,主要分为第三方平台提供者、平台自营经营者及兼营两者业务的平台经营者。由于平台自营经营者系通过自行设立电子商务平台发布信息、销售商品和提供服务,其销售方式与传统的商品交易相比,只是将线下实体交易变为通过电子商务平台进行的网络交易,其法律地位与传统商品销售者并无区别,因此并无将其作为平台提供者单独进行研究的必要。故本调研中的电子商务平台主要针对只向网店卖家提供平台服务而不参与具体商品信息发布及交易的第三方平台提供者。

伴随电子商务平台的快速发展,涉及电子商务平台的知识产权侵权纠纷日趋增多,已然成为电子商务平台长远发展的瓶颈和障碍之一。同时,网络交易的主体匿名性、空间的虚拟性、交易的非及时性,使现有知识产权法律体系在网络空间的适用上受到了极大的冲击。因此,如何采取措施加强电子商务平台上的知识产权保护、合理规制知识产权侵权行为,准确认定知识产权侵权责任、恰当平衡权利人和社会公众的利益等已经成为摆在我们面前亟待解决的现实问题。因此加强对涉电子商务平台知识权产权问题的研究,完善相关制度,提出对策建议,对促进电子商务健康有序发展,维护电子商务中各方当事人的合法利益,具有很大的现实意义。

一、涉电子商务平台知识产权案件的基本情况

我省从2005年杭州市中级人民法院受理第一例涉电子商务平台知识产权案件——湖南金蜂音像出版社诉浙江淘宝网络有限公司(以下简称淘宝公司)、浙江支付宝网络科技有限公司邻接权纠纷案(以下简称火鸟案)之后,涉电子商务平台知识产权案件数量逐年大幅递增。全省法院2009年收案数为26件;2010年收案数为39件;2011年收案数上升至133件;截至6月,2012年已收案177件。

这些案件大多数都是由于电子商务平

台的网店卖家销售的商品涉嫌专利、商标、著作权侵权及不正当竞争而引发的诉讼。多数权利人将网店卖家与电子商务平台提供者诉为共同被告,以电子商务平台提供者未尽到审查注意义务为由主张其承担侵权连带责任或者要求披露网店卖家的具体信息。也有部分案件,权利人仅仅把电子商务平台提供者或者网店卖家二者之一诉为被告。近期,我省法院受理的案件中又出现了一些新情况,如字号相同的企业在电子商务平台中注册的店铺名称近似所引发的纠纷、电子商务平台提供者在接到权利人投诉后删除相关的信息链接而引发的网店卖家提起的确认不侵权之诉、被投诉方认为投诉方向电子商务平台提供者恶意投诉而引发的商业诋毁纠纷,等等。随着电子商务普及和我省知识产权司法保护力度的逐渐加大,可以预计此类案件的数量在近几年内还将持续上升,案件类型也会越来越多样化。

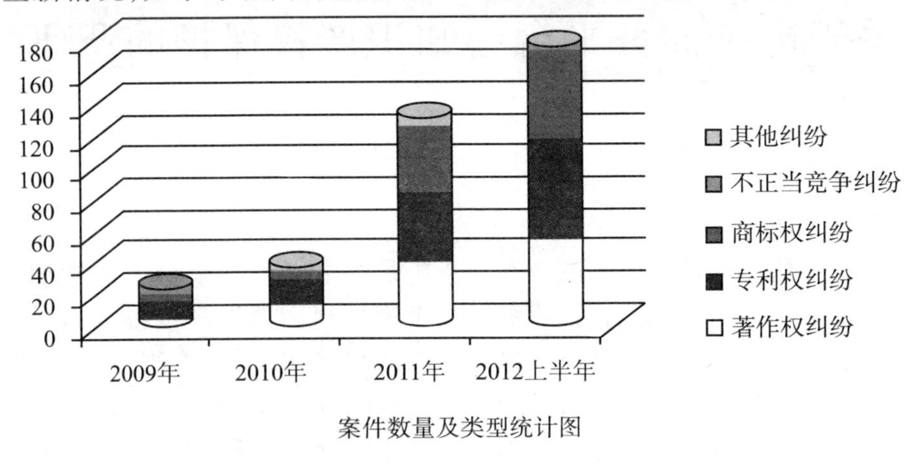

案件数量及类型统计图

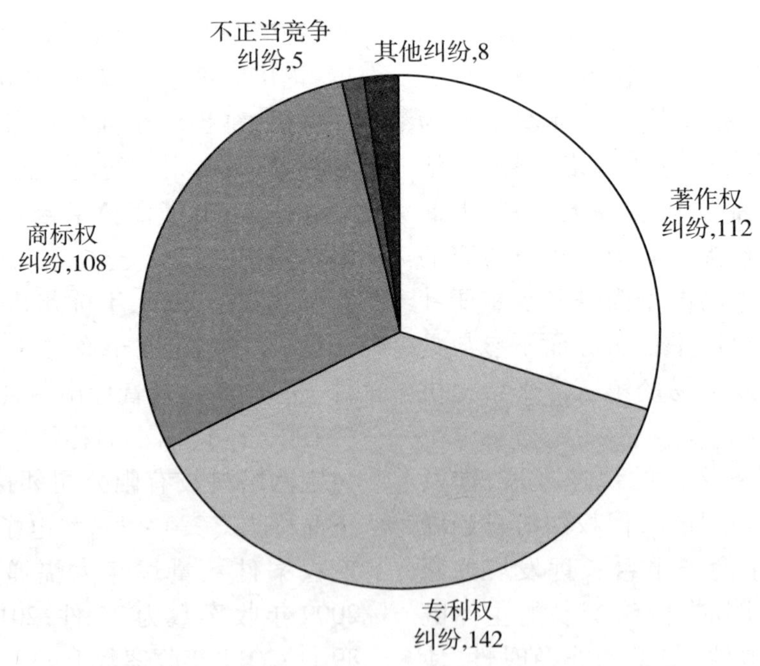

案件类型统计汇总图

目前我省受理的绝大多数涉电子商务平台知识产权案件,涉诉主体多集中于淘宝公司及其网店卖家。据统计,近年来全省审理的此类案件中,淘宝公司涉诉案件约占80%,此外,阿里巴巴电子商务网及中国铝业网等也曾分别因其网站用户发布的商品信息被诉侵犯专利权、著作权等而作为共同被告涉诉。在收案法院分布上,杭州地区是淘宝公司的住所地,金华地区通过电子商务平台进行经营销售的卖家较多,因此我省此类案件的收案法院也主要集中在杭州市和金华市的两级法院。截至2012年6月,杭州市、金华市两级法院已分别受理63余件、139余件涉电子商务平台知识产权案件。与此形成鲜明对比的是,近三年来,在我省其他地区受理的此类案件却仅寥寥数起。

分析我省受理的涉电子商务平台知识产权案件,主要呈现出以下几个特点:

1. 人为制造管辖联结点的情况较多

从我省受理此类案件情况看,权利人通过制造管辖联结点以选择管辖法院的情形较多。以杭州地区法院受理的案件为例,权利人在起诉作为直接侵权人的网店卖家同时,往往将电子商务平台提供者一起诉为被告。随着电子商务的不断成熟,业界对平台提供者应承担的注意义务的形式与程度已基本形成了较为统一的认识,多数权利人仍然选择把平台提供者直接诉为被告或共同被告,在排除少部分权利人确实认为需要追究平台提供者的责任外,其主要原因即是直接侵权行为人多不在杭州地区,通过这种方式,可以人为地为案件增加管辖的联结点,即通过将淘宝公司等平台提供者诉为共同被告,使杭州地区法院取得对案件的管辖权。如在余杭法院受理的建筑工业出版社诉淘宝卖家及淘宝公司的18件著作权侵权案件中,原告就淘宝卖家销售盗版图书的同类行为已经在北京起诉,在北京法院业已认定淘宝公司不承担责任的情况下,原告针对同样类型的18个案件,仍然把淘宝公司诉为被告,其目的就是为了使余杭法院可以对该类案件进行统一管辖,以避免至全国各地进行诉讼的情形。更有甚者,出现了权利人为选择特定管辖法院而虚列被告的情况,在庭审中直接放弃了要求平台提供者承担责任的诉讼主张,但又不肯撤回对平台提供者的起诉;或者在法院受理甚至庭审后,再撤回对平台提供者的起诉。当然也有向直接侵权人起诉的情况,金华地区法院受理的案件中,直接侵权人多为当地的实体生产或经营者,权利人为了达到直接打击终端生产经营者的目的,在通过电子商务平台提供者或通过其他方式获取网店卖家的身份信息后,直接将卖家诉为被告,并未将电子商务平台提供者诉为共同被告。这种维权方式与实体市场交易中权利人一般仅起诉直接侵权人,而不将市场管理者诉为被告的做法非常类似。

2. 审理周期较长

以余杭法院为例,已审结的544件知识产权案件的平均审限为66天,而涉淘宝网交易平台的案件平均审限为124天。究其原因,一方面,随着互联网及电子商务的不断发展,新情况和新问题不断涌现,以致在现有法律框架内对案件事实进行定性存在较大争议,从而使得此类案件的审理期限相对较长;另一方面,网络的虚拟性、侵权的隐蔽性以及直接侵权人的缺席,也为法院查明案件事实带来诸多困难。此外,直接侵权人下落不明、身份难以核实导致诉讼文书送达难、公告送达比例高也是造成案件审理周期较长的重要原因。以余杭法院受理的涉电子商务平台知识产权案件为例,截至2012年6月,该院共受理因淘宝公司引发的纠纷51件,因直接侵权人下落不明而采用公告送达方式的案件就有19

件,占到了全部案件的37.25%。由于涉电子商务平台知识产权案件多是由网店卖家的直接侵权行为所引发的纠纷,作为直接侵权人的卖家散布于全国各地,实际居住地与户籍地经常不一致,且常处于变动之中,平台提供者很难准确提供卖家的居住地址,导致实践中常出现卖家开设的店铺处于正常经营状态,但法院却因不知卖家的实际居住地址而无法送达诉讼文书的情况。尽管法院采取公告送达方式时的公告期间不计入案件审限,但诉讼过程中的屡次公告送达实际上也造成了案件审理周期的大大延长。

3. 调撤比例偏低

在全省法院2009年以来审结的346件一审涉电子商务平台知识产权案件中,调解撤诉的案件共236件,调撤率为68.21%,远低于我省一审知识产权民事纠纷案件近平均80%的调撤率。造成此类案件调撤率较低的主要原因在于,权利人多主张平台提供者对直接侵权人的侵权行为未尽到审查注意义务而应承担侵权连带责任,而平台提供者则大多以避风港原则抗辩其已尽到相关义务而不应承担责任,双方当事人诉讼主张的直接对抗性决定了大多数案件可以进行调解的余地不大。此外,如前所述,此类案件中直接侵权人到庭率较低,法院只能作出缺席判决。

4. 直接侵权人承担侵权责任比例高

我省以判决方式结案的涉电子商务平台知识产权案件中,多数案件中的被诉网店卖家被判决构成直接侵权。以余杭法院受理的案件为例,起诉网店卖家的案件有18件案件以判决方式结案,其中17件均认定卖家构成侵权。以上现象的存在,一方面是由于虚拟市场的准入门槛较低。如实体市场的经营者大多需要取得工商登记注册方可营业,甚至有些还需要取得其他行政审批许可,而虚拟市场仅需要通过电子商务平台提供者的审核即可,而电子商务平台提供者的审核多仅限于审核该主体是否真实存在,从而使得虚拟市场的准入变成了零门槛。另一方面,网络虚拟市场的监管力度还不够。尽管以淘宝公司为代表的电子商务平台提供者在加强平台管理方面做了大量的尝试,对权利人投诉的网络侵权行为能够及时采取删除、屏蔽、断开链接等必要措施,但这些措施还多局限于可以依据避风港原则免除自身责任的最低程度的义务,对其网店卖家进行事前管理、主动管理的力度还远远不够。此外,与实体交易市场相比,行政管理部门在电子商务领域行政执法偏少、监管力度不够也是造成电子商务中侵权行为频发的一个重要原因。据统计,我省法院近年来受理的涉电子商务平台案件中,在进入诉讼程序之前,基本都未经过行政查处。

另外,涉电子商务平台知识产权案件还有标的额小、社会影响大,案件类型大多为侵害商标权和著作权纠纷等特点。

二、涉电子商务平台知识产权案件的程序问题

(一)管辖联结地的确定

民事诉讼管辖理论通常认为,与当事人有关的任何因素如果能够成为法院行使管辖权的根据,必须具备两个条件:一是该因素自身有时间和空间上的相对稳定性,至少是可以确定的;二是该因素与管辖区域之间存在着一定的关联度。同时,管辖的确定也应当遵循"两便原则"——方便当事人进行诉讼和人民法院尽审判之责,方便对判决的执行。我国网络知识产权民事侵权案件由被告住所地和侵权行为地法院管辖。由于网络空间具有虚拟性、无限互联性等特点,其侵权案件与传统的侵权案件在司法管辖权的联结点上呈现不同的特点，给管辖的确定带来新的问题。

1. 侵权行为地

侵权行为地包括侵权行为实施地和侵权结果发生地。涉电子商务平台知识产权案件中除可能会涉及一般侵权行为中常见的商品生产地、存储地、中转地、交付地、服务提供地外，还可能涉及实施侵权行为的网络服务器、计算机终端等设备所在地、原告发现侵权内容的计算机终端等设备所在地等网络侵权案件所特有的地点。这些地点极其宽泛，网络服务器和计算机终端设备甚至可能在毫无关联的境外，而原告发现的设备所在地则几乎可以由原告随意确定。当然，2006 年《最高人民法院关于审理涉及计算机网络著作权纠纷案件适用法律若干问题的解释》第 1 条规定："对难以确定侵权行为地和被告住所地的，原告发现侵权内容的计算机终端等设备所在地可以视为侵权行为地。"这实际上对这个最宽泛的联结点作了限制，由于有确定的被告住所地是"有明确的被告"这一起诉条件的应有之义，该限制从效果上看，使得该管辖联结点很少被适用。

由于涉电子商务平台知识产权侵权案件中权利人都是针对直接侵权人在网络上实施的侵权行为（即销售行为）起诉，对证据的准备也只是公证网上发布的商品、服务信息，再加上购买过程及所购实物，很少追查到商品的生产地、存储地、中转地等，该类案件比较特殊的侵权行为实施地是在网络平台上，而网络平台却是一个虚拟的空间，其所在地的确定必须借助具有确定的指向性的物理地点，才能作为诉讼法上管辖联结点。网络平台的一切功能和运行都依赖于平台提供者的操作和管理，因此网络平台的物理地点即是平台提供者所在地，往往与间接侵权被告住所地重叠。

2. 被告住所地

司法实践中，很多原告是根据被告住所地原则来确定案件管辖法院，但较少选择直接侵权被告住所地法院，而是向平台提供者住所地法院直接起诉。究其原因：首先，在电子商务中，如果网店卖家没有经过平台提供者实名认证，确定网店卖家的真实身份就会遇到困难，不符合《民事诉讼法》规定的"提起民事诉讼必须有明确的被告"这一起诉条件，也就意味着不能进入司法程序。其次，即使满足被告明确的前提后，从原告诉讼方便的角度看，直接侵权被告很多是小本经营，所在地分散甚至在偏远地区，承担法律责任的能力较弱，权利人逐一主张权利往往效率低、成本高而收益小，尤其是权利人大规模起诉多个直接侵权被告时，更倾向于集中至间接侵权被告所在地起诉以节约其诉讼成本。

但，在司法实践中，往往出现平台提供者住所地法院与被诉侵权行为关联度低、管辖依据薄弱的情形，造成案件审理的不便，被诉直接侵权人即网店卖家也会提出管辖异议，要求移送至其所在地法院。在此类管辖问题上，应根据个案的具体诉讼内容分析判断平台提供者住所地法院是否具有管辖权。

如，高桥谦三、杭州高桥磁电设备有限公司诉杭州商易信息技术有限公司、山东华特磁电科技股份有限公司侵犯发明专利权纠纷一案（以下简称高桥案），华特公司提出管辖权异议，认为商易公司作为涉案网站（中国铝业网）开发商，其刊登产品信息的行为不在侵犯专利权范畴之内，不具有被告主体资格，应移送至山东法院管辖。一审法院认为，在原告已提供初步证据证明商易公司在其网站上发布涉案产品信息，且原告对其提出了具体诉讼请求，故一审法院享有管辖权。后二审对该管辖裁定予以维持。而在美心食品有限公司诉宁波新美心食品工业有限公司、舟山新美心食品有限公司、淘宝公司侵犯注册商标专用权及不正当竞争纠纷案(以下简称美心案)中,宁波新美心公司、舟山新美心公司同样提出管辖权异议,认为淘宝公司与指控淘宝网上有销售侵权商品的行为无任何关系,请求移送宁波中院审理。一审法院予以驳回,二审法院则裁定移送宁波市中级人民法院审理。

从个案分析,该两案的管辖问题具体情况有所不同。高桥案中,被诉直接侵权人在电子商务平台上发布被诉侵权产品的相关信息和广告进行许诺销售,原告认为商易公司作为网络服务提供者对侵权信息未尽到审查义务,构成共同侵权。从商易公司的被诉行为看,根据网站平台页面的公证书及两被告之间的"广告续约发布合同书",商易公司系根据合同约定在平台上为直接侵权人制作并发布了被诉侵权产品的相关信息和广告。法院需要审理的是该许诺销售的行为是否构成侵权,而证明该行为的证据就是对平台相关内容的公证,并不需要审理直接侵权人在山东是否有相关生产、销售行为,因此以平台提供者所在地为管辖依据并不会造成查明案件事实上的困难。另外,从侵权行为所在地的角度分析,根据《最高人民法院关于审理专利纠纷案件适用法律问题的若干规定》相关规定,专利侵权诉讼中的侵权行为地包括被诉侵权产品许诺销售行为的实施地。而本案许诺销售的实施地正是平台提供者所在地。美心案中,原告从案外人淘宝卖家处在线购得宁波新美心公司的贵宾卡后,凭卡从宁波新美心公司在舟山的门店获得被诉侵权商品。原告以宁波新美心公司和舟山新美心公司在产品外包装、经营门店、贵宾卡及其公司网站上突出使用原告的标识,侵犯商标专用权及不正当竞争以及淘宝公司未尽到合理审查义务为由起诉。可见,该案主要涉诉事实集中在产品包装、门店、贵宾卡、网站,而涉及淘宝公司的仅是案外人销售贵宾卡的信息,与原告对直接侵权人的诉讼内容并不能对应,此时以平台提供者所在地为管辖依据显然不足。二审法院裁定移送是合理的。

从法律规定看,原告既可选择网店卖家所在地,也可选择平台提供者所在地法院管辖。诉至平台提供者所在地法院的案件,往往会被网店卖家提起管辖异议,增加了管辖权审查的司法环节。从提高司法效率、方便查清案件事实及判决执行的角度而言,对于直接侵权被告身份、地址明确的案件,更适宜至直接侵权被告住所地法院诉讼。法院应当根据原告的具体诉讼内容特别是平台提供者在被诉侵权行为中的不同作用,依据《民事诉讼法》关于被告适格的规定,充分考量"两便原则",作出管辖裁定。

(二)被告身份的确认

网店卖家在网络上通常都是采用昵称、网名等虚拟符号进行经营,一旦涉诉,网店卖家的身份确认就成为前提。原告从网店卖家所留信息或以普通消费者身份购买商品,只能获取卖家的姓名、手机号及发货的地址,并不能作为民事诉讼中确定"明确的被告"的依据。而平台提供者普遍对卖家身份进行一定的认证,其网络后台除了上述信息外还储存有卖家的身份证号及其银行账户,该真实身份情况已能够在民事诉讼中作为确定身份的证据之用。

在电子商务平台知识产权纠纷初起阶段,权利人直接要求平台提供者披露其网店卖家的真实身份信息,很多情况下都会被拒绝,为此引发了不少诉讼,其结果大多要求平台提供者披露相应身份信息,同时限制权利人索取的信息仅为维护知识产权之用。随着司法实践的推动，目前平台提供者已建立了较成熟的信息披露机制，权利人一般无需再为获取网店卖家身份信息提起诉讼。淘宝公司提供的数据显示，2012 年以来其每周处理的信息披露要求平均达 35 件，披露流程为：在投诉人提出书面请求，且投诉最终成立（即卖家链接确定删除，并受到淘宝规则处理）的前提下，淘宝公司调取卖家身份证、住所地等注册信息提供给投诉人，以供其诉讼之用。

虽然信息披露的渠道已基本畅通，但由于平台提供者对卖家注册信息的审核机制不尽完善，所披露的卖家注册身份虚假情况时有发生。且大部分平台提供者不允许更改注册用户，网店转让、出借等导致的注册经营者和实际经营者不一致的情形大量存在，为被告身份的确定带来了困难。我们认为：（1）如网店卖家是个人开办的，符合个体工商户的法律特征，应以营业执照上登记的经营者为当事人，登记的经营者与实际经营者不一致的，以注册经营者和实际经营者为共同诉讼人；（2）注册经营者出借身份证、营业执照、账号给实际经营者，实际经营者以注册经营者的名义对外经营的，虽然侵权行为的直接实施人是实际经营者，但注册经营者的出借行为对侵权行为提供了实质性帮助，权利人可以直接起诉注册经营者，注册经营者承担责任后，可以向实际经营者追偿；（3）当权利人单独起诉注册经营者，注册经营者申请追加实际经营者为共同被告的，因注册经营者承担的是连带赔偿责任，因此在原告仅要求注册经营者承担赔偿责任，并不同意追加实际经营者为共同被告的，法院可以对注册经营者的追加申请不予准许。如原告不要求追加实际经营者为共同被告将导致案件事实不清并可能败诉时，法院应向原告释明法律后果，如原告仍不同意追加的，法院可根据相关的举证责任分配要求，判决权利人败诉。如原告同意申请追加实际经营者为共同被告的，则应予以追加，但申请人应提供实际经营者的准确身份信息。这样的程序设置将有利于减轻权利人的程序负担，实现各方利益的平衡，也有利于规范电子商务市场，使得注册经营者采取更慎重的态度，进而有利于规范市场管理秩序，减少无证经营和侵权行为的发生。

司法实践中，基于网店卖家真实身份难以核实，或者平台提供者责任承担能力更强的考虑，有的权利人仅起诉平台提供者，而不起诉直接侵权人。我们认为，原告不起诉直接侵权人系对其诉讼权利的处分，在法院向其释明后，原告仍不同意追加的，一般不需追加网店卖家为被告。如果无法认定直接侵权行为成立，则应当以证据不足，驳回原告的诉讼请求。但实践中，也存在直接侵权人未参加诉讼不影响法院对直接侵权行为事实认定的情形。例如在有的案件中，原告并未实际生产网店卖家销售的某品牌商品，该商品明显侵犯原告的商标权，而且网店卖家在网上聊天记录中亦明确认可是假冒原告商标的商品。则即使网店卖家没有参加诉讼，也可以认定直接侵权行为成立，并根据平台提供者是否存在过错认定其责任承担。

（三）证据的审查及固定

1. 证据的审查

针对在管辖权异议案件中的证据审查，被异议方通常提出既然是程序问题，只要相关证据在形式上符合法律规定，就不应当在管辖权异议审查中触及对任何实体问题的判断。我们认为，最高人民法院已在河北新凯汽车制造有限公司、高碑店新凯汽车制造有限公司与（日本）本田技研工业株式会社、东风本田汽车(武汉)有限公司、北京鑫升百利汽车贸易有限公司侵犯外观设计专利权纠纷一案中予以明确,"对于案件管辖的确定,人民法院在受理立案中仅进行初步审查,只要相关证据在形式上符合法律规定,即可依法决定受理。但在受理案件后,被告方依法提出管辖权异议的,受理案件的法院应当就确定案件管辖权的事实依据和法律依据进行全面审查,包括对有关证据的审查认定。"在该案中,鑫升公司是否系被诉侵权产品的销售者,涉及确定原审法院有无地域管辖权的事实依据问题,最高人民法院召集双方当事人对证明鑫升公司系被诉侵权产品销售者的公证文书发表质证意见,最终认定鑫升公司的销售事实,并就此认定其所在地法院具有管辖权。

2. 证据的固定

涉电子商务平台知识产权案件中的证据固定主要是电子证据的固定。所谓电子证据,是指凡是表现为电子形式的、能够证明案件事实的证据。电子证据具有变化快、容易修改等特点,因此对电子证据的固定非常重要。实践中最常见的做法是诉讼前对网页等电子证据进行公证,公证时应注意以下问题:(1)尽量在公证机构场所内进行网络公证,由公证人员进行具体操作。因为通过修改系统文件(如 windows 系统中的 hosts 文件)或在传递网页的服务器中进行设置,可以使特定域名指向自己希望的任意一个局域网或互联网 IP 地址,无法确保公证的客观性。(2)详细记载上网方式以及开机前后、上网前后、下载前后、证据封存等各个具体步骤,保全网页证据时应有实时打印件,并保存被公证页面的电子文档,以便查看代码。(3)在涉及网络邮购产品的公证中要尽可能完整地反映双方交易的过程,比如在邮寄前保全申请人的网购行为,在邮寄后保全申请人向销售者确认货物寄送情况的电话录音等。建议将收货地址设为公证员所在地,由公证员收货并当场封存,从而降低公证实物被中途更换的可能性。可以网络查看物流信息,包括发货、中转、投递的地点和时间,法庭也可以对此当庭勘验。对于公证实物之间、公证书记载内容之间、公证实物与公证书记载内容之间存在矛盾的公证证据,对其真实性不予认定,除非存在正当、合理理由且有相应证据予以证明。

三、涉电子商务平台知识产权案件的实体问题

(一)平台提供者的法律地位

平台提供者法律性质的界定是正确适用法律,探究其应承担的义务与责任等所有法律实体问题的前提。电子商务具有虚拟性和开放性,信息与商品分离,平台提供者无法监管实物,且商品信息量巨大、更新快速,平台提供者一般也不参与信息发布的过程,并不知晓其平台上具体销售的商品信息。信息产业部于发布的《互联网电子公告服务管理规定》对电子公告服务提供者这种网络平台作出规定,将网络平台服务提供者问题作出了规定。《信息网络传播权保护条例》实际上列出了几类网络服务,包括自动接入服务、自动传输服务、信息存储空间服务、搜索或链接服务。《侵权责任法》将网络服务提供者作为一种特殊主体对其侵权责任予以规定。事实上,在电子商务中,平台提供者将网络空间提供给交易方使用,用于发布交易所必需的各种信息等,其完全符合信息存储空间服务提供者的技术特征。因此,将平台提供者的法律地位界定为网络服务提供者是比较合理的。在美国的 Hendrickson v. eBay. Inc. 网络交易平台服务商版权责任问题一案中,法官明确表明,ebay 公司作为网络交

易平台服务提供者，符合美国《新千禧年数字版权法》第512条C款关于网络存储空间服务商的避风港条款。因此，这种认定与美国判例的做法也是一致的。

（二）平台提供者的过错与判断标准

1.归责原则

要确定平台提供者的民事责任，首先要解决的是以何种依据确认和追究侵权行为人的民事责任，即按照什么标准承担侵权责任。通说认为，侵权归责原则包括过错责任原则、无过错原则和公平责任原则。电子商务中平台提供者的归责原则，我们认为应适用过错责任原则，原因是：（1）法律依据。根据我国《侵权责任法》第36条的规定，在他人利用网络服务提供者的系统或网络实施侵权或违法行为时，只有在网络服务提供者知道该侵权或违法行为发生而不予阻止时才承担责任。（2）技术现状。在目前技术条件下，平台提供者难以实现对网络平台的全面监控与检索，作为平台提供者权利与义务应对等。（3）政策考量。电子商务作为新兴的行业，在目前阶段应予以扶持，引导规制该行业的发展，让更多的公众享受电子商务发展带来的成果。事实上，最高人民法院《关于充分发挥知识产权审判职能作用推动社会主义文化大发展大繁荣和促进经济自主协调发展若干问题的意见》中明确指出："应妥善处理网络服务提供者侵权过错与一般侵权过错的差别，凡网络服务提供行为符合法定免责条件的，网络服务提供者不承担侵权赔偿责任；虽然不完全符合法定的免责条件，但网络服务提供者不具有过错的，也不承担侵权赔偿责任。"（4）域外参考。美国白皮书《知识产权与国家信息基础设施：知识产权工作组的报告》采用无过错原则的建议，遭到了美国许多学者激烈的反对，很快即被否定。因此，平台提供者只有存在过错的情况下，才承担侵权责任。

2.过错的判断标准

在坚持过错责任原则的前提下，司法实践中对过错的认定标准存在较大差异。以火鸟案为例，原告取得了韩国电视剧《火鸟》在中国大陆的音像版权，但发现淘宝网上有多种盗版《火鸟》压缩碟出售，遂起诉淘宝公司和支付宝公司。淘宝公司在接到起诉状副本后删除了网站上有关该电视剧所有信息。

一审法院与二审法院的裁判理由基本代表了当前司法实践中对过错认定的不同观点。包括：

（1）对注意义务内涵的理解

平台提供者应否承担一定程度的事先注意义务。一审法院认为由于提供信息传播交易平台服务的目的在于获取经济利益，因此按照权利义务相适应原则，应当给平台提供者设置一定的注意义务，即应当进行一些必要的审查，并采用一些过滤技术防止不合法乃至侵权的信息传播，及时删除一些明显的侵权信息。根据《音像制品管理条例》，国家对音像制品的销售实行许可证制度，平台提供者应审查音像制品销售信息发布者是否具有相应的资格。二审法院则认为在没有相关权利人提出异议的情况下，淘宝公司无从知晓和判定某些网店卖家发布的销售信息存在侵权，也无法从众多网店卖家中查明本案的两个卖家构成侵权。即电子商务平台提供者仅在收到相关权利人异议的情况下，才知晓侵权的可能性，对商品信息不承担主动的事先审查义务。

（2）对"知道或应当知道"标准的把握

一审法院认为用户在淘宝网上发布的销售信息涉及被文化部通知明令禁止的压缩碟，在长达半年的时间里，淘宝公司应该知道网店卖家的侵权行为而未采取任何删除措施,应承担帮助侵权责任。而二审法院认为,在没有相关著作权权利人提出异议的情况下,淘宝公司无从知晓和判定某些网店卖家发布的销售信息存在侵权。

(3)违反管理性规范是否作为过错的判断标准

一审法院认为网店卖家违反了《音像制品管理条例》的规定,不具有销售音像制品的资质,且发布的销售信息涉及被文化部通知明令禁止的压缩碟,作为平台提供者的淘宝公司未予审查,存在过错。二审法院认为,由于文化部的通知并非法律或行政法规,淘宝公司未据此审查网店卖家的使用行为并不能证明其对网店卖家可能存在的侵权行为在主观上明知。因此认为淘宝公司不存在帮助侵权的行为,其在接到起诉书副本后即删除有关信息,履行了作为一个网络服务提供者的基本义务。

基于上述案例,对平台提供者过错的认定,应坚持客观过错的判断标准,从行为中检验、判断平台提供者主观上是否有过错。《侵权责任法》第 36 条第 3 款规定:“网络服务提供者知道网络用户利用其网络服务侵害他人民事权益,未采取必要措施的,与该网络用户承担连带责任。”《信息网络传播权保护条例》第 22 条第(2)项规定:“不知道也没有合理的理由应当知道服务对象提供的作品、表演、录音录像制品侵权。”从上述法律条文的表述上分析,平台提供者构成侵权的过错标准应当以“明知”或“应当知道”特定直接侵权行为存在为标准。所谓“明知”,指对于侵权行为存在明确的、实际的认知状态;所谓“应当知道”,指通过相关的事实与标准可以推定其应当认识到侵权行为。

(1)“明知”的认定

由于平台提供者一般不可能知道买卖双方交付的商品的具体内容,故通常情况下,对每一次具体销售行为乃至卖家侵权行为而言,平台提供者是不明知的。当然对于是否“明知”,应由权利人举证,依个案判断。司法实践中,对权利人而言,证明平台提供者“明知”侵权事实的最佳方法,莫过于向其发出有效通知,告知其侵权行为的具体信息。

《侵权责任法》第 36 条第 2 款规定:“网络用户利用网络服务实施侵权行为的,被侵权人有权通知网络服务提供者采取删除、屏蔽、断开链接等必要措施。网络服务提供者接到通知后未及时采取必要措施的,对损害扩大部分与该网络用户承担连带责任。”著作权领域的《信息网络传播权保护条例》第 22 条规定:“网络服务提供者为服务对象提供信息存储空间,供服务对象通过信息网络向公众提供作品、表演、录音录像制品,并具备下列条件的,不承担赔偿责任……(五)在接到权利人的通知书后,根据本条例规定删除权利人认为侵权的作品、表演、录音录像制品。”学界将上述“通知—删除”规则(也有称为“提示规则”)称为避风港规则,即平台提供者接到通知后及时删除被诉侵权产品信息,则不承担赔偿责任。

需要指出的是,存在“通知”是判断“明知”的充分条件,但并非前提条件或唯一条件,换言之,“通知—删除”规则属于责任限制规则而非侵权判断规则。最早系统规定该规则的美国《千禧年数字版权法》第二部分“在线版权侵权责任的限制法”,对网络服务商在从事特定活动时的版权侵权责任作了限制。“通知—删除”程序的首要目的,在于鼓励网络服务商积极拓展新市场以提高网络的效率、品质和范围,而不必担心因此承担的侵权责任。有权威人士也指出,该制度“使网络技术服务提供者有可能通过履行某些义务而被免除连带赔偿责任”。因此,“通知—删除”规则的设计,目的在于限制网络服务提供者的责任,为其提供一个确定的“避风港”。

(2)“应当知道”的认定

“应当知道”是一种推定认识。美国《千禧年数字版权法》确立了“红旗标准”来认定平台提供者是否“应当知道”。所谓“红旗标准”,是指如果他人实施侵权行为的事实已经像一面鲜亮的红旗在网络服务提供者面前公然飘扬,以至于处于相同情况下的“理性人”或“善良诚信之人”明显能够发现,而网络服务提供者装作看不见侵权事实,法院同样能认定其应知侵权事实的存在。美国的“红旗标准”不失为认定平台提供者“应当知道”侵权事实存在的合理依据,但“红旗标准”主观性较强,难点在于如何判断相关事实或情况是否构成“红旗”。

我们认为,关于“应知”,应当以“合理注意义务”为标准,即通过判断行为人是否违反注意义务来间接认定主观上是否有过错。所谓注意义务,是指行为人在社会交往中具有客观必要之谨慎,并采取合理措施避免危险发生的义务。现代各国侵权法均认可了一个原则:导致赔偿责任的是对具体情况下必须施加的注意义务标准的偏离。司法实践中,法院在判定平台提供者是否存在过错时,考察的前提就是其有无注意义务,如应履行必要的注意义务而未履行,即认定其存在过错。

平台提供者的“合理注意义务”包括与技术发展水平相当的用户身份审查义务和商品信息审查义务。商务部《关于网上交易的指导意见(暂行)》对电子商务平台的义务作出了比较详细的规定,其中包括服务提供者应注意监督用户发布的商品信息、公开论坛和用户反馈栏中的信息,依法删除违反国家规定的信息。

值得注意的是,平台提供者不承担一般性的知识产权事先注意义务。最高人民法院《关于充分发挥知识产权审判职能作用推动社会主义文化大发展大繁荣和促进经济自主协调发展若干问题的意见》中指出:要根据信息网络环境的特点和实际,准确把握网络服务提供行为的侵权过错认定,既要根据侵权事实明显的过错标准认定过错,不使网络服务提供者承担一般性的事先审查义务和较高的注意义务,又要适当地调动网络服务提供者主动防止侵权和与权利人合作防止侵权的积极性。此精神有利于促进信息网络技术的创新和商业模式的发展,也与欧美的做法一致。

排除了一般性的知识产权事先注意义务,在个案判断平台提供者应承担注意义务时,除法定义务外,还应当考虑以下两个因素:

第一,权利本身的明确性、公开性及知名度。知识产权越明确、越公开、越知名,平台提供者的注意义务就越高,过错也越容易判断。

第二,不同类型的平台提供者对具体交易的介入程度。

第一类:购物型网站:(1)只提供工具性服务,如淘宝集市。平台提供者基本保持技术中立的地位,其注意义务只限于采取技术措施屏蔽违反国家规定的信息,例如黄、赌、毒等违法信息。(2)以正品保证、消费者保障等方式介入的,如天猫。因其站内经营者须达到平台提供者要求的经营规模、品牌,进行一定的筛选或合作洽谈,交纳一定数量的保证金、技术服务费等。客观上,平台提供者能够进行特定的初步审查,因此其注意义务也稍高,应在准许进入平台时对站内经营者进行初步的资质和知识产权审查。(3)招揽卖家销售某商品或服务的团购网站,如糯米网。因该类平台往往主动招揽卖家并进行合作洽谈,收取中介费用,且每期推出几个商家,并对其商品或服务进行推销甚至品质保证承诺,对交易的介入程度更高,其注意义务也相应提高。

第二类:信息发布型平台,如中国铝业网。平台提供者仅仅是广告宣传的发布场地,具体交易则在线下进行,此类平台的提供者对信息不进行编辑、修改,也不了解信息的具体内容,因此其注意义务与只提供工具性服务的购物型网站相同。

(三)平台提供者采取措施的有效性审查

《侵权责任法》第36条第2~3款明确了网络服务提供者采取的措施应当是"及时采取必要措施"。在电子商务中,平台提供者为制止侵权行为采取有效的措施应具有两个条件,一是及时性,二是必要性。对及时性与必要性的判断,也就成为具体案件中认定平台提供者是否存在过错、应否承担侵权责任的关键。

在绝大多数案件中,平台提供者接到权利人的通知后及时删除商品信息,法院一般认为其及时采取了必要措施避免损失的扩大,从而不具有过错,不应承担侵权责任。但司法实践中也已有认为平台提供者采取的措施不符合"及时"、"必要"的条件,而判令其承担赔偿责任的案件,且个案中体现了法院对是否"及时"、"必要"的认定思路和标准。如认定"未采取及时措施"的知钱(北京)理财顾问公司诉淘宝公司、王超侵犯著作权纠纷一案(以下简称知钱案),二审法院判令淘宝公司与网店卖家就损失的扩大部分承担连带责任。认定"未采取必要措施"的衣念(上海)时装贸易有限公司(以下简称衣念公司)诉被告杜国发、淘宝公司侵害商标权纠纷一案(以下简称衣念案)。法院认定淘宝公司未采取必要措施以制止侵权,是对网店卖家继续实施侵权行为的放任、纵容,构成帮助侵权。

我们认为平台提供者为制止侵权行为采取措施的有效性,应从以下几个方面理解:

1. 进行了基本的审查。接到通知后,平台提供者需要对所涉信息进行形式审查,即无须审查通知的真实性及是否存在侵权,只要按照通知所载明的内容,查找到涉嫌侵权的信息,并予以删除,平台提供者便可以得到"避风港"制度的保护。至于通知内容是否真实,有无误删的发生,则不是平台提供者所要考虑的。实际上,《信息网络传播权保护条例》第24条规定因权利人的通知导致错误删除、断开链接给服务对象造成损失的,权利人应当承担赔偿责任,这更加明确了责任承担主体是权利人,而与平台提供者无关。

2. 履行了合理帮助的义务。根据《信息网络传播权保护条例》第15条后段的规定,网络服务提供者应同时将通知书转送被投诉方,如通知书中被投诉方网络地址不明、无法转送的,应将通知书的内容同时在信息网络上公告。此规定一方面是帮助权利人阻止侵权,另一方面也是保障被投诉方提供反通知的机会。合理帮助义务体现着"通知—删除"制度的价值功能,即平台提供者和权利人共同合作发现和处理数字网络环境下的侵权活动。

3. 采取措施的必要性。《侵权责任法》第36条第2款对必要措施采用了例示规定的方法,即先列举删除、屏蔽、断开链接三种方式,再通过概括的规定"等必要措施"对其予以穷尽。从删除、屏蔽、断开链接的共同特征来看,它们都具有阻止侵权行为继续或者进一步扩大的后果,因而,可以认为,此处概括性的必要措施应当是具有同样的效果。至于具体措施的选择,应结合不同服务提供者的技术条件，而是否必要，则当留给法官在具体案件中把握。

4.采取措施的及时性。“及时”应理解为在现有的技术水平下可以采取相应措施的合理时间。但从互联网的传播速度来看，侵权信息一旦上传到网上，短时间内便会发生成千上万次的点击和观看，因此，这里的及时应当综合考虑互联网的传播速度、现有技术水平等因素予以认定。

（四）平台提供者的民事责任

1.责任性质

平台提供者基于其过错行为，根据《侵权责任法》第36条第2~3款的规定，应与网店卖家承担连带责任。对其民事责任的性质，存在不同认识。第一种观点认为，平台提供者实施了间接侵权行为，应承担间接责任。所谓间接侵权，是指没有实施受知识产权“专有权利”控制的行为，但故意引诱他人实施“直接侵权”，或在明知或应知他人即将或正在实施“直接侵权”时为其提供实质性的帮助，以及特定情况下“直接侵权”的准备和扩大其侵权后果的行为。第二种观点认为，这是一种非典型的连带责任，更接近不真正连带责任。所谓不真正连带责任，是指数个债务人基于不同的发生原因对同一债权人负有以同一给付为标的的数个债务，因一个债务人的履行而使全体债务均归于消灭。在涉电子商务平台知识产权侵权案件中，权利人的损害应全部归因于利用网络实施侵权行为的网店卖家，平台提供者尽管有一定过错，但这种过错是间接的，因此，平台提供者承担赔偿责任后，有权向实施侵权行为的网店卖家全额追偿。第三种观点认为，这是一种共同侵权责任。平台提供者知道网店卖家侵权，在有能力控制的情况下没有采取相应的措施，致使权利人的损失发生或扩大，实际上是为网店卖家的侵权行为提供了帮助，属于共同侵权。

我们认为，关于不真正连带责任的观点不能成立。不真正连带责任的重要特征之一，就是在多数情况下都有终局责任人，即负有最终之全部给付义务之人。在电子商务知识产权侵权纠纷中，虽然侵权行为系网店卖家直接做出，但平台提供者也是损害发生的原因，而不是条件，损害后果不是网店卖家单独造成的。平台提供者知道侵权行为后仍不采取措施防止损害扩大，实际上违反了自己的一般注意义务，应当为其过错承担相应责任。根据责任大小，其份额一般是次要责任，但向侵权的网店卖家追偿时，也只能追偿其自身份额之外的部分，而非全部追偿。关于共同侵权责任的观点也有所不妥。共同侵权行为的法律特征之一，就是数个加害人的共同行为所造成的损害是同一的、不可分割的。而平台提供者接到投诉通知后未采取及时有效措施导致损害扩大，平台提供者造成的损害只是扩大的部分，与网店卖家造成的损害并非同一、不可分割，根据《侵权责任法》第36条第2款的规定，平台提供者也只是对损害的扩大部分与网店卖家承担连带责任。如知钱案中，一审法院判决“王超赔偿知钱公司经济损失及合理支出共计2万元，淘宝公司在1万元内负连带责任”。

所以我们认为间接侵权责任的观点更为合理，因为平台提供者的责任符合间接侵权责任的特征：

一是并未实施受“专有权利”控制的行为。电子商务环境下，平台提供者全部的行为在于为交易双方提供信息交换平台，并非真正的侵权产品销售者，不构成直接侵权。

二是以直接侵权的存在或即将实施为前提。司法实践中，权利人一般明确主张直接侵权行为主体为网店卖家，而要求平台提供者承担因未尽到合理的审查、注意义务,在知道或应当知道他人侵权后未采取有效措施而导致损失扩大部分的共同侵权责任。法院审理思路亦要求原告首先证明网店卖家行为构成直接侵权,再审理平台提供者是否构成间接侵权。

三是以主观过错为构成要件。平台提供者侵权责任适用过错责任原则。如知钱案中,法院认为“淘宝公司作为网络交易平台的提供者,在收到知钱公司发送的通知后,未在合理期限内及时删除王超‘channa’小店中的侵权链接,导致知钱公司受到的损害进一步扩大,淘宝公司对此存在过错,应当对损害的扩大部分承担相应的法律责任”。

2. 责任方式

在涉电子商务平台知识产权纠纷案件中,权利人诉讼请求中主要涉及的是停止侵害、赔偿损失、赔礼道歉、消除影响等民事责任。随着电子商务的不断发展,在司法实践中权利人也提出了一些新的要求,如诉请判令被告提供网络卖家的真实身份信息,在淘宝网上设置价格过滤机制。上述责任承担方式突破了《侵权责任法》和《民法通则》的相关规定,给法院适用法律提出了新的课题。

(1)停止侵害。权利人起诉时往往会使用“停止侵权”、“停止侵害”、“停止不正当竞争”等词语。其最为常见的形态是删除或屏蔽侵权产品信息、断开侵权产品链接、关闭店铺。

基于平台海量的信息,法院在审查具体停止侵权的对象时,需要以权利人有效通知中列明的具体侵权链接为限。以知钱案为例,一审法院认为,淘宝公司完全可以依据相关关键词删除全部侵权链接。二审法院对此作出了更正,认为目前法律、行政法规未对网络交易平台提供者负有的义务作出明确规定。同时,淘宝网中卖家的数量巨大,销售的商品不计其数、种类繁多,且卖家及销售的商品均处于不断变化之中,原审法院认定淘宝公司应主动删除投诉通知未列明的侵权链接,缺乏法律依据,亦缺乏可操作性,加重了淘宝公司的义务。

(2)赔偿损失。《专利法》、《商标法》、《著作权法》均规定以权利人因遭受侵权的损失或者侵权人因侵权的获利为依据计算赔偿数额。如这两种方式难以确定,则依据法定赔偿原则予以赔偿,即在法律规定的最高限额范围内由法院酌情判断。在专利权纠纷中,这一上限为100万元;在商标和著作权纠纷中,上限为50万元。

在计算损失或侵权获利时,电子商务面临特有的问题,即能否以店铺信息描述为依据。衣恋案中,公证书显示涉案的商品“一口价88元”、“库存40件”、“30天售出0件”。原告据此认为侵权总额应以销售价格乘以库存数量。被告则辩称实际销售数量仅为1件,不存在库存。卖家确实可以随意填写和更改价格、库存商品数量等信息,真正有参考价值的是商品的销售数量和实际交易价格。但数额的确定仍存在诸多障碍:一是难以判断卖家销售的是否均为侵权商品;二是店铺上对外显示的只有30天内的销量,要获取更全面的销量信息和实际交易价格信息要向平台提供者调取证据,从司法成本和效率考察,往往不堪其负,也给平台提供者增加更多的信息保存和查找工作,不利于电子商务便捷优势的发挥。因此目前司法实践中罕见依据电子商务网站信息判断赔偿数额,衣恋案最终也是认为“被告因侵权获得利益及原告因被侵权遭受的损失均难以确定”,采用法定赔偿方式确定数额。

但应当认识到,法定赔偿系无奈之选,在实现正义与效率的过程中,往往不可能对损害赔偿额度进行精确的计算，于是法律预先对侵权损害赔偿额设定一个幅度，是公权力对私权利加以干预的结果，这种结果还叠加着法官自由裁量权的因素，从某种意义上说有违私权自治之原则，使得公权力与私权利之间的界限趋于模糊。因此，法定赔偿的适用应当受到一定程度的限制，不能完全以当事人的意思自治加以选择适用。在条件成熟的个案中，应当尽力查清侵权获利或因侵权所受到的损失，尤其是随着新技术的发展，更要注意可以查清的情形。

(3)赔礼道歉和消除影响。通说认为，赔礼道歉适用于侵害各种人格权益的情形，而不适用于侵害财产权益的情形。赔礼道歉可以缓解受害人的精神痛苦，具有填补损害的功能，可以达到抚慰金所不能实现的效果，也符合普通民众的公平感，作为侵权责任的一种形式具有积极意义。侵害商标专用权及专利权均不涉及人格利益；侵害著作权的，仅在涉及具有人格利益的发表权、署名权、修改权、保护作品完整权时才可适用赔礼道歉。可见，赔礼道歉在知识产权纠纷中适用的空间很小。如衣恋案中，对要求被告“刊登说明告示淘宝网曾销售过侵犯原告商标专用权的产品”的诉讼请求，法院未予支持。

对因侵权人不法行为造成的不良影响无法用金钱予以补偿时，法律赋予权利人消除影响的请求权。在具体强制方式上，主要是在报刊、网站等公开媒体上刊登经法院认可的致歉声明或者判决书，其费用由侵权人承担。这种强制方式实质上是国家审判机关对侵权人的谴责。这与赔礼道歉的强制方式是一致的。

(4)信息披露。在网络侵权案件中，为解决网络匿名引发的受害人保护危机，各国均在特定情况下对网络服务提供者课以信息披露的强制性义务。该义务是指当网络侵权纠纷产生后，网络服务提供者依受害人主张或法院要求所负有的披露涉嫌侵权人信息的义务，具有如下特点：首先，信息披露义务人是掌握涉嫌侵权人注册资料等身份信息的网络服务提供者；请求权利人是受到侵权行为侵害的直接受害人。其次，信息披露的事由，必须是受害人受到缘自网络的侵害，为了请求损害赔偿或有其他正当理由需要知道涉嫌侵权的网络用户身份信息。最后，信息披露义务的内容主要是侵权人的网络注册资料。

(5)设置价格过滤机制。该请求主要由两类群体提出，一是驰名商标知名商品的权利人，二是分区域分渠道销售的经销商。此类诉讼请求司法实践一般均不予支持。首先，电子商务涉及二手商品的买卖，不能断定低于某价格的商品即为侵权商品。其次，不同区域、不同渠道的商品价格必然不同，电子商务正是打破了这些屏障，给消费者带来福利的同时挑战了传统市场，设置价格过滤机制，则遏制了电子商务优势的发挥，也有损消费者的利益。最后，从现实操作角度，商品价格由市场调节，处在变动之中，如何确定以哪个价格过滤，确定权在哪一方，这些问题均无法解决。且平台上价格的标注方式多样，可以标注在商品图片中，优惠信息栏目中等，技术上难以对这些信息进行价格过滤。

(五)权利人的通知与投诉

1. 通知的有效性认定

实践中权利人发出的投诉通知存在各式瑕疵，如根据通知无法定位到被诉侵权产品、未注明联系方式导致无法与通知人取得联系、无侵权的证据、无法确定通知人是否有权利等等。在著作权领域，《信息网络传播权保护条例》规定了对通知要件的要求，在其他知识产权领域则并无规定。

即便在著作权领域,法院对于通知是否合格及其效力也态度不一。

在华纳唱片有限公司诉北京阿里巴巴信息技术有限公司侵犯著作邻接权纠纷案中,国际唱片业协会代表原告发函,内含该协会会员名单及可以查询会员录音制品信息的官方网站地址,第二次发函列举了34名演唱者(包括涉案三名演唱者)及48张专辑(包括涉案四张专辑),提供了136首歌曲的具体侵权URL地址各一个作为示例,及被诉侵权链接的屏幕截图。法院认为"被告收到上述函件后,即可获取原告享有录音制作者权的相关信息及被诉侵权的相关歌曲的信息,应知其网站音乐搜索服务产生的搜索链接结果含有侵犯原告录音制作者权的内容。但被告仅删除了原告提供了具体URL地址的14个侵权搜索链接,怠于行使删除与涉案歌曲有关的其他侵权搜索链接的义务,放任涉案侵权结果的发生,其主观上具有过错,属于通过网络帮助他人实施侵权的行为,应当承担相应的侵权责任"。而在浙江泛亚电子商务有限公司诉百度网络技术(北京)有限公司侵犯著作权纠纷一案中,原告发出的律师函未列出具体链接地址,法院认为不符合通知要件要求。

投诉通知是否合格有效,对网络服务者应否承担过错责任有重大的影响。通知的有效性如何认定,也成了审判实践中一个难题。《信息网络传播权保护条例》第14条规定:"对提供信息存储空间或者提供搜索、链接服务的网络服务提供者,权利人认为其服务所涉及的作品、表演、录音录像制品,侵犯自己的信息网络传播权或者被删除、改变了自己的权利管理电子信息的,可以向该网络服务提供者提交书面通知……通知书应当包含下列内容:(一)权利人的姓名(名称)、联系方式和地址;(二)要求删除或者断开链接的侵权作品、表演、录音录像制品的名称和网络地址;(三)构成侵权的初步证明材料。尽管该条例仅适用于著作权,但网络环境下,商标权、专利权、不正当竞争纠纷案件中的侵权投诉通知,与著作权侵权投诉通知并无本质区别,因此,我们认为上述关于通知的形式要求可以类推适用于所有知识产权侵权投诉通知。合格的侵权投诉通知应包含以下四方面的内容:

(1)权利人的身份证明。包括自然人的姓名或法人(其他组织)的名称、联系地址、联系电话、真实的电子邮箱地址等。

(2)权利证明。包括权利名称、内容以及占有方式及有效时限等,使平台提供者足以认为主张权利的主体是实际权利的享有者。

(3)要求删除或者断开链接的侵权商品、信息的名称和网络地址。通知未包含被诉侵权的商品或信息的网络地址,但平台提供者根据其中的信息足以准确定位被诉侵权的商品或信息的,可以认定通知属于确有证据的警告。对是否足以准确定位,应当考虑平台的具体经营模式、被诉侵权商品或信息的类型、名称是否具有特定性等具体情况认定。

(4)侵权成立的初步证据。初步证据在证明力度上应弱于侵权行为成立的证据。据此,公证购买侵权商品的证据、网页上明显的侵权信息,卖家在网络聊天中对侵权行为的自认都应属于初步证据。

当然,在司法实践中不能机械地理解和认定通知是否有效,各方当事人应从维护各自权益的角度出发,合理运用此程序,使之成为维权的工具,而非侵权的依据。

2. 恶意投诉的民事责任

知识产权的保护措施本意是为了救济权利人受到的侵害,但同样也存在被滥用的可能，其中之一就是权利人的恶意投诉。所谓恶意投诉，是指无根据地以保护知识产权为名，恶意发出投诉通知，目的是为了损害他人的财产利益或声誉，从而获得不正当的利益。

从《侵权责任法》的规定看，平台提供者接到“通知”后若未及时采取措施，便应承担相应的责任。现实中，平台提供者为免除自身责任，可能会一收到通知立即采取删除、屏蔽、断开链接等措施。对于制止侵权，这种方式比民事诉讼、行政举报等任何一种救济手段都成本低廉、高效便捷，但同时也带来了恶意投诉等滥用权利的情形。恶意投诉通常会造成不应有的损害：就被投诉方而言，不应有的支出、应获得而未获得的利益、竞争优势或竞争机会的丧失；就消费者等其他网络用户而言，减少了其对商品的选择；就平台提供者而言，则要承担无端删除自己用户的不侵权信息的责任，难以把握“通知—删除”规则的适用。

司法实践中也已出现相关案例。淘宝公司收到权利人的商标侵权投诉通知后，删除了原告在淘宝网上的某商品销售信息，原告要求恢复被拒，诉至法院要求确认其不侵权、淘宝公司恢复其网店经营并与恶意投诉的权利人赔偿损失。一商业诋毁纠纷案件中，原告认为被告向淘宝网恶意投诉，对其构成侵权，应承担赔偿损失、赔礼道歉、消除影响的民事责任。另一不正当竞争纠纷案中，原告认为，被告出于不正当竞争之目的，捏造侵权事实恶意投诉，而淘宝公司未进行任何核实即删除了原告的产品销售信息，导致原告及下属数百家经销商正常的经营活动受到影响，要求淘宝公司和恶意投诉的权利人承担连带赔偿责任并赔礼道歉。对于上述案件的审理，法院首先必须查明权利人的投诉通知属于正当投诉还是恶意投诉，然后再确定各方当事人的法律责任。

(1)恶意投诉的认定

对于权利人的投诉，能否认定为恶意投诉，应谨慎对待。因为权利人就涉案商品或服务作侵权投诉，乃是其寻求权利救济的正当途径，至于投诉中所主张的侵权事实最终是否属实，可能会因投诉方基于认识水平限制而做出错误判断。如轻易认定恶意投诉，势必对正常的投诉行为产生不良影响，变相限制了权利人的维权渠道，使投诉争议解决机制形同虚设。即便法院最终判定被投诉人行为不构成侵权，也不必然得出权利人的投诉系恶意投诉的结论。因为侵权是否成立取决于多种因素，需要法院实质性审查后方能确定，例如权利人初步判断构成著作权的相同、相似而法院比对后认为不相同、不相似，或者被诉侵权人(被投诉方)提出合法来源、二手商品销售等有效抗辩，而权利人在投诉时难以知晓，类似情形都可能导致权利人判断失误。以法院的判决结果来倒推权利人投诉的恶意性显然并不合理。是否构成恶意投诉，应当考察具体个案中权利人的具体行为。

恶意投诉本质上是一种侵权行为，其构成要件应包括以下三个方面。第一，客观行为，即不正当地实施了投诉行为。第二，行为目的的非正当性，即行为人恶意投诉旨在谋取不正当的利益，如给相对方造成不应有的损害或不正当地获得竞争优势。第三，主观恶意，这种恶意包括故意或重大过失。主观恶意的证明可以通过没有合法权利、没有事实依据或没有法律依据仍发出投诉通知来推定。

(2)恶意投诉的民事责任

关于责任主体的确定。投诉人的投诉通知如果认定为恶意投诉，投诉人当然应承担民事责任。但是平台提供者是否应承担民事责任,则存在争议。我们认为,平台提供者并不当然免责,但其承担民事责任还是应遵循过错责任原则。至于过错的认定,应当从严把握。一般而言,如果认定投诉人构成恶意投诉,当被投诉人作为反通知权利人提出反通知后,平台提供者没有接受反通知、没有及时采取恢复措施的,应当对被投诉人承担相应的民事责任。

关于责任方式的确定。被投诉人在诉讼请求中主要是要求赔偿损失、恢复原状,有的被投诉人还可能提出赔礼道歉、消除影响等诉讼请求,如前述商业诋毁案中,原告要求被告应承担赔偿损失、赔礼道歉、消除影响的民事责任;前述不正当竞争纠纷案件中,原告要求两被告承担连带赔偿责任并赔礼道歉。我们认为,如果投诉人构成恶意投诉,赔偿损失的责任主要应由投诉人承担,平台提供者只是对没有接受反通知、没有及时采取恢复措施等行为造成损害的扩大部分承担赔偿责任。而采取恢复措施的民事责任应由平台提供者承担。至于是否承担赔礼道歉、消除影响的责任,应该根据具体情况进行分析。

四、对策和建议

司法实践中存在的问题,暴露出立法层面相关法律法规的不完善,行政层面监管职能的不到位,电子商务平台规则的不成熟以及行业协会自律机制的不健全。因此针对如何进一步完善电子商务平台知识产权保护的法律法规,建立健全相关行政监管机制和行业自律体系,规范电子商务平台提供者服务规则,提出对策和建议。

(一)立法层面

就目前有关电子商务的整体立法看,法律层面主要是《民法通则》、《合同法》、《著作权法》、《专利法》、《商标法》、《反不正当竞争法》、《反垄断法》、《侵权责任法》、《电子签名法》等,其他均为部门规章、条例、规定、办法等。由此可见,我国电子商务立法的整体现状表现为法律体系较为散乱,立法位阶低,从内容上也主要集中在计算机和网络管制等方面,尚无实质意义上的电子商务法,因此在立法方面还存在诸多空白领域,尤其是电子商务平台中的知识产权问题,既未形成专项的立法,也未有相对完善的指导性政策。

电子商务平台中知识产权立法可采取两种模式:一是先综合立法后单独立法,先制定具有全局指导意义的“电子商务基本法”,在该基本法中对电子商务平台中的知识产权问题进行原则性规定,然后再对电子商务发展和运行过程中所涉及的电子商务平台中的知识产权问题进行单独立法。二是先单独立法后综合立法,先对电子商务平台中的知识产权等问题进行单独立法,再着手制定“电子商务基本法”。从我国电子商务发展和立法的现状来看,我们主张采取第二种模式。

1. 整理现有法律法规

由于我国现有的涉电子商务平台知识产权的法律法规较为分散,条块分割,有些早已不适应电子商务的发展,而且相互之间的冲突甚多。因此首先应对现有法律法规进行整理,废止已不适应电子商务发展需要的部分,尤其是互相冲突的部分。

2. 完善现行的法律体系

可以从中央和地方两方面进行,在中央层面,由行业主管部门制定有关电子商务交易服务规范,在知识产权保护、消费者保护、合同履行、第三方支付、信息安全、隐私保护等多个方面对电子商务平台服务进行规范,在法律诉讼之前通过电子商务平台自律的方式解决大部分的法律纠纷。各部委可以根据各自职责权限分别制定单行法规,如由人民银行总行制定电子支付方面的规则,税务总局制定关于电子商务税收方面的管理办法等。在地方层面,通过地方立法对电子商务运行过程中涉及的各个环节进行具体调整和规制。由于电子商务发展呈现区域性的特点,往往在经济发达地区所暴露的问题较多。因此,涉电子商务平台知识产权立法中空白部分可由发达地区先针对本地区出现的主要问题制定灵活性的地方性法规,再互相借鉴和推广。

3. 制定统一的电子商务法

由于涉电子商务平台知识产权所涉部门较多,无论是横向的制定行业管理规范还是纵向的加快地方立法,都无法解决在法律适用上的混乱局面。因此,待电子商务发展到一定阶段,制定统一的电子商务法便是时势所趋。统一的电子商务基本法要涵盖涉电子商务的各个方面,既能解决现有的电子商务发展中出现的问题,又要具有一定的前瞻性,为电子商务领域的技术创造和革新留有一定的空间。电子商务中涉知识产权部分的内容就可以在这一基本法中予以规定。

(二)行政层面

就行政层面而言,要解决电子商务平台中的知识产权问题,重点是突出政府部门作为监管者的地位,发挥政府部门作为监管者的职能。从目前电子商务监管体系看,存在着电子商务的行政监管缺失以及公权监管的实际让渡与日益削弱的趋势。电子商务平台不是自由放任的空间,其进行的任何商务活动与现实商务活动一样,应当是秩序和规范的。但电子商务平台又不同于传统的实体市场平台,它以网络为运行环境、以信息为基本载体,所涉知识产权问题复杂于传统的知识产权问题。对于知识产权行政管理部门而言,其对实体市场的知识产权保护的监管责任已较为明确,也建立了较为完善的知识产权保护机制,所需解决的是如何将这些监管措施妥当地运用到电子商务领域。

1. 构建监管体系

根据协调统一的原则,建议可由中央有关部门统一牵头,负责制定有关电子商务平台中知识产权问题监管的规章制度,开辟出一块专项监管的技术平台。各地则结合当地实际,出台相应的监管政策和措施,并注重协调沟通。最终形成一个上下统一、左右协调、整体联动的监督管理体系。

2. 明确监管机构

网络市场是传统实体市场在互联网领域的自然延伸,传统实体市场中的违法问题在网络市场同样存在。网络市场管理覆盖了经营主体准入、合同监管、竞争与交易行为监管、消费者权益保护、知识产权保护、食品经营监管、广告内容与行为规范等几乎所有工商内设机构职责。电子商务平台中知识产权问题和纠纷的解决,与工商行政管理部门、知识产权管理部门、域名登记管理机构等均紧密相关。因此,需要建立专门的监管机构集中人力和物力加强监管,避免监管的越位或缺位。也可选择从现有监管部门中抽调部分人员进行重点培训,以培养更为专业、更具针对性的人才,增强监管的力度和强度。

3. 落实监管措施

鉴于电子商务平台中知识产权问题的新颖性和特殊性,目前尚未形成切实可行的监管措施,应考虑:

(1)严格把握准入规则。就电子商务平台提供者而言,我们认为监管机构应当着重审查其资质和信用,要求其履行相应的审批手续后方可进入市场。就网店卖家而言,可以推行企业电子版营业执照,建立良好的电子商务市场主体准入制度,确保电子商务市场主体的真实性和可靠性。

(2)进行网络交易监管平台的设计与

规划。首先,在设计上可以“以网管网”,就是通过建立信息化监管平台,对网络商品交易活动实施动态监管,实现从国家到地方、从业务工作与信息技术的全面融合。其次,在规划上,这一平台建设内容应包括三个方面:①建立工商业务垂直搜索引擎系统,主要是对网络经营主体进行搜索定位,还原其真实身份;②建立内部管理平台,主要功能是内部管理、信息交换、案件协查和移交、指挥调度等;③建立网上申投诉处理通道。

(3)推进诚信体系建设。当前制约网络商品交易发展的主要瓶颈是信用体系的缺失。因此,要建立网络经营主体信用指标体系,将网络经营主体信用监管有机融合到企业信用分类监管、个体工商户信用分类监管、商品交易市场信用分类监管体系中,监管部门要以信用监管为核心,以网络信息技术为依托,加强与其他相关部门的信息沟通,建立健全长效的监管机制。

(4)完善电子商务纠纷解决机制。行政监管部门应当在涉电子商务知识产权纠纷发生后,积极作为,适当运用行政调解、行政处罚等解决纠纷。建立统一的网上投诉中心,受理网上购物的消费者投诉,根据被投诉企业的有关信息,针对纠纷中出现的问题,引导平台提供者制定更为合理的知识产权保护规则。

(5)加大对电子商务平台中自有知识产权的扶持和培育。行政管理部门应当鼓励电子商务平台培育自有知识产权品牌,对拥有自有知识产权的网店进行宣传与推荐,推进品牌建设,也可以参照针对实体企业评选著名商标、知名商品等模式,评选相应的网店著名商标、知名商品,激发其经营者的创新创业动力。

(三)电子商务平台提供者层面

电子商务平台提供者作为电子商务平台的管理者和实际操作者,对知识产权问题具有监控的便利性和防范的便捷性。据统计,在阿里巴巴 B2B 国内交易平台上,2011 年受理的知识产权投诉数量为 18 万件,2012 年上半年为 4.6 万件;在淘宝网上,2011 年受理的知识产权投诉数量为 17.5 万件,2012 年上半年为 6.8 万件,其中不乏大规模群体性侵权事件。因此,要在不断增加平台提供者知识产权保护意识的基础上,明确其责任和义务,完善符合其自身发展的知识产权保护自律规则。

1. 完善对卖家身份和经营资质的审核制度

(1)身份审核:目前,淘宝公司主要通过银行平台进行个人身份证真假审核。通过该审核实际上只能确定存在该姓名与身份证号码相一致的自然人,并不能确认申请注册为卖家用户的人即是该身份证记载的人。因此,目前可行的是维持现有模式,但应促进平台提供者完善身份审核制度,提高身份认证的质量。据了解,淘宝公司已试行视频核对身份情况的措施,要在淘宝网上开网店的个人需由淘宝公司员工对其通过视频进行核验,是否系本人身份证照。该类措施可以在一定程度上减少盗用、冒用身份证等情形。同时,在条件成熟时,由平台提供者对网络店铺转让实行备案制度,采用受让方主动备案的方式,并将备案情况纳入到卖家信用等级评价项目中,以鼓励店铺的受让方诚信经营。

(2)地址审核:由于户籍地与实际居住地相分离的状况时有发生,且不少卖家注册时填写的住址存在虚假,卖家真实地址较难确定。实践中也出现了卖家开设的店铺处于正常经营状态,但在诉讼中却无法获取卖家真实住址的情形。卖家缺席诉讼为查明案件事实带来诸多困难,也为后续的执行埋下隐患。因此,电子商务平台提供者需要采取切实有效的措施要求卖家必须提供准确的地址,可以将是否提供准确地址作为卖家信用等级评价项目之一,引导卖家从提供真实准确地址开始积累自身的信用度。

(3)经营资质审查:《出版管理条例》第36条规定"提供网络交易平台服务的经营者应当对申请通过网络交易平台从事出版物发行业务的单位和个体工商户的经营主体身份进行审查,验证其《出版物经营许可证》",据此,平台服务提供者已然负有审查从事出版物发行业务的经营主体身份的法定义务。实践中,平台提供商一般要求卖家上传出版物许可证复印件,但是该方式并不能切实防止卖家上传虚假许可证的情形。目前县级以上著作权管理部门均有权发放《出版物经营许可证》,且不同地域不同层级的部门所发放的《出版物经营许可证》具有不同的形式,而版权登记又不存在全国性的验证系统,因此要求平台提供者对许可证的真实性进行实质审查过于苛求,而要求卖家持原件至平台住所地审核显然又与电子商务便捷的特点不适应。因此,平台提供者可以通过采取核查营业执照上信息与相关行业经营资质文件上记载的信息是否一致等渠道,在有限条件下确保相关资质的真实性。

2. 杜绝权利人滥用权利

权利人滥用权利一般都隐藏着不正当的商业目的,其危害性不言自明,且权利人滥用权利的违法成本低,追究责任门槛高,导致权利人滥用权利的泛滥,因此必须采取有效措施予以遏制:

(1)建立权利人信用等级评价机制。鉴于目前巨大投诉量以及电子商务平台有限的资源,为确保真正知识产权受到侵害的权利人能够及时有效地受到保护,剔除假借知识产权维权名义进行不正当竞争的投诉人,可以在综合考虑投诉人历史投诉的准确率、投诉的侵权类型、是否滥用权力等因素的基础上,对权利人进行分类,分为恶意、普通和诚信三类,建立信用档案。对于优质的权利人,加快其投诉的处理流程,可以采取降低对证明材料的要求、加快审核处理速度、减少人工审查的措施。对于可信赖度低的投诉人,在法律允许的范围内,降低其投诉处理的优先等级。

(2)引入"黑名单"机制。电子商务平台提供者应将恶意投诉的权利人纳入黑名单,并在平台上定期公布其恶意投诉的信息,责令其对恶意投诉情况定期进行说明。

(3)建立权利人保证金机制。规定权利人在对重点领域的商品与服务发出投诉通知前,应缴纳一定的保证金。如果权利人出现恶意投诉等行为,可以扣除相应的保证金赔付卖家的经济损失。此外,电子商务平台可以对缴纳了保证金的权利人开启投诉"绿色快速通道",加快知识产权投诉的处理流程。

(4)修订规则。在原告衣恋(上海)时装贸易有限公司与被告徐敏、淘宝公司侵害商标权纠纷一案中,淘宝公司根据衣恋公司的投诉,删除了涉嫌侵权的商品链接,对徐敏店铺进行了7次处罚,除第1、2次处罚扣2分外,其余均扣4分,并将删除情况告知衣恋公司。虽然淘宝公司采取的处罚措施符合当时用户行为管理规则,但淘宝规则对于类似多次侵权、重复侵权、以侵权为业的卖家处罚力度不够,现行规则并不能有效地制止网上侵犯知识产权行为的发生。因此平台提供者应根据规则执行中出现的新情况和新问题,修改相关管理规则,加大对类似该案中的侵权卖家的处罚力度。

3. 完善"反通知—恢复"规则

反通知是指平台提供者根据投诉通知

采取了必要措施后,被投诉方认为其并未侵权,向平台提供者提出要求恢复的通知。基于投诉方发出的通知导致平台提供者采取删除、屏蔽、断开链接等措施,可能造成被投诉方民事权益损害,应相应地赋予被投诉方行使反通知的权利,以保护其实体民事权利,约束恶意投诉行为。《信息网络传播权保护条例》第16条、第17条对反通知的形式、内容、效力作出了规定,但是对不构成侵权的初步证明材料、平台提供者审查反通知及合理期限、恢复的合理期限未予明确,因此"反通知—恢复"规则应在以下三个方面予以完善:

(1)对权利人投诉的合格通知的要件进行细分,在其提供主体及权利证明、明确的链接和侵权成立的初步证据的前提下,被投诉方有权提交反通知,可以建立两种操作程序:①权利人通知—平台删除—卖家进行反通知—投诉最终成立—按规则处理(如扣分、店铺屏蔽等);②对于专业程度较高的专利权,以及投诉记录差的投诉人,由权利人通知—卖家先行反通知—权利人判定—平台介入—投诉最终成立—平台删除并按规则处理,以拓展投诉人的反通知渠道。

(2)反通知中不构成侵权的初步证明材料应足以与通知中构成侵权的初步证明材料相对抗,可以证明自己的行为不是违法行为,或者通知所指损害事实并不存在,或者违法行为和损害事实之间不存在因果关系,或者自己不存在主观的过错。

(3)平台提供者应在合理期限内审查反通知,并迅速向投诉方发出反通知的副本。鉴于该审查仅限于形式审查,因此建议平台提供者在收到反通知后尽快审查完毕,并根据审查结果决定是否恢复被删除的信息。

4. 建立被投诉人保证金机制

对于需要较高专业判断能力、垄断性更高、影响面更大的专利侵权投诉案件而言,可以借鉴财产保全、海关知识产权保护条例中关于保证金规定的机制。如由投诉的权利人提供相应的专利评价报告,并在程序上给予投诉人15天的起诉期,在此期间不采取常规的删除商品链接措施,而是要求被投诉人提供相应的担保,由其选择通过缴纳保证金的方式或者采取冻结其在网店上涉及的侵权产品货款等形式替代反通知,对抗权利人的投诉。15天内如果权利人不起诉,即撤销其投诉,返还被投诉人保证金。保证金的金额应综合考虑权利人可能受到的损失及卖家经营可得受益,并以权利人是否积极维权(如进行民事诉讼)为依据来冻结或返还卖家保证金。

5. 建立网络专利侵权处理的对接机制

由于专利侵权的判断具有高度的专业性,需要投诉处理方对权利要求书与产品的技术特征进行比对,包括手段、功能、效果的比对。而电子商务平台缺乏相关的专业知识,难以从产品信息层面审核并做出审查决定。在这方面,可以借鉴浙江省知识产权局与阿里巴巴(中国)网络技术有限公司、淘宝公司的合作模式,浙江省知识产权局在淘宝系统专门设立处理界面,就交易平台在解决网络专利纠纷投诉案件中提出的"业务指导意见"的请求,提供业务指导。2011年,浙江省知识产权局对阿里巴巴和淘宝网交易平台上发生的案件进行了12次指导,涉及专利侵权纠纷投诉40余起。此举为知识产权行政管理部门构建电子商务领域知识产权保护机制作出了积极的探索。

(四)行业协会层面

行业协会是介于政府与企业之间,商品生产者与经营者之间,提供咨询、沟通、监督、自律、协调等服务的社会中介组织,是民间性的自治团体。行业协会不同于政府的管理机构,但却是行业自律的重要手段。恰当地发挥行业协会的作用,作为政府监管的辅助和补充,对电子商务平台中知识产权的保护具有重要的意义。

1. 成立电子商务经营者协会

可以借鉴韩国网络商品交易经营者的行业协会的做法,成立电子商务经营者协会,一方面及时掌握行业动向,组织网络商品交易方面的研讨活动,对网络商品交易进行宣传;另一方面发布行业文件,规范会员的经营行为,实现行业自律。

2. 加强信用意识教育

加强对电子商务主体的市场道德教育,使广大市场主体意识到,信用是生存发展的根本。同时,还应建立起以行业自律为主要内容的电子商务秩序社会监督体系。在这方面,可以借鉴上海市电子商务行业协会的做法,引导业内企业成立共同赔偿基金,当网络卖家失信难寻时,对受害者履行集体赔偿责任,定期公布失信事件频发的网站“黑名单”。

3. 制定行业规范文件

在立法相对滞后的情况下,行业自律规范的作用显得尤为重要,因此,行业协会应当制定相应的行业自律性文件,以此对电子商务平台建设和交易提供明确的方向和指引。

4. 构建纠纷解决平台

针对协会内会员之间的纠纷,行业协会应当发挥民间自主性协调功能,积极引导,妥善解决。针对法院受理涉电子商务知识产权纠纷案件,可以借鉴法院与中国互联网协会调解中心建立的“互联网知识产权案件委托调解机制”的模式,对当事人同意将纠纷提交调解中心调解的案件,由调解中心按照调解规则调解。经调解中心调解达成的和解协议,当事人可向法院申请司法确认。通过法院和行业协会的共同力量,建立诉讼与非诉讼相衔接的知识产权纠纷解决机制。

地方经验

北京市高级人民法院关于部分知识产权案件适用简易程序进行审理的规定(试行)

为了方便当事人诉讼,提高知识产权审判效率和质量,北京市高级人民法院对2000年6月19日《北京市高级人民法院关于部分知识产权案件适用简易程序进行审理的通知》进行了修改,新的规定如下:

一、建立知识产权庭三年以上的基层法院可以适用简易程序审理部分知识产权民事纠纷案件。

二、具有三年以上知识产权案件审判经验的法官可以适用简易程序审理部分知识产权民事纠纷案件。

三、自本规定下发之日起,争议金额在20万元以下且事实清楚、权利义务关系明确、争议不大的下列知识产权民事纠纷案件可以适用简易程序审理。

1.侵害作品修改权、复制权、发行权、信息网络传播权、录音录像制作者权纠纷案件;

2.著作权转让合同纠纷、著作权许可使用合同纠纷、出版合同纠纷、邻接权转让合同纠纷及邻接权许可使用合同纠纷案件;

3.侵害商标权纠纷案件;

4.商标权转让合同纠纷和商标使用许可合同纠纷案件;

5.技术转让合同纠纷案件。

四、具体案件是否适用简易程序审理,由知识产权庭庭长决定;以判决方式结案的,判决书一般由主管副院长或庭长签发。

五、在适用简易程序审理过程中如果发现有不符合本规定的情况,应立即改为适用普通程序进行审理。

北京市高级人民法院
关于服务首都文化创意产业发展的指导意见

为深入贯彻党的"十八大"精神，按照十七届六中全会、"十二五"规划纲要和《北京市促进文化创意产业发展的若干政策》的要求，落实最高人民法院《关于充分发挥知识产权审判职能作用推动社会主义文化大发展大繁荣和促进经济自主协调发展若干问题的意见》，充分发挥知识产权审判在促进首都文化创意产业繁荣发展中的职能作用和服务首都中国特色社会主义先进文化之都建设，提出如下意见：

一、加强首都文化创意产业知识产权司法保护的指导思想

1. 以"五个立足"为出发点，坚持能动司法，切实增强首都意识和责任意识，注重激励文化发展，注重培育新的文化市场主体和新型文化业态，注重推进基层文化建设，注重发挥知识产权对结构调整、产业升级、优化创新的促进和引领作用，在提高我市文化创意产业的繁荣发展中充分发挥建设者和保障者的作用。

2. 以加强保护为立足点，强化分门别类和宽严适度观念，统筹兼顾权利人、使用者和社会公众的利益，切实降低维权成本，加大制裁力度，使知识产权司法保护更加适应我市现实的发展环境，更加适应我市经济社会发展新的阶段性特征，更加符合我市文化发展和科技创新的新要求，积极营建良好的法律环境、投资环境和市场环境。

3. 以公正司法为着力点，重视知识产权法律应用的稳定性和可预期性，重视引导当事人诚信诉讼，保障司法程序公开透明，重视在先典型案例示范作用，重视裁判的引领和导向功能，强化依法维护初审裁判稳定性观念，提高服判息诉率、减少上诉率。

4. 以强化学习为支撑点，熟练掌握有关法律、行政法规、部门规章及司法解释，深入领会法律精神和司法政策，主动关注信息技术发展带来的新问题，做好多层次、立体式的知识储备，积极应对文化创意领域司法的新要求，以过硬的业务水平为文化创意产业保驾护航。

5. 以能动司法为提升点，充分发挥知识产权司法保护的综合效能，充分发挥司法建议的预警和引导作用，加强与知识产权行政执法部门的协调配合，形成知识产权保护的合力，加大调解和解力度，促进社会和谐稳定。

二、加强首都文化创意产业知识产权司法保护的工作机制

6. 完善知识产权审判格局。根据我市实际和各区区域发展状况，适时增设可以审理知识产权案件的基层法院，并适当扩大基层法院适用简易程序审理知识产权民事案件的范围，便利文化创意产业案件的当事人进行诉讼，提高审判效率。开展基层法院跨区管辖知识产权案件专题调研，进一步整合全市知识产权审判资源。

7. 确立基层法院特色审判新模式。我市各区经济文化发展情况各具特色，知识产权保护的重点以及案件的特点也不尽相同,鼓励、提倡基层法院结合区域文化创意产业等特点,确定知识产权审判的特色内容,以此树立各院知识产权审判的"品牌"形象,带动全市知识产权审判更好更快发展。

8. 积极探索知识产权案件诉讼与非诉调解机制。强化文化创意产业知识产权纠纷诉前和解机制,切实降低智力创造者的维权成本,促进权利人和使用者之间纠纷的解决和合作关系的建立。充分利用与中国互联网协会网络调解中心、中国作家协会、中国文联分别签订的《知识产权纠纷委托调解协议》,加大借助社会力量妥善解决文化创意产业领域知识产权纠纷的力度,并将合作进一步向纵深推进。在与北京市知识产权局签订《知识产权纠纷司法委托调解合作协议》的基础上,进一步深入探索司法调解与行政调解相配合的工作机制,为文化创意产业领域知识产权纠纷的及时、有效化解起到积极的促进作用。

9. 探索适合文化创意产业知识产权审判特点的司法民主的新做法、新经验。更多地邀请文化创意产业领域的人民陪审员参加案件审理,强化人民陪审制度。进一步完善审判公开,全面实现裁判文书上网公开。主动邀请人大代表、政协委员旁听案件,提出意见和建议。广泛征求相关专家、行业协会的意见和建议,保证调研成果的质量,以促进审判水平的提高和文化创意产业的发展。

三、加强首都文化创意产业知识产权司法保护的具体政策

10. 在适用著作权法律的同时,充分适用商标、专利、反不正当竞争等法律规范中与文化创意产业相关的规定,在协调好各项权利的基础上,实现文化创意产业的立体、交叉司法保护。

(一)文化艺术行业

11. 加大文化艺术创作者权益保护,对文字、美术、摄影、音乐、戏剧作品及录音制品等的权利归属采用推定原则进行认定,权利人提交了涉及著作权的底稿、原件、合法出版物、著作权登记证书、认证机构出具的证明上有其署名或提交了取得权利的合同,即推定为著作权人,有相反证据足以推翻的除外。

12. 进一步加大赔偿力度。侵权赔偿数额应当能够全面、充分地弥补权利人因侵权而受到的损失,根据案件具体因素,可以在国家有关稿酬规定的2~5倍内确定赔偿数额。对于两次以上侵犯著作权或邻接权的,应当从高确定赔偿数额。

13. 积极保护民间文学艺术、传统知识等非物质文化遗产,利用非物质文化遗产应尊重其形式和内涵,不得以歪曲、贬损等方式使用非物质文化遗产,利用非物质文化遗产应以适当方式正确说明信息来源。利用民间文学艺术的元素或者素材进行后续创作,无须取得许可或者支付费用,形成具有独创性作品的,作者可以依法获得完整的著作权保护,但应说明其作品的素材来源。不当利用民间文学艺术给特定民族或者区域群体精神权益造成损害的,可以判令不当利用人承担赔礼道歉、消除影响等民事责任。

14. 在保护创作者权益的同时,鼓励作品的传播。对设置或者陈列在室外公共场所的艺术作品进行临摹、绘画、摄影或者录像,并对其成果以合理的方式和范围再行使用的,无论该使用行为是否具有商业目的,均可认定为合理使用。

15. 适当界定复制品销售者的法律责任。销售者仅负有举证证明复制品合法来源的举证责任,能够举证证明所销售的复制品有合法来源的,销售者不承担赔偿责任。同时，加大法律宣传，充分利用司法建议等方式促使销售者提高著作权保护意识，引导销售者加强进货渠道的著作权审查，完善进货合同的相关约定，加强商品销售环节的日常管理与检查。

（二）新闻出版行业

16. 大力加强传统出版产业的著作权保护，切实保障出版单位依据合同取得的专有出版权。同时深入研究数字出版等新兴新闻出版产业的著作权保护，做好应对相关诉讼的准备。

17. 正确界定出版代理公司的法律地位。考虑到我国出版行业实行行政审批制度，出版代理公司从权利人处获得专有出版权后不通过出版社无法实现专有出版权，故其通过与出版社签订出版合同出版权利人作品的，不宜一概认定为转授权行为，原则上应视为其依约行使专有出版权的行为。

18. 进一步研究古籍点校行为的法律属性和古籍点校本的权利性质，妥善处理涉及古籍点校本的著作权纠纷案件，既要保护点校者的合法权益，又要促进传统文化的继承与传播。

19. 进一步研究版式设计权的保护范围，对通过信息网络使用与出版物完全相同的版式设计传播出版物的行为性质进行准确界定。

（三）广播电视电影行业

20. 加大对影视作品著作权的保护，促进影视产业健康快速发展，根据影视作品的上映时间、票房收入、影响力、侵权行为的情节等因素合理确定赔偿数额。

21. 遵循影视作品制作、交易规律和行业惯例，切实保护影视作品继受权利人的合法权益。如果影视作品上明确标明著作权归属的，认定该署名的主体为影视作品的权利人；如果影视作品上未明确标明著作权归属的，署名为出品、摄制的主体推定为著作权人，有相反证据足以推翻的除外。被许可人不能逐一提供影视作品著作权人授权的，可以推定被许可人有权在授权范围内使用该影视作品。

22. 积极探索广播电视节目、体育赛事等所涉权益的法律保护，合理平衡各方利益。在正确区分作品性质的基础上，充分利用著作权法、反不正当竞争法、侵权责任法、民法通则等现有法律规定，公平地保护创作者、录制者、表演者、广播组织者等所涉主体的合法权益，有效制止侵权行为。

（四）软件、网络及计算机服务行业

23. 大力加强计算机软件、动漫游戏、数据库及计算机服务等新兴文化产业的著作权保护，密切关注电信网、广电网、互联网“三网融合”等信息技术发展带来的新问题。加强网络环境下的著作权保护，妥善处理保护著作权与促进信息网络产业发展和保障信息传播的关系，准确把握权利人、网络服务提供者和社会公众之间的利益平衡。

24. 依法保护与技术发展相关的新类型作品创作者的合法权益，对于符合作品构成要件的“微博”给予著作权保护，同时结合此类作品用户规模庞大、更新速度快而篇幅非常短小且复制转发极其便捷等特点，正确适用合理使用和默示许可制度。

25. 进一步研究统一网络著作权案件的审理思路，准确把握网络服务提供者侵权过错的认定，在认定网络服务提供者是否有过错问题上，应充分考虑网络服务提供者系为他人信息传播提供技术、平台服务的地位和作用的特点，在促进网络行业健康发展与保护权利人合法权益之间寻找平衡点，不能操之过宽，更不能施之过严。同时，要维护“通知删除”规则的基本价值，既要防止降低网络服务提供者的过错认定标准,使“通知删除”规则形同虚设,又要防止网络服务提供者对于第三方利用其网络服务侵权消极懈怠,滥用“通知删除”规则企图免责。

26. 认真研究计算机字库、字体和单字的法律保护问题,正确选择法律保护路径,妥善审理此类案件,既要使研发者的合法权益得到保护,促进字体行业的健康发展,又要确保购买者和使用者对字库、字体和单字的正当使用,防止文化和文字的垄断。

27. 结合动漫角色、形象的创作和使用状况,寻求保护的有效法律途径,充分利用著作权法、反不正当竞争法等法律提供充分的司法保护。

(五)广告、会展、设计服务行业

28. 对于符合作品构成要件的广告,根据其不同表现形式,分别作为文字作品、摄影作品、音乐作品、电影作品或汇编作品等给予著作权法保护。

29. 通过公开审理案件和加大司法宣传,提升会展、设计服务行业的知识产权保护意识,预防和减少侵权隐患,净化产业环境。

30. 在坚持加大广告侵权纠纷赔偿力度这一原则的基础上,区分不同类型的广告确定适当的赔偿数额,平衡创作者与使用者之间的利益,创造健康维权的司法环境。

(六)旅游、休闲娱乐行业

31. 依法妥善审理涉及卡拉OK、网吧等与人民群众休闲娱乐生活相关产业的知识产权案件,既要依法保护权利人合法权益,又要积极促进卡拉OK、网吧经营者的经营活动健康有序发展,维护社会和谐稳定。

32. 在审理涉及卡拉OK经营者的案件中,要积极支持不同主体依法维权,对于集体管理组织起诉的案件、会员权利人起诉的案件和非会员权利人起诉的案件,凡符合法律规定受理条件的均依法受理,依法审判,依法保护当事人的著作权,依法促进著作权集体管理组织发展,有效制止侵权行为。

33. 在审理涉及网吧经营者的案件中,既要积极支持当事人依法维权,又要注意防止权利滥用的情形发生,注意把握司法导向和利益平衡,加大调解和解力度,积极促进信息传播和规范传播秩序,推动相关互联网文化产业健康发展。

34. 网吧经营者能够证明涉案影视作品是从有经营资质的影视作品提供者处合法取得,根据取得时的具体情形不知道也没有合理理由应当知道涉案影视作品侵犯他人信息网络传播权等权利的,不承担赔偿损失的民事责任。但网吧经营者经权利人通知后,未及时采取必要措施的,应对损害的扩大部分承担相应的民事责任。

35. 依法维护老字号的合法权益,在充分考虑和尊重相关历史因素的基础上,遵循公平原则审理涉及老字号的案件,对注册行为、使用行为作出必要和适当的限制。

36. 依法对著名旅游景点、名人故居、有一定知名度的赛事地点及俱乐部名称予以保护,正确应用商标法的有关规定审理涉及著名旅游景点名称的商标行政案件,遏制恶意抢注著名旅游景点名称的商标注册行为。

北京市高级人民法院
关于规范专利商标行政诉讼案由的规定

为贯彻实施《最高人民法院关于专利、商标等授权确权类知识产权行政案件审理分工的规定》和《北京市高级人民法院关于执行〈最高人民法院关于专利、商标等授权确权类知识产权行政案件审理分工的规定〉的意见》，统一不服国家知识产权局专利复审委员会(以下简称专利复审委员会)作出的专利驳回复审决定、专利权无效宣告审查决定，以及不服国家工商行政管理总局商标评审委员会(以下简称商标评审委员会)、国家工商行政管理总局商标局作出的涉及商标的相关决定、裁定的案件的案由，我们对我市法院在审理上述案件时的案由适用情况进行了调研。通过调研发现，由于缺乏对这两类案件案由的明确规定，实践中这两类案件的案由使用极不规范，如有的案件没有案由，仅写“某某不服专利复审委员会(或商标评审委员会)第××号决定一案”，有的笼统地写专利(或商标)行政纠纷一案；就专利行政案件来说，有的写专利(或专利权)无效行政纠纷，有的写专利(或专利权)无效纠纷；有的写明具体的专利权类型，如外观设计专利行政纠纷、发明专利行政纠纷、实用新型专利行政纠纷；就商标行政案件来说，有的写商标争议行政纠纷、商标异议行政纠纷，有的笼统地写商标(或商标权)行政纠纷。为规范上述两类案件的案由适用，经同我院及市一中院立案庭、审管办、研究室等部门协商，现对这两类案件的案由作出如下规定：

一、不服专利复审委员会作出的专利复审决定和无效决定案件的案由

(一)不服专利复审委员会作出的专利复审决定案件的案由

不服专利复审委员会作出的专利复审决定案件是指，专利申请被驳回后，申请人向专利复审委员会申请复审，在专利复审委员会作出相关决定后，不服该决定向人民法院提起的诉讼。根据权利类型的不同，这类案件的案由可以确定为：

1. 发明专利申请驳回复审行政纠纷

发明专利申请驳回复审行政纠纷是指，发明专利申请被驳回后，申请人向专利复审委员会申请复审，在专利复审委员会作出相关决定后，不服该决定提起的诉讼。

2. 实用新型专利申请驳回复审行政纠纷

实用新型专利申请驳回复审行政纠纷是指，实用新型专利申请被驳回后，申请人向专利复审委员会申请复审，在专利复审委员会作出相关决定后，不服该决定提起的诉讼。

3. 外观设计专利申请驳回复审行政纠纷

外观设计专利申请驳回复审行政纠纷是指，外观设计专利申请被驳回后，申请人向专利复审委员会申请复审，在专利复审委员会作出相关决定后，不服该决定提起的诉讼。

(二)不服专利复审委员会作出的专利权无效决定案件案由

不服专利复审委员会作出的专利权无

效决定案件是指,专利权授予后,任何人依法请求专利复审委员会宣告该专利权无效,专利复审委员会针对该请求作出无效审查决定后,请求人、专利权人或其他利害关系人因不服专利复审委员会作出的无效审查决定向人民法院提起的诉讼。根据权利类型的不同,这类案件的案由可以确定为:

1. 发明专利权无效行政纠纷

发明专利权无效行政纠纷是指,发明专利权授予后,任何人依法请求专利复审委员会宣告该发明专利权无效,专利复审委员会针对该请求作出无效审查决定后,不服该无效审查决定提起的诉讼。

2. 实用新型专利权无效行政纠纷

实用新型专利权无效行政纠纷是指,实用新型专利权授予后,任何人依法请求专利复审委员会宣告该实用新型专利权无效,专利复审委员会针对该请求作出无效审查决定后,不服该无效审查决定提起的诉讼。

3. 外观设计专利权无效行政纠纷

外观设计专利权无效行政纠纷是指,外观设计专利权授予后,任何人依法请求专利复审委员会宣告该外观设计专利权无效,专利复审委员会针对该请求作出无效审查决定后,不服该无效审查决定提起的诉讼。

(三)其他专利行政纠纷

在上述专利行政纠纷之外,如果还存在其他以国家知识产权局或专利复审委员会为被告的与专利有关的行政纠纷,其案由可直接确定为专利行政纠纷,如果能明确专利类型的,则其案由可确定为发明专利行政纠纷、实用新型专利行政纠纷或外观设计专利行政纠纷。

二、不服商标评审委员会作出的商标复审决定和裁定案件的案由

(一)商标申请驳回复审行政纠纷

商标申请驳回复审行政纠纷是指,当事人因不服商标局驳回其注册商标的申请并依法请求商标评审委员会复审,商标评审委员会针对该复审请求作出裁定后,当事人不服该裁定提起的行政诉讼。

(二)商标异议复审行政纠纷

商标异议复审行政纠纷是指,商标局针对他人就被初步审定公告的申请商标所提出的异议作出决定后,当事人不服该决定并依法请求商标评审委员会复审,商标评审委员会针对该复审请求作出裁定后,当事人不服该裁定提起的行政诉讼。

(三)商标撤销复审行政纠纷

商标撤销复审行政纠纷是指,当事人不服商标局依照《商标法》第41条第1款、第44条、第45条、第49条等规定作出的撤销或者维持注册商标的决定,依据《商标法》第49条的规定请求商标评审委员会复审,商标评审委员会针对该复审请求作出裁定后,当事人不服该裁定提起的行政诉讼。

(四)商标争议行政纠纷

商标争议行政纠纷是指,当事人对已经注册的商标依据《商标法》第41条的规定直接请求商标评审委员会裁定撤销该注册商标,在商标评审委员会作出相关裁定后,当事人不服该裁定提起的行政诉讼。

(五)其他商标行政纠纷

除上述商标行政纠纷外的其他商标行政纠纷,包括但不限于以商标局为被告的不服商标局核准或未核准转让注册商标的纠纷,其案由可直接使用商标行政纠纷。

三、两审法院适用专利商标行政诉讼案由示范

(一)一审案由适用

一审裁判文书应当在写明当事人基本情况后的首句话写明案由,如“原告×××因发明(实用新型、外观设计)专利权无效行政纠纷(商标争议行政纠纷或其他

案由)一案,不服专利复审委员会(或商标评审委员会)于×年×月×日作出《××××× 决定》,于×年×月×日向本院提起诉讼……”

(二)二审案由适用

二审裁判文书应当在写明当事人基本情况后的首句话写明案由,如“上诉人×××因发明(实用新型、外观设计)专利权无效行政纠纷(商标争议行政纠纷或其他案由)一案,不服北京市第一中级人民法院×××(案号)行政判决,于×年×月×日向本院提出上诉……”

二〇一二年十月三十日

北京市高级人民法院 关于审理电子商务侵害知识产权纠纷案件 若干问题的解答

1. 什么是电子商务、电子商务平台经营者和网络卖家?

本解答所述的电子商务是指根据信息网络公开传播的商品或服务的交易信息进行交易的活动。以信息网络作为交流通道、支付通道或交付通道,但交易信息不在信息网络公开传播的交易活动不属于本解答所述的电子商务。

电子商务平台经营者,是指为电子商务提供交易平台,即为交易信息的公开传播提供网络中间服务的网络服务提供者。

网络卖家,是指利用电子商务平台经营者提供的网络服务提供商品或服务的交易方。

2. 审理电子商务侵害知识产权纠纷案件的基本原则是什么?

审理电子商务侵害知识产权纠纷案件,在依法行使裁量权时,应当兼顾权利人、电子商务平台经营者、网络卖家、社会公众的利益。

电子商务平台经营者应当承担必要的、合理的知识产权合法性注意义务。能够以更低的成本预防和制止侵权行为的权利人或电子商务平台经营者应当主动、及时采取必要措施,否则应当承担不利后果。

3. 如何认定自营型电子商务平台经营者的侵权责任?

电子商务平台经营者以自己的名义向公众提供被控侵权交易信息或从事相应交易行为侵害他人知识产权的,应当承担赔偿损失等侵权责任。

电子商务平台经营者未明确标示被控侵权交易信息或相应交易行为由他人利用其网络服务提供或从事的,推定由其提供或从事。

4. 电子商务平台经营者承担赔偿责任的条件是什么?

网络卖家利用电子商务平台经营者的网络服务提供被控侵权交易信息或从事相应交易行为侵害他人知识产权的,应当依法承担赔偿损失等侵权责任。

电子商务平台经营者知道网络卖家利用其网络服务侵害他人知识产权,但未及时采取必要措施的,应当对知道之后产生的损害与网络卖家承担连带赔偿责任。

5. 如何认定电子商务平台经营者知道?

知道包括明知和应知。明知指电子商务平台经营者实际知道侵权行为存在;应知是指按照利益平衡原则和合理预防原则的要求,电子商务平台经营者在某些情况下应当注意到侵权行为存在。

电子商务平台经营者对利用其网络服务公开传播的交易信息一般没有主动监控义务。不能仅因电子商务平台经营者按照相关管理要求进行交易信息合法性的事前监控,或者客观上存在网络卖家利用其网络服务侵害他人知识产权的行为,就当然认定电子商务平台经营者知道侵权行为存在。

6. 认定电子商务平台经营者"知道网络卖家利用其网络服务侵害他人知识产权"的要件是什么?

同时符合以下情形的,可以认定电子商务平台经营者知道网络卖家利用其网络服务侵害他人知识产权:

(1)明知或应知被控侵权交易信息通过其网络服务进行传播;

(2)明知或应知被控侵权交易信息或相应交易行为侵害他人知识产权。

7. 如何认定特定信息公开传播前电子商务平台经营者"知道网络卖家利用其网络服务侵害他人知识产权"?

符合以下情形之一的,可以推定电子商务平台经营者在被控侵权交易信息公开传播前"明知或应知被控侵权交易信息通过其网络服务进行传播":

(1)电子商务平台经营者与提供被控侵权交易信息的网络用户合作经营,且应当知道被控侵权交易信息通过其网络服务进行传播;

(2)电子商务平台经营者从被控侵权交易信息的网络传播或相应交易行为中直接获得经济利益,且应当知道被控侵权交易信息通过其网络服务进行传播;

(3)电子商务平台经营者在交易信息公开传播前明知或应知被控侵权交易信息通过其网络服务进行传播的其他情形。

在上述情形中,如被控侵权交易信息或相应交易行为侵害他人知识产权,推定电子商务平台经营者"知道网络卖家利用其网络服务侵害他人知识产权"。

8. 如何认定交易信息公开传播后电子商务平台经营者"明知或应知被控侵权交易信息通过其网络服务进行传播"?

符合以下情形之一的,可以推定电子商务平台经营者在被控侵权交易信息公开传播后"明知或应知被控侵权交易信息通过其网络服务进行传播":

(1)被控侵权交易信息位于网站的首页、各栏目的首页或网站的其他主要页面等明显可见的位置;

(2)电子商务平台经营者对被控侵权交易信息进行了人工编辑、选择或推荐;

(3)权利人的通知足以使电子商务平台经营者知道被控侵权交易信息通过其网络服务进行传播;

(4)电子商务平台经营者在交易信息公开传播后明知或应知被控侵权交易信息通过其网络服务进行传播的其他情形。

9. 如何认定交易信息公开传播后电子商务平台经营者"明知或应知被控侵权交易信息或相应交易行为侵害他人知识产权"?

符合以下情形之一的,可以推定电子商务平台经营者在被控侵权交易信息公开传播后"明知或应知被控侵权交易信息或相应交易行为侵害他人知识产权":

(1)交易信息中存在明确表明未经权利人许可的自认,足以使人相信侵权的可能性较大；

(2)知名商品或者服务以明显不合理的价格出售，足以使人相信侵权的可能性较大；

(3)权利人的通知足以使人相信侵权的可能性较大；

(4)电子商务平台经营者在交易信息公开传播后明知或应知被控侵权交易信息或相应交易行为侵害他人知识产权的其他情形。

10.联系信息不明导致权利人无法通知应如何处理？

电子商务平台经营者未公开其名称、联系方式等信息，或公开的信息有误，导致权利人在发现侵权行为后无法发送通知的，电子商务平台经营者对因此导致的损害扩大部分承担连带赔偿责任。

11.对权利人的通知有何要求？

权利人认为网络卖家利用电子商务平台经营者提供的网络服务侵害其知识产权的，有权以书信、传真、电子邮件等方式通知电子商务平台经营者采取删除、屏蔽、断开链接等必要措施。通知应当包含下列内容：

(1)权利人的姓名(名称)、联系方式和地址等信息；

(2)足以准确定位被控侵权交易信息的具体信息；

(3)证明权利归属、侵权成立等相关情况的证据材料；

(4)权利人对通知的真实性负责的承诺。

权利人发送的通知不符合上述条件的，视为未发出通知。

12.权利人提交通知时是否需要提交实际交易情况的相关证据？

根据公开传播的交易信息足以对侵权与否进行判断的，权利人可以不提交实际交易的商品或服务的相关证据。

根据公开传播的交易信息不足以对侵权与否进行判断的，或者权利人主张交易信息与实际交易的商品或服务不一致的，权利人可以提交实际交易的商品或服务的相关证据。

13.电子商务平台经营者如何处理通知？

权利人的通知及所附证据能够证明被控侵权交易信息的侵权可能性较大的，电子商务平台经营者应当及时采取必要措施，否则认定其有过错。

必要措施应当合理，应当与侵权情节相适应，否则电子商务平台经营者应当依法承担法律责任。

电子商务平台经营者在采取必要措施后，应当及时将通知及所采取措施的情况告知网络卖家，并及时将所采取措施的相关情况告知权利人。网络卖家联系方式不清楚导致无法通知的，电子商务平台经营者应当在网络上公告通知的内容。

14.网络卖家是否可以提交反通知？

网络卖家可以在电子商务平台经营者告知的合理期限内提出要求恢复被删除的内容，或者恢复被屏蔽、被断开的链接的反通知。逾期不提出反通知的，视为认可电子商务平台经营者采取的必要措施。

反通知应当包含下列内容：

(1)网络卖家的真实姓名(名称)、联系方式和地址；

(2)足以准确定位交易信息的具体信息；

(3)不构成侵权的证明材料；

(4)网络卖家对反通知真实性负责的承诺。

网络卖家发送的反通知不符合上述条件的，视为未发出反通知。

15.电子商务平台经营者应当如何处

理反通知?

电子商务平台经营者收到网络卖家发送的反通知后,应当将网络卖家的反通知转送给权利人,并告知权利人在合理期限内对侵权是否成立进行确认。

权利人在合理期限内撤回本次通知,或者未对侵权是否成立进行确认的,电子商务平台经营者应当及时取消必要措施,恢复被删除的内容或者恢复被屏蔽、被断开的链接。

权利人在合理期限内确认侵权成立,且网络卖家提供的证据不能充分证明电子商务平台经营者采取的措施是错误的,电子商务平台经营者不必取消所采取的措施。

16. 如何确定错误通知或错误采取措施的法律责任?

权利人因错误发送通知,或者在接到反通知后错误确认侵权,损害网络卖家的合法权益的,应当依法承担赔偿责任。

电子商务平台经营者错误采取措施,或采取措施不合理,或错误取消必要措施,损害权利人或网络卖家的合法权益的,应当依法承担赔偿责任。

电子商务平台经营者因为权利人或网络卖家的错误行为而承担了赔偿责任后,有权依法向权利人或网络卖家追偿。

北京市高级人民法院
关于视频分享著作权纠纷案件的审理指南

一、视频分享服务的判断及证明

1. 视频分享服务是指网络服务提供者为网络用户提供作品、表演、录音录像制品的存储空间服务。

网络服务提供者主张其提供视频分享服务,可以通过提交上传者用户名、注册 IP 地址、注册时间、上传 IP 地址等用户注册资料及上传信息等予以证明。

二、视频分享服务的法律性质及侵权认定要件

2. 视频分享服务不构成对他人信息网络传播权的直接侵犯,但同时符合以下条件,网络服务提供者与网络用户构成共同侵权,承担连带责任:

(1)网络用户利用视频分享服务提供涉案作品、表演、录音录像制品系侵犯他人信息网络传播权的行为;

(2)网络服务提供者知道或有合理的理由应当知道网络用户利用其视频分享服务提供涉案作品、表演、录音录像制品系侵犯他人信息网络传播权的行为,且未及时采取必要措施。

3. 网络服务提供者利用其服务模式诱导、鼓励网络用户提供侵犯他人信息网络传播权的作品、表演、录音录像制品的,构成教唆网络用户实施侵权行为。

4. 网络服务提供者接到权利人的通知后,未在合理期限内删除涉案作品、表演、录音录像制品,且同时符合以下条件的,应当对损害的扩大部分承担连带责任:

(1)网络用户提供涉案作品、表演、录音录像制品的行为系侵犯他人信息网络传播权的行为；

(2)通知中包含的信息足以使网络服务提供者准确定位涉案作品、表演、录音录像制品。

三、视频分享服务提供者过错的判断

5.不能仅因视频分享网站上存在侵权作品、表演、录音录像制品，即认定网络服务提供者有过错。

6.网络服务提供者同时符合以下条件的，可以认定其有合理的理由应当知道网络用户利用其视频分享服务提供涉案作品、表演、录音录像制品系侵犯他人信息网络传播权的行为：

(1)能够合理地认识到涉案作品、表演、录音录像制品在其存储空间传播；

(2)能够合理地认识到网络用户提供涉案作品、表演、录音录像制品未经权利人的许可。

7.有以下情形之一的，可以推定网络服务提供者"能够合理地认识到涉案作品、表演、录音录像制品在其存储空间传播"，但有相反证据的除外：

(1)涉案作品、表演、录音录像制品位于视频分享网站中的"影视"或其他该类性质的栏目中；

(2)网络服务提供者对涉案作品、表演、录音录像制品进行了人工编辑、整理或推荐；

(3)涉案作品、表演、录音录像制品或与其相关的信息出现在视频分享网站的首页、各栏目的首页或网站的其他主要页面；

(4)其他情形。

8.有以下情形之一的，可以推定网络服务提供者"能够合理地认识到网络用户提供涉案作品、表演、录音录像制品未经权利人的许可"，但有相反证据的除外：

(1)网络用户提供的是专业制作且内容完整的作品、表演、录音录像制品，或者处于档期或者热播、热映期间的作品、表演、录音录像制品；

(2)网络用户提供的是正在制作过程中且按照常理制作者不可能准许其传播的作品、表演、录音录像制品；

(3)其他情形。

9.网络服务提供者从网络用户提供作品、表演、录音录像制品中直接获得经济利益，且该提供行为未经权利人许可，推定其主观上有过错。

北京市高级人民法院关于为社会主义文化大发展大繁荣提供知识产权司法保障与服务的实施意见

为深入贯彻十七届六中全会精神，根据《最高人民法院关于充分发挥知识产权审判职能作用推动社会主义文化大发展大繁荣和促进经济自主协调发展若干问题的意见》及《天津市知识产权战略纲要》和《天津市知识产权"十二五"规划》，结合天津法院知识产权审判工作实际，制定如下意见：

一、增强为社会主义文化大发展大繁荣提供司法保障和服务的意识

1. 增强大局意识和责任意识,充分认识知识产权保护与文化大发展大繁荣的密切关系,找准结合点和着力点,在知识产权司法保护中,更加注重激励文化创新,更加注重培育新型文化业态,更加注重保护涉及文化产业发展的新类型知识产权,综合运用知识产权领域的各种法律手段,保护文化传承,促进文化产品开发利用,充分发挥推动社会主义文化大发展大繁荣的职能作用。

2. 加大文化领域知识产权保护力度,充分发挥知识产权司法保护对文化建设的规范、引导、促进和保障作用,激发文化创造活力,丰富社会文化生活,保障社会公众基本文化权益,促进文化事业蓬勃发展。

3. 妥善处理保护知识产权与维护国家文化安全和公共道德的关系。在依法保护知识产权的同时,发挥知识产权裁判的引领和导向功能,弘扬社会主义核心价值观,把维护公共道德作为司法保护的重要价值追求,法律评价与道德评价有机结合,确保知识产权司法保护取得良好的法律效果与社会效果。

二、加强文化领域知识产权保护,推动文化产业发展与创新

4. 加强文化创造者权益保护,保持文化创造的不竭动力。既维护著作权保护基本标准的统一性,又根据各类作品的特点和相关领域的特殊保护需求,使作品的保护强度与独创高度相协调。正确理解和适用著作权法的概括性规定,及时保护文化创造者的新权益。妥善处理个人作品、职务作品和法人作品的关系,既最大限度保护作者权益,鼓励创作积极性,又依法保护法人、其他组织的合法权益。

5. 加强文化传播者权益保护,保护出版者、表演者、录音录像制作者、广播电台、电视台等的合法权益,促进作品的传播和利用。积极探索对综艺晚会、体育节目等所涉知识产权权益的法律保护,妥善平衡相关各方利益关系。

6. 加强出版发行、影视制作、广告、演艺、娱乐、设计等产业领域的著作权保护,推动传统文化产业发展壮大。

7. 加强文化创意、数字出版、移动多媒体、动漫游戏、软件、数据库等新兴文化产业的著作权保护,培育新型文化业态,提升我国整体文化实力和竞争力。

8. 依法保护民间文学艺术作品,促进民间文学艺术的传承、创新和利用。依法保护非物质文化遗产,综合运用法律手段,公平合理地协调和平衡传统知识、遗传资源在发掘、整理、传承、保护、开发和利用过程中各方主体的利益关系。

9. 加强网络环境下的著作权保护,妥善处理保护著作权与促进信息网络产业发展和保障信息传播的关系,平衡权利人、网络服务提供者和社会公众的利益,既加强网络环境下的著作权保护,又促进信息网络技术创新和商业模式发展,保障社会公众的利益。

三、妥善审理著作权纠纷案件,全面提高知识产权审判水平

10. 依据《著作权法》规定,正确判定侵权行为,正确认定合理使用和法定许可行为,依法保护作品的正当利用和传播,保障社会公众的文化需求。

11. 妥善处理技术中立与侵权行为认定的关系,实现保护著作权与促进技术创新、产业发展的有机统一。充分认识技术所反映和体现的技术提供者的行为与目的,避免技术中立绝对化,简单地以技术中立为由不适当免除技术提供者的侵权责任,同时避免把技术所带来的侵权后果无条件归责于技术提供者，影响和阻碍技术创新与发展。

12.正确划分作品、表演、录音录像制品提供行为与网络服务行为，准确把握网络服务提供行为的侵权过错认定，维护“通知与移除”规则的基本价值。

13.依法适用停止侵害，加大侵权赔偿力度，合理计算权利人的损失和维权成本，对于重复侵权、恶意侵权、以侵权为业的行为人，依法从高确定赔偿数额，有效遏制侵权行为。

14.加强诉讼调解，结合知识产权案件特点与审判规律，积极探索与行政执法部门、行业协会等共同开展联合调解，引导当事人自愿选择委托调解、专家调解、行业调解等方式解决纠纷，以诉讼调解促进文化发展、科技进步、知识创新和社会和谐。

四、强化能动司法，充分发挥知识产权司法保护的综合效能

15.发挥司法建议功能，延伸审判服务领域。加强知识产权审判领域各种信息的搜集、分析、研究，充分发挥司法建议的预警作用。对审理案件过程中发现的文化领域的突出问题，有针对性地向文化管理部门、行业协会等提出司法建议。

16.加强与知识产权行政执法部门的协调配合，落实工作协作机制，形成知识产权保护合力。

17.开展前瞻性调研，密切关注和研究电信网、广电网、互联网“三网融合”等信息技术发展带来的知识产权保护新问题，促进新兴文化产业的发展和社会信息化水平的提高。

18.有针对性地研究民间文学艺术及传统知识、遗传资源等非物质文化遗产的知识产权保护问题，提升传统文化资源的商业价值，促进具有天津地方特色的自然、人文资源优势转化为现实生产力，维护文化多样性，增强中华文化的影响力。

19.坚持司法公开，加强司法宣传，扩大知识产权司法保护的影响力。发挥人民陪审员在知识产权审判工作中的积极作用，邀请人大代表、政协委员、社会公众观摩知识产权案件庭审，召开新闻发布会，及时发布知识产权司法保护状况和典型案例，及时更新天津法院网“知识产权司法保护”专栏，加强对知识产权法律法规的宣传，营造尊重知识、崇尚创新、诚信守法的知识产权文化氛围。

内蒙古自治区高级人民法院关于印发《知识产权审判技术专家管理办法》的通知

内高法〔2012〕50号

全区各中级人民法院：

为建立全区法院知识产权审判技术专家库，充分发挥技术专家在知识产权案件审理中的技术咨询作用，规范全区法院知识产权审判技术专家选任、管理工作，现将自治区高级人民法院审判委员会研究制定的《知识产权审判技术专家管理办法》印发给你们,请遵照执行。

二〇一二年三月三十日

内蒙古自治区高级人民法院知识产权审判技术专家管理办法

为建立全区法院知识产权审判技术专家库,充分发挥技术专家在知识产权案件审理中的技术咨询作用,规范全区法院知识产权审判技术专家选任、管理工作,经自治区高级人民法院审判委员会研究制定本办法。

一、符合下列条件的技术专家可以入选自治区高级法院知识产权审判技术专家库:

(一)政治立场坚定,道德品行良好、公道正派;

(二)在教学、科研机构或者相关专业技术领域具有副高以上职称,或者虽不具有副高以上职称但在相关技术领域具有专业特长、有一定知名度并经相关部门推荐的;

(三)具有准确、清晰的表达能力。

二、下列人员不得担任技术专家:

(一)因违法犯罪行为受过刑事处罚的;

(二)被开除公职的;

(三)执业律师或从事知识产权诉讼代理业务的人员。

三、技术专家实行聘任制。自治区高级法院根据审判工作实际需要,经自治区有关部门推荐并征得专家本人同意,聘任其为知识产权审判技术专家,自治区高级法院知识产权审判庭为具体实施部门。

各中级法院需要从专家库中选择技术专家协助案件审理的,可以通过自治区高级法院知识产权审判庭办理联系事宜。

四、技术专家的工作职责:

(一)接受人民法院对涉及案件审理技术问题的咨询并进行解答;

(二)接受人民法院的委托或者根据当事人的申请,以诉讼辅助人的身份出席知识产权案件庭审,协助合议庭查清案件技术事实;

(三)对案件所涉技术问题进行认真分析和论证,并根据自己的认知能力、学术水平提出明确客观的咨询意见;

(四)仅就案件所涉技术问题发表意见,对技术问题所引发的法律问题不作评价;

(五)对当事人及人民法院要求保密的涉案资料承担保密义务。

五、技术专家的权利:

(一)查阅案件相关卷宗材料;

(二)旁听案件审理;

(三)对案件所涉技术问题独立、充分发表意见和陈述理由。

六、技术专家接受人民法院委托后,发现具有以下情形的,应当主动申请回避。当事人也有权以口头或者书面形式申请回避,并说明理由。

(一)本案当事人或者当事人、诉讼代

理人的近亲属；

（二）与本案当事人有利害关系；

（三）与本案当事人有其他关系，可能影响案件公正审理的；

（四）有其他违反职业道德准则的行为，可能影响案件公正审理的。

技术专家是否回避由人民法院决定。

七、人民法院向技术专家进行技术咨询，主要采取口头咨询或书面咨询两种方式：

（一）采取口头咨询的，由审判人员（含书记员）两人以上参加，并制作咨询笔录，由技术专家、审判人员、书记员共同签字确认。

（二）采取书面咨询的，审判人员经与技术专家联系，及时将咨询函和有关材料送达技术专家，并在咨询函中列明需要咨询的技术问题。技术专家应当就咨询问题制作书面答复意见，并签字确认。

（三）审判人员还可以根据案件审理需要，采取召开技术专家论证会、电子邮件等其他辅助咨询方式，咨询意见须由技术专家签字确认。

八、技术专家同意就咨询意见出庭接受当事人询问的，人民法院可以将专家咨询意见组织当事人质证后，作为认定技术事实的参考。技术专家不同意就咨询意见出庭接受当事人询问的，专家咨询意见仅作为审判人员了解相关技术问题的辅助性依据，可以不向当事人出示，但应当装订入副卷保存。

九、案件审理涉及复杂技术事实认定问题的，经人民法院准许并征得技术专家本人同意，当事人可以从自治区高级法院知识产权审判技术专家库名册内，选择确定一名技术专家作为诉讼辅助人参加诉讼。人民法院也可以根据需要主动邀请技术专家作为诉讼辅助人，出庭协助案件的审理。

十、人民法院向技术专家进行技术咨询或邀请其作为诉讼辅助人参加案件审理的，根据技术专家所承担工作的实际情况支付相应的报酬。

当事人申请技术专家作为诉讼辅助人参加诉讼的，有关费用由提出申请的当事人负担。

十一、技术专家有下列情形之一的，应当解除其入选人民法院技术专家库资格；

（一）无正当理由，拒绝接受咨询或拒绝参加审判活动，影响审判工作正常开展的；

（二）徇私舞弊影响案件审理的；

（三）本人申请辞去技术专家职务的。

十二、技术专家任期为三年。任期届满后由自治区高级法院重新审核确定。全区法院知识产权审判技术专家库名册根据技术专家的增补、变更情况及时更新。

十三、本办法自二零一二年四月一日起施行。

二〇一二年三月二十日

内蒙古自治区高级人民法院印发《关于充分发挥知识产权审判职能作用　推动自治区文化大发展大繁荣和促进经济自主协调发展的实施意见》的通知

内高法〔2012〕98 号

全区各中级人民法院：

现将内蒙古自治区高级人民法院《关于充分发挥知识产权审判职能作用　推动自治区文化大发展大繁荣和促进经济自主协调发展的实施意见》印发给你们，请结合审判工作实际，认真组织学习，切实贯彻执行。执行中遇到的问题，请及时报自治区高级人民法院知识产权审判庭。

二〇一二年六月八日

内蒙古自治区高级人民法院关于充分发挥知识产权审判职能作用　推动自治区文化大发展大繁荣和促进经济自主协调发展的实施意见

为深入贯彻党的十七届六中全会和自治区第九次党代表会精神，充分发挥知识产权审判在推动自治区文化大发展大繁荣及促进经济发展方式加快转变和经济自主协调发展中的职能作用，切实为自治区建设“文化强区”的奋斗目标提供有力的知识产权司法保障和法律服务，根据最高人民法院《关于充分发挥知识产权审判职能作用推动社会主义文化大发展大繁荣和促进经济自主协调发展若干问题的意见》精神，提出如下实施意见：

一、充分认识知识产权审判在推动自治区文化发展和促进经济自主协调发展中的重要地位和作用，不断增强为推进自治区“文化强区”建设提供知识产权司法服务和保障的责任感和使命感。党的十七届六中全会通过的《中共中央关于深化文化体制改革推动社会主义文化大发展大繁荣若干重大问题的决定》，确立了建设社会主义文化强国的战略方针，明确了新形势下推进文化改革发展的重要意义、指导思想和目标任务。人民法院作为社会主义事业的重要建设力量和保障力量，推进社会主义文化建设、服务保障经济自主协调发展是人民法院义不容辞的责任。各级人民法院和广大知识产权法官要充分认清形势，切实增强大局意识和责任意识，坚持能动司法，找准结合点和着力点，在知识产权司法保护中，更加注重激励文化发展和科技进步，更加注重推进文化创新和发展新型文化业态，更加注重推动知识产权文化的发展和繁荣，更加注重发挥知识产权对实体经济的促进和引领作用，更加注重培育发展战略性新兴产业和推动经济结构战略性调整，更加注重提高我国的综合国力和国际竞争力，在推动社会主义文化大发展大繁荣和经济自主协调发展中充分发挥建设者和保障者的作用。自治区各级人民法院和广大知识产权法官在开展知识产权审判工作中，要充分发挥好对文化和经济建设的规范、引导、促进和保障作用，找准知识产权审判工作与文化建设的结合点和着力点，进一步加大知识产权司法保护力度，充分运用知识产权司法手段妥善处理并有效化解文化建设中出现的各类知识产权纠纷，为自治区文化建设营造更加有利的发展环境，确保为自治区文化大发展大繁荣和经济自主协调发展提供公正高效的知识产权司法保障。

二、准确把握“加强保护、分门别类、宽严适度”的知识产权司法保护政策，切实加大涉文化类知识产权的司法保护力度。“加强保护、分门别类、宽严适度”是当前我国知识产权司法保护政策的基本定位。“加强保护”是基于当前我国经济社会发展状况及所处的国内外环境而作出的必然选择，是当前我国知识产权司法保护的基本定位和政策取向；“分门别类”是在加强司法保护时根据各类知识产权特有的属性和特点，在法律原则和规则的范围内采取相应的行之有效的措施；“宽严适度”是要求加强司法保护时以我国的现有国情和相应的保护需求为尺度，不盲目提高保护水平，而要以符合中国的国情和发展阶段，适应我国经济社会的发展需求。

（一）加强涉文化类知识产权案件的审判，积极推动自治区文化大发展大繁荣。高度重视涉及文化产业的新类型知识产权的司法保护，积极推动文化产业发展。在审理涉文化领域知识产权案件时，要强化利益平衡观念，妥善处理作品的独创性与独创高度的关系。要深入研究和大力加强文化创意、数字出版、移动多媒体、动漫游戏、软件、数据库等战略性新兴文化产业的著作权保护，为自治区培育新型文化业态、扩展文化产业发展新领域，提升整体文化实力和竞争力，提供有力的司法保障。

（二）加大科技成果权的保护力度，积极推动科技进步与创新。要依法加强专利、植物新品种等科技类知识产权的保护力度，积极推动科技进步和科技创新。要根据科技进步的新趋势和经济发展的新需求，加强对关键核心技术、基础前沿领域和战略性新兴产业的知识产权保护，推动技术突破和技术创新；要加强具有自主知识产权的重大农业科技成果和植物新品种的保护力度，推进农业科技进步。

（三）加强商标权的保护，促进市场经济的竞争性、创新性和包容性增长。商标权的保护，必须有利于鼓励正当竞争，有利于划清商业标识之间的边界，有利于遏制恶意抢注他人知名商业标识及“傍名牌”行为，有利于为知名品牌的创立和发展提供和谐宽松的法律环境，为培育知名品牌和提升企业综合竞争力提供助力，充分体现商标权保护的法律导向。要准确把握驰名商标的保护范围，防止诉讼当事人弄虚作假，为骗取驰名商标的认定而进行虚假诉讼，切实加强对驰名商标的认定和保护。

（四）依法规范竞争秩序，培育自由公平、诚信守法的竞争文化，创造公平有序、充满活力的市场环境。在反不正当竞争领域,要正确处理知识产权专门法与反不正当竞争法的关系、反不正当竞争法中的原则规定与特别规定的关系。要正确把握诚实信用原则和公认的商业道德的评判标准,以特定商业领域普遍认同和接受的经济伦理标准为尺度,避免把诚实信用原则和公认的商业道德简单等同于个人道德或者社会公德。要依法加强商业秘密的保护,有效制止侵犯商业秘密的行为,为企业的创新和投资创造安全和可信赖的法律环境。

三、紧密结合自治区的实际情况,切实加强自治区地方特色涉文化类知识产权的司法保护力度。自治区第九次党代表会提出了建设“文化强区”的奋斗目标,将文化建设确立为强区战略。全区各级人民法院要加大涉文化领域知识产权司法保护力度,加强对文化产业园区、文化产业基地及文化产业项目建设的司法保障和法律服务,增强文化产业核心竞争力,推进自治区文化建设,服务和保障经济自主协调发展。

(一)加大对自治区非物质文化遗产知识产权司法保护力度。非物质文化遗产是凝聚民族精神、传承民族文化、维护文化多样性、促进社会和谐和可持续发展的重要基础和纽带,是文化创新的重要源泉。我区的非物质文化遗产极其丰富,具体包括:蒙古族长调民歌和呼麦两项世界级非物质文化遗产代表作、元上都世界文化遗产项目以及蒙古族马头琴音乐、蒙古族四胡音乐、达斡尔族鲁日格勒舞、蒙古族安代舞、达斡尔族传统曲棍球竞技、蒙古族博克、蒙古族勒勒车制作技艺、桦树皮制作技艺、那达慕、鄂尔多斯婚礼等国家级非物质文化遗产代表作。在非物质文化遗产知识产权案件审理中,坚持传承与创新,保护与利用并重的原则,依法禁止将非物质文化遗产的名称、标志等作为商标使用,依法制裁对非物质文化遗产的歪曲、贬损、误导等不正当利用行为,保护特定民族、特定区域群体的精神权益。要综合运用多种法律手段,积极推动自治区非物质文化遗产的保护、传承、开发和利用,提升自治区文化软实力,切实促进自治区丰富的文化资源向强大的文化竞争力转化。

(二)加大对遗传资源、传统知识、传统工艺、蒙医药等传统文化产业的知识产权保护力度,公平合理地协调、平衡在发掘、整理、传承、保护、开发和利用过程中各方主体的利益关系,保护提供者、持有者知情同意和惠益分享的权益,推进传统文化产业优化升级。

(三)加大对民间文学艺术作品的知识产权保护力度。加强对蒙古族、“三少”民族(鄂温克、鄂伦春、达斡尔)音乐、舞蹈等自治区特有的民族民间文艺的保护,弘扬自治区民族文化产业优势和地区特色文化产业优势,推动传统资源转化为现实的生产力和市场竞争力。民间文学艺术作品的著作权保护,既要有利于民间文学艺术的传承,发挥其凝聚民族精神和维系民族精神家园的作用,又要有利于创新和利用,提高自治区民族文化的影响力。

(四)加大对文化产业园区、文化产业基地及文化产业项目建设的司法保障和法律服务,推动文化产业快速发展。我区于2003年推出“民族文化大区”建设工程以来,文化产业发展迅速,目前全区有4个国家级、21个自治区级文化产业示范基地,初步形成了各业并举、协调发展的文化产业格局。要综合运用多种法律手段,加大对拥有自主知识产权、弘扬民族优秀文化的产业保护力度,推动文化产业快速发展。特别是依法加强出版发行、影视制作、印刷、广告、演艺、娱乐、会展等传统文化产业的著作权保护,推动传统文化产业发展壮大;大力加强文化创意、数字出版、移动多媒体、动漫游戏等文化产业发展新领域新兴文化产业的著作权保护,推动文化产业与旅游、体育、信息、物流、建筑等产业融合发展,提升品牌价值,增加物质产品和现代服务业的文化含量,为文化产业成为自治区支柱性产业保驾护航。

四、强化司法为民措施,提供切实有效的知识产权法律服务。

(一)完善知识产权审判体制机制,充分发挥知识产权司法保护的综合效能。按照国家知识产权战略的要求,积极推进由知识产权审判庭集中审理知识产权民事、刑事和行政案件的试点工作,建立知识产权民事、刑事、行政审判协调机制,提高司法效率,统一司法标准,发挥整体保护效能,努力构建资源优化、科学运行、高效权威的知识产权审判体系。要加强与公安机关、检察机关的协调配合,形成依法保护知识产权的合力,充分发挥知识产权司法保护的综合效能。

(二)加强与自治区文化类知识产权行政执法机关的协作配合,建立健全交流协作长效机制。加强与工商、版权、专利、文化等行政主管部门在涉文化类知识产权行政执法程序上的衔接,加强与外事、商务、科技、信息产业、新闻、宣传等综合部门在涉文化类知识产权保护工作中的沟通协调与配合,充分发挥知识产权保护的整体合力和整体效能,有效扩大涉文化类知识产权司法保护的影响力。

(三)加强诉讼指导和释明工作,完善便民、利民、护民诉讼措施,实现为民司法。通过编制文化类知识产权诉讼指南,全面实行当事人权利义务告知制度和诉讼风险提示制度;通过依法高质高效的审判,树立诚实守信的法律理念,依法保障诉讼参与人诉讼权利;加大司法救助力度,对经济确有困难的文化类企业和其他当事人,要依法缓、减、免交诉讼费用,切实体现司法的人文关怀。

(四)加强知识产权诉讼制度建设,完善审判工作机制。深刻把握知识产权案件的特点与规律,建立健全适合知识产权案件特点的纠纷解决机制。正确把握“调解优先、调判结合”的工作原则,促进涉文化类知识产权纠纷的有效化解。调解的实质是在纠纷解决阶段赋予诉讼当事人的依法理性地解决纠纷的一个重要过程。全区各级人民法院要针对涉文化类知识产权案件特点,注重创新调解方式,增强调解智慧,辩证处理涉文化类知识产权案件的调判关系,准确把握运用调解或判决方式处理案件的基础和条件,力求调解结案,实现审执同步。要强化初次裁判正确观念,高度重视提高第一审初次裁判的正确率,使当事人及早获得司法公正,提高服判息诉率和减少上诉率,促进社会和谐稳定。要根据知识产权案件专业技术性强的特点,注重充分发挥科技专家在解决知识产权纠纷中的作用,完善知识产权案件专业技术问题解决机制,积极引导当事人选择委托调解、专家调解、行业调解等方式解决知识产权纠纷,努力从根本上化解矛盾,促进自治区文化产业的和谐发展。

(五)加强知识产权司法保护的宣传力度,普及涉文化类知识产权法律知识,提升全社会尊重知识、崇尚创新、诚信守法的知识产权法治文化。充分利用“4·26”世界知识产权日积极开展知识产权宣传活动,大力宣传自治区各级人民法院涉文化类知识产权司法保护成果。坚持审判公开和透明原则,将已生效的涉文化类知识产权裁判文书及时在互联网上公布,定期发布知识产权审判中的文化类典型案例,并结合全区法院知识产权审判工作实际,选择有影响的案件,邀请各级人大代表、政协委员、专家学者、行业协会和有关部门的代表和社会公众旁听庭审,增进司法工作的公开、透明,接受广大人民群众的监督,从而进一步扩大涉文化类知识产权司法保护的社会影响。

(六)加强涉文化类知识产权司法建议工作的力度。针对涉文化类知识产权案件审理中发现的问题,及时向有关部门提出司法建议,督促其健全制度、加强管理。对自治区经济发展和文化产业兴衰可能产生重大影响的涉文化类知识产权动向,及时向有关方面提出高质量的司法建议,为自治区各级党委、政府制定相关文化建设政策提供决策依据,全力推动自治区文化产业全面协调可持续发展。

二〇一二年六月八日

内蒙古自治区高级人民法院印发《关于强化企业知识产权司法保护工作若干意见》的通知

内高法〔2012〕99 号

全区各中级人民法院:

现将内蒙古自治区高级人民法院《关于强化企业知识产权司法保护工作若干意见》印发给你们,请结合工作实际,认真贯彻执行。执行中遇到的问题,请及时报自治区高级人民法院知识产权审判庭。

二〇一二年六月八日

内蒙古自治区高级人民法院关于强化企业知识产权司法保护工作的若干意见

为进一步增强依法服务大局的自觉性、主动性和实效性,充分发挥人民法院审判职能作用,促进经济结构调整,加快经济发展方式转变,把人民法院推动自主创新、服务发展、司法为民的要求落到实处,根据《最高人民法院关于为加快经济发展方式转变提供司法保障和服务的若干意见》,现就强化企业知识产权司法保护工作提出如下意见:

一、建立知识产权信息通报制度。各中级人民法院要进一步加强与企业的沟通和联系,通过深入企业调研、召开座谈会、研讨会等方式了解企业对知识产权司法保护的需求，并向相关企业通报信息。通报内容：

1. 企业在知识产权保护方面存在的突出问题，并提出建议，促使企业加强管理，健全知识产权保护制度，切实提高企业维权意识和能力，促进企业培育自主知识产权品牌，提升企业市场竞争力和抗风险能力。

2. 知识产权审判中反映出来的一些苗头性、预警性动态。主要包括引起企业关注的知识产权关联案件、类案审判中所反映出来的审判运行态势和特点等。

3. 企业知识产权保护方面值得借鉴的经验和做法。

4. 应当引起企业关注的与知识产权司法保护方面的一些新情况、新问题及相关的其他信息。

二、建立科技名牌企业和知识产权试点企业联络员制度。各中级人民法院要在本辖区内的科技名牌企业和知识产权试点企业中建立企业联络员制度，定期召开企业联络员会议，了解相关企业在知识产权保护过程中存在的问题，分析问题的成因，帮助企业建立和完善知识产权保护制度，提高相关企业知识产权保护能力，降低企业知识产权风险，减少知识产权矛盾纠纷。

三、建立企业知识产权纠纷诉调对接机制。各中级人民法院要加强与企业知识产权管理部门、相关行业协会等方面的协调配合，努力形成化解企业知识产权纠纷的工作合力。建立企业知识产权纠纷诉调对接工作机制，聘请企业调解委员会（法务部）成员参加诉前或诉中调解，对企业调解委员会（法务部）诉前调解成功的案件，经当事人申请，由人民法院审查后依法直接确认调解协议的效力。

四、建立知识产权案件年度报告制度。各中级人民法院要选择知识产权司法保护的典型案例，定期向辖区科技名牌企业和知识产权试点企业公布。自治区高级人民法院定期向社会发布“知识产权案件年度报告”。“知识产权司法保护年度报告”主要介绍全区法院知识产权司法保护工作状况、公布知识产权司法保护典型案例，分析审理案件呈现出的特点和存在的问题及其对策等。通过公布典型案例和发布“知识产权司法保护年度报告”，落实司法公开制度，扩大司法公开范围，依法保障人民群众对知识产权审判工作的知情权和监督权，统一全区法院知识产权案件的裁判尺度，展示知识产权司法保护在服务科技进步、激励自主创新和促进经济发展方式转变中的重要作用。

五、建立企业知识产权维权绿色通道。

1. 对涉及企业的知识产权案件，全区法院都要做到快速审理、快速结案，绝不能因为诉讼中各环节的拖延而影响企业的生产经营，为全区企业提供维权绿色通道。

2. 加大知识产权司法保护力度。按照知识产权民事、刑事、行政案件由中级人民法院集中管辖制度，采用知识产权案件“三审合一”模式审理企业知识产权案件，并配合开展严厉打击侵犯知识产权和制售假冒伪劣商品犯罪专项行动，打击侵犯知识产权犯罪行为，有效遏制侵犯我区科技名牌企业和知识产权试点企业知识产权犯罪行为的发生。

3. 选择知识产权典型案件，到科技名牌企业和知识产权试点企业开庭审理，充分发挥知识产权审判的示范、教育和引导功能。

4. 依法加大赔偿和制裁力度。贯彻全面赔偿原则，补偿权利企业合理的维权成本。加大恶意侵权、重复侵权、群体侵权、规模化侵权的民事赔偿和制裁力度，注意发挥审计、会计等专业人员辅助确定损害赔偿额的作用,及时挽回被侵权企业的经济损失。

六、建立企业知识产权法律法规培训合作机制。各中级人民法院要加强与企业知识产权法律法规培训的合作,在人民法院开展培训、学术交流与研讨等活动时,邀请行业协会、中介组织、科技名牌企业和知识产权试点企业及高新技术企业代表参加,并根据企业的需求,深入企业开展法律培训,为企业举办所需的知识产权和其他法律知识讲座,帮助企业提高依法经营、依法管理、依法维权的意识和能力,降低企业经营管理中的法律风险。

二〇一二年六月八日

内蒙古自治区高级人民法院、内蒙古自治区文化厅、内蒙古自治区知识产权局、内蒙古自治区工商行政管理局、内蒙古自治区版权局关于印发《关于建立知识产权多元化纠纷解决机制的规定》的通知

内高法〔2012〕172号

各盟市中级人民法院、文化局、科技(知识产权)局、工商行政管理局、新闻出版(版权)局:

为加大对知识产权的保护力度,努力营造创新的知识产权保护环境,形成知识产权行政、司法保护的合力,共同做好知识产权矛盾纠纷的化解工作,维护社会和谐稳定,经自治区高级人民法院、自治区文化厅、自治区知识产权局、自治区工商行政管理局、自治区版权局协商,共同研究制定《关于建立知识产权多元化纠纷解决机制的规定》,现印发给你们,请认真组织学习,切实贯彻执行。执行中遇到的新情况、新问题,请及时报自治区高级人民法院、自治区文化厅、自治区知识产权局、自治区工商行政管理局、自治区版权局。

内蒙古自治区高级人民法院、
内蒙古自治区文化厅、
内蒙古自治区知识产权局、
内蒙古自治区工商行政管理局、
内蒙古自治区版权局
二〇一二年十月九日

关于建立知识产权多元化纠纷解决机制的规定

自《国家知识产权战略纲要》实施以来,知识产权的创造、管理、运用、保护能力显著提升,知识产权权利人的维权意识显著增强,社会公众对知识产权的关注程度显著提高。近年来,知识产权行政、司法部门受理的知识产权纠纷案件数量不断增加,新类型案件大量涌现。为加大对知识产权的保护力度,努力营造创新的知识产权保护环境,形成知识产权行政、司法保护的合力,共同做好知识产权矛盾纠纷的化解工作,维护社会和谐稳定,根据《中华人民共和国民事诉讼法》、最高人民法院《关于建立健全诉讼与非诉讼相衔接的矛盾纠纷解决机制的若干意见》、《关于进一步贯彻"调解优先、调判结合"工作原则的若干意见》、《关于人民调解协议司法确认程序的若干规定》等规定,经自治区高级人民法院、自治区文化厅、自治区知识产权局、自治区工商行政管理局、自治区版权局协商,共同研究制定本规定。

一、建立健全行政与司法相衔接的知识产权多元化纠纷解决机制的目标

1. 人民法院和知识产权行政执法机关通过充分发挥其知识产权行政、司法保护职能作用,创新社会管理机制,促进各种知识产权纠纷解决方式相互配合和相互协调,做好知识产权行政与司法调解的相互衔接,为知识产权权利人提供更多可供选择的纠纷解决方式,实现知识产权权利人与社会公众的利益平衡,推进科技进步创新、文化发展繁荣、市场竞争有序,维护社会和谐稳定,促进自治区经济社会又好又快发展。

二、建立健全知识产权行政、司法部门的工作联络机制

2. 建立诉调对接工作联络小组,由各知识产权行政执法机关相关部门的负责人作为联络小组成员,并确定具体的联络人。

3. 联络小组的工作采取日常联络与联席会议相结合的机制,除日常沟通联系外,每年召开1~2次联席会议,通报化解知识产权纠纷的情况,研究疑难案件、交流信息,总结经验。

4. 建立重大知识产权案件通报预警机制,对于因知识产权权利人进行大面积维权,可能引发群体性纠纷的案件,受理单位可通过联络小组成员向主管单位进行通报,迅速启动诉前、庭前调解程序。

三、建立健全知识产权诉前调解与诉讼程序的衔接机制,做好司法确认工作

5. 各知识产权行政执法机关结合本单位的工作实际,制定适应本单位工作情况的调解工作章程,完善调解程序,规范调解行为,以便于调解工作的顺利开展。知识产权行政执法机关依当事人申请或依职权依法对知识产权纠纷进行调处后达成的有民事权利义务内容的调解协议或者作出的其他不属于可诉具体行政行为的处理,经双方当事人签字或者盖章后,具有民事合同性质。

6. 知识产权行政执法机关组织知识产权纠纷诉前调解,可以邀请自治区知识产权专家委员会成员或人民法院聘任的科学技术咨询专家参与调解;在知识产权行政执法机关认为确有必要时也可以邀请人民法院对诉前调解工作提供法律指导。

7. 主持调解的知识产权行政执法机关认为有必要时,可以引导当事人请求人民法院确认调解协议,人民法院应当自受理司法确认申请之日起十五日内作出是否确认的决定。人民法院经审查认为行政调解协议符合确认条件的,应当作出确认决定。人民法院根据和解协议作出确认后,应向主持调解的知识产权行政执法机关送达有关文书;不予确认和解协议的,还应向主持调解的知识产权行政执法机关说明具体事实、理由,并提出工作建议。

8. 人民法院依法作出确认决定后,一方当事人拒绝履行或未全部履行的,对方当事人可以向作出确认决定的人民法院申请强制执行。

9. 当事人不同意由知识产权行政执法机关组织调解,或者经知识产权行政执法机关组织调解在合理期间内不能达成调解协议的,知识产权行政执法机关依法作出行政处理决定或建议当事人及时向人民法院起诉。

10. 知识产权行政执法机关对于经过调解不能达成和解协议,在依法作出行政处理决定后,当事人不服提起行政诉讼的,可以在行政诉讼过程中向人民法院说明诉前调解的有关情况,人民法院知识产权审判业务庭按照知识产权案件“三审合一”审理模式在对行政行为进行审查时,可根据有关情况继续针对当事人之间的民事争议一并审理,并在作出行政判决的同时,依法对当事人之间的民事争议一并作出民事判决。

四、建立健全诉讼过程中的邀请调解、委托调解机制,形成化解社会矛盾的合力

11. 人民法院在审理知识产权纠纷案件过程中,当事人有和解意愿的,在征得当事人同意后,可以委托相关知识产权行政执法机关进行调解,经调解达成调解协议的,当事人可以请求人民法院在调解协议的基础上出具调解书,确认调解协议的效力,也可以自行申请撤诉。

12. 人民法院委托知识产权行政执法机关进行调解,应当制作委托调解函,并将起诉状、答辩意见以及主要的证据材料的复印件随函移送,必要时可以出具调解建议书。知识产权行政执法机关在收到人民法院的上述材料后,应当在五个工作日内就是否接受委托出具书面答复意见。知识产权行政执法机关接受委托的,应向人民法院复函告知主持调解人员的名单、联系方式。

13. 知识产权行政执法机关接受委托组织当事人进行调解的期限不超过一个月,期限届满不能达成协议的,由知识产权行政执法机关向人民法院出具终止调解函,载明调解的经过。

14. 知识产权行政执法机关接受人民法院委托,对知识产权民事纠纷组织的调解活动,是以中立立场引导平等民事主体化解矛盾纠纷、履行社会职责的行为,不属于具体行政行为。当事人以知识产权行政执法机关在组织调解过程中的具体举措不当为由,向人民法院提起行政诉讼的,人民法院不予受理。

五、建立健全诉调对接长效工作机制,做好宣传教育工作

15. 鉴于目前普通的市场经营主体尊重他人知识产权的意识还不够强,一些经营主体对侵犯知识产权行为的违法性及后果还缺乏一般认知,人民法院、知识产权行政执法机关在对知识产权侵权纠纷进行调解时,应加强对当事人的有关知识产权法律、政策教育,督促其严格履行相关法律义务,预防侵犯知识产权行为的发生。

16.对于已经受过行政处罚或被生效的民事判决判令承担侵权责任，又重复侵犯他人知识产权的组织或个人，人民法院和知识产权行政执法机关应依法加大制裁力度。知识产权行政执法机关在查处知识产权侵权行为的过程中，对于重复侵权涉嫌构成拒不履行生效的判决、裁定犯罪的，应及时向人民法院移送。

17.人民法院和知识产权行政执法机关之间加强调解工作的沟通和交流，根据诉调对接工作的实施情况，定期公布知识产权典型案例、工作信息、统计数据等信息，向相关部门进行通报，并对化解知识产权矛盾纠纷工作中有突出表现的集体和个人进行表彰，相互学习借鉴好经验、好做法，共同提高调解水平。

18.人民法院和知识产权行政执法机关应加强对工作成效的宣传报道工作，通过电视、报刊、互联网络等媒体对加大知识产权保护力度，化解知识产权矛盾纠纷工作中取得的成绩进行宣传报道，营造尊重知识产权、理性应对纠纷、诚信市场竞争的良好社会氛围。

19.本规定在实施过程中出现的新情况、新问题，由自治区高级人民法院、自治区文化厅、自治区知识产权局、自治区工商行政管理局、自治区版权局会商解决，并适时进行修订完善。

20.本规定自公布之日起施行。

二〇一二年十月九日

上海市高级人民法院关于审理知识产权大、要案的若干规定

沪高法民三(审)〔2012〕第1号

为进一步加强市高级人民法院(以下简称高院)对全市知识产权审判工作的指导、监督，规范全市法院知识产权大、要案的审判管理工作，提高全市法院知识产权大、要案审判工作的法律效果和社会效果，根据有关规定，结合本市法院知识产权审判实际，制定本规定。

第一条(总体要求)全市法院知识产权审判庭(以下简称知产庭)对知识产权大、要案应当及时上报、密切关注、深入研究、精心审理、认真总结。

第二条(案件范围)下列知识产权案件为知识产权大、要案：

(一)新类型案件；

(二)涉及知名人士、知名企业或知名作品的案件；

(三)垄断纠纷案件；

(四)诉讼标的额为人民币500万元以上(含本数)的案件；

(五)涉及驰名商标司法认定的案件；

(六)涉及外国人犯罪的案件；

(七)本市不同法院受理的关联案件；

(八)其他具有较大社会影响或社会敏感性较强的案件。

第三条(报告原则)对知识产权大、要案的上报工作实行庭长负责制,报告应当及时、准确、保密。

第四条(报告程序)基层法院知产庭应及时将起诉到本院的知识产权大、要案上报高、中院知产庭及高、中院分管知识产权审判工作的副院长。中级法院知产庭应及时将起诉或上诉到本院的知识产权大、要案上报高院知产庭和高院分管知识产权审判工作的副院长。

第五条(报告形式)报告应采用书面形式。如遇紧急情况来不及书面报告,应先口头报告,随后报书面材料。

第六条(报告内容)对知识产权大、要案的起诉、上诉、受理、审理及裁判等各诉讼阶段的情况应及时上报。报告一般应写明案件基本情况、争议焦点、审判进展、应对措施、处理结果等。

第七条(审判组织)知识产权大、要案的审理应由理论功底扎实、审判经验丰富的法官担任审判长和承办法官。必要时,可由庭长或分管院长担任审判长。

第八条(案件审理)对知识产权大、要案,合议庭应当认真做好庭前准备工作,加强诉讼指导,组织好开庭审理,增强裁判文书的论法析理。应通过审判长联席会议、庭务会、审判委员会等工作机制确保审判质量。

第九条(审判指导)各级法院应密切关注知识产权大、要案的进展,加强对有关问题的研究。上级法院应加强对下级法院知识产权大、要案审理工作的指导、监督,中院、基层法院知产庭在审结知识产权大、要案前应将拟处意见报高、中院知产庭及高、中院分管知识产权审判工作的副院长。

第十条(经验总结)知识产权大、要案审结后,相关法院对案件审理中涉及的法律问题应认真总结,提炼审判规则,为今后同类案件的审理提供指导,并可根据具体情况及时向有关单位发出司法建议。

第十一条(司法宣传)对社会有正面价值引领作用以及对规范社会行为有积极作用的知识产权大、要案,要加强宣传报道。对于社会敏感性较强,可能影响社会稳定的知识产权大、要案,要做好舆论引导工作,及时稳妥应对负面舆情。

第十二条(生效时间)本规定自2012年7月20日起实施。

上海市高级人民法院关于知识产权刑事审判工作若干问题的意见

沪高法(审)〔2012〕第9号

为提高本市法院知识产权刑事案件的审判质量和效率,进一步加强知识产权刑事司法保护,根据《中华人民共和国刑法》、《中华人民共和国刑事诉讼法》等法律的规定以及《最高人民法院关于认真学习和贯彻〈国家知识产权战略纲要〉的通知》等文件精神的要求,结合本市法院知识产权审判工作的实际,制定本规定。

第一条（案件范围）本规定所称的知识产权刑事案件，是指以假冒注册商标罪，销售假冒注册商标的商品罪，非法制造、销售非法制造的注册商标标识罪，假冒专利罪，侵犯著作权罪，销售侵权复制品罪，侵犯商业秘密罪提起公诉或自诉的刑事案件。

第二条（案号编制）知识产权刑事案件编“刑（知）”案号，案号编制规则为：（年份）+法院简称+刑（知）初字第×号，或（年份）+法院简称+刑（知）终字第×号。

第三条（审理部门）中级人民法院及基层人民法院知识产权审判庭审理以侵犯知识产权罪起诉的案件，起诉的罪名既有侵犯知识产权罪又有其他罪名的，由刑事审判庭审理。被告人是未成年人的，由少年审判庭审理；在共同犯罪案件中，既有未成年被告人又有成年被告人的，应分案处理，未成年被告人由少年审判庭审理，成年被告人由知识产权审判庭或刑事审判庭审理。高级人民法院受理的知识产权刑事案件由刑事审判第二庭审理。

第四条（案件管辖）案件受理后至一审判决前，对认定被告人是否构成侵犯知识产权罪有争议的，不再移送本院其他审判庭审理或移送其他法院管辖。

案件一审由基层人民法院知识产权审判庭审理的，上诉后由中级人民法院知识产权审判庭审理；案件一审由基层人民法院刑事审判庭审理的，上诉后由中级人民法院刑事审判庭审理；案件一审由基层人民法院少年审判庭审理的，上诉后由中级人民法院少年审判庭审理。

第五条（审判组织）中级人民法院及基层人民法院审理知识产权刑事案件一般应由知识产权审判庭法官组成合议庭审理，也可由知识产权审判庭和刑事审判庭法官共同组成合议庭审理。高级人民法院刑事审判第二庭审理知识产权刑事案件，应通知高级人民法院知识产权审判庭派员参与组成合议庭。

根据案件审理需要，知识产权审判庭和刑事审判庭可相互派员参加有关会议，共同参与有关案件讨论。

第六条（人员配备）受理知识产权刑事案件较多的法院，应当为知识产权审判庭配备具有丰富刑事审判经验的法官。受理知识产权刑事案件较少的法院，可以不在知识产权审判庭配备有刑事审判经验的法官，但应当由刑事审判庭指定专人负责参与知识产权刑事案件的审判工作。

第七条（审判程序）知识产权刑事案件一般适用普通程序审理。

第八条（审判指导）高级人民法院刑事审判第二庭负责全市法院知识产权刑事案件的审判指导工作，高级人民法院知识产权审判庭应当参与和协助。高级人民法院刑事审判第二庭制定有关知识产权刑事审判的业务文件时，应听取高级人民法院知识产权审判庭的意见。

第九条（案件请示）下级法院向高级人民法院请示知识产权刑事案件相关事宜的，应向高级人民法院刑事审判第二庭请示，并同时报高级人民法院知识产权审判庭备案。高级人民法院刑事审判第二庭解答下级法院请示的知识产权刑事案件的有关问题时，应征求高级人民法院知识产权审判庭的意见。

第十条（调研指导）高级人民法院刑事审判第二庭负责全市法院知识产权刑事案件的调研指导工作，高级人民法院知识产权审判庭予以协助。各相关法院应加强知识产权刑事案件的审判调研工作，对案件审理中发现的新情况、新问题和疑难复杂问题要认真研究并及时上报高级人民法院刑事审判第二庭和知识产权审判庭。

第十一条（培训研讨）为提高知识产权

刑事案件的审判质量和效率,全市刑事审判条线组织开展有关业务培训和研讨活动,应通知全市法院知识产权审判庭派员参加。

第十二条(外部协调)高级人民法院刑事审判第二庭牵头建立知识产权刑事审判外部协调机制,与公安、检察、工商、烟草、文化执法等部门建立联席会议制度,至少每年召开一次各部门相关人员参加的联席会议,就知识产权刑事案件审理中的有关问题加强沟通协调,促进提高知识产权刑事审判质效。

第十三条(施行日期)本意见自下发之日起施行。

上海市高级人民法院知识产权庭关于商标纠纷案件若干法律适用问题的解答

一、注册商标被许可人享有诉权的实体权利基础是商标权人的注册商标专用权,还是被许可人的许可使用权?判决停止侵权的,判决主文是表述为"停止侵犯注册商标专用权",还是表述为"停止侵犯被许可人对注册商标享有的许可使用权"?

答:注册商标的独占或排他被许可人享有诉权的实体权利基础是被许可人享有的许可使用权,即独占或排他许可使用权。理由是:通过与注册商标专用权人订立注册商标许可使用合同,独占或排他被许可人不仅享有在一定时间、地域内使用注册商标的权利,同时享有禁止他人(在独占许可情况下,还包括商标注册人)在相同时间、地域内使用注册商标的权利。独占或排他许可使用权不仅仅是一种债权,更类似于准物权,是具有对世效力的绝对权,可以排除他人对其享有的许可使用权的侵害。因此,商标侵权行为对独占或排他被许可人造成的损害是对其享有的实体权利——许可使用权的侵犯,注册商标独占或排他被许可人提起诉讼的请求权基础是商标法对许可使用权的保护。故在此类案件中,如果判决被告停止侵权的,判决主文应当表述为"停止侵犯被许可人对注册商标享有的许可使用权"。注册商标的普通被许可人通过商标许可使用合同获得的权利是在一定时间、地域内使用注册商标的权利,并不享有禁止他人在相同时间、地域内使用注册商标的权利。因此,对侵害注册商标的行为,普通被许可人通常没有诉权,但如果注册商标专用权人不起诉,且明确授权普通被许可人以自己的名义起诉的,则普通被许可人可以提起商标侵权诉讼,此时提起诉讼的请求权基础是商标权人的注册商标专用权。如果判决被告停止侵权的,判决主文应当表述为"停止侵犯注册商标专用权"。

二、在注册商标专用权人或注册商标的独占许可使用权人一方单独起诉的情况下,另一方是否有权另行起诉或者请求参加到已经开始的诉讼中来?

答:在注册商标专用权人或注册商标的独占许可使用权人一方单独起诉的情况

下，另一方如希望通过诉讼保护自己的权利的，可以另行起诉或者申请以共同原告的身份参加到已经开始的诉讼中来。理由是：第一，注册商标专用权人或注册商标的独占许可使用权人各自享有不同的实体权利，商标侵权行为的发生对注册商标专用权人或注册商标的独占许可使用权人会产生不同的损害后果，侵权责任人对这两方权利主体所承担的侵权责任也会有所不同，因此，在一方单独起诉维权的情况下，另一方可以另行起诉。如果另一方另行起诉，且前案尚未审结的，为了避免对同一侵权行为在不同案件中作出相互矛盾或不协调的判决，建议将两案合并审理，一并判决。第二，虽然注册商标专用权人或注册商标的独占许可使用权人各自享有不同的实体权利，二者提起诉讼的请求权基础不完全相同，但二者与侵权责任人发生的是同一个侵权法律关系，对该侵权法律关系完全可以在同一个案件中进行处理，因此，在一方单独起诉的情况下，另一方可以请求以共同原告的身份参加到已经开始的诉讼中来。

三、在注册商标专用权人和注册商标的独占许可使用权人共同提起侵权诉讼的情况下，如果被告应当承担损害赔偿责任的，损害赔偿金是判归注册商标专用权人一方所有，还是判归商标权人与被许可人双方所有？

答：无论是注册商标专用权人、注册商标的独占许可使用权人一方单独提起侵权诉讼，还是双方共同提起侵权诉讼，如果认定被告应当承担侵权损害赔偿责任的，且侵权行为发生的时间、地域未超过独占许可的时间和地域的，应当将侵权损害赔偿金全部判归独占许可使用权人，注册商标专用权人至多可以获得为维权而支出的合理费用的赔偿。理由是：独占许可使用权人在许可使用的时间、地域范围内是唯一有权使用被许可使用的注册商标的权利主体，此时，商标侵权行为损害的是独占许可使用权人的市场份额和市场销售利润，注册商标专用权人由于自身也无权使用该注册商标提供相应的商品与服务，因此，注册商标专用权人没有因商标侵权行为而遭受损失，故在此情况下，侵权损害赔偿金应当全部判归独占许可使用权人。

四、在商标权人对生产商和销售商提起的侵权共同诉讼案件中，生产商和销售商应当如何承担赔偿责任？

答：在商标权人对生产商和销售商提起的侵权共同诉讼案件中，生产商应当对市场上已销售的全部侵权产品承担赔偿责任。如果生产商已经对其生产、销售的全部侵权产品承担了赔偿责任，即赔偿责任已履行或强制执行完毕，就不能判决各个销售商再向商标权人承担侵权赔偿责任，否则商标权人将会获得重复赔偿。销售商的赔偿责任应当区分以下情况分别处理：

（1）销售商无过错的，销售商不承担赔偿责任，也不承担商标权人为制止侵权所支出的合理费用。在此情况下，侵权赔偿责任应当全部由生产商承担。理由是：《商标法》第 56 条第 3 款规定，无过错的销售商不承担赔偿责任，合理费用属于赔偿责任范围，故无过错的销售商也不应当赔偿合理费用。

（2）销售商有过错的，应当根据销售数量，就其因销售侵权产品行为而产生的损害后果，与生产商承担连带责任。理由是：《侵权责任法》第 8 条规定，“二人以上共同实施侵权行为，造成他人损害的，应当承担连带责任”。销售商销售侵权产品所产生的损害后果，是在生产商的生产、销售行为与销售商的销售行为的共同作用下发生的，即销售商销售侵权产品这一侵权行为并非销售商单方实施的,而是由生产商与销售商共同实施,因此在销售商有过错的情况下,生产商与销售商应当对销售商销售侵权商品所产生的损害后果承担连带责任。生产商、销售商对商标权人承担连带责任后,其内部可根据过错及原因力大小确定各自应当分担的赔偿数额。

五、同一侵权产品同时侵犯注册商标专用权、专利权、著作权等多项知识产权时,权利人是否可以根据要求保护的不同知识产权分别提起多个知识产权诉讼?如何确定此类案件的侵权损害赔偿额?

答:不论权利人是同一主体(如商标、专利和著作权由同一主体享有),还是不同主体(如商标、专利和著作权分属不同主体),均可以根据要求保护的不同知识产权分别提起不同的知识产权诉讼。理由是:虽然侵权产品是同一个,但权利人要求保护的多项知识产权可以形成多个不同的诉讼标的,即多个不同的实体法律关系,如商标侵权关系、专利侵权关系、著作权侵权关系等,各个不同的实体法律关系可以成立不同的诉,因此权利人可以分别起诉。由于权利人的分别起诉涉及同一个侵权产品、同一个被告,因此,为避免就关联案件作出相互矛盾的判决,应当合并审理,一并判决。

如果同一侵权产品同时侵害同一主体或不同主体的商标、专利和著作权的,确定此类案件的赔偿数额时,应当注意避免重复计算赔偿额,具体要求是:第一,以权利人的实际损失计算赔偿数额的,应当评估由同一侵权产品引发的商标侵权、专利侵权及著作权侵权分别导致的权利人实际经济损失,且总的赔偿金额不能明显高于侵权产品的利润总额。第二,以侵权人的非法获利计算赔偿数额的,应当评估由同一侵权产品引发的商标侵权、专利侵权及著作权侵权分别导致侵权人获得的非法利益,且总的赔偿金额不能明显高于侵权产品的利润总额。第三,以合理许可使用费计算赔偿数额的,原则上可以依据各项知识产权的合理许可使用费,分别计算商标侵权、专利侵权和著作权侵权的赔偿金额,但总的赔偿金额不能明显高于侵权产品的利润总额。第四,以法定赔偿方法计算赔偿数额的,原则上侵害各项知识产权的赔偿数额均可在法定赔偿金的范围内分别确定,但总的赔偿金额不能明显高于侵权产品的利润总额。

六、未经注册商标专用权人许可,在正牌商品的销售中使用注册商标进行宣传是否构成商标侵权?

答:通常,在正牌商品的销售中,销售商使用正牌商品上的注册商标宣传该商品,进行促销,是对注册商标的合理使用,不构成对注册商标专用权的侵犯。但是,销售商在利用他人注册商标进行促销宣传的时候,应当避免不合理使用他人注册商标导致的商标侵权和不正当竞争。如果销售商使用注册商标不仅仅是宣传注册商标专用权人的商品,还使用注册商标宣传销售商自身,并且足以导致相关公众误认为销售商与注册商标专用权人之间有特殊的关系,如误认为销售商是注册商标专用权人的专卖店、特约经销商等,则销售商使用他人注册商标进行广告宣传的行为已不属于对他人商标的合理使用,构成对注册商标专用权人的不正当竞争,应当承担相应的侵权民事责任。如果销售商使用他人注册商标宣传的商品并非是注册商标专用权人的商品,则销售商的行为构成商标侵权,也应当承担相应的侵权民事责任。

七、关于未注册商标是否可以许可使用的问题

答:我国商标法并未禁止未注册商标

的使用,也未禁止未注册商标的许可使用。因此,未注册商标可以成为许可使用合同的标的。在发生未注册商标许可使用合同纠纷时,不能仅以商标未经注册为由,认定合同无效。对于未注册商标许可使用合同纠纷,应当查明是否存在欺诈、重大误解,以及商标未注册是否导致不能实现合同目的等情况,从而依据合同法的规定作出合同是否可以变更、撤销、解除、继续履行等相应的处理。

八、如何认定销售商销售的侵权商品具有合法来源?

答:《商标法》第56条第3款规定,"销售不知道是侵犯注册商标专用权的商品,能证明该商品是自己合法取得的并说明提供者的,不承担赔偿责任。"根据本款规定,侵权商品的销售商不承担侵权损害赔偿责任需具备两个条件:一是主观上不知道销售的是侵犯注册商标专用权的商品;二是能证明该商品是自己合法取得的并说明提供者。第二个条件实质上是指,销售商销售的侵权商品具有合法来源。实践中,一般通过以下方法认定侵权商品是否具有合法来源:第一,销售商是否能说明侵权商品的提供者,如是否能讲清楚供货商、购销渠道等。不能说明侵权商品的提供者的,表明侵权商品没有合法来源。购销合同、发票、送货单、提货单等均可以作为证明侵权商品提供者的证据材料。第二,销售商是否能证明其进货价格是合理的。不能证明其进货价格是合理的,表明侵权商品没有合法来源。如果销售商讲不清楚进货价格,或者进货价格明显低于正牌商品的价格且不能说明理由的,则其不能证明进货价格是不合理的。销售商对正牌商品价格的了解程度,是判断其进货价格是否合理的重要因素之一,应当根据正牌商品的市场影响、销售状况、广告状况、销售商的类型等因素确定。

上海市高级人民法院知识产权庭关于审理商业特许经营合同纠纷案件若干法律适用问题的解答

编者按:目前,由于特许经营的经营模式迅猛发展,特许经营合同纠纷案件数量逐年上升,在本市法院知识产权庭审理的案件占有相当比重。经过较长时间的积累,各法院知识产权庭对特许经营合同纠纷案件审理都有一定经验,为进一步统一法律适用,提高特许经营合同纠纷案件审理水平,我庭在充分调研和听取各庭意见基础上,起草《关于审理特许经营合同纠纷案件若干问题的解答》,特此刊发,供各庭在审判实践中参考。

关于审理特许经营合同纠纷案件若干问题的解答

一、特许经营的法律特征是什么？如何认定特许经营合同？

答：特许经营的法律特征如下：一是特许人拥有注册商标、企业标志、专利、专有技术，以及在先使用并具有一定影响的未注册商标、商业秘密、字号商号等具有知识产权属性的经营资源；二是被特许人在特许人授权的特定经营模式下使用特许人的经营资源；三是被特许人应向特许人支付特许经营费。在审判实务中，存在着特许经营合同性质难以把握等问题，如有的特许经营合同名称为加盟合同、连锁经营合同、品牌专营合同；有的名称为项目合作协议、专柜经营协议、特约经销协议等等。我们认为对特许经营合同性质的把握应采取实质性认定原则，即应当根据合同是否具备了特许经营的法律特征予以认定，而不能仅以当事人所签合同的名称来认定。

二、什么是经营模式，经营模式有哪些表现形式和特点？

答：经营模式是指由特许人提供的，可以被被特许人复制的管理、经营方式、形象标志以及产品或者服务渠道的总和。经营模式可以体现在特许人的企业文化、经营理念、管理标准、促销策略、质量控制措施及店铺装修设计等多个方面。经营模式一般具有统一化、规范化、标准化、可复制化等特点。

三、特许人不具备“两店一年”，或者没有向商务主管部门申请备案的，其所签订的特许经营合同效力如何认定？

答：《商业特许经营管理条例》（以下简称《条例》）第7条第2款“特许人从事特许经营活动应当拥有至少2个直营店，并且经营时间超过1年”；第8条“特许人应当自首次订立特许经营合同之日起15日内，依照本条例的规定向商务主管部门备案”的规定，均属于管理性的强制性法律规范。特许人不具备“两店一年”及备案条件的不必然导致合同无效。

四、企业以外的其他单位和个人作为特许人从事特许经营活动，其所签订的特许经营合同效力如何认定？

答：《条例》第3条第2款“企业以外的其他单位和个人不得作为特许人从事特许经营活动”的规定，可以认定为行政法规的效力性强制性规定。因此企业以外的其他单位和个人作为特许人与他人签订特许经营合同，可以认定为无效。

五、对于法律、行政法规规定需要经批准方可经营的产品或服务，特许人或者被特许人未被批准的，其所签订的特许经营合同效力如何认定？

答：对于有些产品或者服务，法律、行政法规规定需要经行政批准方可经营的，应当取得有关批准文件。特许人或者被特许人未被批准许可的，其所签订的特许经营合同，可以认定为无效。

六、对于特许人提供的经营资源存在瑕疵，或者被依法撤销、宣告无效的，其所签订的特许经营合同效力如何认定？

答：特许人的经营资源存在瑕疵，主要表现为特许人许可被特许人使用的经营资源不具有处分权或权属不清，以及商标、专利等经营资源未被核准、授权等情况。我们认为在合同签订时，因特许人隐瞒其对经营资源无处分权或权属不清的事实，其行为构成欺诈的，被特许人可以请求撤销合同。对于特许人的经营资源在合同履行期间，因被依法撤销或者宣告无效的，被特许人可以请求解除合同。

关于未注册商标的许可问题，《条例》第3条所规定的经营资源虽然未包括未注册商标，但我国《商标法》并未禁止未注册商标的许可使用。因此，在先使用并具有一定影响的未注册商标亦可以成为特许人的经营资源。在特许经营合同纠纷中，不能仅以商标未经注册为由，认定合同无效，而应查明所签合同是否存在欺诈、重大误解等法律事由，以及商标未注册是否会导致合同目的不能实现等因素，综合认定合同效力。

七、如何理解《条例》第3章规定的信息披露制度？

答：《条例》规定的信息披露制度，其目的在于保护被特许人，使其在决定是否投资特许经营项目之前能够获得特许人的必要信息，以预测投资风险，防止商业欺诈。对特许人未履行披露义务的法律后果，应结合《合同法》的有关规定，综合考虑特许人隐瞒、夸大以及提供的虚假信息对合同目的的实现及对合同履行的影响。

八、如何理解《条例》第12条规定的“一定期限”及“单方解除合同”的含义？

答：《条例》第12条“特许人和被特许人应当在特许经营合同中约定，被特许人在特许经营合同订立后一定期限内，可以单方解除合同”的规定，其实质是“冷静期”的规定，目的是保护被特许人，以缓冲被特许人的投资冲动，赋予被特许人可以反悔的权利，因此在合同签订的合理期限内即使双方当事人未约定此条款，被特许人仍可以单方解除合同，期限有约定的从其约定，没有约定的，应结合行业特点、商业惯例等确定，但合理期限的时间一般不宜过长，通常应掌握在特许人的经营资源尚未被被特许人实际利用之前为宜。

九、特许经营合同因无效、被撤销及解除等原因终止后，特许经营费应如何处理？

答：特许经营费用是指在特许经营合同中约定的被特许人应向特许人交纳的费用。特许经营费一般在合同中被表述为加盟费、特许使用费、品牌使用费、保证金、培训费及广告宣传费等。特许经营合同无效、被撤销或解除后，特许经营费的返还，应当根据特许人与被特许人的过错程度，违约责任以及合同的实际履行情况等因素综合确定返还的金额。如被特许人无过错的，特许人应全额返还特许经营费；如特许人无过错的，特许经营费可不予返还；如双方均存在过错的，按各自过错责任分担特许经营费的金额。

十、在特许经营合同因无效、被撤销及解除等原因终止后，涉及包括商业秘密在内的具有知识产权性质的经营资源，应如何处理？

答：被特许人对其在合同订立、履行过程中获悉的特许人的商业秘密，在特许经营合同无效、被撤销或解除后，仍负有不得泄露相关信息，保守商业秘密的后合同义务。涉及到商业秘密的文件、资料应当返还给特许人。特许经营合同被无效、被撤销或解除后，被特许人应停止使用特许人的知识产权，返还具有知识产权属性的物品。但属于被特许人从事特许经营业务过程中的正常消耗的材料,可不予以返还并不承担赔偿责任。

十一、《条例》的起草有哪些立法背景和价值取向?

答:条例起草的主要目的是加强行政管理、使特许经营活动能够有序规范健康发展,同时也为了充分保护被特许人作为较为弱势的合同一方当事人的合法权益。如条例"两店一年"的规定是为了防止一些企业利用特许经营人进行欺诈活动。"两店一年"设定的初衷是为了提供一个衡量特许经营人的经营资源、经营模式是否成熟的量化指标。而备案制度其目的主要是为便于商务主管部门进行监督管理。《条例》第12条赋予被特许人的单方解除权,则是对被特许人的保护性条款,系借鉴国外"冷静期"的立法经验,以缓冲被特许人的投资冲动等。信息披露制度是为了促进公平交易,保护被特许人能够获得必要的经营信息,以判断经营风险和预期收益。

江苏省高级人民法院、江苏省文化厅关于印发《关于人民法院委托或者邀请江苏省娱乐行业版权调解委员会调解涉娱乐行业著作权民事纠纷案件的意见》的通知

江苏省高级人民法院　江苏省文化厅　苏高法〔2012〕400号

各市中级人民法院、各市具有知识产权案件管辖权的基层法院相关业务庭、各市文广新局:

为进一步加强娱乐行业著作权司法保护,充分发挥娱乐行业相关调解组织调处知识产权纠纷的职能作用,完善诉调对接工作机制,江苏省高级人民法院与江苏省文化厅共同制定了《关于人民法院委托或者邀请江苏省娱乐行业版权调解委员会调解涉娱乐行业著作权民事纠纷案件的意见》,现予印发,请遵照执行。

附件:《关于人民法院委托或者邀请江苏省娱乐行业版权调解委员会调解涉娱乐行业著作权民事纠纷案件的意见》

江苏省高级人民法院、
江苏省文化厅
二〇一二年九月二十九日

关于人民法院委托或者邀请江苏省娱乐行业版权调解委员会调解涉娱乐行业著作权民事纠纷案件的意见

为进一步加强娱乐行业著作权司法保护，充分发挥娱乐行业相关调解组织调处知识产权纠纷的职能作用，完善诉调对接工作机制，依据《中华人民共和国民事诉讼法》、《最高人民法院关于人民法院民事调解工作若干问题的规定》、《最高人民法院关于建立健全诉讼和非诉讼相衔接的矛盾纠纷解决机制的若干意见》等相关规定，结合工作实际，制定本意见。

第一条　人民法院审理涉娱乐行业的著作权民事纠纷案件，可以根据案件具体情况，委托或者邀请经文化和民政部门批准设立的江苏省及地方娱乐行业版权调解委员会（以下统称为调解委员会）进行调解或者协助调解。

第二条　对于涉娱乐行业的著作权民事纠纷案件，人民法院在立案、审判和执行的各个阶段，在征得各方当事人同意后，可以委托调解委员会在规定期限内进行调解，也可以邀请调解委员会协助参与调解。调解委员会也可以主动向人民法院申请参与调解。

第三条　调解委员会在案件调解过程中，应当遵循自愿、合法、公正的原则，并指派专门调解员负责案件调解。

第四条　调解委员会调解员的选聘工作，由江苏省高级人民法院会同江苏省文化厅，按照公开、公平、公正的原则进行。

第五条　调解员应当符合以下条件：

（一）遵纪守法，品德良好，责任心强；

（二）具备一定的娱乐行业著作权法律知识，并同时具备相应工作实践以及调解工作经验；

（三）是调解委员会的工作人员，或者是调解委员会的合作单位工作人员。

第六条　调解员的选聘，由江苏省文化厅按照本意见第五条规定的条件确定初步人选，在征得本人同意后，以书面形式向江苏省高级人民法院推荐。

江苏省高级人民法院对于江苏省文化厅推荐的调解员人选进行审核，经审核符合条件的，予以聘任并颁发聘书。

第七条　调解员的聘期一般为三年。聘期届满后可以续聘。

第八条　人民法院委托或者邀请调解委员会进行案件调解的，应当向调解委员会发出委托函或者邀请函，调解委员会应当及时确定调解员进行案件调解工作或者协助人民法院进行调解工作。

调解委员会主动向人民法院申请参与案件调解的，应当出具相应函件。

第九条　人民法院委托调解委员会进行案件调解的，人民法院诉调对接工作办公室登记编号后，相关审判业务庭应当将委托调解函和相关诉讼材料及时移送调解委员会。

人民法院委托或者邀请调解委员会进行案件调解的，调解委员会应当在调解员确定后三日内，告知当事人有关调解员情况以及相关诉讼权利义务。

第十条 调解员有下列情形之一的，应当主动提出回避申请，当事人也有权以口头或者书面形式申请回避，并说明理由：

(一)是本案当事人或者当事人、诉讼代理人的近亲属；

(二)与本案当事人有利害关系，可能影响案件公正处理；

(三)与本案当事人有其他关系，可能影响案件公正处理；

(四)有其他违反职业道德准则的行为，可能影响案件公正处理。

调解员的回避，由人民法院诉调对接工作办公室负责人或者相关审判业务庭的庭长决定。

第十一条 调解员参与案件调解，应当保持公正、中立，对于案件审理中的审判秘密、当事人的商业秘密、隐私以及人民法院、当事人要求保密的其他信息，应当承担保密义务。

第十二条 人民法院和文化部门应当为调解委员会的调解工作提供必要的条件。

经人民法院审查批准，调解委员会和调解员可以查阅相关案件材料。人民法院应当主动向调解委员会和调解员介绍案件基本情况及相关法律知识，调解委员会和调解员也可以主动了解案件情况及相关法律知识。

第十三条 涉娱乐行业著作权民事纠纷案件在立案前经调解委员会调解达成调解协议，当事人向人民法院申请司法确认或者要求出具民事调解书的，人民法院应当及时立案审查。

人民法院应当根据法律、司法解释的规定，严格审查调解协议的效力，依法出具调解协议效力确认决定书或者民事调解书。

第十四条 当事人在江苏省娱乐行业版权调解委员会地方分会主持下未达成调解协议的，在双方自愿的基础上可以申请由江苏省娱乐行业版权调解委员会组织再次调解，并由人民法院审查决定。

第十五条 人民法院在审理案件中涉及娱乐行业相关专业技术问题的，可以委托江苏省文化厅、省内各地方文化广电新闻出版局、调解委员会推荐有关技术专家提供技术咨询意见。

第十六条 江苏省高级人民法院、江苏省文化厅、调解委员会应当加强沟通联系和协作交流，进行娱乐行业著作权法律知识等领域的培训和研讨工作。

第十七条 本意见自发布之日起施行。

江苏省高级人民法院、江苏省知识产权局关于印发《关于人民法院委托或者邀请知识产权维权援助中心调解知识产权民事纠纷案件的意见》的通知

苏高法〔2012〕401 号

各市中级人民法院、各市具有知识产权案件管辖权的基层法院相关业务庭、各省辖市知识产权局、各知识产权维权援助中心：

为进一步加强知识产权司法保护，充分发挥知识产权公益服务机构调处知识产权纠纷的职能作用，完善诉调对接工作机制，江苏省高级人民法院与江苏省知识产权局共同制定了《关于人民法院委托或者邀请知识产权维权援助中心调解知识产权民事纠纷案件的意见》，现予印发，请遵照执行。

附件：《关于人民法院委托或者邀请知识产权维权援助中心调解知识产权民事纠纷案件的意见》

江苏省高级人民法院

江苏省知识产权局

二〇一二年九月二十九日

关于人民法院委托或者邀请知识产权维权援助中心调解知识产权民事纠纷案件的意见

为进一步加强知识产权司法保护，充分发挥知识产权公益服务机构调处知识产权纠纷的职能作用，完善诉调对接工作机制，依据《中华人民共和国民事诉讼法》、《最高人民法院关于人民法院民事调解工作若干问题的规定》、《最高人民法院关于建立健全诉讼和非诉讼相衔接的矛盾纠纷解决机制的若干意见》、《国家知识产权局关于加强专利行政执法工作的决定》等相关规定，结合工作实际，制定本意见。

第一条 人民法院审理知识产权民事纠纷案件，可以根据案件具体情况，委托或者邀请国家知识产权局在江苏省批准设立的知识产权维权援助中心及其分支机构（以下简称为援助中心）进行调解或者协助调解。

第二条 对于知识产权民事纠纷案件，人民法院在立案、审判和执行的各个阶段，在征得各方当事人同意后，可以委托援助中心在规定期限内进行调解，也可以邀

请援助中心进行调解。援助中心也可以主动向人民法院申请参与调解。

第三条 援助中心在案件调解过程中,应当遵循自愿、合法、公正的原则,并指派专门调解员负责案件调解。

第四条 援助中心调解员的选聘工作,由江苏省高级人民法院会同江苏省知识产权局,按照公开、公平、公正的原则进行。

第五条 调解员应当符合以下条件:

(一)遵纪守法,品德良好,责任心强;

(二)具备一定的知识产权法律知识,并同时具备相应工作实践以及调解工作经验;

(三)是援助中心的工作人员、援助中心专家库人员,或者是援助中心合作单位的工作人员。

第六条 调解员的选聘,由江苏省知识产权局按照本意见第五条规定的条件确定初步人选,在征得本人同意后,以书面形式向江苏省高级人民法院推荐。

江苏省高级人民法院对于江苏省知识产权局推荐的调解员人选进行审核,经审核符合条件的,予以聘任并颁发聘书。

第七条 调解员的聘期一般为三年。聘期届满后可以续聘。

第八条 人民法院委托或者邀请援助中心进行案件调解的,应当向援助中心发出委托函或者邀请函,援助中心应当及时确定调解员进行案件调解工作或者协助人民法院进行调解工作。

援助中心主动向人民法院申请参与案件调解的,应当出具相应函件。

第九条 人民法院委托援助中心进行案件调解的,人民法院诉调对接工作办公室登记编号后,相关审判业务庭应当将委托调解函和相关诉讼材料及时移送援助中心。

人民法院委托或者邀请援助中心进行案件调解的,援助中心应当在调解员确定后三日内,告知当事人有关调解员情况以及相关诉讼权利义务。

第十条 调解员有下列情形之一的,应当主动提出回避申请,当事人也有权以口头或者书面形式申请回避,并说明理由:

(一)是本案当事人或者当事人、诉讼代理人的近亲属;

(二)与本案当事人有利害关系,可能影响案件公正处理;

(三)与本案当事人有其他关系,可能影响案件公正处理;

(四)有其他违反职业道德准则的行为,可能影响案件公正处理。

调解员的回避,由人民法院诉调对接工作办公室负责人或者相关审判业务庭的庭长决定。

第十一条 调解员参与案件调解,应当保持公正、中立,对于案件审理中的审判秘密、当事人的商业秘密、隐私以及人民法院、当事人要求保密的其他信息,应当承担保密义务。

第十二条 人民法院和知识产权局应当为援助中心的调解工作提供必要的条件。

经人民法院审查批准,援助中心和调解员可以查阅相关案件材料。人民法院应当主动向援助中心和调解员介绍案件基本情况及相关法律知识,援助中心和调解员也可以主动了解案件情况及相关法律知识。

第十三条 知识产权民事纠纷案件在立案前经援助中心调解达成调解协议,当事人向人民法院申请司法确认或者要求出具民事调解书的,人民法院应当及时立案审查。

人民法院应当根据法律、司法解释的

规定，严格审查调解协议的效力，依法出具调解协议效力确认决定书或者民事调解书。

第十四条 人民法院在审理案件中涉及相关专业技术问题的，可以委托江苏省知识产权局、省辖市知识产权局、援助中心推荐有关技术专家提供技术咨询意见。

第十五条 江苏省高级人民法院、江苏省知识产权局、援助中心应当加强沟通联系和协作交流，进行知识产权法律知识等领域的培训和研讨工作。

第十六条 本意见自发布之日起施行。

江苏省高级人民法院、中国互联网协会、江苏省互联网协会关于印发《关于人民法院委托或者邀请互联网协会组织调解涉互联网知识产权民事纠纷案件的意见》的通知

苏高法〔2012〕402 号

各市中级人民法院、各市具有知识产权案件管辖权的基层法院相关业务庭、各市互联网协会：

为进一步加强网络环境下的知识产权司法保护，充分发挥行业协会调处知识产权纠纷的职能作用，完善诉调对接工作机制，江苏省高级人民法院与中国互联网协会、江苏省互联网协会共同制定了《关于人民法院委托或者邀请互联网协会组织调解涉互联网知识产权民事纠纷案件的意见》，现予印发，请遵照执行。

附件：《关于人民法院委托或者邀请互联网协会组织调解涉互联网知识产权民事纠纷案件的意见》

江苏省高级人民法院、
中国互联网协会、
江苏省互联网协会
2012 年 10 月 9 日

关于人民法院委托或者邀请互联网协会组织调解涉互联网知识产权民事纠纷案件的意见

为进一步加强网络环境下的知识产权司法保护，充分发挥行业协会调处知识产

权纠纷的职能作用,完善诉调对接工作机制,依据《中华人民共和国民事诉讼法》、《最高人民法院关于人民法院民事调解工作若干问题的规定》、《最高人民法院关于建立健全诉讼和非诉讼相衔接的矛盾纠纷解决机制的若干意见》等相关规定,结合工作实际,制定本意见。

第一条 人民法院审理涉互联网的知识产权民事纠纷案件,可以根据案件具体情况,委托或者邀请中国互联网协会调解中心、江苏省互联网协会(以下统称为互联网协会组织)进行调解或者协助调解。

对于江苏省范围内的涉互联网知识产权民事纠纷案件,一般委托或者邀请江苏省互联网协会进行调解或者协助调解,中国互联网协会调解中心提供相应支持。

第二条 对于涉互联网知识产权民事纠纷案件,人民法院在立案、审判和执行的各个阶段,在征得各方当事人同意后,可以委托互联网协会组织在规定期限内进行调解,也可以邀请互联网协会组织协助参与调解。互联网协会组织也可以主动向人民法院申请参与调解。

第三条 互联网协会组织在案件调解过程中,应当遵循自愿、合法、公正的原则,并指派专门调解员负责案件调解。

第四条 调解员的选聘工作,由江苏省高级人民法院会同互联网协会组织,按照公开、公平、公正的原则进行。

第五条 调解员应当符合以下条件:

(一)遵纪守法,品德良好,责任心强;

(二)具备一定的互联网专业技术或者法律知识,并同时具备相应工作实践以及调解工作经验;

(三)是中国互联网协会调解中心或者江苏省互联网协会的工作人员,或者是上述单位的会员单位工作人员。

第六条 调解员的选聘,由互联网协会组织按照本意见第五条规定的条件确定初步人选,在征得本人同意后,以书面形式向江苏省高级人民法院推荐。

江苏省高级人民法院对于互联网协会组织推荐的调解员人选进行审核,经审核符合条件的,决定予以聘任并颁发聘书。

第七条 调解员的聘期一般为三年。聘期届满后可以续聘。

第八条 人民法院委托互联网协会组织进行案件调解或者邀请协助参与调解的,应当向互联网协会组织发出委托函或者邀请函,互联网协会组织应当及时确定调解员进行案件调解工作或者协助人民法院进行案件调解工作。

互联网协会组织主动向人民法院申请参与案件调解的,应当出具相应函件。

第九条 人民法院委托互联网协会组织进行案件调解的,人民法院诉调对接工作办公室登记编号后,相关审判业务庭应当将委托调解函和相关诉讼材料及时移送互联网协会组织。

人民法院委托或者邀请互联网协会组织进行案件调解的,应当在调解员确定后三日内,告知当事人有关调解人员情况以及相关诉讼权利义务。

第十条 调解员有下列情形之一的,应当主动提出回避申请,当事人也有权以口头或者书面形式申请回避,并说明理由:

(一)是本案当事人或者当事人、诉讼代理人的近亲属;

(二)与本案当事人有利害关系,可能影响案件公正处理;

(三)与本案当事人有其他关系,可能影响案件公正处理;

(四)有其他违反职业道德准则的行为,可能影响案件公正处理。

调解员的回避,由人民法院诉调对接工作办公室负责人或者相关审判业务庭的庭长决定。

第十一条　调解员参与案件调解，应当保持公正、中立，对于案件审理中的审判秘密、当事人的商业秘密、隐私以及人民法院、当事人要求保密的其他信息，应当承担保密义务。

第十二条　人民法院和互联网协会组织应当为调解工作提供必要的条件。

经人民法院审查批准，互联网协会组织和调解员可以查阅相关案件材料。人民法院应当主动向互联网协会组织和调解员介绍案件基本情况及相关法律知识，互联网协会组织和调解员也可以主动了解案件情况及相关法律知识。

第十三条　涉互联网知识产权民事纠纷案件在立案前经互联网协会组织调解达成调解协议，当事人向人民法院申请司法确认或者要求出具民事调解书的，人民法院应当及时立案审查。

人民法院应当根据法律、司法解释的规定，严格审查调解协议的效力，依法出具调解协议效力确认决定书或者民事调解书。

第十四条　人民法院在审理案件中涉及互联网相关专业技术问题的，可以委托中国互联网协会、江苏省互联网协会推荐有关技术专家提供技术咨询意见。

第十五条　江苏省高级人民法院、中国互联网协会、江苏省互联网协会应当加强沟通联系和协作交流，进行互联网科技、互联网法律知识等领域的培训和研讨工作。

第十六条　本意见自发布之日起施行。

浙江省高级人民法院民事审判第三庭关于印发《浙江省知识产权一审民事案件审判规程（试行）》的通知

浙法民三〔2012〕1号

本省各中级人民法院及具有一般知识产权案件管辖权的基层人民法院：

为进一步规范一审知识产权民事审判程序，提高审判工作绩效，完善知识产权民事审判监督制约机制，根据法律、法规及相关司法解释的规定，结合我省知识产权民事审判工作实际，研究制定了本规程，现予印发，请认真贯彻执行。执行中如有问题，请及时报告我院民三庭。

二〇一二年十二月二十四日

浙江省知识产权一审民事案件审判规程(试行)

第一章 任务和目的

第一条 为进一步规范一审知识产权民事审判程序,提高审判工作绩效,完善知识产权民事审判监督制约机制,根据法律、法规及相关司法解释的规定,结合我省知识产权民事审判工作实际,制定本规程。

第二条 知识产权民事审判工作人员应当强化程序与效率意识,严格按照本规程,切实履行审判职责,保障知识产权民事审判工作公开、公正、高效、规范进行。

第二章 收案与分案

第三条 内勤负责接收由立案部门送交的案件,逐一核对案件的案号、案由、清点案卷材料及相关证物,如发现与案件移送材料单记载不符,须报庭领导同意后将案卷退回立案庭补齐,经核对无误后签收。

内勤应在收案当日完成案件登记工作,并将案件呈交庭长或庭长指派的其他人员分配。分案人员应及时分案,指定合议庭并确定案件主审法官。

第四条 涉及相关党委、人大、政协、政府及舆论关注的案件、可能引发群体性事件的案件、可能影响产业或行业发展秩序的重大、疑难、复杂和新类型等案件,要严格按照知识产权大要案报告制度,及时层报浙江省高级人民法院知识产权审判庭。

第五条 专业型人民陪审员应当参与案件的审理。庭领导应视本庭现有审判力量并结合案件的实际情况确定知识产权专业型人民陪审员参加案件的审理。

人民法院要充分发挥知识产权专业型人民陪审员的专业优势,强化、规范陪审员的使用,切实保障陪审员全面行使审判职能。

第六条 对于关联案件,庭领导应本着既方便案件审理,又便于当事人诉讼的原则,结合案件的实际情况和关联案件的数量,合理分配案件,以确保裁判标准的统一,节约诉讼成本。

第七条 对于双方当事人争议不大、案情比较简单的案件，庭领导可以在分案时确定一名主审法官按照有关规定先进行庭前调解。

庭前调解的时间一般不得超过 15 个工作日，逾期调解不成的，应及时恢复案件排期审理。

第三章 审判组织

第八条 人民法院审理一审知识产权民事案件一般应由专门的合议庭负责，经浙江省高级人民法院核准的基层人民法院审理事实清楚、权利义务关系明确、争议不大的知识产权民事案件，可适用简易程序，有关简易程序审理规程另行制定。

第九条 合议庭成员、书记员的组成与配备要结合所在法院现有的审判力量与人员知识结构，相对固定、定期轮换并及时充实。

第四章 调 解

第十条 人民法院审理第一审知识产权民事案件应当贯彻“调解优先，调判结合”的原则，结合知识产权民事案件的特点和审判规律，积极探索调解工作机制，将调解工作贯穿于案件审理的各个阶段，充分发挥知识产权司法调解的作用，鼓励通过权利共有、交叉许可、授权使用以及转让等方式，促进知识产权的传播、推广、交流与应用，推进技术创新和智力成果转化，促成纠纷各方共利互赢，经济、高效、便捷地解决知识产权纠纷，助推社会经济发展。

第十一条 知识产权诉讼调解应当贯彻自愿原则，当事人可以决定是否调解，可以选择调解的时机和方式，决定调解内容和调解协议的生效方式等，人民法院应切实保障当事人诉讼权利和实体权利，不得强行调解。

第十二条 知识产权诉讼调解应当贯彻合法原则，人民法院应就调解协议内容是否违反法律、行政法规的禁止性规定以及是否损害社会公共利益和第三人合法权益等事项进行合法性审查。

第十三条 知识产权诉讼调解应当贯彻灵活性原则，人民法院在法定程序范围内可以灵活启动调解机制、合理把握调解尺度、适当选择调解方式、合理运用调解制约条款、妥善确定调解协议生效方式。

对于涉及复杂历史背景的知识产权案件，要在查明基本事实的基础上，既遵照法律原则和精神，又充分考虑历史和现状，引导当事人达成公平合理的调解协议。

第十四条 知识产权诉讼调解应当贯彻保密原则，涉及商业秘密和个人隐私的知识产权案件调解工作、当事人就调解内容达成保密协议或调解协议中含有保密内容的，在诉讼过程中要注意采取适当措施进行保密。

第十五条 人民法院在调解过程中可客观分析引起纠纷的原因，结合现有证据和案件事实，及时就权利状态、可能适用的法律规定、技术比对的初步意见、已生效的同类型案件的处理结果等依法行使释明权，促使当事人达成调解协议，以节约当事人诉讼成本和司法资源，提高诉讼效率，但不得泄露审判秘密。

第十六条 人民法院对重复侵权、源头侵权、规模化侵权、恶意侵权等严重侵权行为，应加重其赔偿责任，谨慎对待严重知识产权民事侵权纠纷案件的调解工作，努力确保权利人获得充分的损害赔偿，切实保障当事人合法权益的实现。

第十七条 人民法院在调解过程中应

注意查明事实,明确法律关系,防止当事人恶意串通和虚假诉讼。

第十八条 人民法院可以邀请知识产权权利审批机构、行政执法部门、相关行业协会以及具有专门业务知识和特定社会经验人士等协助参与知识产权诉讼调解,充分发挥其调解作用。

委托有关行政执法部门、相关行业协会调解的案件,可以按照《关于建立专利民事纠纷诉调对接机制的意见》、浙江省高级人民法院与中国互联网协会调解中心的《委托调解协议》规定办理。

第十九条 人民法院调解知识产权民事案件应严格遵守审限制度,不得久调不结。调解不成的,应当及时裁判,当事人为达成调解协议或者和解的目的作出妥协所涉及的内容,不得作为其承担民事责任的证据。

第五章 庭审前的准备

第二十条 合议庭应及时审查案件受理通知书、起诉状副本、举证、应诉通知书及答辩状副本等基础诉讼文书的送达情况。

第二十一条 合议庭应书面告知案件当事人有关知识产权民事诉讼的权利义务及诉讼风险。

第二十二条 合议庭应主动审查原告起诉是否符合法定条件,发现起诉不符合受理条件的,依法裁定驳回起诉,或将案件移送有管辖权的人民法院。

第二十三条 合议庭应审查必须共同参加诉讼的当事人有无参加诉讼,没有参加诉讼的,应及时评议后通知其参加诉讼。

共有知识产权的部分共有人起诉的,必须共同进行诉讼的其他共有权人没有参加诉讼的,合议庭应当通知其参加诉讼,当事人也可以向合议庭申请追加。

应当追加的原告明确表示放弃实体权利的,可不予追加。

权利共有人既不愿意参加诉讼,又不放弃实体权利的,仍应追加为共同原告,其不参加诉讼不影响合议庭对案件的审理和依法判决。

被告申请追加其他民事主体作为共同被告的,未经原告同意,不予追加。

第二十四条 著作权的部分权利人可以就除转让以外的其他著作权利以自己名义单独提起诉讼,其他权利人可凭权利人主体资格作为共同原告加入诉讼,合议庭不予主动追加。

部分权利人获得赔偿后,其他权利人不得另行起诉主张同一权利,但可向该部分权利人主张所得收益的分配。

第二十五条 针对知识产权案件取证难、举证难、技术性高以及隐蔽性较强等特点,合议庭应适时向当事人释明举证要求、举证责任分配、举证时效、证据失效等相应法律后果,正确引导、督促当事人在合理期限内积极、全面、充分地完成举证。

在对当事人各方提供的证据进行初步审查的同时,应切实履行法院调查取证职能,积极、谨慎地采取民事诉讼证据保全措施,合理借助司法鉴定和专家辅助人等诉讼制度,全面、客观地审查、核实证据。

第二十六条 合议庭行使释明权的范围应限于防止因信息不对称而造成诉讼突袭和司法不公的出现,促使各方当事人之间的诉讼信息通畅、对称,诉讼能力大体平衡。

第二十七条 对于案件比较复杂、证据材料较多的案件,合议庭可以组织各方当事人进行庭前证据交换,并适时进行必要的举证释明。对于各方当事人在庭前证据交换中无异议的事实、证据,可直接予以认定。

第二十八条　涉及新产品制造方法专利侵权诉讼的举证责任分配：

（一）原告对依照其专利方法直接获得的产品是否为新产品、依照被诉侵权方法直接获得的产品与依照其专利方法直接获得的产品是否相同，负有举证责任；

（二）原告完成前项举证的，被告应对制造同样产品的制造方法不同于专利方法承担举证责任，但被告无须提供其全套工艺方法资料，其举证责任以能够证明其所用的工艺方法与涉案专利方法不同为限；

（三）合议庭应视被告举证情况向原告释明，其可在举证期限届满前采取恰当、有效的证据收集方式来补充举证，包括申请法院证据保全和现场勘验等；

（四）被告能够证明原告产品并非新产品或者与其产品不相同的，原告仍应当对被告产品的制造方法承担举证责任；

（五）新产品制造方法专利诉讼适用举证责任倒置的，被告请求保护与之有关的技术秘密的，合议庭应责令原告及其委托代理人、鉴定人、证人等诉讼参与人对被告的技术秘密承担保密义务，必要时应签署相关保密协议；

（六）与涉案专利有直接关联、对认定是否构成侵权有决定性作用但同时又涉及技术秘密的工艺资料不得在公开庭审中出示，但仍应经对方当事人质证，未经质证不得作为案件认定的依据。

第二十九条　涉及侵犯商业秘密的不正当竞争诉讼的举证责任分配：

（一）原告对其合法拥有商业秘密，商业秘密的载体、内容、商业实用性和价值性，采取的具体保密措施，被告披露、使用或允许他人使用信息与其商业秘密达到实质相似的程度及被告具有使用不正当手段获取其商业秘密的条件等承担举证责任；

（二）原告完成前项举证后，在被告不能提供反证的情形下，即可推定被告侵权成立；

（三）既不能简单要求原告在诉讼之初就将商业秘密作为证据悉数提供，防止被告在诉讼中利用原告的举证获得更多的秘密信息，同时亦要顾及不同的权利主体可以同时拥有相同或者近似的商业秘密的权利属性，避免不合理加重被告的举证责任；

（四）合议庭应及时审查商业秘密侵权诉讼各方当事人的举证情况，合理平衡各方当事人的诉讼能力，依法适时进行诉讼举证责任的分段转移，及时明确原、被告相应的举证责任；

（五）原告申请法院采取证据保全、现场勘验等措施取证的，应提供关于被告涉嫌侵犯商业秘密的初步证据和线索，并提供申请事项属于原告确因客观原因不能自行收集的证据。

第三十条　当事人申请法院进行证据保全、财产保全、调查取证、申请司法鉴定、专家辅助人出庭的，分别按本规程的相关规定办理。

第三十一条　当事人申请证人出庭作证的案件，主审法官应在合议庭评议后，在开庭前的合理期限内告知当事人是否准许。

第三十二条　主审法官应及时通知合议庭其他成员阅卷，并通报案情及开庭时间、地点。

第三十三条　开庭时间、地点以及合议庭成员的变更，应在开庭前依法及时告知各方当事人。

第三十四条　书记员应按照主审法官或合议庭的指令，严格按照法定期限、方式向案件当事人送达各类诉讼文书并经核实后及时向主审法官通报，以便主审法官根据送达情况调整审理进程。

第六章 开庭审理

第三十五条 合议庭成员、书记员应坐姿端正、着装规范、举止文明、语气庄重、语速适当,保持良好精神面貌。

第三十六条 审判长应熟练驾驭庭审、把握庭审中心环节、突出庭审重点、维持庭审秩序、充分发挥合议庭组成人员的集体智慧,切实体现庭审的“公正、高效、文明、规范”。

第三十七条 审判长应注重平衡当事人的诉讼能力、提高诉辩质量、调动各方当事人的诉讼积极性,对当事人庭审过程中产生的争议与冲突加以适时、适事、适度的掌控。

第三十八条 合议庭不得就案件的诉讼时效、现有技术或现有设计抗辩、当事人提供的证据材料是否充分等事项向当事人行使释明权,但存在下列情形的,合议庭应当予以释明,并记录在案:

(一)当事人对诉讼请求或答辩意见陈述不明确的;

(二)诉讼主体瑕疵或有遗漏的;

(三)当事人主张的法律关系性质或民事行为效力与法院的认定可能不一致的;

(四)指定举证期间及告知逾期举证法律后果的;

(五)分配举证责任及告知举证不能法律后果的;

(六)重新指定举证期间的;

(七)拟采用拟制自认规则作出认定的;

(八)有证据证明一方当事人持有证据拒不提供,且对方当事人主张该证据的内容不利于证据持有人,拟推定该主张成立的;

(九)当事人对于相关法律规定或者法律术语不清楚的;

(十)其他需要释明的事项。

第三十九条 合议庭应根据当事人各方的诉辩意见,适时就案件审理的争议焦点加以归纳和明确,并征询各方当事人意见。

第四十条 合议庭应在明晰案件争议焦点的基础上突出案件调查重点,熟练运用知识产权案件特有的审查规则查清事实、明辨是非。

第四十一条 合议庭应就涉诉权利的有效性依据职权主动进行审查。

权利有效性审查包括原告所主张权利的法律效力以及原告是否有权提起相应诉讼。

第四十二条 合议庭应就涉诉权利的保护范围主动进行审查。

第四十三条 合议庭应根据侵权判定的程序规则,依法进行被诉侵权物的比对审查。

被诉侵权物比对应以实物证据比对为原则,复制品或图像比对应经诉讼当事人确认与实物证据无异后方可进行。

对于无法移动的被诉侵权物及其他无法提交法庭当庭比对的实物,合议庭应当在实物证据所在现场组织各方当事人进行比对。

第四十四条 合议庭在法庭辩论阶段要引导诉讼当事人根据庭审查明的证据和事实及法律法规,围绕案件争议焦点,就证据效力、涉案事实、法律适用及实体处理等展开辩论。

第四十五条 合议庭应给予诉讼当事人各方均等的辩论机会,平衡当事人的辩论能力;对于辩论能力欠缺、意思表达不完整、对法律法规理解有明显错误的当事人,审判长可视实际情况给予必要的启发、引导、提醒,使其能完整、真实表达意见。

第四十六条　法庭调查或法庭辩论结束后,审判长一般应在合议庭评议的基础上作出庭审小结。

案件事实清楚,证据确实、充分,适用法律没有异议的,经合议庭评议,可当庭宣告判决。

第四十七条　书记员应当做好庭审记录并在庭审结束后,当庭或在庭审后5日内将庭审笔录交给参加诉讼的当事人、委托代理人和其他诉讼参加人签名确认。上述人员如认为笔录有遗漏或差错的,有权申请补正。经主审法官同意补正后,由补正人员签名或盖章,并记明补正日期。

合议庭成员、书记员应认真审阅庭审笔录并签名确认。

第七章　评议与结案

第四十八条　合议庭评议制度应当贯穿审判过程的始终,评议活动可以根据案件审理的实际情况于庭审前、庭审休庭时、庭审后及时进行;下列事项应当进行评议:

(一)送达效力及公告送达;

(二)管辖权异议;

(三)当事人申请证据保全、财产保全、先予执行、延期举证、调查取证、委托鉴定、限制出境等;

(四)当事人申请证人及专家辅助人出庭作证;

(五)中止诉讼、恢复审理、终结诉讼;

(六)主要事实的举证责任分配;

(七)当事人的举证是否超过举证期间以及是否同意当事人补强证据、反驳举证的申请并重新指定举证期间;

(八)当事人申请撤诉;

(九)对调解协议的合法性审查;

(十)需要就案件的性质、证据和事实的认定、法律的适用、是非责任和处理结果等作出结论;

(十一)其他应当由合议庭评议的事项。

第四十九条　合议庭成员评议案件实行少数服从多数原则,各成员应当认真负责,充分陈述意见,独立行使表决权,不得拒绝陈述意见或者仅作同意与否的简单表态。同意或反对他人意见,也应当提出事实和法律依据,进行分析论证,少数人的意见应当记入笔录。

第五十条　重大、疑难、复杂案件,合议庭不能形成多数意见或倾向性意见的,由审判长报请庭领导提交审判长联席会议或庭务会议讨论;审判长联席会议或庭务会议依据多数意见或倾向性意见所作出的决议必须再经由合议庭评议通过方可作为案件处理的依据。

上述案件也可由庭领导提请院长决定是否提交审判委员会讨论。

第五十一条　书记员制作评议笔录应准确完整,笔录应由合议庭组成人员、书记员签名。

第五十二条　一审知识产权民事案件可以根据案件审理的实际情况以调解、裁定、判决等方式结案;裁判文书应经合议庭成员共同审核并提出修改意见,合议庭成员均应在裁判文书底稿上签名;对于以调解、撤诉方式结案的案件,一般由审判长或庭长签发;对于以裁定驳回起诉、判决方式结案的案件,应由审判长审核后交由院、庭长签发。

第五十三条　知识产权裁判文书要全面、简洁地概括当事人的诉辩主张,客观体现当事人的举证、质证的过程及法院对有争议证据的分析认证,对事实认定、法律适用及实体处理要进行充分、系统地说理,说理要有针对性。

第五十四条　对于涉及商业秘密等不

宜公开的内容,可以采用技术处理方式,如用代号替代;在对方当事人已经知晓上述内容的情况下,也可以在其作出保密承诺后,将上述内容在判决书附件中予以表述,附件只送达当事人,不对外公开。

第五十五条 裁判文书文本后应附有裁判所适用的法律条文,当裁判文书内容难以用语言文字表达或用附图等方式效果更好的,可在裁判文书文本后附有相关权利标识、视图及对应的被诉侵权标识、附图。

第五十六条 裁判文书签发后须经主审法官或书记员两人两次以上核对,确保裁判文书无误后及时送交打印、盖章并粘贴。

裁判文书交付书记员送达前,主审法官应就文字、语句有无错误、是否已加盖法院公章等问题进行最后审核。

第五十七条 合议庭应针对知识产权案件专业技术性强、案件认定事实与适用法律相对复杂及法官自由裁量度较高的特点,强化判后答疑工作,在裁判文书送达时即可就案件的事实认定、证据采信、裁判理由、法律适用、裁判主文含义等进行解释,并对当事人提出的各种涉案问题给予耐心细致的解答,引导其从理性的角度理解裁判文书、息诉服判,消除涉诉信访的隐患。

第八章　上诉移送、归档与证物保管

第五十八条 当事人提起上诉的,主审法官应当在收到上诉状后及时将上诉状副本交由书记员在五日内送达其他当事人。

第五十九条 一审法院应及时将一审案卷附上诉状、民事案件上诉移送函、一审裁判文书及相关物证等移送上诉法院。

被上诉人未在法定期限内书面答辩的,不影响上述材料的移送。

第六十条 书记员应当规范整理、装订卷宗:

(一)诉讼材料的排列顺序,应按照相关规定及诉讼程序的进程和时间的自然流程顺序,兼顾文件之间的有机联系进行排序,难以列入上述排序的,则应根据该材料的性质决定它在卷宗中的相应位置,避免内容、形式混乱;

(二)卷宗封面应正确、工整填写,不得任意改动,案由应与裁判文书确定的结案案由一致,审判人员应与裁判文书所列审判人员一致,处理结果一栏的填写要明确、具体;

(三)卷宗应装订整齐。

第六十一条 除可以存放于卷宗内的小型证物外,人民法院扣押、提取的证物及当事人提交的证物均应及时、统一归置于证物室或其他专门地点分类存放并登记,登记本中应载明案号、主审人、证物名称、数量、入库时间等信息,证物或封存证物的包装上应载明案号、主审人、保全或证物提交时间等信息。

第六十二条 在案件审理过程中因开庭等原因需要调取证物的,应对调取时间、调取原因及证据归还等情况予以登记。

第六十三条 以判决方式结案的,被保全的证物由人民法院保管。

以调解或撤诉方式结案的,证物按各方约定的方式处理;没有约定的,可将证物返还给提交方。

第九章　诉前禁令

第六十四条 人民法院应依法谨慎适用知识产权诉前禁令制度,既要充分保护权利人的合法权益,又要防止权利人权利滥用。

第六十五条 诉前禁令的管辖适用一般知识产权民事案件诉讼管辖的规定。

第六十六条 当事人申请诉前禁令应当递交书面申请。

书面申请应当载明当事人基本情况、申请的具体内容、范围和理由等事项。

第六十七条 当事人申请诉前禁令必须同时具备以下条件：

（一）申请人主张的权利真实有效；

（二）申请人有证据证明他人正在实施或即将实施侵犯其知识产权的行为；

（三）申请人有证据证明如不及时制止会给其合法权益造成难以弥补的损害；

（四）申请人提供了合理、有效的担保；

（五）诉前禁令的采取不得损害社会公共利益。

第六十八条 申请人主张的权利真实有效的证据包括但不限于权利证明文件、专利行政部门出具的专利权评价报告或检索报告、专利权经无效宣告程序被维持有效的审查决定及认定权利合法有效存在的司法裁判文书等。

第六十九条 人民法院对申请人提供证明他人正在实施或即将实施侵犯其知识产权行为的证据,应进行实质性审查。

第七十条 专利侵权案件诉前禁令申请的权利证据审查：

（一）申请人专利权属证明的合法性审查；

（二）被诉侵权产品及其取得来源的合法性审查；

（三）被诉侵权产品或方法的技术特征与申请人专利技术特征的对比审查；

（四）对于实用新型案件还可以要求申请人同时提供专利权评价报告或检索报告；

（五）存在专利权转让或许可使用合同时对登记证明或备案证明的合法性审查；

（六）其他需要审查的事项。

第七十一条 商标权侵权案件诉前禁令申请的权利证据审查：

（一）申请人商标权属证明的合法性审查；

（二）被诉侵权产品及其取得来源的合法性审查；

（三）被诉侵权商标与申请人商标的对比审查；

（四）是否同类或类似商品的对比审查；

（五）存在商标转让或许可使用合同时对登记证明或备案证明的合法性审查；

（六）其他需要审查的事项。

第七十二条 著作权侵权案件诉前禁令申请的权利证据审查：

（一）对包括著作权的底稿、原件、合法出版物、著作权登记证书、认证机构出具的证明、取得权利的合同等可以证明申请人为作品权利人的相关证据的合法性审查；

（二）被申请人使用的作品的来源及合法性审查；

（三）被诉侵权作品与申请人作品的实质性相似审查；

（四）被申请人是否有接触申请人享有著作权的作品的可能性审查；

（五）其他需要审查的事项。

第七十三条 人民法院应谨慎行使“如不及时制止会给申请人的合法权益造成难以弥补的损害”的自由裁量权。

是否构成难以弥补的损害,应考量以下因素：

（一）用以初步证明申请人因被侵权可能遭受的损失或被申请人因侵权可能获得的利益的证据,如申请人的生产、销售利润以及市场份额的减少或被诉侵权产品的销售数量等相关证明；

(二)被诉侵权人的实际赔偿能力、被损害的权益得以恢复原状以及损害后果获得救济的程度;

(三)被诉侵权人的行为是否构成持续性的侵害且仍在继续中;

(四)被申请人的行为导致申请人非财产性权益如申请人名誉、良好的商业信誉、商品声誉的严重损害,知识产权的价值、产品潜在的市场份额的严重减少或市场竞争地位的严重下降等;

(五)其他构成难以弥补损害的考量因素。

经济利益不明显的专利产品,或知名度较低的注册商标的侵权案件,即使初步判定申请人胜诉的可能性较大,仍应考虑以最终的金钱赔偿方式来代替诉前禁令。

第七十四条　诉前禁令担保的合理、有效性审查:

为确保担保的合法、有效,可依个案情况采取保证、抵押、质押等法定方式,但通常应限于财产担保;财产担保数额应按照侵权损害赔偿原则确定,即以错误申请可能造成的全部损失为依据予以确定,损失包括直接损失和间接损失。

第七十五条　担保范围应考量以下因素:

(一)责令停止有关行为所涉及产品的销售收入、合理的仓储、保管等费用及人员工资等其他损失,包括因合同不能履行或迟延履行可能产生的违约损失;

(二)被申请人准备实施生产、销售行为的,其专门用于生产被诉侵权产品的原材料费用损失;该原材料未减少其价值的除外;

(三)禁令的实施可能涉及被申请人的商誉、名誉等损害的,也可作为损失予以考量;

(四)禁令的实施可能涉及的其他损失。

第七十六条　被申请人提出复议请求并经法院审查后,认为申请人初次提供的担保不能弥补被申请人可能遭受的损失的,可以要求申请人追加担保数额。

第七十七条　诉前禁令的解除条件审查:

(一)被申请人在法定期限内申请复议,经审查,诉前禁令并不符合法定条件或还未达到必须作出禁令的程度;

(二)申请人未按人民法院要求追加担保的;

(三)申请人未在法定期限内起诉的;

(四)起诉后法院裁定不予受理且申请人未提起上诉或上诉后二审维持一审裁定的;

(五)法院驳回申请人起诉或驳回申请人诉讼请求,申请人未提起上诉或上诉后二审维持一审裁判的;

(六)准予撤诉或按撤诉处理的;

(七)申请人主动申请解除有关措施的;

(八)其他情形。

人民法院解除该诉前禁令措施不影响财产保全或证据保全措施的依法实施。

第十章　证据保全

第七十八条　诉前证据保全适用一般知识产权民事案件诉讼管辖的规定。

第七十九条　人民法院应对诉前证据保全的申请人提供的侵权证据作出侵权可能性的初步判定后,再确定是否准许该诉前证据保全申请,但该初步判定不得影响侵权诉讼的最终认定。

第八十条　当事人申请证据保全应当递交书面申请。

书面申请应当载明当事人基本情况,

申请保全证据的理由、内容、范围、所在地点，请求保全的证据能够证明的对象，包括证据可能灭失或者以后难以取得，且当事人及其诉讼代理人因客观原因等不能自行收集的具体说明。

第八十一条　人民法院应及时对证据保全申请的合法性进行审查：

（一）申请人是否为适格主体，即权利人及其利害关系人，其中利害关系人包括知识产权财产权利的合法继承人和知识产权许可合同的被许可人等，独占实施许可合同的被许可人可单独向人民法院提出申请，排他实施许可合同的被许可人在权利人不申请的情况下，可提出申请；

（二）申请人是否提交了证明自己权利存在以及该权利遭受被申请人侵犯等初步证据；

（三）申请保全的证据内容是否属于其举证证明的内容；

（四）其他需要审查的事项。

第八十二条　人民法院应及时对当事人提出证据保全申请的必要性进行审查，即申请保全的证据可能灭失或以后难以取得，且当事人及其诉讼代理人因客观原因不能自行收集。

必要性审查还应考量以下因素：

（一）证据是否可由当事人通过购买等方式自行取得；

（二）证据是否可由公证机关保全取得；

（三）是否存在《最高人民法院关于民事诉讼证据的若干规定》中第七十五条规定的情形，即有证据证明持有证据的一方当事人无正当理由拒不提供；

（四）其他能自行取得的途径。

第八十三条　人民法院应谨慎行使“证据可能灭失或者以后难以取得”的自由裁量权，既要防止当事人滥用证据保全程序、转移举证责任、耗费司法资源，又要充分考量知识产权证据的不稳定性和易毁性、易复制转移性等复杂性和多样性特点，强化知识产权案件的程序保障。

第八十四条　人民法院应对当事人提出保全申请的证据的关联性进行审查：

（一）申请保全证据的内容所能证明的对象是否属于诉讼请求涉及的范围；

（二）被请求保全证据的证明能力，如被请求保全的证据是否能证明被诉侵权行为的存在、状态、规模及权利受损程度等事实；

（三）其他需要审查的事项。

第八十五条　人民法院对可能涉及有损国家利益、社会公共利益或者他人合法权益的案件，可以主动采取证据保全措施。

第八十六条　人民法院对于当事人证据保全申请准许的，应采用裁定形式。

第八十七条　人民法院应根据案件的具体情况，及时采取有效的证据保全措施：

（一）查封或扣押生产被诉侵权产品的专用模具、专用机械设备等，并进行拍照；

（二）查封或扣押被诉侵权产品的成品与半成品，并清点库存数量；

（三）复制或扣押可反映生产或销售被诉侵权产品的数量、金额以及利润的财务账册或报表、生产记录、仓储记录、销售合同、报价单、销售发票等；

（四）提取与被诉侵权产品有关的宣传资料、画册、产品目录等；

（五）复制电脑及各种数据储存器中涉嫌侵权的程序、图纸、技术资料以及内部管理资料、客户资料等；

（六）其他需要采取的证据保全措施。

第八十八条　人民法院采取证据保全措施一般以不损害被保全证据的价值、不妨碍被保全证据作为财产的正常使用为前提，减少保全风险，避免因保全不当给被申请人生产经营活动造成损失。

第八十九条 人民法院采取证据保全措施能够用复制、记录、照相等方法的,不得采取查封、扣押等方法;能就地查封的,不得采取异地扣押的措施。

第九十条 证据保全应制作笔录,以完整反映保全过程;查封、扣押物品的,应出具清单。

第九十一条 申请人提出的保全要求可能涉及被申请人的商业秘密的,人民法院应明确告知申请人应承担的保密义务。

第九十二条 人民法院可结合内部职能部门分工情况,确定证据保全的审查和执行的部门。

在非知识产权审判庭审查或执行的情形下,相关审查或执行部门应充分考量知识产权案件证据的特殊性,与知识产权审判庭保持沟通或由知识产权审判庭派员随同,以保证知识产权证据保全准确、及时、有效。

第九十三条 人民法院应依法保障申请人在证据保全执行中享有的见证权和指认权,被申请人享有的陈述权和异议权。

被申请人不配合保全的,人民法院可自行清点被诉侵权产品的数量、查封扣押样品并记录在案。

第九十四条 人民法院应确保其在证据保全过程中的主导地位,对于技术性较强的保全措施可由法院执行人员指定案外专业人士进行协助,禁止申请人自行操作。

第九十五条 证据保全具有下列情形的,人民法院应当责令申请人提供担保:

(一)被保全对象为即将交付的合同标的,该标的被保全有可能造成被申请人因交付不能遭受损失的,或者被保全的对象是大型机械设备或价值较大的实物的;

(二)被保全对象涉及诸如建筑物、交通工具、货物、鲜活商品、名贵物品,予以查封、扣押有可能对这些证据造成直接损害或者妨害其正常使用而造成损失的;

(三)其他可能给被申请人造成较大损失的情形。

申请人不提供担保的,裁定驳回申请。

第九十六条 证据保全具有下列情形的,申请人可以不提供担保:

(一)对大型机械设备、生产线等的证据保全,采取拍照、录像、勘验、制作笔录等方法足以固定证据,不需要采取查封、扣押措施的;

(二)复制财务账册、销售合同等,或者提取的样品价值不大的;

(三)不会给被申请人造成经营上损失的其他情形。

第九十七条 人民法院在确定申请人提供担保的必要性时应充分考量申请人举证的充分程度及其诉讼请求得到支持的可能性的大小。

第九十八条 人民法院要求申请人提供相应担保的,可依个案情况采取保证、抵押、质押等法定方式,但通常应限于财产担保。

第九十九条 证据保全的担保金额一般应以可能造成被申请人的财产损失数额为参考,该数额包括实际损失和期待利益,被保全的实物价格和支付的相关费用可以作为实际损失的参考因素。

第一百条 当事人明确以被告获利为计算赔偿的依据,且以被告的财务账册、销售合同无法取得、容易毁损为由提出保全要求,可以要求申请人预缴一定的审计费用;申请人不预交的,不予采取保全措施。

第十一章 财产保全

第一百零一条 当事人申请财产保全应当递交书面申请。

书面申请应当载明当事人基本情况、申请保全财产的具体内容、范围、所在地点等财产线索、请求保全的理由等。

第一百零二条 人民法院应及时对当事人的财产保全申请进行审查:

(一)申请人为与被申请人发生争议或认为权利受到被申请人侵犯的人;

(二)涉案诉讼请求必须具有财产给付内容;

(三)申请保全的财产有明确的具体内容、范围、所在地点等线索;

(四)存在不立即采取相应的保全措施,可能使申请人的合法权益受到难以弥补的损失等紧急情况的;

(五)其他可能导致将来的生效判决难以执行的情形;

(六)申请人提供的担保情况。

诉前财产保全的申请人还应有证据证明他人正在实施或者即将实施侵犯其权利的行为。

第一百零三条 人民法院依据申请人的申请,在采取财产保全措施前,可以责令申请人提供担保,提供担保的数额应当足以弥补因保全错误给被申请人造成的损失。

第一百零四条 申请财产保全内容不明确或未提供财产线索的,或者提供的担保不符合法定方式或标准的,应及时行使释明权并限令申请人在合理期限内予以修改、补充,在限定期限内不修改或不补充的,应依法裁定驳回保全申请。

第一百零五条 财产保全申请符合要求的,应及时制作裁定书并移送执行,裁定书应写明保全财产的名称、金额以及申请人在期限届满前的续保申请责任及当事人申请复议的权利,并在保全笔录或者随裁定书发送的协助执行通知书、协助冻结通知书中写明保全期限。

申请人申请续保符合条件的,应及时制作相关法律文书并移送执行,同时将续保结果、续保期限书面告知当事人。

第一百零六条 被申请人对财产保全裁定不服的,可以申请复议一次,人民法院应当在收到复议申请后及时作出审查决定,复议期间不停止裁定的执行。

第一百零七条 人民法院对专利申请权、专利权进行保全的,应当向国家知识产权局发出协助执行通知书,并附人民法院作出的财产保全民事裁定书。

第一百零八条 专利申请权、专利权的保全期限一次均不得超过六个月,自国家知识产权局收到协助执行通知书之日起计算。如果期限届满仍然需要继续采取保全措施的,人民法院应当在保全期限届满前向国家知识产权局重新发出协助执行通知书。

第一百零九条 人民法院对出质的专利权可以采取财产保全措施,质权人的优先受偿权不受保全措施的影响;专利权人与被许可人已经签订的独占实施许可合同,不影响人民法院对该专利权进行财产保全。

第一百一十条 人民法院对注册商标专用权进行保全的,应当向国家工商行政管理总局商标局发出协助执行通知书,载明要求协助保全的注册商标的名称、注册人、注册证号码、保全期限以及协助执行保全的内容,包括禁止转让、注销注册商标、变更注册事项和办理商标权质押登记等事项,并附人民法院作出的财产保全民事裁定书。

第一百一十一条 协助执行通知书载明的被执行人应当是作为执行标的的注册商标的注册人;因注册人在名称变更后未办理注册人的名称变更申请,导致国家工商行政管理总局商标局档案记载的注册人与法院有关文书的被告或被执行人名称不符的，人民法院在采取执行措施前，应当查明被执行人在相关登记机关发生的名称变更情况并及时告知国家工商行政管理总局商标局便于其协助执行。

第一百一十二条 注册商标专用权的保全期限一次不超过六个月，自国家工商行政管理总局商标局收到协助执行通知书之日起计算。如果仍然需要对该注册商标权继续采取保全措施的，人民法院应当在保全期限届满前重新发出协助执行通知书。

第一百一十三条 符合下列条件之一的，人民法院应当及时作出裁定，解除财产保全：

（一）诉前财产保全申请人在人民法院采取保全措施后的法定期限内不起诉的；

（二）申请人撤回起诉的；

（三）申请人申请解除保全的；

（四）被申请人已提供足额并可供有效执行的财产担保的；

（五）被申请人已履行完毕和解协议或生效判决所确定的义务；

（六）第三人提出财产保全异议且该异议经审查成立的，可能导致采取保全措施不当的情形；

（七）其他需要解除的情形。

第十二章 调查取证

第一百一十四条 人民法院应充分考量当事人收集、掌握证据的难易程度等因素，并秉承诚实信用的原则调查收集证据。

第一百一十五条 当事人申请人民法院调查取证应当递交书面申请。

书面申请应当载明当事人基本情况，申请调查取证的具体内容、范围、所在地点等证据线索，请求调查取证的证据能够证明的对象，申请的理由，包括当事人及其诉讼代理人因客观原因不能自行收集的具体说明。

第一百一十六条 当事人及其代理人因客观原因不能自行收集的情形：

（一）涉及国家秘密、商业秘密、个人隐私的证据；

（二）由有关单位保存并需人民法院依职权调取的档案材料；

（三）有关案外人持有相关证据而拒不提供的；

（四）当事人一方需要通知的证人因客观原因难以到庭，且其证言对认定案件事实有重大影响，确需法院委托调查取证的；

（五）因客观原因不能自行收集的其他证据。

第一百一十七条 人民法院为查明案件事实，依据职权主动调查取证的情形：

（一）在已告知当事人应在一定的期限内再行举证，否则会承担举证不能之法律后果的前提下，双方当事人所提供的证据仍互相矛盾，且庭审质证和辩论无法确定真实性的，人民法院可依据已掌握证据线索调查取证；

（二）发现有可能影响案件主要事实认定的证据材料，为保护案外人的合法权益和社会的公序良俗，人民法院可依据已掌握证据线索调查取证；

（三）涉及身份关系的事实；

（四）涉及依职权追加当事人、回避、中止诉讼、终结诉讼等程序性事实；

（五）其他依据职权主动调查取证的情形。

人民法院为审核对案件事实有重要作用的证据，或者有重大疑点的证据，需要进行勘验等取证活动的，不受前款规定的限制。

第一百一十八条 申请人误将证据保

全申请作为调查取证申请提出的,如该证据材料对案件事实认定有实质性影响,人民法院可向当事人释明,告知其向法院提出证据保全的申请;反之亦然。

第一百一十九条 申请人可向人民法院申请调查令,人民法院审核同意后,由申请人持调查令向有关单位或个人调取相关证据材料。

第十三章 司法鉴定

第一百二十条 司法鉴定应由当事人申请并经案件其他当事人陈述意见后由人民法院决定是否委托鉴定。

第一百二十一条 当事人申请司法鉴定应当递交书面申请。

书面申请应当载明当事人基本情况、申请鉴定的具体要求、对象、事项、内容及理由等。

第一百二十二条 对需要鉴定的事项负有举证责任的当事人,在人民法院指定的期限内无正当理由不提出鉴定申请或者不预交鉴定费用或者拒不提供相关材料,致使对案件争议的事实无法通过鉴定意见予以认定的,应当对该事实承担举证不能的法律后果。

当事人未提出鉴定申请的,人民法院认为与案件有关的专业性技术问题必须提交鉴定的,应当委托具备鉴定资格的鉴定人进行鉴定。

第一百二十三条 人民法院可以就下列专业性技术问题委托具有知识产权司法鉴定资格的鉴定人进行鉴定,并提供鉴定意见:

(一)被诉侵权技术和相关技术特征的实现手段,实现功能,产生效果等异同性的认定;

(二)技术转让合同标的成熟、实用程度以及是否符合合同约定标准的认定;

(三)技术开发合同履行失败是否属于风险责任的认定;

(四)技术咨询、技术服务以及其他各种技术合同履行结果是否符合合同约定及有关法定标准的认定;

(五)当事人主张的技术秘密能否从公开渠道直接获取、与公有领域技术的区别点、是否不为其所属领域的相关人员普遍知悉和容易获得的认定;

(六)其他知识产权民事诉讼中的技术性争议。

知识产权民事案件司法鉴定的范围仅限于涉诉的技术争议等事实认定问题,人民法院不得将案件涉及的法律问题委托鉴定。

第一百二十四条 鉴定人由各方当事人协商确定,当事人在指定时间内分别在有鉴定资质的鉴定人名单内选定若干备选鉴定人,如当事人各方提交名单中有相同的鉴定人,可委托该鉴定人进行鉴定。

第一百二十五条 各方当事人没有法定理由未在指定时间内选出鉴定人或各方名单中没有相同的鉴定人的,则由法院直接指定。

第一百二十六条 人民法院委托鉴定人进行技术鉴定的,应当出具鉴定委托书并载明具体、明确的鉴定要求、事项和内容,明确鉴定人的权利与义务,尤其要明确鉴定人有出庭接受当事人质询并对鉴定意见的客观性、公正性负责的义务。

第一百二十七条 具体的鉴定事项和内容由人民法院根据申请人所明确的鉴定对象和范围以及案件的具体情况决定。

第一百二十八条 人民法院应当组织各方当事人对检材进行关联性、真实性及合法性审查,并对各方当事人的意见制作笔录以确认检材合法、真实、完整、充分。

第一百二十九条 人民法院应当在检材质证合格后当面封存,并由各方当事人分别在笔录上签名或盖章。

第一百三十条 人民法院将相关检材交予鉴定人接收时,应当由鉴定人出具书面材料或制作笔录对封存情况进行确认,必要时可拍照或录像,并由鉴定人对检材后续的真实性、完整性负责。

第一百三十一条 疑难复杂或涉案标的较大的案件,人民法院可以联合鉴定人举行司法鉴定听证会,明晰司法鉴定的范围、具体内容和适格的检材,提高司法鉴定的科学性和正确性。

第一百三十二条 鉴定人向人民法院提交鉴定报告后,人民法院应将鉴定报告送达各方当事人,并告知当事人应当在收到报告之日起合理的期限内提出书面意见。人民法院应当及时将当事人提出的书面意见转交鉴定人。

第一百三十三条 司法鉴定意见必须经各方当事人质证后才能作为认定案件事实的依据。

第一百三十四条 对于存有缺陷的鉴定意见,可以通过补充鉴定、重新质证或者补充质证等方式解决的,不予重新鉴定。

第一百三十五条 当事人对人民法院委托的鉴定人所作出的鉴定意见存有异议且有证据证明存在下列情形之一的,人民法院应准许其重新鉴定申请:

(一)鉴定人不具备相关鉴定资格的;

(二)鉴定程序不符合法律规定的;

(三)鉴定意见依据明显不足的;

(四)鉴定材料虚假或者原鉴定方法有缺陷,原鉴定人拒绝补充鉴定或者不适宜补充鉴定的;

(五)鉴定人应当回避没有回避的;

(六)同一案件所涉专门性问题具有多个不同的鉴定意见,无法依据现有鉴定意见作出判决的;

(七)经过质证认定不能作为证据使用的其他情形。

第一百三十六条 在对同一争议事项存在多份鉴定意见的情况下,人民法院经过质证并结合其他证据可以采纳或排除某项鉴定意见,但应当在判决书中说明理由。

第一百三十七条 法院应及时行使释明权,告知相对人如不提出鉴定申请或拒绝预交鉴定费的法律后果。

第十四章 专家辅助人

第一百三十八条 人民法院应当积极引导当事人合理运用专家辅助人制度,提高当事人对专业性技术问题判断的参与性。

第一百三十九条 当事人在开庭前的合理期限内可以向人民法院申请一至二名具有专门知识的专家辅助人出庭就案件的专业性技术问题进行说明;人民法院有权决定是否准许其申请。

第一百四十条 涉案鉴定机构的鉴定人员以及同一鉴定机构的其他专家不得同时担任该案专家辅助人。

第一百四十一条 对当事人申请出庭参加诉讼的专家辅助人说明的技术问题,人民法院认为依据自己的独立判断可以完整、准确解读的或者仅涉及法律解释与适用的,不予准许申请。

第一百四十二条 为保持当事人诉讼能力的平等,在一方当事人申请专家辅助人出庭参与诉讼时,人民法院应通知另一方当事人并允许其聘请专家辅助人出庭参加诉讼。

第一百四十三条 人民法院应对当事人申请出庭参与诉讼的专家辅助人进行资格审查及辅助内容审查,包括专家的姓名、性别、年龄、职业、工作单位、学历、技术职称、技术经历、职业操守、出庭理由及出庭说明的问题等。

第一百四十四条 经人民法院准许，专家辅助人在诉讼中可以就案件的专业性技术问题进行说明并接受询问，当事人各自聘请的专家辅助人可以就案件中的某些问题进行对质，专家辅助人可以帮助当事人对鉴定人进行询问以及就鉴定报告发表意见，审判人员和当事人可以对出庭的专家辅助人进行询问。

专家辅助人只能就专业性技术问题发表意见，不应涉及法律适用问题。

第一百四十五条 人民法院可以根据审判工作实际需要，经当地科技部门推荐并征得专家本人同意，聘任其为知识产权审判技术专家。有关知识产权审判技术专家的聘任、职责、管理、使用及培训应当按照浙江省高级人民法院《知识产权审判技术专家管理办法》的规定办理。

第十五章 中止诉讼、恢复审理

第一百四十六条 人民法院受理的侵犯实用新型、外观设计专利权纠纷案件，被告在答辩期间内请求宣告该项专利权无效的，人民法院应当中止诉讼，但具备下列情形之一的，可以不中止诉讼：

（一）原告出具的专利权评价报告或检索报告未发现导致实用新型专利丧失新颖性、创造性的技术文献的，或者未发现实用新型专利、外观设计专利有不符合法定授权条件的情况的；

（二）实用新型、外观设计专利权曾经专利复审委员会审查维持有效的；

（三）被告提供的证据足以证明其使用的技术或设计属于现有技术或现有设计的；

（四）被告请求宣告该项专利权无效所提供的证据或者依据的理由明显不充分的；

（五）人民法院认为不应当中止诉讼的其他情形。

原告认为如果中止诉讼可能给其造成难以弥补的损失的，经原告申请，人民法院认为确有必要的，可以要求被告就中止诉讼请求提供相应的担保。

第一百四十七条 人民法院受理的侵犯实用新型、外观设计专利权纠纷案件，被告在答辩期间届满后请求宣告该项专利权无效的，人民法院不应当中止诉讼，但经审查认为有必要中止诉讼的除外。

第一百四十八条 人民法院受理的侵犯发明专利权纠纷案件，被告在答辩期间内请求宣告该项专利权无效的，人民法院一般不中止诉讼，但该发明专利被无效可能性较大的除外。

第一百四十九条 人民法院决定是否中止诉讼，可以书面审查，必要时也可以召集当事人进行听证或在开庭审理后予以决定。

第一百五十条 专利复审委员会作出维持专利权有效的审查决定，当事人就此提起行政诉讼的，人民法院在参考有关审查决定后，认为诉争的专利权具有相对稳定性的，可以恢复案件审理，并以专利证书记载的权利为依据进行裁判。

第一百五十一条 在专利复审委员会作出专利权无效的审查决定后，人民法院经审查认为专利复审委员会宣告专利权无效的证据较为充分的，可以径行驳回权利人的起诉，同时应在裁定书中说明，若权利人通过行政诉讼恢复了专利权的效力，则权利人可以该新证据另行向人民法院提起专利侵权诉讼。

人民法院也可以待行政诉讼程序结束

后恢复诉讼。

第一百五十二条 在专利复审委员会作出专利权部分无效的审查决定后,人民法院一般应待行政诉讼程序结束后恢复诉讼;若该审查决定不影响专利权保护范围确定的,应恢复诉讼;人民法院经审查认为专利复审委员会宣告专利权部分无效的证据较为充分,且权利人选择部分有效的权利要求来确定专利权的保护范围的,可以恢复诉讼。

第十六章 涉外知识产权民事案件的审理

第一百五十三条 人民法院应当依法公正平等保护中外当事人的合法权益,充分尊重和保障各方当事人的程序权利。

第一百五十四条 人民法院应主动对境外当事人的诉讼主体及授权文件进行审查。境外当事人提供的诉讼主体、授权文件等证据应当办理相应的公证认证手续。

第一百五十五条 境外形成的证据材料应当办理公证认证等证明手续;但是,对于境外形成的公开出版物等可以直接初步确认其真实性的证据材料,无需办理公证认证等证明手续,除非对方当事人对其真实性能够提出有效质疑而举证方又不能有效反驳的。

当事人提交的在中国境内通过互联网获取但来源于中国境外网站的证据,对方当事人予以承认或者可以自行核实验证,或者该网站提供的事实在相关领域内被广泛认可的,一般不需要办理公证认证手续,但涉及诉讼主体资格的除外。

第一百五十六条 涉外知识产权民事案件的判决书中应当充分论述管辖依据与准据法适用。

第十七章 附 则

第一百五十七条 本规程由浙江省高级人民法院知识产权审判庭负责解释。

第一百五十八条 本规程自 2013 年 1 月 1 日起试行。

浙江省高级人民法院民事审判第三庭关于印发《电子商务平台中知识产权保护问题的纪要》的通知

浙法民三〔2012〕2 号

本省各中级人民法院及具有一般知识产权案件管辖权的基层人民法院:

为统一涉电子商务平台知识产权纠纷法律适用尺度,切实提高电子商务平台中知识产权的司法保护水平,我庭在对电子商务平台中的知识产权保护问题进行充分调研的基础上,形成了本纪要。现予以印发,请参照执行。执行中如有问题,请及时报告我庭。

二○一三年一月八日

电子商务平台中知识产权保护问题的纪要

随着互联网的普及和信息技术的飞速发展,涉及电子商务的民事纠纷日益增多,其中涉电子商务平台的知识产权纠纷尤为突出。如何采取切实可行的措施加强电子商务平台中的知识产权保护、合理规制知识产权侵权行为、准确认定知识产权侵权责任、恰当平衡权利人和社会公众的利益等已经成为摆在我们面前亟待解决的现实问题。为统一法律适用尺度,切实提高电子商务平台中知识产权的司法保护水平,浙江省高级人民法院联合课题组对电子商务平台中知识产权保护出现的新情况、新问题进行了研讨,并形成共识。现纪要如下:

(一)管辖联结点的确定

1. 涉电子商务平台知识产权案件由侵权行为地或者被告住所地人民法院管辖。侵权行为地包括被诉侵权商品的生产地、存储地、中转地、交付地、服务提供地,实施被诉侵权行为的网络服务器、计算机终端等设备所在地。侵权行为地和被告住所地均难以确定的,原告发现侵权内容的计算机终端等设备所在地可以视为侵权行为地。

2. 在以网店卖家和平台提供者作为共同被告的案件中,原告可以选择网店卖家所在地法院管辖,也可以选择平台提供者所在地法院管辖。

如平台提供者所在地法院与被诉侵权行为关联度低、管辖依据薄弱,而直接侵权被告身份、地址明确的,法院应当根据原告的具体诉讼内容特别是平台提供者在被诉侵权行为中的不同作用,遵循方便当事人进行诉讼和人民法院尽审判之责、方便对判决执行的原则,作出管辖裁定。

(二)被告身份的确认

原告可以选择网店卖家、平台提供者或二者为被告。

1. 原告以网店卖家为被告或共同被告之一的,如网店卖家为个体工商户,应以营业执照上登记的经营者为被告,登记经营者与实际经营者不一致的,可以登记经营者和实际经营者为共同被告。登记经营者出借身份证、营业执照、账号给实际经营者,实际经营者以登记经营者的名义对外经营的,原告可以直接起诉登记经营者。登记经营者承担责任后,可以向实际经营者追偿。

2. 原告仅起诉登记经营者,登记经营者申请追加实际经营者为共同被告的,如原告同意追加,则应予以追加,登记经营者应提供实际经营者的准确身份信息;如原告不同意追加,则一般情况下不予追加。但不追加实际经营者为共同被告会导致案件事实难以认定的,法院应向原告释明,如原告仍不同意追加,法院可根据相关的举证责任分配原则驳回原告的诉讼请求。

3. 原告仅起诉实际经营者,实际经营者申请追加登记经营者为共同被告的,如原告同意追加,则应予以追加,实际经营者应提供登记经营者的准确身份信息;如原告不同意追加,则不予追加。

4. 原告仅以平台提供者为被告,如不追加网店卖家为共同被告不影响直接侵权行为事实认定的,法院可以直接作出认定,并根据平台提供者是否存在过错认定其责任;如不追加网店卖家为共同被告会导致直接侵权行为事实难以认定的,法院应向原告释明,如原告不同意追加,法院可根据相关的举证责任分配原则驳回原告的诉讼请求。

(三)平台提供者的过错与判断标准

法院应当根据平台提供者的过错,确定其是否承担民事责任,平台提供者的过错包括对于网店卖家侵权行为的明知或者应知。

1. 明知指对侵权行为存在明确的、实际的认知状态。是否明知,由原告举证。平台提供者接到投诉人以书信、传真、电子邮件等方式提交的合格通知,未及时采取删除、屏蔽、断开链接等必要措施的,法院应认定其明知相关侵权行为。

2. 应知指通过相关的事实与标准可以推定其应当认识到侵权行为。判断是否应知应当以"合理注意义务"为标准。"合理注意义务"包括与技术发展水平相当的用户身份审查义务和商品信息审查义务,但不包括一般性的事先审查义务和较高的注意义务。平台提供者能够证明已采取合理、有效的技术措施,仍难以发现网店卖家侵权行为的,人民法院应当认定其不具有过错。

3. 认定平台提供者是否构成应知,可综合考虑以下因素:

(1)平台提供者提供服务的性质、方式及其引发侵权的可能性大小,以及应当具备的管理信息的能力:对于只提供工具性服务、基本保持技术中立地位的平台提供者,其注意义务应限于采取技术措施屏蔽违反国家规定的信息;对于以对商品或服务作出特殊承诺等方式介入的平台提供者,其注意义务为在准许进入平台时对站内经营者进行初步的资质和知识产权审查;对于招揽卖家销售某商品或服务的团购网站,其注意义务不得低于其对商品或服务进行推销时所作出的保证承诺;

(2)权利本身的明确性、公开性及知名度;

(3)平台提供者是否积极采取了预防侵权的合理措施;

(4)平台提供者是否设置便捷程序接收侵权通知并及时对侵权通知作出合理的反应;

(5)平台提供者是否针对同一网店卖家的重复侵权行为采取了相应的合理措施;

(6)其他相关因素。

(四)投诉人通知有效性认定

合格的侵权投诉通知应包含以下内容:

1. 投诉人的身份证明。以能够准确确定投诉人的身份信息为限。如有效身份证明文件、联系地址、联系电话、真实的电子邮箱地址等。

2. 权利证明。以足以确定投诉人为实际权利人为限。如权利名称、内容以及占有方式及有效期限等。

3. 要求删除或者断开链接的被控侵权商品、信息的名称和网络地址。以足以准确定位被控侵权的商品或信息为限。对是否足以准确定位,应当考虑平台的具体经营模式、被诉侵权商品或信息的类型、名称是否具有特定性等具体情况认定。

4. 侵权成立的初步证明材料。以能够初步判断侵权成立为限。如公证购买侵权商品的证据、网页上明显的侵权信息、卖家在网络聊天中对侵权行为的自认等。

(五)网店卖家反通知有效性认定

反通知是指平台提供者根据投诉通知采取了必要措施后,网店卖家认为其并未

侵权,向平台提供者提出要求恢复的通知。合格的反通知应包含以下内容:

1. 网店卖家的姓名或名称、联系地址、联系电话等。

2. 要求恢复链接的被控侵权商品、信息的名称和网络地址。

3. 不构成侵权的初步证明材料。应当足以和通知中构成侵权的初步证明材料相当。

(六)平台提供者采取措施的有效性审查

平台提供者对通知或者反通知采取措施的有效性,应从以下几个方面审查:

1. 进行了形式审查。平台提供者接到通知或反通知后,需要依据第(4)条或第(5)条所列内容进行合格性审查,而无需审查被控侵权行为是否成立。

2. 履行了合理的帮助义务。平台提供者在依据通知书采取删除链接等措施或者依据反通知书采取恢复链接等措施的同时,应将通知书或者反通知书转送网店卖家或者投诉方,因地址不明无法转送的,应在信息网络上公告。

3. 采取措施的必要性。平台提供者依据通知书采取了删除、屏蔽、断开链接等阻止侵权行为继续或者进一步扩大的必要措施,或者依据反通知书采取了恢复链接等防止网店卖家损失进一步扩大的必要措施。

4. 采取措施的及时性。平台提供者在现有的技术水平下的合理时间内采取了必要措施,合理时间可以综合考虑通知或者反通知的形式、准确程度、采取措施的难易程度、网络服务的性质、所涉权利的知名度、现有技术水平等因素予以认定。

(七)恶意投诉的认定及责任

投诉人恶意投诉,应当承担赔偿责任。

是否构成恶意投诉,应当审查投诉人的具体行为。投诉具备以下三个构成要件时,应认定为恶意投诉:

1. 投诉人不正当地实施了投诉行为;

2. 投诉人的投诉具有恶意损害他人利益的非法目的;

3. 投诉人的投诉具有故意或重大过失。具有故意或重大过失可以通过行为人没有合法权利、没有事实或法律依据仍发出投诉通知来推定。

投诉人恶意投诉时,平台提供者是否应承担民事责任,仍应遵循过错责任原则。如在被投诉人提出合格反通知后,平台提供者没有接受反通知,也未及时采取恢复措施的,则应当采取恢复措施,并对因其行为造成损害的扩大部分承担赔偿损失等民事责任。

(八)责任的承担方式

1. 停止侵害。主要是删除或屏蔽侵权产品信息、断开侵权产品链接、关闭店铺等。

2. 赔偿损失。网店卖家在店铺信息描述中对商品的销售数量、实际交易价格等对损害赔偿数额确定有实际参考价值的,可以作为确定法定赔偿数额的依据。

3. 信息披露。平台提供者应向原告披露网店卖家的有关信息,主要是其网络注册资料等。

浙江省高级人民法院
关于印发《关于适用简易程序审理
部分知识产权民事纠纷案件的规定(试行)》的通知

浙高法〔2012〕260 号

本省各中级人民法院、宁波海事法院:

为进一步优化知识产权审判资源配置,有效缓解我省基层法院知识产权审判工作案多人少的矛盾,提高案件审判质量和效率,结合当前我省法院知识产权民事审判工作实际,在进行充分调研论证的基础上,研究制定了本规定,现予印发,请认真贯彻执行。执行中如有问题,请及时报告我院民三庭。

特此通知。

二○一二年九月十日

浙江省高级人民法院关于适用简易程序
审理部分知识产权民事纠纷案件的规定(试行)

为进一步优化我省知识产权审判资源配置,提高案件审判质量和效率,根据《中华人民共和国民事诉讼法》、《最高人民法院关于适用〈中华人民共和国民事诉讼法〉若干问题的意见》、《最高人民法院关于适用简易程序审理民事案件的若干规定》的规定,结合我省法院知识产权民事审判工作实际,制定本规定。

一、第 4 章建立知识产权庭 2 年以上的基层法院,层报并经省高级人民法院批准,可以适用简易程序审理部分知识产权民事纠纷案件。

二、适用简易程序审理部分知识产权民事纠纷案件的审判人员应当具有 2 年以上知识产权案件审判经验。

三、争议金额在 20 万元以下且事实清楚、权利义务关系明确、争议不大的下列知识产权民事纠纷案件可以适用简易程序审理:

1. 侵害作品修改权、复制权、发行权、信息网络传播权、录音录像制作者权纠纷案件;

2. 著作权转让合同纠纷、著作权许可使用合同纠纷、出版合同纠纷、邻接权转让合同纠纷、邻接权许可使用合同纠纷案件;

3. 侵害商标权纠纷案件;

4. 商标权转让合同纠纷、商标使用许可合同纠纷案件；

5. 技术转让合同纠纷案件；

6. 企业名称（商号）转让合同纠纷、企业名称（商号）使用合同纠纷。

上述案件如属于《浙江省高级人民法院关于建立重大知识产权、涉外商事、海事海商案件报告制度的规定》（浙法民三〔2008〕5号）规定的情况，不得适用简易程序进行审理。

四、具体案件是否适用简易程序审理，由知识产权庭庭长决定；以判决方式结案的，判决书一般应当由主管副院长或庭长签发。

五、在适用简易程序审理过程中，如果发现有不符合本规定的情况，应立即改为适用普通程序进行审理。

浙江省高级人民法院、浙江省知识产权局关于印发《关于建立专利民事纠纷诉调对接机制的意见》的通知

浙高法〔2012〕382号

本省各市中级人民法院（除舟山）和各市知识产权局（除舟山），义乌市人民法院和义乌市科技局：

为进一步加强知识产权司法保护，充分发挥专利行政管理部门和知识产权维权援助中心调处专利民事纠纷案件的职能作用，完善诉调对接机制，浙江省高级人民法院与浙江省知识产权局共同制定了《关于建立专利民事纠纷诉调对接机制的意见》，现予以印发，请遵照执行。

二〇一二年十二月十八日

关于建立专利民事纠纷诉调对接机制的意见

为加强知识产权保护，推动“大调解”体系建设，建立和规范我省专利民事纠纷诉调对接机制，营造知识产权保护良好氛围，根据《中华人民共和国民事诉讼法》、《最高人民法院关于建立健全诉讼与非诉讼相衔接的矛盾纠纷解决机制的若干意见》等规定，结合我省实际，特制定本意见：

一、诉调对接案件的处理程序

1. 委托　人民法院对专利民事纠纷案件立案后，经征得各方当事人同意委托调

解,由人民法院向专利行政管理部门或知识产权维权援助中心出具书面委托调解函,将诉状及证据材料的复印件等一并移送给专利行政管理部门或知识产权维权援助中心。

2. 受理　专利行政管理部门或知识产权维权援助中心应在收到人民法院委托调解函之后起3个工作日内立案,并及时联系各方当事人、委托代理人及相关人员进行调解。

3. 调解　调解工作至少应由两名工作人员共同进行。调解期限为收到人民法院委托调解函之日起15个工作日,有特殊情况需要延长的,经各方当事人同意,专利行政管理部门或知识产权维权援助中心可向人民法院提出申请,由人民法院决定是否延长。延长次数为一次,延长期限不超过7个工作日。

4. 确认　专利行政管理部门或知识产权维权援助中心接收的委托调解案件,各方当事人达成调解协议的,由专利行政管理部门或知识产权维权援助中心将调解协议送交委托的人民法院进行审查,经审查确认有效的,由人民法院出具民事调解书。

各方当事人达成和解协议的,专利行政管理部门或知识产权维权援助中心告知当事人至委托的人民法院申请撤诉,由人民法院出具民事裁定书。

5. 结案　达成调解协议或和解协议的案件,专利行政管理部门或知识产权维权援助中心在收到人民法院民事调解书或民事裁定书后将案件结案,并将相关材料整理、归档。

未达成协议的案件,专利行政管理机构或知识产权援助中心应及时将案件结案,并将调解情况反馈给法院,由法院继续审理。

二、诉调对接案件的处理原则

专利行政管理部门或知识产权维权援助中心应当在查明基本事实、分清基本责任的基础上,根据案件的特点、性质、难易程度、发展变化等情况,采取灵活多样的方式,引导、帮助当事人达成解决纠纷的调解协议。在调解过程中应当遵循自愿、合法原则,不得片面追求调解率、违背当事人意愿强迫调解。

三、其他

人民法院可指派审判人员担任调解指导员,负责指导案件具体的调解工作。

人民法院不定期对专利行政管理部门或知识产权维权援助中心的调解人员进行培训,提高调解员的法律素质。专利行政管理部门或知识产权维权援助中心可派员参加人民法院举办的知识产权审判业务培训,以提高调解员化解纠纷的能力和水平。对于已选任为法院专业陪审员的调解员应在诉调对接工作中发挥更大的作用。

在调解工作中有显著成绩或者有其他突出事迹的调解人员,由人民法院会同相关部门给予表彰和奖励。对于符合人民陪审员选任条件的优秀调解员,人民法院可以依照法定程序提请辖区内同级人民代表大会常务委员会予以任命。

本意见自2013年1月1日起实施。

宁波市中级人民法院
关于充分发挥知识产权审判职能作用推动
我市文化大发展大繁荣和加快经济发展方式
转型升级的意见

为深刻领会和认真贯彻十七届六中全会、中央经济工作会议精神和“十二五”规划纲要要求，结合贯彻宁波市委第十一届十四次全会做出的加快文化强市建设的决策部署，更加自觉地坚持能动司法，充分发挥知识产权审判作用，为加快我市文化强市建设及加快转变经济发展方式提供坚强有力的司法保障和服务，现就有关问题提出如下意见：

1. 正确认识面临的形势，进一步增强做好知识产权审判工作的积极性和主动性。十七届六中全会通过的《中共中央关于深化文化体制改革推动社会主义文化大发展大繁荣若干重大问题的决定》，中央经济工作会议的要求和“十二五”规划纲要的要求以及宁波市委第十一届十四次全会审议通过的《中共宁波市委关于贯彻党的十七届六中全会精神，加快文化强市建设的决定》，都充分说明文化发展、科技进步和知识创新，是推动经济发展方式转变和经济自主协调发展的根本动力。随着我市科技、文化产业经济迅猛发展，社会各界对知识产权审判工作的要求和期待也不断提高。人民群众及社会各界在进一步提高知识产权案件审判质效、拓展知识产权审判职能、充分实现案结事了等各个方面提出了一系列新要求新期待，这对进一步提升知识产权司法保护水平提出了新的挑战。面对新的形势任务，全市法院知识产权审判法官要正确认识我国关于社会主义文化大发展和加快经济发展方式转变的重大意义，把思想和行动统一到党中央对形势的分析判断和决策部署上来，进一步增强提供司法保障和服务的积极性和主动性，采取切实有效的措施，充分发挥知识产权审判职能在保护与促进文化发展繁荣和经济发展方式转变中的作用。

2. 更新观念，坚持正确的司法政策导向。要强化加强保护观念，充分认识加强保护是当前知识产权司法保护的主要矛盾、基本定位和政策取向，把维护区域经济亮点、擦亮地方经济名片作为知识产权司法保护的重点。要强化分门别类和宽严适度观念，在知识产权司法保护中注意适应各类知识产权的属性和特点，符合各类不同知识产权的功能和保护需求，使知识产权司法保护更加符合我市文化发展和科技创新的新要求。要强化利益平衡观念，把利益平衡作为知识产权司法保护的重要基点，统筹兼顾智力创造者、商业利用者和社会公众的利益，协调好激励创造、促进产业发展和保障基本文化权益之间的关系，使利益各方共同受益、均衡发展。要强化初次裁判正确观念，高度重视提高第一审初次裁判的正确率,使当事人及早获得司法公正,提高服判息诉率和减少上诉率,促进社会和谐稳定。

3. 高度重视涉文化类知识产权案件审判,提升文化软实力。立足宁波是历史文化名城,文化底蕴深厚,人文资源丰富,河姆渡文化、浙东学术文化、海洋文化、藏书文化、“宁波帮文化”以及甬剧、姚剧等地方非物质文化遗产,都是建设文化强市的重要基础的实际情况。综合运用著作权法、商标法、专利法、反不正当竞争法等多种手段,积极保护非物质文化遗产的传承和商业开发利用,促进宁波丰富的文化资源转化为强大的文化竞争力。要高度重视涉及文化产业的新类型知识产权保护,严厉制裁盗版、抄袭等侵权行为,积极推动文化产业发展成为我市支柱性产业。特别是依法加强文化创意、移动多媒体、动漫游戏、数据库等战略性新兴文化产业的著作权保护,繁荣文化市场,培育新型文化业态,培育经济新的增长点,提升我市整体文化实力和竞争力。要准确把握法律、行政法规和司法解释有关网络环境下著作权保护的精神实质,特别要准确把握权利人、网络服务提供者和社会公众之间的利益平衡,把握好保护尺度。既要加强网络环境下著作权保护,又要注意促进信息网络技术创新和商业模式发展,确保社会公众利益。要加大涉文化领域科技类知识产权保护力度,发挥科技创新对文化发展的引擎作用,推动提高文化产业技术装备水平,增强文化产业核心竞争力。

4. 加强专利权司法保护,大力提高自主创新能力。根据经济发展状况、产业政策、科技水平确定合理的专利权保护范围和强度,对于创新程度高、研发投入大、对经济增长具有突破和带动作用的首创发明,应给予相对较高的保护强度和较宽的等同保护范围;对于创新程度相对较低的改进发明,应适当限制其等同保护范围。妥善处理保护专利权与防止权利滥用的关系。在依法保护专利权和保障当事人诉权的同时,注意防止专利权人明显违背法律目的行使权利,不正当地损害竞争对手,妨碍公平竞争和扰乱市场秩序。准确界定知识产权权利人和社会公众的权利界限,依法审查和支持当事人的在先权、先用权、公知技术、禁止反悔、合理使用、正当使用等抗辩事由;防止权利人滥用侵权警告和滥用诉权,完善确认不侵权诉讼和滥诉反赔制度。

5. 依法加强商标权保护,促进自主品牌的形成和品牌经济的发展。根据商标用于区别商品或服务来源的核心功能,合理界定商标权的范围,根据商标的显著性程度、知名度大小等确定保护强度和范围。严厉制裁商标假冒、恶意模仿等侵权行为,严格适用侵权法律责任,切实保障商标权人和消费者的利益,维护公平竞争的市场秩序。支持和引导企业实施商标战略,促进自主品牌的形成和品牌经济的发展。正确把握驰名商标司法认定和保护的法律定位,坚持个案认定、被动认定、因需认定等司法原则,依法慎重认定驰名商标。妥善认定商标侵权抗辩,维护正当经营者的合法权益。商标侵权行为应以在商业标识意义上使用相同或者近似商标为条件,被诉侵权人为描述或者说明其产品或者服务的特点而善意合理地使用相同或者近似标识的,可以依法认定为正当使用。注册商标权人的注册商标属于复制、摹仿或者翻译他人未在中国注册的驰名商标、抢注被代理人或者被代表人的商标或者以不正当手段抢注他人已经使用并有一定影响的商标,被诉侵权的在先商标使用人以此为由提出抗辩的,应当予以支持。

6. 依法制止不正当竞争，规范市场竞争秩序，推动形成统一开放竞争有序的现代市场体系。认真贯彻落实《最高人民法院关于贯彻实施国家知识产权战略若干问题的意见》，审理好仿冒知名商品特有名称、包装、装潢和虚假宣传、商业诋毁等案件，妥善审理涉及企业名称（商号）、商业外观、计算机网络域名等新类型知识产权案件，制止一切非诚信的仿冒搭车行为，避免市场混淆和误导公众，切实维护权利人和消费者的合法权益，确保诚信竞争和有序竞争，促进社会信用体系建设。妥善审理反垄断和不正当竞争案件，制止科技开发和技术转让中的垄断行为，防止滥用知识产权限制创新，维护公平竞争的市场秩序。

7. 妥善处理保护商业秘密与自由择业、涉密者竞业限制和人才合理流动的关系，维护劳动者正当就业、创业的合法权益，依法促进劳动力的合理流动。依法制裁窃取和非法披露、使用他人商业秘密的行为，保护企业商业秘密权益，引导企业依法建立健全商业秘密管理制度。根据商业秘密案件特点，合理分配当事人的举证责任，合理确定当事人和诉讼参与人的保密义务。职工在既没有违反竞业限制义务，又没有侵犯商业秘密的情况下，劳动者运用自己在原用人单位学习的知识、经验与技能为其他与原单位存在竞争关系的单位服务的，不宜简单地以反不正当竞争法的原则规定认定构成不正当竞争。妥善处理商业秘密保护和竞业限制协议的关系，竞业限制协议以可保护的商业秘密存在为前提，但两者具有不同的法律依据和行为表现，违反竞业限制义务不等于侵犯商业秘密，竞业限制的期限也不等于保密期限。原告以侵犯商业秘密为由提起侵权之诉，不受已存在竞业限制约定的限制。

8. 妥善处理知识产权合同纠纷，维护智力成果交易安全。以尽可能降低交易风险和减少交易成本为原则，准确认定知识产权合同的效力与责任，充分尊重当事人意思自治，维护合同的严肃性和有效性，严格合同解除条件，依法制裁违约行为，激发研发创作人的创新积极性，促进自主创新成果的商品化、产业化、市场化。

9. 慎重处理涉外知识产权纠纷，依法保障对外开放。宁波经济发达，对外依存度高，涉外知识产权案件多，依法审理涉外知识产权案件，准确适用相关程序与实体法律，既确保遵循相关国际公约及国际惯例，也始终维护国家利益和经济安全，平等保护中外当事人的合法权益，维护和提升我国司法良好的国际形象，优化经济发展外部环境。对于个案中发现的知识产权保护的薄弱环节和管理漏洞，及时提供预警，延伸知识产权司法保护效果，提高企业应对涉外知识产权纠纷的能力。

10. 贯彻全面赔偿原则，依法加大侵权赔偿和民事制裁力度。正确适用损害赔偿确定规则，努力降低维权成本，避免简单地适用法定赔偿方法；依法适当减轻权利人的赔偿举证责任；有证据证明侵权人在不同时间多次实施侵权行为的，推定其存在持续侵权行为，相应确认其赔偿范围；作为自然人的原告因侵权行为受到精神损害的，可以根据其请求依法确定合理的精神损害抚慰金；当事人为诉讼支付的符合规定的律师费，应当根据当事人的请求，综合考虑其必要性、全部诉讼请求的支持程度、请求赔偿额和实际判赔额的比例等因素合理确定，并计入赔偿范围；考虑当事人的主观过错确定相应的赔偿责任；依法运用民事制裁惩处侵权人。

11. 深刻把握知识产权案件的特点与规律，做好诉讼调解工作。立足知识产权案件特点，从有利于科技成果的转化实施和知识产权的充分运用,有利于市场利益的合理协调和企业长远发展,有利于当事人诉讼利益的最大化等“三个有利于”出发,将调解贯穿于案件审理的全过程,多做辨法析理、法律释明等工作,努力促成当事人和解。通过调解既保护权利人的合法权益,也依法尽量为侵权人留下发展的空间,鼓励他们自主创新,使知识产权发挥最大的经济效益。要更加注重调解机制的创新,对固执己见的当事人,要辨法析理力争调解;对于社会影响较大、可能引发群体诉讼的案件,要多方联动全程调解;对侵权数额难以计算的案件,要借鉴先例以判促调;对侵权行为多样性的案件,要通过证据保全加大调解力度。正确把握“调解优先、调判结合”的工作原则。坚持依法自愿调解原则,不得违背当事人意愿强调硬调和以拖促调。对于当事人或者相关行业对判明是非的期待高,或者对明确规则的要求强烈,或者对判决的接受程度高的案件,尽可能选择以判决方式解决纠纷,充分发挥司法裁判的指引和导向功能。

12. 坚持党的领导和人大监督,加强与知识产权保护职能部门的协调配合。知识产权司法保护作为整个知识产权实施战略的组成部分,离不开党委、人大的有力领导和监督,离不开政府各职能部门和社会各界的大力支持。全市有知识产权管辖权的法院要及时向当地党委、人大汇报知识产权审判工作开展情况,积极与政府各相关职能部门沟通协调,赢得多方支持,努力营造知识产权司法保护良好的外部环境。加强与工商、海关等行政主管部门在知识产权行政执法程序上的衔接,实现司法保护与行政保护的优势互补和良性互动。加强同科技、信息、新闻、宣传、外事等职能部门在知识产权保护工作中的信息沟通与相互协作,扩大知识产权保护的影响力。

13. 开展司法延伸服务,积极参与推进社会管理创新。要积极寻找延伸知识产权审判职能与地方经济发展的联结点。我市科技文化发展的一大突出特点是,地方产业按区位优势分类集聚,形成不同的产业集聚带。目前,全市具有知识产权案件管辖权的五家基层法院所在地经济发展和产业结构各具特色,在审判工作中要注意梳理分析当地产业结构及地方经济发展的特点,在深入调研的基础上找准知识产权审判服务地方经济发展的切入点,有针对性地开展知识产权审判工作,真正做到为地方经济发展提供实实在在的司法保障。针对知识产权案件审理中发现的政府和企业、科研机构等在知识产权工作中存在的问题,及时向行政主管部门、行业协会和企业、科研机构等提出司法建议,督促其健全制度、加强管理、堵塞漏洞、消除隐患,为党委、政府制定相关政策提供决策依据。对我市科技经济发展和行业兴衰可能产生重大影响的知识产权动向,应当及时向有关方面发出预警,以便做好应对准备。建立与权利人、相关知识产权保护协会、学术单位的沟通互动机制,及时掌握行业知识产权动态,了解社会各界的司法需求,不断提高司法服务的能力和水平。

14. 继续完善知识产权审判体制机制,充分发挥知识产权司法保护的综合效能。按照国家知识产权战略的要求,积极推进由知识产权审判庭集中审理知识产权民事、行政和刑事案件的试点工作,建立知识产权民事、行政和刑事审判“三审合一”机制,进一步优化资源配置,提高诉讼效率,促进知识产权审判职能效用的整体发挥,保证知识产权案件适用法律上的相对统一性,提升司法保护的能力和水平。优化知识产权案件管辖布局,适当增加管辖一般知识产权案件的基层法院,根据工作需要开展跨地区划片集中管辖调研,合理配置审判资源。进一步完善工作机制,积极探索建立知识产权审判专家人才库,完善专业技术人员辅助审判的途径,支持当事人聘请具有专门知识的人员作为诉讼辅助人员出庭就案件的专门性问题进行说明,从而有效解决知识产权审判中专业技术事实的认定问题。

安徽省蚌埠市中级人民法院、蚌埠市人民检察院、蚌埠市公安局关于知识产权审判“三审合一”改革试点工作中刑事案件集中指定管辖的意见

为进一步推进知识产权审判“三审合一”改革试点工作,促进知识产权司法保护整体效能的有效发挥,依法打击侵犯知识产权的犯罪行为,提高诉讼效率,根据《中华人民共和国刑事诉讼法》、《中华人民共和国刑法》、《最高人民法院关于认真学习和贯彻〈国家知识产权战略纲要〉的通知》等法律和文件精神的要求,在最高人民法院批准禹会区人民法院管辖全市知识产权案件的基础上,结合本市实际情况,经蚌埠市中级人民法院、蚌埠市人民检察院、蚌埠市公安局共同研究,现就全市知识产权审判“三审合一”改革试点工作中刑事案件集中管辖问题制定如下意见:

第一章 总 则

【目的和依据】第一条 为了充分发挥知识产权刑事司法保护作用,有力打击涉及知识产权犯罪行为,保护权利人合法权益和社会公共利益,提升蚌埠市创新型城市建设能力,营造良好的科学技术发展环境,根据《中华人民共和国刑事诉讼法》、《最高人民法院关于执行〈中华人民共和国刑事诉讼法〉若干问题的解释》等法律、司法解释的规定,结合本地区司法实践,制定本意见。

【集中管辖的案件范围】第二条 本意见适用的刑事案件范围:

1.《刑法分则》第三章第七节规定的侵犯知识产权犯罪,具体包括:假冒注册商标罪,销售假冒注册商标的商品罪,非法制造、销售非法制造的注册商标标识罪,假冒专利罪,侵犯著作权罪,销售侵权复制品罪,侵犯商业秘密罪。

2. 与侵犯知识产权有关的非法经营犯罪。

3. 与侵犯知识产权有关的生产、销售伪劣商品犯罪。

4. 数罪中主罪涉及侵犯知识产权犯罪。

5. 共同犯罪中主犯涉及侵犯知识产权犯罪。

6. 其他与侵犯知识产权有关的犯罪。

【集中管辖的地域范围】第三条 本意见适用的地域范围:

蚌埠市辖区的龙子湖区、蚌山区(含经济开发区)、禹会区(含高新区)、淮上区以及怀远县、五河县、固镇县。

【集中管辖权责分配】第四条 市县两

级公安机关侦查其管辖范围内的知识产权刑事案件。

禹会区人民检察院统一对知识产权刑事案件进行审查起诉并出庭支持公诉。

禹会区人民法院知识产权审判庭(民三庭)统一对知识产权刑事案件进行审判。

【组织保障】第五条 公安机关、检察机关和审判机关应合理配置司法资源,选派业务骨干相对固定地从事刑事案件的侦查、批捕、公诉和审判工作,以确保刑事案件的执法水平。

【协调配合】第六条 在办理知识产权刑事案件过程中,公安机关、检察机关、审判机关应加强互相间联系、协调和配合,使各环节相互衔接起来,以保证本意见的正确贯彻实施。

【法律监督】第七条 人民检察院依法对侦查、审判活动进行法律监督。

第二章 知识产权刑事案件流程

【公安机关管辖】第八条 公安机关依照刑事诉讼法等规定行使知识产权刑事案件的侦查权,并依照刑事诉讼法等规定向其辖区同级检察机关提请批准逮捕和移送审查起诉。

【犯罪举报】第九条 公安机关对于有关侵犯权利人知识产权的举报线索应认真审查,认为涉嫌犯罪需要追究刑事责任,且符合立案条件的,应当及时立案,并将有关处理结果反馈给举报人。

【管辖争议】第十条 几个公安机关都有管辖权的案件,由最初立案的公安机关管辖。必要时,可以移送主要犯罪地的公安机关管辖。管辖权发生争议的,发生争议的公安机关应当协商解决;协商不成的,由市公安局指定管辖。

【侦查终结要求】第十一条 公安机关侦查终结的知识产权刑事案件,应当做到犯罪事实清楚,证据确实、充分。

【侦查终结手续】第十二条 公安机关在侦查终结之日起三日内将案卷材料、证据一并移送辖区同级的检察机关。

【羁押措施】第十三条 知识产权刑事案件的犯罪嫌疑人在立案侦查阶段由立案侦查的公安机关羁押。

【提级管辖】第十四条 应由县级公安机关管辖的刑事案件,市级公安机关认为有必要时可直接立案、侦查;市级公安机关直接立案、侦查的案件,由市级公安机关向市人民检察院提请批准逮捕和移送审查起诉。

【检察机关管辖】第十五条 同级检察机关应在收到公安机关移送刑事案件材料三日内进行审查。经审查,移送的刑事案件属于本意见第二条规定范围的,该检察机关应当在七日内将案件移送至禹会区人民检察院。

市人民检察院对于市公安局侦查的知识产权案件按照刑事诉讼法有关规定办理。

【审查起诉程序】第十六条 禹会区人民检察院在审查知识产权刑事案件时,应当按照刑事诉讼法等相关规定办理,并办理指定管辖手续。

【审查起诉规则】第十七条 禹会区人民检察院经审查,认为不符合移送案件范围,应当退回向其移送刑事案件的检察机关;认为符合移送案件范围且犯罪事实清楚,证据确实、充分,依法应当追究刑事责任的,应当按照本意见,向禹会区人民法院提起公诉。

【审查起诉要求】第十八条 禹会区人民检察院认为需要公安机关提供法庭审判必需的证据材料的,可以直接与最初立案侦查的公安机关联系；认为需要补充侦查的，应当将案件直接退回最初立案侦查的公安机关，并出具补充侦查意见函。

【补充侦查】第十九条 公安机关应当按照禹会区人民检察院补充侦查意见函的内容进行补充侦查。

【审判机关管辖】第二十条 禹会区人民法院对提起公诉的知识产权刑事案件，认为不符合移送案件范围的，应依法决定退回禹会区人民检察院；认为符合移送案件范围的，应当按照刑事诉讼法等相关规定依法审理，并办理指定管辖手续。

【审判会商】第二十一条 禹会区人民法院在审理知识产权刑事案件过程中，可以就案件事实和程序问题与具体办理的公安机关、检察机关进行会商。

【补充、变更起诉】第二十二条 禹会区人民法院在审理知识产权刑事案件过程中发现新的事实，可能影响定罪的，可以建议禹会区人民检察院在五日内补充或者变更起诉，并根据具体情况，依法作出判决、裁定。

【扣押、查封、冻结物的移送】第二十三条 公安机关、人民检察院和人民法院对查封、扣押、冻结的犯罪嫌疑人、被告人的财物及其孳息，应当妥善保管，以供核查，并制作清单，随案移送。任何单位和个人不得挪用或者自行处理。对被害人的合法财产，应当及时返还。对违禁品或者不宜长期保存的物品，应当依照国家有关规定处理。

对作为证据使用的实物应当随案移送，对不宜移送的，应当将其清单、照片或者其他证明文件随案移送。

【查封、扣押、冻结处理】第二十四条 法庭审理过程中，应当对查封、扣押、冻结财物及其孳息的权属情况、是否属于违法所得或者其他涉案财产进行调查、辩论。

【判决要求】第二十五条 禹会区人民法院作出的判决，应当对查封、扣押、冻结财物及其孳息作出处理。禹会区人民检察院未随案移送实物的，判决书中应当写明是根据财物清单作出判决，涉案财物由查封、扣押、冻结机关负责处理。

【退赃、退赔的处理】第二十六条 犯罪分子违法所得的一切财物，应当予以追缴或者责令退赔；对被害人的合法财产，应当及时返还；违禁品、供犯罪所用的本人财物，应当予以没收。没收的财物和罚金，一律上缴国库，不得挪用和自行处理。

【惩处措施】第二十七条 禹会区人民法院在对被告人适用主刑的同时，可以通过采取追缴违法所得、收缴犯罪工具、销毁侵权产品、责令赔偿损失、单处或并处罚金、没收财产等措施，从经济上剥夺犯罪分子的再犯罪能力和条件。

第三章 知识产权刑事案件协调和研讨机制

【协调研讨主体】第二十八条 市中级人民法院、市人民检察院、市公安局建立知识产权刑事司法保护沟通协调和研讨机制，以共同高效推进知识产权刑事司法保护工作。

禹会区人民法院、禹会区人民检察院、市公安局经侦支队具体负责沟通协调工作。

【协调研讨负责部门】第二十九条 为保证沟通协调和研讨机制的有效运转，确定禹会区人民法院知识产权庭、禹会区人民检察院公诉科、市公安局经侦支队部门负责人为联系人，具体负责日常沟通联系。

【联席会议】第三十条 市中级人民法院、市人民检察院、市公安局应每年定期或不定期召开知识产权刑事司法保护联席会议,加强各部门之间的协调和配合。

1. 加强信息交流,及时通报有关知识产权保护工作的开展情况以及重大侵犯知识产权案件的查处情况,并对试点工作中存在的问题及时加以研究、提出解决措施;

2. 加强在执法培训方面的合作,通过共同举办培训班、典型案例分析会等多种形式,对执法人员进行业务培训,增强对相互领域业务知识的了解,提高办案与执法协作水平;

3. 建立重大疑难案件定性问题的研究、会诊机制,协调各方意见,以保证有关执法机关执法的统一性;

4. 建立健全信息共享、沟通便捷、相互支持、控制有力的打击、预防侵犯知识产权犯罪行为的工作机制,充分发挥综合执法的效能。

禹会区人民法院、禹会区人民检察院、市公安局经侦支队参加联席会议。

【联席会议召开事由】第三十一条 有下列情况之一的,市中级人民法院、市人民检察院、市公安局均有权提出召开联席会议:

1. 办案机关对所处理的刑事案件是否属于本意见第二条范围发生争议的;

2. 办案机关对是否立案、是否提起公诉存在重大意见分歧的;

3. 重大的知识产权刑事案件;

4. 办案机关对刑事案件处理结果存在重大意见分歧的;

5. 其他需要由联席会议解决的问题。

第四章 知识产权刑事案件其他程序

【刑事附带民事】第三十二条 知识产权刑事案件被害人可以依据法律规定提起附带民事诉讼。

【自诉案件受理】第三十三条 知识产权刑事自诉案件,自诉人可直接向禹会区人民法院提起控诉。如自诉人坚持向其辖区基层法院提起控诉的,该法院应先予受理,再将案件移送至禹会区法院审理。

【自诉案件处理】第三十四条 禹会区人民法院经审查认为自诉人证据不足的,裁定驳回起诉。但犯罪事实确属明显,仅因受害人窘于取证能力缺乏无法取证情形的,应当移送公安机关立案查处。

【民事、行政与刑事衔接】第三十五条 禹会区人民法院在审理知识产权民事、行政案件过程中,发现犯罪嫌疑线索、材料或者经审理认为该案可能构成犯罪的,依照法律规定将案件移送公安机关查处。

【案件移送】第三十六条 对于禹会区人民法院依据本意见第三十四、三十五条移送的案件,接收的公安机关应当在七日内进行审查。符合立案条件的,予以立案;不予立案的,应当告知受害人并函告禹会区人民法院。公安机关不予立案的,人民检察院依法进行立案监督。

【民事保护优先】第三十七条 侵权人因同一侵权行为在先后被追究刑事责任和民事责任的情况下,如果罚金刑的执行可能导致民事赔偿不足的,应暂缓执行财产刑,优先保障民事赔偿。

第五章 知识产权刑事案件办案具体要求

【权属证明】第三十八条 办案机关应当要求权利人及时提供与案件有关的知识产权权属证明,并对权利的效力、归属等进行审查。

权利人因客观原因无法及时出具权属证明或无法联系权利人的,办案机关应当主动向国家工商行政管理总局商标局、国家知识产权局、安徽省知识产权局、国家或地方版权管理部门等相关权属登记机关调查取证。

【物品清单】第三十九条　办案机关扣押、调取物证的,应当有办案机关工作人员两人以上在场,通过拍照、录像、笔录、绘图等方法,对被扣押物品、工具以及商业标识等逐一取证、准确记录,并制作扣押物品、文件清单,由办案机关工作人员、物品持有人、办案机关工作人员以外的其他在场人分别签字确认。

【物证处理】第四十条　办案机关移交物证的,要制作移交清单。在人民法院依法作出生效裁判前,办案机关一般不得采取销毁、拍卖、变卖等手段处置侵权物品、作案工具。

【行政执法证据采信规则】第四十一条　行政机关在行政执法和查办案件过程中收集的物证、书证、视听资料、电子数据等实物证据材料,在刑事诉讼中可以作为证据使用。

行政执法部门制作的证人证言、当事人陈述等调查笔录,公安机关认为有必要作为刑事证据使用的,应当依法重新收集、制作。

【认证意见】第四十二条　对于涉案商标、商品或作品是否属于假冒物品,或者是否未经知识产权权利人许可的,办案机关可以委托国家知识产权行政管理部门指定的知识产权认证机构、知识产权集体管理组织或者权利人出具意见。

【商业秘密保护】第四十三条　办案机关对于涉及商业秘密的刑事案件,应当做好涉案商业秘密的保密工作。

【相关术语】第四十四条　销售金额是指销售假冒注册商标的商品后所得和应得的全部违法收入。非法经营数额是指行为人在实施侵犯知识产权行为过程中,制造、储存、运输、销售侵权产品的价值。已销售的侵权产品的价值,按照实际销售的价格计算。制造、储存、运输和未销售的侵权产品的价值,按照标价或者已经查清的侵权产品的实际销售平均价格计算。侵权产品没有标价或者无法查清其实际销售价格的,按照被侵权产品的市场中间价格计算。多次实施侵犯知识产权行为,未经行政处理或者刑事处罚的,非法经营数额、违法所得数额或者销售金额累计计算。

【非法经营数额确定】第四十五条　非法经营数额难以确定的,办案机关可以委托价格事务所等评估机构进行估价鉴定。

【技术事实鉴定】第四十六条　办案机关可以就技术事实认定等问题组织司法鉴定。

【权利人对鉴定意见】第四十七条　办案机关可以当面或者书面听取权利人对鉴定事项的意见。对于权利人提出的意见,办案机关应当及时将意见转递至鉴定机构,要求其充分审查。

【犯罪嫌疑人或被告人对鉴定意见】第四十八条　办案机关应当面或者书面听取犯罪嫌疑人或被告人对鉴定事项的意见。对于犯罪嫌疑人或被告人提出的意见,办案机关应当及时将意见转递至鉴定机构,要求其充分审查。

【鉴定质证】第四十九条　人民法院在开庭审理中,应当组织控辩双方就鉴定报告进行质证。被告人、辩护人对鉴定报告提出异议的,人民法院可以根据案件审理需要,要求鉴定人出庭接受询问,或者作出书面说明。

第六章　附　　则

【单位犯罪】第五十条　本意见适用单位犯罪。

【实践中问题的解决】第五十一条 如在本意见执行过程中发现问题,由联席会议磋商解决。

【生效日期】第五十二条 本意见自2013年1月1日起实施。2012年12月31日前基层检察院已受理的知识产权刑事案件,不再移送。

蚌埠市中级人民法院
蚌埠市人民检察院
蚌埠市公安局

安徽省芜湖市中级人民法院关于加强知识产权审判推动社会主义文化大发展大繁荣和促进经济自主协调发展的实施意见

为促进我市社会主义文化大发展、大繁荣和经济自主协调发展,充分发挥我市法院知识产权审判的职能作用,进一步推进我市科技文化产业和经济发展方式的升级换代,构建创新芜湖、优美芜湖、和谐芜湖、幸福芜湖,结合我市科技文化事业、经济发展和司法审判的实际情况,制订以下实施意见:

一、积极提高认识,切实增强推动社会主义文化大发展大繁荣和促进经济自主协调发展的积极性和主动性。文化发展、科技进步和知识创新,是推动经济发展方式转变和经济自主协调发展的根本动力。知识产权保护与促进文化发展繁荣和经济自主协调发展密切相关,全市法院要充分认清形势,增强大局意识和责任意识,坚持能动司法,突出针对性和有效性,找准着力点,通过司法审判进一步激励文化发展、科技进步和新型文化业态产生,进一步发挥对实体经济的促进和引领作用,进一步促进文化发展与经济自主协调发展的和谐,弘扬社会主义核心价值体系和主流价值观,建立全社会尊重知识、崇尚创新、诚信守法的知识产权法治文化,使全市法院在推动社会主义文化大发展、大繁荣和经济自主协调发展中发挥建设者和保障者的作用。

二、立足司法保障,发挥司法审判的职能作用,全力维护我市文化产业健康有序发展,促进文化创新。我市文化创意产业发展强劲,优势明显,知识产权案件迅速增多,已成为全市法院审判工作的重要方面。全市法院应充分发挥知识产权审判对文化建设的规范、促进和保障作用,激励全市人民文化创造活力的持续迸发,推动文化产业跨越式发展,提升整体文化实力和竞争力,促进传统文化产业的发展壮大,加大高科技文化产业著作权的保护力度,扶持新型文化业态,培育我市国民经济新的增长点。要立足我市文化和经济发展的现状和未来,发挥司法审判的"推手"作用,保障文化创意和科技创新的双轮驱动,支持和协助政府做强我市文化产业,形成政府政策引导与司法审判保护共同促进文化产业大发展、大繁荣模式,以实现建设文化强市的目标。

三、惩治违法犯罪，运用刑罚手段净化文化环境。全市法院要严厉打击危害国家文化安全和利用文化进行渗透破坏的犯罪活动，切实维护国家文化安全；严厉打击邪教等犯罪活动，为先进文化的发展提供司法支持；严厉打击侵犯非法出版、盗版、假冒商标等知识产权的犯罪行为，维护正常的文化市场秩序；依法严惩发生在文化建设领域的职务犯罪行为，促进文化建设重点项目、重大投资安全廉洁运行，为构建公共文化服务网络和建立现代传播体系提供保障和服务；积极参与“扫黄打非”行动，依法打击制作、出版、贩卖、传播淫秽物品等犯罪行为，坚决扫除黄赌毒等社会丑恶现象，重点整治利用互联网、手机等媒体传播淫秽色情、暴力、低俗信息，积极净化文化环境。

四、加大知识产权民事审判工作力度，审理好商标权、著作权等知识产权案件；认真贯彻知识产权损害全面赔偿的原则，加大对各类侵犯知识产权行为的制裁，加强诉讼救济，强化诉前临时措施，切实维护知识产权权利人的合法权益。及时了解社会对知识产权的司法需求，积极与有关职能部门及文化企业交流与沟通，有效化解文化建设中出现的知识产权矛盾纠纷，为文化大发展大繁荣创造更加有力的发展机遇和环境。

五、充分发挥知识产权审判对文化建设的规范、引导、促进和保障作用，加强对具有自主知识产权、核心竞争能力和鲜明芜湖特色的原创作品和自主品牌的司法保护力度；积极探索对非物质文化遗产提供有效司法保护的途径。

六、依法妥善处理好涉及文化产业发展的矛盾纠纷案件。积极为培育国有骨干文化企业、扶持民营文化企业和大型文化企业上市提供法律服务，促进各类文化市场主体公平竞争；妥善审理好文化设施产权纠纷、文化权利转让纠纷以及文化服务类合同纠纷案件，推动建立文化经纪、咨询、策划等文化产业中介机构和投融资平台；妥善审理文化领域内的劳动纠纷，依法保护文化企事业单位和文化工作者的合法权益。

七、依法妥善处理好文化产业结构调整引发的矛盾纠纷案件。紧紧围绕以文化提升产品价值，以品牌促进文化消费，妥善审理在调整文化产业结构和转型升级以及发展广播影视、出版发行、演艺娱乐、文化旅游、会展节庆等产业过程中发生的投资、承包、转让、租赁等矛盾纠纷案件，推进发展新兴文化产业，促进文化与相关产业融合发展，为加快我市文化产业结构调整，促进文化产业转型升级提供司法保障和法律服务。

八、妥善审理在推进文化体制改革、调整文化产业结构过程中发生的文化企业转制、破产、兼并重组等案件，支持大型文化骨干企业、支柱企业做大做强；妥善处理社会资本及外来投资者在投资文化企业以及参与文化企业改制过程中因资产评估、价款支付、债权债务等引发的纠纷，引导和鼓励社会力量支持和参与公共文化服务，壮大文化产业的实力，满足人民群众多层次的文化需求。

九、依照公正、公开、合法及正当原则的要求，依法支持行政机关为实施文化保护、文化惠民工程和促进文化产业健康发展所采取的各项措施，依法监督和纠正行政机关及其工作人员违法行政或滥用行政权的行为，切实保护相对人的合法权益；依法有效化解行政争议，协调解决好行政机关在加速文化事业发展、加快文化产业转型、推动文化跨越发展的进程中具体行政行为所涉及的利益纠纷问题。

十、妥善审理因行政机关整顿和规范文化市场秩序引发的各类行政案件。对行政机关开展的治理整顿娱乐场所、网吧、校园周边不良文化市场以及打击非法出版、盗版等行政行为，只要有明确的法律依据、符合法定程序、有利于文化事业发展改革的，要坚决予以支持。

十一、加大执行力度，及时实现权利人的权利，净化文化及产业市场，为我市知识产权经济发展创造良好的社会环境。全市法院对涉及知识产权的执行案件要依法加大执行力度，切实维护知识产权权利人的合法权益，加大对知识产权的执行变现能力，发挥知识产权促进文化和经济发展的作用。对涉案众多或暂时出现资金困难但运转正常或者高经济效益知识产权的被执行人，可通过债转股、强制管理等方法，帮助其恢复清偿能力，实现双赢和多赢的执行效果。积极与其他部门协调配合，积极参与社会诚信体系建设，发挥司法和行政的双管作用，形成打击合力，迫使义务人自动履行义务。

十二、加强调研，积极探索知识产权诉讼新机制，着力提高全市法院知识产权保护的司法能力和效率。全市法院要深刻把握知识产权案件特点，加强调研，探索更加符合知识产权案件审判的新机制，简化诉讼程序，提高工作效率。要根据知识产权案件专业技术性强的特点，积极引导当事人选择委托调解、专家调解、行业调解等方式解决纠纷，发挥科技专家在解决纠纷中的作用。要创新知识产权审判方式，提高司法效率，努力构建资源优化、运行科学、高效权威的知识产权审判体系。建立健全文化事业改革发展所涉纠纷的快速审理机制，依法保障党和国家宏观文化政策和具体措施的顺利实施；建立涉文化重大案件的应急机制，增强对各类敏感问题发展趋势的预测能力和疑难复杂问题的处理能力；建立涉文化重大案件的报告协调机制，加强上下级法院之间以及法院与政府部门之间的沟通协调；加大司法公开和司法监督的力度，不断增强司法透明度和公信力，做社会诚信建设的排头兵。

福建省高级人民法院印发《关于加强和改进知识产权审判工作为推动经济文化发展提供司法服务保障的意见》的通知

闽高法发〔2012〕15号

全省各级人民法院、厦门海事法院：

现将《福建省高级人民法院关于加强和改进知识产权审判工作为推动经济文化发展提供司法服务保障的意见》印发给你们，请结合实际，抓好贯彻落实。有关贯彻实施情况，请及时报告我院。

二〇一二年四月二十一日

福建省高级人民法院关于加强和改进知识产权审判工作为推动经济文化发展提供司法服务保障的意见

为全面贯彻党的十七届六中全会、中央经济工作会议和省第九次党代会、省委九届二次全会精神，推进实施国家、福建“十二五”规划纲要和《海峡西岸经济区发展规划》、《平潭综合实验区总体发展规划》、《厦门市深化两岸交流合作综合配套改革试验总体方案》要求，根据最高人民法院《关于充分发挥知识产权审判职能作用推动社会主义文化大发展大繁荣和促进经济自主协调发展若干问题的意见》（法发〔2011〕18 号），结合我省实际，现就加强和改进知识产权审判工作，为推动经济文化发展提供有力司法服务保障，提出如下意见。

一、提高认识，切实增强做好知识产权司法服务保障工作的责任感使命感

1. 充分认识知识产权审判工作在服务保障经济文化发展中的重要作用。人民法院是国家审判机关，担负着服务保障经济与文化发展繁荣的重要职责。作为人民法院司法事业重要组成部分的知识产权审判工作，与经济文化发展繁荣的关系尤为密切，在依法调整知识产权关系、保护权利人合法权益、制裁知识产权侵权行为、保障人民群众基本经济文化需求、维护社会主义市场经济秩序等方面，具有不可替代的重要作用。全省法院和广大知识产权法官要全面把握新形势下推动经济文化发展的目标任务和政策措施，特别是福建文化发展繁荣“八项工程”的具体目标与工作举措，充分认识知识产权审判工作在经济文化建设中的重要地位和作用，牢固树立大局意识和责任意识，切实把思想和行动统一到中央、省委和最高法院的重大决策部署上来，切实增强做好知识产权司法服务保障工作的自觉性和主动性。

2. 正确把握知识产权司法服务保障经济文化发展的基本原则。必须坚持能动司法，紧紧围绕当前经济文化发展大局，自觉提升站位，全力发挥知识产权司法职能作用。必须坚持公正高效，强化案件初次裁判正确观念，重视提高第一审初次裁判正确率，使当事人获得既公正又高效的司法保护，维护知识产权法律权威。必须坚持司法为民，将群众观点、群众立场、群众方法与依法审判相结合，积极关注回应人民群众在经济文化方面的知识产权司法需求，维护人民群众的合法权益。必须坚持平等保护，重视知识产权法律统一适用与一体执行，对于合法有效的知识产权，均应依法给予平等保护，坚决遏制地方保护。必须坚持宽严适度，根据各类知识产权的属性和特点，合理确定适度的保护水平，善于利用司法政策、自由裁量权和法律适用技术，使知识产权司法保护更加适应我国所处的国际国内发展环境，更加符合我国经济文化发展新的阶段性特征和要求。必须坚持利益平衡，既尊重私权保护规律，加大司法保护力度,又合理界定知识产权的界限,服从法律为保护公共利益所设定的强制性规范,统筹兼顾智力创作者、商业利用者和社会公众的利益,有效制止权利滥用和非法垄断。必须坚持开拓创新,及时调研解决新情况新问题,适当借鉴国外、省外法院的有益经验,不断确立知识产权司法保护新思路新方法,实现审判理论创新、机制创新、实践创新、服务创新,确保司法服务保障工作取得实效。

3. 切实履行知识产权司法服务保障经济文化发展的职责使命。全省法院和广大知识产权法官要把推动经济文化发展作为重大司法使命,进一步增强做好知识产权司法服务保障工作的责任感和使命感。要以更高的站位和更宽的视野,主动融入经济文化发展全局,立足本职,切实找准知识产权司法保护与经济文化建设的结合点、着力点,认真谋划知识产权审判工作,充分发挥司法保护知识产权的主导作用。要始终坚持科学发展跨越发展要求,狠抓执法办案第一要务,知识产权司法服务保障要更加注重激励文化发展和科技进步,更加注重推进文化创新和发展新型文化业态,更加注重推动知识产权文化的发展和繁荣,更加注重发挥知识产权对实体经济的促进和引领作用,更加注重培育发展战略性新兴产业和推动经济结构战略性转变,更加注重提高综合国力和企业核心竞争力,为建设更加优美更加和谐更加幸福的福建而努力奋斗。

二、全面发挥知识产权司法职能作用,为推动经济文化发展提供服务保障

(一)切实加强表达类知识产权案件审理,着力维护作品著作权相关主体的合法权益

4. 依法保护作品创作者权益。准确把握给予作品著作权保护的独创性要求,既注意保持基本判断标准的统一性,又同时兼顾不同作品的各自特点及其相关保护领域的特殊需求,确保对作品的保护强度与其独创高度相协调,依法保护创作者权益,促进文化精品创作。妥善运用作品保护两分法,注意思想与表达区分的相对性,合理确定作品保护范围。准确认定合作作品、汇编作品、职务作品、委托作品等的著作权归属,既依法保护作者权益与创作积极性,又合理保护作品所涉相关主体的合法权益。严厉制裁盗版、抄袭等侵犯著作权行为,加大侵权赔偿力度,降低作品创作者等相关权利人的维权成本,提高全社会保护原创作品的意识。

5. 依法保护作品传播者权益。注意明晰著作权与著作邻接权的法律关系,正确适用有关作品著作权人与传播者之间权利义务的法律规定,妥善处理涉及文化传播的知识产权纠纷,重视保护出版者、表演者、录音录像制作者、广播电台、电视台的合法权益,促进作品传播与利用。及时总结当前多发的网站、网吧和 KTV 侵权等案件的审判经验,统一侵权人的主观过错认定和侵权赔偿标准,确保录音录像制作者的相关权利得到有效救济,规范文化娱乐行业秩序。积极探索研究综艺晚会、演唱会、体育节目等大型文化活动所涉著作权保护的法律问题,合理平衡作品创作者、表演者、活动组织者等各方利益,促进大众文化发展繁荣。

6. 依法保护作品使用者权益。妥当适用著作权的限制和例外规定,准确认定作品的合理使用和法定许可行为,充分保护作品的正当利用,保障社会公众的基本文化需求与权益。在综合考虑作品使用行为的性质和目的、被使用作品的性质及被使用部分的数量和质量、使用对作品潜在市场或价值的影响等因素后,如果认为作品

使用行为对于促进技术创新和商业发展确有必要,而且既不与作品的正常使用相冲突,也不至于不合理地损害作者的正当利益,可以认定属于合理使用。对设置或者陈列在室外社会公共场所的艺术作品进行临摹、绘画、摄影或者录像,并对其成果以合理的方式,在合理的范围进行使用,无论该使用行为是否具有商业目的,均可认定为合理使用。

(二)切实加强涉文化类知识产权案件审理,着力保障文化事业创造创新、文化产业发展与交流合作

7.保障促进文化创意创新。重视加强对优秀研究成果和原创性文艺作品的司法保护,不断激励作者的创作热情,促进创造创新。重视加强对动漫游戏、广告设计、影视等核心创意形式的司法保护,尤其要保护好我省木雕、石雕、陶瓷、树脂等工艺和作品,支持文化创意产品的商业运用,合理评估其市场价值,推进创意主体的自主创新能力建设和我省特色版权的加快发展。在审理涉及技术创新的著作权案件时,要妥善处理好技术中立与侵权行为认定的关系,实现有效保护著作权与促进文化企业技术创新的和谐统一。对于具有实质性非侵权商业用途的技术,严格把握技术提供者承担连带责任的条件,不能推定技术提供者应知存在具体的直接侵权行为,其只在具备其他帮助或者教唆行为的条件下才与直接侵权人承担连带责任;对于主要用于侵犯著作权且不具有其他实质性商业用途的技术,可以推定技术提供者应知具体的直接侵权行为的存在,并判令其与直接侵权人承担连带责任。

8.保障促进传统文化与新兴文化产业发展。妥善处理涉及广播影视制作、出版发行、工艺美术、演艺娱乐等传统文化产业,以及数字出版、新兴媒体、移动多媒体广播电视、软件等附加值高的新兴文化产业发展中出现的知识产权纠纷,加大侵权行为制裁力度,推动相关产业有序发展,推进建设文化强省和全国重要文化产业基地。密切关注基于数字、数据库等高新技术文化业态的发展,及早做好司法应对准备,通过加强著作权保护,培育新型文化业态。妥善审理对外文化贸易纠纷案件,支持引导我省文化企业引进、吸收国外文化创新成果、先进技术及管理经验,提升我省文化产业的整体实力和国际竞争力。

9.保障促进民族文化与特色文化产业发展。根据现有法律规则和立法精神,积极保护遗传资源、传统知识、民间文艺和其他一切非物质文化遗产,综合考虑历史和现实因素,合理协调平衡在发掘、整理、传承、保护、开发和利用过程中各方主体的利益关系,保护保存者、提供者、持有者或者相关部门知情同意和惠益分享的正当权益,保障民族文化产业、特色文化产业和公益性文化事业的健康发展。加强保护传统医药和传统工艺,促进传统知识发展,推动传统资源转化为现实生产力和市场竞争力。尊重民间文艺作品保存人和整理人以适当方式署名并获得相应报酬、后续创作人无须获得许可或支付费用可对独创性作品享有完整著作权的权利,依法保护民间文学艺术,提升中华文化影响力。注重保护具有福建特色的各类文化遗产,积极推进相关项目申报人类非物质文化遗产代表作名录。综合运用著作权法、商标法、专利法、反不正当竞争法等,依法制裁一切不正当利用非物质文化遗产进行商标注册、专利申请等行为,保护非物质文化遗产的传承和商业开发利用,弘扬民族文化产业优势和地区特色文化优势,让广大群众共享文化发展成果。

10.保障促进信息网络产业发展。有

效应对互联网等新技术发展对著作权保护的挑战,探索研究网络环境下著作权保护中的新情况新问题,正确掌握“通知与移除”规则的适用条件,妥善处理保护著作权与保障信息传播的关系。准确把握权利人、网络服务提供者和社会公众之间的利益平衡,既切实加强网络环境下的著作权保护,培育健康向上的网络文化产品,又通过参与虚拟网络社会的建设管理,维护网络信息管理秩序,促进网络新技术与新商业模式的开发和运用,推动信息网络产业规范发展。注意区分网络内容提供行为与网络服务提供行为的界限,充分考虑网络侵权特点,正确适用网络服务提供者的过错认定原则和法定免责条件,准确判令其承担相应责任。密切关注电信网、广电网、互联网“三网融合”等信息网络技术发展带来的新问题,准确把握技术中立的精神,稳妥化解相关纠纷,促进提高我国、我省信息化水平。

11. 保障促进文化产业结构调整。突出审理好文化企业在改制、破产、兼并、重组过程中产生的知识产权纠纷案件,不仅妥善化解矛盾,而且针对具体情况,及时提出增强知识产权创造、运用、保护和管理能力的思路对策等建议,努力为文化企业产业结构调整提供更多更好的司法服务。对于涉及产业结构调整的被诉文化企业,依法慎重适用财产保全、临时禁令等措施,维持文化企业经营稳定。

12. 保障促进闽台文化交流合作。围绕两岸人民交流合作先行区建设,注重为海峡论坛、海峡两岸民间艺术节、海峡两岸文化艺术节等重大活动做好知识产权司法服务和保障工作,依法处理好相关文化纠纷案件,巩固发展两岸文化交流合作品牌,促进打造对台文化交流平台。围绕增强两岸同胞同宗同族的凝聚力,妥善处理好涉及闽南、客家、妈祖、畲族等文化传承和发展中出现的知识产权纠纷,加大对反映闽台两地文化渊源、姓氏溯源、民间信仰等精品节目和出版物的司法保护力度,促进打造两岸共有文化。围绕两岸文化产业合作中心建设,准确适用台胞投资保护法等法律法规,审理好台胞或台企来闽投资文化产业特别是新兴文化产业中所涉的知识产权案件,依法保障台方当事人的正当权益,促进打造两岸文化产业合作基地。

(三)切实加强技术类知识产权案件审理,着力推进科技进步与自主创新

13. 妥善处理专利权纠纷。以国家战略和经济发展需求为导向,以提高自主创新能力为目标,妥善审理专利权纠纷案件,着重保护对海峡西岸经济区经济增长有重大突破性带动作用、具有自主知识产权的关键核心技术,以及涉及基础前沿领域、战略性新兴产业的技术类知识产权,促进传统产业优化升级和新兴产业加快培育。根据科技发展的阶段性特点和不同技术领域的创新需求,确定合理的专利权保护范围和强度,强化司法政策导向作用,平衡好权利人、使用者和社会公众之间的利益格局。准确把握发明和实用新型专利侵权判定的全部技术特征对比、禁止反悔、捐献等判定原则,以及外观设计专利侵权判定的整体观察设计特征、综合判断整体视觉效果的判定方法,适度从严把握等同侵权的适用条件,正确适用现有技术和设计抗辩,准确认定专利侵权行为。审理好产品制造方法发明专利侵权案件,根据使用专利方法获得的产品是否系新产品而合理分配举证责任,依法保护方法发明专利权。根据所涉技术比对是否复杂等个案情况,慎重采取诉前停止侵犯专利权措施,依法规制滥用专利权及滥用诉前禁令制度。

14. 妥善处理植物新品种权纠纷。强化保护植物新品种权和育种技术,加大对

重大农业科技成果的司法保护力度,合理调节资源提供者、育种者、生产者和经营者之间的利益关系,激励农业科技创新,促进农业发展方式加快转变,保护农民利益,维护农村稳定,保障社会主义新农村建设。准确掌握植物新品种侵权判定标准,依法制止为商业目的生产、销售或者重复使用授权品种繁殖材料等侵权行为,以及假冒他人授权品种的行为,保障权利人利益的实现。正确区分作为品种生产者、管理者的制种大户以及以种植为业的普通个人、农村承包经营户,妥善判定相关主体承担相适应的民事责任,注意依法免除以种植为业的普通个人、农村承包经营户自繁自用授权品种繁殖材料的侵权责任,同时要防止实质上成为品种生产者和管理者的制种大户逃避法律制裁。针对种子生产和销售的季节性特点,注意运用证据保全措施及时固定相关证据,保障品种权人及时获得司法救济。

15. 妥善处理集成电路布图设计纠纷。正确掌握集成电路布图设计受保护的"非常规设计"标准,依法认定相关侵权行为,切实维护专有权人合法权益,推动微电子技术的开发应用和创新创造,促进国民经济发展与国防实力壮大。准确把握集成电路布图设计专有权的主体对象、客体范围以及专有权人所享有复制权和商业利用权的权利边界,通过加强司法保护,积极引导和支持专有权人运用、管理好自主创新成果,切实保护并鼓励集成电路布图设计领域里创造性智力活动和经济投资。正确适用反向工程、合理使用、权利穷竭、善意买主、强制许可等对集成电路布图设计专有权进行限制的相关规定,制止专有权人非法垄断技术、妨碍技术进步,促进集成电路布图设计技术与先进产品的正常利用和流通,确保专有权利与公共利益的平衡。

（四）切实加强标识类知识产权案件审理,着力推动品牌经济协调发展

16. 加大商标权保护力度。根据显著性程度和知名度大小等确定商标保护强度,严厉制裁假冒、恶意模仿等商标侵权行为,支持企业实施品牌战略,为我国从制造大国向品牌强国加快转变提供助力。准确把握商品类似、商标近似的判断标准,在认定商品类似时,可以参考类似商品区分表,但更应尊重市场实际,对于主张权利的商标已实际使用并具有一定知名度的,要以相关公众对商品的通常认知和一般交易观念为准判断商品之间是否存在特定关联性或容易造成混淆;在认定商标近似时,应根据个案情况,进行商标构成要素整体比对或要部比对,对于相关商标均具有较高知名度,或者其共存是特殊条件下形成的,还应根据两者的实际使用状况、使用历史、相关公众的认知能力、使用者的主观状态等因素进行综合判断,注意尊重已经客观形成的市场格局,防止简单地把商标构成要素近似等同于商标近似,实现和促进经营者之间的包容性发展。妥善把握商标注册人是否有真实使用意图、商标使用过程中是否有"傍名牌"的主观恶意等,准确认定商标侵权抗辩,有效遏制抢注、"傍名牌"等不正当行为,注重培育和维护知名品牌。适当借鉴参考审理网络著作权案件的有关规定和基本共识,妥善处理网络环境下的商标侵权案件,合理界定网络服务提供者的注意义务与侵权责任,注重促进网络产业发展和商业模式创新。

17. 注重规范并强化驰名商标司法保护。准确领会驰名商标司法保护的法律定位和立法本意,坚持正确司法导向,严格执行"个案认定、被动认定、因需认定"等司法原则,准确把握驰名商标认定条件和要求,防止出现驰名商标司法认定制度异化现

象。在审判程序方面,可以采取特殊的查明事实措施,适当增强审查事实的主动性和职权性,通过实地考察和征询相关部门意见等措施,防止将存在不注重产品质量和安全、违法用工、污染环境、缺乏诚信等情形的企业注册的商标被认定为驰名商标。在实体处理方面,应综合考量涉讼商标的知名度、显著性、商标权利人可能受到的损害程度和被控侵权行为的误导性后果等因素,合理确定驰名商标跨类保护范围和强度,对于显著性越强和知名度越高的驰名商标,给予其更宽的跨类保护范围和更强的保护力度。注意保护文化企业和文化产品的驰名商标、知名品牌,促进文化产业形成自主品牌。认真落实判前审核、判后备案制度,同时应适当增强审判监督的主动性,防止相互串通和虚假诉讼行为,提升驰名商标司法认定工作质量和公信力。

18.依法保护特殊标志专用权。学习研究有关法律规定,适当借鉴国际公约、国际惯例和省外法院先进经验,依法审理好涉及地理标志、原产地标记和奥林匹克标志、世界博览会标志、特殊标志等案件,合理规范这些特定标识的使用,有效制裁混淆和误导公众行为,保障标志权利人或使用人以及广大消费者的合法权益。及时总结审判经验,注意统一司法标准,确保特殊标志专用权得到适当的保护,做到既维护国家利益,又树立重视保护知识产权的良好国际形象。

19.妥善处理商业标识类权利冲突案件。遵循诚实信用、维护公平竞争和保护在先权利等原则,依法审理涉及注册商标、企业名称与在先权利之间的冲突纠纷,包括实际使用中改变了注册商标或者超出核定使用的商品而使用注册商标的纠纷,切实规范和维护市场秩序。在处理具有历史、地理等因素的权利冲突案件时,不仅要尊重历史和地理状况,而且关键要看在后权利人的相关行为是否违反诚实信用原则即是否具有“搭便车”的故意,责令其停止相关行为是否有违公平竞争,不能简单地以权利获得的先后顺序为由保护在先权利。因使用企业名称而构成侵犯商标权的,可以根据案件具体情况判令停止使用,或者对该企业名称的使用方式或范围作出限制;判决停止使用但当事人拒不执行的,可加大强制执行和相应的损害赔偿救济力度。

(五)切实加强竞争类知识产权案件审理,着力维护公平竞争的市场经济秩序

20.依法制止不正当竞争行为。审理好仿冒知名商品特有名称、包装、装潢和虚假宣传、商业诋毁、串通投标等不正当竞争案件,处理好涉及商业外观、计算机网络域名等新类型知识产权案件,制止一切非诚信的仿冒搭车行为,避免市场混淆与误导公众,确保诚信竞争和有序竞争。妥善处理好知识产权专门法与反不正当竞争法的关系,凡是专门法已作穷尽性规定的领域,反不正当竞争法原则上不再提供附加保护,允许自由利用和自由竞争。妥善处理好反不正当竞争法原则规定与特别规定之间的关系,既要充分利用原则规定的灵活性和适应性,有效制止花样不断翻新的不正当竞争行为,又要防止适用原则规定的随意性,避免妨碍市场自由公平竞争。凡属特别规定已明文禁止的行为领域,原则上不再适用原则规定进行规制;未作特别规定予以禁止的行为,如果给其他经营者的合法权益造成损害,确属违反诚实信用原则和公认商业道德而具有不正当性,不制止不足以维护公平竞争秩序的,可以适用原则规定予以规制。

21.妥善处理侵犯商业秘密纠纷。以符合法定条件为依据,准确界定商业秘密保护范围,每个单独的商业秘密信息单元

均构成独立的保护对象。根据案件具体情况,合理把握秘密性和不正当手段的证明标准,如果权利人提供了优势证据并作出合理解释的,应结合已知事实和日常生活经验等,准确作出相应事实认定。对于涉及商业秘密的证据,可尝试仅向代理人展示、分阶段展示、具结保密承诺等措施限制商业秘密的知悉范围,防止在审理过程中二次泄密。探索解决制约商业秘密有效保护的实体和程序问题,注意民事与刑事执法程序的衔接,有效制止侵犯商业秘密行为,积极为企业的创新、投资营造安全、可信赖的法治环境。认真审理涉及文化人才的竞业限制纠纷,审慎处理好商业秘密保护与竞业限制以及人才合理流动的关系,充分保障文化人才的合法权益。

22. 重视强化反垄断审判。加强研究并处理好垄断案件所涉原告资格、收案范围、举证责任分配、经济分析方面的证据认定、责任承担方式等审判实务问题,及时总结此类诉讼的特点和规律,不断提高审判质量。要从宏观视角,全面考虑各种相关因素,综合评估涉嫌垄断行为的反竞争和促进竞争的影响和效果,依法认定垄断行为。注意发挥经济学专家和专业机构的作用,探索引进经济分析方法的途径和方式。正确把握竞争政策与国家的经济发展战略、产业政策、贸易政策、技术政策的关系,避免机械司法、片面司法,促进市场结构完善和市场经济健康发展。

三、健全完善创新审判体制机制,努力提升知识产权司法服务保障的整体功效

23. 健全能动司法工作机制。按照服务型司法、能动型司法、高效型司法的要求,大力加强对经济文化发展中可能涉及知识产权法律问题的前瞻性调研,主动为党委政府重大知识产权决策出台和重大知识产权项目落地,为相关企业、行业协会、科研机构、高等院校等解决知识产权工作中的问题提供司法对策建议,并对可能影响经济文化发展的重大知识产权动向及时发出预警,促进有关方面科学决策、依法决策。建立健全联系企业、服务重点项目建设等工作机制,帮助健全制度、源头防范、完善管理、堵塞漏洞、消除隐患,把可能产生的问题化解在萌芽状态。

24. 推进和规范"三审合一"审判模式改革试点。已经设置统一受理知识产权民事、行政和刑事案件专门审判庭的法院,要认真回顾总结试点工作成效,继续开展调查研究与实践探索,及时发现新情况、解决新问题,不断推动试点工作规范化。要注意转换和协调不同类型案件的审判思路与方法,切实加强与公安机关、检察机关以及相关行政执法部门的协作配合,形成合力,构建资源优化、运行科学、高效权威的知识产权审判体系。上级法院要切实加强对试点工作的组织、领导、协调和监督指导,及时了解掌握试点工作进展情况,帮助解决存在问题,确保试点工作取得实效。

25. 改革完善审判管辖体制。根据形势任务要求和各地区经济文化发展对知识产权审判的新需求,按照"两便"原则,统筹规划知识产权案件管辖布局,适时报请最高法院批准增加专利、驰名商标、植物新品种权、集成电路布图设计纠纷案件管辖的中级法院,在具备条件的地区适当增加受理著作权、商标、不正当竞争等案件的基层法院,合理集中一些特殊类型知识产权案件的管辖权,不断优化审判资源配置,提升司法能力。加大提级管辖、异地指定管辖力度,防止地方保护和部门保护,确保知识产权司法公正。

26. 健全完善专家辅助人、专家陪审制度。适时补充调整全省法院知识产权审判技术咨询专家库成员,充分利用专家库专业人才资源,切实发挥科技专家在提供知识产权宏观政策咨询、协助解决知识产权案件专业技术难题、帮助化解知识产权矛盾纠纷等方面的作用,提升知识产权审判质效。根据本地实际和审判需要,积极争取有关方面的支持,增选适量的科技专家、法律专家担任人民陪审员参加知识产权案件审理,逐步扩大人民陪审员参审案件范围,通过保障其充分行使审判职权,增进知识产权审判的科学性和民主性。

27. 完善关联和类似案件的协调处理机制。认真落实案件信息报告制度,发现存在知识产权关联案件的,应及时上报,以便省法院加强与省内外不同受理法院间沟通协调的同时,及时统一司法标准。对于涉及同一法律事实或者同一法律关系的关联案件,要严格依照法律规定移送管辖或合并审理。加强对类似知识产权案件的研究与处理,注意协调统一类似行为的侵权定性和责任承担等问题。不断探索完善典型案例指导制度,提升关联和类似案件的审判质量,防止相同或类似案件出现判决结果相互矛盾的情形,切实维护我省知识产权司法保护的严肃性。

28. 健全完善多元化纠纷解决机制。继承发扬我国优秀法律文化传统和群众工作政治优势,在知识产权执法办案中注重融法理情于一体,尽可能通过调解、和解的方式化解矛盾纠纷,促进社会和谐。坚持把"调解优先、调判结合"工作原则贯穿于知识产权审判工作的全过程,完善全面、全程、全员"三全"调解工作机制,不断规范调解行为,提升调解质量。积极探索知识产权案件的诉调对接,健全完善多元化纠纷解决机制,充分发挥人大代表、政协委员和知识产权行政执法部门、行业协会、专业技术人员,以及专家调解员、人民陪审员、诉讼代理人等在沟通协调方面的独特作用,增强知识产权纠纷调解功效,最大限度地增加和谐因素,最大限度地减少不和谐因素。

29. 建立健全案件质量评估管理机制。认真落实《最高人民法院关于开展案件质量评估工作的指导意见(试行)》,协助做好知识产权案件相关数据的收集、整理、传输和核实,提高评估水平。定期分析知识产权审判公正、效率、效益和效果等指标,及时发现并解决审判工作中存在的问题,不断探索审判规律,切实发挥评估机制的作用。适时通报审判质效不高、辨法析理不强、文字和格式存在差错的裁判文书,促进知识产权审判质效上新水平。结合执法档案的建立,加强知识产权审判效能建设,强化案件审判科学管理、长效管理。

四、切实加强组织人才保障和法制宣传工作,确保知识产权司法服务保障各项措施落到实处

30. 加强组织领导和部署安排。全省各级法院要按照当前形势和任务要求,把知识产权审判工作摆在法院工作更加突出的位置,加强组织领导,及时研究解决司法保护中的突出问题,确保知识产权审判工作不断向前发展。要按照本意见的部署要求,紧密结合当地经济文化发展和法院自身工作实际,突出关键点、抓住薄弱点、培育新亮点,进一步理清知识产权司法服务保障经济文化建设的重点与目标,制定切实可行的工作意见和实施方案,强化任务分解与责任落实,加强督促检查,确保知识产权司法服务保障各项工作抓得更有成效。

31. 强化队伍建设与人才培养。要大力加强思想政治建设,深入开展"为民司法创先争优"和"人民法官为人民"主题实践活动暨司法公信建设活动,开展向詹红荔等先进典型学习活动,大力弘扬政法核心价值观和福建精神,进一步坚定理想信念,不断提高知识产权审判队伍的政治素质,确保审判工作的正确方向。要大力加强知识产权审判队伍的司法能力建设，扎实开展评审评查、裁判文书评查活动和岗位培训、技能训练，重点针对当前知识产权审判热点、难点问题和科技知识、前沿理论举办培训，开展知识产权审判实务省际、国际交流，推动全省知识产权司法水平的整体提高。要大力加强组织建设，按照全省法院"四个人才工程"建设要求，加大知识产权审判人才引进、教育、培养、管理和保护的力度，优化人才队伍结构，努力建设一支胜任知识产权审判工作的队伍。要大力加强司法作风与廉洁建设，深入开展"司法走转改"活动，切实开展党性党风党纪和反腐倡廉教育、警示教育、法官职业道德教育等，严格执行廉政纪律条规，及时发现和解决知识产权审判队伍中的苗头性、倾向性问题，强化治庸治懒治散治腐工作，不断纯洁知识产权审判队伍，进一步提升知识产权司法公信形象。

32. 狠抓法制教育和宣传工作。通过组织庭审直播与观摩、法律讲座或咨询、新闻发布以及司法大走访、大接访，信访接待下基层、巡回审判下基层、调查研究下基层、宣传党的方针政策下基层，司法进乡村、进社区、进海岛、进企业、进校园、进军营等活动，加强辨法析理、判后答疑、以案释法和裁判文书上网公开、典型案例公布等工作，积极引导广大人民群众合法理性地表达知识产权方面的诉求，推动形成人人学法、尊法、守法、用法的良好氛围。强化知识产权法制宣传教育，积极参与"六五"普法工作和知识产权专项行动，以及"4·26"世界知识产权日、"2·21"福建省知识产权日纪念活动，增强公民的知识产权法治观念。注重发挥司法机关对社会道德的保护和引导作用，在知识产权案件裁判中重视弘扬和引领社会主流价值观，注意法律评价和道德评价的有机结合，切实把维护公共道德作为知识产权司法保护的重要价值追求，提升尊重知识、崇尚创新、诚信守法的知识产权法治文化。通过各种途径和方式，广泛宣传知识产权司法服务保障工作的新举措、新经验、新成效，树立人民法院"为大局服务、为人民司法"的良好形象。大力挖掘、培树和宣传全省法院知识产权司法服务保障经济文化建设中涌现出的先进典型，努力形成比学赶超的典型效应，充分激发广大知识产权法官立足本职干事创业的激情干劲，为促进经济文化发展，推动福建科学发展跨越发展作出新的更大的贡献。

福州市中级人民法院关于建立知识产权纠纷"大调解"联动机制的若干意见

榕中法〔2012〕147 号

自《国家知识产权战略纲要》颁布以来，知识产权的创造、管理、运用、保护能力显著提升，知识产权权利人的维权意识显著增强，社会公众对知识产权的关注程度显著提高。近年来,知识产权行政、司法部门受理的知识产权纠纷案件数量不断增加,新类型案件大量涌现,群体性纠纷日益突出。为加大对知识产权的保护力度,促进科技进步创新、文化发展繁荣、市场竞争有序,同时维护和谐稳定的社会局面,实现知识产权权利人与社会公众的利益平衡,需要形成知识产权行政、司法保护的合力,创新社会管理机制,共同做好社会矛盾纠纷的化解工作。

根据《中华人民共和国民事诉讼法》、最高人民法院《关于建立健全诉讼与非诉讼相衔接的矛盾纠纷解决机制的若干意见》、《关于进一步贯彻"调解优先、调判结合"工作原则的若干意见》等规定,经福州市中级人民法院、福州海关、福州市工商行政管理局、福州市知识产权局、福州市新闻出版局会商,共同研究制定本意见。

一、建立、健全知识产权行政、司法部门的工作联络机制

1. 福州市中级人民法院与福州海关、福州市工商行政管理局、福州市知识产权局、福州市新闻出版局建立定期工作联络小组,由各单位相应部门的负责人作为联络小组成员,并确定具体的联络人。

2. 联络小组的工作采取日常联络与联席会议相结合的机制,除日常沟通联系外,每年召开1~2次联席会议,通报化解知识产权纠纷的情况,研究疑难案件、交流信息,总结经验。

3. 建立群体性重大案件通报预警机制,对于因知识产权权利人进行大面积维权,可能引发群体性纠纷的案件,受理单位可通过联络小组成员向主管单位进行通报,迅速启动诉前、庭前调解程序。

二、完善调研、培训体系,建立适应知识产权矛盾纠纷化解的工作组织

1. 各单位的行政执法、司法人员定期组织联合培训,加强对新类型案件的研究学习,增强化解纠纷、解决矛盾的能力。

2. 完善调研工作体制,各单位可针对在知识产权纠纷矛盾化解工作中存在的突出问题展开联合调研,调研工作可采取走访企业、召开行业组织座谈会、定期交流工作信息等方式。人民法院可选择典型案例定期邀请行政部门人员旁听庭审。

3. 各单位可根据本单位的实际情况,设立专门调解组织,制定适应本单位工作情况的调解工作章程,以便于调解工作的开展。

三、建立健全知识产权诉前调解与诉讼程序的衔接机制,做好诉前调解的司法确认工作

1. 行政部门组织诉前调解,可以邀请人民法院的人民陪审员、专家调解员参与调解;在行政部门认为确有必要时也可以主动邀请人民法院对诉前调解工作提供意见。

2. 主持行政调解的部门认为有必要时,可以引导当事人自行约定请求人民法院在行政调解协议的基础上依法出具司法调解书,人民法院根据行政调解协议做出民事调解书后,与民事裁判文书同等具有强制执行的效力。

3. 当事人请求人民法院确认行政调解协议的,人民法院应当在立案后10日内做出确认或不予确认的决定。人民法院根据和解协议做出确认后,应向主持调解的行政部门送达有关文书;不予确认和解协议的,还应向主持调解的行政部门说明具体事实、理由,并提出工作建议。

4. 当事人不同意由行政部门组织调解,或者经行政部门组织调解在合理期间内不能达成调解协议的,行政部门可以邀请人民法院对行政部门处理决定提供法律意见,也可以建议当事人及时向人民法院起诉。

5. 行政部门对于经过调解不能达成和解协议，在依法做出行政处理决定后，当事人不服提起行政诉讼的，可以在行政诉讼过程中向人民法院说明诉前调解的有关情况，人民法院可以根据有关情况继续针对当事人之间的民事争议组织调解。调解不成的，当事人可以另行提起民事诉讼。

四、建立健全诉讼过程中的邀请调解、委托调解机制，形成化解社会矛盾的合力

1. 人民法院立案受理知识产权纠纷案件后，判决之前当事人愿意调解的，人民法院可以在征求当事人的意见后，邀请相应行政部门的执法人员参与人民法院组织的调解程序。行政部门的执法人员应邀参与人民法院组织的调解程序的，可以提出调解建议，与审判人员共同磋商调解方案。

2. 人民法院在审理知识产权纠纷案件过程中，当事人有和解意愿的，在征得当事人同意后，可以委托相关行政部门按照行政调解程序进行调解，经调解达成调解协议的，当事人可以请求人民法院在调解协议的基础上出具调解书，确认调解协议的效力，也可以自行申请撤诉。

3. 人民法院委托行政部门进行调解，应当制作委托调解函，并将起诉状、答辩意见以及主要的证据材料的复印件随函移送，必要时可以出具调解建议书。行政部门在收到人民法院的上述材料后，应当在5个工作日内就是否接受委托出具书面答复意见。行政部门接受委托的，应向人民法院告知调解主持人员的名单、联系方式。

4. 行政部门接受委托组织当事人进行调解的工作期限不超过20个工作日，期限届满不能达成协议的，由行政部门向人民法院出具终止调解函，载明调解的经过。期限届满后当事人愿意继续在行政部门的主持下进行调解的，由当事人向人民法院提出书面申请，人民法院可以根据情况延长调解期限。

5. 行政部门接受人民法院委托，对知识产权民事纠纷组织的调解活动，是以中立立场引导平等民事主体化解矛盾纠纷、履行社会职责的服务行为，不属于具体行政行为。当事人以行政部门在组织调解过程中的具体举措不当为由，向人民法院提起行政诉讼的，人民法院不予受理。

6. 行政部门在接受人民法院的委托组织调解时，发现被控侵权行为涉嫌构成刑事犯罪，且当事人不能达成和解时，可以立即终止调解，并向人民法院提出移送刑事处理的建议。

五、加强宣传教育工作，建立长效工作机制

1. 鉴于目前普通的市场经营主体尊重他人知识产权的意识还不够强，一些经营主体对侵犯知识产权行为的违法性及后果还缺乏一般认知，人民法院、行政部门在对知识产权侵权纠纷进行调解时还应加强对当事人的教育工作，向其告知有关法律、政策，责令其严格履行相关法律义务，预防侵犯知识产权行为的发生。

2. 对于已经受过行政处罚或被生效的民事判决判令承担侵权责任，又重复侵犯他人知识产权的组织或个人，除权利人同意外，原则上不再组织调解，人民法院及行政部门应依法加大制裁力度。行政部门在查处侵权行为的过程中，对于重复侵权涉嫌构成拒不履行生效的判决、裁定犯罪的，应及时向人民法院通报。

3. 为确保知识产权纠纷“大调解”联动工作的开展，各单位应为调解工作提供必要的场所和经费保障。

4. 人民法院根据诉调对接工作的实施情况，定期公布典型案例、工作信息、统计数据等材料，向相关部门进行通报。各单位定期召开联合总结表彰大会,总结经验、交流心得,并对化解矛盾纠纷工作中有突出表现的集体和个人进行表彰。

5. 各单位应加强对工作成效的宣传报道工作,可以通过电视、报刊、互联网络等媒体对知识产权保护、化解矛盾纠纷工作中取得的成绩进行宣传报道,营造尊重知识产权、理性应对纠纷、诚信市场竞争的良好社会氛围。

6. 本意见在实施过程中出现的新情况、新问题,由各单位会商解决,并适时对本意见进行修订、调整。福州市鼓楼区人民法院参照本意见执行知识产权纠纷诉调对接工作。

本意见自2012年4月23日起施行

二〇一二年四月二十三日

山东省高级人民法院
关于印发充分发挥审判职能作用保障和推动社会主义文化大发展大繁荣的意见的通知

鲁高法发〔2011〕27号

全省各中级人民法院、济南铁路运输中级法院、青岛海事法院、山东法官培训学院、本院各部门:

山东省高级人民法院《关于充分发挥审判职能作用保障和推动社会主义文化大发展大繁荣的意见》已经省法院2011年第35次党组会议讨论通过,现予印发,请认真贯彻执行。

二〇一一年十二月十二日

山东省高级人民法院关于充分发挥审判职能作用保障和推动社会主义文化大发展大繁荣的意见

为贯彻落实中央、省委和最高人民法院关于推动社会主义文化大发展大繁荣的一系列重大决策部署,结合全省法院实际,制定本意见。

一、统一思想认识,准确把握人民法院保障和推动社会主义文化大发展大繁荣的任务要求

1. 在新的历史起点上深化文化体制改革、推动社会主义文化大发展大繁荣,是党的十七届六中全会正确把握国内外形势变化，从党和国家事业发展全局出发确定的一项重大战略任务，反映了我们党在新的历史条件下的高度文化自觉。加快推进文化改革发展，关系小康社会奋斗目标全面实现，关系中国特色社会主义事业健康发展，关系国家文化软实力和综合国力根本提升，关系实现中华民族伟大复兴，是当前和今后一个时期各级各部门和全国各族人民共同面临的一项首要政治任务。

2. 法律和法治是人类文明发展的产物，是人类文化的优秀成果和重要组成部分；人民法院是党领导下行使国家审判权的司法机关，司法调整对象的广泛性、司法功能的权威性和司法手段的多样性，决定了人民法院是推进文化改革发展、实现文化强国战略的重要力量；法院文化是中国特色社会主义先进文化的重要组成部分，是社会主义法治文化的主体内容。建设法院文化、弘扬法治文化、保障和推动社会主义文化发展繁荣，是人民法院履职尽责的必然要求。

3. 全省各级法院要紧紧围绕国家文化发展战略，深入贯彻落实科学发展观，牢固树立"三个至上"指导思想，坚持社会主义先进文化前进方向，充分发挥审判职能作用，做社会主义文化大发展大繁荣的有力保障者和积极建设者。要坚持以执法办案为立足点，充分发挥权利救济、公权制约、纠纷终结"三大功能"，积极推动社会主义法治文化建设、社会诚信文化建设、和谐文化建设和健康向上的网络文化建设，依法规范文化市场秩序，促进文化事业和文化产业跨越式发展；要坚持以法院文化建设为着力点，大力培育社会主义司法核心价值观，努力打造人民法院特色文化，进一步增强法院队伍的创造力、凝聚力、战斗力，以科学、创新的法院文化丰富和发展社会主义先进文化。

二、发挥审判职能，为社会主义文化大发展大繁荣提供有力司法保障

4. 依法严惩淫秽色情、低俗有害信息传播等犯罪行为，坚决扫除有害人们心灵的腐朽文化垃圾，营造健康的社会文化环境；依法严惩破坏广播电视设施、公用电信设施和网络智能等犯罪活动，维护公共文化传播安全。

5. 依法严惩假冒专利、侵犯著作权、侵犯商业秘密等严重侵犯知识产权的犯罪活动，保护人民群众合法文化利益，维护文化市场秩序；依法严惩走私、故意毁坏、倒卖文物以及故意损毁名胜古迹，盗掘古文化遗址、古墓葬等妨害文物管理犯罪活动，保护国家文化遗产，促进历史文化传承。

6. 妥善审理涉婚姻家庭、财产继承、扶危济困等关系社会道德风尚的案件，加大对尊老爱幼、诚实守信、见义勇为等行为的依法保护力度，依法严肃处理违背公共道德的行为，坚持以和谐的司法、公正的裁判、充分的说理引领良好社会风尚，真正使审判过程成为惩恶扬善的过程。

7. 妥善审理文化事业企业转制、破产、重整等案件，依法支持和壮大国有或国有控股文化企业，鼓励和引导各种非公有制文化企业健康发展，切实维护中小微文化企业的合法权益，推动形成公有制为主体、多种所有制共同发展的文化产业格局；加大对国有文化企事业单位转制改制或破产过程的监管审查力度，避免国有资产流失。

8. 依法加强出版发行、影视制作、广告、演艺、娱乐、设计等产业领域的著作权保护，推动传统文化产业发展壮大；探索加强文化创意、数字出版、移动多媒体、动漫游戏、数据库等战略性新兴文化产业的著作权保护，培育新型文化业态，扩展文化产业发展新领域。

9. 妥善审理因艺术创作、新闻报道、影视制作播放、言论自由特别是网络舆论引发的侵权案件,贯彻利益平衡原则,平衡好创作自由与个人隐私权之间的利益关系,处理好保障公众知情权、参与权、表达权、监督权与个人信息保护之间的矛盾,保障文化工作者的合法权益,维护社会公共利益。

10. 探索综合运用多种法律手段,积极保护民间文艺、传统知识、遗传资源等非物质文化遗产,公平合理地协调和平衡在发掘、整理、传承、保护、开发和利用过程中各方主体的利益关系,促进非物质文化遗产的传承与创新、保护与利用。

11. 妥善审理文化产业领域中侵犯专利权、商业秘密的案件,加大对拥有自主知识产权、弘扬民族优秀文化的产业支持力度,推进文化科技创新,增强文化产业核心竞争力;加强对知名品牌、驰名商标、战略性新兴文化产业商标的保护,促进文化产业自主品牌的形成和发展;加大对文化产业领域中各类不正当竞争行为的制裁力度,规范文化产业发展市场。

12. 妥善审理文化产业领域中的涉外纠纷,平等保护双方当事人的合法权益,创造良好的法治环境,鼓励外商同中国企业在文化领域智力、人才、技术等方面的合作。

13. 保障和规范文化市场管理,支持文化市场综合执法机构依法深入开展"打黄扫非"专项行动以及网吧、娱乐场所等领域的集中清理活动,打击违法经营,整顿和规范文化市场;加大司法审查力度,监督和促进文化管理部门依法行使职权,规范权力运行,保护相对人合法权益,积极推进法治政府建设,促进行政管理关系和谐。

三、弘扬法治精神,大力推进社会主义法治文化建设

14. 培育法律至上理念。要忠诚于法律,将法律作为最高准则,妥善处理法律与政策、舆论、民意、道德的关系,坚守法律底线,为增强全社会法律意识和法治观念作出表率;抓好量刑规范化、案例指导、规范性文件制定等工作,进一步规范法官自由裁量权,强化统一法律适用功能,确保法律的稳定性、确定性和可预期性;发挥法律的强力推动作用,鼓励支持守法行为,制裁否定违法行为,加大对不守规则行为的制裁力度,提高违法成本,引导民众强化规则意识,形成按规则办事的社会氛围。

15. 培育社会主义核心价值观。发扬优良司法传统,讲求司法方式方法,有效发挥司法的教育、评价、指引和示范作用,促进社会公德、职业道德、家庭美德、个人品德建设,提升社会道德水平,促进社会公平正义。坚持"调解优先、调判结合"原则,正确处理调判关系,充分发挥调判组合优势。修复社会关系,弘扬"和为贵"优秀传统文化;坚持法、理、情的有机统一,努力做好服判息诉工作,促使当事人自觉接受和服从裁判结果,最大限度地减少社会不和谐因素,积极推动和谐文化建设。

16. 强化权利保障功能。牢固树立"权利本位"意识、"平等保护"意识和"以当事人为本"司法理念,坚持把救济权利、保障民生作为工作的重中之重,加强诉权保护,畅通权利救济渠道,使人民群众充分享受法治的成果和司法的人文关怀;加强对公权力的监督制约和支持配合,依法追究有法不依、执法不严、违法用权、渎职侵权等行为,监督、支持执法部门严格、正确地执行法律,保障公共权力的正当、高效运行。

17. 促进社会诚信体系建设。注重加强对守约方的司法保护,增加违约方的违约成本,鼓励支持诚信守法行为,打击制裁违法失信行为;加大反虚假诉讼和反规避执行力度,健全完善诉讼执行案件信息管理系统，加强与新闻媒体、金融机构、出入境管理等部门的协调、衔接和配合，对诚信缺失人员在经营、融资、出境、消费等方面加以限制，加大不自觉履行义务的成本和代价，推动在全社会形成守信光荣、失信可耻的氛围。

18. 营造法治文化氛围。认真贯彻"六五"法制宣传规划，加大司法宣传力度，积极开展司法建议工作，当好法治文化形象的维护者和法治文化信仰的传播者。加强正面宣传引导，充分利用现代传媒宣传法治和法院工作，注重选择民众关注度高、社会影响大、具有典型意义的案件，通过庭审直播、公开宣判、以案讲法等方式，增进人们对司法的了解、信任与支持，引导人们依法表达诉求，理性对待司法，促进在全社会形成崇尚法律、遵守法律、依法办事的良好氛围。

19. 优化网络舆论环境。建立健全民意沟通电子信箱、院长信箱、在线交流、网络咨询台等网上民意沟通机制，倾听民众意见，解答民众疑问；做好网络舆情的收集、跟踪和分析研判工作，建立重大舆情的紧急应对机制；加强与主流媒体、网站的联系互动，主动设置舆论话题，并通过网络评论员、网络发言人等培育自己的意见领袖，打造正面舆论强势，引导舆论走向，培育文明理性的网络文化环境。

四、加大投入力度，推动法院文化建设向纵深发展

20. 切实把握法院文化正确方向。加强社会主义法治理念再学习再教育活动，坚持马克思主义法律思想的指导地位，确保用马克思主义法律思想占领司法意识形态阵地，确保意识形态安全；深入开展"忠诚、为民、公正、廉洁"的政法干警核心价值观教育，大力弘扬"公正、廉洁、为民"的司法核心价值观，着力提升法官精神境界和职业操守。

21. 切实加强司法公信建设。深化司法体制和工作机制改革，推进司法规范化建设，加大司法公开和司法监督的力度，通过扎实开展各项教育活动，强化审判管理，确保以公正、高效、廉洁、文明的司法活动取信于民，努力在加强司法公信建设上取得突破性进展，为全社会诚信建设作出表率。

22. 切实打造人民法院特色文化。结合各地地域特点与自身工作实际，不断开拓创新，实施精品工程，加强人民法院特色文化建设。着力抓好各项审判制度研究，探索挖掘审判文化内涵；着力抓好审判工作精品创建，打造特色文化符号；着力抓好法院文化项目创新，打造特色文化品牌；着力抓好先进典型培育，形成特色文化品格。

23. 切实加强法院文化阵地建设。加大投入，努力塑造体现人民法院文化的审判和办公场所；推进法官职业保障，落实法官职业待遇，构建尊重人、关心人、理解人、帮助人的人文环境；积极开展丰富多彩的文化活动，努力创作更多思想性艺术性观赏性相统一、法院干警和人民群众喜闻乐见的优秀法院文化作品，增进人民群众和社会各界对法院工作的理解和支持。

24. 切实提升法院队伍文化素养。突出法官主体地位，围绕培养法官、激励法官、服务法官深入开展法院文化建设，充分调动广大法官参与法院文化建设的积极性，激发法院文化的创造活力，努力培养德才兼备、锐意创新、结构合理的法院人才队伍，进一步增强法院队伍的创造力、凝聚力和战斗力。

五、加强组织领导，确保人民法院服务文化发展繁荣与自身文化建设取得显著成效

25. 全省各级法院要把保障和推进社

会主义文化大发展大繁荣列入党组重要议事日程，摆到更加突出的位置，研究制定人民法院推动社会主义文化发展繁荣的具体措施，切实加强组织领导，做到有方案、有部署、有检查、有落实，切实担负起社会主义文化大发展大繁荣的保障者和建设者职责。

26. 全省各级法院要坚持统筹兼顾，科学安排，做好服务文化发展与法院自身工作的结合工作。要与创先争优、“人民法官为人民”主题教育实践、社会主义法治理念再学习再教育等活动相结合，确保各项活动顺利开展，切实解决实际问题；要与抓好执法办案相结合，紧紧围绕审判工作抓文化建设，用文化的力量推动审判工作发展，以高水平的审判活动体现法院文化建设成果；要与司法改革、队伍建设、基层建设等工作相结合，使文化的精神和力量渗透到人民法院工作的各个领域、各个环节、推动人民法院各项工作科学发展，更好地为社会主义文化改革发展提供司法保障和服务。

山东省高级人民法院关于印发特邀科学技术咨询专家 工作办法（试行）的通知

鲁高法〔2012〕74 号

全省各中级人民法院、济南铁路运输中级法院，济南市历下区人民法院、青岛市市南区人民法院：

现将《山东省高级人民法院特邀科学技术咨询专家工作办法（试行）》印发你们，请参照执行，执行过程中如遇到问题，请及时报告省高级人民法院民三庭。

二〇一二年二月二十八日

山东省高级人民法院特邀科学技术咨询专家工作办法（试行）

第一章　总　　则

第一条　为充分发挥科学技术咨询专家在知识产权审判中的作用，进一步规范咨询工作，增强人民法院司法决策的科学性、民主性和公开性，建立健全知识产权多元纠纷解决机制，根据《中华人民共和国民事诉讼法》及有关法律、法规和司法解释的规定,制定本办法。

第二条　本办法所称的科学技术专家咨询,是指在审理知识产权纠纷案件中,法院依据职权,委托具有专门知识和技术的专家,对相关领域的专门性问题进行解释、说明,提供意见的活动。

第三条　本办法所称的科学技术咨询专家,是指由山东省高级人民法院聘任,运用其专门知识、技术为全省法院知识产权审判中涉及的专门性问题提供咨询意见或协助解决纠纷的专家、学者。

第四条　科学技术专家咨询活动应遵循合法、独立、公开、公正、科学、高效的原则。

第二章　科学技术咨询专家的聘请及管理

第五条　科学技术咨询专家由山东省科学技术协会推荐,经山东省高级人民法院聘任产生,并登记造册,向社会公布。

第六条　科学技术咨询专家需具备下列条件:(一)具有良好的科学道德和职业道德,能够客观、公正地提供咨询意见;

(二)熟悉相关领域或行业的科技发展状况,掌握科技活动的特点与规律,具备坚实的专业基础知识,有较丰富的实践经验,在本领域或行业内具有较高的权威性。

第七条　科学技术咨询专家由山东省高级人民法院颁发聘书,聘期五年,任期届满后,可以续聘。

第八条　科学技术咨询专家具有下列情形之一的,山东省高级人民法院可以提前解聘:(一)本人申请不再担任科学技术咨询专家;(二)无正当理由,对法院委托咨询的工作予以推托;(三)接受咨询委托后无故拖延履行职责;(四)故意背离客观事实,违反公正、科学原则出具咨询意见;(五)其他不宜担任科学技术咨询专家的情形。

第九条　山东省高级人民法院知识产权审判庭(民事审判第三庭)负责科学技术专家咨询相关日常工作。

第三章　科学技术咨询专家的权利与义务

第十条　科学技术咨询专家享有下列权利:

(一)了解案情;(二)查阅卷宗及与案件相关的其他材料;(三)勘验现场,进行有关检验;(四)经法院允许,询问与咨询事项有关的当事人;(五)自主阐述咨询意见。

第十一条　科学技术咨询专家应当履行下列义务:(一)客观、及时地出具咨询意见;(二)保守国家秘密和审判工作秘密;(三)不得与当事人及其诉讼代理人私下接触;(四)不得收取当事人及其诉讼代理人的任何费用;(五)不得以山东省高级人民法院科学技术咨询专家的身份从事与咨询专家工作性质不相符的活动。

第十二条　科学技术咨询专家有下列情形之一的,应当回避:(一)是本案的当事人或者是当事人的近亲属;(二)担任过本案的证人、鉴定人、诉讼代理人;(三)本人或者其近亲属与本案有利害关系;(四)其他可能影响公正咨询的情形。

第四章　科学技术专家咨询工作程序

第十三条　在知识产权案件审理中,遇有下列情形的,可以向科学技术咨询专家咨询:

(一)无需启动技术鉴定程序,但需要

对技术问题进行查明;

(二)属于所涉技术领域内的常识性问题,且对这些问题所提供的咨询意见一般不需要借助专门技术设备;

(三)确有必要进行咨询的其他情形。

第十四条 符合上述第十三条规定情形的案件,经合议庭讨论认为需要向科学技术咨询专家提出咨询的,承办法官需填写《科学技术咨询专家使用登记表》,报领导审核批准后进入专家咨询程序。《科学技术咨询专家使用登记表》应交庭内勤处登记备案,并逐级报山东省高级人民法院、山东省科学技术协会备案。

第十五条 法院进行专门技术问题咨询,应当优先从科学技术咨询专家名册内确定专家进行咨询,只有在科学技术咨询专家名册内选不到合适专家的情况下,才可通过其他途径选择咨询专家。

第十六条 法院进行专家咨询,应提前与科学技术咨询专家联系,明确需要咨询的技术问题,必要时也可寄送相关材料。

第十七条 法院进行专门技术问题咨询,应至少由两名工作人员参加,并尽量采取当面交流的形式。可以由承办法官上门咨询,也可以采取召开专家论证会等方式进行。在当面交流之外,可以根据审理需要,辅之以电话、电子邮件咨询等方式。

第十八条 法院进行专门技术问题咨询,必须对整个咨询过程全面、详细地记录,由专家阅后签名,承办法官、书记员应当在记录上签名,入案卷副卷保存。专家出具的书面咨询意见,亦应入副卷保存。

第十九条 咨询意见一般在接受委托后七日内完成,最迟不超过十五日。科学技术咨询专家应对咨询问题认真分析、论证并作出明确答复。

第二十条 对科学技术咨询专家提供的咨询意见,法院应认真研究,充分尊重,但最终是否采纳由法院根据案件具体情况予以决定。需要将专家咨询意见作为定案证据予以使用的,应按照最高人民法院《关于民事诉讼证据的若干规定》的相关规定进行处理。

第二十一条 专家咨询一般仅限于相关领域的专门性技术问题,不涉及法律适用或者当事人是否构成侵权等法律问题的认定。

第二十二条 专家咨询应支付适当费用,具体数额由各法院在具体案件中根据咨询问题的难易、咨询次数等实际情况酌情决定。

第五章　附　　则

第二十三条 本办法适用于全省法院审理知识产权纠纷案件中涉及的专门性问题而委托的专家咨询。

第二十四条 本办法由山东省高级人民法院负责解释。

第二十五条 本办法自发布之日起施行。

湖南省高级人民法院关于为创新型湖南建设提供司法保障和服务的意见

湘高法发〔2012〕16 号

为贯彻落实省委省政府《创新型湖南建设纲要》，充分发挥人民法院在推进“四化两型”和创新型湖南建设中的司法职能作用，制定本意见。

1. 深刻认识人民法院为创新型湖南建设提供司法保障和服务的重大意义。科技创新是生产力发展的动力和源泉。当前我国正处于全面建设小康社会和深化改革开放、加快转变经济发展方式的攻坚时期，科技对于经济发展方式转变和经济结构调整的支撑引领作用进一步凸显。省委省政府做出了建设创新型湖南的重大决策部署，出台了《创新型湖南建设纲要》，着力构建具有湖南特色的创新体系，推动我省经济社会发展由要素驱动向创新驱动为主转变，为推进“四化两型”、实现“两个加快”提供有力科技支撑。《创新型湖南建设纲要》的出台给人民法院审判工作提出了新的要求。人民法院在依法保护创新主体的权利，打击和遏制侵犯科技成果权的违法行为，维护有利于创新的经济秩序和社会环境方面，负有不可替代的法律职责，肩负着重大使命。全省各级法院要紧紧围绕省委省政府的决策部署，从全局和战略高度，科学谋划审判工作，充分发挥审判职能作用，保护创新，激励创新，不断优化创新环境，为推进创新型湖南建设提供良好的司法保障和服务。

2. 依法审理专利侵权、技术秘密侵权等技术性知识产权纠纷案件。贯彻加强保护、分门别类和宽严适度的知识产权司法政策，根据原始创新、集成创新和引进消化吸收再创新的实际特点，有针对性地加大对先进装备制造、新材料、文化创意三大支柱产业以及生物、新能源、信息和节能环保四大先导产业的知识产权司法保护力度。高度重视涉及核心关键技术的专利侵权、技术秘密侵权纠纷的案件审理，对于创新程度高、对技术革新具有突破和带动作用的首创发明，给予相对较高的保护强度和较大的保护范围，维护自主创新活力。适度从严把握等同侵权的适用条件，合理划定专利权利保护范围以及民事权利与公共领域的法律界限，保障权利人法定独占权的实现以及社会公众对智力成果的合理利用，避免形成阻碍自主创新的技术垄断。

3. 依法审理商标权纠纷案件。妥善审理侵犯企业注册商标权案件，增强科技型企业的商标意识，支持和引导企业实施商标品牌战略。严厉打击和制裁假冒注册商标、恶意模仿等侵权行为，维护知名品牌的市场价值。有针对性地加大对具有核心竞争力的高新技术企业的品牌保护，促进企业以品牌创新带动科技创新，保障企业品牌战略顺利实施。

4. 依法审理著作权纠纷案件。严厉打

击盗版行为,积极调处著作权纠纷,有针对性地加大对计算机软件、文化创意、动漫、网络、数据库产业等新兴文化产业和高科技领域的版权保护,推进文化与科技、产业的深度融合,带动文化产业数字化、网络化科技发展。

5. 依法审理涉及农业科技的知识产权纠纷案件。妥善审理涉及农业科技的专利侵权纠纷、植物新品种侵权纠纷等案件,严厉打击假冒伪劣品种的行为,加大对农业装备制造核心技术、现代生物育种技术、农作物高产高效种养技术及具有自主知识产权的动植物新品种的知识产权保护,促进农业科技成果保护和技术创新。有针对性地加大对现代农业科技企业的商标和地理标志等权利的保护,促进农林产品实现市场增值转化,服务农林产业升级和农产品精深加工产业化发展。

6. 依法审理不正当竞争和垄断纠纷案件。妥善运用反不正当竞争法和反垄断法的规定,依法打击和遏制各类妨碍技术创新的不正当竞争和垄断行为,打破行业壁垒和部门分割,确保市场主体公平地享有创新资源和竞争机会,引导形成诚实公平的竞争秩序和创新环境。

7. 依法审理知识产权行政案件。切实发挥行政审判对知识产权行政执法行为的司法审查职能,支持、监督行政机关依法行政,保护知识产权权利人的合法权益。依法支持行政机关制裁侵权行为,保障行政机关依法履行知识产权行政执法职能,营造有利于促进科技创新的知识产权行政执法环境。

8. 依法审理知识产权刑事案件。运用各种刑事司法措施保护知识产权,根据犯罪情节和危害后果,依法惩处侵犯知识产权的犯罪行为,充分发挥刑罚惩治和预防犯罪的功能。依法加大附加刑的适用和执行力度,注意通过采取追缴违法所得、收缴犯罪工具、销毁侵权产品、责令赔偿损失等措施,从经济上剥夺侵权人的再犯罪能力和条件。在审理涉及知识产权的民事和行政案件过程中,发现涉嫌刑事犯罪应给予刑事制裁的,及时提出司法建议,将犯罪线索移送公安机关处理。

9. 依法审理与技术开发、成果转让、许可、质押等相关的合同纠纷案件。准确认定在技术开发,成果转让、许可、质押,技术咨询和中介等环节中合同各方的权利义务关系,对于涉及中试孵化、风险投资等机构以及政府、高校、科研院所等参与科技成果转化的合同纠纷案件,依法确定技术成果权利人与科技成果转化各方的权利义务关系,促进利益分享和风险补充机制的完善,调动各方参与科技成果转化的积极性,为推动科技成果流转和转化提供司法保障。

10. 依法审理涉及科技领域的金融纠纷案件。保护合法的民间借贷和企业融资,认定企业和个人以技术成果采取担保融资、股权投资、上市融资等方式进行的融资和担保行为,保障科技型企业尤其是中小微型企业创新创业合法获得融资。依法审理涉及技术成果投资的股权、期权纠纷案件,保护创新主体以专利、技术、知识等投资入股应享有的合法权益。重视涉及科技领域的金融创新业务涉诉问题,依法合理认定金融创新行为的效力,促进多元化多渠道投融资体系进一步健全。

11. 依法审理涉及科技领域的劳动、人事纠纷案件。厘清劳动者与用人单位的权利义务关系、职务科技成果完成人与科技成果持有人之间的利益分配关系,保护科技人才的专利权、获得报酬权、职务发明或设计的署名权等合法权益,保障科技人才的合理流动,为创新型人才培育和发展提供良好保障，推动建立有利于激励科技人才创新创业的人才培育机制。

12. 依法审理涉及科技领域的涉外民商事案件。妥善审理企业参股并购、专利交叉许可、与外国企业联合开发、共同组建外商投资企业、外国企业来湘设立研发中心以及与技术有关的出口信用保险、保函等纠纷案件，平等保护中外当事人合法权益，促进企业更好地利用国际国内资源，营造公开、透明、稳定、可预期的贸易投资软环境，推动构建互利共赢的国际技术交流与合作新局面。

13. 依法加大知识产权案件生效裁判的执行力度。创新执行方式，通过建立完善执行联动机制、执行协调机制、执行信息共享机制等方式，加大知识产权案件生效裁判的执行力度，使权利人的合法权益得以实现。强化执行威慑机制，被执行人拒不履行停止侵权的生效裁判内容继续实施原侵权行为的，除权利人可依法追究其民事责任以外，拒不执行判决、裁定的行为人涉嫌犯罪的，法院应当依法将案件移送公安机关处理。

14. 构建多元化纠纷解决机制。坚持以"调解优先、调判结合"为原则，强化司法调解，将调解工作贯穿于案件审理的各个环节，以有利于科技成果流转和转化为着力点，努力促成当事人和解。完善诉讼与非诉相衔接的纠纷解决机制，积极引导当事人选择委托调解、专家调解、行业调解等方式解决知识产权纠纷，推动人民调解、行政调解与诉讼程序的司法对接，在部分有知识产权案件管辖权的基层法院开展专利纠纷行政调解的司法确认工作，努力从根本上化解矛盾。进一步推进非诉讼纠纷解决(ADR)机制的建立。继续指导长沙经济技术开发区非诉讼纠纷解决中心的工作，并适时在省内创新资源密集度较高、产业化程度较高的其他园区推动建立非诉讼纠纷解决中心。完善和解协议司法确认的工作机制，对和解协议赋予司法强制力，进一步发挥非诉讼纠纷解决中心对园区所涉知识产权纠纷的协调解决功能，促使园区进一步提升竞争优势，更好地发挥科技创新示范带头作用。

15. 完善协调联系工作机制。建立与专利行政管理部门、科学技术行政管理部门、文化执法部门等行政部门的协作机制，就知识产权审判中的相关问题和动向交换意见，开展对群体侵权、重复侵权等重大案件依法处置的联合行动，加大知识产权司法保护力度。建立与省外侨办、台办、港澳办等部门的协调机制，在涉外、涉港澳台知识产权案件的审理中认真听取上述部门意见，拓宽纠纷解决渠道，妥善应对涉外、涉港澳台知识产权纠纷中的敏感性问题。

16. 创新审判工作机制。推进特邀科学技术专家咨询制度，解决知识产权审判中的技术事实认定难问题。探索专家陪审员机制，选取部分法院进行专家陪审员制度试点，由专家参与涉及科技领域的知识产权案件审判和调解工作。继续推动知识产权刑事、民事、行政案件统一归口由知识产权审判庭审理的"三审合一"试点工作，确保试点工作取得实效，促进知识产权司法裁判尺度的规范和统一。发挥知识产权司法保护理论研究基地和调研基地的作用，加强在知识产权重大理论课题研究方面的合作，引导企业构建涵盖专利、商标、版权、技术秘密等内容的知识产权立体保护格局，促进技术创新、理论研究与司法保护的良性互动，推动产学研协同创新。统筹确定知识产权案件管辖法院，在国家级和省级科技创新产业园区、自主创新示范区、高技术产业基地、农业高新科技园区等对科技成果司法保护需求较高的重点区域，适时向最高人民法院申请增加指定管辖专利、植物新品种、集成电路布图设计等知识产权案件的一审法院，形成适应科技创新发展的知识产权案件管辖体系。

17. 大力推行司法公开。实行司法公开常态化，坚持庭审公开、听证公开、文书公开，充分利用网络传播技术，对知识产权案件进行庭审网络直播。定期邀请人大代表、政协委员、行业协会和有关部门的代表、专家学者等代表性人士和社会公众等旁听庭审。适时在省内高等院校建立巡回法庭，选取知识产权案件公开开庭，邀请高校师生旁听庭审。完善知识产权裁判文书上网工作，所有生效知识产权案件裁判文书在中国知识产权裁判文书网、湖南法院网上公开，增强知识产权审判的公开性和公信力，为促进科技创新营造公开透明的司法保护环境。

18. 积极开展司法建议。针对知识产权案件审理中发现的地方政府和企业、科研机构等在知识产权管理和保护工作中的新情况，及时向行政主管部门、行业协会、科研院所等提出司法建议，为地方党委、政府制定相关政策提供决策依据。对科技发展、经济发展和行业发展可能有重大影响的知识产权动向，及时向相关部门反映和发出预警，引导知识产权保护和管理工作机制的进一步完善，为促进创新营造协调发展的法治环境。

19. 深入开展法制宣传。结合人民法院新闻发布制度，适时发布知识产权审判中的重要新闻和典型案例。精心部署开展打击侵犯知识产权和制假售假专项行动、“4·26”世界知识产权日宣传周等活动，加强舆论引导，强化宣传效应。加强知识产权普法宣传，深入技术企业、园区、厂矿企业、高校、小区等进行知识产权法律讲座，不断增强全社会的创新意识和知识产权保护意识，引导形成有利于促进科技创新的良好氛围。

20. 不断强化知识产权审判队伍建设。提升知识产权法官职业化水平，注重知识产权法官的培养和储备。定期组织审判理论研讨与实务培训、选派知识产权法官赴国外考察、到国家知识产权局专利复审委员会跟班学习，加大对知识产权法官的学习培训力度。注意从精通法律、外语基础较好、具有理工专业背景和一定审判经验的人员中选拔、培养、知识产权法官，完善知识产权审判队伍的专业结构，并注重保持知识产权法官队伍的相对稳定。定期开展政治理论学习和廉政教育，提升知识产权法官的政治素质和职业道德修养，树立政治立场坚定、廉洁公正、行为规范的知识产权审判队伍形象。

二〇一二年十月十八日

湖南省高级人民法院关于在长沙市岳麓区人民法院开展专利纠纷行政调解协议司法确认试点工作的通知

长沙市中级人民法院：

为贯彻最高人民法院关于诉讼与非诉讼相衔接的矛盾纠纷解决机制改革总体部署和人民法院“调解优先、调判结合”的工作原则，充分发挥专利行政管理部门化解社会矛盾纠纷的重要作用，依法公正高效化解专利纠纷，我院决定在长沙市岳麓区人民法院开展专利纠纷行政调解协议司法确认试点工作。现就有关事项通知如下：

一、试点工作目标

建立健全专利纠纷多元解决工作机制，激发专利纠纷行政调解制度活力，促进依法、公正、高效、妥善化解专利纠纷，为专利纠纷当事人提供更多可选择的纠纷解决渠道，维护各方当事人的合法权益。

二、试点工作原则

1. 依法、公正原则。专利纠纷行政调解协议司法确认工作应当严格按照试点法院制定并报省法院备案的司法确认工作规范进行，同时参照《中华人民共和国民事诉讼法》和《最高人民法院关于人民调解协议司法确认程序的若干规定》对专利纠纷行政调解协议进行审查确认，确保司法确认的公正性。

2. 高效便民原则。开展专利纠纷行政调解协议司法确认工作，应注重工作效率，做到高效、及时；应根据纠纷的实际情况，尽可能方便当事人，降低当事人解决纠纷的成本。

3. 积极稳妥原则。专利纠纷行政调解协议司法确认工作采取先试点、后推广的方式进行，试点地区法院应积极探索，稳妥推进，认真总结和积累经验，不断完善相关工作机制。

三、试点工作内容

根据《最高人民法院关于建立健全诉讼与非诉讼相衔接的矛盾纠纷解决机制的若干意见》(法发〔2009〕45号)、《最高人民法院关于扩大诉讼与非诉讼相衔接的矛盾纠纷解决机制改革试点总体方案》(法〔2012〕116号)、《中华人民共和国专利法》、《湖南省专利条例》的相关规定，当事人之间专利侵权纠纷中的损失赔偿纠纷，专利申请权和专利权归属纠纷，发明人、设计人资格纠纷，职务发明创造的发明人、设计人的奖励和报酬纠纷，在发明专利申请公布后专利权授予前使用发明而未支付适当费用的纠纷及其他专利民事纠纷，经岳麓区人民法院辖区内的专利行政管理部门组织调解，达成的具有民事合同性质的专利纠纷调解协议，当事人可以向岳麓区人民法院申请司法确认。岳麓区人民法院应制定《专利纠纷行政调解协议司法确认试点工作规范(试行)》作为司法确认的程序依据，同时参照《中华人民共和国民事诉讼法》、《最高人民法院关于人民调解协议司法确认程序的若干规定》对司法确认申请进行审查，根据审查结果作出确认裁定或驳回确认申请裁定。人民法院对调解协议作出确认裁定后,一方当事人拒绝履行或者未全部履行调解协议内容的,对方当事人可以向作出确认裁定的人民法院申请强制执行。

四、试点工作要求

(一)提高认识,加强组织领导。试点法院应充分认识专利纠纷行政调解协议司法确认试点工作的重要性,加强组织领导,建立健全司法确认工作机制,不断提高司法确认工作的准确性和公信力。

(二)明确责任,规范试点工作管理。试点法院应当明确内部相关机构在专利纠纷行政调解协议司法确认的立案、审查确认、绩效考核、保障培训等工作上的职能分工,同时做好试点工作的跟踪评估工作,明确工作进度,有计划地组织落实试点工作。应当加强对审判人员的培训工作,提高司法确认审判人员的司法能力,提升审判人员的整体素质。

(三)积极沟通,建立诉调对接机制。试点法院应加强与专利行政管理部门的合作交流,建立固定的诉调对接工作机制和信息共享机制,及时就专利纠纷行政调解与司法确认对接工作中遇到的问题进行协商,提高工作质量和效率;可以在调解纠纷较多的专利行政管理部门设立司法确认工作点,依照有关规定确认调解协议的法律效力;指导专利行政管理部门开展调解工作。

(四)加强宣传,争取党委政府和人民群众的支持。试点法院应通过多种途径,加大对专利纠纷行政调解协议司法确认工作的宣传力度,加强人民群众对试点工作的了解和认识。积极争取当地党委、政府对专利纠纷行政调解协议司法确认工作的支持,及时通报工作进展情况,争取经费保障,以便试点工作顺利推进。

省法院民三庭负责试点工作的管理,研究解决试点工作中遇到的问题,指导试点工作,及时总结推广试点工作经验。长沙市中级人民法院应当加强监督指导和督促检查,确保试点工作顺利进行;试点法院在试点工作中遇到问题和困难的,应当及时层报省法院民三庭。

二〇一三年一月十四日

广东省高级人民法院
关于贯彻落实最高人民法院《关于充分发挥审判职能作用为深化科技体制改革和加快国家创新体系建设提供司法保障的意见》精神的通知

粤高法发〔2012〕34 号

全省各中级人民法院:

7 月 19 日,最高人民法院下发了《关于充分发挥审判职能作用为深化科技体制改革和加快国家创新体系建设提供司法保障的意见》。这是全国法院落实全国科技创新会议精神和党中央、国务院《关于深化科技体制改革，加快国家创新体系建设的意见》的重要指导性文件。广东作为改革开放的先行地和第一经济大省，正处在加快转型升级、建设幸福广东的关键阶段，科技体制机制创新的战略任务十分艰巨而繁重。为了给科技创新提供更加有力的司法保障，根据全省法院工作，特别是知识产权审判的实际情况，特作如下通知：

一、充分发挥知识产权审判职能作用，紧密结合广东科技创新实际，为广东率先建成创新型省份提供有力司法保障

要发挥好知识产权审判大省的优势。知识产权审判承担着为激发全社会创造活力，实现创新驱动发展提供司法保障的重要职责，对于建设法治化、国际化营商环境具有重要意义。广东的发明专利授权量、国际专利申请量等指标多年稳居全国第一，是知识产权大省，也是知识产权审判大省，各级人民法院要高度重视与科技成果孕育、创造相关的案件审理，遏制侵犯科技成果权的违法犯罪行为，有效激励自主创新的技术跨越；高度重视与科技成果流转、转化相关的案件审理，规范和引导技术创新活动，积极推动科技与经济社会发展紧密结合；高度重视综合采取各种有力措施，积极营造有利于科技创新的司法环境，促进智力成果创造、运用、管理和保护水平的提高。

要利用好知识产权审判大省的地位。2009～2011年，我省法院新收一审知识产权民事案件分别为6144件、10029件、16094件，约占全国的1/3。今年上半年，全省法院新收一审知识产权民事案件10766件，同比增长35.9%；新收二审案件1875件，同比增长81.2%。此外，还新收了一批知识产权刑事案件和行政案件。特别是新类型案件、涉港澳台、涉外案件和重大疑难案件不断增多，受到社会各界的广泛关注。各级人民法院要利用好知识产权审判大省的地位，注重对涉及科技创新的新情况新问题的调研，注重对审理新类型案件的指导和总结，增强科技创新服务大局的积极性和主动性，充分发挥司法保护知识产权的主导作用。

二、严格遵循加强保护、分门别类和宽严适度的知识产权司法政策，促进智力成果创造、运用、管理和保护水平的提高

要依法审理好专利权纠纷案件，有效激励自主创新和技术跨越。全省具有专利管辖权的八个中级法院要妥善审理技术成果权属、职务发明人奖励、报酬纠纷案件，明晰技术成果归属，激励创造活力。依法审理涉及科技成果权的侵权纠纷案件，打击侵权行为，营造健康有序的发明创造外部环境。对企业拥有自主发明专利的核心技术，要加大保护力度。从严适用等同侵权原则，防止不适当地扩张保护范围，压缩创新空间，损害公共利益。

要依法审理好涉科技领域的著作权纠纷案件，以文化强省带动科技创新体系建设。要把建设文化强省目标与加快国家创新体系建设有机的结合，积极应对数字化、网络化、智能化带来的著作权保护新问题，积极应对互联网发展对著作权司法的挑战，依法保护网络信息传播权，提高科技对文化事业和文化产业发展的支撑能力。要严厉制裁抄袭、盗版等侵犯著作权的行为，厘清作品创作者、传播者、使用者之间的权利义务关系，实现激励创作、促进产业发展和保障创新成果惠及民生的协调统一。

要依法审理好科技领域的商标权纠纷案件，促进企业提高实施品牌战略的能力。要把全省实施商标战略目标与加快国家创新体系建设有机结合，增强科技型企业实施商标品牌战略,提高企业的市场竞争力和创新能力。要严厉制裁假冒商标、恶意模仿等侵权行为,维护正常的品牌竞争秩序,保护商标权人和消费者的合法权益。要根据注册商标的显著性和市场知名度大小,合理确定保护范围和保护力度的大小。负责审理驰名商标认定案件的广州、深圳、佛山中级法院,要严格认定标准,适当确定跨类保护范围,促进全省重点企业和民族企业实施品牌战略。

要依法审理好反不正当竞争和反垄断案件,维护公平有序的创新环境。要以《反不正当竞争法》的诚实信用原则和公认的商业道德为基本标准,有效遏制各种搭车模仿、阻碍创新的不正当竞争行为,引导公平诚信的竞争秩序。加强对商业秘密的保护,合理分配举证责任,降低商业秘密权利人的维权难度。妥善处理保护商业秘密与自由择业、竞业禁止与人才合理流动的关系,既要保护企业的商业秘密,又要保障科技人才的合理流动。加强高科技领域垄断纠纷案件的审理,有效遏制垄断行为,打破行业壁垒和部门分割,实现创新资源的合理配置和高效利用,促进技术创新的产业发展。

要慎重和妥善适用禁令措施,完善证据保全措施,有效遏制和阻断对高新技术的侵权行为。诉前和诉中责令停止侵权是比较严厉的制裁措施,影响到当事人的经济利益和市场份额,在实施时既要慎重稳妥,防止当事人滥用权利,又要及时有效,克服对禁令申请轻易拒绝的态度。对于"中国进出口商品交易会"等重要国际性展览,会展期间在时间紧迫的情况下,可以果断采取诉前禁令措施,遏制对高新技术的侵权行为。知识产权案件保全证据一般要由知识产权庭承担,或由知识产权庭人员随同。要根据高新科技的发展实际创新保全方式,适当增加技术人员和设备。

要加强损害赔偿惩罚和威慑力度,确保高新技术的高额研发成本得到有效补偿。在审理涉及高新技术侵权案件时,确定损害赔偿数额时要适当减轻权利人的举证责任。对于难以证明侵权受损或侵权获利的具体数额,但有证据证明前述数额明显超过法定赔偿最高限额的,可以综合全案情况,在法定最高限额以上合理确定赔偿额。对于重复侵权和恶意侵权,可以适用惩罚性损害赔偿,有效保护高新技术权利人的合法权益。

要重视调解工作,努力实现促进技术推广的多赢局面。要充分运用多元纠纷解决办法,确保知识产权权利状态尽快恢复稳定。要根据科技创新的特点和实际,利用委托调解、专家调解、行业调解等方式解决科技领域的各类纠纷。要从有利于科技成果转化出发,鼓励当事人以许可使用、合作开发等方式化解纠纷,让争议各方结为市场合作者,有效推动科技成果的应用和传播,努力实现多赢局面。

要依法行使行政审查和刑事打击职能,为科技创新营造健全的行政执法环境和良好的社会经济环境。要在事实认定和法律适用上对行政行为进行全面的合法性审查,监督和支持行政机关依法行政,保护知识产权行政相对人的合法权益;依法支持行政机关制裁侵权行为,保护知识产权权利人的合法权益,促进知识产权行政保护,维护知识产权行政管理秩序。要在打击侵犯知识产权犯罪过程中充分发挥刑事审判的惩罚和预防功能,依法惩治侵犯知识产权犯罪活动,为科技创新营造良好的社会经济环境。要在依法判处主刑的同时,加大罚金刑的适用与执行力度,并通过采取销毁侵权产品以及追缴、退赔违法所得等措施,剥夺侵权人的再犯罪能力和条件。

三、加强审判机制创新建设，积极参与社会管理创新，提高为深化科技体制改革和加快国家创新体系建设提供司法保障的水平

要深化"三审合一"改革，构建适应创新体系建设需要的知识产权审判体系。要在分析总结现有"三审合一"试点工作问题和经验的基础上，全面开展"三审合一"改革推广工作；要加强对全省30个有权受理部分一审知识产权案件的基层法院知识产权法官的培训和指导，优化知识产权审判资源配置；要积极参与"三打两建"活动，把依法惩处欺行霸市、制假售假、商业贿赂等犯罪放在知识产权刑事审判工作的突出位置，为创新体系建设营造洁净的社会环境。

要加强司法建议工作，能动发挥司法在创新体系建设中的重要作用。要重视科技领域的司法建议工作，及时归纳、总结在各类案件审理执行过程中发现的涉及科技领域的问题和经验，向党委、政府、人大乃至企业提出有价值的司法建议，强化管理的薄弱环节，堵塞管理漏洞，促进国家创新体系和创新机制的形成和不断完善，为国家创新体系建设营造良好的外部环境。

要建立健全与行政机关的沟通协调机制，形成合力保障与服务创新体系建设。要加强与知识产权局等知识产权行政管理和执法部门的协作和沟通；坚持省法院与国家知识产权局专利复审委长期合作机制，扩大选派交流人员的范围，逐步完成全省专利审判骨干赴专利复审委的轮训；积极配合省政府知识产权办公会议、省整规办的专项活动，共同研究解决知识产权保护的新情况新问题。

要善于利用社会资源和力量促进审判质量的提高，为创新体系建设提供助力。要注重发挥行业协会作用，创新和发展诉讼与非诉讼相衔接的纠纷解决机制，深入了解相关行业经营模式、行业规则和商业惯例，发挥行业组织在知识产权审判中的作用。探索完善专家陪审员、司法鉴定、专家证人、专家咨询顾问制度，借助技术专家厘清案件中的疑难技术问题，对事实作出准确认定，为正确适用法律打下基础。

要加强知识产权审判队伍建设，为创新体系建设提供人才储备。要定期组织理论学习，加强廉政建设，提高知识产权审判队伍认识和把握大局的能力、认识和把握社会矛盾的能力、认识和把握社情民意的能力；加强业务培训，注重把学习体会和成果转化为工作能力和水平；要加强与国内外知识产权界的跨区域合作，开拓视野，掌握国际最新的立法动态和司法经验，为国家创新体系建设提供人才储备。

本通知执行中遇到的有关新情况新问题，请及时报告省法院民三庭。

特此通知。

广东省高级人民法院

2012年10月26日

广东省高级人民法院关于印发《关于审理侵害影视和音乐作品著作权纠纷案件若干问题的办案指引》的通知

粤高法发〔2012〕42 号

全省各中级人民法院：

为了统一裁判标准，提高审判质量，加大对著作权人权益的保护力度，促进文化产业建设，增强我省文化软实力，省法院制定了《广东省高级人民法院关于审理侵害影视和音乐作品著作权纠纷案件若干问题的办案指引》，现印发给你们，并请转发辖区有部分知识产权案件管辖权的基层人民法院，认真贯彻执行。

各法院对于执行本办案指引的情况及遇到的问题，请及时向我院民三庭报告。

特此通知。

广东省高级人民法院
2012 年 12 月 10 日

广东省高级人民法院关于审理侵害影视和音乐作品著作权纠纷案件若干问题的办案指引

为了统一裁判标准，提高审判质量，加大对著作权人权益的保护力度，促进文化产业建设，增强我省文化软实力，经本院审判委员会讨论决定，就我省处理侵害影视和音乐作品等著作权纠纷案件中的若干问题，制定本办案指引。

一、关于影视作品著作权权利基础的审查

(一)《最高人民法院关于审理著作权民事纠纷案件适用法律若干问题的解释》第 7 条规定，当事人提供的涉及著作权的底稿、原件、合法出版物、著作权登记证书、认证机构出具的证明、取得权利的合同等，可以作为证据。在作品或者制品上署名的自然人、法人或者其他组织视为著作权、与著作权有关权益的权利人，但有相反证明的除外。**据此，在侵害著作权诉讼中，权利人提供的音像制品合法出版物和经国家版权局认可的版权认证机构出具的认证材料，可以作为确定权利人主体资格的证据。人民法院对权利人提供的音像制品是否为合法出版物仅作形式审查，权利人不承担**

提交音像制品正版鉴定结论的举证责任。被控侵权人抗辩主张权利人提交的音像制品系盗版的，应就其抗辩主张承担举证责任。

（二）正版音像制品是指经合法渠道获得版权并由在文化部登记在册的合法音像出版发行机构出版发行的音像制品。**在侵害著作权诉讼中，人民法院通过形式审查识别正版音像出版物时，应审查是否有合法的音像出版社及发行人信息；音像制品及包装物上是否标明了出版单位的名称、地址、音像制品的版号、出版时间、责任编辑、著作权人、条形码及进口批准文号等；光盘上是否标注有来源识别码（SID 码）以及 SID 码是否被以磨蚀、伪造、覆盖等手法人为破坏，等等。**

（三）国家版权局、国家工商行政管理局《国外著作权认证机构在中国设立常驻代表机构管理办法》第 8 条规定，常驻代表机构只能从事与著作权认证有关的联络活动，不得从事其他业务活动。**据此，在侵害著作权诉讼中，对国家版权局认可的国外（境外）著作权认证机构以自己的名义出具的证明，符合域外证据条件的，应当认定其权利凭证效力。国家版权局认可的国外（境外）著作权认证机构在我国境内设立的常驻代表机构，以常驻代表机构的名义出具的证明，是否产生权利凭证效力，应结合当事人提供的其他证据综合认定，不能仅以境外著作权认证机构在我国境内设立的常驻代表机构的行为违反行政管理办法为由不予采信。**

（四）《中华人民共和国著作权法》第 15 条第 1 款规定，电影作品和以类似摄制电影的方法创作的作品的著作权由制片者享有，但编剧、导演、摄影、作词、作曲等作者享有署名权，并有权按照与制片者签订的合同获得报酬。**根据该条规定及影视产业界的行业惯例，在侵害著作权诉讼中，在电影作品和以类似摄制电影的方法创作的作品上署名为“出品人”、“制片人”、“摄制人”、“联合摄制人”、“联合制片人”的法人或非法人组织可视为制片者。如果既有制片者信息，又有明确的版权声明的，以版权声明为准。**

（五）《中华人民共和国著作权法实施条例》第 9 条规定，合作作品不可以分割使用的，其著作权由各合作作者共同享有，通过协商一致行使；不能协商一致，又无正当理由的，任何一方不得阻止他方行使除转让以外的其他权利，但是所得收益应当合理分配给所有合作作者。因此，影视作品的部分作者在与其他作者充分协商并有正当理由的情况下许可他人使用的，许可行为合法有效。被许可人基于该合法有效的授权可以在授权范围内正当行使包括诉讼在内的民事权利。**据此，在侵害著作权诉讼中，影视作品的被许可人获得部分著作权人许可的，可以在授权范围内行使权利。人民法院在确定赔偿数额时，不应以被许可人仅获得部分著作权人许可而减少其应获赔偿数额。其他著作权人可凭权利人主体资格作为共同原告加入诉讼，既不作为共同原告加入诉讼，又无正当理由阻拦被许可人主张权利的，人民法院不予支持。**

（六）《中华人民共和国著作权法》第 24 条规定，许可使用合同包括许可使用的权利种类、许可使用的权利是专有使用权或者非专有使用权、许可使用的地域范围、期间、付酬标准和办法等内容。取得授权的被许可人依法在授权期间内行使著作权，依法追究授权期间内发生的侵权行为，向法院请求损害赔偿。**据此，权利人在取证时拥有著作权合法授权，起诉时授权期限已届满，权利人就取证时期发生的侵权行为请求损害赔偿的，人民法院应当予以**

支持,当事人有特别约定的除外。原告就侵权行为进行取证时,尚未取得合法授权,但起诉时就取证期间发生的侵权行为进行追究获得授权的,人民法院应当支持原告请求损害赔偿的主张。

(七)《最高人民法院关于做好涉及网吧著作权纠纷案件审判工作的通知》(法发〔2010〕50号)规定,网吧经营者能证明涉案影视作品是从有经营资质的影视作品提供者合法取得,根据取得时的具体情形不知道也没有合理理由应当知道涉案影视作品侵犯他人信息网络传播权等权利的,不承担赔偿损失的民事责任。**据此,网吧经营者主张涉案影视作品是从有经营资质的影视作品提供者处合法取得,其不应承担赔偿损失民事责任的,应证明自己已经对影视作品提供者是否具备在网络合法传播作品的经营资质进行全面审查,并对涉案影视作品是否侵害他人信息网络传播权等权利已尽到合理注意义务。影视作品提供者享有涉案影视作品信息网络传播权的,网吧经营者不再负担审查影视作品提供者的经营资质的义务。**

(八)《中华人民共和国著作权法》第2条规定,中国公民、法人或者其他组织的作品,不论是否发表,依照本法享有著作权。外国人、无国籍人的作品根据其作者所属国或者经常居住地国同中国签订的协议或者共同参加的国际条约享有的著作权,受本法保护。第4条规定,著作权人行使著作权,不得违反宪法和法律,不得损害公共利益。国家对作品的出版、传播依法进行监督管理。该条规定不但授权行政机关对作品是否能够出版传播进行审理,而且也赋予著作权人在著作权侵权诉讼中,禁止他人传播其未经行政审查的作品权利。因此即使根据我国法律禁止出版和传播的作品,其作者仍依法享有著作权,受著作权法保护。**据此,在侵害著作权诉讼中,境外影视作品虽然未经行政审批,不得在境内发行。但著作权人起诉请求停止在境内传播并赔偿损失的,人民法院应当予以支持。**

二、关于电影作品和录音录像制品的区分标准

《中华人民共和国著作权法》第15条规定,电影作品和以类似摄制电影的方法创作的作品的著作权归制片者享有。因而,电影中的词、曲、剧本等作者不能对他人使用电影作品本身的行为来主张词、曲、剧本的著作权。而对于录音录像制品而言,戏剧、曲艺、音乐等作品的剧本作者、词曲作者可以对他人使用录音录像制品的行为主张著作权。判断拍摄成果是电影作品(含类似摄制电影的方法创作的作品,下同)还是录音录像制品直接影响有关权利人是否具有原告诉讼主体资格,可遵循以下方法进行判断:**电影作品的"独创性"要求较高,一般具有电影制片者与电影导演鲜明的个性化的创作特征;在摄制技术上以分镜头剧本为蓝本,采用蒙太奇等剪辑手法;由演员、剧本、摄影、剪辑、服装设计、配乐、插曲、灯光、化妆、美工等多部门合作;投资额较大,等等。对戏剧、小品、歌舞等表演方式进行拍摄时,拍摄者采用镜头拉伸、片段剪辑、机位改变、片头片尾美工设计、将场景从室内改变到室外等摄制方式,均不能够产生电影作品,其拍摄成果应认定为录音录像制品。具备下列特征的音乐电视(MTV)一般应当认定为录音录像制品:没有导演和制片者的个性化创作,制片者信息不明确;没有或仅有简单的故事情节,主要是对歌星演唱以及群众演员配合表演的再现;拍摄目的主要用于卡拉OK演唱而非在影院和电视台放映,歌词歌曲在其中起主导作用,词曲作者的贡献占主要部分;投资额较小,等等。**

三、关于影视作品等著作权纠纷案件的赔偿标准

《中华人民共和国著作权法》第49条规定，权利人的实际损失或者侵权人的违法所得不能确定的，由人民法院根据侵权行为的情节，判决给予50万元以下的赔偿。《最高人民法院关于审理著作权民事纠纷案件适用法律若干问题的解释》第25条规定，人民法院在确定赔偿数额时，应当考虑作品类型、合理使用费、侵权行为性质、后果等情节综合确定。根据以上法律、司法解释的相关规定，省法院依据各中院在其各自审结的案件中对各种作品类型所认定的法定赔偿数额的上下限数额，分别计算出平均值，作为各级人民法院确定法定赔偿额标准的参照，以防法定赔偿数额畸高畸低。在侵害著作权诉讼中，如果在确定侵权损害数额时，权利人的实际损失或者侵权人的违法所得不能确定的，人民法院可以根据具体侵权事实，参照下列标准执行。

侵害影视和音乐作品著作权纠纷案件的赔偿标准

<table>
<tr><th></th><th></th><th></th><th>赔偿额下限</th><th>赔偿额上限</th><th>备注</th></tr>
<tr><td rowspan="11">一、侵害音乐作品、音乐电视（MTV）和录音录像制品著作权的赔偿标准</td><td>1. 卡拉OK经营者未经许可提供音乐作品、音乐电视作品或录音录像制品构成侵权的</td><td>每首作品</td><td>1000.00</td><td>2000.00</td><td></td></tr>
<tr><td>2. 销售盗版音乐光碟（主要指CD光碟）的</td><td>每碟（单碟以正版光碟容量为准）</td><td>1000.00</td><td>5000.00</td><td></td></tr>
<tr><td>3. 销售盗版音像制品光碟（主要指VCD、DVD光碟）的</td><td>每碟（单碟以正版光碟容量为准）</td><td>2000.00</td><td>10,000.00</td><td></td></tr>
<tr><td>4. 销售盗版游戏光碟的</td><td>每碟</td><td>1000.00</td><td>3000.00</td><td></td></tr>
<tr><td>5. 制造盗版音像制品光碟的</td><td></td><td>100,000.00</td><td>300,000.00</td><td></td></tr>
<tr><td rowspan="2">6. 影视作品使用音乐作品构成侵权的</td><td>电影使用</td><td>15,000.00</td><td>25,000.00</td><td></td></tr>
<tr><td>电视剧使用（每首每集）</td><td>1500.00</td><td>2000.00</td><td></td></tr>
<tr><td rowspan="2">7. 网站在线提供音乐作品播放或者下载服务的</td><td>每首作品</td><td>2000.00</td><td>10,000.00</td><td></td></tr>
<tr><td>单独提供歌词（每首歌词）</td><td>1000.00</td><td>3000.00</td><td></td></tr>
<tr><td>8. 网吧在局域网提供音乐作品的</td><td>每首作品</td><td>1000.00</td><td>2000.00</td><td></td></tr>
</table>

续表

<table>
<tr><th></th><th></th><th></th><th>赔偿额下限</th><th>赔偿额上限</th><th>备注</th></tr>
<tr><td rowspan="5">二、侵害电影作品著作权的赔偿标准</td><td>9.网站在线提供电影作品播放或者下载服务的</td><td>每部作品</td><td>10,000.00</td><td>100,000.00</td><td></td></tr>
<tr><td>10.网吧在局域网提供电影作品或电视剧的</td><td>每部作品</td><td>2000.00</td><td>6000.00</td><td></td></tr>
<tr><td rowspan="2">11.电视台播放电影作品构成侵权的</td><td rowspan="2">每部作品</td><td>20,000.00</td><td>150,000.00</td><td rowspan="2"></td></tr>
<tr><td colspan="2">或以每部作品在同类电视台的许可使用费的1～2倍之间酌情确定赔偿数额</td></tr>
<tr><td>12.网站提供电视剧播放、下载或者电视台播放电视剧构成侵权的</td><td>每集作品</td><td>2000.00</td><td>7000.00</td><td></td></tr>
<tr><td rowspan="2">三、侵害摄影作品和美术作品著作权的赔偿标准</td><td>13.侵害摄影作品著作权的</td><td>每幅作品</td><td>2000.00</td><td>5000.00</td><td></td></tr>
<tr><td>14.侵害美术作品著作权的</td><td>每幅作品</td><td>5000.00</td><td>15,000.00</td><td></td></tr>
</table>

确定侵害摄影作品和美术作品著作权的赔偿标准时,应重点考虑作品独创性水平和侵权作品的是否商业使用等情形。著名摄影家和美术家的作品应提高赔偿数额。人民法院按照以上标准确定赔偿数额后,可根据案情另加合理维权费用。在系列案件中,律师费、公证费等合理维权费用的数额应当根据权利人在各个案件中实际支付的费用予以确定。权利人就系列案总体支付一笔费用而仅就部分案件起诉的,可以仅支持其已经起诉案件所占的份额。在前述赔偿额标准限度内,珠江三角洲地区法院针对同类案件所确定的法定赔偿数额,一般应高于本省其他地区法院,有相反证据的除外。

四、本办案指引自**2013**年**1**月**1**日起施行。

广西壮族自治区高级人民法院印发《关于充分发挥知识产权审判职能作用为广西民族文化强区建设提供司法保障的实施意见》的通知

桂高法〔2012〕142号

全区各中级法院：

现将《关于充分发挥知识产权审判职能作用为广西民族文化强区建设提供司法保障的实施意见》印发给你们，请认真贯彻执行。

二〇一二年三月五日

关于充分发挥知识产权审判职能作用为广西民族文化强区建设提供司法保障的实施意见

为深入贯彻党的十七届六中全会和自治区第十次党代会精神，充分发挥知识产权审判在推动文化大发展大繁荣及为促进广西民族文化强区建设提供有力的司法保障和优质的法律服务中的职能作用，结合广西法院工作实际，制定如下实施意见：

一、牢固树立大局意识，积极促进文化实力新提升

1. 服务大局是知识产权审判工作的重大历史责任。自治区第十次党代会按照党的十七届六中全会的精神，提出了深化文化体制改革，努力建设具有时代特征、壮乡风格、和谐兼容的民族文化强区的新战略。全区法院要紧紧围绕中央和自治区党委提出的文化发展战略和目标，深刻认识知识产权保护对促进文化发展繁荣和经济社会发展的重要意义，为深化文化体制改革、推动广西文化大发展、大繁荣提供有力的司法保障。

2. 坚持能动司法，找准知识产权审判与民族文化强区建设的结合点和着力点。紧紧围绕民族文化强区建设必须抓好的深入推进社会主义核心价值体系建设、加快发展公益性文化事业、做大做强文化产业、大力推进文化改革创新、切实加强精神文明建设等各个方面的工作，认真深入地开展调查研究，密切关注文化事业改革发展的新变化，针对可能出现的知识产权纠纷案件，超前谋划，提前应对，及时向党委政府提出司法建议，促进文化科技产业政策不断完善,规范文化、科技市场监管和产权交易秩序,提高司法服务水平。

二、积极受理、妥善审理各类知识产权案件,化解社会矛盾,维护社会稳定

3. 充分发挥知识产权审判对文化建设的规范、引导、促进和保障作用,激励广西民族文化、红色文化、海洋文化、生态文化创造活力持续迸发。依法加强对新闻出版、广播影视、文学艺术、文化娱乐、广告设计、工艺美术、计算机软件、信息网络等领域著作权案件的审理,妥善审理好文化体制改革过程中发生的各类知识产权案件,加强对文化创造者权益保护。推动我区版权相关产业健康有序发展,推进文化创新,增强文化发展活力,繁荣文化市场。

4. 充分利用著作权保护手段,加强对南宁国际民歌艺术节、《印象·刘三姐》、漓江画派、广西出版等文化品牌的保护,加大对"文化桂军"发展壮大的司法支持力度,保护和促进广西民族文化艺术精品传承发展。在对民间文学艺术作品的司法保护过程中,要正确把握侵权判定标准,既要有利于民间文学艺术的传承,又要有利于创新和利用,提高广西传统文化影响力。

5. 加强对广西遗传资源、传统知识、传统工艺、民间文艺、壮医药等民族医药和其他非物质文化遗产的保护,推动传统资源转化为现实的生产力和市场竞争力,弘扬广西民族产业优势和地区特色经济优势。公平合理地协调和平衡在发掘、整理、传承、保护、开发和利用非物质文化遗产过程中各方主体的利益关系,促进具有广西民族地区特色的自然、人文资源优势转化为现实生产力。

6. 强化广西特色农业知识产权保护,加大对具有自主知识产权的重大农业科技成果和植物新品种的保护力度,合理调节资源提供者、育种者、生产者和经营者之间的利益关系,激励农业科技创新,推动农业经营方式的转变,促进现代农业发展,保护农民利益,维护农村稳定,推进社会主义新农村建设。

7. 准确把握网络环境下著作权司法保护的尺度,妥善处理保护著作权与保障信息传播的关系,既要有利于网络新技术和商业新模式的开发和运用,促进信息传播,又要充分考虑网络侵权的特点和维权的困难,完善网络环境下的证据采信规则,实现权利人、网络服务提供者和社会公众之间的利益平衡。

8. 加大涉文化领域科技类知识产权保护力度,发挥科技创新对文化发展的引擎作用,依法加强专利、植物新品种、集成电路布图设计等知识产权保护,积极推动科技进步和创新。加大对广西经济增长有重大突破性带动作用、具有自主知识产权的关键核心技术的保护力度,促进高新技术产业的发展,提升企业自主创新能力和核心竞争力,为我区千亿元文化产业、千亿元产业重大科技攻关工程、人才强桂战略提供强有力的知识产权司法保障和法律服务,推动广西文化走向全国。

9. 依法加强商标权保护,遏制恶意抢注他人知名商业标识及"傍名牌"行为,充分体现商标权保护的法律导向,为培育广西知名品牌和提升企业综合竞争力提供助力。准确把握认定商标近似的法律尺度和商品类似的认定标准,妥善处理最大限度划清商业标识之间的边界与特殊情况下允许构成要素近似商标之间适当共存的关系。规范驰名商标的认定,切实加强驰名商标保护,为广西知名品牌的创立和发展提供健康和谐的法律环境。

10. 加强不正当竞争案件的审判,维护市场公平竞争。妥善处理好知识产权专门法与反不正当竞争法的关系,在激励创新的同时，又要鼓励公平竞争。依法加强商业秘密保护，有效制止侵犯商业秘密的行为，为企业的创新和投资创造安全和可信赖的法律环境。加强垄断案件的审理工作，及时有效制止垄断行为，增强市场活力，促进市场结构的完善和市场经济的健康发展。

11. 依法妥善审理涉外知识产权案件，平等保护中外当事人的合法权益，保护和促进外商投资，提升我区企业的国际竞争力，树立我区知识产权司法保护的良好形象，推动广西对外开放和经济发展。妥善审理涉东盟知识产权案件，加强对中国—东盟博览会相关知识产权的司法保护，包括会议名称、组织机构名称、会徽、吉祥物、会旗、会歌等标识，为中国—东盟博览会市场化运作提供法律支持。妥善审理涉港澳台知识产权案件，依法加强对台湾农产品商标、专利、植物新品种等知识产权保护，增强台商在广西的投资信心，推进桂台经贸合作，促进两岸经贸往来。

三、完善知识产权审判工作机制，强化司法为民措施

12. 建立知识产权案件民事、行政和刑事审判协调机制，提高司法效率，统一司法标准，发挥整体保护效能。加强知识产权行政司法保护，依法审理各类知识产权行政案件，在合法性审查中既要保护知识产权行政相对人的合法权益，又要维护知识产权行政管理秩序，依法支持行政机关制裁侵权行为。行政机关申请强制执行行政处理决定，经审查符合执行条件的，应及时裁定准予执行。加大知识产权刑事司法保护力度，加强与公安、检察机关在知识产权刑事司法程序中的配合，依法受理知识产权刑事案件并及时作出裁判。严厉制裁假冒注册商标和侵犯著作权等侵犯知识产权犯罪行为，在依法适用主刑的同时，加大罚金刑的适用与执行力度，从经济上剥夺侵权人的再犯罪能力和条件。在审理知识产权民事案件或行政案件过程中，发现涉嫌刑事犯罪的，应当告知权利人可以同时提起刑事自诉，依法应当提起公诉的，及时移交公安机关侦查处理。

13. 坚持“调解优先、调判结合”原则，加大知识产权案件调解力度，将调解贯穿于案件审理的全过程。根据知识产权案件专业技术性强的特点，积极引导当事人选择委托调解、专家调解、行业调解等方式解决纠纷。着重做好知识产权合同案件、专利和植物新品种侵权案件、双方都形不成证据优势的案件、在适用法律方面有一定困难的案件、敏感性案件的调解。

14. 加大知识产权案件执行力度，保障裁判权益及时实现，树立司法保护权威。健全知识产权案件强制执行机制，保障知识产权案件裁判的切实执行，强化对诉前临时措施裁定的及时执行。对被执行人拒不履行停止侵权的生效裁判内容继续其侵权行为的，除支持权利人依法追究其民事责任外，积极协调公安、检察机关追究其拒不执行判决、裁定刑事责任。

15. 加强诉讼指导和释明，通过编制知识产权诉讼指南，全面实行当事人权利义务告知制度和诉讼风险提示制度；完善落实各项司法公开制度，保障诉讼参与人诉讼权利，增强当事人参与诉讼的能力。加大司法救助力度，对经济确有困难的企业和其他当事人，要依法缓、减、免交诉讼费用，体现司法的人文关怀。

16. 加强企业知识产权保护调研工作，积极开展“送法上门”服务活动，针对案件审理过程中发现的企业在知识产权管理、保护等方面存在的问题，及时给企业提出司法建议。大力宣传知识产权法律制度与司法政策，帮助企业解决在知识产权保护等方面遇到的法律难题,促进企业提高知识产权创造、管理、运用的能力和水平,增强企业知识产权自我保护能力,支持和引导企业实施专利战略、商标战略等知识产权保护战略。

四、创新知识产权保护司法联动机制,形成整体保护合力

17.建立知识产权司法保护与行政保护联动协调工作机制。行政保护与司法保护"两条途径,互相配合"是符合中国国情和发展水平的知识产权保护模式,要加强与工商、版权、专利、海关等行政主管部门在知识产权行政执法程序上的衔接配合,建立迅捷有效的协作配合工作机制。加强与外事、商务、科技、信息产业、新闻、宣传等部门在知识产权保护工作中的沟通协调,形成知识产权保护合力。

18.加强知识产权司法保护与相关行业协会沟通协调。涉知识产权行业协会众多,是知识产权权利人的"娘家",应充分发挥摄影协会、音乐著作权协会、网吧协会等行业协会保护知识产权、促进知识产权产业化、协调权利人利益的作用,主动邀请行业协会参与相关知识产权纠纷调解,帮助消除对立情绪,促进沟通和协商,化解矛盾纠纷,提高知识产权案件诉讼调解率、和解撤诉率。

19.大力加强阳光司法,完善知识产权司法保护与新闻媒体的宣传联动机制。强化司法公开措施,加强与新闻媒体的沟通联系,公布知识产权典型案例,用实际案例宣传知识产权司法保护。生效的知识产权裁判文书一律及时在"中国知识产权裁判文书网"及"广西法院网"上公布,继续建设维护好"广西知识产权审判网"这一有力的宣传阵地,大力宣传广西知识产权司法保护成果,普及知识产权法律知识。适时公布知识产权案件司法审查情况报告,定期选择有影响的案例,邀请人大代表、政协委员、专家学者、行业协会和有关部门的代表和社会公众等旁听庭审,增进司法公开,接受群众监督,扩大社会影响,提高社会公众知识产权保护意识。

海南省高级人民法院关于审理网吧侵犯影视作品信息网络传播权纠纷案件若干问题的意见(试行)

为妥善审理网吧侵犯影视作品信息网络传播权纠纷案件,根据《中华人民共和国民事诉讼法》、《中华人民共和国民法通则》、《中华人民共和国侵权责任法》、《中华人民共和国著作权法》、《中华人民共和国公证法》、《信息网络传播权保护条例》及《最高人民法院关于审理著作权民事纠纷案件适用法律若干问题的解释》等法律、法规及相关司法解释的规定,结合我省法院知识产权审判工作实际,制定本意见,供全省各级法院在审判工作中参考。

关于诉讼主体的认定

1.人民法院应依职权对起诉人的主体资格进行审查。经审查如发现起诉人提供的权利主体证据尚不足以证明其是权利人时，人民法院应行使释明权，要求起诉人提供补充证据。经释明，起诉人不能进一步提供补充证据的，应裁定驳回其起诉。

2. 影视作品有两个以上著作权人，一个或部分著作权人可以就不可分割使用的著作权利提起诉讼，但需提交其他权利人明确表述不起诉或授权其起诉的证据。

3. 被诉网吧申请追加第三方为共同被告，且提交了第三方的详细信息的，人民法院一般应予追加；如原告不同意追加的，人民法院可以不予追加，但不追加第三方为共同被告可能使原告败诉的，人民法院应当向原告释明不同意追加的法律后果。

关于侵权行为的认定

4. 作品通过信息网络传播，且公众通过与信息网络相连接的终端设备可以在其选定的时间、地点获取作品、表演或录音录像制品的为信息网络传播行为。

以计算机、电视机、手机等各类电子设备为接受终端的互联网、移动通信网、局域网等数字信息网络以及向不特定公众开放的局域网络，人民法院应当认定为《中华人民共和国著作权法》第10条第1款第(12)项所规定的“信息网络”。

5. 证据材料不足以证明作品系通过信息网络进行传播的，不认定构成侵害信息网络传播权。

网络服务提供者通过信息网络按照事先安排的时间表向公众提供作品的在线播放的，因不具备侵害信息网络传播权所要求的“在选定的时间获取作品的特征”，如构成侵权，应认定侵犯了《中华人民共和国著作权法》第10条第1款第(17)项所规定的“应当由著作权人享有的其他权利”。

人民法院如认为不构成侵犯信息网络传播权，而是侵犯了《中华人民共和国著作权法》第10条第1款第(17)项所规定的其他权利的，应向原告进行释明，要求其依据《中华人民共和国著作权法》第10条第1款第(17)项的规定主张权利。经释明，原告不变更诉讼请求的，判决驳回其诉讼请求。

6. 未经权利人许可，网吧将影视作品等上传至其局域网服务器供用户在终端计算机上点播的，该行为构成对权利人信息网络传播权的直接侵权。

7. 网吧主张侵权影视作品系通过协议由第三方提供，但未能提供第三方的详细信息以及其与第三方之间的具体协议的，可以推定影视作品由网吧提供，侵权责任由网吧承担。

8. 网吧提供的证据能够证明侵权影视作品确由与网吧存在协议的第三方提供，人民法院应依据网吧与第三方有关责任分担的约定确定侵权责任。

网吧与第三方协议中未约定责任分担，如网吧向第三方支付的费用中包括作品信息网络传播权的购买费用，则侵权责任由第三方承担；如网吧向第三方支付的费用只包括一般的技术支持费用，未包括作品信息网络传播权的购买费用，则可以认定网吧与第三方构成共同侵权，侵权责任由网吧和第三方共同承担。

9. 网吧对与其不存在协议关系的第三方互联网站内容的合法性不负有主动审查义务，网吧将第三方互联网站在终端计算机上设立链接，如第三方互联网站构成侵权，不应认为网吧构成共同侵权，但下列情形除外：

(1)权利人在起诉前以书面方式通知网吧第三方互联网站传播的影视作品属于侵权作品后，网吧继续对该第三方互联网站设立链接引导用户访问的；

(2)快捷方式直接指向侵权影视作品的。

公证证据的审查和采信

10. 异地公证取证而出具的公证文书原则上应作为认定事实的依据，但下列情形除外：

(1)证据系以侵犯他人合法权益或者违反法律禁止性规定的方式取得的;

(2)有相反证据足以推翻的;

(3)违反《中华人民共和国公证法》第25条、第26条之规定的。

11.当事人提交的域外证据一般应当经过公证、认证,但对于能够在境内登录境外网站获得的公开出版物等证据材料,则无需公证、认证;另一方当事人仅以未办理公证认证等证明手续为由主张该证据材料不应采信的,不予支持。

12.公证人员在公证机构场所外以及在公证机构场所内进行网络公证,未经对公证申请人或其利害关系人的计算机及其他外接存储设备的清洁性进行审查即在该计算机上保全的证据,人民法院不予采信,但有其他证据予以佐证的除外。

13.公证人员在网吧、开放性会所等公共场所内虽未检查计算机清洁性及互联网接入情况,但所使用的计算机系公证人员自行选定或网吧、开放性会所随机分配的,其所保全的证据人民法院可以采信。

赔偿标准的确定

14.权利人可以在起诉时或法庭辩论终结前明确赔偿标准,权利人未明确的,人民法院应予释明,要求权利人明确;权利人不予明确的,由人民法院依照《中华人民共和国著作权法》第49条第2款的规定确定赔偿标准,但下列情形不适用法定赔偿标准:

(1)权利人请求人民法院适用法定赔偿标准确定赔偿数额,侵权人以其他损害赔偿标准进行抗辩,经人民法院审查,该抗辩成立的;

(2)权利人虽主张适用法定赔偿标准,但经审理能够查清权利人因侵权所受的实际损失或侵权人因侵权而获得的违法所得的;

(3)权利人和侵权人就损害赔偿标准或数额达成有效协议的;

(4)其他不宜适用法定赔偿标准的。

15.人民法院应当在诉讼中指导权利人对因被侵权所受到的实际损失、侵权人因侵权所获得的利益、权利人为制止侵权而支付的合理费用等进行举证。

16.权利人以实际损失或侵权人的侵权获利主张赔偿的,应当就有关实际损失和侵权获利进行举证;权利人主张适用法定赔偿标准,侵权人以侵权获利进行抗辩的,应就有关侵权获利进行举证。

17.权利人坚持请求以被侵权所受到的实际损失或侵权人因侵权获得的利益确定赔偿标准,但缺乏证据支持的,人民法院应当进行释明,询问权利人是否变更赔偿标准。经释明,权利人仍坚持原诉求的,人民法院应当依法判决驳回其赔偿诉讼请求,不主动适用法定赔偿标准确定赔偿数额。

赔偿数额及范围

18.确定网吧侵犯影视作品信息网络传播权赔偿数额,应当综合考虑以下因素:

(1)侵权作品的市场影响、知名度、上映档期、投资成本、票房收益、取得信息网络传播权的成本、侵权作品信息网络传播权的一般许可费用等因素;

(2)网吧的经营规模及注册金额、收费标准、侵权行为的性质、持续时间、点击或下载数、地域范围、主观过错等因素。

19.网吧在经营过程中侵犯权利人享有的影视作品信息网络传播权,但没有证据证明权利人因侵权所受到的损失,以及侵权人因侵权所获得的利益,人民法院依据法定赔偿标准确定赔偿数额的,可以综合考虑权利人的合理维权费用以及侵权性质及程度,判决网吧就每部影片或整部电视剧在2000~5000元范围内进行赔偿。

20.合理费用可以包括调查取证费和律师费。

调查取证费包括公证费、侵权产品购买费、当事人及其委托代理人为调查取证而产生的必要交通住宿费等。律师费应考虑收费是否符合《律师服务收费管理办法》的规定和律师执业所在地价格管理部门确定的律师行业收费标准。此外还需考虑案件的复杂程度、律师的工作量、判赔数额等具体因素。但在关联的案件中，对于权利人为制止侵权行为而共同支付的合理费用已在其他案件中获得赔偿的，不再重复判决赔偿。

21. 对于权利人已在前案中起诉向网吧提供侵权作品的第三方网站，第三方网站承担的侵权责任中已包含了网吧的侵权责任，权利人又在后案中起诉网吧侵权的，对于构成侵权的情形，除合理维权费用外，不宜再判令网吧承担侵权赔偿责任。

其他相关问题

22. 影视作品在中国大陆虽未获得播映行政审批，但权利人所主张的影视作品信息网络传播权受到侵犯的，如侵权行为成立，人民法院对权利人停止侵权的诉讼请求应予支持，并保护其合理维权费用，但对合理维权费用以外的赔偿请求，则不予支持。

23. 影视作品有两个以上著作权人，一个或部分著作权人就不可分割使用的著作权利提起诉讼的，如构成侵权，人民法院应依据原告的权利份额判决网吧承担赔偿责任，其他权利人的相应份额应予留出。

24. 著作权人许可第三人享有独占信息网络传播权，除第三人与著作权人签订的许可合同明确约定第三人可以转授权外，第三人许可原告行使同一权利，必须取得著作权人的许可，否则人民法院不予支持原告依据其与第三人签订的信息网络传播权转让或许可协议主张他人侵犯其信息网络传播权的诉讼请求。

通过许可方式取得著作权的，许可期满后，被许可人对许可期内的侵权行为提起诉讼的，如侵权行为成立且未超过诉讼时效，人民法院应当支持原告有关停止侵权和赔偿损失的诉讼请求。

25. 案件审理过程中所涉影视作品的信息网络传播权已经超过权利人的权利期限的，判决主文中不再写明要求网吧移除和禁止播放被诉作品，但可劝告网吧自行删除该作品。

本意见由本院审判委员会负责解释。

四川省高级人民法院
关于印发《关于知识产权案件专家证人出庭作证的规定（试行）》的通知

川高法发〔2012〕7 号

全省各级人民法院、成都铁路运输两级法院：

《关于知识产权案件专家证人出庭作证的规定（试行）》已于 2012 年 2 月 28 日经本院审判委员会第 8 次会议通过，现印发给你们，请认真贯彻执行。执行中遇到的问题，及时层报省法院。

二〇一二年四月十八日

四川省高级人民法院
关于知识产权案件专家证人出庭作证的规定(试行)

四川省高级人民法院审判委员会
2012 年度第 8 次会议讨论通过

为保证人民法院在审理知识产权纠纷案件中,正确认定案件事实,正确适用法律,及时、公正地审理案件,根据《中华人民共和国民事诉讼法》、最高人民法院《关于民事诉讼证据的若干规定》等有关法律、法规、司法解释之规定,结合我省法院知识产权审判实际,制定本规定。

第一条 本意见所称专家证人,是指接受当事人一方委托,以证人的身份,运用其知识、经验、技能对知识产权案件中涉及与案件待证事实有关的专业性问题出具书面意见,出庭进行说明、接受质询的具有专门知识的人。

第二条 在知识产权纠纷案件中,当事人可以向人民法院申请一至二名专家证人出庭就案件涉及的专业性问题进行说明。人民法院准许其申请的,有关费用由提出申请的当事人负担。

第三条 专家证人应具备以下条件:

(一)具有与涉诉案件领域或特定行业有关的专门知识、技能或经验;

(二)具有高级专业技术职称,或者具有相应资历和经验,具有较高的专业水平;

(三)具有说明所形成意见或结论的科学依据的能力;

(四)具有良好的职业道德和操守。

第四条 下列人员不得担任专家证人:

(一)有过从业不良记录,或剽窃他人学术成果、技术成果等不道德行为的;

(二)被开除公职的;

(三)因犯罪受过刑事处罚的;

(四)有其他可能影响客观公正提供专家意见行为的。

第五条 专家证人作证应当遵循独立、科学、客观、公正的原则,不受任何单位和个人的干涉。

第六条 当事人申请专家证人出庭作证,应当在举证期限届满十日前向人民法院提出书面申请,并经人民法院许可。

第七条 当事人申请专家证人作证时应当向人民法院提交申请书和专家证人的以下材料:

(一)同意作证声明及个人身份证明、联系信息;

(二)专业资格证书;

(三)主要业绩证明;

(四)案件所涉专业问题的书面意见;

(五)其他必要的文件、资料等。

第八条 人民法院对当事人的申请予以准许的,应当在开庭审理前书面通知专家证人出庭作证,并告知专家证人应当如实作证及作伪证的法律后果及应当履行的职责。

第九条 专家证人作证应履行以下职责:

(一)提供独立的意见;

(二)仅对当事人争议事项所涉领域的专业技术问题提供意见;

(三)说明其意见形成中所依赖的事实、文献或其他依据;

(四)对已发表意见的改变,应及时告知法院,并说明理由。

第十条 人民法院在许可专家证人出庭作证时,应要求专家证人作出承诺,保证独立、科学、客观、公正地提供专家意见,不作伪证。

第十一条 专家证人对涉案专业问题提出意见的,应当向人民法院提交书面意见并出庭作证。

第十二条 经人民法院准许,出庭作证的专家证人应当接受当事人、审判人员的质询。

当事人各自申请的专家证人可以对案件中涉及的专业性问题进行质证。

专家证人可以对鉴定人就案件相关的专业问题所作出的鉴定结论提出质询。

第十三条 未经双方当事人质证的专家证人意见,不得作为认定案件事实的依据。

应当出庭的专家证人无正当理由而不出庭,对方当事人及其代理人、专家证人对其所提出的涉及专门性问题的意见持有异议的,人民法院对其提出的专家证人意见不予采信。

第十四条 专家证人在人民法院组织双方当事人交换证据时陈述证言的,视为出庭作证。该专家证人证言经审判人员在庭审中说明后,可以作为认定案件事实的依据。

第十五条 人民法院对专家证人证言的采信,应当结合案件情况,综合考虑其证言的客观性、科学性,鉴定人意见、专家咨询意见等因素予以分析判断,决定是否采信 。

第十六条 对专家证人提供的证言,人民法院应当在裁判文书中阐明专家证人证言是否采纳以及理由。

第十七条 专家证人作伪证的,人民法院应依照《民事诉讼法》第一百零二条的规定,视其情节轻重对其予以罚款、拘留;构成犯罪的,依法追究刑事责任。

第十八条 有关法律、法规、司法解释对于一般证人的作证规定,适用于专家证人。

第十九条 本规定与新颁布的法律、法规或司法解释不一致的,以新颁布的法律、法规或司法解释为准。

第二十条 本规定由四川省高级人民法院负责解释。

第二十一条 本规定自公布之日起施行。

四川省高级人民法院
关于印发《关于开展知识产权巡回审判服务经济发展大局的指导意见》的通知

川高法〔2012〕436号

全省各级人民法院、成都铁路运输两级法院：

现将《四川省高级人民法院关于开展知识产权巡回审判　服务经济发展大局的指导意见》印发给你们,请结合各地实际,认真抓好贯彻落实。

特此通知。

二〇一二年六月二十八日

四川省高级人民法院关于开展知识产权巡回审判服务经济发展大局的指导意见

为充分发挥知识产权司法保护的主导作用,进一步优化创新环境,更好地服务经济发展大局,全力为四川"高位求进,加快发展"提供良好的法制环境,切实落实司法为民,进一步延伸审判服务职能,便捷高效地审理知识产权纠纷。结合我省知识产权审判工作实际,现就开展知识产权巡回审判,全力为我省经济发展提供司法保障提出以下指导意见。

一、指导思想和基本原则

(一)指导思想:

坚持邓小平理论和"三个代表"重要思想为指导,以科学发展为主题,围绕加快转变经济发展方式的主线,深入贯彻实施国家知识产权战略,充分发挥司法保护知识产权的主导作用,坚持能动司法,围绕中心,服务大局,积极开展巡回审判,让"便利人民群众诉讼,便利人民法院审判案件"的"两便原则"深入民心,促进纠纷及时有效解决,通过延伸审判职能,更好地服务区域经济发展,为经济社会发展和建设创新型国家提供坚强的司法保障。

(二)基本原则:

1. 坚持"公正与效率"的原则。坚持公正高效审理案件,努力实现法律效果和社会效果的统一。

2. 坚持"两便"原则。既要方便人民群众诉讼,减少讼累,又要便利人民法院依法独立、公正、高效行使审判权，提高审判工作效率。

3. 坚持司法公开原则。知识产权巡回审判工作要充分向人民群众公开，积极邀请人大代表、政协委员、科研人员、师生、企业职工、社区居民等各界人士旁听庭审，主动接受人民群众的监督。

4. 坚持调解优先原则。要牢固树立调解优先理念，将调解工作贯穿于知识产权巡回审判工作的全过程，尽可能地通过调解方式化解纠纷。积极运用诉调对接工作平台，整合资源，提高调解工作实效。

5. 坚持依法保护、平等保护、适度保护、利益平衡的原则。准确把握司法政策，妥善审理知识产权纠纷，加强知识产权司法保护。

二、工作目标

全省法院要以"争创一流业绩，打造一流队伍"为总体目标，以"忠诚、为民、廉洁、公正"为价值追求，以知识产权"巡回法庭"为有效载体，不断增强司法能力，提高司法水平。发挥知识产权司法保护主导作用，以知识产权审判为手段，依法有效保护知识产权，促进我省科技、文化自主创新和成果转化，推动实施我省知识产权发展战略 。

三、工作措施

1. 负责审理知识产权纠纷的中基层法院，要通过开展知识产权巡回审判，高质、高效处理知识产权纠纷。凡是可以开展巡回审判的，都应积极开展巡回审判。

2. 巡回审判可以在辖区范围创新主体集中的经济开发区、工业园区、产业园区、会展场所等地进行。

3. 人民法院可以通过在上述场所设立知识产权巡回法庭的方式开展巡回审判工作。

在统一立案的原则下，巡回法庭可采取定期派人值班、电话预约立案等便捷方式，有针对性地开展部分知识产权民事案件的立案及诉讼调解工作。

巡回审理的知识产权案件，采取就地开庭、就地调解和就地宣判。

4. 下列案件可以开展巡回审判：

第一，受理诉前证据保全、临时禁令申请；

第二，受理财产保全和证据保全申请；

第三，受理和审理涉及著作权、商标权、商业秘密、不正当竞争、技术合同、特许经营合同、网络域名等知识产权案件。

5. 下列案件原则上不宜采用巡回审判的方式审理：

（1）依法不公开审理的案件；

（2）存在司法安全隐患的案件；

（3）其他不适合采用巡回审判方式审理的案件。

四、工作要求

1. 突出调解，加强协调。知识产权巡回审判要突出调解的作用和优势，坚持"调解优先、调判结合"，充分借助行政管理部门、行业协会、专业机构等力量，形成案件联动调解机制。

2. 创新措施，讲求效果。通过巡回审判法庭的设立、运行，接受咨询，宣传法院工作，不断增强知识产权审判工作的透明度，并通过典型案例的立案、审理、调解，进一步提升企业、科研机构及其他创新主体的知识产权保护意识，采取多种措施，确保社会矛盾纠纷化解在基层，减少当事人诉累，缓解审判压力。

3. 加强调研，总结经验。在开展知识产权巡回审判工作中，要重视调查研究，及时研判新情况、新问题，加强对巡回审判法庭管理工作的总结；及时以信息、图片新闻等形式宣传巡回办案动态，妥善处理巡回审判中遇到的相关情况，确保巡回审判法庭工作的顺利开展，使其作为一项制度长期坚持下去。

4. 注重宣传,扩大影响。应结合以案讲法、以案释法,使创新主体和相关公众受到具体且生动的普法教育,发挥"审结一案,教育一片"的示范教育作用。同时应加强巡回审判信息渠道,确保有司法需求的群众能及时了解相关案件的审理,增强司法影响力、公信力。

四川省高级人民法院关于印发《关于发挥知识产权审判职能作用为四川文化大发展大繁荣提供司法保障的指导意见》的通知

川高法〔2012〕437号

全省各中级人民法院、成都铁路运输中级法院:

现将《四川省高级人民法院关于发挥知识产权审判职能作用为四川文化大发展大繁荣提供司法保障的指导意见》印发给你们,请结合各地实际,认真抓好贯彻落实。

特此通知。

二〇一二年六月二十八日

四川省高级人民法院关于发挥知识产权审判职能作用为四川文化大发展大繁荣提供司法保障的指导意见

为深入贯彻十七届六中全会、中央经济工作会议精神和省委九届九次全会精神,全力为我省经济文化繁荣发展提供良好的法制环境。根据《最高人民法院关于充分发挥知识产权审判职能作用推动社会主义文化大发展大繁荣和促进经济自主协调发展若干问题的意见》和《中共四川省委关于深化文化体制改革加快建设文化强省的决定》,结合我省法院知识产权审判工作实际,提出以下指导意见。

一、提高认识,统一思想,增强服务文化强省的使命感和责任感

1. 提高认识,增强服务文化大发展大繁荣的主动性和积极性。文化是民族的血脉,是政党和国家的精神旗帜,是民族凝聚力和创造力的重要源泉,是增强综合国力竞争的重要因素。文化发展、科技进步和知识创新,是推动经济发展方式转变和经济自主协调发展的根本动力。在新的历史起点上深化文化体制改革、推动社会主义文化大发展大繁荣,关系实现全面建设小康社会奋斗目标,关系坚持和发展中国特色社会主义,关系实现中华民族伟大复兴。我省加快建设西部经济发展高地、全面建设小康社会,既需要强大的经济力量,又需要强大的文化力量。

2.增强责任感和使命感。全省各级法院和从事知识产权审判的法官要认清形势,充分认识知识产权保护与文化大发展大繁荣的密切关系,增强大局意识和责任意识,发挥知识产权司法保护的主导作用,切实增强服务社会主义文化大发展大繁荣和经济自主协调发展的针对性和有效性,围绕中心,服务大局,在推动社会主义文化大发展大繁荣和四川经济大发展中发挥司法保障作用。

3.充分发挥司法的能动性,找准服务大局的结合点和切入点,进一步提高服务大局的准确性和有效性。知识产权司法保护作为建设文化四川、创新型四川大局服务的关键,全省各级法院要找准位置、厘清思路,紧紧围绕创新型建设的司法需求,积极有效地开展司法保护工作。在发挥自身审判职能的同时,努力找准知识产权审判服务大局的结合点和着力点,通过延伸审判职能,从源头上防范和化解知识产权矛盾纠纷,有效促进全省文化发展繁荣和经济自主协调发展。

二、加强文化领域知识产权案件的审判,推动文化创新和发展

4.要高度重视文化领域知识产权案件的审判工作,发挥知识产权审判对文化建设的规范、引导、促进和保障作用,激励全民族的创造活力,丰富人民群众的文化生活,保障人民群众的基本文化权益。

5.要依法保护文化创造者的合法权益,激励文化创造者的创作活力。妥善处理保护标准的统一性和特殊性的关系,既要维护保护标准的统一性,又要根据各类作品的特点和相关保护领域的特殊需求,使保护强度和独创高度相协调。对涉及著作权权属纠纷的案件,要妥善处理个人作品、职务作品和法人作品的关系,既要最大限度地保护作者权益,激励其创作积极性,又要依法保护法人或者其他组织的合法权益。

6.要重视和加强传播者权益保护,充分保护出版者、表演者、录音、录像制作者、广播电台、电视台的合法权益,合理平衡相关各方利益,推动优秀传统文化和当代文化精品的传播和利用。

7.要重视涉及文化产业的新类型知识产权保护,依法加强出版发行、影视制作、广告、演艺、娱乐、设计等产业领域的著作权保护,推动传统文化产业的发展壮大。

8.要积极探索和加强对文化创意、数字出版、移动多媒体、动漫游戏、软件、数据库等战略性新兴文化产业的著作权保护,培育我省新型文化业态,扩展文化产业发展的新领域,提升我省整体文化实力和竞争力。

9.要密切关注电信网、广电网、互联网“三网融合”等信息技术发展带来的新情况、新问题,既要依法保护著作权,同时要注重促进新兴产业的发展,促进我国信息化水平的提高。

10.要重视和加强网络环境下的著作权保护。妥善处理保护著作权与促进信息网络产业发展和保障信息传播的关系,合理平衡权利人、网络服务提供者和社会公众之间的利益,既要加强网络环境下著作权保护,更要注意促进信息网络技术创新和商业模式发展,保障社会公共利益。

11.要加强对民间文化艺术作品的保

护。依法保护民间文学艺术作品,特别要重视对我省少数民族特色文化艺术、文化典籍的保护,既要有利于民间文学艺术的传承,又要有利于创新和利用,提高传统文化的影响力。

12. 要重视非物质文化遗产的保护。积极保护民间文学艺术、传统知识、遗传资源等非物质文化遗产,公平合理地协调和平衡在发掘、整理、传承、保护、开发和利用过程中各方权利主体的利益,综合运用法律手段,推动非物质文化遗产的保护、传承和开发利用。

三、抓好执法办案,提升司法能力,妥善处理涉文化领域的知识产权纠纷

13. 各级法院和从事知识产权审判的法官要将执法办案作为服务社会主义文化建设的基本途径,充分发挥知识产权司法保护的主导作用,正确把握"加强保护、分门别类、宽严适度"的知识产权司法保护政策,妥善审理各类涉文化领域的知识产权纠纷案件。

14. 要牢固树立利益平衡观念,把利益平衡作为知识产权司法保护的重要支撑点。统筹兼顾文化创造者、商业利用者和社会公众的利益,协调好激励创作、促进产业发展和保障基本文化权益的关系。

15. 要妥善处理作品的独创性与独创高度的关系,实现保护强度与独创高度的协调统一。既要维护独创性基本标准的统一性,又要结合不同作品的特点,适应相关保护领域的特殊需求,综合考虑作品属性、所属领域的作品现状、创作空间、产业政策、公众需求等因素,灵活把握独创高度、合理确定保护强度。

16. 要正确适用著作权,正确把握著作权法的限制和例外规定,正确判定侵权行为,正确认定合理使用和法定许可行为,依法保护作品的正当利用和传播,促进商业和技术创新,保障人民群众基本文化权益。

17. 要正确区分作品、表演、录音、录像制品提供行为与网络服务提供行为,妥善处理有关网络服务提供者免责与归责、"通知与删除"规则与过错归责、网络服务提供者侵权过错与一般侵权过错的差别等关系。

18. 充分利用商标法、专利法等法律手段,保护非物质文化遗产的商业价值。要坚持保护先行,大胆探索的精神,对非物质文化遗产中凡是可以纳入现行知识产权法律体系的内容,都要依法保护,促进具有四川特色的自然、人文资源优势转化为现实生产力。

19. 加强诉讼调解,完善多元化纠纷解决机制。要结合知识产权案件的特点与规律,坚持"调解优先,调判结合"的原则,不断改进调解方法,开拓调解机制,促进知识产权纠纷行业调解、行政调解与司法调解的有效衔接,积极引导当事人选择委托调解、专家调解、行业调解等方式解决纠纷。

20. 依法加大侵权赔偿和民事制裁力度。坚持贯彻全面赔偿原则,补偿权利人经济损失以及合理的维权成本;加重恶意侵权、重复侵权、规模化侵权等侵权行为的赔偿责任;依法运用民事制裁措施,惩处侵权行为,保护权利人的合法权益,营造尊重知识、尊重文化、崇尚创新、诚信守法的社会氛围。

四、坚持能动司法,延伸审判职能,有效服务文化成果创新

21. 要认真落实司法为民措施。积极开展知识产权巡回审判,让"两便原则"深入民心,促进知识产权纠纷及时有效解决。加快立案审查,加强立、审、执各环节的工作衔接,加强审、执协调,确保案件审判与执行的实际效果。

22. 积极提出司法建议,延伸审判职

能。针对审判中发现的政府机构、企事业单位、学校、科研机构等在涉及文化领域的知识产权创造、管理、保护与运用等方面存在的突出问题，及时向行政主管部门、行业协会、科研院所、企业单位等提出司法建议，为堵塞漏洞、健全制度、加强管理提出意见建议。

23. 加强司法公开，促进知识产权司法保护与社会公众的良性互动。要选择典型案件，邀请人大代表、政协委员、行业协会和有关部门代表、专家学者和社会公众等旁听庭审；公开裁判文书，主动接受社会各界监督，增强知识产权审判的公开性和公信力，确保“阳光司法”。

24. 加强知识产权法制宣传，推进知识产权文化建设。通过召开新闻发布会，发布知识产权审判中的重要情况与典型案例，通报法院加强知识产权司法保护的相关工作。充分利用公开开庭、巡回审判、法制讲座、专题报道等多种形式，宣传法院知识产权司法保护工作，树立我国知识产权司法保护的良好形象。

25. 加强涉文化领域知识产权司法保护调研。结合审判实践，密切关注信息技术发展、新型文化产业、非物质文化遗产保护中出现的新情况、新问题，深入研究知识产权司法保护的法律适用、审判规范，推动调研成果的转化，为立法及司法解释制定提供建议。

四川省高级人民法院关于加强我省展会知识产权保护工作的意见

川高法发〔2012〕733 号

省政府：

近年来，我省尤其是成都地区会展业发展迅猛，展览场次、面积、参会人数及产值收入等居于全国前列，初步确立了中西部第一的地位，“西部会展之都”的美誉扬声海内外。当前，省委提出要将成都建设成“开放型区域中心和国际化城市”，作出要“充分发展国际会展经济，更多举办国际性会展活动”的明确要求。省政府制定的《四川省“十二五”服务业发展规划》，首次将会展业发展列入我省服务业发展规划，要求在“十二五”期间培育一批综合性和专业性的知名展会品牌。《成都会展业发展“十二五”规划》也提出到 2015 年把成都建成“具有国际影响力的中国会展之都”的奋斗目标。打造形象好、知名度高的品牌展会，加快完成会展经济的转型升级，是实现省委省政府目标任务的必然选择。品牌展会的建设与尊重知识产权密切相关，加强会展行业知识产权保护力度，是推动我省会展业健康持续发展的保障。

为此，我们组织省、市、区三级相关法院广泛收集情况，梳理突出问题，并进行了分析研究。我们认为，针对存在的问题，应采取经济的、法律的、行政的等手段，多方协同共同努力加以解决。结合审判实际，

就加强我省会展活动中的知识产权保护工作,提出如下建议:

一、参展企业出具知识产权保护承诺书

目前,组展单位在招商招展时,对参展企业履行知识产权保护义务还缺乏有效约束。可在招商招展期间,要求参展企业提交知识产权保护承诺书,作出保证参展项目不侵犯他人知识产权的郑重承诺,并督促其积极配合组展单位对参展项目知识产权状况的审查工作,遵守展会有关投诉处理的相关程序规定,以此加强参展企业知识产权保护意识,同时表明组展单位保护知识产权的鲜明态度和严肃立场。

二、组展单位完善展前审查制度

参展企业在展前一般都需要向组展单位提交有关权利证明文件备案,但目前尚未形成较为全面规范的审查机制。为此,组展单位应在展前完成对参展项目(包括展品、展板、展台及相关宣传资料等)知识产权状况审查工作。对于参展企业提交的相关证明文件和技术信息资料,要注意审查权利存续的有效期;对参展项目标注知识产权标记、标识的,应要求参展方按照有关规定标注;对于可能引发知识产权纠纷的参展项目,应督促参展企业提供检索文件或采取改进措施。参展企业提交备案的权利证明文件,组展单位有权对外予以公示,便于社会公众及时、全面掌握展品权利状况,同时便于相关权利人尽早知悉侵权信息,搜集侵权证据。

三、设立展会知识产权保护中心

目前,组展单位一般在展会期间设立政务服务中心,处理包括知识产权纠纷在内的行政事务。建议在展会期间专设知识产权保护中心,负责受理涉及知识产权侵权和制售假冒伪劣的投诉,开展知识产权保护宣传、咨询和教育工作。保护中心可由展会管理部门、组展单位和知识产权行政管理部门派员组成,对投诉人提交的知识产权权属证明、投诉材料等进行初步审查。经审查认为投诉事实基本成立的,将有关材料移交相关行政管理部门及时处理。争议期间,保护中心有权暂停涉嫌侵权和假冒伪劣展品在展会期间的展出。经相关部门认定侵权并责令侵权人立即停止侵权行为的,保护中心应督促侵权人立即撤出侵权展品,销毁宣传材料,更换介绍侵权项目的展板。

四、设立审理知识产权案件巡回法庭

为打造我省展会品牌,树立尊重、保护知识产权的良好形象,同时为权利人提供知识产权纠纷的多元解决机制,可在大型展会中设立审理知识产权案件的巡回法庭。巡回法庭由展会所在地对知识产权案件有管辖权的基层人民法院派员组成,受理当事人提起的知识产权侵权民事案件,采取诉前禁令、诉前财产保全和诉前证据保全等临时救济措施,妥善处理涉博案件,并通过建立与保护中心相呼应的综治联动机制,合力处理好其他法律事务。

五、强化展会管理部门管理职责

目前,对组展单位知识产权保护工作的开展情况尚未形成相应的监督制约机制。我们认为,参展企业在展会期间被认定有侵权行为和制售假冒伪劣商品行为的,组展单位应当对其进行公告并可以禁止其参加下一届展会。展会结束后,组展单位应对展会期间涉及的知识产权纠纷情况及保护、解决情况形成工作报告上报展会管理部门。组展单位对知识产权保护不力的,展会管理部门有权给予警告,并视情节对其再次举办相关展会的申请不予批准。

六、加强宣传和舆论管控

在高度重视和加大保护力度的同时,

加强宣传我省展会知识产权保护所采取的举措和所做的工作，定期向外公布展会知识产权保护状况，彰显我省会展的良好形象和打击侵权假冒的决心，营造尊重知识产权的良好氛围。强化对新闻媒体的监督管理，加强对网络舆情的监测，严格控制、有效应对负面报道，消除不良影响，防止过度炒作。

以上建议，供参考。

广东省河源市关于加强行政执法与刑事司法衔接工作的实施意见

为贯彻落实《行政执法机关移送涉嫌犯罪案件的规定》（国务院令第 310 号）和《关于加强行政执法与刑事司法衔接工作的意见》（中办发〔2011〕8 号）的精神，结合河源实际，现就加强行政执法与刑事司法衔接工作提出如下意见。

一、高度重视，严格履责

（一）做好行政执法与刑事司法衔接（以下简称“两法衔接”）工作，事关依法行政和公正司法，事关经济社会秩序维护，事关人民群众切身利益保障，全市各有关部门要高度重视，把加强“两法衔接”工作作为重要任务来抓。

（二）行政执法机关、公安机关和人民检察院要严格依法履行职责，切实执行《行政执法机关移送涉嫌犯罪案件的规定》、《关于加强行政执法与刑事司法衔接工作的意见》等法规、文件的规定。

二、结合实际，建立机制

（三）建立健全“两法衔接”工作机制，促进各有关部门之间的协调配合，形成工作合力，使“两法衔接”工作走上制度化、规范化轨道。

（四）建立信息共享平台。充分运用现代信息技术，依托市政府政务专网建立“两法衔接”工作网上信息共享平台，实现各有关部门之间执法、司法、监督信息互联互通，实现案件的网上移送、网上受理、网上交流。

（五）建立“两法衔接”信息平台管理制度。行政执法机关应当在规定时间内，将查处的符合刑事追诉标准、涉嫌犯罪的案件信息以及虽未达到刑事追诉标准、但有其他严重情节的案件信息等录入信息共享平台。各有关单位应当在规定时间内，将移送、办理案件的相关信息录入信息共享平台。加强对信息共享平台的管理，严格遵守共享信息的使用权限，防止泄密。

（六）建立“两法衔接”工作备案通报制度。行政执法机关、公安机关对涉嫌犯罪的案件，除按规定录入信息共享平台之外，还要通过书面方式备案。行政执法机关在向公安机关移送案件时，应当将案件移送书及有关材料目录抄送人民检察院。公安机关对行政执法机关移送的涉嫌犯罪案件，认为不属于本机关管辖的，应当及时转送有管辖权的机关，并书面告知移送案件的行政执法机关，同时抄送人民检察院。公安机关对受理的案件，依法作出立案或者不予立案决定的，或者立案后决定撤销案件的,应当书面通知行政执法机关,同时抄送人民检察院。依托专刊、情况通报及汇报等载体,增强对"两法衔接"工作的交流。

(七)建立"两法衔接"工作咨询会商制度。行政执法机关可以就刑事案件立案追诉标准、证据的固定和保全等问题咨询公安机关、人民检察院,公安机关、人民检察院可以就案件办理中的专业性问题咨询行政执法机关,受咨询的机关应当认真研究、及时答复。办案单位遇到个案需要会商、协调的,可以邀请相关单位参加,被邀单位应当积极配合。

(八)建立"两法衔接"工作联席会议制度。牵头单位要定期组织召开联席会议,相互通报有关情况,研究衔接工作中存在的问题,提出加强衔接工作的对策。

(九)建立"两法衔接"工作检查督导制度。对"两法衔接"工作机制执行情况,由市委、市政府或者"两法衔接"工作机制领导小组或者成员单位组织检查和督导。

(十)建立"两法衔接"工作举报制度。县级以上地方人民政府、人民检察院和监察机关对行政执法机关应当移送涉嫌犯罪案件而不移送或者公安机关应当受理而不受理、应当立案而不立案的举报,要认真调查处理,并将调查处理结果告知实名举报人。

三、加强监督,维护公正

(十一)县级以上地方人民政府、人民检察院和监察机关要依法履行监督职责,严格责任追究,确保"两法衔接"工作有关制度落到实处。

(十二)加强对涉嫌犯罪案件的移送监督。行政执法机关不移送涉嫌犯罪案件或者逾期未移送的,由本级或者上级人民政府,或者实行垂直管理的上级行政机关,责令限期移送;情节严重的,对负有责任的主管人员和其他直接责任人员依法给予处分;构成犯罪的,依法追究刑事责任。人民检察院发现行政执法机关不移送或者逾期未移送涉嫌犯罪案件的,应当向行政执法机关提出意见,建议移送,行政执法机关应当立即移送。

(十三)加强对涉嫌犯罪案件的立案监督。行政执法机关对公安机关不受理行政执法机关移送的案件,或未在法定期限内作出立案或者不予立案决定的,或对公安机关立案后作出撤销案件的决定有异议的,可以按照相关法律、文件规定,向作出决定的公安机关提请复议,或者建议人民检察院进行立案监督。人民检察院对行政执法机关提出的立案监督建议,应当依法受理并进行审查。

(十四)人民检察院发现行政执法人员不移送涉嫌犯罪案件,公安机关工作人员不依法受理、立案,需要追究行政纪律责任的,应当将可以证明违纪违法事实的材料移送监察机关,由监察机关依纪依法处理;涉嫌犯罪的,应当依法追究刑事责任。

(十五)监察机关发现行政执法人员不移送涉嫌犯罪案件,公安机关工作人员不依法受理、立案,违反行政纪律、需要追究责任的,应当依纪依法处理;情节严重、涉嫌犯罪的,应当移送人民检察院。对行政执法机关或者人民检察院移送监察机关的违纪案件线索,监察机关应当及时受理,认真审查,依纪依法处理,并将处理结果及时书面告知移送案件线索的行政执法机关,同时,报送人民检察院。

四、组织落实,全面覆盖

(十六)各有关部门要按照执法为民的要求,加强"两法衔接"工作的领导,精心组织,通力协作,狠抓落实,确保实效。

(十七)建立"两法衔接"工作机制和信息共享平台,由市检察院、市监察局、市公安局、市法制局作为牵头单位。日常办事机构设在市检察院，日常工作由市检察院负责。相关部门要积极配合、支持。遇到重大事项需要协调的，可请市委政法委组织协调。

（十八）本实施意见所涉及的机制书面制度部分，市、县区两级检察院、公安局、法制局、监察局、具有移送涉嫌犯罪案件职能的行政执法机关均参与；机制信息共享平台部分，市检察院、市法制局、市公安局、市监察局以及具有移送涉嫌犯罪案件职能的市级行政执法机关直接参与，与市级成员单位对口的县区级单位，通过报送数据、信息给对口市级成员单位的方式间接参与。

安徽省滁州市关于加强行政执法与刑事司法衔接工作的实施办法

第一条 为加强行政执法机关及法律法规授权的组织（以下简称行政执法机关）与人民法院、人民检察院、公安机关在执法中的协调配合，充分发挥各自的职能作用，建立健全行政执法与刑事司法衔接工作机制，切实维护和保障社会主义市场经济秩序，促进经济社会健康发展，根据中共中央办公厅、国务院办公厅《关于加强行政执法与刑事司法衔接工作的意见》（中办发〔2011〕8号）和《行政执法机关移送涉嫌犯罪案件的规定》（国务院令第310号，以下简称《规定》），结合本市实际，制定本实施办法。

第二条 本实施办法适用于行政执法机关与人民检察院、人民法院、公安机关行政执法与刑事司法衔接工作。

第三条 行政执法机关、人民检察院、人民法院、公安机关应当建立行政执法与刑事司法衔接信息平台，建立健全线索移送、案件协查、信息共享、互相配合、各尽其责的工作机制。

政府法制机构应发挥综合协调作用，促进行政执法与刑事司法的有效衔接。

第四条 行政执法机关应当接受人民检察院的监督，对执法中发现的涉嫌犯罪的案件，应当及时移送公安机关处理，严禁以罚代刑。

第五条 人民检察院、监察机关应当对行政执法机关在查办案件中涉嫌犯罪案件的移送，依法履行监督职责。

第六条 市人民政府和人民检察院、人民法院应当建立涉嫌犯罪案件移送工作联席会议制度，联席会议办公室设在市人民检察院。联席会议由办公室召集，原则上每半年召开一次。各成员单位应由一名负责同志参加联席会议，并确定本单位的联络员。

第七条 联席会议主要研究以下事项：

（一）行政执法机关通报查处、移送案件情况；

（二）公安机关通报受理、立案、撤销案件情况；

（三）人民检察院通报立案监督、批捕、起诉案件情况；

（四）研究和协调解决涉嫌犯罪案件移

送工作中的其他重大问题。

第八条 行政执法机关发现涉嫌犯罪案件,应当立即指定2名或者2名以上行政执法人员组成专案组专门负责,核实情况后提出移送涉嫌犯罪案件的书面报告,报经本单位主要负责同志或者主持工作的负责同志审批。

行政执法机关主要负责同志或者主持工作的负责同志应当自接到报告之日起3日内作出批准移送或者不批准移送的决定。决定批准的,应当在24小时内向公安机关移送;决定不批准的,应当将不予批准的理由记录在案。批准和不批准决定应同时抄送同级人民检察院。

上级行政执法机关对涉嫌犯罪案件移送有相关规定的,按本系统相关规定执行。

第九条 行政执法机关在查办案件过程中,对符合刑事追诉标准、涉嫌犯罪的案件,应当制作《涉嫌犯罪案件移送书》,及时将案件向公安机关移送,并抄送同级人民检察院。

第十条 行政执法机关在执法活动中,现场查获的涉案货值或者其他情节明显达到刑事追诉标准,涉嫌犯罪的,或者行为人有严重危害社会公共安全、危及他人生命健康或者聚众滋事可能引发群体性事件等行为的,应当立即报公安机关查处。

第十一条 行政执法机关在查处生产、销售假冒伪劣商品、非法经营、侵犯商业秘密、商业贿赂、无照经营等违法犯罪案件中,需要公安机关配合的,应在案件查处前及时通知公安机关,公安机关应予积极配合。遇到重、特大案件的线索,及可能要追究刑事责任的案件线索,行政执法机关应当和公安机关一起研究案件线索,制定行动方案,公安机关应当准备好必要的刑事侦查手续,全力配合。行动结束后将案情向市人民检察院通报。

第十二条 公安机关受理行政执法机关移送的案件,应当以书面形式予以受理。审阅材料后对可能构成犯罪的应当立案侦查;受理后认为不属于本机关管辖的,应当及时转送有管辖权的机关,并书面告知移送案件的行政执法机关,同时抄送同级人民检察院;对于经审查认为不构成犯罪,或不需要追究刑事责任的,应将有关案卷材料3个工作日内退回行政执法机关,并将不立案情况抄送同级人民检察院。

第十三条 人民检察院对公安机关、行政执法机关办理的重、特大疑难、复杂案件,应派员提前介入、引导调查,共商取证方向,并应公安机关、行政执法机关要求参加案件讨论,配合证据的调查取证。对于公安机关提请审查批捕的案件,人民检察院经审查认为证据不足的,在作出不批准逮捕的同时,应详细列出补充侦查提纲,必要时可派员配合公安机关补充侦查,行政执法机关应予以配合。

第十四条 对于行政执法机关在办案中查获的假冒伪劣商品,如需人民检察院、公安机关配合鉴定、检测的,由人民检察院、公安机关、行政执法机关共同协商,制定送检方案。

第十五条 行政执法机关应在每季度的5日前,将已达到涉嫌构成犯罪立案标准的案件,填报《行政执法机关查处案件情况季报表》报同级人民检察院。行政执法机关对查处的重大案件应及时通报人民检察院、公安机关。根据工作需要,人民检察院可以随时向各行政执法机关了解查处案件情况,并定期或不定期对行政执法机关查处移送案件情况进行检查或抽查。

第十六条 人民检察院对行政执法机关依法移送公安机关的涉嫌犯罪案件进行立案监督,对公安机关应当立案而不立案的案件,应当监督公安机关立案侦查。

第十七条　人民检察院查办行政执法机关移送的涉嫌犯罪案件,必要时,可以向行政执法机关调阅、复制案卷材料,向有关行政执法人员调查有关案件情况。

第十八条　人民检察院发现行政执法机关有下列情形之一的,应当发出《检察意见书》予以监督:

(一)涉嫌犯罪的案件应当移送而不移送的;

(二)隐匿、销毁涉案物品或者私分财物的;

(三)以行政处罚代替刑事责任追究的。

行政执法机关应当自收到《检察意见书》之日起10日内,书面答复人民检察院。

第十九条　人民检察院、公安机关可以依法向行政执法机关查询有关案件情况,必要时可派员查阅有关案卷材料,行政执法机关应予以协助配合。

第二十条　人民检察院、公安机关、行政执法机关在工作中遇到疑难、复杂案件时,可随时召集会议研究并可视情邀请人民法院、监察机关等部门的负责人参加。

第二十一条　行政执法机关对涉嫌犯罪案件不移送公安机关,由本级或上级人民政府,或者实行垂直管理的上级行政执法机关依照《规定》第十六条规定执行。

第二十二条　公安机关不接受行政执法机关移送的涉嫌犯罪案件,或者逾期不作出立案或不予立案决定的,除由人民检察院依法实施立案监督外,由本级或上级人民政府依照《规定》第十七条规定执行。

第二十三条　本实施办法由市行政执法与刑事司法衔接工作领导小组办公室负责解释。

第二十四条　本实施办法自印发之日起施行。

域外动态

参加“欧洲专利法官三十年论坛”的报告

罗 霞

经批准,我于2012年9月5日~7日应邀参加了在爱尔兰首都都柏林召开的“欧洲专利法官三十年论坛”。现将此次会议的相关情况总结如下。

一、会议主办方、参加人以及议程

会议由欧洲专利局(以下简称欧专局)主办,爱尔兰法院承办,是两年一度持续了30年的欧洲专利法官的一次盛会。除了我和日本横滨的一名法官外,参会的75位法官来自欧洲27个国家和地区。加上来自欧专局及其上诉委员会的20名官员,会议规模近100人。

会议的总体议程主要涉及欧专局上诉委员会近期的动态、欧洲专利侵权和无效的诉讼体系、侵权诉讼的禁令救济、权利要求的放弃、生物领域发明的最新变化以及欧盟成员国的最新专利立法和判例。由于统一欧洲专利法院经过30多年的酝酿终于在2012年6月得以通过,因此,会议的一部分内容也涉及了统一专利法院的设立。

二、会议承办方的发言

爱尔兰高等法院的MURPHY大法官主持了第一个议题。爱尔兰最高法院首席大法官SUSANDENHAM发表了欢迎辞。她说,爱尔兰作为欧盟成员国和欧盟理事会成员,欧专局选择在爱尔兰召开此次会议是因为爱尔兰的知识产权保护有很长的历史,有很多杰出的发明。爱尔兰关注的是保持企业竞争力,提高生产率,创造新的经济发展领域和机遇,关心的是如何给企业实体一个有利于产生发明创造和让其茁壮成长的环境。她说,信息技术和生命科学领域的高科技企业希望在爱尔兰投资或继续发展,这些人们都想了解自己的生意是否会受到阻碍,并希望得到政府的支持。这需要为整个经济体系建立一种知识竞争的优势。一个合格的专利的产能可以得到政府的税收豁免。一个有效、平衡的知识产权保护制度将有助于创造经济机遇,并提高竞争力。爱尔兰的法院也在保护和有效使用知识产权这个有效的工具。同一些国家一样,爱尔兰在许多方面面对的问题和挑战都是共同的。爱尔兰致力于让知识型经济发挥好作用。

爱尔兰就业、企业和创新部的负责人RICHARD BRUTON先生对爱尔兰的知识产权概况做了发言。他说,爱尔兰为企业研发提供国内和国际的全方位支持。现在计划中的部分资金来自于欧盟。其所在的部门正在开展一项知识产权可行性研究，以便让爱尔兰成为管理和交易知识产权的国际中心。政府最近通过了创建一个新的知识产权协议，目的是让研究中形成的创意能够更容易地商业化。这个协议将推动知识产权术语标准化，以便让企业和研究者之间更加容易发生联系。爱尔兰支持不同规模的企业向研究与开发型企业转变。创建一个有利于企业知识产权发展和货币化的环境将对未来经济增长至关重要。

从此次会议承办方的发言和交流可以看出，爱尔兰政府打算最大化地发挥与知识产权有关产业的潜能。在吸引外资方面，爱尔兰正面临亚洲和东欧洲国家低成本的竞争。要转变这种形势，成功的因素取决于是否完全成为知识型经济。为推动投资型经济向知识型经济转变，爱尔兰政府近年来制定和实施了一系列政策措施，鼓励和保护本国企业技术创新和自主知识产权的开发。知识产权是当前爱尔兰吸引跨国企业落户发展计划的基础和关键，尤其是发展高科技企业落户爱尔兰的关键。

三、欧洲大陆的共同专利制度和单一法院

（一）单一法院的创设背景

1474 年威尼斯颁布了《专利法》，为现代专利制度的建立奠定了基础。1623 年英国制定的《垄断法》标志世界上第一部完整的现代专利法的出现。1963 年签署的《统一发明专利实体法中的特定概念的斯特拉斯堡公约》规定了各成员国授予专利的实质条件和专利申请的内容以及专利权的保护范围。这个公约签署后对 20 世纪 60 年代的爱尔兰专利法以及法国专利法均产生了统一的作用，并影响到了国际层面，推动了全球范围内的专利制度的发展。

欧洲专利制度统一化是几十年来欧洲大陆的一个梦想，随着 1973 年欧洲专利公约（以下简称 EPC）的签署及其实施规则和议定书于 1977 年生效，设在慕尼黑的欧专局开始统一的审查、授予程序中授予欧洲专利。发明人在欧盟申请专利除了在欧盟成员国直接申请外，还可以先向欧专局申请，获准后再到各成员国申请生效。EPC 与 1978 年生效的《专利合作公约》（以下简称 PCT）共同成为了国际专利制度统一化的重要内容。近 20 年来发展极为迅速。欧洲专利自 2010 年 10 月 1 日起可以在 40 个欧洲国家生效，包括 38 个缔约国及 2 个延伸国。

经过了欧洲专利授权程序的专利并非是一项单一的超国家的专利权，其受成员国国内法的约束，统一了的只是专利申请的受理、审查与授予阶段在欧洲层面的一种集中，专利的生效仍由各国决定。因此，对于专利申请人而言，除了手续烦琐、时间过长外，费用也很高。一项专利经欧专局审批并认可后，如果要在欧盟各成员国生效，必须翻译成欧盟各国官方语言文字。在欧盟申请一项专利约 3.2 万欧元，其中仅翻译费约 2.3 万欧元。欧盟 27 个成员国共有 23 种官方语言文字。遵循“国家不分大小语言文字一律平等”的基本原则，欧盟所有法规和几乎所有正式文件都必须翻译成各国官方文字版本。零零散散的专利程序使得在欧洲获得专利比在美国要昂贵 10 倍。而更麻烦的是，公约的成员国由于授予专利之后对专利的侵权以及无效的审查适用的是成员国的国内专利法，没有集中的专利法院，专利权人通过侵权诉讼保护权益时，不得不对抗那些有选择性地在多个成员国对专利的有效性进行挑战的被告，而判决的结果并不相同。

创建一个在欧盟所有成员国有效的单一专利权的共同体专利的呼声日益高涨。2000 年，欧盟的继续努力产生了旨在大幅

减低语言翻译成本的共同体专利规则提案。该提案提出后,共同体专利制度建设进入了推进阶段。2009 年 12 月,欧盟委员会就共同体专利的实现方式等问题基本达成共识,由欧专局授权欧盟专利。以欧盟作为单独指定国的专利申请经授权而获得欧盟专利后,将在欧盟范围内统一生效。发明人只需在欧盟有审批资格的成员国中的任何一个国家申请,就可以获得在整个欧盟的有效专利。

意大利和西班牙要求专利的说明书必须翻译成他们自己的语言,在僵持了几年后仍然在语言问题上不肯松动。在欧盟 27 个成员国中,意大利和西班牙目前还没有加入欧盟统一专利体系。在经欧洲议会最终批准后,2014 年上半年会有第一批欧洲统一专利被授予。

专利权的地域性、司法权以及语言问题一直影响着欧盟专利制度的发展。在"强化合作"(Enhanced cooperation)机制的作用下,欧盟专利跨出重要一步。随着这一泛欧洲项目共同专利制度的推出,需要面对的另一问题是实施统一专利体系需要一个统一法院。因为各个国家依照自己的国内法,仍然会对专利侵权作出不同的判定。这种现实对于在新专利体系下得到好处的专利权人而言,由于各国法院针对同一个专利有可能会做出不同的判决,这就造成专利权在欧洲市场执行上的不便,实际意义大打折扣。重要的是,司法权问题一直是影响欧盟专利制度发展的核心问题。欧洲法院于 2011 年 3 月就曾表示确立欧洲共同体专利法院不符合欧盟法律。原因是此类法院在欧盟机构和司法框架之外运转,会夺走欧洲法院及各成员国法院的权力,使他们不能在专利领域解释和运用法律。

由于无论是政府、企业还是社会公众基本上均广泛认同统一专利司法权、创设欧盟专利法院的重要性,随着此项工作的艰难推进,终于在 2012 年 6 月 29 日的欧洲理事会会议上,欧盟成员国对争论多年的欧洲单一专利制度专利法院中央法庭所在地选址问题达成了一致。欧洲专利法院将根据相关国际条约建立,对涉及和单一专利的侵权和撤回决定拥有司法管辖权。6 月份的这一决定受到 EPO 的热烈拥护。

(二)会议发言基本内容

爱尔兰最高法院以及欧盟最高法院(以下简称 ECJ)前法官 FIDELMA MACKEN 主持了关于欧洲统一专利法院的协议这一议题。他说,欧盟会员国所提出有关设立单一欧洲专利法院来统一受理欧盟境内专利诉讼的协议草案最近得以了通过。该协议曾被欧盟最高法院指责违反欧盟条约。统一专利法院的建立除了语言的障碍外,最大分歧在于各个成员国的权力和权益会受到缩小甚至消失。因为新建的法院将受理欧盟境内专利诉讼案件,这就需要将单个的国家原有的权利出让出去。而且,新的法院还会对欧盟法律提出解释与应用,这会剥夺单个国家司法机关对专利案件的管辖权,改变向欧盟最高法院申请初步裁决的情况。欧盟委员会对此进行了谨慎分析。欧盟理事会也曾启动强化合作机制,通过强化合作将数十年来所讨论的欧盟专利问题成功予以解决是个很好的趋势。在会上,他坦言,新的专利法院的办公地点被迫设在巴黎、伦敦等几个欧洲国家,这足以证明整个欧洲大陆的特色就是,需要不断地在政治妥协中前进才能解决问题。已经有人开始担心这会引起程序上延迟和不确定。

欧专局国际事务部总监 MARGOT FROHLINGER 女士就统一的欧洲专利法院这一议题进行了发言。她说:欧洲专利法院不是一个新的而是一个旧的概念,经过30多年的争论,今年6月欧洲统一专利体系方案的最后一个议题终于确定。在欧盟范围内,长久以来就存在统一的自动在全体欧盟成员国生效,并仅受欧盟法律约束的欧盟专利计划。但是谈判举步维艰,主要是因为欧洲国家的语言太多,很难就语言规则达成一致。在统一专利法院协议草案中,欧盟成员国及欧洲专利公约缔约国设立了一个全新的欧洲专利法院,并赋予其欧洲专利及未来欧洲单一专利相关的法律诉讼的管辖权,其架构下将有初审法院、上诉法院及专利注册处。在欧洲专利公约中,发明的新颖性要求是绝对性的新颖性。这就是要求通过世界范围内的专利工作人员的紧密合作才能解决的实际问题。2011年,欧洲地区专利制度的发展又一次取得突破,欧盟的25个成员国就专利制度的一体化达成了协议,欧洲地区单一专利权走向现实。根据委员会的文件,相关人士以及权利人今后可向欧专局申请在成员国领土范围内有效的统一专利权。统一专利在这些成员国中将得到和国内同样权利的对待。当事人选择法院,不可能排除在统一专利法院之外。统一专利法院的诞生不是一蹴而就,而是渐渐建立的。经历了一个像欧盟的建立一样困难的历程。欧洲统一专利法院的选址总部确定在巴黎,伦敦和慕尼黑设分支机构,负责有关化学类专利和机械工程类专利的诉讼。此外,培训等部门也在欧洲的其他国家设立。

她认为:最为棘手的问题在于如何选择法官。诸多成员国对法院提出了就近、以令人信赖的语言进行审理与表决,法官的高素质与技术能力以及有效与低成本的程序。加强法官培训尤其是对缺少经验的这些法官如何进行让人信服和有成效的历练,目前确定的方式是由资深法官以“传帮带”的形式进行。对于语言,她说选择法官要与所在国的语言相互配套。因为统一专利法院涉及欧洲的诸多语言,语言也是最大的障碍之一。不能将法官放在一个非其语系的国家中,否则很难搞清楚技术争议。很明显,欧洲专利法院在建立时不可能是尽善尽美,但如果凡事均要求全责备,法院是不可能存在的。最后她说:“我们足以看到其中的辛苦工作,我们不能够对不确定的情况下一个判决。判例法与其他成员国的法律解释不一样的情况会存在,这交由法院来进行解释。”在她发言结束后,意大利的法官提出要求加大合作,认为“我们需要的是合作,非正式的合作”,并建议各成员国的法官之间不应当以正式的而应当是以非正式的途径对争议的问题进行交流。会议主持人对此观点表示了赞赏。

欧专局扩大申诉委员会主席 WIM VAN DER EIJK 就欧专局上诉委员会的最新工作情况发表了演说。他认为:专利体系不是一个单独的面,而是需要各个面进行协同运作才能发挥作用的系统。统一专利法院的建立为保护专利权奠定了良好的基础,专利权人可以从中获益。欧专局面临的困境是如何保证和谐和步调一致。对法官的要求是技术和法律方面均要精通。

(三)体会

欧洲专利制度的发展是国际专利制度演进的缩影,并以建立全球单一专利制度为终极目标。历经几十年的努力,欧盟国家推动的欧洲专利制度改革取得了阶段性的胜利。欧盟专利的实现将使得欧洲地区的专利申请多了一种优选性,发明人可以通过一次申请即获得在所有成员国有效、超越地域限制的单一专利权。这种新的选择将大幅度降低各成员方的专利申请人取得国外专利权的时间和翻译成本。而且,专利法院的建立也竭力避免了同一专利的效力在不同成员国不一样以及同一被诉侵权行为在不同的成员国定性不同的现状。这些重大变革在提高欧洲专利稳定性与一致性的同时,提高了发明人来欧洲申请专利和进行投资的信心。这无疑起到了刺激欧洲创新,为欧洲国家抢占技术高地的效果。专利制度的未来需要通过集团化合作、一体化协作来实现对专利竞争力的影响。欧洲作为重要的专利竞争来源,我国应当密切关注欧盟专利的发展状况,及时预测并寻求有效的应对策略。

四、欧洲不同的专利执法体系

“欧洲不同立法体系下的分歧”是第一天会议下午的议题,爱尔兰高等法院的法官 PETER CHARLETON 主持此场。此场发言的有德国杜塞尔多夫的高等地区法院的审判长 THOMAS KUHNEN、布拉格上诉法院的法官 HANA PIPKOVA、罗马尼亚的法官 MIHAELA PARASCHIV。

(一)德国的专利体系、侵权无效的程序衔接、禁令的颁发

第一个发言的是德国杜塞尔多夫的高等地区法院的审判长 THOMAS KUHNEN。他围绕德国专利执法体系的架构以及法官的组成、案件的受理的范围以及禁令救济问题进行了发言。

THOMAS KUHNEN 法官首先介绍说:德国与其他欧洲国家不同,专利侵权与专利无效分由不同的法院管辖审理。针对专利侵权诉讼,当事人需要向普通法院提起诉讼,这些法院是无权宣告专利无效的。对于请求宣告专利无效的诉讼则只能是联邦专利法院管辖,专利法院具有法律和技术专家身份的专业法官。正是因为配备了精通法律的法官与精通技术的法官所以才能对专利案件作出精准的判断。在这里,具有技术背景的法官的职权与其他法律专业的法官是相同的,可以参加案件的审判、合议和决策。在德国,专利侵权有三级法院,地区法院,地区高级法院以及联邦最高法院。侵权法院都是法律专家,没有技术专家参与,而对于专利无效诉讼就只有联邦专利法院和联邦最高法院二级,合议组前者有三个技术专家和两个法律专家组成,后者则全部五位均是法律专家。联邦专利法院依照专业种类分为十几个上诉委员会,由一名科技背景的审判长和法律法官、科技法官组成。审理的范围是对德国专利商标局决定的抗告、专利权的维持、撤销、限制以及驳回发生的纠纷。此外,联邦专利法院还有四个审理无效的委员会,当然,也是有权受理强制许可之诉。

对于侵权诉讼与无效诉讼如何衔接的问题,他介绍说:在德国,侵权法院不能自行对专利的有效性进行认定。在审理侵权诉讼时,是以专利权有效为前提的。专利无效诉讼不能够在侵权诉讼程序中作为一个抗辩,只要专利权没有被撤销或专利权保护范围所排除,法院就不能因为专利权的有效性存在争议而驳回侵权诉讼。但这并不意味着挑战专利有效性问题在侵权诉讼中是没用的。在侵权案件的诉讼中如果对专利的有效性存在疑问时,则中止诉讼程序。法院在审理专利侵权诉讼时或者是一方当事人的要求或者是法庭自己的动议可以将专利的专利性问题纳入考量范围。侵权诉讼程序会由于无效诉讼程序而被暂时性中止。在地区法院的一审中,如果有 90% 的可能性专利会被撤销,侵权诉讼程序就会中止。如果地区法院认为侵权的决定正确,在专利权撤销的可能性大约为 50% 时,侵权诉讼会被中止。在二审程序中对中止程序就比较宽容,而在联邦最高法院的第三审中,诉讼程序一般会中止直到无效程序结束。德国的《程序法》赋予了当事人和法院在处理侵权案件中要求对无

效案件的审查加快速度的要求。由于专利权异议和撤回程序持续的时间过长,因此,在侵权法院的一审程序中也会考虑防止被告滥用这一权利。如果说专利权的有效性已经被第一审所维持,侵权法庭必须接受这个决定。因为这个决定是由技术专家组成的合议庭作出的,侵权法院必须遵守,除非有特别的案情在特殊的案件中,否则没有原因停止侵权诉讼。所不同的是,如果侵权诉讼到达了联邦最高法院,如果此时先前的无效诉讼还没有结果,侵权诉讼程序一般还是要中止的。专利权在侵权诉讼判决之后被无效,法律是允许其提出反对或者撤销侵权判决之诉的。可以通过申诉请求再审案件,将认定被告侵权的判决予以撤销。在适当的情况下,如果专利权被部分无效或者专利权的保护范围被部分限制,联邦最高法院会将案件发回给地方高等法院进行审查确认。所以说,只要专利权在第一审中没有被确认无效,地方法院就极有可能在判决中确认有侵权行为。而只要最终的无效决定还没有出来,在联邦最高法院则中止诉讼的可能性会极大。当然,侵权法院也是可以避免对审理的案件进行中止的情况,但前提必须是专利权是否被撤销的结论显而易见。专利被撤销的可能性的标准不是“有可能”而必须是“非常有可能”。这个前提只能是争议技术简单明确而且被法官所充分理解。这一般不会在电子和化学有关的领域发生。他坦言,侵权和无效的审理由不同的体系负责,带来的第二个后果是法院在审理侵权和无效诉讼时对于专利权利要求的解释势必会出现不一致的问题。除了异常的案件,联邦最高法院一般倾向于维持侵权法院的最后决定直到在无效上诉程序中作出了专利权有效的决定。这是因为专利技术特征的解释决定了应当是一致的。尽管审理侵权案件的法院在质询过专家后得出了相互可以替换的解释。联邦最高法院在无效程序中对权利要求技术特征的解释是终局的,法院发展了一些规则来防止和矫正措施来进行了弥补。

关于临时性禁令,他介绍说,专利的无效诉讼不是一个侵权诉讼中的有效抗辩,但在专利的暂时性救济中还是有一定作用。一般而言,临时救济在原则上是在专利侵权诉讼中使用。在《德国专利法》第139条中规定有权停止侵权的制造和销售的行为。对于损害赔偿是不能通过临时禁令的,也不能由此召回侵权商品。然而在个案中要求被诉侵权产品放在法庭的监视中销毁是可以的。为了减少颁发的禁令可能带来的风险,法院一般普遍会在专利权有效的问题非常清晰,而且侵权最终会有利于申请者的角度考虑下达一个临时禁令。因为侵权法院是被无效法院关于专利的技术特征的解释所束缚的。理由是无效法院认定的事实是重要的专家作出的,而且不同的解释可以作为上诉的理由,不同的解释也会作为中间禁令驳回的理由。因此,只有在侵权和有效的方面的裁判都会有利于专利持有人时才考虑临时禁令。

(二)捷克共和国的专利制度

接下来是布拉格上诉法院的 HANA PIPKOVA 法官发言。内容是捷克共和国的专利侵权体系。他首先介绍了捷克共和国专利法的来源——欧洲议会和国会2004年4月29日关于执行知识产权方面的2004/48/EC指令被捷克共和国移入成为了该国重要的知识产权法律。捷克共和国的法院有民法、刑法、行政法以及商法。有管辖权审理有关侵犯知识产权纠纷的法庭设在行政和商法法院。行政法法院审理的案件中,办公室在布拉格的工业产权局通常是被告,原告可能是发明人或者专利申请人或者是利害关系人。案件的审理范围是工业产权局作出来的专利无效决定。捷克共和国的商事法院审理的是不正当竞争的案件,被告和原告可能是法人也可能是自然人,所涉及的是与知识产权保护相关的禁令。这两个程序是完全独立的。行政法院的判决是最终的决定。作为补救措施,只有是极个别的情况上诉到最高行政法院。商事法院的决定还没有最终确定,他们会被当事人提起普通的上诉而被在布拉格的高等法院和特别上诉到最高法院就法律适用方面进行审查。上诉会成为一个特殊的救济而不是自动采纳。

PIPKOVA 法官介绍说,行政司法的主要目的是确保宪法保障的有效和及时的法律保护,并确保政府行动的合法性。在这种情况下,在捷克共和国的行政司法原则的听证会可能代表与会者的意见。在有争议的情况下,听证会上的证据特别是特别记录的证据证人和专家以及利益相关方或者第三方需要听取和咨询他们的意见。法院对有争议的无效决定会进行审查,可能会转回专利局,不过也可能撤销这个决定。在捷克共和国法院诉讼参加人大多数是国外的制药公司。

PIPKOVA 法官在发言的最后,鲜明地表达了他的观点:一个国家的纠纷应当由该国的法官在本地用自己的语言进行审查并予以解决。

(三)罗马尼亚的专利制度

接下来是罗马尼亚的法官 MIHAELA PARASCHIV 发言。她介绍说,罗马尼亚的专利法颁布实施于 1991 年,关于专利的无效规定在其《专利法》第 52 条。在专利授权的 6 个月内可以就专利性问题、发明的技术方案公开不充分的问题以及专利的技术内容超出了申请范围等为由提起无效申请。对于侵权诉讼而言,民事诉讼由被告所在地或者侵权发生地的地方法院受理,侵犯专利权的行为在有些情况下会被认为是一种犯罪行为,此时由一般法院进行一审。专利权无效在反诉或者抗辩中可以作为一项理由。罗马尼亚对侵权诉讼由于专利权的无效问题而中止不是强制性的。在罗马尼亚《民事诉讼法典》第 244 条中,法院可以中止侵权诉讼。如果法院的判决全部或者部分有赖于另外一个诉讼中存在或者不存在这样一个权利,国家专利商标局上诉委员会的程序不会被认为是例外一个诉讼。

五、专利纠纷的禁令救济

接下来的会议议程是禁止令的救济,由爱尔兰最高法院法官 FRANK CLARKE 主持,分别由爱尔兰法律总监 PAUL GALLAGHER、法国最高法院法官 ALICE PEZARD、米兰法院知识产权组审判长 MAIINA TAVASSI 发言。

(一)爱尔兰的禁令制度

PAUL GALLAGHER 介绍说,普通法系的禁令在下达一个停止和终止的命令后适用。爱尔兰 1992 年的《专利法令》第 53 节被 2006 年的《专利法》予以了修正。在下达中间禁令时首先要有一个侵权明显成立的案情,然后就是平衡禁令的下达对双方当事人是否公平(balance of convenience)。这是爱尔兰最初在著作权的保护中被援用的一项原则,后来开始在专利权的保护中开始沿用。中间禁令是依照当事人的申请或者依职权采取的保证判决或裁定得以良好执行的临时性措施或中间程序,属于衡平救济手段。对于原告而言,需要的是其在最后的审理中能够胜诉,而且其受到的损失用金钱并不足以救济。原告在接到中间禁令保障后就应当尽快去推进诉讼,以求缩短被告被限制的时间。

(二)法国专利禁令的适用

来自法国最高法院的法官 ALICE PE-

ZARD就禁令救济作了发言。他说,法国1984年《知识产权法》颁布实施后,对于在专利、著作权以及商标权方面的纠纷,如果最终的判决认定有侵权行为,此时需要两个前提下达永久禁令:侵权行为必须是非常明显、严重,并且专利权人不存在迟延提起侵权之诉的事实。实践中掌握的是在20个工作日或者30个日历日期间进行了诉讼。当然这些条件很容易满足,但实际上法院是在个案分析,并多少会考虑在先判决中的一些结论。因而得出下达永久禁令的结论与我们看到的案件的表面情况并不相同。在法国,诉前禁令被规定在2007年的反假冒法律中,这个法律源于2004年欧盟指令。法国有7个法院有权采取诉前禁令来反对侵权者。诉前禁令事实上比永久禁令适用的数量要少。因为在没有认定侵权与否的最终判决作出之前,法院的这种假定存在着极大的风险。禁令作为知识产权案件的首选救济措施,法庭下达禁令主要的考量因素在于专利权人的独占权的保护,就是说是案件的最终判决不是采取措施给予金钱上的损害补救,而是维持和保证专利权人的独占权不要因此而丧失。好比是不强迫专利权人将自己的权利许可给了他人或者与他人一起分享这个权利。

对于禁令救济的限制,ALICE PEZARD法官说,为了限制不公平妨碍之诉和保障被告的正当权利,法院可能在下达禁令时要求原告提供保证。因为预先禁令不是对抗性的。因此这种保证是非常有用的。发生在侵权之诉予以驳回或者一审发现的侵权行为被推翻,被告遭受的不应有的损失最终会由主张侵权的一方予以赔偿。尽管法国的立法机关没有将欧盟指令中关于被告的救济纳入,但在实际的操作中是容许被告就诉前禁令程序提出改正请求的。

ALICE PEZARD法官对美国Ebay案件确定的下达禁令的标准表明了态度。她说,Ebay案件并没有影响法国下达禁令的减少。法国的情况全然不同于美国,法院是不赞成对商业模式的可专利性问题进行宽泛认可的。她就法国在前几年与Ebay案件非常相似的两个案件做了观点阐述。她说,法国法院在考虑Ebay案件时,发现有侵权行为以及有预定的损害后禁令不自动使用,主要是考虑了对商誉、消费者、公司以及市场的损害不是不可挽回的,而不是美国所认为的四要素。法国法院下达一个禁令考虑的因素是一系列的,如是否当事人是竞争者、是否禁令会将一方当事人踢出商战、是否有其他的相关竞争因素以及是否有可以替代的合理许可存在。欧盟的2004/48/EC指令并不是一个限制禁令范围的障碍,在第31款中记载所采取的措施必须是公平相称的。第12条也允许各国提供赔偿来替代下发禁令。尽管相关的条款没有在法国法律中记载,但是法院有权采取这种措施。

ALICE PEZARD法官说,对于强制许可问题,如果专利权人没有在授权后的3年内实施专利,法院有权颁布强制许可,但这种专利许可是非常稀少的。

(三)意大利的禁令

米兰法院知识产权组审判长MAIINA TAVASSI介绍了意大利的知识产权专业法院。意大利按照地域划分了21个法院,从2012年9月专业法院就会被称为工业法院(courts of enterprises),包括一审和二审。案件审理有三个法官组成合议庭。今后法院将会审理涉及竞争纠纷、公司纠纷以及涉及欧洲当事人的合同纠纷。MAIINA TAVASSI法官就审理的案件中颁发禁令时考虑的因素做了简单介绍。他强调说,法官在下达禁令时最需要考虑因素是,平衡侵权的严重性和下发禁令的适当性。他认为欧盟在统一协调内部市场的保护措施方面,就统一专利法院草案中禁令的相关规定有理由进一步予以完善。

(四)体会

美国 Ebay 案件的判决结果很明显是使专利权人请求法院颁发永久性禁令更加严格,反映了近年美国专利制度促进创新的同时很注意保持专利保护政策与商业模式竞争之间的平衡,其通过改进法院对专利案件的审理标准等手段来解决专利制度平衡专利权人和促进创新的本意。而欧洲大陆,从参会的专利法官的观点来看,绝大多数还是对 Ebay 案件确立的四要素检测法不以为然。个人认为,这可能与 Ebay 案件规则所侧重保护的产业界息息相关,Ebay 案件有利于计算机领域和电子科技领域的美国公司和团体,而对于生物医药企业而言,自动颁发禁令的结果对他们无疑是有利的,而这些则属于欧洲大陆的竞争来源。

六、具体放弃(Diclaimers)

第二天上午的议程是研讨权利要求的具体放弃(Diclaimers),由瑞士联邦最高法院民法组的审判长 KATHRIN KLETT 主持,伦敦专利法院的法官 COLIN BIRSS 以及都赫尔辛基地区法院法官 ARI WIREN 参加。

对于具体放弃,是修改权利要求书的方式之一,在化学和生物化学领域较为常见。COLIN BIRSS 法官介绍说,之所以允许采用具体放弃的形式修改权利要求主要是考虑到两种情况,一是针对 EPC 中对违反公共秩序或道德的发明不授权的规定,可能存在权利要求包括属于不授权客体的实施方案,而其余的实施方案是可以授权的。二是就工业实用性而言,存在有些技术方案用于人则没有工业实用性,而用于家畜时却有工业实用性,而这种专利申请也是可以授权的。所以,具体放弃不应当超出新颖性或者由于非技术原因排除不授权主题的需要。

具体放弃修改方式并不是给申请人提供任意修改权利要求的机会。无条件地允许具体放弃可能对申请人的行为产生不利的影响,并改变申请的常规撰写方式。参加此议题的法官均认为:具体放弃形式的修改可以用来克服新颖性缺陷,或者出于非技术原因排除不授权主题的情况,但是不能用来克服创造性缺陷,而且,新颖性缺陷也仅限于抵触申请和偶然先占。虽然在 EPC 中将抵触申请视为现有技术,但是从立法背景看,对抵触申请是有限制的,不用来评价创造性。目的是避免重复授权。

ARI WIREN 法官简要地表达了观点:对于重复授权的问题,在后申请与抵触申请的申请人都有获得专利权的资格,同一发明的部分属于第一个申请人,剩余的部分因为是在后申请的首次公开,归于第二个申请人。这也就是说,允许申请人从在后申请的权利要求中以具体放弃的方式排除抵触申请公开的内容。此外他还认为,具体放弃的修改方式不能给修改后的权利要求带来技术贡献,除非现有技术内容是偶然占先,否则也不允许根据此现有技术来采取具体放弃的修改方式克服新颖性的缺陷。判断现有技术内容是否属于偶然占先,不能孤立考虑技术领域和技术问题,偶然公开必须是与技术领域相差很远,彼此不相关联,所以实施发明时,所属领域的技术人员绝不会将其列为需要考虑的对象。

七、欧洲生化领域的专利发明

这个议程的内容集中在医药和植物产品的补充保护认证。主持人为伦敦专利法院前法官 MICHEL FYSH,发言人为德国慕尼黑专利联邦法院的审判长 FRIEDRICH

FEUERIEIN、英国伦敦高等法院法官RICHARD ARNOLD以及欧专局技术上诉委员会主席MANFRED WIESER。

(一)植物产品的补充保护认证

第一个发言人FRIEDRICH FEUERIEIN法官就植物产品的保护提供补充审查制度进行了阐述。他介绍说,德国联邦专利法院将原来处理与专利相关的纠纷包括强制许可,商标和实用新型的案件,后来开始受理植物新品种和工业设计,近年来对医药和植物新品种保护的补充保护也纳入了审理范围。

FEUERIEIN法官首先对植物产品需要补充保护认证进行了强调。他说,在一个新的植物产品进入市场之前,通常是要经过长时间和高花费的权威机关的审查程序。新的产品必须经历大量的广泛研究来确保它的高质量以及安全用途。在申请者提出专利保护产品的申请以及权威机关同意产品进入市场之间,有个日益增加的鸿沟,这就是专利制度在保护研究的投资方面的不充足性。补充保护认证是一项延长保护的补充,是在专利有效期过了以后最长提供五年的保护延长期。欧盟农化登记指令91/414/EEC对植物保护产品定义为,含有一种或多种活性物质的,以任何形式提供给用户的一种活性物质。该指令要求各成员国根据第4条的条件以及良好的实践惯例正确使用植物保护产品。补充保护认证的适用条件是欧盟指令91/414/EEC以及相应国内法。

就如何授予植物保护产品权利的问题,他介绍说,91/414/EEC第4条规定,成员国应当确保植物保护品种的授权,除非被列为附件一和附件的任何规定的条件内完成的活性物质外。此外,在不影响第5款和第6款的情况下,应当予以授权的期限可以达到10年,这个由各个国家决定,他们可能会重新审核后,在第1款规定的条件满足的情况下给予。2009年欧洲议会和欧盟委员会发布欧盟农化登记规则,导致91/414/EEC被1107/2009规则所代替。根据1107/2009植保产品投放市场的要求,投放市场的植保产品的两个步骤,即有效成分在欧盟层面得到批准列入"准许清单"、制剂产品在各成员国登记评估,这些标准已发生了显著变化。

1107/2009还包括了平行贸易许可证的发放标准,审批程序以及许可证发布等问题。FEUERIEIN法官介绍了获得许可证有三个条件:申请提交的产品和参照产品分别有原产地会员国和引进地会员国的授权、平行贸易产品和参照产品的成分相同以及会员国提交申请。发放许可证的时间是45个工作日。欧盟在农药的平行贸易中要引入统一规则,确保成员国使用一致的尺度。在1107/2009规则中并不禁止重新包装,但是成员国需要严格控制定性和定量的标准。有三种情况被认为是不相同和等同的,即使含有助剂相同也会被驳回申请:没有被成员国在产品评估中提及,没有考虑其安全性和毒性致使化学分类和标记的评级较低,或者配方的比例超过了10%。

他还对过渡性措施和减损方面进行了简要介绍,91/414/EEC第8条规定,成员国可以使用一个渐进的方式对新的活性物质的属性进行评估,并使其更加容易用于农业和得到授权,临时期限不能超过3年。在进一步减损方式下,可以授予成员国特殊情况市场上的植物保护品种不符合限制和控制的不超过120天的配售期间。

(二)补充保护制度(supplementary protection certificate,SPC)

对于专利药品和补充保护SPC,FEUERIEIN法官的发言也有所涉及。在欧洲,颁布 SPC 的先决条件是药品受到生效的基本专利保护,而且获得医药产品上市的有效授权认证等。然而,很多专利局认为当依照 SPC 规定的期限计算是零或者负限期时,不应该考虑授予 SPC。理由是专利持有人已经获得了 15 年专有权或者多年的首次上市许可权,而 SPC 规定的目标是要授予最低期限为 15 年的专有权,“期限”这个词一般是指某事发生的时间跨度,不包括明示的负期限。如果儿童用药管理规定被赋予比 SPC 规定更特殊的位置,这会造成一种趋势,只要这些制药商展开了儿童群体的研究,药商就会获得 6 个月的延长期。应当思考儿童用药管理规定是否应当修正 SPC 系统。他说,由于不同成员国的专利局会做出不同的决定,德国法院已要求欧洲法院对有关零或者负期限的 SPC 有效性做出欧洲立法解释。欧洲委员会的立场似是不应该授予是零或负期限的补充保护证书,即使具有儿童用药管理规定的目标。

(三)人体胚胎干细胞的可专利性

第二位发言的是 Richard Arnold 法官,他介绍说,在 20 世纪 90 年代初期,根据 1992 年和 1996 年欧共体出台的两个法规,在 1993 年和 1997 年开始对药品专利,包括杀虫剂、化肥以及兽药提供了有效期届满后的补充保护制度,用来弥补专利权人等待出售药品所耗费的时间。SPC 生效的时间是与补充保护证书相对应的原专利,即基本专利权终止后。SPC 保护的时间长度为基本专利的申请日到在英国首次许可上市日的时间减去 5 年,不能超过 5 年。Richard Arnold 法官主要通过对欧盟近期的一些案例分析就可专利的客体发表了观点。

他首先介绍的是 C - 34/10Brustle vGreenpeace EV 案件。涉案专利是从人胚胎干细胞中分离和纯化神经中枢前体细胞用来治疗神经疾病,并获得了授权。由于可以治疗大量的帕金森疾病,技术方案已经开始进入了临床应用。对这个专利权提出无效请求的是绿色和平组织。欧盟最高法院对这起人类胚胎干细胞的相关发明不能授予专利权的情况从三个方面进行了思考和明确。这个案件引发的第一个法律思考是,在欧盟 98/44/EC 指令中何为人类胚胎。这个问题本身涉及人类胚胎不授予专利权的时间是否包括卵子受精开始的所有生命阶段,或者可以达到发育的其他每个阶段。根据专利权人的请求,这个问题被负责欧洲法律解释和相关案件审理的欧盟最高法院进行了审理。最终,欧盟最高法院认为,对人类胚胎的概念要进行广义的理解,因为对影响人类尊严的发明是要排除授予专利权的。涉案专利涉及从胚泡期的胚胎中获得干细胞。未受精的人类的卵子中移植了成熟人细胞的细胞核以及通过没有裂变的卵子都属于人类胚胎。第二个法律思考是,如何评价商业和工业目的的人类胚胎的应用。虽然科研的目的应当与工商业的应用有区别,但是当科研目的构成专利申请所指向的对象,专利本身所代表的垄断的专属性就与科研自身区分了开来。所以,科研目的的人类胚胎的应用不能获得专利的保护。Richard Arnold 法官补充说,法院对这个问题在第 6 条(1)下没有进行广义的解释。同时,法院指出,这种解释是有章可循的,欧专局的申诉扩大委员会在执行相似案件中所采纳的也是这种狭义解释。第三个法律思考是,法院对于制备神经前体细胞的发明是由于对胚胎造成破坏而认为不可授予专利权。

Richard Arnold 法官所发言举的第二个例子是 HUMAN GENOME SCIENCES INC V ELILILLY AND CO,这是 2012 年英

国最高法院审结的案件。涉案专利是1996年申请2005年8月17日授权的一个新的人类蛋白质核苷酸、氨基酸序列。在这个案件中，法院以不具有新颖性、公开不充分、缺少产业应用性为由，认定专利权无效，因为基因编码必须澄清结构和所有的教导。

（四）体会

Richard Arnold 法官介绍的人类胚胎的案件的判决引起了欧洲研究干细胞的科学家的强烈反对，他们表示这是整个欧洲干细胞再生治疗的倒退，研究工作将在别处寻找空间，而付出代价的是欧洲民众。也许是因为这个裁决作出距今已经有一年，出席会议的法官似乎对本案的结果争议并不大。由于这个案件是欧洲法院作出的，根据《马斯特里赫特条约》的规定，不执行欧洲法院裁决和判决的成员国会受到处罚，因此，欧洲法院的这个裁决对于整个欧洲国家的干细胞研究以及应用所产生的影响是非常大的。结果导致相关的研究转向了美国或者亚洲。因为欧洲对发明的严格限制使得欧洲的相关研究者无法得到激励。也许欧盟法院对人类胚胎所具有的不得肆意破坏的尊严源于其根深蒂固的宗教理念和道德伦理，随着全球干细胞领域的研究不断发展，胚胎内提取干细胞客体的可专利性问题会严重影响这个产业在本地区的发展。毕竟专利权是商战中的利器。

八、基因改造植物品种的可专利性

欧洲对植物品种的专利的授权限制主要是欧洲专利公约第53条（B）的规定，将动物或者植物品种或者实质上是生产动物的生物学方法排除在专利权之外，而微生物学的方法以及用该方法获得的产品则无禁止。2012年最受争议的西兰花和西红柿的案件突出反映了这个问题。欧专局扩大上诉委员会主席 MANFRED WIESER 发言主要涉及的是基因改造的植物品种的专利性问题。在他发言中所讨论的西兰花和西红柿的案件引起了参会法官的广泛热议，多数都认为依照 EPC 的第64条的规定，专利权人是可以从该方法直接获得的产品中得到保护的。因此，拒绝针对转殖基因植物授予专利，却核准制造该转殖基因植物的方法以专利权，技术上诉委员会的这种观点是自相矛盾的。

MANFRED WIESER 先生介绍了番茄案件。专利权人在技术上诉委员会审核该案件期间，撤销了其方法权利要求保留了一部分有关番茄成熟后不会由于微生物引起腐败的自然脱水的权利要求，但这只是采用选择性培育方法，将具特定特性的它们的配子集中在一起，该方法属于实质上的生物学方法，不具有可专利性。即使该方法还包括了其他具有技术性的特征，仍然属于实质上是生物学的方法而不能授予专利权。对于欧洲专利公约第53条中的对通过本质上的生物方法生产植物或动物产品如何进行解释。他认为，生产植物的非微生物方法如果含有或者包括植物基因的有性杂交或相应的植物选择的步骤，则原则上不可专利。在西兰花和番茄案件中（T83/05），交配和选择阶段是依赖于整体基因的方法，因为含有技术性质的步骤，可能是杂交或者选择的进一步或者任何一个步骤的组成部分，目的是促使和帮助植物基因组成有性杂交或植物选择步骤，因此不具有专利性。但是如果方法在有性杂交或选择中含有另外一个具有技术性质的步骤，在基因组中加入某一个性质或者改变了植物基因组中的某一个特质，答案就会反过来。但还要具备一条，就是上述的加入或者改变不是有性杂交植物基因的组合。

高科技的发展带来的法律问题对沿用

已久的法律制度带来巨大冲击,而规范这些问题所适用的法律往往可以左右科技未来发展的方向。从法律可以影响科学发展的层面来看,专利制度无疑是最直接也是最有效的工具。

接下来的议程是将参会人员按照语言分为英语、法语、德语三个组,讨论一起欧洲专利权的有效性问题,涉及新颖性以及创造性。其对比技术方案是美国专利。对于公开一个上位概念是否当然能破坏其下位概念的新颖性,在英语组中就有不同的结论。当然,争议技术方案是否具有创造性在三个组的结论也是截然不同的。

九、欧洲其他国家国内专利立法情况

最后的议程是欧洲成员国介绍该国的专利法和案例法。主持人是英格兰威尔士上诉法院的法官 ROBLIN JACOB。发言人分别来自瑞士圣加仑联邦专利法院的庭长 DIETER BRANDLE,德国联邦专利法院院长 BEATE SCHMIDT,法国最高法院法官 SYLVIE MANDEL,伦敦最高法院法官 DAVID KITCHIN,意大利地区法院院长 MASSIMO SCUFFI,海牙上诉法院法官 ROBERT VAN PEURSEM,葡萄牙上诉法院法官 EURICO JOSE MARQUES DOS REIS 以及布加勒斯特专利商标局上诉办公室主任 PETRE OHAN,瑞典斯德哥尔摩上诉法院审判长 KRISTINA BOUTZ。

(一)瑞士的专利体系

瑞士是由 26 个州组成的联邦制国家,各个行政区都有自己的独立法律体系。虽然实体专利法已经在 1888 年被联邦法统一,但仍然是依靠 26 个行政区自己来组织他们的法院和以各自的民事诉讼法来审查案件。

每年在瑞士大约有 30 个专利案件被 26 个行政区的法院用各自的民事诉讼程序来审理。专利案件的数量少,而且大多数行政区的法院很难胜任此类专业案件的审理。当然原告也会竭力避免让这些法院来审理专利案件。侵权案件的原告通常倾向于选择他们想要的法院,所以通常选择专利诉讼的地点就被锁定在了瑞士的阿劳、伯恩、圣加仑和苏黎世四个地方。对于专利权无效案件,需要到被告所在地的法院去审理。如果此时被一个没有经验的法院受理,尽管这些法院也尽力想通过专家等“外脑”来解决无效和侵权案件,但审理效果差强人意,这就出现了很难预料到审判结果的情况。这些诟病对于瑞士这样一个发明众多的国家是不利的。这个问题在几十年前就发现了,但解决他的障碍在于需要修改宪法。

瑞士没有像德国一样侵权与无效由不同法院审理的分支诉讼。2012 年伊始,与专利权无效以及侵权有关的纠纷均被统一到了新的专利法院管辖。现在,统一的管辖涉及的审理范围有诉前禁令、专利的授权确权以及许可证的发放等。行政区法院尚未审结的案件将统一到联邦专利法院来审理,数字大约是37 件,其中5 件案件与禁令有关。法院的法官由 25 个技术法官和 12 个法律法官组成。案件审理由 3 个、5 个或 7 个法官组成,人数的多少取决于院长,一般为 3 人合议庭,但至少保证有一个技术法官在内。

在瑞士有四种官方语言:德语、法语、意大利语以及印欧语系中的罗曼什语。专利案件中所采用的语言是权利要求撰写时所选择的语言,绝大多数是德语。但当事人可以选择官方语言中的任何一种,如果法庭同意,当事人也可以使用英语。

解决专利纠纷最好的方法是让当事人均能进入市场各自营利,当然这种商业上的和解不是每个案件都能成功的,但专利法院致力于此。

(二)德国专利的修改例外

德国联邦专利法院院长 BEATE

SCHMIDT 通过对 EPC 中关于修改的规定介绍了在德国有关专利修改不被允许的情况。他说，EPC 第 138 条就专利的撤销作出规定，如果欧洲专利的主题超出了原来提交申请的内容或者如果该专利是根据公约第 61 条提交的新申请授予的，超出了原来提交的在先申请的内容将予以撤销。欧洲专利申请或者欧洲专利可以根据实施细则在欧洲专利局进行修改，给申请人主动修改的机会不能少于一次。尽管欧专局规定修改不能以包含超出了申请内容客体的方式进行，也不能超过保护范围的方式进行修改，但是对超出了申请内容客体的方式进行修改，在德国并不是当然的不适用。

综上所述，这次参加欧洲专利法官的研讨会收获不小，在交流和探讨中越发感到，欧洲大陆对专利保护制度的法律很多，且各个成员国差别较大，仅仅三天的研讨不可能深入。特别是有些法律规定我国的专利制度中并无涉及（如 SPC 制度），但与之相关的纠纷和争议却长时间存在（如专利链接制度和实验数据的保护制度）。专利制度是推动创新活动的助力器，作为这把“在天才之火上添设的利益之油”如何发挥好它的作用，是当今世界很多国家面临的共同难题。为做好我国专利权的司法保护工作，兼收并蓄，今后有必要加强对外交流。

（作者单位：最高人民法院知识产权庭）

随“中国知识产权公务员访韩团”访问韩国的报告

钱小红

应韩国大使馆的邀请，经外事局同意，本人于 10 月 15 日 ~ 19 日随 2012 年（第五届）中国知识产权公务员访韩团出访韩国，访问了韩国特许厅、专利法院等知识产权有关行政机构和企业，参加相关研讨会、座谈会等各种交流会议，短短五天时间，收获颇丰，现将有关情况汇报如下：

一、访韩的主要目的、主办单位、邀请对象和活动内容

中国公务员知识产权访韩团今年团员为 27 人，来自国家工商行政管理总局、国家知识产权局、海关、地方工商行政管理局、知识产权局、法院和高等院校等多个部门。此项活动已经持续五届，活动的主要目的是增进中韩两国知识产权领域的交流，加深相互理解与合作，为中韩两国知识产权交流构筑良好渠道。主办单位为韩国国家知识产权局（也称韩国特许厅，korean Intellectual Property Office）和大韩贸易投资振兴公社（Korean Trade – Investment Promotion Agency）。活动的主要内容包括：访问韩国特许厅、专利法院等知识产权有关行政机构，参加相关研讨会、座谈会等各种交流会议，交流中韩两国在知识产权行政保护和司法保护方面的实践现状和相关信息，以及访问韩国企业，了解和沟通韩国企业在中国

知识产权保护现状和需求等。

二、韩国国家知识产权局(KIPO)、大韩贸易投资振兴公社(KOTRA)和KOTRA IP-China Desk的职能、机构设置和人员编制、发展方向

1. 韩国国家知识产权局

韩国国家知识产权局,也称韩国特许厅,是负责知识产权(专利、商标、反不正当竞争、商业秘密等)事宜的韩国国家政府机构。特许厅的级别为副部长级。

KIPO的主要职能:(1)对发明、实用新型、外观设计和商标申请等,实行审查、授权和备案;制定反不正当竞争和保护商业秘密的政策;对半导体集成电路布图设计进行注册;(2)对专利和商标相关纠纷,进行行政复议、评审和裁定;(3)打击假冒活动;(4)管理并公布知识产权文献与信息;(5)鼓励发明创新活动;(6)开展知识产权领域人力资源建设。

KIPO机构设置和人员编制:KIPO总部设在大田市,1998年之前设在首尔。KIPO下设有:对外合作司、企划调整司、工业产权政策司、信息企划司、5个领域(商标与外观设计、机械与金属材料、化学与生命技术、电气电子、信息通信)的审查司、专利商标审判院(相当于专利复审委员会和商标评审委员会)、国际知识产权研修院以及首尔办事处等下属机构。除此以外,KIPO下设的企事业团体有:韩国知识产权保护协会、韩国发明振兴会、韩国知识产权研究院、专利商标信息院等。2010年9月,为了加强知识产权行政执法,特许厅设立特许厅商标权特别司法警察队,现共有人员23名,有力地打击了违反商标法和反不正当竞争法的违法行为。从2006年开始,实行申报假冒商品的堡赏金制度,每一件的堡赏金为50万至200万韩元(3000元~1.2万元人民币),截至2011年,已申报假冒商品186件,支付堡赏金2.2亿韩币(130万人民币)。

韩国特许厅定员1570名。现商标和外观设计审查官162名,专利和实用新型审查官743名,审判官129名,审查官和审判官中博士学历比例为35%。招聘审查员,有两种方式,一种是通过中央政府安排,通过国家公务员考试9级、7级和5级考试。另一种是特许厅特别采用,招聘对象为博士、律师和专利代理人等。2001年后取消了给审查官自动授予专利代理人资格的制度,现在审查官工作5年后获得参加专利代理人考试的资格,考试较为简单。

2. 大韩贸易投资振兴公社(KOTRA)

大韩贸易投资振兴公社(KOTRA)作为贸易促进机构,是韩国知识经济部下属的非营利事业单位,负责开展对外经贸交流活动、促进韩国与各国的经贸往来。KOTRA始建于1962年,旨在促进韩国与海外地区的经贸交流,通过开展贸易信息传递、市场调研服务、跨国投资、技术合作和商务联系等多种贸易促进活动,大力帮助韩国的对外经济发展。

KOTRA建立了一个外延至世界范围的韩国海外贸易工作网,至今已在海外79个国家地区设有114个韩国贸易馆。KOTRA代表韩国政府大力促进中韩两国贸易的健康蓬勃发展,无偿向中韩两国企业提供咨询、信息联络发布、贸易投资、协助参加各种展览等优质服务。

3. KOTRA IP-China Desk

KOTRA受KIPO之托,在中国设立IP-China Desk,以协助韩国企业在中国的知识产权相关服务事宜。KOTRA IP-China Desk至今已在中国北京、上海、青岛、广州、沈阳设立5个办事处,分别配有Desk长、KOTRA韩国本部职员、中国专职职员和辅助职员等,为韩国企业提供知识产权相关服务。

KOTRA IP-China Desk业务内容:(1)知

识产权咨询,采用电子邮件、面谈、访问和巡回咨询方式为已经或打算在中国发展的韩国企业提供针对中国知识产权相关的申请程序、运用、保护及解决方案,2006~2012年8月,提供咨询量达5159次。(2)举办知识产权说明会、研讨会,以中国地方政府公务员为对象,已经举办6届韩国商标说明会;以中国专利审查员为对象,举办新技术说明会3届;以在中国发展的韩国企业为对象,举办知识产权说明会120次,中、韩、日联合举办知识产权研讨会2届。(3)提供中国知识产权制度相关信息,向韩国企业提供中国知识产权相关的新的法律和政策信息449个,刊印中国知识产权制度相关的书籍20余本,并发放给韩国企业。(4)帮助韩国企业在华商标、专利申请及知识产权保护,指导申请程序、联系代理人、资助所需费用(总费用的50%~70%),2009~2012年8月,共计1063件。(5)增进中韩两国政府及企业间知识产权领域相互交流,邀请中国公务员赴韩访问知识产权相关部门和企业,同时组织韩国官民联合代表团访问中国知识产权相关部门。

KOTRA IP-China Desk的发展方向:(1)扩展IP-China Desk的业务范围,由知识产权申请保护扩展到促进知识产权运用和交易,发展拥有市场潜力知识产权中小企业,并支援在华营销。(2)鼓励韩国企业知识产权的最大化运用,选定“专利明星企业”,支援其在中国创业和发展,支援知识产权的转化和商品化。(3)加强与中国知识产权有关部门的交流合作,扩展与中国中央及地方政府知识产权相关部门、QBPC等非政府机构的交流领域,共同举办知识产权有关各种说明会、研讨会和座谈会,加强双方合作。

三、韩国专利法院沿革、机构设置、人员组成、管辖和诉讼特点

随着知识信息化的高度发展,专利商标纠纷案件激增,韩国于1994年7月27日修改《法院组织法》为设立高级法院级别的专利法院提供依据,1995年1月5日修改《专利法》等对专利审判院的设立、专利法院的管辖等问题加以规定,1998年3月1日在首尔设立了专利法院(2000年3月1日搬迁到大田)审理有关专利和商标授权确权的第一审行政案件。级别相当于我国的高级人民法院。

1. 机构设置和人员组成

专利法院设有法院长,审判部五部(一、二、三、四、五),司法助理官、技术审理官和办公厅(总务处、专利处)。法院长1名,高级法院首席法官级别5名,一般法官10名。审判部由审判长1名和法官2到3名组成。技术审理官对技术问题辅助法官提供咨询,按各技术领域,从韩国特许厅派驻,现有17名,这是一般法院没有的独特制度。办公厅总务处负责司法行政事务,专利处负责审判相关业务。这两个处现有55人。还设有法官会议、厅、处长会议、知识产权诉讼实务研究会、技术审理研究会和行政实务研究会等其他机构。

2. 管辖

专利法院管辖根据《专利法》第186条第1款、《实用新型法》第33条、《外观设计保护法》第75条及《商标法》第86条第2款所规定的针对专利商标审判院作出的裁定提出的撤销裁定之诉。依据其他法律规定属于专利法院管辖的一审案件(即《种子产业法》第105条所规定的针对品种保护审判委员会裁定的撤销裁定诉讼)。

专利法院管辖案件采取二审终审制度,如对专利法院判决不服,可上诉到大法院(最高法院)。

3. 诉讼特点

(1)韩国法院实行知识产权诉讼的二元化。一般法院审理专利侵权诉讼,而专

利法院审理专利商标撤销裁定的一审行政诉讼,包括以特许厅长为被请求人提出的(如驳回决定复审)案件,请求撤销相关裁定的诉讼;权利当事人之间提出的案件(如宣告专利无效,确认权利范围等),请求撤销相关裁定的诉讼。

(2)技术审理官参与。结合德国“技术法官制度”与日本“审判调查官制度”,在专利法院设置技术审理官,在案件审理过程中就技术问题向审判部提供咨询,在准备阶段或辩论当天直接参与审判,就技术问题向当事人提问。根据《法院组织法》第54条第2款第4项的规定,在调解过程中陈述意见,但在实际操作上不参与协商现场,就技术问题以书面形式陈述意见。

(3)通过口头辩论集中审理。提前充分进行书面攻防,技术审理官给审判部提供详细的技术说明。在口头辩论程序,注重明确争论焦点,进行广泛而有深度的审理(每件案件所需时间为1个小时左右)。为提高辩论效率,还提供投影仪、实物肖像机等,以方便当事人使用;大部分技术案件中当事人都利用投影仪做发表(平均发表时间为20分钟左右)。

(4)专利代理人的诉讼代理权。根据《专利代理人法》第8条的规定,专利代理人可成为对专利、实用新型、外观设计或商标有关事项的诉讼代理人。律师理所当然地拥有专利诉讼的代理权。

(5)采用补充性的职权主义。原则上适用辩论主义,但因仍属于行政诉讼的一种,故如认为有需要,可以实施补充性的职权证据调查。

4.2009~2011年案件数量

案件数量

	受理量			处理量			取消行政裁决的案件数量	未结案	上诉量
	前一年未结案	当年受理量	共计	判决	其他	共计			
2009	719	983	1702	1000	23	1023	294(29.4%)	499	443(44.3%)
2010	499	978	1477	817	195	1012	219(26.8%)	465	318(38.9%)
2011	465	1257	1722	1026	217	1243	280(27.3%)	479	422(41.1%)

按知识产权种类所占比率

	受理量				处理量			
	发明专利	实用新型	外观设计	商标	发明专利	实用新型	外观设计	商标
2009	452(46%)	133(13.5%)	94(9.6%)	340(30.9%)	616(51.2%)	152(12.6%)	80(6.7%)	355(29.5%)
2010	527(53.9%)	79(8.1%)	100(10.2%)	272(27.8%)	517(51.1%)	98(9.7%)	124(12.3%)	273(26.9%)
2011	639(50.8%)	93(7.4%)	128(10.2%)	397(31.6%)	632(50.8%)	115(9.3%)	117(9.4%)	379(30.5%)

四、韩国知识产权制度概要

韩国知识产权和经济成长密切联系,知识产权已成为经济成长的核心要素。1960 年,韩国年人均 GDP 79 美元,出口 0.3 亿美元,专利申请 611 件,以第一产业为主;2010 年,韩国年人均 GDP 20759 美元,出口 4660 亿美元,专利申请 169573 件,以技术密集型产业为主,半导体为世界第一。

1. 知识产权法律、政策和未来目标

韩国 1961 年制定了《专利法》(共 272 条,约 25 次修改)、《意匠法》(外观设计保护法,共 89 条,约 30 次修改)、《实用新型法》(共 52 条,约 15 次修改),1963 年制定《商标法》(共 98 条,约 25 次修改),1951 年 2 月制定《反不正当竞争法》,2001 年 1 月 12 日制定《著作权法》。1979 年加入《世界知识产权组织》,1980 年加入《巴黎公约》,1984 年加入《专利合作条约》,2002 年加入《商标法条约》,2003 年加入《马德里条约》,2012 年计划加入《海牙协定》。

除上述基本法律以及加入的国际条约外,韩国近年来基于国家 R&D 比例第三位,可技术贸易收支倒数第一位(OECD 国家中),知识产权侵权行为日趋严重,缺乏尊重他人知识产权的文化,在美国制定《知识产权资源和组织优先化法》(2008 年)、日本制定《知识产权基本法》(2002 年)、中国制定《国家知识产权战略纲要》(2008 年)的国际大环境下,于 2011 年 7 月 20 日制定了《国家知识产权基本法》,该法共 40 条,规定韩国每 5 年制定《国家知识产权基本计划》,每年制定《国家知识产权施行计划》,设立国家知识产权委员会,支援 IP 创造、强化 IP 保护、促进 IP 运用,打造适应 IP 发展的教育、环境,巩固 IP 基础,中央政府和地方政府实施知识产权政策责任官制度,落实国家知识产权政策。该法总括和调整知识产权政策、调整和协力知识产权机关之间的关系,强化了知识产权保护,提高了国家品质。未来知识产权发展趋势是知识产权的大众化,强调知识产权不是部分专家的领域,而是大众的领域,建立知识产权为主的国家发展战略;强化知识产权为主的研究开发战略,地方政府要服务中小企业,提高中小企业知识产权创新能力;强化知识产权教育,将发明教育编入正式教育过程;强化中小企业的知识产权力量,政府要帮助有前景的中小企业;进一步扩大和发展国际合作,促进韩国经济质和量的飞跃。

2. 知识产权诉讼

韩国法院诉讼制度实行二元化,一般的侵权诉讼实行三审制,一审在地方法院,二审在高等法院,三审在大法院(最高法院);专利商标行政诉讼实行二审终审制,可参见前述专利法院部分。

3. 专利和商标制度

根据韩国《专利法》的有关规定,发明专利保护对象为技术思想和创作水平高的大发明,审查周期大约 17 个月,保护期限自申请日起 20 年,审查请求自申请日起 5 年。发明专利有高速审查、普通审查和放宽审查三种审查方式。高速审查适用于以下两种情形:专利申请被公布后,申请人认为他人为营利目的而实施或者即将实施;与国防工业相关的、绿色科技方面的,促进出口相关的、风险企业提出的、与电子商务直接相关的申请等。一般申请后 2 ~ 3 个月。普通审查大约 16 个月。放宽审查是申请人在审查请求后 6 个月以内申请,在申请书上要写希望一定时期进行审查(放宽希望时期),放宽希望时期为申请日起 5 年内。

根据韩国《实用新型法》的有关规定,实用新型保护对象为技术思想和创作水平低的小发明,审查周期大约为 17 个月,保护期限自申请日起 10 年,审查请求自申请日起 3 年。

根据韩国《外观设计保护法》的有关规定,外观设计保护对象为商品的形状、样子和色彩的外观,审查周期大约 10 个月,保护期限自注册日起 15 年。外观设计还保护物品的部分、画像(图形用户界定、图标、非编码图形)、动态(外观设计的形态上的变化)、字体(共同特征的形状而造成的一套字体,记录、表示或者印刷目的的字体)。2010 年修改《外观设计保护实施细则》,三维图像可以申请外观设计,是在世界上第一个受理以三维图像为申请的国家。外观设计制度中对比较容易仿造或者模仿的外观设计,外观设计专利权人实施准备过程中,由于公开或者公布,因他人的模仿或仿造外观设计专利权人的权利被侵害的,申请人可以要求在注册之日起 3 年内予以保密。实行实质审查和非实质审查双重审查,实质审查是对全部专利授权条件进行审查。非实质审查是对形式要件(不包括新颖性和创造性)进行审查。目前非实质审查越来越多了。

商标保护对象为对商品或者服务的标志识别,《商标法》第 2 条规定:记号、文字、图形、立体形状或者其组合或者与色彩的组合的。色彩或者色彩的组合,全息图,动作或者另外在视觉上能识别的。声音、气味等以视觉的方法事实表现的。包括立体商标、色彩商标、全息图商标、动作商标。韩美 FTA 后,扩大到声音、气味商标和证明商标。韩国的楼宇有的也注册了商标,有商标的楼宇一般质量较好。韩国地方政府有各自的商标,其开发商标权的目的在于树立良好的形象,吸引游客,促进地域经济的发展。商标申请审查周期大约 10 个月,实行实质审查,保护期限为注册日起 10 年(每 10 年更新)。

韩国近 7 年的专利和商标申请量:

	2005	2006	2007	2008	2009	2010	2011
发明专利	160,921	166,189	172,469	170,632	163,523	170,101	177,000
实用新型	37,175	32,908	21,084	17,405	17,144	13,661	11,801
外观设计	46,615	52,879	55,662	58,912	59,537	59,204	58,282
商标	156,270	164,432	180,257	178,211	162,682	153,179	150,019
合计	400,981	416,408	429,472	425,160	402,886	396,145	397,102

4. 不构成商标侵权的平行进口

平行进口是指在国际贸易中,当商标权获得两个以上国家的保护时,未经商标权人或者独占被许可人的同意,第三者所进行的进口并销售该商标的产品的行为。1995 年 11 月,为了促进竞争,稳定市场价格,确保消费者利益,韩国决定赞成平行进口,并在关税厅公告上规定并实行。

按照韩国法律的规定,可以平行进口的包括三种情况,一种是国外商标权人和国内权利人是同一人关系,如国内权利人是国外商标权人的子公司和进口代理商等。另一种是国外商标权人和国内权利人不是同一人关系,但是国内权利人进口全部或者一部分。还有一种是由国内商标权人或者独占被许可人向一般许可的被许可人允许进口真品或者同意第三者进口真品，并向海关提交进口通关同意书的。但如果国内权利人与国外商标权人不是同一人关系，而国内权利人只是制造产品，包括不进口商品，在国内全部制造；或者 OEM 或者进口配件后，经国内加工，变更单位。后者属于禁止平行进口的情形。

2012 年5 月21 日韩国关税厅实行"平行进口商品通关认证制度"，消费者可以通过查询由海关在平行进口商品上粘贴的 QR 二维条形码来确定商品的产品名称、商标、进口商、原产地、通关日期等。

5. 反不正当竞争和著作权制度

根据韩国《反不正当竞争法》的规定，假冒或仿冒商业性标识的行为，以及侵犯商业秘密的行为是反不正当竞争法规制的行为。获得反不正当竞争法保护的权利方式不需要注册。保护条件是商标标识通过使用在国内驰名并产生混淆，如果商业标识在国内并不驰名、产生混淆可能性比较小，则不受反不正当竞争法的保护。

根据韩国《著作权法》的规定，著作权法保护的对象是与物品区分的独自的美的创造物，Character 本身可以被保护。保护期限为作者去世后 70 年（韩美 FTA 后）。获得权利方式不需要注册，创作即发生权利。

6. 韩美自由贸易协定（FTA）的影响

韩美 FTA 于 2011 年 11 月 22 日由韩国国会通过，2012 年 3 月 15 日生效。FTA 的生效，对韩国专利法等知识产权法律产生影响，总体上是进一步加强了对知识产权的保护，体现了一种强保护的趋势。对《专利法》的影响体现在以下方面：（1）对《专利法》中新颖性的要求，申请专利的发明创造在申请日以前6 个月在规定的学术会议或者技术会议上首次发表的，不丧失新颖性。该期限延长至 12 个月。（2）引入专利权保护期限延长制度。因审查推迟等不归于申请人本人的责任，基准日（指申请日起 4 年或者审查请求日起 3 年）以后获得授权时，保护期限延长到与该推迟期间同一的期间。如申请后 6 年授予专利权，专利权保护期限 14 年，则适用延长制度：14 年 +2 年（即 6 年 －4 年）=16 年。对《商标法》的影响体现在以下方面：（1）引入了声音、气味和证明商标制度。（2）规定了法定的损害赔偿请求权。在 5000 万韩元（27 万人民币）以下的范围内，商标权人可以选择实际损害赔偿额或者法定损害额。选择法定损害额时，商标权人不必要证明实际损害额。对《著作权法》的影响体现在以下方面：（1）保护期限延长至作者死后 70 年。（2）规定了法定的损害赔偿请求权，解决了证明实际损害额的问题。

五、几点体会

韩国近年来经济发展迅猛，出现了很多全球有名的大企业，像三星电子、LG 电子、现代汽车等，这些大企业出现与韩国政府高度重视知识产权保护，将知识产权保护提升到经济发展的核心地位和战略高度，并在立法、执法和司法中体现出来有很大的关系。

1. 从立法角度看，在发明专利方面，韩国延长了丧失新颖性的时间至 12 个月，韩国实质上降低了专利申请的门槛。在专利保护期限上，韩国发明专利保护期为 20 年，韩美 FTA 生效后，又引入专利权保护期限延长制度，非因申请人责任，因审查推迟的原因，可以延长专利权保护期限。在外观设计专利方面，韩国将保护对象扩展到图像、外观设计形态上的变化以及字体等。外观设计专利方面，确定保密外观设计制度，外观设计专利在符合一定条件的情况下，申请人可以要求自注册之日起 3 年期限内予以保密。对外观设计专利，韩国实行实质审查和非实质审查双重审查制,我国对外观设计专利实行非实质审查。在商标制度方面,韩国引入全息图商标、动作商标、声音商标和气味商标,我国目前的商标法保护的是可视性标志,包括文字、图形、字母、数字、三维标志和颜色组合,以及上述要素的组合。在著作权保护方面,韩国保护期限为作者去世后70年,我国为50年。

目前,我国正在修改《商标法》和《著作权法》,也启动修改《专利法》,韩国作为后发达国家和我国的文化传统非常接近,因此,我们在修法过程中,除立足本国国情、经济发展阶段和现状,借鉴西方发达国家的经验外,还应该借鉴韩国的经验,如何在加强知识产权保护与国家公共政策、公共利益维护、本国国情等各种考量因素之间,寻求平衡点,使法律既强化对知识产权保护,维护权利人的利益,又防止垄断技术,不正当地限制经济的发展和经济方式的转变;既强化对知识产权保护,维护知名品牌权利人的利益,又防止不正当地限制公平竞争,损害消费者的利益和公共利益;既强化对知识产权保护,维护著作权人的合法利益,又防止不正当地扩大著作权人的权限,不利于文化传播和新媒体及新型传播平台的发展。

2. 从执法和司法角度看,韩国在特许厅设立了商标权特别司法警察队,从2010年9月起开展工作,有力地打击了违反商标法和反不正当竞争法的行为。同时,对申报假冒商品设立堡赏金制度,截至2011年已支付堡赏金2.2亿韩元(130万元人民币),动员公众的力量打击了假冒和仿冒行为,在一定程度上也遏制了假冒和仿冒行为的泛滥。韩国在海关方面有一系列法律规定,赋予海关行政执法权和刑侦权,主要依据是《关税法》、《关税法施行令》、《司法警察管理职务执行者及其职务范围的相关法律》。韩国在知识产权边境保护中,有条件地赞同平行进口,降低进口商品的价格,确保消费者利益,保护民族品牌。韩国在司法方面,设立专利法院审理因不服特许厅所属的专利审判院(相当于专利复审委员会和商标评审委员会)的裁定而由当事人提起的撤销裁定的行政诉讼。专利法院不受理专利和商标侵权案件。专利法院级别相当于我国的高级人民法院。当前,我国正处于经济转型期,如何使经济增长从投资拉动到消费拉动、使制造大国转型成创造大国,知识经济必然发挥其核心战略作用,知识产权保护也必然提高到国家创新转型的战略高度。

(作者单位:最高人民法院知识产权庭)

第五部分　典 型 案 例

最高人民法院知识产权案件年度报告(2011)

序言

一、专利案件审判

(一)专利民事案件审判

1. 专利说明书及附图的例示性描述对权利要求解释的作用

2. 说明书对权利要求的用语无特别界定时应如何解释该用语的含义

3. 母案申请对解释分案申请授权专利权利要求的作用

4. 被诉侵权技术方案缺少专利技术特征的情况下不构成侵权

5. 先用权抗辩的审查与认定

6. 区别于现有设计的设计特征对外观设计整体视觉效果的影响

(二)专利行政案件审判

7. 专利说明书中没有记载的技术内容对创造性判断的影响

8. 药品研制、生产的相关规定对药品专利授权条件的影响

9. 专利申请文件的修改是否超出原说明书和权利要求书记载的范围的判断标准

10. 判断专利申请文件的修改是否超出原说明书和权利要求书记载的范围应当充分考虑专利申请所属技术领域的特点

11. 专利无效宣告程序中权利要求书的修改方式是否严格限于《专利审查指南》限定的三种方式

12. 专利申请文件的修改限制与专利保护范围的关系

13. 专利申请文件的修改限制与禁止反悔原则的关系

14. 专利无效行政诉讼程序中人民法院可否依职权主动引入公知常识

15. 外观设计相近似判断中“整体观察、综合判断”的把握

16. 设计要素变化所伴随的技术效果的改变对外观设计整体视觉效果的影响

二、商标案件审判

(一)商标民事案件审判

17. 判断商标侵权行为应考虑相关公众混淆、误认的可能性

18. 独家经营和使用的具有产品和品牌混合属性的商品名称不应认定为通用名称

(二)商标行政案件审判

19. 含有描述性外国文字的商标的显著性的审查判断

20. 含有描述性要素的商标的显著性的审查判断

21. 类似商品认定中对产品用途的考虑

22. 关联商品可视情纳入类似商品范围

23.《类似商品和服务区分表》对类似商品认定的作用

24. 商标是否驰名应根据案件具体情况及所涉商品特点等进行综合判断

25. 近似商标共存协议影响商标可注册性的审查判断

26. 注册商标连续3年停止使用撤销制度中商业使用和合法使用的判断标准

27. 商标驳回复审程序和商标异议复审程序之间一事不再理原则的适用

序　　言

2011年,最高人民法院适应中国特色社会主义法律体系形成后的新要求,紧紧围绕执法办案第一要务,严格依法办案,保证知识产权案件公正高效审理;加强审判监督和业务指导,创新业务指导方式,确保知识产权司法统一;创新和发展诉讼与非诉讼相衔接的纠纷解决机制,加强诉讼调解,努力实现法律效果和社会效果的统一,知识产权审判工作取得新进展,知识产权司法保护对科技进步、知识创新和文化发展的规范、引导、促进和保障作用得到进一步发挥。

2011年,最高人民法院知识产权审判庭全年共新收各类知识产权案件420件,比2010年增长34.19%。在新收案件中,按照案件所涉权利类型划分,共有专利和其他技术类案件163件,商标案件132件,著作权案件45件,商业秘密案件5件,其他不正当竞争案件10件,知识产权合同案件37件,其他案件28件(主要涉及知识产权案件管辖权的确定问题)。按照案件性质划分,共有行政案件115件,占全部新收案件的27.38%,其中专利行政案件47件,商标行政案件68件,分别比2010年增长27.03%和151.85%;共有民事案件305件,占全部新收案件的72.62%。另有2010年旧存案件46件,2011全年共有各类在审案件466件。全年共审结各类知识产权案件423件,其中二审案件3件,申请再审案件363件,提审案件34件,请示案件22件,抗诉案件1件。在审结的363件申请再审案件中,裁定驳回再审申请256件,裁定提审49件,裁定指令或者指定再审33件,裁定撤诉(包括和解撤诉)15 件,函转原审法院复查处理 1 件,以其他方式处理 9 件。在调撤案件中,广州市红太阳机动车配件有限公司与安徽江淮汽车集团有限公司、安徽江淮汽车股份有限公司确认不侵犯商标权纠纷等案件的成功调解,彻底化解了当事人之间的矛盾,实现了双方包容增长、和谐发展,在社会上产生了良好反响。

2011 年最高人民法院审理的知识产权和竞争案件呈现如下特点:专利商标行政案件增长迅猛,在全部案件中所占比重增加,尤其是专利商标授权确权案件增长明显,成为去年最显著的案件特点;因法律规定比较原则需要明确法律边界,给社会公众以具体指引的新类型、疑难案件依然居高不下;专利案件数量持续上升,涉案技术的含金量越来越高,发明专利案件和涉及医药、化工、通信等高新技术领域的案件明显增多;商业标识类案件尤其是商标案件比重增多,商标权人通过诉讼维护市场利益和划定行为界限的需求日益强烈;著作权案件中涉及软件、数据库、动漫等新兴产业领域的案件比重增加,诉争保护的新类型著作权客体不断涌现;不正当竞争案件中涉及网络技术、新型商业模式的不正当竞争纠纷以及商业秘密纠纷的比重增加。与上述案件特点相适应,最高人民法院在行使知识产权审判职能方面呈现出如下特点:对专利商标行政机关授权确权行为的司法审查日渐深入,司法裁判在专利商标授权确权标准的确定和把握方面发挥的作用日益凸显,司法保护知识产权的主导作用进一步发挥;在严格依法行使审判权的同时,重视知识产权司法政策在新型、疑难、复杂案件法律适用中的导向作用,确保法律适用正确方向;依托和凝聚社会共识,明晰法律含义和明确法律边界,维护知识产权法律适用统一;在加大知识产权保护力度的同时,更加注重利益平衡,积极促进知识产权利益各方共同受益和均衡发展。

为总结和梳理最高人民法院在知识产权和竞争审判领域处理新型、疑难、复杂案件的审判标准、裁判方法和司法政策,最高人民法院从 2011 年审结的知识产权案件中精选出 34 件典型案件,归纳出 44 个具有普遍指导意义的法律适用问题,形成本年度报告并予以发布。

一、专利案件审判

(一)专利民事案件审判

1. 专利说明书及附图的例示性描述对权利要求解释的作用

在申请再审人徐永伟与被申请人宁波市华拓太阳能科技有限公司(以下简称华拓公司)侵犯发明专利权纠纷案(〔2011〕民提字第 64 号)(以下简称“太阳能手电筒”专利侵权案)中,最高人民法院指出,运用说明书及附图解释权利要求时,由于实施例只是发明的例示,不应当以说明书及附图的例示性描述限制专利权的保护范围。

本案的基本案情是:徐永伟是“太阳能手电筒”发明专利(即本案专利)的权利人。本案专利权利要求 1 为:一种太阳能手电筒,其包括有手电筒的筒体、灯头、灯座、开关,灯头与筒体进行连接,筒体里内置有充电电池作为电源,同时手电筒上安装有控制电源断通的开关,筒体的外表面固定有太阳能电池板,太阳能电池板的输出与筒体内的充电电池进行并联连接,其特征在于所述的太阳能电池板与在外面的、保护太阳能电池板的、透明的罩盖组成可脱卸的部件,同时,筒体的表面开有配合的安装孔,罩盖的前部有前缘部分,与安装孔的前沿呈插接连接,罩盖的后端面上开有小孔,紧固有紧固件,紧固件与筒体的后部里表面进行配合固定,使该部件能够通过可脱卸的连接结构安装固定在筒体的外表面安装孔上。华拓公司生产、销售被诉侵权的太阳能手电筒,并在其网站上和产品宣传册中进行许诺销售。徐永伟以华拓公司的行为构成专利侵权为由提起诉讼。浙江省宁波市中级人民法院一审认为华拓公司构成侵权,判决华拓公司立即停止侵权、赔偿徐永伟经济损失6万元(含徐永伟为调查、制止侵权支付的合理费用)。徐永伟、华拓公司均提起上诉。浙江省高级人民法院二审认为,本案专利的发明目的在于采用透明的罩盖对太阳能电池板进行保护,防止异物划伤损坏,延长使用寿命,并采用可脱卸式的安装结构,方便其拆换太阳能电池板。被诉侵权产品筒体后端盖经过高压冲压后固定在手电筒的筒体上,无法通过人力正常打开。因此,被诉侵权产品的筒体后端盖并不具备本案专利的“可脱卸的连接结构”这一必要技术特征,从而也使其太阳能电池板与透明罩盖之间无法进行脱卸和更换,也不具备本案专利的“太阳能电池板与在外面的、保护太阳能电池板的、透明的罩盖组成可脱卸的部件”这一必要技术特征。遂判决撤销一审判决、驳回徐永伟的诉讼请求。徐永伟向最高人民法院申请再审,最高人民法院裁定提审本案。再审过程中,徐永伟以华拓公司的侵权行为仍在继续为由,将其一审诉请的赔偿数额20万元调整为50万元。最高人民法院于2011年5月10日判决撤销二审判决,维持一审判决,华拓公司向徐永伟另支付制止侵权的合理费用3万元。

最高人民法院再审认为:权利要求的作用在于界定专利权的权利边界,说明书及附图主要用于清楚、完整地描述专利技术方案,使本领域技术人员能够理解和实施该专利。而教导本领域技术人员实施专利的最好方式之一是提供实施例,但实施例只是发明的例示,因为专利法不要求,也不可能要求说明书列举实施发明的所有具体方式。因此,运用说明书及附图解释权利要求时,不应当以说明书及附图的例示性描述限制专利权的保护范围。否则,就会不合理地限制专利权的保护范围,有违鼓励发明创造的立法本意。本案专利权利要求书并未记载电筒“后端盖”,仅在说明书的实施例部分及附图部分有所提及,不能将“后端盖”作为界定本案专利权保护范围的依据。同时,专利权利要求1中的“可脱卸”是指电池板与罩盖之间的可脱卸以及罩盖、电池板与筒体之间的可脱卸,而后端盖的开合是指后端盖与筒体之间的可脱卸,两者并非同一含义。此外,华拓公司在申请再审中提交的专利审查档案进一步印证,后端盖不属于本案专利所述“可脱卸连接结构”的组成构件。因此,专利权利要求中“可脱卸”部件或者连接结构等技术特征与后端盖能否开合无关。被诉侵权产品的后端盖不能通过人力打开,并不意味着其不具有专利权利要求中的“可脱卸”特征。被诉侵权产品具备了专利权利要求1的全部技术特征,落入本案专利权的保护范围。

2. 说明书对权利要求的用语无特别界定时应如何解释该用语的含义

在申请再审人深圳市蓝鹰五金塑胶制品厂(以下简称蓝鹰厂)与被申请人罗士中侵犯实用新型专利权纠纷案(〔2011〕民提字第248号)中,最高人民法院认为,在专利说明书对权利要求的用语无特别界定时,一般应根据本领域普通技术人员理解的通常含义进行解释,不能简单地将该用语的含义限缩为说明书给出的某一具体实施方式体现的内容。

本案的基本案情是:罗士中是名称为“汽车方向盘锁”的实用新型专利(即本案

专利)的专利权人。本案专利的权利要求1为:“汽车方向盘锁,包括前叉、后叉、止动杆、锁头、锁体及其内部的锁止元件,其特征在于:它还包括组合锁梁,以及锁体内部的弹性定位掣,组合锁梁的叉杆左端设有前叉,右端呈直角形的设有转轴,转轴下端插入锁体左端的垂直大孔内形成铰链连接,垂直大孔的两侧设有贯穿其中心的纵向孔,左侧的纵向孔内装有堵盖和弹性定位掣,右侧的纵向孔内装有锁止元件,转轴下端的中部设有径向凹坑,其位置与锁止元件和弹性定位掣相对应,锁体中部设有控制锁止元件的锁头,锁体右端下方设有后叉,其上方固装着止动杆的左端,组合锁梁通过铰链展开后与锁体、后叉和止动杆形成一错位的横杠,锁止元件卡在转轴的径向凹坑与锁体之间,前叉的叉口朝向左方,后叉的叉口朝向右方,两叉口非对称地撑卡在方向盘圆环上;锁头控制锁止元件退出径向凹坑开锁,组合锁梁回转180度形成与锁体及其右端的止动杆平行的折叠状,弹性定位掣弹顶在转轴的径向凹坑与锁体之间,前叉与后叉的叉口均朝向右方。”罗士中认为蓝鹰厂制造、销售的蓝鹰128#锁落入本案专利保护范围,遂提起诉讼,请求判令蓝鹰厂承担侵权责任。广东省深圳市中级人民法院一审认为,被诉侵权产品与本案专利在锁体内部结构、转轴结构以及弹性定位掣、锁止元件与转轴的配合方式方面存在不同。这种结构和配合关系的不同,导致二者在技术效果方面存在明显区别,被诉侵权产品没有落入本案专利权的保护范围。遂判决驳回罗士中的诉讼请求。罗士中不服,提起上诉。广东省高级人民法院二审认为,被诉侵权产品与本案专利权相比,两者的在锁体内部构造、转轴结构以及锁止元件、弹性定位掣与转轴操作配合方式方面均相同。一审判决始终将本案专利具体实施例与被诉侵权产品相比,比对对象错误。本案被诉侵权产品落入本案专利权保护范围。据此,判决撤销一审判决,蓝鹰厂承担侵犯专利权的法律责任。蓝鹰厂不服,向最高人民法院申请再审。最高人民法院提审本案后于2011年12月20日作出再审判决,维持二审判决,驳回了蓝鹰厂的再审申请。

最高人民法院再审认为:本案专利产品OK－310BA折叠式方向盘自动锁是本案专利实施例1的具体体现,在确定本案专利权的保护范围时,可以帮助理解权利要求的内容。但是,侵权判断时,应该防止将该具体的实施例与被诉侵权产品进行对比,以免不当地缩小专利权的保护范围。本案中,对以下技术特征是否相同或者等同存在争议:(1)锁体内部结构。本案专利权利要求中相应技术特征为:“垂直大孔的两侧设有贯穿其中心的纵向孔。”“贯穿”不是一个专业技术术语,在本案专利说明书中也没有对其含义作出特别界定,应根据其通常含义对其进行解释。《现代汉语词典》载明,“贯”的意思是“穿、贯通、连贯”,“贯穿”的意思是“穿过、连通”。因此,该技术特征的字面含义为两侧的纵向孔连通并且穿过垂直大孔中心。垂直大孔是立体的,其中心指的是其轴向中心线,而不是轴向中心线的中心。要实现这一点,垂直大孔两侧的纵向孔可以在一条直线上,与垂直大孔形成“十”形结构,也可以上下错位设置,与垂直大孔形成“Z”形结构。因为垂直大孔和纵向孔都是中空的,上述两种结构均可以实现垂直大孔两侧的纵向孔连通并且穿过垂直大孔中心。被诉侵权产品锁体内部结构的技术特征为:垂直大孔两侧的纵向孔上下错位设置,分别与垂直大孔的中心相贯通,与垂直大孔形成“Z”形结构。因此,被诉侵权产品关于锁体结构的技术特征与本案专利相同。(2)转轴结构及配合关系。本案专利权利要求中相应技术特征为:“转轴下端的中部设有径向凹坑,其位置与锁止元件和弹性定位挈相对应。”“径向凹坑”的字面含义为沿转轴直径方向凹陷的坑状结构。在权利要求中没有对径向凹坑的形状、数量及组合方式的限制,也没有对与锁止元件和弹性定位挈相对应的径向凹坑是同一个还是不同的进行限制。本案专利说明书中实施例 1 和 2 分别设置了一个和两个径向凹坑与锁止元件、弹性定位挈同时和分别对应。根据上述对锁体内部结构的分析,在垂直大孔两侧的纵向孔上下错位设置的情形下,也必定有不同的径向凹坑分别与锁止元件和弹性定位挈相对应。被诉侵权产品转轴结构的技术特征为:转轴下端分成上下两部分,错位开设两种不同滑槽分别与锁止元件和弹性定位挈相对应。位于上方的 4 个齿形滑槽(两个径向设置、两个非径向设置)与锁止元件相对应,位于下方的横截面为半圆弧形的滑槽(非径向设置)与方形弹性定位挈相对应。判断被诉侵权产品的滑槽与本案专利的径向凹坑是否相同或等同,还应该进一步确定径向凹坑的作用,而不能仅停留在其字面含义。本案专利中的径向凹坑与被诉侵权产品中的滑槽,其作用均是与弹性定位挈和锁止元件相配合,实现锁紧和开锁,以及保持组合锁梁和止动杆的折叠状态。尽管被诉侵权产品中的滑槽有些非径向设置,但其实质上和本案专利中的径向凹坑是相同的。本案专利权利要求和说明书中,对转轴转动过程中弹性定位挈的位置没有记载,也就是说,没有排除在转轴转动过程中弹性定位挈始终弹顶在径向凹坑内的技术方案。被诉侵权产品弹性定位挈在转轴转动过程中,始终弹顶在横截面为半圆弧形的滑槽内,其作用也在于开锁旋转 180 度后顶在滑槽和锁体之间,保持锁体与组合锁梁折叠状态的相对稳定。在本案专利的权利要求范围内,会有不同的实施方式,不同的实施方式可能会带来技术效果上的差别,但是都落入专利权的保护范围之内。因此,在锁止元件、弹性定位挈与转轴的配合关系上,被诉侵权产品与本案专利相同,落入本案专利权保护范围。

3. 母案申请对解释分案申请授权专利权利要求的作用

在申请再审人邱则有与被申请人山东鲁班建设集团总公司(以下简称鲁班公司)侵犯专利权纠纷案(〔2011〕民申字第 1309 号)中,最高人民法院认为,母案申请构成分案申请的特殊的专利审查档案,在确定分案申请授权专利的权利要求保护范围时,超出母案申请公开范围的内容不能作为解释分案申请授权专利的权利要求的依据。

本案的基本案情是:邱则有是名称为“一种现浇砼空心模壳构件”的发明专利(即本案专利)的专利权人。邱则有在本案中主张权利的依据为本案专利权利要求 1 和 3,本案专利权利要求 1 的内容为:一种现浇砼空心模壳构件,包括上底(4),周围侧壁(5),下底(6),上底(4)和周围侧壁(5)构成模壳(7),模壳(7)与下底(6)彼此围成有封闭空腔(8)的模壳构件(3),其特征在于所述的模壳(7)由至少两块分块模壳板(9)拼接组装而成,分块模壳板(9)有至少一根加强杆(12)支撑。邱则有认为鲁班公司的叠合箱落入本案专利保护范围,遂提起诉讼。山东省济南市中级人民法院一审认为,鲁班公司的叠合箱由顶盒、底盒和侧框板直接组成一个封闭单元,不具备本案专利的全部必要技术特征,故判决驳回邱则有的诉讼请求。山东省高级人民法院二审维持一审判决。邱则有不服,向最高人民法院申请再审。其主要理由之一是,关于本案专利权利要求中的“分块模壳板”,根据其字面含义以及本案专利说明书第2页第5~7段的内容可知,是指把一个模壳拆成很多小块,由这些小块组装成模壳。最高人民法院审查查明:本案专利说明书第2页第2段记载:“本发明的解决方案是在现有技术的基础上,包括……这样,由于模壳由至少两块分块模壳板拼接组装而成,而分块模壳板为包括部分上板和与之相连的部分侧壁的成型件,因而模壳构件结构简单,构造关系明确,生产容易、成本低,相应楼盖的施工成本低,从而达到了本发明的目的。”说明书第2页第5~7段记载:“本发明的特征还在于所述的上底由四块分块模壳板构成。本发明的特征还在于所述的周围侧壁由四块分块模壳板构成。本发明的特征还在于所述的分块模壳板为包括部分上板和与之相连的部分侧壁的成型件。”本案专利为第03118134.1号发明专利申请(以下简称母案)的分案申请,在母案申请文件中,没有记载本案专利说明书第2页第5~7段的内容。母案专利申请公开说明书记载的权利要求4为,“根据权利要求2所述的一种现浇钢筋砼空心楼盖,其特征在于模壳构件设置有十字型加强肋(10),模壳(7)由4块分块模壳板(9)在十字型加强肋(10)上搭接构成。”母案专利申请公开说明书第2页第5段记载为:“本发明的特征还在于模壳构件设置有十字型加强肋,模壳由4块分块模壳板在十字型加强肋上搭接构成。这样,楼盖中的模壳构件的制作更容易,成本更低,相应楼盖的施工成本更低。”母案专利申请公开说明书附图4、17中,组成模壳的4块分块模壳板均是包括部分上底和部分侧壁的结构。最高人民法院于2011年12月16日裁定驳回了邱则有的再审申请。

最高人民法院审查认为:邱则有主张分块模壳板可以为任意分块,可以是由部分上底与部分侧壁相互连接成的成型件,也可以是单纯的上底或者侧壁。这涉及对分块模壳板的解释问题。2000年修订的《专利法》第56条第1款规定,发明或者实用新型专利权的保护范围以其权利要求的内容为准,说明书及附图可以用于解释权利要求。基于以下理由,邱则有关于分块模壳板的解释不能成立:(1)对于权利要求中的自定义词语,通常需要借助专利说明书、其他权利要求以及专利审查档案中对该特定词语的描述,确定该词语的含义。本案专利权利要求1限定,上底(4)和周围侧壁(5)构成模壳(7),模壳(7)由至少两块分块模壳板(9)拼接组装而成。对于所述“分块模壳板”,说明书中已经赋予其明确的定义,即“分块模壳板为包括部分上底和与之相连的部分侧壁的成型件”。(2)根据对本案专利权利要求1本身的通常理解,也可以得出分块模壳板为包括部分上底和与之相连的部分侧壁的成型件这一结论。权利要求1称“分块模壳板(9)有至少一根加强杆(12)支撑”,若分块模壳板单纯由上底或者侧壁组成,则加强杆将无法对这样的分块模壳板起到支撑作用。(3)本案专利的母案专利申请公开说明书中未公开本案专利说明书第2页第5~7段的内容,邱则有以该内容主张分块模壳板可以单纯由上底或者侧壁组成,本院不予支持。分案申请是一类特殊的申请,是为了保证专利申请人的正当利益不受到损害,允许专利申请人将其在申请日提交的母案申请文件中已经披露,但因单一性等原因不能在母案中获得保护的发明创造另行提出专利申请,同时保留原申请日的一种制度。该制度在保护专利申请人利益的同时,为了平衡社会公众的利益,要求分案申请不得超出母案申请文件公开的范围,即不得在分案申请中补充母案申请文件未曾记载的新内容,以避免专利申请人将申请日后完成的发明创造通过分案申请抢占在先的申请日。因此,分案申请要受到母案申请文件的约束。在此意义上,对于分案申请而言,母案申请构成其特殊的专利审查档案,母案中未公开的内容不能作为权利人基于分案申请主张权利的依据。本案专利是分案申请,其母案专利申请公开说明书中并未记载本案专利说明书第 2 页第 5 ~ 7 段的内容。根据母案专利申请公开说明书第 2 页第 5 段的内容也不能得出分块模壳板可以单纯由上底或者侧壁组成这一结论。此外,在母案专利申请公开说明书附图 4、17 中,组成模壳的 4 块分块模壳板均是包括部分上底和部分侧壁的结构。邱则有以母案专利申请公开说明书中未公开的内容主张分块模壳板可以单纯由上底或者侧壁组成,不能成立。

4. 被诉侵权技术方案缺少专利技术特征的情况下不构成侵权

在申请再审人张镇与被申请人扬州金自豪鞋业有限公司(以下简称金自豪公司)、包头市同升祥鞋店(以下简称同升祥鞋店)侵犯实用新型专利权纠纷案(〔2011〕民申字第 630 号)中,最高人民法院认为,在被诉侵权技术方案缺少权利要求书中记载的一个以上技术特征的情况下,应当认定被诉侵权的技术方案没有落入专利权的保护范围。

本案的基本案情是:张镇为"一体式勾心鞋跟"实用新型专利(即本案专利)的专利权人,本案专利权利要求 1 为:一种一体式勾心鞋跟,是由弧形勾心片与鞋跟立柱组成,其特征在于:弧形勾心片的右下端装有插头,并相互固定为一体,插到鞋跟立柱上端的孔内,鞋跟立柱的下端底部插入跟垫。张镇认为金自豪公司生产、同升祥鞋店销售的凯森牌女士高跟鞋的女士鞋底专用勾心使用了本案专利技术,遂提起诉讼,请求判令金自豪公司和同升祥鞋店承担侵权责任。内蒙古自治区包头市中级人民法院一审认为,金自豪公司生产、销售的凯森牌女士高跟鞋的鞋底来源于案外人肖厚柱,金自豪公司购买肖厚柱的鞋底产品并再加工生产和销售女士高跟鞋时,并不知道该鞋底是否为侵权产品,同升祥鞋店的行为也属于同种情形。因此,金自豪公司、同升祥鞋店生产、销售凯森牌女士高跟鞋的行为不属于侵犯专利权的行为。据此判决驳回张镇的诉讼请求。张镇不服,提起上诉。内蒙古自治区高级人民法院二审认为,本案专利弧形勾心片与插头是通过特定方式连接成为一个整体,而被诉侵权产品的弧形勾心片与鞋跟立柱为一弯折并带有凹槽的整体结构,并不存在需要通过特定方式连接的特征,故被诉侵权产品的技术特征与本案专利权利要求 1 的必要技术特征既不相同也不等同。据此判决驳回上诉,维持一审判决。张镇不服,向最高人民法院申请再审,理由为被诉侵权产品所依据的肖厚柱的专利技术属于对本案专利技术的等同替换。最高人民法院于 2011 年 7 月 27 日裁定驳回了张镇的再审申请。

最高人民法院审查认为:将被诉侵权产品技术特征与本案专利技术特征进行对比,二者均为女士勾心鞋跟,均由弧形勾心片与鞋跟立柱组成。但是,本案专利的弧形勾心片的右下端装有插头,并相互固定为一体,插到鞋跟立柱上端的孔内,而被诉侵权产品的弧形勾心片与鞋跟立柱为一整块材料弯折形成的带有凹槽整体结构,不具有本案专利弧形勾心片与鞋跟立柱通过插头连接的技术特征。因此,被诉侵权产品未落入本案专利权的保护范围。金自豪公司生产、销售使用了被诉侵权产品的凯森牌女鞋的行为,以及同升祥鞋店销售凯森牌女鞋的行为,均不侵犯本案专利权。

5. 先用权抗辩的审查与认定

在申请再审人江西银涛药业有限公司(以下简称银涛公司)与被申请人陕西汉王药业有限公司(以下简称汉王公司)、一审被告西安保赛医药有限公司(以下简称保赛公司)侵犯专利权纠纷案(〔2011〕民申字第1490号)中,最高人民法院认为,先用权抗辩是否成立的关键在于被诉侵权人在专利申请日前是否已经实施专利或者为实施专利做好了技术或者物质上的必要准备;药品生产批件是药品监管的行政审批事项,是否取得药品生产批件对先用权抗辩是否成立不产生影响。

本案的基本案情是:汉王公司是名称为"一种具有降压、降脂、定眩、定风作用的中药组合物及其制备方法和其用途"的发明专利(即本案专利)的专利权人。汉王公司发现银涛公司生产、销售的"强力定眩胶囊"药品处方、工艺、剂型以及主治功能等与本案专利相同,遂提起本案诉讼,请求判令银涛公司承担侵权责任。经技术特征比对,"强力定眩胶囊"药品处方、制备方法和用途均落入本案专利权保护范围。银涛公司对此提出先用权抗辩,并提交了如下证据:一是江西省食品药品监督管理局于本案专利申请日前向其出具的"强力定眩胶囊"药品注册申请受理通知书以及银涛公司申请药品注册时所报送的《"强力定眩胶囊"申报资料项目》资料,该资料的药学研究资料部分记载了"强力定眩胶囊"的处方、制备方法、用途;二是江西省药检所《药品注册检验报告表》及附件,该报告表及附件显示银涛公司于本案专利申请日前生产了三批"强力定眩胶囊"样品供申请注册检验使用;三是《药品生产许可证》和《药品GMP证书》,表明其在申请注册"强力定眩胶囊"时即已具有"胶囊剂"生产线。陕西省西安市中级人民法院一审认为,证据一中的"药品注册申请受理通知书"中注明"本件不得作其他证明使用",同时银涛公司不能证明其所有的"胶囊剂"生产线是为生产被诉侵权药品所购买,银涛公司先用权抗辩不成立,故判决银涛公司承担侵权责任。银涛公司不服,提起上诉。陕西省高级人民法院二审认为,银涛公司虽然在本案专利申请日前申请注册被诉侵权药品,但是能否获得批准有待审查。而且,银涛公司是在本案专利申请日之后才取得药品注册批件,获准生产被诉侵权药品。因此,银涛公司的主张不符合先用权抗辩的条件。遂判决驳回上诉,维持一审判决。银涛公司不服,向最高人民法院申请再审。最高人民法院于2011年12月13日作出裁定,指令陕西省高级人民法院再审本案。

最高人民法院审查认为:根据《最高人民法院关于审理侵犯专利权纠纷案件应用法律若干问题的解释》第15条第2款的规定,先用权是否成立,关键在于被诉侵权人在专利申请日前是否已经实施专利或者为实施专利做好了技术或者物质上的必要准备。从银涛公司提交的主张先用权抗辩的证据来看,在本案专利的申请日前,银涛公司已经完成了生产被诉侵权产品的工艺文件,具备了相应的生产设备,应当认定银涛公司在本案专利申请日前为实施本案专利做好了制造、使用的必要准备。至于银涛公司何时取得"强力定眩胶囊"药品生产批件,是药品监管的行政审批事项,不能以是否取得药品生产批件来判断其是否做好了制造、使用的必要准备。

6. 区别于现有设计的设计特征对外观设计整体视觉效果的影响

在申请再审人中山市君豪家具有限公

司(以下简称君豪公司)与被申请人中山市南区佳艺工艺家具厂(以下简称佳艺家具厂)侵犯外观设计专利权纠纷案(〔2011〕民申字第1406号)中,最高人民法院认为,外观设计专利区别于现有设计的设计特征对于外观设计的整体视觉效果更具有显著影响;在被诉侵权设计采用了涉案外观设计专利的设计特征的前提下,装饰图案的简单替换不会影响两者整体视觉效果的近似。

本案的基本案情是:佳艺家具厂是名称为"三抽柜(蛋形)"的外观设计专利(即本案专利)独占许可使用权人。本案专利产品是一款三抽屉柜子,由柜顶、柜体和柜脚三个部分组成。从主视图看,柜体有三个抽屉上下依次排列,抽屉均呈长方形,中间有一个圆形拉手,每两个抽屉之间有一条状间隔,正面有一只类似百合花状图案贯通三个抽屉。从俯视图看,柜顶呈椭圆状,边缘有围栏式的突起,使柜顶呈一个盆状,盆中央是一支与主视图类似的百合花状图案。从左视图看,柜体上设置有一个长条形八角装饰块,其内有一支类似百合花形状图案。右视图与左视图对称。从后视图看,柜体左右两侧各有一条饰条,中间位置为空白。从仰视图看,柜脚外形也呈椭圆形,在椭圆形中对称分布四只T形脚座。君豪公司生产、销售了具有三个抽屉的椭圆形柜子。2010年9月6日,佳艺家具厂提起诉讼,请求判令君豪公司承担侵权责任。广东省中山市中级人民法院一审认为,本案专利与被诉侵权产品均是有三个抽屉的椭圆形柜子,二者在柜顶、柜体和柜脚三个部分的外观形状相似,但在柜体表面花状图案、图案的表现形式以及外观形状与图形结合方面存在的差异使二者的整体视觉效果不同,因此被诉侵权产品与本案专利不相似,君豪公司生产、销售被诉侵权产品的行为不构成侵权。故判决驳回佳艺家具厂的诉讼请求。佳艺家具厂不服,提起上诉。广东省高级人民法院二审认为,四方形三抽柜和八边形装饰框与"蛋形"圆柱体柜体按照特定方式结合、布局,是本案专利最显著的设计特征,在君豪公司未举证证明本案专利产品的形状为该类产品惯常设计的情况下,该特征对于整体视觉效果的影响更大,被诉侵权产品具备该特征。被诉侵权产品与本案专利在装饰图案的方面的差异仅为局部的、细微的差异。因此,应当认定被诉侵权设计与本案专利设计构成近似。遂判决撤销一审判决,判令君豪公司承担侵权责任。君豪公司不服,向最高人民法院申请再审。最高人民法院于2011年11月22日裁定驳回了君豪公司的再审申请。

最高人民法院审查认为:被诉侵权产品与涉案外观设计专利产品均为蛋形三抽柜,二者在柜顶、柜体和柜脚部分的外观形状基本相同。其主要的区别点是装饰图案不同:一是前者柜顶无装饰,后者柜顶有百合花装饰;二是后者以一支飘逸、匀称遍布状百合花装饰的部分,前者均以一团簇状牡丹花装饰。结合本案的现有证据来看,四方形三抽柜和八边形装饰框与"蛋形"柜体的组合和布局是本案专利设计区别于现有设计的设计特征。因此,被诉侵权产品和本案专利产品的外观设计在柜体的整体形状、柜体各组成部分的形状以及布局方式上的基本相同相比其他设计特征对于外观设计的整体视觉效果更具有影响。被诉侵权设计与本案专利设计虽然在装饰图案上存在差异,但二者均为花卉图案,图案的题材相同,在柜体的装饰布局上也基本相同,被诉侵权设计实质采用了本案专利设计的设计方案。以牡丹花图案替换本案专利设计的百合花图案,这种简单替换所导致的差异对于整体视觉效果的影响是局部的、细微的，以一般消费者的知识水平和认知能力来判断，该差异不足以将被诉侵权设计和本案专利设计区分开来，对于判断被诉侵权设计和本案专利设计在整体视觉效果上构成近似无实质性影响。

（二）专利行政案件审判

7. 专利说明书中没有记载的技术内容对创造性判断的影响

在申请再审人北京双鹤药业股份有限公司（以下简称双鹤公司）与被申请人湘北威尔曼制药股份有限公司（以下简称湘北威尔曼公司）、一审被告、二审被上诉人国家知识产权局专利复审委员会（以下简称专利复审委员会）发明专利权无效行政纠纷案（〔2011〕行提字第 8 号）（以下简称“抗 β－内酰胺酶抗菌素复合物”专利无效行政案）中，最高人民法院指出，专利申请人在申请专利时提交的专利说明书中公开的技术内容，是国务院专利行政部门审查专利的基础；专利申请人未能在专利说明书中公开的技术方案、技术效果等，一般不得作为评价专利权是否符合法定授权确权标准的依据。

本案的基本案情是：广州威尔曼公司是名称为“抗 β－内酰胺酶抗菌素复合物”的发明专利（即本案专利）的原权利人，后该专利权利人变更为湘北威尔曼公司。针对本案专利权，双鹤公司向专利复审委员会提出无效宣告请求，理由为本案专利不具有新颖性和创造性。专利复审委员会作出第 8113 号无效宣告请求审查决定（以下简称第 8113 号决定），以不具有创造性为由宣告本案专利权全部无效。广州威尔曼公司不服，提起行政诉讼。北京市第一中级人民法院一审判决维持第 8113 号决定。广州威尔曼公司不服，提起上诉。北京市高级人民法院二审判决撤销一审判决以及第 8113 号决定，判令专利复审委员会就本案专利重新作出无效宣告请求审查决定。双鹤公司不服，向最高人民法院申请再审。2011 年 3 月 1 日，最高人民法院裁定提审本案。再审过程中，湘北威尔曼公司提交了注射用头孢噻肟钠舒巴坦钠研究资料汇编，哌拉西林钠舒巴坦钠试验、研究资料汇编等证据，以证明为掌握复方制剂的安全性、有效性和稳定性问题，获得本案专利技术方案，其进行了长期毒性试验、急性毒性试验、药理毒理研究、体外抗菌作用研究等一系列试验和研究，本案专利权利要求 1 具有新颖性和创造性。湘北威尔曼公司还提交意见认为，本案专利说明书的撰写符合专利申请日施行的《专利审查指南》的相关规定，相关试验和研究并不需要全部记载于本案专利说明书中；本案专利中的复方制剂属于药物产品，其必须满足药品注册的要求，必须符合所有药物都具备的安全性、有效性和稳定性，无论说明书如何撰写，都不能否定本案专利在安全性、有效性、稳定性三个方面所完成的研究和试验工作。2011 年 12 月 17 日，最高人民法院作出再审判决，撤销二审判决，维持一审判决及第 8113 号决定。

最高人民法院再审认为：专利申请人在其申请专利时提交的专利说明书中公开的技术内容，是国务院专利行政部门审查专利的基础，亦是社会公众了解、传播和利用专利技术的基础。因此，专利申请人未能在专利说明书中公开的技术方案、技术效果等，一般不得作为评价专利权是否符合法定授权确权标准的依据，否则会与专利法规定的先申请原则相抵触，背离专利权以公开换保护的本质属性。专利法中有关专利说明书应当对发明创造予以充分公开的规定，实为对专利说明书的最低限度要求。在满足充分公开的前提下，专利申请人有权利决定其在专利说明书中公开的技术内容的具体范围,适当保留其技术要点,但也应当承担由此可能带来的不利后果。本案中,湘北威尔曼公司主张其为了解决本案专利的安全性、有效性、稳定性,还进行了长期毒性试验、急性毒性试验、一般药理研究试验等一系列试验和研究,但由于相关技术内容并未记载于本案专利说明书中,不能体现出本案专利在安全性、有效性、稳定性等方面对现有技术作出了创新性的改进与贡献。因此,这些试验和研究不能作为认定权利要求 1 的创造性的依据。

8. 药品研制、生产的相关规定对药品专利授权条件的影响

在前述“抗 β－内酰胺酶抗菌素复合物”专利无效行政案中,最高人民法院指出,对于涉及药品的发明创造而言,在其符合《专利法》中规定的授权条件的前提下,即可授予专利权,无须另行考虑该药品是否符合其他法律法规中有关药品研制、生产的相关规定。

最高人民法院再审认为:由于药品质量与人民群众的生命健康和医疗用药安全息息相关,故相关法律法规对药品的研制、生产规定了严格的标准和条件。与之相比,专利法保护的是以技术方案为具体对象的智力成果,专利法中有关新颖性、创造性等专利授权确权标准的规定,均是为了实现保护发明创造专利权,鼓励发明创造,有利于发明创造的推广应用,促进科学技术进步和创新的立法目的。二者在立法目的、规范对象以及具体标准方面均有实质性区别。对于涉及药品的发明创造而言,在其符合专利法中规定的授权条件的情况下,即可授予专利权,无须另行考虑该药品是否符合其他法律法规中有关药品研制、生产的相关规定。因此,对于湘北威尔曼公司有关复方制剂作为人用药物,必须具有安全性、有效性、稳定性,未经一系列研究和试验,不能显而易见地得知可以将 β－内酰胺酶抑制剂与 β－内酰胺类抗生素制为复方制剂的主张,不予支持。

9. 专利申请文件的修改是否超出原说明书和权利要求书记载的范围的判断标准

在申请再审人郑亚俐与精工爱普生株式会社(以下简称精工爱普生)、国家知识产权局专利复审委员会(以下简称专利复审委员会)、佛山凯德利办公用品有限公司(以下简称凯得利公司)、深圳市易彩实业发展有限公司(以下简称易彩公司)专利无效行政诉讼案(〔2010〕知行字第53号)(以下简称“墨盒”专利无效行政案)中,最高人民法院认为,原说明书和权利要求书记载的范围应该包括原说明书及其附图和权利要求书以文字或者图形等明确表达的内容以及所属领域普通技术人员通过综合原说明书及其附图和权利要求书可以直接、明确推导出的内容;只要所推导出的内容对于所属领域普通技术人员是显而易见的,就可认定该内容属于原说明书和权利要求书记载的范围;与上述内容相比,如果修改后的专利申请文件未引入新的技术内容,则可认定对该专利申请文件的修改未超出原说明书和权利要求书记载的范围。

本案的基本案情是:精工爱普生是名称为“墨盒”的 00131800.4 号发明专利(即本案专利)的申请人和权利人。本案专利是 99800780.3 号发明专利申请的分案申请,而后者是进入中国国家阶段的国际申请(PCT/JP99/02579),即 99800780.3 号发明专利申请的申请文件相当于是 PCT/JP99/02579 号国际申请的中文翻译件。99800780.3 号发明专利申请公开文本的权利要求书中并未出现独立使用的“存储装置”用语,而是使用了“半导体存储装置”或

者指代“半导体存储装置”的“所述外部存储装置”的概念。精工爱普生对99800780.3号发明专利申请提出分案申请,并提交了修改文件。修改文件的权利要求书中未再出现“半导体存储装置”,而是使用了“存储装置”的术语。针对本案专利权,凯德利公司、郑亚俐和易彩公司分别向专利复审委员会提出无效宣告请求。专利复审委员会于2008年4月15日作出第11291号无效宣告请求审查决定(以下简称第11291号决定),以精工爱普生有关存储装置的修改以及其他修改均超出原说明书和权利要求书记载的范围,违反《专利法》第33条的规定为由,宣告本案专利全部无效。精工爱普生不服,提起行政诉讼。北京市第一中级人民法院一审判决维持专利复审委员会第11291号决定。精工爱普生不服,提起上诉。北京市高级人民法院二审认为,本领域技术人员通过阅读原权利要求书及说明书,可以毫无疑义地确定本案专利申请人在说明书中是在“半导体存储装置”意义上使用“存储装置”,精工爱普生关于“存储装置”的修改符合《专利法》第33条的规定,故判决撤销一审判决,责令专利复审委员会就此重新作出审查决定。郑亚俐不服,向最高人民法院申请再审。最高人民法院于2011年12月25日裁定驳回了郑亚俐的再审申请。

最高人民法院审查认为:《专利法》第33条包括两层含义,一是允许申请人对专利申请文件进行修改,二是对专利申请文件的修改进行限制。《专利法》第33条的立法目的在于实现专利申请人的利益与社会公众利益之间的平衡,一方面使申请人拥有修改和补正专利申请文件的机会,尽可能保证真正有创造性的发明创造能够取得授权和获得保护,另一方面又防止申请人对其在申请日时未公开的发明内容随后补入专利申请文件中,从而就该部分发明内容不正当地取得先申请的利益,损害社会公众对原专利申请文件的信赖。基于前述立法目的,对于“原说明书和权利要求书记载的范围”,应该从所属领域普通技术人员角度出发,以原说明书和权利要求书所公开的技术内容来确定。凡是原说明书和权利要求书已经披露的技术内容,都应理解为属于原说明书和权利要求书记载的范围。既要防止对记载的范围作过宽解释,乃至涵盖了申请人在原说明书和权利要求书中未公开的技术内容,又要防止对记载的范围作过窄解释,对申请人在原说明书和权利要求书中已披露的技术内容置之不顾。从这一角度出发,原说明书和权利要求书记载的范围应该包括如下内容:一是原说明书及其附图和权利要求书以文字或者图形等明确表达的内容;二是所属领域普通技术人员通过综合原说明书及其附图和权利要求书可以直接、明确推导出的内容。只要所推导出的内容对于所属领域普通技术人员是显而易见的,就可认定该内容属于原说明书和权利要求书记载的范围。与上述内容相比,如果修改后的专利申请文件未引入新的技术内容,则可认定对该专利申请文件的修改未超出原说明书和权利要求书记载的范围。由此可见,判断对专利申请文件的修改是否超出原说明书和权利要求书记载的范围,不仅应考虑原说明书及其附图和权利要求书以文字或者图形表达的内容,还应考虑所属领域普通技术人员综合上述内容后显而易见的内容。在这个过程中,不能仅仅注重前者,对修改前后的文字进行字面对比即轻易得出结论;也不能对后者作机械理解,将所属领域普通技术人员可以直接、明确推导出的内容理解为数理逻辑上唯一确定的内容。

10. 判断专利申请文件的修改是否超出原说明书和权利要求书记载的范围应当充分考虑专利申请所属技术领域的特点

在申请再审人曾关生与被申请人国家知识产权局专利复审委员会(以下简称专利复审委员会)发明专利申请驳回复审行政纠纷案(〔2011〕知行字第27号)中,最高人民法院认为,在审查专利申请人对专利申请文件的修改是否超出原说明书和权利要求书记载的范围时,应当充分考虑专利申请所属技术领域的特点,不能脱离本领域技术人员的知识水平。

本案的基本案情是:2000年9月8日,曾关生向国家知识产权局提出了名称为"一种既可外用又可内服的矿物类中药"的发明专利申请。在实质审查程序中,国家知识产权局于2004年8月6日向曾关生发出第二次审查意见通知书,明确指出:"'水银八两……'属于未使用本领域的标准国际计量单位。"曾关生据此将其原专利申请配方中计量单位由"两"换算成"克",并作了其他修改。在第六次审查意见通知书中,国家知识产权局对曾关生采用"一两=30克(g)"的换算关系明确予以认可。2009年1月9日,国家知识产权局以曾关生对说明书和权利要求书的修改不符合《专利法》第33条的规定为由,驳回了本案专利申请。曾关生不服,向专利复审委员会提出复审请求,并于2009年8月13日提交了权利要求书和说明书的修改替换页,将配方中的水银、明矾、牙硝、硼砂分别由八两、八两、十两、五分修改为240g、240g、300~330g和1.5g。2009年12月9日,专利复审委员会作出第20574号决定,维持国家知识产权局作出的驳回决定。曾关生不服,提起行政诉讼。北京市第一中级人民法院一审判决维持第20574号决定。曾关生不服,提起上诉。北京市高级人民法院二审判决驳回上诉,维持原判。曾关生向最高人民法院申请再审。最高人民法院于2011年10月28日作出裁定,指令北京市高级人民法院再审本案。

最高人民法院审查认为:在判断专利申请人对专利申请文件的修改是否超出原说明书和权利要求书记载的范围时,应当充分考虑专利申请所属技术领域的特点,不能脱离本领域技术人员的知识水平。就一般情况而言,虽然"两"与"克"(g)的换算关系确实存在新、旧制的不同,但是从查明的相关事实来看,在传统中药配方尤其是古方技术领域中,在进行"两"与"克"的换算时均遵循"一斤=十六两"的旧制。根据本案专利申请说明书记载的有关内容,本案专利申请系在古方三仙丹的配方的基础上改进而成。因此,虽然说明书中没有明确记载"两"与"克"的换算是采用何种换算关系,但本领域技术人员结合本案专利申请的背景技术、发明内容以及本领域的常识,均能够确定在本案专利申请中的"两"与"克"的换算应当采用旧制,不应当采用"一斤=十两"的新制。根据《国务院批转国家标准计量局等单位关于改革中医处方用药计量单位的请示报告》的规定,在依据旧制进行换算时,旧制的一两显然应当换算为30克。从《中药学》、《矿物本草》、《中药药剂学》等教科书、技术手册中记载的相关内容来看,亦均采用"一两=30克"的换算关系。因此,对于《方剂学》中所称的"换算时尾数可以舍去",本领域技术人员应当理解此处所指的尾数是指"31.25g"中的"1.25",即采用"一两=30克"的换算关系。即使在以旧制进行换算时还存在以其他方式舍去尾数,或者不舍去尾数的情形,亦应认识到这种尾数省略方式的不唯一性是由于中药配方领域的技术特点所决定的。不同的省略方式之间仅有细微区别,采用不同的省略方式并不会导致技术方案发生实质性的改变。在实践中,本领域技术人员可以根据具体的情况和要求,选择特定的尾数省略方式。而且,一旦选择了特定的省略方式,本领域技术人员即会在一项中药配方中予以统一适用,不会也不应出现在同一配方中适用不同省略方式的情形。因此,在旧制的基础上选择不同的尾数省略方式,均属于本领域技术人员能够直接、毫无疑义地确定的内容,并不会引入新的技术内容,损害社会公众的利益;亦不会出现专利复审委员会所担心的"有可能实质上改变本发明的技术方案,将不能实施的技术方案改为可以实施的技术方案"的情形。

11. 专利无效宣告程序中权利要求书的修改方式是否严格限于《专利审查指南》限定的三种方式

在申请再审人国家知识产权局专利复审委员会(以下简称专利复审委员会)与被申请人江苏先声药物研究有限公司(以下简称江苏先声公司)、南京先声药物研究有限公司(以下简称南京先声公司)、第三人李平专利无效行政纠纷案(〔2011〕知行字第17号)中,最高人民法院认为,专利无效宣告程序中,权利要求书的修改在满足修改原则的前提下,其修改方式一般情况下限于权利要求的删除、合并和技术方案的删除三种方式,但并未绝对排除其他修改方式。

本案的基本案情是:案外人上海家化医药科技有限公司(以下简称家化公司)于2003年9月19日向国家知识产权局申请名称为"氨氯地平、厄贝沙坦复方制剂"的发明专利(即本案专利),并于2006年8月23日被授权公告。本案专利授权公告的权利要求如下:"(1)一种复方制剂,其特征在于该制剂是以重量比组成为1:10~30的氨氯地平或氨氯地平生理上可接受的盐和厄贝沙坦为活性成份组成的药物组合物。(2)根据权利要求1所述的复方制剂,其特征在于其中所述的药物组合物为各种医学上可接受的口服制剂。(3)根据权利要求1所述的复方制剂在制备治疗轻、中度高血压药物中的应用。(4)根据权利要求3所述的应用,其特征在于其中所述的药物适用于伴有心血管重构的高血压患者,肾性高血压、高血压伴肾功能损害或伴糖尿病肾功能损害的患者的治疗。"本案专利说明书第三部分"试验结果"表5(第9页)的"9种剂量组合及相应的剂量比"中有A_1I_{30}(1:30)的内容。该部分"复方对血压的影响"中有如下描述:"氨氯地平1mg/kg与不同剂量的厄贝沙坦组合,仅在厄贝沙坦为30mg/kg时才呈现稳定持续的降压效应。"说明书第四部分"分析与结论"(第10页)中有"氨氯地平1mg/kg与厄贝沙坦30mg/kg的组方因降压效果稳定持久,用药剂量较小,故推荐为最佳剂量组合"的内容。第10页及第11页片剂制备实施例1和实施例2分别公开了氨氯地平2.500mg与厄贝沙坦75.000mg的组合以及氨氯地平5.000mg与厄贝沙坦150.000mg的组合。针对本案专利权,李平向专利复审委员会提出无效宣告请求。2009年9月29日,专利复审委员会进行口头审理,家化公司当庭提交了权利要求书的修改文本,其中将本案专利权利要求1中的比例"1:10~30"修改为"1:30"。2009年12月14日,专利复审委员会作出第14275号无效宣告请求审查决定(以下简称第14275号决定),认定家化公司提交的权利要求修改文本超出原权利要求书和说明书记载的范围,并且对该反映比例关系的技术特征进行修改也不属于无效宣告程序中允许的修改方式,因此不予接受。故在原授权文本的基础上以权利要求得不到说明书支持为由宣告本案专利全部无效。家化公司不服,提起行政诉讼。北京市第一中级人民法院一审判决维持第 14275 号决定。家化公司不服,提起上诉。二审诉讼期间,江苏先声公司、南京先声公司因受让本案专利而承继家化公司的诉讼地位。北京市高级人民法院二审认为,家化公司在无效宣告程序中对专利要求的修改符合相关规定,判决撤销第 14275 号决定,责令专利复审委员会重新作出决定。专利复审委员会不服,向最高人民法院申请再审。最高人民法院于 2011 年 10 月 8 日裁定驳回了专利复审委员会的再审申请。

最高人民法院审查认为:本案中,1∶30 的比值是专利权人在原说明书中明确推荐的最佳剂量比,将权利要求修改为 1∶30 既未超出原说明书和权利要求书记载的范围,更未扩大原专利的保护范围。如果按照专利复审委员会的观点,仅以不符合修改方式的要求而不允许此种修改,使得在本案中对修改的限制纯粹成为对专利权人权利要求撰写不当的惩罚,缺乏合理性。况且,《专利审查指南》规定在满足相关修改原则的前提下,修改方式一般情况下限于前述三种,并未绝对排除其他修改方式。二审判决认定修改符合《专利审查指南》的规定并无不当,专利复审委员会对《专利审查指南》中关于无效过程中修改的要求解释过于严格,其申诉理由不予支持。

12. 专利申请文件的修改限制与专利保护范围的关系

在"墨盒"专利无效行政案中,最高人民法院还明确了专利申请文件的修改限制与专利保护范围的关系。最高人民法院认为,专利申请文件的修改限制与专利保护范围之间既存在一定的联系,又具有明显差异;在无效宣告请求的审查过程中,发明或者实用新型专利的专利权人修改其权利要求书时要受原专利的保护范围的限制,不得扩大原专利的保护范围;发明专利申请人在提出实质审查请求时以及在收到国务院专利行政部门发出的发明专利申请进入实质审查阶段通知书之日起 3 个月内进行主动修改时,只要不超出原说明书和权利要求书记载的范围,在修改原权利要求书时既可以扩大也可以缩小其请求保护的范围。

最高人民法院审查认为:根据 2000 年修正的《专利法》第 33 条及其实施细则的相关规定,可知专利申请文件的修改限制与专利保护范围之间既存在一定的联系,又具有明显差异。其主要差异在于,专利申请文件的修改以原说明书和权利要求书记载的范围为界,其记载的范围越广,披露的技术内容越多,允许的修改范围就越大,而发明或者实用新型专利权的保护范围以其权利要求的内容为准,说明书及附图可以用于解释权利要求,其权利要求记载的技术特征越多,其保护范围就越小。同时,专利申请人根据《专利法实施细则》第 51 条的规定进行主动修改时,只要不超出原说明书和权利要求书记载的范围,在修改原权利要求书时既可以扩大其请求保护的范围,也可以缩小其请求保护的范围。专利申请文件的修改限制与专利保护范围的联系在于,根据《专利法实施细则》第 68 条的规定,在无效宣告请求的审查过程中,发明或者实用新型专利的专利权人修改其权利要求书时要受原专利的保护范围的限制,不得扩大原专利的保护范围。本案中,精工爱普生对原权利要求书中的"半导体存储装置"的修改发生于提出分案申请之时,并非无效宣告请求审查之时,相应的修改是否合法与原专利申请文件请求保护的范围没有关联性。申请再审人有关本案专利的修改因扩大了保护范围应予无效的申请再审理由不能成立，不予支持。

13. 专利申请文件的修改限制与禁止反悔原则的关系

在“墨盒”专利无效行政案中，最高人民法院还明确了专利申请文件的修改限制与禁止反悔原则的关系。最高人民法院认为，禁止反悔原则在专利授权确权程序中应予适用，但是其要受到自身适用条件的限制以及与之相关的其他原则和法律规定的限制；在专利授权程序中，相关法律已经赋予了申请人修改专利申请文件的权利，只要这种修改不超出原说明书和权利要求书记载的范围，禁止反悔原则在该修改范围内应无适用余地。

最高人民法院审查认为：作为诚实信用原则的体现和要求，禁止反悔原则在专利授权确权程序中应予适用。但是，禁止反悔原则在专利授权确权程序中的适用并非是无条件的，其要受到自身适用条件的限制以及与之相关的其他原则或者法律规定的限制。禁止反悔原则的适用应以行为人出尔反尔的行为损害第三人对其行为的信赖和预期为必要条件。同时，法律的明确规定以及其他同等重要的原则也限制着禁止反悔原则的适用。在专利授权确权程序中适用禁止反悔原则必须综合考虑上述因素。在专利授权程序中，相关法律已经赋予了申请人修改专利申请文件的权利，只要这种修改不超出原说明书和权利要求书记载的范围即可。对于社会公众而言，基于《专利法》第 33 条规定，其应该预见到申请人可能对专利申请文件进行修改，其信赖的内容应该是原说明书和权利要求书记载的范围，即原说明书及其附图和权利要求书以文字或者图形等明确表达的内容和所属领域普通技术人员通过综合原说明书及其附图和权利要求书可以直接、明确推导出的内容，而不是仅信赖原权利要求书记载的保护范围。因此，如果申请人对专利申请文件的修改符合《专利法》第 33 条的规定，禁止反悔原则在该修改范围内应无适用余地。精工爱普生在本案中有关“存储装置”的修改符合《专利法》第 33 条的规定，不存在适用禁止反悔原则的问题。

14. 专利无效行政诉讼程序中人民法院可否依职权主动引入公知常识

在申请再审人福建多棱钢业集团有限公司（以下简称多棱钢业集团）与被申请人厦门市集美区联捷铸钢厂（以下简称联捷铸钢厂）、二审上诉人国家知识产权局专利复审委员会（以下简称专利复审委员会）、原审第三人福建泉州市金星钢丸有限公司（以下简称金星钢丸公司）发明专利无效行政纠纷案（〔2010〕知行字第 6 号）中，最高人民法院认为，在专利无效行政诉讼程序中，法院在无效宣告请求人自主决定的对比文件结合方式的基础上，依职权主动引入公知常识以评价专利权的有效性，并未改变无效宣告请求理由，有助于避免专利无效程序的循环往复，并不违反法定程序；法院在依职权主动引入公知常识时，应当在程序上给予当事人就此发表意见的机会。

本案的基本案情是：多棱钢业集团是名称为“一种钢砂生产方法”的 01127387.9 号发明专利（即本案专利）的权利人。针对本案专利，联捷铸钢厂、金星钢丸公司分别向专利复审委员会提出无效宣告请求（一）和（二），请求宣告本案专利全部无效。专利复审委员会将两次无效宣告请求合并审理，于 2006 年 8 月 7 日作出第 8585 号无效宣告请求审查决定（以下简称第 8585 号决定），宣告本案专利全部无效。多棱钢业集团不服，提起行政诉讼。北京市第一中级人民法院一审判决撤销第 8585 号决定，责令专利复审委员会重新就本案专利作出无效宣告请求审查决定。北京市高级人民法院二审维持了一审判决。专利复审委员会随后重新成立合议组对上述两个无效宣告请求案进行审查。联捷铸钢厂针对本案专利再次提出了无效宣告请求(三),请求宣告本案专利全部无效。在专利复审委员会的审查程序中,关于无效宣告请求(一)和(二),联捷铸钢厂明确表示,使用附件1结合附件3,附件1结合附件16,附件1结合常规技术手段(包括技术手册、本领域的常规技术手段)来评价本案专利权利要求1和2的创造性。专利复审委员会经审查作出第11978号无效宣告请求审查决定(以下简称第11978号决定),维持本案专利有效。联捷铸钢厂不服,提起行政诉讼。北京市第一中级人民法院一审判决撤销第11978号决定。专利复审委员会、多棱钢业集团不服,提起上诉。在二审庭审中,联捷铸钢厂明确其请求宣告本案专利无效中争议的主要内容为:本案专利相对于附件1和附件3的结合不具备创造性;本案专利相对于附件1和附件16的结合不具备创造性;本案专利相对于附件1结合公知常识证据(附件6)不具备创造性。北京市高级人民法院二审认为,专利复审委员会在第11978号决定中作出的本案专利相对于附件1和3的结合具备创造性的认定事实不清,判决驳回上诉,维持一审判决。该判决在论述本案专利相对于附件1和3的结合是否具备创造性的问题时引用了附件6的内容。多棱钢业集团不服,向最高人民法院申请再审,其主要理由之一为,二审判决在评判附件1和附件3的结合对本案专利的创造性影响时引入了附件6,明显违反了审查规则,破坏了无效宣告请求人联捷铸钢厂自主决定的证据结合方式,剥夺了多棱钢业集团针对附件1、附件3和附件6的组合进行答辩的权利。最高人民法院审查查明,联捷铸钢厂和金星钢丸公司在无效宣告请求审查程序中提供附件5、附件6和附件7用于证明钢砂产品本身是已知技术,轴承钢的技术性能和热处理工艺都是本领域公知的,多棱钢业集团对附件5、附件6和附件7的真实性没有异议。最高人民法院于2011年5月5日作出驳回再审申请通知书,驳回了多棱钢业集团的再审申请。

最高人民法院审查认为:本案中,无效宣告请求人联捷铸钢厂和金星钢丸公司在无效宣告请求审查程序中提出了附件1和附件3的对比文件结合方式,而附件6本身属于公知常识的证据。多棱钢业集团的再审理由涉及法院在专利无效案件审理中,在无效宣告请求人自主决定的对比文件结合方式的基础上,是否可以依职权主动引入公知常识以评价专利权有效性的问题。由于公知常识是本领域技术人员均知悉和了解的,因此在专利无效案件行政诉讼程序中,法院在无效宣告请求人自主决定的对比文件结合方式的基础上,依职权主动引入公知常识以评价专利权的有效性,并未改变无效宣告请求理由,对双方当事人来说亦无不公,且有助于避免专利无效程序的循环往复,并不违反程序。当然,法院在依职权主动引入公知常识时,应当在程序上给予当事人就此发表意见的机会。本案中,联捷铸钢厂在一、二审程序中即主张使用附件6中公开的内容,且多棱钢业集团对附件6的真实性没有异议,在此情况下,原审法院引入附件6评价本案专利的效力并不违反法定程序。

15. 外观设计相近似判断中"整体观察、综合判断"的把握

在申请再审人珠海格力电器股份有限公司(以下简称格力公司)与被申请人广东

美的电器股份有限公司（以下简称美的公司）、二审上诉人国家知识产权局专利复审委员会（以下简称专利复审委员会）外观设计专利权无效行政纠纷案（〔2011〕行提字第1号）（以下简称“风轮”外观设计行政案）中，最高人民法院认为，所谓整体观察、综合判断，是指一般消费者从整体上而不是仅依据局部的设计变化，来判断外观设计专利与对比设计的视觉效果是否具有明显区别；在判断时，一般消费者对于外观设计专利与对比设计可视部分的相同点和区别点均会予以关注，并综合考虑各相同点、区别点对整体视觉效果的影响大小和程度。

本案的基本案情是：针对美的公司名称为“风轮（455 - 180）”的外观设计专利（即本案专利），格力公司向专利复审委员会提出无效宣告请求，并提交了公告号为CN3265720、名称为“风扇扇叶”外观设计专利作为对比文件。专利复审委员会作出第13585号无效宣告请求审查决定（以下简称第13585号决定），宣告本案专利权无效。美的公司不服，提起行政诉讼。北京市第一中级人民法院一审认为，本案专利与对比文件公开的在先设计不相近似，遂判决撤销第13585号决定。格力公司、专利复审委员会不服，均提出上诉。北京市高级人民法院二审认为，本案专利与在先设计关于扇叶部分的区别因扇叶部分的旋转方向系由功能决定，故对整体视觉效果不具有显著影响，其他区别分布于本案专利的中部等主要视觉部分，根据整体观察、综合判断原则，对一般消费者而言，其区别足以在整体视觉效果上产生不同。据此判决驳回上诉，维持一审判决。格力公司不服，向最高人民法院申请再审。最高人民法院于2010年12月7日裁定提审本案，并于2011年11月11日判决撤销一、二审判决，维持第13585号决定。

最高人民法院再审认为：本案专利与在先设计均由位于中央的轮毂以及轮毂两侧呈中心对称分布的两个扇叶组成。将二者的扇叶相比较，均包括圆弧状的外侧和内侧、外侧与内侧连接处的凸起、位于前侧的尖角和直线部分，以及位于前侧的类似刀口的加厚增强层等结构；单个扇叶的形状基本相同，两个扇叶的对称分布形态亦基本相同。二者的主要区别是：扇叶的旋转方向呈180°反向；本案专利的扇叶突出轮毂主体一小部分，并且本案专利的扇叶比在先设计的扇叶厚。由于对称分布的两个扇叶占据了产品的主要视觉部分，更容易被一般消费者所关注，故基本相同的扇叶形状以及对称分布形态对整体视觉效果具有显著的影响。扇叶的旋转方向系由风轮的旋转功能所决定，故旋转方向的不同对整体视觉效果不具有显著影响。由于一般消费者施以一般的注意力和分辨力难以观察到二者的扇叶厚度的细微差异，故扇叶厚度的区别对整体视觉效果不具有影响。本案专利的扇叶虽突出于轮毂主体一小部分，但相对于整个扇叶而言，该突出部分所占比例较小，而且在使用状态下，该突出部分位于风轮安装面一侧，难以被一般消费者观察到，故这一区别对整体视觉效果亦不具有显著影响。将本案专利与在先设计的轮毂进行比较，二者的轮毂均由一圆台状结构构成，轮毂与扇叶的连接处均有一对呈渐开线方式延伸的圆弧状轮毂壁，轮毂壁的形状均由圆弧和直线结合形成，轮毂与扇叶内侧均由轮毂壁由下至上倾斜连接，连接方式基本相同。二者的主要区别在于，在先设计的轮毂壁延伸得更长，包围的面积更大，轮毂壁圆弧与直线边形成尖角，本案专利没有形成尖角。对于位于产品中央的设计变化，应当综合考虑其在产品整体中所占的比例、变化程度的大小等因素,确定其对整体视觉效果的影响。位于中央的设计变化并不必然对整体视觉效果具有显著影响。本案专利的轮毂虽位于中央,但相对于扇叶而言,所占面积明显较小,相对于在先设计轮毂的变化亦相对有限,在本案专利与在先设计的轮毂及其轮毂壁还具有前述诸多相同点的情况下,上述区别对整体视觉效果不具有显著影响。事实上,本案专利的轮毂是在在先设计较大的轮毂的基础上,舍弃了一部分,使得轮毂壁延伸长度减少,围成的面积减少,形成的夹角发生变化。在进行相近似判断时,如果外观设计专利的改进仅仅体现为在现有设计的基础上省略局部的设计要素,这种改进通常不能体现出外观设计专利所应当具有的创新性,亦不应对整体视觉效果带来显著影响。将本案专利与在先设计相比较,综合考虑二者的相同点、不同点以及对整体视觉效果的影响,应认定二者的整体视觉效果不具有明显区别,属于相近似的外观设计。

16. 设计要素变化所伴随的技术效果的改变对外观设计整体视觉效果的影响

在前述“风轮”外观设计行政案中,最高人民法院指出,仅仅具有功能性而不具有美感的产品设计,不应当通过外观设计专利权予以保护;一般消费者进行外观设计相近似判断时,主要关注外观设计的整体视觉效果的变化,不会基于设计要素变化所伴随的技术效果的改变而对该设计要素变化施以额外的视觉关注。

最高人民法院再审认为:一项产品的外观设计要获得外观设计专利权的保护,其必须具备专利法意义上的美感,即在实现产品的特定功能的基础上,对产品的视觉效果作出创新性的改进,使得产品能够体现出功能性和美感的有机结合。仅仅具有功能性而不具有美感的产品设计,可以通过申请发明或者实用新型专利权予以保护,而不应当通过外观设计专利权予以保护。与本领域普通技术人员总是从技术角度考虑问题有所不同,一般消费者在进行相近似判断时,其主要关注于外观设计的视觉效果的变化,而不是功能或者技术效果的变化。一般消费者也不会基于设计要素变化所伴随的技术效果的改变,而对该设计要素变化施以额外的视觉关注。因此,对于美的公司关于单纯地讨论美感没有实际意义,相关区别能够显著提高风轮的工作效率,一般消费者对于该区别更加敏感,该区别对整体视觉效果具有显著影响的主张,不予支持。

二、商标案件审判

(一)商标民事案件审判

17. 判断商标侵权行为应考虑相关公众混淆、误认的可能性

在申请再审人山东齐鲁众合科技有限公司(以下简称齐鲁众合公司)与被申请人齐鲁证券有限公司南京太平南路证券营业部(以下简称南京太平南路营业部)侵犯注册商标专用权纠纷案(〔2011〕民申字第222号)中,最高人民法院认为,商标侵权原则上要以存在造成相关公众混淆、误认的可能性为基础;判断是否存在造成相关公众混淆、误认的可能性时,应该考虑商标的显著性和知名度。

本案的基本案情是:齐鲁众合公司成立于1995年5月31日,2006年企业法人营业执照记载经营范围为:软件开发与应用;网络工程施工;提供科技企业投资咨询服务。2009年4月2日,其经营范围变更为:软硬件开发及批发零售。同年7月16日,又变更经营范围为:证券、期货应用软

件的开发及销售;硬件开发及销售;科技企业投资咨询(不含证券、期货咨询)。2001年7月14日,案外人山东省信达投资管理有限公司(以下简称信达公司)经国家工商行政管理总局商标局核准注册了第1603776号"齐鲁"文字商标,核定服务项目为第36类:资本投资、基金投资、金融分析、金融咨询、证券交易行情、期货经纪、信托、受托管理、金融信息。2008年4月20日,信达公司将第1603776号商标许可齐鲁众合公司独占使用。2000年7月25日,中国证券监督管理委员会向山东省人民政府下发证监函〔2000〕187号函,同意将齐鲁信托投资有限公司等联合组建证券经纪公司的方案,并于2001年4月27日向山东省齐鲁证券经纪有限公司筹建办公室下发《关于同意山东省齐鲁证券经纪有限公司开业的批复》文件。2001年12月9日,山东省齐鲁证券经纪有限公司经核准变更为齐鲁证券有限公司,其经营范围为:证券的代理买卖,代理还本付息、分红派息,证券代保管、鉴证,代理登记开户,证券的承销,证券的自营买卖,证券投资咨询(含财务顾问),证券资产管理业务等。南京太平南路营业部系齐鲁证券有限公司的分支机构。南京太平南路营业部在店面招牌上使用"齐鲁证券有限公司"文字及松树图形标识,在"齐鲁证券"、"齐鲁证券业务介绍"等宣传册上除使用"齐鲁证券"文字及松树图形标识外,还使用了"真诚待客户,满意在齐鲁"字样。齐鲁众合公司以南京太平南路营业部侵犯其"齐鲁"注册商标专用权为由提起诉讼,请求判令该营业部停止使用"齐鲁"字样的服务标识,停止在其企业名称中使用"齐鲁"文字,并赔偿其经济损失100万元。江苏省南京市中级人民法院一审认为,南京太平南路营业部使用"齐鲁"或"齐鲁证券"文字的行为是对其企业名称的简化使用行为,该营业部在企业名称中使用"齐鲁"文字及简化使用该企业名称的行为,不侵犯齐鲁众合公司的注册商标专用权。遂判决驳回齐鲁众合公司的诉讼请求。齐鲁众合公司不服,提起上诉。江苏省高级人民法院二审判决维持一审判决。齐鲁众合公司不服,向最高人民法院申请再审。最高人民法院于2011年7月13日裁定驳回其再审申请。

最高人民法院审查认为:本案中,南京太平南路营业部在简化使用其企业字号时,突出使用了"齐鲁"、"齐鲁证券"文字,但是否构成侵犯齐鲁众合公司对涉案注册商标享有的被许可使用权,原则上要以是否存在造成相关公众混淆、误认的可能性为基础,而判断是否存在造成相关公众混淆、误认的可能性时,必须要考虑涉案注册商标的显著性,特别是其知名度。由于"齐鲁"系山东省的别称,故将其作为注册商标使用,本身显著性较弱。本案涉案商标虽然核定服务类别为36类,但注册商标权人信达公司及其被许可使用人齐鲁众合公司经营范围与齐鲁证券有限公司及其南京太平南路营业部经营范围不同。鉴于国家对证券行业实行严格的市场准入制度,未取得经营证券业务许可证的企业,不得从事特许证券经营业务。由于信达公司及齐鲁众合公司不具备从事特许证券业务的资格,且二者也没有实际从事特许证券业务,故在该行业不存在知名度的问题,进而也就不可能使公众对齐鲁众合公司与南京太平南路营业部经营主体及经营范围产生混淆、误认。因此,原审法院认定南京太平南路营业部不构成商标侵权并无不当,应予维持。

18. 独家经营和使用的具有产品和品牌混合属性的商品名称不应认定为通用名称

在申请再审人佛山市合记饼业有限公

司(以下简称合记公司)与申请再审人珠海香记食品有限公司(以下简称香记公司)侵犯注册商标专用权纠纷案(〔2011〕民提字第55号)中,最高人民法院认为,由于特定的历史起源、发展过程和长期唯一的提供主体以及客观的市场格局,保持着产品和品牌混合属性的商品名称,仍具有指示商品来源的意义,不能认定为通用名称。

本案的基本案情是:盲公饼是佛山市土特产名产品之一,其创制于清嘉庆年代后期,由一盲人的儿子何豫斋创制,并因而得名。盲公饼出名后创号为合记。建国初期,佛山市饼干、糕点、糖果几个行业实行公私合营,组成佛山市合记饼干糖果食品厂,盲公饼为其生产的食品种类之一。后佛山市合记饼干糖果食品厂先后改名为佛山市糖果厂、佛山嘉华食品公司(以下简称嘉华公司)。1999年12月8日,成立有限责任公司,取为现名"佛山市合记饼业有限公司",盲公饼是其生产的食品之一。合记公司在第30类饼干商品上拥有1982年获准注册的第166967号"盲公牌"商标以及2002年获准注册的第1965555号"盲公"商标。香记公司成立于2000年4月6日。香记公司生产销售被诉侵权产品的饼身及其包装盒上均印有明显的"盲公饼"字样。合记公司以香记公司侵犯其"盲公"注册商标专用权为由,提起诉讼。广东省佛山市中级人民法院一审认为,"盲公"是特有名称而非饼类商品的通用名称,香记公司构成侵犯合记公司的两项商标权,故判令香记公司立即停止侵权并赔偿损失。香记公司不服,提起上诉。广东省高级人民法院二审认为,盲公饼为在佛山地区使用近200年的商品概念,被诉侵权盲公饼饼身所刻阳文"盲公餅"与合记公司的商标字体不同,差别显著,结合产品的外包装显著位置关于生产源的明确、突出标记,足以使一般公众区分其为不同生产源的"盲公饼",不致发生混淆,不构成侵犯合记公司商标权。被诉侵权产品外包装盒使用的"盲公饼"商品标记侵犯了合记公司第1965555号"盲公"文字商标专用权。据此改判香记公司停止侵犯合记公司第1965555号注册商标专用权的行为并赔偿损失。合记公司和香记公司均不服,向最高人民法院申请再审。合记公司的申请再审理由为,二审判决认定"盲公饼是商品名称"没有事实根据和理由。香记公司的申请再审理由为,盲公饼是一种饼类的通称,合记公司无权禁止香记公司正当使用"盲公饼"作为商品名称。最高人民法院经过审查后裁定提审本案,并于2011年8月24日改判香记公司停止侵犯合记公司第166967号及第1965555号注册商标专用权的行为。

最高人民法院审理认为:香记公司生产和销售的产品与合记公司注册商标核定使用商品相同,虽然被诉产品饼身标注的"盲公饼"字体与合记公司第166967号和第1965555号注册商标的字体存在一些差异,外包装盒标贴"盲公饼"与第166967号注册商标也存在一些不同,但这些差别是细微的,构成在同一种商品上使用与注册商标近似商标的行为。盲公饼是有着200多年历史的一种佛山特产,有着特定的历史渊源和地方文化特色。虽然"盲公饼"具有特殊风味,但"盲公"或者"盲公饼"本身并非是此类饼干的普通描述性词汇。从其经营者传承看,虽然经历了公私合营、改制等过程,但有着较为连续的传承关系,盲公饼是包括合记饼店、佛山市合记饼干糖果食品厂、佛山市糖果厂、嘉华公司、合记公司等在内的数代经营者独家创立并一直经营的产品。而且在我国《商标法》施行不久,"盲公饼"的经营者即申请了"盲公"商标,并且积极维护其品牌,其生产的"盲公饼”具有较高的知名度。虽然香记公司主张“盲公饼”是通用名称,但未能举出证据证明在我国内地还有其他厂商生产“盲公饼”,从而形成多家主体共存的局面。虽然有些书籍介绍“盲公饼”的做法,我国港澳地区也有一些厂商生产各种品牌的“盲公饼”,这些客观事实有可能使得某些相关公众会认为“盲公饼”可能是一类产品的名称。但是,由于特定的历史起源、发展过程和长期唯一的提供主体以及客观的市场格局,我国内地的大多数相关公众会将“盲公饼”认知为某主体提供的某种产品。因此,在被诉侵权行为发生时,盲公饼仍保持着产品和品牌混合的属性,具有指示商品来源的意义,并没有通用化,不属于通用名称。对于这种名称,给予其较强的保护,禁止别人未经许可使用,有利于保持产品的特点和文化传统,使得产品做大做强,消费者也能真正品尝到产品的风味和背后的文化;相反,如果允许其他厂家生产制造“盲公饼”,一方面权利人的权益受到损害,另一方面也可能切断了该产品所承载的历史、传统和文化,破坏了已有的市场秩序。因此“盲公饼”并非商品通用名称,香记公司关于其正当使用的抗辩不能成立。

(二)商标行政案件审判

19. 含有描述性外国文字的商标的显著性的审查判断

在申请再审人佳选企业服务公司(以下简称佳选公司)与被申请人国家工商行政管理总局商标评审委员会(以下简称商标评审委员会)商标驳回复审行政纠纷案(〔2011〕行提字第9号)(以下简称“BEST BUY”商标驳回复审行政纠纷案)中,最高人民法院认为,在审理商标授权确权行政案件时,应当根据诉争商标指定使用商品的相关公众的通常认识,从整体上对商标是否具有显著特征进行审查判断;如果商标标识中含有的描述性要素不影响商标整体上具有显著特征,相关公众能够以其识别商品来源的,应当认定其具有显著特征。

本案的基本案情是:2004年2月12日,佳选公司申请在第35类推销(替他人)、进出口代理等服务项目上注册第3909917号“BEST BUY及图”商标(即申请商标)。申请商标由英文单词“BEST”、“BUY”以及一方框图形构成,其中两个英文单词上下排列,方框图形的底色为黄色。国家工商行政管理总局商标局(以下简称商标局)认为申请商标以该文字作为商标用在指定使用服务上,仅仅直接表示了服务的品质和特点,决定驳回注册申请。佳选公司向商标评审委员会提出复审申请。2008年5月28日,商标评审委员会作出第05222号商标驳回复审决定(以下简称第5222号决定),以与商标局基本相同理由对申请商标予以驳回。佳选公司不服,提起行政诉讼,并提交了申请商标实际使用的大量证据,以证明其商标因使用获得显著特征。北京市第一中级人民法院以与商标评审委员会相同的理由判决维持第5222号决定。佳选公司不服,提起上诉。北京市高级人民法院二审判决驳回上诉,维持原判。佳选公司不服,向最高人民法院申请再审。最高人民法院裁定提审本案,并于2011年10月28日判决撤销第5222号决定和一、二审判决,责令商标评审委员会重新作出复审决定。

最高人民法院再审认为:人民法院在审理商标授权确权行政案件时,应当根据诉争商标指定使用商品的相关公众的通常认识,从整体上对商标是否具有显著特征进行审查判断。标志中含有的描述性要素不影响商标整体上具有显著特征,相关公众能够以其识别商品来源的,应当认定其具有显著特征。本案中,申请商标由英文单词“BEST”、“BUY”以及黄色的标签方框构成,虽然其中的“BEST”和“BUY”对于指定使用的服务具有一定描述性,但是加上标签图形和鲜艳的颜色,整体上具有显著特征,便于识别。同时,根据新查明的事实,申请商标在国际上有较高知名度,且申请商标在我国已经实际使用,经过使用也具有了一定的知名度。综合上述因素,申请商标能够起到识别服务来源的功能,相关公众能够以其识别服务来源。商标评审委员会和一、二审法院对申请商标的显著性没有进行整体判断,同时未考虑佳选公司新提交的证据,认定申请商标不具有显著性的结论错误,应予纠正。

20. 含有描述性要素的商标的显著性的审查判断

在申请再审人长沙沩山茶业有限公司(以下简称沩山茶叶公司)与被申请人国家工商行政管理总局商标评审委员会(以下简称商标评审委员会)、湖南宁乡沩山湘沩名茶厂(以下简称湘沩名茶厂)等商标行政纠纷案(〔2011〕行提字第7号)中,最高人民法院认为,含有描述性要素的商标的显著性的判定,应当根据争议商标指定使用商品的相关公众的通常认识,从整体上对商标是否具有显著特征进行判断,不能因为商标含有描述性文字就认为其整体缺乏显著性;对于使用时间较长,已经建立一定的市场声誉,相关公众能够以其识别商品来源,并不仅仅直接表示商品特点的商标,应认为其具有显著特征。

本案的基本案情是:案外人湖南省宁乡县茶叶公司于1990年5月11日向国家工商行政管理总局商标局(以下简称商标局)申请注册“沩山牌及图”商标(即争议商标)。商标局于1991年5月20日核准争议商标注册,后争议商标被转让给沩山茶业公司。争议商标经长期使用,于2002年被认定为湖南省著名商标。2004年6月14日,湘沩名茶厂等六公司以“沩山毛尖”为茶叶商品的通用名称,争议商标的注册违反了《商标法》第11条第1款、第41条第1款的规定为由,向商标评审委员会申请撤销争议商标。商标评审委员会审查认为,“沩山茶”是一个历史悠久的茶叶品种,在市场上享有较高的声誉。茶叶是一种地域性很强的商品,茶叶产地的名称同时也表明了此种茶叶突出的、区别于其他产地的茶叶商品的品质特点。依据一般消费习惯,消费者通常将文字部分作为商标的主要识别和呼叫对象,争议商标的文字部分“沩山”缺乏显著特征,图形部分亦无法使其整体产生显著性。争议商标的拼音与其文字部分是对应的,文字部分缺乏显著特征,拼音部分亦无法使其产生显著特征。遂裁定撤销争议商标的注册。沩山茶业公司不服,提起行政诉讼。北京市第一中级人民法院一审认为,本案现有证据能够证明湖南省宁乡县沩山乡自古产茶,沩山乡独特的地理和自然环境决定了沩山茶的品质特点,争议商标由沩山牌文字及图组成,一般消费者会将文字部分作为商品的主要识别部分和呼叫对象,故其整体亦不具有显著性。遂判决维持商标评审委员会的裁定。沩山茶业公司不服,提起上诉。北京市高级人民法院二审判决驳回上诉,维持一审判决。沩山茶业公司不服,向最高人民法院申请再审。最高人民法院经审查后提审本案,并于2011年6月29日作出提审判决,撤销一、二审判决及商标评审委员会的裁定,维持争议商标的注册。

最高人民法院再审认为:根据《商标法》第11条第1款第(2)、(3)项之规定,“仅仅直接表示商品的质量、主要原料、功能、用途、重量、数量及其他特点的”、“缺乏显著特征的”标志不得作为商标注册。判断争议商标是否应当依据上述法律规定予以撤销时，应当根据争议商标指定使用商品的相关公众的通常认识，从整体上对商标是否具有显著特征进行判断，不能因为争议商标含有描述性文字就认为其整体缺乏显著性。本案争议商标由沩山牌文字、拼音及相关图形组成，并非仅由沩山文字及其拼音组成，其商标组成部分中的图形亦属该商标的重要组成部分。此外，根据原审法院查明的事实，争议商标自1991年5月20日核准注册，已经经过了近20年的使用，且在2002年被评为湖南省著名商标。鉴于本案争议商标使用时间较长，已经建立一定的市场声誉，相关公众能够以其识别商品来源，并不仅仅直接表示商品的质量、主要原料、功能、用途、重量、数量及其他特点，商标评审委员会、原审法院以争议商标含有沩山文字就认为其整体缺乏显著性，属于认定事实错误，应予纠正。

21.类似商品认定中对产品用途的考虑

在申诉人湖南省长康实业有限责任公司（以下简称长康公司）与原审被告国家工商行政管理总局商标评审委员会（以下简称商标评审委员会）、被申诉人长沙加加食品集团有限公司（以下简称加加公司）商标异议复审行政纠纷案（〔2011〕知行字第7号）中，最高人民法院认为，类似商品判断中考虑商品的用途时，应以其主要用途为主，如果产品的不同用途面对的是不同的消费对象，一般情况下应该以注意程度较低的消费者为准。

本案的基本案情是：案外人长沙巨龙实业有限公司于1996年1月31日申请注册“加加及图”商标（即引证商标一），1997年6月21日核准注册，注册号为第1035667号，核定使用在第30类酱油商品上。1998年6月28日，该商标经核准转让给加加酱业（长沙）有限公司（以下简称加加酱业公司）。加加酱业公司于1998年5月21日申请注册“加加”商标（即引证商标二）、“加加 JIAJIA 及图”商标（即引证商标三），均于1999年10月7日核准注册，注册号分别为第1321453号、第1321451号，核定使用在第30类酱油、醋、调味品、酱菜（调味品）、佐料（调味品）、味精、蚝油商品上。1999年7月9日，长康公司向国家工商行政管理总局商标局（以下简称商标局）申请注册“加加 JIAJIA”商标（即被异议商标），商标局于2000年8月28日经初步审定，商标注册号为第1482338号，指定使用在第29类芝麻油商品上。加加酱业公司针对被异议商标提出异议申请，商标局于2002年10月16日裁定被异议商标核准注册。加加酱业公司不服，向商标评审委员会申请复审。加加酱业公司其后经两次更名，变更为本案加加公司。2009年12月7日，商标评审委员会作出第34098号商标异议复审裁定（以下简称第34098号裁定），维持了商标局的裁定。加加公司不服，提起行政诉讼。北京市第一中级人民法院一审认为，芝麻油与酱油产品属于类似商品，被异议商标的注册不符合《商标法》第28条的规定，判决撤销第34098号裁定，责令商标评审委员会重新作出裁定。长康公司不服，提起上诉。北京市高级人民法院二审判决驳回上诉，维持一审判决。长康公司向最高人民法院申请再审。最高人民法院于2011年8月31日裁定驳回了长康公司的再审申请。

最高人民法院审查认为：根据《最高人民法院关于审理商标授权确权行政案件若干问题的意见》第15条的规定，判断商品是否类似，应当考虑商品的功能、用途、生产部门、销售渠道、消费群体等是否相同或者具有较大的关联性，是否容易使相关公众认为是同一主体提供的,或者其提供者之间存在特定联系。根据查明的事实,芝麻香油是芝麻油主要面向普通消费者的产品形态,其可用作调味,而且其产品包装规格更类似于酱油、醋这样的调味品,即一般为小瓶包装,与其他食用油明显不同。芝麻油作为食用油脂更主要是作为食用调和油的原料,而不是独立的产品。关于芝麻油的其他用途,比如作为其他产品的生产原料等,一方面,对于产品用途的判断,应以其主要用途为主;另一方面,如果产品的不同用途面对的是不同的消费对象,一般情况下应该以注意程度较低的消费者为准。本案中,应以家庭烹饪用品的消费者作为相关公众,对于此类普通消费者来讲,其普遍的认知应该是芝麻油是调味品的一种。此外,判断商品是否类似除主要应考虑前述的功能、用途等因素外,相关商标的知名度对于判断是否容易引起相关公众混淆也会产生影响。本案中,相关证据可以证明引证商标在被异议商标申请注册时已在湖南省具有一定的知名度。因此,原审法院认定芝麻油与酱油等商品构成类似商品,从而撤销第34098号裁定是正确的。

22. 关联商品可视情纳入类似商品范围

在申请再审人杭州啄木鸟鞋业有限公司(以下简称啄木鸟公司)与被申请人国家工商行政管理总局商标评审委员会(以下简称商标评审委员会)、七好(集团)有限公司(以下简称七好公司)商标争议行政纠纷案(〔2011〕知行字第37号)(以下简称“啄木鸟”商标争议行政案)中,最高人民法院认为,避免来源混淆是商品类似关系判断时需坚持的基本原则,如果近似商标在具有一定关联性的商品上共存,容易使相关公众认为两商品是由同一主体提供或者其提供者之间存在特定联系,应认定两商品构成类似商品。

本案的基本案情是:啄木鸟公司于2000年5月26日向国家工商行政管理总局商标局(以下简称商标局)申请注册第1609312号图形商标(即争议商标),指定使用在第25类2507群的鞋、靴商品,指定使用颜色为啄木鸟通体为黑色,嘴的下部为绿色。商标局于2001年8月7日核准该商标注册。2004年2月3日,七好公司向商标评审委员会提出撤销争议商标注册申请,并援引四个商标为引证商标,其中引证商标一为七好公司于1993年1月3日在第25类服装商品上申请、1994年3月7日核准注册的第680928号“鸟图形 + TUCANO”商标。商标评审委员会审查认为,争议商标指定使用的鞋、靴商品与各引证商标指定使用的服装、领带、皮包等商品所属的范围和领域不同,消费者获取上述商品的渠道有所区别,在《类似商品和服务区分表》中亦不属同一类似群组,不属于类似商品;争议商标与引证商标未构成使用在同一种或类似商品上的近似商标。据此,商标评审委员会作出商评字〔2009〕第2577号商标争议裁定书(以下简称第2577号裁定),维持争议商标注册。七好公司不服,提起行政诉讼。北京市第一中级人民法院一审认为,争议商标指定使用的鞋、靴商品与引证商标指定使用的服装、领带、皮包等商品不属于类似商品,争议商标与引证商标使用在非类似商品上,不会导致普通消费者对商品来源的混淆误认,故判决维持第2577号裁定。七好公司不服,提起上诉。北京市高级人民法院二审认为,争议商标与引证商标两者指定使用商品虽不为同一类似群组,但均为穿戴类商品,商品及生产商品的企业关联性极强,属于关联商品,其在市场上的共同使用易使消费者对其商品来源产生混淆、误认。遂判决撤销一审判决和第 2577 号裁定。啄木鸟公司不服,向最高人民法院申请再审。最高人民法院于 2011 年 7 月 12 日驳回了啄木鸟公司的再审申请。

最高人民法院审查认为:《商标法》设置商品类似关系,是因为商标主要是按商品类别进行注册、管理和保护。在商标授权确权和侵权判定过程中,进行商标法意义上相关商品是否类似的判断,并非作相关商品物理属性的比较,而是主要考虑商标能否共存或者决定商标保护范围的大小。避免来源混淆是商品类似关系判断时要坚持的一项基本原则。本案中,争议商标指定使用的商品为鞋和靴,引证商标核定使用的商品是服装等。虽然两者在具体的原料、用途等方面具有一些差别,但是两者的消费对象是相同的,而且在目前的商业环境下,一个厂商同时生产服装和鞋类产品,服装和鞋通过同一渠道销售,比如同一专卖店、专柜销售的情形较为多见。同时,争议商标与引证商标中的"鸟图形"虽然在细部上略有差异,但两者基本形态相同,且根据查明的事实,引证商标通过使用具有较高的知名度。在这种情况下,如果两商标在服装和鞋类商品上共存,容易使相关公众认为两商品是同一主体提供的,或者其提供者之间存在特定联系。因此,争议商标与引证商标构成类似商品上的近似商标。

23.《类似商品和服务区分表》对类似商品认定的作用

在前述"啄木鸟"商标争议行政案中,最高人民法院还阐述了《类似商品和服务区分表》(以下简称《区分表》)对认定类似商品或者服务的作用。最高人民法院认为,《区分表》可以作为判断类似商品或者服务的参考,但不能机械、简单地以《区分表》为依据或标准,而应当更多地考虑实际因素,结合个案的情况进行认定。

最高人民法院审查认为:《区分表》是我国商标主管机关以世界知识产权组织提供的《商标注册用商品和服务国际分类》为基础,总结我国长期的商标审查实践并结合我国国情而形成的判断商品和服务类似与否的规范性文件。该表对类似商品的划分是在综合考虑了商品的功能、用途、生产部门、销售渠道、销售对象等因素的基础上确定的。因此,《区分表》可以作为判断类似商品或者服务的参考。尤其商标注册申请审查,强调标准的客观性、一致性和易于操作性,为了保证执法的统一性和效率,商标行政主管机关以《区分表》为准进行类似商品划分并以此为基础进行商标注册和管理,符合商标注册审查的内在规律。但是,商品和服务的项目更新和市场交易情况不断变化,类似商品和服务的类似关系不是一成不变。商标异议、争议是有别于商标注册申请审查的制度设置,承载不同的制度功能和价值取向,更多涉及特定民事权益的保护,强调个案性和实际情况,尤其是进入诉讼程序的案件,更强调司法对个案的救济性。在这些环节中,如果还立足于维护一致性和稳定性,而不考虑实际情况和个案因素,则背离了制度设置的目的和功能。因此在商标异议、争议和后续诉讼以及侵权诉讼中进行商品类似关系判断时,不能机械、简单地以《区分表》为依据或标准,而应当考虑更多实际要素,结合个案的情况进行认定。《区分表》的修订有其自身的规则和程序,无法解决滞后性,也无法考虑个案情况。把个案中准确认定商品类似关系寄托在《区分表》的修订是不现实和不符合逻辑的,相反个案的认定和突破才能及时反映商品关系变化,在必要时也可促进《区分表》的修正。因此,啄木鸟公司关于鞋和服装在《区分表》中被划分为非类似商品、不应突破的观点缺乏法律依据。

24. 商标是否驰名应根据案件具体情况及所涉商品特点等进行综合判断

在申请再审人北京华夏长城高级润滑油有限责任公司(以下简称华夏长城公司)与被申请人国家工商行政管理总局商标评审委员会(以下简称商标评审委员会)、原审第三人日产自动车株式会社(以下简称日产株式会社)商标争议行政纠纷案(〔2011〕知行字第45号)中,最高人民法院认为,商标是否驰名是对当事人提交的全部证据进行综合判断后得出的结论,不能孤立地看相关的证据,也不能机械地要求必须提供哪一类的证据,需根据案件具体情况、所涉及的商品特点等进行具体分析判断。

本案的基本案情是:1978 年 3 月 24 日,日产株式会社申请注册“日产”商标(引证商标一),并于 1979 年 11 月 28 日获准注册,核定使用在第 12 类飞机、汽车等商品上。1993 年 9 月 8 日,日产株式会社申请注册“NISSAN 及图”商标(引证商标二),并于 1995 年 4 月 14 日获准注册,核定使用在第 12 类车辆等商品上。2000 年 3 月 23 日,华夏长城公司提出“日产及图”(即争议商标)注册申请,并于 2001 年 4 月 21 日获准注册,核定使用在第 4 类润滑油等商品上。2005 年 4 月 18 日,华夏长城公司许可案外人北京日产嘉禾润滑油有限公司(以下简称日产嘉禾公司)使用争议商标,该争议商标现已申请转让给日产嘉禾公司。2006 年 4 月 20 日,日产株式会社以两引证商标为驰名商标、争议商标的注册违反《商标法》第 13 条的规定为由,向商标评审委员会提出撤销争议商标注册的申请,并提交了 2003 年《日产汽车公司简介》、2002 年 5 月第 41 期《财富》杂志中文版《拯救日产的大师》、《公司在行业里的排名》以及 2003 年 5 月第 53 期《财富》杂志中文版特别报道《各行各业的最佳公司》等报道、1972 年至 2003 年日产株式会社在中国的大事记、日本汽车出口协会的出口汽车明细表复印件、郑州日产汽车有限公司的批准文件及简介、日产株式会社在中国各地的特约维修服务中心和零件特约店列表、部分宣传材料及相关媒体报道复印件等证据。商标评审委员会认定两引证商标构成汽车商品上的驰名商标,争议商标的注册违反了《商标法》第 13 条第 2 款的规定,裁定撤销争议商标的注册。华夏长城公司不服,提起诉讼。北京市第一中级人民法院和北京市高级人民法院均判决维持商标评审委员会的裁定。华夏长城公司不服,向最高人民法院申请再审。最高人民法院于 2011 年 11 月 30 日裁定驳回了华夏长城公司的再审申请。

最高人民法院审查认为:华夏长城公司主要对于日产株式会社提交的证据能否证明其商标驰名提出质疑,主张本案两引证商标未在汽车商品上实际使用即不可能成为相关公众熟知的驰名商标。我国法律规定的驰名商标是指在我国境内为相关公众广为知晓的商标。由于其知名度高,其所承载的商誉也更高,相关公众看到与其相同或者近似的标识,更容易与其商标所有人产生联系,所以法律对驰名商标提供较普通注册商标更宽的保护。当事人为了在具体案件中达到受保护的目的,提供关于其商标知名度的证据,需要证明的是通过其使用、宣传等行为,相关公众对其商标有了广泛的认知。商标是否为相关公众广泛知晓是对所有的证据进行综合判断后得出的结论,不能孤立地看相关的证据,也不能机械地要求必须提供哪一类的证据。本案中两引证商标核定使用的商品为汽车,引证商标一“日产”同时为日产株式会社的企业字号，引证商标二中的“NISSAN”文字与日产具有对应关系，考虑到汽车商品的特殊性，消费者会特别关注生产厂商，所以，日产株式会社对其企业名称的使用、所生产各种车型的汽车的销售维修等情况，均有助于其引证商标知名度的提高。华夏长城公司过于机械地理解法律对于驰名商标的证据要求，其主张不予支持。

25.近似商标共存协议影响商标可注册性的审查判断

在申请再审人北京台联良子保健技术有限公司（以下简称北京良子公司）与一审被告（二审被上诉人）国家工商行政管理总局商标评审委员会（以下简称商标评审委员会）、被申请人山东良子自然健身研究院有限公司（以下简称山东良子公司）商标争议行政纠纷案（〔2011〕知行字第50号）中，最高人民法院认为，当事人之间关于近似商标的共存协议影响商标可注册性的审查判断。

本案的基本案情是：史英建、朱国凡等7人在山东和北京合作开办、经营良子洗脚店，并于1997年9月23日签订良子集体发展决议，约定责成朱国凡以济南良子店名义申请注册良子商标，该商标由全体股东共同创立和拥有。但朱国凡却成立以自己为法定代表人的新疆良子公司，于1997年10月向国家工商行政管理总局商标局（以下简称商标局）提出第1235891号“良子及图”商标（即引证商标）的注册申请，核定使用服务为第42类按摩、推拿，类似群组为4204。1998年史英建、朱国凡等七人签订分家协议书后，史英建拥有的济南市历下区良子健身总店以恶意抢注为由对引证商标提出异议申请。2000年2月17日，史英建拥有的山东良子公司向商标局提出“良子”商标（即争议商标）的注册申请，2001年4月7日被核准注册，核定使用服务为第42类保健、理疗等。2001年8月27日，济南历下区良子健身总店与新疆良子公司在商标局的主持下签署协议书（即共存协议），其中第4条约定，本协议生效后，双方均不得再对对方其他带有“良子”字样的商标注册申请提出异议或注册不当申请。2002年12月31日，朱国凡拥有的北京良子公司以争议商标的注册违反了《商标法》第28条的规定为由，向商标评审委员会提出撤销注册不当商标申请。商标评审委员会认为，争议商标与引证商标构成类似商品上的近似商标，违反《商标法》第28条规定，共存协议与本案没有关系，故裁定撤销争议商标。山东良子公司不服，提起行政诉讼。北京市第一中级人民法院一审认为，争议商标的撤销程序虽然由当事人申请启动，但争议商标是否应当被撤销是商标评审委员会在对相关事实、理由、请求进行评审的基础上依法作出的裁断。共存协议的约定不能排除《商标法》对商标可注册性的法定要求，争议商标违反《商标法》第28条规定。据此判决维持商标评审委员会的裁定。山东良子公司不服，提起上诉。北京市高级人民法院二审认为，共存协议体现了当事人的意思自治，亦不违反《商标法》第28条的立法本意。根据共存协议，北京良子公司不应对争议商标提出撤销注册不当商标申请，其行为违反诚实信用原则。争议商标经过山东良子公司的使用已经具有较高的知名度，如果在评审程序中被撤销，将无法通过其他法定程序获得救济。故判决撤销一审判决和商标评审委员会的裁定。北京良子公司不服，向最高人民法院申请再审。最高人民法院于2011年11月15日裁定驳回了北京良子公司的再审申请。

最高人民法院审查认为：本案纠纷的发生有着特定的历史过程，在处理时必须予以充分考虑,以作出公平、合理的裁决。根据查明的事实,“良子”商标为朱国凡、史英建等7人共同创立,按照集体发展协议,申请注册的“良子”商标本应为全体股东拥有。但朱国凡违反该协议的约定,将“良子”商标注册到自己成立的新疆良子公司名下,导致后续一系列纠纷的发生。为了解决纠纷,划定双方的商标权利,新疆良子公司与济南历下区良子健身总店签订共存协议,其中第4条约定双方均放弃对对方其他带有“良子”字样的商标提出异议或注册不当申请的权利。在共存协议签订时,本案的争议商标已经过初审公告后获准注册,作为协议签订一方的新疆良子公司理应知晓山东良子公司注册争议商标这一事实,在此基础上仍签订共存协议,应视为新疆良子公司同意山东良子公司注册争议商标,因此争议商标受到共存协议第4条的拘束。按照共存协议的约定,济南市历下区良子健身总店放弃了对新疆良子公司注册的引证商标的异议申请,引证商标从而获准注册。然而,新疆良子公司法定代表人朱国凡成立的北京良子公司却违反协议约定,向商标评审委员会提出撤销争议商标的申请,以致商标评审委员会撤销争议商标。北京良子公司的上述行为,违反了共存协议的约定和诚实信用原则,而撤销争议商标的结果,显然打破了共存协议约定的利益平衡和多年来形成的市场格局,对山东良子公司明显不公平。二审法院综合考虑上述因素,判决撤销一审判决和商标评审委员会的裁定并无不妥。

26. 注册商标连续3年停止使用撤销制度中商业使用和合法使用的判断标准

在申请再审人法国卡斯特兄弟股份有限公司(以下简称卡斯特公司)与被申请人国家工商行政管理总局商标评审委员会(以下简称商标评审委员会)、李道之商标撤销复审行政纠纷案(〔2010〕知行字第55号)中,最高人民法院认为,只要在商业活动中公开、真实地使用了注册商标,且注册商标的使用行为本身没有违反商标法律规定,则注册商标权利人已经尽到法律规定的使用义务;有关注册商标使用的其他经营活动中是否违反进口、销售等方面的法律规定,并非《商标法》第44条第(4)项所要规范和调整的问题。

本案的基本案情是:“卡斯特”商标(即争议商标)系1998年9月7日申请、2000年3月7日被核准注册,指定使用在第33类“果酒(含酒精)”等商品上,商标权人为李道之。2005年7月,卡斯特公司以连续3年停止使用为由,向商标局申请撤销争议商标。国家工商行政管理总局商标局(以下简称商标局)以李道之未在法定期间内提交其使用争议商标的证据材料为由,决定撤销争议商标。李道之不服,向商标评审委员会申请复审,并提交了商标使用许可合同和被许可人上海班提酒业有限公司(以下简称班提公司)销售卡斯特干红葡萄酒的增值税发票2张等使用证据。商标评审委员会经审查认为,争议商标的前述使用事实符合《商标法实施条例》第3条及第39条第3款关于商标使用的规定,不符合《商标法》第44条所指的连续3年停止使用应予撤销的情形,遂维持争议商标的注册。卡斯特公司不服,提起行政诉讼。北京市第一中级人民法院和北京市高级人民法院先后维持了商标评审委员会的决定。卡斯特公司不服,向最高人民法院申请再审,认为争议商标仅有形式使用、象征性使用,而且违反了葡萄酒商品进口、销售等方面的法律法规,属于违法使用,应予撤销。最高人民法院于2011年12月17日裁定驳回了卡斯特公司的再审申请。

最高人民法院审查认为:注册商标长

期搁置不用，该商标不仅不会发挥商标的功能和作用，而且还会妨碍他人注册、使用，从而影响商标制度的良好运转。因此，《商标法》第 44 条第(4)项规定，注册商标连续 3 年停止使用的，由商标局责令限期改正或者撤销其注册商标。应当注意的是，该条款的立法目的在于激活商标资源，清理闲置商标，撤销只是手段，而不是目的。因此只要在商业活动中公开、真实地使用了注册商标，且注册商标的使用行为本身没有违反商标法律规定，则注册商标权利人已经尽到法律规定的使用义务，不宜认定注册商标违反该项规定。本案中，李道之在评审程序中提交了其许可班提公司使用争议商标的合同和班提公司销售卡斯特干红葡萄酒的增值税发票，在申请再审审查期间又补充提交了 30 余张销售发票和进口卡斯特干红葡萄酒的相关材料。综合上述证据，可以证明班提公司在商业活动中对争议商标进行公开、真实地使用，争议商标不属于《商标法》第 44 条第(4)项规定连续 3 年停止使用、应由商标局责令限期改正或者撤销的情形。至于班提公司在使用争议商标有关的其他经营活动中是否违反进口、销售等方面的法律规定，并非《商标法》第 44 条第(4)项所要规范和调整的问题。卡斯特公司的相关申请再审理由缺乏法律依据。

27. 商标驳回复审程序和商标异议复审程序之间一事不再理原则的适用

在申诉人河南省养生殿酒业有限公司(以下简称养生殿公司)与被申诉人国家工商行政管理总局商标评审委员会(以下简称商标评审委员会)、一审第三人安徽高炉酒厂(以下简称高炉酒厂)商标异议复审行政纠纷案(〔2011〕知行字第 53 号)中，最高人民法院认为，商标驳回复审程序和商标异议复审程序在启动主体和救济目的方面均不相同，不能在两个程序之间机械适用一事不再理原则，剥夺引证商标权利人在异议阶段提出异议的权利。

本案的基本案情是：2002 年 1 月 30 日，养生殿公司在第 33 类米酒等商品上提出第 3084432 号“六味地”商标(即涉案商标)注册申请。国家工商行政管理总局商标局(以下简称商标局)以涉案商标与高炉酒厂 1996 年 11 月 21 日申请、1998 年 5 月 6 日获准注册、核定使用在第 33 类白酒上的第 1173132 号“六味池 LIUWEICHI 及图”商标(即引证商标)近似为由予以驳回。养生殿公司不服，向商标评审委员会申请复审。2004 年 8 月 30 日，商标评审委员会作出第 4556 号商标驳回复审决定(以下简称第 4556 号决定)，认定涉案商标“六味地”与引证商标“六味池”未构成类似商品上的近似商标，故决定初步审定并公告涉案商标。高炉酒厂在异议期内向商标局提出商标异议申请。商标局以涉案商标与引证商标未构成近似商标为由，裁定涉案商标予以核准注册。高炉酒厂不服，提出异议复审申请。2010 年 1 月 11 日，商标评审委员会作出第 38086 号商标异议复审裁定(以下简称第 38086 号裁定)，认为涉案商标与引证商标已构成使用于同一种或类似商品上的近似商标，裁定涉案商标不予核准注册。养生殿公司不服，提起行政诉讼。北京市第一中级人民法院一审判决维持第 38086 号裁定。养生殿公司不服，提起上诉，主张商标评审委员会的行为违反《商标法实施条例》第 35 条规定的“一事不再理原则”。北京市高级人民法院二审认为，涉案商标与引证商标已构成使用于同一种或者类似商品上的近似商标。《商标法实施条例》第 35 条的规定属于在同一个评审程序中对于申请人提出的评审申请进行审查的依据，而不应扩展适用到两个不同评审程序中,不同的申请主体提出评审申请的情形。涉案第38086号裁定与第4556号决定的评审程序不同,且评审程序中的当事人亦有区别,商标评审委员会受理高炉酒厂的复审申请进行评审程序符合相关法律规定。据此判决驳回上诉,维持原判。养生殿公司不服,以商标评审委员会的行为违反"一事不再理"原则等为由,向最高人民法院申请再审。最高人民法院于2011年9月29日裁定驳回了养生殿公司的再审申请。

最高人民法院审查认为:商标评审委员会确曾在涉及被异议商标的驳回复审程序中认定被异议商标与引证商标不构成类似商品上的近似商标。但是,驳回复审程序是依被异议商标申请人的请求而启动,在该程序中,由于引证商标权利人不是评审当事人,无从知晓被异议商标申请人的主张,没有机会对被异议商标与引证商标是否近似这一问题陈述意见和提供反驳证据,也无法就对其不利的驳回复审决定向人民法院提起诉讼。被异议商标初审公告后,引证商标权利人认为被异议商标与其在先注册的引证商标构成冲突,损害其在先权利的,只能通过后续的异议或者争议程序予以解决。因此,如果引证商标权利人按照法律规定对被异议商标提出异议和后续的异议复审申请,商标局和商标评审委员会应当受理并依法进行审理,不能因为存在在先的驳回复审决定而剥夺引证商标权利人异议的权利,否则将严重损害引证商标权利人的权益。《商标法实施条例》第35条关于"商标评审委员会对商标评审申请已经作出裁定或者决定的,任何人不得以相同的事实和理由再次提出评审申请"的规定不适用于本案的情形。

28. 商标驳回复审行政诉讼程序中应否考虑阻碍申请商标注册的事实发生的新变化

在申请再审人艾德文特软件有限公司(以下简称艾德文特公司)与被申请人国家工商行政管理总局商标评审委员会(以下简称商标评审委员会)商标驳回复审行政纠纷案(〔2011〕行提字第14号)中,最高人民法院认为,在商标驳回复审行政纠纷案件中,如果引证商标在诉讼程序中因连续3年停止使用而被撤销,鉴于申请商标尚未完成注册,人民法院应根据情势变更原则,依据变化了的事实依法作出裁决。

本案的基本案情是:2002年5月21日,案外人佛山市顺德区海得曼电器有限公司向国家工商行政管理总局商标局(以下简称商标局)申请注册"Advent 海得曼"(即引证商标),于2004年12月14日被核准注册,核定使用在第9类的计算机、晶片(锗片)等商品上。2005年10月20日,艾德文特公司向商标局申请注册"ADVENT"商标(即申请商标),指定使用在第9类的"计算机软件(已录制);计算机程序(可下载软件);已录制的计算机程序;与计算机软件一同销售的使用手册(软件)"商品上。2008年5月21日,商标局以申请商标与引证商标构成在相同或类似商品上的近似商标为由,依据《商标法》第28条的规定,驳回了申请商标的注册申请。艾德文特公司不服,向商标评审委员会申请复审。商标评审委员会作出第12733号决定,以与商标局相同的理由将申请商标予以驳回。艾德文特公司不服,提起行政诉讼。北京市第一中级人民法院判决维持商标评审委员会的驳回复审决定。艾德文特公司不服,提起上诉。在二审阶段,引证商标因连续3年停止使用被商标局予以撤销。北京市高级人民法院二审认为,商标评审委员会作出复审决定和一审法院作出判决时,引证商标仍为有效,故判决维持商标评审委员会的复审决定和一审判决。艾德文特公司不服,向最高人民法院申请再审。最高人民法院裁定提审本案,并于 2011 年 11 月 24 日作出再审判决,撤销商标评审委员会复审决定及原审判决,责令商标评审委员会重新作出复审决定。

最高人民法院再审认为:本案在二审过程中,引证商标因连续 3 年停止使用而被商标局予以撤销,引证商标已丧失商标专用权。依据《商标法》第 28 条的规定,引证商标已不构成申请商标注册的在先权利障碍。在商标评审委员会作出第 12733 号决定的事实依据已经发生了变化的情形下,如一味考虑在行政诉讼中,人民法院仅针对行政机关的具体行政行为进行合法性审查,而忽视已经发生变化了的客观事实,判决维持商标评审委员会的上述决定,显然对商标申请人不公平,也不符合商标权利是一种民事权利的属性,以及商标法保护商标权人利益的立法宗旨。商标驳回复审案件本身具有特殊性,在商标驳回复审后续的诉讼期间,商标的注册程序并未完成。因此,在商标驳回复审行政纠纷案件中,如果引证商标在诉讼程序中因连续 3 年停止使用而被商标局予以撤销,鉴于申请商标尚未完成注册,人民法院应根据情势变更原则,依据变化了的事实依法作出裁决。在艾德文特公司明确主张引证商标权利已经消失、其申请商标应予注册的情况下,二审法院没有考虑相应的事实依据已经发生变化的情形,维持商标评审委员会的第 12733 号决定以及一审判决显属不当,应予纠正。

29. 商标驳回复审行政诉讼程序中应否考虑证明申请商标使用情况的新证据

在前述"BEST BUY"商标驳回复审行政纠纷案中,最高人民法院认为,在商标驳回复审行政诉讼中,对于当事人提交的关于申请商标使用情况的新证据应当予以考虑。

最高人民法院再审认为:商标驳回复审案件中,申请商标的注册程序尚未完成,评审时包括诉讼过程中的事实状态都是决定是否驳回商标注册需要考虑的。本案中,佳选公司在一审诉讼过程中提交了申请商标实际使用的大量证据,这些证据所反映的事实影响申请商标显著性的判断,如果不予考虑,佳选公司将失去救济机会,因此在判断申请商标是否具有显著特征时,应当考虑这些证据。一审法院以这些证据为诉讼中提交的新证据,且无正当理由,对上述证据不予采纳的做法不妥。

30. 商标行政诉讼程序中对当事人提交的新证据的处理及类似商品的认定

在申请再审人吴树填与一审被告(二审被上诉人)国家工商行政管理总局商标评审委员会(以下简称商标评审委员会)、被申请人佛山市富士宝电器科技股份有限公司(以下简称富士宝公司)商标行政纠纷案(〔2011〕知行字第 9 号)中,最高人民法院认为,人民法院对于当事人在行政诉讼程序中提交的新证据并非一概不予采纳;人民法院可以根据案件具体情形,考虑新证据对当事人合法权益的影响及行政诉讼的救济价值,判令商标评审委员会在综合原有证据及新证据的基础上重新作出裁定。

本案的基本案情是:富士宝公司是第 621975 号"富士寶 FUSHIBAO 及图"商标(即引证商标一)、第 1091355 号"Fushibao 及图"商标(即引证商标二)的商标权人。前述两引证商标分别于 1991 年、1997 年被核准注册,核定使用在第 11 类"电热水器"等商品上。2000 年 6 月 6 日,顺德市桂洲镇顺宝燃气具厂(以下简称顺宝厂)在第 11 类"空气冷却装置、空气加热器、空气干燥器、空气调节器、风扇(空气调节)、厨房用抽油烟机、个人用电风扇、排气风扇、消毒碗柜、饮水机”商品上向商标局申请注册“富士賓 FUSHIBAO 及图”(即争议商标)。2002年2月2日,争议商标获准注册,并于2004年5月17日转让给吴树填。2002年6月10日,富士宝公司前身南海富士宝公司认为争议商标的注册侵犯了其在先权利、争议商标核定使用的商品与引证商标核定使用的商品构成类似商品,向商标评审委员会提出撤销申请,并提交了主要产品销量表等证据,以证明在争议商标申请注册日之前,其生产销售的“富士宝”牌空调扇等具有一定知名度。商标评审委员会审理认为,争议商标指定使用商品中仅饮水机一项与两引证商标指定使用的商品类似,争议商标指定使用的风扇(空气调节)、消毒碗柜等其他商品与两引证商标指定使用的商品均不属于类似商品;南海富士宝公司提交的证据不足以证明其“富士宝”标识在争议商标申请注册前,已通过在风扇(空气调节)、消毒碗柜等商品上的使用在相关公众中具有一定影响,南海富士宝公司申请撤销争议商标的理由不能成立,遂作出第06284号商标争议裁定,裁定撤销争议商标在饮水机商品上的注册,维持争议商标在风扇(空气调节)、消毒碗柜等商品上的注册。富士宝公司不服,提起行政诉讼。北京市第一中级人民法院一审判决维持商标评审委员会的裁定。富士宝公司不服,提起上诉,并提交了北京市高级人民法院(1999)高知初字第75号民事判决和最高人民法院(2003)民三终字第2号民事调解书,以补充证明在争议商标申请注册日之前,其生产销售的“富士宝”牌空调扇等已经具有一定知名度。北京市高级人民法院二审认为,在争议商标申请注册日之前,“富士宝”牌空调扇的产销量已经达到一定规模,“富士宝”牌空调扇具有一定的知名度。商标评审委员会以争议商标与富士宝公司的企业名称差别较大为由,不支持其关于争议商标注册损害其企业名称权的决定理由不充分。富士宝公司的引证商标一指定使用的商品“煮水器、电热水器”与引证商标二指定使用的商品“电热开水器”与争议商标核定使用“消毒碗柜”均为厨房用电器,易使相关消费者对上述商品的来源产生混淆误认。商标评审委员会认定争议商标在“消毒碗柜”商品上的注册未构成与引证商标一、引证商标二使用在类似商品上的近似商标,理由不充分。富士宝公司在诉讼阶段提交相关证据与本案争议焦点问题有较强关联性,如果不予考虑,会对双方当事人的合法权益造成较大影响,本案应当由商标评审委员会在综合原有证据以及当事人在诉讼过程中提交的证据的基础上,重新对本案争议商标作出裁定。遂判决撤销一审判决和商标评审委员会的裁定,责令商标评审委员会重新作出裁定。吴树填不服,向最高人民法院申请再审。最高人民法院于2011年4月12日驳回其再审申请。

最高人民法院审查认为:根据《最高人民法院关于行政诉讼证据若干问题的规定》(以下简称《司法解释》)第2条的规定,原告可以提出其在行政程序中没有提出过的反驳理由或者证据。该《司法解释》第59条同时规定,被告在行政程序中依照法定程序要求原告提供证据,原告依法应当提供而拒不提供,在诉讼程序中提供的证据,人民法院一般不予采纳。据此,人民法院对在行政诉讼中提交的新证据不予采纳的限定条件是原告依法应当提供而拒不提供,不提供的后果是人民法院一般不予采纳,并非一概不予采纳。本案中,二审法院考虑本案的具体情形并同时考虑行政诉讼救济价值,对于当事人未能在行政程序中提供有效证明自己主张的证据,判令商标评审委员会在综合原有证据以及当事人在诉讼过程中提交的证据的基础上，重新对本案争议商标作出裁定并无不当。

人民法院审查判断相关商品或者服务是否类似，应当考虑商品的功能、用途、生产部门、销售渠道、消费群体等是否相同或具有较大的关联性。《商标注册用商品和服务国际分类表》、《类似商品和服务区分表》可以作为判断类似商品或者服务的参考。本案中，富士宝公司的引证商标一、引证商标二指定使用的商品“煮水器、电热水器”、“电热开水器”与争议商标核定使用的“消毒碗柜”均为厨房用电器，其销售渠道、消费群体具有较大的关联性，且相关证据已证明南海富士宝公司的引证商标一、二于争议商标申请日前在珠江三角洲一带已有一定知名度。在此情况下，因争议商标与引证商标一、引证商标二核定使用的商品之间存在较大关联性，容易使相关公众造成混淆。鉴此，二审法院关于商标评审委员会第06284号裁定“争议商标在消毒碗柜商品上的注册未构成与引证商标一、引证商标二使用在类似商品上的近似商标的理由不够充分”的认定是正确的。

三、著作权案件审判

31. 本身并不表达某种思想的答题卡不构成著作权法意义上的作品

在申请再审人陈建与被申请人富顺县万普印务有限公司（以下简称万普公司）侵犯著作权纠纷案（〔2011〕民申字第1129号）中，最高人民法院认为，本身并不表达某种思想的答题卡不构成著作权法意义上的作品。

本案的基本案情是：陈建长期从事机读卡阅卷和研究工作，完成了具有三个主观分答题卡的设计并于2008年4月9日在四川省版权局对设计的三个主观分答题卡进行了版权登记。万普公司于2008年8月11日成立，自成立起即生产销售三个主观分答题卡。陈建认为，万普公司生产销售的主观分答题卡侵犯了其著作权，遂提起诉讼。四川省自贡市中级人民法院一审认为，万普公司复制、销售三个主观答题卡的行为构成对陈建三个主观分答题卡著作权的侵犯，遂判决万普公司停止侵权，支付陈建律师费3000元。万普公司不服，提起上诉。四川省高级人民法院二审认为，本案三个主观分答题卡属于通用数表，不受著作权法保护，遂判决撤销一审判决，驳回陈建的全部诉讼请求。陈建不服，向最高人民法院申请再审。最高人民法院于2011年8月30日裁定驳回其再审申请。

最高人民法院审查认为：根据《著作权法实施条例》第2条的规定，著作权法意义上的作品是指文学、艺术和科学领域内具有独创性并能以某种有形形式复制的智力成果。本案诉争的三个主观分答题卡由客观题和主观题答题卡组成，其组成部分主要包括若干题号和代表选项的字母A、B、C、D或数字0－9，以及少量考试信息相关的文字，如姓名、准考证号、科目、考试注意事项等。答题卡的前述设置主要针对考题的选项设置和统计信息需要而设的，且图形排布受制于光标阅读机等阅读设备所识别的行列间距等参数，其本身并不表达某种思想和设计，且其排列及表达方式有限，不属于著作权法意义上的具有独创性的智力成果，二审法院认定其属于通用数表有所不当，但认定不属于著作权法保护的客体并无不当。

四、竞争案件审判

32. 构成国家秘密的商业秘密的秘密性认定

在申请再审人高辛茂与被申请人北京

一得阁墨业有限责任公司(以下简称一得阁公司)、原审被告北京传人文化艺术有限公司(以下简称传人公司)侵犯商业秘密纠纷案(〔2011〕民监字第414号)(以下简称"一得阁墨汁"商业秘密侵权案)中,最高人民法院认为,国家秘密中的信息由于关系国家安全和利益,是处于尚未公开或者依照有关规定不应当公开的内容;属于国家秘密的信息在解密前,应当认定为该信息不为公众所知悉。

本案的基本案情是:一得阁墨汁厂于1967年研制成功了北京墨汁。1996年5月24日,"一得阁墨汁"和"中华墨汁"被列为北京市国家秘密技术项目。1997年7月14日,一得阁工贸集团还成立了保密委员会,高辛茂任副组长。一得阁公司采取主、辅料分别提供的办法对墨汁配方进行保密。高辛茂于1978年调入一得阁墨汁厂工作,先在技术股工作,1987年后任副厂长、副经理等职务,曾主管生产、行政、劳动、技术检验、市场开发等工作。其中,1987年至1995年期间,高辛茂任主管技术的副厂长,其职责是负责全厂的技术开发、产品升级换代、技术改造、技术攻关及日常技术管理方面的组织领导工作,组织领导制定技术标准、工艺操作规程等。传人公司成立于2002年1月9日,系家族式企业,共有股东13人,高辛茂是该公司最大股东,其妻为法定代表人。2002年年底,传人公司生产出了"国画墨汁"、"书法墨汁"、"习作墨汁"三种产品。2003年7月24日,一得阁公司公证购买了传人公司生产的三种产品。一得阁公司认为上述产品的品质、效果指标与其生产的"一得阁墨汁"、"中华墨汁"、"北京墨汁"相同或非常近似,遂起诉传人公司和高辛茂侵害其商业秘密。传人公司和高辛茂共同辩称:传人公司生产的墨汁是公司独立开发研制的产品。一得阁公司无证据证明一得阁公司生产墨汁的配方、生产工艺与传人公司使用的相同,也无证据证明传人公司和高辛茂采取了反不正当竞争法列举的侵犯商业秘密的手段。北京市第一中级人民法院一审认为,一得阁公司主张权利的相关墨汁配方符合商业秘密构成条件,高辛茂和传人公司侵犯了一得阁公司的商业秘密,故判决两被告承担停止侵权和连带赔偿损失的民事责任。传人公司、高辛茂不服,共同提起上诉。北京市高级人民法院二审判决驳回上诉,维持原判。高辛茂向最高人民法院申请再审,最高人民法院于2011年11月23日裁定驳回高辛茂的再审申请。

最高人民法院审查认为:国家秘密是关系国家的安全和利益,依照法定程序确定,在一定时间内只限一定范围的人员知悉的事项。对于纳入国家秘密技术项目的持有单位,包括国家秘密的产生单位、使用单位和经批准的知悉单位均有严格的保密管理规范。我国反不正当竞争法所指的不为公众所知悉,是有关信息不为其所属领域的相关人员普遍知悉和容易获得。国家秘密中的信息由于关系国家安全和利益,是处于尚未公开或者依照有关规定不应当公开的内容。被列为北京市国家秘密技术项目的"一得阁墨汁"、"中华墨汁"在技术出口保密审查、海关监管、失泄密案件查处中均有严格规定。既然涉及保密内容,北京市国家秘密技术项目通告中就不可能记载"一得阁墨汁"、"中华墨汁"的具体配方以及生产工艺。根据国家科委、国家保密局于1998年1月4日发布的《国家秘密技术项目持有单位管理暂行办法》第7条第2款规定,涉密人员离、退休或调离该单位时,应与单位签订科技保密责任书,继续履行保密义务,未经本单位同意或上级主管部门批准,不得在任何单位从事与该技术有关的工作,直到该项目解密为止。因此,“一得阁墨汁”、“中华墨汁”产品配方和加工工艺在解密前,应认定该配方信息不为公众所知悉。

33. 作为商业秘密的整体信息是否为公众所知悉的认定

在前述“一得阁墨汁”商业秘密侵权案中,最高人民法院认为,在能够带来竞争优势的技术信息或经营信息是一种整体信息的情况下,不能将其各个部分与整体割裂开来,简单地以部分信息被公开就认为该整体信息已为公众所知悉。

最高人民法院审查认为:申请再审人提交的有关证据描述了墨汁制造的有关配方以及某项组分在每一种配方中可能起到的作用。但是在上述证据中,墨汁的配方具体组分各不相同,有交叉也有重合;对于制作方法的描述也各有不同。因此,不能因为配方的有关组成部分被公开就认为对这些组分的独特组合信息亦为公众所知。相反,正是由于各个组分配比的独特排列组合,才对最终产品的品质效果产生了特殊的效果。他人不经一定的努力和付出代价不能获取。这种能够带来竞争优势的特殊组合是一种整体信息,不能将各个部分与整体割裂开来。一得阁公司的有关墨汁被纳入国家秘密技术项目,且一得阁墨汁在市场上有很高的知名度也反证了其配方的独特效果。

34. 单纯的竞业限制约定能否构成作为商业秘密保护条件的保密措施

在申请再审人上海富日实业有限公司(以下简称富日公司)与被申请人黄子瑜、上海萨菲亚纺织品有限公司(以下简称萨菲亚公司)侵犯商业秘密纠纷案(〔2011〕民申字第122号)中,最高人民法院认为,符合《反不正当竞争法》第10条规定的保密措施应当表明权利人保密的主观愿望,明确作为商业秘密保护的信息的范围,使义务人能够知悉权利人的保密愿望及保密客体,并在正常情况下足以防止涉密信息泄露;单纯的竞业限制约定,如果没有明确用人单位保密的主观愿望和作为商业秘密保护的信息的范围,不能构成《反不正当竞争法》第10条规定的保密措施。

本案的基本案情是:1996年,黄子瑜与案外人管烽共同出资设立富日公司,黄子瑜持股40%,并在公司担任监事、副总经理等职。黄子瑜与富日公司签订的劳动合同第11条约定,黄子瑜在与富日公司解除合同后,五年内不得与在解除合同前与富日公司已有往来的客户(公司或个人)有任何形式的业务关系。否则,黄子瑜将接受富日公司的索赔。该劳动合同中没有关于保守商业秘密的约定。2000年年初左右,富日公司开始与案外人“森林株式会社”发生持续的交易。2002年4月30日,富日公司通过股东会决议,同意黄子瑜退出公司并辞去相关职务。2002年4月间,黄子瑜与案外人刘学宏共同投资组建了萨菲亚公司。萨菲亚公司设立后,“森林株式会社”基于对黄子瑜的信任,随即与之建立了业务关系。富日公司以黄子瑜、萨菲亚公司共同侵犯其商业秘密为由提起诉讼。上海市第一中级人民法院一审认为,本案并无证据表明富日公司主张保护的特定客户信息不为公众所知悉,并采取了相应保密措施,遂判决驳回富日公司的全部诉讼请求。富日公司不服,提起上诉。上海市高级人民法院二审认为,本案中并无证据表明富日公司对其与“森林株式会社”的销售合同及相关附件采取了相关保密措施;劳动合同第11条应认定为竞业禁止条款,该条款未涉及因此限制而应支付的补偿费,也没有证据证明富日公司曾支付给黄子瑜相关补偿费用,富日公司不能援引该条款主张黄子瑜侵犯了其商业秘密。遂判决驳回上诉,维持一审判决。富日公司向最高人民法院申请再审。最高人民法院于2011年7月27日裁定驳回富日公司的再审申请。

最高人民法院审查认为:符合《反不正当竞争法》第10条规定的保密措施应当表明权利人保密的主观愿望,并明确作为商业秘密保护的信息的范围,使义务人能够知悉权利人的保密愿望及保密客体,并在正常情况下足以防止涉密信息泄露。本案中,富日公司提供的劳动合同第11条没有明确富日公司作为商业秘密保护的信息的范围,也没有明确黄子瑜应当承担的保密义务,而仅限制黄子瑜在一定时间内与富日公司的原有客户进行业务联系,显然不构成《反不正当竞争法》第10条规定的保密措施。竞业限制是指对特定的人从事竞争业务的限制,分为法定的竞业限制和约定的竞业限制。我国立法允许约定竞业限制,目的在于保护用人单位的商业秘密和其他可受保护的利益。但是,竞业限制协议与保密协议在性质上是不同的。前者是限制特定的人从事竞争业务,后者则是要求保守商业秘密。用人单位依法可以与负有保密义务的劳动者约定竞业限制,竞业限制约定因此成为保护商业秘密的一种手段,即通过限制负有保密义务的劳动者从事竞争业务而在一定程度上防止劳动者泄露、使用其商业秘密。但是,相关信息作为商业秘密受到保护,必须具备反不正当竞争法规定的要件,包括采取了保密措施,而并不是单纯约定竞业限制就可以实现的。对于单纯的竞业限制约定,即便其主要目的就是为了保护商业秘密,但由于该约定没有明确用人单位保密的主观愿望和作为商业秘密保护的信息的范围,因而不能构成《反不正当竞争法》第10条规定的保密措施。

35. 商业秘密侵权认定中对不正当手段的事实推定

在前述"一得阁墨汁"商业秘密侵权案中,最高人民法院认为,当事人基于其工作职责完全具备掌握商业秘密信息的可能和条件,为他人生产与该商业秘密信息有关的产品,且不能举证证明该产品系独立研发,根据案件具体情况及日常生活经验,可以推定该当事人非法披露了其掌握的商业秘密。

最高人民法院审查认为:高辛茂具有接触墨汁的保密配方的可能或条件。高辛茂是传人公司最大的股东,其妻是该公司的法定代表人。高辛茂、传人公司未能证明独立开发研制墨汁产品。通过公知资料中对生产墨汁的配方组分进行有机的排列组合,生产出符合市场需要的高质量的墨汁必定需要大量的劳动和反复的实验,而传人公司在成立后短短时间凭借几个没有相关技术背景的个人,就很快开始生产出产品,并在北京、深圳等地销售,在没有现成的成熟配方前提下是不可能的。一审庭审中,传人公司的股东曾陈述,其问过高辛茂关于墨汁的材料、配方等问题。高辛茂有接触一得阁公司商业秘密的条件,根据一得阁公司的相关墨汁作为国家秘密的事实,结合传人公司设立情况及主张独立研发的证据不能成立的事实,依据日常生活经验,原审法院认定高辛茂向传人公司披露了一得阁公司生产墨汁的配方,传人公司非法使用了高辛茂披露的墨汁配方,并无不当。

36. 具有描述性的商品名称构成知名商品特有名称的条件

在申请再审人厦门康士源生物工程有限公司(以下简称康士源公司)与被申请人北京御生堂生物工程有限公司(以下简称御生堂公司)、原审被告厦门康中源保健品有限公司(以下简称康中源公司)、长春市东北大药房有限公司(以下简称东北大药房)擅自使用知名商品特有名称、包装、装潢纠纷案(〔2011〕民提字第60号)中,最高人民法院认为,对于本身具有描述商品功能和用途的商品名称,需要有证据证明其通过使用获得了区别商品来源的第二含义,才能构成知名商品的特有名称。

本案的基本案情是:御生堂公司拥有2001年9月18日申请注册并于2003年8月5日核准注册在"茶及茶叶代用品"上"御生堂"商标。2008年6月16日,该商标被北京市工商行政管理局认定为北京市著名商标。2003年6月,由御生堂公司监制的御生堂牌肠清茶上市。2004年7月29日,北京御生堂营销策划有限公司向国家专利局申请包装盒(御生堂肠清茶)外观设计专利,于2005年4月13日取得了专利证书,并随后授权御生堂公司无限期独占使用。本案御生堂公司主张权利的产品名称、包装装潢与上述外观设计专利的产品名称、包装装潢一致。御生堂牌肠清茶产品自2003年6月上市以来,御生堂公司在全国部分城市平面媒体上对其进行了大量广告宣传。但是,早在2001年以前,医药、保健品行业既已存在"肠清口服液"、"肠清液"、"肠清胶囊"等称谓,一些专业人士也在杂志上发表了关于"肠清口服液"或"肠清液"或"肠清胶囊"的研究文章。2004年,康中源公司成立,此后不久其原法定代表人叶秋枫即申请"肠清"商标并申请涉案"康中源肠清茶"产品包装盒的外观设计专利。2006年康士源公司成立,生产销售康中源肠清茶产品。康士源公司生产的康中源牌肠清茶产品的包装装潢与御生堂肠清茶的包装装潢近似,同时突出使用了"肠清茶"字样。御生堂公司以康士源公司、康中源公司及东北大药房擅自使用其知名商标特有名称、包装、装潢为由,提起诉讼。长春市中级人民法院一审认为,"御生堂肠清茶"构成知名商品特有名称,其装潢构成特有装潢,康士源公司未经许可使用了与其相同或相近似的产品名称、装潢,东北大药房未经许可销售了上述侵权产品,构成不正当竞争。遂判决康士源公司和东北大药房停止侵害,康士源公司赔偿御生堂公司经济损失30万元。康士源公司不服,提起上诉。吉林省高级人民法院二审改判康士源公司赔偿经济损失20万元,维持一审其他判项。康士源公司不服,向最高人民法院申请再审。最高人民法院经审查后提审本案,于2011年8月2日改判康士源公司停止使用与"御生堂肠清茶"知名商品特有装潢近似的商品装潢,同时认为"御生堂肠清茶"虽为知名商品,但并非特有名称。

最高人民法院审查认为:"肠清"有"肠道清理"之意,其直接表明了该类商品的功能和用途,一般情况下不具有识别商品来源的作用,不能成为某一市场主体享有权利的特有名称,除非该主体能证明该商品名称通过使用获得了显著特征,能够将商品来源直接指向该市场主体。本案中,御生堂公司负有这一举证责任。根据其提交的大量广告宣传的证据,可以认定御生堂肠清茶产品销售时间较长、区域较广,宣传的范围亦很广,能够为相关公众所知悉,可以认定为《反不正当竞争法》第5条第(2)项规定的"知名商品"。但能否认定"肠清茶"已经通过使用成为产品来源的标识,还需结合其广告方式、相关公众的认知等相关因素进行判断。本案中,御生堂公司提交大量平面媒体广告,基本形式为大幅宣传洗肠的必要性及益处、肠清茶热销等情况,配有小幅御生堂肠清茶产品图样及购买方式等信息。这种广告方式侧重宣传的是肠清茶产品的功能,未能克服肠清茶本身所具有的描述商品功能的性质，不能达到使相关公众将“肠清茶”与某一特定来源主体联系起来的目的。“肠清茶”三字在御生堂肠清茶产品包装装潢中占有显著位置也并不必然表明其能够成为指代产品来源的标识。御生堂公司主张“肠清茶”为其知名商品特有名称证据不足，不予支持。

五、知识产权合同案件审判

37. 技术合同所涉的产品或者服务需要行政审批和许可对技术合同效力的影响

在申请再审人海南康力元药业有限公司(以下简称康力元公司)、海南通用康力制药有限公司(以下简称康力制药公司)与被申请人海口奇力制药股份有限公司(以下简称奇力制药公司)技术转让合同纠纷案(〔2011〕民提字第307号)中，最高人民法院认为，在技术合同纠纷案件中，当技术合同涉及的产品或服务依法须经行政部门审批或者行政许可，未经审批或者许可的，不影响当事人订立的相关技术合同的效力。

本案的基本案情是：康力元公司为药品经营企业，康力制药公司和奇力制药公司均为药品生产企业。2004年6月12日，奇力制药公司与康力元公司、康力制药公司签订《关于转让注射用头孢哌酮钠他唑巴坦钠的合同》(以下简称《转让合同》)。该合同以奇力制药公司为甲方，康力元公司和康力制药公司为乙方，其主要内容为：甲方在注射用头孢哌酮钠他唑巴坦钠Ⅱ期临床工作结束后，立即向国家药监部门申报新药证书及生产批件，并在获得批准后将规格为1.125g/瓶的产品转让给乙方；转让完成后，该规格产品的所有权归乙方，甲方向乙方提供有关该规格产品的全套资料(含临床资料)复印件；囿于有关药品管理法规的制约，该规格产品的生产批文上所载的生产单位仍为甲方，但甲方承诺取得生产批件后即积极配合乙方办理委托加工手续，并在获准后立即转交乙方生产，甲方派人指导乙方连续生产三批合格产品；自合同生效之日起，甲方不再与第三方谈本规格产品合作、转让事宜。2006年12月31日，康力制药公司的《药品生产质量管理规范认证证书》(以下简称药品GMP证书)因故被海南省食品药品监督管理局收回。2007年5月21日，国家食品药品监督管理局向奇力制药公司核发了“注射用头孢哌酮钠他唑巴坦钠”《新药证书》和《药品注册批件》(规格为“1.125g”和“2.25g”)，其中载明药品监测期为4年，至2011年5月20日。奇力制药公司遂自行进行生产，并于2007年12月开始交其他公司和个人代理销售。自2007年8月6日开始，奇力制药公司以康力元公司、康力制药公司违反国家法律法规，不具备涉案新药的药品GMP证书，不符合受让及委托生产该新药的法定条件为由，要求解除合同。康力元公司、康力制药公司遂提起本案诉讼，请求判令奇力制药公司继续履行合同。海南省海口市中级人民法院一审认为，《转让合同》系三方的真实意思表示，且合同内容不违反国家法律或行政法规的禁止性规定，属有效合同；奇力制药公司要求解除合同，缺乏事实和法律依据。据此判决各方继续履行合同。奇力制药公司、康力元公司和康力制药公司均不服一审判决，提起上诉。海南省高级人民法院二审认为，《转让合同》履行过程中，康力制药公司的药品GMP证书被海南省食品药品监督管理局收回，已不具备生产涉案新药的法定资质条件，此一变故属于不可抗力，导致合同的目的不能实现，应依法解除。据此判决撤销一审判决，解除《转让合同》。康力元公司、康力制药公司不服二审判决,向最高人民法院申请再审。最高人民法院提审本案后于2011年12月9日作出再审判决,撤销二审判决,判令合同继续履行。

最高人民法院审理认为:《转让合同》涉及新药技术转让和新药委托生产两方面的内容。关于药品委托生产问题,《药品管理法》第13条规定,经有关药品监督管理部门批准,药品生产企业可以接受委托生产药品。药品管理法实施条例第10条规定,接受委托生产药品的,受托方必须持有与其受托生产的药品相适应的药品GMP证书。在本案双方当事人签订《转让合同》时,康力制药公司持有与涉案新药相适应的《药品生产许可证》和药品GMP证书,因此双方当事人关于委托康力制药公司生产涉案新药的约定不违反法律和行政法规的规定。本案双方当事人关于委托加工生产药品的约定有效,双方亦应依约履行。《最高人民法院关于审理技术合同纠纷案件适用法律若干问题的解释》第8条第1款规定,生产产品或者提供服务依法须经有关部门审批或者取得行政许可,而未经审批或者许可的,不影响当事人订立的相关技术合同的效力。因此,康力制药公司是否能够获得生产涉案新药的《药品生产许可证》和药品GMP证书,并不影响《转让合同》的效力。综上,《转让合同》应认定为有效合同。

38.特许经营合同的定性与判断

在申请再审人付玉平、李秀荣与被申请人谢金莲、曹火珠及名嘴国际餐饮管理(北京)有限公司(以下简称名嘴公司)特许经营合同纠纷案(〔2011〕民申字第1262号)中,最高人民法院认为,判断当事人之间的合同是否属于特许经营合同,不应单纯以合同的名称是否包含“特许经营”等关键词加以判断,而应根据合同内容是否符合特许经营的内涵与法律特征来进行综合判断。

本案的基本案情是:2008年3月13日,名嘴公司作为甲方,谢金莲、曹火珠作为乙方,签订《“甜蜜公主”冰淇淋区域代理合同》(以下简称《代理合同》),主要约定甲方授权乙方为三明地区级代理。2008年3月19日,名嘴公司出具《授权证书》,授权谢金莲、曹火珠为“甜蜜公主”冰淇淋店福建省三明地区级代理商。2008年5月5日,谢金莲、曹火珠作为名嘴公司三明地区总代理(甲方),付玉平、李秀荣作为乙方,签订《合作协议》,约定甲方授权乙方有权使用“甜蜜公主”冰淇淋品牌、商号、VI系统、店面字号;甲方对乙方技术骨干人员上岗前提供免费的专业培训,并免费提供长期的技术指导;乙方有权使用甲方的生产工艺、配方及设备的正确操作并包教包会;双方为各自独立的经济实体,双方之间不存在任何共同投资、雇佣承包关系;甲、乙双方其中的任何一方对另一方的债务不承担任何责任;乙方专卖店的商号及VI系统、生产技术、配方及经营管理技术等为甲方所有;乙方有权使用,未经甲方书面许可,乙方不得扩大使用;乙方专卖店的有形资产为乙方所有;乙方经营范围为“甜蜜公主”冰淇淋系列产品,经营地点为三明市列东江滨新村46幢,乙方不得跨区域经营;合同签署当日,乙方一次性向甲方支付45000元,含全套设备(供乙方自主开店经营使用)及赠品、技术及配方的转让,培训耗材等费用,此费用不退;自合同签订之日起10天内,乙方每年(一次性)向甲方交纳600元品牌管理费,如乙方没有按期交纳,甲方有权终止乙方品牌使用权,并在该区域另外发展专卖店。上述合同签订后,付玉平、李秀荣向谢金莲、曹火珠支付了加盟费4.5万元、管理费600元、购机费1000

元,并租店,进行装修。谢金莲、曹火珠收取费用后,为付玉平、李秀荣订购约定的相关设备,进行人员培训,提供相关的技术资料,履行了相关的合同义务。2008 年 6 月 10 日,付玉平、李秀荣到三明市梅列区工商行政管理局办理工商登记时,发现"甜蜜公主"冰淇淋品牌已被林志君登记注册,三明市梅列区已有一家经营"甜蜜公主"冰淇淋品牌的专卖店正式开张营业,双方因此产生纠纷。福建省三明市中级人民法院一审认为,名嘴公司与谢金莲、曹火珠签订的《代理合同》系特许经营合同;《合作协议》是基于上述《代理合同》而签订,其内容并非特许经营合同,而是合作协议;付玉平、李秀荣无法办理工商营业执照,谢金莲、曹火珠的行为构成违约,且使付玉平、李秀荣不能实现合同目的。遂判决解除《合作协议》,判令谢金莲、曹火珠偿还付玉平、李秀荣加盟费和管理费,并赔偿店租损失和装修损失。付玉平、李秀荣与谢金莲、曹火珠均不服,提起上诉。福建省高级人民法院二审认为,本案不符合法律规定的解除合同的事由,故判决撤销一审判决,驳回付玉平、李秀荣的诉讼请求。付玉平、李秀荣不服,向最高人民法院申请再审。最高人民法院于 2011 年 12 月 12 日裁定驳回其再审申请。

最高人民法院审查认为:名嘴公司先后与谢金莲、曹火珠签订《代理合同》并出具《授权证书》,授权谢金莲、曹火珠为"甜蜜公主"冰淇淋店福建省三明地区级代理商。《代理合同》和《授权证书》是双方真实意思的表示,名嘴公司与谢金莲、曹火珠代理关系成立,谢金莲、曹火珠经过名嘴公司的授权,作为名嘴公司的代理人发展加盟店符合法律规定,付玉平、李秀荣关于谢金莲、曹火珠不具备特许人资格以及二审法院没有认定名嘴公司与谢金莲、曹火珠之间关系的主张于法无据。本案中,《合作协议》符合《商业特许经营管理条例》关于特许经营合同的规定,特许人是名嘴公司三明地区总代理谢金莲、曹火珠,被特许人是付玉平、李秀荣,有许可经营的内容,商业运行模式也符合特许经营的模式,《合作协议》是在双方自愿的基础上签订的,系双方当事人的真实意思表示。据此,付玉平、李秀荣关于《合作协议》不是特许经营合同的主张不能成立。

六、关于知识产权侵权责任承担

39. 专利临时保护期内制造、销售、进口的被诉专利侵权产品的后续使用、许诺销售、销售行为的民事责任

在申请再审人深圳市坑梓自来水有限公司(以下简称坑梓自来水公司)与被申请人深圳市斯瑞曼精细化工有限公司(以下简称斯瑞曼公司)、深圳市康泰蓝水处理设备有限公司(以下简称康泰蓝公司)侵犯发明专利权纠纷案(〔2011〕民提字第 259 号)中,最高人民法院认为,在专利临时保护期内制造、销售、进口被诉专利侵权产品不为专利法禁止的情况下,后续的使用、许诺销售、销售该产品的行为,专利权人无权禁止;在销售者、使用者提供了合法来源的情况下,销售者、使用者不应承担支付适当费用的责任。

本案的基本案情是:斯瑞曼公司于 2006 年 1 月 19 日向国家知识产权局申请了名称为"制备高纯度二氧化氯的方法和设备"的发明专利(即本案专利)。本案专利于 2006 年 7 月 19 日公开,2009 年 1 月 21 日授权公告,授权的发明名称为"制备高纯度二氧化氯的设备",专利权人为斯瑞曼公司。2008 年 10 月 20 日,坑梓自来水公

司向康泰蓝公司购买 KTL－FSQ10000L 康泰蓝二氧化氯发生器 1 套，随后投入使用。康泰蓝公司为该产品的正常运转提供维修、保养等技术支持。2009 年 3 月 16 日，斯瑞曼公司提起诉讼，请求判令康泰蓝公司、坑梓自来水公司停止侵权，共同赔偿经济损失 30 万元并负担斯瑞曼公司维权的合理费用。广东省深圳市中级人民法院一审认为，在本案专利授权之前，康泰蓝公司、坑梓自来水公司实施本案专利技术的行为，不属于专利侵权行为，权利人可以请求支付发明专利临时保护期使用费，但斯瑞曼公司没有相应诉讼请求，在一审法院已作适当释明的情况下，斯瑞曼公司仍坚持原请求，故在本案中对发明专利临时保护期使用费不予考虑，斯瑞曼公司可另案解决；康泰蓝公司、坑梓自来水公司在本案专利授权后未经许可继续实施本案专利属于侵权行为，应承担相应的侵权赔偿责任；考虑坑梓自来水公司自来水消毒、净化处理涉及社会公众利益，停止被诉侵权产品的使用将在某种程度上影响社会公益，故不判令停止使用，但康泰蓝公司、坑梓自来水公司应就该使用侵权行为向斯瑞曼公司作出赔偿。遂判决康泰蓝公司立即停止侵权行为，康泰蓝公司、坑梓自来水公司连带赔偿斯瑞曼公司经济损失 8 万元。康泰蓝公司、坑梓自来水公司均不服，提起上诉。广东省高级人民法院二审判决维持一审判决。坑梓自来水公司不服，向最高人民法院申请再审。最高人民法院提审本案后于 2011 年 12 月 20 日作出判决，撤销一、二审判决，驳回斯瑞曼公司的诉讼请求。

最高人民法院再审认为：专利法虽然规定了申请人可以要求在发明专利申请公布后至专利权授予之前（即专利临时保护期内）实施其发明的单位或者个人支付适当的费用，即享有请求给付发明专利临时保护期使用费的权利，但对于专利临时保护期内实施其发明的行为并不享有请求停止实施的权利。因此，在发明专利临时保护期内实施相关发明的，不属于专利法禁止的行为。在专利临时保护期内制造、销售、进口被诉专利侵权产品不为专利法禁止的情况下，其后续的使用、许诺销售、销售该产品的行为，即使未经专利权人许可，也应当得到允许。也就是说，专利权人无权禁止他人对专利临时保护期内制造、销售、进口的被诉专利侵权产品的后续使用、许诺销售、销售。当然，这并不否定专利权人根据《专利法》第 13 条规定行使要求实施其发明者支付适当费用的权利。对于在专利临时保护期内制造、销售、进口的被诉专利侵权产品，在销售者、使用者提供了合法来源的情况下，销售者、使用者不应承担支付适当费用的责任。这里的"合法来源"是指相关产品是通过正当、合法的商业渠道获得的，并不必然要求考虑销售者或者供应者在提供相关产品时是否符合相关行政管理规定。本案中，康泰蓝公司销售被诉专利侵权产品是在本案专利临时保护期内，不为专利法所禁止。在此情况下，后续的坑梓自来水公司使用所购买的被诉专利侵权产品的行为也应当得到允许。因此，坑梓自来水公司后续的使用行为不侵犯本案专利权。同理，康泰蓝公司在本案专利授权后为坑梓自来水公司使用被诉专利侵权产品提供售后服务也不侵犯本案专利权。

七、关于知识产权诉讼证据与程序

40. 确认不侵犯知识产权之诉的受理条件

在申请再审人北京数字天堂信息科技

有限责任公司(以下简称北京天堂公司)与被申请人南京烽火星空通信发展有限公司(以下简称南京烽火公司)确认不侵犯著作权纠纷管辖权异议案(〔2011〕民提字第48号)中,最高人民法院认为,确认不侵犯专利权之外的其他确认不侵犯知识产权之诉是否具备法定条件,应参照《最高人民法院关于审理侵犯专利权纠纷案件应用法律若干问题的解释》第18条的规定进行审查;人民法院受理当事人提起的确认不侵权之诉,应以利害关系人受到警告,而权利人未在合理期限内依法启动纠纷解决程序为前提。

本案的基本案情是:北京天堂公司于2010年2月8日向南京烽火公司发出侵犯著作权警告函,并于同日向北京市第一中级人民法院递交诉状,起诉南京烽火公司侵犯其著作权。北京市第一中级人民法院于当日出具"立案材料收取清单"。2010年2月9日,北京天堂公司通过银行转账预缴了一审案件受理费。2010年3月4日,北京市第一中级人民法院向北京天堂公司发出受理通知书。南京烽火公司于2010年2月11日收到北京天堂公司的警告函,并于2010年2月26日向江苏省南京市中级人民法院提起确认不侵权诉讼,北京天堂公司在答辩期内提出管辖异议申请。江苏省南京市中级人民法院一审认为,本案应由北京市第一中级人民法院管辖,故裁定本案移送至北京市第一中级人民法院审理。南京烽火公司不服,提起上诉。江苏省高级人民法院二审认为,南京市中级人民法院对本案具有管辖权,故裁定撤销一审裁定。北京天堂公司不服,向最高人民法院申请再审。最高人民法院裁定提审本案,并于2011年3月1日作出裁定,撤销原一、二审裁定,驳回南京烽火公司的起诉。

最高人民法院审理认为:确认不侵权之诉是目前我国知识产权纠纷领域特有的民事诉讼制度,本质上属于侵权之诉。本案南京烽火公司向南京市中级人民法院提起确认不侵权诉讼是否具备法定条件,应根据民事诉讼法关于侵权诉讼的相关规定,并参照《最高人民法院关于审理侵犯专利权纠纷案件应用法律若干问题的解释》第18条的规定进行审查,即人民法院受理当事人提起的确认不侵权之诉,应以利害关系人受到警告,而权利人未在合理期限内依法启动纠纷解决程序为前提。本案北京天堂公司在向南京烽火公司发出"警告函"的当天,即向北京市第一中级人民法院提起了侵权诉讼,并于次日预缴了诉讼费用,在北京天堂公司已经启动诉讼程序的情况下,南京烽火公司不应当就相同的法律关系再提起确认不侵权诉讼。本案原一审、二审法院均未按照上述司法解释的规定,针对南京烽火公司起诉是否符合法定程序、北京天堂公司提出管辖权异议是否具有正当性进行审查,导致对南京市中级人民法院应否受理本案的认定不当,适用法律错误,裁决结果违反法定程序,应予纠正。本案南京烽火公司提起的确认不侵犯著作权诉讼不符合法定条件,南京市中级人民法院不应当予以受理。

41. 被诉侵权产品的出口装船交货地可否认定为侵权行为地

在申请再审人山东凯赛生物科技材料有限公司(以下简称凯赛材料公司)与被申请人山东瀚霖生物技术有限公司(以下简称瀚霖技术公司)、中国科学院微生物研究所以及原审被告山东凯赛生物技术有限公司(以下简称凯赛技术公司)、上海凯赛生物技术研发中心有限公司侵犯发明专利权纠纷管辖权异议案(〔2011〕民申字第1049号)中,最高人民法院认为,通过FOB和CIF价格条件出口销售被诉依照本案专利方法直接获得的产品，该产品的装船交货地属于销售行为实施地。

本案的基本案情是：中国科学院微生物研究所系 ZL95117436.3 号（微生物同步发酵生产长链 αω 二羟酸的方法）发明专利权的专利权人，其与瀚霖技术公司向山东省青岛市中级人民法院起诉称，凯赛材料公司等被告侵犯其本案发明专利权，请求判令被诉侵权人停止侵权行为及赔偿损失。青岛市中级人民法院受理后，凯赛材料公司在答辩期内提出管辖权异议称，原告没有证明青岛海关所在地系侵权行为地，青岛市中级人民法院对本案没有管辖权。瀚霖技术公司辩称，凯赛材料公司等被告非法使用本案专利方法直接获得的二元酸产品，并通过 FOB 青岛及 CIF 青岛的价格条件从青岛出口销售，无论 FOB 青岛还是 CIF 青岛的价格条件，均在青岛港装船交货。因此，青岛是凯赛材料公司销售二元酸产品的实施地，青岛市中级人民法院享有管辖权。青岛市中级人民法院一审认为，该院对本案有管辖权。凯赛材料公司提起上诉。山东省高级人民法院二审认为，一审法院作为被诉侵权产品销售地法院之一对本案享有管辖权。凯赛材料公司不服，向最高人民法院申请再审。最高人民法院于 2011 年 9 月 13 日裁定驳回了凯赛材料公司的再审申请。

最高人民法院审查认为：本案是专利方法发明，管辖地应当依照该专利方法直接获得的产品的使用、许诺销售、销售、进口等行为的实施地，以及上述侵权行为的侵权结果发生地确定。瀚霖技术公司与中国科学院微生物研究所是以凯赛材料公司和凯赛技术公司通过 FOB 青岛和 CIF 青岛的价格条件出口销售非法使用本案专利方法直接获得的二元酸产品为由，向青岛市中级人民法院提起本案诉讼。青岛港作为被诉依照本案专利方法直接获得产品的装船交货所在地，属于销售行为的实施地，青岛市中级人民法院依法对本案享有管辖权。

42. 对原审诉讼期间仍在持续的侵权行为的处理

在前述“太阳能手电筒”专利侵权案中，最高人民法院还明确了对原审诉讼期间仍在持续的侵权行为的处理。最高人民法院认为，当事人以侵权行为在原审诉讼期间仍在持续为由提出增加损害赔偿数额，属于对一审诉讼请求的增加，原告可就该行为另行起诉；原告为调查此期间的侵权行为而支出的费用，不在本案处理之列。

最高人民法院再审认为：徐永伟在再审中申请调整损失赔偿数额，其主要理由是被诉侵权行为在本案原审诉讼期间仍在继续，故属于对一审诉讼请求的增加。根据《最高人民法院关于适用〈中华人民共和国民事诉讼法〉若干问题的意见》第 184 条的规定，徐永伟可就原审诉讼期间华拓公司的实施行为另行起诉。徐永伟为调查此期间华拓公司实施行为而支出的公证费，不在本案处理之列。徐永伟为本案的申请再审、再审所支付的差旅、住宿、律师代理等费用并不针对华拓公司在原审诉讼期间的实施行为，属于因制止本案被诉侵权行为所支付的费用，结合具体案情，酌情确定该期间的合理费用为 3 万元。

43. 无独立请求权的第三人在诉讼程序中是否有权申请鉴定

在申请再审人瓦房店市玉米原种场与被申请人赵劲霖等、原审第三人北京奥瑞金种业股份有限公司（以下简称奥瑞金公司）植物新品种权权属纠纷案（〔2011〕民申字第 10 号）（简称“连玉 15 号”植物新品种权案）中，最高人民法院认为，根据案件需要，无独立请求权的第三人可以申请委托对植物新品种的同一性进行司法鉴定。

本案的基本案情是:“连玉 15 号”由瓦房店市玉米原种场和大连市种子管理站共同选育,并经辽宁省农作物品种审定委员会审定合格,同意在大连地区种植。2002 年 8 月 2 日,瓦房店市玉米原种场和大连市种子管理站作为共同申请人,就“连玉 15 号”向农业部植物新品种保护办公室申请植物新品种保护,后该申请被视为撤回。1999 年 12 月 16 日,蠡县玉米研究所作为申请人就玉米新品种“蠡玉 6 号”向农业部植物新品种保护办公室申请植物新品种保护。2002 年 11 月 7 日,蠡县玉米研究所签订品种申请权转让协议,约定蠡县玉米研究所将“蠡玉 6 号”的品种申请权转让给奥瑞金公司。协议签订后,奥瑞金公司到农业部植物新品种保护办公室办理了相关手续,将品种暂定名称由“蠡玉 6 号”变更为“临奥 1 号”,将申请人由蠡县玉米研究所变更为奥瑞金公司。2003 年 3 月 1 日,奥瑞金公司被授予“临奥 1 号”品种权。蠡县玉米研究所是合伙企业,合伙人为赵劲霖等,于 2004 年被注销。瓦房店市玉米原种场于 2004 年以蠡县玉米研究所使用的亲本 811 是剽窃其自行培育的 136 - 87 自交系,侵犯其合法权益为由提起诉讼,请求确认蠡玉 6 号、临奥 1 号与连玉 15 号玉米杂交种子为同一品种,并请求判令蠡玉 6 号、临奥 1 号、连玉 15 号品种所有权归其所有。为查明本案事实,河北省石家庄市中级人民法院依据第三人奥瑞金公司的申请,于 2006 年 12 月 5 日从农业部植物新品种保护办公室植物新品种保藏中心分别提取了“连玉 15 号”和“临奥 1 号”的繁殖材料,并委托科技部知识产权事务中心就“连玉 15 号”和“临奥 1 号”是否为同一品种进行了鉴定。2007 年 4 月 2 日,科技部知识产权事务中心作出技术鉴定结论,认为“连玉 15 号”和“临奥 1 号”不属于同一品种。河北省石家庄市中级人民法院一审认为,根据鉴定结论,诉争的两个玉米品种不属于同一品种,遂判决驳回瓦房店市玉米原种场的诉讼请求。瓦房店市玉米原种场不服,提出上诉。河北省高级人民法院二审判决驳回上诉,维持原判。瓦房店市玉米原种场向最高人民法院申请再审。2011 年 7 月 28 日,最高人民法院裁定驳回瓦房店市玉米原种场的再审申请。

最高人民法院审查认为:由于本案的处理结果对奥瑞金公司有法律上的利害关系,属于无独立请求权的第三人。根据《最高人民法院关于民事诉讼证据的若干规定》第 25 条的规定,奥瑞金公司可以提出鉴定申请。一审法院依据第三人的申请委托进行鉴定,并无不当。瓦房店市玉米原种场提出一审法院以奥瑞金公司的申请委托进行司法鉴定违反了法律规定,程序违法的主张于法无据,不予支持。

44. 鉴定材料取样时未通知当事人到场是否构成鉴定程序违法

在前述“连玉 15 号”植物新品种权权属纠纷案中,最高人民法院认为,不能基于鉴定检材取样时没有通知当事人到场而当然认定鉴定程序违法。

最高人民法院审查认为:一审法院从农业部植物新品种保护办公室植物新品种保藏中心分别提取了“连玉 15 号”和“临奥 1 号”的繁殖材料,委托科学技术部知识产权事务中心进行鉴定。一审法院提取的送检材料是品种权申请人按品种权主管机关的要求自行送至保藏中心的申请品种的繁殖材料。根据《植物新品种保护条例实施细则》第 32 条的规定,农业部植物新品种保护办公室植物新品种保藏中心和测试机构对申请品种的繁殖材料负有保密的责任,该繁殖材料一经提交,任何人不得更换检验合格的繁殖材料。一审法院送交鉴定的繁殖材料的提取地点是该保藏中心。对于瓦房店市玉米原种场以取样时当事人未到场为由提出的鉴定程序违法的主张，不予支持。

结　　语

每年定期发布的知识产权案件年度报告，已经成为最高人民法院指导知识产权审判工作的重要载体和社会公众了解最高人民法院知识产权审判发展动态的重要渠道，并日益受到社会的普遍关注和有关方面的高度重视。案件年度报告在明晰法律规则、指导审判实践、统一法律适用方面的作用和意义也越来越大。同时仍需说明，虽然本年度报告归纳的法律适用标准和方法具有一定普遍意义，但由于其是最高人民法院在具体案件裁判中针对新型、复杂、疑难问题形成的认识，具有较强的个案性和探索性。而且，随着对有关问题认识的深入和经济社会文化的发展，相关法律适用标准和方法也可能会随之发生调整和变化。最高人民法院将根据我国经济社会文化发展的新要求和人民群众对知识产权司法保护的新期待，进一步充分发挥知识产权审判职能作用，依法公正高效审理案件，切实有效回应社会司法需求，不断提升知识产权司法的权威性和公信力，努力开创知识产权司法保护新局面。

最高人民法院办公厅关于印发2011年中国法院知识产权司法保护10大案件和50件典型案例的通知

法办〔2012〕91号

各省、自治区、直辖市高级人民法院，解放军军事法院，新疆维吾尔自治区高级人民法院生产建设兵团分院：

在过去一年中，全国法院受理的知识产权及竞争案件数量继续增多，新类型案件以及重大复杂疑难案件增多，社会关注度提高。在此情况下，各级人民法院深入贯彻实施国家知识产权战略，充分发挥司法保护知识产权的主导作用，不断加强知识产权司法保护，较好地完成了各项知识产权审判任务。为集中展示人民法院知识产权司法保护工作的成就，积极开展好2012年全国知识产权宣传周的活动，充分发挥典型案例的示范引导作用，进一步加大知识产权司法保护宣传的力度，经各高级人民法院推荐，并结合2011年我院审理的知识产权案件情况，我院选定了2011年中国法院知识产权司法保护10大案件和50件典型案例。现将这些案件和典型案例名单印发给你们，供各级人民法院在知识产权审判工作中参考借鉴。

特此通知。

二〇一二年四月十一日

2011 年中国法院知识产权司法保护 10 大案件名单

一、知识产权民事案件

1. 淘宝网商标侵权纠纷案

衣念(上海)时装贸易有限公司与浙江淘宝网络有限公司、杜国发侵害商标权纠纷上诉案[上海市第一中级人民法院〔2011〕沪一中民五(知)终字第 40 号民事判决书]

2. "拉菲"商标纠纷案

尚杜·拉菲特罗兹施德民用公司与深圳市金鸿德贸易有限公司、湖南生物医药集团健康产业发展有限公司侵害商标权、不正当竞争纠纷上诉案(湖南省高级人民法院〔2011〕湘高法民三终字第 55 号民事判决书)

3. "大运"与"江淮"汽车商标纠纷案

广州市红太阳机动车配件有限公司与安徽江淮汽车集团有限公司、安徽江淮汽车股份有限公司确认不侵害商标权纠纷申请再审案(最高人民法院〔2011〕民申字第 223 号民事裁定书)

4. 空调器"舒睡模式"专利侵权纠纷案

珠海格力电器股份有限公司与广东美的制冷设备有限公司、珠海市泰锋电业有限公司侵害发明专利权纠纷上诉案(广东省高级人民法院〔2011〕粤高法民三终字第 326 号民事判决书)

5. 百度 MP3 搜索著作权纠纷案

环球唱片有限公司、华纳唱片有限公司、索尼音乐娱乐香港有限公司与北京百度网讯科技有限公司侵害录音制作者权纠纷上诉案(北京市高级人民法院〔2010〕高民终字第 1694 号、1700 号、1699 号民事调解书)

6. "3Q"之争引发的不正当竞争纠纷案

腾讯科技(深圳)有限公司、深圳市腾讯计算机系统有限公司与北京奇虎科技有限公司、北京三际无限网络科技有限公司、奇智软件(北京)有限公司不正当竞争纠纷上诉案(北京市第二中级人民法院〔2011〕二中民终字第 12237 号民事判决书)

7. "开心网"不正当竞争纠纷案

北京开心人信息技术有限公司与北京千橡互联科技发展有限公司、北京千橡网景科技发展有限公司不正当竞争纠纷上诉案(北京市高级人民法院〔2011〕高民终字第 846 号民事判决书)

二、知识产权行政案件

8. "卡斯特"商标三年不使用撤销行政纠纷案

法国卡斯特兄弟股份有限公司与中华人民共和国国家工商行政管理总局商标评审委员会、李道之商标撤销复审行政纠纷申请再审案(最高人民法院〔2010〕知行字第 55 号行政裁定书)

9. "抗 β-内酰胺酶抗菌素复合物"发明专利无效案

北京双鹤药业股份有限公司与湖北威尔曼制药有限公司、国家知识产权局专利复审委员会发明专利权无效行政纠纷申请再审案(最高人民法院〔2011〕行提字第 8 号行政判决书)

三、知识产权刑事案件

10. 非法复制发行计算机软件侵犯著

作权罪案

鞠文明、徐路路、华轶侵犯著作权罪上诉案(江苏省无锡市中级人民法院〔2011〕锡知刑终字第1号刑事裁定书)

2011年中国法院知识产权司法保护50件典型案例名单

一、知识产权民事案件

(一)侵犯专利权纠纷案件

1. 张镇与扬州金自豪鞋业有限公司、包头市同升祥鞋店侵害实用新型专利权纠纷申请再审案(最高人民法院〔2011〕民申字第630号民事裁定书)

2. 中山市君豪家具有限公司与中山市南区佳艺工艺家具厂侵害外观设计专利权纠纷申请再审案(最高人民法院〔2011〕民申字第1406号民事裁定书)

3. 江西银涛药业有限公司与陕西汉王药业有限公司、西安保赛医药有限公司侵害发明专利权纠纷申请再审案(最高人民法院〔2011〕民申字第1490号民事裁定书)

4. 株式会社普利司通与浙江杭廷顿公牛橡胶有限公司、北京邦立信轮胎有限公司侵害外观设计专利权纠纷申请再审案(最高人民法院〔2010〕民提字第189号民事判决书)

5. 徐永伟与宁波市华拓太阳能科技有限公司侵害发明专利权纠纷申请再审案(最高人民法院〔2011〕民提字第64号民事判决书)

6. 深圳市坑梓自来水有限公司与深圳市斯瑞曼精细化工有限公司、深圳市康泰蓝水处理设备有限公司侵害发明专利权纠纷申请再审案(最高人民法院〔2011〕民提字第259号民事判决书)

7. 青岛华盾纸制品有限公司、瑞安市应氏机械有限公司与青岛众和恒业蜂窝纸板制品有限公司侵害发明专利权纠纷上诉案(山东省高级人民法院〔2011〕鲁民三终字第117号民事判决书)

8. 佛山市嘉俊陶瓷有限公司与广东东鹏陶瓷股份有限公司、广州市天和家园建材有限公司、马杰华侵害发明专利权纠纷上诉案(广东省高级人民法院〔2011〕粤高法民三终字第373号民事判决书)

9. 新疆天元建设有限责任公司与新疆岳麓巨星建材有限责任公司侵害发明专利权纠纷上诉案(新疆维吾尔自治区高级人民法院〔2011〕民三终字第26号民事判决书)

(二)著作权权属、侵权纠纷案件

10. 国家体育场有限责任公司与熊猫烟花集团股份有限公司、浏阳市熊猫烟花有限公司、北京市熊猫烟花有限公司、北京市城关迅达摩托车配件商店侵害著作权纠纷案(北京市第一中级人民法院〔2009〕一中民初字第4476号民事判决书)

11. 谈笑靖与北京市新华书店王府井书店、珠海出版社有限公司著作权权属、侵权纠纷案(北京市东城区人民法院〔2011〕东民初字第05321号民事判决书)

12. 山西金玉泵业有限公司与山西临龙泵业有限公司侵害著作权纠纷上诉案

(山西省高级人民法院〔2011〕晋民终字第70号民事判决书)

13. 庄则栋、佐佐木墩子与上海隐志网络科技有限公司侵害作品信息网络传播权纠纷上诉案[上海市第一中级人民法院〔2011〕沪一中民五(知)终字第33号民事判决书]

14. 南京因泰莱电气股份有限公司与西安市远征科技有限公司、西安远征智能软件有限公司、南京友成电力工程有限公司侵害计算机软件著作权纠纷上诉案(江苏省高级人民法院〔2008〕苏民三终字第0079号民事判决书)

15. 叶根友与无锡肯德基有限公司、北京电通广告有限公司上海分公司侵害著作权纠纷上诉案(江苏省高级人民法院〔2011〕苏知民终字第0018号民事判决书)

16. 何吉与杭州天蚕文化传播有限公司著作权权属、侵权纠纷上诉案(浙江省杭州市中级人民法院〔2011〕浙杭知终字第54号民事判决书)

17. 广东原创动力文化传播有限公司与陕西游久数码科技有限公司侵害作品信息网络传播权纠纷案(陕西省西安市中级人民法院〔2011〕西民四初字第00336号民事判决书)

(三)侵犯商标权纠纷案件

18. 佛山市合记饼业有限公司与珠海香记食品有限公司侵害商标权纠纷申请再审案(最高人民法院〔2011〕民提字第55号民事判决书)

19. 卡地亚国际有限公司(Cartier International N. V.)与佛山市三水区铭坤陶瓷有限公司、佛山市金丝玉玛装饰材料有限公司、章云树侵害商标权及不正当竞争纠纷上诉案[上海市高级人民法院〔2011〕沪高民三(知)终字第93号民事判决书]

20. 上海梅思泰克生态科技有限公司与无锡安固斯建筑科技有限公司侵害商标权纠纷上诉案(江苏省高级人民法院〔2011〕苏知民终字第0033号民事判决书)

21. 杭州奥普电器有限公司与浙江凌普电器有限公司、浙江阿林斯普能源科技有限公司、王文华、林珠、杭州鸿景装饰材料有限公司侵害商标权、不正当竞争纠纷上诉案(浙江省高级人民法院〔2011〕浙知终字第200号民事判决书)

22. 杭州盘古自动化系统有限公司与杭州盟控仪表技术有限公司、北京百度网讯科技有限公司侵害商标权纠纷案(浙江省杭州市滨江区人民法院〔2011〕杭滨初字第11号民事判决书)

23. 山东新华医药集团有限责任公司与青州新华包装制品有限公司侵害商标权、不正当竞争纠纷案(山东省潍坊市中级人民法院〔2010〕潍知初字第336号民事判决书)

24. 湖北周黑鸭食品有限公司与湖北汉味周黑鸭饮食文化管理有限责任公司侵害商标权、不正当竞争纠纷上诉案(湖北省高级人民法院〔2011〕鄂民三终字第25号民事判决书)

25. 喻静与米其林集团总公司、何丽芳侵害商标权、不正当竞争纠纷上诉案(广东省高级人民法院〔2011〕粤高法民三终字第163号民事判决书)

26. 英国太古集团有限公司与汇通国基房地产开发有限责任公司、汇通国基房地产开发有限责任公司西安分公司侵害商标权、不正当竞争纠纷案(陕西省西安市中级人民法院〔2011〕西民四初字第528号民事判决书)

(四)不正当竞争纠纷案件

27. 上海富日实业有限公司与黄子瑜、上海萨菲亚纺织品有限公司侵害商业秘密纠纷申请再审案(最高人民法院〔2011〕民

申字第122号民事裁定书）

28. 北京一得阁墨业有限责任公司与高辛茂、北京传人文化艺术有限公司侵害商业秘密纠纷申请再审案（最高人民法院〔2011〕民监字第414号民事裁定书）

29. 北京御生堂生物工程有限公司与厦门康士源生物工程有限公司、厦门康中源保健品有限公司、长春市东北大药房有限公司擅自使用知名商品特有名称、包装、装潢纠纷申请再审案（最高人民法院〔2011〕民提字第60号民事判决书）

30. 宣达实业集团有限公司与孟莫克公司、孟山都（上海）有限公司商业诋毁纠纷案［上海市第一中级人民法院〔2009〕沪一中民五（知）初字第228号民事判决书］

31. 镇江唐老一正斋药业有限公司与吉林一正药业集团有限公司、一正集团吉林省医药科技实业有限公司、江苏大德生药房连锁有限公司、江苏大德生药房连锁有限公司镇江新概念药房不正当竞争纠纷上诉案（江苏省高级人民法院〔2009〕苏民三终字第91号民事判决书）

32. 邹志坚与广西运德汽车运输集团有限公司、广西运德汽车运输集团有限公司崇左汽车总站、广西运德汽车运输集团有限公司崇左汽车客运服务中心不正当竞争、垄断纠纷上诉案（广西壮族自治区高级人民法院〔2011〕桂民三终字第9号民事调解书）

（五）技术合同案件

33. 海南康力元药业有限公司、海南通用康力制药有限公司与海口奇力制药股份有限公司技术转让合同纠纷申请再审案（最高人民法院〔2011〕民提字第307号民事判决书）

（六）植物新品种案件

34. 瓦房店市玉米原种场与赵劲霖、佟屏亚、杨雅生、张广力、贺东峰、贺东刚、王业国、北京奥瑞金种业股份有限公司植物新品种权权属纠纷申请再审案（最高人民法院〔2011〕民申字第10号民事裁定书）

35. 安徽皖垦种业股份有限公司与宿州市金种子有限责任公司、李继德侵害植物新品种权纠纷案（安徽省合肥市中级人民法院〔2011〕合民三初字第148号民事判决书）

二、知识产权行政案件

（一）专利授权确权案件

36. 福建多棱钢业集团有限公司与厦门市集美区联捷铸钢厂、国家知识产权局专利复审委员会、福建泉州市金星钢丸有限公司发明专利无效行政纠纷申请再审案（最高人民法院〔2010〕知行字第6号驳回再审通知书）

37. 郑亚俐与精工爱普生株式会社、中华人民共和国国家知识产权局发明专利复审委员会专利无效行政纠纷申请再审案（最高人民法院〔2010〕知行字第53号行政裁定书）

38. 国家知识产权局专利复审委员会与江苏先声药物研究有限公司、南京先声药物研究有限公司、李平发明专利无效行政纠纷申请再审案（最高人民法院〔2011〕知行字第17号行政裁定书）

39. 户谷技研工业株式会社与中华人民共和国国家知识产权局专利复审委员会、无锡市铁民印刷机械有限公司、江阴市汇通包装机械有限公司、上海高沁包装机械有限公司发明专利无效行政诉讼申请再审案（最高人民法院〔2011〕知行字第25号行政裁定书）

40. 珠海格力电器股份有限公司与广东美的电器股份有限公司、国家知识产权局专利复审委员会外观设计专利权无效行政纠纷申请再审案（最高人民法院〔2011〕行提字第1号行政判决书）

41. 爱立信股份有限公司与中华人民共和国国家知识产权局专利复审委员会发明专利权无效行政纠纷上诉案(北京市高级人民法院〔2011〕高行终字第693号行政判决书)

(二)商标授权确权案件

42. 北京华夏长城高级润滑油有限责任公司与中华人民共和国国家工商行政管理总局商标评审委员会、日产自动车株式会社商标争议行政纠纷申请再审案(最高人民法院〔2011〕知行字第45号行政裁定书)

43. 北京台联良子保健技术有限公司与国家工商行政管理总局商标评审委员会、山东良子自然健身研究院有限公司商标争议行政纠纷申请再审案(最高人民法院〔2011〕知行字第50号行政裁定书)

44. 长沙沩山茶业有限公司与国家工商行政管理总局商标评审委员会、湖南宁乡沩山湘沩名茶厂等商标争议行政纠纷申请再审案(最高人民法院〔2011〕行提字第7号行政判决书)

45. 佳选企业服务公司与中华人民共和国国家工商行政管理总局商标评审委员会商标驳回复审行政纠纷申请再审案(最高人民法院〔2011〕行提字第9号行政判决书)

三、知识产权刑事案件

46. 李龙泉侵犯著作权罪案(北京市昌平区人民法院〔2011〕昌刑初字第390号刑事判决书)

47. 韩恒东、徐清华、沈思阳、武奇、苏喆、闫蕻、沈海侵犯著作权罪上诉案(辽宁省沈阳市中级人民法院〔2011〕沈刑二终字第510号刑事裁定书)

48. 张乐、黄谦、梁文宇、阮晓霞、刘阳侵犯著作权罪案(上海市浦东新区人民法院〔2011〕浦刑初字第3240号刑事判决书)

49. 熊四传、熊雅梦假冒注册商标罪上诉案(湖北省高级人民法院〔2011〕鄂知刑终字第1号刑事附带民事判决书)

50. 王学海、余艳平、陈细龙、余云长、何新兵、文献铭、单绪春侵犯著作权罪案(湖南省长沙市雨花区人民法院〔2011〕雨刑初字第546号刑事判决书)

十大案件

知识产权民事案件

衣念(上海)时装贸易有限公司诉浙江淘宝网络有限公司、杜国发侵害商标权纠纷案

——阅读提示:判断网络交易平台经营者是否"知道"侵权行为存在的考量因素;对"必要措施"的理解。

【裁判要旨】

网络交易平台经营者对于网络用户的侵权行为一般不具有预见和避免的能力,故不当然对此承担侵权赔偿责任,但如果网络服务提供者知道网络用户利用其所提供的网络服务实施侵权行为,而仍然为侵权行为人提供网络服务或者没有采取必要的措施,则应当与网络用户承担共同侵权责任。网络交易平台经营者是否采取了必要的避免侵权行为发生的措施,应当根据网络交易平台经营者对侵权警告的反应、避免侵权行为发生的能力、侵权行为发生的概率大小等因素综合判定。

【案号】

一审:上海市浦东新区人民法院〔2010〕浦民三(知)初字第426号

二审:上海市第一中级人民法院〔2011〕沪一中民五(知)终字第40号

【案情与裁判】

原告(二审被上诉人):衣念(上海)时装贸易有限公司(以下简称衣念公司)

被告(二审上诉人):浙江淘宝网络有限公司(以下简称淘宝公司)

被告:杜国发

起诉与答辩

2010年7月19日,衣念公司诉称:被告杜国发在淘宝网销售的服装中使用的商标,侵犯了其享有的注册商标专用权,给原告造成直接损失达15,000元至30,000元,造成的品质减损影响则无法估测。自2009年9月开始,原告针对杜国发的侵权行为,曾7次发函给淘宝公司,要求其删除杜国发发布的侵权商品信息。淘宝公司对原告举报的侵权信息予以删除,但未采取其他制止侵权行为的措施。淘宝公司在知道杜国发以销售侵权商品为业的情况下,依然向其提供网络服务,故意为侵犯他人注册商标专用权的行为提供便利条件,继续纵容、帮助杜国发实施侵权行为。故诉请法院判令:被告杜国发、淘宝公司共同赔偿原

告经济损失及合理费用84,900元;被告杜国发、淘宝公司在搜狐、新浪或其他同级别门户网站、新闻晨报及淘宝网上刊登说明告示并向原告致歉,说明淘宝网曾销售过侵犯原告商标专用权的产品。

杜国发辩称其销售的商品是从其他网站订购的,不知道这些商品是侵权商品。

淘宝公司辩称其已采取了合理审慎的措施,及时删除权利人投诉的涉嫌侵权的信息,并且衣念公司的投诉中均未附任何证据,不是有效的投诉,淘宝公司只是为了平衡投诉人和被投诉人之间利益,采取删除信息,但不予处罚的措施,其不具有主观上的过错。

一审审理查明

衣念公司是第1545520号“”注册商标和第1326011号“”注册商标的权利人,两注册核定使用的商品均为服装类。2009年9月,衣念公司发现自然人杜国发在淘宝网上销售的商品上,使用了原告上述商标,并在其网店上载明:“本店销售的部分商品是仿原单货……”于是先后7次向淘宝公司致函投诉,要求其删除杜国发发布的侵权商品信息。函件内容提供了权利证明和侵权信息链接,淘宝公司在接到投诉后,即对杜国发发布的信息予以删除,但未采取其他制止侵权行为的措施。另外,早自2006年起,衣念公司就对淘宝网上存在的销售侵权商标行为进行投诉,2009年9月至2009年11月,衣念公司对此进行了集中投诉,投诉信息多达13万余条,淘宝网经审核后删除了12万多条,且遭到卖家反通知的概率很小。

一审判理和结果

上海市浦东新区人民法院认为,杜国发在淘宝网上销售的涉案商品与衣念公司注册商标核定商品类别相同或类似,其中部分商品上的使用的商标与衣念公司的注册商标相同,部分商品上使用的商标与衣念公司的注册商标构成近似,足以导致消费者对商品来源产生误认,且未举证证明其销售商品具有合法来源,应当依法承担侵权责任。

淘宝公司在收到衣念公司7次有效投诉的情况下,应当知道杜国发利用其网络交易平台销售侵权商品,淘宝公司在有条件、有能力针对特定侵权人杜国发采取措施下,却未采取必要措施以制止侵权,是对杜国发继续实施侵权行为的放任、纵容。其故意为杜国发销售侵权商品提供便利条件,构成帮助侵权,具有主观过错,应承担连带赔偿责任。最终判决:一、被告杜国发、浙江淘宝网络有限公司于本判决生效之日起十日内共同赔偿原告衣念(上海)时装贸易有限公司经济损失人民币3000元。二、被告杜国发、浙江淘宝网络有限公司于本判决生效之日起十日内共同赔偿原告衣念(上海)时装贸易有限公司合理费用人民币7000元。三、驳回原告衣念(上海)时装贸易有限公司其余诉讼请求。

上诉与答辩

淘宝公司不服一审判决,提起上诉,请求驳回衣念公司的全部诉讼请求。上诉理由主要为,衣念公司的投诉未提供判断侵权的证明,不是有效投诉,淘宝公司无法就投诉信息是否构成进行侵权进行审核,亦不知道杜国发侵权行为的存在。

衣念公司答辩称:上诉人明知杜国发存在侵权行为,仍未采取任何措施以防止再次侵权行为的发生,其为侵权行为提供了网络服务帮助。

原审被告杜国发称,其从事厂家代理,并不知道发布信息的商品侵权。其同意上诉人的意见。

二审判理查明

2009 年 9 月 29 日至 11 月 11 日期间，被上诉人向上诉人发出的 7 次包括杜国发店铺的《商标侵权通知函》包括如下内容："截至目前为止，我公司所有品牌的服装的市场零售价没有低于吊牌价格的 50%。从市场交易的常识来看，不会有经营者大量购买我公司品牌的服装，然后以低于买入价格再转手卖出；我公司全部品牌的加工成本在吊牌标价的 20% ~30%；所以淘宝网上价格很低且数量很大的商品侵权可能性极大；淘宝网应该对此给予足够的重视……"

二审判理和结果

上海市第一中级人民法院经审理认为，首先，在案证据证明衣念公司从 2006 年起即就商标侵权现象向淘宝公司进行投诉，且投诉量巨大，然至 2009 年 11 月，淘宝网上仍然存在大量被投诉侵权的商品信息，况且在上诉人删除的被投诉商品信息中，遭到反通知的概率很小。可见，淘宝公司对其网站上大量存在商标侵权商品之现象是知道的，而且也知道仅采取删除链接的处理方式见效并不明显。其次，衣念公司投诉函明确了被控侵权商品信息的链接及相关理由，虽然未就每一个投诉侵权的链接说明侵权的理由或提供判断侵权的证明，但是已经向上诉人提供了相关的权利证明、投诉侵权的链接地址，并说明了侵权判断的诸多理由，故其关于衣念公司未提供判断侵权成立的证明，无法判断侵权成立的上诉理由不能成立。再次，根据杜国发在其网店的公告上载明的内容，可明显看出杜国发销售侵权商品。淘宝公司在处理相关被投诉链接时对此当然是知道的，由此亦能证明淘宝公司知道杜国发实施商标侵权行为。最后，判断侵权不仅从投诉人提供的证据考查，还应结合卖家是否反通知来进行判断，通常情况下，经过合法授权的商品信息被删除，被投诉人肯定会作出积极回应，及时提出反通知。本案中淘宝公司在多次删除投诉信息后，杜国发并没有回应或提出申辩，据此完全知道杜国发实施了销售侵权商品行为。

综上所述，上海市第一中级人民法院认为，淘宝公司知道杜国发利用其网络服务实施商标侵权行为，但仅是被动地根据权利人通知采取没有任何成效的删除链接之措施，未采取必要的能够防止侵权行为发生的措施，从而放任、纵容侵权行为的发生，其主观上具有过错，客观上帮助了杜国发实施侵权行为，构成共同侵权，应当与杜国发承担连带责任，故判决驳回上诉，维持原判。

尚杜·拉菲特罗兹施德民用公司诉深圳市金鸿德贸易有限公司等侵犯商标专用权、不正当竞争纠纷案

——阅读提示:认定我国《反不正当竞争法》所指的知名商品,是否应当将该商品在国外已知名的事实作为认定其国内知名度的考虑因素之一?

【裁判要旨】

我国《反不正当竞争法》所指的知名商品,是在中国境内具有一定的市场知名度,为相关公众所知悉的商品。认定知名商品,应当考虑该商品的销售时间、销售区域、销售额和销售对象,进行任何宣传的持续时间、程度和地域范围,以及其作为知名商品受保护的情况等因素进行综合判断,对于外国商品的特有名称、包装、装潢的保护,应以在中国境内为相关公众所知悉为必要,其知名度通常系由在中国境内生产、销售或者从事其他经营活动而产生,但该商品在国外已知名的事实可以作为认定其国内知名度的辅助性考虑因素之一。

【案号】

一审:湖南省长沙市中级人民法院〔2010〕长中民五初字第0518号

二审:湖南省高级人民法院〔2011〕湘高法民三终字第55号

【案情与裁判】

原告(二审被上诉人):尚杜·拉菲特罗兹施德民用公司(SOCIETE CIVILE DE CHATEAU LAFITE ROTHSCHILD)

被告(二审上诉人):深圳市金鸿德贸易有限公司(以下简称金鸿德公司)

被告:湖南生物医药集团健康产业发展有限公司(以下简称生物医药公司)

起诉与答辩

原告尚杜·拉菲特罗兹施德民用公司诉称:原告向中国商标局申请"LAFITE"商标并获准注册;原告在法国申请"　"商标并获准注册,并向世界知识产权组织国际局提交了国际注册申请,指定中国予以领土延伸保护并得到中国商标局的批准。

被告使用"LAFITE　FAMILY"商标、"lafitefamily. com"域名,侵犯了原告"LAFITE"注册商标专用权;使用"　"商标,侵犯了原告"　"注册商标专用权。"LAFITE"商标音译的中文"拉菲"名称经过长期使用和广泛宣传已在相关公众中具有了非常高的知名度,且"拉菲"、"LAFITE"与原告之间具有特定的、唯一对应的法律关系,被告使用的"拉菲世族"商标的主要识别部分仍是"拉菲",容易造成相关公众的混淆误认,因此该行为侵犯了原告"拉菲"知名商品的特有名称,构成不正当竞争。被告在其商品宣传册、网站中虚构事实以及编造拉菲酒庄的历史背景,误导相关公众,构成了对原告的不正当竞争。为维护原告的合法权益,遂于2010年9月15日诉至法院,请求判令:(1)两被告立即停止使用"LAFITE FAMILY"、"　"及

“拉菲世族”商标;(2)两被告立即停止不正当竞争;(3)被告金鸿德公司立即将“lafitefamily. com”域名予以注销;(4)两被告连带赔偿原告经济损失50万元;(5)两被告在全国发行的报纸、期刊上刊登声明,消除影响。

被告金鸿德公司辩称:被控侵权商品上使用的“”商标与原告的“LAFITE”及“”两注册商标存在重大区别,不会导致消费者产生混淆,不构成商标侵权;原告“LAFITE”和“”商标不属于驰名商标或知名商标,其亦未在中国对“拉”、“菲”、“世”、“族”或其组合进行商标注册,被告使用“拉菲世族”文字不构成侵权;原告诉我公司不正当竞争证据不足;要求赔偿50万元没有事实和法律依据。

被告生物医药公司辩称:其不是被控侵权商品的销售者,而是消费者。

法院审理查明

原告于1963年4月23日在法国注册成立,系第1122916号“LAFITE”与第G764270号“”两注册商标的注册人。“LAFITE”商标于1997年10月28日经我国国家工商行政管理局商标局核准注册,核定使用的商品为第33类“含酒精饮料(啤酒除外)”。该商标于2007年10月28日得到续展,有效期至2017年10月27日。“”商标的基础注册国为法国,基础注册日期为1991年4月17日,核定使用的商品为第33类“以原产地取名的酒”,有效期自2001年7月23日至2011年7月23日。

百度百科对“拉菲”的历史、评级、纪录、品质和产量作了详细介绍,称拉菲葡萄酒是拉菲庄园出产的享誉世界的法国波尔多葡萄酒之一;百度百科对“lafite”的概述中称“拉菲”是世界上最出名的葡萄酒,是目前世界上最贵一瓶葡萄酒的纪录保持者;维基百科也对“拉菲酒庄”进行了详细介绍,称该酒庄出产的葡萄酒是享誉世界的法国波尔多葡萄酒之一。在百度中使用“LAFITE葡萄酒”进行检索,显示找到相关网页约471000篇;用“拉菲葡萄酒”进行检索,显示找到相关网页约2300000篇;在百度新闻中用“拉菲LAFITE”进行检索,结果显示找到相关新闻约有1600篇。2004年以来,人民网等多家网站对拉菲或“LAFITE”商品进行了报道。相关出版物对拉菲或“LAFITE”商品也进行了宣传报道。

2010年1月28日,法国波尔多葡萄酒行业协会出具一份声明,称:“LAFITE”这个词的首次使用可以追溯到1234年,CHATEAU LAFITE ROTHSCHILD(“罗斯柴尔德拉菲庄园”,又译为“罗斯柴尔德拉斐庄园”)在1868年成为罗斯柴尔德家族的产业,从那时起“LAFITE”葡萄酒一直被认为是最好的葡萄酒之一。

“拉菲”这一中文名称的使用情况为:2006年5月31日,国家质量监督检验检疫总局签发《进出口食品标签审核证书》,核准原告使用“拉菲传奇波尔多红葡萄酒”、“拉菲传奇波尔多白葡萄酒”、“拉菲传奇梅多克红葡萄酒”、“拉菲传奇波亚克红葡萄酒”、“拉菲传奇波尔多红葡萄酒”、“拉菲传说红葡萄酒”等分别作为其系列商品的名称;2008年1月28日,上海商检认证服务有限公司出具由原告的注册商标被许可人美夏国际贸易(上海)有限公司委托所做的《进口食品标签咨询报告》,认为标注品名为“拉菲珍藏波尔多红葡萄酒”、“拉菲珍藏波亚克红葡萄酒”、“拉菲珍藏梅多克红葡萄酒”、“拉菲珍藏波尔多白葡萄酒”的进口商品的标签版式和标注内容符合《预包装食品标签通则》及有关规定;2009年1月

21 日,美夏国际贸易(上海)有限公司与上海爱晚亭实业有限公司签订《商品经销协议》,在其附件中,与"LAFITE"对应的中文名称为"拉菲";2009 年 10 月 16 日,美夏国际贸易(上海)有限公司与温州市逸轩副食品有限公司签订《商品经销协议》,在其附件中也使用了"拉菲"这一中文名称。原告在其官方网站及其宣传手册中对其"　"注册商标及商品进行了介绍与展示,同时还介绍了"LAFITE"的历史渊源。

2010 年 3 月 18 日,原告向北京市方正公证处申请证据保全。该处对域名为 http://www. lafitefamily. com 的网站的相关内容进行了证据保全。该网站的网页里标注有"Lafite-Family"、"Lafite Family"、"拉菲世族"及"　"标识,在其"品牌故事"的网页里,介绍相关历史渊源。被告金鸿德公司在其制作的商品宣传手册中使用了"Lafite-Family"、"Lafite Family"、"拉菲世族"及"　"标识,并对其商品历史渊源进行介绍。2010 年 6 月 9 日,原告向长沙市公证处申请证据保全。该处对购买涉案被控侵权商品过程进行了公证。该被控侵权商品纸质包装箱四周均标注有"LAFITE FAMILY"文字及"　"标识。被控侵权商品主视面标注有"　"标识及"LAFITE FAMILY"文字,后视面的上端突出标注有汉字"拉菲世族",下端标注有"　"标识及运营商:深圳市金鸿德贸易有限公司、网址 http://www. lafitefamily. com。

一审判理和结果

湖南省长沙市中级人民法院认为:

1. 经过长期使用和广泛宣传,"LAFITE"葡萄酒在我国已具有了一定的市场知名度并为相关公众所知悉,属于知名商品,而"拉菲"与原告的"LAFITE"葡萄酒商品之间已经形成事实上唯一对应的法律关系,具有区别商品来源的显著特征,与其他经营者的同类商品相区别,"拉菲"为原告"LAFITE"葡萄酒知名商品的特有名称。被告金鸿德公司未经原告许可在相同商品上使用该名称,并在公司网站及宣传资料中使用该名称进行宣传,使相关公众误认为该商品来源于原告,其行为构成对原告的不正当竞争。原告作为"LAFITE"品牌的持有人,其葡萄酒商品的知名度及其品牌历史,有诸多证据和公开信息可以证明。被告金鸿德公司作为中国法人,该公司及其商品显然与其宣传中所描述的"拉菲"等信息无关,系虚假宣传行为,被告金鸿德公司在其商品、网站及宣传手册上使用"Lafite Family"、"拉菲世族"、"　"系列标识构成对原告的不正当竞争。

2. 被控侵权商品与原告两注册商标核定使用的商品相同,其上使用的"LAFITE FAMILY"标识,与原告的"LAFITE"商标构成近似,使用的"　"标识与原告的"　"商标构成近似,侵犯了原告的两注册商标专用权。被告在互联网站中使用"lafite-family. com"的域名完全包含了原告的"LAFITE"注册商标的字母,其在该网站使用"Lafite"和"Family"组合、"拉菲世族"及"　"标识为葡萄酒商品的销售进行包装和宣传,容易使相关公众误认为被告提供的商品来源于原告,或者误认为被告提供的侵权商品系经原告授权、许可等,构成对原告"LAFITE"注册商标专用权的侵犯。

被告生物医药公司作为侵权产品的销售者,构成对原告注册商标专用权的侵犯和不正当竞争,两被告均应对侵犯注册商标专用权及不正当竞争行为依法应承担停止侵权、赔偿损失及消除影响等民事责任。被告生物医药公司能够提供被控侵权商品合法来源，具有法定的免赔事由，可不承担赔偿责任。原审法院综合考虑本案侵权行为均发生在同一载体之事实、原告商标和知名商品特有名称之知名度、侵权的情节、主观故意及原告维权所支出的必要费用等情况酌定本案赔偿数额。

据此，湖南省长沙市中级人民法院依据《民法通则》第134条第1款第(1)项、第(7)项、第(9)项及第二款，《反不正当竞争法》第2条、第5条第(2)项、第9条第1款、第20条，《商标法》第52条第(1)项、第(2)项、第56条，最高人民法院《关于审理不正当竞争民事案件应用法律若干问题的解释》第1条第1款、第2条第1款、第4条第1款、第17条第1款，最高人民法院《关于审理商标民事纠纷案件适用法律若干问题的解释》第1条第(3)项、第8条、第10条、第16条第1款和第3款、第21条第1款，最高人民法院《关于审理涉及计算机网络域名民事纠纷案件适用法律若干问题的解释》第8条及《民事诉讼法》第130条之规定，于2011年2月28日判决：(1)被告深圳市金鸿德贸易有限公司立即停止在其生产和销售的葡萄酒商品上、http://www.lafitefamily.com网站及宣传资料中使用侵犯原告尚杜·拉菲特罗兹施德民用公司第1122916号“LAFITE”与第G764270号“”两注册商标专用权的“LAFITE FAMILY”及“”标识。(2)被告深圳市金鸿德贸易有限公司立即停止在其生产和销售的葡萄酒商品上、http://www.lafitefamily.com网站及宣传资料中使用与原告尚杜·拉菲特罗兹施德民用公司知名商品特有的名称“拉菲”构成不正当竞争的“拉菲世族”文字。(3)被告深圳市金鸿德贸易有限公司就上述第一、二项的侵权行为赔偿原告尚杜·拉菲特罗兹施德民用公司经济损失人民币25万元。(4)被告深圳市金鸿德贸易有限公司立即停止在http://www.lafitefamily.com网站及宣传资料中通过虚假宣传对原告尚杜·拉菲特罗兹施德民用公司实施的不正当竞争行为；并于本判决生效之日起十日内注销侵犯原告第1122916号“LAFITE”注册商标专用权的“lafitefamily.com”域名。(5)被告深圳市金鸿德贸易有限公司就上述第四项的侵权行为赔偿原告尚杜·拉菲特罗兹施德民用公司经济损失人民币5万元。(6)被告湖南生物医药集团健康产业发展有限公司立即停止销售被告深圳市金鸿德贸易有限公司的使用有“拉菲世族”、“LAFITE FAMILY”、“”标识的葡萄酒商品及立即停止使用被告深圳市金鸿德贸易有限公司的包含前述标识与虚假宣传内容的宣传资料。(7)被告深圳市金鸿德贸易有限公司在本判决生效之日起十日内在《中国工商报》上刊登声明，为原告尚杜·拉菲特罗兹施德民用公司消除影响，该声明内容由原审法院先行审核；逾期不履行的，由原审法院在该报上发布判决内容，相关费用由被告深圳市金鸿德贸易有限公司负担。(8)以上第三、五项确定的赔偿义务共计人民币30万元，由被告深圳市金鸿德贸易有限公司在本判决生效之日起十日内支付给原告尚杜·拉菲特罗兹施德民用公司。(9)驳回原告尚杜·拉菲特罗兹施德民用公司的其他诉讼请求。如未按本判决指定的期间履行上述给付金钱义务，被告深圳市金鸿德贸易有限公司应当依照《中华人民共和国民事诉讼法》第229条之规定，加倍支付迟延履行期间的债务利息。本案案件受理费9300元，由原告尚杜·拉菲特罗兹施德民用公司负担1000元，被告深圳市金鸿德贸易有限公司负担8300元。

上诉与答辩

上诉人金鸿德公司不服上述判决,向湖南省高级人民法院提出上诉称:其注册商标与上诉人的二商标存在设计使用元素、直观外形等方面有重大区别,因此不应认定上诉人的商标侵犯了被上诉人注册商标专用权;被上诉人至今未在国内取得对“拉”“菲”“世”“族”或其组合的注册商标权,没有取得“拉菲”名称的专用权,被上诉人的“LAFITE”与“ ”两注册商标亦不属于驰名或知名商标,被上诉人诉上诉人不正当竞争证据不足。请求二审法院依法撤销一审判决,驳回被上诉人的诉讼请求。

被上诉人尚杜·拉菲特罗兹施德民用公司答辩称:被上诉人的“LAFITE”与“ ”两注册商标经过长期使用和广泛宣传,已经在相关公众中具有了非常高的知名度。被控侵权商标与被上诉人注册商标构成混淆性近似,且上诉人注册并使用的“lafitefamily. com”域名与被上诉人的“LAFITE”注册商标构成混淆性近似,侵犯了被上诉人注册商标专用权。被上诉人的“LAFITE”注册商标音译为中文“拉菲”,“拉菲”在中国境内经过长期使用和广泛宣传已构成了被上诉人知名商品特有名称,被控侵权产品上使用“拉菲世族”与被上诉人“拉菲”知名商品特有名称构成混淆性近似,上诉人还在其产品宣传手册、网站中虚构拉菲酒庄的相关事实,其行为构成不正当竞争。

原审被告生物医药公司提交诉讼意见称,其是涉案葡萄酒的使用者,不是销售者,服从一审判决。

二审判理和结果

本案二审的争议焦点主要在于:(1)上诉人金鸿德公司是否侵犯了被上诉人尚杜·拉菲特罗兹施德民用公司所有的涉案注册商标专用权;(2)上诉人金鸿德公司的行为是否构成对被上诉人尚杜·拉菲特罗兹施德民用公司的不正当竞争。

湖南省高级人民法院认为:

1. 被上诉人尚杜·拉菲特罗兹施德民用公司系涉案二注册商标专用权人,其享有的注册商标专用权依法受我国法律保护。本案中,被控侵权商品为葡萄酒,与被上诉人涉案二注册商标核定使用的商品同属于《商标注册用商品和服务国际分类表》第33类,系相同商品。将被控侵权商品上使用的“LAFITE　FAMILY”标识及“ ”标识与被上诉人的注册商标在隔离的状态下进行比对,其中,“LAFITE　FAMILY”标识完整包含了上诉人“LAFITE”注册商标文字,“ ”标识的构图则与上诉人“ ”注册商标的构图整体结构相似,易使相关公众对商品的来源产生误认或者认为其来源与被上诉人注册商标的商品有特定的联系。因此,上诉人金鸿德公司未经商标权人许可,在其葡萄酒商品上使用“LAFITE FAMILY”、“ ”标识的行为侵犯了被上诉人的注册商标专用权,应承担相应的民事责任。本案中,上诉人使用的域名“lafite-family. com”完整包含了被上诉人“LAFITE”注册商标文字,上诉人并在该网站中结合Lafitefamily、“ ”等标识对其葡萄酒商品进行宣传、推广,容易使相关公众误认为上诉人提供的商品来源于被上诉人,上诉人的这一行为属于给他人注册商标专用权造成其他损害的行为,侵犯了被上诉人尚杜·拉菲特罗兹施德民用公司“LAFITE”注册商标专用权。

2. 争议焦点二主要涉及“LAFITE”葡萄酒是否为知名商品,“拉菲”是否为“LAFITE”葡萄酒知名商品的特有名称,以及上诉人金鸿德公司使用“拉菲世族”名称等行为是否构成对被上诉人的不正当竞争等问题。关于“LAFITE”葡萄酒是否为知名商品,我国《反不正当竞争法》所指的知名商品,是指在中国境内具有一定的市场知名度,为相关公众所知悉的商品。认定知名商品,应当考虑该商品的销售时间、销售区域、销售额和销售对象,进行任何宣传的持续时间、程度和地域范围,作为知名商品受保护的情况等因素进行综合判断,亦可适当考虑国外已知名等因素。根据查明的事实,被上诉人尚杜·拉菲特罗兹施德民用公司生产的“LAFITE”葡萄酒具有较长的品牌历史,在法国被认为是最好的葡萄酒之一。在“LAFITE”葡萄酒进入中国市场前,我国内地相关媒体和主流中文网站就对其进行了较为广泛的宣传报道。“LAFITE”葡萄酒自2006年开始进入中国市场后,被上诉人尚杜·拉菲特罗兹施德民用公司通过在其公司网站进行产品品牌介绍和举行高端品酒会等形式对其“LAFITE”葡萄酒产品进行宣传推广,国内相关媒体和网站也持续对“LAFITE”葡萄酒产品进行了宣传报道。由这些事实可以看出,被上诉人尚杜·拉菲特罗兹施德民用公司生产的LAFITE葡萄酒在我国葡萄酒市场已具有较高的知名度,应认定为我国《反不正当竞争法》所指的知名商品。

关于“拉菲”是否为“LAFITE”葡萄酒的特有名称。根据最高人民法院《关于审理商标民事纠纷案件适用法律若干问题的解释》第2条第1款的规定,具有识别商品来源的显著特征的商品的名称应当认定为商品特有的名称。本案中,“拉菲”为LAFITE文字的直接音译,被上诉人尚杜·拉菲特罗兹施德民用公司不仅在其产品上实际使用中文“拉菲”作为其“LAFITE”葡萄酒商品的名称,在其自己的宣传资料及网站中亦将“LAFITE”葡萄酒称呼为“拉菲”葡萄酒,而国内相关媒体及百度百科、维基百科等中文网站在对“LAFITE”葡萄酒进行报道时,也一致称其为“拉菲”,没有证据显示“LAFITE”葡萄酒除“拉菲”外,还使用了其他中文名称,因此,“拉菲”事实上系“LAFITE”葡萄酒知名商品唯一对应的中文名称,具有区别商品来源的显著性,应认定其为“LAFITE”葡萄酒知名商品的特有名称。上诉人金鸿德公司在其葡萄酒商品上突出使用“拉菲世族”文字,该文字不仅完整包含了“拉菲”二字,且“拉菲”二字构成该组文字的主要识别和呼叫部分,二者构成近似。上诉人金鸿德公司未经许可,在相同商品上擅自使用与他人知名商品近似的商品名称,造成和他人知名商品相混淆,使购买者误认为是该知名商品,其行为构成对被上诉人的不正当竞争,应承担相应的责任。上诉人金鸿德公司关于其使用“拉菲世族”文字不构成侵权的上诉理由不能成立,不予支持。

关于上诉人金鸿德公司对其产品所作宣传是否虚假、是否构成不正当竞争。根据上诉人金鸿德公司提交的《企业法人营业执照》,上诉人金鸿德公司系2008年7月8日成立的有限责任公司,系中国法人,其显然与“LAFITE”品牌“历史悠久”等要素没有关联,但在上诉人金鸿德公司的官方网站及产品宣传资料中对被控侵权葡萄酒商品所作宣传和介绍却包含了以上要素,上诉人的行为系对商品的质量、制作成分、性能用途、生产者、产地等作引人误解的虚假宣传。

综上所述,本案中,上诉人金鸿德公司的行为侵犯了被上诉人尚杜·拉菲特罗兹施德民用公司的注册商标专用权,亦构成对被上诉人尚杜·拉菲特罗兹施德民用公司的不正当竞争,依法应当承担相应的民事责任,其上诉请求无事实和法律依据,依法应予驳回。原审判决认定事实清楚,适用法律正确,程序合法,应予维持。据此,湖南省高级人民法院根据《中华人民共和国民事诉讼法》第153条第1款(1)项之规定,于2011年8月17日判决:

驳回上诉,维持原判。

本案二审案件受理费9300元,由上诉人深圳市金鸿德贸易有限公司负担。

广州市红太阳机动车配件有限公司诉安徽江淮汽车集团有限公司与安徽江淮汽车股份有限公司确认不侵犯注册商标专用权纠纷案

——阅读提示:涉及多起民事诉讼和行政诉讼商标纠纷案件的调解和审理。

【裁判要旨】

本案双方当事人都是大型汽车企业,双方均有全国人大代表关注,且双方之间涉及多起民事纠纷和行政纠纷,社会影响力大。最高人民法院在再审审查过程中,在查明事实、明确法律关系的基础上,充分发挥司法智慧,取得全国人大代表和地方政府、地方法院的大力支持,努力促使双方当事人达成和解协议,由双方当事人各自撤回了多起民事诉讼和行政争议,取得了良好的法律效果和社会效果。在商标纠纷案件中,无论是民事侵权纠纷还是行政纠纷,各方的商标标识(无论是注册商标还是经长期使用取得一定市场知名度的未注册商标),尤其是主要商标标识,对各方企业的生存和发展都至关重要。人民法院在处理这类商标纠纷时,要慎之又慎,在双方企业对各自商标标识注册、使用能达成一致的情形下,和解解决这类纠纷是对双方当事人利益保护的最大化。

【案号】

一审:安徽省合肥市中级人民法院〔2010〕合民三初字第87号

二审:安徽省高级人民法院〔2010〕皖民三终字第00077号

再审:最高人民法院〔2011〕民申字第223号

【案情与裁判】

原告(二审被上诉人、被申请人):安徽江淮汽车集团有限公司(以下简称江淮集团)

原告(二审被上诉人、被申请人):安徽江淮汽车股份有限公司(以下简称江淮股份)

被告(二审上诉人、申请再审人):广州市红太阳机动车配件有限公司(以下简称红太阳公司)

起诉与答辩

江淮集团诉称:2010年3月26日,红太阳公司委托律师事务所发出律师函,称其制造并销售的汽车以及宣传材料和公司网站中所使用的五星图形等,侵犯了原告第4233581号和第4425670号注册商标专用权。原告认为,被告的行为严重损害了原告的企业形象,影响了原告的正常生产经营,给原告造成巨大的损失。故起诉请求法院判令:确认原告不侵犯被告的第4233581号和第4425670号注册商标专用权,被告消除影响,向原告公开道歉,并赔偿损失10万元。

江淮股份称:其是江淮集团的核心子公司,诉讼请求与江淮集团相同。庭审期间,两原告放弃了请求被告赔偿经济损失人民币10万元的主张。

红太阳公司答辩称:(1)本案存在多处程序违法,应依法予以纠正。(2)答辩人没有向江淮股份以任何形式提出过侵权警告,江淮股份的起诉没有事实和法律依据,应驳回江淮集团的起诉。(3)江淮股份实际使用的商标与答辩人注册商标相似,且用于同一类商品,显然构成侵犯答辩人注册商标专用权,依法应驳回其诉讼请求并确认其侵犯答辩人注册商标专用权。(4)原告在诉状中以江淮集团正在申请注册的"椭圆形加五星图+JAC"商标标识混淆江淮股份实际使用的椭圆形加五叉星标识,显然企图蒙骗法院,掩盖江淮股份侵犯答辩人注册商标专用权的事实。

一审审理查明

2005年6月29日,江淮集团委托设计椭圆形加五叉星标识使用在汽车上,该标识的具体图形为。该商标未获注册。2005年12月30日江淮集团与江淮股份订立商标授权使用协议,授权江淮股份使用JAC、椭圆形加五叉星两标识。并约定如因上述标识产生任何法律纠纷,双方可共同作为权利人主张权利等。

江淮股份商务车分公司、江淮股份轿车分公司和江淮股份多功能车营销分公司(前身为江淮股份轿车营销分公司)均隶属于江淮股份。

江淮股份轿车营销分公司制作江淮轿车4S店建店指导手册(B类),该手册中展示上述椭圆形加五叉星标识,在其他4S店店面也使用该标识,在宣传彩页中的汽车头部格栅部位均嵌有椭圆形加五叉星的标识。2006年11月10日~2007年4月18日,江淮股份商务车分公司分别与中国工业报社等单位订立广告业务发布合同,在《中国工业报》、《新安晚报》、《合肥晚报》等上刊发的广告中带有椭圆形加五叉星的标识。2008年8月12日~2009年3月9日,江淮股份轿车分公司分别与北京圣兰图广告有限公司等公司订立广告发布合同,在《奥运经济》、《新文化报》等上发布的广告中带有椭圆形加五叉星的标识。在有关媒体上也刊登了相关江淮汽车的宣传报道,报道中带有椭圆形加五叉星标识。

江淮股份生产的瑞鹰汽车于2007年获得年度汽车总评榜"十佳SUV四驱车"评选"最具影响力自主品牌奖",该年度其同时获得安徽电视台公共频道"十佳合作伙伴荣誉奖";江淮股份生产的瑞鹰汽车于2008年获得年度汽车总评选"年度最佳柴油车奖",该年度其生产的同悦汽车获得"2008十大心怡车型奖"。上述奖杯或奖状上均标注有椭圆形加五叉星标识。

2004年8月23日,红太阳公司向商标局申请第4233581号商标,商标局于2007年1月28日予以注册公告,核定使用在第12类小型机动车、运货车、电动车辆、货车(车辆)等商品上。该商标为图形商标,其具体图形为。

2004年12月21日,红太阳公司向商标局申请第4425670号商标,商标局于2008年6月21日予以注册公告,核定使用在第12类小型机动车、运货车、电动车辆、货车(车辆)等商品上。该商标为图形加中文及其拼音组合商标,其具体图形为大运 DAYUN。

2010年3月26日,广东恒益律师事务所接受红太阳公司的委托向江淮股份发出

《律师函》,敦促江淮股份尊重红太阳公司知识产权。如果江淮股份在收到此函后15日内仍不停止侵权行为,红太阳公司将在全国重要媒体上发表维权声明,并追究法律责任。

江淮股份收到律师函件后不久,江淮集团即于2010年4月15日对红太阳公司向一审法院提起确认不侵犯注册商标专用权纠纷之诉,江淮股份经一审法院作为本案原告参加诉讼。

一审判理和结果

一审认为,关于本案管辖权问题。二审法院关于本案管辖权问题的(2010)皖民三终字第00043号裁定书已经确定一审法院是本案的管辖法院,一审法院即是依据该终审裁定行使对本案的管辖权。

关于本案江淮集团的主体资格问题。就红太阳公司所发警告函的对象而言确是江淮股份,由于被警告的行为是在小汽车等商品上使用椭圆形加五叉星商标标识的事实,作为该标识的实际所有权人和授权方,江淮集团必然受到警告函的消极影响。为保护自身的合法权益,其当然拥有就红太阳公司的警告行为提起确认不侵权的诉讼权利。

关于本案江淮集团、江淮股份所有和使用的椭圆形加五叉星标识是否侵犯红太阳公司第4233581号和第4425670号注册商标专用权。首先,该两商标与椭圆形加五叉星商标标识不相近似。其次,江淮集团、江淮股份请求保护的商标从2005年设计完成以来,已经付出较多的广告和宣传等投入,使其具有较好的知名度。再次,红太阳公司注册商标图形部分是由正圆形和正五角星两个基本元素构成的,而该两个元素在相关公众日常经济生活和政治生活中均属司空见惯的符号,不具有显著性。最后,本案发生冲突的商标所表示的商品属于贵重汽车商品,相关公众在消费汽车商品时会付出较多注意力以关注汽车制造商的资质及产能、汽车的价格、汽车的性能和售后服务等相关因素,足以使相关公众能够将该冲突商标所代表的商品来源加以区分,而不至于对两个商标所表示的商品来源产生混淆或误认。

综上所述,一审法院判决:确认江淮集团所有、江淮股份使用的椭圆形加五叉星未注册商标不侵犯红太阳公司第4233581号和第4425670号注册商标专用权;驳回江淮集团、江淮股份的其他诉讼请求。

上诉与答辩

红太阳公司不服一审判决,向二审法院提起上诉,其上诉理由与一审诉辩理由基本相同。

二审判理和结果

关于一审法院对本案是否享有管辖权。一、二审法院已经审理并作出生效裁定,红太阳公司的此项上诉理由依法不能成立。

一审法院以通知的形式同意追加江淮股份为共同原告是否违反法律程序,是否存在剥夺红太阳公司的诉讼权利。是否追加当事人与是否同意追加当事人,属于人民法院根据案件的具体情况依职权决定事项,与管辖问题无涉,当事人就此不能提出管辖权异议。一审法院通知追加江淮股份为本案共同原告参加诉讼,并未涉及本案的实体审理,亦未导致本案原有的诉讼请求发生变更和诉讼事实理由发生变化,并不存在剥夺红太阳公司诉讼权利问题。

江淮股份在汽车上使用的商标标识是否与红太阳公司的第4233581号、第4425670号注册商标相同或近似。依据商标法以及相关司法解释确立的商标相同或者相近似的判断方法、原则,椭圆形加五叉星商标标识与红太阳公司的第 4233581 号、第 4425670 号注册商标不构成近似。

江淮股份在汽车上使用的商标标识是否会造成相关公众的混淆和误认。商标的基本功能在于使消费者能够识别商品及其来源。将涉案讼争商标进行比对,两者在整体结构和外观上均存在较大差异,既不相同也不近似,不构成相同或近似商标。因此,不会造成相关公众的混淆和误认。同时,本案涉案产品为汽车,相对而言,汽车属于贵重商品,普通消费者在选择购买汽车商品时,往往会施以更高的注意力,对于所欲购买或使用的汽车,在品牌、性能、价格、外观、售后服务、制造商的资质等许多方面,一般都要进行慎重仔细的了解。应该说,相关公众施以的注意力越高,导致混淆误认的可能性就越小。

据此,二审法院于 2010 年 10 月 29 日以(2010)皖民三终字第 00077 号依法判决:驳回上诉,维持一审判决。

申请再审理由与答辩

红太阳公司申请再审称:(1)江淮集团无权提起确认不侵权之诉。红太阳公司 2010 年 3 月 26 日《律师函》指向的主体为江淮股份,而非江淮集团。(2)即便江淮集团有权提起确认不侵权之诉,但其依然在程序上违反了确认不侵权之诉的提起时间以及管辖原则。(3)一审法院同意追加江淮股份作为原告参与诉讼的行为,构成程序违法。(4)江淮股份以及江淮集团的商标使用行为侵犯了红太阳公司的商标专用权,二审判决事实认定错误。在双方商标整体构图和外观上双方商标构成近似。且江淮集团对红太阳公司第 4425670 号商标提起商标异议申请时,认为两者构成近似。在另案诉讼中,山西省运城市中级人民法院也认定商标构成近似。(5)江淮股份以及江淮集团的商标使用行为已经造成了相关公众的混淆、误认。另外,由于江淮股份以及江淮集团对标识的大规模宣传使用,标识也已经产生了一定的影响力以及知名度,在一定意义上,标识对红太阳公司的注册商标已经造成了相关公众的反向混淆,对红太阳公司注册商标专用权造成了损害。(6)即便江淮股份以及江淮集团的商标使用行为不会造成相关公众的混淆误认,其依然损害了红太阳公司的注册商标法律功能。红太阳公司依据《中华人民共和国民事诉讼法》第 179 条第 1 款第(1)项、第(2)项及第(6)项的规定申请再审,请求撤销一、二审判决,改判确认江淮集团和江淮股份使用的椭圆形加五叉星未注册商标侵犯其第 4233581 号和第 4425670 号注册商标专用权。

江淮集团和江淮股份提交意见认为:(1)江淮集团有权提起确认不侵权之诉,红太阳公司的《律师函》针对的是江淮股份,但江淮集团和江淮股份之间是商标授权使用关系,且《商标授权使用协议》约定"如因上述标识产生任何法律纠纷,甲方和乙方可共同作为权利人主张权利",因此江淮集团有权提起诉讼,江淮股份也可作为原告参加诉讼。(2)其提起确认不侵权之诉符合法律规定。(3)其商标与红太阳公司的两个注册商标的商标发音、外形和含义不同,也不造成相关公众混淆误认,不构成近似,且汽车领域商标使用有特殊性问题。其也没有攀附红太阳公司注册商标的意图和必要。(4)反向混淆要求商标高度近似并造成相关公众混淆误认,本案不构成反向混淆。请求维持一、二判决。

再审审查情况和结果

本案再审材料转我庭后,合议庭及时主持双方当事人进行了听证,并调取一、二审卷宗。通过阅卷和听证,合议庭考虑到本案涉及国内两个大型企业,又处同一汽车行业,双方均有人大代表关注,且双方当事人除本案纠纷外还有其他诉讼和争议,合议庭本着一揽子解决纠纷对双方今后的发展均为有利的原则,认为如双方调解解决此案是较为妥当的处理办法。在办案思路得到庭领导和院领导的支持和肯定后,4月28日,合议庭组织双方当事人进行调解,但经过几次沟通调解,双方仍在商标的使用范围上未能达成一致。8月19日,庭长亲自主持下合议庭又组织双方当事人进行了调解工作,并邀请全国人大代表参加(共四位人大代表,一位参加,其他三位由于工作原因表示不参加)。由于红太阳公司在调解过程中将江淮集团和江淮股份正在使用的未注册商标申请注册,双方矛盾进一步加剧。为了妥善处理双方的纠纷,解开双方之结,合议庭在取得院领导和庭领导的同意后,及时调整和解方式方法,经山西高院多方联系,合议庭在庭长助理带领下专赴太原与山西省政府及法制办有关领导对本案的情况进行了沟通,分析了案件的事实和法律问题,再次提出,本着司法为民、案结事了、实现共赢的原则,和解对双方的发展均有益处。在省政府的积极协调下,11月24日,合议庭又组织双方当事人进行了第三次调解工作,经过将近5个小时的协商,双方终于当场达成和解协议。至此,双方多年的多起诉讼以及争议圆满解决。

珠海格力电器股份有限公司诉广东美的制冷设备有限公司、珠海市泰锋电业有限公司侵犯发明专利权纠纷案

——阅读提示:等同原则如何具体适用?什么情况下可以在法定赔偿最高额以上进行判赔?如何运用证据披露和证据妨碍规则查明当事人经济损失或侵权获利?

【裁判要旨】

在进行等同侵权判定时,须确定比对的对象和内容,然后依照主客观标准作出认定。对技术手段、功能和效果是否基本相同的判断,可以从结构形态、运行方式、工作原理、运用领域、使用状态、运行条件以及技术方案要达到的目的等角度入手进行具体分析。

确有证据证明损失或获利明显超过法定赔偿最高限额时,应当坚持全面赔偿原则,在法定最高额以上确定赔偿数额。

在实际损失或获利的查明中恰当运用证据披露与举证妨碍规则,是破解赔偿难问题的有效途径。

【案号】

一审:广东省珠海市中级人民法院〔2009〕珠中法民三初字第5号

二审:广东省高级人民法院〔2011〕粤高法民三终字第326号

【案情与裁判】

原告(二审被上诉人):珠海格力电器股份有限公司(以下简称格力公司)

被告(二审上诉人):广东美的制冷设备有限公司(以下简称美的公司)、珠海市泰锋电业有限公司(以下简称泰锋公司)

起诉与答辩

2008年12月1日,格力公司以美的公司制造、销售、许诺销售的多款空调器侵害其专利权,泰锋公司销售该空调器侵权为由提起诉讼,请求判令美的公司立即停止侵权行为,并赔偿格力公司经济损失人民币300万元、因制止侵权所支付的费用人民币190,703.70元;判令泰锋公司停止销售侵权产品,并对上述赔偿责任承担连带责任。

法院审理查明

法院经审理查明:格力公司是专利号为ZL200710097263.9,名称为"控制空调器按照自定义曲线运行的方法"发明专利的专利权人,其在本案中主张的权利要求为权利要求2,即一种控制空调器按照自定义曲线运行的方法,所述空调器包括主机和遥控器,所述方法包括如下步骤:通过所述遥控器上的键盘设置自定义曲线;当设置完成后,所述遥控器将已设置好的自定义曲线数据存储在所述遥控器自带的记忆芯片中;通过所述遥控器的红外信号发射单元将所述自定义曲线数据按编码格式发送给所述空调器主机的红外信号接收单元;所述空调器主机的红外信号接收单元将自定义曲线数据保存在所述空调器主机的MCU控制芯片自带的RAM中,之后由MCU控制芯片根据RAM中的自定义曲线数据在相应的时间段设置预定的运行参数,并通过所述运行参数来控制所述空调器主机做相应的运转;其特征在于,所述自定义曲线为自定义睡眠曲线,所述遥控器为具有时间间隔定时功能的遥控器,设置所述自定义睡眠曲线的步骤进一步包括:用户进入自定义设置状态;遥控器显示上次设定的睡眠曲线第一个1小时的时间间隔内所对应的温度,如果用户不需要改变温度,则直接确认,则遥控器在该时间间隔内保持该温度;若用户需要改变温度,将该温度调节至所需的第一设定温度,则遥控器在该时间间隔内保持第一设定温度;接着,遥控器自动增加1小时,并显示上次设定的睡眠曲线第二个1小时的时间间隔内所对应的温度……从而完成所述自定义睡眠曲线的设定。

格力公司除公证购买了KFR-26G/DY-V2(E2)型空调器外,还从公开场合获取美的公司的20种型号空调产品的宣传资料。KFR-26G/DY-V2(E2)型空调器使用安装说明书对"舒睡模式3"的功能和操作步骤进行了说明,并称该说明书适用于另外三款空调器。

经司法鉴定委托,工业和信息化部软件与集成电路促进中心知识产权司法鉴定将涉案专利权利要求2的技术特征与被诉侵权空调器在"舒睡模式3"运行方式下的相应技术方案进行对比,认为除"当设置完成后,遥控器将已设置好的自定义曲线数据存储在遥控器自带的记忆芯片中"(3A)与"遥控器将设置完的舒睡时间和舒睡时间中每小时的温度参数存储在遥控器的'NEC 78F9468'控制芯片的存储器中(RAM随机存取存储器)"(3B)特征等同外,其他特征相同。

格力公司以其公司2009年半年度报告摘要相关数据为依据,证明因侵权损失超过1千万元,并委托评估公司对专利价值进行评估,评估价值为3064万元,格力公司主张目前仅有两家企业实施涉案发明专利技术,因而专利许可使用费为评估价值的1/2。根据格力公司申请,原审法院依法责令美的公司提供涉案空调器的具体销售数量、销售金额、利润等数据。美的公司仅提供了KFR－26GW/DY－V2(E2)的相关数据(生产销售起止时间:2008年4月8日至2010年9月18日;数量:11,735台;利润:477,000元)。格力公司为制止侵权行为,实际支付费用合计190,903.70元。

一审判理和结果

一审法院认为,工业和信息化部软件与集成电路促进中心司法鉴定程序合法,鉴定结论客观、真实,在此基础上,认定被诉侵权空调器"舒睡模式3"运行方式下的技术方案包含了专利权利要求2中记载的全部技术特征,侵权指控成立,同时认定其他三款产品亦构成侵权。遂判决美的公司停止侵权,赔偿格力公司经济损失人民币200万元,泰锋公司停止销售侵权空调器产品。

上诉与答辩

美的公司上诉认为:(1)舒睡模式3运行下的被诉侵权产品,缺少"记忆芯片"这一必要技术特征。涉案专利说明书明确记载,"遥控器主芯片12,接收用户输入的温度和时间数据,生成自定义曲线数据,并将自定义曲线数据分别传送到记忆芯片……"涉案专利说明书的附图2也显示,键盘不与记忆芯片直接联系,而是通过遥控器主芯片与记忆芯片产生联系。因此,涉案专利权利要求2中的"自定义曲线数据存储在记忆芯片中"这一技术特征,必须借助于"遥控器主芯片"的传送才能完成,换言之,"遥控器主芯片"是权利要求2的必要技术特征的组成部分。而被诉侵权产品的"遥控器控制芯片"即为"遥控器主芯片",被诉侵权产品仅有一个主芯片,没有单独的记忆芯片。(2)遥控器主芯片作为具有数据处理功能的芯片,要实现数据的传送,必然自带能暂存数据的易失性存储器RAM,而涉案专利的记忆芯片是非易失性存储器。被诉侵权产品至少在"选择睡眠时间由短到长"、"遥控器复位"、"遥控器掉电"这三种情况下,不显示上一次所设定的温度,与专利权利要求2的技术特征不同,也进一步说明被诉产品控制芯片的RAM是易失性的。(3)一审判赔数额没有事实和法律依据。

二审判理和结果

二审法院认为,关于技术特征的比对,首先,专利权利要求2未提及遥控器主芯片,更未限定记忆芯片与遥控器主芯片的相互关系,包括物理位置关系,专利说明书关于具体实施方式的描述以及附图2虽然记载了遥控器主芯片接收和生成数据并传送到记忆芯片,但说明书具体实施方式和附图所记载的内容,应作为专利技术方案的实施例,而不能将"遥控器主芯片接收和生成数据并传送到记忆芯片"作为技术特征,纳入权利要求2的技术方案中。由于权利要求2未记载遥控器主芯片及其与记忆芯片的关系,那么记忆芯片既可以单独存在于遥控器主芯片外,也可以存在于遥控器主芯片内,无论其物理关系如何,从专利侵权的覆盖原则来讲,只需审查被诉侵权技术方案是否包含了"当设置完成后,遥控器将已设置好的自定义曲线数据存储在遥控器自带的记忆芯片中"的技术特征。其次,涉案专利权利要求2记载,"遥控器上显示上次设定的睡眠曲线第一个小时的时间间隔内所对应的温度……"从相关权利要求来解释,在进入自定义设置状态时,遥控器首先显示的是上一次设定的信息,而不是空白的信息,而要实现这一状态,用以存储曲线数据的记忆芯片通常是非易失性的。记忆芯片并非是电子工程或计算机专业领域中规范的专业术语,根据专利说明书的描述,司法鉴定组亦认为记忆芯片可以理解为非易失性存储器。因此涉案专利是将参数存储在非易失性的记忆芯片中,而被诉侵权"舒睡模式3"是将参数存储在易失性的控制芯片的RAM中,两者不相同。最后,涉案专利的记忆芯片和被诉侵权技术方案中控制芯片的RAM,均为存储设备,用以储存睡眠曲线参数。控制芯片的RAM虽然是易失性的,在遥控器掉电时数据不会被保存,但通常情况下,空调遥控器在使用中一般不会取下电池,这符合人们的使用习惯,也就是说在实际使用中,控制芯片的RAM因长期供电而保留了数据,这与记忆芯片的效果基本相同。而且对于本领域的普通技术人员来讲,以控制芯片的RAM代替记忆芯片,无须经过创造性劳动就能够联想到。原审法院委托司法鉴定后,司法鉴定所也挑选了生产和科研领域具有相关行业司法鉴定能力的专家和技术人员进行鉴定,共同认为3A和3B技术特征构成等同。综上,被诉侵权技术方案包含了涉案专利权利要求2的全部技术特征相同或者等同的技术特征,落入专利权利要求2的保护范围,构成侵权。

关于侵权赔偿责任的承担问题。格力公司提交了《资产评估书》和销量下滑的数据,但均无法确定相关评估标准和数据的真实性、准确性以及合理性,不能据此确定格力公司的实际损失或专利许可使用费。关于美的公司的侵权获利数额,可以依据四款侵权空调的销售数量、售价和利润等情况计算得出,而上述情况应当由美的公司掌握,在美的公司没有对外披露的情况下,格力公司很难查知,美的公司负有证据披露的义务,据此一审法院责令美的公司提交相关证据。但美的公司没有提交除KFR-26GW/DY-V2(E2)外的三款空调器的相关数据,且没有正当理由,没有完整地履行证据披露义务,应承担相应的举证妨碍的法律后果。因此推定另外三款空调器的利润均不少于477,000元。然而,美的公司的侵权获利具体数额仍无法最终确定。但现有证据证明该数额明显超过法定赔偿最高限额。综合考虑涉案专利的类型是发明专利,研发成本和市场价值较高,美的公司生产销售时间长达2年半,以及侵权主观过错程度、侵权情节、参考利润、维权成本等因素,判令美的公司赔偿格力公司包括为制止侵权的合理开支在内的经济损失200万元,二审对此予以维持。

华纳唱片有限公司、环球唱片有限公司、SONY音乐娱乐香港有限公司诉北京百度网讯科技有限公司等侵犯录音制作者信息网络传播权纠纷案

——阅读提示:著作权保护与新技术发展之间的协调问题。

【裁判要旨】

在技术发展突飞猛进的时期,对著作权的保护要兼顾权利人的利益和新技术的发展两个方面,法律赋予作品的著作权只是提供可获取利益的可能,而利益的真正实现需要选择合理的商业模式。随着传播技术的发展,维权成本不断增加,这也促使权利人选择多元化的盈利模式,法院应当

根据新技术发展的趋势引导权利人选择合理的商业模式,促成其与作品使用人之间的商业合作。

【案号】

一审:北京市第一中级人民法院〔2008〕一中民初字第5026、5043、5154号

二审:北京市高级人民法院〔2010〕高民终字第1700、1694号、1699号

【案情与裁判】

原告(上诉人):华纳唱片有限公司(以下简称华纳唱片公司)、环球唱片有限公司(以下简称环球唱片公司)、SONY音乐娱乐香港有限公司[原名SONY BMG音乐娱乐(香港)有限公司,以下简称索尼音乐娱乐公司]

被告(被上诉人):北京百度网讯科技有限公司(以下简称百度公司)

起诉与答辩

华纳唱片公司、环球唱片公司和索尼音乐娱乐公司诉称:三家唱片公司发现其享有录音制作者权的128首歌曲在百度公司的MP3搜索栏目中通过搜索框、榜单等模式,提供了链接以及相应的在线试听和下载服务。三家唱片公司认为百度公司的上述行为侵犯了对上述歌曲录音制品的信息网络传播权,因此于2008年3月25日向一审法院提起诉讼,请求:判令百度公司立即停止侵权、赔礼道歉并赔偿其经济损失和合理费用共计人民币6350万元。

百度公司辩称:百度公司所提供的MP3搜索服务是由程序自动完成的,搜索引擎仅根据互联网中实际存在的MP3文件格式进行搜索,根据该文件链接地址周边的网页文字信息将其进行命名和排列入搜索结果,无法对搜索到的MP3文件的真实内容进行任何内容识别、内容筛选或内容整理。榜单属于一种分类目录的搜索方式,百度公司不对点击榜单后产生的搜索结果进行任何人为编辑和挑选。试听是使查询者能够作出识别和判断,在试听过程中无法对音频文件的播放进行任何的控制。因此,百度公司未实施任何侵犯三家唱片公司权利的行为,也没有教唆、帮助他人实施侵犯华纳公司权利的行为,请求法院驳回三家唱片公司的全部诉讼请求。

一审判理和结果

一审法院经审理认为:百度公司是根据网络用户的指令进行搜索、建立临时链接,基于这种服务的技术、自动和被动等性质,即使百度公司施予与其能力相当的注意,也难以知道其所提供服务涉及的信息是否侵权。因此,百度公司设置搜索框供网络用户输入关键词搜索歌曲的行为以及设置榜单等模式,均不能证明其明知或者应知所链接的录音制品侵权,故不构成对三家唱片公司信息网络传播权的侵犯。

2010年1月20日,一审法院依据《中华人民共和国著作权法》第10条第1款第(12)项、第41条第1款,《信息网络传播权保护条例》第14条、第23条的规定,判决驳回华纳唱片公司、环球唱片公司和索尼音乐娱乐公司的诉讼请求。

上诉与答辩

三家唱片公司不服一审判决,提起上诉,请求支持三家唱片公司的一审诉讼请求。

二审判理和结果

二审法院在二审期间主持调解,本案当事人自愿达成如下调解协议:

一、双方共同致力于互联网音乐作品的运营模式创新以及互联网音乐作品著作权保护模式创新,并就此展开全面的合作,全面合作的具体方式及内容双方另行签订合作协议及反盗版协议;

二、基于第一点的共识和双方签订的合作协议,双方同意二审和解,华纳唱片公

司、环球唱片公司和索尼音乐娱乐公司不再主张上诉请求；

三、百度公司同意投入一笔款项，用作支持国际唱片业协会（IFPI）的反盗版基金，反盗版基金的金额在反盗版协议中另行规定；

四、双方确认一审判决不发生法律效力。

腾讯科技（深圳）有限公司等诉北京奇虎科技有限公司等不正当竞争纠纷案

——阅读提示：互联网企业之间反不正当竞争法意义上的竞争关系的判定；网络商业诋毁的不正当竞争行为的认定标准和考量因素问题。

【裁判要旨】

根据我国法律，竞争关系是认定不正当竞争行为的前提，在网络不正当竞争的案件中，基于网络商业模式与传统商业模式的巨大差别，对于竞争关系的认定需要考虑更多因素，凡是参与市场竞争、受到他人不正当竞争行为影响的市场参与者，均可认定存在竞争关系，并将竞争关系的强度作为认定具体行为是否构成不当和赔偿责任承担的参考因素。在判定具体的竞争行为是否适当时，应当遵循诚实信用和公认的商业道德的认定标准，但要避免将商业道德等同于个人道德或社会公德；同时，还应当将保障市场的有序发展和正常的经济秩序作为竞争法调整竞争行为的出发点，以安全类软件的不正当竞争案件为例，应当适当考虑商业性言论自由与竞争者言论限制的关系，以及用户获取真实信息的权益与商业主体不受诋毁之间的平衡。

【案号】

一审：北京市朝阳区人民法院〔2010〕朝民初字第37626号

二审：北京市第二中级人民法院〔2011〕二中民终字第12237号

【案情与裁判】

原告（被上诉人）：腾讯科技（深圳）有限公司（以下简称腾讯公司）

原告（被上诉人）：深圳市腾讯计算机系统有限公司（以下简称腾讯计算机公司）

被告（上诉人）：北京奇虎科技有限公司（以下简称奇虎360公司）

被告（上诉人）：北京三际无限网络科技有限公司（以下简称三际无限公司）

二审被告：奇智软件（北京）有限公司（以下简称奇智软件公司）

起诉与答辩

2010年9月27日，腾讯公司等两原告发现奇虎360公司等三被告运营的“360网”向用户提供“360隐私保护器”的下载并在“360网”上出现很多不当的文章和言论，存在不正当竞争行为，具体行为包括：(1)在没有事实依据的情况下，通过“360隐私保护器”软件误导用户认为“腾讯QQ”软件窥视用户隐私[具体表现为：①最初两款“360隐私保护器”（版本号为1.0.0.1001和1.0.0.1003）专门针对腾讯QQ软件进行监测，且将任何软件更名为QQ.exe，360隐私保护器的监测结果都会显示“腾讯 QQ”侵犯用户隐私;②“360 隐私保护器”软件在初始界面、监测结果等处,都存在误导、暗示“腾讯 QQ”侵犯用户隐私的表述]。(2)在“360 网”上捏造和散布“腾讯 QQ”侵犯用户隐私的虚假事实。据此,腾讯公司请求法院判令三被告立即停止涉案不正当竞争行为,公开赔礼道歉、消除影响,并连带赔偿经济损失 400 万元。

奇虎 360 公司对腾讯公司举证证明的“360 隐私保护器”软件的界面描述、检测结果及“360 网”中发布的文章内容的客观存在并无异议。但其主张,腾讯公司与奇虎 360 公司分别是即时通讯类软件和安全类软件的网络运营商,双方的产品不具备可替代性,不具有竞争关系。另外,腾讯 QQ 软件确实存在扫描用户本地磁盘及磁盘中文件的情况,基于其对“腾讯 QQ”软件作为即时通讯类软件工作原理的理解,其认为“腾讯 QQ”软件在未经用户同意的情况下,对任何除腾讯软件或操作系统软件(Window 软件)之外的文件进行调用,都是不合理的。“腾讯 QQ”确实存在扫描用户电脑磁盘的情况,是未经用户许可采集数据的行为,涉嫌侵犯用户的隐私。“360 隐私保护器”对这种扫描行为向用户进行提示,是正当的。

一审审理查明

一审法院对于原告举证证明奇虎 360 公司通过“360 隐私保护器”及“360 网”中发布的文章内容的客观事实予以确认,但对于奇虎 360 公司举证证明的原告运营的“QQ 软件”存在扫描用户本地磁盘及文件的 4 份公证书证据,以公证过程存在瑕疵为由,未予采纳。

一审判理和结果

一审法院基于已查明事实,认定“360 隐私保护器”监测提示用语和界面用语以及“360 网”上存在的评价和表述,没有事实依据,具有明显的不正当竞争的意图,损害了腾讯公司的商业信誉和商品声誉,构成了商业诋毁。判决:(1)三被告停止发行使用涉案“360 隐私保护器”V1.0Beta 版软件;(2)三被告删除“360 网”上“360 安全中心”、“360 论坛”、“360 隐私保护器软件开发小组博客日志”和《用户隐私大过天》专题网页中本案查明的涉案侵权内容;(3)三被告于判决生效之日起 30 日内在“360 网”(网址为 www.360.cn)的首页以及《法制日报》上公开发表声明,消除不良影响;(4)三被告共同赔偿两原告经济损失 40 万元。

上诉与答辩

奇虎 360 公司不服一审判决提出上诉,请求撤销原审判决,改判驳回被上诉人腾讯公司原审全部诉讼请求。其主要上诉理由为:原审法院以证据存在瑕疵为由,对四份公证书不予采信,刻意回避了上诉人奇虎 360 公司关于 QQ 软件存在不正当扫描行为的证明内容,造成原审查明的事实存在错误和遗漏。上述证据能够证明 QQ 软件存在扫描用户本地磁盘及磁盘中文件的情况,“360 隐私保护器”对这种扫描行为向用户进行提示,是正当的。

二审判理查明

二审法院经过审理,对奇虎 360 公司在一审中提交的四份公证书证据的真实性予以确认,并确认了一审法院查明的其他事实。

二审判理和结果

二审法院经过审理认为:首先,腾讯公司与奇虎 360 公司在网络服务范围、用户市场、广告市场等网络整体服务市场中具有竞争利益,二者具有竞争关系。其次,尽管奇虎 360 公司提交了四份公证书,用以证明 QQ 软件存在扫描用户本地磁盘及磁盘中文件的情况,但奇虎 360 公司在“360

隐私保护器”界面及“360 网”专题页面中的相关表述明显超出了其能够证明的事实。涉案“360 隐私保护器”对相关监测结果的描述缺乏客观公正性,并未如实反映客观情况,足以误导用户产生不合理的联想,对 QQ 软件的商品声誉和商业信誉带来一定程度的贬损;“360 网”上的相关内容缺乏事实依据,并具有负面评价效果和误导性后果,违背诚实信用的公认商业道德,构成不正当竞争。故法院援引《反不正当竞争法》第 2 条判决驳回上诉,维持原判。

北京开心人信息技术有限公司诉北京千橡互联科技发展有限公司、北京千橡网景科技发展有限公司侵犯商标专用权及不正当竞争纠纷案

——阅读提示:擅自使用他人知名网站名称构成不正当竞争。

【裁判要旨】

具有一定知名度的网站名称构成《反不正当竞争法》规定的知名服务特有的名称,未经许可使用与他人知名网站名称相同或近似的网站名称,并导致混淆、误认后果的,构成不正当竞争行为。

【案号】

一审:北京市第二中级人民法院〔2009〕二中民初字第 10988 号

二审:北京市高级人民法院〔2011〕高民终字第 846 号

【案情与裁判】

原告(二审上诉人):北京开心人信息技术有限公司(以下简称开心人公司)

被告(二审被上诉人):北京千橡互联科技发展有限公司(以下简称千橡互联公司)、北京千橡网景科技发展有限公司(以下简称千橡网景公司)

起诉与答辩

开心人公司拥有“开心”注册商标专用权,核定服务项目为第 42 类的餐馆、旅馆、保健、理发店、美容院、印刷等。2008 年 3 月,开心人公司开通了社交网站“开心网”(网址:www. kaixin001. com)。2008 年 10 月 16 日,千橡互联公司受让取得了“kaixin. com”域名,并于当月开通了同样提供社会性网络服务的社交网站“开心网”(kaixin. com)。2009 年 3 月 18 日,北京市通信管理局颁发的《电信与信息服务业务经营许可证》(京 ICP 证 041489 号)记载“开心网”(kaixin. com)的经营单位为千橡互联公司。2009 年 5 月 11 日,北京市通信管理局颁发的《电信与信息服务业务经营许可证》(京 ICP 证 090254 号)记载“开心网”(kaixin. com)的经营单位为千橡网景公司。

开心人公司以千橡互联公司和千橡网景公司在所运营的“开心网”(kaixin. com)网站名称中使用“开心”字样及“kaixin. com”域名侵犯其“开心”文字注册商标专用权,“开心网”(kaixin. com)网站名称构成仿冒“开心网”(kaixin001. com)知名服务特有名称的不正当竞争行为,“开心网”(kaixin. com)网站首页使用苹果笑脸与“开心网”文字组合标志构成仿冒“开心网”

(kaixin001.com)知名服务特有装潢的不正当竞争行为为由,于2009年4月27日将千橡互联公司和千橡网景公司诉至法院,要求千橡互联公司和千橡网景公司停止使用"开心网"及与"开心网"近似的名称作为网站名称,停止使用"kaixin.com"域名,连带赔偿开心人公司经济损失1000万元,在新浪网、《京华时报》、《北京晚报》、《光明日报》上公开赔礼道歉。

千橡互联公司和千橡网景公司答辩称:(1)"开心网"(kaixin.com)的服务类别与开心人公司"开心"文字注册商标核定的服务类别不近似,千橡互联公司受让"kaixin.com"域名的时间早于开心人公司受让"开心"文字注册商标的时间,开心人公司未举证证明其"开心网"(kaixin001.com)在2008年10月之前已经知名,"开心网"作为网站名称缺乏显著性,不能作为知名服务的特有名称受到保护,开心人公司对"开心"不享有合法有效的在先权利,千橡互联公司和千橡网景公司使用"kaixin.com"域名的行为不构成侵犯注册商标专用权和不正当竞争。(2)"开心网"(kaixin.com)没有仿冒开心人公司网站主页的行为,开心人公司主张的内容不构成知名服务的特有装潢,千橡互联公司和千橡网景公司的行为没有侵犯开心人公司"知名服务的特有装潢",不构成不正当竞争。(3)开心人公司要求千橡网景公司赔礼道歉、赔偿损失的诉讼请求没有依据,千橡互联公司与千橡网景公司没有实施过共同行为,不应承担连带责任。(4)即便"开心网"(kaixin.com)的网站名称和域名对开心人公司的权利造成了损害,停止"开心网"(kaixin.com)网站名称和域名的使用也过于严苛,不符合相关法律精神。综上,请求法院驳回开心人公司的诉讼请求。

一审审理查明

开心人公司拥有"开心"文字注册商标专用权,注册号为第833997号,核定服务项目为第42类:餐馆、自助餐、快餐馆、旅馆、招待所、假日野营服务(住宿)、保健、理疗、护理(医务)、疗养院、公共卫生浴室、保健浴室、按摩、理发店、美容院、爱畜饲养、庭院风景布置、知识产权咨询、安全咨询、夜间警卫、护卫队、技术研究、化妆品研究、材料测试、印刷、胶印、照相排版、包装设计、服装设计、翻译、计算机出租、陪伴、摄影、职业指导、眼镜行、婚姻介绍所,有效期经续展截至2016年4月20日。2009年10月23日,千橡互联公司以连续三年停止使用为由,向商标局申请撤销该商标。

2008年3月,开心人公司开通了提供社会性网络服务(Social Networking Services)的社交网站(Social Network Site)"开心网"(kaixin001.com)。2008年9月10日,北京市通信管理局颁发了《电信与信息服务业务经营许可证》(京ICP证080482号),该证记载:经营单位名称:开心人公司;网站名称:开心人;网址:www.kaixin001.com。

开心人公司为证明其运营的"开心网"(kaixin001.com)自2008年5月起已经知名提交了下列证据;(1)百度网站搜索"开心网"的结果,证明在2008年10月前,"开心网"(kaixin001.com)被网络媒体报道1730次;(2)"开心网"(kaixin001.com)、新浪网、搜狐网、网易在Alexa网站的世界排名及比对结果,证明"开心网"(kaixin001.com)在Alexa网站的世界排名已在100位左右;(3)"开心网"(kaixin001.com)及其创始人程炳皓的获奖资料;(4)截至2008年10月,开心网注册用户已达750多万;(5)国内外媒体对"开心网"(kaixin001.com)的报道。

2008年10月16日,千橡互联公司受让取得"kaixin. com"域名。2008年10月,千橡互联公司开通了同样提供社会性网络服务的社交网站"开心网"(kaixin. com)。2009年3月18日,北京市通信管理局颁发了《电信与信息服务业务经营许可证》(京ICP证041489号),该证记载:经营单位名称为千橡互联公司。

2009年3月29日,云科技网(yunkeji. com)刊载了《对陈一舟失望:山寨版开心网疯狂的垃圾邮件》一文;2009年4月2日,酷勤网(kuqin. com)刊载了《千橡开心网狂发垃圾邮件,被指"骚扰网"》一文;2009年4月13日,站长网(admin5. com)刊载了《开心网进行垃圾邮件推广遭质疑》一文;2009年7月24日,315热线网(315rx. com)刊载了《投诉开心网,擅自使用用户MSN等发送垃圾邮件》一文;网易论坛指出因千橡旗下"开心网"(kaixin. com)频频向用户信箱发送提醒注册的垃圾邮件遭到许多网友的抗议;2009年7月29日,中央电视台对"开心网"(kaixin. com)等网站涉足"黑帮"网络游戏"教父"进行了曝光,后该游戏被文化部相关部门查处并予以关停。

2009年5月11日,北京市通信管理局颁发了《电信与信息服务业务经营许可证》(京ICP证090254号),该证记载:经营单位名称为千橡网景公司。

2009年10月10日,千橡网景公司股东会议决定:(1)变更股东:同意千橡互联公司在千橡网景公司的100%全部股权转让给北京千橡天成科技发展有限公司。(2)修改章程:将"由千橡互联公司出资设立千橡网景公司"修改为"由北京千橡天成科技发展有限公司设立千橡网景公司"。

一审判理和结果

千橡互联公司和千橡网景公司虽然在其经营的社交网站中使用了"开心网"标识和"kaixin. com"域名,提供社会性网络服务,但鉴于该服务类别与涉案"开心"文字注册商标核准的服务类别不相同,亦不近似,故上述行为并未侵犯开心人公司的注册商标专用权。开心人公司提交的证据足以证明其通过"开心网"(kaixin001. com)提供的社会性网络服务在2008年3月之后的较短期间即已构成知名服务,该网站名称构成该知名服务的特有名称。千橡互联公司在明知开心人公司通过"开心网"(kaixin001. com)提供的社会性网络服务已构成知名服务的情况下,自2008年10月开始使用该知名服务的特有名称"开心网"作为网站名称从事同类服务,使网络用户对二者提供的服务产生混淆,构成了不正当竞争。但是,千橡互联公司明知其所经营的"开心网"(kaixin. com)涉嫌侵权,仍在纠纷处理过程中将该网站交由其全资子公司千橡网景公司经营。同时,千橡互联公司未及时向法院告知上述与本案审理具有重大关联的事实,致使本案审理期间延长。据此应认定千橡网景公司在受让"开心网"(kaixin. com)后,在其经营过程中使用开心人公司知名服务的特有名称"开心网"的行为,同样具有主观过错,亦构成不正当竞争。千橡互联公司和千橡网景公司使用"kaixin. com"域名的行为,不是对"开心网"知名服务特有名称、"kaixin001. com"域名的仿冒行为,不构成不正当竞争。开心人公司"开心网"网站首页的星形笑脸与"开心网"文字组合标志系该网站名称图标,并非反不正当竞争法所称的装潢,故开心人公司据此所提诉讼主张不成立。关于赔偿数额,综合考虑千橡互联公司、千橡网景公司涉案侵权行为的方式、期间、规模、后果及主观过错程度等因素酌定。

北京市第二中级人民法院依照《商标法》第51条,《反不正当竞争法》第2条第1

款、第5条第(2)项、第20条第1款,《关于审理不正当竞争民事案件应用法律若干问题的解释》第3条,《关于审理涉及计算机网络域名民事纠纷案件适用法律若干问题的解释》第4条之规定,作出如下判决:

1. 千橡互联公司、千橡网景公司自判决生效之日起,不得在提供社会性网络服务中使用与开心人公司知名服务的特有名称"开心网"相同或近似的名称;

2. 千橡互联公司、千橡网景公司于判决生效之日起十日内,赔偿开心人公司经济损失四十万元;

3. 驳回开心人公司的其他诉讼请求。

上诉与答辩

开心人公司不服原审判决,向北京市高级人民法院提出上诉,请求撤销原审判决第二项、第三项,判令千橡互联公司和千橡网景公司停止使用"kaixin. com"域名并在新浪网、《京华时报》、《北京晚报》、《光明日报》上公开赔礼道歉,改判千橡互联公司和千橡网景公司赔偿开心人公司经济损失1000万元。开心人公司的主要上诉理由是:(1)原审法院认定千橡互联公司和千橡网景公司使用"开心网"名称进行网站服务与"开心"注册商标核定的服务不相同、不类似、使用"kaixin. com"域名不足以导致网络用户产生误认、未认定千橡互联公司和千橡网景公司具有恶意、未认定"kaixin. com"网站的所有用户均为"开心网"(kaixin001. com)损失的用户、认定千橡互联公司和千橡网景公司假冒"开心网"运营黑帮游戏未对开心人公司的商誉造成损害,均属认定事实错误。(2)千橡互联公司和千橡网景公司假冒"开心网"主观恶意明显,客观上是开心人公司损失了2000多万用户,而法院只判赔40万元,数额过低,根本无法弥补开心人公司的损失,也不利于对互联网行业从业人员起到警示作用。

千橡互联公司和千橡网景公司均服从原审判决。

二审判理查明

二审法院对原审法院查明的事实予以确认。另查明:各方当事人均认可"kaixin001. com"域名的注册时间晚于"kaixin. com"域名的注册时间。诉讼中,开心人公司认可目前尚无评估互联网用户价值的成型公式。开心人公司明确其主张的服务类似,是指千橡互联公司和千橡网景公司运营"开心网"(kaixin. com)的行为属于《类似商品和服务区分表》第42类4220类似群组中的"替他人创建和维护网站;托管计算机站(网站)",与其注册商标"开心"核定的"计算机出租"构成类似服务。

二审判理和结果

原审法院关于千橡互联公司和千橡网景公司使用"开心网"标识、"kaixin. com"域名所提供的社会性网络服务与"开心"注册商标核定的服务类别不相同、不类似的认定并无不当。在原审法院已经判令千橡互联公司和千橡网景公司不得在提供社会性网络服务中使用与开心人公司知名网站名称"开心网"相同或近似的名称的情况下,"kaixin. com"域名与开心人公司知名网站名称"开心网"的关联已经断开,千橡互联公司和千橡网景公司根据原审判决的内容使用"kaixin. com"域名不会再导致互联网用户产生混淆、误认,原审判决已足以消除互联网用户对涉案两家"开心网"所产生的混淆、误认后果。因此,千橡互联公司和千橡网景公司注册和使用"kaixin. com"域名的行为本身并不构成不正当竞争。开心人公司提交的相关网站刊登的文章中有使用"千橡开心网"的情况证明,实际存在着能够区分涉案两家"开心网"的网络用户,且开心人公司提交的证据尚不足以证明"开心网"(kaixin. com)的所有用户均为

"开心网"(kaixin001. com)损失的用户。原审法院就此所作认定正确。就本案的赔偿数额,虽然开心人公司提出了具体的计算公式,但因开心人公司认可目前业界尚无评估互联网用户价值的方法,现有证据又不足以证明"开心网"(kaixin. com)的全部注册用户数均系"开心网"(kaixin001. com)损失的用户数,故该计算方法因存在不确定项而无法计算。因此,在开心人公司提交的证据难以证明其实际损失,也难以证明千橡互联公司和千橡网景公司侵权获利的情况下,原审法院综合考虑涉案侵权行为的方式、期间、规模、后果及主观过错程度等因素酌定的40万元的赔偿数额尚属合理,应予维持。

知识产权行政案件

法国卡斯特兄弟股份有限公司与商标评审委员会、李道之商标撤销复审行政纠纷案

——阅读提示:注册商标连续3年停止使用撤销制度的立法目的?如何认定已经对注册商标进行了真实善意的商业使用?使用注册商标的经营活动中违反其他行政管理法规是否影响商标使用的判断?

【裁判要旨】

《商标法》第44条第(4)项规定注册商标连续3年停止使用撤销制度的立法目的在于激活商标资源,清理闲置商标,撤销只是手段,而不是目的。因此只要在商业活动中公开、真实的使用了注册商标,且注册商标的使用行为本身没有违反商标法律规定,则注册商标权利人已经尽到法律规定的使用义务。使用争议商标有关的其他经营活动中是否违反其他方面的法律规定,并非《商标法》第44条第(4)项所要规范和调整的问题。

【案号】

一审:北京市第一中级人民法院〔2008〕一中行初字第40号

二审:北京市高级人民法院〔2008〕高行终字第509号

申请再审:最高人民法院〔2010〕知行字第55号

【案情与裁判】

原告(二审上诉人、再审申请人):法国卡斯特兄弟股份有限公司(以下简称卡斯特公司)

被告(二审被上诉人、被申请人):国家工商行政管理总局商标评审委员会(以下简称商标评审委员会)

第三人(被申请人):李道之

法院审理查明

温州五金交电化工(集团)公司酒类分公司于1998年9月7日申请注册"卡斯特"商标(以下简称争议商标),2000年3月7日被核准注册,指定使用在第33类"果酒(含酒精)"等商品上,商标注册号为1372099。2002年4月25日经核准转让给李道之。

2005年7月,卡斯代尔·弗雷尔股份有限公司以连续3年停止使用为由,向商标局申请撤销争议商标。商标局以李道之未在法定期间内提交其使用争议商标的证据材料为由,决定撤销争议商标。李道之不服商标局决定,向商标评审委员会申请复审,请求维持争议商标,并提交证据,其中包括:李道之与班提公司于2002年6月1日签订的商标使用许可合同,该合同授权

班提公司在中国境内在第33类葡萄酒产品上使用争议商标；班提公司于2002年12月9日、2004年2月9日销售卡斯特干红葡萄酒的增值税发票等。商标评审委员会经审查认为，根据李道之提交的证据，李道之自2002年6月1日起许可班提公司在葡萄酒商品上使用“卡斯特”商标，班提公司分别在其销售葡萄酒的增值税专用发票上使用了争议商标。争议商标的前述使用事实符合《商标法实施条例》第3条及第39条第3款关于商标使用的规定，未构成《商标法》第44条所指的连续3年停止使用应予撤销的情形。因此，商标评审委员会作出了商评字（2007）第8357号《关于第1372099号“卡斯特”商标撤销复审决定》（以下简称第8357号决定），维持了争议商标的注册。

一审判理和结果

卡斯特公司不服第8357号决定，向北京市第一中级人民法院提起行政诉讼。北京市第一中级人民法院一审认为：李道之向商标评审委员会提交的证据，已经证明李道之自2002年6月1日起许可班提公司在葡萄酒商品上使用争议商标，2002年12月9日及2004年2月9日，班提公司分别在其销售的葡萄酒的增值税发票上使用了争议商标。班提公司对争议商标的使用事实，符合上述法律、法规及其他商标规范性文件的规定，争议商标未构成《商标法》第44条所指的连续3年停止使用应予撤销的情形。商标法设置撤销3年不使用商标规范的立法目的是鼓励商标的正当使用，在促进市场主体之间公平竞争的同时，清除“商标注册簿”中确实闲置不用的“死亡商标”，防止“商标囤积”、“商标抢注”等现象，为具有真实善意使用商标意图的市场主体依法申请注册和使用商标扫清障碍。由于撤销注册商标，是对当事人已依法取得的权利的处置，所以在《商标法》第6章商标使用的管理中关于“3年不使用”问题的第44条第（4）项与该章其他意在规范商标使用行为的条款的功能不同，第44条第（4）项所要解决的根本问题是商标“是否在使用”，而不是“如何使用”。如果商标使用人在生产许可、卫生许可、进口许可等方面存在问题，则应适用不同的法律规范，由其他执法机关管理和查处。商标评审委员会无权在审查争议商标是否“3年不使用”的过程中，适用其他行政管理领域的规范性文件对班提公司销售卡斯特葡萄酒的行为是否违法违规直接予以认定并加以制裁。综上所述，一审法院判决维持被诉决定。

二审判理和结果

卡斯特公司不服一审判决，向北京市高级人民法院提起上诉。北京市高级人民法院二审认为：李道之在商标复审程序中提交了《商标使用许可合同》及增值税发票，也提交了有关部门在此期间为班提公司核发的“卡斯特”干红葡萄酒中文标签的证书，均可证明班提公司在上述期间内在葡萄酒销售活动中使用了争议商标。故，商标评审委员会认定争议商标的前述使用的事实符合《商标法实施条例》第3条、第39条第3款的规定事实依据充分。由于本案的争议商标为注册商标，故对其使用的审查应以《商标法实施条例》第3条的规定为法律依据，商标的使用符合该条规定的，应视为商标法意义上的使用。卡斯特公司提出的班提公司销售“卡斯特”干红葡萄酒时尚未取得《进出口食品标签审核证书》的问题，属对进口商品销售管理的问题，与商标的使用及合法使用无关，应由进口商品管理的相关法律、法规给予调整。综上所述，二审法院判决驳回上诉，维持一审判决。

申请再审理由与答辩

卡斯特公司申请再审称：（1）“3年不

使用”中的商标使用不是指“形式上使用”,而是指“实际使用”。商标注册人应当具有真实的使用意图,并且商标实际使用具有标识来源的功能。本案中,李道之仅仅提供了上海班提酒业有限公司(以下简称班提公司)进口“卡斯特”葡萄酒的两张发票和商标许可使用合同。仅凭以上证据,无法证明其销售事实的真实性,也无法证明其具有使用争议商标的真实意图,相反,属于为了规避其商标因“连续3年不使用”被撤销故意而为的象征性使用行为。李道之和班提酒业不仅抢注了大量有关卡斯特葡萄酒商标,而且试图向卡斯特公司索要高额转让费,具有明显的抢注恶意,并没有使用“卡斯特”商标的真实意图。李道之对“卡斯特”的使用是一种商品名称的使用,不是作为商标的使用,也不具有标明来源的功能。(2)“3年不使用”中的商标使用仅指“合法使用”,而不包括“违法使用”。《中华人民共和国进出口商品检验法》等对进口、销售葡萄酒产品作了强制性、禁止性规定。根据这些规定,班提公司如果要在国内进口并销售葡萄酒,必须经过必要的检验和审核程序,并取得相关证书。李道之并未提供任何证据证明班提公司具有合法进口及销售的资格,并未提供任何证据证明其进口的葡萄酒取得了上海市相关行政部门出具的批发和零售许可证,并未提供任何证据证明其销售的葡萄酒的质量合格。非法销售过程中产生的发票显然不能作为争议商标合法使用的证据。综上所述,一、二审法院不仅将商标使用限定为形式意义上使用,更是将合法要件的要求排除在商标使用认定范围之外,法律适用错误。因此,卡斯特公司请求撤销一、二审判决和商标评审委员会作出的第8357号决定,判令商标评审委员会重新作出复审决定。

商标评审委员会答辩称:(1)本案中李道之提供了被许可方班提公司在2002年12月9日和2004年2月9日的两张销售葡萄酒的发票,上面明确标明了“卡斯特”商标,上述发票经过公证,虽然证据不多,但这证据可以证明商标所有人面向公众在商业交易中使用了“卡斯特”商标。从证据形式和内容上已足以证明被许可人在指定的时间内结合核定的商品公开使用注册商标的事实,注册商标应予以维持。(2)由于《中华人民共和国商标法》(以下简称《商标法》)第44条第(4)项的规定是对当事人物权的处置,且一旦违反即“立即死亡”,因此对其适用应该慎之又慎。如果争议商标的使用确有瑕疵,相关职能部门可依相关的法律法规或者部门规章对其进行相应处罚,而不至于使得注册商标面临“立即死亡”的严重法律后果。商标评审委员会只有权依据商标法及其配套法规对商标是否进行了商标法意义上的“合法使用”进行审查,至于商标使用人在有关生产许可证、卫生许可证、进出口许可证等方面的瑕疵,与商标使用是不同的法律关系,应适用不同的法律规定,由不同的部门管理和认定,商标评审委员会无职权在“商标撤销及复审”案件中对其直接予以认定和制裁。因此,商标评审委员会请求维持一、二审判决和第8357号决定。

李道之答辩称:卡斯特公司主张争议商标“非法使用”没有法律依据。首先,“非法”中的“法”仅限于法律和行政法规。卡斯特公司引用的部门规章等与本案无关。其次,争议商标的使用行为完全符合法律规定。再次,撤销注册商标涉及对已取得的权利的剥夺,应当慎重,即使商标使用存在不规范,也应当有相关行政执法机关加以管理,并不必然导致商标使用行为自始不存在。最后,班提公司对争议商标的使用完全是一种公开、合法的商业使用。李道之自1998年开始，就持续使用争议商标，目前争议商标具有较高知名度。李道之在此类案件中仅承担证明“使用”的义务，即只需要证明已经使用已经足够，而没有证明使用“多少”，如何大量使用的义务。为了证明真实的使用意图和使用事实，李道之又提交了2001～2005年销售“卡斯特”葡萄酒、涉及多个月份的发票34张。李道之还大力宣传争议商标。目前，加盟“卡斯特”的经销商已达100家。卡斯特公司意图抢夺李道之争议商标，逃避侵权责任。因此，卡斯特公司的再审申请没有事实和法律依据，应予驳回。

申请再审审查结果

在本案再审审查过程中，李道之提交了班提公司2001年至2005年销售卡斯特葡萄酒的发票30余张，这些发票上大多在品名处标明卡斯特干红。李道之还提交了温州进出口食品卫生监督检验局颁发的卫生证书复印件，该证书载明日期是1998年8月28日，受货人为深圳班提贸易公司，货物名称为卡斯特干红葡萄酒，数量为17.808T，结论为该批西班牙产卡斯特干红葡萄酒经卫生监督检验，符合中华人民共和国食品卫生标准，贴上卫检防伪标志后同意销售。2008年3月温州市出入境检验检疫局确认了该卫生证书复印件与原件一致。2010年12月15日，温州市出入境检验检疫局函复李道之，认可了上述证书所载事实的真实性，并说明《进出口食品标签管理办法》2000年4月1日起施行，此前检验检疫部门未办理进出口食品标签审核证书业务。

最高人民法院经审查认为：注册商标长期搁置不用，该商标不仅不会发挥商标功能和作用，而且还会妨碍他人注册、使用，从而影响商标制度的良好运转。因此《商标法》第44条第(4)项规定，注册商标连续3年停止使用的，由商标局责令限期改正或者撤销其注册商标。应当注意的是，该条款的立法目的在于激活商标资源，清理闲置商标，撤销只是手段，而不是目的。因此只要在商业活动中公开、真实的使用了注册商标，且注册商标的使用行为本身没有违反商标法律规定，则注册商标权利人已经尽到法律规定的使用义务，不宜认定注册商标违反该项规定。本案中，李道之在评审程序中提交了李道之许可班提公司使用争议商标的合同和班提公司销售卡斯特干红葡萄酒的增值税发票，在申请再审审查期间又补充提交了30余张销售发票和进口卡斯特干红葡萄酒的相关材料。综合上述证据，可以证明班提公司在商业活动中对争议商标进行公开、真实的使用，争议商标不属于《商标法》第44条第(4)项规定连续3年停止使用、应由商标局责令限期改正或者撤销的情形。至于班提公司使用争议商标有关的其他经营活动中是否违反进口、销售等方面的法律规定，并非《商标法》第44条第(4)项所要规范和调整的问题。卡斯特公司关于班提公司违反了《中华人民共和国进出口商品检验法》等法律规定，由此争议商标违反《商标法》第44条第(4)项规定，应予以撤销的主张没有法律依据。综上所述，卡斯特公司的再审申请不符合法律规定。因此最高人民法院于2011年11月17日裁定驳回了卡斯特公司的再审申请。

北京双鹤药业股份有限公司诉湘北威尔曼制药股份有限公司、国家知识产权局专利复审委员会发明专利权无效行政纠纷案

——阅读提示:复方制剂产品专利的创造性判断。

【裁判要旨】

在以说明书、附图解释权利要求时,应当避免将仅在说明书、附图中记载的技术内容读入权利要求,从而事实上修改权利要求。专利申请人未能在专利说明书中公开的技术方案、技术效果等,一般不得作为评价专利权是否符合法定授权确权标准的依据。

【案号】

一审:北京市第一中级人民法院〔2006〕一中行初字第786号

二审:北京市高级人民法院〔2007〕高行终字第146号

再审:最高人民法院〔2011〕行提字第8号

【案情与裁判】

申请再审人(一审第三人):北京双鹤药业股份有限公司(以下简称双鹤公司)

被申请人(一审原告、二审上诉人):湘北威尔曼制药股份有限公司(以下简称湘北威尔曼公司)

一审被告、二审被上诉人:国家知识产权局专利复审委员会(以下简称专利复审委员会)

起诉与答辩

本案涉及专利号为97108942.6,名称为"抗β-内酰胺酶抗菌素复合物"的发明专利(以下简称涉案专利)。涉案专利的授权公告日为2000年12月6日,授权公告的专利权人为广州威尔曼药业有限公司(以下简称广州威尔曼公司)。授权公告的权利要求1为:"一种抗β-内酰胺酶抗菌素复合物,其特征在于它由舒巴坦与氧哌嗪青霉素或头孢氨噻肟所组成,舒巴坦与氧哌嗪青霉素或头孢氨噻肟以0.5~2∶0.5~2的比例混合制成复方制剂。"

针对涉案专利权,双鹤公司于2002年12月3日向专利复审委员会提出无效宣告请求,理由为涉案专利不具有新颖性和创造性,不符合《中华人民共和国专利法》(2000年修订)(以下简称《专利法》)第22条第2款、第3款的规定。为支持其主张,双鹤公司向专利复审委员会提交了"International Journal of Antimicrobial Agents 1996(6)"上发表的有关外文文献及其中文译文作为证据(以下简称对比文件)。2003年8月27日,专利复审委员会作出第8113号无效宣告请求审查决定(以下简称第8113号决定),以涉案专利不具有创造性为由,宣告涉案专利权全部无效。

广州威尔曼公司不服第8113号决定,向北京市第一中级人民法院提起行政诉讼。

专利复审委员会辩称,第8113号决定认定事实清楚,适用法律正确,审理程序合法,请求予以维持。

双鹤公司辩称,专利复审委员会根据专利权人质证认可的证据认定事实并无错误,作出无效宣告决定的程序并无违法,因此专利复审委员会认定事实清楚,适用法律正确,程序合法,请求人民法院予以维持。

一审判理和结果

北京市第一中级人民法院一审认为,在对比文件公开的利用不同药品联合治疗某种疾病,可以产生良好疗效的基础上,本领域技术人员容易想到采用常规技术将舒巴坦与哌拉西林或者头孢氨噻肟混合制成复合物,从而得到权利要求1的技术方案,并获得所述技术效果。因此,权利要求1相对于对比文件不具有创造性,不符合《专利法》第22条第3款的规定。一审法院据此维持第8113号决定。

二审判理和结果

广州威尔曼公司不服该一审判决,向北京市高级人民法院提起上诉。二审过程中,涉案专利的专利权人由广州威尔曼公司变更为湘北威尔曼公司。北京市高级人民法院二审认为,虽然对比文件公开了舒巴坦与哌拉西林或者头孢氨噻肟可以在输注前配制为混合液,但是,对比文件并没有公开将舒巴坦与哌拉西林或者头孢氨噻肟混合制成复方制剂。第8113号决定没有就有关"将舒巴坦与哌拉西林或者头孢氨噻肟混合制成复方制剂是本领域技术人员容易想到的"的认定提供相关的依据,其作出的认定理由不充分。湘北威尔曼公司有关对比文件公开的联合用药与涉案专利中的复方制剂系完全不同的概念,二者具有本质区别,并非本领域技术人员显而易见的上诉理由成立,予以支持。二审法院据此撤销一审判决和第8113号决定,并判令专利复审委员会重新作出审查决定。

申请再审理由与答辩

双鹤公司不服二审判决,于2010年9月向最高人民法院申请再审称,联合用药表述的是给药方式,而复方制剂是联合用药的具体手段,二者是目的与实现方式的关系,并不具有本质区别。对比文件公开了权利要求1的技术方案、技术效果和解决的技术问题。权利要求1不具有创造性。

湘北威尔曼公司答辩称:权利要求1相对于对比文件具有创造性。

专利复审委员会答辩称:虽然联合用药和复方制剂是不同的概念,但是二者密切相关。联合用药是一种给药方式,包含以复方制剂的方式,二者并不具有本质区别。权利要求1具有新颖性,但不具有创造性。

再审判理和结果

最高人民法院再审认为,涉案专利权利要求1仅仅限定了将舒巴坦与氧哌嗪青霉素或者头孢氨噻肟以特定比例混合制成复方制剂,并没有限定复方制剂的具体剂型。专利权人有关根据权利要求1的封闭式撰写方式以及涉案专利说明书,只能将权利要求1中的复方制剂解释为(冻干)粉针剂的主张,是对权利要求进行事实上的修改,而不是解释权利要求。因此,对于该主张不予支持。

权利要求1中明确限定了将舒巴坦与氧哌嗪青霉素或者头孢氨噻肟以特定比例混合制成复方制剂。复方制剂是属于药物生产、制备技术领域的技术术语,其性质不同于临床上或者医学试验中为了治疗、试验等目的,将不同药物临时配置而形成的联合用药或者药物组合。因此,权利要求1相对于对比文件具有新颖性。

虽然临床联合用药与复方制剂虽属于不同的技术领域,性质有所不同,但亦具有十分紧密的联系。在临床联合用药公开了足够的技术信息的情况下,本领域技术人员能够从中获得相应的技术启示。在对比文件公开的相关技术内容的基础上，本领域技术人员能获得足够的启示并有足够的动机，想到采用常规工艺将舒巴坦与哌拉西林或者头孢氨噻肟制为复方制剂，以便于联合用药的用药方便。从舒巴坦与哌拉西林、头孢氨噻肟的本身性质来看，亦不存在不宜将其制为复方制剂的反面教导或者明显障碍。湘北威尔曼公司亦未提供任何证据，证明在制备涉案专利复方制剂的过程中需要克服何种技术难题。因此，权利要求1相对于对比文件不具有创造性。

对于涉及药品的发明创造而言，在其符合专利法中规定的授权条件的情况下，即可授予专利权，无须另行考虑该药品是否符合其他法律法规中有关药品研制、生产的相关规定。湘北威尔曼公司主张其为了解决涉案专利的安全性、有效性、稳定性，还进行了一系列试验和研究，但由于相关技术内容并未记载于涉案专利说明书中，则不能体现出涉案专利对现有技术作出了创新性的改进与贡献。因此，这些试验和研究不能作为认定权利要求1的创造性的依据。

知识产权刑事案件

鞠文明等侵犯著作权罪案

——阅读提示：计算机软件著作权侵权犯罪中程序"实质相同"的认定以及将计算机软件与硬件相结合一并对外销售时非法经营数额的计算。

【裁判要旨】

行为人通过非法手段获取他人享有著作权的计算机软件中的目标程序并与特定硬件产品相结合，用于生产同类侵权产品，在某些程序、代码方面虽有不同，但只要实现硬件产品功能的目标程序或功能性代码与他人享有著作权的计算机软件"实质相同"，即属于非法复制发行计算机软件的行为，应以侵犯著作权罪定罪处罚。

如果涉案侵权产品的价值主要在于实现其产品功能的软件程序，即软件著作权价值为其主要价值构成，应以产品整体销售价格作为非法经营数额的认定依据。

【案号】

一审：江苏省无锡市滨湖区人民法院〔2011〕滨知刑初字第0002号

二审：江苏省无锡市中级人民法院〔2011〕锡知刑终字第0001号

【案情与裁判】

公诉机关：江苏省无锡市滨湖区人民检察院（以下简称滨湖区检察院）

被告人（二审上诉人）：鞠文明

被告人（二审上诉人）：徐路路

被告人：华铁

起诉与答辩

滨湖区检察院以被告人鞠文明、徐路路、华铁犯侵犯著作权罪，于2011年5月13日向江苏省无锡市滨湖区人民法院提起公诉。

起诉书指控：鞠文明在无锡市信捷科技电子有限公司（以下简称信捷公司）工作期间，未经信捷公司许可，擅自下载了OP系列人机监控软件V3.0等软件。后其于2008年8月与徐路路、华铁共同出资成立无锡市云川工控技术有限公司（以下简称云川工控公司），用其非法获取的上述软件生产与信捷公司同类的文本显示器以牟利。2008年12月至2010年10月间，三被告人共生产、销售了TD100型、TD307型等型号文本显示器共计2045台，销售金额计448,465元。2010年10月21日，三被告人被抓获。2010年11月下旬，鞠文明、徐路路在被公安机关取保候审后，伙同孙兴圣又以无锡市云川电气技术有限公司（以下简称云川电气公司）的名义生产、销售上述文本显示器计114台，销售金额计25,200元。三被告人结伙以营利为目的，未经著作权人许可，复制、发行他人计算机软件，情节特别严重，其行为触犯了《刑法》第217条之规定，应当以侵犯著作权罪追究其刑事责任。鞠文明在共同犯罪中起主要作用,系主犯,徐路路、华轶在共同犯罪中起次要作用,系从犯,应当从轻或者减轻处罚。

被告人华轶对起诉书指控的事实不持异议。

被告人鞠文明、徐路路辩称:涉案文本显示器下位机软件与信捷公司生产的文本显示器下位机软件不相同,其不构成侵犯著作权罪。

被告人鞠文明的辩护人辩称:(1)司法鉴定意见书未就整个软件作全面的比对,该鉴定结论错误;(2)非法经营数额应当扣除文本显示器的硬件成本。被告人鞠文明应为无罪。

被告人徐路路的辩护人辩称:司法鉴定书"实质相同"的结论不是《刑法》意义上的复制,徐路路的行为不构成刑事犯罪。

法院审理查明

鞠文明于2007年利用职务之便,未经许可,擅自下载、保存了包括由耐拓公司享有著作权并许可信捷公司使用的OP系列人机监控软件V3.0在内的部分软件。2008年8月,三被告人共同出资成立云川工控公司,用其非法获取的上述软件生产与信捷公司同类的文本显示器以牟利。华轶利用上述软件,提取并整合了其中使用于信捷公司开发OP320-A型文本显示器上的目标程序(即下位机.BIN文件)。2008年12月至2010年10月间,鞠文明、徐路路通过将上述目标程序烧写至文本显示器的CPU芯片内生产TD100型、TD307型等型号文本显示器2045台并对外销售,销售金额计448,465元。2010年9月,原信捷公司员工孙兴圣(另案处理)加入云川工控公司。2010年10月21日,鞠文明、徐路路、华轶被公安机关抓获。

被告人鞠文明、徐路路在取保候审期间,于2010年10月至2011年3月间,伙同孙兴圣继续使用上述方法生产、销售文本显示器114台,销售金额计25,200元。

一审判理和结果

本案一审的争议焦点是:涉案下位机驱动程序是否是对OP系列人机监控软件V3.0软件中下位机程序的复制。

江苏省无锡市滨湖区法院一审认为:

三被告人的行为已构成侵犯著作权罪。因三被告人侵犯著作权的犯罪行为发生在2011年4月30日以前,应当适用2011年4月30日以前的《刑法》。

法院认为:实现同一功能可转换的源程序和目标程序应当视为同一作品。涉案下位机驱动程序与OP系列人机监控软件V3.0下位机程序的目标程序、源程序实质相同,可以确认该下位机驱动程序是对OP系列人机监控软件V3.0软件中下位机程序的复制。

因本案被侵权的计算机软件的载体就是文本显示器,三被告人正是通过在这一载体上复制享有著作权的计算机软件以牟取不当利益,故本案非法经营数额应为三被告人生产、销售的文本显示器的实际销售金额,无须扣除硬件成本。

鉴于鞠文明在共同犯罪中起主要作用系主犯;徐路路、华轶在共同犯罪中起次要作用,系从犯,可减轻处罚。鞠文明、徐路路在取保候审期间仍继续生产、销售侵权文本显示器,主观恶性较深,社会危害性较大。根据华轶的犯罪情节和悔罪表现,对其适用缓刑不致再危害社会,可对其宣告缓刑。

据此,江苏省无锡市滨湖区人民法院依照2011年4月30日以前的《刑法》第217条第(1)项、第25条第1款、第26条第1款和第4款、第27条、第52条、第53条、第64条、第72条、第73条第2款和第3

款,《刑法》第12条第1款,第67条第3款,以及《关于办理侵犯知识产权刑事案件具体应用法律若干问题的解释》第5条第2款,《关于办理侵犯知识产权刑事案件具体应用法律若干问题的解释二》第4条之规定,于2011年6月7日判决如下:

1. 被告人鞠文明犯侵犯著作权罪,判处有期徒刑三年,并处罚金人民币12万元。

2. 被告人徐路路犯侵犯著作权罪,判处有期徒刑一年六个月,并处罚金人民币8万元。

3. 被告人华轶犯侵犯著作权罪,判处有期徒刑一年六个月,缓刑二年,并处罚金人民币5万元。

4. 被告人鞠文明、徐路路、华轶的违法所得予以追缴没收;查获并扣押在案的侵权文本显示器成品、原材料以及电脑主机、笔记本电脑等与犯罪有关物品,予以没收。

上诉与答辩

鞠文明、徐路路不服一审判决,向江苏省无锡市中级人民法院提出上诉,上诉理由主要为:(1)一审判决所依据的鉴定书在程序、内容、比对方法等方面存在错误;(2)鉴定机构错误比对了上位机程序,涉案文本显示器目标程序与著作权登记证书载明的软件不相同;(3)本案非法经营数额中应当扣除TD100型文本显示器的销售额以及硬件成本;(4)鉴定结论"实质相同"并非刑法意义上的"复制",其行为仅应承担民事责任。请求二审改判其无罪或发回原审法院重审。

二审判理和结果

江苏省无锡市中级人民法院二审认为:

1. 关于上诉人提出的"一审判决所依据的鉴定书在程序、内容、比对方法等方面存在错误"以及"鉴定机构比对了上位机程序,涉案文本显示器目标程序与著作权登记证书载明的软件不相同"的主张,经查:(1)根据鞠文明、华轶所作的供述,涉案文本显示器在出厂时仅有下位机程序,不存在所谓鉴定机构比对了上位机程序导致结论错误的情形,其所提出CPU存储空间的问题亦与源代码比对问题之间无直接关联。同时,其所称的鉴定样材、检材的存储器构成及比对结果仅有陈述及所谓的分析,无其他相关证据证实,不能推翻鉴定报告所作结论。(2)耐拓公司作为涉案软件的著作权人、信捷公司作为该软件的独占许可实施人,有权行使修改权,且对修改后的软件同样享有著作权,将其提供的目标程序作为比对样本正确。耐拓公司的著作权登记证书不等同于其仅就登记内容享有著作权,并无证据证明甚至怀疑信捷公司提供的程序系按照侵权文本显示器中的程序修改后提交鉴定。故对于其样材收集程序不合法的辩解和辩护意见法院不予采纳。(3)鉴定书在委托鉴定事项、鉴定材料、分析说明等方面对此次鉴定过程均有详细的说明,其后附件亦有检材文本显示器照片和样材目标程序。委托鉴定事项准确,文本显示器中的下位机驱动程序就是目标程序,所谓"上位机程序"为应用程序,并非此次鉴定比对的对象,不存在上诉人所主张的将下位机程序与上位机程序混合比对的情况。鉴定方法系通过鉴定机关将作为检材、样材的两个目标程序分别反编译为汇编代码,提取其中以实现对机械设备进行监控信息处理功能的代码进行比较、分析,鉴定方法正确。综上所述,对于上诉人关于鉴定书鉴定结论错误、鉴定程序违法,该鉴定书不能作为证据使用的主张不予采纳,对其重新鉴定申请亦不予支持。

2. 关于上诉人提出"本案非法经营数

额中应当扣除 TD100 型文本显示器的销售额以及硬件成本”的主张,经查:(1)关于 TD100 型文本显示器的销售额的问题:①TD100 型、TD307 型文本显示器的下位机程序均系由华铁通过整合、修改 0P320 - A 文本显示器目标程序的手段获取,三被告人对此亦予以认可,该行为已侵犯了涉案计算机软件著作权。②根据三被告人的供述,TD307 型系在 TD100 型基础上修改而成,TD100 型文本显示器下位机程序与信捷公司文本显示器下位机程序的相似度高于 TD307 型文本显示器下位机程序,故 TD100 型文本显示器的销售额亦应计入非法经营数额。(2)关于硬件成本问题:①《关于办理侵犯知识产权刑事案件具体应用法律若干问题的解释》第 12 条明确了“非法经营数额”的范围,已销售的侵权产品的价值,按照实际销售的价格计算;②涉案文本显示器的价值主要在于实现其产品功能的软件程序,而非硬件部分,涉案软件著作权价值为其主要价值构成,以产品整体销售价格作为非法经营数额的认定依据,具有合理性。所以,上诉人所提出的该上诉主张缺乏事实和法律依据,法院不予采纳。

3. 关于上诉人提出“鉴定结论‘实质相同’并非刑法意义上的‘复制’,其行为仅应承担民事责任”的主张,经查:(1)本案鉴定结论确认涉案文本显示器的目标程序与信捷公司 0P320 - A 文本显示器目标程序实质相同,系复制了实现产品功能、用途的最重要的源代码,两者虽然有一定的不同之处,但该行为仍为著作权法意义上的复制行为,且具有社会危害性;(2)即便将实质相同理解为部分复制,《计算机软件保护条例》第 24 条亦明确规定复制或者部分复制著作权人软件,触犯《刑法》,依照《刑法》关于侵犯著作权罪的规定,依法追究刑事责任。故法院对于上诉人所提出的该上诉主张不予采纳。

综上所述,原审判决认定上诉人鞠文明、徐路路、原审被告人华铁犯侵犯著作权罪的事实清楚,证据确凿充分,适用法律正确,量刑适当,诉讼程序合法,应当予以维持。

据此,无锡市中级人民法院依照《刑事诉讼法》第 189 条第(1)项之规定,于 2011 年 7 月 5 日裁定:

驳回上诉,维持原判。

本裁定为终审裁定。

五十典型案件

张镇诉扬州金自豪鞋业有限公司等侵犯专利权纠纷案

——阅读提示:专利侵权判定中,被诉侵权产品缺少涉案专利的某个技术特征,能否构成等同侵权?被诉侵权产品使用案外人的专利,能否构成对专利侵权的抗辩?

【裁判要旨】

专利侵权判定适用全面覆盖原则,应当审查权利人主张的权利要求所记载的全部技术特征。当被诉侵权产品缺少权利要求记载的一个以上技术特征时,不涉及是否构成等同技术特征的问题,应当认定其没有落入专利权的保护范围。而被诉侵权产品是否使用了案外人专利,以及案外人专利目前的效力状况对专利侵权判定并不产生影响。

【案号】

一审:内蒙古自治区包头市中级人民法院〔2009〕包民四初字第7号

二审:内蒙古自治区高级人民法院〔2010〕内民知终字第7号

再审:最高人民法院〔2011〕民申字第1490号

【案情与裁判】

原告(二审上诉人、申请再审人):张镇

被告(二审被上诉人、被申请人):扬州金自豪鞋业有限公司(以下简称金自豪公司)

被告(二审被上诉人、被申请人):包头市同升祥鞋店(以下简称同升祥鞋店)

法院审理查明

2008年12月,张镇以金自豪公司和同升祥鞋店侵犯其"一体式勾心鞋跟"实用新型专利为由,向一审法院提起诉讼,请求法院判令金自豪公司和同升祥鞋店停止侵权行为。金自豪公司辩称,其所使用的被诉侵权产品由案外人肖厚柱享有专利,与张镇的涉案专利具有显著区别,而且被诉侵权产品系通过合法渠道向第三方购得。

法院审理查明,涉案专利为张镇的"一体式勾心鞋跟"实用新型专利,申请日2004年7月27日,授权公告日2005年9月14日。涉案专利权利要求1为:一种一体式勾心鞋跟,是由弧形勾心片与鞋跟立柱组成,其特征在于:弧形勾心片的右下端装有插头,并相互固定为一体,插到鞋跟立柱上端的孔内,鞋跟立柱的下端底部插入跟垫。2006年5月10日,案外人肖厚柱获得"女士鞋底专用勾心"实用新型专利授权,该专利申请日为2004年11月11日。

2002年至今,金自豪公司在其生产的凯森牌女鞋上所使用的鞋底均系向德州鑫华润聚氨酯工业有限公司(以下简称鑫华润公司)购买。该公司作为鞋底生产厂家,从2005年就与金自豪公司建立买卖关系,而该公司所使用的女士鞋底专用勾心是由枣庄市天柱五金鞋材有限公司(以下简称天柱公司)根据肖厚柱享有专利权的专有技术生产,并将该产品出售给鑫华润公司用于生产女士鞋底。金自豪公司于2008年开始向内蒙古地区销售其生产的凯森牌女鞋,同升祥鞋店经销金自豪公司生产的凯森牌女鞋。

二审庭审中,金自豪公司对张镇提供的从凯森牌女士高跟鞋中拆下的被诉侵权产品实物予以认可,该实物产品的技术特征为,一种女士高跟鞋勾心,其为一个弯折并带有凹槽弧形勾心片与鞋跟立柱的整体结构,在弧形勾心片前端和立柱底端各有一个圆孔。

一审判理和结果

一审法院认为,金自豪公司生产、销售凯森牌女士高跟鞋的鞋底产品来源于案外人鑫华润公司,而该公司生产的鞋底所使用的"女士鞋底专用勾心"是由案外人天柱公司根据肖厚柱享有专利权的专利技术所生产。金自豪公司购买鑫华润公司的鞋底产品并再加工生产和销售凯森牌女士高跟鞋时,并不知道鑫华润公司的鞋底是否经过专利权人许可而制造并售出,是否为专利侵权产品,其购买案外人生产的产品(女士鞋底)及加工生产凯森牌女士高跟鞋进行销售属于合法经营、同升祥鞋店的行为也属于同种情形。张镇虽然取得了涉案专利权,但金自豪公司使用的鞋底是案外人依照肖厚柱的专利"女士鞋底专用勾心"技术生产,因此,金自豪公司、同升祥鞋店生产、销售凯森牌女士高跟鞋的行为不属于我国专利法规定的侵权行为,张镇以金自豪公司、同升祥鞋店为侵权主体进行诉讼不当。至于案外人是否侵犯了涉案专利权,张镇可以另案诉讼。据此判决驳回张镇的诉讼请求。

二审判理和结果

张镇不服一审判决,提起上诉。

二审法院认为,涉案专利权利要求1所确定的必要技术特征包括:(1)一种一体式勾心鞋跟,是由弧形勾心片与鞋跟立柱组成;(2)弧形勾心片的右下端装有插头,并相互固定为一体,插到鞋跟立柱上端的孔内;(3)鞋跟立柱的下端底部插入跟垫。将上述必要技术特征与被诉侵权产品的技术特征进行对比,其中第二项特征表明涉案专利弧形勾心片与插头是通过特定方式连接成为一个整体,而被诉侵权产品其弧形勾心片与鞋跟立柱为一弯折并带有凹槽的整体结构,并不存在需要通过特定方式连接的特征,所以被诉侵权产品的技术特征与涉案专利权利要求1的必要技术特征既不相同也不等同。金自豪公司生产凯森牌女士高跟鞋所使用的被诉侵权产品及同升祥鞋店销售包含被诉侵权产品的凯森牌女士高跟鞋的行为,不构成对涉案专利权的侵犯。一审判决在认定事实和适用法律上均有不当之处,但判决结果正确。据此判决:驳回上诉,维持原判。

申请再审理由和审查结果

张镇不服二审判决,向最高人民法院(以下简称最高法院)申请再审称,被诉侵权产品所依据的专利技术属于涉案专利技术的等同替换,2006年11月11日,肖厚柱的专利已经被专利局宣布终止。据此请求撤销二审判决,判令金自豪公司、同升祥鞋店停止侵犯涉案专利。

金自豪公司提交意见认为,其生产的凯森牌女士皮鞋所使用的专用勾心产品没有落入涉案专利的保护范围,并且该专用勾心产品由案外人肖厚柱享有专利,现肖厚柱的专利由于未缴纳年费被终止，并非是不符合专利法的相关规定而被宣告无效。金自豪公司为合法使用该专利。

最高法院认为，将被诉侵权产品技术特征与涉案专利技术特征进行对比，二者均为女士勾心鞋跟，均由弧形勾心片与鞋跟立柱组成，但是涉案专利的弧形勾心片的右下端装有插头，并相互固定为一体，插到鞋跟立柱上端的孔内，而被诉侵权产品的弧形勾心片与鞋跟立柱为一整块材料弯折形成的带有凹槽整体结构，不具有涉案专利弧形勾心片与鞋跟立柱通过插头连接的技术特征，因此被诉侵权产品未落入涉案专利权的保护范围。金自豪公司生产、销售使用了被诉侵权产品的凯森牌女鞋的行为，以及同升祥鞋店销售凯森牌女鞋的行为，均不侵犯涉案专利权。至于被诉侵权产品是否使用了案外人肖厚柱的专利，以及该专利目前的效力状况对本案的侵权判定并不产生影响。据此裁定：驳回张镇的再审申请。

中山市南区佳艺工艺家具厂诉中山市君豪家具有限公司侵犯外观设计专利权纠纷案

——阅读提示：外观设计专利区别于现有设计的设计特征对外观设计整体视觉效果的影响？被诉侵权设计与专利设计在设计图案上的差异如何影响相近似的判断？

【裁判要旨】

外观设计专利区别于现有设计的设计特征相较于其他设计特征对于外观设计的整体视觉效果更具有显著影响；在被诉侵权设计采用了外观设计专利设计要点前提下，装饰图案的简单替换不会影响对两者整体视觉效果相近似的判断。

【案号】

一审：广东省中山市中级人民法院〔2010〕中中法民三初字第83号

二审：广东省高级人民法院〔2011〕粤高法民三终字第229号

申请再审：最高人民法院〔2011〕民申字第1406号

【案情与裁判】

原告（二审上诉人、被申请人）：中山市南区佳艺工艺家具厂

被告（二审被上诉人、申请再审人）：中山市君豪家具有限公司

起诉与答辩

2010年9月6日，中山市南区佳艺工艺家具厂（以下简称佳艺家具厂）向一审法院起诉称：佳艺家具厂是专利号为200630173653.6的外观设计专利独占许可使用人。由于该专利美观新颖，市场效益较好，中山市君豪家具有限公司（以下简称君豪公司）见有利可图，未经许可，擅自生产、销售与涉案专利产品结构一致的侵权产品，给佳艺家具厂造成较大经济损失，故请求法院判令：（1）君豪公司立即停止生产、销售、许诺销售侵权产品，销毁库存侵权产品；（2）君豪公司赔偿佳艺家具厂经济损失及为制止侵权所支付的合理费用15

万元;(3)由君豪公司承担本案诉讼费用。

被告君豪公司辩称:君豪公司生产的被诉侵权产品与涉案专利不相同也不近似,没有侵犯佳艺家具厂的外观设计专利权。

法院审理查明

2006年11月18日,刘汝彬向国家知识产权局申请了名为“三抽柜(蛋形)”的外观设计专利,2007年11月28日获得授权,专利号为200630173653.6,该专利现处于合法有效状态。该外观设计专利产品是一款三抽屉柜子,由柜顶、柜体和柜脚三部分组成。从主视图看,柜体有三个抽屉上下依次排列,抽屉均呈长方形,中间有一个圆形拉手,每两个抽屉之间有一条状间隔,正面有一支类似百合花状图案贯通三个抽屉;从俯视图看柜顶呈椭圆状,边缘有围栏式的突起,使柜顶呈一个盆状,盆中央是一支与主视图类似的百合花状图案;从左视图看柜体上设置有一个长条形八角装饰块,其内有一支类似百合花形状图案;从后视图看,柜体左右两侧各有一条饰条,中间位置为空白;从仰视图看,柜脚外形也呈椭圆形,在椭圆形中对称分布四只T形脚座。本专利的简要说明为:右视图与左视图对称,省略右视图。

2009年5月20日,刘汝彬与佳艺家具厂签订许可合同,将涉案专利许可佳艺家具厂在全国范围内使用,许可方式为独占许可,期限为合同签订之日至该专利有效期截止。合同同时约定,如本专利涉及维权事宜,佳艺家具厂有权单独以自己的名义提起诉讼。

2010年8月10日,刘汝彬的委托代理人李林辉在位于广州市海珠区新港东路1000号吉盛伟邦(琶洲)家具采购中心6013档“君豪·富特豪仕”店,凭君豪公司出具的编号为9015596的收据提得型号为“JH-6165-7”的三斗半圆柜子一只,并支付了余款。该店销售人员为其开具了编号为9015599的收据一张。广东省广州公证处对上诉购物过程进行了公证,并出具了(2010)粤穗广证内经字第93792号公证书。庭审中,君豪公司承认上述公证购买的产品是其生产、销售。

将本专利与被诉侵权产品相比较,佳艺家具厂认为本专利与被诉侵权产品除了表面花状图案表现不同外,其他方面均相似。君豪公司认为被诉侵权产品与本专利的外观形状相似,但被诉侵权产品表面上的图案与本专利完全不同:一是花形不同。本专利花形类似百合花,被诉侵权产品是牡丹花;二是在表现形式上,本专利主视图是一枝花贯通三个抽屉,被诉侵权产品则是每个抽屉上都有独立的花形,没有贯通;三是从俯视图看,本专利柜顶盆状中央有花的图案,而被诉侵权产品没有。因此,被诉侵权产品与本专利在外观形状上虽相似,但因所附图案不同,故二者不相似。佳艺家具厂回应认为,一般消费者主要是通过形状来认知三抽柜,君豪公司也承认被诉侵权产品与本专利构成近似,花形图案对产品的整体外观不构成影响;被诉侵权产品在本专利有花纹的地方均设置了花状图案,这也是二者近似的表现。

一审判理和结果

一审法院认为:按照专利法的有关规定,本专利的保护范围既包括产品外观形状,也包括产品上所附花状图案以及二者的结合所展现的外观设计。对产品图形的对比主要从图形的题材、构图方法、表现方式及花样大小等方面因素观察,对形状和图形的结合应主要从有无图形及图形位置等方面考虑。经比对,本专利与被诉侵权产品外观设计中的图形、题材、构图方法、表现方式及花样大小均不同。本专利图形布局具有一致性,布局较宽大,花形图案的设计纤细、飘逸;被诉侵权产品图形分布较均匀、集中,各花形独立、位置居中,花形与枝叶紧凑。因此,本专利与被诉侵权产品的图形具有不同的美感和表达方式,并不相似。在外观形状与图形的结合方面,虽然本专利与被诉侵权产品的图形位置大致相同,但因花形上的差异,造成本专利图形所占面积较多,几乎充满所附装饰块的空间;而被诉侵权产品的花形只占所附装饰块面积的中间部分,周边较空。特别是从产品正常使用时消费者容易直接观察到的俯视图看,本专利柜顶盆状中央有花样图案,被诉侵权产品则没有,二者在此有重大区别。因此,本专利与被诉侵权产品设计在外观形状与图形结合方面也不同。

综上所述,本专利与被诉侵权产品的外观设计虽然在外形上相似,但在图形及外形与图形的结合上存在差异,因此本专利与被诉侵权产品不相似,君豪公司生产、销售被诉侵权产品的行为不构成侵权。根据《专利法》第 59 条第 2 款,《民事诉讼法》第 64 条的规定,一审法院判决:驳回佳艺家具厂的诉讼请求。案件受理费 4300 元由佳艺家具厂负担。

上诉与答辩

佳艺家具厂不服一审判决,提起上诉称:一审法院对本专利权的保护范围作出扩大理解,导致判决错误。本专利的外观形状为蛋形,这是区别于其他家具产品形状的最重要特征。本专利图片中的花形仅为专利产品的装饰,花样的构图方式及图案的大小等并不影响本专利产品的形状,不是本专利产品的主要保护范围,而且专利权人申请专利时亦未将图案列为请求范围。一般消费者对同类别家具产品进行选择时首先考虑的是形状,确认家具形状后才会考虑花样图案。一审法院仅以图案区分家具产品,超出了一般消费者的知识水平和认识能力。故佳艺家具厂请求撤销一审判决,依法改判君豪公司立即停止侵权行为,赔偿佳艺家具厂经济损失及制止侵权所支付的合理费用 15 万元,并承担本案一、二审诉讼费用。

被上诉人君豪公司辩称:一审判决认定事实清楚,适用法律正确,请求二审法院驳回佳艺家具厂的上诉请求,维持原判。

二审判理和结果

二审法院认为:涉案专利是由形状和图案两设计要素组合而成的外观设计专利。将被诉侵权设计与专利设计相比较,相同之处为:两者的柜顶均呈蛋形椭圆盆状;柜体正面均有三个抽屉上下依次排列,各抽屉呈四边形,每两个抽屉之间有一条状间隔,中央位置有一圆形凸起,柜体的两个侧面均设置有八边形装饰条;柜脚均呈椭圆形,四角各有一 T 形脚座,对称排列。被诉侵权设计与专利设计的不同之处为:前者柜顶无装饰,后者柜顶有百合花样装饰;前者柜体正面每个抽屉中央位置有一团簇状牡丹花装饰,且各抽屉的牡丹花相互独立,不贯通,后者正面三个抽屉由一支贯通的百合花装饰,且该支百合花的花和叶飘逸、匀称地遍布三个抽屉表面;前者柜体两侧的八边形装饰条内仅中部位置各有一团簇状牡丹花装饰,后者柜体两侧的八边形装饰条内各有一支飘逸、匀称遍布状百合花装饰;前者 T 形脚座由阶梯状材料组成,后者 T 形脚座由弧形材料组成。由此可见,被诉侵权设计与专利设计在柜体的整体形状、柜体各组成部分的形状以及布局方式等方面基本相同,但在装饰图案方面有差异。在君豪公司未举证证明专利产品的形状为该类产品惯常设计的情况下,四方形三抽柜和八边形装饰框与"蛋形"柜体按照特定方式组合、布局,是本专利最显著的设计特征。形状对于整体视觉效果的影响更大,而图案的差异仅为局部的、细微的差异,以一般消费者的知识水平和认知能力,难以认为两者在整体视觉效果上存在实质性差异,应当认定被诉侵权设计与涉案专利构成近似,落入涉案专利权的保护范围。一审法院关于被诉侵权设计与涉案专利不相近似的认定不当,应予纠正。君豪公司未经权利人许可,制造、销售与涉案专利外观近似的产品,构成侵权,应当承担停止侵权、赔偿损失等民事责任。由于佳艺家具厂未举证证明其因侵权行为受到的实际损失或君豪公司的侵权获利数额,二审法院根据涉案专利的类型、君豪公司侵权行为的性质、被诉侵权产品的销售价格、佳艺家具厂维权的合理支出等因素,酌定君豪公司赔偿佳艺家具厂经济损失6万元。

综上所述,一审判决认定事实清楚,但适用法律错误,二审法院依法予以改判。佳艺家具厂的上述请求部分成立,应予支持。依据《专利法》第11条第2款、第59条第2款,《关于审理侵犯专利权纠纷案件应用法律若干问题的解释》第8条、第10条、第11条以及《民事诉讼法》第153条第一款第(2)项之规定,二审法院判决:一、撤销一审判决;二、君豪公司立即停止侵犯涉案外观设计专利权,即立即停止制造、许诺销售、销售侵权产品,并销毁库存的侵权产品;三、君豪公司于判决生效之日起10日内赔偿佳艺家具厂经济损失6万元。一审案件受理费4300元,由佳艺家具厂负担1720元,君豪公司负担2580元;二审案件受理费4300元,由佳艺家具厂负担1720元,君豪公司负担2580元。

申请再审理由与答辩

君豪公司向最高人民法院申请再审称:根据《专利法》第2条第4款和第59条第2款的规定,形状、图案、色彩均是外观设计专利权的保护要素,各要素间没有等级效力的差别,应该得到同等保护。涉案专利包括形状、图案两个要素,二者对涉案专利权的保护范围具有同等重要的作用,不能偏废任何一个要素,二审法院主观地为当事人确定一个要素为显著设计特征,在产品外观上占有更大比例的图案被认为是局部的、细微的差异,这种观点直接违背了专利法的基本原则。被诉侵权产品与涉案专利的外观明显不同,具有不同的美感和表达方式,其中图案要素在产品外观中所占面积比例较大并且比对图案明显不同,一般消费者不会混淆,因此二者不相同也不相近似,被诉侵权设计没有侵犯涉案外观设计专利权。君豪公司依据《民事诉讼法》第179条第1款第(2)项的规定申请再审,请求撤销二审判决,驳回佳艺家具厂全部诉讼请求,并由其承担全部诉讼和保全费用。

佳艺家具厂提交意见认为,二审判决认定事实清楚、适用法律正确,请求驳回君豪公司的再审申请。

申请再审审查结果

最高人民法院认为:本案争议焦点是,被诉侵权设计是否落入涉案专利权的保护范围。被诉侵权产品与涉案外观设计专利产品均为三抽柜,是同类产品。将被诉侵权设计与涉案专利设计相比对,二者在柜顶、柜体和柜脚部分的外观形状基本相同,主要的不同之处是装饰图案不同,除前者柜顶无装饰,后者柜顶有百合花装饰外,其余后者以一支飘逸、匀称遍布状百合花装饰的部分,前者均以一团簇状牡丹花装饰。结合本案的现有证据来看,四方形三抽柜和八边形装饰框与“蛋形”柜体的组合和布局是涉案专利设计区别于现有设计的设计特征,因此被诉侵权产品和涉案专利产品的外观设计在柜体的整体形状、柜体各组成部分的形状以及布局方式上的基本相同相比其他设计特征对于外观设计的整体视觉效果更具有影响。

被诉侵权设计与涉案专利设计虽然在装饰图案上存在差异,但二者均为花卉图案,图案的题材相同,在柜体上的装饰布局也基本相同,因此被诉侵权设计以牡丹花图案替换涉案专利设计的百合花图案的做法,实质是采用了涉案专利设计的设计方案,这种简单替换所导致的差异对于整体视觉效果的影响是局部的、细微的,以一般消费者的知识水平和认知能力来判断,该差异不足以将被诉侵权设计和涉案专利设计区分开来,对于判断被诉侵权设计和涉案专利设计在整体视觉效果上构成近似无实质性影响。

综上所述,被诉侵权设计与涉案专利设计相近似,落入了涉案专利权的保护范围。二审法院判决君豪公司停止侵权,并赔偿佳艺家具厂经济损失 6 万元是正确的,君豪公司的再审申请没有事实根据,不符合《民事诉讼法》第 179 条第 1 款第(2)项的规定。2011 年 11 月 23 日,最高人民法院作出〔2011〕民申字第 1406 号民事裁定,依照《民事诉讼法》第 181 条第 1 款之规定,裁定驳回君豪公司的再审申请。

陕西汉王药业有限公司诉江西银涛药业有限公司等侵犯专利权纠纷案

——阅读提示:药品专利侵权案件中,被诉侵权人以药品注册申报资料主张先用权抗辩是否应该得到支持?是否只有取得了药品生产批件才是“做好制造、使用的必要准备”?

【裁判要旨】

先用权是否成立关键在于被诉侵权人在专利申请日前是否已经实施专利或者为实施专利做好了技术或者物质上的必要准备。如果被诉侵权药品的注册申报资料显示被诉侵权人在专利申请日前,完成了生产被诉侵权药品的工艺文件和设备,就应当认定其在专利申请日前为实施专利做好了制造、使用的必要准备。至于何时取得被诉侵权药品的生产批件,是药品监管的行政审批事项,不能以是否取得药品生产批件来判断其是否做好了制造、使用的必要准备。

【案号】

一审:陕西省西安市中级人民法院〔2010〕西民四初字第 043 号

二审:陕西省高级人民法院〔2011〕陕民三终字第 00021 号

再审:最高人民法院〔2011〕民申字第 630 号

【案情与裁判】

原告(二审被上诉人、被申请人):陕西汉王药业有限公司(以下简称汉王公司)

被告(二审上诉人、申请再审人):江西银涛药业有限公司(以下简称银涛公司)

被告:西安保赛医药有限公司(以下简称保赛公司)

起诉与答辩

2010年,汉王公司向一审法院起诉称,银涛公司生产和销售、保赛公司销售的"强力定眩胶囊"产品,其处方、工艺、剂型以及主治功能等与汉王公司"一种具有降压、降脂、定眩、定风作用的中药组合物及其制备方法和其用途"发明专利所保护的范围相同。请求法院判令保赛公司停止销售被诉侵权产品;判令银涛公司停止生产制造、销售被诉侵权产品、停止使用汉王公司的专利方法以及销售依照该专利方法获得的产品,并赔偿汉王公司635.2万元;由保赛公司、银涛公司承担汉王公司因调查、制止侵权行为而支付的差旅费和律师代理费6万元和本案诉讼费。银涛公司辩称,其在涉案专利申请日前就已向江西省食品药品监督管理局提交了"强力定眩胶囊"的药品注册申请,完成了"强力定眩胶囊"的制造准备,并且仅在原有范围内继续制造,未侵犯涉案专利权。

法院审理查明

法院审理查明,涉案专利是"一种具有降压、降脂、定眩、定风作用的中药组合物及其制备方法和其用途"的发明专利,申请日为2005年9月27日,授权日为2007年3月14日,专利权人为汉王公司。一审庭审中,汉王公司请求以涉案专利权利要求1、6、23作为本案请求保护的范围。涉案专利权利要求书记载:1.一种具有降脂、降压、定眩、定风作用的中药组合物,其特征在于制备该组合物所用药效成分的原材料组成按重量分为:天麻1365~4095份,杜仲1365~4095份、野菊3350~10050份、杜仲叶4195~12585份和川芎1675~5025份。6.一种制备权利要求第1~5任一项所述中药组合物的方法,包括如下步骤:取半量天麻粉碎成细粉,得天麻细粉;另取剩余的半量天麻粉碎成粗粉,用醇溶剂回流提取,合并过滤提取液,回收乙醇并浓缩成天麻浸膏;将醇提后的天麻残渣与杜仲、杜仲叶、野菊、川芎均匀混合,加水煮提,合并滤过煮提液,浓缩滤液,制得40~80℃时相对密度为1.15~1.5的混合稠膏;再将天麻细粉加入到天麻浸膏和混合稠膏中,混匀,加入适量药学上可接受的载体,按照常规制剂方法制备得到所需制剂。23.权利要求第1~5任一项所述的组合物在制备降脂、降压、定眩、定风药物中的应用。

2005年6月16日,江西省食品药品监督管理局(以下简称江西药监局)向银涛公司出具"强力定眩胶囊"的药品注册申请受理通知书,载明:"经形式审查,上述申报资料基本符合《药品注册管理办法》等有关规定的要求,予以受理,请按规定缴纳审批费,是否批准须经审查后决定……本件不得作其他证明使用。"2009年3月13日,国家食品药品监督管理局(以下简称国家药监局)向银涛公司颁发药品注册批件,批准生产"强力定眩胶囊",药品批准文号:国药准字Z20090189。

庭审中,银涛公司对其生产、销售的"强力定眩胶囊"药品处方、制备方法和用途落入汉王公司涉案专利权保护范围无异议,但是提出先用权抗辩。其提交的江西药监局在涉案专利申请日前向其送达的药品注册申请受理书,其中所附材料显示其产品的处方、制备方法和用途均与涉案专利相同。

一审判理和结果

一审法院认为,经过当庭技术对比,被诉侵权的"强力定眩胶囊"药品落入汉王公司涉案专利权的保护范围,银涛公司和保赛公司侵犯涉案专利权。对于银涛公司主张的先用权抗辩问题,其认为已经完成实施发明创造所必需的工艺文件,即江西药监局2005年6月16日向其颁发的"药品注册申请受理通知书”,因该通知书中明确注明“本件不得作其他证明使用”,因此,银涛公司以此文件作为其享有先用权抗辩的依据不能成立;同时,银涛公司也不能证明其为了生产被诉侵权药品“强力定眩胶囊”而购买了必需的主要设备,故银涛公司的先用权抗辩不能成立。据此判决:一、保赛公司立即停止销售被诉侵权药品;二、银涛公司立即停止生产、销售被诉侵权药品,停止使用涉案专利方法以及销售依据该专利方法获得的产品的行为;三、银涛公司赔偿汉王公司经济损失 78402 元,保赛公司赔偿汉王公司经济损失 1 万元;四、驳回汉王公司其他诉讼请求。

二审判理和结果

银涛公司不服一审判决,提起上诉。

二审法院认为,被诉侵权药品“强力定眩胶囊”与汉王公司涉案专利权利要求 1、6、23 的技术特征相同。对于银涛公司主张的先用权抗辩问题,江西药监局向其颁发的“药品注册申请受理通知书”能够证明该药品注册申请已经被受理,是否能够得到批准有待审查。而银涛公司于 2009 年 3 月 13 日才取得被诉侵权药品的注册批件,国家药监局 2009 年 3 月 13 后才允许银涛公司生产被诉侵权药品。同时,银涛公司提供其他证据以证明其已购买实施发明创造所必需的主要设备,但其提供的购买设备的合同、使用说明书、增值税专用发票,均无原件,汉王公司不予认可,其公司也不能证明这些设备系为被诉侵权药品“强力定眩胶囊”所购买。因此,银涛公司的主张不符合先用权抗辩的有关规定,其关于先用权抗辩的理由不能成立。据此判决:驳回上诉,维持原判。

申请再审理由和审查结果

银涛公司不服二审判决,向最高人民法院(以下简称最高法院)申请再审称,银涛公司提交的证据足以证明银涛公司依法享有“先用权”,二审法院对银涛公司先用权抗辩不成立的认定错误。(1)在涉案专利申请日前,银涛公司已完成实施发明创造所必需的工艺文件,具有实施发明创造所必需的“胶囊剂”生产线。(2)在涉案专利申请日前,银涛公司已经生产出合格的被诉侵权药品用于稳定性试验、注册全检。(3)银涛公司在涉案专利申请日前,系通过自行研发获得被诉侵权药品全套生产技术,并生产出合格样品,而绝非抄袭、窃取或者以其他不正当手段从汉王公司获取。(4)银涛公司在涉案专利申请日前就已经具有“胶囊剂”药品生产线,专利申请日后,银涛公司并没有扩大胶囊剂的产能,对此,有《药品生产许可证》、《药品 GMP 证书》予以佐证。据此请求撤销一、二审判决,驳回汉王公司的诉讼请求。

最高法院认为,本案争议的焦点在于银涛公司的先用权抗辩是否成立。本院《关于审理侵犯专利权纠纷案件应用法律若干问题的解释》第 15 条第 2 款规定:“有下列情形之一的,人民法院应当认定属于专利法第六十九条第(二)项规定的已经作好制造、使用的必要准备:(一)已经完成实施发明创造所必需的主要技术图纸或者工艺文件;(二)已经制造或者购买实施发明创造所必需的主要设备或者原材料。”因此,先用权是否成立关键在于被诉侵权人在专利申请日前是否已经实施专利或者为实施专利做好了技术或者物质上的必要准备。银涛公司主张先用权抗辩的证据之一是 2005 年 6 月 16 日江西省食品药品监督管理局向其出具的“强力定眩胶囊”药品注册申请受理通知书以及银涛公司申请药品注册时所报送的《“强力定眩胶囊”申报资料项目》资料,该资料的药学研究资料部分记载了“强力定眩胶囊”的处方、制备方法、用途。银涛公司主张先用权抗辩的证据之二是江西省药检所《药品注册检验报告表》及附件,该报告表及附件显示银涛公司于2005年3月13日、15日、17日分别生产了三批“强力定眩胶囊”样品供申请注册检验使用。银涛公司主张先用权抗辩的证据之三是《药品生产许可证》和《药品GMP证书》,表明其在申请注册“强力定眩胶囊”时即具有“胶囊剂”生产线。由此可见,在涉案专利的申请日2006年9月27日前,银涛公司已经完成了生产“强力定眩胶囊”的工艺文件和设备,符合上述司法解释规定的“已经做好制造、使用的必要准备”的条件,应当认定银涛公司在涉案专利申请日前为实施涉案专利做好了制造、使用的必要准备。至于银涛公司何时取得“强力定眩胶囊”药品生产批件,是药品监管的行政审批事项,不能以是否取得药品生产批件来判断其是否做好了制造、使用的必要准备。二审判决错误认定银涛公司没有做好制造、使用的必要准备,应当予以纠正。另外,汉王公司和银涛公司均称,在二审阶段提出过“强力定眩胶囊”处方的合法来源问题,但二审法院对此没有进行审理,属于遗漏审判事项,应当予以纠正,对合法来源问题应当进行查明。据此裁定:本案指令陕西省高级人民法院再审;再审期间,中止原判决的执行。

株式会社普利司通诉浙江杭廷顿公牛橡胶有限公司、北京邦立信轮胎有限公司侵犯外观设计专利权纠纷案

——阅读提示:现有设计抗辩应如何审查判断?外观设计侵权判定的方法应如何把握?

【裁判要旨】

判断被诉侵权人的现有设计抗辩是否成立,可以首先将被诉侵权产品的设计与一项现有设计相对比,确定两者是否相同或者无实质性差异。如果被诉侵权产品的设计与一个现有设计相同,则可以直接确定被诉侵权人所实施的设计属于现有设计,不落入涉案外观设计专利保护范围。如果被诉侵权产品的设计与现有设计并非相同,则应以现有设计为坐标,将被诉侵权产品设计、现有设计和外观设计专利三者分别进行对比,然后作出综合判断。

外观设计专利侵权判定中,即使被控侵权人未提出现有设计抗辩,也必须考虑现有设计中的惯常设计或者常用设计手法,即以现有设计中的惯常设计或者常用设计手法为坐标,找出外观设计专利与惯常设计或者常用设计手法的区别点,考虑这些区别点对整体视觉效果的影响,在此基础上再运用整体观察、综合判断的方法对二者的整体视觉效果进行比较。

【案号】

一审:北京市第二中级人民法院〔2007〕二中民初字第391号

二审:北京市高级人民法院〔2007〕高民终字第1552号

再审:最高人民法院〔2010〕民提字第

189号

【案情与裁判】

原告(二审上诉人、申请再审人):株式会社普利司通(以下简称普利司通)

被告(二审被上诉人、再审被申请人):浙江杭廷顿公牛橡胶有限公司(以下简称杭廷顿公司)

被告(二审被上诉人、再审被申请人):北京邦立信轮胎有限公司(以下简称邦立信公司)

起诉与答辩

2006年11月30日,一审原告普利司通起诉至中华人民共和国北京市第二中级人民法院称,2000年12月27日,原告依法向中华人民共和国国家知识产权局(以下简称国家知识产权局)申请名称为“机动车轮胎”的外观设计专利,并获得了授权。现普利司通发现杭廷顿公司未经其许可,制造、销售与其上述专利外观相近似的BT98型轮胎,该行为侵犯了其上述专利权。邦立信公司作为销售商,未经普利司通许可销售了杭廷顿公司制造的BT98型轮胎,亦构成对普利司通上述专利权的侵犯。所以,请求判令杭廷顿公司停止制造、销售花纹编号为BT98的全部规格的轮胎的行为,在普利司通监督下销毁侵权模具和现存侵权产品,从销售商处收回并销毁未售出的侵权产品,判令杭廷顿公司赔偿普利司通经济损失及为调查和制止侵权行为所支付的费用、代理费等共计人民币30万元,判令邦立信公司停止销售BT98型轮胎。

一审被告杭廷顿公司答辩称:(1)普利司通的本案专利抄袭了他人在1990年《轮胎胎面设计指南》一书中发表的名称为Delta Z38(P)的外观设计,不应当被授予专利权。杭廷顿公司已向国家知识产权局专利复审委员会提出了无效宣告申请,本案应当中止审理。(2)杭廷顿公司制造的BT98型轮胎与普利司通的本案专利相比,在外观上不构成相同或者相近似。杭廷顿公司制造的涉案产品参考了在本案专利申请日之前已有的Delta Z38(P)外观设计,因此不构成侵权。综上所述,请求驳回普利司通的诉讼请求。

一审被告邦立信公司答辩称,邦立信公司销售的涉案被控侵权产品是从杭廷顿公司购进的,有合法来源,而且目前已经停止了销售,不同意普利司通的诉讼请求。

法院审理查明

2000年12月27日,普利司通依法向国家知识产权局申请了名称为“机动车轮胎”的外观设计专利,并于2001年8月11日获得授权,专利号为ZL00348649.4,分类号为12~15。现该项专利权处于有效状态。

涉案被控侵权的BT98型轮胎由杭廷顿公司制造并销售给邦立信公司。2006年7月4日,普利司通以公证形式从邦立信公司处购买了一只BT98型轮胎,价格为1726元。

普利司通的ZL00348649.4号专利的外观设计与杭廷顿公司制造的BT98型轮胎的外观设计相对比,二者在主胎面上存在以下相近似之处:(1)主胎面均由3个沿圆周方向的环状沟槽分割成4个环状接触面,并且每个环状接触面的宽度大致相同;(2)每个环状沟槽均由折线构成,并且两者的每个折线的尖锐角度是大致相同的;(3)在中间2个环状接触面上,有多条大致沿横向分布的细沟槽;(4)每条横向细沟槽均呈向左上方倾斜的折线状,具有一定的宽度;(5)胎面上分布的每个菱形花纹块的4条边均由折线构成;(6)最外侧圆周上有长短矩形沿圆周方向均匀间隔排列的小凹槽。

诉讼中,杭廷顿公司向一审法院提交

的用于支持其现有设计抗辩的证据是一份在1990年出版的《轮胎胎面设计指南》一书中发表的名称为Delta Z38(P)的外观设计。涉案BT98型轮胎与Delta Z38(P)外观设计相比,二者具有以下相近似之处:(1)主胎面均由3个沿圆周方向的环状沟槽分割成4个环状接触面,并且每个环状接触面的宽度大致相同;(2)每个环状沟槽均由折线构成,并且两者的每个折线的尖锐角度大致相同;(3)在中间2个环状接触面上,有多条大致沿横向分布的细沟槽;(4)每条横向细沟槽均呈向左上方倾斜的折线状,具有一定的宽度;(5)胎面上分布的每个菱形花纹块的4条边均由折线构成;(6)最外侧圆周上有长短矩形沿圆周方向均匀间隔排列的小凹槽。

涉案BT98型轮胎与Delta Z38(P)外观设计对比,不同之处仅在于Delta Z38(P)的小菱形花纹块在形状上较为扁长。

一审判理和结果

北京市第二中级人民法院一审认为:(1)关于现有设计抗辩的判定方法。杭廷顿公司提出了现有设计抗辩主张。根据专利侵权诉讼的相关规则,如果被控侵权人答辩并提供相应证据,证明被控侵权产品与一项现有设计等同,则其行为不构成侵权。在具体运用现有设计抗辩原则时,只需对被控侵权产品与被控侵权人举证的现有设计是否构成相同或者等同作出判断。(2)关于本案外观设计近似性的具体判断。在进行外观设计近似性判断时,应当以普通消费者的审美观察能力为标准,进行整体观察与综合判定,既要从二者的主要设计部分进行比较,又要进行整体比较。涉案专利产品与被控侵权产品的主胎面是比较的重点。涉案专利产品的环状沟槽分割成4个环状接触面、菱形的花纹块及其特有的形状、最外侧圆周上有长短矩形沿圆周方向均匀间隔排列的小凹槽、在两侧的2个环状接触面的外侧的环状花纹线等要素构成了其主要设计部分,被控侵权产品的对应部分与上述主要设计部分相近似。因此,本外观设计专利与BT98型轮胎属于相近似的外观设计。将BT98型轮胎与Delta Z38(P)外观设计进行比较,在上述主要设计部分上亦构成相近似,差别仅在于Delta Z38(P)外观设计的小菱形花纹块在形状上较为扁长。结合整体比较后,二者仍构成相近似的外观设计。因此,杭廷顿公司提出的现有设计抗辩成立,其行为不构成对普利司通的"机动车轮胎"外观设计专利权的侵犯,邦立信公司销售涉案BT98型轮胎的行为亦不构成侵权。

普利司通不服,向北京市高级人民法院提起上诉。

二审判理和结果

北京市高级人民法院二审认为:在判断外观设计是否相同或者相近似时,应当基于一般消费者的知识水平和认知能力进行评价。被控侵权产品与现有设计在整体上有以下近似之处:(1)主胎面均由3个沿圆周方向的环状沟槽分割成4个环状接触面,并且每个环状接触面的宽度大致相同;(2)每个环状沟槽均由折线构成,并且两者的每条折线的尖锐角度大致相同;(3)在中间2个环状接触面上,有多条大致沿横向分布的细沟槽;(4)每条横向细沟槽均呈向左上方倾斜的折线状,具有一定的宽度;(5)胎面上有环状沟槽和横向细沟槽形成的每个小菱形花纹块的4条边均由折线构成;(6)最外侧圆周上有长短矩形沿圆周方向均匀间隔排列的小凹槽。普利司通所提到的被控侵权产品与现有设计之间的六点区别,系对两者主胎面局部放大图的细节进行对比而得出的。由于一般消费者在整体观察、综合判断的方式下不会注意到产品的形状、图案以及色彩上的微小变化，因此上述六点细微区别不足以对汽车轮胎尤其是其主胎面的整体视觉效果产生显著影响，被控侵权产品与现有设计构成相近似的外观设计。北京市高级人民法院于2007年12月18日作出二审判决：驳回上诉，维持原判。

申请再审理由与答辩

普利司通不服上述二审判决，向最高人民法院申请再审称，本案一、二审判决认定的基本事实缺乏证据证明，适用法律错误，请求撤销一、二审判决，判令被申请人停止侵害并赔偿损失。其主要理由是：(1)原审判决认定的基本事实缺乏证据证明。被控侵权产品BT98型轮胎与现有设计即Delta Z38(P)两者的整体视觉效果存在差异，产生的美感完全不同。具体表现在：①关于主胎面上的花纹块。两者的差异在于：A. 现有设计的花纹块左右宽度(a)和上下宽度(b)的比例是1:1.5；而被控侵权产品的a/b的比例几乎相同，是1:1。因此，现有设计成扁长型，而被控侵权产品类似菱形。B. 现有设计的花纹块左右边均有一个山形状的凸折点的点对称形状；被控侵权产品花纹块左边同时有两个凹折点和一个凸折点，右边仅有一个凸折点，两边不对称。上述两点差异足以消除和否定原审判决中对该部分所认定的近似性。②关于横向斜沟槽。两者的差异在于：A. 现有设计的横向斜沟槽较粗，呈带状；被控侵权产品的横向斜沟槽较细，呈线状。B. 现有设计的横向斜沟槽中，两条横向带与中间的纵向带长度基本相同；被控侵权产品的横向斜沟槽中，两条横向线明显长于中间的纵向线。上述两点差异对视觉效果也产生了一定影响，但原审判决并未提及对该部位的对比。③关于外侧环状接触面，两者的差异在于：A. 现有设计的外侧环状接触面宽于中央环状接触面，两者的宽度比约为1.3:1；被控侵权产品的外侧环状接触面窄于中央环状接触面，两者的宽度比约为1:0.9。B. 现有设计的外侧环状接触面的外缘存在横向宽度较大，纵向深入接触面的宽幅横沟槽；被控侵权产品的外侧环状接触面的外缘仅有隐约可见的小缺口。C. 现有设计的外侧环状接触面的内侧为“之”字形折线状，且弯折幅度较大；被控侵权产品的外侧环状接触面的内侧弯折幅度较小，且在每个凹折点处有一个稍小的凸折点，形成一个山形并列形状的宽幅带状。上述三点差异足以消除和否定原审判决中对该部分所认定的近似性。④关于环状沟槽，两者的差异在于：A. 现有设计的三条环状沟槽完全相同；被控侵权产品的外侧环状沟槽与中央环状沟槽不同，中央环状沟槽是宽幅的“之”字形折线状，外侧环状沟槽则在沿着折线的宽度方向外侧的凸起部分形成小凹起部。B. 现有设计的环状沟槽左右边的振幅较为尖锐，弯折度较大；被控侵权产品的左右两边的振幅较为平缓，弯折度较小。C. 现有设计的三条环状沟槽底部没有任何凸起；被控侵权产品的中央环状沟槽底部有排成虚线状的小长短矩形的凸起物。从上述对比可以看出，现有设计和被控侵权产品在主要构成要素和关键部位上均存在多处差异，而这些差异点对整体视觉效果产生了重大影响。现有设计和被控侵权产品在造型构思上存在明显区别，不能属于近似范围。(2)原审判决适用法律存在错误。原审判决在被控侵权产品与现有设计有明显不同的情况下，仅通过对比被控侵权产品与现有设计即认定二者近似，认为现有设计抗辩成立，其法律适用存在错误。现有设计抗辩不能取代专利无效宣告制度，故现有设计抗辩的适用范围不应包括被控侵权产品与现有设计的外观相近似的情形,而应严格限制在被控侵权产品与现有设计的外观相同或者近乎相同的情形。

杭廷顿公司和邦立信公司共同答辩称:(1)原审判决对基本事实认定清楚,证据充分,被控侵权产品与现有设计在整体上构成相近似。在进行外观设计相近似的判断时,应着重针对专利权人创新的设计部位或者设计要素进行对比,对于一般消费者在使用产品时观察不到的部分以及不易观察到的部分,在对比时可以忽略。对于产品的尺寸大小以及为实现产品的技术功能所采用的外观设计,亦不在对比范围之内。普利司通采取的局部细节放大的对比方法明显与上述原则相违背。普利司通提供的对比图是对产品设计局部细节的放大,未能反映该项外观设计的整体外观,与我国专利法规定的外观设计保护理念相违背。(2)原审判决适用法律正确。原审法院总结审判实践经验作为指导原则,先将被控侵权产品与现有设计进行相似性对比,在得出二者构成相同或者相近似的结论后,即直接得出被控侵权产品不构成侵权的判定;反之,再将被控侵权产品与专利设计进行比较。这种外观设计侵权判定方法并无不当,适用法律并无错误。只要被控侵权人能够证明被控侵权产品在设计构思及整体构造上参考的是现有设计,与现有设计构成相同或者近似程度达到一定比例时,即可据此认定被控侵权人提出的现有设计抗辩成立。至于被控侵权产品与专利设计之间的近似程度,不是案件事实认定的主要考察因素,法院有权根据被控产品与现有设计的相似程度作出是否审查的决定。

再审判理和结果

最高人民法院审理认为,当事人在申请再审中争议的法律问题在于:

1. 外观设计专利侵权判定中现有设计抗辩的审查判断方法

现有设计抗辩是专利侵权纠纷中被控侵权人有证据证明其实施的设计属于现有设计,因而不落入涉案外观设计专利权保护范围的一种抗辩事由。现有设计抗辩制度的正当性在于,根据《专利法》第 23 条的规定,授予专利权的外观设计,应当同现有设计不相同和不相近似,因而专利权人只能就其相对于现有设计的创新性贡献申请专利并获得保护,不能把已经进入公有领域或者属于他人的创新性贡献的部分纳入其保护范围。因此,如果被控侵权人能够证明其实施的设计属于涉案专利申请日前的现有设计,就意味着其实施行为未落入涉案外观设计专利权的保护范围。在我国现行法律实行专利有效性判定程序和专利侵权判定程序分别独立进行的模式下,如果不允许被控侵权人在专利侵权民事诉讼中主张现有设计抗辩,在被控侵权产品属于现有设计的情况下依然认定构成侵犯涉案专利权,则会导致外观设计专利权的保护范围与专利权人的创新性贡献不相适应。因此,允许被控侵权人在外观设计专利侵权民事诉讼中提出现有设计抗辩,是我国专利法所规定的外观设计专利权授权条件及保护范围确定的应有之义。

根据《专利法》第 23 条的规定,现有设计是指外观设计专利申请日以前在国内外出版物上公开发表过或者国内公开使用过的外观设计。判断被控侵权人的现有设计抗辩是否成立,当然首先应将被控侵权产品的设计与一项现有设计相对比,确定两者是否相同或者无实质性差异。如果被控侵权产品的设计与一个现有设计相同,则可以直接确定被控侵权人所实施的设计属于现有设计,不落入涉案外观设计专利保护范围。如果被控侵权产品的设计与现有设计并非相同,则应进一步判断两者是否无实质性差异,或者说两者是否相近似。实质性差异的有无或者说近似性的判断是相对的,如果仅仅简单地进行被控侵权产品设计与现有设计的两者对比,可能会忽视二者之间的差异以及这些差异对二者整体视觉效果的影响,从而导致错误判断,出现被控侵权产品设计与现有设计和外观设计专利三者都相近似的情况。因此,在被控侵权产品设计与现有设计并非相同的情况下,为了保证对外观设计专利侵权判定作出准确的结论,应以现有设计为坐标,将被控侵权产品设计、现有设计和外观设计专利三者分别进行对比,然后作出综合判断。在这个过程中,既要注意被控侵权产品设计与现有设计的异同以及对整体视觉效果的影响,又要注意外观设计专利与现有设计的区别及其对整体视觉效果的影响力,考虑被控侵权产品的设计是否利用了外观设计专利与现有设计的区别点,在此基础上对被控侵权产品设计与现有设计是否无实质性差异作出判断。原审判决在被控侵权产品的设计与现有设计并不相同的情况下仅对二者进行对比即作出现有设计抗辩成立的结论,该侵权对比判断方法有所失当,应予纠正。申请再审人关于原审判决对现有设计抗辩的法律适用错误的申请再审理由成立,予以支持。

2. 本案被控侵权产品的设计是否落入本外观设计专利的保护范围

判断被控侵权产品的设计是否落入外观设计专利的保护范围,应当基于外观设计产品的一般消费者的知识水平和认知能力,对二者的整体视觉效果进行综合判断。一般消费者应对外观设计专利产品同类或者相近类产品的外观设计状况具有常识性的了解,对外观设计产品之间在形状、图案以及色彩上的差别具有一定的分辨力,但不会注意到产品的形状、图案以及色彩的微小变化。可见,作为判断外观设计相同或者相近似的主体的一般消费者,其应当对现有设计中的惯常设计和常用设计手法具有的一定了解。在一般消费者的这种知识水平和认知能力的前提下,不同外观设计之间在惯常设计或者常用设计手法上的相同或者相近似之处对于二者的整体视觉效果不具有显著影响。因此,在外观设计专利侵权判定中,即使被控侵权人未提出现有设计抗辩,也必须考虑现有设计中的惯常设计或者常用设计手法,即以现有设计中的惯常设计或者常用设计手法为坐标,找出外观设计专利与惯常设计或者常用设计手法的区别点,考虑这些区别点对整体视觉效果的影响,在此基础上再运用整体观察、综合判断的方法对二者的整体视觉效果进行比较。当被控侵权人提出现有设计抗辩时,如前所述,除被控侵权产品的设计与现有设计相同的情况外,更应以现有设计为坐标,将该现有设计、外观设计专利和被控侵权产品设计三者分别进行对比,并在此基础上进行综合判断。此时,应特别注意被控侵权产品设计是否利用了外观设计专利与现有设计的区别点,因而与外观设计专利产生了无实质性差异的整体视觉效果。对于本案机动车轮胎产品而言,主胎面的设计对于产品的整体视觉效果更具有显著影响,是三者对比的重点所在。

本案被控侵权产品设计显然与现有设计并不构成相同。根据本院查明的被控侵权产品设计、现有设计和本专利三者之间区别点的有关事实,本专利与现有设计 Delta Z38(P)外观设计在主胎面上花纹块的形状、外侧环状接触面外缘的横沟槽的深度、环状沟槽的弯折度以及中央环状沟槽底部的凸起颗粒设计等方面均有较大区别,这些区别使得本专利与现有设计相比产生了显著不同的整体视觉效果。被控侵权产品 BT98 型轮胎在主胎面上花纹块的形状、外侧环状接触面外缘的横沟槽的深度、环状沟槽的弯折度以及中央环状沟槽底部的凸起颗粒设计等方面,均利用了上述区别点,因而上述区别点同样构成被控侵权产品与现有设计的区别点。与被控侵权产品设计同现有设计的近似点相比,这些区别点对二者的整体视觉效果更具有显著影响。从一般消费者的眼光来看,被控侵权产品设计具有与现有设计既不相同也非实质性相似的整体视觉效果。将被控侵权产品 BT98 型轮胎与本专利相对比,两者在主胎面上菱形花纹块的设计、外侧环状接触面外缘的横沟槽的深度、环状沟槽的弯折度以及中央环状沟槽底部的连续点状凸起颗粒设计等方面均相同,其主要区别仅在于环状沟槽和横向细沟槽所形成的两个左右相邻的花纹块的位置稍有不同。相对而言,这一区别显然属于细微差异,一般消费者难以注意到,不足以使二者产生不同的整体视觉效果。被控侵权产品 BT98 型轮胎落入本专利的保护范围。原审判决未能正确认定被控侵权产品设计与现有设计的差异及其对二者整体视觉效果的影响,导致侵权判定结果错误,予以纠正。

2011 年 3 月 1 日,最高人民法院作出〔2010〕第 189 号民事判决:一、撤销北京市高级人民法院(2007)高民终字第 1552 号民事判决和北京市第二中级人民法院〔2007〕二中民初字第 391 号民事判决;二、浙江杭廷顿公牛橡胶有限公司停止制造、销售侵犯 ZL00348649.4 号外观设计专利权的 BT98 型全部规格的轮胎,销毁 BT98 型轮胎的专用生产模具和现存的 BT98 型轮胎,从销售商处收回并销毁尚未出售给终端用户的 BT98 型轮胎;三、浙江杭廷顿公牛橡胶有限公司于本判决送达之日起十五日内,赔偿株式会社普利司通经济损失以及为调查、制止本案侵权行为所支付的合理开支共计人民币 30 万元;四、北京邦立信轮胎有限公司停止销售浙江杭廷顿公牛橡胶有限公司生产的 BT98 型轮胎;五、驳回株式会社普利司通的其他诉讼请求。

徐永伟诉宁波市华拓太阳能科技有限公司侵犯发明专利权纠纷案

——阅读提示:如何运用专利说明书、专利审查档案解释权利要求?诉讼期间的侵权行为是否属于本案处理范围?

【裁判要旨】

权利要求的作用在于界定专利权的权利边界,说明书及附图主要用于清楚、完整地描述专利技术方案,使本领域技术人员能够理解和实施该专利。而教导本领域技术人员实施专利的最好方式之一是提供实施例,但实施例只是发明的例示,因为专利法不要求也不可能要求说明书列举实施发明的所有具体方式。因此,运用说明书及附图解释权利要求时,不应当以说明书及附图的例示性描述限制专利权的保护范围。否则,就会不合理地限制专利权的保护范围,有违鼓励发明创造的立法本意。

根据《最高人民法院关于适用〈中华人民共和国民事诉讼法〉若干问题的意见》第184条的规定,原告可就原审诉讼期间被告的实施行为另行起诉,原告为调查此期间被告实施行为而支出的费用,不在本案处理之列。当事人为本案的申请再审、再审所支付的差旅、住宿、律师代理等费用并不针对被告在原审诉讼期间的实施行为,属于因制止本案被诉侵权行为所支付的费用,应当在本案中确定。

【案号】

一审:浙江省宁波市中级人民法院〔2009〕浙甬知初字第228号

二审:浙江省高级人民法院〔2010〕浙知终字第11号

再审:最高人民法院〔2011〕民提字第64号

【案情与裁判】

申请再审人(一审原告、二审上诉人):徐永伟,男,1960年10月2日出生,汉族,住浙江省宁海县西店镇西店村西店街98号

被申请人(一审被告、二审上诉人):宁波市华拓太阳能科技有限公司,住所地浙江省奉化市高新技术开发区东江路16号

起诉与答辩

2009年7月,徐永伟以华拓公司侵犯其"太阳能手电筒"发明专利权为由,向浙江省宁波市中级人民法院提起诉讼,请求法院判令:(1)华拓公司立即停止生产、销售和许诺销售被诉侵权产品,销毁侵权模具和库存的侵权品、半成品;(2)华拓公司赔偿徐永伟经济损失20万元(含徐永伟为制止侵权所支付的合理费用);(3)华拓公司承担本案的诉讼费用。

二审判理查明

徐永伟于2005年1月11日向国家知识产权局申请了一种名称为"太阳能手电筒"的发明专利,国家知识产权局于2008年10月8日授予其发明专利权并公告,专利号为ZL200510023199.0。该专利至今有效。该发明专利的权利要求共8项,权利要求1为:一种太阳能手电筒,其包括有手电筒的筒体、灯头、灯座、开关,灯头与筒体进行连接,筒体里内置有充电电池作为电源,同时手电筒上安装有控制电源断通的开关,筒体的外表面固定有太阳能电池板,太阳能电池板的输出与筒体内的充电电池进行并联连接,其特征在于所述的太阳能电池板与在外面的、保护太阳能电池板的、透明的罩盖组成可脱卸的部件,同时,筒体的表面开有配合的安装孔,罩盖的前部有前缘部分,与安装孔的前沿呈插接连接,罩盖的后端面上开有小孔,紧固有紧固件,紧固件与筒体的后部里表面进行配合固定,使该部件能够通过可脱卸的连接结构安装固定在筒体的外表面安装孔上。华拓公司生产、销售过被诉侵权的太阳能手电筒,并在其网站上和产品宣传册中进行许诺销售。

一审判理和结果

浙江省宁波市中级人民法院一审认为,在被诉侵权产品与涉案专利权利要求1的比对中,双方当事人对于被诉侵权产品包含权利要求1中前序部分的全部技术特征,均无异议;但对于被诉侵权产品是否包含权利要求1中特征部分的全部技术特征,存在争议。手电筒筒体尾端是否能打开,并非权利要求记载的必要技术特征,不能以此确定被诉侵权产品是否具有可脱卸部件和可脱卸连接结构的技术特征。筒体尾端能打开,可以更好地实现专利发明目的,反之,则不能认为筒体尾端不能打开,

就不具备专利必要技术特征,且被诉侵权产品在安装时筒体尾端是打开的,由于其实施的是专利技术中的可脱卸部件和可脱卸的连接结构,至少在安装时可以实现太阳能电池板的拆换。被诉侵权产品全面覆盖了涉案专利的全部技术特征,构成对专利权的侵犯。依法判决:华拓公司立即停止侵权、赔偿徐永伟经济损失6万元(含徐永伟为调查、制止侵权支付的合理费用)、驳回徐永伟的其他诉讼请求。

二审判理和结果

浙江省高级人民法院二审认为,参看涉案专利的说明书以及徐永伟在庭审中的陈述,涉案专利的发明目的在于采用透明的罩盖对太阳能电池板进行保护,防止异物划伤损坏,延长使用寿命,并采用可脱卸式的安装结构,方便其拆换太阳能电池板。为此,涉案专利所采取的技术方案是,将太阳能电池板与透明罩盖组成可脱卸的部件,该部件通过可脱卸的连接结构安装固定在筒体的外表面安装孔上。这一技术方案既方便拆换太阳能电池板,又实现了对太阳能电池板的保护。而比较被诉侵权产品的技术方案,其太阳能电池板与透明罩盖安装固定在筒体的外表面上,并将紧固件与筒体后部里表面进行配合固定,但其手电筒筒体后端盖经过高压冲压后固定在手电筒的筒体上,无法通过人力正常打开。因此,被诉侵权产品的筒体后端盖并不具备涉案专利的"可脱卸的连接结构"这一必要技术特征,从而也使其太阳能电池板与透明罩盖之间无法进行脱卸和更换,也不具备涉案专利的"太阳能电池板与在外面的、保护太阳能电池板的、透明的罩盖组成可脱卸的部件"这一必要技术特征。由于被诉侵权产品缺少涉案专利独立权利要求中的全部必要技术特征,故并未落入涉案专利的保护范围。依法判决:撤销一审民事判决、驳回徐永伟的诉讼请求。

申请再审理由与答辩

徐永伟向最高人民法院申请再审称,(1)电筒"后端盖"不是专利权利要求1记载的技术特征,后端盖是否可以人力打开,是基于不同客户的需求而制作。即使后端盖无法人力打开,通过台钳、人力冲床等专业工具也可以打开和压上。原二审判决以后端盖不能人力打开为由认定被诉侵权产品未落入专利权的保护范围,错误地限制了专利权的保护范围。(2)专利技术特征中的"可脱卸"是指,电池板与罩盖之间可脱卸,电池板、罩盖与筒体之间可脱卸。后端盖是否可打开与上述"可脱卸"无关。被诉侵权产品已全面覆盖了专利权全部技术特征,应依法认定构成对涉案专利权的侵犯。请求本院撤销原二审判决,改判华拓公司停止侵权、销毁生产模具、库存品及半成品,赔偿徐永伟经济损失20万元(含为制止侵权支付的合理费用),并承担本案的诉讼费用。

被申请人华拓公司辩称,根据说明书实施例的记载,涉案专利的发明目的是方便电池板的更换,在更换时,要拧开电筒后端盖。因此,后端盖不能打开,就无法实现电池板的可脱卸,二审判决不构成侵权,并无不当。此外,即使可以通过专业工具打开后端盖,但是电筒的普通消费者不可能有该专业工具。

再审判理和结果

最高人民法院再审查明,原一、二审判决认定的事实基本属实。

再审中,徐永伟向法院提交的《调整赔偿数额申请书》称,2011年3月8日的公证书显示,华拓公司在原审判决后继续通过网络许诺销售被诉侵权产品。而且,为了本案的申请再审及再审,徐永伟支出了差旅费10,880元、住宿费4100元、律师代理费7万元、公证费800元。因此,将其一审起诉的赔偿数额20万元调整为50万元(含为制止侵权支付的合理费用),并提交了相关单据佐证。华拓公司在再审中未提交新的证据,其对徐永伟再审提交的证据的质证意见是,对于网页公证书的真实性无异议,但本案的赔偿数额应以徐永伟一审起诉的时间为准,公证书所证明的内容与本案无关。机票显示申请再审人在京停留过长,已超出参加庭审、询问等诉讼活动的合理时间,故差旅费、住宿费均应扣减。徐永伟主张的7万元律师费是通过银行转账支付的,但未提交转账凭证佐证。

最高人民法院再审认为,本案当事人争议的焦点问题是,(1)被诉侵权产品的后端盖不能通过人力打开是否意味着其不具有专利权利要求中的"可脱卸"特征。(2)若专利侵权成立,如何确定赔偿数额。

关于第一个焦点问题,首先,能否以"后端盖"限制本案专利权的保护范围。根据2001年修正的《专利法》第56条规定,发明或者实用新型专利权的保护范围以其权利要求的内容为准,说明书及附图可以用于解释权利要求。权利要求的作用在于界定专利权的权利边界,说明书及附图主要用于清楚、完整地描述专利技术方案,使本领域技术人员能够理解和实施该专利。而教导本领域技术人员实施专利的最好方式之一是提供实施例,但实施例只是发明的例示,因为《专利法》不要求也不可能要求说明书列举实施发明的所有具体方式。因此,运用说明书及附图解释权利要求时,不应当以说明书及附图的例示性描述限制专利权的保护范围。否则,就会不合理地限制专利权的保护范围,有违鼓励发明创造的立法本意。本案中,对于电筒"后端盖",专利权利要求书并未记载,仅是说明书的实施例部分及附图部分有所提及。如上所述,将"后端盖"作为界定本案专利权保护范围的依据之一,是不正确的。

其次,"后端盖"是否属于本案专利所述的"可脱卸"部件或连接结构。专利权利要求1记载的技术特征涉及"可脱卸"的有:(1)太阳能电池板与在外面的、保护太阳能电池板的、透明的罩盖组成可脱卸的部件;(2)使该部件能够通过可脱卸的连接结构安装固定在筒体的外表面安装孔上。另据说明书的描述,专利权利要求1中的"可脱卸"是指,电池板与罩盖之间的可脱卸,罩盖、电池板与筒体之间的可脱卸,而后端盖的开合是指,后端盖与筒体之间的可脱卸。显然,后端盖的开合与权利要求书、说明书所述的两个"可脱卸"均非同一含义。此外,专利审查档案记录了专利授权过程,反映了审查员与专利申请人交涉的具体情形,对于专利权保护范围的确定亦有解释作用。本案中,华拓公司在申请再审中提交的专利审查档案显示,所述的可脱卸的连接结构为筒体的表面开有配合的安装孔,罩盖的前部有前缘部分,与安装孔的前沿呈插接连接,罩盖的后端面上开有小孔,紧固有紧固件,紧固件与筒体的后部里表面进行配合固定。故进一步印证,后端盖不属于本案专利所述"可脱卸连接结构"的组成构件。因此,专利权利要求中"可脱卸"部件或者连接机构等技术特征不受后端盖是否开合的限制。

再次,假使考虑"后端盖"对于专利所述"可脱卸"的影响,"后端盖"的开合是否仅指通过人力实现。徐永伟提交了用以证明通过台钳、人力冲床可以实现后端盖开合的证据,而华拓公司在庭审中并未否认被诉侵权产品的后端盖可以通过非人力方式打开,但主张,专利所称的"可脱卸"仅指通过人力打开后端盖,而不包括借助专业工具。对此,徐永伟认为,太阳能手电筒与普通手电筒不同,更换太阳能电池板时需要电路的焊接,这是普通消费者无法完成的,需要技术人员处理,因此,专业人员通过工具打开后端盖,就可以实现电池板的脱卸。最高人民法院认为,说明书在实施例部分记载“后端盖 7 拧在筒体 1 上”、“打开后端盖 7”,说明书在背景技术部分提及手电筒的野外使用,但其强调是在无市电充电的野外环境下,利用太阳能进行充电,而不是意味着,电池板的拆换也必须在野外完成。因此,通过阅读说明书等专利文件,无法得出后端盖的开合仅指通过人力实现的结论。

综上所述,被诉侵权产品的后端盖不能通过人力打开,并不意味着其不具有专利权利要求中的“可脱卸”特征。另外,华拓公司认可,被诉侵权产品的太阳能电池板与罩盖在安装之前不是直接做成一体,与筒体也不是直接做成一体,而是作为分离的部件安装到筒体上。而且,被诉侵权产品的太阳能电池板、罩盖安装固定在筒体上的连接方式是,筒体的表面开有配合的安装孔,罩盖的前部有前缘部分,与安装孔的前沿呈插接连接,罩盖的后端面上开有小孔,紧固有紧固件,紧固件与筒体的后部里表面进行配合固定,使该部件安装固定在筒体的外表面安装孔上。因此,被诉侵权产品具备了专利权利要求 1 的全部技术特征,落入专利权的保护范围,华拓公司的行为构成对涉案专利权的侵犯。

关于第二个焦点问题,因华拓公司构成对徐永伟专利权的侵犯,故华拓公司应承担停止侵权、赔偿损失的民事责任。关于本案赔偿数额的确定,因徐永伟未提供其因侵权所受到的损失或华拓公司因侵权所获得利益的确切证据,亦无专利许可使用费可以参照,故原一审判决综合考虑专利权的类别,华拓公司侵权的性质和情节,包括并无证据证明华拓公司有大规模生产侵权产品的事实,在证据保全时也未发现华拓公司有库存侵权产品,太阳能手电筒并非华拓公司主打产品,以及徐永伟为调查、制止侵权所支付的合理费用等因素,酌情确定赔偿数额为 6 万元,基本适当,予以维持。关于徐永伟在再审中申请调整损失赔偿数额,因该申请的主要理由是被诉侵权行为在本案诉讼期间仍在继续,故徐永伟申请调整损失赔偿数额属于对一审诉讼请求的增加。根据《最高人民法院关于适用〈中华人民共和国民事诉讼法〉若干问题的意见》第 184 条的规定,徐永伟可就诉讼期间华拓公司的实施行为另行起诉,徐永伟为调查此期间华拓公司实施行为而支出的 800 元公证费,亦不在本案处理之列。另外,徐永伟为本案的申请再审、再审所支付的差旅、住宿、律师代理等费用并不针对华拓公司在诉讼期间的实施行为,属于因制止本案被诉侵权行为所支付的费用,本院结合具体案情,酌情确定该期间的合理费用为 3 万元。

关于销毁模具、库存品、半成品的诉讼请求,因徐永伟未能举证证明华拓公司存在专用生产模具、库存侵权产品、半成品,且原一审法院在证据保全时亦未发现上述物品,故原一审判决未支持该诉讼请求,并无不当。

综上所述,原二审判决认定华拓公司不构成对徐永伟专利权的侵犯,适用法律错误,应予纠正。依法判决:撤销原二审判决、维持原一审判决、华拓公司于本判决生效后十日内向徐永伟另支付权利人为制止侵权行为所支付的合理费用 3 万元。

深圳市斯瑞曼精细化工有限公司诉深圳市坑梓自来水有限公司、深圳市康泰蓝水处理设备有限公司侵犯发明专利权纠纷案

——阅读提示:专利临时保护期内制造、销售、进口的被诉专利侵权产品的后续使用、许诺销售、销售行为是否构成侵权?

【裁判要旨】

在发明专利临时保护期内实施相关发明的,不属于《专利法》禁止的行为。在专利临时保护期内制造、销售、进口被诉专利侵权产品不为专利法禁止的情况下,其后续的使用、许诺销售、销售该产品的行为,即使未经专利权人许可,也应当得到允许。

【案号】

一审:广东省深圳市中级人民法院〔2009〕深中法民三初字第94号

二审:广东省高级人民法院〔2010〕粤高法民三终字第444号

再审:最高人民法院〔2011〕民提字第259号

【案情与裁判】

原告(二审被上诉人、被申请人):深圳市斯瑞曼精细化工有限公司(以下简称斯瑞曼公司)

被告(二审上诉人、申请再审人):深圳市坑梓自来水有限公司(以下简称坑梓自来水公司)

被告(二审上诉人、被申请人):深圳市康泰蓝水处理设备有限公司(以下简称康泰蓝公司)

起诉与答辩

2009年3月16日,一审原告斯瑞曼公司起诉至广东省深圳市中级人民法院称:其拥有专利号为ZL200610033211.0,名称为“制备高纯度二氧化氯的设备”的发明专利(以下简称涉案发明专利),康泰蓝公司生产、销售和坑梓自来水公司使用的二氧化氯生产投加设备落入涉案发明专利保护范围。请求判令:(1)康泰蓝公司立即停止侵犯涉案发明专利权的生产、销售行为。(2)坑梓自来水公司立即停止侵犯涉案发明专利权的使用行为。(3)康泰蓝公司、坑梓自来水公司共同赔偿斯瑞曼公司因此造成的经济损失人民币30万元。(4)康泰蓝公司、坑梓自来水公司承担斯瑞曼公司维护自身利益所支出的合理费用。(5)康泰蓝公司、坑梓自来水公司承担本案的所有诉讼费用。在一审庭审中,斯瑞曼公司当庭请求增加判令康泰蓝公司立即停止侵犯涉案发明专利权的许诺销售行为的诉讼请求,并当庭明确本案中的被诉侵权产品的发生器型号是KTL-FSQ10000L,计量器型号分别是KTL-LSJ280L、KTL-LSNJ280L;明确在本案中要求判令康泰蓝公司、坑梓自来水公司赔偿其所支出公证费等计500元。

被告康泰蓝公司辩称其不构成侵权。被告坑梓自来水公司辩称其属于善意第三人,请求免除赔偿责任。

一审审理查明

广东省深圳市中级人民法院一审查明:斯瑞曼公司于2006年1月19日向国家

知识产权局申请了名称为“制备高纯度二氧化氯的方法和设备”的涉案发明专利,该专利于2006年7月19日公开,2009年1月21日授权公告,授权的发明名称为“制备高纯度二氧化氯的设备”,专利权人为斯瑞曼公司,专利号为200610033211.0。该专利最近一次年费缴纳时间为2008年11月28日。2008年10月20日,坑梓自来水公司与康泰蓝公司签订《购销合同》一份,坑梓自来水公司向康泰蓝公司购买KTL-FSQ10000L康泰蓝二氧化氯发生器1套,价款为26万元。康泰蓝公司已于2008年12月30日就上述产品销售款要求税务机关代开统一发票。在上述《购销合同》中,约定坑梓自来水公司分期向康泰蓝公司支付设备款项,康泰蓝公司为坑梓自来水公司提供安装、调试、维修、保养等技术支持及售后服务。斯瑞曼公司明确其在本案中以涉案发明专利权利要求1作为其专利权保护范围。

广东省深圳市中级人民法院还查明了涉案发明专利权利要求1的内容,康泰蓝公司的被诉许诺销售行为、被诉侵权产品的技术方案,并将被诉侵权产品与涉案专利权利要求1进行了比对。

一审判理和结果

广东省深圳市中级人民法院一审认为:涉案发明专利系经国家知识产权局依法授权,且处于有效状态,应受到保护。被诉侵权产品一直被坑梓自来水公司使用,康泰蓝公司并为该被诉侵权产品的正常运转提供维修、保养等技术支持。由此可见,康泰蓝公司、坑梓自来水公司行为可以分为专利公开之后、授权之前的行为与专利授权之后的行为。康泰蓝公司制造、销售被诉侵权产品的行为主要发生在涉案发明专利公开之后、授权公告之前。坑梓自来水公司使用被诉侵权产品的行为以及康泰蓝公司为该使用行为提供维修、保养、技术支持的帮助行为从专利授权之前延续到专利授权之后。在涉案发明专利授权之前,康泰蓝公司、坑梓自来水公司实施涉案发明专利技术的行为,不属于专利侵权行为。权利人可以请求支付发明专利临时保护期使用费,但在本案中,斯瑞曼公司没有提出支付发明专利临时保护期使用费的诉讼请求,在一审法院已作适当释明的情况下,斯瑞曼公司仍坚持原请求,没有明确在本案中要求康泰蓝公司、坑梓自来水公司支付发明专利临时保护期使用费,故一审法院在本案中对发明专利临时保护期使用费不予考虑,斯瑞曼公司可另案解决。但是,一审法院亦注意到,自涉案发明专利公开之后、授权之前、授权之后直至本案诉讼,坑梓自来水公司一直持续使用被诉侵权产品,康泰蓝公司亦为该使用行为提供帮助,该帮助行为既是康泰蓝公司销售行为的延续,也是对被诉侵权产品使用的共同组成部分,康泰蓝公司、坑梓自来水公司在涉案发明专利授权后未经许可继续实施该专利属于专利侵权行为。康泰蓝公司、坑梓自来水公司未经许可相互配合使用侵犯涉案发明专利权的产品,构成了对斯瑞曼公司涉案发明专利权的侵犯,应承担相应的侵权赔偿责任。本案斯瑞曼公司、康泰蓝公司、坑梓自来水公司均系深圳企业,均系与水处理设备制造、销售、使用相关企业,康泰蓝公司、坑梓自来水公司对涉案发明专利应有一定了解,在涉案发明专利授权后乃至于本案诉讼的整个过程,康泰蓝公司、坑梓自来水公司仍坚持使用被诉侵权产品,证明其并非善意使用人,应承担相应的侵权赔偿责任。考虑坑梓自来水公司自来水消毒、净化处理涉及社会公众利益,停止被诉侵权产品的使用将在某种程度上影响社会公益,故一审法院对于坑梓自来水公司已在使用中的被诉侵权产品不判令停止使用,但康泰蓝公司、坑梓自来水公司应就该使用侵权行为向斯瑞曼公司作出赔偿。根据涉案发明专利的类型、侵权行为情节、斯瑞曼公司维权所支出费用等酌定康泰蓝公司、坑梓自来水公司连带赔偿斯瑞曼公司经济损失人民币8万元。综上所述,依据《中华人民共和国民法通则》第130条,《中华人民共和国专利法》第11条第1款、第56条第1款,《最高人民法院〈关于审理专利纠纷案件适用法律问题的若干规定〉》第21条、第22条,《中华人民共和国民事诉讼法》第64条第1款的规定,广东省深圳市中级人民法院于2010年1月6日作出判决:一、康泰蓝公司立即停止制造、销售侵犯涉案发明专利权的行为;二、康泰蓝公司、坑梓自来水公司于判决生效后10日内连带赔偿斯瑞曼公司经济损失人民币8万元;三、驳回斯瑞曼公司的其他诉讼请求。

二审判理和结果

康泰蓝公司、坑梓自来水公司均不服一审判决,提起上诉。广东省高级人民法院经审查,一审法院查明的事实属实,予以确认。

广东省高级人民法院认为:被诉侵权产品落入涉案发明专利权利要求1的保护范围。坑梓自来水公司与斯瑞曼公司均为从事水处理行业的企业法人,又同处同一行政区域即深圳市内,理应对同一区域、行业的技术、设备有所知晓。坑梓自来水公司被诉至一审法院后,已知道其使用的产品可能侵犯涉案发明专利权,也未停止使用被诉侵权产品,故坑梓自来水公司认为其通过合法的进货渠道、正常的买卖合同和合理的价格从康泰蓝公司购买被诉侵权产品,构成合法来源抗辩的理由不成立,不予支持。综上所述,广东省高级人民法院于2010年11月15日作出判决:驳回上诉,维持一审判决。

申请再审理由与答辩

坑梓自来水公司不服二审判决,向最高人民法院申请再审,主要理由有:(1)一、二审判决认定事实的主要证据不足,且有新的证据足以推翻原判决。2007年11月27日,康泰蓝公司与项耀明、焦立国就ZL200520139999.4号专利签订《专利技术转让合同》,取得该专利的使用权。该新的证据表明坑梓自来水公司购买并使用康泰蓝公司合法的专利产品不构成侵权。(2)根据《专利法》第63条第2款规定,坑梓自来水公司购买和使用被诉侵权产品时,支付了合理对价,为善意使用人,在一审判决后主动停止了对被诉侵权产品的使用,不构成侵权。(3)一、二审法院均认定ZL200520139999.4号专利与涉案发明专利不一致,坑梓自来水公司使用的是康泰蓝公司根据ZL200520139999.4号专利制造的产品,对涉案发明专利不构成侵权。

被申请人斯瑞曼公司辩称:(1)新的证据《专利技术转让合同》不具有真实性、合法性。(2)坑梓自来水公司认为自己使用的是ZL200520139999.4号专利,从而不侵犯涉案发明专利权的抗辩逻辑错误。(3)本案中,坑梓自来水公司在涉案发明专利授权后使用被诉侵权产品的行为,已经满足《专利法》第11条第1款规定的侵犯专利权行为的要件,不属于《专利法》第14条和第48条至第50条规定的侵犯专利权的例外,也不属于《专利法》第63条第1款规定的不视为侵犯专利权的任何一项情形,应当构成侵权。坑梓自来水公司的使用不符合《专利法》第63条第2款规定的“不知道”要件,不能免除赔偿责任。(4)关于《专利法》第13条在本案中的适用问题。斯瑞曼公司在本案中选择追究坑梓自来水公司承担授权后的使用侵权责任,而未请求坑梓自来水公司支付发明专利临时保护期使用费,是对自身合法权利的适当处置,应当受到法律保护。斯瑞曼公司在本案中并未请求给付发明专利临时保护期使用费,因此本案不适用《专利法》第13条。专利权人对临时保护期内实施其发明的行为虽然没有禁用权,但过了临时保护期进入到授权之后的使用行为也自当接受《专利法》第11条第1款的约束。若以《专利法》第13条为由认定坑梓自来水公司的被诉使用行为不构成侵权,将会导致《专利法》第11条第1款的对专利权人的保护虚设,专利权人的合法权益无疑会遭受极大损害。

最高人民法院再审查明,双方当事人对一、二审法院查明的涉案发明专利的公开日、授权公告日和被诉侵权产品的销售时间的事实没有提出异议,对该事实予以确认。另查明,一审判决载明,经一审法院释明,斯瑞曼公司在本案中没有提出支付发明专利临时保护期使用费的诉讼请求,故本案对发明专利临时保护期使用费不予考虑。再审开庭时,斯瑞曼公司对此予以认可。

最高人民法院再审认为:斯瑞曼公司在本案中没有提出支付发明专利临时保护期使用费的诉讼请求,因此,本案的主要争议焦点在于,坑梓自来水公司在涉案发明专利授权后使用其在涉案发明专利临时保护期内向康泰蓝公司购买的被诉专利侵权产品是否侵犯涉案发明专利权,康泰蓝公司在涉案发明专利授权后为坑梓自来水公司使用被诉专利侵权产品提供售后服务是否侵犯涉案发明专利权。

对于侵犯专利权行为的认定,应当全面综合考虑专利法的相关规定。根据本案被诉侵权行为时间,本案应当适用2000年修改的《中华人民共和国专利法》(以下简称《专利法》)。《专利法》第11条第1款规定:“发明和实用新型专利权被授予后,除本法另有规定的以外,任何单位或者个人未经专利权人许可,都不得实施其专利,即不得为生产经营目的制造、使用、许诺销售、销售、进口其专利产品,或者使用其专利方法以及使用、许诺销售、销售、进口依照该专利方法直接获得的产品。”第13条规定:“发明专利申请公布后,申请人可以要求实施其发明的单位或者个人支付适当的费用。”第62条规定:“侵犯专利权的诉讼时效为二年,自专利权人或者利害关系人得知或者应当得知侵权行为之日起计算。发明专利申请公布后至专利权授予前使用该发明未支付适当使用费的,专利权人要求支付使用费的诉讼时效为二年,自专利权人得知或者应当得知他人使用其发明之日起计算,但是,专利权人于专利权授予之日前即已得知或者应当得知的,自专利权授予之日起计算。”综合考虑上述规定,专利法虽然规定了申请人可以要求在发明专利申请公布后至专利权授予之前(即专利临时保护期内)实施其发明的单位或者个人支付适当的费用,即享有请求给付发明专利临时保护期使用费的权利,但对于专利临时保护期内实施其发明的行为并不享有请求停止实施的权利。因此,在发明专利临时保护期内实施相关发明的,不属于专利法禁止的行为。在专利临时保护期内制造、销售、进口被诉专利侵权产品不为专利法禁止的情况下,其后续的使用、许诺销售、销售该产品的行为,即使未经专利权人许可,也应当得到允许。也就是说,专利权人无权禁止他人对专利临时保护期内制造、销售、进口的被诉专利侵权产品的后续使用、许诺销售、销售。当然,这并不否定专利权人根据《专利法》第13条规定行使要求实施其发明者支付适当费用的权利。对于在专利临时保护期内制造、销售、进口的被诉专利侵权产品,在销售者、使用者提供了合法来源的情况下,销售者、使用者不应承担支付适当费用的责任。这里的"合法来源"是指相关产品是通过正当、合法的商业渠道获得的,并不必然要求考虑销售者或者供应者在提供相关产品时是否符合相关行政管理规定。

本案中,康泰蓝公司销售被诉专利侵权产品是在涉案发明专利临时保护期内,该行为即使是在未取得卫生许可批件而不得销售的情况下,也不为专利法所禁止。在此情况下,后续的坑梓自来水公司使用所购买的被诉专利侵权产品的行为也应当得到允许。因此,坑梓自来水公司后续的使用行为不侵犯涉案发明专利权。同理,康泰蓝公司在涉案发明专利授权后为坑梓自来水公司使用被诉专利侵权产品提供售后服务也不侵犯涉案发明专利权。

综上所述,最高人民法院依照《中华人民共和国民事诉讼法》第 186 条第 1 款、第 153 条第 1 款第(2)项以及《中华人民共和国专利法》第 11 条第 1 款、第 13 条、第 62 条的规定,判决如下:撤销一、二审判决,驳回斯瑞曼公司的诉讼请求。

青岛众和恒业蜂窝纸板制品有限公司诉青岛华盾纸制品有限公司等侵犯专利权纠纷案

——阅读提示:如何准确界定专利权的保护范围?界定专利权保护范围能否适用"多余指定"原则?

【裁判要旨】

本案对审理侵害专利权案件中排除"多余指定"原则的适用、依法界定专利权保护范围具有典型指导意义。"多余指定"原则是指在专利侵权诉讼中把权利要求的技术特征区分为必要技术特征和非必要技术特征,在忽略非必要技术特征的情况下,仅以权利要求中的必要技术特征来确定专利权保护范围,判定被控侵权客体是否落入专利权保护范围的原则。而我国《专利法》相关司法解释明确规定在确定专利权保护范围时,应当审查权利人主张保护的权利要求中所记载的全部技术特征,只要写入权利人主张保护的权利要求的技术特征,均应纳入专利权的保护范围,不存在非必要技术特征,不适用"多余指定"原则。

【案号】

一审:山东省青岛市中级人民法院〔2010〕青民三初字第 218 号

二审:山东省高级人民法院〔2011〕鲁民三终字第 117 号

【案情与裁判】

原告(二审被上诉人):青岛众和恒业蜂窝纸板制品有限公司(以下简称众和公司)

被告(二审上诉人):青岛华盾纸制品有限公司(以下简称华盾公司)

被告(二审上诉人):瑞安市应氏机械有限公司(以下简称应氏公司)

起诉与答辩

众和公司于2010年8月13日起诉称：众和公司系专利号为ZL00107864.X“一种蜂窝纸板全自动连续生产方法”发明专利的专利权人。2010年6月30日,众和公司发现华盾公司使用专用于实施众和公司专利方法的蜂窝纸板全自动连续生产线设备,生产大量的蜂窝纸板。应氏公司未经众和公司许可,多年以来以生产经营为目的,制造、销售、许诺销售、使用专门实施众和公司专利方法的蜂窝纸板全自动连续生产线设备,两公司的行为严重侵犯了众和公司的专利权,为此,依法提起诉讼,请求判令华盾公司、应氏公司:(1)立即停止侵犯涉案发明专利权的行为;(2)连带赔偿众和公司经济损失100万元;(3)承担本案诉讼费用。

华盾公司答辩称:涉案专利权保护的生产方法与华盾公司的生产方法不一样,华盾公司系用不同的设备、采用不同的方法、生产了相同的蜂窝纸板产品。华盾公司的行为没有侵犯涉案专利权,请求法院驳回众和公司的诉讼请求。

应氏公司答辩称:同意华盾公司上述答辩意见。另外,涉案专利是一种制造蜂窝纸板的方法专利,而应氏公司生产的是一种制造蜂窝纸板全自动生产线设备。所以,应氏公司的行为也没有侵犯涉案专利权。

法院审理查明

2007年4月13日,众和公司取得专利号为ZL00107864.X的“一种蜂窝纸板全自动连续生产方法”发明专利权。其权利要求书记载:(1)一种蜂窝纸板全自动连续生产方法,其特征是它包括以下步序:

……

[4]纸芯拉开,将压实的连续纸芯(B)拉开成蜂窝纸芯,将压实收集的送入连续纸芯(B),经拉开辊(10)拉开成蜂窝纸芯(B1),该拉开辊(10)为二组,左端的转速比右端的转速低,以将连续纸芯(B)拉开;

……

[6]复合预压,将送入的面纸(13)与蜂窝纸芯(B1)一起用预压辊(12)紧密压合成纸板材(C);

[7]烘干,将纸板材(C)通过烘箱(17)烘干;

……

[10]快速分开,将被切断的成品纸板(D)快速与连续送出的板材(C)分开,采用一套二组输送带(15),包括左端右端各一组输送带,左端的输送带比右端的输送带速度低,使被切断的成品纸板(D)快速与连续送出的板材(C)分开;

……

应氏公司在其网站上的产品说明栏中介绍了其设备的特性和工艺流程,使用其设备的工艺流程均是:多卷同时上纸→涂胶线→复合并烘干→横切→自动收集→纸芯拉开→纸芯涂胶→放面纸→面纸复合→冷压→烘干→压平→冷却→切断→收集。

华盾公司购买了应氏公司生产的FBJD-12/1300型蜂窝纸板全自动生产线,生产蜂窝纸板。

一审判理和结果

一审法院认为:本案争议的焦点为:(1)华盾公司实施的生产方法是否侵犯众和公司专利权;(2)应氏公司是否侵犯众和公司专利权。一审法院认为,经比对,被控侵权物的技术特征与众和公司专利技术的全部必要技术特征的争议点在于:(1)纸芯拉开;(2)复合预压、烘干;(3)快速分开等技术特征。一审法院作以下分析:(1)纸芯拉开。众和公司专利技术的该技术特征采用的技术手段是二组不同转速的拉开辊,其左端的拉开辊的功能是限速,而右端的拉开辊的功能是拉开,其效果是将纸芯拉开成蜂窝纸芯。而被控侵权的相应技术特征采用的技术手段是左端采用固定的阻尼板,其功能是限速,而右端的拉开辊和有多个凸起的牵引条的功能是拉开,其效果是将纸芯拉开成蜂窝纸芯。两者的技术是以基本相同的手段,实现了相同的功能,达到了相同的效果,故,该被控侵权方法的技术特征与众和公司专利技术的该必要技术特征构成等同。(2)复合预压、烘干。一审法院认为,被控侵权技术比众和公司专利技术方法仅增加了"在复合预压的同时进行首次烘干",被控侵权方法并未删除"复合预压后,纸板材通过烘箱烘干的工序",并非一步到位,由二工序变为一工序。所以,被控侵权方法是在利用专利权利要求中的全部必要技术特征的基础上,又增加了新的技术特征,即"在复合预压的同时进行首次烘干",但仍落入专利权的保护范围。(3)快速分开。一审法院认为,被控侵权方法缺少即省略了众和公司专利技术中快速分开的技术特征。涉案专利是"一种蜂窝纸板全自动连续生产方法"的发明专利,其发明目的是将多工序的蜂窝纸板加工过程在一台机组上一次加工完成,在专利权利要求中,将送出的连续纸板材切断为成品纸板的工序完成后,其发明目的已经实现,因此,其后续的工序,即快速分开已经是在专利权利要求中不甚重要的技术特征,即不影响专利性的技术特征。所以,华盾公司实施的被控侵权方法与众和公司专利技术相比,仅省略了不甚重要的技术特征,两者构成等同。综上所述,华盾公司的行为侵犯了众和公司专利权,依法应承担相应的民事责任。关于应氏公司是否侵犯众和公司专利权的问题。原审法院认为,应氏公司生产蜂窝纸板设备并且在其网站上公布使用其设备的工艺流程,主观上有诱导或教唆他人侵犯专利权的故意,客观上为直接侵权行为的发生提供了必要的条件,属于教唆、帮助他人实施侵权行为,为共同侵权人,应当与华盾公司共同承担相应的民事责任。

依照《专利法》第 11 条第 1 款、第 59 条、第 60 条、第 65 条,《最高人民法院关于审理专利纠纷案件适用法律问题的若干规定》第 17 条,《民法通则》第 130 条,《最高人民法院关于贯彻执行〈民法通则〉若干问题的意见》第 148 条之规定,判决:(1)华盾公司于判决生效后立即停止侵犯众和公司享有的专利号为 ZL00107864. X 发明专利权的行为。(2)应氏公司于判决生效后立即停止生产、销售专用于实施众和公司享有的专利号为 ZL00107864. X 发明专利生产蜂窝纸板的制造设备,并从其网站上删除介绍专用于实施众和公司享有的专利号为 ZL00107864. X 发明专利生产蜂窝纸板的产品、工艺流程的内容。(3)华盾公司于判决生效之日起十日内赔偿众和公司经济损失 30 万元。(4)应氏公司对判决第三项承担连带责任。(5)驳回众和公司的其他诉讼请求。案件受理费 13,800 元,申请诉讼保全费 30 元,众和公司承担 2766 元,华盾公司、应氏公司连带承担 11,064 元。

上诉与答辩

华盾公司、应氏公司不服一审判决提起上诉,请求撤销原判,依法驳回众和公司的诉讼请求。主要理由如下:被控侵权技术方案与涉案专利技术方案相比,缺少一项技术特征并且有两项技术特征明显不同。(1)在快速分开步序中,涉案专利技术是采用左端的输送带比右端的输送带速度低的二组输送带将被切断的成品纸板快速与连续送出的纸板材分开,而被控侵权技术方案无此特征。(2)在纸芯拉开步序中,涉案专利技术是利用两组不同转速的拉开辊,左端的转速比右端的低,将压实的纸芯拉开成蜂窝纸芯。而被控侵权技术方案是在左端采用阻尼板,以阻止纸芯向前的移动速度,右端设置有多个突起的牵引条将纸芯拉开成蜂窝纸芯。(3)在复合预压烘干步序中,涉案专利技术是将送入的面纸与蜂窝纸芯用预压辊先预压成纸板材,再经过烘箱烘干,是两道工序。而被控侵权技术方案则是在将送入的面纸与蜂窝纸芯用压实辊紧密压合成纸板材的同时对纸板烘干,是一步到位。上述两项技术特征明显与被控侵权技术不同。综上所述,原审判决认定被控侵权技术方案落入涉案专利的保护范围与事实不符。

众和公司答辩称,争议的三项技术均与专利技术构成等同,落入涉案专利的保护范围,请求驳回上诉,维持原判。

二审判理和结果

山东省高级人民法院二审认为:本案双方当事人争议的焦点问题为被控侵权技术方案是否落入了涉案专利权的保护范围。对此作如下分析:

1.关于快速分开的技术特征。本案中,快速分开系众和公司主张的专利权利要求中第10个技术特征,该技术特征是将成品纸板快速与连续送出的板材分开,采用一套二组输送带,包括左端右端各一组输送带,左端的输送带比右端的输送带速度低,使被切断的成品纸板快速与连续送出的板材分开。被控侵权技术方案中没有输送带这一装置,众和公司对该事实无异议,并且被控侵权技术方案也没有其他装置实现快速分开的功能。所以,被控侵权技术方案缺少快速分开的技术特征。一审法院认为快速分开技术特征是在专利权利要求中不甚重要的技术特征,缺少该技术特征也不影响落入专利保护范围的认定实质上属于适用“多余指定”原则,而《最高人民法院关于审理侵犯专利权纠纷案件应用法律若干问题的解释》第7条明确规定,人民法院判定被诉侵权技术方案是否落入专利权的保护范围,应当审查权利人主张的权利要求所记载的全部技术特征。从而否定适用所谓的“多余指定”原则进行侵权判定。因此,由于被控侵权技术方案缺少快速分开的技术特征,所以其未落入涉案专利权的保护范围。

2.关于纸芯拉开的技术特征。《最高人民法院关于审理专利纠纷案件适用法律问题的若干规定》第17条第2款规定,等同特征是“指与所记载的技术特征以基本相同的手段,实现基本相同的功能,达到基本相同的效果,并且本领域的普通技术人员无须经过创造性劳动就能够联想到的特征”。本案中,涉案专利采用的是两组转速不同的拉开辊拉开纸芯,而被控侵权技术方案相应技术特征系一端采用的是阻尼板,阻尼板并不转动,仅起减速作用,另一端采用一组拉开辊和牵引条。被控侵权技术方案虽然也能把纸芯拉开,实现了基本相同的功能,达到了基本相同的效果,但拉开辊与阻尼板这两个技术手段不同,技术思路不同,所以,被控侵权技术方案的纸芯拉开技术特征与涉案专利技术的相应技术特征不构成等同。

综上所述,由于被控侵权技术方案缺少快速分开的技术特征,纸芯拉开的技术特征与专利技术方案不构成等同,足以认定被控侵权技术方案未落入涉案专利的保护范围,所以,被控侵权行为未侵犯众和公司的涉案专利权。

本案经审判委员会讨论,认为一审判决适用法律错误,判决结果不当,应予纠正。华盾公司、应氏公司的上诉理由成立,应予支持。依照《专利法》第59条,《最高人民法院关于审理专利纠纷案件适用法律问题的若干规定》第17条和《最高人民法院关于审理侵犯专利权纠纷案件应用法律若干问题的解释》第7条,《民事诉讼法》第153条第1款第(2)项之规定,判决:(1)撤销山东省青岛市中级人民法院〔2010〕青民三初字第218号民事判决;(2)驳回众和公司的诉讼请求。一、二审案件受理费及诉讼保全费共计19,630元,由众和公司负担。

广东东鹏陶瓷股份有限公司诉佛山市嘉俊陶瓷有限公司等侵犯发明专利权纠纷案

——阅读提示:以方法特征表征的产品权利要求与被引用的方法权利要求有何关系?方法特征对界定专利保护范围有何作用?与方法特征有关的举证责任如何分配?

【裁判要旨】

本案涉案专利系以方法特征表征的产品权利要求,在撰写形式上引用方法权利要求,但并不是被引用的方法权利要求的从属权利要求,而是与之并列的独立权利要求。本案主要涉及两个问题。首先,在如何界定以方法特征表征的产品权利要求的专利保护范围问题上,实践中尚有争议,本案坚持了方法特征应当予以考虑,但最终要根据其对发明主题是否产生不同影响来判断其是否对界定专利保护范围起限定作用的裁判思路。其次,在举证责任分配的问题上,《专利法》第61条适用的大前提是方法发明专利,而以方法特征表征的产品权利要求是产品发明专利,故本案明确指出无论涉案专利产品是否新产品,均不能适用第61条所规定的举证责任倒置。

【案号】

一审:广东省广州市中级人民法院〔2010〕民三初字第37号

二审:广东省高级人民法院〔2011〕民三终字第373号

【案情与裁判】

原告(二审被上诉人):广东东鹏陶瓷股份有限公司(以下简称东鹏公司)

被告(二审上诉人):佛山市嘉俊陶瓷有限公司(以下简称嘉俊公司)

被告:广州市天和家园建材有限公司(以下简称天和家园公司)

被告:马杰华

起诉与答辩

2010年1月13日,东鹏公司向广东省广州市中级人民法院起诉,请求判令:(1)嘉俊公司支付发明专利临时保护期使用费20万元,嘉俊公司、天和家园公司、马杰华共同支付侵权费用人民币30万元;(2)嘉俊公司在未与东鹏公司签订涉案专利的专利许可使用协议前,停止实施东鹏公司的涉案发明专利,停止生产、销售涉案的侵权产品;(3)天和家园公司和马杰华停止销售侵犯东鹏公司涉案专利的产品;(4)由嘉俊公司、天和家园公司、马杰华负担本案的诉讼费用。

嘉俊公司答辩称:涉案专利产品不是新产品,东鹏公司负有举证责任。涉案专利权利要求6所记载的产品是一种如权利要求1所述方法的产物,当被控产品制造方法未落入方法专利保护范围的情况下,无须对被控产品技术特征与产品专利必要技术特征进行技术对比,即可得出被控产品未落入产品专利保护范围的结论。

天和家园公司和马杰华请求驳回东鹏公司的诉讼请求。

一审审理查明

东鹏公司于2007年1月26日向国家知识产权局申请了"一种立体孔洞装饰陶瓷砖的制备方法及其产品"发明专利,该专利共有10项权利要求,东鹏公司请求保护权利要求6、7。权利要求1为一种立体孔洞装饰陶瓷砖的制备方法,包括以下步骤:……权利要求6为一种如权利要求1所述的制备方法制成的立体孔洞装饰陶瓷砖,其特征在于……权利要求7为如权利要求6所述的立体孔洞装饰陶瓷砖,其特征在于……当事人均确认被诉侵权产品具备权利要求6、7所述的产品构造特征。庭审中,东鹏公司认为被诉产品是新产品,辩称通过该产品的构造可以推导其制备方法,嘉俊公司和马杰华对此予以否认。

一审判理和结果

双方当事人已确认被诉产品具备涉案专利权利要求6、7所记载的构造特征,由于权利要求6是权利要求1的从属权利要求,则判定被诉产品是否具备涉案专利全部必要技术特征还须判断具备权利要求6所述构造的产品是否根据权利要求1所述的制备方法制造的。进而言之,涉案产品如属新产品,则该节的举证责任倒置归嘉俊公司;如不属新产品,则该节的举证责任归东鹏公司。本案专利申请后经实质审查被授专利权,表明其具备了法律规定的新颖性、创造性和实用性,由此可推定,东鹏公司专利权利要求所记载的制备方法是新产品的制造方法。东鹏公司在诉讼中提交的《国家重点新产品证书》等证据也佐证了该事实。嘉俊公司无法提供其制造方法不同于本案专利方法的证明,其应承担举证不能的诉讼后果,法院据此推定被诉产品是嘉俊公司采用本案专利权利要求1所载方法制造的,进而推定被诉产品落入专利保护范围。

一审法院判决:嘉俊公司、马杰华停止侵权,嘉俊公司支付东鹏公司专利实施费用100,000元。

上诉与答辩

嘉俊公司上诉称:立体孔洞陶瓷砖不是新产品,本案不应适用举证责任倒置。

东鹏公司答辩称:权利要求6系独立权利要求,而非权利要求1的从属权利要求,涉案产品是新产品。

二审判理查明

嘉俊公司确认被诉侵权产品采用的制备方法系由《实用墙地砖制造技术》第78页公开的"二次布料"制备方法、《陶瓷》2005年第5期第48页公开的"添加造孔剂"制备方法、《多孔功能陶瓷制备与应用》第26页公开的"添加造孔剂工艺"制备方法组合而成。

二审判理和结果

被诉侵权技术方案是否落入涉案专利的保护范围,是本案双方当事人争议的焦点问题。《专利法》第59条第1款规定,发明或者实用新型专利权的保护范围以其权利要求的内容为准,说明书及附图可以用于解释权利要求的内容。东鹏公司请求保护的为权利要求6和7,其中,权利要求6为产品独立权利要求,而非权利要求1的从属权利要求,一审法院对此认定错误,二审法院予以纠正。判断嘉俊公司的被诉侵权技术方案是否落入涉案专利的保护范围,应审查其是否包含了权利要求6和7所记载的全部技术特征。将被诉侵权技术方案与涉案专利的权利要求 6 和 7 相比较，双方当事人确认两者除权利要求 6 所述的制备方法技术特征之外的其他技术特征均相同。而权利要求 6 为“一种如权利要求 1 所述的制备方法制成的立体孔洞装饰陶瓷砖”，故对于这种引用另一权利要求的独立权利要求，在确定其保护范围时，被引用的权利要求的特征均应予以考虑，而其实际的限定作用应当最终体现在对该独立权利要求的保护主题产生了何种影响。对于产品与专用于生产该产品的方法，两者之间在技术上相关联，但并不意味着该产品不能用其他方法制造。从本案情况看，尽管权利要求 6 引用了权利要求 1，但并未对权利要求 1 的方法作进一步限定，权利要求 1 的方法也未对权利要求 6 的产品结构作进一步限定。故本案对比的重点仍是权利要求 6 中的产品结构与形状。鉴于双方均确认产品特征相同，故被诉侵权技术方案落入专利保护范围。一审法院关于被诉侵权技术方案落入涉案专利保护范围的结论正确，二审法院予以维持。由于权利要求 6 和 7 系产品权利要求，而非方法权利要求，涉案专利权利权利要求 6 和 7 的立体孔洞装饰陶瓷砖是否属于新产品的问题，对本案的审理结果不产生影响，故二审法院对该问题不予审查。判决：驳回上诉，维持原判。

新疆岳麓巨星建材有限责任公司
诉新疆天元建设有限责任公司专利侵权纠纷案

——阅读提示：发明专利被确认部分无效后，如他人使用某产品技术全面覆盖了该专利有效部分的技术特征，是否属于完全落入了该专利的保护范围，是否构成对该专利的侵权？

【裁判要旨】

对于专利权被宣告部分无效后，应当在维持有效的部分确定其保护范围。具体而言，对侵权产品的技术特征应当与专利权维持有效的权利要求所确定的技术特征作出对比。如果侵权产品的技术特征落入了有效的权利要求的保护范围，仍构成专利侵权。

【案号】

一审：新疆维吾尔自治区乌鲁木齐市中级人民法院〔2010〕乌中民三初字第 71 号

二审：新疆维吾尔自治区高级人民法院〔2011〕新民三终字第 26 号

【案情与裁判】

原告（二审被上诉人）：新疆岳麓巨星建材有限责任公司（以下简称岳麓巨星公司）

被告（二审上诉人）：新疆天元建设有限责任公司（以下简称天元建设公司）

起诉与答辩

岳麓巨星公司起诉称：2002 年 5 月 29 日，邱则友向国家知识产权局申请了名为“钢筋砼用空心管及其制作方法、专用模具”发明专利，专利号为 ZL02122558.3，授权公告日为 2004 年 10 月 6 日。同年 10 月 9 日，邱则友授权岳麓巨星公司在新疆范围内独占实施该专利。2009 年 2 月,案外人济南巨星建筑材料科技技术有限公司向专利复审委员会就涉案专利提出无效宣告请求。2009 年 11 月 14 日,国家知识产权局专利复审委员会作出第 14143 号无效宣告请求审查决定书,宣告涉案专利的权利要求 1 ~ 25、31、57 ~ 72、74 ~ 82、84、85 无效,在权利要求 26 ~ 30、32 ~ 55 的基础上维持本专利权继续有效。

岳麓巨星公司以在新疆范围内具有独占实施"钢筋砼用空心管及其制作方法、专用模具"发明专利为由,认为天元建设公司以经营为目的在新疆阿克苏地区的施工工程中使用未经专利权人许可的专利产品的行为侵犯了其专利权,诉请一审法院判令天元建设公司停止侵权,并赔偿损失。

天元建设公司辩称:其使用的薄壁水泥空心管是专利权人王瑾的现浇空心楼盖板用芯管的制造方法发明专利,使用的生产方法为现有公知技术,涉案专利已被专利复审委员会宣布无效,故其使用行为不构成侵权。

一审审理查明

2002 年 5 月 29 日,邱则友申请"钢筋砼用空心管及其制作方法、专用模具"发明专利,2004 年 10 月 6 日被公告授权,专利号:ZL02122558.3。同年 10 月 9 日,邱则友授权岳麓巨星公司在新疆范围内独占实施该专利。2009 年 2 月,济南巨星建筑材料科学技术有限公司向国家知识产权局专利复审委员会就本案专利提出无效宣告请求。2009 年 11 月 14 日,该委员会作出第 14143 号无效宣告请求审查决定书,宣告该专利的权利要求第1 ~ 25 项、第 31 项、第 57 ~ 72 项、第 74 ~ 82 项、第 84 项、第 85 项无效,在权利要求第 26 ~ 30 项、第 32 ~ 55 项的基础上维持本专利权继续有效。2010 年 5 月,天元建设公司在承建阿克苏地区拜城县国庆高级中学教学楼工程中,使用了新疆和荣新型建筑材料有限公司生产的薄壁空心管产品。岳麓巨星公司以该产品涉嫌侵犯其独占使用的该专利为由向法院提起诉讼,请求依照该专利的独立权利要求第 26 项和第 54 项予以保护。分别为:(1)26. 一种钢筋砼用空心管,包括空心管体和管端封口板,管端封口板封闭空心管形成封闭空腔,其特征在于空心管体有一条沿纵向的管壁胚体的两料浆胚边接合而成的胶结接合缝,管端封口板包裹在空心管管端口内壁。(2)54. 一种钢筋砼用空心管,包括空心管体和管端封口板,其特征在于管端封口板包裹在空心管管端外壁,管体上有一条沿管壁纵向的使管壁两料浆胚边接合而构成空心管的胶结接合缝。一审法院经对天元建设公司使用的薄壁空心管产品勘验及照片的对比,认定天元建设公司使用的空心薄壁管产品的技术特征有:空心管体、管端封口板、管端封口板包裹在空心管管端口内壁;管端封口板封闭空心管形成封闭空脏;空心管体有一条沿纵向的管墅胚体的接合缝。另查,岳麓巨星公司为制止涉案侵权行为支出交通差旅费 6000 元。

一审判理和结果

一审法院认为,岳麓巨星公司所主张保护的涉案专利"钢筋砼用空心管及其制作方法、专用模具"权利要求,分别是钢筋砼用空心管产品专利,钢筋砼用空心管制作方法专利,钢筋砼用空心管专用模具专利,钢筋砼用空心管产品对应的是第 26 项和第 54 项独立权利要求。涉案专利虽经无效宣告程序宣告部分无效,但国家知识产权局专利复审委员会维持了涉案专利第 26 项及第 54 项的有效性,故岳麓巨星公司要求以此两项专利技术特征予以保护,应予支持。专利权人在其钢筋砼用空心管独立权利要求第26项和第54项中表述了5项必要技术特征:(1)空心管体;(2)管端封口板;(3)管端封口板封闭空心管形成封闭空腔;(4)空心管体有一条沿纵向的管壁胚体的两料浆胚边接合而成的胶结接合缝;(5)管端封口板包裹在空心管管端口内或者外壁。而天元建设公司使用的空心薄壁管产品的技术特征是:(1)空心管体;(2)管端封口板;(3)管端封口板包裹在空心管管端口内壁;(4)管端封口板封闭空心管形成封闭空腔;(5)空心管体有一条沿纵向的管壁胚体的两料浆胚边接台而成的接合缝。天元建设公司施工现场所使用的空心管产品全面覆盖了涉案专利的必要技术特征,完全落入了涉案专利的保护范围。根据《专利法》的规定,天元建设公司以生产经营为目的,未经岳麓巨星公司许可,在新疆地区使用钢筋砼用空心管产品的行为构成侵权。判决:(1)天元建设公司立即停止使用侵犯岳麓巨星公司专利ZL02122558.3的侵权产品即薄壁空心管;(2)天元建设公司赔偿岳麓巨星公司侵权经济损失120,000元(含制止侵权所支出费用)。

上诉与答辩

天元建设公司上诉称:(1)一审法院仅查明了我公司所使用的产品的技术特征为空心管体有一体沿纵向的管壁胚体的接合缝,而涉案专利第26项独立权利要求保护的是"两胚边接合而成的胶结接合缝",而被控侵权产品的结合缝并非胚边接合。显然被控侵权产品并没有落入涉案专利的保护范围。(2)岳麓巨星公司与专利权人之间的专利使用费的缴费记录自2004年9月至2007年9月,故岳麓巨星公司的独占许可至2007年9月终止,即岳麓巨星公司诉讼资格不成立。请求:①撤销一审法院〔2010〕年乌中民三初字第71号民事判决,驳回岳麓巨星公司的诉讼请求或发回重审。②本案的上诉费用由岳麓巨星公司承担。

岳麓巨星公司答辩称:(1)我公司主张的专利保护范围所涉及的权利要求为第26项、第54项,这两项权利要求并未被专利复审委员会宣告无效,一审法院是根据我公司主张的权利要求确定的审理范围。一审法院确定的保护范围和划分的技术特征准确无误。一审法院查明的侵权物的技术特征为:①空心管体;②管端封口板;③管端封口板封闭空心管形成封闭空腔;④空心管体有一条纵向的管壁胚体的两料浆胚边结合而成的胶结结合缝;⑤管端封口板包裹在空心管管端口内壁。由此经过技术对比,天元建设公司使用的侵权产品的技术特征完全覆盖了涉案专利的必要技术特征,构成侵权。(2)专利权人邱则友在2004年10月9日与我公司签订了专利实施许可合同,约定我公司在新疆独占实施涉案专利的期限至2014年10月9日,2005年专利权人以公证的方式表述了授权的真实性。至于我公司是否按期向专利权人及时缴纳使用费,与本案无任何关联。

二审法院查明

北京市高级人民法院于2010年12月17日作出(2010)高行终字第1172号行政判决书,维持国家知识产权局专利复审委员会作出的第14143号无效宣告请求审查决定。专利权人邱则有在2004年10月9日与岳麓巨星公司签订的专利实施许可合同约定:岳麓巨星公司在新疆独占实施涉案专利的期限到2014年10月9日,2005年专利权人邱则有以(2005)湘证内字第4626号公证书的方式表述了该项授权的真实性。二审中,天元建设公司对该专利实施许可合同中双方约定的独占实施涉案专利的期限至2014年的事实,予以确认。

二审判理和结果

新疆高院认为:(1)本案涉案专利权利要求有86项,经国家专利复审委员会审查宣告部分权利要求无效,但维持了涉案专利权利要求第26项、第54项继续有效。岳麓巨星公司提起本案诉讼所依据的保护范围为上述两项产品专利的独立权利要求。权利要求第26项为:一种钢筋砼用空心管,包括空心管体和管端封口板,管端封口板封闭空心管形成封闭空腔,其特征在于空心管体有一条纵向的管壁胚体的两料浆胚边结合而成的胶结结合缝,管端封口板包裹在空心管管端口内壁。权利要求第54项为;一种钢筋砼用空心管,包括空心管体和管端封口板,管端封口板封闭空心管形成封闭空腔,其特征在于管端封口板包裹在空心管管端外壁,空心管体有一条纵向的管壁胚体的两料浆胚边结合而成的胶结结合缝。据此,涉案专利的必要技术特征为:①空心管体;②管端封口板;③管端封口板封闭空心管形成封闭空腔;④空心管体有一条纵向的管壁胚体的两料浆胚边结合而成的胶结结合缝;⑤管端封口板包裹在空心管管端口内壁或管端外壁。而天元建设公司使用的侵权物的技术特征为:①空心管体;②管端封口板;③管端封口板封闭空心管形成封闭空腔;④空心管体有一条纵向的管壁胚体的两料浆胚边结合而成的胶结结合缝;⑤管端封口板包裹在空心管管端口内壁。经对侵权物与涉案专利的技术进行对比:①侵权物是由空心管,管端封口板组成,同样是用在钢筋砼中,涉案专利必要技术特征1、2为空心管、管端封口板。所以侵权物的第1、2技术特征与涉案专利的第1、2必要技术特征相同。②侵权物是管端封口板包裹在空心管内壁从而封闭空心管,形成封闭空腔体,涉案专利的第3项必要技术特征为管端封口板封闭空心管形成封闭空腔;所以侵权物的第3项特征与涉案专利的第3项必要技术特征相同。③侵权物的空心管体有一条通长的管壁胚体的纤维网水泥料浆胚边接合而成的胶结结合缝,涉案专利的第4项必要技术特征为空心管体有一条纵向的管壁胚体的两料浆胚边结合而成的胶结结合缝。所以侵权物的第4项技术特征与涉案专利的第4项必要技术特征相同。④侵权物的管端封口板是包裹在空心管端口内壁,涉案专利的第5项技术特征(权利要求第26项的一个必要技术特征)为管端封口板包裹在空心管管端口内壁。所以,侵权物的第5项特征与涉案专利的第5项必要技术特征相同。综上,天元建设公司使用的产品技术特征已落入了涉案专利的保护范围。(2)按照《专利法》及相关司法解释的规定,在专利权人独占实施许可的被许可人有权就侵权行为单独提起诉讼,而〔2005〕湘证内字第4626号公证书证明本案专利权人邱则有在2004年10月9日与岳麓巨星公司签订了专利实施许可合同,约定岳麓巨星公司在新疆独占实施涉案专利的期限到2014年10月9日,对此天元建设公司经庭审质证后未再提出异议,故岳麓巨星公司在新疆范围内对涉案专利仍享有独占实施权。依据《中华人民共和国民事诉讼法》第153条第1款第(1)项之规定,判决:驳回上诉,维持原判。二审案件受理费2700元(天元建设公司预交),由天元建设公司负担。

国家体育场有限责任公司诉熊猫烟花集团股份有限公司、浏阳市熊猫烟花有限公司、北京市熊猫烟花有限公司、北京市城关迅达摩托车配件商店侵犯著作权纠纷案(略)

谈笑靖诉北京市新华书店王府井书店、珠海出版社有限公司著作权权属侵权纠纷案

——阅读提示:博客作品的权属往往通过审查博客的归属来确定,在博客已关闭,原始信息无法调取的情况下如何认定博客作品的权属?

【裁判要旨】

博客是一种借助网络技术实现的全新的作品创作载体和传播途径,博客作品的著作权同样应当得到法律的保护。在博客服务已关闭、无法调取注册备案信息的特殊情形下,必须综合运用技术论证、电子证据与传统证据相互印证等方法,以完成对博客归属、作品创作等方面事实的审查,从而认定作品权属。

【案号】

一审:北京市东城区人民法院〔2011〕东民初字第05321号

【案情与裁判】

原告:谈笑靖

被告:北京市新华书店王府井书店(以下简称王府井书店)

被告:珠海出版社有限公司(以下简称珠海出版社)

起诉与答辩

原告谈笑靖于2011年诉称:原告于2007年5月创作了诗作《班扎古鲁白玛的沉默》(又名《见与不见》,以下简称涉案作品),并于同年5月15日首发于自己的博客。2011年3月,原告发现珠海出版社未经许可出版了包括该作品的图书《那一天那一月那一年》(以下简称涉案图书),且将涉案作品当作仓央嘉措的作品。原告从王府井书店购得涉案图书。现原告以被告珠海出版社侵犯其署名权、复制权和发行权,被告王府井书店侵犯其发行权为由,诉请判令:(1)二被告停止侵权;(2)被告珠海出版社在《中国新闻出版报》上发表致歉声明;(3)被告珠海出版社赔偿原告经济损失及诉讼合理支出5000元。

被告王府井书店辩称,书店对涉案图书有合法进货渠道,且尽到了合理的审查义务,不应承担侵权责任。

被告珠海出版社辩称:原告对涉案作

品享有著作权的证据不足,理由是:(1)原告公证的博客网页中虽有涉案作品,但未署名,且该博客未明显说明或者声明博客内容为原创或禁止转载,不能证明原告对涉案作品享有著作权,也无法证明被告存在侵权行为;(2)2011年3月14日《肇庆都市报》对原告所做的访谈,内容为原告个人观点,且访谈时间在涉案图书出版近半年之后,不能证明原告对涉案作品享有著作权;(3)正式出版物《读者》(2008年10月第20期)刊登过涉案作品并署名"仓央嘉措";(4)涉案图书系以探讨和解读仓央嘉措及其现象为目的引用涉案作品,该引用含标点共113字,占全书比重0.007%,不应视为侵权行为;(5)原告主张5000元赔偿数额无法律依据。综上所述,不同意原告的诉讼请求。

法院审理查明

2011年3月9日,登录署名为"Just Dorophy"的博客。博客内有"扎西拉姆·多多的个人资料、Just Dorophy、照片、日志、列表、更多"等栏目。该博客2007年5月15日的日志"疑似风月中集"中,有标题为《班扎古鲁白玛的沉默》一文(即涉案作品)。该博客"扎西拉姆·多多的照片"显示,添加者为扎西拉姆·多多。

2008年10月,《读者》第20期第7页刊登作品《见与不见》(以下简称《见》文),署名为仓央嘉措。与涉案作品相比,二者有两处不同,一是标题不同,二是《见》文倒数第三行"让我住进你的心里"与涉案作品倒数第三行"让我住进你的心间"有一字之差但字义相近,其余内容及分节均一致。

2008年10月7日,原告以其dorophy101@sina.com邮箱向《读者》投稿邮箱发送邮件一封,告知对方2008年第20期《读者》所载《见》文署名错误,原告是涉案作品作者,作品来自于原告的博客,并提供包括前述博客在内的两个原告博客网址,并告知可点击此网址查阅,落款署名扎西拉姆·多多。

2009年3月13日,原告在"第一数据"网上注册了域名为dorophy.com、注册所有人为谈笑靖的个人网站。进入该网站,可见署名为"DOROPHY的博客"网页。该博客网页特别声明:"凡未经特别说明的文字皆为原创,版权所有:Doropy = Doropy101 = 扎西拉姆·多多 = 谈笑靖。"

2010年8月,被告珠海出版社出版了涉案图书《那一天那一月那一年》,该书副标题为"'六世达赖喇嘛'——仓央嘉措的情与诗",作者子非。其中第33页印有《见》文,除标题及倒数第三行"让我住进你的心里"与涉案作品倒数第三行"让我住进你的心间"有所不同外,其余内容相同。

2011年3月28日,原告从被告王府井书店购得涉案图书。

2011年5月,中信出版社出版了图书《当你途经我的盛放》,作者扎西拉姆·多多。作者简介如下:"扎西拉姆·多多,女,原名谈笑靖,汉族,生于1978年。作者微博:http://t.sina.com.cn/dorophy101"。书中第228页至第229页"疑似风月中集"里,收录有涉案作品,内容与前述博客"Just Dorophy"中的涉案作品一致。

因本案诉讼,原告支出律师代理费500元,购买涉案图书费用62.6元。

法院判理和结果

法院审理后认为,原告以其博客和相关电子邮件等证据相互印证,可以证明涉案作品的创作时间和内容。目前没有证据表明涉案博客或者涉案作品曾被修改,亦无相反证据证明涉案作品系他人创作且完成时间早于原告博客上传涉案作品的时间,故应对涉案博客内容的真实性予以确认,原告对其创作的涉案作品依法享有著作权。

被告珠海出版社未经原告许可,未给原告署名,在涉案图书中使用了原告享有著作权的涉案作品,侵犯了原告所享有的著作权中的署名权、复制权和发行权,应当承担相应的侵权责任。被告王府井书店销售涉案图书,虽有合法进货渠道,但应承担停止销售的法律责任。

鉴于目前研究仓央嘉措及其作品的出版物较多,争论较大,又有《读者》等刊物将涉案作品署名为仓央嘉措在先,故涉案图书将《见》文作为仓央嘉措的作品具有客观原因,该认知错误非被告自身所能避免。另外,涉案图书的整体表达是以类似读后感的方式,对涉案作品的引用比例极小,同时对其权属问题进行了特别说明,尽到了相应的注意义务。因此,原告要求被告珠海出版社赔礼道歉、赔偿损失及合理支出的诉讼请求,不予支持。

综上判决:1.珠海出版社有限公司停止出版、发行含有《见与不见》内容的图书《那一天那一月那一年》;

2.北京市新华书店王府井书店停止销售含有《见与不见》内容的图书《那一天那一月那一年》;

3.驳回谈笑靖的其他诉讼请求。

案件受理费50元,由谈笑靖负担25元,珠海出版社有限公司负担25元。

本案宣判后,当事人均未上诉,判决已发生法律效力。

山西临龙泵业有限公司诉山西金玉泵业有限公司侵犯著作权纠纷案

——阅读提示:产品说明书是否属著作权法意义上的作品并受其保护?如何确定著作权侵权赔偿数额?

【裁判要旨】

产品说明书不是当然的作品,其内容只有具有独创性时,才能构成《著作权法》意义上的作品并受其保护。本案赔偿数额的确定在适用法定赔偿时主要考虑了产品说明书的价值主要是依附于产品本身而存在的客观事实,结合侵权人的过错,加大了侵权人的赔偿责任。

【案号】

一审:晋中市中级人民法院〔2010〕晋中中法民初字第56号

二审:山西省高级人民法院〔2011〕晋民终字第70号

【案情与裁判】

原告(二审被上诉人):山西临龙泵业有限公司(以下简称临龙泵业)

被告(二审上诉人):山西金玉泵业有限公司(以下简称金玉泵业)

起诉与答辩

原告诉称:原、被告均是生产和销售系列工业泵的企业,系同行业竞争者,原告的离心式液下泥砂泵系列产品系原告自行研发、制造,并获有专利。为宣传、使用该产品,原告制作了《离心式液下泥砂泵说明书》并印刷使用。被告未经原告同意,擅自将原告的说明书内容进行复制、抄袭,并制作成被告的《离心式液下泥砂泵说明书》宣传使用,被告的行为侵犯了原告对其产品说明书所享有的著作权,并给原告造成严重经济损失。为此,请求判令被告:(1)立即停止侵权行为;(2)在全国性报刊上发表声明,消除不良影响,向原告赔礼道歉;(3)赔偿原告经济损失20万元;(4)赔偿原告为制止侵权的合理支出3万元。

被告辩称:原告的产品说明书并非作品,不属于《著作权法》第4条第1款第(12)项中规定的图形作品,原告属滥用诉权。原告虽为销售水泵制作了产品说明书,但说明书本身也不是产品,被告不会因直接出售说明书而获得利润,原告的经济损失不存在,故应依法驳回原告的诉讼请求。

法院审理查明

临龙泵业与金玉泵业均为生产和销售系列工业泵的企业。临龙泵业于2009年11月27日向金玉泵业购买了一台型号为50NPL25－8的泥砂泵,价格675.21元,附增值税发票一张。临龙泵业因金玉泵业随泵提供的《离心式液下泥砂泵说明书》侵犯了其生产系列泵产品说明书的著作权提起本案诉讼。临龙泵业认为涉案产品说明书除单位名称不同外,其他部分与其生产销售泵产品所附的产品说明书均完全一致,系抄袭和复制了自己的产品说明书,构成对其产品说明书著作权的侵犯。临龙泵业通过公证程序对另外四份涉案产品说明书进行了证据保全,临汾市平阳公证处于2009年12月29日作出的〔2009〕临平证民字第2647号公证书,证明涉案《离心式液下泥砂泵说明书》为在金玉泵业现场取得。金玉泵业认可向临龙泵业出售泥砂泵的事实,但强调在售出产品的同时随泵提供的是自己印制的产品说明书,否认临龙泵业向法庭提供的涉案产品说明书系金玉泵业制作和使用,同时抗辩本案公证书不符合公证程序,对此事实双方各持己见。原告临龙泵业提供的产品说明书与其提供的被告涉侵权产品说明书的内容对照情况为:除公司名称、简介不同外,其余均基本相同。另外,临龙泵业购买金玉泵业的产品,金玉泵业主张其不生产此型号的产品,给临龙泵业的产品有可能是从其他厂家调来的,但没有提供相应证据。

一审判理和结果

一审法院认为,临龙泵业始建于1958年,拥有50余年的发展历史,其生产销售的泥砂泵所附产品说明书是基于自身设计和创作而成,来源合法。临龙泵业提供的产品说明书中的照片是自行拍摄于1994年,照片背景采风于其厂房和产品的实地工作场景。临龙泵业产品说明书的文字部分,属于智力创作所形成的成果,倾注了其对特定产品的劳动设计,应当认定临龙泵业的产品说明书属于著作权调整范围。临龙泵业向金玉泵业购买泥砂泵的事实金玉泵业认可,并对开具的增值税发票不持异议,但金玉泵业抗辩涉案产品说明书非其公司所有,但对该主张未提供证据证实。因两份产品说明书中的照片和文字部分的主要内容完全一致,涉案产品说明书符合抄袭和复制的法律特征,应当认定金玉泵业侵犯了临龙泵业的著作权利,应立即终止并销毁所印制的所有涉案产品说明书,停止侵权行为的继续。产品说明书本身不是商品,其价值不能独立存在,金玉泵业仅是使用了临龙泵业说明书的内容,没有使用临龙泵业的名称,未对临龙泵业的产品形成侵犯,故临龙泵业不能以其销售额来请求赔偿。但金玉泵业使用同临龙泵业基本一致的说明书有可能会造成临龙泵业市场销售份额的下降,应酌情给予临龙泵业法律上的救济。

2010年12月13日,依据《中华人民共和国著作权法》第3条、第24条、第46条、第84条和《中华人民共和国民事诉讼法》第7条、第34条之规定,一审法院判决:(1)金玉泵业立即停止使用其侵权产品说明书;(2)金玉泵业应于本判决生效之日起10日内赔偿临龙泵业经济损失10万元,合理费用3万元;(3)驳回临龙泵业的其他诉讼请求。

上诉与答辩

金玉泵业不服一审判决,向山西省高级人民法院提出上诉,请求依法撤销一审判决,改判驳回临龙泵业的诉讼请求。主要理由:(1)临龙泵业的产品说明书不属于著作权法中的作品,不应受著作权法的保护。说明书是为了宣传介绍产品的功能、使用方法、结构等问题而制作的文字、图示说明。金玉泵业与临龙泵业均是生产和销售系列工业泵的企业,属同类产品,其生产原理相同。我国对该类产品实行行业标准,该类产品说明书的使用属国家规定的、客观的、一般性的通用文字表达,当然会有雷同。临龙泵业的产品说明书并没有独创性的语言或文字,不属于《著作权法》的保护范围。(2)一审法院所认定的侵权行为证据不充分,法院认定构成侵权的金玉泵业的产品说明书不能证明是金玉泵业所有。临龙泵业提供的公证书内容也不能证明是金玉泵业的产品,且该公证程序违反法律规定。(3)一审法院认定临龙泵业的损失无法律依据。法院认为产品说明书本身不是商品,未对临龙泵业的产品形成侵犯,故不能以销售额来请求赔偿。但一审法院却判决上诉人承担13万元的侵权赔偿责任,与其认定结果相悖,有失公平。

临龙泵业答辩称:一审认定事实清楚,适用法律正确,请求驳回金玉泵业的上诉请求。

二审判理和结果

二审法院经审理认为,本案争议的焦点有以下四个方面:

第一,临龙泵业对其产品说明书是否享有著作权,即其产品说明书是否为《著作权法》中的作品。我国《著作权法》所称作品,是指文学、艺术和科学领域内具有独创性并能以某种有形形式复制的智力成果。"独创性"是作品之所以成为作品的根本属性,它体现了创作者富有个性的判断和选择。产品说明书是为了宣传、介绍产品功能、特性、使用方法、结构等制作的文字、图示说明,其通常采用文字、图示、照片等相结合的方式。不同的说明书根据介绍产品的不同和宣传目的的不同而有所区别。本案中临龙泵业的产品说明书在封面设计中,对专利号、执行企业标准、注册商标、标志性宣传图片、企业名称、字体等相关素材进行了具有特色的排列组合,具有独创性。产品说明书在封面、封底使用的照片,都是临龙泵业对自己企业的产品展示、产品制造、产品不同用途作业场景的拍摄,其照片拍摄的选材和角度都体现了上诉人的构思,具有独创性。在产品说明书的图示部分,如产品结构图、性能曲线技术参数示意图、应用举例图等的设计;产品说明书的文字部分,如产品介绍角度的选择、文字语言的运用、结构和叙述层次的安排等都是临龙泵业根据自己产品的特点构思制作而成的,特别是性能曲线技术参数示意图具有产品实验的唯一性,产品说明书的封面大图经长期使用已经成为该企业产品的标志性宣传图片。临龙泵业具有生产工业泵50余年的历史,其从1994年以来,一直使用该种版本的产品说明书,该产品说明书已不是单纯对其产品的直接描述,更多是临龙泵业对其产品主观评价方面的内容,改变了该领域内普通人单纯认为泵只能抽水而不能抽泥浆的观念,具有一定的宣传功效。临龙泵业的产品说明书在其文字、图示、照片、结构等方面均体现出该产品说明书的独创性,应认定为《著作权法》中的作品,受《著作权法》保护。

第二,临龙泵业提供的涉案产品说明书是否为金玉泵业印制并使用。临龙泵业通过在金玉泵业处购买其产品的方式获得涉案产品说明书,金玉泵业对该事实认可,但主张其所出售的产品非本企业生产,但其未能提供证据证实该主张。临龙泵业申请临汾市平阳公证处到金玉泵业所在地晋中祁县向其工作人员索取了四份同样的涉案产品说明书,并进行了证据保全。金玉泵业认为在公证过程中,其中一名公证人员为公证员助理而非公证员,且是异地公证,公证程序存有瑕疵,但其不能提供证据证明保全的涉案产品说明书非其所有的事实,故应认定临龙泵业提供的涉案产品说明书确系金玉泵业印制并使用。

第三,涉案产品说明书是否构成对临龙泵业产品说明书著作权的侵犯。通过对两份产品说明书的比对结果是:(1)两份产品说明书的封面相关要素的排列组合、各要素所用字体基本一致,两份产品说明书封面所用的标志性宣传图为同一图片,该图片是临龙泵业1994年拍摄于自己的厂房和产品,至今仍保存原样。(2)两份产品说明书封底所用的六张工业泵用于不同用途的作业场景图片为同一图片,该六张图片是临龙泵业自己拍摄完成并印制于产品说明书,用于宣传产品功能。(3)两份产品说明书中本应具有各自特色的型号说明、技术参数性能曲线图(具有唯一性)和三个应用举例图示的布图设计和文字表述完全一致,不存在任何差别,其他图示则具有较高的相似性。(4)两份产品说明书的九个分类目录完全相同,每部分的结构形式、文字表述内容除存在企业名称的不同外,全部高度近似。通过比对可以认定,金玉泵业的产品说明书系抄袭临龙泵业的产品说明书而来,虽然少数细节略有差异,但整体构思和内容相同。金玉泵业主张两企业生产的是同类产品,其功能、特征、安装、使用方法等基本相同,故在文字、图示的表达上都使用的是行业标准,会出现雷同。但通过比对可以清晰的判定,两份产品说明书具有高度近似性,金玉泵业的涉案产品说明书并没有体现出其区别于临龙泵业产品说明书的独创性。故应认定金玉泵业的涉案产品说明书构成对临龙泵业产品说明书著作权的侵犯。

第四,金玉泵业承担侵权行为的责任问题。金玉泵业的涉案产品说明书侵犯了临龙泵业产品说明书的著作权,依据《著作权法》的相关规定,应承担停止侵害、赔偿损失等民事责任。关于赔偿数额问题,因临龙泵业没有提供其损失数额或者是上诉人的获利数额,应根据《著作权法》第48条之规定,并参照以下因素确定50万元以下的赔偿数额。(1)临龙泵业始建于1958年,在生产销售工业泵领域取得过多项国家专利并在相关领域具有较高的知名度,产品销售遍布全国。金玉泵业始建于2002年,2006年正式用名为“山西金玉泵业有限公司”,其生产销售的产品畅销全国二十多个省市和地区,有一百多个销售网点遍布全国,具有完善的产供销服务网络。两企业系同类产品的市场竞争者。(2)产品说明书虽必须依附于产品而存在,但通过以上分析可知,两份产品说明书都具有一定的宣传功效,且通过公证过程可知,金玉泵业的涉案产品说明书不仅随销售产品附赠,还向不购买其产品的不特定的社会公众发放,具有显著的广告宣传作用。金玉泵业涉案产品说明书的侵权行为,很容易使消费者对两企业的产品来源产生误认，必然会对临龙泵业产品销售的市场份额产生影响。(3)从涉案产品说明书侵权的事实可以判定，金玉泵业几乎是全文抄袭临龙泵业的产品说明书内容，主观过错较明显。所以，本案在确定赔偿数额时不能仅考虑侵权产品说明书的制作成本及印制数量，而应结合产品说明书的功能，同产品销售的市场份额和企业收益结合起来综合确定。原审法院判决金玉泵业赔偿临龙泵业经济损失10万元，为制止侵权支出的合理费用3万元充分考虑了全案的综合情况，较为妥当。

2011年5月26日，依据《中华人民共和国民事诉讼法》第153条第1款第(1)项之规定，二审法院判决：驳回上诉，维持原判决。

庄则栋、佐佐木敦子诉上海隐志网络科技有限公司侵犯信息网络传播权纠纷案

——阅读提示：提供P2P技术的网络服务商是否应当对发生过侵权诉讼的网络用户履行合理的注意义务？

【裁判要旨】

通常，提供P2P技术的网络服务商不会直接实施通过网络传播作品的行为，而是在客观上为网络用户传播侵权作品提供技术支持，起到了帮助侵权的作用。如果该网络服务商对此在主观上存在过错，将因间接侵权行为而承担共同侵权责任。本案的裁判说明，网络服务商对于其网站上发生过侵权诉讼的网络用户未尽合理的注意义务即为主观过错的一种表现形态。

【案号】

一审：上海市卢湾区人民法院〔2010〕卢民三(知)初字第193号

二审：上海市第一中级人民法院〔2011〕沪一中民五(知)终字第33号

【案情与裁判】

上诉人(原审原告)：庄则栋、佐佐木敦子

被上诉人(原审被告)：上海隐志网络科技有限公司(以下简称隐志公司)

起诉与答辩

原告诉至法院，要求被告停止侵害其改编权及信息网络传播权，撤下上诉人《邓小平批准我们结婚》一书所有录音制品链接，并赔偿原告经济损失53万元。

法院审理查明

法院经审理查明：1998年7月至2008年7月，红旗出版社出版《邓小平批准我们结婚》一书，载明编著者为庄则栋、佐佐木敦子。

2010年3月26日，庄则栋、佐佐木敦子委托代理人张瑜进行证据保全。公证处出具的公证书证实，隐志公司经营的VeryCD网站上显示有作者为庄则栋、佐佐木敦子的《邓小平批准我们结婚》一书的有声读物，该有声读物发布者的网络用户名是nobodyvssomebody。

VeryCD网是基于P2P技术的互联网资源分享平台，网上资源的简介及链接地址等内容由网络用户根据网站设置的引导

程序输入,网站根据网络用户的建议或者第三方网站的数据统计,对网络用户上传的资源进行分类。当上传的资源可读性较强,点击率较高时,网站管理系统会自动将该资源加精,推荐到精华区。网站版面的广告内容由相应广告客户生成,广告页面存储在网站的服务器上,并由网站定期改动模版。

网络用户 nobodyvssomebody 在 VeryCD 网上的注册时间为 2005 年 3 月 29 日,为 VeryCD 网的高级用户(金光盘级,仅次于最高的电驴级)。自 2005 年 10 月 17 日至今,nobodyvssomebody 在 VeryCD 网上发布的资源有 88 个,分为"综艺"和"资料"两类,其中精华资源 82 个,普通资源 6 个。

2005 年 11 月 27 日,网络用户 nobodyvssomebody 在 VeryCD 网站上发布《黑道》一书的广播剧内容而引发崔亚斌诉维西公司、黄一孟侵犯著作财产权纠纷一案,该案被告维西公司、黄一孟的共同委托代理人系时任维西公司职员的叶骥岗。

2006 年 1 月 13 日,网络用户 nobodyvssomebody 在 VeryCD 网站上发布《邓小平批准我们结婚》一书的有声读物,至庄则栋、佐佐木敦子公证保全侵权证据时止,该资源浏览的次数为 2315 次,收藏次数为 3 次。2010 年 8 月 18 日,庄则栋、佐佐木敦子向法院提起诉讼,状告隐志公司侵害其享有的前述作品的信息网络传播权,该案一审时隐志公司的委托代理人仍为叶骥岗(现任隐志公司职员)。

一审判理和结果

一审法院认为:庄则栋、佐佐木敦子拥有《邓小平批准我们结婚》一书的著作权,依法受到法律保护。针对庄则栋、佐佐木敦子主张隐志公司将该书改编成有声读物并传播到互联网上,侵犯其作品信息网络传播权的诉求,经查,涉案有声读物由网络用户 nobodyvssomebody 发布,并不储存在隐志公司的服务器中,资源下载的链接地址也不在隐志公司网站上,隐志公司的网站提供的是链接服务,故庄则栋、佐佐木敦子主张隐志公司直接侵权缺乏依据。同时,鉴于用户提供的链接内容是海量的,不可能要求隐志公司逐一下载用户的资源进行一一审核。而且,有声读物不同于影视作品,制作成本较低,一般爱好者也可将其自行制作的有声读物的链接资源上传至网上供网络用户分享。从用户发布的信息来看,不能当然地推断出,隐志公司明知或应知涉案有声读物未经权利人授权而仍然提供链接,故隐志公司亦不构成帮助侵权。同时鉴于隐志公司收到起诉状后对涉案有声读物名称关键字进行屏蔽,故隐志公司已经履行了其作为网络服务商的责任。据此,驳回庄则栋、佐佐木敦子的诉讼请求。

上诉与答辩

庄则栋和佐佐木敦子不服一审判决,提起上诉,请求撤销原判,改判隐志公司停止侵权,赔偿经济损失 53 万元。主要理由是:VeryCD 网不仅提供涉案侵权作品的网络链接服务,而且还制作了专门的版面,吸引用户浏览其网站和下载资料,是一种直接侵权行为;网络用户 nobodyvssomebody 曾涉嫌侵害他人著作权被起诉,隐志公司有意修改该用户创建时间加以保护,存在帮助侵权的事实。

隐志公司答辩称:其只对网络用户上传的资源链接进行区域性划分,不存在制作专门版面的事实;网络用户的创建时间和相关版面的注册时间不同,没有修改过 nobodyvssomebody 的创建时间。涉案作品出版时间较早,知名度有限。隐志公司不可能明知或应知该作品的有声读物系侵权作品,且由于网络用户上传的资源是海量的,不可能逐一进行审查,其已经尽到了合理的注意义务,不应当承担侵权责任,请求维持原判。

二审判理和结果

二审法院认为,隐志公司经营的VeryCD网是基于P2P技术实现网络资源分享的网站。由于P2P技术的使用,网络用户能够实现点对点的数据交换,而不需要通过网络中心服务器进行中转。当P2P软件用户非法传播他人作品时,尽管提供P2P技术的网络服务商在客观上起到了帮助P2P软件用户传播侵权作品的作用,但是,不能以此客观结果来简单地判定提供P2P技术的网络服务商需要承担侵犯他人著作权的责任。根据《信息网络传播权保护条例》第23条有关"提供搜索和链接的网络服务提供者明知或应知链接对象侵权的,应当承担共同侵权责任"的规定,只有当提供P2P技术的网络服务商存在主观过错时,才会因为间接侵权行为而承担共同侵权责任。而判断网络服务商是否存在主观过错时,需要综合网络服务商的经营行为来进行客观化的认定。鉴于VeryCD网的网络用户nobodyvssomebody曾经引发他人与VeryCD网的著作权侵权诉讼,而经营VeryCD网的维西公司和隐志公司实际经营者高度混同,故隐志公司对网络用户nobodyvssomebody曾经涉嫌侵犯他人著作权的情况应当是清楚了解的;且网络用户nobodyvssomebody在VeryCD网上发布的资源涉及诸多名家著作,即使一名普通的网络用户,也能够意识到该用户发布的资源存在着重大的侵权嫌疑,更何况隐志公司作为一家专业从事互联网资源分享的网络服务商,更应当有能力发现该用户存在重大的侵权嫌疑。此外,网络用户上传资源的受关注程度与网络服务商通过出售广告位谋取商业利润的大小密切相关,上传资源的点击率越高,广告主投放广告的积极性也就越高,网络服务商也因此可以获得较高利润。而权利和义务的对等性也就进一步加重了网络服务商对点击率较高的所谓精华资源的注意义务和审查职责。本案的发生一定程度上就是因为隐志公司疏于履行作为网络服务商的注意义务,漠视其高级用户nobodyvssomebody涉嫌侵权事实的结果。综上分析,二审法院认为,隐志公司对网络用户nobodyvssomebody在VeryCD网上发布《邓小平批准我们结婚》一书的有声读物,侵害庄则栋、佐佐木敦子享有的该作品的信息网络传播权具有主观过错,应当承担共同侵权责任。同时,鉴于庄则栋、佐佐木敦子诉请隐志公司赔偿53万元,但未提供其因侵权行为遭受的损失或者隐志公司因侵权所获利润的证据,故综合考虑作品类型、侵权行为性质、持续时间、侵权后果、隐志公司的主观过错程度等情节予以确定。据此,依照《中华人民共和国民事诉讼法》第153条第1款第(3)项,《中华人民共和国著作权法》(2001年修正)第47条第(1)项、第48条,《信息网络传播权保护条例》第23条的规定撤销原审判决,判决隐志公司停止侵害庄则栋、佐佐木敦子享有的《邓小平批准我们结婚》一书的信息网络传播权;赔偿庄则栋、佐佐木敦子经济损失及合理开支55,000元。

因泰莱公司诉远征科技公司等侵犯计算机软件著作权纠纷案

——阅读提示:被告对原告计算机软件著作权提出异议时,应采取何种方式判断原告是否具有著作权?原、被告计算机软件源程序之间不具备对比条件时,应采取何种侵权对比方式?

【裁判要旨】

一般而言,应当首先对比双方软件源程序之间是否构成相同或者实质性相同;当原、被告源程序采用不同语言编写导致无法直接对比时,如果双方软件目标代码完全相同,应当认定双方计算机软件之间构成相同;或者目标代码实质性相同且有其他证据予以佐证时,应当认定双方计算机软件之间构成实质性相同。

【案号】

一审:江苏省南京市中级人民法院〔2005〕宁民三初字第420号

二审:江苏省高级人民法院〔2008〕苏民三终字第0079号

【案情与裁判】

原告(二审上诉人):南京因泰莱电器股份有限公司(以下简称因泰莱公司)

被告(二审上诉人):与西安市远征科技有限公司(以下简称远征科技公司)

被告(二审上诉人):西安远征智能软件有限公司(以下简称远征软件公司)

被告:南京友成电力工程有限公司(以下简称友成公司)

起诉与答辩:

因泰莱公司于1995年向一审法院起诉称,因泰莱公司独立研发了PA100系列综合数字继电器嵌入式软件V3.4和PA200系列综合数字继电器嵌入式软件V3.1,对其享有著作权。远征科技公司、远征软件公司复制上述软件,仿制出YZ100、YZ300系列综合数字继电器,友成公司销售相关产品,其行为侵犯了因泰莱公司的计算机软件著作权,请求判令友成公司停止销售侵权产品;远征科技公司、远征软件公司立即停止侵权、消除影响、公开赔礼道歉,赔偿经济损失500万元,并承担公证费、律师费等必要开支25,256元、鉴定费29,000元及案件诉讼费和保全费。

远征科技公司、远征软件公司答辩称,被控侵权产品中所使用的软件是远征科技公司、远征软件公司自主研发编写,请求驳回因泰莱公司诉讼请求。友成公司答辩称,涉案产品是其应因泰莱公司要求向远征科技公司购买的,友成公司销售该产品具有合法来源,依法不应承担任何法律责任。

一审审理查明

因泰莱公司的PA100系列综合数字继电器经江苏省机械工业厅和江苏省电力工业局联合鉴定验收后,获《新产品鉴定验收证书》。2002年10月15日,因泰莱公司的"PA100系列综合数字继电器嵌入软件V3.4"和"PA200系列综合数字继电器嵌入软件V3.1"获江苏省信息产业厅颁发的《软件产品登记证书》。2001年8月30日,因泰莱公司和西安市远征科技有限公司(以下简称远征科技公司)订立《技术合作协议》,约定由因泰莱公司向远征科技公司提供具有自主知识产权的变配电系统综合自动化集成技术,以 OEM 方式提供因泰莱公司系列产品(包括 PA100 和 PA200 系列综合数字继电器),提供免费技术培训。该协议履行至2003 年9 月。

2005 年 10 月 18 日,因泰莱公司从南京友成电力工程有限公司(以下简称友成公司)购得 YZ100 - SB 和 YZ300 - CX 型系列综合微机保护装置各一台,上述装置标签上均印有远征科技公司名称及产品型号,发票为西安远征智能软件有限公司(以下简称远征软件公司)出具。远征科技公司、远征软件公司在庭审中陈述,被控侵权的 YZ100 - SB、YZ300 - CX 两个型号的产品由远征科技公司生产,其中软件由远征软件公司开发。本案一审中,因泰莱公司提交了其生产的 PA100 和 PA200 型产品实物及软件光盘,远征科技公司、远征软件公司也提交了软件光盘,虽然双方对光盘中的软件进行了对比,但均对对方光盘中软件的形成时间有异议,因此一审法院决定上述光盘均不作为本案证据。本案一审中,因泰莱公司申请对被控侵权产品中所使用的嵌入软件与其主张著作权的软件进行鉴定比对。江苏省技术市场技术鉴定服务中心组织各方当事人当场对各自产品的芯片进行拆卸,随后组织专家对芯片中的嵌入软件进行鉴定。鉴定结论为:被控侵权产品 YZ100 - SB 中的软件与因泰莱公司 PA100 产品软件程序整体结构基本一致,代码一致率达 95% 以上,二者实质相同。被控侵权产品 YZ300 - CX 中的软件与因泰莱公司 PA200 产品软件的功能类似、可执行代码虽有差异,但一致率达 60% 以上,二者实质相同。另外,对相关产品说明书进行对比,也存在相同之处。

一审判理和结果

一审法院认为,本案中,应当认定远征科技公司、远征软件公司共同生产、销售了被控侵权产品,而友成公司仅销售了被控侵权产品。本案证据显示,因泰莱公司研发相关数字继电器产品的时间早于远征科技公司,且远征科技公司有接触到相关软件程序的条件。虽然因泰莱公司未能提供进行软件产品登记时的软件源程序,但其提供的上述证据和产品芯片能够相互印证,远征科技公司和远征软件公司没有提供其自行研发或足以推翻因泰莱公司主张的相关证据,仅是口头抗辩,因此其关于因泰莱公司不能证明对涉案软件享有著作权的抗辩主张不能成立。另外,根据一审鉴定报告,被控侵权的 YZ100 - SB 型产品软件与因泰莱公司 PA100 产品软件程序整体结构基本一致,源代码一致率达 95% 以上;YZ300 - CX 型产品软件与因泰莱公司 PA200 产品软件功能类似、可执行代码有一定差异,但可执行代码一致率达 60% 以上,鉴定结论认为上述软件属实质性相同。结合被控侵权产品的生产、销售情况,可以认定远征软件公司和远征科技公司侵犯了因泰莱公司对涉案软件的复制权,远征软件公司、远征科技公司、友成公司销售使用侵犯因泰莱公司著作权的产品,同时侵害了因泰莱公司对涉案软件的发行权。

据此,一审法院依照《中华人民共和国民事诉讼法》第 130 条,《中华人民共和国著作权法》第 3 条第(8)项、第 47 条第(1)项、第 48 条,《计算机软件保护条例》第 2 条、第 3 条、第 20 条第 1 款第(1)项和第(2)项,《最高人民法院关于审理著作权民事纠纷案件适用法律若干问题的解释》第 25 条、第 26 条的规定,判决:一、远征科技公司和远征软件公司自判决生效后立即停止复制因泰莱公司的 PA100 系列综合数字继电器嵌入软件 V3.4 和 PA200 系列综合数字继电器嵌入软件 V3.1 的行为,并停止生产、销售嵌有上述软件的 YZ100 – SB 和 YZ300 – CX 两个型号的数字继电器产品;二、远征科技公司和远征软件公司自判决生效后十日内赔偿因泰莱公司经济损失和为诉讼支出的合理费用共计 25 万元;三、友成公司自判决生效后立即停止销售远征科技公司和远征软件公司的 YZ100 – SB 和 YZ300 – CX 两个型号的数字继电器产品;四、驳回因泰莱公司的其他诉讼请求。

上诉与答辩

因泰莱公司不服一审判决,提起上诉,其主要上诉理由为:一审判决确定的赔偿数额过低,应予纠正。

远征科技公司、远征软件公司不服一审判决,提起上诉,请求撤销一审判决,改判驳回因泰莱公司的诉讼请求,诉讼费用由因泰莱公司负担。其主要上诉理由为:(1)因泰莱公司未能证明其享有著作权的软件与提交鉴定的软件具有一致性。(2)一审技术鉴定存在严重的程序和实体错误。本次鉴定的正确程序应当是:以因泰莱公司登记注册的软件母本与被控侵权产品为鉴定对比对象;或者,先鉴定因泰莱公司提供的产品芯片、光盘中的软件与其登记注册的软件一致性,再就该产品芯片、光盘中的软件与被控侵权的软件作为鉴定对象。而本案鉴定机构却是直接将因泰莱公司产品芯片中的软件与被控侵权软件进行直接对比,应当认定为无效鉴定。同时,一审未对软件程序的核心内容——源程序未作鉴定。目标程序只是一种功能性的表达,不能单独在目标程序基础上就软件是否实质性相同作出判断。本案中,双方源程序采用不同的编程语言,不具备可比性。故应得出本案双方当事人源程序不同的结论。但一审鉴定机构却在双方软件不具可比性的前提下,抛开源程序,单独就目标程序进行鉴定,这一做法错误。

二审判理查明

针对远征科技公司、远征软件公司对一审鉴定中直接将因泰莱公司涉案 PA100、PA200 产品芯片中的软件作为鉴定材料所提出的异议,即因泰莱公司是否对上述产品芯片中的软件享有著作权问题,二审法院专门组织了司法鉴定,并形成相应司法鉴定报告。因泰莱公司从中国版权保护中心(以下简称版权中心)调取的 PA100、PA200 系列综合数字继电器嵌入式软件源程序。二审法院在此基础上就以下事项组织技术鉴定:(1)因泰莱公司在版权中心登记 PA100 系列综合数字继电器嵌入式软件(版本号 V3.4)与其 PA100 产品芯片的软件程序是否相同或实质性相同;(2)因泰莱公司在版权中心登记 PA200 系列综合数字继电器嵌入式软件(版本号 V3.1)与其 PA200 产品芯片的软件程序是否相同或实质性相同。鉴于因泰莱公司在版权中心登记的涉案软件源程序仅是该软件源程序的一部分,应鉴定机构要求,因泰莱公司又补充提供了 PA100 和 PA200 软件完整的电子版源程序以供对比。

经鉴定,江苏省科技咨询中心于 2010 年 8 月 26 日出具鉴定报告,主要内容为:(1)PA100 电子版源程序与版权中心登记的 PA100 软件源程序实质性相同;(2)PA100电子版源程序与 PA100 产品芯片中的代码实质性相同;(3)PA200 电子版源程序与版权中心登记的 PA200 软件源程序实质性相同;(4)PA200 电子版源程序与 PA200 产品芯片中的代码实质性相同。并据此作出鉴定结论:(1)因泰莱公司在版权中心登记的 PA100 系列综合数字继电器嵌入式软件(版本号 V3.4)与其 PA100 产品芯片的软件程序实质性相同；(2)因泰莱公司在版权中心登记PA200系列综合数字继电器嵌入式软件(版本号V3.1)与其PA200产品芯片的软件程序实质性相同。

二审判理和结果

本案争议焦点之一为远征科技公司、远征软件公司是否侵犯因泰莱公司涉案计算机软件著作权，对该问题作出正确判断的前提在于：因泰莱公司对其涉案产品芯片中的软件是否拥有著作权，一审鉴定将该软件与被控侵权产品芯片中的软件直接进行侵权对比是否具备事实和法律基础。

结合各方当事人的诉辩意见，二审法院对此采取的总体审理思路是：由因泰莱公司提供其在版权中心登记的涉案软件源程序，将该登记的软件源程序与因泰莱公司产品芯片中的软件进行对比，并就此专门组织司法鉴定，以确定两者是否具有一致性。如果两者构成相同或实质性相同，则应认定因泰莱公司对其产品芯片中的软件拥有著作权，一审鉴定将该软件与被控侵权产品芯片中的软件直接进行侵权对比具备事实和法律基础。

本案中，采取上述对比方法尚需要解决以下两个问题：(1)根据我国现行计算机软件登记制度，著作权人在登记时仅需登记部分源程序，因此，因泰莱公司在版权中心登记的软件源程序仅为该全部源程序的部分内容，无法与涉案产品芯片中的软件进行全面对比；(2)因泰莱公司涉案产品芯片中的软件为二进制代码，与源程序分属软件的不同表现形式，在技术上无法进行直接对比。对上述问题，二审鉴定机构采取的鉴定方法为：(1)由因泰莱公司另行提供完整的电子版源程序，并与因泰莱公司在版权中心登记的软件源程序进行对比。(2)将因泰莱公司提供完整的电子版源程序编译成二进制代码，再与涉案产品芯片中的二进制代码进行对比。

鉴定结果为：(1)因泰莱公司在版权中心登记的软件源程序与其提供的完整电子版源程序构成实质性相同；(2)因泰莱公司提供的完整电子版源程序与其涉案产品芯片中的软件程序构成实质性相同。据此，二审鉴定机构作出因泰莱公司在版权中心登记的软件与其涉案产品芯片中的软件构成实质性相同的鉴定结论。

经二审庭审质证及鉴定人员出庭作证，二审法院认为，二审鉴定方法严谨，具备科学依据，鉴定结论应予采信。主要理由是：

1. 因泰莱公司对其在版权中心登记的PA100、PA200软件拥有著作权，并应当以此作为因泰莱公司是否对涉案产品芯片中软件拥有著作权的对比基础

远征科技公司、远征软件公司认为，因泰莱公司应当明确其登记软件中具有独创性的内容，否则，该软件不能视为著作权法意义上的作品，因泰莱公司也不能对此拥有著作权。同时，因泰莱公司登记软件的日期为2005年11月10日，而其一审提起诉讼的时间为2005年11月9日，因此不能排除因泰莱公司专为诉讼而进行的登记。二审法院认为，我国《著作权法》第11条第3款规定“如无相反证据，在作品上署名的公民、法人或者其他组织视为作者”。本案中，因泰莱公司已经提供在版权中心登记的软件程序，即应当认定其已完成对登记软件拥有著作权的举证义务，同时结合因泰莱公司涉案PA100产品在1999年即获《新产品鉴定验收证书》、涉案PA100和PA200软件在2002年即获江苏省信息产业厅颁发的《软件产品登记证书》等相关事实，在无相反证据的情形下，应当认定因泰莱公司涉案登记软件具有独创性，因泰莱公司对其拥有著作权。远征科技公司、远

征软件公司提出上述异议，应就此承担举证责任，但其既未能提供与因泰莱公司登记软件相同的其他在先软件作品，也未提供因泰莱公司存在虚假登记行为的任何证据，对其异议不予采纳。

2. 二审鉴定机构将因泰莱公司在版权中心登记的部分源程序与其提供的完整电子版源程序进行对比，并得出两者实质性相同的鉴定结论应予采信

远征科技公司、远征软件公司二审中认为，一般情况下，在版权中心登记的源程序处于整个程序的前、后位置，应当仅占全部源程序的8%，不具备有效对比条件，且登记的源程序一般为行业标准的参数定义及程序中通用的子函数，具有很强的通用性，而真正原创性的核心技术程序由于位于整个程序的中间部分而未被登记。所以登记的源程序不是著作权保护范畴内的具有独创性的源程序，因此在该情况下的对比是无意义的，也不能得出电子版源程序与版权保护中心登记的源程序实质性相同的结论。

二审法院认为，鉴于我国现行的软件登记制度要求著作权人在登记时仅需登记部分源程序，因泰莱公司在穷尽其举证能力的情形下，也只能提供该部分具有法定公示效力的软件源程序。如果要求其提供全部具有法定公示效力的软件源程序，明显对其举证要求过于苛严，实际上也无法做到。因此在现有条件下，只能就该登记部分的源程序与因泰莱公司自身提供电子版源程序的相对应部分进行对比，以确定两者是否一致。因此，本案二审鉴定机构根据现有鉴定材料的实际状况，将因泰莱公司在版权中心登记的部分源程序与其提供的完整电子版源程序进行对比，以确定两者是否一致，该鉴定方法并无不当，在此基础上作出的鉴定结论应予采信。远征科技公司、远征软件公司对上述鉴定方法及结论提出异议，应当提供充分证据证实其主张，而不能仅限于口头异议。本案中，远征科技公司、远征软件公司既未举证证明登记部分的软件源程序属于通用程序，也未指明涉案软件中属于核心程序部分的具体内容及位置，因此其关于二审鉴定由于未就具有独创性的核心软件进行对比致使鉴定缺乏意义的主张不能成立，不应予采纳。

3. 二审鉴定机构将因泰莱公司提供的完整电子版源程序编译为二进制代码，与因泰莱公司涉案产品芯片中软件二进制代码进行对比，并得出两者实质性相同的鉴定结论应予采信

本案二审鉴定机构在确定因泰莱公司在版权中心登记的源程序与其提供的完整电子版源程序一致性的基础上，再将PA100、PA200电子版源程序编译生成二进制代码，与因泰莱公司产品芯片中的PA100、PA200软件二进制代码进行逐段对比，得出实质性相同的鉴定结果。

对于鉴定机构采用的上述对比方式，远征科技公司、远征软件公司提出异议，认为不应采用二进制代码对比的方法，而应直接对比源程序。主要理由是源程序是软件真正核心思想的体现。源程序的书写方式包括用C语言、汇编语言编写等多种方式。如果产品功能相似，上述书写语言编译的二进制代码的相似性很强。因此通过二进制代码进行对比的方法不科学，应当直接对比源程序。另外，鉴定报告对其中涉及的PA100、PA200的软件模块所包含的程序内容及独创性问题，未进行详细说明，鉴定报告也缺乏进一步的对比附属资料。

二审法院认为，鉴定机构采用二进制代码对比方法应属合理。关于这一问题，二审鉴定报告中进行了专门说明，相关鉴

定专家也出庭进行了解释。本案中,由于从涉案产品芯片中只能读出二进制代码,与电子版源程序分属不同表达方式,无法进行直接对比。而在对比两者一致性的问题上,理论上存在三种方法:第一种方法是C源程序的直接对比。因泰莱公司PA100、PA200电子版源程序采用的编写语言是C语言,而通过涉案产品芯片只能读出二进制代码,因此需要将涉案产品芯片中的二进制代码翻译成C源程序,之后方能进行直接的C源程序对比。但目前尚无编译工具可以将二进制代码翻译成C源程序,因此实际不具备该种对比的技术条件。第二种方法是汇编语言程序的对比,即分别将电子版源程序和涉案产品芯片中的二进制代码均翻译成汇编语言程序,再就汇编语言的一致性进行对比。但由于涉及编译工具、参数配置、优化策略等多方面因素,即使是同一软件程序,从C源程序编译成的汇编程序,与利用反汇编工具从二进制代码翻译出的汇编程序,也存在不相同的可能性。因此,本案中通过汇编语言程序进行对比也不具备技术条件。第三种方法是二进制代码的对比,即将电子版源程序编译成二进制代码,再与涉案产品芯片中的二进制代码进行对比。目前,具备将电子版源程序编译成二进制代码的技术条件。同时,一般情形下,根据编译器或者编译参数的不同,同样的C源程序可能生成不同的二进制代码,但是不同的C源程序不可能生成相同的二进制代码。因此,本案二审鉴定机构采用二进制代码对比方法,确定电子版源程序与涉案产品芯片中程序的一致性具备事实和科学依据,应予采信。远征科技公司、远征软件公司关于直接对比源程序的诉讼主张缺乏可行性条件,不应予采纳。

综上所述,二审鉴定机构在分别确定因泰莱公司在版权中心登记的软件与其提供的电子版源程序实质性相同,该电子版源程序又与涉案产品芯片中的软件实质性相同的基础上,作出因泰莱公司在版权中心登记的PA100、PA200软件与其涉案产品芯片中的PA100、PA200软件构成实质性相同的鉴定结论符合法律规定,应予采信。根据二审鉴定结论,结合因泰莱公司的PA100系列综合数字继电器在1999年即获《新产品鉴定验收证书》、因泰莱公司PA100和PA200软件在2002年获江苏省信息产业厅颁发的《软件产品登记证书》、因泰莱公司自2001年起即向远征科技公司提供包括PA100和PA200产品在内的变配电系统综合自动化集成技术等相关事实,二审法院认为,有足够的证据证明因泰莱公司对涉案产品芯片中的PA100、PA200计算机软件拥有著作权,一审鉴定将因泰莱公司产品芯片中的软件与远征科技公司、远征软件公司产品芯片中的软件直接进行侵权对比具备事实和法律基础。

本案争议焦点之二为远征科技公司、远征软件公司是否侵犯了因泰莱公司涉案PA100、PA200计算机软件著作权。

本案中,被控侵权软件与因泰莱公司涉案PA100、PA200软件构成实质性相同。这一问题的核心在于一审鉴定关于两者构成实质性相同的鉴定结论能否采信。二审法院认为:一审鉴定采用二进制代码对比的方法具备科学依据。远征科技公司、远征软件公司认为,被控侵权软件和因泰莱公司涉案软件的源程序分别采用汇编语言和C语言编写,因此即应认定两者系不同软件,而不应再进行二进制代码的对比。对此二审法院认为,如前所述,嵌入式软件源程序可以采用包括汇编语言、C语言在内的多种语言编写,并不能仅以编写语言的不同即得出软件不同的结论。相反,在二进制代码实质相同的情形下,存在用不同语言编写的源程序的可能性极小。由于双方源程序编写语言不同导致不具备进行直接对比的条件,且远征科技公司、远征软件公司对因泰莱公司一审中提供的源程序本身又不认可,一审鉴定机构据此直接对比双方产品芯片中二进制代码,该鉴定方法应属合理,远征科技公司、远征软件公司的此项异议缺乏法律和事实依据,不予采纳。

此外,因泰莱公司对一审确定的赔偿数额提出异议,其主张的实质在于应按照远征科技公司、远征软件公司的侵权获利确定赔偿数额。二审法院认为,鉴于被控侵权产品为 YZ100 - SB、YZ300 - CX,因此如以侵权获利计算赔偿数额,应以上述两种产品产生的侵权利润为计算基础,但现有证据尚不足以支持因泰莱公司上述主张。因泰莱公司关于按照远征科技公司、远征软件公司的侵权获利确定赔偿数额的诉讼主张缺乏事实依据。

综上所述,上诉人因泰莱公司、远征科技公司、远征软件公司的上诉理由均不能成立。一审判决认定事实清楚,适用法律正确,依法应予维持。依照《中华人民共和国民事诉讼法》第 153 条第 1 款第(1)项之规定,该院于 2011 年 6 月 17 日作出〔2008〕苏民三终字第 0079 号判决:驳回上诉,维持原判决。

叶根友诉无锡肯德基有限公司、北京市电通广告有限公司上海分公司侵犯著作权纠纷案(略)

何吉诉杭州天蚕文化传播有限公司著作权权属、侵犯著作权纠纷案

——阅读提示:具有独创性的发型是否可以作为著作权的客体——立体美术作品加以保护?根据特有景观创作的作品其表达形式受到一定的限制,他人再以此景进行创作时,如何判断后者系独立创作还是抄袭前者?

【裁判要旨】

以发型为主要表现形式展现西湖十景的,虽然其载体比较特殊,但由于作者在创作时,以其对“西湖十景”具化为形象造型的思考,对发型、头饰具体的搭配、布局等作出了个性化的选择和判断,由此形成的智力成果应认定为具有独创性的立体美术作品,而不能因载体的特殊性而否定其作品的性质。同时,以“西湖十景”为表现主体的作品,其表达方式必然受到所对应的特定景物的限制。因此,对利用公有领域的元素进行创作而获得的作品,对著作权

人的权益不能给予过于宽泛的保护,否则,会损害他人的合法权益,也会损害社会公众的整体利益,违背《著作权法》的立法宗旨。

【案号】

一审:杭州市西湖区人民法院〔2010〕杭西知初字第466号

二审:浙江省杭州市中级人民法院〔2011〕浙杭知终字第54号

【案情与裁判】

原告(二审上诉人):何吉

被告(二审被上诉人):杭州天蚕文化传播有限公司(以下简称天蚕公司)

起诉与答辩

何吉因与天蚕公司著作权权属、侵犯著作权纠纷一案,于2010年12月7日向一审法院提起诉讼。

何吉诉称:2009年年初,何吉构思以女子发型来演绎西湖十景。通过查找资料、现场素描、造型研究等方式,于2009年4月22日完成以发型为主要表现形式的西湖十景形象造型,并在杭州动漫节、西博会古琴音乐节上现场展示,媒体对此进行了广泛报道。天蚕公司系专业模特公司,在何吉等人的创作期间提供了部分模特,其总经理旁观了大部分创作过程并进行了摄录。2010年10月12日,在杭州电视台西湖明珠频道播出的"第二届杭州美丽节之夜颁奖晚会"上,天蚕公司以自己的名义推出了西湖十景造型秀,该造型大量抄袭、模仿、改编了何吉的作品,并进行歪曲和丑化。何吉认为,其创作的西湖十景形象造型包括发型(含头饰)、服装、道具等整体造型,系立体美术作品,天蚕公司剽窃、篡改、歪曲何吉作品的行为侵犯了何吉的署名权、修改权、保护作品完整权、复制权。请求法院判令天蚕公司:(1)立即停止发布、公开演示侵犯何吉著作权的作品;(2)天蚕公司在杭州电视台向何吉公开赔礼道歉、消除影响;(3)天蚕公司赔偿何吉经济损失1万元(含合理费用);(4)负担本案诉讼费。

天蚕公司辩称:(1)何吉所谓的西湖十景形象造型不是美术作品,不属于《著作权法》保护的客体。(2)即使属于美术作品,天蚕公司在服装的整体形象秀中加入西湖景点的元素,是独立创作的作品,不构成对何吉著作权的侵害。请求驳回何吉的起诉。

法院审理查明

2009年年初,何吉构思以女子发型来演绎"西湖十景",绘制了人物素描,并附有策划书、对模特的形体要求、头饰选择、搭配服装等简要说明。2009年4月22日,"西湖十景"形象造型在杭州市运河文化广场向公众亮相,《青年时报》作了报道并刊载了十个形象造型的照片。庭审中,何吉进一步明确其主张权利的是"西湖十景"发型为主的整体造型,包括发型(含头饰)、服装、道具,意在以模特为载体,与服饰等相搭配,形成展示"西湖十景"的"流动的风景"。天蚕公司曾向何吉提供部分模特,并自行组织了以其公司模特为"西湖十景"形象造型的演出,在杭州电视台西湖明珠频道播出的"第二届杭州美丽节之夜颁奖晚会"中上演。由于塑造在发型上的"西湖十景"无法保存,何吉证明其作品内容的证据有设计草图、《青年时报》上的照片;证明天蚕公司侵权的证据有天蚕公司模特的演出照片。但两者能一一对应的,仅为四幅,即"断桥残雪"、"曲院风荷"、"雷峰夕照"、"柳浪闻莺"。

一审判理和结果

一审法院认为:(1)本案争议焦点在于何吉主张权利的"西湖十景"形象造型是否属于著作权法上的立体美术作品;(2)天蚕公司的造型是否剽窃、篡改、歪曲上述造型。

根据《著作权法实施条例》第 2 条和第 4 条第(8)项的规定,著作权法所称作品,是指文学、艺术和科学领域内具有独创性并能以某种有形形式复制的智力成果;美术作品,是指绘画、书法、雕塑等以线条、色彩或者其他方式构成的有审美意义的平面或者立体的造型艺术作品。何吉构思、创作并最终固定在发型上的"西湖十景",具有审美意义,与一般发型不同,应当属于艺术领域的创作;且"西湖十景"形象造型已经以有形的表达方式呈现,可以通过拍照、摄录等有形形式进行复制,具有可复制性。因此,何吉创作的西湖十景形象造型,构成《著作权法》意义上的作品,其作品类型为立体美术作品。

关于天蚕公司的造型是否剽窃、篡改、歪曲上述造型的问题。在权利证据方面,何吉仅提供了平面的设计素描图和几幅从同一角度拍摄的照片。从素描图看,只是对模特的形体、发型等作了简要说明,主要表达了一种设计思路,最终定型的造型与设计图并不一致。同时,《青年时报》上的照片均从一个角度拍摄,不能清晰地反映立体美术作品的细节、局部形态等。受何吉提供的证据所限,对涉案形象造型的考察限于一个角度的平面照片而非全面的整个立体造型,何吉应就此承担举证不能的法律后果。

即便以现有的证据来比对,天蚕公司的造型与何吉的也并不相似,不构成剽窃、篡改、歪曲。所谓相似,应当是外在表达上的相似,而非创意上的相似。同时,在判断相似性时,应排除已进入公有领域的素材和表达。"西湖十景"的主要特征均客观存在,如"断桥残雪"、"雷峰夕照"、"柳浪闻莺"等,能让人自然联系到桥、塔、鸟等,要体现十景的特征,让观众联想到十景,自然要用到这些元素,对这些元素的使用本身不能成为构成相似性的理由,而应当是考察这些元素具体的布局、形态等。何吉称天蚕公司模仿其造型,体现在都采用红梅、荷花、太阳光芒的扇形闪烁、鸟巢、双峰、钟形发型的效果。但经比对,天蚕公司的红梅、荷花等在形状、大小、颜色、布局等各方面与何吉的明显不同,而红梅、荷花等都是客观存在的物体,任何人都可以在发型上加以使用。

综上所述,一审法院依据《中华人民共和国著作权法》第 3 条第(4)项,《中华人民共和国著作权法实施条例》第 2 条、第 4 条第(8)项,《中华人民共和国民事诉讼法》第 64 条第 1 款,最高人民法院《关于民事诉讼证据的若干规定》第 2 条之规定,于 2011 年 5 月 4 日作出判决:驳回原告何吉的诉讼请求。案件受理费 50 元,由何吉负担。

上诉与答辩

宣判后,何吉不服,向二审法院提起上诉,称:(1)一审法院认定事实不清,证据不足。一审中,何吉提交了大量的证据,证明天蚕公司曾向何吉提供模特,并拍摄了模特演绎西湖十景形象造型的照片。天蚕公司的总经理杨志梅也承认天蚕公司的作品是在何吉作品的基础上修改完成的新作品。西湖法院在脱离这个事实的基础上,认定两者不构成相似,认定错误。(2)一审法院适用法律错误。一审法院认为"受何吉提供的证据所限,本院对涉案形象造型的考察限于一个角度的平面照片而非全面的整个立体造型,何吉应就此承担举证不能的法律后果"。何吉认为,作品的比较并非一定要平面对平面,立体对立体。平面到立体同样可以比较,从作品的线条走向,整体效果、局部形态等,并结合何吉提交的其他证据,可以认定何吉的作品是一个整体立体造型。因此,请求二审法院:(1)撤销〔2010〕杭西知初字第466号民事判决，支持何吉在一审中提出的诉讼请求；(2)上诉费用由天蚕公司负担。

天蚕公司答辩称：(1)"西湖十景形象秀"包括发型、头饰，不属于著作权法的保护客体，不是美术作品。(2)天蚕公司在作品中加入西湖景点的元素，是一种独立的创作行为，享有自身的著作权。且该创作行为展示的形象与何吉诉请的形象既不相同也不相近似，不构成侵权。

二审判理和结果

二审法院查明的事实与一审法院查明的一致。

二审法院认为，双方争议的焦点集中在：(1)何吉主张权利的"西湖十景"形象造型是否属于著作权法上的立体美术作品；(2)天蚕公司使用在模特上的"西湖十景"造型是否改编自何吉的作品，是否构成侵权。

对于第一个焦点问题，二审法院认为：依据《著作权法实施条例》第2条的规定："著作权法所称作品，是指文学、艺术和科学领域内具有独创性并能以某种有形形式复制的智力成果。"何吉主张权利的西湖十景形象造型，主要以发型为表现形式展示西湖十景，带有艺术表演性质，具有审美意义，属于艺术领域的智力成果；何吉创造该造型时，以其对"西湖十景"具化为形象造型的思考，对发型、头饰等具体的搭配、布局等作出了个性化的选择和判断，由此形成的智力成果具有独创性。该造型已经以有形的表达方式呈现，不再仅仅停留于创意阶段，可以通过拍照、摄录等有形形式进行复制，具有可复制性。因此，何吉创作的西湖十景形象造型，属艺术领域内的智力成果，且具有独创性、可复制性，构成著作权法意义上的作品。其作品类型为立体美术作品。

但是，何吉借以主张权利的"西湖十景"立体美术作品，其最初的表现形式为固定在模特头上的发型及相应的服饰，后因该作品的载体较为特殊，无法长期保存于最初的载体上，因此，何吉以刊登于《青年时报》的模特发型照片作为其权利的载体，用以与被控侵权的造型进行比对。由于何吉主张权利的造型为立体美术作品，但其提供的证据为平面设计素描图和十幅从某一个角度拍摄的照片，没有原始的立体美术作品；同时，这些平面素描图片和照片不能清晰地反映立体作品各个立面的具体细节、局部形态等特征，给侵权比对造成了一定的困难。因此，何吉应就此承担举证不能的法律后果。

对于第二个焦点问题，二审法院认为：首先，根据现有证据，何吉主张权利的作品能与被控作品一一对应的，仅为四幅，即"断桥残雪"、"曲院风荷"、"雷峰夕照"、"柳浪闻莺"。就该四幅进行比对，可以看出，两幅"断桥残雪"相比，天蚕公司的造型缺少中间的桥洞；何吉用的是少量的白花、模特身穿白裙，天蚕公司的模特以红梅缠身，并在白裙上以国画形式描绘了"断桥残雪"这一景致。两幅"曲院风荷"相比，何吉在模特头上斜插一朵深色荷花、花的大小未超出发髻；而天蚕公司的模特头部正插两朵大的白色荷花，其大小远超出发髻，且胸前、腰部等处均缝制有大朵的荷花。两幅"雷峰夕照"相比，何吉的发型正中是雷峰塔，旁边有太阳的光芒；而天蚕公司的造型仅使用了太阳的光芒。两幅"柳浪闻莺"相比，均有树枝、鸟巢和花朵，但由于何吉的造型体现在照片上是右侧面，而天蚕公司的造型体现在照片上是正面，两个造型具体有哪些异同无法比对。因此，比对双方的四幅照片可以看出，两者所呈现出的作品的表达形式不相同。

其次,如何看待双方的造型即作品的表达中均具有某些特定元素的问题。对此,二审法院认为,“西湖十景”所对应的特定景物,古已有之。因此,以“西湖十景”为表现主体,使用发型等作为表达方式,其作品的表达,必然受到“西湖十景”所对应特定景物的限制,如“断桥残雪”,发型上必定有桥和残雪;“南屏晚钟”,发型必定呈钟状;“柳浪闻莺”,发型上也必不可少小鸟和柳枝。“西湖十景”所对应景物的特定性,限制了作品的表达,即作品在表达时呈现出局限性的表达形式。因此,不能以天蚕公司的造型与何吉的造型在表达形式上共有某些特定的元素即判定为侵权成立。

最后,由于“西湖十景”的公有性,这些进入公有领域的元素被利用形成作品时,判断是否构成相同或相近似,应全面考察两者的具体形象造型,考察公有领域的元素在具体布局、形态等方面运用的异同。既要考察整体的、立体的视觉效果,也要考察局部的细微的异同点。并且,对利用公有领域的元素进行创作而获得的作品,对其著作权人的权益也不能实施过于宽泛的保护,否则,会损害他人的合法权益,也会损害社会公众的整体利益,违背著作权法的立法宗旨。

综上所述,二审法院认为,一审判决认定事实清楚,适用法律正确,实体处理得当。依据《中华人民共和国民事诉讼法》第153条第1款第(1)项之规定,于2011年9月30日作出判决:驳回上诉,维持原判。二审案件受理费50元,由何吉负担。

广东原创动力文化传播有限公司诉陕西游久数码科技有限公司侵犯作品信息网络传播权纠纷案

——阅读提示:卡通形象角色的保护范围如何确定?认定网络服务提供者对其侵权行为主观上具有过错的因素有哪些?以公证方式保全证据应否记载存储设备的清洁检查?

【裁判要旨】

卡通形象角色如其本身具有独创性,应受著作权法的保护,其保护范围应该延伸到角色性格、神态等抽象方面。

网络服务提供者的过错包括对于他人侵犯信息网络传播权行为的明知或者应知,网络服务提供者对内容进行了编辑、宣传、推荐、介绍等,可以认定网络服务提供者属于“明知”,对于“应知”的判断则可以参考美国的“红旗标准”。

以公证方式保全证据应记载对计算机及存储设备进行了清洁检查。

【案号】

一审:陕西省西安市中级人民法院〔2011〕西民四初字第00336号

【案情与裁判】

原告:广东原创动力文化传播有限公司(以下简称原创公司)

被告:陕西游久数码科技有限公司(以下简称游久公司)

起诉与答辩

原创公司诉称，其为“喜羊羊与灰太狼”系列动漫形象美术作品的著作权人。任何人未经许可，不得使用“喜羊羊与灰太狼”美术作品。游久公司通过其所有并经营的互联网站 http://www.uuu9.com/传播了“喜羊羊与灰太狼”系列 Flash 游戏，取得了相应的非法收益。原创公司认为游久公司的行为违反了《著作权法》的规定，侵犯了其依法享有的著作权，故于 2011 年 7 月 28 日诉至法院，请求判令游久公司停止侵权，即在其所有并经营的互联网站 http://www.uuu9.com/上删除涉及原创公司享有著作权的“喜羊羊与灰太狼”系列动漫形象美术作品的所有游戏及相关信息；赔偿原创公司损失 16 万元及因诉讼产生的合理费用 1 万元；由游久公司负担本案的诉讼费用。

游久公司辩称，“喜羊羊与灰太狼”系列美术作品的作者为罗应康，广东省版权保护联合会无权签发作品登记证，因此原创公司提供的作品登记证无效，其不享有涉案作品的著作权，不是本案适格的诉讼主体；游久公司是向网络用户提供游戏资讯和交流沟通服务的游戏资讯门户站，其业务项目不包括游戏及相关软件的销售和运营，Flash 小游戏并非其网站上的内容，而是向网络用户推荐的热门游戏，游久公司只是向网络用户推荐了网络地址链接，并未存储游戏，不属于使用作品的行为，不构成侵权；游久公司发现上述网络地址链接所涉内容可能构成侵权，在未接到权利人通知的情况下，已自行断开了链接，因此，其作为网络服务提供者，不应承担赔偿责任；原创公司无证据证明其实际损失，游久公司系免费向网络用户推荐相关游戏，无违法所得，且原创公司未通过合理方式与其联系，因此原创公司请求游久公司赔偿损失及合理费用没有依据。请求驳回原创公司的诉讼请求。

一审审理查明

2003 年 12 月 18 日罗应康创作完成了系列美术作品灰太狼、红太狼、喜羊羊、慢羊羊、懒羊羊、美羊羊、沸羊羊。2005 年 9 月 18 日谭淑君创作完成了美术作品暖羊羊。之后，原创公司通过受让方式取得了上述美术作品的相关著作权，并将灰太狼、红太狼、喜羊羊、慢羊羊、懒羊羊、美羊羊、沸羊羊、暖羊羊作为其摄制完成的动画片《喜羊羊与灰太狼》主角造型。动画片《喜羊羊与灰太狼》的著作权归属于原创公司。

2011 年 1 月 11 日原创公司发现游久公司在其所有的互联网站 http://www.uuu9.com/、dadupi.uuu.com 使用了“喜羊羊与灰太狼”系列 Flash 游戏，遂申请浙江省杭州市西湖公证处（以下简称西湖公证处）对相关网页进行证据保全。2011 年 3 月 25 日西湖公证处作出〔2011〕浙杭西证民字第 2635 号公证书，该公证书载明：2011 年 1 月 11 日西湖公证处在其办公室，由公证员确认办公室内计算机的网络连接线正常，且在 IE 浏览器输入若干网址确认该计算机已经正常连入互联网后，监督了原创公司的委托代理人在该计算机上进行的一系列操作。公证员利用西湖公证处提供的数码摄像机，对操作人的上述操作过程进行拍摄，得摄像一段；所得摄像由公证处工作人员利用公证处提供的空白光盘和刻录设备刻录至光盘后，由公证员将光盘封存。公证书所附页面显示了游久公司在其所有的网页上使用了灰太狼、红太狼、喜羊羊、慢羊羊、美羊羊、沸羊羊等六幅美术作品。西湖公证处证明：与公证书相粘连的附件 42 页系操作过程中所得的 Word 文档打印后复印所得，与上述操作过程所见页面相符；所附的光盘中储存的内容，与操作时刻实际情况相符。原创公司支付西湖公证处公证费用870元。

另查明，2006年4月原创公司制作的电视动画片《喜羊羊与灰太狼》荣获2001年至2005年度广东省民营影视企业电视动画片优秀节目奖；2009年12月30日原创公司的《喜羊羊与灰太狼》荣获首届中国国际影视动漫版权保护和贸易博览会组委会颁发的最佳动画衍生产品设计奖；2010年5月13日原创公司的“喜羊羊”荣获首届中国十大卡通形象大奖；2010年6月18日《喜羊羊与灰太狼》被第二届中国创意策划节组委会授予中国最佳动漫创意奖；2010年7月8日《喜羊羊与灰太狼》获得第六届中国国际动漫游戏博览会暨2010年卡通总动员最佳收视表现大奖。

庭审期间，原创公司称游久公司还使用了其懒羊羊、暖羊羊两幅美术作品，但未能提供充分的证据。原创公司除提交公证费票据外，未提供其他合理费用的相关票据。

一审判理和结果

一审法院经审理认为，本案争讼之动画片《喜羊羊与灰太狼》主角造型灰太狼、红太狼、喜羊羊、慢羊羊、美羊羊、沸羊羊系由罗应康创作完成的美术作品，游久公司对此并未提出异议，根据《著作权法》第10条第3款、第11条之规定，罗应康应为争讼之美术作品的作者。之后，原创公司通过受让方式取得了上述美术作品的相关著作权，并将其作为动画片《喜羊羊与灰太狼》的主角造型，故原创公司的合法权利应受法律保护，原创公司作为本案原告，诉讼主体并无不当。游久公司辩称，原创公司不享有涉案作品的著作权，因原创公司提供的争讼之作品登记证与其他证据相互印证，游久公司对原创公司享有上述美术作品的著作权未提供相反的证据，根据《著作权法》第11条、《最高人民法院关于审理著作权民事纠纷案件适用法律若干问题的解释》第7条之规定，游久公司的辩称理由，不能成立。游久公司未经原创公司许可，在其所有的互联网站使用了“喜羊羊与灰太狼”中灰太狼、红太狼、喜羊羊、慢羊羊、美羊羊、沸羊羊系列美术作品，此行为不属于我国法律所规定的合理使用行为或法定许可行为，故游久公司的行为已经构成对原创公司依法享有的信息网络传播权的侵害。此外，本案涉及的卡通形象角色在相关公众中具有一定的知名度；加之，游久公司的网站没有对应的域名或者网站名称等信息显示其内容来源于第三方网站，故游久公司作为争讼之作品的网络服务提供者，辩称其不属于使用行为，不构成侵权的理由，事实依据不足。至于本案损失赔偿额的计算，根据《著作权法》第49条、《最高人民法院关于审理著作权民事纠纷案件适用法律若干问题的解释》第25条、第26条之规定，原创公司请求游久公司赔偿损失16万元及因诉讼产生的合理费用1万元，因原创公司未能提供损失的充分证据，依法不予全额支持。鉴于游久公司侵权获利、原创公司因侵权受损的数额均难以确定，法院考虑到争讼之美术作品的类型、作品流行程度、游久公司的主观过错程度、侵权方式、侵权情节、造成的后果等因素，酌情确定包括合理的调查费用及律师费用在内的赔偿数额为2万元。需要说明的是，本案侵权行为人系游久公司，并非网络用户利用网络侵害原创公司的著作权，故游久公司的行为并不符合我国侵权责任法所规定的提示规则和明知规则，其辩称理由法律依据不足，同样不能得到法院的支持。

综上所述，一审法院依照《著作权法》第10条第1款第（12）项和第3款、第48条第1款第（1）项、第49条，《最高人民法院关于审理著作权民事纠纷案件适用法律若干问题的解释》第25条、第26条之规定，判决：(1)本判决生效后陕西游久数码科技有限公司立即停止对广东原创动力文化传播有限公司依法享有的灰太狼、红太狼、喜羊羊、慢羊羊、美羊羊、沸羊羊美术作品著作权的侵害，即在其所有并经营的互联网站上删除涉及原告广东原创动力文化传播有限公司享有著作权的"喜羊羊与灰太狼"系列美术作品所有游戏；(2)本判决生效后十日内陕西游久数码科技有限公司赔偿广东原创动力文化传播有限公司损失(含为制止侵权行为所支出的合理开支)2万元；(3)驳回广东原创动力文化传播有限公司其余诉讼请求。案件受理费4700元，由原创公司负担1410元；游久公司负担3290元。

宣判后，当事人均未上诉，本案已发生法律效力。

佛山市合记饼业有限公司诉珠海香记食品有限公司侵犯商标专用权纠纷案

——阅读提示：一定程度上反映了商品类型、特点的名称是否一定属于通用名称？具有商品和来源混合的名称如何保护？

【裁判要旨】

有些名称虽然也一定程度上反映了商品类型、特点，但由于特定的历史起源、发展过程和长期唯一的提供主体以及客观的市场格局，对于相关公众而言会认知为某一具体生产者生产的某类商品。这种名称属于商品和来源的混合，仍具有指示商品来源的意义，不能认定为通用名称。对于这种名称，应给予其较强的保护，禁止别人未经许可使用。

【案号】

一审：广东省佛山市中级人民法院〔2004〕佛中法民三初字第283号、〔2006〕佛中法民三重字第2号

二审：广东省高级人民法院〔2005〕粤高法民三终字第47号、〔2007〕粤高法民三终字第36号

申请再审：最高人民法院〔2009〕民申字第1733号

再审：最高人民法院〔2011〕民提字第55号

【案情与裁判】

原告(二审被上诉人、再审申请人)：佛山市合记饼业有限公司(以下简称合记公司)

被告(二审上诉人、再审申请人)：珠海香记食品有限公司(以下简称香记公司)

一审审理查明和结果

据公开出版发行的文献资料记载，盲公饼是佛山市土特产名产品之一，其创制于清嘉庆年代后期(1796~1820年)，由一盲人的儿子何豫斋创制，并因而得名。盲公饼出名后创号为合记。新中国成立初期，佛山市饼干、糕点、糖果几个行业实行公私合营，组成佛山市合记饼干糖果食品厂，盲公饼为其生产的食品种类之一。后

佛山市合记饼干糖果食品厂先后改名为佛山市糖果厂、佛山嘉华食品公司(以下简称嘉华公司)。1999年12月8日,成立有限责任公司,命名为现有名称"佛山市合记饼业有限公司",经营饼干、糖果、糕点等的加工、制造和销售,盲公饼亦是生产的食品之一。

1982年12月15日,佛山市糖果厂获准注册"盲公牌盲公"商标,注册证号为166967号,核定使用商品为第30类。1988年12月30日,该商标注册人经核准变更为嘉华公司,有效期续展至2013年2月28日。2000年3月28日,经核准合记公司受让上述商标。2002年12月28日,合记公司获准注册"盲公"商标,注册证号为1965555号,核定使用商品第30类冰糖、饼干、糕点、糖果等,注册有效期限至2012年12月27日止。

从1998年开始,合记公司就保存有其针对盲公饼的打假维权及广告维护费的记录。2003年9月,合记公司创制的盲公饼在佛山美食节上荣获佛山市八大优秀传统食品第一名。2004年7月29日,佛山市中级人民法院曾就他案作出〔2004〕佛中法民三初字第32号判决,认定"盲公饼"为合记公司知名商品特有名称。

香记公司成立于2000年4月6日,是杨新投资成立的独资(澳资)企业,经营范围为生产、销售自产的猪、牛、鱼肉干、肉丸及其他肉类加工品、蛋卷及各类饼食制品等。香记公司生产销售被控侵权产品的饼身及其包装盒上均印有明显的"盲公饼"字样。

2004年8月9日,合记公司以香记公司未经许可,在生产销售的饼类商品外包装上注明"盲公饼",并且在饼身上印有"盲公饼",侵犯其"盲公"注册商标专用权为由,向广东省佛山市中级人民法院提起诉讼,请求判令香记公司停止侵权行为,销毁生产侵权产品的模具及带有"盲公饼"字样的包装纸(盒),公开赔礼道歉,消除影响,并赔偿合记公司经济损失25万元。香记公司辩称"盲公饼"是一种饼类食品的通用名称,香记公司使用"盲公饼"不构成侵权,请求驳回合记公司的诉讼请求。广东省佛山市中级人民法院经过审理认为香记公司在其生产的饼身及包装盒上使用"盲公饼"的行为构成对合记公司注册商标的侵犯,因此于2004年12月20日作出〔2004〕佛中法民三初字第283号民事判决,判令香记公司停止生产销售侵犯合记公司第166967号、第1965555号注册商标的产品,销毁制造侵权产品的模具和印有"盲公饼"字样的包装纸(盒),并赔偿合记公司5万元。香记公司不服第283号判决,上诉至广东省高级人民法院。广东省高级人民法院于2006年7月4日作出〔2005〕粤高法民三终字第47号民事裁定,以"原审法院认定事实不清,证据不足"为由,发回重审。

重审后,广东省佛山市中级人民法院认为:"盲公"是特有名称,而非饼类商品的通用名称。香记公司作为与盲公饼没有任何文化渊源的企业,未经合记公司许可在其生产销售的部分饼干的饼身及其包装盒上使用了合记公司注册的"盲公"商标字样,足以造成消费者的误认。因此一审法院于2006年12月25日作出〔2006〕佛中法民三重字第2号民事判决(以下简称重第2号判决),判令香记公司立即停止侵犯合记公司第166967号及第1965555号注册商标专用权的行为等。

二审判理和结果

香记公司不服重第2号判决,向广东省高级人民法院提起上诉。广东省高级人民法院二审认为:香记公司被控侵权盲公饼饼身所刻阳文"盲公餅"与合记公司注册商标相比,仅"盲公"两汉字相同,但字体不同,差别显著。由于盲公饼为在佛山地区使用近200年的商品概念,结合产品的外包装显著位置关于生产源的明确、突出标记,足以使一般公众区分其为不同生产源的“盲公饼”,不致发生混淆。因此,被控侵权盲公饼饼身所刻“盲公餅”阳文,没有侵犯合记公司商标权。香记公司被控侵权产品外包装的标贴与合记公司第166967号“盲公牌盲公”注册商标相比较,也有明显区别,没有侵犯合记公司第166967号“盲公牌盲公”商标专用权。但是,香记公司被控侵权产品外包装使用的“盲公饼”商品标记包含了合记公司第1965555号“盲公”文字商标的全部文字内容,且两者均使用不常见的艺术字体,两者字体、书写方式高度近似,不易区分。由于合记公司生产的盲公饼为知名盲公饼,相关公众容易认为香记公司该“盲公饼”与合记公司有密切关系,是合记公司生产的“盲公”牌盲公饼,从而发生商品来源的混淆。香记公司该行为,属于在同一种商品上,将与合记公司第1965555号注册商标相近似的标志作为商品名称使用,误导公众的行为。因此,香记公司被控侵权产品外包装盒使用的“盲公饼”商品标记侵犯了合记公司第1965555号“盲公”文字商标专用权。需要特别指出的是,盲公饼是商品名称,而非“盲公”是商品名称,合记公司的第1965555号注册商标“盲公”是商标标识而非商品名称。据此,广东省高级人民法院作出〔2007〕粤高法民三终字第36号民事判决,改判香记公司停止侵犯合记公司第1965555号注册商标专用权的行为等。

申请再审理由

合记公司和香记公司均不服二审判决,向最高人民法院申请再审。合记公司申请再审称:二审判决认定“盲公饼是商品名称”没有事实根据和理由。“盲公”饼名称具有历史原创性,它完全是包括合记公司在内的数代经营者独家创立的品牌,其权利理应由合记公司单独享有,不可能成为公众可以随意使用的商品名称。“盲公”饼在成为注册商标之前属于一种特有名称,一直为独家使用;成为注册商标后,显著性越来越强,是不折不扣的知名品牌。国内并无其他合法使用“盲公”饼的生产厂家。香记公司提供的证据不足以说明“盲公”饼是商品名称。二审判决认定“盲公饼是商品名称”没有任何事实依据,相反会严重影响合记公司的权益,请求予以改正。本案中,合记公司的盲公品牌历史悠久,具有很高的市场知名度。香记公司在其生产的饼干的饼身及外包装上使用“盲公饼”标记,足以使相关公众对两者的关系产生误认。二审判决在对比香记公司的“盲公饼”与合记公司的注册商标时,忽视合记公司商标的市场知名度,简单地认定香记公司产品饼身的“盲公饼”与合记公司的两注册商标不同,不构成侵权;外包装上的“盲公饼”也仅侵犯了合记公司的第1965555号“盲公”注册商标。二审判决的这一认定明显不当,香记公司的行为同时侵犯了合记公司第166967号及第1965555号商标专用权。综上所述,合记公司请求撤销二审判决,改判维持重第2号判决。

香记公司申请再审称:盲公饼是在我国广东省和港澳地区、东南亚某些地区和国家流行的一种饼类的通称。合记公司将“盲公牌”注册为商标,首先,违反了通用名称不得作为商标注册的法律规定。其次,根据《中华人民共和国商标法实施条例》第49条的规定,合记公司无权禁止香记公司正当使用“盲公饼”作为商品名称。况且,本案中香记公司将“盲公饼”字体作为外包装,只是为了说明或者描述自己生产销售的商品是“盲公饼”而已,这样的使用并不会造成相关公众的误认和混淆,因此二审判决以容易导致相关公众误认为由判决香记公司侵权属于适用法律错误。请求撤销二审判决,并依法驳回合记公司的诉讼请求。

再审判理和结果

最高人民法院经过审查后裁定提审了本案,并于2011年8月24日作出〔2011〕民提字第55号民事判决,认为:本案中,根据查明的事实可以看出,盲公饼是有着200多年历史的一种佛山特产,有着特定的历史渊源和地方文化特色。虽然“盲公饼”具有特殊风味,但“盲公”或者“盲公饼”本身并非是此类饼干的普通描述性词汇。从其经营者传承看,虽然经历了公私合营、改制等过程,但有着较为连续的传承关系,盲公饼是包括合记饼店、佛山市合记饼干糖果食品厂、佛山市糖果厂、嘉华公司、合记公司等在内的数代经营者独家创立并一直经营的产品。而且在我国商标法施行不久,“盲公饼”的经营者即申请了“盲公”商标,并且积极维护其品牌,其生产的“盲公饼”具有较高的知名度。虽然香记公司主张“盲公饼”是通用名称,但未能举出证据证明在我国内地还有其他厂商生产“盲公饼”,从而形成多家主体共存的局面。虽然有些书籍介绍“盲公饼”的做法,我国港澳地区也有一些厂商生产各种品牌的“盲公饼”,这些客观事实有可能使得某些相关公众会认为“盲公饼”可能是一类产品的名称,但由于特定的历史起源、发展过程和长期唯一的提供主体以及客观的市场格局,我国内地的大多数相关公众会将“盲公饼”认知为某主体提供的某种产品。因此,在被诉侵权行为发生时,盲公饼仍保持着产品和品牌混合的属性,具有指示商品来源的意义,并没有通用化,不属于通用名称。对于这种名称,给予其较强的保护,禁止别人未经许可使用,有利于保持产品的特点和文化传统,使得产品做大做强,消费者也能真正品尝到产品的风味和背后的文化;相反,如果允许其他厂家生产制造“盲公饼”,一方面权利人的权益受到损害,另一方面也可能切断了该产品所承载的历史、传统和文化,破坏了已有的市场秩序。综上所述,“盲公饼”并非商品通用名称,香记公司关于其正当使用的抗辩不能成立。香记公司未经合记公司许可,在与注册商标核定使用商品相同的商品上使用与注册商标近似商标的“盲公饼”的行为,易使得相关公众误认为该产品来自合记公司或者其提供主体与合记公司之间存在特定关系,侵犯了合记公司第166967号和第1965555号注册商标专用权,应当承担相应的民事责任。因此改判香记公司停止侵犯合记公司第166967号及第1965555号注册商标专用权的行为等。

卡地亚国际有限公司诉佛山市三水区铭坤陶瓷有限公司等侵犯商标权及不正当竞争纠纷案

——阅读提示:未在商品上使用而仅在网站页面、宣传手册或者销售凭证上使用被控侵权标识,是否构成对驰名商标的侵犯?将他人驰名品牌的商品与自己的商品相提并论地进行商品宣传,是否构成不正当竞争?

【裁判要旨】

在网站、宣传手册以及销售凭证上使用与他人驰名商标近似的标识,会吸引公众的注意力,使相关公众产生误认,从而减弱他人驰名商标的显著性,使驰名商标权利人的利益可能受到损害,上述行为构成对他人驰名商标专用权的侵害。

将他人驰名品牌与自己的产品相提并论的宣传方式,主观上具有借助他人商誉宣传自己产品并提高自身产品知名度的故意,违反了诚实信用的原则以及公认的商业道德,构成不正当竞争。

【案号】

一审:上海市第一中级人民法院〔2010〕沪一中民五(知)初字第123号

二审:上海市高级人民法院〔2011〕沪高民三(知)终字第93号

【案情与裁判】

原告(二审被上诉人):卡地亚国际有限公司(Cartier International N. V.,以下简称卡地亚公司)

被告(二审上诉人):佛山市三水区铭坤陶瓷有限公司(以下简称铭坤公司)

被告(二审上诉人):佛山市金丝玉玛装饰材料有限公司(以下简称金丝玉玛公司)

被告(二审上诉人):章云树

起诉与答辩

原告卡地亚公司诉称:Cartier(卡地亚)品牌于1983年进入中国市场后在北京、上海等众多城市设立了专卖店和特许经销商,其产品和服务得到了广大消费者的青睐和喜爱,在相关公众中享有极高的知名度和美誉度,"Cartier"以及"卡地亚"商标已成为驰名商标。三被告在经营中将"卡地亚"作为其生产或销售的陶瓷类商品标识使用,并在网站及宣传手册中非法利用原告商标的知名度和商誉感召力进行引人误解的虚假宣传,三被告的行为侵犯了原告的注册商标专用权并对构成不正当竞争。据此,原告于2010年5月25日诉至法院,请求判令三被告:(1)立即停止商标侵权及不正当竞争行为;(2)共同赔偿原告经济损失人民币50万元(包括原告所支出的合理费用,以下币种相同);(3)在《人民日报》、《中国工商报》等全国性媒体及被告的经营场所公开说明事实、消除影响。

被告铭坤公司、金丝玉玛公司、章云树答辩称:原告提供的证据不足以证明原告的两项商标为驰名商标。被告将"卡地亚"作为涉讼产品商品类别的名称使用,该使用方式不是商标意义上的使用,属于正当使用。被告的行为亦不构成虚假宣传的不正当竞争。涉讼产品销售时间较短,原告要求赔偿经济损失50万元过高。据此,三被告请求驳回原告的诉讼请求。

一审审理查明

上海市第一中级人民法院经审理查明:"Cartier"品牌于1847年在法国巴黎创立。"Cartier"商标(商标注册证号为202386)于1983年12月15日在我国注册,"卡地亚"商标(商标注册证号为783315)于1995年10月14日在我国注册,该两个商标均核定使用在第14类商品上。原告卡地亚公司系该两个注册商标的权利人。

1999年,主要使用在服装、皮具、手表商品上的"Cartier"商标被列入国家商标局编制的《全国重点商标保护名录》。2004年10月至2005年8月,为保护涉外知名品牌权利人在中国的合法权益,北京市工商行政管理局、上海市工商行政管理局、天津市工商行政管理局分别发布通告,要求所属区域内的服装市场和小商品市场禁止销售未经授权带有列入通告名单中的商标的商品,"Cartier"、"卡地亚"商标被列入通告名单中。此外,国家商标局曾多次在商标异议裁定书中认定,核定使用在宝石、首饰商品上的"Cartier"、"卡地亚"商标为驰名商标。北京市第二中级人民法院于2010年4月26日作出的〔2010〕二中民初字第01529号民事判决认定,注册证号为第202386号的"Cartier"商标以及注册证号为第783315号的"卡地亚"商标为驰名商标。

自2000年起,报刊、杂志等媒体对Cartier(卡地亚)品牌进行了报道。2005年至2010年,原告持续性地在《世界服装之苑》、《时尚芭莎》、《商务周刊》、《东方航空》等杂志上展示了多款Cartier(卡地亚)品牌的首饰。2009年9月5日至11月22日,北京故宫博物院举办了"卡地亚珍宝艺术展"。

被告铭坤公司与被告金丝玉玛公司在其网站页面、宣传手册上使用被控侵权标识"卡地亚"、"卡地亚 KADIYA",并宣传"卡地亚,世界珠宝界中最优秀的代表,被誉为'皇帝的珠宝商、珠宝商的皇帝',金丝玉玛卡地亚系列产品以顶级珠宝的品位、高贵、坚贞、永恒作为设计灵魂,全力打造K金砖的KING。"

2010年3月5日,原告在被告章云树经营的上海闵行七宝兄弟陶瓷经营部购买了规格600×600陶瓷砖一片,价格人民币210元(以下币种同)。该经营部开具的发货单及发票上注明"金丝玉玛卡地亚系列红色"等字样。

一审判理和结果

上海市第一中级人民法院经审理认为:

原告第202386号核定使用在第14类贵金属或镀有贵金属的珠宝、钟表等商品上的"Cartier"商标,以及第783315号核定使用在第14类首饰、宝石、钟表等商品上的"卡地亚"商标在涉案侵权行为发生时已为驰名商标。

被告铭坤公司、被告金丝玉玛公司在宣传手册、网站页面上对其生产、销售的陶瓷砖产品进行宣传时使用"卡地亚"或"卡地亚 KADIYA"字样,侵犯了原告的两项注册商标专用权。被告章云树销售了铭坤公司生产的金丝玉玛卡地亚系列产品,并在销售凭证上使用"卡地亚"字样,其行为亦侵犯了原告享有的"卡地亚"注册商标专用权。

被告铭坤公司、被告金丝玉玛公司在宣传手册、网站页面上将原告的"卡地亚"与其自己的"卡地亚"系列产品相提并论的宣传手段,主观上明显具有搭乘他人品牌知名度的故意,对原告构成不正当竞争。

被告铭坤公司、金丝玉玛公司共同侵犯了原告的涉案两项注册商标专用权,并对原告构成不正当竞争,故应当承担停止侵权、赔偿经济损失、消除影响的民事责任。章云树作为被告金丝玉玛公司的法定代表人,其对涉讼产品系侵犯原告注册商标专用权的商品是明知的,其应承担停止侵权、赔偿经济损失的民事责任。

综上所述,上海市第一中级人民法院依照《中华人民共和国民法通则》第130条、《中华人民共和国商标法》第52条第(5)项、第56条第2款、《中华人民共和国反不正当竞争法》第2条第1款、第20条第1款、《最高人民法院关于审理商标民事纠纷案件适用法律若干问题的解释》第1条第(2)项、第16条第1款和第2款、第21条第1款、《最高人民法院关于审理涉及驰名商标保护的民事纠纷案件应用法律若干问题的解释》第10条之规定,于2011年9月23日判决:

1. 被告铭坤公司、金丝玉玛公司于判决生效之日起停止侵犯原告卡地亚公司享有的核定使用在第14类商品上的“Cartier”、“卡地亚”注册商标专用权；

2. 被告铭坤公司、金丝玉玛公司于判决生效之日起停止对原告卡地亚公司的不正当竞争行为；

3. 被告章云树于判决生效之日起停止侵犯原告卡地亚公司享有的核定使用在第14类商品上的“卡地亚”注册商标专用权；

4. 被告铭坤公司、金丝玉玛公司于判决生效之日起10日内共同赔偿原告卡地亚公司经济损失人民币450,000元；

5. 被告章云树于判决生效之日起10日内赔偿原告卡地亚公司经济损失人民币50,000元；

6. 被告铭坤公司、金丝玉玛公司于判决生效之日起30日在《中国工商报》上刊登声明，以消除因涉案商标侵权及不正当竞争行为给原告卡地亚公司造成的不良影响（内容须经原审法院审核，若逾期不履行，原审法院将在《中国工商报》上公布判决内容，相关费用由两被告共同负担）；

7. 驳回原告卡地亚公司的其余诉讼请求。

上诉与答辩

判决后，铭坤公司、金丝玉玛公司、章云树均不服，提起上诉，请求撤销一审判决，驳回卡地亚公司的诉讼请求，本案一、二审诉讼费由卡地亚公司承担。主要上诉理由为：(1)一审判决将被上诉人的“卡地亚”、“Cartier”两项注册商标认定为驰名商标缺乏法律依据，属适用法律错误。(2)上诉人未将“卡地亚”、“Cartier”作为商品的商标使用，不足以误导公众，未对被上诉人的利益造成损害，不构成驰名商标侵权。(3)上诉人的“金丝玉玛”品牌是建材行业的知名品牌，上诉人经营的产品有别于被上诉人经营的产品，上诉人没有必要也不可能企图通过使用被上诉人的注册商标来提高自己产品的知名度，上诉人没有搭乘被上诉人商标知名度的故意，不构成不正当竞争。(4)原审法院判决的赔偿数额不当，违反公平原则，请求二审法院重新确定赔偿额度，减轻上诉人的赔偿责任。

被上诉人卡地亚公司答辩称：一审判决认定事实清楚，适用法律正确，请求驳回三上诉人的上诉，维持原判。

二审判理查明

上海市高级人民法院经审理查明，原审法院认定的事实属实。

二审判理和结果

上海市高级人民法院认为：

1. 卡地亚公司提交的证据可以证明：“Cartier”品牌自1847年在法国巴黎创立以来已有160多年的历史，涉案“卡地亚”、“Cartier”两项注册商标也已在我国注册使用了二三十年；卡地亚公司对上述两项注册商标在全国范围内进行了持续的广告宣传，我国国内众多报刊媒体亦对Cartier(卡地亚)品牌的发展历史和卓越品质等作了广泛报道；通过卡地亚公司的广告宣传以及媒体的宣传报道，涉案“卡地亚”、“Cartier”两项注册商标在相关公众中具有较高的知名度；1999年“Cartier”商标被列入《全国重点商标保护名录》，2004年至2010年期间，涉案“Cartier”、“卡地亚”两项注册商标多次被国家商标局、人民法院认定为驰名商标。上述事实足以证明涉案“Cartier”、“卡地亚”两项注册商标在中国境内属于相关公众广为知晓的商标。因此，综合考虑相关公众对被上诉人上述两项注册商标的知晓程度、商标使用的持续时间、商标进行宣传的持续时间、程度、地理范围以及商标作为驰名商标保护的记录等因素，可以认定卡地亚公司的涉案“Cartier”、“卡地亚”两项注册商标在被控侵权行为发生时已为驰名商标。而且，从上诉人铭坤公司使用的“卡地亚,世界珠宝界中最优秀的代表,被誉为‘皇帝的珠宝商、珠宝商的皇帝’”等宣传语中可以得知,铭坤公司对卡地亚品牌的知名度亦是知悉和认可的。

2. 首先,商标的使用,包括将商标用于商品、商品包装或容器以及商品交易文书上,也包括将商标用于广告宣传、展览以及其他商业活动中。本案中,铭坤公司与金丝玉玛公司在其网站页面、宣传手册上使用被控侵权标识“卡地亚”、“卡地亚KADIYA”,章云树在其销售凭证上使用被控侵权标识“卡地亚”,上述使用行为具有识别商品来源的作用,应当认定三上诉人的上述行为系将被控侵权标识“卡地亚”、“卡地亚 KADIYA”作为商标使用。其次,“卡地亚”属于臆造词,本身具有较强的显著性,而且由于“卡地亚”、“Cartier”该两项注册商标已成为驰名商标,故其在相关公众中广为知晓。本案中,虽然三上诉人在网站、宣传手册以及销售凭证上使用了“金丝玉玛”商标,但是由于“卡地亚”、“Cartier”商标属于相关公众广为知晓的商标,三上诉人在网站、宣传手册以及销售凭证上使用与驰名商标“卡地亚”、“Cartier”文字相同、读音相似的被控侵权标识“卡地亚”、“卡地亚 KADIYA”的行为,仍然会吸引公众的注意力,使相关公众误认为上诉人的商品来源于被上诉人卡地亚公司或者与被上诉人具有相当程度的联系,从而减弱“卡地亚”、“Cartier”注册商标的显著性,使被上诉人的利益可能受到损害,三上诉人的行为已经构成对被上诉人涉案两项注册商标专用权的侵害。

3. 本案中,铭坤公司与金丝玉玛公司在宣传手册、网站上介绍了“卡地亚”品牌,称“卡地亚,世界珠宝界中最优秀的代表,被誉为‘皇帝的珠宝商、珠宝商的皇帝’”,接着又宣传自己的金丝玉玛卡地亚系列产品,称“以顶级珠宝的品位、高贵、坚贞、永恒作为设计灵魂,全力打造 K 金砖的KING”。被上诉人“卡地亚”品牌的品质和荣誉是专属于被上诉人的,两上诉人将被上诉人的“卡地亚”品牌与上诉人的“卡地亚”系列产品相提并论的宣传方式,主观上具有借助他人商誉宣传自己产品并提高自身产品知名度的故意,违反了诚实信用的原则以及公认的商业道德,构成对被上诉人的不正当竞争。

4. 本案中并无证据能够证明三上诉人的侵权获利,也无证据证明被上诉人因被侵权遭受的实际损失,故原审法院综合考虑三上诉人实施侵权行为的性质、情节、规模、影响范围以及被上诉人涉案两项注册商标的知名度、被上诉人为本案支出的合理费用等因素,酌情确定上诉人铭坤公司和上诉人金丝玉玛公司共同赔偿被上诉人经济损失人民币 45 万元、上诉人章云树赔偿被上诉人经济损失人民币 5 万元,并无不当。

综上所述,原审法院认定事实清楚,适用法律正确,审判程序合法。上诉人铭坤公司、上诉人金丝玉玛公司、上诉人章云树的上诉请求与理由缺乏事实和法律依据,应予驳回。依照《中华人民共和国民事诉讼法》第 153 条第 1 款第(1)项、第 158 条之规定,判决如下:

驳回上诉,维持原判。

上海梅思泰克生态科技有限公司诉无锡安固斯建筑科技有限公司侵犯注册商标专用权纠纷案

——阅读提示:未经许可使用他人注册商标作为搜索引擎竞价排名关键词,是否构成商标侵权?

【裁判要旨】

判断涉案行为是否属于商标性使用,依据是其是否用于商业目的,并能使一般消费者产生商品或者服务来源的认知。无锡安固斯建筑科技有限公司通过购买“谷歌”竞价排名服务的方式将上海梅思泰克生态科技有限公司的注册商标“梅思泰克”设定为其搜索关键词,客观上会使搜索用户认为被告公司与原告注册商标之间存在某种联系,构成商标性使用,导致相关公众选择商品时产生混淆和原告客户的流失,应认定为商标侵权。

【案号】

一审:江苏省无锡市中级人民法院〔2010〕锡知民初字第188号

二审:江苏省高级人民法院〔2011〕苏知民终字第0033号

【案情与裁判】

原告(二审被上诉人):上海梅思泰克生态科技有限公司(以下简称梅思泰克公司)

被告(二审上诉人):无锡安固斯建筑科技有限公司(以下简称安固斯公司)

起诉与答辩

梅思泰克公司一审诉称:其于2006年4月3日申请注册了“梅思泰克”商标,2009年5月14日经核准注册,核定使用的商品包括空气防臭装置、空气调节装置、空气消毒器等。安固斯公司在没有征得梅思泰克公司许可的情况下,使用“梅思泰克”作为其销售的同类产品的品名,并且在广为使用的搜索引擎“谷歌”上,利用赞助商链接将该产品作为“梅思泰克”置顶的搜索结果。安固斯公司的行为会对使用“谷歌”搜索引擎寻找“梅思泰克”信息的消费者产生误导,使其错误地认为安固斯公司所经营的系列产品与梅思泰克公司已注册商标的核定商品是完全一致的;即使未导致消费者误认,安固斯公司借“梅思泰克”之名宣传了自己的产品,增加了销售机会,导致梅思泰克公司的潜在客户流失。安固斯公司的行为损害了梅思泰克公司的经济利益以及商标、商号信誉,侵犯了其享有的“梅思泰克”商标专用权,请求法院判令安固斯公司:(1)立即停止侵权行为;(2)赔偿经济损失100元;(3)支付其为制止安固斯公司侵权而支出的合理费用9000元;(4)承担案件诉讼费用。

安固斯公司一审答辩称:(1)其未对“梅思泰克”商标进行使用。其所销售的产品均使用“安固斯”作为品名,经“梅思泰克”关键词搜索出来的第一位条目显示内容为“PHT光氢离子空气净化装置”,条目下显示的域名为www.china-acous.com,最终指向的网站是安固斯公司的网站,这其中自始至终未使用到“梅思泰克”商标,条目右边还有“赞助商链接”字样作区别提示,故不会造成消费者误认;(2)搜索引擎服务商对于如何显示搜索结果、结果排名具有自主权利,是合法的,本案输入关键词“梅思泰克”搜索后置顶的词条是由谷歌合法控制的,安固斯公司无权操作,且并不知道自己的页面推广链接会置顶;(3)选定关键词不构成商标侵权。商标侵权应该具有可视性特征,不管是商标标识的仿冒还是包装上的使用等,均在可视的前提下再考虑误认。安固斯公司选定“梅思泰克”四个字作为关键词,仅是一种对语言描述性地使用,这种“选定”行为不具备可视性,更谈不上误认,故这种行为不是商标侵权行为。综上所述,请求驳回梅思泰克公司的诉讼请求。

一审审理查明

梅思泰克公司于2006年3月22日登记成立,经营范围是环保及气、水处理技术领域内的技术开发、技术转让、技术咨询、技术服务;空气净化装置、异味、臭味控制与处理装置生产、销售、安装、维修服务等。2009年5月14日,梅思泰克公司获准注册“梅思泰克”文字商标,核定使用商品第11类:空气防臭装置;空气调节装置;气体净化装置;空气消毒器等,商标注册证号为第5258288号,有效期至2019年5月13日。

安固斯公司于2005年6月22日登记成立,经营范围是新型建筑技术的研发,建筑材料、电子设备、环保设备的销售;环保设备的制造。

安固斯公司在没有获得梅思泰克公司许可的情况下,通过支付推广费的形式,购买“谷歌”搜索引擎的竞价排名服务,将“梅思泰克”四个字作为关键词进行“选定”使用,使安固斯公司占据有关“梅思泰克”搜索结果的第一位。

一审判理和结果

一审法院认为:

1. 安固斯公司将“梅思泰克”设置为关键词用于网络搜索的行为是商标法意义上的商标使用行为。梅思泰克公司系“梅思泰克”商标的注册人,在其核定使用的商品范围内,依法享有注册商标专用权。未经梅思泰克公司许可,任何人不得在相同或类似的商品、商品包装、广告宣传等商业活动中使用上述商标。安固斯公司将“梅思泰克”这一商标选定为关键词,并通过支付推广费的形式,向“谷歌”购买竞价排名服务,以占据“梅思泰克”有关搜索结果的第一位,这是安固斯公司通过对“梅思泰克”商标进行使用的广告宣传行为,以销售、推广与梅思泰克公司相同的商品,构成了对“梅思泰克”注册商标专用权的侵犯。

2. 安固斯公司将“梅思泰克”设置为关键词用于网络搜索的行为会造成相关公众的误认或混淆。安固斯公司将“梅思泰克”作为关键词,提供给“谷歌”并购买其相关服务,使相关公众在用“梅思泰克”进行搜索时,显示结果的网页置顶链接为安固斯公司网站,网址旁的内容介绍为“PHT光氢离子空气净化装置”,与梅思泰克公司的项目名称完全一致,客观上会使相关公众误认为安固斯公司销售的商品与梅思泰克公司有特定联系,在选择商品时造成混淆。即使不认为二者有关联,因两公司销售同类商品,面临潜在的消费群体相同,有意愿购买“梅思泰克”商品的消费者在使用“梅思泰克”进行特定搜索时,却进入安固斯公司网站,安固斯公司的上述行为势必会抢占梅思泰克公司的市场份额,损害了梅思泰克公司作为“梅思泰克”商标专用权人因创造、使用、维护该商标所应该享受到的权益。

3. 安固斯公司购买竞价排名服务的涉案行为不具备正当性。目前,常见的搜索引擎搜索结果的排名方式有两种,即自然排名和竞价排名。自然排名是非营利模式,被收录网站的所有者无须交纳任何费用,网页的排名顺序是搜索引擎服务商根据其设定的排名算法规则形成的。而竞价排名是搜索引擎服务商的一种赢利模式,客户付款的数额与排名的顺序紧密相关,付款越多排名越靠前。竞价排名是搜索引擎网站以网页为媒介,为客户提供收费的宣传和推广服务。安固斯公司与梅思泰克公司并无关联,但其在购买竞价排名服务时,向"谷歌"提供了他人注册商标"梅思泰克"作为关键词,在销售同类商品的企业网站链接条目上显示与梅思泰克公司完全一致的项目"PHT 光氢离子空气净化装置",虽然并未在其企业网站中直接使用"梅思泰克"进行产品宣传,但已攀附了他人注册商标的商誉,客观上已利用他人注册商标进行了自身同类产品的广告宣传,是侵犯他人注册商标专用权的行为。

据此,一审法院依照《中华人民共和国商标法》第 52 条第 1 项、第 56 条第 1 款和第 2 款,《中华人民共和国商标法实施条例》第 3 条,《中华人民共和国民事诉讼法》第 128 条的规定,判决:安固斯公司于判决生效之日起十日内赔偿梅思泰克公司经济损失 100 元及支出的合理费用 9000 元。

上诉与答辩

安固斯公司上诉请求撤销一审判决,主要理由是:(1)安固斯公司选定"梅思泰克"为关键词不是商标法意义上的商标使用行为。(2)安固斯公司选定"梅思泰克"为关键词不会造成公众的误认。(3)一审判决关于搜索引擎自然排名认识错误。安固斯公司的竞价排名行为,并不破坏正常的商业秩序,应当是一种正常的有明确针对对象的商业竞争手段,理应具有正当性。(4)搜索引擎关键词侵犯商标权的起点为搜索结果页面中不能有商标类似文字、图案,而法律没有禁止将自己的链接出现在其他公司注册商标为关键词的搜索结果页面中。

梅思泰克公司二审答辩称:(1)安固斯公司利用我公司的商标宣传销售自身的产品,导致我公司客户流失。(2)安固斯公司的涉案行为,容易导致误认。因此,一审判决认定事实清楚,适用法律正确,请求驳回安固斯公司的上诉。

二审判理查明

二审法院查明同一审法院查明的事实一致。

二审另查明:安固斯公司二审庭审中陈述其选定"梅思泰克"做关键词,是因为知晓梅思泰克公司及其产品,并且双方是相同行业。

二审判理和结果

二审法院认为:

"梅思泰克"注册商标在有效保护期内,梅思泰克公司作为该商标持有人,其享有的注册商标专用权受法律保护,其他任何单位和个人未经其许可均不得使用。安固斯公司以"梅思泰克"为关键词,购买、使用"谷歌"竞价排名服务的行为侵犯了梅思泰克公司所享有的注册商标专用权。主要理由是:

1. 关于安固斯公司以"梅思泰克"为关键词进行竞价排名是否属于商标意义上的使用问题。

我国《商标法实施条例》第 3 条规定:商标的使用,包括将商标用于商品、商品包装或者容器以及商品交易文书上,或者将商标用于广告宣传、展览以及其他商业活动中。因此,本案中判断安固斯公司的被诉侵权行为是否属于商标性使用,要看这种使用行为是否是用于商业目的,并能使一般消费者产生商品或者服务来源的认知。由于安固斯公司购买"梅思泰克"关键词进行竞价排名的行为所指向的对象是安固斯公司的网站,而通常情况下,输入"梅思泰克"关键词进行搜索的用户,往往是对

"梅思泰克"商标所标识的产品或者服务有一定认识的消费者,由于被诉侵权行为的存在,导致上述用户访问安固斯公司的网站,从而增加安固斯公司交易机会。也就是说,安固斯公司以商业性目的利用梅思泰克商标的声誉来吸引消费者对其网站的访问。因此,安固斯公司涉案被控侵权行为构成商标性使用。

2. 关于安固斯公司选定"梅思泰克"为关键词是否会造成公众的混淆和误认问题。

安固斯公司选定"梅思泰克"为关键词进行竞价排名,容易导致相关公众混淆和误认。首先,梅思泰克公司与安固斯公司均系从事环保设备生产、销售等服务企业,二者提供部分产品和服务系相同或者相似;其次,"梅思泰克"注册商标通过梅思泰克公司的使用和宣传,相关消费者已将"梅思泰克"与梅思泰克公司的产品和服务产生了一定的联系,具有一定的识别、联系功能;再次,鉴于"梅思泰克"并非环保行业商品的通用名称、图形、型号,或者能够直接表示相关商品的质量、主要原料、功能、用途、重量、数量及其他特点,故当一个互联网搜索用户在搜索"梅思泰克"时,其意图很明显就是要查找"梅思泰克"商标所代表的商品或服务。然而,由于安固斯公司通过竞价排名已将"梅思泰克"设定为其关键词,搜索结果排在第一位的是安固斯公司的网站及其产品,客观上会使搜索用户认为安固斯公司与"梅思泰克"存在某种联系,因而产生误解,引起混淆,从而进入安固斯公司的网站。虽然安固斯公司的网站中并没有显示"梅思泰克"商标,其网站中宣传的产品亦是安固斯公司的产品,而不是梅思泰克公司产品,但是安固斯公司在明知梅思泰克公司为同行业企业,且"梅思泰克"是梅思泰克公司注册商标的情况下,仍选定"梅思泰克"为关键词购买"谷歌"竞价排名服务,从而吸引意在寻找"梅思泰克"产品的用户访问安固斯公司网站及其产品。因此,安固斯公司的行为主观上具有利用"梅思泰克"商标、商誉的故意,客观上增加了"梅思泰克"潜在客户访问其网站和产品的机会,导致梅思泰克公司客户的流失,损害了梅思泰克公司的商业利益。

综上所述,二审法院认为安固斯公司使用"梅思泰克"作为关键词进行竞价排名侵犯了梅思泰克公司对"梅思泰克"商标所享有的注册商标专用权。遂驳回上诉,维持原判决。

杭州奥普电器有限公司诉浙江凌普电器有限公司、浙江阿林斯普能源科技有限公司、王文华、林珠、杭州鸿景装饰材料有限公司侵犯商标权、不正当竞争纠纷案

——阅读提示:在由不同种类商品组合而成的集成系列产品上,使用与他人注册商标相同或近似标识的行为性质认定。

【裁判要旨】

集成吊顶产品系一种将吊顶组件与电器组件按标准规格制作成独立的可组合式

模块,使用时依据个性化定制将上述模块集成在一起的室内顶面装修装饰产品,其尚未被明确纳入《商标注册用商品和服务国际分类表》和《类似商品和服务区分表》。人民法院在审理涉及在上述集成产品上使用与他人注册商标相同或近似标识的商标侵权及不正当竞争案件时,应综合考量案件的具体情况,作出相应的司法评价。在认定被诉侵权行为是否构成商标侵权时,应着重考量标识的使用方式及实际指向的具体商品;在认定被诉侵权行为是否构成不正当竞争时,应着重考量被诉侵权人的行为在客观上是否容易造成对商品或服务来源的混淆或误认,主观上是否具有攀附他人声誉的故意。

【案号】

一审:浙江省杭州市中级人民法院〔2010〕浙杭知初字第 476 号

二审:浙江省高级人民法院〔2011〕浙知终字第 200 号

【案情与裁判】

原告(二审上诉人):杭州奥普电器有限公司(以下简称奥普公司)

被告(二审上诉人):浙江凌普电器有限公司(以下简称凌普公司)

被告(二审被上诉人):浙江阿林斯普能源科技有限公司(以下简称阿林斯普公司)

被告(二审被上诉人):王文华

被告(二审被上诉人):林珠

被告:杭州鸿景装饰材料有限公司(以下简称鸿景公司)

起诉与答辩

奥普公司于 2010 年 6 月 28 日向浙江省杭州市中级人民法院起诉称:奥普公司系"奥普"文字商标、"AUPU"文字商标、"奥普"文字商标、"AUPU 奥普"图文商标的商标专用权人。奥普公司发现,凌普公司未经许可擅自在室内加热器、嵌入式照明灯具、换气扇等商品上使用"奥普集成吊顶"标识,并在销售以上商品的专卖店门楣、店内、宣传横幅上以及网站上使用"奥普集成吊顶"和"奥普 AOPU"标识,侵犯了其系列注册商标专用权;凌普公司在其生产、销售的扣板上使用"奥普"、"奥普集成吊顶"文字,在扣板的内外包装、各种广告宣传以及经营场所的店牌、招牌上笼统使用"奥普"、"奥普集成吊顶"文字,足以造成相关公众误认,构成不正当竞争;阿林斯普公司为凌普公司生产、销售侵权产品提供了厂房、机器设备以及经营管理的必备条件,使凌普公司的商标侵权、不正当竞争行为得以顺利发生,应当承担连带责任。凌普公司实际上是王文华、林珠用以侵权,并借以逃避法律制裁的工具,王文华、林珠也构成共同侵权。鸿景公司销售侵权产品,亦应承担侵权责任。请求判令五被告:(1)立即停止商标侵权行为;(2)立即停止不正当竞争行为;(3)赔偿奥普公司经济损失 500 万元,原审各被告负连带责任;(4)在全国发行的报纸、期刊上刊登声明,消除影响。针对奥普公司的诉讼请求与理由,凌普公司答辩称,其在金属制集成吊顶产品和取暖器、照明设备、通风设备等电器产品上,分别有权使用"aopu 奥普"商标和"凌峰奥普"商标。由于市场上的电器产品非均可与标准化集成吊顶相配套,凌普公司自身也非只生产符合集成吊顶规格的电器产品,因此基于上述两个注册商标,其将生产的金属制集成吊顶产品命名为"奥普集成吊顶",将与之配套的相关电器产品则命名为"凌峰奥普电器",在取暖器等电器产品及包装上使用"奥普集成吊顶"字样,系在其内部区分不同系列产品并在销售时向消费者作出说明的需要。“奥普集成吊顶”是表述该电器是与集成吊顶相配套,系描述性使用,并未侵犯原告的注册商标专用权。阿林斯普公司、王文华、林珠亦不构成共同侵权。阿林斯普公司、鸿景公司、王文华、林珠的答辩意见与凌普公司的答辩意见相同。鸿景公司另辩称,其经销的涉案产品有合法来源,并已尽到谨慎注意义务,不应承担连带赔偿责任;王文华、林珠另辩称,奥普公司指控其二人曾多次侵权与事实不符。

法院审理查明

法院审理查明:奥普公司系“奥普”文字商标、“奥普”文字商标、“AUPU 奥普”图文商标的商标专用权人,核定使用商品为第11类照明器材、取暖器、排风扇、照明、取暖、排风一体机、浴用加热器等。凌普公司系“aopu 奥普”商标、“凌峰奥普”商标的商标专用权人,核定使用商品分别为第6类金属毛巾架、金属固定毛巾分配器、金属建筑材料、家具用金属附件等和第11类照明器、风扇、电暖器等。凌普公司生产的产品包括金属扣板和与金属扣板尺寸配套的电器产品,其将该两种产品统称为“奥普集成吊顶”,并在其室内加热器、嵌入式照明灯具、换气扇等商品的内外包装上使用“奥普集成吊顶”标识,在其金属扣板产品内外包装及销售以上商品的专卖店店招及室内装潢中使用“奥普集成吊顶”、“奥普 AOPU”标识。凌普公司的生产场地系向阿林斯普公司租用,其销售的电器产品由阿林斯普公司生产,再由凌普公司贴牌。两公司共用生产线,经营范围、经营地址均相同。林珠系凌普公司法定代表人、股东、执行董事、阿林斯普公司股东、监事。王文华系凌普公司监事、阿林斯普公司法定代表人、股东、执行董事、总经理。鸿景公司系凌普公司涉案侵权产品的经销商。

一审判理和结果

浙江省杭州市中级人民法院认为:凌普公司使用被控标识所指向的电器模块商品与奥普公司涉案注册商标核定使用的商品属于相同或类似商品,其使用的被诉侵权标识与奥普公司涉案注册商标相同或者相近似,构成对奥普公司商标专用权的侵犯;凌普公司在其金属扣板产品内外包装及专卖店店招及室内装潢中,擅自将其“aopu 奥普”注册商标改变成“奥普”文字或“奥普 AOPU”标识,将“奥普”二字予以突出,主观上明显存在攀附名牌的故意,并足以使公众误认为其与奥普公司存在某种特定关系,构成不正当竞争。阿林斯普公司构成共同侵权,应承担连带责任。该两家公司具有独立的法人人格,应对外独立承担法律责任,林珠、王文华对凌普公司和阿林斯普公司的行为不承担连带责任。鸿景公司在并不知道被控产品是侵犯注册商标专用权商品的情况下进行销售,并向工商行政管理部门提供了证明其销售产品来源的合同,免除其赔偿责任。综上所述,该院依据《中华人民共和国民法通则》第4条、第134条,《中华人民共和国商标法》第51条、第52条第(1)项、第(2)项以及第(5)项、第56条,《中华人民共和国反不正当竞争法》第2条,《中华人民共和国商标法实施条例》第3条,《最高人民法院关于审理商标民事纠纷案件适用法律若干问题的解释》第1条第(3)项、第10条、第11条、第12条、第16条、第17条,《中华人民共和国民事诉讼法》第138条,《最高人民法院关于民事诉讼证据的若干规定》第2条之规定,于2011年8月2日判决:凌普公司自判决生效之日起立即停止侵犯奥普公司注册商标专用权的行为以及在其金属扣板产品内外包装和销售以上商品的专卖店店招及室内装潢中使用“奥普集成吊顶”、“奥普 AOPU”标识的不正当竞争行为，在《21 世纪经济报道》上就其侵权行为刊登声明，消除影响，并赔偿奥普公司经济损失 100 万元；阿林斯普公司对上述付款内容承担连带赔偿责任；鸿景公司立即停止销售侵犯奥普公司注册商标专用权的室内加热器、换气扇、照明灯产品和标注“奥普集成吊顶”、“奥普 AOPU”标识的金属扣板产品；驳回奥普公司其他诉讼请求。

上诉与答辩

宣判后，奥普公司、凌普公司均不服，向本院提起上诉。

奥普公司上诉称：王文华、林珠、阿林斯普公司在本案中构成共同侵权，应承担连带责任。

凌普公司上诉称：其公司在照明等模块的外包装上以相同大小、字体的文字标注“奥普集成吊顶”是以叙述性的方式表明产品功能与配套使用的信息，并不构成商标使用；将金属扣板产品命名为“奥普集成吊顶”，是基于其对“aopu 奥普”注册商标的合法使用；至于在金属扣板及其包装物、店招及店内装修上标注“奥普集成吊顶”文字，系将注册商标与商品名称及商品特点加以连贯使用，该表述方法符合商业习惯；同时，其公司均在实物和外包装等明确显著地标识了相应的注册商标或企业名称、地址等详细信息，消费者在选购产品时施以普通的注意力，均不可能将“奥普集成吊顶”理解为商标，造成产品来源的混淆；原审判决基于其对集成吊顶由金属扣板和电器共同构成这一错误认定，将其公司上述行为确定为侵犯商标权和不正当竞争行为属认定事实不清，适用法律不当。

针对奥普公司的上诉请求与理由，凌普公司答辩称其具体答辩意见与其前述上诉理由一致；凌普公司另辩称，其公司在本案中基于在第 6 类商品中的注册商标而使用被诉标识，其公司与阿林斯普公司、王文华等并非专业人士，不可能认识到其上述行为可能造成侵权，没有侵权故意；其公司系独立法人，应独立承担民事责任。阿林斯普公司、王文华、林珠的答辩意见均与凌普公司答辩意见相同。

针对凌普公司的上诉请求与理由，奥普公司答辩称：原审法院除对其上诉异议部分之外的其余判决部分认定事实清楚，适用法律正确，应予维持。

二审判理和结果

浙江省高级人民法院认为：由于凌普公司室内加热器、嵌入式照明灯具、换气扇等电器模块与奥普公司涉案注册商标核定使用的商品均为第 11 类商品，且两者具有相同或者类似的产品名称、功能、用途、销售渠道和消费对象，因此凌普公司上述电器模块与奥普公司涉案注册商标核定使用的商品系同一种商品或者类似商品。从“奥普集成吊顶”标识表达内容上看，“集成吊顶”系产品名称，“奥普”系标识，“奥普”对“集成吊顶”起区别和标识作用，属商标意义上的使用。该“奥普”标识很容易使相关公众对其商品的来源产生误认或者认为其来源与奥普公司注册商标的商品有特定的联系，故凌普公司使用的“奥普”标识与奥普公司前述注册商标相同或者相近似。凌普公司前述使用“奥普集成吊顶”标识的行为，符合商标法规定的侵害注册商标专用权行为的构成要件。对于凌普公司的经销商在销售前述被诉侵权产品的集成吊顶专卖店内，按凌普公司统一要求，在专卖店店招及室内装潢中使用“奥普集成吊顶”、“奥普 AOPU”标识的行为，由于“奥普 AOPU”标识的主要部分系“奥普”文字,故基于前述分析,该行为亦构成商标侵权。

凌普公司在其金属扣板产品内外包装上将其“aopu”注册商标变更为“奥普集成吊顶”、“奥普AOPU”标识,将“奥普”文字予以突出,使其标识的显著特征发生了根本性变化。由于金属扣板可以根据消费者的选择,加载包括奥普公司在内的不同厂家和品牌的电器模块等组件,因此凌普公司在其金属扣板产品包装上使用“奥普”相关标识,极易使相关公众误认为该金属扣板产品系奥普公司产品,或与奥普公司存在特定联系。而且凌普公司的经销商往往将上述侵害奥普公司商标权的电器模块等组件与金属扣板同店销售,两者具有相同的销售渠道和消费群体,相关的标识必然为相关公众同时感知,故在金属扣板产品包装上使用“奥普”相关标识,也极易使相关公众将该金属扣板产品与一起销售的电器模块等组件联系起来,产生上述误认。凌普公司在明知其行为可能引起误认或混淆的情况下,仍在金属扣板产品内外包装上使用“奥普”相关标识,具有攀附“奥普”商标市场良好声誉、进行不正当竞争的故意,构成不正当竞争。

凌普公司、阿林斯普公司各自的法定代表人兼执行董事互为对方公司的监事、股东或实际控制人,且两者经营地点同一,经营范围重合,故阿林斯普公司作为奥普公司在同一电器生产领域的市场竞争者,对凌普公司从事的上述商标侵权及不正当竞争行为在主观上是明知的。在此情形下,阿林斯普公司仍为凌普公司提供厂房、机器设备,并接受凌普公司委托,为其生产电器产品,给凌普公司从事上述行为提供了便利和帮助,其行为构成共同侵权。上述侵权及不正当竞争行为均系凌普公司、阿林斯普公司以独立法人身份从事的行为,故该共同侵权责任应当由上述二公司承担,奥普公司上诉主张林珠、王文华应承担连带责任,缺乏事实和法律依据,不予支持。

浙江省高级人民法院依据《中华人民共和国商标法》第51条、第52条第(1)项和第(2)项、第56条第2款,《中华人民共和国反不正当竞争法》第2条,《中华人民共和国商标法实施条例》第3条,《最高人民法院关于审理商标民事纠纷案件适用法律若干问题的解释》第9条、第10条、第11条、第12条、第16条、第17条,《中华人民共和国民事诉讼法》第153条第1款第(2)项、第(3)项之规定,于2011年12月5日改判:凌普公司立即停止在其室内加热器、嵌入式照明灯具、换气扇等商品的内外包装上使用“奥普集成吊顶”标识并指导其经销商在销售以上商品的专卖店店招及室内装潢中使用“奥普集成吊顶”、“奥普AOPU”标识等侵害奥普公司注册商标专用权的行为;立即停止在其生产、销售的扣板内外包装上使用“奥普集成吊顶”、“奥普AOPU”标识的不正当竞争行为。

杭州盘古自动化系统有限公司诉杭州盟控仪表技术有限公司、北京百度网讯科技有限公司侵犯商标权纠纷案

——阅读提示:搜索引擎的关键词竞价排名是否属于商业广告服务?关键词竞价排名服务提供者是否要承担商标侵权责任?

【裁判要旨】

百度关键词竞价排名本质是信息检索技术服务,不同于一般的广告服务。竞价排名服务提供者作为"互联网信息服务提供者",对其侵权责任的认定应适用过错归责原则。在竞价排名服务提供者已尽到合理注意义务,不存在过错的情况下,不应承担侵权责任。

【案号】

一审:浙江省杭州市滨江区人民法院〔2011〕杭滨知初字第11号

【案情与裁判】

原告:杭州盘古自动化系统有限公司(以下简称盘古公司)

被告:杭州盟控仪表技术有限公司(以下简称盟控公司)

被告:北京百度网讯科技有限公司(以下简称百度公司)

起诉与答辩

原告盘古公司诉称:盘古公司注册成立于2001年2月,主要从事工业自动化仪器仪表的开发、生产、销售与服务,主要产品无纸记录仪在业内享有较高的知名度与美誉度。盘古公司在2001年4月9日申请注册了商标,核定商品类别为第9类:集成仪表,工业自动化控制系统,并一直在生产销售的产品中使用商标。但盘古公司发现被告百度公司所有并经营的百度网站(www.baidu.com)搜索栏中输入"盘古记录仪"、"盘古无纸记录仪"、"杭州盘古生产的记录仪"、"杭州盘古生产的无纸记录仪"、"盘古商标记录仪"等关键词进行搜索,搜索结果列表页面的顶部和底部显著位置的"推广链接"区域均出现"盘古记录仪专业生产厂家杭州盟控仪表"的搜索结果。点击该搜索结果链接,均指向盟控公司主办的网站(www.mkong.com.cn)页面,该页面下公开展示被告盟控公司生产的无纸记录仪产品。盟控公司亦是一家位于杭州市的从事自动化仪表开发和生产的公司,与盘古公司有直接竞争关系。其将盘古公司拥有专用权的商标用于广告宣传中,刻意将其描述成"盘古记录仪"的生产厂家,误导消费者,侵犯了盘古公司的商标专用权。被告百度公司在其网站上发布上述广告,亦侵犯了盘古公司的商标专用权。2011年3月21日盘古公司诉至法院,请求判令:(1)两被告停止侵害盘古公司商标专用权的不正当竞争行为;(2)两被告向盘古公司公开赔礼道歉、消除影响;(3)两被告赔偿盘古公司包括制止侵权行为的合理费用在内的经济损失共计人民币20万元;(4)本案诉讼费由两被告负担。

被告盟控公司辩称:盘古公司的注册商标是一个以图形为主、字母和汉字为辅的组合商标,汉字“盘古”不是盘古公司的注册商标,盟控公司没有侵害盘古公司的商标专用权;百度搜索中的错误指向,是因计算机系统自动生成的一次意外事件;盟控公司在接到起诉状后才得知本案纠纷,当天即主动暂停了“百度”中的相关内容。综上所述,盟控公司在主观上没有侵权故意,在客观上没有侵权行为,请求驳回盘古公司的全部诉讼请求。

被告百度公司辩称:百度公司提供的百度推广服务,是一种搜索引擎服务,而非《广告法》意义上的广告,百度不是信息发布主体,处于技术中立的地位;百度推广服务中对关键词的使用不属于商标意义上的使用;百度公司在提供百度推广服务的过程中不存在过错,不构成侵权。

一审审理查明

法院审理查明:盘古公司从事工业自动化仪器仪表的开发、生产、销售服务。2002年10月14日,经核准取得涉案注册商标,核定商品为第9类,包括集成仪表、工业自动化控制系统。盟控公司主要从事自动化系统设备、非计量智能仪表生产开发等。百度公司是百度网(www.baidu.com)的所有者。百度公司通过百度网向客户提供百度推广服务,客户经过与百度公司签订合同并缴纳一定的推广费后,取得用户名、密码,客户可以登录进入百度推广系统,建立推广计划、确定推广单元、选择创意和关键词。百度推广系统自动将客户提交的关键词与网络地址设置关联,网站根据价格、质量等因素予以排名、推广。盟控公司在百度的推广系统中确定的推广计划为无纸记录仪,推广单元为同行竞争,关键词选择为盘古记录仪。在百度网搜索栏中输入“盘古记录仪”、“盘古无纸记录仪”、“杭州盘古生产的记录仪”、“杭州盘古生产的无纸记录仪”、“盘古商标记录仪”、“盘古商标无纸记录仪”、“杭州盘古公司无纸记录仪”、“盘古牌记录仪”等关键词,出现的搜索结果页面置顶第一条标题均为“盘古记录仪专业生产厂家杭州盟控仪表 www.mkong.com.cn”,点击后即进入盟控公司经营的“盟控仪表”网站。

一审判理和结果

法院经审理认为,盘古公司系注册商标专用权人。该商标虽系文字、字母、图形的组合商标,但“盘古”汉字构成区别于其他标识的最显著特征,“盘古”已构成商标的近似商标。盟控公司作为与盘古公司的同行竞争者,故意将与注册商标近似的“盘古记录仪”选定为百度网站的竞价排名关键词,导致在百度网站上以“盘古记录仪”等相关词汇为关键词进行搜索所得排名首位的搜索结果指向盟控公司的网站,吸引网络用户对其公司网站的注意力,使用户误入该网站,从而使公众对盟控公司提供的产品来源产生混淆。盟控公司的上述行为已构成对盘古公司的注册商标造成其他损害的行为,侵害了盘古公司对涉案注册商标的专用权。

从百度推广服务的操作模式看,创意标题、关键词的选择均由客户即盟控公司实施;且商标的知名度还不足以导致百度公司在合理谨慎的情况下知道或应当知道盟控公司设置的关键词因与盘古公司的商标近似而涉嫌侵权;而百度公司与客户签订的网上协议中明确要求对方设置的关键词不能侵害他人相关权利,而且在起诉前百度公司也未收到盘古公司的通知或投诉。因此,百度公司在主观上没有过错,不构成侵权。综上所述,依照《中华人民共和国商标法》第52条第(5)项、第56条第2款,《最高人民法院关于审理商标民事纠纷案件适用法律若干问题的解释》第21条之规定,判决如下:(1)盟控公司于本判决生效之日起十日内赔偿盘古公司经济损失及为制止侵权支出的合理费用共计人民币50,000元。(2)盟控公司于本判决生效之日起十日内在 www. mkong. com. cn 网站上刊登声明,消除影响(内容由本院审定)。(3)驳回盟控公司的其他诉讼请求。宣判后,原、被告均未上诉,判决生效并已履行完毕。

山东新华医药集团有限责任公司诉青州新华包装制品有限公司侵犯商标权及不正当竞争纠纷案

——阅读提示:本案原告于1997年开始先后取得"新华"和"新华及图"商标,并于2002年起被评为驰名商标等,被告将"新华"作为企业字号注册并使用是否侵犯商标权或者构成不正当竞争?

【裁判要旨】

对于特定词汇,如果在我国各个行业领域均被广泛使用,该文字未成为某个特定主体的简称或习惯性称呼而被相关公众所熟知,相关公众也不会将其与某个行业的特定主体相联系。那么,即使权利人要求保护的注册商标被认定为驰名商标,权利人亦无权禁止他人在企业字号中使用与权利人注册商标相同的特定词汇。

【案号】

一审:山东省潍坊市中级人民法院〔2010〕民知初字第336号

【案情与裁判】

原告:山东新华医药集团有限责任公司(以下简称新华医药公司)

被告:青州新华包装制品有限公司(以下简称新华包装公司)

起诉与答辩

原告新华医药公司诉称:(1)原告在第6类商品上享有"新华"商标专用权。1997年,经国家工商行政管理局商标局核准,原告取得了第1103371号商标专用权,核定使用商品为第6类铝箔、包装用金属箔,该商标目前处于有效状态。(2)原告的"新华"商标及商号具有极高的知名度和美誉度。原告是山东省国资委监管的国有独资企业,前身为创建于1943年的新华制药厂,核准的经营范围包括包装装潢,1950年原告即在西药、类西药等项目上取得了"新华"注册商标。新华制药于1996年在香港地区上市,于1997年在深圳证券交易所上市。2002年"新华"商标被国家工商行政管理局商标局认定为驰名商标。"新华"商标已在美国、巴西等多个国家注册,具有较高的知名度,在海内外享有较高的声誉。(3)被告的不正当使用行为足以使消费者混淆误认,侵犯了原告的企业名称权。被告为生产铝纸复合袋、复合纸袋的包装企业,一直使用带有"新华"字样的商号进行生产经营活动,并在网上发布产品生产销售信息,其"傍名牌"、"搭便车"的行为已严重侵害了原告合法权益,造成了原告的市场混乱及重大经济损失。(4)被告的不正当使用行为足以导致消费者混淆误认，侵犯了原告的商标专用权。被告的主要经营范围与原告所取得的第1103371号“新华”商标所核定使用的商品范围一致。且早在1950年,原告就在西药、类西药等项目上取得了“新华”注册商标,现在已经在七大类,数十种商品上注册了“新华”商标，并在2002年被认定为“中国驰名商标”。被告在其企业名称中特别突出“新华”字样,其行为已使普通消费者对其生产的产品是否为原告生产的“新华”牌产品产生了极大混淆,严重侵害了原告的商标权并对原告构成不正当竞争。据此,原告于2010年11月4日向山东省潍坊市中级人民法院提起诉讼,请求法院依法判令被告:(1)停止侵犯“新华”(中企商字第1843号、中企商字第3021号、7705号、第1532195号、第3143062号、第1103371号)商标专用权的行为,立即销毁侵权产品,停止生产、销售带有“新华”字样的商品;(2)停止使用含有“新华”字样的企业名称和使用“新华”进行各种宣传活动等不正当竞争行为;(3)赔偿原告经济损失人民币50万元;(4)在《齐鲁晚报》、《大众日报》上澄清事实、消除影响;(5)负担本案的诉讼费用。

被告新华包装公司辩称:一、被告没有侵犯原告的商标专用权。(1)原告要求保护的第7705号商标的权利人是山东省人民政府工业厅新华制药总厂,原告未提交证据证明其是该商标的权利人,且该商标权已于1971年7月31日终止。同时,原告主张的第1843号、第3021号商标专用权，未提交商标注册证书,不能证明其享有商标专用权。(2)原告要求保护的商标除第3143062号商标外,其他均是“新华”繁体字及图,而非“新华”文字。被告企业名称中的“新华”二字,与原告主张的商标存在巨大差异,既不相同也不相似。(3)被告企业名称是经工商行政管理机关依法核准注册的,而且注册在先。被告的企业名称至今已使用15年,而原告最早注册的商标是第1103371号商标,且原告的图形商标被认定为驰名商标的时间远远晚于被告企业名称注册时间。被告注册的企业名称一直以来仅作企业名称使用,从来没有扩大使用范围。二、被告没有侵犯原告的企业名称权。(1)被告的企业名称是依法核准注册的,且一直合法使用。原、被告的企业名称差异巨大,不可能误导公众,引起混淆。(2)就知名度而言,原告的知名度远远低于“新华社”、“新华书店”,甚至远低于“新华印刷厂”,所以被告不可能利用原告的知名度，如果存在侵权的话,也是原告与被告共同侵犯了“新华社”、“新华书店”、“新华印刷厂”的权利。三、原告的图形商标被认定为驰名商标,其图形商标形象不突出,晦涩难懂,不具有广泛的公众认知度和影响力,并不为社会公众所熟知,故被告对其驰名商标依法提出异议,请求人民法院依法审查，并确认其有关商标为“非驰名商标”。综上,原告的诉讼请求没有事实和法律依据，请求依法驳回原告的诉讼请求。

一审审理查明

1997年9月14日,经国家工商行政管理局商标局核准,山东医药包装研究所取得了第1103371号“新华及图”商标专用权,核定使用商品为第6类,即铝箔、包装用金属箔。2002年10月28日,经国家工商行政管理总局商标局核准,原告受让了第1103371号“新华及图”商标。2001年3月7日,经国家工商行政管理局商标局核准,原告取得了第1532195号“新华及图”商标专用权,核定使用商品为第5类,即生化药品、中药成药等。2001年3月7日,经国家工商行政管理局商标局核准,原告取得了第1532439号“新华及图”商标专用权,核定使用商品为第5类,即人用药、原料药等。2003年6月7日,经国家工商行政管理总局商标局核准,原告取得了第3143062号"新华"商标专用权,核定使用商品为第5类,即人用药、医药制剂等。目前,上述商标均处于有效期内。1999年11月,原告被中国质量管理协会授予"全国推行全面质量管理先进企业";2002年2月8日,原告注册并使用在西药商品上的"新华及图"商标被认定为驰名商标;2003年12月5日,在"2003中国最有价值品牌评价"中,原告的"新华"品牌经北京名牌资产评估有限公司评估,评估价值为35.42亿元;2004年,原告被中国质量管理协会授予"全国质量效益型先进企业(2003)"称号;2007年8月16日,原告注册并使用在人用药上的"新华及图"商标被山东省工商行政管理局评定为山东省著名商标,有效期为三年。原告成立于1995年3月11日,经营范围为包装装潢、化工机械设备、仪器、仪表的制造、销售等。被告的前身为青州信华包装制品有限公司,成立于1995年8月9日,经主管部门核准,青州信华包装制品有限公司于1995年10月27日变更为青州新华包装制品有限公司,经营范围为包装装潢印刷品的印刷、销售。

一审判理和结果

山东省潍坊市中级人民法院审理认为,经国家工商行政管理局商标局核准,原告依法取得了第1532195号、第3143062号、第1103371号商标专用权,且以上涉案商标均在有效期内,故原告基于第1532195号、第3143062号、第1103371号商标所享有的商标专用权应当受到法律保护。同时,经工商行政管理部门核准,原告依法取得了"山东新华医药集团有限责任公司"这一企业名称,故原告基于该企业名称所享有的权利亦应当受到法律保护。关于被告是否侵犯了原告的商标专用权问题。法院认为,虽然原告享有专用权的商标与被告企业名称中的字号同为"新华"二字,商标权与企业名称权之间不可避免地发生冲突,但商标专用权与企业名称权各自都有其权利范围,均应受法律保护。因被告在先取得了"青州新华包装制品有限公司"这一企业名称权,应认为其有权在不侵犯他人合法权益的基础上使用其企业名称进行民事活动的权利,且被告在实际经营中并未有不合理使用其企业名称的行为,故被告将"新华"作为字号使用时不会导致相关公众混淆和误认,不构成对原告商标专用权的侵害。关于被告是否对原告构成不正当竞争的问题。法院认为,市场竞争中将特定文字用于字号注册使用是否构成对他人的不正当竞争,应当着重考虑该特定文字是否为相关公众所熟知,具有一定的市场知名度,已与某个特定主体建立起了稳定联系,该特定文字已具有识别某个特定主体的商业标识作用,相关公众在识别该特定文字时能足以导致对市场主体的混淆和误认。本案中,原告与被告在企业名称中均使用了"新华"二字,但两者的行业领域明显不同,且原、被告所处的地域亦不同。再者,"新华"二字在我国社会生活各个行业领域的广泛使用,在一定程度上亦削弱了"新华"的标识作用,相关公众在认知"新华"时,不会将其与某个特定主体相联系,"新华"并未成为某个特定主体的简称或习惯性称呼而被相关公众所熟知。也就是说,相关公众在认知被告时,不会认知为原告或与原告有某种特定联系。因此,被告在其企业字号中注册使用"新华"字样,不会造成相关公众对两家企业的混淆和误认,不会对原告构成不正当竞争。据此,法院依照《中华人民共和国商标法》第31条、第52条,《中华人民共和国反不正当

竞争法》第5条第1款第(3)项,《中华人民共和国民事诉讼法》第64条第1款之规定,判决如下:

驳回原告新华医药公司的诉讼请求。

湖北周黑鸭食品有限公司诉湖北汉味周黑鸭饮食文化管理有限责任公司侵犯注册商标专用权及不正当竞争纠纷案

——阅读提示:行为人将与他人注册商标近似的文字登记为企业名称中的字号是否构成侵权?使用与注册商标相同或近似的商标标识、包装或装潢,是否会造成消费者的混淆误认?

【裁判要旨】

无论是在企业名称中间还是在所生产或销售的商品名称之前加上"汉味"二字,对同处武汉地域范围内的消费者而言,很难将"汉味周黑鸭"与"周黑鸭"二者区分开。而且,在"汉味周黑鸭"外包装上使用与"周黑鸭"相同或近似的商标标识、包装或装潢的情形下,势必引起"汉味周黑鸭"与"周黑鸭"之间的混淆,造成消费者对商品来源的误认。

【案号】

一审:湖北省武汉市中级人民法院〔2010〕武知初字第293号

二审:湖北省高级人民法院〔2011〕鄂民三终字第25号

【案情与裁判】

原告(上诉人):湖北周黑鸭食品有限公司(以下简称湖北周黑鸭公司)

被告(上诉人):湖北汉味周黑鸭饮食文化管理有限责任公司(以下简称汉味周黑鸭公司)

起诉与答辩

原告湖北周黑鸭公司于2010年6月8日起诉称:汉味周黑鸭公司在其产品包装、购物袋、礼盒、网站和加盟店店面招牌、购物小票等上面使用视觉上基本无差别的小男孩商标图形,以及"周黑鸭"汉字、汉语拼音文字,侵犯了第6716524号、第6313769号和第4685626号商标专用权。汉味周黑鸭公司采用与湖北周黑鸭公司相同的产品名称、包装装潢、加盟店店面及柜台装饰、店员服饰,侵犯了知名商品特有的名称、包装、装潢权。汉味周黑鸭公司恶意注册并不当使用"汉味周黑鸭"企业名称,侵犯了"周黑鸭"知名企业和知名商品的特有名称及第4685626号商标专用权。汉味周黑鸭公司虚假宣传,宣称是"湖北唯一正规工商注册"的公司,伪造知名品牌和质量名优标志。遂请求法院判令汉味周黑鸭公司:(1)立即停止侵犯"周黑鸭"图形或图形、文字组合商标专用权,停止侵犯"周黑鸭"知名商品特有的名称、包装、装潢及虚假宣传行为;(2)立即停止使用其企业名称;(3)赔偿经济损失200万元(人民币,下同);(4)承担诉讼费及制止侵权的合理费用。

被告汉味周黑鸭公司辩称:(1)公司的企业名称系经工商部门依法核准登记,名称中的字号“汉味周黑鸭”与原告的字号明显不同，在字音、字形及词义方面既不相同也不相似；（2）企业成立以来一直依法使用企业名称，授权加盟店使用的图形、文字没有突出使用“周黑鸭”，不会给公众造成混淆和欺骗；（3）至于市场上存在“汉味周黑鸭”店面侵权问题，因这些店面均是个体户独立经营，如有侵权可要求工商部门处理或者直接起诉个体户店主。请求驳回原告的诉讼请求。

一审审理查明

法院审理查明：湖北周黑鸭公司成立于2006年6月13日，一直使用“周黑鸭”周黑鸭 文字和一椭圆拱门内的小男孩图形标识作为其所生产销售鸭类卤制品的商品标识，并先后取得第4685626号、第6313769号、第6716524号注册商标证。汉味周黑鸭公司成立于2009年3月19日，委托他人加工并销售“汉味周黑鸭”卤制品，并通过网站发布“汉味周黑鸭”加盟广告对外招商，授权他人使用“汉味周黑鸭”字号、商业标识、外观设计、卡通形象等，并统一提供店面招牌样稿。2009年以来，湖北省各地工商行政管理部门相继查处了一批假冒“周黑鸭”商品的案件，“周黑鸭”品牌被仿冒的现象也为新闻媒体所关注。在屡遭侵权难以禁止的情形下，湖北周黑鸭公司遂向湖北省武汉市中级人民法院提起诉讼。

一审判理和结果

因第4685626号“周黑鸭”文字加图形商标周黑鸭核准于2009年4月7日，而汉味周黑鸭公司成立于2009年3月19日，早于第4685626号注册商标核准日，且其经营范围是技术服务和食品批发、零售，与第4685626号注册商标核定使用的第35类不属同类商品或者服务。故汉味周黑鸭公司注册并使用“汉味周黑鸭”的行为不构成对第4685626号注册商标的侵权。而第6716524号、第6313769号商标是图形商标，本身不包含“周黑鸭”中文或汉语拼音文字，故认定汉味周黑鸭公司使用“周黑鸭”文字不构成对第6716524号、第6313769号商标的侵权。但汉味周黑鸭公司在其产品包装、购物袋、礼盒、网站和授权加盟店使用与第6716524号商标、第6313769号商标相近似的直发小男孩图形标识，易使消费者对二者的产品产生混淆，构成对第6716524号、第6313769号注册商标专用权的侵犯。另外，汉味周黑鸭公司不仅使用与湖北周黑鸭公司知名“周黑鸭”商品近似的名称、包装、装潢，而且授权他人突出使用“汉味周黑鸭”企业名称；在网站上刊登并授权其加盟商使用案外人的牌匾，足以造成误解。遂判决汉味周黑鸭公司停止使用带有“周黑鸭”字号的企业名称，停止侵犯湖北周黑鸭公第6716524号、第6313769号注册商标专用权，知名商品名称和包装或装潢以及虚假宣传的不正当竞争，并赔偿人民币30万元。

上诉与答辩

一审判决后，湖北周黑鸭公司以一审未认定汉味周黑鸭公司侵犯第4685626号商标专用权及判决赔偿数额过低为由提出上诉，要求二审依法予以改判。汉味周黑鸭公司则以其不构成侵权为由，要求撤销一审判决，改判驳回湖北周黑鸭公司的诉讼请求。

二审判理和结果

汉味周黑鸭公司在同属第29类商品的包装、购物袋、礼盒、网站和加盟店店面招牌、购物小票等上面使用与第6716524

号图形商标、第6313769号图形商标几乎相同或近似的小男孩图形标识，其行为极易造成消费者的混淆，构成对第6716524号、第6313769号注册商标的侵犯。而第4685626号周黑鸭商标系“周黑鸭”文字加图形的组合商标，其商标中的图形部分即已在本案中得到相应保护，文字部分即“周黑鸭”三字其作为鸭类卤制品的商品名称及企业名称更为知名，且其所核定使用的商品或服务范围毕竟分属不同类别，因此原审认定汉味周黑鸭公司在其产品包装、购物袋、礼盒、网站和加盟店店面招牌、购物小票等上面使用视觉上基本无差别的小男孩图形标识，以及“周黑鸭”汉字、汉语拼音文字，并未侵犯湖北周黑鸭公司第4685626号注册商标专用权，无明显不当。原审单基于汉味周黑鸭公司企业名称核准时间早于第4685626号商标核准注册时间以及二者所核准商品或服务范围之间的不同，认定汉味周黑鸭公司登记注册并使用“汉味周黑鸭”企业名称的行为不构成对第4685626号注册商标的侵犯，略有不妥。但由于原审已认定汉味周黑鸭公司登记注册并使用“汉味周黑鸭”企业名称的行为构成不正当竞争，且汉味周黑鸭公司的涉案侵权行为存在竞合之可能，故原审认定汉味周黑鸭公司注册并使用“汉味周黑鸭”企业名称的行为不构成侵犯第4685626号注册商标专用权，具有相应依据。遂依照《民事诉讼法》第153条第1款第(1)项之规定，判决驳回双方上诉，维持原审判决。

(法国)米其林集团总公司诉喻静、何丽芳侵犯商标权及不正当竞争纠纷案

——阅读提示：商标行政主管部门对某一商标是否驰名所作出的认定，在商标侵权诉讼中是否不再审查而一律采信？

【裁判要旨】

某个商标是否被认定为驰名商标，属于个案认定和事实认定的问题，即在每一个案件中，驰名商标的认定取决于该案件的具体情况，对其他案件并不当然具有法律约束力，商标行政主管部门所作出的有关认定只能作为认定本案事实的依据之一，并不能作为认定本案事实唯一的或者决定性的依据。

【案号】

一审：广东省广州市中级人民法院〔2008〕穗中法民三初字第465号

二审：广东省高级人民法院〔2011〕粤高法民三终字第163号

【案情与裁判】

原告(二审被上诉人)：米其林集团总公司(以下简称米其林公司)

被告(二审上诉人)：喻静

被告：何丽芳

起诉与答辩

米其林公司于2008年12月15日向起

诉称:其在中国拥有“米其林”、“MICHELIN”及“轮胎人图形”驰名商标(以下简称涉案商标)。喻静、何丽芳未经米其林公司许可,擅自在其生产、销售的产品上使用涉案商标,侵犯了米其林公司商标权;喻静在其个体工商户名称中使用了“米其林”字号,构成不正当竞争。为此,米其林公司请求法院:(1)认定米其林公司涉案商标为驰名商标;(2)判令喻静、何丽芳停止使用涉案商标,停止使用“米其林”字号、停止使用并注销“miQolin”域名;(3)判令喻静停止不正当竞争行为;(4)判令喻静、何丽芳共同赔偿米其林公司经济损失及维权所支付的合理费用共计10万元。

喻静辩称:(1)我方使用的“miQolin及图形”商标与米其林公司涉案商标既不相同也不近似,不构成商标侵权。(2)我方是在米其林公司涉案商标被认定为驰名商标之前注册“米其林”商号,我方享有在先权利,不构成不正当竞争。综上所述,请求驳回米其林公司的全部诉讼请求。

何丽芳辩称:我方销售的“米其林”喇叭是由喻静经营的佛山市南海区黄岐米其林音响器材厂(以下简称黄岐米其林厂)生产的,我方只有销售行为,不应承担赔偿责任。

法院审理查明

米其林公司分别于1980年、1990年、2002年在我国注册了第136402号“MICHELIN”、第519749号“米其林”、第1922872号“MICHELIN及轮胎人图形”商标,均核定使用在包括轮胎在内的第12类商品上。

1995年至2001年,米其林公司在中国先后投资成立了米其林沈阳轮胎有限公司、米其林(中国)投资有限公司、上海米其林回力轮胎股份有限公司。

米其林公司提供了2006~2008年期间在新华网、新浪网等网站上对其品牌进行宣传报道的证据材料,以及米其林(中国)投资有限公司2006年至2008年广告投入,分别是69,691,757.78元、34,395,018.52元及55,008,543元。

“MICHELIN”注册商标被收入国家工商行政管理总局商标局(以下简称商标局)2000年6月调整的全国重点商标保护名录。2001年10月11日,商标局在异议裁定书中认定“米其林”商标在消费者中具有较高知名度。2005年12月31日,商标局在商标异议裁定书中认定米其林公司涉案商标为驰名商标。2008年10月,天津市第二中级人民法院认定米其林公司涉案商标在2004年时已成为驰名商标。

喻静注册了miqolin.com域名,并在其网站上突出使用“米其林”三个汉字以及“米其林+miQolin”商标。2008年10月14日,米其林公司在何丽芳经营的铺位购买了喇叭一个,喇叭正面标有“米其林+miQolin”商标。

另查,姜茂财于2003年向商标局申请注册“米其林+miQolin”商标,核定使用在包括扬声器音箱等在内的第9类商品上,申请号为3598867。2004年,姜茂财与喻静签订《商标使用许可合同》,将该商标以普通许可的方式许可喻静使用。2004年2月,喻静注册成立了黄岐米其林厂。

2005年年初,米其林公司在第3598867号商标初审公告期间向商标局提出异议,认为该商标复制、摹仿其驰名商标及侵犯其商号权。2009年4月15日,商标局作出异议裁定,认为米其林公司所提异议理由不成立,第3598867号商标予以核准注册。米其林公司向商标评审委员会申请复审,商标评审委员会在一审判决后作出商评字(2010)第37211号商标异议复审裁定,认为在案证据不足以证明米其林公司涉案商标在“米其林miQo1in”申请之前已达到驰名的程度,并裁定“米其林 miQo1in”予以核准注册。

一审判理和结果

一审法院认为,本案应认定米其林公司涉案商标为驰名商标。喻静摹仿米其林公司驰名商标在不相同和不相类似的商品上作为商标使用,足以使相关公众认为两者具有相当程度的联系,侵犯了米其林公司的商标权。喻静将与米其林公司“米其林”驰名商标相同的文字作为个体工商户字号进行登记,容易使相关公众将喻静与米其林公司的产品来源产生误认,构成商标侵权及不正当竞争。何丽芳向喻静合法购得产品后进行销售,对销售的产品是否侵权并不知情,因此不承担赔偿责任。判决:(1)喻静立即停止使用“米其林 + miQolin”商标。(2)何丽芳立即停止销售侵权产品。(3)喻静立即停止使用“米其林”字号。(4)喻静赔偿米其林公司经济损失人民币 10 万元。(5)驳回米其林公司其他诉讼请求。案件受理费由喻静负担。

上诉与答辩

喻静上诉称:商标评审委员会作出的商标异议复审裁定书,认定喻静使用的“米其林 miQo1in”商标与米其林公司涉案商标不构成近似,米其林公司所提异议理由不成立,第 3598867 号商标予以核准注册,司法机关应当给予充分支持。喻静提供的市场调查报告显示喻静使用的商标和米其林公司的涉案商标有显著区别,二者之间不构成相似,喻静没有侵犯米其林公司涉案商标权。喻静在米其林公司涉案商标被认定为驰名商标之前就已经注册了黄岐米其林厂,没有侵犯米其林公司的企业名称权。请求二审法院撤销原审判决,驳回米其林公司的全部诉讼请求。

米其林公司答辩称:原审判决认定事实清楚,适用法律正确,喻静上诉理由不成立,请求二审法院依法驳回上诉,维持原判。

何丽芳对原审判决没有异议。

二审判理和结果

二审法院审理认为:

1. 关于现有证据是否足以证明米其林公司涉案商标在被诉“米其林 miQolin”商标申请注册之前已达到驰名程度的问题。米其林公司提交的证据证明:米其林公司是一家有着逾百年历史的世界著名轮胎生产企业和全球 500 强企业之一,其于 20 世纪 80 年代就进入中国市场,并陆续将涉案商标在多个商品和服务类别上进行了广泛注册,先后投入巨资于 1995 年、2001 年在中国设立了三家企业,从事轮胎及其相关产品的生产、销售,为消费者提供多元服务,广泛使用涉案商标。2000 年米其林公司在中国的产销量达到了 1.133 亿美元。米其林公司为宣传其米其林系列商标及轮胎产品,在中国进行了持续而广泛的广告宣传。2000 年,使用在轮胎等商品上的“MICHELIN”商标被商标局收入全国重点商标保护名录。2001 年,“米其林”商标被商标局认定在消费者中具有较高知名度。2005 年,“MICHELIN”及“米其林”商标被商标局认定为驰名商标。2008 年,米其林公司涉案商标被天津市第二中级人民法院认定在 2004 年时已经达到驰名状态。综上所述,米其林公司提交的证据足以证明其涉案商标在被诉商标“米其林 miQolin”申请注册前在中国境内已为社会公众广为知晓,已经达到了驰名的程度。

2. 关于被诉商标“米其林 miQolin”是否模仿了米其林公司涉案注册商标的问题。本案中,米其林公司请求保护的第 519749 号注册商标是由“米其林”三个汉字组成,是“MICHELIN”商标的中文译音,属于臆造词,没有普遍含义。本案被诉商标虽然由三个篆刻的“米其林”汉字和“miQolin”字母构成，但根据中国人认知的一般习惯，“米其林”三个汉字给相关公众的印象更为深刻，是被诉商标的主要组成部分。将被诉商标“米其林”汉字与米其林公司“米其林”注册商标进行比较，虽然两者字形不同，但两者均是“米其林”汉字，显然前者是对后者的模仿。将被诉商标的“miQolin”字母部分与米其林公司“MICHELIN”注册商标进行比较，两者均属于字母组合，两者都是以“mi”开头，以“lin”结尾，虽然中间部分有所区别，但整体构成近似；从读音看，“miQolin”是和“米其林”三个汉字组合使用，故其读音显然是“米其林”，而“MICHELIN”的读音也是“米其林”，故也应认定前者是对后者的模仿。另外，米其林公司“MICHELIN 及轮胎人图形”商标由轮胎人图形 + “MICHELIN”组合而成，“MICHELIN”是文字，是该组合商标主要部分，故应认定被诉商标模仿了该组合商标的主要部分。

3. 关于喻静使用被诉商标“米其林 miQolin”是否构成商标侵权及登记使用含“米其林”字号的企业名称是否构成不正当竞争的问题。米其林公司涉案商标属于臆造词，其本身作为商标就具有较强的显著性，而且经过米其林公司持续的、广泛的使用、宣传、维护，其显著性得到了进一步的加强，知名度也得到了相关公众的认可，相关公众只要一看到或者听到这三个商标，就会很容易联想到米其林公司。喻静模仿米其林公司驰名商标在不相同和不相类似的商品上作为商标使用，将与米其林公司“米其林”驰名商标相同的文字作为个体工商户字号进行登记使用，该行为足以误导公众，使相关公众误以为标识有被诉商标的商品来源于米其林公司，或者误以为喻静使用驰名商标得到了米其林公司的许可，或者误以为侵权人喻静与米其林公司之间存在参股控股、关联企业等特定联系。因此，喻静在其产品上及其网站上使用“米其林 miQolin”商标、登记使用含“米其林”字号的企业名称会误导公众，致使米其林公司的利益可能受到损害，从而侵犯了米其林公司注册商标专用权。

《反不正当竞争法》第 5 条第(3)项规定，擅自使用他人的企业名称，引人误认为是他人商品的，构成不正当竞争。本案中，米其林公司虽然是外国企业，但其在中国进行商标注册、投资设厂以及广告宣传等商业活动中使用了“米其林集团总公司”的名称。该名称具有一定的市场知名度、为相关公众所知悉。喻静在未经米其林公司许可的情况下，于 2004 年 2 月 13 日登记使用含有“米其林”字样的企业名称，容易使相关公众误认为其产品是米其林公司的产品。因此，喻静的行为构成不正当竞争。

综上所述，二审法院判决驳回上诉，维持原判。

英国太古集团有限公司诉汇通国基房地产开发有限责任公司等侵犯商标权及不正当竞争纠纷案

——阅读提示:被控侵权人以他人的英文注册商标作为其楼盘的英文名称主要部分在同一种商品上使用是否构成侵害商标权?虚假宣传必须同时具备的要件有哪些?楼盘(商品房)名称侵害注册商标权如何酌定损害赔偿数额?

【裁判要旨】

被控侵权人以他人的英文注册商标作为其楼盘的英文名称主要部分在同一种商品上使用,易使消费者产生误认,构成侵害商标权。

虚假宣传必须同时具备的要件为:经营者利用广告对商品进行了不真实的宣传;经营者利用广告对商品进行了引人误解的虚假宣传。

楼盘(商品房)作为不动产,其与普通商品不同,消费者是否购买商品房与楼房所处的地理位置、户型、采光、面积、售价、楼盘的品质、周边的环境、开发商的信誉和实力等多种因素有关,因此损害赔偿数额应考虑侵权人的主观过错程度、侵权行为的地点、性质、期间、后果、商标的声誉等因素综合确定,不能仅以侵权人的获利或权利人的损失作为赔偿依据。

【案号】

一审:陕西省西安市中级人民法院〔2011〕西民四初字第00528号

【案情与裁判】

原告:英国太古集团有限公司(以下简称太古公司)

被告:汇通国基房地产开发有限责任公司(以下简称汇通公司)

被告:汇通国基房地产开发有限责任公司西安分公司(以下简称汇通西安公司)

起诉与答辩

原告太古公司诉称,1995年2月14日、2月28日太古公司分别在第37类、第36类获得“TAIKOO”注册商标专用权。太古公司发现汇通公司、汇通西安公司未经其同意在西安市经济开发区将其房地产项目命名为“汇通太古城”(TAIKOO CITY),并在www.xatgc.com网站、宣传图片、项目介绍等处使用TAIGOO、TAIKOO等字样,误导消费者,使消费者感觉该项目与香港太古城有关联。在售楼书封面使用“汇通太古城”(TAIGOO CITY),出现“香港品质,生活万岁”。太古公司认为,汇通公司、汇通西安公司的上述行为侵犯了太古公司的商标权、构成不正当竞争行为。故于2011年10月10日诉至法院,请求判令:(1)汇通公司、汇通西安公司停止侵犯太古公司商标权,停止在招牌、网页、报纸、广告牌、销售材料等使用太古公司的注册商标;(2)立即停止宣传误导消费者的不正当竞争行为;(3)连带赔偿太古公司损失人民币50万元;(4)连带承担为本案支出的公证费2280元;(5)承担本案的全部诉讼费用。

被告汇通公司、汇通西安公司辩称,其对“汇通太古城”商标核准注册在第35类服务项目上,而太古公司并未在该类服务上核准注册，消费者不会对双方各自使用商标的行为产生混淆；太古公司的注册商标为“TAIKOO”，而非“TAIKOO SHING”；因此，汇通公司、汇通西安公司依法享有“汇通太古城”注册商标专用权，其使用“汇通太古城（TAIGOO CITY）”、“TAIKOO SHING”，并不侵犯太古公司的商标权。对“汇通太古城”商品房项目的广告宣传，也不构成不正当竞争行为，请求驳回太古公司的诉讼请求。

一审审理查明

1995年2月14日太古公司经国家工商行政管理总局商标局（以下简称商标局）核准，获得“TAIKOO”注册商标专用权，核定服务项目为《类似商品和服务区分表》第37类的“建筑物及框架、建筑机械、设备和工厂的出租等”。商标注册证第777786号，注册有效期限经商标局核准续展至2015年2月13日。1995年2月28日太古公司经商标局核准，获得“TAIKOO”注册商标专用权，核定服务项目为《类似商品和服务区分表》第36类的“不动产出租、不动产代理、不动产估价、不动产管理等”。商标注册证第778600号，注册有效期限经商标局核准，续展至2015年2月27日。

2010年3月16日太古公司就“汇通太古城”楼盘侵犯“TAIKOO”商标事宜致函汇通公司。2011年3月22日太古公司申请广州市公证处对汇通公司的网页进行证据保全，网页显示汇通公司使用了“TAIGOO CITY”、“TAIKOO SHING”；汇通太古城项目以香港太古城为规划母本；香港生活太古城，在这里生活我自豪。2011年5月16日太古公司申请西安市公证处对汇通公司在广告牌、售楼书、宣传材料的对外标识使用“TAIKOO”商标进行证据保全，内容为“XI AN TAIKOO SHING”、西安首家全港式服务营销中心；置业计划书上标明“TAIGOO CITY”。2011年10月14日汇通西安公司经商标局核准，获得“汇通太古城”（Hui Tong Tai Goo City）注册商标专用权，核定服务项目为《类似商品和服务区分表》第37类的“商品房建造等”。

汇通西安公司领取了营业执照，是汇通公司的分公司，不具备法人资格。汇通西安公司称其汇通太古城楼盘自2010年6月是以汇通西安公司的名义对外销售。

一审判理和结果

陕西省西安市中级人民法院经审理认为，根据《商标法》第52条第1款第（1）项“未经商标注册人的许可，在同一种商品或者类似商品上使用与其注册商标相同或者近似的商标的，属侵犯注册商标专用权的行为”之规定，汇通公司、汇通西安公司使用“TAIKOO SHING”、“TAIGOO CITY”的行为，易使相关公众对其商品的来源产生混淆，侵犯了太古公司的注册商标专用权。汇通西安公司在其招牌中虽然使用了“TAIKOO SHING”、“TAIGOO CITY”，但因汇通西安公司的使用行为已构成侵犯商标权；换言之，太古公司争讼之注册商标专用权已被《商标法》所保护，故对太古公司提出汇通西安公司的此行为不宜再以反不正当竞争法扩展保护。汇通西安公司在广告宣传中并未使用争讼之注册商标进行宣传，也不存在虚假宣传，根据《反不正当竞争法》第9条“经营者不得利用广告或者其他方法，对商品的质量、制作成分、性能、用途、生产者、有效期限、产地等作引人误解的虚假宣传”之规定，汇通西安公司的行为并不构成不正当竞争的行为。鉴于楼盘（商品房）作为不动产，其与普通商品不同，消费者购买商品房不仅仅是看楼盘名称，即是否购买商品房与楼房所处的地理位置、户型、采光、面积、售价、楼盘的品质、周边的环境、开发商的信誉和实力等多种因素有关联性,因此以侵权的获利确定损害赔偿额不尽合理,以权利人的损失作为计算标准也难以掌握;同时太古公司也未能提供赔偿损失的充分证据,根据《民事诉讼法》第64条"当事人对自己提出的主张,有责任提供证据"之规定,考虑到汇通公司、汇通西安公司的主观过错程度、侵权行为的性质、范围、期间、后果、商标的声誉等因素,法院综合确定包括太古公司为制止侵权行为的合理开支损失赔偿额为人民币2万元。

综上所述,陕西省西安市中级人民法院依照《民法通则》第118条,《商标法》第3条、第52条第1款第(1)项、第56条,《关于审理商标民事纠纷案件适用法律若干问题的解释》第16条、第17条、第21条,《民事诉讼法》第64条之规定,判决:(1)本判决生效后被告汇通国基房地产开发有限责任公司、汇通国基房地产开发有限责任公司西安分公司立即停止侵犯原告英国太古集团有限公司"TAIKOO"注册商标专用权的行为;(2)本判决生效后十日内被告汇通国基房地产开发有限责任公司、汇通国基房地产开发有限责任公司西安分公司赔偿原告英国太古集团有限公司损失(含为制止侵权行为所支出的公证费用)人民币2万元;(3)驳回原告英国太古集团有限公司其余诉讼请求。案件受理费9822元,由太古公司负担3929元;汇通公司负担5893元。

宣判后,当事人均未上诉,本案已发生法律效力。

上海富日实业有限公司诉黄子瑜、上海萨菲亚纺织品有限公司侵犯商业秘密纠纷案

——阅读提示:如何认定权利人是否采取了反不正当竞争法第十条规定的保密措施?单纯的竞业限制约定是否构成保密措施?

【裁判要旨】

符合《反不正当竞争法》第10条规定的保密措施应当表明权利人保密的主观愿望,并明确作为商业秘密保护的信息的范围,使义务人能够知悉权利人的保密愿望及保密客体,且在正常情况下足以防止涉密信息泄露。

单纯的竞业限制约定,即便其主要目的就是为了保护商业秘密,但由于该约定没有明确用人单位保密的主观愿望和作为商业秘密保护的信息的范围,因而不能构成《反不正当竞争法》第10条规定的保密措施。

【案号】

一审:上海市第一中级人民法院〔2010〕沪一中民五(知)初字第27号

二审:上海市高级人民法院〔2010〕沪高民三(知)终字第45号

申请再审:最高人民法院〔2011〕民申字第122号

【案情与裁判】

原告(二审上诉人、申请再审人):上海富日实业有限公司(以下简称富日公司)

被告(二审被上诉人、被申请人):黄

子瑜

被告(二审被上诉人、被申请人):上海萨菲亚纺织品有限公司(以下简称萨菲亚公司)

起诉与答辩

富日公司以黄子瑜、萨菲亚公司共同侵犯其商业秘密为由提起诉讼,请求法院判令两被告停止侵权并连带赔偿其经济损失230万元。上海市第一中级人民法院于2010年2月3日受理本案。

一审审理查明

上海市第一中级人民法院查明:1996年,黄子瑜与案外人共同出资设立富日公司,黄子瑜持股40%,公司经营范围包括服装、针纺织品的加工制造、销售等。黄子瑜在公司担任监事、副总经理等职,参与经营管理。2002年4月30日,富日公司通过股东会决议,同意黄子瑜退出公司并辞去相关职务。2002年4月间,黄子瑜与案外人共同投资组建了萨菲亚公司。该公司的经营范围包括纺织品、服装的制作、销售等。在2000年年初左右,富日公司开始与日商“森林株式会社”发生持续交易。萨菲亚公司设立后,“森林株式会社”基于对黄子瑜的信任,随即与之建立了业务关系。此外,富日公司章程第37条规定,董事、监事、总经理依照法律规定或者经股东会同意外,不得泄露公司秘密。对富日公司提交的其与黄子瑜签订的劳动合同,经审查,该合同原件上黄子瑜的签约日期明显可见涂改痕迹,应为一份倒签日期的合同,考虑到黄子瑜作为公司股东实际参与经营管理,与一般劳动者应有所区别,故黄子瑜认为“其系仅为用作办理三金手续而补签的合同”的质证意见有一定的合理性。另外,该合同第11条虽然约定劳动者在解除合同后五年内不得与公司客户有业务联系,但将公司客户明确限定为合同解除前公司已有往来的客户,而该合同在1998年11月7日到期后(此时富日公司与其主张保护的客户尚未建立交易关系)并未续签。综合以上两方面的因素,该证据尚不能证明黄子瑜离职后应负有不得与“森林株式会社”进行业务往来的义务,对该证据不予采纳。

一审判理和结果

上海市第一中级人民法院一审认为:根据反不正当竞争法的规定,作为商业秘密受法律保护的经营信息,须是不为公众所知悉、能为权利人带来经济利益、具有实用性并经权利人采取了保密措施的经营信息。在本案中,并无证据表明富日公司主张保护的特定客户信息属于不为公众所知悉,并经其采取了相应保密措施的经营信息。同时,相关证据还不足以说明富日公司系因其所拥有的特定客户信息而取得了竞争优势。因此,该特定客户的信息要作为富日公司的商业秘密受到法律保护,还欠缺事实依据。依照《最高人民法院关于审理不正当竞争民事案件应用法律若干问题的解释》第13条的规定,商业秘密中的客户名单包括保持长期稳定交易关系的特定客户。但是,该司法解释并非意指只要是有较长时间稳定交易关系的特定客户就应作为商业秘密给予保护,相反,只有进一步考察主张享有权利的经营者就该特定客户是否拥有区别于相关公知信息的特殊客户信息,并且考察是否符合前述构成商业秘密的一般条件之后,才能够决定是否应当认定为法律所保护的商业秘密。因此,本案中并不能仅以富日公司与“森林株式会社”有过一段时间的稳定交易关系就认为该特定客户已经属于富日公司的商业秘密。此外,“森林株式会社”系基于对黄子瑜的信任而主动选择与其交易,故而也难以认为黄子瑜和萨菲亚公司的行为违反了诚实信用的原则或者公认的商业道德。综上所述,依照《反不正当竞争法》第10条的规定,上海市第一中级人民法院于2010年5月6日作出判决:驳回富日公司全部诉讼请求。

二审判理查明

富日公司不服一审判决,向上海市高级人民法院提起上诉。二审查明,一审法院查明的事实基本属实,富日公司在二审中提交的证据材料可以进一步证明黄子瑜在富日公司工作的时间是到2002年4月。

二审判理和结果

上海市高级人民法院二审认为:商业秘密的权利人是否对其相关信息采取了保密措施,是认定商业秘密构成的前提条件之一。本案中,富日公司主张其与"森林株式会社"的特定交易信息为其商业秘密,并具体体现在双方的销售合同及相关附件中,但富日公司并无证据表明富日公司对上述合同及相关附件采取了相关保密措施。富日公司辩称,其与黄子瑜签订的劳动合同第11条系其对本案主张的商业秘密采取的保密措施。但是,该合同第11条第1款既没有约定富日公司哪些信息是商业秘密,也没有约定黄子瑜应对哪些商业秘密负有保守秘密的义务,故该约定应认定为竞业禁止条款。而且该条款仅约定了限制黄子瑜择业自由的内容,而未涉及因此限制而应支付的补偿费,在本案中,也没有证据证明富日公司曾支付给黄子瑜相关补偿费用。因此,富日公司并不能援引上述条款主张黄子瑜侵犯了其商业秘密,进而富日公司与黄子瑜的另一个争议焦点即上述合同的真实性和合同到期后双方是否继续履行之事实,在本案中亦无进一步审查之必要。富日公司在本案中主张的体现在销售合同及其附件中的"森林株式会社"的特定交易信息,尚不能构成我国《反不正当竞争法》规定的商业秘密。综上所述,上海市高级人民法院于2010年8月16日作出判决:驳回上诉,维持一审判决。

申请再审理由与答辩

富日公司不服二审判决,向最高人民法院申请再审称:(1)从富日公司与黄子瑜的劳动合同第11条第1款的上下文语境来看,其含义仅指黄子瑜在解除劳动合同后五年内不得使用富日公司的商业秘密从事纺织品外贸业务,并没有加重黄子瑜的任何义务负担,同时该约定也没有禁止黄子瑜在解除与富日公司的劳动合同之后利用自己的知识和技能去从事其他不侵犯富日公司的商业秘密,但又有可能与富日公司从事外贸业务相竞争的职业。因此,该约定是一种预防性质的告知,而绝非竞业禁止条款,原审判决认为该约定属于竞业禁止条款属于适用法律错误。(2)侵犯商业秘密属于侵权行为,违反竞业禁止属于违约行为,二者是不同性质的诉讼主张。二审法院将劳动合同第11条第1款的约定作为竞业禁止条款处理,没有根据《最高人民法院关于民事诉讼证据的若干规定》第35条行使释明的职责,告知富日公司是否变更诉讼请求,属于适用法律错误。故请求撤销原审判决,支持其一审请求。

被申请人黄子瑜和萨菲亚公司答辩均认为富日公司与森林株式会社的业务不是富日公司的商业秘密,请求驳回其再审申请。

申请再审审查查明

最高人民法院审查查明:一、二审法院查明的事实基本属实。另查明,富日公司提供的劳动合同首部载明:"根据《中华人民共和国劳动法》、《上海市劳动合同条例》(以下简称《条例》),甲乙双方本着平等、自愿、协调、一致的原则,签订本合同。"该劳动合同第11条第1款约定:"乙方(指黄子瑜)在与甲方(指富日公司)解除本合同后,五年内不得与在解除本合同前与甲方已有往来的客户(公司或个人)有任何形式的业务关系。否则,乙方将接受甲方的索赔。”该劳动合同中没有关于保守商业秘密的约定。

申请再审审查结果

最高人民法院经审查认为,本案的争议焦点在于,劳动合同第11条第1款是否属于富日公司对其商业秘密采取的保密措施;二审法院是否违反《最高人民法院关于民事诉讼证据的若干规定》第35条的规定。

1.劳动合同第11条第1款是否属于富日公司对其商业秘密采取的保密措施。

根据富日公司第1点申请再审理由,其本意是,劳动合同第11条第1款约定系要求黄子瑜不得使用富日公司的商业秘密从事纺织品外贸业务,而并非竞业禁止条款。由此提出一个问题,竞业限制约定虽然字面上没有保守商业秘密的要求,但其目的就是不得使用商业秘密从事竞争业务,该约定是否构成《反不正当竞争法》第10条规定的保密措施。根据《反不正当竞争法》第10条第3款规定,权利人采取保密措施是商业秘密的法定构成要件之一。参照《最高人民法院关于审理不正当竞争民事案件应用法律若干问题的解释》第11条规定,权利人为防止信息泄露所采取的与其商业价值等具体情况相适应的合理保护措施,应当认定为《反不正当竞争法》第10条第3款规定的“保密措施”;人民法院应当根据所涉信息载体的特性、权利人保密的意愿、保密措施的可识别程度、他人通过正当方式获得的难易程度等因素,认定权利人是否采取了保密措施。因此,符合《反不正当竞争法》第10条规定的保密措施应当表明权利人保密的主观愿望,并明确作为商业秘密保护的信息的范围,使义务人能够知悉权利人的保密愿望及保密客体,并在正常情况下足以防止涉密信息泄露。本案中,富日公司提供的劳动合同第11条第1款没有明确富日公司作为商业秘密保护的信息的范围,也没有明确黄子瑜应当承担的保密义务,而仅限制黄子瑜在一定时间内与富日公司的原有客户进行业务联系,显然不构成《反不正当竞争法》第10条规定的保密措施。

竞业限制是指对特定的人从事竞争业务的限制,分为法定的竞业限制和约定的竞业限制。法定的竞业限制主要是指公司法上针对公司董事、高级管理人员设定的竞业限制,属于在职竞业限制。约定的竞业限制,一般是指依据合同法和劳动合同法针对交易相对人或者劳动者通过协议约定的竞业限制,既包括离职竞业限制,也包括在职竞业限制。在实践中,用人单位与劳动者就竞业限制作出约定的情况早已存在。一些地方性法规和部门规范性文件对竞业限制作出了规定。自2008年1月1日起施行的《劳动合同法》对约定竞业限制作出明确规定,该法第23条规定:“用人单位与劳动者可以在劳动合同中约定保守用人单位的商业秘密和与知识产权相关的保密事项。对负有保密义务的劳动者,用人单位可以在劳动合同或者保密协议中与劳动者约定竞业限制条款,并约定在解除或者终止劳动合同后,在竞业限制期限内按月给予劳动者经济补偿。劳动者违反竞业限制约定的,应当按照约定向用人单位支付违约金。”上述规定是在自1995年1月1日起施行的《劳动法》第22条关于劳动合同当事人可以在劳动合同中约定保守用人单位商业秘密的有关事项的规定的基础上发展而来的,是在总结经验的基础上对实践中相关做法的肯定。

我国立法允许约定竞业限制,目的在于保护用人单位的商业秘密和其他可受保护的利益。但是,竞业限制协议与保密协议在性质上是不同的。前者是限制特定的人从事竞争业务,后者则是要求保守商业秘密。用人单位依法可以与负有保密义务的劳动者约定竞业限制,竞业限制约定因此成为保护商业秘密的一种手段,即通过限制负有保密义务的劳动者从事竞争业务而在一定程度上防止劳动者泄露、使用其商业秘密。但是,相关信息作为商业秘密受到保护,必须具备《反不正当竞争法》规定的要件,包括采取了保密措施,而并不是单纯约定竞业限制就可以实现的。对于单纯的竞业限制约定,即便其主要目的就是为了保护商业秘密,但由于该约定没有明确用人单位保密的主观愿望和作为商业秘密保护的信息的范围,因而不能构成《反不正当竞争法》第10条规定的保密措施。

综上所述,劳动合同第11条第1款不属于富日公司为保护其商业秘密所采取的保密措施,富日公司相关申请再审理由不能成立。

2. 二审法院是否违反《最高人民法院关于民事诉讼证据的若干规定》第35条的规定。

《最高人民法院关于民事诉讼证据的若干规定》第35条规定:"诉讼过程中,当事人主张的法律关系的性质或者民事行为的效力与人民法院根据案件事实作出的认定不一致的,不受本规定第三十四条规定的限制,人民法院应当告知当事人可以变更诉讼请求。当事人变更诉讼请求的,人民法院应当重新指定举证期限。"上述规定是为了避免出现如下情况,在当事人主张的法律关系的性质或者民事行为的效力与人民法院的认定不一致时,当事人依据其主张的法律关系的性质或者民事行为的效力提出的主张或者请求得不到法院的支持,需要另行起诉。本案中,二审法院虽然认定劳动合同第11条第1款属于竞业限制条款,但只是认定富日公司不能援引劳动合同第11条第1款主张黄子瑜侵犯其商业秘密,并没有认定双方当事人之间存在有效的竞业限制法律关系。本案中并不存在当事人主张的法律关系的性质或者民事行为的效力与人民法院根据案件事实作出的认定不一致的情况,富日公司关于二审法院应当根据《最高人民法院关于民事诉讼证据的若干规定》第35条的规定告知其变更诉讼请求的申请再审理由不能成立。

综上所述,富日公司的再审申请不符合《中华人民共和国民事诉讼法》第179条规定的情形。依照《中华人民共和国民事诉讼法》第181条第1款之规定,最高人民法院裁定驳回富日公司的再审申请。

北京一得阁墨业有限责任公司诉高辛茂、北京传人文化艺术有限公司侵犯商业秘密纠纷案

——阅读提示:如何认定构成国家秘密的商业秘密的秘密性?如何判断作为商业秘密的整体信息是否为公众所知悉?商业秘密侵权认定中对不正当手段进行事实推定应当注意什么?

【裁判要旨】

国家秘密中的信息由于关系国家安全和利益,是处于尚未公开或者依照有关规

定不应当公开的内容，属于国家秘密的信息在解密前，应当认定为该信息不为公众所知悉。

在能够带来竞争优势的技术信息或经营信息是一种整体信息的情况下，不能将其各个部分与整体割裂开来，简单地以部分信息被公开就认为该整体信息已为公众所知悉。

当事人基于其工作职责完全具备掌握商业秘密信息的可能和条件，为他人生产与该商业秘密信息有关的产品，且不能举证证明该产品系独立研发，根据案件具体情况及日常生活经验，可以推定该当事人非法披露了其掌握的商业秘密。

【案号】

一审：北京市第一中级人民法院〔2003〕一中民初字第9031号

二审：北京市高级人民法院〔2005〕高民终字第440号

申请再审：北京市高级人民法院〔2008〕高民监字第828号

申诉：最高人民法院〔2011〕民监字第414号

【案情与裁判】

原告（二审被上诉人、被申请人）：北京一得阁墨业有限责任公司（以下简称一得阁公司）

被告（二审上诉人、申请再审人）：高辛茂

一审被告、二审上诉人：北京传人文化艺术有限公司（以下简称传人公司）

起诉与答辩

一得阁公司于2003年7月24日向北京市第一中级人民法院起诉称传人公司和高辛茂侵害其商业秘密，造成其经济损失。请求法院判令两被告立即停止侵犯原告商业秘密的行为；全部销毁侵犯原告商业秘密的产品；两被告连带赔偿原告经济损失3万元。

传人公司和高辛茂共同辩称：传人公司生产的墨汁是该公司独立开发研制的产品。一得阁公司无证据证明一得阁公司生产墨汁的配方、生产工艺与传人公司使用的相同，也无证据证明传人公司和高辛茂采取了反不正当竞争法列举的侵犯商业秘密的手段。

一审审理查明

北京市第一中级人民法院审理查明：北京一得阁墨汁厂成立于1965年1月1日，1997年12月26日更名为北京一得阁工贸集团，2000年11月16日又更名为北京一得阁工贸中心，2004年7月7日又更名为北京一得阁墨业有限责任公司。高辛茂于1978年调入一得阁墨汁厂工作，先在技术股工作，1987年后任副厂长、副经理等职务，曾主管生产、行政、劳动、技术检验、市场开发等工作。其中1987～1995年任主管技术的副厂长，其职责是负责全厂的技术开发、产品升级换代、技术改造、技术攻关及日常技术管理方面的组织领导工作，组织领导制定技术标准、工艺操作规程等。一得阁墨汁厂于1967年研制成功了北京墨汁，又于20世纪80年代研制开发了“一得阁墨汁”和“中华墨汁”；1996年5月24日，上述两种产品被列为北京市国家秘密技术项目。1997年7月14日一得阁工贸集团还成立了保密委员会，高辛茂任副组长。此外，一得阁公司还自1995年开始研制开发了“云头艳墨汁”，“云头艳墨汁”于2003年正式投产。一得阁公司采取主、辅料分别提供的办法对墨汁配方进行保密。传人公司成立于2002年1月9日，系家族式企业，共有股东13人，高辛茂出资20万元，是该公司最大的股东，其妻王淑云为法定代表人。2002年年底传人公司生产出了“国画墨汁”、“书法墨汁”、“习作墨汁”三种产品。2003 年 5 月 9 日,一得阁公司与高辛茂解除了劳动关系,同年 5 月 27 日一得阁公司公证购买了传人公司生产的三种产品,一得阁公司认为上述三种产品的品质、效果指标与其生产的“一得阁墨汁”、“中华墨汁”、“北京墨汁”相同或非常近似。

国家科委、国家保密局 1998 年 1 月 4 日发布的《国家秘密技术项目持有单位管理暂行办法》第 7 条第 2 款规定,涉密人员离、退休或调离该单位时,应与单位签订科技保密责任书,继续履行保密义务,未经本单位同意或上级主管部门批准,不得在任何单位从事与该技术有关的工作,直到该项目解密为止。

一审判理和结果

北京市第一中级人民法院一审理认为:(1)一得阁公司主张权利的“中华墨汁”、“一得阁墨汁”、“北京墨汁”及“云头艳墨汁”的配方已符合商业秘密的构成条件,应作为商业秘密依法受到保护,但一得阁公司要求保护此四种墨汁的生产工艺的请求,不予支持。(2)虽然一得阁公司未与高辛茂订立书面保密协议,但高辛茂作为一得阁公司的高级管理人员,负有保护企业商业秘密的义务。(3)高辛茂、传人公司关于有关其墨汁配方是依据公知资料、独立研制的抗辩理由,不予支持。(4)综合分析本案事实,并结合高辛茂与一得阁公司解除劳动关系前便以最大股东身份参与组建传人公司的事实,应当认定高辛茂违背了保守商业秘密的义务,向传人公司披露了一得阁公司的墨汁配方,故高辛茂应承担停止侵害、赔偿损失的民事责任。(5)传人公司明知高辛茂披露的墨汁配方属于一得阁公司的商业秘密而予以使用,亦侵犯了一得阁公司的商业秘密,应当停止侵权并与高辛茂共同承担赔偿损失的民事责任。依照《民法通则》第 130 条,第 134 条第 1 款第(1)、(7)项和第 2 款,《反不正当竞争法》第 10 条第 1 款第(3)项、第 2 款、第 3 款及第 20 条之规定,判决:(1)自判决生效之日起高辛茂不得披露所掌握的一得阁公司的商业秘密,亦不得参与墨汁产品的生产;(2)自判决生效之日起,传人公司不得披露、使用高辛茂向其披露的一得阁公司的商业秘密,并停止生产、销售墨汁产品;(3)自判决生效之日起 15 日内,传人公司将其库存的墨汁产品交法院销毁;(4)自判决生效之日起 15 日内,传人公司和高辛茂共同赔偿一得阁公司 30,000 元。

二审判理和结果

高辛茂、传人公司均不服一审判决,提起上诉。

北京市高级人民法院经审查,一审法院查明的事实属实,予以确认。

北京市高级人民法院审理认为:(1)一得阁墨汁厂开发的“一得阁墨汁”、“中华墨汁”、“北京墨汁”和“云头艳墨汁”的配方均符合商业秘密的构成条件,应受法律保护。(2)高辛茂与一得阁公司虽未签订保密协议,但高辛茂确曾长期担任一得阁墨汁厂主管技术的副厂长,且在 1997 年后还担任了一得阁工贸集团保密委员会的副组长,接触过一得阁公司的上述商业秘密,不管在离职前或离职后均承担保守一得阁公司商业秘密的义务。(3)传人公司主张其自行研制开发了“国画墨汁”、“书法墨汁”和“习作墨汁”三种产品,且该三种产品的配方与“一得阁墨汁”、“中华墨汁”、“北京墨汁”的配方均不相同,但缺乏事实依据,不予采信。(4)综合分析本案事实,并考虑到日常生活经验,确认高辛茂将其掌握的一得阁公司的“一得阁墨汁”、“中华墨汁”和“北京墨汁”的配方披露给了传人公司,传人公司利用上述商业秘密生产了“国画墨汁”、“书法墨汁”和“习作墨汁”，高辛茂和传人公司共同侵犯了一得阁公司的商业秘密，应当承担相应的法律责任。(5)鉴于“一得阁墨汁”、“中华墨汁”已被列为国家秘密技术项目，依据《国家秘密技术项目持有单位管理暂行办法》第7条第2款之规定，“一得阁墨汁”、“中华墨汁”生产技术解密前，高辛茂作为涉密人员不得从事墨汁产品的生产，高辛茂参股经营的传人公司亦不得从事墨汁产品的生产。虽然本案中现有证据及事实不能认定高辛茂向传人公司披露技术秘密，传人公司使用了“云头艳墨汁”配方，但“云头艳墨汁”配方既属一得阁公司的商业秘密，高辛茂负有不得向他人披露、传人公司亦负有不得自高辛茂处获取并进而使用该商业秘密的义务。一审判决认定事实清楚、适用法律正确、处理结果亦无不当，应予维持。传人公司及高辛茂的上诉理由均不能成立；其上诉请求不予支持。依照《中华人民共和国民事诉讼法》第153条第1款第(1)项之规定，判决驳回上诉，维持原判。一、二审案件受理费各1210元，由北京传人文化艺术有限公司和高辛茂共同负担。

申请再审情况

高辛茂、传人公司均不服二审判决，向北京市高级人民法院提出再审申请。

北京市高级人民法院经复查认为：高辛茂主张传人文化公司所生产的墨汁的配方与一得阁墨业公司的配方不同，但没有提供充分的证据予以证明。其再审申请予以驳回。

申诉理由与答辩

高辛茂、传人公司均不服一、二审判决以及北京市高级人民法院驳回再审申请的通知，向最高人民法院申诉，主要理由有：(1)一得阁公司的涉案墨汁配方和制造工艺已经被公众知悉。“一得阁”的传人通过1959年出版的《墨汁制造》等公开刊物对其墨汁的工艺和配方进行了披露，其墨汁配方已经公布于世，不应当认定是不为公众所知悉的信息。不应当用现代市场经济的观念来看待20世纪50年代，国家为了满足人民群众对文化用品的需求，鼓励国民自力更生的情况下，人们对复杂技术没有刻意防范，对墨汁这种民用产品没有采取保密措施的事实。“一得阁”当年是响应国家号召，由其传人撰写《墨汁制造》，对墨汁的制作工艺和配方进行详细描述，供企业、学校、机关自行制作墨汁。(2)无证据证明一得阁公司生产墨汁的配方与传人公司使用配方的相同或相似。虽然一得阁公司的“一得阁墨汁”和“中华墨汁”被列为国家秘密，但是保密文件没有指明具体墨汁配方，在没有证据指明配方究竟为何物时，高辛茂及传人公司不可能也没有必要和义务向人民法院提出一得阁公司生产墨汁的配方为公众所知悉的抗辩理由。(3)一、二审判决对传人公司生产墨汁的配方是依据公知资料独立研制的抗辩理由不予支持错误。对比一得阁公司已经公开的墨汁配方、公开刊物记载的墨汁配方、一得阁墨汁产品的配方以及传人公司墨汁产品的配方，可以得出结论，传人公司和一得阁公司的墨汁产品主要原料配方均处于公有领域，其余配方为各自独有。(4)高辛茂是一得阁公司聘用的助理经济师，是行政管理人员，自1978年以来一直在一得阁公司的印泥车间工作，没有接触过墨汁的保密配方。(5)一审中一得阁公司提交的墨汁生产下料单载有剧毒物质重铬酸钠。二审庭审中，传人公司的证据也表明一得阁公司生产的墨汁中有剧毒物质。一、二审法院对剧毒物质的产品予以保护损害了广大消费者和社会公众的利益和健康。综上所述，一、二审判决认定的基本事实缺乏证据证明,适用法律确有错误,依据《中华人民共和国民事诉讼法》第179条第1款第(2)项、第(6)项的规定,请求本院对本案依法再审改判,驳回被申请人的诉讼请求。

一得阁公司提交意见认为:(1)一得阁公司生产墨汁的原料配方和生产工艺自1990年7月被列入国家秘密技术项目,一得阁公司制定了一系列的保密制度,其原料配方和生产工艺是一得阁公司的商业秘密。(2)高辛茂熟知一得阁公司生产墨汁的原料配方和生产工艺。高辛茂前后主管生产以及技术检验、市场开发,也是一得阁公司保密委员会的副组长,与一得阁公司的墨汁配方和生产工艺有密切接触,参与研制具体实验和生产21年之久。对一得阁公司的所有配方、工艺、诀窍、原料等技术信息和经营信息等商业秘密了如指掌。(3)传人公司是高辛茂成立的家族式企业,其作为最大股东和董事,组织其配偶和女儿及妻弟、妹妹等成立传人公司。传人公司的经济利益与高辛茂家人及家族利益息息相关。(4)传人公司生产的墨汁的性能与一得阁公司的完全相同。(5)传人公司生产的墨汁是自行研发的主张在一审开庭中被暴露研发过程是伪造的,印证了高辛茂披露一得阁公司商业秘密和传人公司明知高辛茂违法披露他人商业秘密仍使用该商业秘密的事实。(6)传人公司不能证明其墨汁的原料配方和工艺的合法来源,应当承担举证不能的法律后果,传人公司与高辛茂构成共同侵权。请求驳回高辛茂的申请再审请求。

申诉结果

最高人民法院经审查认为:本案争议的焦点问题为一得阁公司的涉案墨汁配方是否不为公众知悉以及传人公司、高辛茂是否侵犯了一得阁公司墨汁配方的商业秘密。

"一得阁墨汁"以及"中华墨汁"于1995年11月被列为北京市国家秘密技术待审项目,并于1996年5月列为北京市国家秘密技术项目,保密期限为长期。国家秘密是关系国家的安全和利益,依照法定程序确定,在一定时间内只限一定范围的人员知悉的事项。对于纳入国家秘密技术项目的持有单位,包括国家秘密的产生单位、使用单位和经批准的知悉单位均有严格的保密管理规范。我国《反不正当竞争法》所指的不为公众所知悉,是有关信息不为其所属领域的相关人员普遍知悉和容易获得。国家秘密中的信息由于关系国家安全和利益,是处于尚未公开或者依照有关规定不应当公开的内容。被列为北京市国家秘密技术项目的"一得阁墨汁"、"中华墨汁"在技术出口保密审查、海关监管、失泄密案件查处中均有严格规定。既然涉及保密内容,北京市国家秘密技术项目通告中就不可能记载"一得阁墨汁"、"中华墨汁"的具体配方以及生产工艺。

根据国家科委、国家保密局于1998年1月4日发布的《国家秘密技术项目持有单位管理暂行办法》第7条第2款规定,涉密人员离、退休或调离该单位时,应与单位签订科技保密责任书,继续履行保密义务,未经本单位同意或上级主管部门批准,不得在任何单位从事与该技术有关的工作,直到该项目解密为止。因此,"一得阁墨汁"、"中华墨汁"产品配方和加工工艺在解密前,一、二审判决认定该配方信息不为公众所知悉,并无不当。

一得阁公司的涉案墨汁是在传统配方的基础上发展而来,正如其创始人谢崧岱曾言,"一艺足供天下用、得法多自古民书"。一得阁的墨汁能够传承一百多年,在业界享有盛誉,并被列为国家秘密,其配方的组分、比例及(或)加工工艺必有不为公众所知悉,能够给其带来竞争优势的信息。虽然高辛茂提交的1959年出版的《墨汁制造》以及其他文献中记载了有关一得阁生产墨汁的制造工艺和配方,但并不意味着一得阁公司生产的墨汁配方于1959年被公众知悉。否则,也与1996年一得阁公司的相关墨汁被列为国家秘密的事实相矛盾。在高辛茂提交的《北京工商史话》中,有1987年9月26日潘怡采编的"开墨林先河的一得阁墨汁厂"一文,记载了一得阁公司在企业的发展传承方面通过改变溶胶操作、调整墨汁原料等进行创新、博采众长、精益求精的事实。商业秘密的技术信息和经营信息关乎企业的竞争力,其内容是可以在原有的基础上进行改进和完善的,只要信息内容不为公众所知悉,具有实用性并能为权利人带来经济利益,同时,权利人采取了保密措施,就应当依法予以保护。一得阁公司在一、二审中称其墨汁配方是不断改进的,存在延续性的主张符合市场规律和实际情况。高辛茂主张一得阁公司生产墨汁的配方已被公开无事实依据,本院不予支持。

高辛茂提交的《精细化学品配方1000例》、《新编实用日用化学品制造技术》、《碳黑生产与应用手册》、《实用化工产品配方工艺手册》中描述了墨汁制造的有关配方以及某项组分在每一种配方中可能起到的作用。上述文章中,墨汁的配方具体组分各不相同,有交叉也有重合;对于制作方法的描述也各有不同。因此,不能因为配方的有关组成部分被公开就认为对这些组分的独特组合信息亦为公众所知。相反,正是由于各个组分配比的独特排列组合,才对最终产品的品质效果产生了特殊的效果。他人不经一定的努力和付出代价不能获取。这种能够带来竞争优势的特殊组合是一种整体信息,不能将各个部分与整体割裂开来。一得阁公司的有关墨汁被纳入国家秘密技术项目,且一得阁墨汁在市场上有很高的知名度也反证了其配方的独特效果。高辛茂关于一、二审判决对传人公司的墨汁配方是依据公知资料独立研制的抗辩理由不予支持是错误的主张,本院不予支持。

高辛茂在1978年进入一得阁墨汁厂工作,1984~1985年担任副厂长,主管墨汁新产品的研究开发及生产车间的设计,1995~1996年高辛茂担任副厂长期间提出研制高档墨汁,此后研制高档墨汁的工作一直进行,研制工作要向高辛茂汇报。2001年高辛茂被聘任为副经理任职期限3年,自2000年11月16日起算。高辛茂在一得阁公司的工作领域涉及生产、技术、市场以及检测、技术革新等方面。一、二审查明的事实足以证明高辛茂具有接触墨汁的保密配方的可能或条件。高辛茂申请再审关于其为一得阁公司行政人员,从未接触墨汁生产的主张,本院不予支持。

高辛茂是传人公司最大的股东,其妻王淑云是该公司的法定代表人。高辛茂、传人公司在一审中就独立开发研制墨汁产品提交的证据,有的是由于证人没有出庭作证,一得阁公司对真实性以及所要证明的目的有异议;有的是因为虽提交了证人证言,但一得阁公司向法院提交了反证,证明该证人推翻了曾向传人公司出具的证言。传人公司出具的《传人牌墨汁初步研制阶段的记录材料》,研制人员为传人公司的法定代表人及股东,与本案有直接利害关系,在没有证据佐证下,其真实性无法证实。一、二审法院对高辛茂、传人公司提交的以上证据没有采信,并无不当。通过公知资料中对生产墨汁的配方组分进行有机的排列组合,生产出符合市场需要的高质量的墨汁必定需要大量的劳动和反复的实验,而传人公司在成立后很短时间内凭借几个没有相关技术背景的个人,就很快开始生产出产品,并在北京、深圳等地销售,在没有现成的成熟配方前提下是不可能的。一审庭审中,传人公司的股东曾陈述,其问过高辛茂关于墨汁的材料、配方等问题。根据一得阁公司的相关墨汁作为国家秘密的事实,高辛茂有接触一得阁公司商业秘密的条件,结合传人公司设立及主张独立研发的证据,依据日常生活经验法则,一、二审法院关于高辛茂向传人公司披露了一得阁公司生产墨汁的配方,传人公司非法使用了高辛茂披露的墨汁配方的认定,并无不当。

至于高辛茂提出一得阁公司在墨汁配方中加入的重铬酸钠为国家禁止使用的剧毒化学品的问题,由于重铬酸钠即红矾纳是用于生产碱性湖蓝染料等的氧化剂,其有毒性并不意味着不能作为墨汁产品的配料。高辛茂关于一、二审法院对剧毒物质的产品予以保护损害了广大消费者和社会公众的利益与健康的主张,本院不予支持。综上所述,高辛茂的再审申请不符合《中华人民共和国民事诉讼法》第 179 条规定的情形。依照《中华人民共和国民事诉讼法》第 181 条第 1 款之规定,裁定驳回高辛茂的再审申请。

北京御生堂生物工程有限公司诉厦门康士源生物工程有限公司等擅自使用知名商品特有名称、包装、装潢纠纷案

——阅读提示:如何判断知名商品的名称是否为"特有"?

【裁判要旨】

知名商品的特有名称具有区别商品来源的特性,从而能够成为某一市场主体享有权利的"特有名称"。对于本身具有描述商品功能和用途的商品名称而言,要成为"特有名称",需证明其通过使用、宣传克服了该名称本身所具有的含义,而成为指代产品来源的标识。

商品及其名称能否被认定为知名商品、特有名称主要取决于相关公众对于市场状况的认知情况,关于保健食品的命名规定并不能当然决定一商品名称是否为通用名称。

【案号】

一审:长春市中级人民法院〔2008〕长民三初字第 106 号

二审:吉林省高级人民法院〔2010〕吉民三知终字第 1 号

再审:最高人民法院〔2011〕民提字第 60 号

【案情与裁判】

原告(二审被上诉人、被申请人):北京御生堂生物工程有限公司(以下简称御生堂公司)

被告(二审上诉人、申请再审人):厦门康士源生物工程有限公司(以下简称康士源公司)

被告:厦门康中源保健品有限公司(以

下简称康中源公司)

被告:长春市东北大药房有限公司(以下简称东北大药房)

2008 年 11 月 3 日,御生堂公司以康士源公司、康中源公司及东北大药房构成不正当竞争为由向长春市中级人民法院提起诉讼,请求判令康士源公司、康中源公司停止使用与其知名商品“肠清茶”相同或近似的商品名称、相近似的包装、装潢并赔偿其经济损失人民币 50 万元;判令东北大药房停止销售侵权产品。

法院审理查明

御生堂公司成立于 2001 年 8 月 20 日,于 2001 年 9 月 18 日向国家工商行政管理总局商标局(以下简称商标局)申请注册“御生堂”商标。2003 年 8 月 5 日商标局核准在“茶及茶叶代用品”上的注册申请,但驳回在非医用营养液上的注册申请。2008 年 6 月 16 日,御生堂商标被北京市工商行政管理局认定为北京市著名商标。

2003 年 6 月,由御生堂公司监制、北京御生堂保健品公司总经销,北京寿春堂公司生产的御生堂牌肠清茶上市。

2004 年 7 月 29 日,北京御生堂营销策划有限公司向国家专利局申请了包装盒(御生堂肠清茶)外观设计专利,并于 2005 年 4 月 13 日取得了专利证书,专利号为 200430076410.1。使用外观设计专利的产品名称、包装装潢与本案御生堂公司主张权利的产品名称、包装装潢一致。2005 年 4 月 15 日,北京御生堂营销策划有限公司授权御生堂公司在产品包装盒、广告灯载体上无限期独占使用上述外观设计专利,并有权以自己的名义提起专利侵权之诉。

2008 年 3 月 28 日,御生堂公司取得“御生堂肠清茶”商标注册,核定使用商品第 30 类:茶;冰茶、茶饮料;茶叶代用品。

2001 年以前,医药、保健品行业存在“肠清口服液”、“肠清液”、“肠清胶囊”等称谓,一些专业人士也在杂志上发表了关于“肠清口服液”或“肠清液”或“肠清胶囊”的研究文章。

中华人民共和国长安公证处(2005)长证内经字第 82496 号公证书显示,2005 年 9 月 16 日,通过国家中药品种保护审评委员会办公室和国家食品药品监督管理局保健食品审评中心网站(网址为 www. bjsp. gov. cn)进行查询,点击“保健食品检索”,在“国家已批准保健食品库”查询“肠清茶”,共有 3 条记录,其中 1 条为御生堂牌肠清茶,2 条为寿春堂牌肠清茶,批准文号均为卫食健字(1998)第 140 号、申报单位均为北京市房山区良乡金光南街 3 号、批准日期均为 1998 年 4 月 7 日。检索出的上述 3 条肠清茶记录的批准文号、申报单位地址、产品名称与本案中御生堂肠清茶产品外包装装潢上的产品名称、生产单位地址、批准文号一致。以同样的方式输入关键词“减肥茶”进行检索,共找到 58 条记录,分别为不同的生产厂家。输入“1996/01 - 2005/09”进行查询,显示共有 9759 条记录。

(2007)长证内经字第 8684 号公证书显示,2007 年 9 月 18 日,在国家中药品种保护审评委员会办公室和国家食品药品监督管理局保健食品审评中心的网站上输入“肠清茶”进行检索,结论与上述公证书相同。

国家食品药品监督管理局保健食品注册批件显示:产品名称“御生堂牌肠清茶”,申报单位(转让方)北京寿春堂医药保健品公司,受让方“御生堂公司”,批准文号“卫食健字(1998)第 140 号”,批准转让日期“2005 年 6 月 24 日”。

御生堂牌肠清茶产品自 2003 年 6 月上市,8 月在西安《华商报》上对御生堂牌肠清茶产品进行了广告宣传。随后御生堂公司对其御生堂品牌肠清茶产品进行了大量的广告宣传，特别是2005年至2007年连续三年，御生堂公司为推广御生堂肠清茶产品在全国部分城市平面媒体上（如《安徽市场报》、《半岛晨报》、《成都晚报》、《保定晚报》、《沧州晚报》、《长春晚报》、《常州晚报》、《成都商报》、《城市快报》、《楚天都市报》、《长沙晚报》、《大连晚报》、《广州日报》、《贵阳晚报》、《海峡导报》、《华商报》、《济南时报》、《解放日报》、《辽沈晚报》、《洛阳晚报》、《南昌晚报》、《南方都市报》、《宁波晚报》、《青年报》、《齐鲁晚报》、《绍兴晚报》、《深圳晚报》、《唐山晚报》、《温州都市报》、《温州商报》、《武汉晚报》、《羊城晚报》、《西宁晚报》、《新疆都市报》、《新民晚报》、《新文化报》、《扬子晚报》、《北京晨报》、《北京晚报》、《城市晚报》、《东亚经贸新闻报》）进行了广告宣传。自2005年至2007年，仅在吉林省长春市的广告投入就达2640万元。

2005年5月14～16日，长春《东亚经贸新闻》、《城市晚报》、《新文化报》等媒体报道了长春市场有“克隆肠清茶”销售以及消费者刘女士发生了混淆等。

御生堂公司生产、销售的御生堂牌肠清茶，包装盒呈长方体，包装盒底色整体呈蓝色、橘黄色、绿色三种，三种包装盒除了底色不同外，其他均相同。以蓝色包装装潢为例，主视图左上角有保健食品标志，其下为“卫食健字（1998）第140号”、“中华人民共和国卫生部批准”两行小字。位于主视图中央部分并占据显著位置的是“肠清茶”三字，其上端为长约3厘米、宽约1厘米的棕色长方形框，内有“御生堂”字样并有注册商标标识，主视图下端有“北京御生堂生物工程有限公司”字样，“肠清茶”三字有白色云状曲线作为背景图案。主视图左端及右上端为松树、古代人物、竹叶等组成的背景图案。后视图与主视图相同。

御生堂公司曾于2005年10月31日以康中源公司不正当竞争为由向厦门市中级人民法院起诉，该案在审理过程中，双方于2006年2月10日自愿达成调解协议，调解协议中有如下内容：康中源公司因生产的“康中源肠清$_{\text{百合}}^{\text{TM}}$茶”、“康中源肠清$_{\text{常清}}^{\text{TM}}$茶”与御生堂公司知名商品“御生堂肠清茶”的名称和装潢相近似，同意变更“康中源肠清$_{\text{百合}}^{\text{TM}}$茶”、“康中源肠清$_{\text{常清}}^{\text{TM}}$茶”的名称和装潢，变更后的名称和装潢必须与御生堂公司的知名商品“御生堂肠清茶”特有的名称和包装、装潢有显著区别。后御生堂公司于2006年2月11日向厦门市中级人民法院申请撤回起诉。

康中源公司成立于2004年3月15日，康士源公司成立于2006年6月19日。

2004年4月6日，康中源公司原法定代表人叶秋枫向商标局申请在第30类产品上注册“肠清”商标，2005年11月3日该申请被商标局驳回，理由是因“肠清”二字直接表示了指定使用商品的功能、用途等特点，用作商标缺乏显著特征，不具备商标的识别作用。

2004年6月17日，康中源公司原法定代表人叶秋枫以个人名义向国家知识产权局提出了包装盒的外观设计专利申请，并于2005年1月12日取得了该外观设计专利证书，专利号为200430053230.1。康士源公司生产的涉案产品康中源肠清茶的包装装潢与该外观设计专利一致。

康士源公司生产的康中源牌肠清茶产品包装盒呈长方体，包装盒底色整体呈蓝色、橘黄色、绿色三种，三种包装盒除了底色不同外，其他均相同。以蓝色包装装潢为例，位于主视图中央部分并占据显著位置的是“肠清$_{\text{百合}}^{\text{TM}}$茶”字样，“百合”、“TM”标识明显缩小，突出了“肠清茶”字样。主视图左上端为长约2厘米、宽约0.7厘米的棕色长方形框,其内有明显小于“肠清茶”字体的“康中源”标识。“肠清茶”字样有植物叶、花等作为背景图案。主视图左下端、右端分别为小船、古代人物、小树、松树等组成的背景图案。后视图与主视图相同。

2008年3月27日,康中源公司的网站上展示了康士源公司涉案产品。

自2004年至2007年,市场上有其他以“肠清茶”命名的同类产品在市场上出售。

2008年9月22日,东北大药房出售了“康中源”牌肠清茶(外包装显示该产品由康士源公司生产)。同年,御生堂公司还从浙江、广东、辽宁购得“康中源”牌肠清茶产品。

另查明,2003年12月25日,北京御生堂生物工程技术有限公司向北京市第一中级人民法院起诉御生堂公司、北京御生堂保健品有限公司、北京寿春堂医药保健品公司侵犯商标权,一审判决后,三被告不服,向北京市高级人民法院提起上诉。北京市高级人民法院〔2005〕高民终字第206号民事判决查明,北京御生堂生物工程技术有限公司于2002年10月7日申请注册了第1947938号御生堂注册商标,核定使用的商品为非医用营养液等。2003年3月和6月,御生堂公司的产品御生堂牌减肥茶和御生堂牌肠清茶分别上市,御生堂公司对该商品进行了大量广告宣传。该判决认为,减肥茶和肠清茶与北京御生堂生物工程技术有限公司“御生堂”商标核定使用的商品非医用营养液构成类似商品,其行为侵犯了第1947938号注册商标专用权,判决三被告停止侵权行为。

北京御生堂生物工程技术有限公司和北京御生堂投资集团有限公司于2007年4月4日签订了第1947938号御生堂注册商标转让协议。2007年4月25日,北京御生堂投资集团有限公司授权许可御生堂公司对上述注册商标享有永久使用权。经商标局核准,北京御生堂投资集团有限公司于2009年5月14日受让取得了上述注册商标专用权。

一审判理和结果

一审法院认为:

1.“御生堂”肠清茶产品自2003年投放市场以来,御生堂公司通过多种媒介进行宣传和销售,使其产品在市场上占有一定的份额,为消费者所知悉,在相关公众中具有较高的知名度,对该商品应认定为知名商品。

2.本案中,“肠清茶”名称是御生堂公司独创的名称。御生堂首先在保健品市场上作为一个整体使用“肠清茶”这一名称,并在之后的广告中对“肠清茶”产品名称作了突出宣传,使“肠清茶”产品名称具有了显著性。消费者能够将“肠清茶”作为商品名称与某一类商品紧密联系起来,并且已经成为与通用名称有区别性特征的一个商品名称。御生堂公司在后续广告促销、宣传报道、产品包装装潢、产品推介等诸多方面进一步凸显“肠清茶”名称,使消费者将“肠清茶”与生产者御生堂公司联系到一起,“肠清茶”成为特定生产经营者的产品标识,已形成了显著的区别性特征。御生堂公司自“肠清茶”投入市场以来,始终对肠清茶名称坚持进行排他使用。“肠清茶”名称具有特定性,属于知名商品的特有名称。

3.本案御生堂公司在其涉案商品上所使用的包装为普通纸盒,属于同行业经营者所通用的包装,不能产生该包装与涉案产品之间的特定联系,因此该包装不属于特有包装。在涉案产品上所使用的装潢是御生堂公司在先使用的,相关文字、图案、色彩及其组合等是具有独创性的设计,属于该产品特有的装潢。

4.御生堂公司关于康中源公司、康士源公司仿冒其涉案商品的包装,构成不正当竞争的主张,缺乏事实依据,不予支持。

康士源公司从其“康中源”牌肠清茶投入市场起,擅自在其所生产的肠清茶产品包装的正反两面上部标注“肠清茶”的字样,并将“肠清茶”字体放大,在外包装醒目的位置进行突出使用。康士源公司没有证据证明其在先或曾经在其保健品上标注“肠清茶”的名称,其明知“肠清茶”产品名称系御生堂公司的知名商品的特有名称、未经允许而擅自使用与该知名商品的特有名称相近似的“康中源肠清$_{百合}$^{TM}茶”、“康中源肠清$_{常清}$^{TM}茶”名称,系借用他人竞争优势而作的近似使用。从双方涉案的包装装潢的设计风格和整体上看,康中源牌肠清茶产品包装装潢上除商标标识和生产单位名称、背景图案与御生堂牌肠清茶产品有所不同外,两者的包装装潢在文字、图案、色彩、构图等方面近似。康士源公司在其产品外包装上的显著位置用大字体突出了“肠清茶”的产品名称,而“康中源”标识却使用了不明显的小号字体,包装盒的正反面均无公司名称,包装装潢整体所表达的视觉中心部分及整体风格与御生堂公司涉案产品相近似。按照一般购买者的注意能力,足以造成产品来源混淆,即可能将其产品误认是御生堂公司的知名商品或者康士源公司与御生堂公司有关联。康士源公司的行为构成了我国反不正当竞争法所禁止的仿冒知名商品特有名称、特有装潢的不正当竞争行为,其应依法承担相应的法律责任。

御生堂公司提供的相关证据并不足以证明康中源公司实施了生产、销售涉案产品的行为,亦不足以证明康士源公司与康中源公司实际上为一家公司并共同实施了销售涉案产品的行为。故御生堂公司要求康中源公司承担相应侵权责任的主张缺乏事实和法律依据,该请求不予支持。

东北大药房未经许可,擅自销售康士源公司生产的与御生堂公司知名商品特有名称、包装装潢相近似的“康中源”肠清茶,足以引起市场的混淆,其排挤和损害竞争对手以获取不正当利益,构成我国反不正当竞争法所禁止的仿冒知名商品特有名称的不正当竞争行为,其行为已构成对御生堂公司的不正当竞争,依法应承担停止销售涉案侵权产品的法律责任。

关于赔偿数额,御生堂公司未能提供证据证明其因康士源公司不正当竞争行为所受的经济损失及康士源公司因本案不正当竞争行为所获得的利润。综合考虑侵权行为的方式、侵害后果、主观过错程度以及侵权行为持续的时间、单位产品的售价、销售的地域、侵权人经营规模以及御生堂公司为制止侵权行为所必须支出的合理费用等因素酌情确定赔偿经济损失数额为30万元。综上所述,判决如下:(1)康士源公司停止使用与御生堂公司知名商品“肠清茶”相同或近似的商品名称;(2)康士源公司停止使用与御生堂公司知名商品“肠清茶”相近似的包装装潢;(3)东北大药房停止销售“康中源肠清百合TM茶”、“康中源肠清常清TM茶”;(4)康士源公司于本判决生效之日起十五日内赔偿御生堂公司经济损失(包括为制止侵权行为所支付的合理开支)30万元;(5)驳回御生堂公司其他诉讼请求。

二审判理和结果

二审法院认为:

1.关于“肠清茶”是否为“御生堂牌肠清茶”知名商品特有的名称。本案中,御生堂公司所生产的御生堂牌肠清茶自2003

年6月上市以后，进行了大量的广告宣传，可以认定御生堂牌肠清茶为知名商品。结合本案，虽然"肠清"二字表明了商品功能、用途，但御生堂公司在后续广告促销、宣传报道、产品包装装潢、产品推介等诸多方面进一步凸显"肠清茶"名称，将"肠清茶"与生产者御生堂公司联系到一起，"肠清茶"成为特定生产经营者的产品标识，在使用中产生了显著性，故"肠清茶"名称具有特定性，应当认定该"肠清茶"为知名商品的特有名称。

2. 关于涉案产品在装潢上是否存在显著区别。康士源公司所使用的涉案三种装潢与御生堂公司主张权利的装潢相比，虽均存在区别点，但从涉案产品的装潢设计风格和整体上看，两者的包装装潢在文字、图案、色彩、构图等方面相近似，按照一般购买者的注意能力，足以造成产品来源混淆。因此，康士源公司关于产品装潢存在显著区别的说法不能成立，其应依法承担相应的法律责任。

3. 关于赔偿数额。本案中，康士源公司生产、销售仿冒御生堂公司知名商品特有名称、包装装潢产品的行为，在客观上影响了御生堂公司的正常销售，给其造成一定的经济损失。考虑"肠清茶"特有名称的取得、侵权行为的方式、主观过错程度、侵权行为持续的时间以及御生堂公司为制止侵权行为支出的合理费用等，酌定数额应以20万元为宜。综上所述，判决：一、维持〔2008〕长民三初字第106号民事判决第一、二、三、五项；二、变更判决第四项为康士源公司于本判决生效之日起十五日内赔偿御生堂公司经济损失（包括为制止侵权行为所支付的合理开支）20万元。

申请再审理由与答辩

康士源公司申请再审称：（1）"肠清茶"属于通用名称及属性名称组合，原审判决认定其属于御生堂公司特有名称错误。按照《保健食品注册管理办法》第70条规定，行政部门批准的"御生堂牌肠清茶"保健品名称，由品牌名"御生堂"、通用名"肠清"、属性名"茶"组成。御生堂公司将"御生堂肠清茶"整体申请注册为商标，进一步说明肠清茶为商品的通用名称。（2）御生堂公司生产的御生堂牌肠清茶产品，在其2007年4月4日受让取得他人"御生堂"注册商标之前，侵犯了他人注册商标专用权，不能被认定为知名商品。在此之前包括康士源公司在内的多个商家都已经在生产肠清茶产品，不能认定为不正当竞争行为。（3）康士源公司生产销售的产品与御生堂公司产品在装潢上存在显著区别，且康士源公司早于御生堂公司取得关于包装装潢的外观设计专利，原审判决认定二者装潢的视觉中心部分及整体风格近似错误。请求撤销原审判决，驳回御生堂公司的诉讼请求。

御生堂公司辩称：原审判决认定事实清楚，适用法律正确。肠清茶是御生堂公司知名商品的特有名称，侵犯商标权与御生堂肠清茶是知名商品特有名称是两种不同的法律关系，康士源公司销售的产品装潢与御生堂公司知名商品特有装潢近似。请求驳回康士源公司再审申请。

再审判理和结果

最高人民法院认为，本案争议的焦点为：1. "肠清茶"是否为御生堂公司知名商品的特有名称；2. 康中源肠清茶的包装装潢是否与御生堂肠清茶近似。

1. "肠清茶"是否为知名商品特有名称。

知名商品是指在中国境内具有一定的市场知名度，为相关公众所知悉的商品，特有名称是指具有区别商品来源的显著特征的商品名称。本案中，御生堂公司自2003

年6月起生产肠清茶产品,康中源公司2004年成立,此后不久其原法定代表人叶秋枫即申请“肠清”商标并申请涉案“康中源肠清茶”产品包装盒的外观设计专利,康士源公司2006年成立,生产销售康中源肠清茶产品。在此期间,市场上尚有其他厂家生产的肠清茶产品。在御生堂公司肠清茶产品上市之前,保健品行业存在“肠清口服液”、“肠清胶囊”等称谓,并有相关研究文章发表。可见,“肠清”有“肠道清理”之意,其直接表明了该类商品的功能和用途,一般情况下不具有识别商品来源的作用,不能成为某一市场主体享有权利的特有名称,除非该主体能证明该商品名称通过使用获得了显著特征,能够将商品来源直接指向该市场主体。本案中,御生堂公司负有这一举证责任。根据其提交的大量广告宣传的证据,可以认定御生堂肠清茶产品销售时间较长、区域较广,宣传的范围亦很广,能够为相关公众所知悉,可以认定为《反不正当竞争法》第5条第(2)项规定的“知名商品”,但能否认定“肠清茶”已经通过使用成为产品来源的标识,还需结合其广告方式、相关公众的认知等相关因素进行判断。本案中,御生堂公司提交大量平面媒体广告,基本形式为大幅宣传洗肠的必要性及益处、肠清茶热销等情况,配有小幅御生堂肠清茶产品图样及购买方式等信息。这种广告方式侧重宣传的是肠清茶产品的功能,未能克服肠清茶本身所具有的描述商品功能的性质,不能达到使相关公众将“肠清茶”与某一特定来源主体联系起来的目的。“肠清茶”三字在御生堂肠清茶产品包装装潢中占有显著位置也并不必然表明其能够成为指代产品来源的标识。故御生堂公司主张“肠清茶”为其知名商品特有名称证据不足,不予支持。原一、二审判决仅因御生堂肠清茶产品进行了大量宣传、“肠清茶”产品名称被突出使用即认定其构成知名商品特有名称不当,予以纠正。

商品及其名称能否被认定为知名商品、特有名称主要取决于相关公众对于市场状况的认知情况,本案中,关于保健食品的命名规定并不能当然决定一商品名称为通用名称,反之,截至目前仅有御生堂肠清茶获得保健食品批号的事实亦不能当然证明其为御生堂公司的特有名称。而关于御生堂肠清茶产品曾被认定侵犯他人注册商标专用权的产品的事实,同样不影响其知名商品的认定。

2. 康中源肠清茶的包装装潢是否与御生堂肠清茶近似。

原一、二审判决均认定御生堂肠清茶的产品包装非其特有,御生堂公司对此亦不持异议。御生堂肠清茶的产品装潢,主要指其主视图(后视图与主视图相同),系其在先使用,在文字布局、图案设计以及色彩的选择和组合上具有独创性,可以构成该知名商品的特有装潢。康中源肠清茶产品装潢在文字布局、图案设计甚至色彩选择方面均与御生堂肠清茶产品相似甚至相同,比如背景图案,可选择的素材范围很广,其却采用了跟御生堂肠清茶装潢中基本相同的松树、古代人物等素材,而且构图方式也基本相同,并且采用了跟御生堂肠清茶产品相同的三种底色,易造成相关公众混淆。在御生堂肠清茶产品已构成在先知名商品且其装潢为其特有装潢的情况下,康士源公司作为同行业经营者,其采用上述相近似的装潢,借靠他人知名商品声誉以获取不正当竞争优势的意图明显,构成不正当竞争行为。原一、二审判决对此认定正确,但其基于康士源公司使用“肠清茶”名称而认定其装潢近似的部分应予纠正。康士源公司应立即停止上述不正当竞争行为,改变其产品装潢;其虽然可以继续使用肠清茶作为产品名称，但应突出使用其康中源产品标识，并改变装潢中的背景图案，标明其生产厂家名称，以与御生堂肠清茶形成区别，避免使相关公众产生混淆。

关于康士源公司提出其产品包装装潢为外观设计专利的抗辩主张，因现有证据表明，御生堂公司知名商品特有装潢使用并已知名在先，康士源公司对此系明知，因此不得以取得外观设计专利来对抗御生堂公司的在先权利，应停止使用与御生堂肠清茶相近似的产品装潢。

另外，《反不正当竞争法》第5条规定，经营者不得擅自使用知名商品特有装潢，造成和他人知名商品相混淆。本案中，使用御生堂肠清茶特有装潢的主体是康士源公司，东北大药房仅销售了其产品，二审判决认定东北大药房因销售康中源肠清茶产品而对御生堂公司构成不正当竞争不当，但判决其停止销售与御生堂肠清茶装潢构成近似的康中源肠清茶产品并无不当。

综上所述，依照《中华人民共和国反不正当竞争法》第5条第(2)项、《最高人民法院关于审理不正当竞争民事案件应用法律若干问题的解释》第1条、第2条以及《中华人民共和国民事诉讼法》第186条第1款、第153条第1款第(2)项的规定，判决如下：

1.维持〔2010〕吉民三知终字第1号民事判决第二项；

2.变更〔2010〕吉民三知终字第1号民事判决第一项为：维持长春市中级人民法院〔2008〕长民三初字第106号民事判决第二、三、五项，撤销长春市中级人民法院〔2008〕长民三初字第106号民事判决第一项。

宣达实业集团有限公司诉孟莫克公司、孟山都(上海)有限公司商业诋毁纠纷案

——阅读提示：司法未决事实是否可以构成“虚伪事实”？向特定对象陈述事实是否可以构成虚伪事实的“散布”？

【裁判要旨】

对《反不正当竞争法》第14条规定的“虚伪事实”和“散布”的内涵，应在字面含义的基础上，结合规制商业诋毁行为的立法目的来理解。在一定的条件下，未经司法程序认定的争议事实可以构成《反不正当竞争法》第14条规定的“虚伪事实”，仅向特定对象进行陈述虚伪事实，也可构成该条规定的虚伪事实的“散布”。

【案号】

一审：上海市第一中级人民法院〔2009〕沪一中民五(知)初字第228号

【案情与裁判】

原告：宣达实业集团有限公司(以下简称宣达公司)

被告：孟莫克公司(MECS,Inc.)

被告：孟山都(上海)有限公司(以下简称孟山都公司)

起诉与答辩

2009年11月12日，原告宣达公司诉称：其是国内著名的特种阀门、化工成套设

备和耐腐蚀材料生产企业,是硫酸行业重要的特种材料供应商。2004 年以来原告成功研发出了系列耐硫酸腐蚀特种材料,并据此首家开始设计推广应用于硫酸生产线的国产热能回收装置。2005 年原告通过其下属企业上海奥格利环保工程有限公司(以下简称上海奥格利公司)为位于浙江省上虞市的浙江龙盛控股有限公司(以下简称龙盛公司)与日本伊藤忠商事株式会社(以下简称伊藤忠公司)合资设立的浙江忠盛化工有限公司(以下简称忠盛公司)成功提供了一套全国产化的低温热能回收系统。被告孟莫克公司、孟山都公司系原告的竞争对手。两被告在明知原告的技术线路完全不同于被告产品的情况下,却于 2006 年在上海市第一中级人民法院提起针对原告的侵犯商业秘密诉讼。在该案件未生效之前,被告委托律师向包括忠盛公司及其股东伊藤忠公司在内的原告客户或潜在客户、相关地方政府部门持续大量地公开邮寄、散发书面资料,指责原告在硫酸行业"没有任何技术和经验","盗窃"、"窃取"了其公司的技术并"恶意"、"持续"的"侵权",并声称很快会在相关诉讼中"胜诉",相关设施会被"拆除",相关工程的质量"存在重大隐患",甚至要求客户终止与原告的合作。被告的上述行为严重破坏了原告的商业信誉,导致已建成的工程迟迟不能正式投入使用,所有缔约谈判中的客户均流失,近四年中未能达成任何新的热能回收工程合同,给原告带来巨大经济损失,构成商业诋毁行为。故诉至法院请求判令:(1)确认两被告的行为构成不正当竞争,诋毁原告的商业信誉,禁止两被告继续从事相同或类似行为;(2)两被告连带赔偿原告经济损失人民币 1800 万元;(3)两被告在《浙江日报》上公开消除影响。

被告辩称:(1)被告向有关方呈递的函件内容都属于商业秘密诉讼民事起诉状的范围内,被告为此还提供了相应的证据。被告对于商业秘密诉讼的进展情况及可能的法律后果的描述并无不妥之处,也未"捏造虚伪事实"的行为。(2)被告没有"散布虚伪事实"的行为,相关函件仅仅发给相对的收件人,并未在公众中公布或扩散,也未向任何媒体提供任何关于商业秘密的诉讼材料。

一审审理查明

2004 年 6 月,原告宣达公司与两名自然人共同投资设立案外人上海奥格利公司,该公司主要经营环保材料和设备、化工设备的安装与调试等。被告孟莫克公司主要经营硫相关技术和设备的供应和服务,拥有较先进的热回收系统技术(HRS)。被告孟山都公司系由美国孟山都公司在中国独资设立的有限责任公司。

2005 年 3 月,案外人龙盛公司与伊藤忠公司合资设立忠盛公司。同年 5 月,忠盛公司委托案外人捷盛公司建设生产硫酸产品所需所有设备的项目工程。同年 7 月,上海奥格利公司与捷盛公司签订合同,约定由上海奥格利公司向捷盛公司有偿提供干吸塔低温热量回收(DWHS)专有技术,合同履行地为浙江上虞杭州湾精细化工园区。该项目被地方政府列为 2005 年温州市技术创新重点项目计划,承担单位为原告宣达公司。

2006 年 4 月 12 日,被告孟莫克公司以侵犯商业秘密为由,向上海市第一中级人民法院起诉宣达公司、上海奥格利公司、捷盛公司、忠盛公司、龙盛公司、洪博志,指控宣达公司、上海奥格利公司提供的 DWHS 技术与其 HRS 技术相同,侵犯其商业秘密。[①] 法院经审理认为,该案原告主张的技

① 〔2006〕沪一中民五(知)初字第 110 号。

术与被控侵权技术并不相同,于 2009 年 8 月 21 日判决驳回孟莫克公司的全部诉讼请求。

2006 年 6 月 20 日,被告委托律师向忠盛公司的股东伊藤忠公司发送律师函,要求伊藤忠公司"采取必要措施责令忠盛公司停止侵犯委托人商业秘密的行为"。函中指称,"……据了解,忠盛公司从捷盛公司或上海奥格利公司所取得的 DWHS 技术是一名叫洪博志的 MECS 前员工从 MECS 非法窃取所得……"函中还告知了孟莫克公司已提起商业秘密侵权诉讼一事,并称"委托人在本案中非常可能获得全面的胜诉","一旦委托人胜诉,捷盛/忠盛项目将可能被停建乃至拆除"。

2006 年 9 月 13 日,被告委托律师向中国化工学会无机酸碱盐专业委员会发送律师函,指称"从 2004 年,MECS, Inc 的前员工洪博志、宣达公司和上海奥格利公司等开始侵犯委托人的 HRS 技术秘密,将其改称为 DWHS 技术在中国市场上进行兜售","上述侵权人将可能在会上(第 26 届硫酸技术交流会)宣传其 DWHS 技术,并且某些与会代表将被组织参观捷盛/忠盛项目……我们恳请贵会能够在上述交流会期间,禁止上述违法宣传侵权技术和产品的行为,取消安排与会代表参观捷盛/忠盛项目的议程"等内容。

2006 年 9 月 20 日,被告孟莫克公司分别向杭州湾精细化工园区管委会刘涌江主任、上虞市发改局傅亚文局长发送"孟莫克公司商业秘密被侵权案件"的函,两份函件内容基本一致,主要内容为:"旨在反映捷盛公司和忠盛公司在上虞市杭州湾精细化工园区建造的年产 30 万吨的硫酸工厂项目侵犯我公司技术秘密并存在重大安全隐患的情况……"函件同时要求相关部门必要时暂停该项目中 DWHS 单元的开车和试车。

2007 年 4 月 10 日,被告孟莫克公司、孟山都公司委托律师向中国硫酸工业协会齐焉常务副理事长发送律师函,指称"宣达公司作为一个已被诉至法院的侵权者,竟然还能利用贵会所组织的全国性硫酸专业会议这一平台宣传其涉嫌侵权技术……恳请贵会立即阻止宣达公司在中国硫黄市场及硫黄制酸座谈会上,以任何名义进行任何有关于涉嫌侵权的 DWHS 技术的宣传"等内容。

2007 年 6 月 4 日,被告孟莫克公司、孟山都公司委托律师向无锡东沃公司发送律师函,内容也涉及原告侵犯其商业秘密的事宜,并要求无锡东沃公司停止及拒绝与宣达公司及上海奥格利进行任何有关购买 DWHS 技术的磋商、谈判或合作。

一审判理和结果

关于被告孟莫克公司向杭州湾精细化工园区管委会、上虞市发改局,以及向中国硫酸工业协会和中国化工学会无机酸碱盐专业委员会致函的行为是否构成商业诋毁。被告发送函件的对象为地方职能部门和行业协会,如果其旨在督促处理存在的问题,不能仅仅由于激烈的言辞等而认定其散布了虚伪的事实。但是,如果向这些部门表达意见时超出了正常反映问题的范围,则有可能会损害被反映一方的商业信誉。本案中,被告发送的上述函件的内容除了被告孟莫克公司提起侵犯商业秘密诉讼所依据的事实及理由外,还包括了原告技术设备"存在重大安全隐患"以及阻止原告在2007 年5 月中国硫黄市场及硫黄制酸座谈会和第 26 届硫酸技术交流会上宣传 DWHS 技术和产品的行为,取消安排与会代表参观忠盛项目的议程等内容。被告在没有任何证据的情况下发表忠盛项目"存在重大安全隐患"这样明示问题严重程度的否定性表述,其行为显然已经超出了正常反映问题的范围,会对原告的生产经营产生不良影响,从而损害原告的商业信誉。

关于两被告的委托律师向忠盛公司的外方股东伊藤忠公司和无锡东沃公司致函行为是否构成商业诋毁。两被告发送该律师函时法院对其提起的侵犯商业秘密诉讼尚未作出判决,两被告在没有提供相关事实依据以及司法机关未对原告等是否侵犯其商业秘密作出权威认定的情况下,擅自发布上述对原告不利的否定性评价,被告的行为已经对原告的正常经营造成了实质性影响,足以损害原告的商业信誉。

综上所述,两被告的行为构成对原告的商业诋毁,依法应承担停止侵权、消除影响、赔偿损失等民事责任。据此,判决如下:(1)被告孟莫克公司、孟山都(上海)有限公司于本判决生效之日起立即停止损害原告宣达实业集团有限公司商业信誉的不正当竞争行为;(2)被告孟莫克公司、孟山都(上海)有限公司于本判决生效之日起十日内,就其不正当竞争行为在《浙江日报》上刊登声明以消除影响(声明内容须经本院审核,如逾期不履行,由一审法院在《浙江日报》上公开判决内容,登报费用由两被告共同负担);(3)被告孟莫克公司、孟山都(上海)有限公司于本判决生效之日起十日内赔偿原告宣达实业集团有限公司经济损失人民币20万元;(4)驳回原告宣达实业集团有限公司的其余诉讼请求。

宣判后,双方未上诉,一审判决发生法律效力。

镇江唐老一正斋药业有限公司诉吉林一正药业集团有限公司、一正集团吉林省医药科技实业有限公司等不正当竞争纠纷案

——阅读提示:在审查具有一定知名度的老字号企业依据《反不正当竞争法》所规定的知名商品特有名称权和企业名称权,主张禁止同业竞争者使用其注册商标与企业名称时,需要考量哪些因素?

【裁判要旨】

在审查具有一定知名度的老字号企业依据《反不正当竞争法》所规定的知名商品特有名称权和企业名称权,主张禁止同业竞争者使用其注册商标与企业名称时,需要根据《反不正当竞争法》的立法目的、法律条文及司法解释的规定,综合考量老字号企业的历史沿革、现有社会影响力的范围、同业竞争者及其商品知名度的范围以及其是否具有攀附老字号企业现有商誉的主观故意等因素予以确定。即使法院在考虑上述因素的基础上,认定同业竞争者不构成不正当竞争,但为了更好地保护老字号企业,同时促进同业竞争者正当权益的进一步发展,法院也可以要求双方当事人各自诚实经营,各自规范使用其商品名称和商标,以防止市场主体的混淆和冲突,保护消费者权益,维护市场正当的竞争秩序。

【案号】

一审:江苏省镇江市中级人民法院〔2007〕镇民三初字第43号

二审:江苏省高级人民法院〔2009〕苏民三终字第0091号

【案情与裁判】

原告(二审上诉人):镇江唐老一正斋药业有限公司(以下简称唐老一正斋公司)

被告(二审被上诉人):吉林一正药业集团有限公司(以下简称一正集团公司)

被告(二审被上诉人):一正集团吉林省医药科技实业有限公司(以下简称一正科技公司)

被告(二审被上诉人):江苏大德生药房连锁有限公司

被告(二审被上诉人):江苏大德生药房连锁有限公司镇江新概念药房。

起诉与答辩

唐老一正斋公司一审诉称:"唐老一正斋"始创于清康熙初年,其精制的主治跌打损伤等病症的"一正膏"膏药有神奇疗效,中外驰名,1930年注册了"唐荨楼肖像"商标。1992年,"唐老一正斋"的后人设立唐老一正斋公司,1994年恢复注册"唐老一正斋"商标,生产销售"一正膏"膏药。目前,唐老一正斋公司的"唐荨楼肖像"商标是镇江市知名商标,"一正斋"膏药制作技艺被列为江苏省非物质文化遗产,唐老一正斋公司亦被评为"中华老字号"会员单位。被告一正集团公司、一正科技公司主要生产适用于筋骨酸痛等病症的"一正痛消"膏药等产品,并注册了"一正"、"一正消"、"一正春"等商标。唐老一正斋公司认为,一正集团公司、一正科技公司未经其同意擅自在公司名称中使用"一正"字号,同时相互许可对方使用"一正"、"一正春"、"一正消"等商标并在其生产的"一正痛消"膏药上使用"一正"二字,与其"一正膏"的特有名称及字号"一正"混淆,构成不正当竞争。故其于2007年9月25日提起本案诉讼,请求法院判令被告停止侵权、变更公司名称、赔偿经济损失及合理开支等。

一正集团公司、一正科技公司一审辩称:两公司是在当地工商部门经合法登记取得企业名称权的。"一正"、"一正消"、"一正春"等商标是经依法注册并被核准使用的,其中核定使用在商品第5类的膏剂中的"一正"商标已被认定为四平市知名商标、吉林省著名商标和中国驰名商标。因此,被告的商品名称、企业名称等均没有侵犯原告的合法权利,不构成不正当竞争,请求法院驳回唐老一正斋公司的诉讼请求。

江苏大德生药房连锁有限公司、江苏大德生药房连锁有限公司镇江新概念药房在法定答辩期间未提交书面答辩状,也未出庭答辩。

一审审理查明

"唐老一正斋"始创于清康熙初年,其精制的主治跌打损伤等病症的"一正膏"膏药有神奇疗效,中外驰名,1930年注册了"唐荨楼肖像"商标。1956年,"唐老一正斋"实行公私合营后并入镇江中药厂,自此至20世纪80年代,"一正膏"中断,改称"镇江膏药"进行生产和销售。1992年,"唐老一正斋"的后人设立镇江唐老一正斋药业有限公司(以下简称唐老一正斋公司),1994年恢复注册"唐老一正斋"商标,生产销售"一正膏"膏药,但因没有获得药品批准文号,"一正膏"不能在药店进行销售,只能采用邮寄、坐堂问诊等销售模式。目前,唐老一正斋公司的"唐荨楼肖像"商标是镇江市知名商标,"一正斋"膏药制作技艺被列为江苏省非物质文化遗产,原告亦被评为"中华老字号"会员单位。被告吉林一正药业集团有限公司(以下简称一正集团公司)、一正集团吉林省医药科技实业有限公司(以下简称一正科技公司)主要生产适用于筋骨酸痛等病症的"一正痛消"膏药等产品,并注册了"一正"、"一正消"、

“一正春”等商标,其中核定使用在商品第5类的膏剂中的“一正”商标已被认定为四平市知名商标、吉林省著名商标和中国驰名商标。

江苏大德生药房连锁有限公司镇江新概念药房是江苏大德生药房连锁有限公司的连锁店。2007年8月9日,唐老一正斋公司的委托代理人在江苏大德生药房连锁有限公司镇江新概念药房购得一正科技公司生产的“一正痛消”膏药后以商标侵权、不正当竞争为由提起诉讼,提出上列诉请。

庭审中,经过法庭释明,唐老一正斋公司选择不正当竞争进行本案的诉讼。即认为一正集团公司和一正科技公司未经其同意擅自使用“一正”作为其企业字号和产品商标名称,属于不正当竞争行为,请求判令停止使用并赔偿损失。

一审判理和结果

唐老一正斋公司没有充分证据证明“一正膏”具有一定的市场知名度,为相关公众所知悉,故“一正膏”不是知名商品;由于目前“一正膏”膏药主要是通过坐诊配药和邮购销售,未进入药店销售,而“一正痛消”膏药在国内主要由药店经销,故不会造成消费者的混淆和误认;唐老一正斋公司不能因为注册其企业名称和对“唐老一正斋”使用在先,即获得“一正”两汉字的专用权而排除他人使用;目前没有证据证明一正集团公司、一正科技公司攀附了唐老一正斋公司的字号或者商品名称所产生的商誉进行恶意登记;由于唐老一正斋公司长期以来并未投入相应的人力、物力、财力进行品牌推广和宣传,而听任“一正”的显著性弱化,相反一正集团公司、一正科技公司投入了相当资金进行宣传,使“一正”、“一正药业”和“一正集团”等名称的显著性逐渐增强,如支持唐老一正斋公司的请求,有悖于公平原则。故唐老一正斋公司主张一正集团公司、一正科技公司实施不正当竞争行为,给其造成经济损失,证据不足,不予支持。江苏大德生药房连锁有限公司、江苏大德生药房连锁有限公司镇江新概念药房合法销售一正集团公司、一正科技公司的“一正”系列膏药,亦不构成侵权。据此,依照《中华人民共和国民事诉讼法》第64条第1款、第128条、第130条,《最高人民法院关于民事诉讼证据的若干规定》第2条的规定,判决驳回唐老一正斋公司的诉讼请求。案件受理费人民币2200元,由唐老一正斋公司负担。

上诉与答辩

唐老一正斋公司上诉称:作为老字号商品,“一正膏”是否为知名商品不应该仅仅依靠广告宣传投入来认定,多年来,“一正膏”是靠着产品的真材实料、功效显著而在消费者中享有良好的口碑,其历史悠久,驰名中外,符合知名商品的条件。“一正”作为“一正膏”的特有名称,其对“一正”享有知名商品特有名称权。被上诉人一正集团公司和一正科技公司擅自使用“一正”作为商品名称与企业字号,易使相关公众对两者的商品来源和生产者产生混淆和误认,构成不正当竞争,请求撤销一审判决,依法改判。

一正集团公司和一正科技公司辩称:一审判决认定事实清楚,适用法律正确,请求驳回上诉,维持原判。

江苏大德生药房连锁有限公司、江苏大德生药房连锁有限公司镇江新概念药房未到庭,也未答辩。

二审判理查明

1. 1956年,“唐老一正斋”实行公私合营后并入镇江中药厂。

2. 唐老一正斋公司二审称:每张“一正膏”膏药为240元,可以反复贴用;一正集团公司、一正科技公司二审称:“一正痛消”

贴膏1盒18元,共10贴,可以贴10天。

二审判理和结果

"唐老一正斋"及"一正膏"历史悠久、中外驰名,时至今日,在相关消费者中仍具有一定的知名度,因此,"一正膏"享有的历史商誉及其所具有的一定知名度应当得到肯定,并且应当获得一定程度的保护。但由于唐老一正斋公司的前身曾经变更为其他主体,原纯正的"一正膏"也曾经中断生产,而改称"镇江膏药",故"唐老一正斋"与"一正膏"自清朝起即累积的历史商誉已经中断了近40年,从而使得知晓"唐老一正斋"与"一正膏"历史商誉的人群主要为在江苏镇江等地区了解一定历史的相关公众;同时,"一正膏"在药材的原料选择及生产工序方面的严格要求及其采用的坐堂问诊、邮寄销售等特殊的销售渠道使得知晓"一正膏"商品的人群范围相对有限,限制了其现有社会影响力的扩展;加之一正集团公司、一正科技公司注册使用在膏剂类商品上的"一正"商标经过多年广泛使用,已为相关公众广为知晓并享有较高声誉,且在2008年被评定为驰名商标,在全国市场上具有较高的知名度,而唐老一正斋公司并没有提供证据证明一正集团公司、一正科技公司在注册使用"一正"商标和"一正"字号时,攀附了其现有商誉,且客观上已经或足以造成相关公众的混淆与误认,故唐老一正斋公司主张一正集团公司、一正科技公司构成不正当竞争行为的依据不足。但为了更好地保护"唐老一正斋"老字号的无形资产,同时也促进"一正"驰名商标的进一步发展,防止市场主体的混淆和冲突,双方当事人都应当各自诚实经营,各自规范使用其商品名称和商标,以维护市场正常的竞争秩序。

邹志坚诉广西运德汽车运输集团有限公司、崇左汽车客运服务中心等垄断纠纷案

——阅读提示:自然人是否可以向法院提起垄断民事诉讼?相关市场如何界定?滥用市场支配地位如何认定?认定构成垄断赔偿数额如何确定?

【裁判要旨】

具有市场支配地位的经营者没有正当理由,限定交易相对人只能与其进行交易或者只能与其指定的经营者进行交易,属于滥用市场支配地位,构成垄断。

【案号】

一审:广西壮族自治区崇左市中级人民法院〔2009〕崇民初字第44号

二审:广西壮族自治区高级人民法院〔2011〕桂民三终字第9号

【案情与裁判】

原告(二审被上诉人):邹志坚

被告(二审上诉人):广西运德汽车运输集团有限公司(以下简称运德集团公司)

被告(二审上诉人):广西运德汽车运输集团有限公司崇左汽车总站(以下简称崇左汽车总站)

被告(二审上诉人):广西运德汽车运输集团有限公司崇左汽车客运服务中心(以下简称崇左汽车客运中心)

起诉与答辩

原告邹志坚2009年7月向广西崇左市中级人民法院起诉称:邹志坚与存有市场竞争关系的崇左汽车客运中心依法签订有进站合同,以桂A19910、桂A23607两辆班车经营“南宁至崇左”线路,在南宁的迄终站为南宁江南客运站。崇左汽车总站在崇左汽车客运中心也有多辆经营“南宁至崇左”的直达班车,在南宁的迄终站为南宁埌东客运站。按照进站合同约定,邹志坚服从、配合崇左汽车客运中心的管理,崇左汽车客运中心售票配客应一视同仁,不能欺骗旅客和压班。但是,崇左汽车客运中心没有按照合同约定履行义务,利用市场支配地位采取垄断行为,侵害邹志坚的经营收益权。崇左汽车客运中心的垄断行为表现在:旅客购票时,崇左汽车客运中心谎称没有到南宁江南客运站的车票,实际上邹志坚的两辆班车就是到南宁江南客运站的,或谎称邹志坚的班车已客满,实际上邹志坚班车乘坐率还不到30%,或谎称邹志坚的班车不走高速公路,诱骗旅客购买下一班开往南宁埌东客运站的车票,或向拟购买南宁江南客运站车票的旅客兜售南宁埌东客运站的车票。崇左汽车客运中心滥用市场支配地位排除、限制竞争,构成垄断,侵害了邹志坚的合法权益,造成邹志坚桂A19910车2007年4月至2008年2月损失177,940元,桂A23607车2008年9月至2009年6月损失174,700.80元,因调查该案开支的合理费用1万元。邹志坚多次请求政府有关部门处理未果,遂向法院起诉,请求判令:(1)崇左汽车总站、崇左汽车客运中心赔偿邹志坚362,640.80元;(2)运德集团公司对赔偿款承担连带责任;(3)崇左汽车总站、崇左汽车客运中心、运德集团公司承担本案诉讼费用。

运德集团公司、崇左汽车总站、崇左汽车客运中心共同答辩称:根据反垄断法的相关规定,反垄断法的执法机构是国务院反垄断执法机构,邹志坚无权以垄断纠纷向法院起诉三被告,且邹志坚没有充分的证据证实崇左汽车客运中心存在垄断行为,请求法院驳回邹志坚的诉讼请求。

一审审理查明

邹志坚于2007年3月27日和2008年8月29日分别承包了广西南宁超大吉通运输有限公司桂A19910和广西超大运输有限公司桂A23607两辆客车进行营运,并以上述两公司的名义分别与崇左汽车客运中心签订了《公路营运客车进站委托代理业务合同》,经营“南宁至崇左”的往返班线,在南宁的迄终站为南宁江南客运站。合同主要内容为:甲方崇左汽车客运中心凭运管部门出具的行政许可决定书和齐全有效的经营证件为乙方邹志坚办理进站手续,根据运管部门批准的班线、班次,按实际情况确定发车时间、公布里程、票价,提供停车、发车和旅客候车等场地设施,提供售票配客、办理行包托运、组织旅客上下及进出站验票等服务,坚持售票配客一视同仁,公开车况,为旅客提供择优选乘的便利,不欺客压班等。乙方邹志坚服从崇左汽车客运中心站务管理,听从调度安排和站方稽查、保卫指挥,认真执行运行计划,严格遵守站场管理规定,服从站场车辆指挥员的管理,按售票额10%支付客运代理费给崇左汽车客运中心等。

合同签订后,邹志坚的两辆客车开始营运,在营运过程中,因邹志坚认为崇左汽车客运中心售票配客不一视同仁而对其产生意见。2007年5月28日,在崇左市交通管理局运管处的主持下,崇左汽车总站、崇左汽车客运中心与包括邹志坚在内的所有经营“崇左至南宁”班线的车辆承包者就售票与服务工作问题进行充分讨论并达成一致意见。之后，邹志坚认为崇左汽车客运中心依然未按双方达成的意见履行，在售票过程中仍存在利用职权欺骗旅客，进行压班的行为。邹志坚多次请求政府有关部门处理未果，遂诉至法院。

另查明，旅客在崇左汽车客运中心购票时，售票员确实存在故意不卖南宁江南客运站的车票或者向拟购买南宁江南客运站车票的旅客兜售南宁埌东客运站车票等行为。邹志坚桂 A19910 车 2007 年 4 月至 2008 年 8 月平均乘坐率为 34.07%，桂 A23607 车 2008 年 9 月至 2009 年 6 月平均乘坐率为 27.75%。

再查明，崇左汽车总站和崇左汽车客运中心是运德集团公司下属两个平级的分支机构，属企业非法人，均未具备独立法人资格。崇左汽车总站主要从事县内和县、市、省际班车客运及货物运输等业务，在崇左市也有多辆客车进入崇左汽车客运中心经营“崇左至南宁”的往返班线，在南宁的讫终站为南宁埌东客运站。崇左汽车客运中心主要是为旅客及营运车辆运输提供服务的客运服务企业，所有往返崇左市的县、市、省际班车客运车辆都必须由崇左汽车客运中心统一管理运营，统一售票。

一审判理和结果

《反垄断法》第 50 条规定：“经营者实施垄断行为给他人造成损失的，依法承担民事责任。”《反不正当竞争法》第 20 条第 2 款规定：“被侵害的经营者的合法权益受到不正当竞争行为损害的，可以向人民法院提起诉讼。”邹志坚认为崇左汽车客运中心滥用市场支配地位限定他人购买其指定的商品的行为，侵害了其利益，可以直接向法院提起民事诉讼，邹志坚作为原告的主体资格适格。邹志坚提供的视听资料等证据证实，崇左汽车客运中心确实存在利用其统一售票的权力，故意不卖南宁江南客运站的车票或者向拟购买南宁江南客运站车票的旅客兜售南宁埌东客运站的车票等行为，该行为属于《反不正当竞争法》第 6 条规定的“公用企业或者其他依法具有独占地位的经营者，不得限定他人购买其指定的经营者的商品，以排挤其他经营者的公平竞争”和《反垄断法》第 17 条第 1 款第（4）项规定的“禁止具有市场支配地位的经营者从事下列滥用市场支配地位的行为：没有正当理由，限定交易相对人只能与其进行交易或者只能与其指定的经营者进行交易”的情形，崇左汽车客运中心的垄断行为在一定程度上影响了邹志坚客车乘坐率，侵害了邹志坚的利益，应停止侵害，赔偿经济损失。判决：崇左汽车总站、崇左汽车客运中心共同赔偿邹志坚经济损失人民币 3 万元，运德集团公司负连带责任，驳回邹志坚的其他诉讼请求。

上诉与答辩

一审判决后，邹志坚服判没有提起上诉。运德集团公司、崇左汽车总站、崇左汽车客运中心不服一审判决向广西高级人民法院提起上诉，认为崇左汽车客运中心的行为没有构成垄断，不应赔偿经济损失，请求二审法院依法撤销一审判决，改判不构成侵权。

二审判理和结果

二审经多次组织调解，双方当事人达成调解协议，崇左汽车客运中心愿意支付给邹志坚人民币 3 万元，并承诺规范经营管理秩序，营造公平、有序、良好的竞争环境。

海南康力元药业有限公司、海南通用康力制药有限公司诉海口奇力制药股份有限公司技术转让合同纠纷案

——阅读提示:新药技术转让及委托加工约定违反行政规章规定,相关技术合同是否因此无效?

【裁判要旨】

在合同效力的认定中,应该以合同是否违反法律、行政法规的强制性规定为判断标准,而不宜以合同违反行政规章的规定为由认定合同无效。特别是在技术合同纠纷案件中,当技术合同中涉及的生产产品或提供服务依法须行政部门审批或者行政许可,未经审批或者许可的,不影响当事人订立的相关技术合同的效力。

【案号】

一审:海南省海口市中级人民法院〔2008〕海中法民三初字第19号

二审:海南省高级人民法院〔2009〕琼民二终字第16号

提审:最高人民法院〔2011〕民提字第307号

【案情与裁判】

原告(二审上诉人、再审申请人):海南康力元药业有限公司(以下简称康力元公司)

原告(二审上诉人、再审申请人):海南通用康力制药有限公司(以下简称康力制药公司)

被告(二审上诉人、再审被申请人):海口奇力制药股份有限公司(以下简称奇力制药公司)

一审法院审理查明,康力元公司系康力制药公司股东。2000年4月26日,康力元公司为甲方,奇力制药公司为乙方签订《关于合作开发、生产、经营注射用头孢哌酮钠——他唑巴坦钠的协议》(以下简称《4.26协议》),约定甲方出资100万元、乙方出资50万元,共同开发注射用头孢哌酮钠——他唑巴坦钠(粉针剂,规格为1g/瓶),并以双方名义申报新药证书,具体研发工作和新药证书及生产批文的报批工作由乙方负责实施,同时还对后续的生产、销售、利润分配进行了约定。协议签订后,康力元公司于2000年分三次向奇力制药公司共支付款项50万元。

2001年6月8日,奇力制药公司为甲方,康力制药公司为乙方签订《关于合作开发注射用头孢哌酮钠——他唑巴坦钠新药(1.2g/瓶)的协议》(以下简称《6.8协议》),约定双方合作开发研制规格为1.2g/瓶的注射用头孢哌酮钠——他唑巴坦钠新药,甲方负责研发的技术工作以及新药证书和生产批文的报批工作,乙方负责提供开发研制资金并拥有该新药独家受让权和生产权,同时对《4.26协议》的有效期进行了约定。协议签订后,康力制药公司于2001年和2002年分三次向奇力制药公司共支付款项60万元。

2004年6月12日,奇力制药公司为甲方,康力元公司、康力制药公司为乙方签订

《关于转让注射用头孢哌酮钠他唑巴坦钠的合同》(以下简称《转让合同》),约定甲方正在进行Ⅱ期临床工作的注射用头孢哌酮钠他唑巴坦钠获得新药证书和生产批件后,甲方将规格为1.125g/瓶的产品转让给乙方,转让价格为300万元。取得生产批文之日起7日内乙方付至80%,即240万元,办好委托加工手续之日起7日内乙方付清20%余款,即60万元。乙方付清80%转让款后,甲方不得生产、销售本规格产品,转让完成后,乙方独家拥有本规格产品并对其生产、销售负责。如因生产批件在甲方名下的原因,致使甲方对生产、销售过程中发生的问题承担连带责任,乙方承担甲方的全部损失。合同生效之日起,《4.26协议》、《6.8协议》均自行失效。

2006年12月31日,海南省食品药品监督管理局收回康力制药公司的《药品生产质量管理规范认证证书》(以下简称药品GMP证书)。2007年5月21日,国家食品药品监督管理局(以下简称国家药监局)向奇力制药公司核发"注射用头孢哌酮钠他唑巴坦钠"《新药证书》,同时核发该新药"1.125g"和"2.25g"规格的《药品注册批件》,药品监测期为4年,至2011年5月20日。奇力制药公司取得上述《新药证书》及《药品注册批件》后自行进行生产,并于2007年12月开始由其全资子公司交其他企业和个人代理销售。2009年3月11日,海南药监局对康力制药公司的药品生产许可证变更增加生产范围为:冻干粉针剂、粉针剂(均为头孢菌素类)。

2007年8月6日,奇力制药公司向康力元公司、康力制药公司发出《关于终止双方〈转让合同〉的函》,以康力元公司和康力制药公司不具备药政法规规定的接受委托加工基本条件为由,终止《转让合同》,并表示将根据财务记载数额退款。之后,双方经过函件协商,未能就终止合同达成一致。一审判决送达后,康力元公司先后两次在海南省海口市琼崖公证处办理公证书,公证提存了人民币20万元和60万元,公证处向奇力制药公司发出领取通知书。

2008年2月4日,康力元公司、康力制药公司向一审法院提起本案诉讼,请求:(1)判令奇力制药公司停止违约行为,停止生产和销售注射用头孢哌酮钠他唑巴坦钠(规格为1.125g/瓶),停止与第三方洽谈本规格产品合作、转让事宜;(2)判令奇力制药公司继续履行合同:①依合同规定出具相关手续配合康力元公司和康力制药公司(或康力元公司和康力制药公司指定的企业)生产和销售,立即办理转让手续,将生产权和销售权交还康力元公司和康力制药公司;②依合同规定向康力元公司和康力制药公司提供注射用头孢哌酮钠他唑巴坦钠(规格为1.125g/瓶)全套资料(含临床资料)的复印件;③依合同规定负责派人指导康力元公司和康力制药公司(或者康力元公司和康力制药公司指定的企业)连续生产三批合格产品。

一审判理和结果

一审法院认为,《转让合同》系三方的真实意思表示,合同内容未违反国家法律或行政法规的禁止性规定,属于有效合同。即使有关行政规章对接受新药技术转让的主体资格有要求,亦不影响本案合同效力。奇力制药公司以康力元公司、康力制药公司不具有接受委托加工基本条件为由终止合同履行,构成违约。但是康力制药公司未重新取得药品GMP证书,尚不具备涉案药品生产条件,如果奇力制药公司给其出具相关手续并配合其生产,有悖于我国药品管理法及相关行政法规对药品生产企业管理的有关规定。据此判决:(1)《转让合同》继续履行,奇力制药公司应停止与第三方洽谈上述合同约定规格产品的合作、转让事宜。奇力制药公司在康力元公司、康力制药公司付清80%的转让价款后,即应停止对上述合同约定规格产品的生产和销售;在康力元公司、康力制药公司付清全部转让价款后,即应向康力元公司、康力制药公司交付上述合同规定的全套资料复印件。(2)奇力制药公司配合康力元公司、康力制药公司办理委托生产手续,并在获得有关药品监督管理部门批准后,将规格为1.125g/瓶的注射用头孢哌酮钠他唑巴坦钠药品交康力元公司、康力制药公司指定的药品生产企业生产,同时派员指导康力元公司、康力制药公司指定的药品生产企业连续生产三批合格产品。产品由康力元公司销售。(3)驳回康力元公司、康力制药公司的其他诉讼请求。

二审判理和结果

奇力制药公司、康力元公司和康力制药公司均不服一审判决,提起上诉。

二审法院认为,《转让合同》虽然违反了药品管理法实施条例的规定,但上述法规不属于效力性强制性规定。《药品注册管理办法》(2007年施行)属于国家药监局的部门规章,不符合其规定不影响合同的效力,《转让合同》为有效合同。但是康力制药公司的药品GMP证书被收回,而且至今未能获得与生产涉案药品相对应的药品GMP证书,其已不具备生产涉案药品的法定资质条件。上述客观情况变化属于不可抗力,使得合同的目的不能实现,《转让合同》依法应予解除。《4.26协议》、《6.8协议》与《转让合同》之间存在延续关系,《转让合同》解除后,奇力制药公司应返还康力元公司、康力制药公司基于《4.26协议》和《6.8协议》所支付的款项。《转让合同》履行过程中,双方均有违约行为,应各自承担相应责任:康力元公司、康力制药公司应承担合同依法被解除的法律后果,奇力制药公司应承担补偿康力元公司、康力制药公司1800万元的法律后果(二审法院调解中,奇力制药公司承诺愿意补偿康力元公司和康力制药公司1800万元)。据此判决:(1)撤销一审判决;(2)解除《转让合同》;(3)奇力制药公司向康力元公司返还50万元及利息;(4)奇力制药公司向康力制药公司返还60万元及利息;(5)奇力制药公司向康力元公司、康力制药公司支付补偿款1800万元;(6)驳回奇力制药公司的其他上诉请求;(7)驳回康力元公司、康力制药公司的其他上诉请求。

申请再审理由与答辩

康力元公司、康力制药公司不服二审判决,向最高人民法院(以下简称最高法院)申请再审称,(1)康力元公司、康力制药公司已经向奇力制药公司提前超额完成了付款义务。(2)二审法院依据《合同法》第94条第1款的规定判决解除《转让合同》系适用法律错误。(3)二审法院判令奇力制药公司向康力元公司、康力制药公司支付补偿款1800万元,超出了康力元公司、康力制药公司的诉讼请求,违反了“不告不理”的基本原则。据此请求撤销二审判决,支持其诉讼请求。

奇力制药公司提交意见认为,(1)康力元公司、康力制药公司并未就《转让合同》支付任何款项,已构成先期违约,无权要求奇力制药公司继续履行合同。(2)《转让合同》因违反法律、行政法规的强制性规定,且损害公共利益,依法属于无效合同。(3)即使《转让合同》有效,也因此后康力制药公司丧失“粉针剂头孢菌素类”《药品生产许可证》和药品GMP证书,违反了国家关于药品生产特许经营的强制性规定,致使该合同依法不能履行,同时合同标的不适于强制履行,应当依法予以解除。(4)康力元公司、康力制药公司无权要求奇力制药公司将涉案新药技术转让给其指定单位。(5)康力元公司、康力制药公司的过错导致《转让合同》未履行，奇力制药公司不应当承担违约和赔偿责任。

申请再审审查结果

最高法院认为，《转让合同》既涉及新药技术转让又涉及新药委托生产两个方面的内容。关于新药技术转让问题，《药品管理法》及其实施条例均没有具体的规定，此问题一直是由国家药监局以行政规章及规范性文件的方式来加以规范的。从本案当事人签订《转让合同》时的药品管理规定来看，法律和行政法规没有关于新药技术转让的强制性规定，虽然行政规章对于新药技术转让有具体规定，但依据《合同法》第52条第(5)项的规定，双方当事人在《转让合同》中所约定的新药技术转让内容违反行政规章规定的，并不属于违反法律、行政法规的强制性规定而归于合同无效的情形。因此，本案双方当事人关于新药技术转让的约定是有效的，双方均应依约履行。关于药品委托生产问题，《药品管理法》第13条规定，经有关药品监督管理部门批准，药品生产企业可以接受委托生产药品。《药品管理法实施条例》第10条规定，接受委托生产药品的，受托方必须持有与其受托生产的药品相适应的药品GMP证书。在本案双方当事人签订《转让合同》时，康力制药公司持有与涉案新药相适应的《药品生产许可证》和药品GMP证书，因此双方当事人关于委托康力制药公司生产涉案新药的约定不违反法律和行政法规的规定。康力元公司不是药品生产企业，不能接受委托生产药品，虽然《转让合同》没有区分康力元公司和康力制药公司作为乙方在合同中的具体权利义务，但从康力元公司作为药品经营企业的资质来看，其在该合同中的地位应是销售涉案新药，而不是生产涉案新药。因此，本案双方当事人关于委托加工生产药品的约定没有违反法律和行政法规的规定，是有效的，双方亦应依约履行。本院《关于审理技术合同纠纷案件适用法律若干问题的解释》第8条第1款规定，生产产品或者提供服务依法须经有关部门审批或者取得行政许可，而未经审批或者许可的，不影响当事人订立的相关技术合同的效力。因此，康力制药公司是否能够获得生产涉案新药的《药品生产许可证》和药品GMP证书，并不影响《转让合同》的效力。综上所述，《转让合同》应认定为有效合同。

从《转让合同》约定的具体内容来看，奇力制药公司在获得新药证书和生产批件后，将新药(规格为1.125g/瓶)证书和生产批件所涉该规格产品的全套资料复印件交付康力元公司、康力制药公司，并配合康力元公司、康力制药公司办理委托加工手续即已履行了合同约定的新药技术转让义务，同时可以通知康力元公司、康力制药公司支付合同价款，实现合同债权。当然，根据合同约定，转让款的20%是以办理好委托加工手续为付款条件的，如果系康力元公司、康力制药公司不具有委托生产的资质的原因而达不到付款条件，奇力制药公司完全可以通过协商或者其他途径予以索要，从而实现其合同债权。至于康力元公司、康力制药公司受让《转让合同》约定的新药能否获得行政审批以及受让后能否进行生产，应由政府有关职能部门监管，其后果也当然由康力元公司、康力制药公司自行承担，与奇力制药公司实现其合同债权无关。故康力元公司、康力制药公司要求继续履行合同的主张成立。奇力制药公司以《转让合同》的内容违反药品行政审批规定无法履行而要求解除合同的抗辩理由不能成立。

由于《4.26协议》、《6.8协议》与《转让合同》均是针对同一种新药签订的合同,具有连续性,且奇力制药公司曾表示将根据财务记载数额给康力元公司、康力制药公司退款,因此,康力元公司、康力制药公司基于《4.26协议》和《6.8协议》所支付的110万元研发费已转作《转让合同》价款。奇力制药公司在取得涉案新药证书和药品生产批文后,未及时通知康力元公司、康力制药公司付款,而是自行生产、销售涉案新药,不履行转让涉案新药技术的义务,已构成违约,应承担相应的违约责任。而康力元公司、康力制药公司只请求继续履行合同,未要求其他赔偿或补偿,故二审法院判决奇力制药公司补偿康力元公司、康力制药公司1800万元,超出了当事人的诉讼请求,应予纠正。

据此判决:(1)撤销二审判决;(2)维持一审判决主文第一项、第三项;(3)变更一审判决主文第二项为:奇力制药公司配合康力元公司、康力制药公司办理委托生产手续,并在获得有关药品监督管理部门批准后,将规格为1.125g/瓶的注射用头孢哌酮钠他唑巴坦钠药品交康力元公司、康力制药公司生产、销售,同时派员指导康力元公司、康力制药公司连续生产三批合格产品。

瓦房店市玉米原种场诉赵劲霖等七人、北京奥瑞金种业股份有限公司植物新品种权权属纠纷案

——阅读提示:鉴定材料取样时未通知当事人到场是否构成鉴定程序违法?无独立请求权的第三人在诉讼程序中是否有权申请鉴定?

【裁判要旨】

在鉴定检材取样时没有通知当事人到场不能当然认定鉴定程序违法。

根据案件需要,无独立请求权的第三人可以对植物新品种的同一性申请委托进行司法鉴定。

【案号】

一审:石家庄市中级人民法院〔2005〕石民五初字第00203号

二审:河北省高级人民法院〔2007〕冀民三终字第24号

申请再审:最高人民法院〔2011〕民申字第10号

【案情与裁判】

原告(二审上诉人、申请再审人):瓦房店市玉米原种场。

被告(二审被上诉人、被申请人):赵劲霖。

被告(二审被上诉人、被申请人):佟屏亚。

被告(二审被上诉人、被申请人):杨雅生。

被告(二审被上诉人、被申请人):张广力。

被告(二审被上诉人、被申请人):贺东峰。

被告(二审被上诉人、被申请人):贺东刚。

被告(二审被上诉人、被申请人):王业国。

原审第三人:北京奥瑞金种业股份有限公司。

起诉与答辩

瓦房店市玉米原种场于2004年向河北省石家庄市中级人民法院起诉称,其经过几年培育,选育成玉米杂交种子"连玉15号",经2000年辽宁农作物品种审定委员会审定推广。其在2002年8月2日申请植物新品种保护的报请过程中,被告知被告就该品种起名为"蠡玉6号",并于1999年12月16日抢先申请植物新品种保护,原告核查发现被告所使用亲本811是剽窃原告自行培育的136-87自交系,被告在申报植物新品种时,谎称亲本组合为618×811,致使原告在初审公告后未能提出异议。被告于2003年将该品种转让给第三人并更名为"临奥1号"。被告的行为侵犯了"连玉15号"品种权人的合法权益,故诉请法院请求确认"蠡玉6号"、"临奥1号"与"连玉15号"玉米杂交种子为同一品种,判决"蠡玉6号"、"临奥1号"、"连玉15号"品种所有权为原告所有。

赵劲霖等7被告答辩称,"临奥1号"原名"蠡玉6号",其是以89543和136-87为原始育种材料,经过多年自交追求变异稳定而选出的新自交系,"蠡玉6号"与"连玉15号"在生物学的特征特性上具有巨大差异。原告诉称两者为同一品种无事实根据,请求法院驳回其诉讼请求。

一审审理查明

河北省石家庄市中级人民法院一审查明:玉米新品种"连玉15号"由原告和大连市种子管理站共同选育,选育人(位次)为吴安久(1),该品种于2001年12月30日经辽宁省农作物品种审定委员会审定合格,同意在大连地区种植。2002年8月2日,原告和大连市种子管理站作为共同申请人,就"连玉15号"向农业部植物新品种保护办公室申请植物新品种保护,申请号为20020152.2,选育人为吴安久、孙琢武、张金慧、孙静荣、韩明祺。后该申请被视为撤回。

1999年12月16日,蠡县玉米研究所作为申请人,就玉米新品种"蠡玉6号"向农业部植物新品种保护办公室申请植物新品种保护,申请号为19990108.2,培育人为赵毅、赵劲霖。2002年11月7日,蠡县玉米研究所与北京奥瑞金种子科技开发有限公司签订品种申请权转让协议:约定蠡县玉米研究所将"蠡玉6号"的品种申请权转让给北京奥瑞金种子科技开发有限公司,由北京奥瑞金种子科技开发有限公司向农业部植物新品种保护办公室办理"蠡玉6号"品种申请人和品种暂定名称的变更事宜。协议签订后,北京奥瑞金种子科技有限公司到农业部植物新品种保护办公室办理了相关手续,将品种暂定名称为由"蠡玉6号"变更为"临奥1号",将申请人由蠡县玉米研究所变更为北京奥瑞金种子科技开发有限公司。2003年3月1日,中华人民共和国农业部授予北京奥瑞金种子科技开发有限公司"临奥1号"品种权,品种权号为CNA19990108.2。2003年10月10日,北京奥瑞金种子科技开发有限公司变更为北京奥瑞金种业股份有限公司。

在瓦房店市玉米原种场和大连市种子管理站于2002年8月2日就"连玉15号"向农业部植物新品种保护办公室申请植物新品种保护时,原告已具备事业法人资格。2003年12月12日,瓦房店市机构编制委员会决定:原告划出事业单位序列,编制收归市机构编制委员会管理。瓦房店市农业经济发展局据此于2004年7月29日决定成立瓦房店市玉米原种场，企业性质属全民企业。2004年8月2日，原告事业法人改制为企业法人，并领取企业法人营业执照。

蠡县玉米研究所成立于1996年12月，经济性质为合伙企业，2004年5月21日注销，合伙人为赵劲霖、佟屏亚、杨雅生、张广力、贺东峰、贺东刚、王业国。

关于"连玉15号"与"临奥1号"是否为同一品种，原告与被告、第三人陈述不一，当事人提交的证据材料亦相互矛盾。一审法院依据第三人的申请，于2006年12月5日，从农业部植物新品种保护办公室植物新品种保藏中心分别提取了"连玉15号"和"临奥1号"的繁殖材料，委托科技部知识产权事务中心就"连玉15号"和"临奥1号"是否为同一品种进行了鉴定。2007年4月2日，科技部知识产权事务中心出具了国科知鉴定[2007]05号《技术鉴定报告书》，该《技术鉴定报告书》的技术鉴定结论为："连玉15号"和"临奥1号"不属于同一品种。

2004年1月1日，大连市种子管理站就本案相关诉讼及实体判决事宜，致函一审法院表明如下几点意见：(1)连玉15号是获得辽宁省审定的合法玉米杂交种，大连市种子管理站是该品种权人之一；(2)关于"连玉15号"的另一品种权人瓦房店市玉米原种场院单方在本院依法主张"临奥1号"和"蠡玉6号"品种权归属瓦房店市玉米原种场所有，大连市种子管理站不持反对意见；(3)大连市种子管理站不参加本院的一、二审诉讼，如果法院判决"临奥1号"和"蠡玉6号"品种权归属瓦房店市玉米原种场所有，大连市种子管理站同意；(4)瓦房店市玉米原种场如果败诉，大连市种子管理站不承担任何经济与法律责任。

一审判理和结果

河北省石家庄市中级人民法院一审认为：关于"连玉15号"与"临奥1号"（蠡玉6号）是否为同一玉米品种，鉴于农业部植物新品种保护办公室植物新品种保藏中心系品种保藏的法定机构，"连玉15号"和"临奥1号"（蠡玉6号）的繁殖材料均保藏于此，且是申请人提交的样品，故从该中心分别提取了"连玉15号"和"临奥1号（蠡玉6号）的繁殖材料各一包，送交科技部知识产权事务中心进行鉴定。根据该《技术鉴定报告书》，"连玉15号"和"临奥1号"（蠡玉6号）不属于同一品种，故原告应承担举证不能的法律后果，其诉讼请求应予驳回。遂判决：驳回原告瓦房店市玉米原种场的诉讼请求。案件受理费1500元，鉴定费22,000元，共计23,500元，由原告瓦房店市玉米原种场负担。

二审判理和结果

瓦房店市玉米原种场不服一审判决，提出上诉。

河北省高级人民法院经审查，一审法院查明的事实属实，予以确认。

二审法院认为，一审判决认定事实清楚，适用法律正确。依据《中华人民共和国民事诉讼法》第153条第1款第(1)项之规定，判决：驳回上诉，维持原判。二审案件受理费1500元，由玉米原种场负担。

申请再审理由与答辩

瓦房店市玉米原种场不服二审判决，向最高人民法院申请再审，主要理由有：1.一审判决程序违法。(1)一审法院以无独立请求权的第三人北京奥瑞金种业股份有限公司的申请委托进行司法鉴定违反了法律规定，程序违法。(2)一审法院在鉴定取样时应当通知当事人到场，对鉴定样品进行确认，但一审法院对瓦房店市玉米原种场的正当要求予以拒绝，程序违法。

2. 一审法院送交鉴定的样品不是“连玉15号”。涉案争议的玉米品种“连玉15号”是用邮寄的方式送交给农业部植物新品种保藏中心的,工作人员可单方开包封包使用该品种。另外,打开“连玉15号”的封样,里面均没有打开几次、打开时间、何人打开的记录。保藏种子的操作程序和送检方式上存在严重的人为可操作漏洞。3.“连玉15号”与“蠡玉6号”(“临奥1号”)的亲本组合应当是一样的,都是136－87与89543,是同一个品种。综上,请求改判本案,支持其诉讼请求。

赵劲霖等7人共同提交意见认为:一审法院受理本案第三人的鉴定申请并无不当,在进行鉴定时提取的繁殖材料具有真实性和权威性,是标准样品。鉴定程序合法,鉴定结论应当采信。

北京奥瑞金种业股份有限公司提交意见认为:其有权申请法院对专业性问题进行鉴定。

申请再审审查结果

最高人民法院审查查明:农业部植物新品种保护办公室2000年5月1日第3期《植物新品种保护公报》记载:品种暂定名称“蠡玉6号”,本申请品种“蠡玉6号”……以618为母本、811为父本组配而成。农业部植物新品种保护办公室2003年1月1日第1期《农业植物新品种保护公报》记载:品种暂定名称“连玉15号”,本申请品种“连玉15号”……是以W543为母本,以W136－87为父本杂交组配成的单交种。

最高人民法院审查认为:双方当事人争议的主要焦点问题在于一审法院委托鉴定是否存在程序违法以及鉴定结论是否应当采信。

1. 关于一审法院委托鉴定是否存在程序违法的问题。

本案中,蠡县玉米研究所作为申请人就玉米新品种“蠡玉6号”于1999年12月16日向农业部植物新品种保护办公室申请植物新品种保护。蠡县玉米研究所于2002年11月7日与北京奥瑞金种子科技开发有限公司签订品种申请权转让协议,约定将“蠡玉6号”的品种申请权转让给该公司。协议签订后,北京奥瑞金种子科技有限公司到农业部植物新品种保护办公室办理了相关手续,将品种暂定名称由“蠡玉6号”变更为“临奥1号”,将申请人由蠡县玉米研究所变更为北京奥瑞金种子科技开发有限公司。2003年3月1日,“临奥1号”获得授权(品种权号为CNA19990108.2)。2003年10月10日,北京奥瑞金种子科技开发有限公司变更为北京奥瑞金种业股份有限公司。由于本案的处理结果对北京奥瑞金种业股份有限公司有法律上的利害关系,北京奥瑞金种业股份有限公司作为本案的第三人,根据《最高人民法院关于民事诉讼证据的若干规定》第25条,其可以提出鉴定申请。一审法院依据第三人的申请委托进行鉴定,并无不当。

关于“连玉15号”与“临奥1号”是否为同一品种,一审法院于2006年12月5日从农业部植物新品种保护办公室植物新品种保藏中心分别提取了“连玉15号”和“临奥1号”的繁殖材料,委托科学技术部知识产权事务中心进行鉴定。一审法院提取的送检材料是品种权申请人按品种权主管机关的要求自行送至保藏中心的申请品种的繁殖材料。根据《中华人民共和国植物新品种保护条例实施细则》第32条的规定,保藏中心和测试机构对申请品种的繁殖材料负有保密的责任,该繁殖材料一经提交,任何人不得更换检验合格的繁殖材料。一审法院送交鉴定的繁殖材料的提取地点是该保藏中心。

2. 关于本案的鉴定结论是否应当采信

的问题。

受科学技术部知识产权事务中心的委托,北京市农林科学院玉米研究中心对送检材料进行了 DNA 指纹鉴定并出具了(2007)京农科玉检字第 0003 号检测报告。该报告记载:送检样品封条上写有“品种 A”、“品种 B”字样,包装物为保藏中心专用牛皮纸袋,封口处贴有封条,封条骑缝处加盖保藏中心公章,正面贴有封条,并加盖科学技术部知识产权事务中心公章,包装完好。瓦房店市玉米原种场主张送请鉴定的样品不是真正的“连玉 15 号”,但没有证据证明其向保藏中心送交繁殖材料、一审法院提取送检样品及一审法院送交鉴定机构进行鉴定的任何一个期间,繁殖材料有被更换的事实。本案鉴定机构进行鉴定的繁殖材料与案件争议发生前各申请人向保藏中心送交的繁殖材料应当是一致的。瓦房店市玉米原种场以保藏种子的操作程序和送检方式上存在人为可操作的可能推断繁殖材料被人为更换,鉴定的样品不是“连玉 15 号”的繁殖材料的主张,与事实不符,不予支持。

在本案的鉴定过程中,北京市农林科学院玉米研究中心种子质量检测室工作人员将两份送检样品分别充分混合,各随机提取 10 粒种子,利用 40 对 SSR 引物进行了 DNA 指纹技术鉴定,鉴定结论为:有 21 对引物的扩增结果,品种 A 和品种 B 之间存在明显差异。本案鉴定程序符合民事诉讼法的规定,鉴定对象属于案件中的专门性问题,是由具有相应品种检测技术水平的专业机构和专业人员进行鉴定的,其结论具有公正性、科学性。一、二审法院依法采信该鉴定结论,认定“连玉 15 号”和“临奥 1 号”(“蠡玉 6 号”)不属于同一品种,并无不当。

至于瓦房店市玉米原种场提出“连玉 15 号”与“蠡玉 6 号”、“临奥 1 号”的亲本组合都是 136 - 87 与 89543 的主张与本院审查查明的事实不符,不予支持。

综上所述,申请再审人瓦房店市玉米原种场的再审申请不符合《中华人民共和国民事诉讼法》第 179 条规定的情形。最高人民法院依照《中华人民共和国民事诉讼法》第 181 条第 1 款之规定,裁定驳回瓦房店市玉米原种场的再审申请。

安徽皖垦种业股份有限公司诉宿州市金种子有限公司、李继德侵犯植物新品种权纠纷案

——阅读提示:人民法院在审理植物新品种侵权案件时,如何证据保全?对侵权种子如何鉴定?对未查明事实的侵权指控如何处理?

【裁判要旨】

在审理植物新品种侵权案件中,当事人取证困难,诉讼中大多请求法院证据保全,在专业技术人员不能参与证据保全时,人民法院可直接对被控侵权种子予以抽样证据保全,保全的种子可以代表同包装同批次的种子。

对于侵权种子的鉴定机构、鉴定方法,

应征询双方当事人的意见，并邀请当事人到场，鉴定方法可以是 DUS，可以是 DNA，也可以选择其他方法，应充分尊重鉴定机构的意见，以保证鉴定的科学性、真实性、独立性。

诉讼中无法查明但当事人在将来可以进一步举证证明的事实，人民法院不能草率地适用事实推定，可就查明的事实部分先行作出判决，对于未查明的侵权事实告知当事人另案起诉。

【案号】

一审：安徽省合肥市中级人民法院〔2011〕合民三初字第 148 号。

【案情与裁判】

原告：安徽皖垦种业股份有限公司（以下简称皖垦公司）。

被告：宿州市金种子有限责任公司（以下简称金种子公司）

被告：李继德

起诉与答辩

原告皖垦公司诉称，“济麦 22”植物新品种（以下简称“济麦 22”）是山东省农业科学院作物研究所（以下简称山东农科院作物所）育成的小麦新品种。2007 年 1 月 9 日获农业部审定（审定编号：国审麦 2006018）。2009 年 5 月 1 日，“济麦 22”被农业部授予植物新品种权（品种权号 CNA20060015. X）。2010 年 3 月 30 日，安徽省农业委员会以皖农函〔2010〕223 号文决定在安徽省淮河以北地区引种。山东农科院作物所后将“济麦 22”品种权，授权山东鲁研农业良种有限公司（以下简称鲁研公司）行使，鲁研公司授权皖垦公司在安徽省区域内享有“济麦 22”的独占实施许可权。原告在取得“济麦 22”的独占实施许可权后，积极组织生产，通过广告宣传，得到市场认可。原告发现，被告在未取得任何授权的情况下，非法组织生产繁殖“济麦 22”，并以济麦 22、济麦 21、济麦 20 及其他品种名义进行包装销售，其行为严重侵害了原告的“济麦 22”品种权，损害原告及广大农户的合法权益，依法应承担侵权责任。皖垦公司于 2011 年 8 月 29 日向安徽省合肥市中级人民法院提起诉讼，请求人民法院判令：（1）立即停止生产、销售侵权产品；（2）对库存的侵权种子作灭绝活性处理，销毁库存的侵权包装；（3）赔偿损失 200 万元及因制止侵权支付的合理费用 5 万元；（4）在《中国种业》上刊登声明，向原告赔礼道歉，消除不良影响；（5）承担本案所有诉讼费用。

被告金种子公司辩称，原告皖垦公司不属于植物新品种保护条例规定的植物新品种利害关系人，其不具备本案的诉讼主体资格。原告主张高额的赔偿没有事实依据。法院的鉴定报告不具有形式上的合法性，鉴定人无鉴定资质。请求人民法院驳回原告的诉讼请求。

被告李继德辩称，李继德是金种子公司的法定代表人，其所从事的经营行为，都是代表金种子公司的职务行为，法律后果均应由金种子公司承担。

一审审理查明

山东农科院作物所是“济麦 22”新品种的选育单位。2006 年 9 月 20 日，山东农科院作物所与鲁研公司签订了《植物新品种委托开发协议》，约定山东农科院作物所将自己享有的对“济麦 22”品种排他性的独占权，委托鲁研公司行使，权限范围包括但不限于：自行生产经营，许可或以其他形式允许他人生产经营，与他人联合生产经营，其授权范围不受法律、法规以外的任何限制，无需得到另行授权。2007 年 1 月 9 日，农业部审定“济麦 22”适宜在黄淮冬麦区北片种植。2009 年 5 月 1 日，农业部授予山东农科院作物所“济麦 22”植物新品种权。2009 年 6 月 10 日,鲁研公司将“济麦 22”新品种许可给原告皖垦公司在安徽省行政区域内独占实施,期限为永久。2010 年 3 月 30 日,安徽省农业委员会同意该新品种在安徽省淮河以北地区引种。2011 年 9 月,原告发现被告金种子公司仓库内存放有涉嫌侵犯害品种权的侵权种子,即诉至安徽省合肥市中级人民法院。

被告金种子公司为从事种子生产、经营的企业,法定代表人为李继德。诉讼中,经原告申请,在被告委托代理人李中秋参与下,法院依法对被告金种子公司仓库内涉嫌侵权的五种包装小麦种子予以抽样证据保全及财产保全。经双方当事人协商一致,法院委托农业部农作物种质监督检验测试中心(济南)对法院保全的被控侵权种子样品与标准种子图谱的一致性进行鉴定,鉴定结论为:标称“济麦 20”红字,生产厂家“宿州市金种子有限责任公司”、“灵璧粮补专供”(法院编号 148 –1 –1 号),标称“烟农 19”红包装,生产厂家“山东临沭县种子公司”(法院编号 148 –1 –3)的两份样品,“所检品种电泳图谱与标准品种图谱不符”;标称“济麦 20”的红包装,生产厂家为“安徽现代种业有限公司”(法院编号 148 –1 –2 号),标称“济麦 20”黑字,生产厂家“宿州市金种子有限责任公司”、“粮补专供”(法院编号 148 –1 –4 号)和标称“济麦 21”的红包装,生产厂家为“安徽现代种业有限公司”(法院编号 148 –1 –5 号)三份样品,“所检品种电泳图谱与标准品种图谱相符”。

另查明,经法院证据保全,在被告金种子公司种子仓库内,发现了大量的已经包装完成的小麦种子,大量尚待加工、精选的小麦及用以加工、精选小麦种子的设备。诉讼中,除法院财产保全的 61 万公斤小麦种子外,被告仓库内存放的其他种子均销售完毕。被告金种子公司参加了安徽省 2011 年小麦良种补贴项目,分别与安徽省灵璧县农业委员会、安徽省宿州市埇桥区农业委员会,安徽省砀山县农业委员签订了粮补合同。庭审中,被告金种子公司认可上述粮补合同均已实际履行完毕。

一审判理和结果

鲁研公司经“济麦 22”品种权人山东农科院作物所授权,依法取得了“济麦 22”品种权的独占实施许可权及转授权的权利,其有权就“济麦 22”品种权转授权给他人行使。皖垦公司经鲁研公司的授权,取得了“济麦 22”品种权在安徽省行政区域内的独占实施许可权及对侵权行为提起诉讼的权利。“济麦 22”新品种经农业部品种审定委员会审定及安徽省农业委员会批准同意,可以在安徽省淮河以北地区种植,皖垦公司在此区域内生产、经营“济麦 22”的行为符合法律规定,现皖垦公司就被告金种子公司、李继德对“济麦 22”在安徽省区域内的侵权行为提起民事诉讼,其作为原告的诉讼主体资格适格。被告金种子公司仓库内尚待加工的小麦,法院根据金种子公司为种子生产经营企业、该小麦存放于种子仓库、仓库内有种子加工设备、被告无商品粮收购、仓储、加工资质、无面粉加工条件等事实,有理由相信存放于该仓库内未加工的小麦,为尚待加工、精选、包装并用于销售的小麦种子。被告金种子公司未经品种权人及其利害关系人合法授权,在其种子生产经营场所存放的标称为“济麦 20”、生产厂家为“宿州市金种子有限责任公司,粮补专供(黑字)”的小麦种子,经鉴定为受品种权保护的“济麦 22”新品种,其行为侵犯了皖垦公司在安徽省行政区域内对“济麦 22”新品种的独占实施许可权,依法应承担相应的民事责任。皖垦公司在庭后撤回了标称“济麦 20”红包装、生产厂家为"安徽现代种业有限公司"（编号148－1－2号），标称"济麦21"红包装，生产厂家为"安徽现代种业有限公司"（编号148－1－5号）两种包装的侵权行为在本案中的侵权指控，依法予以准许。被告李继德是金种子公司的法定代表人，原告无证据证明被告李继德以个人行为或以个人资金、账户等协助金种子公司从事侵权行为，其从事的生产经营行为系职务行为，原告关于被告李继德承担连带责任的诉讼请求，无事实依据，不予支持。原告在诉讼中主张被告金种子公司赔偿其200万元经济损失，要求依据2011年粮补合同确定侵权赔偿数额的诉讼请求，法院认为，金种子公司是用"济麦20"履行粮补合同，还是用"济麦20"的名义包装"济麦22"履行粮补合同，根据现有的证据暂无法查清，鉴于当事人可以就此侵权事实在下年度的小麦成熟季节获取新证据，法院不宜仅根据侵权物包装有"粮补专供"的字样，即推定原告主张的该部分侵权事实成立，原告主张的该部分侵权事实，在其获取新证据后可另案起诉。法院根据被告金种子公司的经营规模、侵权的性质、情节、后果等因素，酌定被告金种子公司赔偿原告经济损失及原告因制止侵权而支付的律师费、差旅费等各项费用共计人民币30万元。诉讼中，法院保全的现存放于金种子公司仓库内的12万斤标称为"济麦20"、生产厂家为"宿州市金种子有限责任公司，粮补专供（黑字）"的小麦种子，灭绝其活性，作商品粮处理。因涉案品种权为山东农科院作物所所有，侵权行为所造成的影响已经超出安徽省区域内，被告请求在《中国种业》上刊登声明，消除给原告造成的不良影响的诉讼请求，依法予以准许。因赔礼道歉民事责任适用于人格利益遭受损害时的法律救济，植物新品种权不涉及人格利益，原告的该项诉讼请求，不予支持。关于原告要求销毁金种子公司仓库内的侵权包装的诉讼请求，因被告金种子公司用以包装侵权种子的包装，并没有侵权，原告的该项诉讼请求，无事实依据，不予支持。被告认为皖垦公司作为本案原告，诉讼主体不适格，法院鉴定程序不合法的抗辩理由，无事实和法律依据，不予支持。据此，安徽省合肥市中级人民法院依照《民法通则》第134条第1款第（1）项、第（7）项、第（9）项，《关于审理植物新品种纠纷案件若干问题的解释》第1条第（7）款，《关于审理侵犯植物新品种权纠纷案件具体应用法律问题的若干规定》第1条，第2条第（1）款、第（2）款，第3条，第4条，第6条第（1）款、第（3）款，第7条第（1）款的规定，判决：一、被告金种子公司于本判决生效之日起立即停止生产、销售"济麦22"小麦植物新品种；二、被告金种子公司赔偿原告皖垦公司经济损失人民币30万元，于本判决生效后10日内一次付清；三、被告金种子公司仓库内存放的标称为"济麦20、黑字、宿州市金种子有限责任公司、粮补专供"的12万斤侵权种子作灭绝活性转商品粮处理；四、被告金种子公司于本判决生效之日起十日内在《中国种业》上刊登声明，消除因侵权行为给皖垦公司造成的不良影响（声明内容经法院审核后确定，逾期不履行由法院确定声明的具体内容，登报费用由金种子公司负担）；五、驳回原告皖垦公司的其他诉讼请求。

厦门市集美区联捷铸钢厂诉国家知识产权局专利复审委员会、第三人福建多棱钢业集团有限公司、福建泉州市金星钢丸有限公司发明专利无效行政纠纷案

——阅读提示:法院在专利无效行政诉讼程序中是否可以依职权引入公知常识来评价专利权的有效性?在判断创造性时如何审查发明在商业上获得成功这一因素?

【裁判要旨】

在专利无效行政诉讼程序中,法院在无效宣告请求人自主决定的对比文件结合方式的基础上,依职权主动引入公知常识以评价专利权的有效性,并未改变无效宣告请求理由,有助于避免专利无效程序的循环往复,并不违反法定程序;法院在依职权主动引入公知常识时,应当在程序上给予当事人就此发表意见的机会。

参照《专利审查指南》的相关规定,发明在商业上获得了成功是判断发明创造性时需考虑的其他因素之一,但这只是一个辅助考虑因素,而且要求商业成功必须是因发明的技术特征直接导致的。本案中,多棱钢业集团的专利产品在商业上获得了成功,但多棱钢业集团提交的证据尚不能证明这种成功是由于发明的技术特征直接导致的。而且,多棱钢业集团钢砂产品在商业上获得成功有多种影响因素,不排除与其钢砂生产方法受到本专利保护有一定关系。因此,不能以商业上获得成功为由认定本专利具备创造性。

【案号】

一审:北京市第一中级人民法院〔2008〕一中行初字第1467号

二审:北京市高级人民法院〔2009〕高行终字第492号

申请再审:最高人民法院〔2010〕知行字第6号

【案情与裁判】

原告(二审被上诉人、被申请人):厦门市集美区联捷铸钢厂(以下简称联捷铸钢厂)

被告(二审上诉人):国家知识产权局专利复审委员会(以下简称专利复审委员会)

一审第三人:福建泉州市金星钢丸有限公司(以下简称金星钢丸公司)

一审第三人(二审上诉人、申请再审人):福建多棱钢业集团有限公司(以下简称多棱钢业集团)

无效宣告请求(一)和(二)的在先行政确权程序和诉讼程序情况

本案中涉及的被请求宣告无效的专利(以下简称本专利)的专利号为01127387.9,名称为"一种钢砂生产方法",申请日为2001年9月6日,授权公告日为2005年2月16日,专利权人为多棱钢业集团。授权公告的权利要求书为:"1.一种钢砂生产方

法，其特征在于将轴承厂生产轴承时冲切下来的边角废料，进行淬火，淬火后分两级破碎，筛分得到不同粒度的钢砂，制得多棱形的钢砂。2. 根据权利要求1所述的一种钢砂生产方法，其特征在于所述经破碎后的钢砂，再进行回火后筛分，得到不同粒度的钢砂。”

联捷铸钢厂、金星钢丸公司针对本专利分别于2005年9月16日和2005年9月28日向专利复审委员会提出了无效宣告请求（一）和（二），请求宣告本专利全部无效，其理由是本专利不符合《专利法》第22条第3款有关创造性的规定。专利复审委员会将两次无效宣告请求合并审理，于2006年8月7日作出第8585号无效请求宣告审查决定（以下简称第8585号决定），认为本专利权利要求（一）、（二）所要求保护的技术方案相对于附件1不具备创造性，宣告本专利全部无效。

多棱钢业集团不服第8585号决定，提起诉讼。北京市第一中级人民法院经审理后认为：本案中，多棱钢业集团主张本专利与附件1相比，存在三个区别特征：（1）本专利采用轴承厂生产轴承时切冲下来的边角废料，附件1采用机械操作的钢废料；（2）本专利是淬火后分两级破碎，而附件1是淬火后两级研磨；（3）本专利钢砂产品为多棱形，适于切割坚硬材质，而附件1产品没有明显的棱角，不具有切割坚硬材质的性能。关于区别特征（1），本专利选取生产轴承钢的边角废料作为原料的目的在于，轴承钢自身的含碳量高于一般的钢废料，其硬度强，将其破碎制成的钢砂产品有较高的耐磨度。而轴承钢的含碳量在附件6中已经公开，系公知常识，而附件1中也给出了通过在一般的钢废料中加碳的方法来提高其硬度的技术启示，本领域的技术人员可以根据生产产品的性能需求和用途，选择是否在一般的钢废料中增碳的步骤，这是一种常规的技术选择手段，不需要付出创造性的劳动。因此，区别特征（1）不属于本专利与附件1的实质性差别，不会给本专利带来突出的实质性特点。区别特征（2）和（3）与附件1相比，具有突出的实质性特点和显著进步，具有创造性。综上，北京市第一中级人民法院于2006年12月13日作出〔2006〕一中行初字第1159号行政判决（以下简称第1159号判决）：撤销第8585号决定，专利复审委员会重新就本专利作出无效宣告请求审查决定。

多棱钢业集团、专利复审委员会和联捷铸钢厂、金星钢丸公司均不服第1159号判决，提起上诉。北京市高级人民法院二审认为：一审法院认定本专利权利要求1与附件1相比具有三个区别特征是正确的，但错误地将“生产轴承的边角废料”认定为“生产轴承钢的边角废料”，应予纠正。本专利的区别特征（1）、（2）和（3）与附件1相比，具有突出的实质性特征和显著进步，一审法院的对比结论正确。北京市高级人民法院于2007年4月17日作出〔2007〕高行终字第25号行政判决（以下简称第25号判决）：驳回上诉，维持原判。

无效宣告请求（一）、（二）和（三）的本次行政确权程序情况

在第25号判决作出后，专利复审委员会重新成立合议组对上述两个无效宣告请求案进行审查。联捷铸钢厂针对本专利于2007年5月25日再次提出了无效宣告请求（三），请求宣告本专利全部无效，其理由是本专利不符合《专利法》第22条第2款、第3款和第26条第3款的规定。专利复审委员会将上述三次无效宣告请求进行合并审查。在审查程序中，关于无效宣告请求（一）和（二），联捷铸钢厂明确表示，使用附件1结合附件3，附件1结合附件16，附

件1结合常规技术手段(包括技术手册、本领域的常规技术手段)来评价本专利权利要求1和2的创造性。专利复审委员会于2007年11月30日作出第11978号无效宣告请求审查决定(以下简称第11978号决定),维持本专利有效。

第11978号决定认为:(1)关于本专利相对于附件1和附件3的结合的创造性问题。本专利权利要求1所要求保护的技术方案与附件1所公开的技术内容相比,至少存在以下区别特征:①本专利采用轴承厂生产轴承时冲切下来的边角废料,而附件1使用的是机械操作的钢废料;②本专利在淬火后分两级破碎,而附件1是淬火后两级研磨;③本专利钢砂产品为多棱形,适于切割坚硬材质,附件1产品没有明显的棱角,不具有切割坚硬材质的性能。附件3使用的原料是废轴承钢屑,直接用于熔炼钢液后用于造钢丸,不同于本专利中使用的原料,也没有给出本专利中使用生产轴承时冲切下来的边角废料作为原料的技术启示,而且本领域的技术人员根据附件1和附件3公开的技术内容没有给出将本专利原料直接淬火后经两级破碎生产多棱钢砂的技术启示,且本专利权利要求1所限定的技术方案得到的钢砂为多棱形,适于切割坚硬的石材。因此本专利权利要求1所要求保护的技术方案符合《专利法》第22条第3款所规定的创造性。本专利权利要求2也具备创造性。(2)本专利权利要求1和权利要求2所要求保护的技术方案相对于附件1和附件16的结合具备创造性。(3)本专利相对于附件1与公开使用证据或者本领域的常用技术手段(证据包括附件6)结合具备创造性。

一审判理和结果

联捷铸钢厂诉称,第11978号决定认定事实不清,适用法律错误,应予以撤销。主要理由如下:(1)第11978号决定关于本专利权利要求1与附件1的区别特征的认定严重违背了事实,显属错误。本专利权利要求1相对于附件1和申请日前已公开的对比文件(即附件3、附件16)或公知常识(即附件6、本专利说明书所指出的本领域的公知常识)的结合不具备创造性。(2)本专利权利要求2的技术方案和权利要求1相比,仅在"破碎"之后增加了一项回火工艺,对轴承钢进行热处理(即回火、淬火等)是本领域的公知技术,本专利权利要求2也不具备创造性。

专利复审委员会辩称:上述三个区别特征确系本专利与现有技术的区别,北京市第一中级人民法院和北京市高级人民法院的相应判决书均有明确的认定,坚持第11978号决定中的意见。

多棱钢业集团陈述意见称:联捷铸钢厂的诉讼理由不成立,专利复审委员会认定事实清楚,适用法律适当。

北京市第一中级人民法院一审认为:专利复审委员会认定本专利与附件1所公开的技术内容相比存在的区别特征(1)~(3)的事实清楚。专利复审委员会在第11978号决定中没有具体评述附件1结合附件3公开的技术内容对本专利没有技术启示。因此,专利复审委员会认定相对于附件1和3的结合,本专利具备创造性的结论事实不清。专利复审委员会认定本专利权利要求1所要求保护的技术方案相对于附件1和附件16的结合具备创造性的结论正确。第11978号决定是专利复审委员会根据第1159号判决和第25号判决对无效宣告请求人在第二次口审中确定的无效宣告请求理由进行重新审查后作出的新行政决定。根据《中华人民共和国行政诉讼法》第5条的规定,人民法院审理行政案件,对被诉具体行政行为进行合法性审查。

因此，多棱钢业集团认为区别特征（1）～（3）已经被生效判决拘束的主张缺乏事实和法律依据，不予支持。依照《中华人民共和国专利法》第22条第3款和《中华人民共和国行政诉讼法》第54条第（2）项第1目之规定，并参照《专利审查指南》第2部分第4章第3节规定，该院于2009年1月9日作出〔2008〕一中行初字第1467号行政判决（以下简称第1467号判决）：撤销第11978号决定。

二审判理和结果

专利复审委员会、多棱钢业集团不服第1467号判决，提起上诉。在二审庭审中，联捷铸钢厂及多棱钢业集团对第11978号决定中关于附件6为国家标准或者国家公布的行业标准且具有专利法意义上的公开性的相关内容没有争议。针对第11978号决定中关于"本专利相对于附件1与公开使用证据或常规技术手段的结合的创造性问题"，联捷铸钢厂坚持使用附件6中公开的内容，并明确争议的主要内容为：（1）本专利相对于附件1和附件3的结合不具备创造性；（2）本专利相对于附件1和附件16的结合不具备创造性；（3）本专利相对于附件1结合公知常识证据（附件6）不具备创造性。同时，联捷铸钢厂放弃第11978号决定中的其他内容。

北京市高级人民法院二审认为：本案争议的焦点问题是，本专利是否符合《专利法》第22条第3款有关创造性的规定。

本专利是"一种钢砂生产方法"，其发明目的是"旨在寻找一种直接可作为钢砂原料的材料，并减少钢砂弧度，提高摩擦力"。本专利权利要求1所保护的技术方案是"将轴承厂生产轴承时冲切下来的边角废料，进行淬火，淬火后分两级破碎，筛分得到不同粒度的钢砂，制得多棱形的钢砂"。根据联捷铸钢厂和金星钢丸公司的主张，专利复审委员会将附件1作为本专利最为接近的现有技术进行对比，符合《专利审查指南》的规定。根据联捷铸钢厂和多棱钢业集团无争议的陈述，专利复审委员会认定本专利与附件1所公开的技术内容相比存在的区别特征（1）～（3）的事实清楚。

根据本发明目的，本专利是"直接作为钢砂原料的材料"。本专利采用的是轴承厂生产轴承时冲切下来的边角废料，而附件1使用的原料是"通过冲压、车削、剪切、切割等获得，最佳为机械加工过程中产生的钢铁边角料机械操作的钢废料"。所以，附件1的"钢废料"是机械加工后产生的钢废料，生产轴承本身就要采用冲、切等机械生产方式。本专利选取生产轴承的边角料的目的在于轴承自身的含碳量高于一般的钢废料，其硬度强，将其破碎制成的钢砂产品有较高的耐磨度。附件3是"钢丸（砂）的制取设备和工艺"，其中公开了"利用废轴承钢屑作部分原料"，以提高产品的硬度和耐磨度。本专利说明书中明确记载了"本发明找到了制作钢砂的最好材质是轴承钢，它含碳高，具有较高的淬硬性而且有较高的含铬量提高了钢砂的耐磨性，硬就能生成锋利的棱角，提高切割效率。耐磨就降低了消耗"、"轴承钢具有较好的淬硬性和耐磨性是业内人士都熟知的"。而附件6国家部颁标准——《铬轴承钢技术条件》中已经公开了轴承钢的含碳量数值。因此，附件1和附件3结合对本领域技术人员实现本专利权利要求1"采用轴承厂生产轴承时冲切下来的边角废料"的技术方案具有技术启示。

本专利是在淬火后分两级破碎，附件1是淬火后两级研磨，两者的区别是在淬火后分两级破碎或者两级研磨。本专利说明书记载的是"本发明采用两级破碎，粗碎用颚式破碎机,细碎用辐式破碎机……对于粗大的冲切料本发明采取先用颚式破碎机将其轧碎成小块,而后进行细碎,破碎成钢砂”。附件1公开了“脆化的钢废料在研磨机90中被研磨……其生成产物粉碎和筛选后可以用作粗磨料(从10目至约200目,0.075mm至2mm),如果有需要,小到2至10微米的粉末可以通过另外的研磨或碾磨技术制成”。因此,附件1公开了“研磨机是……环式破碎机”,通过粗磨和细磨这两级研磨来制成细磨料的工艺。

本专利的钢砂产品为多棱形,适于切割坚硬材质;附件1产品没有明显的棱角,不具有切割坚硬材质的性能。两者的区别是本专利权利要求1所述的通过两级破碎所形成的多棱角钢砂,附件1没有明确指出所得到的钢砂是多棱形。但是,附件1的说明书公开了多棱形来源于机械操作,明确指出“本发明提供一种由原料80生成磨料钢砂的方法,原料80是来自冲孔、车削、剪切、切碎等,优选来自机械操作的钢废料”。附件1所述技术方案使用的原料,系通过冲孔、切碎等机械操作而形成的钢废料,其形状与本专利权利要求1所述的“轴承厂生产轴承时冲切下来的边角废料”的形状是相同的。此外,附件1所公开的加工方法包括破碎,采用破碎加工方法对多棱形的原料进行加工,必然会使破碎后所得到的钢砂也为多棱形。

虽然附件3使用的原料是“废轴承钢屑”,用于熔炼钢液后用于造钢丸。但是,附件3公开了“钢砂通常由2~4毫米的钢丸破碎而成”,“为生产钢砂,首先必须生产钢丸,目前生产钢丸最常见的方法为喷射法和离心法”,“钢砂是由钢丸破碎而成,破碎设备可采用双棍破碎机”,“熔炼、成丸和热处理是开发钢丸(砂)的三道关键工序,必须严格控制”。在上述事实基础上,将附件1和附件3结合,参照《专利审查指南》第2部分第2章第2.3节的规定,可以从附件3推定出“用破碎方法获得的钢砂产品”,而钢砂产品的形状不规则。

基于以上事实,专利复审委员会在第11978号决定中作出的本专利相对于附件1和附件3的结合具备创造性的认定事实不清。

虽然,在专利复审委员会作出第11978号决定之前,已经有第1159号判决和第25号判决对专利复审委员会根据附件1结合附件6作出的第8585号决定宣告本专利无效进行了判决,但本案第11978号决定是专利复审委员会根据附件1结合附件3对无效宣告请求人在第二次口审中确定的无效宣告请求理由进行重新审查后作出的新行政决定。因此,专利复审委员会及多棱钢业集团提出的第11978号决定是执行司法判决,以及第11978号决定所认定的事实是被生效的司法判决所拘束的诉讼主张缺乏事实和法律依据,不予支持。

综上所述,第11978号决定认定事实不清,一审法院判决予以撤销正确。依照《中华人民共和国行政诉讼法》第61条第(1)项之规定,北京市高级人民法院于2009年9月25日作出〔2009〕高行终字第492号行政判决(以下简称第492号判决):驳回上诉,维持一审判决。

申请再审理由和答辩

多棱钢业集团申请再审称,第492号判决即原审判决在评判本专利相对于附件1和附件3的结合是否具备创造性时,所依据证据不足,法律适用错误,程序违法,并且违反了既判力原则,本专利的专利权人在商业上取得的巨大成功也说明了本专利具有创造性,请求撤销原审判决,对本案提审或指令再审,依法改判。其中关于程序违法的理由是:本案无效宣告请求审查程序口头审理时已确认评价本专利创造性的证据使用方式为三种:附件 1 结合附件 3,附件 1 结合附件 16,附件 1 结合常规技术手段(包括附件 1 结合附件 5 ~ 7、9、10、11、14、15、17、18)。也就是说,附件 1 和附件 6 的结合是第三种结合方式之一,与附件 1 和附件 3 的结合方式是相互独立的,用于分别评价本专利权利要求 1 和权利要求 2 的创造性。然而,原审判决在评判附件 1 和附件 3 的结合对本专利的创造性影响时却引入了附件 6,明显违反了审查规则,破坏了联捷铸钢厂自主决定的证据结合方式,剥夺了多棱钢业集团针对附件 1、附件 3 和附件 6 的组合进行答辩的权利。

联捷铸钢厂辩称:本专利与附件 1 记载的技术方案几乎相同,明显不具有创造性,故第 8585 号决定宣告其权利要求全部无效,符合事实,于法有据,前案第 25 号判决撤销第 8585 号决定的结论显属错误,应予纠正。

金星钢丸公司与联捷铸钢厂的意见基本一致。

专利复审委员会辩称:1. 表面上看,本案涉及的两个生效判决(即第 25 号判决和第 492 号判决)对被诉的无效宣告请求审查决定使用的对比文件不同,但实质上附件 3 不但没有给出其可能与附件 1 结合的技术启示,反而给出了相悖的技术教导。2. 两个生效判决在区别特征(2)、(3)对本专利的贡献上认定明显矛盾。这种矛盾客观上导致在专利复审委员会在执行本案涉及的两个生效判决时充满困惑,舍弃或执行任何一个均无法律依据,同时也损害了行政决定的权威性。专利复审委员会在最高人民法院第一次听证时表示,其不认可第 25 号判决,第 492 号判决与第 25 号判决针对同样的事实作出不同认定,但其要执行第 492 号判决,两个判决存在冲突,希望最高人民法院予以判定。

申请再审审查判理和结果

最高人民法院经审查查明如下事实:

1. 关于本专利权利要求 1 中的“冲切”的理解。

多棱钢业集团主张本专利中的“冲切”是指“冲裁”,即“冲压裁切”或“冲孔”,是一个工序,不是两个工序,并提供了公开出版物和专业技术人员证明其主张。联捷铸钢厂和金星钢丸公司则以上述公开出版物的相关内容主张,本专利的冲切包括冲孔和切边,冲压的基本程序有修边,冲裁包括切边。

本专利说明书载明:“本发明不是采用传统的优质钢冶炼的方式获取轴承钢。而是收集轴承厂的冲切废料和铁削,剔除非轴承钢钢料和杂物获得纯净轴承钢边角料——钢砂的原料,使资源得到合理的充分利用。”“本发明制作的钢砂不是采用钢珠破碎而是采用非球状块片料破碎成钢砂……”

双方当事人主张的公开出版物中的相关内容如下:《金属工艺学》第 54 页载明,“冲裁一般主要指落料和冲孔程序。若落下的部分是工件,带孔的周边为废料,即为落料。反之,带孔的周边是工件,冲下的部分为废料就叫冲孔”;第 80 页载明:“金属切削加工是用刀具切削运动从金属工件毛坯上切除多余的金属层,从而获得加工质量符合图纸规定要求的机器零件的过程。”《机械加工工艺辞典》第 279 页载明:“板料冲压基本工序按工序性质可分为两大类:(1)分离工序:是使冲压件与板料沿要求的轮廓线相互分离,并获得一定的断面质量的冲压加工工序。如切断、落料、冲孔、切口、修边、剖切……”第 281 页载明:“用来将板料相互分离的冲模称为冲裁模……冲裁模的结构形式很多,按以下特征来分类:

(1)按工序性质可分为:1)落料模,沿封闭的轮廓将制件与板料分离,冲下来的部分为制件。2)冲孔模,沿封闭的轮廓将废料与制件分离,冲下来的部分为废料。3)切边模,将制件多余的边缘切掉……”第281页还有冲裁模的模具结构图。《机械工程词典》第225页载明:“冲切模,亦称漏模,由冲头及凹模组成。用来冲切出锻件外形、内孔和缺口,也可进行切边和冲切连皮。”该页还载有冲切模的模具结构图,与上述《机械加工工艺辞典》第281页载明的冲裁模的模具结构大体一样。《锻工简明实用手册》第151页、第154页、第494页载明,“修整是对锻件进行校正、切边、冲孔或压印等工序,一般以采用冲切模、校正模为主”;“冲切,模具由冲头、凹模及定位、导向装置组成。用于锻件的冲孔、切边或切断”;“切边和冲孔与模锻工序在同一火次进行,即模锻后立即切边和冲孔,称为热冲切”。《金属塑性成形工艺及模具设计》第2页解释了落料和冲孔工序,落料是指“用冲模沿封闭轮廓曲线冲切,冲下部分是零件。用于制造各种形状的平板零件”;冲孔是指“用冲模按封闭轮廓曲线冲切,冲下部分是废料”。《金属塑性成形工艺及模具设计》第7页载明:“冲裁模,主要用于各种板料的冲切成形,其刃口在工作过程中受到强烈的摩擦和冲击。”

福州大学铸造研究所所长张茂勋教授作为多棱钢业集团聘请的专业技术人员出席本院听证时作说明称:冲切的概念是把一个剩下的部分冲掉,一般在锻造行业中用的比较多,在板材加工行业中一般用冲裁的概念比较多;落料和冲孔工序统称为冲裁;如果是锻造的,也是同样落料冲孔,但就是冲切,这是习惯的称谓。

2. 关于对比文件公开的相关内容。

附件1是公开日为1995年8月15日的US5441579号美国专利说明书复印件及其相应部分的中文译文。该专利权利要求书相关技术内容为:“1. 一种用钢颗粒生产磨粒的方法,包括以下步骤:(a)在非氧化的保护气氛中,以约1500°F至约1800°F的温度对净化的、干燥的钢颗粒加热;(b)通过浸没于淬火溶液下的滑槽输送颗粒,淬火溶液形成气氛密封;(c)在包含水的淬火溶液中对加热的钢颗粒进行淬火,使颗粒变脆;以及(d)在研磨机中对钢颗粒进行研磨以形成磨粒。2. 根据权利要求1的方法,其特征为:研磨机是球磨机、锤磨机、干式震动研磨机、棒磨机或环式破碎机……”此外,在附件1优选实施方式的详细说明部分还公开了如下内容:“本发明提供一种由原料80生成磨料钢砂的方法,原料80是来自冲孔、车削、剪切、切碎等,优选来自机械操作的钢废料”;“脆化的钢废料在研磨机90中被研磨,研磨机90可以是球磨机或锤磨机,其生成产物粉碎和筛选后可以用作粗磨料(从10目至约200目,0.075mm至2mm)”;“锤磨或者其他冲击粉碎或研磨方式,对材料的易碎性质来说是有效的”;“在钢含有铬的情况下,中性淬火使过剩碳的吸收最小,过剩碳会形成不期望有的碳化铬。”

附件3是1998年3月《中国铸造装备与技术》中的文章“钢丸(砂)的制取设备和工艺”的复印件。其中载明:“在一定的含碳量(0.6% ~1.2% C)下,钢丸中含有微量的硼(0.0001% ~0.01% B),可以在铸态得到94% ~100%的马化体-贝氏体组织,其硬度达到HRC65 ~67。这种含硼钢丸不需淬火,回火后的硬度为HRC48 ~50。微量硼的加入,还可改善热处理性能,增强钢液的抗氧化性和表面张力。利用废轴承钢屑作部分原料,使钢丸含有小于0.8%的铬及小于0.02%的磷、硫,可取得与含硼钢丸同样的效果,而且表面颜色好,抗锈力强。”

多棱钢业集团以附件1和附件3公开的有关铬的内容为由主张,本领域的技术人员在阅读附件1后,为了避免出现不期望有的碳化铬,在选择原料时不会选择含有铬的原料,因而就不会选择铬含量较高的轴承边角废料做原料;附件3所利用的废轴承钢屑要求将铬含量严格限制在0.8%以下,用其作钢砂原料不能产生提高产品耐磨度的技术效果。因此,附件1或者附件1和附件3的结合,不但没有对本专利选材具有积极技术启示,而恰恰给出的是相反的技术启示。

金星钢丸公司称,不期望的碳化铬只是在中性淬火条件下形成的,附件1有关铬的内容并不意味着含有铬的钢不能作为原料;铬含量只要达到0.5%就能达到提高硬度和耐磨度的效果,附件6公开的轴承钢的含铬量有的为0.4%～0.7%,附件3中钢丸含有小于0.8%的铬能够产生提高硬度和耐磨度的效果。

经查,附件6是冶金工业部部颁标准——《铬轴承钢技术条件》[YB9—68(试行)]。其中记载普通轴承钢含碳量为0.95%～1.15%;还公布了用于制造普通轴承所用的不同钢号的轴承钢的铬含量,其中最小的为0.4%～0.7%,最大的为1.3%～1.65%。联捷铸钢厂和金星钢丸公司在无效宣告请求审查程序中提供附件5、附件6和附件7用于证明钢砂产品本身是已知技术,轴承钢的技术性能和热处理工艺都是本领域公知的。

3. 关于轴承钢在生产轴承时经过三次热锻压后发生的变化。

多棱钢业集团提供的《金属工艺学》第3篇“金属压力加工”载明:“金属压力加工是指固态金属在外力作用下产生塑性变形”;“压力加工与其他加工方法相比,具有以下特点:(1)改善金属的组织,提高力学性能。金属材料经压力加工后,其组织、性能都得到改善和提高,压力加工能消除金属铸锭内部的气孔、缩松和树枝状晶等缺陷,且由于金属的塑性变形和再结晶,可使粗大晶粒细化,得到致密的金属组织,从而提高金属的力学性能……”

福州大学铸造研究所所长张茂勋教授作为多棱钢业集团聘请的专业技术人员出席本院听证时作说明称:通过锻造,加热到一定温度,锻压的过程,纤维组织被搞乱,组织变得更均匀,晶粒变小,机械性能明显提高;轴承一般都要经过锻造,锻造次数越多,纤维组织被破坏越彻底,机械性能越好;机械性能指抗拉强度、冲击韧性、延伸率等;时髦的叫力学性能。

联捷铸钢厂认可生产轴承时的冲孔落料与轴承钢的物理性能有很大区别,但主张这对评判本专利创造性没有关系。

4. 关于本专利在商业上取得的巨大成功。

多棱钢业集团提供了以下三份证据证明本专利在商业上取得了巨大成功:(1)中国建筑材料联合会标准质量部出具的《证明》载明:“由全国石材标准化技术委员会归口管理的《石材砂锯用合金钢砂》建材行业标准已审查完毕并报批,此标准第一起草单位:福建多棱钢业集团有限公司;该公司王新辉为第一起草人。”(2)中国石材工业协会出具的《证明》载明:“福建多棱钢业集团有限公司在国家统计部门2005～2008年度连续四年统计的全国石材工业重点企业主要经济指标年报中,其销售收入、利税总额、产量均居砂锯用磨具磨料(锯条、钢砂)企业第一名。”(3)国务院关税税则委员会关于调整部分产品出口关税的通知(税委会〔2009〕6号),与本案有关的调整是“棱角钢砂(不带球弧面的棱角形颗粒数量大于80%)”的税率由25%调整为取消。

最高人民法院审查认为,本案的争议焦点在于:原审判决即第492号判决是否存在程序违法的问题;本专利相对于附件1、附件3和公知常识(即附件6)的结合是否具备创造性的问题;原审判决与在先的第25号判决是否矛盾,是否存在违反既判力的问题。

1. 关于原审判决是否存在程序违法的问题。

多棱钢业集团主张,原审判决在评价本专利的创造性时,在联捷铸钢厂自主决定的对比文件结合方式即附件1和附件3的结合中擅自引入附件6,违反了审查规则,侵犯了其针对这种结合方式的答辩权利。本案中,无效宣告请求人联捷铸钢厂和金星钢丸公司在无效宣告请求审查程序中提出了附件1和附件3的对比文件结合方式,而附件6本身属于公知常识的证据。可见,上述主张涉及法院在专利无效案件审理中,在无效宣告请求人自主决定的对比文件结合方式的基础上,是否可以依职权主动引入公知常识以评价专利权有效性的问题。由于公知常识是本领域技术人员均知悉和了解的,因此,在专利无效案件行政诉讼程序中,法院在无效宣告请求人自主决定的对比文件结合方式的基础上,依职权主动引入公知常识以评价专利权的有效性,并未改变无效宣告请求理由,对双方当事人来说亦无不公,且有助于避免专利无效程序的循环往复,并不违反程序。当然,法院在依职权主动引入公知常识时,应当在程序上给予当事人就此发表意见的机会。本案中,联捷铸钢厂在一、二审程序中即主张使用附件6中公开的内容,且多棱钢业集团对附件6的真实性没有异议,在此种情况下,原审法院引入附件6评价本专利的效力并不违反程序。

2. 关于本专利相对于附件1、附件3和公知常识(即附件6)的结合是否具备创造性的问题。

本专利权利要求1所要求保护的技术方案与附件1所公开的技术内容相比,存在以下区别特征:(1)本专利采用轴承厂生产轴承时冲切下来的边角废料,而附件1使用的是来自冲孔、车削、剪切、切碎等的钢废料;(2)本专利在淬火后分两级破碎,而附件1是淬火后两级研磨;(3)本专利钢砂产品为多棱形,附件1中没有明确记载其所得到的磨料钢砂是否为多棱形。

(1)关于区别特征(1)。

多棱钢业集团主张,本专利权利要求1中的“冲切”是指生产轴承时的特定工序“冲孔”,本专利钢砂原料是指冲孔工序的废料,即圆饼状的轴承钢钢锭。根据本专利权利要求和说明书,结合多棱钢业集团提交的公开出版物,并不能得出上述解释。理由如下:①根据本专利说明书的记载,铁削是收集而非剔除的对象,因此包括在本专利选材之内。而铁削显然不是冲孔工序后产生的废料。②根据本专利说明书的记载,本专利选材时要剔除非轴承钢钢料和杂物,说明本专利的选材不是仅指冲孔工序后产生的废料。③多棱钢业集团主张本专利选材为生产轴承时冲孔工序的废料,即圆饼状的轴承钢钢锭,与本专利说明书记载的选材为非球状块片料相比,两者有所不同。④多棱钢业集团提供的公开出版物也使用冲切来表示冲孔和切边。因此,多棱钢业集团的相应主张不能成立。本专利权利要求1中的“冲切”并非仅指冲孔。

附件1已经公开了一种使用来自冲孔、车削、剪切、切碎等的钢废料为原料生产磨料钢砂的方法,其所采用的钢废料显然是本专利权利要求1所采用的轴承厂生产轴承时冲切下来的边角废料的上位概念,即本专利权利要求1中所采用的生产钢砂的原料,可以认为是在附件1公开的生产磨料钢砂所采用的原料范围内具体选择了一种性能较佳的钢砂原料。钢砂作为一种磨料,必然要求其具有较高的硬度和耐磨性,而为了提高其硬度和耐磨性,原料的选取至关重要。原料如果具有较高的硬度和耐磨性,最终加工的钢砂必然也就具有较高的硬度和耐磨性。因此,如果想要获得较高硬度和耐磨性的钢砂,本领域技术人员容易想到在附件1所公开的废钢料范围内选取硬度和耐磨性较高的原料。附件3是钢丸(砂)的制取设备和工艺,其中公开了“利用废轴承钢屑作部分原料”,以提高产品的硬度和耐磨度。本专利说明书中明确记载了“本发明找到了制作钢砂的最好材质是轴承钢,它含碳高,具有较高的淬硬性而且有较高的含铬量提高了钢砂的耐磨性,硬就能生成锋利的棱角,提高切割效率。耐磨就降低了消耗”;“轴承钢具有较好的淬硬性和耐磨性是业内人士都熟知的”。附件6公开了轴承钢的成分,也说明轴承钢具有较好的淬硬性和耐磨性是本领域技术人员公知的。为了获得较高硬度和耐磨性的钢砂,本领域技术人员选取轴承钢作为生产钢砂的原料是显而易见的,并不需要付出创造性的劳动;而由于轴承钢价格较高,甚至高于钢砂,出于经济考虑,不可能以未使用过的轴承钢直接作为生产钢砂的原料,而只能以使用后的轴承钢或者生产轴承时产生的边角废料作为原料,由此,本领域技术人员自然就会想到使用轴承厂生产轴承时产生的边角废料。综上所述,本专利权利要求1是在已有生产磨料钢砂所采用的原料范围内具体选择了一种性能较佳的原料生产钢砂,但对于本领域技术人员而言,附件1、附件3和公知常识(附件6)的结合对于上述原料的选择具有技术启示,且该选择并未带来预料不到的技术效果。

(2)关于区别特征(2)。

首先,生产钢砂的过程当中必然要将尺寸较大的原料破碎为最终所需粒度的颗粒——钢砂。如附件3中的传统钢砂生产方法中也需要将钢丸破碎制成钢砂。至于需要几级破碎,主要取决于原料的初始大小以及最终所生产钢砂的目标粒度,这对于本领域技术人员而言是显而易见的,不需要付出创造性的劳动。其次,本专利两级破碎的目的为将尺寸较大的原料破碎为所需粒度的颗粒——钢砂,附件1中的两级研磨的目的同样为将尺寸较大的原料研磨(破碎)为所需粒度的颗粒——磨料钢砂,而且不论是附件1公开的球磨机、锤磨机、环式破碎机,还是本专利说明书中记载的颚式破碎机、辐式破碎机,其工作方式虽不同,但究其实质均为利用冲击力或者剪切力将较大的物料粉碎为较小的物料,得到所需粒度的颗粒,二者之间并无本质的区别。

多棱钢业集团主张,研磨是指将棱角磨去以形成光滑的颗粒。对于技术用语,尤其是对于外文技术用语的中文译文,在确定该技术用语的内在含义时,不仅要考虑其字面意思,还应结合该技术术语所使用的环境进行分析。结合附件1公开的其他内容,如研磨所使用的机器包括“环式破碎机”以及“锤磨或者其他冲击粉碎或研磨方式,对材料的易碎性质来说是有效的”等,应当认为附件1中的研磨包括了破碎,或者说二者本身是一致的。

(3)关于区别特征(3)。

首先,需要对本专利权利要求1中的多棱形作一准确理解。结合本专利的说明书,本专利针对现有技术中传统钢珠破碎生产的钢砂总带一些弧面、棱角不够锋利的缺陷,提出采用非球状块片料破碎生产钢砂,使钢砂具有较多的锋利棱角。基于本专利说明书上述对钢砂棱角问题的提出和解决,权利要求1中的多棱形应当作除球状(钢珠)料破碎后存在弧面的多棱形以外的普通理解,即除此之外的具有多个棱角的形状均应当认定属于权利要求1中多棱形的概念范围之内。

基于上述对多棱形的理解,附件1中所采用的原料也并非球状料(钢珠),当其采用其所公开的环式破碎机、锤磨机等制得的磨料(从10目至约200目,0.075mm至2mm)必然也具备多个棱角的形状。此外,本专利权利要求1作为一方法权利要求,区别特征(3)实际为对采用其所限定的钢砂生产方法最终所得产品钢砂外形的描述,即区别特征(3)所述的多棱形钢砂实际为采用本专利权利要求1所限定的选取原料、淬火、破碎后所必然得到的结果。

(4)关于本专利是否在商业上获得了成功。

2001年发布的《专利审查指南》第2部分第4章第3.3.4节规定:"当发明的产品在商业上获得成功时,如果这种成功是由于发明的技术特征直接导致的,则一方面反映了发明具有有益效果,同时也说明了发明是非显而易见的,因而这类发明具有突出的实质性特点和显著的进步,具备创造性。但是,如果商业上的成功是由于其他原因所致,例如由于销售技术的改进或者广告宣传造成的,则不能作为判断创造性的依据。"法院在审理专利无效行政案件时可以参照适用该规定。但发明因其技术特征直接导致其在商业上获得成功,只是判断发明是否具备创造性的一个辅助考虑因素。多棱钢业集团钢砂销售收入、利税总额、产量等方面均居行业第一位仅能证明该产品在商业上获得了成功,但不能证明这种成功是由于发明的技术特征直接导致的。而且,多棱钢业集团钢砂产品在商业上获得的成功有多种影响因素,不排除与其钢砂生产方法受到本专利保护有一定关系。此外,棱角钢砂(不带球弧面的棱角形颗粒数量大于80%)能够享受出口免税的政策,究其实质,是由于其没有采用钢珠破碎,不需熔炼造丸,降低了能耗,减少了环境污染,而附件1同样不需熔炼造丸,同样是对钢废料进行破碎。因此,多棱钢业集团提交的证据尚不能证明本专利产品由于发明的技术特征直接导致其在商业上获得了成功,进而证明本专利具备创造性。

综上所述,本专利权利要求1所要求保护的技术方案是本领域技术人员在附件1、附件3和公知常识(即附件6)结合的基础上无需创造性的劳动即容易想到和得到的,不具备突出的实质性特点和显著的进步,不具备创造性。

本专利权利要求2是权利要求1的从属权利要求,其附加技术特征已在附件1中公开,因此在权利要求1不具备创造性的前提下,从属权利要求2也不具备创造性。

3.关于原审判决是否违反既判力的问题。

本案中,第25号判决认定,相对于附件1,本专利的区别特征(1)、(2)、(3)与附件1相比具有创造性。本案原审判决认定,附件1和附件3的结合(实际上还包括附件6)对于本专利的区别特征(1)具有技术启示;附件1公开了通过粗磨和细磨这两级研磨来制成细磨料的工艺;附件1所公开的加工方法包括破碎,采用破碎加工方法对多棱形的原料进行加工,必然会使破碎后所得到的钢砂也为多棱形,也可以从附件3推定出其钢砂产品的形状不规则。可见,针对附件1对于本专利的区别特征(2)具有何种影响这一问题,原审判决的判断与第25号判决不一致。赋予生效判决以既判力,主要目的是维护判决的稳定性。但是,在遵循既判力原则时,还应考虑先后判决的关联关系,以及实体结果的公正和诉讼程序的经济。本案尽管原审判决对于有关问题的判断与在先的第25号判决不一致,但第25号判决对有关问题的认定本身不能成立,而本案中在后的原审判决另行作出的认定并无不当,因此本案不宜简单地以违反既判力为由进行再审。

4.关于其他相关问题。

(1)附件1和附件3对于本专利是否存在相反的技术启示。

本领域的普通技术人员一般会因为轴承钢具有较高的淬硬性和耐磨性而选择生产轴承时的边角废料生产硬度和耐磨度高的钢砂,在选择之前一般不会考虑铬含量的大小问题。而且,附件1所指不期望的碳化铬的形成是有条件的,即是中性淬火;附件6所公布的轴承钢的含铬量也有少于0.8%的。因此附件1和附件3的相关内容不会必然给出相反的技术启示。

(2)原审判决是否将本专利认定为产品专利。

原审判决认为:“根据本发明目的,本专利是‘直接作为钢砂原料的材料’。”将原审判决的上述表述结合其上下文与本专利说明书,应当将其本意理解为:根据本发明目的,本专利(的目的)是(寻找一种)“直接可作为钢砂原料的材料”。因此,原审判决实质上并没有将本专利认定为产品专利。

(3)原审判决是否违反了要素省略发明的创造性判断方法。

本案中,附件1是与本专利最为接近的现有技术。附件1公开了本专利权利要求1的包括选料、淬火、两级破碎、筛分在内的所有工序,而附件1的工序也体现了多棱钢业集团所说的本专利旨在解决的炉熔炼成本高的问题,即也省略了熔炼与造丸。原审判决所确认的区别特征是本专利相对于附件1存在的区别特征,而不是本专利相对于附件3存在的区别特征。本专利相对于附件3可以说是要素省略发明,但相对于附件1不存在工序省略的区别特征。因此,原审判决不存在违反所谓要素省略发明的创造性判断方法的问题。

综上所述,原审判决认定事实清楚,适用法律正确。多棱钢业集团的再审申请不符合《中华人民共和国行政诉讼法》第63条第2款、《最高人民法院关于执行〈中华人民共和国行政诉讼法〉若干问题的解释》第72条规定的再审条件,依据《最高人民法院关于执行〈中华人民共和国行政诉讼法〉若干问题的解释》第74条的规定,最高人民法院于2011年5月5日作出通知,驳回多棱钢业集团公司的再审申请。

郑亚俐诉精工爱普生株式会社、国家知识产权局专利复审委员会等专利无效行政诉讼案

——阅读提示:专利申请文件的修改是否超出原说明书和权利要求书记载的范围的判断标准是什么?专利申请文件的修改限制与专利保护范围之间是何种关系?专利申请文件的修改限制与禁止反悔原则之间是何种关系?

【裁判要旨】

原说明书和权利要求书记载的范围应该包括原说明书及其附图和权利要求书以文字或者图形等明确表达的内容以及所属领域普通技术人员通过综合原说明书及其附图和权利要求书可以直接、明确推导出的内容;只要所推导出的内容对于所属领域普通技术人员是显而易见的,就可认定该内容属于原说明书和权利要求书记载的范围;与上述内容相比,如果修改后的专利申请文件未引入新的技术内容,则可认定对该专利申请文件的修改未超出原说明书和权利要求书记载的范围。

专利申请文件的修改限制与专利保护范围之间既存在一定的联系,又具有明显差异;在无效宣告请求的审查过程中,发明或者实用新型专利的专利权人修改其权利要求书时要受原专利的保护范围的限制,不得扩大原专利的保护范围;发明专利申请人在提出实质审查请求时以及在收到国务院专利行政部门发出的发明专利申请进入实质审查阶段通知书之日起 3 个月内进行主动修改时,只要不超出原说明书和权利要求书记载的范围,在修改原权利要求书时既可以扩大也可以缩小其请求保护的范围。

禁止反悔原则在专利授权确权程序中应予适用,但是其要受到自身适用条件的限制以及与之相关的其他原则和法律规定的限制;在专利授权程序中,相关法律已经赋予了申请人修改专利申请文件的权利,只要这种修改不超出原说明书和权利要求书记载的范围,禁止反悔原则在该修改范围内应无适用余地。

【案号】

一审:北京市第一中级人民法院〔2008〕一中行初字第 1030 号

二审:北京市高级人民法院〔2009〕高行终字第 327 号

申请再审:最高人民法院〔2010〕知行字第 53 号

【案情与裁判】

原告(二审上诉人、再审被申请人):精工爱普生株式会社株(以下简称精工爱普生)

被告(二审被上诉人、再审被申请人):国家知识产权局专利复审委员会(以下简称专利复审委员会)

第三人(申请再审人):郑亚俐

第三人(再审被申请人):佛山凯德利办公用品有限公司(以下简称凯德利公司)

第三人(再审被申请人):深圳市易彩实业发展有限公司(以下简称易彩公司)

起诉与答辩

精工爱普生不服专利复审委员会第11291号无效宣告请求审查决定(以下简称第11291号决定),在法定期限内向北京市第一中级人民法院起诉称,第11291号决定在审查程序和认定事实上存在严重错误,请求人民法院依法予以撤销。其主要理由是:(1)第11291号决定违反正当程序。(2)第11291号决定中相关认定背离客观事实。原告在实质审查阶段答复第一次审查意见通知书时已经将“存储装置”解释为“7(b)所示的‘半导体存储装置61’”,将“记忆装置”解释为“指说明书及附图中记载的电路板及设置在其上的半导体存储装置”。(3)第11291号决定对“存储装置”的解释观点与北京市高级人民法院相关判例中对功能性限定特征的解释标准相违背。(4)从属权利要求4、34中相关附加技术特征以及权利要求8的技术方案,均未超出原说明书公开的范围。

专利复审委员会答辩称:1. 关于审查程序。本案的审查程序符合《专利审查指南》第4部分第3章4.5节关于案件合并审理的规定。2. 关于《中华人民共和国专利法》(2000年修正)(以下简称《专利法》)第33条。(1)应当以“原说明书和权利要求书记载的范围”作为认定申请人的修改是否符合《专利法》第33条规定的基础,申请人在意见陈述书中对权利要求所作的解释不能作为认定的事实依据;(2)《专利审查指南》第2部分第2章第3.2.1节明确规定,“对于权利要求中所包含的功能性限定的技术特征,应当理解为覆盖了所有能够实现所述功能的实施方式”;(3)关于有关权利要求的具体意见,坚持决定中的相关意见。综上,第11291号决定认定事实清楚,适用法律法规正确,审理程序合法,请求人民法院维持该决定。

法院审理查明

第11291号决定针对的专利是中华人民共和国国家知识产权局于2004年6月23日授权公告的、名称为“墨盒”的00131800.4号发明专利(以下简称本专利)。本专利是99800780.3号发明专利申请的分案申请,其申请日为1999年5月18日,最早的优先权日为1998年5月18日,专利权人为精工爱普生。本专利授权公告的权利要求书包括42项权利要求。

针对本专利权,凯德利公司于2006年1月17日向专利复审委员会提出了无效宣告请求,其理由是本专利不符合《专利法》第22条第2款、第3款的规定,请求宣告本专利全部无效。针对上述无效宣告请求,精工爱普生于2006年3月1日和20日两次提交了内容相同的意见陈述书,并对本专利权利要求书进行了修改,修改后的权利要求书如下:

“1. 一种装于喷墨打印设备的托架上的墨盒,用于通过一供墨针向喷墨打印设备的打印头供应墨水,该墨盒包括:

多个外壁;

一供墨口,用于接纳所述供墨针,形成于多个壁的第一个上;

一存储装置,由所述墨盒支承,存储关于墨水的信息;一电路板,安装在与所述多个壁中的第一壁交叉的所述第二壁上,所述电路板位于所述供墨口的中线上;和多个接触点,形成在所述电路板的外露表面上,用于将所述存储装置连接到喷墨打印设备,所述触点形成多个列。

……

13. 根据权利要求12的墨盒,其中所述记忆装置包括一个基片,在所述基片的一个表面上设置有一个存储装置,在所述基片的另外面上设置有多个端子。

14. 根据权利要求12的墨盒,其中所

述记忆装置包括一个基片,在所述基片的一个面上设置有一个存储装置,在与所述存储装置所在的面相同的面上设置所述多个端子。

15. 根据权利要求 12 的墨盒,其中所述存储装置由抗墨水材料模铸而成。

……

40. 一种装于喷墨打印设备的托架上的墨盒,用于通过一供墨针向喷墨打印设备的打印头供应墨水,该墨盒包括:

多个外壁;

一个供墨口,用于接纳所述供墨针,形成于多个壁的第一个上;

一存储装置,由所述墨盒支承,存储关于墨水的信息;

多个触点,形成在与所述多个壁中的第一壁交叉的所述多个壁的第二壁上,用于将所述存储装置连接到喷墨打印设备,所述触点形成多个列,并且位于所述多个列之一的中心的所述触点中的一个触点(60-2)位于供墨口的中线上。”

针对本专利权,郑亚俐于 2007 年 6 月 15 日向专利复审委员会提出了无效宣告请求,其理由是本专利不符合《专利法》第 33 条和第 26 条第 4 款的规定,请求宣告本专利全部无效,并提交了本专利的分案原申请99800780.3 的公开说明书作为证据。针对上述无效宣告请求,精工爱普生于 2007 年9 月 18 日提交了意见陈述书和权利要求书修改替换页,上述修改的权利要求书与其于2006 年3 月1 日提交的权利要求书内容相同。针对郑亚俐的无效宣告请求,精工爱普生还提交了在本专利实质审查阶段答复第一次审查意见通知书时所提交的意见陈述书,以证明本专利在实质审查阶段所作的修改未超出原始公开的范围,符合《专利法》第 33 条的规定。

专利复审委员会认为:本专利权利要求 1 和 40 中的“存储装置”以及权利要求 8、12 和 29 中的“记忆装置”均由实质审查阶段修改而来。在申请日提交的 PCT/JP99/02579 号国际申请文件及 99800780.3 号发明专利申请的说明书和权利要求书中并没有“存储装置”和“记忆装置”的文字记载,而仅有“半导体存储装置”的文字记载。“存储装置”是用于保存信息数据的装置,除半导体存储装置外,其还包括磁泡存储装置、铁电存储装置等多种不同的类型。本专利原说明书和权利要求书中针对的是半导体存储装置,不涉及其他类型的存储装置,也不能直接且毫无疑义地得出墨盒装有其他类型的存储装置。因此,本领域技术人员并不能从原说明书和权利要求书记载的“半导体存储装置”直接且毫无疑义地确定出“存储装置”。同理,“记忆装置”也不能从原说明书和权利要求书记载的“半导体存储装置”直接且毫无疑义地确定,致使独立权利要求 1、8、12、29、40 及相应的从属权利要求不符合《专利法》第 33 条的规定。原说明书的“这是因为,打印设备必需带到厂家,并且记录控制数据的存储装置必须更换”及“其中在一个墨盒上设置了半导体存储装置和连接到存储装置的一个电极”两部分内容均记载在背景技术部分中,且“这是因为,打印设备必须带到厂家,并且记录控制数据的存储装置必须更换”针对的是现有技术中的打印设备,“其中在一个墨盒上设置了半导体存储装置和连接到存储装置的一个电极”中的“存储装置”应当是“半导体存储装置”的简称,并非是指另外的技术特征。本专利是针对安装有半导体存储装置的墨盒作出的改进,针对的是“半导体存储装置”,而非“存储装置”和除“半导体存储装置”以外的其他存储装置。据此,专利复审委员会于 2008 年 4 月 15 日作出第 11291 号决定,宣告本专利全部无效。

另查明,2002 年 11 月 8 日,国家知识产权局就本专利申请发出第一次审查意见通知书。针对该通知书,精工爱普生于 2003 年 5 月 9 日提交了意见陈述书,对原权利要求作出修改,将原权利要求 23 修改为新权利要求 1。针对审查员提出的"修改超范围"问题,精工爱普生在意见陈述书第 2.2 项指出:"权利要求 23 涉及附图 6 和附图 7,申请人解释,'存储装置'是指图 7(b)所示的'半导体存储装置 61'";在意见陈述书第 3.1 项指出:"申请人首先希望解释,该权利要求及其后的权利要求中所述的'记忆装置'是指说明书及附图中记载的电路板及设置在其上的半导体存储装置。"

一审判理和结果

北京市第一中级人民法院一审认为:关于本专利权利要求 1、8、12、29、40 的修改是否符合《专利法》第 33 条的规定。本专利权利要求中修改而来的"存储装置"和"记忆装置"是清楚的术语,本领域技术人员公知"存储装置"不限于"半导体存储装置","记忆装置"也不等同于"电路板及设置在其上的半导体存储装置"。专利申请人在实质审查阶段将"半导体存储装置"修改为"存储装置"将保护范围扩大到所有类型的存储装置。"记忆装置"在原说明书和权利要求书并未记载,本领域技术人员不能从原说明书和权利要求书中直接明确认定"记忆装置"为"电路板及设置在其上的半导体存储装置"。据此,第 11291 号决定认定本专利权利要求 1、8、12、29、40 不符合《专利法》第 33 条的规定并无不当。北京市第一中级人民法院作出〔2008〕一中行初字第 1030 号行政判决:维持专利复审委员会第 11291 号决定。

精工爱普生不服一审判决,向北京市高级人民法院提起上诉。

二审判理和结果

北京市高级人民法院认为:关于本专利权利要求 1、40 中"存储装置"的修改是否违反《专利法》第 33 条规定的问题。确定修改是否超范围的标准在于该修改是否"超出原说明书和权利要求书记载的范围"以及是否"超出原申请公开的范围",即本领域普通技术人员在阅读了原说明书和权利要求书后,是否能够从该文件记载的内容中毫无疑义地确定所修改的内容。在判断修改是否超范围时,还要关注修改后的技术方案是否构成新的技术方案。此外,申请人在专利授权过程中的意见陈述可以作为其修改是否超范围的参考,但该意见陈述不能作为修改是否超范围唯一的判断依据。技术术语及特征的理解应当以本领域技术人员的角度,考虑该技术术语或特征所使用的特定语境。本案中,本专利权利要求 1、40 中"存储装置"和权利要求 8、12、29 中"记忆装置"均由实质审查阶段修改而来。本专利原始公开文本中相关权利要求记载有"半导体存储装置"及"存储装置"的内容。本专利原说明书已经载明本专利所解决的技术问题在于"打印设备必须带到厂家,并且记录控制数据的存储装置必须更换",而且背景技术也记载了"其中在一个墨盒上设置了半导体存储装置和连接到存储装置的一个电极"。此外,原说明书其他部分均使用"半导体存储装置"。本领域技术人员通过阅读原权利要求书及说明书是可以毫无疑义地确定本专利申请人在说明书中是在"半导体存储装置"意义上使用"存储装置"的。另外,无论是修改前还是修改后的技术方案,"存储装置"实际上是在"半导体存储装置"意义上使用,并未形成新的技术方案,本领域技术人员也不会将其理解为新的技术方案。本专利权利人在实质审查阶段答复通知书的意见陈述书中对“存储装置”做出明确限定,即对于“存储装置”,意见陈述书记载“申请人解释,‘存储装置’是指图7(b)所示的‘半导体存储装置61’”,且原说明书第1页倒数第2段记载“其中在一个墨盒上设置了半导体存储装置和连接到存储装置的一个电板”,表明“存储装置”为“半导体存储装置”的简称。判断修改是否超范围的主体是本领域技术人员,他应当是具备专业知识背景的普通技术人员,能够理解所属领域的技术内容。“存储装置”虽然有其普遍的含义,不仅包括半导体存储装置,还包括磁泡存储装置、铁电存储装置等多种不同类型,但在本专利所属特定的打印机墨盒领域,在背景技术中已经明确其所指的为“半导体存储装置”的前提下,本领域技术人员不会将其理解为作为上位概念的“存储装置”。一审判决及第11291号决定关于“存储装置”的理解有误,予以纠正。精工爱普生关于“存储装置”的修改符合《专利法》第33条的规定的上诉主张有事实和法律依据,应予支持,专利复审委员会应当就此重新作出审查决定。

综上所述,一审判决及第11291号决定部分事实认定错误,适用法律不当,应予撤销。北京市高级人民法院作出〔2009〕高行终字第327号行政判决,判决如下:一、撤销北京市第一中级人民法院〔2008〕一中行初字第1030号行政判决;二、撤销专利复审委员会第11291号决定;三、专利复审委员会重新就名称为“墨盒”、专利号为00131800.4的发明专利权作出无效宣告请求审查决定。

申请再审理由与答辩

郑亚俐不服上述二审判决,向最高人民法院申请再审称,二审判决认定事实不清,适用法律错误,请求依法撤销二审判决,维持一审判决。其主要理由是:1. 二审判决关于本专利原始公开文本(99800780.3号发明专利申请公开说明书)是在“半导体存储装置”意义上使用“存储装置”的事实认定错误。2. 本专利的修改因扩大了保护范围应予无效,二审判决将本专利的保护范围进行限缩解释是错误的。(1)二审判决关于《专利法》第56条的适用错误。如果权利要求的概念与说明书中的相应概念在理解上有冲突时,应以权利要求中的概念内容为准。(2)在专利权无效行政纠纷案件中,不能用专利权人在授权确权程序中的意见陈述对权利要求概念的含义进行解释。

精工爱普生答辩称,二审判决认定本专利独立权利要求1、40及其从属权利要求中记载的“存储装置”的技术特征,不存在修改超范围的情形。其主要理由是:(1)本专利授权文本中记载的“存储装置”应解释为半导体存储装置。本专利原始公开文本的权利要求2和说明书的现有技术部分所记载的“存储装置”术语,均系半导体存储装置的简称,根据同一术语在同一专利中应当具有相同含义的解释原则,“存储装置”在本专利中应仅指半导体存储装置。本领域的普通技术人员根据本发明所要解决的技术问题和发明目的,也可以毫无疑义地将本专利权利要求中的“存储装置”理解为半导体存储装置。根据本专利的专利审查档案,也应当认定本专利权利要求中的“存储装置”就是指半导体存储装置。(2)专利侵权程序中适用的权利要求解释标准与专利确权程序中适用的权利要求解释标准应该保持统一。(3)专利审查档案应该作为解释本专利权利要求1和40中记载的“存储装置”的依据。(4)按照《专利法》第33条的立法本意,修改超范围所导致的无效,应当是超出原始公开范围的那部分修改方案的无效,不应当导致未超出原始公开范围的原有技术方案也一并被无效。

专利复审委员会陈述意见称，二审判决事实认定不清，法律适用不当，应予撤销，专利复审委员会第11291号决定应予维持。其主要理由为：(1)二审判决对"半导体存储装置"与"存储装置"的含义的事实认定错误。根据所属领域技术人员的理解，"半导体存储装置"与"存储装置"含义不同，"半导体存储装置"仅为"存储装置"之一种。本专利原始公开文本对于技术方案的描述全部使用"半导体存储装置"，"存储装置"这一术语仅出现在"背景技术"中，共两处。第一处"存储装置"仅针对"半导体存储装置"。根据本专利申请的国际申请公开文本，第二处"存储装置"系"半导体存储装置"的误译。(2)二审判决对于《专利法》第33条的立法本意理解有误。该条的立法本意在于保障先申请原则。专利申请人将原始申请文件中的"半导体存储装置"修改为"存储装置"，是在提交分案申请时主动进行的修改，并非在实质审查过程中根据审查员的要求所进行的澄清性修改。本专利申请的第一次审查意见通知书并未涉及"半导体存储装置"。专利申请人将"半导体存储装置"主动修改为"存储装置"，体现了其具有"半导体存储装置"和"存储装置"二者含义不同的意思表示，否则上述修改缺乏实际意义。然而专利权人在无效程序中又主张"半导体存储装置"与"存储装置"保护范围一致，可见修改的过程反映出反悔的存在，那么应当认定将"半导体存储装置"修改为"存储装置"的情形属于反悔。在这种情况下，不应再通过权利要求的解释而认定其符合《专利法》第33条的规定。(3)二审判决在权利要求保护范围解释的时机和方法方面均存在错误。

申请再审审查结果

最高人民法院审查查明，原审法院查明的事实基本属实。另查明：99800780.3号发明专利申请公开文本的权利要求书中并未出现独立使用的"存储装置"用语，而是使用了"半导体存储装置"或者指代"半导体存储装置"的"所述外部存储装置"的概念。本专利原始公开文本涉及"存储装置"的部分有三处：一是权利要求书的权利要求2中"所述多个触点在装、拆所述墨盒的过程中在不同的时间连接到所述外部存储装置"；二是说明书第1页第23～24行中"打印设备必须带到厂家，并且记录控制数据的存储装置必须更换"；三是说明书第1页第26～27行中的"其中在一个墨盒上设置了半导体存储装置和连接到存储装置的一个电极"。

PCT/JP99/02579号国际专利申请原文为日文，作为其中文翻译件的99800780.3号发明专利申请公开文本的说明书第1页第25～28行中文译文"其中在一个墨盒上设置了半导体存储装置和连接到存储装置确一个电极"不确切，应翻译为"其中在一个墨盒上设置了半导体存储装置和连接到它的一个电极"。

本专利授权文本权利要求1中的"存储装置"一词系精工爱普生在提交分案申请时主动修改而来，并非在实质审查过程中根据审查员的要求所进行的修改。

最高人民法院审查认为，本案的争议焦点集中在本专利权利要求1和40中关于"存储装置"的修改是否符合《专利法》第33条的规定。对这一问题，可以分解如下：二审判决对于本专利原始公开说明书中使用的"存储装置"含义的解释是否正确；本专利权利要求1和40中关于"存储装置"的修改是否违反《专利法》第33条的规定；专利申请文件的修改限制与专利保护范围的关系;专利申请文件的修改限制与禁止反悔原则的关系。

1. 二审判决对于本专利原始公开说明书中使用的"存储装置"含义的解释是否正确。

二审判决认定本专利原始公开说明书中是在"半导体存储装置"意义上使用"存储装置","存储装置"为"半导体存储装置"的简称。根据本院查明的事实,本专利原始公开文本涉及"存储装置"的部分有三处:一是权利要求书的权利要求2中"所述多个触点在装、拆所述墨盒的过程中在不同的时间连接到所述外部存储装置";二是说明书第1页第23~24行中"打印设备必须带到厂家,并且记录控制数据的存储装置必须更换";三是说明书第1页第26~27行中的"其中在一个墨盒上设置了半导体存储装置和连接到存储装置的一个电极"。此外,在精工爱普生针对国家知识产权局第一次审查意见通知书提交的意见陈述书中,第2.2项记载有"权利要求23涉及附图6和附图7,申请人解释,'存储装置'是指图7(b)所示的'半导体存储装置61'"。本专利原始公开说明书所提及的第一处"存储装置"是"所述半导体存储装置"的代称,第二处"存储装置"是包含半导体存储装置的上位概念,第三处"存储装置"实际上系误译所致,精工爱普生在意见陈述书中对"存储装置"的解释并非特指半导体存储装置。二审判决认定本专利原始公开说明书是在"半导体存储装置"意义上使用"存储装置","存储装置"为"半导体存储装置"的简称,认定事实不妥,应予纠正。申请再审人关于二审判决对于"存储装置"含义的认定错误的申请再审理由成立。

2. 本专利权利要求1和40中关于"存储装置"的修改是否违反《专利法》第33条的规定。

判断本专利权利要求1和40中关于"存储装置"的修改是否违反《专利法》第33条的规定,需要正确理解《专利法》第33条的含义。

第一,关于《专利法》第33条的立法目的。正确理解《专利法》第33条的含义,需要结合该条的立法目的。《专利法》第33条包括两层含义:一是允许申请人对专利申请文件进行修改;二是对专利申请文件的修改进行限制。之所以允许申请人对专利申请文件进行修改,其主要理由在于:一是申请人的表达和认知能力的局限性。申请人将自己抽象的技术构思形诸语言文字,体现为具体的技术方案时,由于语言表达的局限,往往有词不达意或者言不尽意之处。同时,申请人在撰写专利申请文件时,由于对现有技术以及发明创造等的认知局限,可能错误理解发明创造。在专利申请过程中,随着对现有技术和发明创造等的理解程度的提高,特别是审查员发出审查意见通知书之后,申请人往往需要根据对发明创造和现有技术的新的理解对权利要求书和说明书进行修正。二是提高专利申请文件质量的要求。专利申请文件是向公众传递专利信息的重要载体,为了便于公众理解和运用发明创造,促进发明创造成果的运用和传播,客观上需要通过修改提高专利申请文件的准确性。在允许申请人对专利申请文件进行修改的同时,《专利法》第33条也对专利申请文件的修改进行了限制,即发明和实用新型专利申请文件的修改不得超出原说明书和权利要求书记载的范围。这一限制的理由在于:一是通过将修改限制在原说明书和权利要求书记载的范围之内,促使申请人在申请阶段充分公开其发明,保证授权程序顺利开展。二是防止申请人将申请时未完成的发明内容随后补入专利申请文件中,从而就该部分发明内容不正当地取得先申请的利益,保证先申请原则的实现。三是保障社会公众对专利信息的信赖,避免给信赖原申请文件并以此开展行动的第三人造成不必要的损害。可见,《专利法》第33条的立法目的在于实现专利申请人的利益与社会公众利益之间的平衡,一方面使申请人拥有修改和补正专利申请文件的机会,尽可能保证真正有创造性的发明创造能够取得授权和获得保护;另一方面又防止申请人对其在申请日时未公开的发明内容获得不正当利益,损害社会公众对原专利申请文件的信赖。对《专利法》第33条含义的理解,必须符合这一立法目的。

第二,关于"修改不得超出原说明书和权利要求书记载的范围"的理解。基于前述立法目的,对于"原说明书和权利要求书记载的范围",应该从所属领域普通技术人员角度出发,以原说明书和权利要求书所公开的技术内容来确定。凡是原说明书和权利要求书已经披露的技术内容,都应理解为属于原说明书和权利要求书记载的范围。既要防止对记载的范围作过宽解释,乃至涵盖了申请人在原说明书和权利要求书中未公开的技术内容,又要防止对记载的范围作过窄解释,对申请人在原说明书和权利要求书中已披露的技术内容置之不顾。从这一角度出发,原说明书和权利要求书记载的范围应该包括如下内容:一是原说明书及其附图和权利要求书以文字或者图形等明确表达的内容;二是所属领域普通技术人员通过综合原说明书及其附图和权利要求书可以直接、明确推导出的内容。只要所推导出的内容对于所属领域普通技术人员是显而易见的,就可认定该内容属于原说明书和权利要求书记载的范围。与上述内容相比,如果修改后的专利申请文件未引入新的技术内容,则可认定对该专利申请文件的修改未超出原说明书和权利要求书记载的范围。由此可见,判断对专利申请文件的修改是否超出原说明书和权利要求书记载的范围,不仅应考虑原说明书及其附图和权利要求书以文字或者图形表达的内容,还应考虑所属领域普通技术人员综合上述内容后显而易见的内容。在这个过程中,不能仅仅注重前者,对修改前后的文字进行字面对比即轻易得出结论;也不能对后者作机械理解,将所属领域普通技术人员可以直接、明确推导出的内容理解为数理逻辑上唯一确定的内容。

第三,关于本案"存储装置"的修改是否违反《专利法》第33条的规定的具体判断。《专利法》第33条所称的原说明书和权利要求书是指申请日提交的说明书和权利要求书;对于分案申请,是指申请日提交的原申请的说明书和权利要求书;对于国际申请,是指原始提交的国际申请的说明书、权利要求书及附图。由于本专利是99800780.3号发明专利申请的分案申请,99800780.3号发明专利申请是进入中国国家阶段的国际申请(PCT/JP99/02579),判断本案"存储装置"的修改是否违反《专利法》第33条的规定,应以PCT/JP99/02579号国际申请记载的内容为准。根据PCT/JP99/02579号国际申请及其中文翻译件(99800780.3号发明专利申请公开说明书)的记载,既改善油墨特性又改善打印头的驱动方法可以提高打印设备的打印质量,但是这个成果难以应用到从厂家运输的打印设备上,因为打印设备必须带到厂家,而且记录控制数据的存储装置必须更换。为此,现有技术提出了在墨盒上设置半导体存储装置和连接到它的一个电极,同时在打印设备的主体上设置一组电极,读出存储在半导体存储装置中的数据,并且按照这些数据控制记录操作的技术方案。由于该打印设备存在接触不好、数据丢失等技术问题,本专利申请提出在墨盒侧壁安装电路板,电路板外面设置触点,触点可以连接到外部控制装置,从而实现外部控制装置通过触点访问半导体存储装置的技术效果。对所属领域普通技术人员而言,通过综合该原始专利申请公开说明书、权利要求书和附图,很容易联想到可以用其他存储装置替换半导体存储装置,并推导出该技术方案同样可以应用于使用非半导体存储装置的墨盒。精工爱普生在提出分案申请时主动将原权利要求书中的"半导体存储装置"修改为"存储装置"。修改后,新的独立权利要求 1 和 40 与所属领域普通技术人员综合该原始专利申请公开说明书、权利要求书和附图的记载能够直接、明确推导出的内容相比,并未引入新的技术内容。因此,关于本专利独立权利要求 1 和 40 中"存储装置"的修改并未超出原专利申请文件记载的范围,符合《专利法》第 33 条的规定。

3. 专利申请文件的修改限制与专利保护范围的关系。

申请再审人认为,本专利的修改因扩大了保护范围应予无效。这涉及专利申请文件的修改限制与专利保护范围的关系。

《专利法实施细则》第 51 条规定,发明专利申请人在提出实质审查请求时以及在收到国务院专利行政部门发出的发明专利申请进入实质审查阶段通知书之日起的 3 个月内,可以对发明专利申请主动提出修改。实用新型或者外观设计专利申请人自申请日起 2 个月内,可以对实用新型或者外观设计专利申请主动提出修改。申请人在收到国务院专利行政部门发出的审查意见通知书后对专利申请文件进行修改的,应当按照通知书的要求进行修改。《专利法实施细则》第 60 条规定,请求人在提出复审请求或者在对专利复审委员会的复审通知书作出答复时,可以修改专利申请文件;但是,修改应当仅限于消除驳回决定或者复审通知书指出的缺陷。《专利法实施细则》第 68 条规定,在无效宣告请求的审查过程中,发明或者实用新型专利的专利权人可以修改其权利要求书,但是不得扩大原专利的保护范围。发明或者实用新型专利的专利权人不得修改专利说明书和附图,外观设计专利的专利权人不得修改图片、照片和简要说明。《专利法》第 56 条第 1 款规定,发明或者实用新型专利权的保护范围以其权利要求的内容为准,说明书及附图可以用于解释权利要求。根据上述规定,结合《专利法》第 33 条的规定,可知专利申请文件的修改限制与专利保护范围之间既存在一定的联系,又具有明显差异。其主要差异在于,专利申请文件的修改以原说明书和权利要求书记载的范围为界,其记载的范围越广,披露的技术内容越多,允许的修改范围就越大,而发明或者实用新型专利权的保护范围以其权利要求的内容为准,说明书及附图可以用于解释权利要求,其权利要求记载的技术特征越多,其保护范围就越小。同时,专利申请人根据《专利法实施细则》第 51 条的规定进行主动修改时,只要不超出原说明书和权利要求书记载的范围,在修改原权利要求书时既可以扩大其请求保护的范围,也可以缩小其请求保护的范围。专利申请文件的修改限制与专利保护范围的联系在于,根据《专利法实施细则》第 68 条的规定,在无效宣告请求的审查过程中,发明或者实用新型专利的专利权人修改其权利要求书时要受原专利的保护范围的限制,不得扩大原专利的保护范围。本案中,精工爱普生对原权利要求书中的"半导体存储装置"的修改发生于提出分案申请之时,并非无效宣告请求审查之时,相应的修改是否合法与原专利申请文件请求保护的范围没有关联性。申请再审人有关本专利的修改因扩大了保护范围应予无效的申请再审理由不能成立,不予支持。

4. 专利申请文件的修改限制与禁止反悔原则的关系。

在专利授权确权程序中,专利申请人需要遵循诚实信用原则,信守诺言,诚实不欺,不得出尔反尔,损害第三人对其行为的信赖。作为诚实信用原则的体现和要求,禁止反悔原则在专利授权确权程序中应予适用。但是,禁止反悔原则在专利授权确权程序中的适用并非是无条件的,其要受到自身适用条件的限制以及与之相关的其他原则或者法律规定的限制。禁止反悔原则的适用应以行为人出尔反尔的行为损害第三人对其行为的信赖和预期为必要条件。同时,法律的明确规定以及其他同等重要的原则也限制着禁止反悔原则的适用。在专利授权确权程序中适用禁止反悔原则必须综合考虑上述因素。

根据《专利法》第 33 条以及《专利法实施细则》第 68 条的规定,在专利授权程序中,申请人可以对其专利申请文件进行修改,但是对发明和实用新型专利申请文件的修改不得超出原说明书和权利要求书记载的范围;在专利确权程序中,专利权人可以修改其权利要求书,但是不得扩大原专利的保护范围。因此,在专利授权程序中,相关法律已经赋予了申请人修改专利申请文件的权利,只要这种修改不超出原说明书和权利要求书记载的范围即可。对于社会公众而言,基于《专利法》第 33 条规定,其应该预见到申请人可能对专利申请文件进行修改,其信赖的内容应该是原说明书和权利要求书记载的范围,即原说明书及其附图和权利要求书以文字或者图形等明确表达的内容和所属领域普通技术人员通过综合原说明书及其附图和权利要求书可以直接、明确推导出的内容,而不是仅信赖原权利要求书记载的保护范围。因此,如果申请人对专利申请文件的修改符合《专利法》第 33 条的规定,禁止反悔原则在该修改范围内应无适用余地。

就本案而言,由于所属领域普通技术人员综合原始专利申请公开说明书及其附图和权利要求书的记载,可以推导出该专利申请的技术方案同样可以应用于使用非半导体存储装置的墨盒,精工爱普生在提出分案申请时主动将原权利要求书中的“半导体存储装置”修改为“存储装置”,并未超出原说明书和权利要求书记载范围,这种修改对于公众而言是可以预见的。社会公众不会因为该修改而导致信赖利益受损。因此,精工爱普生在本案中有关“存储装置”的修改不存在适用禁止反悔原则的问题。

专利复审委员会称,精工爱普生在专利申请过程中实际上认为“半导体存储装置”和“存储装置”二者含义不同,而在无效程序中又主张两者含义相同,修改的过程反映出反悔的存在,应当认为将“半导体存储装置”修改为“存储装置”属于反悔,应予禁止。这一主张混淆了《专利法》第 33 条和禁止反悔原则的关系。如前一再述及,根据《专利法》第 33 条的规定,专利申请文件的修改是否超范围,应以原说明书和权利要求书记载的范围为界,在此范围内并无禁止反悔原则的适用余地。专利复审委员会的上述主张实际上是以申请人在修改完成后的无效程序中的解释为准来判断专利申请文件的修改是否超范围,本质上是以禁止反悔原则取代《专利法》第 33 条,对此,本院不予支持。

综上所述,虽然二审判决对于“存储装

置”含义的认定不妥,申请再审人的部分申请再审理由成立,但是二审判决关于精工爱普生对“存储装置”修改符合《专利法》第33条的裁判结果是正确的,应予维持。最高人民法院于2011年12月25日作出裁定:驳回郑亚俐的再审申请。

江苏先声药物研究有限公司、南京先声药物研究有限公司诉国家知识产权局专利复审委员会、李平专利无效行政纠纷案

——阅读提示:专利无效过程中专利权人对权利要求的修改是否应被接受?

【裁判要旨】

在理解和执行《专利法实施细则》及《审查指南》对无效过程中权利要求修改的修改所规定的限制时,要结合进行限制的原因,即一方面维护专利保护范围的稳定性,保证专利权利要求的公示作用,另一方面保障先申请原则,避免专利权人通过事后修改的方式把申请日之后的发明纳入先申请中。对于修改是否符合相关规定的判断要考虑到上述目的,兼顾专利权人和社会公众的利益。

【案号】

一审:北京市第一中级人民法院〔2010〕一中行初字第1364号

二审:北京市高级人民法院〔2010〕高行终字第2122号

再审:最高人民法院〔2011〕知行第17号

【案情与裁判】

原告(二审上诉人、被申请人):江苏先声药物研究有限公司(以下简称江苏先声公司)、南京先声药物研究有限公司(以下简称南京先声公司)

被告(二审被上诉人、申请再审人):国家知识产权局专利复审委员会(以下简称专利复审委员会)

第三人:李平

法院审理查明

本专利原专利权人上海家化医药科技有限公司(以下简称家化公司)向北京市第一中级人民法院提起诉讼,请求撤销专利复审委员会第14275号无效宣告请求审查决定(以下简称第14275号决定)。

本案涉及家化公司于2003年9月19日向国家知识产权局申请的名称为“氨氯地平、厄贝沙坦复方制剂”的发明专利权(即本专利)。本专利于2006年8月23日被授权公告,授权公告号为03150996.7。

本专利授权公告的权利要求书如下:

“1. 一种复方制剂,其特征在于该制剂是以重量比组成为1:10~30的氨氯地平或氨氯地平生理上可接受的盐和厄贝沙坦为活性成分组成的药物组合物。

2. 根据权利要求1所述的复方制剂,其特征在于其中所述的药物组合物为各种医学上可接受的口服制剂。

3. 根据权利要求1所述的复方制剂在制备治疗轻、中度高血压药物中的应用。

4. 根据权利要求3所述的应用,其特征在于其中所述的药物适用于伴有心血管

重构的高血压患者，肾性高血压、高血压伴肾功能损害或伴糖尿病肾功能损害的患者的治疗。”

另查，本专利原始权利要求书为：“……2. 根据权利要求1所述的复方制剂，其特征在于其中活性成分氨氯地平和厄贝沙坦优选的重量比组成为1:10～50。”

针对本专利权，李平于2009年6月19日向专利复审委员会提出无效宣告请求，理由包括本专利权利要求1～4不符合《专利法》第26条第4款的规定。

2009年9月29日，专利复审委员会进行口头审理，家化公司当庭提交了权利要求书的修改文本，其中将本专利权利要求1中的比例“1:10～30”修改为“1:30”。专利复审委员会当庭告知该修改文本不符合《审查指南》第4部分第3章第4.6节的规定，不予接受。

2009年12月14日，专利复审委员会作出第14275号决定。该决定认为：

1. 依据的文本

家化公司曾于口头审理时提交了经修改的权利要求书，其中将本专利权利要求1中的比例“1:10～30”修改为“1:30”。该修改从连续的比例范围中选择了一个特定的比例请求保护，而原权利要求书和说明书中均未明确记载过该比例关系，也没有教导要在原有的比例范围之中进行这样的选择，尽管本专利的说明书中记载了氨氯地平1mg/kg与厄贝沙坦30mg/kg的组合，但这仅表示药物具体剂量的组合，不能反映整个比例关系，此外，本专利说明书第10页曾对药物具体剂量作出明确限定“本发明可应用的氨氯地平与厄贝沙坦复方剂量范围为：氨氯地平：厄贝沙坦＝2～10mg：50～300mg”，故无法确定是否任意满足1:30这个比例的组合均能达到与该组合相同的效果，因此，修改后的技术方案超出原权利要求书和说明书记载的范围，也不能从原权利要求书和说明书中毫无疑义地确定，并且对该反映比例关系的技术特征进行修改也不属于无效宣告程序中允许的修改方式。

故专利复审委员会对该修改文本不予接受。本无效宣告请求审查决定依据的文本为本专利的授权公告文本。

2. 关于《专利法》第26条第4款

本案中，权利要求1请求保护一种复方制剂，其中氨氯地平或氨氯地平生理上可接受的盐和厄贝沙坦的重量比为1:10～30。根据本专利说明书的记载及专利权人在口头审理时所述，其技术方案具有降压效果显著，降压疗效稳定持久的作用。因而满足氨氯地平与厄贝沙坦重量比为1:10～30的复方制剂及其应用均应具有上述作用。但是，本专利说明书在具体的实验例中记载了“用药后除A1I10组合降压作用不明显，A2I10组合和A1I20组合物降压作用维持不足12小时外，其余6种……”“氨氯地平1mg/kg与不同剂量的厄贝沙坦组合，仅在厄贝沙坦为30mg/kg时才呈现稳定持续的降压效应”（说明书第7页倒数第3～11行）。该实验结果显示：氨氯地平1mg/kg与厄贝沙坦10mg/kg的组合降压效果不明显，氨氯地平1mg/kg与不同剂量的厄贝沙坦组合时，仅厄贝沙坦为30mg/kg时才具有稳定持续的降压效果。因而，氨氯地平1mg/kg与厄贝沙坦10mg/kg的组合不仅降压效果不明显，而且不具有稳定持续的降压效果。由此可见，说明书记载的技术方案落在1:10～30的范围内，但却不能具有本专利技术方案所要起到的技术效果。因此，本领域技术人员不能从说明书的内容中得到或概括得出权利要求1的技术方案，本专利权利要求1不符合《专利法》第26条第4款的规定。

本专利权利要求2请求保护的复方制

剂和权利要求3～4请求保护的制药用途均以权利要求1所述的复方制剂为基础，其中同样包括了前述降压效果不明显、不具有稳定持续的降压效果的技术方案，因此，本专利权利要求2～4同样得不到说明书的支持。总之，本专利权利要求1～4的技术方案中包括了不能实现发明目的的技术方案，且本领域技术人员根据说明书记载的内容不能合理地将权利要求的可实现发明目的的技术方案与不能实现发明目的的技术方案区分开，故本专利不符合《专利法》第26条第4款的规定，应予以无效。在此基础上，专利复审委员会对本无效宣告请求案涉及的其他无效理由不再予以评述。

综上所述，专利复审委员会决定：宣告本专利权全部无效。

一审判理和结果

一审法院认为，家化公司将原授权权利要求1中的比例"1:10～30"修改为"1:30"，而该"1:30"的比例关系在原始权利要求书和说明书中均未明确记载(原始权利要求的范围为1:10～50)。尽管本专利的说明书中记载了氨氯地平1mg/kg与厄贝沙坦30mg/kg的组合，但这仅表示药物具体剂量的组合，而不能反映整个比例关系，无法确定是否任意满足1:30这个比例关系的组合均能达到与该组合相同的效果。因此，家化公司将原权利要求1中的比例"1:10～50"仅保留一个点值1:30，且该点值1:30并未记载在原权利要求书和说明书中，故家化公司对该反映比例关系的技术特征进行修改，超出了原权利要求书和说明书记载的范围，也不能从原权利要求书和说明书中毫无疑义地确定。专利复审委员会第14275号决定对此所作认定并无不妥之处，应予维持。在此基础上，专利复审委员会认定本专利权利要求1～4得不到说明书的支持、不符合《专利法》第26条第4款的规定是正确的。北京市第一中级人民法院依照《中华人民共和国行政诉讼法》第54条第(1)项之规定，判决：维持第14275号决定。

一审判决作出当日(2010年6月18日)，本专利由家化公司转让给江苏先声公司和南京先声公司。

2010年7月15日，家化公司向北京市高级人民法院提起上诉，请求撤销一审判决，撤销第14275号决定。二审诉讼中，江苏先声公司和南京先声公司声明：家化公司在本案中的所有诉讼权利和义务均由江苏先声公司和南京先声公司承继；家化公司在本案中原已进行的所有诉讼行为继续有效，其法律后果由江苏先声公司和南京先声公司承受。

二审判理和结果

二审法院认为，家化公司在无效宣告程序的口头审理中曾提交本专利权利要求的修改文本，将本专利权利要求1中的"1:10～30"修改为"1:30"。这种修改没有扩大本专利的保护范围，也没有超出原权利要求书记载的范围，更没有增加未包含在本专利授权的权利要求中的技术特征。专利复审委员会和一审法院关于原说明书中没有记载所有符合"1:30"比例关系的氨氯地平和厄贝沙坦的组合都能达到相同的技术效果的认定，属于修改后的权利要求能否得到说明书支持的问题，即是否符合《专利法》第26条第4款的问题，而非家化公司关于本专利权利要求的修改是否扩大原专利的保护范围的问题，因此专利复审委员会第14275号决定和一审判决对家化公司关于本专利权利要求的修改不予接受的认定，缺乏依据，专利复审委员会应当根据家化公司在口头审理中所提出的本专利修改文本对李平所提宣告本专利权无效的相应理由予以审查。综上所述,判决撤销一审判决及第14275号决定,并判决专利复审委员会就本专利重新作出无效宣告请求审查决定。

申请再审理由和答辩

专利复审委员会申请再审称:(1)二审判决错误适用《中华人民共和国专利法实施细则》(以下简称《专利法实施细则》)第68条及《审查指南》关于修改原则的规定。《审查指南》规定无效宣告程序中对权利要求书的修改不得超出原说明书和权利要求书记载的范围,比较对象应是原申请文本,而非原授权文本。本专利申请时的原始文本记载的比值范围为"1:10~50",授权文本中的"1:10~30"本身就是超范围的。二审法院直接将授权文本作为比较对象是错误的。(2)二审法院错误适用《审查指南》关于修改方式的规定。本专利授权文本中"1:10~30"是一个技术方案,并非"并列的两种以上技术方案",在无效阶段将其修改为"1:30"不符合无效程序中修改方式的规定。综上所述,请求撤销二审判决,维持专利复审委员会第14275号无效宣告请求审查决定。

江苏先声公司、南京先声公司答辩称:(1)二审判决适用的修改原则正确。二审判决并未将原授权文本等同为"原说明书和权利要求书"。本专利原说明书明确有"氨氯地平1mg/kg与厄贝沙坦30mg/kg的组方因降压效果稳定持久,用药量较小,推荐为最佳剂量组合"的记载,本专利授权文本将"1:10~50"修改为"1:10~30"符合《中华人民共和国专利法》(以下简称《专利法》)及《审查指南》的规定,未超出原说明书和权利要求书记载的范围,且该问题在无效决定及原审中从未提及,不属于本案审理范围。无效过程中将"1:10~30"再次修改为"1:30"同样未超出原说明书和权利要求书的范围。(2)二审判决适用的修改方式正确。对于连续数值范围的权利要求而言,至少包括了与两个端点对应的两个并列的技术方案,本专利进行的修改属于"从同一权利要求中并列的两种以上技术方案中删除一种"的修改方式,符合《审查指南》对于修改方式的要求。专利复审委员会将专利权人在原始申请文件中作为实施例具体说明,并明确指出其效果最佳,且明确包含在授权权利要求范围内的技术方案以不符合修改方式而拒绝给予保护,对权利人显失公平,亦有违专利法"保护专利权人合法权益"、"鼓励发明创造"这一立法宗旨。综上所述,二审判决程序合法,认定事实清楚、适用法律正确,请求维持二审判决。

李平提交答辩意见称:(1)关于原专利权人上海家化医药科技有限公司(以下简称家化公司)的上诉权问题。因本专利已于一审判决作出之日转让给江苏先声公司和南京先声公司,家化公司已经丧失了作为上诉人的合法资格,其上诉请求是无效的。(2)关于无效程序中权利要求修改是否超出原说明书和权利要求记载的范围问题。本专利授权文本中记载的比值范围为"1:10~30",但实际上,在原始提交的权利要求书和说明书中,从未具体公开过这一重量比,也从未记载任何剂量下的1:30这一具体比值。根据说明书实施例中具体公开的"氨氯地平1mg/kg与厄贝沙坦30mg/kg"的技术内容并不能概括出两者重量比为"1:30",这样的概括可能会包含一些未曾公开的技术方案,使得这种修改超出原始权利要求书和说明书的记载,不符合《专利法》第33条的规定。专利复审委员会及一审法院对此问题的认定正确,二审判决适用法律不当,请求予以纠正。

再审判理和结果

最高人民法院再审另查明:本专利说明书中有如下相关内容:说明书第三部分“试验结果”表5(第9页):“9种剂量组合及相应的剂量比”中有A1I30(1:30)的内容。该部分“复方对血压的影响”中有如下描述:“9种组合……用药后除A1I10组合降压作用不明显,A2I20和A1I20组合降压作用维持不足12小时外,其余6种组合均有显著降压作用,且降压作用维持24小时以上……氨氯地平1mg/kg与不同剂量的厄贝沙坦组合,仅在厄贝沙坦为30mg/kg时才呈现稳定持续的降压效应。”说明书第四部分“分析与结论”(第10页)中有“氨氯地平1mg/kg与厄贝沙坦30mg/kg的组方因降压效果稳定持久,用药剂量较小,故推荐为最佳剂量组合”以及“本发明可应用的氨氯地平与厄贝沙坦复方剂量范围为:氨氯地平:厄贝沙坦=2~10mg:50~300mg”的内容。第10页及第11页片剂制备实施例1和实施例2分别公开了氨氯地平2.500mg与厄贝沙坦75.000mg的组合以及氨氯地平5.000mg与厄贝沙坦150.000mg的组合。

最高人民法院认为,根据当事人申诉及答辩的事由,本案争议焦点在于家化公司在无效程序中修改的权利要求是否应被接受,即该修改是否符合《专利法实施细则》及《审查指南》的相关规定。

《专利法实施细则》第68条第1款规定,在无效宣告请求的审查过程中,发明或者实用新型的专利权人可以修改其权利要求书,但是不得扩大原专利的保护范围。《审查指南》第4部分第3章第4.6节“关于无效宣告程序中专利文件的修改”中规定,发明或者实用新型专利文件的修改仅限于权利要求书,其修改原则是:(1)不得改变原权利要求的主题名称。(2)与授权的权利要求相比,不得扩大原专利的保护范围。(3)不得超出原说明书和权利要求书记载的范围。(4)一般不得增加未包含在授权的权利要求中的技术特征。在满足上述修改原则的前提下,修改权利要求书的具体方式一般限于权利要求的删除、合并和技术方案的删除。其中技术方案的删除是指,从同一权利要求中并列的两种以上技术方案中删除一种或者一种以上技术方案。可见,对于无效程序中权利要求的修改,《审查指南》在《专利法实施细则》规定基础上进行了进一步的细化,从修改原则和修改方式两个层面进行了限制。根据本案争议焦点,本案涉及以下问题:

1.关于修改原则

《审查指南》规定无效宣告程序中对权利要求书的修改不得超出原说明书和权利要求书记载的范围。专利复审委员会称,二审法院错误地将比较对象认定为原授权文本,而非原申请文本。二审判决中并未出现上述陈述,关于比较对象的问题并无争议。本专利申请时的原始文本记载的比值范围为1:10~50,授权文本为1:10~30,无效程序中再次修改为1:30,所涉及的问题均是1:30的比值是否在原说明书中有记载,这样的修改是否超出了原说明书和权利要求书记载的范围。根据查明的事实可知,本专利说明书中明确公开了氨氯地平1mg与厄贝沙坦30mg的组合,并将氨氯地平1mg/kg与厄贝沙坦30mg/kg作为最佳剂量比,在片剂制备实施例中也有相应符合1:30比例关系的组合,可见1:30的比值在说明书中已经公开。对于比值关系的权利要求而言,说明书中具体实施例只能记载具体的数值,而无法公开一个抽象的比值关系,而且本专利说明书中披露的是在大鼠身上进行试验所得到的结果,本专利说明书明确记载可应用的剂量范围是氨氯地平 2～10mg，厄贝沙坦 50～300mg，如果认定其披露的最佳组方仅为 1mg∶30mg 这一具体剂量而非比值，则该最佳组方根本不包含在上述可应用的范围内，显然不符合常理。对于本领域普通技术人员来说，1mg/kg 和 30mg/kg 表明的是两种成分的比值而非一个固定的剂量，故本案中应认为 1∶30 的比值关系在说明书已有记载，该修改没有超出原说明书和权利要求书的范围。另外，对于是否符合该比值关系的所有技术方案均能够实现本专利发明目的，是属于权利要求是否能得到说明书的支持，即《专利法》第 26 条第 4 款的问题，不宜以该理由认定修改是否超出范围。

2. 关于修改方式

《审查指南》规定无效过程中权利要求的修改方式限于三种：权利要求的删除、合并和技术方案的删除。专利复审委员会认为，即使认定本案中对权利要求的修改符合上述修改原则，但其仍然因不符合《审查指南》对修改方式的要求而不能被接受。本案中，尽管原权利要求中 1∶10～30 的技术方案不属于典型的并列技术方案，但鉴于 1∶30 这一具体比值在原说明书中有明确记载，且是其推荐的最佳剂量比，本领域普通技术人员在阅读原说明书后会得出本专利包含 1∶30 的技术方案这一结论，且本专利权利要求仅有该一个变量，此种修改使本专利保护范围更加明确，不会造成其他诸如有若干变量的情况下修改可能造成的保护范围模糊不清等不利后果，允许其进行修改更加公平。《专利法实施细则》及《审查指南》对无效过程中权利要求的修改进行限制，其原因一方面在于维护专利保护范围的稳定性，保证专利权利要求的公示作用；另一方面在于防止专利权人通过事后修改的方式把申请日时尚未发现、至少从说明书中无法体现的技术方案纳入本专利的权利要求中，从而为在后发明抢占一个在先的申请日。本案中显然不存在上述情况，1∶30 的比值是专利权人在原说明书中明确推荐的最佳剂量比，将权利要求修改为1∶30既未超出原说明书和权利要求书记载的范围，更未扩大原专利的保护范围，不属于相关法律对于修改进行限制所考虑的要避免的情况。如果按照专利复审委员会的观点，仅以不符合修改方式的要求而不允许此种修改，使得在本案中对修改的限制纯粹成为对专利权人权利要求撰写不当的惩罚，缺乏合理性。况且，《审查指南》规定在满足修改原则的前提下，修改方式一般情况下限于前述三种，并未绝对排除其他修改方式。故本院认为，本案中，二审判决认定修改符合《审查指南》的规定并无不当，专利复审委员会对《审查指南》中关于无效过程中修改的要求解释过于严格，其申诉理由不予支持。

另外，关于第三人李平所提出的家化公司上诉资格的问题。家化公司作为一审的当事人，其当然有权就一审判决提起上诉，本专利在一审判决作出之日权利发生转移这一事实并不导致其丧失上诉权。而在二审期间，江苏先声公司和南京先声公司作为当时的专利权人，与本案有直接的利害关系，其声明承继家化公司的诉讼地位，并认可家化公司之前的诉讼行为，从而取代家化公司成为本案的当事人。上述过程无违反法律规定之处，应予认可。

综上所述，依照《最高人民法院关于执行〈中华人民共和国行政诉讼法〉若干问题的解释》第 74 条之规定，裁定驳回国家知识产权局专利复审委员会的再审申请。

户谷技研工业株式会社诉中华人民共和国国家知识产权局专利复审委员会、无锡市铁民印刷机械有限公司、江阴市汇通包装机械有限公司、上海高沁包装机械有限公司发明专利无效行政诉讼案

——阅读提示:记载在背景技术中的现有技术能否成为专利权无效宣告审查程序中评价创造性的现有技术?

【裁判要旨】

申请专利时将某一技术方案作为现有技术记载在背景技术中,该专利授权后,并不能得出已使用该背景技术评价过专利的创造性的结论。

【案号】

一审:北京市第一中级人民法院〔2009〕一中行初字第2230号

二审:北京市高级人民法院〔2010〕高行终字第750号

申请再审:最高人民法院〔2011〕知行字第25号

【案情与裁判】

原告(二审上诉人、申请再审人):户谷技研工业株式会社

被告(二审被上诉人、被申请人):中华人民共和国国家知识产权局专利复审委员会(以下简称专利复审委员会)

第三人(被申请人):无锡市铁民印刷机械有限公司(以下简流行色无锡铁民公司)

第三人(被申请人):江阴市汇通包装机械有限公司(以下简称江阴汇通公司)

第三人(被申请人):上海高沁包装机械有限公司(以下简称上海高沁公司)

起诉与答辩

2009年户谷技研工业株式会社向北京市第一中级人民法院提起行政诉讼称:专利复审委员会在审查本专利权利要求1~6的创造性的过程中明显存在重大的事实认定错误,其依据错误的事实认定所作出的第13568号无效宣告请求审查决定(以下简称第13568号决定)依法应当予以撤销。具体理由为:关于权利要求1与附件7的区别包括"加入T4的手段"不符合事实,而且该决定将权利要求1要求保护的技术方案"偷换"为本发明实际要解决的问题,显属错误。第13568号决定对附件7所给出的技术启示的认定结论是错误的,该决定认定本领域的技术人员可以在附件7所给出的启示的基础上轻而易举地得到权利要求1要求保护的"加入等待时间T4"这一技术方案错误。本专利权利要求1~6相对于附件7具有突出的实质性特点和显著的进步,符合《专利法》第22条第3款关于创造性的规定。一审庭审中,原告当庭声明在权利要求1不具有创造性的基础上则不坚持权利要求2~6具有创造性。

被告专利复审委员会辩称:原告认为权利要求1的区别特征不包括"加入T4的手段"不符合事实。虽然附件7没有明确

指出要使密封杆的运动周期改变加入等待时间，但显而易见的，只要适当控制密封杆的运动速度就能够加入等待时间，从而实现权利要求 1 的技术方案是容易的。第 13568 号决定认定事实清楚，适用法律正确，审理程序合法，原告起诉理由不能成立，请求法院维持第 13568 号决定。

一审审理查明

北京市第一中级人民法院审理查明：本专利名称为“塑料薄膜层的热密封装置”，专利号为 92113065.1，专利权人为户谷技研会社，授权公告的权利要求如下：“1.一种塑料薄膜层的密封装置，包括固定密封杆与可动密封杆，可动密封杆相对于上述固定密封杆有间隔地配置；以及塑料薄膜的间歇送进机构，它使重叠成两层的塑料薄膜在上述可动密封杆及上述固定密封杆之间通过，每次间歇送进一定长度，每次间歇送进后使塑料薄膜层暂时停止，还有可动密封杆的驱动机构，它在上述塑料薄膜层的每次送进后便使上述可动密封杆在上述可动密封杆靠近上述固定密封杆将上述塑料薄膜层夹持于上述可动密封杆与上述固定密封杆之间的第 1 位置 P1 与上述可动密封杆离开上述固定密封杆及上述塑料薄膜层的第 2 位置 P2 之间往复移动，在上述塑料薄膜层暂时停止时将上述塑料薄膜层夹持在上述可动密封杆和上述固定密封杆之间并由而此将上述塑料薄膜层热密封，其特征在于，还设有计算机，它与上述塑料薄膜间歇送进机构及上述可动密封杆驱动机构接通，来选定上述塑料薄膜层的送进速度 V0、上述塑料薄膜层的送进时间 T1、上述可动密封杆驱动机构的驱动速度 V1、V2 以及上述可动密封杆将上述塑料薄膜层进行热密封的时间 T2，对上述塑料薄膜间歇送进机构及上述可动密封杆驱动机构进行程序控制，并可在上述塑料薄膜层送进时间 T1 与热密封时间 T2 之间加入等待时间 T4，从而使装置的周期时间 T3 改变。2.一种如权利要求 1 所述的装置，其特征在于，上述可动密封杆驱动机构是由与上述可动密封杆传动相连的摇杆、与上述摇杆传动相连的曲柄及与上述曲柄传动相连的第 1 伺服电机组成的，上述计算机与第 1 伺服电机连接，借助上述第 1 伺服电机使上述曲柄回转，借助上述曲柄使上述摇杆摆动，由此可使上述可动密封杆往复移动，上述可动密封杆驱动机构的驱动速度是由上述曲柄的回转速度 V1、V2 构成，用上述计算机选定上述曲柄回转速度 V1、V2。3.一种如权利要求 2 所述的装置，其特征在于，在上述塑料薄膜层夹持于上述可动密封杆与上述固定密封杆之间时，上述曲柄回转速度保持第 1 速度 V1，通过上述第 1 速度决定出上述塑料薄膜层的密封时间 T2。4.一种如权利要求 3 所述的装置，其特征在于，在上述塑料薄膜层不夹持在上述可动密封杆与上述固定密封杆之间时，上述曲柄的回转速度变化至第 2 速度 V2，通过上述第 2 速度 V2 决定上述等待时间 T4。5.一种如权利要求 4 所述的装置，其特征在于，上述塑料薄膜间歇送进机构是由与上述塑料薄膜层接触的送进辊及与上述送进辊传动相连的第 2 伺服电机构成的，上述计算机与上述第 2 伺服电机连接，通过第 2 伺服电机使上述送进辊回转，通过上述送进辊使上述塑料薄膜层送进。6.一种如权利要求 5 所述的装置，其特征在于，当通过上述送进辊使上述塑料薄膜层送进，而只使上述可动密封杆停止时，可通过上述计算机模拟上述曲柄的回转角度。”

2008 年 12 月 4 日，无锡铁民公司、上海高沁公司、江阴汇通公司均针对本专利向专利复审委员会提出无效宣告请求，并提交了附件 1 ~5 作为证据。

2008年12月29日,无锡铁民公司、上海高沁公司、江阴汇通公司均向专利复审委员会提交了补充证据以及意见陈述书,其中附件7为日本公开特许公报(A)平3－197119公开文本的复印件共5页以及该专利文献的中文译文共6页,该专利系本专利说明书中披露的背景技术。附件7公开日为1991年8月28日,公开了一种塑料膜热密封装置,包括:相互对置的可动密封杆M.S和固定密封杆F.S、间歇地将塑料膜送进上述可动密封杆和固定密封杆之间的传送机及膜送进伺服马达M、能通过连接杆7使摆动体4摆动而使可动密封杆M.S相对于固定密封杆F.S往复移动的旋转驱动部件8及其驱动马达10、控制上述膜送进伺服马达和驱动马达的控制机构15等,其中塑料膜的送进速度可上升为V0,送进时间为T1,旋转驱动部件及其驱动马达的驱动速度可上升至V2下降至V1,从而对密封时间T3和移动周期时间T2做出调整。附件7附图2的波形显示,可动密封杆的上下位置曲线的周期变化是依照驱动速度的曲线的周期变化而变化的,并且,可动密封杆被带动向下到一定位置(即与固定密封杆接触的位置)后即不再向下,而此时旋转驱动部件的驱动速度为V1,在可动密封杆被带离或带向固定密封杆的过程里,旋转驱动部件的驱动速度由V1上升到V2或保持V2或由V2下降到V1,以配合调整密封时间T3。

2009年2月23日,专利复审委员会举行口头审理,各方当事人均出席了口头审理。无锡铁民公司、上海高沁公司、江阴汇通公司均将其无效宣告请求的理由明确为:本专利不符合《专利法》第33条的规定;本专利说明书不符合《专利法》第26条第3款的规定;本专利权利要求1~6不符合《专利法实施细则》第20条第1款的规定;本专利权利要求1不符合《专利法实施细则》第21条第2款的规定;本专利权利要求1~6不符合《专利法》第26条第4款的规定;本专利权利要求1~6不符合《专利法》第22条第2款、第3款的规定。其中对于创造性的具体评价方式包括:本专利的权利要求1~6相对于附件6或附件7或附件6、7的结合(附件7为最接近的对比文件)不具备创造性。

2009年6月23日,专利复审委员会作出第13568号决定,认定本专利的权利要求1要求保护一种塑料薄膜层的密封装置。附件7也公开了一种塑料膜热密封装置,本专利权利要求1与附件7的区别仅在于:(1)附件7没有公开如权利要求1的等待时间T4及加入T4的手段;(2)附件7的控制机构是相应的权利要求1的计算机的上位概念。由上述区别所能达到的技术效果,可确定本专利权利要求1的技术方案实际要解决的技术问题是:为了保证制袋装置的参数被调整好后不再变化而需要在调整参数前加入其后可去掉的等待时间。从上述确定的本专利实际要解决的技术问题出发,再分析附件7附图1所示的装置结构可知,其是要通过控制机构控制驱动马达,并驱动旋转驱动部件旋转,以带动连接杆使摆动体摆动,从而使可动密封杆相对于固定密封杆往复移动,并且,根据附件7附图2示出的波形还可知,可动密封杆的上下位置曲线的周期变化是依照驱动速度的曲线的周期变化而变化的,并且,可动密封杆被带动向下到一定位置后即不再向下,而此时旋转驱动部件的驱动速度为V1,在可动密封杆被带离或带向固定密封杆的过程里,旋转驱动部件的驱动速度由V1上升到V2或保持V2或由V2下降到V1,以配合调整密封时间T3。可见,附件7的目的虽然是调整密封时间T3,但其是通过改变在密封时间 T3 之外的时间内旋转驱动部件的驱动速度来实现的，即缩短了可动密封杆总共离开固定密封杆的时间，从而在整个周期内，间接延长了可动密封杆接触固定密封杆的时间。因此，本领域的技术人员可以由附件 7 明确地得到启示：可以不等速地控制密封时间以外期间的旋转驱动部件的驱动速度来实现延长或缩短可动密封杆总共离开固定密封杆的时间。所以，若要利用附件 7 的装置解决上述实际要解决的技术问题，即要加入再去掉等待时间 T4，本领域的技术人员显然能够根据上述启示，作出不等速地降低驱动速度以延长可动密封杆总共离开固定密封杆的时间的改进，此时若保持送进时间 T1 不变，就会使得塑料膜被送进后需再等待一段时间才热密封，即实现了加入等待时间 T4。相应地，再作出不等速地延长驱动速度以缩短可动密封杆总共离开固定密封杆的时间的改进，就会使得塑料膜被送进后不必等待一段时间才热密封，即实现了去掉等待时间 T4。并且上述对等待时间的改进均可利用附件 7 公开的利用控制机构改变伺服电机驱动速度的技术手段实现，另外，利用计算机控制伺服电机的驱动速度已是本领域的公知技术，故再将附件 7 的控制机构设定为计算机是不必付出创造性劳动的。综上，本领域的技术人员可根据附件 7 给出的技术启示，利用附件 7 所公开的技术手段并结合本领域的常用技术手段，对附件 7 的装置作出显而易见的改进，从而得到与本专利相同的技术方案，解决本专利实际要解决的技术问题，进而达到与本专利相同的技术效果，因此权利要求 1 相比附件 7 与公知技术的结合不具备突出的实质性特点和显著的进步，因而不具备创造性。综上所述，本专利的权利要求 1 相对附件 7 及常用技术手段的结合不具备创造性，不符合《专利法》第 22 条第 3 款的规定。在本专利权利要求 1 相对于附件 7 与公知技术的结合不具备创造性的情况下，权利要求 2 ~ 6 也不具备创造性，不符合《专利法》第 22 条第 3 款的规定。据此，专利复审委员会宣告本专利全部无效。

一审判理和结果

北京市第一中级人民法院认为，本专利权利要求 1 与附件 7 的区别在于：附件 7 没有公开如权利要求 1 的等待时间 T4 及加入 T4 的手段；附件 7 的控制机构是相应的权利要求 1 的计算机的上位概念。本领域的技术人员可以由附件 7 明确地得到启示：可以不等速地控制密封时间以外期间的旋转驱动部件的驱动速度来实现延长或缩短可动密封杆总共离开固定密封杆的时间。本领域的技术人员能够根据上述启示，作出不等速地降低驱动速度以延长可动密封杆总共离开固定密封杆的时间的改进，实现了加入等待时间 T4，再作出不等速地延长驱动速度以缩短可动密封杆总共离开固定密封杆的时间的改进，就会使得塑料膜被送进后不必等待一段时间才热密封，即实现了去掉等待时间 T4。并且上述对等待时间的改进均可利用附件 7 公开的利用控制机构改变伺服电机驱动速度的技术手段实现，另外，利用计算机控制伺服电机的驱动速度是本领域的公知技术。附件 7 的发明目的与本专利不同并不影响本领域的技术人员由附件 7 得到前述技术启示。本专利的权利要求 1 相对附件 7 及常用技术手段的结合不具备创造性，在本专利权利要求 1 不具有创造性的情况下，本专利权利要求 2 ~ 6 也不具备创造性。据此，北京市第一中级人民法院依照《中华人民共和国行政诉讼法》第 54 条第（1）项之规定，判决：维持专利复审委员会作出的第 13568 号决定。

二审判理和结果

户谷技研会社不服一审判决,向北京市高级人民法院提起上诉,请求撤销一审判决及第 13568 号决定,判令专利复审委员会承担本案两审诉讼费用。

北京市高级人民法院认为,本专利权利要求 1 与附件 7 的区别在于:(1)附件 7 没有公开如权利要求 1 的等待时间 T4 及加入 T4 的手段;(2)附件 7 的控制机构是相应的权利要求 1 的计算机的上位概念。对于区别特征(1),上诉人主张权利要求 1 只是提出了"加入等待时间 T4"这样一个技术解决方案,并没有限定如何加入 T4 的具体技术手段,即加入 T4 的具体技术手段并不是权利要求 1 要求保护的技术方案。但是,既然"加入等待时间 T4"作为技术特征写入本专利权利要求,则在创造性判断中应当将其视为一个技术特征看待。在此基础上,本专利权利要求 1 的技术方案实际要解决的技术问题是:为了保证制袋装置的参数被调整好后不再变化而需要在调整参数前加入其后可去掉的等待时间。附件 7 的目的虽然是调整密封时间 T3,但其是通过改变在密封时间 T3 之外的时间内旋转驱动部件的驱动速度来实现的,即缩短了可动密封杆总共离开固定密封杆的时间,从而在整个周期内,间接延长了可动密封杆接触固定密封杆的时间。因此,本领域的技术人员可以由附件 7 明确地得到启示:可以不等速地控制密封时间以外期间的旋转驱动部件的驱动速度来实现延长或缩短可动密封杆总共离开固定密封杆的时间。本领域的技术人员能够根据上述启示,作出不等速地降低驱动速度以延长可动密封杆总共离开固定密封杆的时间的改进,此时若保持送进时间 T1 不变,就会使得塑料膜被送进后需再等待一段时间才热密封,即实现了加入等待时间 T4。相应地,再作出不等速地延长驱动速度以缩短可动密封杆总共离开固定密封杆的时间的改进,就会使得塑料膜被送进后不必等待一段时间才热密封,即实现了去掉等待时间 T4。上述对等待时间的改进均可利用附件 7 公开的利用控制机构改变伺服电机驱动速度的技术手段实现,并且,利用计算机控制伺服电机的驱动速度是本领域的公知技术,将附件 7 的控制机构设定为计算机是不必付出创造性劳动的。附件 7 的发明目的与本专利不同并不影响本领域的技术人员由附件 7 得到前述技术启示。一审判决及第 13568 号决定认定本专利的权利要求 1 相对附件 7 及常用技术手段的结合不具备创造性并无不当。在本专利权利要求 1 不具有创造性的情况下,专利复审委员会认定本专利权利要求 2 ~ 6 相对于附件 7 及常用技术手段的结合也不具备创造性亦无不当。上诉人关于本专利具有创造性的上诉主张缺乏根据,本院不予支持。综上,一审判决和第 13568 号决定认定事实清楚,适用法律正确,程序合法。户谷技研会社的上诉理由不能成立,对其上诉请求,本院不予支持。依据《中华人民共和国行政诉讼法》第 61 条第(1)项之规定,判决驳回上诉,维持原判。一、二审案件受理费各人民币 100 元,均由户谷技研工业株式会社负担。

申请再审理由与答辩

户谷技研工业株式会社不服二审判决,向最高人民法院申请再审,主要理由有:(1)本专利与附件 7 在发明目的和整体技术构思上是相悖的,且恰恰是以附件 7 作为发明的背景技术和改进对象,其所要解决的是附件 7 的技术方案中存在但该方案又无法解决的技术问题,第 13568 号决定认定本专利相对于附件 7 不具备创造性不符合事实。使周期时间保持不变而改变送进时间和热密封时间的选定值是附件 7

所述方案的技术实质,附件7提出的技术方案成立的前提是要保持周期时间不变,并在此前提下,按照反比例变化关系来任意调整决定周期时间的另外两个技术参数变量——送进时间和热密封时间。周期时间由送进时间和热密封时间决定,且周期时间相当于一个变量,要保持不变,而送进时间和热密封时间则属于可以任意调整的变量。正是由于周期时间固定不变,所以在由这三个时间参数所构成的函数关系中,才能使送进时间与热密封时间的数值按照此消彼长的反比例变化关系进行任意调整。而本专利的技术实质与附件7的技术实质相反,是要使送进时间和热密封时间的选定值保持不变而改变周期时间,所提出的技术方案通过增加一个对周期时间具有决定作用的新的技术参数变量——等待时间T4,从实质上改变附件7中的技术参数结构及其函数关系,并客观上解决了附件7存在的技术问题,产生了良好的技术效果。附件7不可能给出"使送进时间和热密封时间保持不变而任意改变周期时间"的技术启示。(2)第13568号无效决定认定本专利权利要求1与附件7的区别特征中包括"加入T4的手段",不符合事实。由此导致第13568号无效决定错误地将权利要求1要求保护的技术方案"偷换"为本专利实际要解决的技术问题,存在错误。本专利权利要求1~6相对于附件7具有突出的实质性特点和显著的进步,第13568号决定以及一、二审判决基于对本专利的背景技术方案以及本专利技术方案的错误理解而否定本专利的创造性,缺乏事实依据,其结论存在明显错误,依法应予纠正。请求本院撤销〔2009〕一中行初字第2230号行政判决和〔2010〕高行终字第750号行政判决、撤销第13568号无效决定;本案一、二审诉讼费用由专利复审委员会承担。

专利复审委员会辩称:(1)附件7中记载的送进时间和热密封时间不是紧密衔接的,附件7全文中没有任何关于送进时间和热密封时间是反比例变化关系的记载。(2)权利要求1中关于T4的记载仅仅为"加入等待时间T4,从而使装置的周期时间T3改变",因此,将"加入T4的手段"理解为"可使T3改变"并不超出权利要求1的限定。将"T3改变"理解为权利要求1要求保护的技术方案所包含的技术手段不影响权利要求的保护范围。(3)根据本专利的说明书,"加入等待时间"是通过降低密封杆非接触时间的移动速度而带来的,附件7同样也通过不等速地控制密封杆的移动速度改变密封杆接触的时间或者离开的时间,利用的技术原理相同,都可利用密封杆运动周期经过的路程为定值,从时间推导出速度或从速度推导出时间。第13568号无效决定及一、二审判决对创造性的认定符合事实。请求驳回户谷技研工业株式会社的再审申请。

申请再审审查结果

最高人民法院申请再审认为:本案争议的焦点问题是本专利权利要求1相对于附件7公开的技术方案是否具备创造性。本专利的权利要求1要求保护一种塑料薄膜层的密封装置。附件7也公开了一种塑料膜热密封装置,其技术领域与本专利相同。本专利权利要求1的技术方案与附件7相比,硬件结构即机械结构完全相同,争议的区别技术特征在于软件驱动方式上增加了一个时间参数,即"并可在上述塑料薄膜层送进时间T1与热密封时间T2之间加入等待时间T4,从而使装置的周期时间T3改变",其能够达到的技术效果是"在不改变塑料袋长度与塑料薄膜层的热密封的条件下,可以任意地降低塑料袋的制造速度,把塑料薄膜层的材料成本限制在最小限度。然后,在装置运转制造塑料袋时,能去掉等待时间 T4,使装置的周期时间 T3 缩短,塑料袋的制造速度提高”。判断权利要求 1 对本领域的技术人员来说是否显而易见,需要确定附件 7 公开的技术方案是否给出了将区别技术特征应用到最接近的现有技术以解决发明实际解决的技术问题的启示,如果这种启示会使本领域的技术人员在面对所述技术问题时,有动机改进该最接近的现有技术并获得要求保护的发明,则应当认为是显而易见的。权利要求 1 相对于附件 7 要实际解决的技术问题是,在保持塑料薄膜层的送进时间和热密封时间的选定值的情况下,可以任意改变装置的周期时间。附件 7 公开的技术方案是,通过对伺服电机进行不等速驱动,使得可动密封杆接近、远离固定密封杆期间的曲柄的转速可以不同于可动密封杆与固定密封杆接触期间的曲柄的转速,从而分别独立地控制可动密封杆接近、远离固定密封杆的时间和可动密封杆与固定密封杆接触的时间,使这两个时间之间不具有附件 7 背景技术所述的关联时间。因此,能够通过相对地增大可动密封杆接近、远离固定密封杆的时间并相对地减小可动密封杆与固定密封杆接触时间来处理大而薄的塑料袋,并且通过相对地减小可动密封杆接近、远离固定密封杆的时间并相对地增大可动密封杆与固定密封杆接触时间来处理小而厚的塑料袋。可见,附件 7 给出了通过对伺服电机进行不等速驱动来彼此独立地改变可动密封杆接近、远离固定密封杆的时间和可动密封杆与固定密封杆接触时间的技术启示。根据本专利的说明书记载,曲柄 15 的第 1 速度 V1 与塑料薄膜层的热密封时间 T2 相关,曲柄 15 的第 2 速度 V2 与塑料薄膜层的送进时间 T1 相关。在上述技术启示下,本领域技术人员在面对调整装置将塑料薄膜层试验性地送进、试验性地热密封时,在不改变塑料袋的长度和塑料薄膜层的热密封条件下,会利用附件 7 给出的上述技术启示,有动机地通过计算机调整、变化曲柄 15 的驱动速度 V2,将曲柄的驱动速度 V2 压得比附件 7 中的第 2 速度 V2 低或者选得比其第 1 速度 V1 的值低,从而可加入等待时间 T4 或者使加入的等待时间 T4 更长,能够使装置的周期时间 T3 任意变化、延长,把塑料薄膜层的材料成本限制在最小限度。之后,在装置运转制造塑料袋时,能去掉等待时间 T4 使装置的周期时间 T3 缩短,与附件 7 的技术方案完全相同。因此,本领域技术人员在面对“保持塑料薄膜层的送进时间和热密封时间的选定值的情况下,可以任意改变装置的周期时间”的技术问题,根据附件 7 公开的上述技术内容能够有动机获得权利要求 1 的技术方案。权利要求 1 相对于附件 7 是显而易见的,不具备创造性。第 13568 号无效决定以及一、二审判决认定权利要求 1 相比附件 7 与公知技术的结合不具备突出的实质性特点和显著的进步,因而不具备创造性,不符合《专利法》第 22 条第 3 款的规定,并无不当。第 13568 号无效决定中关于权利要求 1 与附件 7 相比区别技术特征是“附件 7 没有公开权利要求 1 的等待时间 T4 及加入 T4 的手段”,其中“加入 T4 的手段”的区别技术特征认定表述有所不当,但该瑕疵不足以影响附件 7 否定权利要求 1 具备创造性的审查结论。户谷技研工业株式会社就权利要求 1 相对于附件 7 具有突出的实质性特点和显著的进步的主张,不予支持。权利要求 2 ~ 6 为权利要求 1 的从属权利要求,基于对权利要求 1 创造性认定的前提下,对户谷技研工业株式会社关于权利要求 2 ~ 6 具备创造性的主张,本院亦不予支持。

第13568号无效决定得出“由上述区别所能达到的技术效果,可确定本专利权利要求1的技术方案实际要解决的技术问题是:为了保证制袋装置的参数被调整好后不再变化而需要在调整参数前加入其后可去掉的等待时间”,该认定与户谷技研工业株式会社强调的发明要解决的技术问题“在保持塑料薄膜层的送进时间和热密封时间的选定值的情况下,可以任意改变装置的周期时间”是不矛盾的,两者在性质上是一致的。

户谷技研工业株式会社主张其在申请专利时将附件7作为现有技术记载在本专利的背景技术中,但并未就审查员在实质审查程序中用该背景技术的技术方案来评价本专利是否具备创造性进行举证,本专利授权公开的说明书中记载的参考文献不包括该背景技术,实际审查时也未涉及,户谷技研工业株式会社在本院询问程序中关于本专利的实质审查与无效审查标准不一致的主张,缺乏事实依据。户谷技研工业株式会社认为本专利在发明目的和整体技术构思上与附件7是相悖的,附件7的技术实质是“使周期时间保持不变而改变送进时间和热密封时间的选定值”、“送进时间与热密封时间反比例变化”,但附件7中没有关于“周期时间保持不变”以及“送进时间与热密封时间反比例变化”的记载。另外,本专利加入T4的目的就是在试验性的生产中调整各种参数以降低生产的效率,在实现这个目的后,恢复正常的生产时可以把T4去掉,与附件7的技术方案相同。本专利是在对比文件基础上作出的改进,其目的是增加等待时间T4,与附件7的发明目的构思并不是完全矛盾的。户谷技研工业株式会社的主张与事实不符,本院不予支持。综上所述,一、二审法院的判决认定事实清楚,适用法律正确,符合法定程序。户谷技研工业株式会社的再审申请不符合《中华人民共和国行政诉讼法》第63条第2款、《最高人民法院关于执行〈中华人民共和国行政诉讼法〉若干问题的解释》第72条规定的再审条件,依据《最高人民法院关于执行〈中华人民共和国行政诉讼法〉若干问题的解释》第74条之规定,裁定驳回户谷技研工业株式会社的再审申请。

广东美的电器股份有限公司诉国家知识产权局专利复审委员会、第三人珠海格力电器股份有限公司外观设计专利行政无效纠纷案

——阅读提示:外观设计相近似判断中的若干问题。

【裁判要旨】

对外观设计进行相近似判断时,应当基于外观设计专利产品的一般消费者的知识水平和认知能力,对外观设计专利与在先设计的整体视觉效果进行整体观察、综合判断。

整体观察、综合判断,是指一般消费者从整体上而不是仅依据局部的设计变化,

来判断外观设计专利与对比设计的视觉效果是否具有明显区别;在判断时,一般消费者对于外观设计专利与对比设计可视部分的相同点和区别点均会予以关注,并综合考虑各相同点、区别点对整体视觉效果的影响大小和程度。

【案号】

一审:北京市第一中级人民法院〔2009〕一中行初字第1797号

二审:北京市高级人民法院〔2010〕高行终字第124号

再审:最高人民法院〔2011〕行提字第1号

【案情与裁判】

原告(二审被上诉人、被申请人):广东美的电器股份有限公司(以下简称美的公司)

被告(二审上诉人):国家知识产权局专利复审委员会(以下简称专利复审委员会)

第三人(二审上诉人、申请再审人):珠海格力电器股份有限公司(以下简称格力公司)

起诉与答辩

美的公司是专利号为200630067850. x、名称为“风轮(455 - 180)”外观设计专利(以下简称涉案专利)的专利权人。针对涉案专利,格力公司于2009年2月20日向专利复审委员会提出无效宣告请求,理由是涉案专利不符合《中华人民共和国专利法》(2000年修正)(以下简称《专利法》)第23条的规定,并提交了公告号为CN3265720,名称为“风扇扇叶”外观设计专利作为对比文件(以下简称在先设计)。专利复审委员会于2009年6月16日作出第13585号无效宣告请求审查决定(以下简称第13585号决定),宣告涉案专利权无效。

美的公司不服第13585号决定,于2009年7月向北京市第一中级人民法院提起行政诉讼。其主要理由为涉案专利与现有设计的区别对整体视觉效果具有显著影响,二者不属于相近似的外观设计。

专利复审委员会、格力公司均答辩称,涉案专利与现有设计的区别对整体视觉效果不具有显著影响,属于相近似的外观设计。请求维持第13585号决定。

一、二审审理查明和判决结果

北京市第一中级人民法院审理查明,涉案专利产品系安装在空调室外机内部的风轮,购买空调的消费者无法看到或者仅能透过室外机网罩看到风轮的局部,且风轮外观对空调的整体外观不产生显著的影响。涉案专利与在先设计主要存在以下区别:(1)涉案专利轮毂壁的形状与在先设计不同。涉案专利和在先设计中的轮毂壁的形状都是圆弧和直线的结合,但在先设计中轮毂壁的弧线延伸更长,轮毂壁围成的面积更大(以下简称区别1)。(2)涉案专利后侧与内侧相连接的位置处形成了一直线边,而在先设计对应位置是由轮毂壁圆弧与直线边形成的尖角,涉案专利与之相比,相当于在该位置截去了一小块,没有形成尖角(以下简称区别2)。(3)涉案专利扇叶部分的旋转方向与在先设计呈180°反向,即美的公司所称的旋转方向相反(以下简称区别3)。(4)在左、右视图中,涉案专利的扇叶靠近安装面一侧突出轮毂一小段,而在先设计中的扇叶在相应位置处与轮毂平齐;此外,涉案专利的扇叶比在先设计中的扇叶厚(以下简称区别4)。

北京市第一中级人民法院认为,关于扇叶旋转方向相反的问题,因扇叶的旋转方向系由功能唯一确定,故对整体视觉效果不具有显著影响。除旋转方向不同外,其余3点区别均分布在外观设计的中部等主要视觉部分,其区别足以产生整体视觉效果上的不同。因此，涉案专利和在先设计不相近似。据此判决撤销第 13585 号决定。

格力公司、专利复审委员会不服一审判决，分别向北京市高级人民法院提出上诉。北京市高级人民法院二审判决驳回上诉，维持一审判决。

申请再审理由与答辩

格力公司不服该二审判决，向最高人民法院申请再审称：(1)二审判决认定涉案专利产品的一般消费者为空调厂家的技术采购人员和维修人员，认定事实错误。涉案专利产品的一般消费者应当包括：空调厂家的技术采购人员和维修人员、通风扇和通风机厂家的风轮采购人员，以及购买通风扇、通风机、空调机的普通消费者。(2)风轮的主要视觉部分是扇叶，二审判决将风轮中部认定为主要视觉部分，认定事实错误。(3)将涉案专利与在先设计相比，二者属于相近似的外观设计。(4)二审判决以轮毂代替风轮整体，仅仅关注于二者的不同点，放大局部区别对整体视觉效果的影响，违背了整体观察、综合判断原则。

美的公司辩称：(1)第 13585 号决定以及一、二审判决中有关涉案专利产品的一般消费者的认定正确。(2)一、二审判决将风轮的中部认定为主要视觉部分，并无不当。(3)一、二审判决有关涉案专利与在先设计既不相同也不相近似的认定正确。

再审判理和结果

最高人民法院再审认为，对外观设计进行相近似判断时，应当基于外观设计专利产品的一般消费者的知识水平和认知能力，对外观设计专利与在先设计的整体视觉效果进行整体观察、综合判断。一般消费者是为了使得判断结论更为客观、准确而确立的抽象判断主体，其具有特定的知识水平和认知能力。从知识水平的角度而言，一般消费者对于与外观设计专利产品相同或者相近类别的产品具有常识性的了解，其通晓申请日之前相关产品的外观设计状况，熟悉相关产品上的惯常设计。从认知能力的角度而言，一般消费者对于形状、色彩、图案等设计要素的变化仅具有一般的注意力和分辨力，其关注外观设计的整体视觉效果，不会关注外观设计专利与对比设计之间的局部细微差别。所谓整体观察、综合判断，是指一般消费者从整体上而不是仅依据局部的设计变化，来判断外观设计专利与对比设计的视觉效果是否具有明显区别；在判断时，一般消费者对于外观设计专利与对比设计可视部分的相同点和区别点均会予以关注，并综合考虑各相同点、区别点对整体视觉效果的影响大小和程度。

涉案专利与在先设计均由位于中央的轮毂以及轮毂两侧呈中心对称分布的两个扇叶组成。将二者的扇叶相比较，均包括圆弧状的外侧和内侧、外侧与内侧连接处的凸起、位于前侧的尖角和直线部分，以及位于前侧的类似刀口的加厚增强层等结构。单个扇叶的形状基本相同，两个扇叶的对称分布形态亦基本相同。二者的主要区别是：(1)扇叶的旋转方向呈 180° 反向(一审判决认定的区别 3)；(2)涉案专利的扇叶突出轮毂主体一小部分，并且涉案专利的扇叶比在先设计中的扇叶厚(一审判决认定的区别 4)。关于上述相同点、区别点对整体视觉效果的影响，首先，由于对称分布的两个扇叶占据了产品的主要视觉部分，更容易被一般消费者所关注。因此，基本相同的扇叶形状以及对称分布形态对整体视觉效果具有显著的影响。其次，扇叶的旋转方向系由风轮的旋转功能所决定，因此，区别 3 对整体视觉效果不具有显著影响。最后，由于一般消费者施以一般的注意力和分辨力难以观察到二者的扇叶厚度的细微差异,因此,扇叶厚度的区别对整体视觉效果不具有影响。涉案专利的扇叶虽突出于轮毂主体一小部分,但相对于整个扇叶而言,该突出部分所占比例较小,而且在使用状态下,该突出部分位于风轮安装面一侧,难以被一般消费者观察到,因此,区别4对整体视觉效果亦不具有显著影响。

对于位于产品中央的设计变化,应当综合考虑其在产品整体中所占的比例、变化程度的大小等因素,确定其对整体视觉效果的影响。位于中央的设计变化并不必然对整体视觉效果具有显著影响。涉案专利的轮毂虽位于中央,但相对于扇叶而言,所占面积明显较小,相对于在先设计轮毂的变化亦相对有限,在涉案专利与在先设计的轮毂及其轮毂壁还具有前述诸多相同点的情况下,上述区别对整体视觉效果不具有显著影响。

基于上述理由,最高人民法院认定涉案专利与在先设计的整体视觉效果不具有明显区别,属于相近似的外观设计。据此判决撤销一、二审判决,维持第13585号决定。

爱立信股份有限公司诉中华人民共和国国家知识产权局专利复审委员会及西安天工商务咨询有限公司发明专利权无效行政纠纷案

——阅读提示:如何判断权利要求是否缺少必要技术特征?

【裁判要旨】

在判断专利权利要求是否从整体上反映了发明或者实用新型的技术方案,是否记载了解决技术问题的必要技术特征时,应当根据本领域技术人员对专利文件的理解,结合说明书记载的技术问题和所欲取得的技术效果,来判断专利权利要求能否解决说明书所记载的技术问题并取得相应的技术效果。如果本领域技术人员在阅读了专利文件后发现,通过对权利要求所记载的技术方案的实施无法解决说明书所记载的技术问题并取得说明书所记载的技术效果,或者说要解决说明书所记载的技术问题和取得相应的技术效果,专利技术方案还必须增加对本领域技术人员来说非显而易见的其他技术特征,则可以认定该专利技术方案缺少解决技术问题的必要技术特征。

【案号】

一审:北京市第一中级人民法院〔2009〕一中行初字第2580号

二审:北京市高级人民法院〔2011〕高行终字第693号

【案情与裁判】

原告(二审上诉人):爱立信股份有限公司(以下简称爱立信公司)

被告(二审被上诉人):中华人民共和国国家知识产权局专利复审委员会(以下简称专利复审委员会)

第三人:西安天工商务咨询有限公司

（以下简称天工公司）

起诉与答辩

爱立信公司不服专利复审委员会作出的第13521号无效宣告请求审查决定（以下简称第13521号决定），于2009年10月29日向原审法院提起诉讼。爱立信公司诉称：（1）专利复审委员会违反请求和听证原则，程序违法。首先，第13521号决定认定本专利权利要求1"缺少有关标识虚拟容器在虚拟级联信息结构中顺序的内容，因而没有完整记载对接收信号的转换、处理方案，从而导致权利要求1中缺少解决本专利技术问题的技术特征"，该决定另认定本专利权利要求5"缺少有关标识虚拟容器在虚拟级联信息结构中顺序的内容，因而没有完整记载对接收信号的转换、处理方案，从而导致权利要求5缺少解决本专利技术问题的必要技术特征"。天工公司在无效请求中并未提出上述具体理由，而专利复审委员会在第13521号决定中引入了上述理由，违反请求原则。其次，爱立信公司未针对上述对其不利的理由进行充分答辩，被告违反听证原则。（2）本专利权利要求1和5符合《中华人民共和国专利法实施细则》（以下简称《专利法实施细则》）第21条第2款的规定。①关于权利要求1。本专利权利要求1所要解决的技术问题是将从SDH网络外部接收的信号转换为虚拟级联形式，使其可以通过所述SDH网络传输，其关键在于将外部信号变换为虚拟级联形式。为实现这一目的，根据本专利说明书第4页第4行至第32行实施例记载的内容来看，即使在所述虚拟容器之间的差分延时超过一个帧的持续时间的情况下，仅需通过用路径开销的一部分来指示虚拟级联形式的信号中的帧的顺序，便可以实现将通过SDH网络传送的虚拟级联形式的信号中的各个虚拟容器和帧之间的相对顺序还原为该虚拟级联形式的信号中的所述各个虚拟容器和帧在其最初被发送时的设置顺序，从而将其进一步恢复为从SDH网络外部接收的原信号。另外，本专利权利要求1中记载的"路径开销的一部分"实际也包括了指示虚拟容器在虚拟级联信息结构中的顺序的字节。用于在虚拟容器内指示帧的顺序的字节和用于指示虚拟容器在虚拟级联信息结构中的顺序的字节实际上都是用于指示帧在虚拟级联信息结构中的顺序的字节。即权利要求1记载的"路径开销的一部分"，既包括在虚拟容器中内指示帧顺序的字节，又包括指示虚拟容器在虚拟级联信息结构中顺序的字节，因为后者归根结底也用于指示帧在虚拟级联信息结构中的顺序。②关于权利要求5。首先，权利要求5中"路径开销的一部分"包括在虚拟容器内指示帧顺序的字节和指示虚拟容器在虚拟级联信息结构中顺序的字节。采用权利要求5记载的方案，可将在SDH网络中传输的虚拟级联信息结构还原成原来的信号，从而使SDH网络能够传输虚拟级联信息结构。其次，权利要求5的技术方案不仅能够传输单个的虚拟容器，也能够传输由多个虚拟容器组成的虚拟级联信息结构。权利要求5针对的技术问题是使SDH网络具有传送带宽增加的信号（虚拟级联信息结构）的能力，而将外部信号转换为虚拟级联信息结构与该技术问题不直接相关，因此关于所述转换的特征不属于必要的技术特征，且虚拟级联信息结构包括虚拟容器属于本领域的公知常识，因此权利要求中不直接记载该特征并不会导致权利要求缺乏必要技术特征。综上所述，本专利权利要求1和5并未违反《专利法实施细则》第21条第2款的规定，原告请求判决撤销第13521号决定。此外，爱立信公司在诉讼过程中还表示如果权利要求1和

5缺少必要技术特征,其认可本专利的其他从属权利要求应予无效。

专利复审委员会辩称:(1)天工公司在提出无效请求时提出了本专利权利要求1和5不符合《专利法实施细则》第21条第2款规定的无效理由。在本案口审中,天工公司在其提交的书面意见的基础上当庭具体陈述了第13521号决定中涉及的评价本专利权利要求1和5不符合《专利法实施细则》第21条第2款的相关理由。专利复审委员会仅针对上述请求进行了审查,并未引用其他的证据材料。第13521号决定并未违反请求原则。(2)专利复审委员会受理天工公司的无效请求后按照规定进行了转文,从爱立信公司在无效审查程序中提交的意见陈述书以及口头审理记录表中记载的口审过程可以看出,爱立信公司已经获知了相关事实和理由。专利复审委员会并未违反听证原则。(3)专利复审委员会坚持第13521号决定中的认定意见,认为本专利权利要求1和5缺少相关的必要技术特征,不符合《专利法实施细则》第21条第2款的规定,应当予以无效。(4)原告主张"权利要求1和5中记载的路径开销的一部分包括了虚拟容器内指示帧的顺序的字节和指示虚拟容器在虚拟级联信息结构中的顺序的字节,因此权利要求1和5并不缺少必要技术特征"。根据本专利说明书的相应记载,本专利所述帧的顺序的概念仅是表示在虚拟容器内某个帧的顺序,而并非标识虚拟容器在虚拟级联信息结构中的顺序,故原告的上述理由不能成立。综上所述,专利复审委员会认为第13521号决定的相关认定正确,其请求判决维持该决定。

天工公司述称:同意第13521号决定的认定意见并请求维持该决定。

法院审理查明

本专利系中华人民共和国国家知识产权局2005年11月16日授权公告的专利号为98118866.4,名称为"在SDH网络中的数据传输"的发明专利,其申请日为1998年9月4日,优先权日为1997年9月5日,专利权人原为马科尼英国知识产权有限公司,后变更为爱立信公司。

本专利授权公告时的权利要求1和权利要求5内容如下:

1. 一种同步数字系列网络,用于在虚拟级联信息结构中运送数据,所述网络包括辅助接口,所述辅助接口被安排和被配置为处理从所述网络的外部接收的信号,以便将这些信号变换为虚拟级联形式,从而通过所述网络传送,其中所述虚拟级联信息结构包括多个帧,用于按顺序发送,并且包括多个虚拟容器,其中每个虚拟容器包括路径开销信息,其中所述接口被安排为通过使用路径开销的一部分指示所述帧的顺序来处理路径开销信息。

……

5. 一种用于在网络中传输数据的方法,该数据为虚拟级联信息结构,其中所述虚拟级联信息结构包括路径开销和多个帧,所述方法用于按帧顺序发送数据,包括使用路径开销的一部分来指示虚拟级联信息结构中帧顺序的步骤。

本专利说明书第2页第5行记载:"本发明的目的是提供一种具有传送增加带宽的信号能力的SDH网络,还有一个目的是让运送在接触级联的虚拟容器中的数据的STM信号的信息内容能够在一个本身不能够传送接触级联的信号的SDH网络上传输。本发明提供一种方法,用于在同步数字系列(SDH)网络中传送数据……本发明有力地提供了一种方法,用于将接触级联信号变换为虚拟级联信号以便在网络中传输。”

本专利说明书第4页第10~17行记载：“也需要保证在VC-4-4VC中每个VC-4的帧是正确排序的。因此H4字节被用于帧顺序指示(FSI)，以便网络能恢复原来的顺序……在接收VC-4-4VC信号的网络节点的背面端口上，采用缓存器(buffer)依据由路径轨迹值及帧顺序值提供的信息对VC-4-4VC中的虚拟级联VC-4作调准。”

2008年9月24日，天工公司请求专利复审委员会宣告本专利无效，其理由之一为本专利权利要求1~25均不符合《中华人民共和国专利法实施细则》(以下简称《专利法实施细则》)第21条第2款的规定，其中涉及权利要求1和5的具体理由如下：本专利需要解决的技术问题是增加带宽信号能力的SDH网络、让携带在被接触级联的虚拟容器中的数据的STM信号的信息内容能够在本身不能够传送被接触级联信号的SDH网络上传输的方法，而权利要求1中：(1)仅记载了“网络中包括辅助接口”的技术特征，未记载该“辅助接口”如何与网络中的设备进行连接的内容；(2)缺少接收接触级联信号、识别接触级联信号以及信号还原的必要技术特征；(3)缺少处理路径开销，与保持路径开销完整性的必要技术特征；(4)缺少如何增加带宽信号的必要技术特征。权利要求5中：该技术方案提供了一种用于在网络中传输数据的方法，其所要解决的问题是让运送在接触级联的虚拟容器中的数据的STM信号的信息内容能够在一个本身不能够传送接触级联信号的SDH网络上传输，要解决该问题，如何在一个本身不能传送接触级联的信号的SDH网络上传输数据信号是必不可少的技术特征，其至少应该包括了接收信号、识别信号、转换信号、传输信号以及还原信号，还有保持路径开销完整性的步骤。但现在的权利要求没有接收信号、识别信号、转换信号、传输信号、还原信号以及保持路径开销完整性的必要技术特征步骤。

专利复审委员会受理了上述无效宣告请求并进行了转文。爱立信公司于2008年11月10日提交了意见陈述书，其针对《专利法实施细则》第21条第2款的无效理由发表了如下意见：

1. 关于权利要求1

本专利的权利要求1要解决的技术问题是将从SDH网络外部接收的信号变换成虚拟级联形式，使其能通过所述SDH网络传送。简言之，其要解决的技术问题是将外部信号变换成虚拟级联形式，因而辅助接口与网络中的设备的连接关系并非必要技术特征。另外，本专利的说明书第3页第20行至第21行的记载表明，辅助接口不一定仅接收接触级联的信号，它也可以接收包含四个独立的VC-4信号的STM-4信号，因此，接收接触级联信号的技术特征不是必要技术特征。而且，由于可以将辅助接口预先配置为处理一种类型的预定的信号，或是将其预先配置为在不具体检查和识别每个信号的格式的情况下自动处理几种不同格式的信号，因而识别接触级联信号也不是必要技术特征。信号还原也不是必要技术特征，因为权利要求1要解决的技术问题是将外部信号变换成虚拟级联形式，并不涉及信号的还原。保持路径开销完整性也不是必要技术特征，因为用路径开销的一部分指示帧的顺序便可以解决上述技术问题。再者，增加带宽信号也不是必要技术特征，因为它仅仅是实现上述变换后取得的效果。并且，权利要求1中包含了处理路径开销信息的特征。总之，权利要求1包含了解决其技术问题所需要的必要技术特征，符合《专利法实施细则》

第21条第2款的规定。

2. 关于权利要求5

本专利权利要求5要解决的技术问题是在网络中传输虚拟级联信息结构,其关键在于,在通过所述网络传输所述虚拟级联信息结构的过程中,包含在该虚拟级联信息结构中的多个帧保持正确的排序。而通过使用虚拟容器中路径开销的一部分来指示虚拟级联信息结构中帧的顺序便可以达到这样的技术效果。因此,从这个方面来看,权利要求5已经包含了解决其技术问题所必需的所有必要技术特征。另一方面,天工公司所提出的接收信号、识别信号、转换信号、还原信号和保持路径开销完整性的技术特征与上述技术问题并不直接相关,因此并不属于所谓的必要技术特征。因此,权利要求5包含了解决其技术问题所需要的必要技术特征,符合《专利法实施细则》第21条第2款的规定。

2009年3月24日,专利复审委员会举行了口头审理,爱立信公司及天工公司均出席了口头审理。在口头审理过程中,关于本专利的权利要求1和5不符合《专利法实施细则》第21条第2款规定的无效理由,天工公司当庭陈述了权利要求1缺少的必要技术特征为:(1)缺少了辅助接口如何与网络中的设备进行连接的内容。(2)缺少接收接触级联信号、识别接触级联信号以及信号还原的必要技术特征。(3)缺少处理路径开销,与保持路径开销完整性的必要技术特征。(4)缺少如何增加带宽信号的必要技术特征,其中在处理路径开销中,权利要求1中没有记载路径开销处理虚拟容器本身顺序的指示的内容,只给出了使用路径开销指示帧顺序的内容。天工公司当庭陈述了权利要求5不符合《专利法实施细则》第21条第2款规定的理由为:如何在一个本身不能传送接触级联的信号的SDH网络上传输数据信号是必不可少的技术特征,其至少应该包括了接收信号、识别信号、转换信号、传输信号以及还原信号,还有保持路径开销完整性的步骤,其中对于转换信号来说,缺少路径开销和净荷的转换,另外,权利要求5中只涉及帧的顺序,缺少虚拟容器以及对虚拟容器的顺序的指示。

针对天工公司提出的权利要求1和5不符合《专利法实施细则》第21条第2款的无效理由,爱立信公司认为:本专利所要解决的技术问题是将从SDH网络外部接收的信号变换成虚拟级联形式,使其能通过SDH网络传送,天工公司列举的技术特征不是本专利的必要技术特征,权利要求1和5中已经包含了为解决其技术问题所需的必要技术特征,另外,权利要求1和5中记载了所述接口被安排为通过使用路径开销的一部分指示所述帧的顺序来处理路径开销信息的特征,根据说明书的记载,只有结合H4字节和J1字节才能确定虚拟级联信息结构中帧的顺序,使用路径开销的一部分是包括H4字节和J1字节,故权利要求1和5中并不缺少必要技术特征。

关于本专利权利要求1是否符合《专利法实施细则》第21条第2款的规定,在专利复审委员会口头审理记录表中有如下记载:

第34页第3段记载:“请求人:……需要在接收端还原。权利要求1中路径开销没有任何地方处理虚拟容器本身顺序的指示,只是给出一个帧顺序的解释,帧顺序值有H4,因此我认为权利要求不能实现其发明目的……”第5段记载:“请求人:本专利权利要求1只有所述接口指示所述顺序,指示路径就没有限定,必要的技术特征目前就没有了,实现也存在问题。虚拟容器的路径开销只给出帧顺序的开销,怎样逻辑一体，在缓存器的调整虚拟容器0－3，虚拟容器没有标识，帧传输过来时候会混乱，路径开销的处理缺少重要的必要技术特征。"第7段记载："本专利说明书第4页第7行，技术事实保障多个虚拟容器处于正确的顺序之中，之后给出的是帧顺序，权利要求1中对虚拟容器的顺序没有限定，但是这个虚拟容器的顺序是本专利必要的技术特征。帧顺序路径开销不能代替虚拟容器的顺序，是转换虚拟级联结构中的重要过程。"第35页第2段记载："帧顺序的概念在虚拟容器中表示某个帧，正顺序仅指的是在虚拟容器之下，H4的编码，权利要求1中缺少虚拟容器的标识符，必须配合才能识别。说明书记载的内容也是记载VC4中的帧才涉及顺序问题，只是标识的帧，这里的方案就是不完整的，缺少必要技术特征的。关于虚拟容器的顺序，帧的顺序是必需的。"

关于本专利权利要求5是否符合《专利法实施细则》第21条第2款的规定，在专利复审委员会口头审理记录表中有如下记载：

第36页第4段记载："请求人：相对于权利要求1缺少必要技术特征，连转换都没有了，接受识别信号、转换信号都没有，转换必须必然包括转换的方法。权利要求5只是涉及帧的顺序，连虚拟容器都没有提，是非常明显的缺少若干必要技术特征。"第36页第10段记载："请求人：说明书说到的发明目的就是两个，说明书第4页第4行开始就是延迟的问题，权利要求5缺少必要技术特征，虚拟容器在权利要求5中没有出现，顺序只是顺序编码而已，关于H4是编码是标识虚拟容器的帧，权利要求5中只出现了标识这个帧，虚拟容器丢掉了虚拟容器的帧也丢掉了，所以均缺少必要技术特征。"第37页第2段记载："……2. 权利要求5的缺陷丢掉的转换，包括路径开销和净荷的转换，虚拟级联情况下虚拟容器没有，只有虚拟容器的帧，路径开销也没有了，权利要求5明显的缺少若干特征……"

针对天工公司在口头审理时提出的针对本专利权利要求1和5的上述具体理由，爱立信公司在口头审理时进行了相应答辩。

2009年5月18日，专利复审委员会经过审查作出第13521号决定，宣告本专利全部无效。专利复审委员会在第13521号决定中认定：

1. 关于《专利法实施细则》第21条第2款。

根据本专利说明书记载的内容可知，为了解决相关技术问题，本专利的解决方案主要是将辅助卡配置为接收由SDH网络外部传送的信号，并对这些信号进行处理，以便将这些信号变换为虚拟级联形式并通过SDH网络进行传送，该虚拟级联信息结构包括多个虚拟容器，每个虚拟容器包括多个帧，为每个虚拟容器设立新的路径开销，原有的接收信号被分配到多个虚拟容器中，使用一部分路径开销（如在VC－3和VC－4的情况下使用路径轨迹J1值）来指明每个虚拟容器在虚拟级联信息结构（VC－4－4VC）中的顺序，并使用另外一部分路径开销（如在VC－3和VC－4的情况下使用H4字节）来指示每个虚拟容器中帧的顺序，同时将接收信号原有的指针和路径开销字节放置在虚拟级联的虚拟容器VC中的其他字节或位中被传送，在接收虚拟级联信号的接收侧，采用缓存器依据由路径轨迹值及帧顺序值提供的信息对虚拟级联信息结构（VC－4－4VC）中的虚拟级联VC－4作调准，从而实现在SDH网络中传送虚拟级联的形式的信号的目的。

由上述内容可知,为了解决本专利在一个本身不能传送接触级联信号的SDH网络上传输数据信号的技术问题,对接收信号的转换、处理是本专利不可缺少的技术特征,从而能将接收信号转换为虚拟级联形式在SDH网络上进行传送。

(1)权利要求1要求保护一种同步数字系列网络,然而在独立权利要求1中,仅记载了"所述接口被安排为通过使用路径开销的一部分指示所述帧的顺序来处理路径开销信息",而缺少在将接收信号转换为虚拟级联形式时用于标识虚拟容器在虚拟级联信息结构中的顺序的内容,即没有记载使用另一部分路径开销(例如J1值)来指示每个虚拟容器在虚拟级联信息结构中的顺序的技术特征,因而没有完整记载对接收信号的转换、处理方案,导致不能保证被传送的虚拟容器是处于正确的顺序,也导致网络在接收侧不能将该虚拟级联形式的信号中的各个虚拟容器和帧之间的顺序恢复为其在最初发送时的设置顺序,从而将其恢复为原有的信号,因此,该权利要求1缺少解决技术问题的必要技术特征,不符合《专利法实施细则》第21条第2款的规定。

针对爱立信公司在口头审理中陈述的"权利要求1中记载了所述接口被安排为通过使用路径开销的一部分指示所述帧的顺序来处理路径开销信息的特征,根据说明书的记载,只有结合H4字节和J1字节才能确定虚拟级联信息结构中帧的顺序,使用路径开销的一部分是包括H4字节和J1字节,因此,权利要求1中并不缺少必要技术特征"的意见,合议组认为,根据本专利说明书第4页第10行至第17行的记载可知,本专利所述帧的顺序的概念是表示在虚拟容器内某个帧的顺序,只有在考虑保证每个VC-4内的帧被正确排序时才涉及帧顺序指示的概念,所述H4字节的作用在说明书中就被描述为"H4字节被用于帧顺序指示(FSI)",因此,所述帧的顺序仅表示的是在虚拟容器之下的帧顺序,权利要求1中记载的"通过使用路径开销的一部分指示所述帧的顺序"特征也是由说明书中记载的"用于帧顺序指示的H4字节"内容来支持,而根据本专利说明书第4页第1行至第17行的记载,为了保证被传送的虚拟容器VC-4是处于正确的顺序,在虚拟级联信息结构(VC-4-4VC)中每一个虚拟容器(VC-4)的路径轨迹(J1)值被给予指明它们在虚拟级联信息结构(VC-4-4VC)中的顺序的唯一的码,并且,再接收则需要依据路径轨迹值及帧顺序值对虚拟级联信息结构(VC-4-4VC)中的虚拟级联VC-4作调准,从而恢复原有的信号,由于权利要求1中缺少有关标识虚拟容器在虚拟级联信息结构中的顺序的内容,因而没有完整记载对接收信号的转换、处理方案,从而导致权利要求1中缺少解决本专利技术问题的必要技术特征,因此专利复审委员会对爱立信公司陈述的上述意见不予支持。

(2)权利要求5要求保护一种用于在网络中传输数据的方法,它是与独立权利要求1对应的方法权利要求,基于与本专利权利要求1相同的评述可知,为了解决本专利在一个本身不能传送接触级联信号的SDH网络上传输数据信号的技术问题,对接收信号的转换、处理是本专利不可缺少的技术特征,从而能将接收信号转换为虚拟级联形式在SDH网络上进行传送。然而,在独立权利要求5中,缺少对接收信号的处理和转换步骤的叙述,即"将来自网络外部的数据信号传送到所述网络的一个节点,将所述数据信号转换为虚拟级联信息结构"[以下简称特征(1)];并且,对于转换后的虚拟级联信息结构,仅记载了"虚拟级联信息结构包括路径开销和多个帧",并没有记载该虚拟级联信息结构中包括有关虚拟容器的特征[以下简称特征(2)],因而没有完整记载对接收信号的转换步骤,不能体现转换后的虚拟级联信息的完整结构,另外,在独立权利要求5中,仅记载了"使用路径开销的一部分指示虚拟级联信息结构中帧顺序的步骤",而缺少在将接收信号转换为虚拟级联形式时用于标识虚拟容器在虚拟级联信息结构中的顺序的内容,即没有记载使用另一部分路径开销(如J1值)来指示每个虚拟容器在虚拟级联信息结构中的顺序的技术特征[以下简称特征(3)],因而没有完整记载对接收信号的转换、处理方案,导致不能保证被传送的虚拟容器是处于正确的顺序,也导致网络在接收侧不能将该虚拟级联形式的信号中的各个虚拟容器和帧之间的顺序恢复为其在最初发送时的设置顺序,从而将其恢复为原有的信号,因此,该权利要求缺少解决技术问题的必要技术特征,不符合《专利法实施细则》第21条第2款的规定。

针对爱立信公司在口头审理中陈述的"权利要求5中记载了所述接口被安排为通过使用路径开销的一部分指示所述帧的顺序来处理路径开销信息的特征,根据说明书的记载,只有结合使用H4字节和J1字节才能确定虚拟级联信息结构中帧的顺序,使用路径开销的一部分是包括H4字节和J1字节,因此,权利要求5中并不缺少必要技术特征"的意见,专利复审委员会认为,根据本专利说明书第4页第10行至第17行的记载可知,本专利所述帧的顺序的概念是表示在虚拟容器内某个帧的顺序,只有在考虑保证每个VC-4内的帧被正确排序时才涉及帧顺序指示的概念,所述H4字节的作用在说明书中就被描述为"H4字节被用于帧顺序指示(FSI)",因此,所述帧的顺序仅表示的是在虚拟容器之下的帧顺序,权利要求5中记载的"通过使用路径开销的一部分指示所述帧的顺序"特征也是由说明书中记载的"用于帧顺序指示的H4字节"内容来支持,而根据本专利说明书第4页第1行至第17行的记载,为了保证被传送的虚拟容器VC-4是处于正确的顺序,在虚拟级联信息结构(VC-4-4VC)中每一个虚拟容器(VC-4)的路径轨迹(J1)值被给予指明它们在虚拟级联信息结构(VC-4-4VC)中的顺序的唯一的码,并且,再接收则需要依据路径轨迹值及帧顺序值对虚拟级联信息结构(VC-4-4VC)中的虚拟级联VC-4作调准,从而恢复原有的信号,由于权利要求5中缺少有关标识虚拟容器在虚拟级联信息结构中的顺序的内容,因而没有完整记载对接收信号的转换、处理方案,从而导致权利要求5中缺少解决本专利技术问题的必要技术特征,因此专利复审委员会对爱立信公司陈述的上述意见不予支持。

(3)本专利除权利要求1和5之外的其他权利要求因缺乏必要的技术特征,亦均不符合《专利法实施细则》第21条第2款的规定。

2. 鉴于已经得出本专利的权利要求1至25不符合《专利法实施细则》第21条第2款的规定的结论,专利复审委员会对于天工公司提出的其他无效理由和证据、爱立信公司提交的证据不再予以评述。专利复审委员会基于上述事实和理由,决定宣告本专利无效。

爱立信公司不服该决定并向原审法院提起诉讼,请求撤销第13521号决定。

一审判理和结果

北京市第一中级人民法院认为,本案应适用2001年7月实施的《中华人民共和国专利法》及相应的《专利法实施细则》。专利复审委员会在无效程序中并未违反请求和听证原则。对接收信号的调整和处理的技术方案,其中包括指示虚拟级联中虚拟容器顺序的内容,是本专利必不可少的技术特征,而本专利权利要求 1 中仅记载有"所述接口被安排为通过使用路径开销的一部分指示所述帧的顺序来处理路径开销信息",缺乏将所接收的信号转换为虚拟级联形式时用于指示虚拟级联信息结构中虚拟容器顺序的内容,因而没有完整记载对接收信号的转换和处理的方案,从而导致无法在 SDH 网络中恢复原来所接收的信号。本专利权利要求 1 记载的"路径开销的一部分"仅是指在虚拟容器中指示帧的顺序的字节,而并不包括指示虚拟容器在虚拟级联信息结构中的顺序的字节。因此,权利要求 1 缺乏必要的技术特征,不符合《专利法实施细则》第 21 条第 2 款的规定。本专利权利要求 5 仅记载了"虚拟级联信息结构包括路径开销和多个帧",既未记载该虚拟级联信息结构中包括有关虚拟容器的特征,也未记载有关虚拟容器在虚拟级联信息结构中顺序的特征,因而没有完整地记载对接收信号转换、处理的技术方案,导致网络不能将所接收的信号恢复为最初发送时的顺序。因此,权利要求 5 亦缺乏必要的技术特征,不符合《专利法实施细则》第 21 条第 2 款的规定。鉴于爱立信公司认可若权利要求 1 和 5 不符合《专利法实施细则》第 21 条第 2 款的规定,则本专利其余的权利要求也应予无效,故不再对本专利其他权利要求是否符合《专利法实施细则》第 21 条第 2 款进行评述。综上所述,第 13521 号决定认定事实清楚,适用法律正确,程序合法,北京市第一中级人民法院依照《中华人民共和国行政诉讼法》第 54 条第(1)项之规定,判决:维持中华人民共和国国家知识产权局专利复审委员会作出的第 13521 号无效宣告请求审查决定。

上诉与答辩

爱立信公司不服原审判决并向本院提起上诉,请求撤销原审判决和第 13521 号决定,判令专利复审委员会重新就本专利作出审查决定。爱立信公司的主要上诉理由为:(1)原审判决在解释本专利权利要求 1 和 5 中所限定的"帧的顺序"时,错误地套用在说明书不同上下文环境下帧顺序的含义,错误地认定本专利的权利要求 1 和 5 没有公开有关虚拟容器在虚拟级联信息结构中顺序的特征,错误地认定权利要求 1 和 5 的技术方案无法解决说明书中记载的技术问题,从而认定本专利不符合《专利法实施细则》第 21 条第 2 款的规定。(2)原审判决错误地认定本发明必须使用 H4 和 J1 字节,其有关本专利权利要求 5 缺少"虚拟级联信息结构包括虚拟容器"技术特征的认定也是错误的。(3)爱立信公司对第 13521 号决定中有关本专利权利要求 5 缺少必要技术特征"将外部信号转换成虚拟信息结构"的认定提出了异议,其认为从本专利的权利要求 5 及说明书的记载来看,权利要求 5 所要求保护的发明所要解决的技术问题是提高网络的数据传输带宽,而不涉及数据转换问题,故"将外部信号转换成虚拟信息结构"并不是本专利权利要求 5 的必要技术特征,原审法院却未对此进行评述。但在本院开庭审理时,爱立信公司称原审法院已对此进行了审理,只是未支持其主张。此外,在二审审理中,爱立信公司称即使本专利的权利要求 1、5 被宣告无效,权利要求 5 的从属权利要求 7、16 也应被维持有效。

专利复审委员会及天工公司服从原审判决。

二审判理和结果

北京市高级人民法院二审认为，本案应适用2001年7月实施的《中华人民共和国专利法》及相应的《专利法实施细则》进行审理。从本专利所要解决的技术问题及相应的解决方案来看，对接收信号的调整和处理包括指示虚拟级联中虚拟容器顺序的内容，是本专利必不可少的技术特征。本专利权利要求1缺少该必要技术特征，原审法院认定其不符合《专利法实施细则》第21条第2款的规定并无不当。原审判决并未认定本发明必须使用H4和J1字节，而且从爱立信公司对本专利技术方案的陈述来看，用多种字节来界定所要传输的信号是必要的，故爱立信公司有关原审判决错误地认定本发明必须使用H4和J1字节的上诉理由缺乏依据。原审法院认定本专利权利要求5缺少“虚拟级联信息结构包括虚拟容器”技术特征并无不当。在原审法院已经认定本专利不符合《专利法实施细则》第21条第2款的规定，其未审理爱立信公司有关“将外部信号转换成虚拟信息结构”不是本专利权利要求5的必要技术特征的上诉主张并未影响其判决结果，故对爱立信公司的上述主张不予支持。此外，关于爱立信公司有关即使本专利权利要求1、5被宣告无效，权利要求5的从属权利要求7、16也应被维持有效的主张，由于本专利权利要求5缺少虚拟容器的特征在权利要求7、16中也未有记载，故爱立信公司上述主张也不能成立。

综上所述，爱立信公司的上诉理由因缺乏事实和法律依据均不能成立，其上诉请求本院不予支持。原审判决认定事实清楚，适用法律正确，其判决结果依法应予维持。依据《中华人民共和国行政诉讼法》第61条第（1）项之规定，判决如下：驳回上诉，维持原判。

北京市华夏长城高级润滑油有限责任公司诉国家工商行政管理总局商标评审委员会、日产自动车株式会社商标争议行政纠纷案

——阅读提示：商标行政纠纷案件中，当事人如何举证自己的商标构成驰名商标从而主张获得扩大保护？

【裁判要旨】

当事人为了在具体案件中达到受保护的目的，提供关于其商标知名度的证据，需要证明的是通过其使用、宣传等行为，相关公众对其商标有了广泛的认知。而商标是否为相关公众广泛知晓是对所有的证据进行综合判断后得出的结论，不能孤立地看相关的证据，也不能机械地要求必须提供哪一类的证据，需根据案件具体情况、所涉及的商品特点等进行具体分析判断。

【案号】

一审：北京市第一中级人民法院〔2009〕一中行初字第1416号

二审：北京市高级人民法院〔2010〕高行终字第599号

再审:最高人民法院〔2011〕知行第45号

【案情与裁判】

原告(二审上诉人、申请再审人):北京市华夏长城高级润滑油有限责任公司(以下简称华夏长城公司)

被告(二审被上诉人、被申请人):中华人民共和国国家工商行政管理总局商标评审委员会(以下简称商标评审委员会)

第三人:日产自动车株式会社(以下简称日产株式会社)

法院审理查明

2009年6月3日,华夏长城公司于向北京市第一中级人民法院提起诉讼,请求撤销商标评审委员会商评字〔2009〕第11726号《关于第1556379号"日产嘉禾及图"商标争议裁定书》(以下简称第11726号裁定)。

1978年3月24日,日产自动车株式会社(以下简称日产株式会社)申请注册引证商标一(见下图),并于1979年11月28日获准注册,核定使用在第12类飞机、汽车等商品上,专用期限经续展至2019年11月27日。

1993年9月8日,日产株式会社申请注册引证商标二(见下图),并于1995年4月14日获准注册,核定使用在第12类车辆等商品上,专用期限经续展至2015年4月13日。

日　产

引证商标一

引证商标二

1995年7月24日,华夏长城公司成立。2000年3月23日,华夏长城公司提出争议商标(见下图)注册申请,并于2001年4月21日获准注册,核定使用在第4类润滑油等商品上,专用期限至2011年4月20日。

争议商标

2000年6月6日,案外人北京日产嘉禾润滑油有限公司(以下简称日产嘉禾公司)成立,住所地与华夏长城公司相同;6名股东、发起人中有4人亦为华夏长城公司出资人。日产嘉禾公司在润滑油等商品上注册了丰田、本田HONDA、索纳塔、爱丽舍、帕杰罗、凯美瑞等商标,还在第1类防冻液、刹车液等商品上申请注册了与争议商标相同的商标,现在异议复审程序中。

2005年4月18日,华夏长城公司许可日产嘉禾公司使用争议商标。争议商标现已申请转让给案外人日产嘉禾公司所有,正在核准程序中。

2006年4月20日,日产株式会社以两引证商标为驰名商标、争议商标的注册违反《商标法》第13条的规定为由向商标评审委员会提出撤销争议商标注册的申请,并提交了2003年《日产汽车公司简介》、2002年5月第41期《财富》杂志中文版《拯救日产的大师》、《公司在行业里的排名》以及2003年5月第53期《财富》杂志中文版特别报道《各行各业的最佳公司》等报道、1972年至2003年,日产株式会社在中国的大事记、日本汽车出口协会的出口汽车明细表复印件、郑州日产汽车有限公司的批准文件及简介、日产株式会社在中国各地的特约维修服务中心和零件特约店列表、部分宣传材料及相关媒体报道复印件等证据。

2009年4月30日,商标评审委员会作出第11726号裁定。该裁定认为:日产株式会社在汽车行业内享有较高知名度,在争议商标申请注册之前,日产株式会社"日产"、"NISSAN及图"商标经其长期大量使用和宣传,已为相关消费者所熟知,且中英文商标在汽车商品上已经形成了直接对应关系,可以认定引证商标一、引证商标二为汽车商品上的驰名商标。两引证商标在文字构成及构图设计上均有较强独创性。争议商标“日产嘉禾及图”与引证商标“日产”文字构成相近;与引证商标“NISSAN 及图”构图特征相近。争议商标指定使用的润滑油等商品与日产株式会社商标广泛使用并赖以驰名的汽车商品有较强关联性。并且华夏长城公司注册争议商标在主观上存在恶意。综上所述,争议商标已构成对日产株式会社驰名商标的模仿,其在润滑油等商品上的使用容易误导公众,致使驰名商标所有人的利益可能受到损害,依据《商标法》第 13 条第 2 款的规定应予以撤销。依据《商标法》第 13 条第 2 款、第 41 条第 2 款和第 43 条的规定,商标评审委员会裁定争议商标予以撤销。

一审判理和结果

一审法院认为,根据本案查明的涉及两引证商标是否驰名的相关事实,日产株式会社向商标评审委员会提交的其在中国关联公司的相关文件与我国国内媒体相关报道可以形成相互印证的完整证据链,证明:日产株式会社创办于 1933 年,是世界十大汽车制造商之一及日本第二大汽车公司,在汽车领域享有很高知名度。引证商标一、二早在 1979 年 11 月 28 日和 1995 年 4 月 14 日即已分别在汽车等商品上在中国获准注册,并持续使用。而“日产”作为日产株式会社的商号和汽车品牌也早已成为其标志和象征。日产株式会社是日本第二大出口汽车公司,其汽车商品早在 1972 年就进入中国汽车市场,并先后在中国建立了若干合资公司。在争议商标申请注册日之前,日产株式会社已经对其“日产”、“NISSAN 及图”商标进行了持续的广告宣传,而且国内的汽车类媒体及非汽车类媒体均对日产株式会社及其与引证商标相关的商品进行了大量报道,同时在上述报道标题及内容中频繁出现用“日产汽车”、“日产轿车”等指代日产株式会社汽车商品的用法,并且反复出现引证商标二的标识,其中一篇报道还专门就两引证商标彼此的对应关系进行了较为详细的介绍,据此认为两引证商标在汽车商品上已经形成了直接对应关系。对于有关日产汽车 1998 年至 2001 年在中国的年销售量以及日产株式会社 1993 年至 2002 年间共向中国出口汽车 241,491 辆的证据,多为日产株式会社或者其关联公司的统计资料或者日产株式会社的自述,如作为孤证,其证明效力应当低于上述与本案无关联性主体产生的证据;但在本案中将这些进口销售量证据与上述其他证明引证商标驰名的证据相结合,整体上可以起到佐证引证商标是否驰名的证明效力。

华夏长城公司对中信公证处为证明上述证据中国内媒体报道复印件与原件相符的公证书格式提出异议。此类证据均系国内正规出版发行的报纸杂志,如果华夏长城公司质疑其真实性,完全有能力查找到相反证据予以推翻,而华夏长城公司没有举出任何相关反证。在此情况下,华夏长城公司的上述异议不能否定公证书载明的相关复印件与原件相符的证词,对其这一主张不予支持。华夏长城公司还主张日产株式会社在其汽车商品上实际使用的商标标志是 NISSAN 及图环状标识(见下图),与引证商标二不同。对此,首先,上述证据本身已经足以证明引证商标二在汽车商品上的驰名;其次,NISSAN 及图环状标识本身与引证商标二近似度很高,相关公众对于 NISSAN 及图环状标识所形成的印象也会及于引证商标二,华夏长城公司的上述主张并不能影响对于引证商标二驰名的认定。

NISSSAN 及图环状标识

上述证据从引证商标使用及宣传的持

续时间、程度和地理范围,相关公众对引证商标的知晓程度等方面,可以证明两引证商标在争议商标申请注册之前,在我国已经成为汽车商品上的驰名商标并且彼此具有直接对应关系,华夏长城公司的上述质疑均不能成立,商标评审委员会的相关认定并无不当。

商标评审委员会关于争议商标已构成对日产株式会社驰名商标的模仿,其在润滑油等商品上的使用容易误导公众,致使驰名商标注册人的利益可能受到损害的认定正确,争议商标的注册违反《商标法》第13条第2款的规定。商标评审委员会以此为由裁定争议商标予以撤销,并无不当。

北京市第一中级人民法院依照《中华人民共和国行政诉讼法》第54条第(1)项之规定,判决:维持商标评审委员会第11726号裁定。

二审判理和结果

二审法院认为,本案中,根据日产株式会社在商标争议程序中提交的证据可以认定:引证商标一和引证商标二在争议商标申请注册前已经为中国相关公众广为知晓,已经构成注册、使用在汽车商品上的驰名商标。

日产株式会社确实使用过"NISSSAN及图环状标识",但该标志与其引证商标二的显著特征基本一致,这种使用亦可证明引证商标二的知名度。日产株式会社在商标争议程序中提交的部分相关宣传证据虽然不是自己所作的宣传,但是这些证据均能够证明日产株式会社、"日产"企业字号以及两引证商标在中国相关公众中的知名度和认知度。日产株式会社进口到中国的汽车确有未使用引证商标而使用日产株式会社的其他诸如"公爵"、"英菲尼迪 INFINITE"等商标的情形,但鉴于日产株式会社本身在汽车领域的知名度,这些使用其他商标的行为客观上也有助于提高日产株式会社及两引证商标的知名度。因此华夏长城公司关于日产株式会社实际使用的不全是引证商标、宣传并非日产株式会社所作、不能证明引证商标驰名的上诉理由,于法无据,不予支持。华夏长城公司关于在一个案件中不能认定两个商标驰名的上诉主张亦缺乏依据,不予支持。商标评审委员会第11726号裁定和一审判决关于两引证商标为驰名商标的认定,有事实和法律依据,予以支持。商标评审委员会第11726号裁定和一审判决关于争议商标的注册违反《商标法》第13条第2款的规定、应予以撤销的认定,并无不当,予以维持。判决驳回上诉,维持原判。

申请再审理由和答辩

华夏长城公司申请再审称:二审判决认定事实错误,日产株式会社所提交的证据不足以证明争议商标申请日前两引证商标已成为驰名商标。日产株式会社没有将两引证商标实际使用在汽车商品上,其宣传报道证据缺乏证明力,商标评审委员会及一、二审法院认定引证商标构成驰名商标缺乏事实依据和法律依据。而且日产株式会社所提交的证据存在重大瑕疵,几乎全部为自己形成的证据,在域外证据的公证认证及国内证据的公证问题上均存在重大瑕疵,不应被采信。日产株式会社主张两个引证商标构成驰名商标,应当分别举证证明,但其没有分别列开,一、二审法院同样把两个引证商标混同起来一起认定驰名商标,于法无据。如果随意降低驰名商标的认定标准,并以此给予扩大保护,撤销已经在市场上使用了10年的争议商标,不仅对华夏长城公司不公平,也使相关公众无所适从,起到不良的社会示范作用。争议商标在长期的使用中已经形成了自身的相关公众群体,不会与引证商标混淆,不应予以撤销。综上,请求撤销一、二审判决及商评字〔2009〕第11726号《关于第1556379号"日产嘉禾及图"商标争议裁定书》,由商标评审委员会重新作出裁定。

商标评审委员会未提交答辩意见。

日产株式会社提交意见称,两引证商标在争议商标申请日前已经成为驰名商标,商标评审委员会及一、二审法院对此认定正确,日产株式会社提交了充分的证据予以证明。关于使用方面,汽车制造商在汽车产品上使用企业的商标(如"日产"),同时标明车型(如"赛芙罗"),此为一般常识。"日产"企业名称的使用视同引证商标一的使用,"日产"中文与"NISSAN"英文在商标的使用上形成了直接的对应关系,NISSAN环状标识与引证商标二仅存在细微差异,其使用也应视同于引证商标二的使用。另外,争议商标构成对两引证商标的模仿,其指定使用的润滑油等商品与引证商标使用的汽车商品具有较强的关联性,使用争议商标的产品中包含了大量的汽车(轿车)用润滑油产品,华夏长城公司、日产嘉禾公司注册、使用争议商标具有主观恶意,容易误导相关公众,对日产株式会社的利益造成了损害,原审判决应予维持。况且,华夏长城公司申请再审的内容均是其一审、二审过程中同样观点的重复,其恶意利用现行司法制度的相关程序,达到其获取不正当利益的目的十分明显。请求驳回再审申请。

再审审查与审理结果:

最高人民法院认为,本案中,商标评审委员会及一、二审法院均认定日产株式会社注册在汽车等商品上的两引证商标构成驰名商标,华夏长城公司注册在润滑油商品上的争议商标构成对两引证商标的复制和模仿,容易误导公众,致使日产株式会社的利益可能受到损害,应予撤销注册。

华夏长城公司主要对于日产株式会社提交的证明其商标驰名的证据提出质疑,结合其主张分别论述如下。

1.关于证据的真实性以及公证认证、公证书形式问题。日产株式会社在商标评审阶段未提供相关证据原件或公证认证件,但在诉讼程序中补充了证据的原件或相应的公证认证手续,虽然华夏长城公司对公证书的形式提出异议,但仅此并不足以否定上述证据的真实性,一、二审判决对此予以认定并无不当。

2.关于日产株式会社自己提供的证据的认定问题。日产株式会社提供了公司介绍、在中国的合资公司情况、销售数据等证据,商标评审委员会及一、二审法院基于上述证据查明一些事实,比如日产株式会社成立于1933年,1972年向中国出口第一台公爵车,以及在香港设立日产汽车(中国)有限公司,在国内设立合资公司郑州日产汽车有限公司等。公司对自己的发展历程出具说明具有合理性,亦有大量第三方报道佐证,且没有相反证据,华夏长城公司主张仅由于是当事人自己出具的证据即一概不应采信没有依据。关于日产株式会社向中国出口产品数量的证据,一审法院的论述并无不当,即如果其是单独的证据,证明力较无关联第三方出具的证据弱,但与本案其他证据一起可以作为证明引证商标是否驰名的证据。

3.关于能否证明两引证商标为驰名商标问题。华夏长城公司主张本案两引证商标未在汽车商品上实际使用即不可能成为相关公众熟知的驰名商标。根据《中华人民共和国商标法实施条例》第3条的规定,商标的使用,包括将商标用于商品、商品包装或者容器以及商品交易文书上,或者将商标用于广告宣传、展览以及其他商业活动中。可见,商标使用的概念十分广泛,只要是在生产、经营活动中将商标用于与其指定使用商品相关联的场合,使相关公众能够认识到其是该商品的商标即可。故华夏长城公司上述主张缺乏法律依据,本院不予支持。

本案中,引证商标一"日产"同时是日产株式会社企业名称中的字号,而且由于汽车商品的特殊性,通常会同时使用公司的名称(商标)和具体车型名称(可能也是商标),对于日产株式会社生产的各种汽车而言,"日产汽车"是其统一的称谓,这一点在日产株式会社所提交宣传广告或者媒体报道中均可得到证实,故引证商标一"日产"作为日产株式会社的字号和汽车品牌,得到广泛的使用,"日产汽车"的使用方式具有提高注册商标知名度的作用,商标评审委员会及一、二审法院根据相关证据认定其成为相关公众广泛知晓的驰名商标并无不当。

关于引证商标二,日产株式会社提交的证据表明,在宣传报道中,引证商标二经常与"日产汽车"一起使用,由于引证商标二中的"NISSAN"文字实际上是日文中"日产"对应的英文字母表现形式,二者存在对应关系。而且,华夏长城公司所称日产株式会社实际使用的 NISSAN 及图环状标识,其与引证商标二显著特征基本一致,结合其在汽车这种特定商品上的使用方式,原一、二审法院认定该标识的使用所带来的知名度会及于引证商标二的论述并无明显不当。综合本案证据,商标评审委员会及一、二审法院认定引证商标二亦构成驰名商标的结论并无不当。

我国法律规定的驰名商标是指在我国境内为相关公众广为知晓的商标。由于其知名度高,其所承载的商誉也更高,相关公众看到与其相同或者近似的标识,更容易与其商标所有人产生联系,所以法律对驰名商标提供较普通注册商标更宽的保护。当事人为了在具体案件中达到受保护的目的,提供关于其商标知名度的证据,需要证明的是通过其使用、宣传等行为,相关公众对其商标有了广泛的认知。而商标是否为相关公众广泛知晓是对所有的证据进行综合判断后得出的结论,不能孤立地看相关的证据,也不能机械地要求必须提供哪一类的证据。本案中两引证商标核定使用的商品为汽车,引证商标一"日产"同时为日产株式会社的企业字号,引证商标二中的"NISSAN"文字与日产具有对应关系,考虑到汽车商品的特殊性,消费者会特别关注生产厂商,所以,日产株式会社对其企业名称的使用、所生产各种车型的汽车的销售维修等情况,均有助于其引证商标知名度的提高。华夏长城公司过于机械地理解法律对于驰名商标的证据要求,其主张不予支持。

华夏长城公司另主张争议商标已经使用多年,消费者不会混淆,不应轻易撤销。最高人民法院《关于审理商标授权确权行政案件若干问题的意见》指出:"对于使用时间较长、已建立较高市场声誉和形成相关公众群体的诉争商标,应当准确把握商标法有关保护在先商业标志权益与维护市场秩序相协调的立法精神,充分尊重相关公众已在客观上将相关商业标志区别开来的市场实际,注重维护已经形成和稳定的市场秩序。"争议商标的使用情况确实是应当考虑的因素,但这种使用应该是在遵守诚实信用原则基础上的使用,且对其使用状况有较高的证据要求。本案中,华夏长城公司提交的证据尚不足以达到其已经形成自身的相关公众群体的程度,而且从其实际使用状况明显看出其仍然在刻意造成与日产株式会社的联系,而不是通过使用消除这种联系,形成自身商标的区别力,故对其该项主张不予支持。

综上所述,依照《最高人民法院关于执行〈中华人民共和国行政诉讼法〉若干问题的解释》第74条之规定,裁定驳回华夏长城公司的再审申请。

山东良子自然健身研究院有限公司诉国家工商行政管理总局商标评审委员会、北京台联良子保健技术有限公司商标争议行政纠纷案

——阅读提示:在商标授权确权程序中如何对待当事人之间签订的共存协议?共存协议对商标注册和维持的审查判断具有多大影响、如何予以考虑?

【裁判要旨】

共存协议的内容应结合签订前后的相关事实进行理解和解释。特定的历史过程和目前的市场格局等都必须予以充分考虑,以作出公平、合理的裁决。

【案号】

一审:北京市第一中级人民法院〔2008〕一中行初字第1178号

二审:北京市高级人民法院〔2009〕高行终字第141号

申请再审:最高人民法院〔2011〕知行字第50号

【案情与裁判】

原告(二审上诉人、再审被申请人):山东良子自然健身研究院有限公司(以下简称山东良子公司)

被告(二审被上诉人):国家工商行政管理总局商标评审委员会(以下简称商标评审委员会)

第三人(二审被上诉人、再审申请人):北京台联良子保健技术有限公司(以下简称北京良子公司)

一审审理查明

史英建、朱国凡等7人自1997年5月24日起在山东和北京合作开办和经营良子洗脚店。1997年9月23日,该7人共同签订良子集体发展决议,责成朱国凡以济南良子店名义申请注册良子商标,为全体股东共同创立和拥有。1997年10月31日,朱国凡以其为法定代表人的新疆良子健身有限公司的名义向商标局提出第1235891号"良子及图"商标(即引证商标)的注册申请,该商标1998年12月28日被核准注册,核定使用服务为第42类按摩、推拿,类似群组为4204。

1998年2月1日,史英建、朱国凡等7人签订协议书,约定自1998年2月1日起,将原共同合作经营的洗脚店按原投资分配比例分割给个人经营。1998年12月27日,史英建拥有的济南市历下区良子健身总店以恶意抢注为由对引证商标提出异议申请。2000年2月17日,史英建拥有的山东良子公司向商标局提出第1551944号"良子"商标(以下简称争议商标)的注册申请,该商标2001年4月7日被核准注册,核定使用服务为第42类保健、理疗、整形外科、化妆品研究、生物学研究,类似群组为4203、4211~4212。

2001 年 8 月 27 日,济南历下区良子健身总店与新疆良子健身有限公司在商标局的主持下签署协议书(以下简称共存协议)。该协议的主要内容为:甲方为济南市历下区良子健身总店,代表人史英建;乙方为新疆良子健身有限公司,代表人朱国凡。甲乙双方由于对“良子”和“华夏良子”商标在第 42 类 4204 组注册问题,自从 1998 年发生争议,经长时间协商,于 2000 年 12 月 30 日,双方当事人及代理人经国家工商局商标局主持调解,本着公平、公正、共同发展的原则,为确保甲、乙双方的利益,形成第 42 类 4204 组“良子”商标由乙方注册,并拥有所有权,甲方具有无偿使用权的意见。(1)甲方同意乙方在第 42 类 4204 组申请注册“良子”商标,同时撤销对此商标注册申请提出的异议。(2)乙方同意甲方在第 42 类 4204 组申请注册“华夏良子”商标,同时撤销对此商标申请提出的异议……(4)本协议生效后,甲方不得再对乙方其他带有“良子”字样的商标注册申请提出异议或注册不当申请,乙方也不得再对甲方其他带有“良子”字样的商标注册申请提出异议或注册不当申请……(9)甲、乙双方在本协议中规定的权利、责任和义务适用于双方代表人控股、参股、参与经营和特许经营的企业与店铺。

2002 年 2 月,新疆良子健身有限公司将引证商标转让给北京良子公司。

2002 年 12 月 31 日,北京良子公司以争议商标的注册违反了《商标法》第 28 条的规定为由,向商标评审委员会提出撤销注册不当商标申请。2008 年 6 月 25 日,商标评审委员会作出第 6099 号裁定。该裁定认定:争议商标与引证商标文字部分完全相同,已构成近似商标。争议商标指定使用的保健、理疗服务与引证商标指定的按摩、推拿服务属于类似服务。争议商标指定在其余服务项目上与引证商标指定的服务相差较远,未构成类似,应予维持。山东良子公司提交的共存协议等在案证据,因不涉及本案争议商标,不属于审理范围,对此证据不予评述。综上所述,商标评审委员会裁定撤销争议商标在保健、理疗服务上的注册,维持在其余服务项目上的注册。

一审判理和结果

山东良子公司不服第 6099 号裁定,提起行政诉讼。北京市第一中级人民法院一审认为:引证商标是否系恶意抢注取得,应当另行启动商标撤销程序,由商标评审委员会在对相关事实、理由、请求进行评审的基础上依法作出判断,其与本案中争议商标是否因构成与在先注册的引证商标系相同、类似商品上的相同、近似商标从而无法获准注册的判断无关。同样,山东良子公司对“良子”商标享有何种权利也不影响对争议商标应否获准注册的判断。争议商标的撤销程序虽然由当事人申请启动,但争议商标是否应当被撤销是商标评审委员会在对相关事实、理由、请求进行评审的基础上依法作出的裁断,商标评审委员会应当对争议商标是否符合《商标法》第 28 条的规定作出判断。山东良子公司与北京良子公司之间关于放弃对对方申请注册的带有“良子”字样的商标提出异议或注册不当申请的权利的约定,不能排除《商标法》对商标可注册性的法定要求。《商标法》并未对以争议商标的注册违反《商标法》第 28 条的规定为由,对请求撤销争议商标的撤销请求人的身份作出任何限定,因此北京良子公司是否享有对争议商标提出撤销申请的请求权不属于商标评审委员会在评审争议商标是否应当被撤销时的审理范围。山东良子公司关于商标评审委员会程序违法的起诉理由不能成立,其主张依照合同享有的权利可以通过民事诉讼来请求获得救济。本案中争议商标指定使用的“保健、理疗”服务与在先注册的引证商标系类似服务上的近似商标，应予撤销。综上，一审法院判决维持第6099号裁定。

二审判理和结果

山东良子公司不服一审判决，向北京市高级人民法院提起上诉。北京市高级人民法院二审认为：商标权是私权，可以根据契约自由的原则进行约定。如果这种约定不违反法律、法规的强制性规定，是当事人的真实意思表示，且没有损害消费者的利益及公共利益，则应当认定合法有效。本案中的共存协议是济南市历下区良子健身总店与新疆良子健身有限公司在商标局的主持下达成的，该协议不违反相关法律的规定，体现了当事人的意思自治，亦不违反《商标法》第28条的立法本意，故该协议是合法有效的共存协议，相关当事人均应严格遵守。共存协议第9条规定，双方在本协议中规定的权利、责任和义务适用于双方代表人控股、参股、参与经营和特许经营的企业与店铺。共存协议中甲方济南市历下区良子健身总店及本案上诉人山东良子公司的法定代表人为史英建，乙方新疆良子健身有限公司及北京良子公司的法定代表人为朱国凡。因此，共存协议的权利义务及于本案中的山东良子公司和北京良子公司。共存协议第4条规定，济南市历下区良子健身总店与新疆良子健身有限公司均放弃对对方带有“良子”字样的商标提出异议或注册不当申请的权利。由于共存协议签订时，争议商标已被商标局核准注册，因此，共存协议第4条中所指的“良子字样的商标”包括争议商标。北京良子公司亦应当遵守共存协议的约定，不应对争议商标提出撤销注册不当商标申请。本案中，济南市历下区良子健身总店放弃对新疆良子健身有限公司抢注引证商标的异议申请，在法定期限内亦未对引证商标提出争议申请是基于对行政机关公信力的信赖和对共存协议的履行。在此情形之下，北京良子公司违反共存协议的约定，以争议商标的注册违反了《商标法》第28条的规定为由，向商标评审委员会提出撤销注册不当商标申请，违背了诚实信用原则。商标评审委员会在评审过程中应当结合本案的基本事实，考虑商标局主持相关当事人达成共存协议的效力，对双方当事人的纠纷作出符合法律价值的判断。商标评审委员会第6099号裁定关于共存协议不涉及本案争议商标，不属于本案审理范围的认定；原审判决关于山东良子公司与北京良子公司之间关于放弃对对方带有“良子”字样的商标提出异议或注册不当申请的权利的约定，不能排除商标法对商标可注册性的法定要求的认定显然不当。争议商标经过山东良子公司的使用，已经具有较高的知名度；争议商标如果在评审程序中被撤销，将无法通过其他法定程序获得救济。故简单地认定争议商标与引证商标构成类似服务上的近似商标，撤销争议商标在相关服务上的注册，不能体现法律追求公平、正义的目的，违背商标法鼓励和提倡诚实信用的精神，对山东良子公司显失公平。综上所述，北京市高级人民法院判决撤销一审判决和第6099号裁定，判令商标评审委员会重新作出裁定。

申请再审理由和答辩

北京良子公司不服二审判决，向最高人民法院申请再审称：北京良子公司针对争议商标提出撤销申请并未违反双方间的约定。共存协议签订的前提条件是保证北京良子公司在第4204群组服务项目上享有“良子”商标的所有权，山东良子公司拥有“华夏良子”商标。山东良子公司在类似的商品上注册争议商标违反不仅违反了《商标法》第 28 条的规定,而且违反了共存协议的精神和目的。虽然共存协议第 4 条的约定存在歧义,但按照协议的精神,第 4 条之"其他带有'良子'字样的商标"不应该包括争议商标。如果允许山东良子公司既拥有"华夏良子"商标也拥有"良子"商标,显然对北京良子公司不公平。二审判决对共存协议断章取义,错误解读,与共存协议的签约目的背道而驰。综上所述,北京良子公司请求撤销二审判决、一审判决和第 6099 号裁定。

山东良子公司答辩称:本案的处理应当充分考虑历史发展过程。北京良子公司一再违反协议约定,恶意抢注引证商标、恶意提出本案争议,其行为违反诚实信用原则,主观恶意明显。共存协议系当事人真实意思表示,当事人各方应严格遵守。共存协议签订时争议商标已经获准注册,北京良子公司应当知晓争议商标的存在,却在之后对争议商标提出撤销申请,北京良子公司的行为明显违反共存协议第 4 条的约定。争议商标与引证商标指定服务项目具有明显区别,并未违反《商标法》第 28 条规定。经过山东良子公司的经营,争议商标已经具有很高的知名度,如果撤销争议商标,显然对山东良子公司不公平。因此请求驳回北京良子公司的再审申请。

申请再审审查结果

最高人民法院经审查认为,本案纠纷的发生有着特定的历史过程,在处理时必须予以充分考虑,以作出公平、合理的裁决。根据查明的事实,"良子"商标为朱国凡、史英建等 7 人共同创立,按照 1997 年 9 月 23 日签订的集体发展协议,申请注册的"良子"商标本应为全体股东拥有。但朱国凡违反该协议的约定,将"良子"商标注册到自己成立的新疆良子公司名下,导致后续一系列纠纷的发生。为了解决纠纷,划定双方的商标权利,新疆良子公司与济南历下区良子健身总店签订共存协议,其中第 4 条约定双方均放弃对对方其他带有"良子"字样的商标提出异议或注册不当申请的权利。在共存协议签订时,本案的争议商标已经过初审公告后获准注册,作为协议签订一方的新疆良子公司理应知晓山东良子公司注册争议商标这一事实,在此基础上仍签订共存协议,应视为新疆良子公司同意山东良子公司注册争议商标,因此争议商标受到共存协议第 4 条的拘束。按照共存协议的约定,济南市历下区良子健身总店放弃了对新疆良子公司注册的引证商标的异议申请,引证商标从而获准注册,然而新疆良子公司法定代表人朱国凡成立的北京良子公司却违反协议约定,向商标评审委员会提出撤销争议商标的申请,以致商标评审委员会撤销争议商标。北京良子公司的上述行为,违反了共存协议的约定和诚实信用原则,而撤销争议商标的结果,显然打破了共存协议约定的利益平衡和多年来形成的市场格局,对山东良子公司明显不公平。二审判决综合考虑上述因素,判决撤销商标评审委员会作出的第 6099 号裁定并无不妥。北京良子公司关于共存协议第 4 条"其他带有'良子'字样的商标"不包括争议商标、二审判决断章取义等主张没有事实和法律依据,不能成立。因此最高人民法院于 2011 年 11 月 17 日裁定驳回了北京良子公司的再审申请。

长沙沩山茶业有限公司诉国家工商行政管理总局商标评审委员会、湖南宁乡沩山湘沩名茶厂等商标行政纠纷案

——阅读提示：如何审查判断含有描述性要素的商标的显著性？

【裁判要旨】

最高人民法院在本案中认为，含有描述性文字的商标的显著性的判断，应当根据商标指定使用商品的相关公众的通常认识，从整体上对商标是否具有显著特征进行判断，不能因为商标含有描述性文字就认为其整体缺乏显著性；对于使用时间较长，已经建立一定的市场声誉，相关公众能够以其识别商品来源，并不仅仅直接表示商品特点的商标，应认为其具有显著特征。

【案号】

一审：北京市第一中级人民法院〔2007〕一中行初字第647号

二审：北京市高级人民法院〔2007〕高行终字第583号

再审：最高人民法院〔2011〕行提字第7号

【案情与裁判】

原告（二审上诉人、再审申请人）：长沙沩山茶业有限公司（以下简称沩山茶业公司）

被告（二审被上诉人、再审被申请人）：国家工商行政管理总局商标评审委员会（以下简称商标评审委员会）

第三人（二审被上诉人、再审被申请人）：湖南宁乡沩山湘沩名茶厂（以下简称湘沩名茶厂）

第三人（二审被上诉人、再审被申请人）：湖南沩山名茶厂

第三人（二审被上诉人、再审被申请人）：宁乡县沩山乡茶叶协会

第三人（二审被上诉人、再审被申请人）：湖南宁乡沩山军民茶叶实业有限公司

第三人（二审被上诉人、再审被申请人）：长沙市沩峰茶厂

第三人（二审被上诉人、再审被申请人）：湖南省宁乡县沩山密印茶厂

起诉与答辩

2007年2月28日，商标评审委员会作出商评字〔2007〕第265号《关于第552102号“沩山牌及图”商标争议裁定书》（以下简称第265号裁定），裁定对沩山茶业公司注册的“沩山牌及图”商标（以下简称争议商标）予以撤销。沩山茶业公司不服该裁定，向北京市第一中级人民法院提起行政诉讼，请求撤销商标评审委员会第265号裁定，维持其第552102号“沩山牌及图”商标的注册。

商标评审委员会答辩称其第265号裁定认定事实清楚，适用法律正确，请求驳回沩山茶业公司的诉讼请求。

湘沩名茶厂等同意商标评审委员会第265号裁定意见。

一审审理查明

沩山茶业公司是争议商标的商标权人。2004年6月14日，湘沩名茶厂等6公司以“沩山毛尖”为茶叶商品的通用名称，

其注册违反了《商标法》第 11 条第 1 款、第 41 条第 1 款的规定为由,向商标评审委员会申请撤销争议商标。2005 年 5 月 9 日,宁乡县沩山乡茶叶协会向商标评审委员会提交了“关于对‘沩山’争议商标答辩的补充意见”,认为“沩山毛尖”、“沩山茶叶”出名的关键因素乃其独特的自然环境造就了其独特的上等品质。商标评审委员会于 2006 年 11 月 30 日向沩山茶业公司发出通知,指出“以上商标注册在指定使用商品上,仅仅直接表示了指定使用商品的品质特点,缺乏显著特征,违反了《商标法》第 11 条第 1 款第(2)项、第(3)项的规定”,并要求沩山茶业公司在收到该通知之日三十天内作出书面答辩。沩山茶业公司针对该通知进行了答辩并提交了该商标于 2002 年被认定为湖南省著名商标等证据。

商标评审委员会经审查认为,“沩山茶”作为一个历史悠久的茶叶品种,其获得的较高的知名度,有地理和人文两方面的原因。沩山乡现在有数家茶叶生产企业,所有这些企业都应合理享用这些自然资源和社会资源,并且要在合理的限度内,不能妨碍其他人的正当使用。沩山茶业公司在获得了争议商标等三件“沩山”商标的专用权后,试图禁止其他沩山茶农在茶叶类商品上使用“沩山”字样,其在茶叶类商品上独占“沩山”这一公共资源的意图十分明显,已经妨碍了其他沩山茶农的正当权益。茶叶是一种地域性很强的商品,不同产地的茶叶,其品质、特点完全不同。茶叶产地的名称同时也表明了此种茶叶突出的、区别于其他产地的茶叶商品的品质特点。争议商标虽然还有图形部分,但依据一般消费习惯,消费者会将文字部分作为商标的主要识别和呼叫对象,争议商标的图形部分无法使其整体产生显著性。争议商标的拼音与其文字部分的“沩山”是对应的,文字部分缺乏显著特征,拼音部分亦无法使其产生显著特征。虽然争议商标与沩山茶业公司的字号一致,但这种一致与判断争议商标是否具备显著特征并无直接关系,争议商标并不能因此而具备显著性。依据《商标法》第 11 条第 1 款第(2)项、第(3)项;第 41 条第 1 款、第 43 条的规定于 2007 年 2 月 28 日作出第 265 号裁定,对沩山茶业公司注册的“沩山牌及图”商标予以撤销。

一审判理和结果

一审法院认为,根据本案现有证据,能够证明湖南省宁乡县沩山乡自古产茶,并且沩山乡独特的地理和自然环境决定了沩山茶的品质特点。争议商标由沩山牌文字及图组成,一般消费者会将文字部分作为商品的主要识别部分和呼叫对象,故其整体亦不具有显著性。商标评审委员会第 265 号裁定认定争议商标已构成直接表示指定使用商品的品质特点、缺乏显著特征的行为,并无不妥。《商标法》第 11 条第 1 款规定了三项关于商标不具有显著性的不同情形。湘沩名茶厂等 6 公司认为争议商标违反了《商标法》第 11 条第 1 款第(1)项向商标评审委员会提出申请撤销争议商标,商标评审委员会针对湘沩名茶厂等 6 公司提出的撤销理由进行审理,认为争议商标违反了《商标法》第 11 条第 1 款第(2)、(3)项的规定,并通知沩山茶业公司进行答辩,虽然商标评审委员会变更了湘沩名茶厂等 6 公司提出申请引用的法律条款,但是该变更行为并没有导致当事人答辩理由以及证据的根本改变,而且商标评审委员会给予了沩山茶业公司陈述意见的机会,故对沩山茶业公司关于商标评审委员会违反法定程序的诉讼理由不予支持。第 265 号裁定认定事实清楚、结论正确,沩山茶业公司要求撤销第 265 号裁定的诉讼请求,缺乏事实及法律依据,不予支持。依照《最高人民法院关于执行〈中华人民共和国行政诉讼法〉若干问题的解释》第56条第(4)项,判决驳回沩山茶业公司的诉讼请求。

上诉与答辩

沩山茶业公司上诉称,湘沩名茶厂等6公司在向商标评审委员会申请撤销争议商标时的理由和依据为争议商标是商品的通用名称,不符合《商标法》第11条第1款第(1)项的规定,2006年11月30日,商标评审委员会在湘沩名茶厂等6公司未提出变更或增加理由和依据的情况下,向其发出通知文件,擅自将撤销理由和依据变更为"争议商标仅仅直接表示了指定使用商品的品质特点,缺乏显著特征,违反了《商标法》第11条第1款第(2)、(3)项的规定",要求其作出答辩并最终依据其变更后的理由和依据作出撤销裁定。争议商标由"沩山牌"汉字、拼音及图形三部分组成,其中图形部分并不直接表示指定使用商品的品质特点。根据《商标法》的规定,对商标显著性的审查应当从其整体标识角度考虑,而不应当仅考虑其中一部分内容。而争议商标整体标识并不属于"仅仅直接表示指定使用商品的品质特点"的情形。因此,第265号裁定和一审判决认定争议商标仅仅直接表示了指定使用商品的品质特点的认定明显与事实不符。由于争议商标由文字、拼音和图形三部分组成,其中图形部分明显具有显著特征,从而使该商标整体具有显著特征。同时,由于争议商标已注册使用多年,并已于2005年被湖南省工商行政管理局评为湖南省著名商标,因此,该商标即使原来缺乏显著性,基于上述使用事实也已获得显著性,进而符合《商标法》第11条第2款所规定的例外情形。一审判决和第265号裁定适用法律不当。争议商标整体标识仅仅包含了地理标志,但不是单纯的地理标志,该公司仅仅要求其他人不得使用与争议商标完全相同的标识,并未试图禁止其他沩山茶农使用这一公共资源。基于上述理由,请求二审法院撤销一审判决和第265号裁定。

商标评审委员会答辩坚持其在第265号裁定中所述理由,并认为沩山茶业公司的上诉理由不能成立,请求二审法院判决驳回其上诉请求,维持一审判决。

湘沩名茶厂等6公司未提交书面答辩意见。当庭表示同意商标评审委员会作出的第265号裁定和一审判决,并请求予以维持。

二审判理和结果

二审法院认为,关于变更湘沩名茶厂等6公司撤销理由问题。根据《商标评审规则》第29条规定,商标评审委员会经对湘沩名茶厂等6公司申请撤销争议商标的事实的审查,认为争议商标不具有显著性,属于《商标法》第11条第(2)项、第(3)项规定的不予注册的情形,未超出当事人提交证据的范围;同时,商标评审委员会通知沩山茶业公司就该事实进行答辩,未影响当事人的合法权益。对沩山茶业公司关于商标评审委员会更改申请理由违反程序的主张,不予支持。

关于"沩山牌及图"商标的显著性问题。根据湘沩名茶厂等6公司提交的证据,能够确认"沩山毛尖"为一茶叶品种,"沩山"文字已经具有表示产品质量的含义,缺乏显著性。争议商标虽不仅包含"沩山"文字,但因拼音部分与文字中的"沩山"相对应,故该商标的文字和拼音应为主要部分,对该商标的呼叫应为消费者认知该商标的主要方式。据此,该商标属缺乏显著性的商标,属于《商标法》第11条第(3)项不予注册的情形。综上所述,一审判决和第265号裁定关于显著性的确认事实清楚,适用法律正确,判决驳回沩山茶业公司上诉,维持一审判决。

申请再审理由与答辩

沩山茶业公司申请再审称,商标评审委员会依职权擅自转换本案适用的法律条款,程序违法,二审法院判决认定商标评审委员会第265号裁定程序合法无事实和法律依据;沩山茶业公司第552102号"沩山牌及图"注册商标具有固有的和获得的显著特征,不属于仅仅直接表示指定使用商品的品质特点的标识,商标评审委员会滥用缺乏显著性的概念,裁定撤销该商标违法。争议商标在湘沩名茶厂等6被申请人成立之前已经核准注册,商标评审委员会认定争议商标损害公共利益缺乏事实依据。请求撤销二审法院判决及商标评审委员会第265号裁定。

商标评审委员会答辩称,商标评审委员会作出的第265号裁定认定事实清楚,适用法律正确,二审法院维持该裁定正确。请求驳回沩山茶业公司的再审申请,维持二审法院判决。

湘沩名茶厂等6被申请人答辩称,商标评审委员会是国家商标行政部门,其行使职能时是根据当事人所争议的事实决定适用的法律,其作出的第265号裁定不存在程序违法;沩山茶为历史名茶,具有典型的产地意义,应视为公共资源,他人不得作为商标垄断使用。请求驳回沩山茶业公司的再审申请,维持二审法院判决。

再审审查与审理结果

最高人民法院经审查后于2011年3月17日作出〔2011〕知行字第3号行政裁定,对本案进行提审。提审后,最高人民法院经审理后于2011年6月29日作出第〔2011〕行提字第7号行政判决,认为应当根据争议商标指定使用商品的相关公众的通常认识,从整体上对商标是否具有显著特征进行判断,不能因为争议商标含有描述性文字就认为其整体缺乏显著性。本案争议商标由沩山牌文字、拼音及相关图形组成,并非仅由沩山文字及其拼音组成,其商标组成部分中的图形亦属该商标的重要组成部分。此外,本案争议商标自1991年5月20日核准注册后,已经经过了近20年的使用,在2002年还被评为湖南省著名商标,已经建立一定的市场声誉,相关公众能够以其识别商品来源。因此本案争议商标并不仅仅直接表示商品的质量、主要原料、功能、用途、重量、数量及其他特点,其注册没有违反《商标法》第11条第1款的相关规定,判决撤销商标评审委员会第265号裁定及原审判决,维持争议商标的注册。

佳选企业服务公司诉商标评审委员会商标驳回复审行政纠纷案

——阅读提示:商标评审委员会在商标局法律适用的基础上增加新的条款是否需要给予当事人陈述意见和提交证据的机会?在驳回复审案件中,当事人提交的复审之后使用申请商标的证据应否考虑?对于含有描述性要素的商标如何判断其是否具有显著性?

【裁判要旨】

商标评审委员会在商标局驳回决定所适用法律之外,欲引入新的理由驳回商标注册申请的,应当给予商标申请人就新的理由陈述意见和提交证据的机会。商标驳回复审案件中,申请商标的注册程序尚未完成,评审时包括诉讼过程中的事实状态都是决定是否驳回商标注册需要考虑的。标志中含有的描述性要素不影响商标整体上具有显著特征,相关公众能够以其识别商品来源的,应当认定其具有显著特征。

【案号】

一审:北京市第一中级人民法院〔2009〕一中行初字第388号

二审:北京市高级人民法院〔2010〕高行终字第861号

申请再审:最高人民法院〔2011〕知行字第6号

再审:最高人民法院〔2011〕行提字第9号

【案情与裁判】

原告(二审上诉人、申请再审人):佳选企业服务公司(以下简称佳选公司)

被告(二审被上诉人、被申请人):中华人民共和国国家工商行政管理总局商标评审委员会(以下简称商标评审委员会)

法院审理查明

2004年2月12日,佳选公司向中华人民共和国国家工商行政管理总局商标局(以下简称商标局)提出在第35类推销(替他人)、进出口代理等服务项目上注册第3909917号"BEST BUY及图"商标(以下简称申请商标)。申请商标由英文单词"BEST"、"BUY"以及一方框图形构成,其中两个英文单词上下排列,方框图形的底色为黄色(详见下图)。

2006年2月28日,商标局认为申请商标以该文字作为商标用在指定使用服务上,仅仅直接表示了服务的品质和特点,决定驳回注册申请。2006年3月17日,佳选公司向商标评审委员会提出复审申请,主张申请商标在外观设计、文字构成以及含义等方面均具有较强的独创性,符合商标申请注册的显著性要件;申请商标经过长期、持续使用,已具备了商标注册的显著性。并于同年6月16日提交了该公司在美国的旧金山以及加利福尼亚开设零售店分布的情况,以及在其他国家或地区注册申请商标的情况;在其网站上对申请商标进行宣传的情况以及有关咨询公司对中国大陆地区登录佳选公司网站的统计数据等证据材料,作为支持其提出的该商标经使用获得显著性的证据。

2008年5月28日,商标评审委员会作出商评字〔2008〕第05222号《关于第3909917号"BEST BUY及图"商标驳回复审决定》(以下简称第5222号决定)。该决定认为,申请商标中"BEST"含义为最好的、最优秀的、最有利的等,"BUY"含义为买、买卖、交易等,"BEST BUY"可以翻译为最好的交易或者最好的买卖,使用在指定服务项目上,仅仅直接表示了服务的品质和特点,且缺乏作为商标应有的显著特征。依据《中华人民共和国商标法》(以下简称《商标法》)第11条第1款第(2)项、第(3)项和第28条的规定,对申请商标予以驳回。

一审判理和结果

佳选公司不服第5222号决定,向北京市第一中级人民法院提起行政诉讼。北京市第一中级人民法院一审认为:《商标法》第11条第1款是针对缺乏显著特征的标识不得作为商标注册的情形所作的规定。商标评审委员会基于申请商标缺乏显著性的认定,根据《商标法》第11条第1款第

（2）项、第（3）项的规定，驳回佳选公司的商标注册申请。该驳回理由并非一个新的驳回理由，不属于变更或增加驳回理由的情形。佳选公司认为商标评审委员会改变驳回理由，却未给予其陈述申辩的机会，所作第5222号决定程序违法的诉讼主张不能成立。申请商标由英文单词“BEST”、“BUY”以及底色为黄色的一方框图形构成的图文组合商标。其中的图形部分构图简单，文字部分使用两个较为常用的英文单词上下单独排列的方式构成。相对于图形部分，文字部分更易为消费者所关注，是该商标的显著识别部分。且“BEST”、“BUY”属于英文中较常用的词汇，中国消费者对于上述单词含义的认知度较高，而“BEST”、“BUY”组合在一起，并未形成其他新的含义。根据中国消费者对外文商标的认读习惯，易以外文单词的含义来识别、记忆。当消费者看到使用在推销（替他人）、商业辅助管理服务上的申请商标时，易识别为“最好的买卖”或“最好的交易”。而该含义直接描述了指定使用服务项目的特点，不具有区别服务来源的功能，缺乏商标应有的显著性。商标评审委员会认定申请商标属于《商标法》第11条第1款第（3）项规定的不得作为商标注册情形并决定驳回该商标的注册申请正确。综上所述，北京市第一中级人民法院判决维持第5222号决定。

二审判理和结果

佳选公司不服一审判决，向北京市高级人民法院提起上诉。北京市高级人民法院二审认为：商标局依据《商标法》第11条第1款第（2）项，以“BEST BUY”作为商标用在所申请的服务上，仅仅直接表示了服务的品质和特点为由，驳回了注册申请。佳选公司不服上述决定，向商标评审委员会提出复审时，不仅针对上述决定陈述了理由，同时还提出该公司经过对申请商标的长期、持续使用，已具备商标注册的显著性要件等理由及证据。商标评审委员会针对商标局决定的理由以及佳选公司提出的复审理由，进行了全面复审，并依据《商标法》第11条第1款第（2）项、第（3）项作出第5222号决定正确，并未违反法定程序。从申请商标的整体视觉效果来看，“BEST BUY”的文字属于其显著部分，“BEST”和“BUY”作为两个具有实际含义且被中国消费者认知度较高的英文单词，前者的中文含义为“最好的”，后者含义为“买卖、交易”，使用于指定服务项目，确系直接标表示了服务的品质和特点。同时，佳选公司提交的证据，即该公司在美国的旧金山以及加利福尼亚开设零售店分布的情况、在其他国家或地区注册申请商标的情况、在其网站上对申请商标进行宣传的情况以及有关咨询公司对中国大陆地区登录该公司网站的统计数据等证据材料，并不足以证明申请商标在中国境内使用获得了显著性，因此，商标评审委员会认为缺乏足够证据支持，且申请商标缺乏显著性正确。综上所述，北京市高级人民法院判决驳回上诉维持原判。

申请再审理由和答辩

佳选公司不服二审判决，向最高人民法院申请再审称：（1）申请商标自身具备显著性。申请商标是一个极具特色的组合商标，由标签图形“ ”、鲜亮的黄色和“BEST”、“BUY”文字组合而成。其中黄色的标签图形，为佳选公司所独创，是申请商标中最具独创性的部分，已在包括第35类在内的多个类别上在中国获准作为商标注册。申请商标在已获注册的黄色的标签图形的基础上，加上了“BEST”与“BUY”文字，构成了包含图形、色彩、文字三要素浑然一体的组合商标,在整体上具有显著性,能够区分商品或服务的来源,已在众多英语国家都获得了注册。中国是以汉语为母语的国家,绝大多数消费者对英文的认知和注意程度远不如图形,所以"BEST"、"BUY"文字在组合商标中居于辅助和次要的地位。既然单独的黄色标签图形都能获准注册,在黄色标签图形基础上加入佳选公司商号"BEST BUY"文字的申请商标更应该获准注册。第5222号决定和一、二审判决对申请商标中的极具独创性的图形和颜色部分没有整体考虑,认定申请商标没有显著性,属认定事实不清,也与《最高人民法院关于审理商标授权确权行政案件若干问题的意见》关于整体判断、外文商标显著性判断原则等相抵触。(2)通过在中国的大量使用,申请商标增加了显著性,完全能够区分服务来源,应当被核准注册。佳选公司在诉讼程序中提交的长达531页的补充证据充分说明了申请商标通过在中国的使用和商业宣传已形成特定的市场含义,成为相关公众识别佳选公司提供服务的唯一标志,并具有较高的知名度和美誉度,完全应当获准注册。原审法院对于佳选公司的上述证据不予采纳,理由是上述证据"为诉讼中提交的新证据,且无正当理由"。佳选公司认为,由于在商标评审程序中商标评审委员会的程序违法,剥夺了佳选公司的举证权和申辩权,使得佳选公司无法在行政程序中提交上述证据。佳选公司在诉讼中提交新证据有合理的理由,并且不属于在行政程序中应当提供而拒不提供的。原审法院对佳选公司的上述证据不予采纳是错误的。(3)商标评审委员会在商标局的驳回理由之外增加《商标法》第11条第1款第(3)项这一新的驳回理由,但未依法通知佳选公司陈述申辩,违反了法定程序,剥夺了佳选公司申辩、举证的权利,导致佳选公司未能提交本可以在商标驳回复审中提交的证据,使得佳选公司依法应享有的程序权利和实体权利都被剥夺,严重侵害了佳选公司的法定权利,也使得商标评审委员会未能依据评审时的事实状态进行评审,适用法律错误。(4)《商标法》第11条第1款第(1)项、第(2)项和第(3)项只能分别适用,而不能同时适用第(2)项及第(3)项。本案中,商标评审委员会同时适用《商标法》第11条第1款第(2)项和第(3)项,属于明显的法律适用错误。原审判决对于佳选公司关于商标评审委员会适用法律错误的主张未进行评述,属严重遗漏审理佳选公司的诉讼理由。综上所述,佳选公司请求撤销一、二审判决和第5222号决定,核准申请商标注册。

商标评审委员会答辩称:1. 申请商标中文字"BEST BUY"为其显著部分,"BEST"和"BUY"作为两个具有实际含义且被中国消费者认知较高的英文单词,其组合易被识别为"最好的交易"或者"最好的买卖",将其使用在指定服务项目上,直接表示了服务的品质和特点,不具有区别服务来源的功能,缺乏商标应有的显著性。佳选公司在评审阶段提交的证据不足以证明申请商标经过长期、持续的使用,已经具备可以作为商标注册的显著特征。2. 第5222号决定不属于增加新驳回理由,并未违反法定程序,亦未剥夺佳选公司举证和申辩的权利。3. 商标评审委员会适用法律正确。综上所述,请求驳回再审申请,维持二审判决。

再审判理和结果

最高人民法院经过审查裁定提审了本案,并另查明:在一审期间,佳选公司向法院提交了佳选公司在中国大陆使用申请商标从事商业活动以及与之有关的报刊报道等证据75份。一审法院认为这些证据均为诉讼中提交的新证据,且无正当理由,故不予采纳。经查,佳选公司为世界500强企业,在北美家电零售排名第一。2007年1月,佳选公司在我国的第一家门店在上海市开业经营,引发媒体的广泛报道和业界的关注。佳选公司在经营活动和广告宣传中使用申请商标。

最高人民法院再审认为:在作出不利裁决之前,给予当事人陈述意见和提交证据的机会,是正当程序的基本要求,也是商标评审程序应当遵循的原则。在针对商标局驳回决定的复审程序中,如果商标评审委员会在商标局驳回决定所适用法律之外,欲引入新的理由驳回商标注册申请的,应当给予商标申请人就新的理由陈述意见和提交证据的机会。本案中,商标局依据《商标法》第11条第1款第(2)项,以"BEST BUY"作为商标用在所申请的服务上,仅仅直接表示了服务的品质和特点为由,驳回了佳选公司的注册申请。佳选公司向商标评审委员会提出复审时,不仅针对商标局作出的驳回决定陈述了理由,还就申请商标具有较强的独创性,符合商标申请注册的显著性要件以及申请商标经过长期、持续使用,已具备了商标注册的显著性等问题陈述了意见,并提交了相关证据。商标评审委员会在商标局法律适用的基础上,虽然增加适用《商标法》第11条第1款第(3)项,但是该条款与商标局适用条款均属商标显著性问题。如前所述,佳选公司已经就相关问题陈述了意见并提交了相关证据,商标评审委员会没有必要通知佳选公司另行专门就第(3)项的适用发表陈述。商标评审委员会在此基础上适用《商标法》第11条第1款第(2)项、第(3)项作出第5222号决定,未严重损害佳选公司的权利,没有剥夺佳选公司申辩、举证的权利,因此佳选公司关于商标评审委员会评审程序违法的主张不能成立。

商标驳回复审案件中,申请商标的注册程序尚未完成,评审时包括诉讼过程中的事实状态都是决定是否驳回商标注册需要考虑的。本案中,佳选公司在一审诉讼过程中提交了申请商标实际使用的大量证据,这些证据所反映的事实影响申请商标显著性的判断,如果不予考虑,佳选公司将失去救济机会,因此在判断申请商标是否具有显著特征时,应当考虑这些证据。一审法院以这些证据为诉讼中提交的新证据,且无正当理由,对上述证据不予采纳的做法不妥。

商标的主要功能在于识别商品或者服务的来源。要实现该功能,申请注册的商标必须具有显著特征,相关公众会将其视为商标,并以其识别商品或者服务的来源。仅有本商品的通用名称、图形、型号的,或者仅仅直接表示商品的质量、主要原料、功能、用途、重量、数量及其他特点的,以及缺乏显著特征的标志不得作为商标注册。人民法院在审理商标授权确权行政案件时,应当根据诉争商标指定使用商品的相关公众的通常认识,从整体上对商标是否具有显著特征进行审查判断。标志中含有的描述性要素不影响商标整体上具有显著特征,相关公众能够以其识别商品来源的,应当认定其具有显著特征。本案中,申请商标由英文单词"BEST"、"BUY"以及黄色的标签方框构成,虽然其中的"BEST"和"BUY"对于指定使用的服务具有一定描述性,但是加上标签图形和鲜艳的颜色,整体上具有显著特征,便于识别。同时,根据新查明的事实,申请商标在国际上有较高知名度,且申请商标在我国已经实际使用,经过使用也具有了一定的知名度。综合上述因素,申请商标能够起到识别服务来源的功能,相关公众能够以其识别服务来源。

商标评审委员会和一、二审法院对申请商标的显著性没有进行整体判断,同时未考虑佳选公司新提交的证据,认定申请商标不具有显著性的结论错误,予以纠正。

综上所述,最高人民法院判决撤销一、二审判决和第5222号决定,判令商标评审委员会重新作出复审决定。

李龙泉侵犯著作权罪案

——阅读提示:复制、发行多种境外音像制品如何认定"未经著作权人许可"?复制、发行多种境外音像制品什么情况下构成侵犯著作权罪?刑法与社会经济发展的关系?

【裁判要旨】

认定"未经著作权人许可",一般应当根据著作权权利人出具的版权认证文书,但在境外音像制品种类众多且权利人分散在国内外的情况下,有证据证明涉案复制品是非法出版、复制发行的,且出版者、复制发行者不能提供获得著作权人许可的相关证明文件材料的,可以认定为"未经著作权人许可"。

复制、发行境外音像制品案件存在违法所得数额、非法经营数额及复制品数量三个认定标准,只要符合其中任何一个标准即可以根据相关情节认定是否构成侵犯著作权罪。

《刑法》有维护市场经济秩序的职能,在特殊社会经济背景下,正确发挥《刑法》的威慑作用尤为重要。

【案号】

一审:北京市昌平区人民法院〔2011〕昌刑初字第390号

【案情与裁判】

公诉机关:北京市昌平区人民检察院

被告人:李龙泉

起诉与答辩

北京市昌平区人民检察院以京昌检刑诉〔2010〕1122号起诉书指控被告人李龙泉犯侵犯著作权罪,于2011年3月28日向北京市昌平区人民法院提起公诉。

被告人李龙泉对公诉机关的指控未提出异议,自愿认罪。辩护人的辩护意见为,被告人李龙泉具有自首情节,认罪态度较好,系初犯、偶犯,有悔罪表现,请求法庭对被告人李龙泉从轻处罚并适用缓刑。

一审审理查明

法院审理查明:2009年年初至2010年6月间,被告人李龙泉在北京市昌平区回龙观镇龙跃苑一区以北京新天地娱动科技有限公司的名义,以营利为目的,未经著作权人华纳家庭娱乐公司、博伟家庭娱乐公司、二十世纪福斯家庭娱乐国际公司、东映动画株式会社、吉卜力工作室股份有限公司、读卖电视台、株式会社PIERROCO. LTD的许可,擅自复制发行上述公司拥有著作权的《成长的烦恼》、《六人行》、《英雄》、《疯狂的主妇》、《越狱》、《海贼王》、《宫崎骏》、《名侦探柯南》、《火影忍者》九种影视作品,共计50,000余张。经国家版权局会同相关部门确认,上述影视作品均系盗版影视作品。2010年6月20日被告人李龙泉被公安机关抓获。

一审判理和结果

一审法院认为,被告人李龙泉以营利为目的,未经著作权人许可,复制发行影视作品50,000余张,情节特别严重,其行为已构成侵犯著作权罪,依法应予惩处。辩护人刘军关于被告人李龙泉具有自首情节,请求对被告人李龙泉适用缓刑的辩护意见,因被告人李龙泉系被公安机关抓获到案,不具有自动投案的情节,依法不能认定自首,该辩护意见本院不予采纳;其余辩护意见,本院酌情予以采纳。鉴于被告人李龙泉认罪态度较好,简化适用刑事普通程序审理本案,酌情予以从轻处罚。依照《中华人民共和国刑法》第217条第(1)项、第52条、第53条、第64条之规定,判决如下:

一、被告人李龙泉犯侵犯著作权罪,判处有期徒刑四年六个月,并处罚金人民币3万元。

二、在案扣押光盘依法予以没收。

韩恒东等侵犯著作权罪案

——阅读提示:未经网络游戏制作商或运营商授权,私自架设网络游戏服务器,谋取非法利益应如何定罪处罚?

【裁判要旨】

根据《中华人民共和国刑法》第217条的规定,侵犯著作权罪是指以营利为目的,有下列侵犯著作权情形之一,违法所得数额较大或者有其他严重情节的行为:(一)未经著作权人许可,复制发行其文字作品、音乐、电影、电视、录像作品、计算机软件及其他作品的;(二)出版他人享有专有出版权的图书的;(三)未经录音录像制作者许可,复制发行其制作的录音录像的;(四)制作、出售假冒他人署名的美术作品的。

网络游戏商开发的网络游戏属于计算机软件。当前网络游戏行业普遍存在的架设私服的行为是对网络游戏软件著作权人合法权益的侵害,如果私服架设者以营利为目的并达到数额较大标准即触犯刑事法律,构成侵犯著作权罪。

【案号】

一审:辽宁省沈阳市于洪区人民法院〔2011〕于刑少初字第31号

二审:辽宁省沈阳市中级人民法院〔2011〕沈刑二终字第510号

【案情与裁判】

公诉机关:沈阳市于洪区人民检察院

被告人:韩恒东

被告人:徐清华

被告人(二审上诉人):沈思阳

被告人(二审上诉人):武奇

被告人(二审上诉人):苏喆

被告人:闫蕻

被告人:沈海

辽宁省沈阳市于洪区人民检察院以韩恒东、徐清华、沈思阳、武奇、苏喆、闫蕻、沈海犯侵犯著作权罪于2011年6月9日向辽宁省沈阳市于洪区人民法院提起公诉。

法院审理查明

沈阳市于洪区人民法院一审审理查明:2009年5月至2011年3月23日,被告人韩恒东先后伙同徐清华、沈思阳、武奇、苏喆、闫蕻、沈海等人，在沈阳市于洪区黄海路31－11号531室内，未经“热血传奇”游戏软件著作权人（上海盛大网络发展有限公司）许可，以营利为目的，自建火速网站发布广告，招揽热血传奇游戏私服客户，为客户架设热血传奇游戏私服，对热血传奇私服网络进行维护，保障游戏正常运行，从中获取客户私服初装费、私服托管费及热血传奇游戏玩家买装备、元宝分成款等金钱利益。其中被告人韩恒东、徐清华、沈思阳涉案金额人民币32万余元，被告人武奇涉案金额人民币18万余元，被告人苏喆、闫蕻涉案金额人民币16万余元，被告人沈海涉案金额人民币9万余元。七被告人于2011年3月24日被抓获。

被告人韩恒东、徐清华、沈思阳、武奇、苏喆、闫蕻、沈海对上述事实无异议。

一审判理和结果

沈阳市于洪区人民法院一审认为，被告人韩恒东、徐清华、沈思阳、武奇、苏喆、闫蕻、沈海的行为均已构成侵犯著作权罪。被告人韩恒东系主犯，被告人徐清华、沈思阳、武奇、苏喆、闫蕻、沈海系从犯。依照《中华人民共和国刑法》第217条、第25条第1款、第52条、第72条第1款、第73条第2款和第3款、第26条、第27条、第64条之规定，作出判决：

1. 被告人韩恒东犯侵犯著作权罪，判处有期徒刑三年缓刑四年，并处罚金人民币五万元；被告人徐清华犯侵犯著作权罪，判处有期徒刑二年缓刑二年，并处罚金人民币二万五千元；被告人沈思阳犯侵犯著作权罪，判处有期徒刑二年缓刑二年，并处罚金人民币二万五千元；被告人武奇犯侵犯著作权罪，判处有期徒刑一年缓刑一年，并处罚金人民币二万元；被告人苏喆犯侵犯著作权罪，判处有期徒刑一年缓刑一年，并处罚金人民币一万五千元；被告人闫蕻犯侵犯著作权罪，判处有期徒刑一年缓刑一年，并处罚金人民币一万五千元；被告人沈海犯侵犯著作权罪，判处有期徒刑六个月缓刑六个月，并处罚金人民币一万元。

2. 被告人韩恒东退还赃款人民币十六万元，没收上缴国库。

上诉与答辩

一审宣判后，原审被告人沈思阳、武奇、苏喆不服，提出上诉。上诉理由是：受雇于韩恒东，不明知架设私服是犯罪。

沈阳市中级人民法院经二审，确认了一审查明的事实。

二审判理和结果

沈阳市中级人民法院二审认为，上诉人沈思阳、武奇、苏喆，原审被告人韩恒东、徐清华、闫蕻、沈海以营利为目的，在未经著作权人许可的情况下，复制他人计算机软件，其行为均已构成侵犯著作权罪。一审考虑到被告人的具体作用、返赃情况、认罪态度及悔罪表现，从教育、挽救的角度出发，对各被告人均判处缓刑，量刑适当，审判程序合法。

在向三名上诉人分析了其行为的性质，认真讲解了法律法规后，三名上诉人主动撤回上诉。据此，沈阳市中级人民法院依照《最高人民法院关于执行〈中华人民共和国刑事诉讼法〉若干问题的解释》第239条之规定，于2011年10月17日作出裁定：准许上诉人（原审被告人）沈思阳、武奇、苏喆撤回上诉。

张乐等侵犯著作权、销售侵权复制品罪案

——阅读提示:韩国公司的游戏软件著作权是否受我国法律保护?侵权复制品销售者与侵权复制行为人就复制、销售有无共谋和分工,在定罪上有无区别?

【裁判要旨】

中国与韩国同为《保护文学和艺术作品伯尔尼公约》(以下简称《伯尔尼公约》)成员国,韩国公司的计算机软件著作权在中国受法律保护。

销售侵权复制品的行为既可认定为《刑法》第217条的“发行”而构成侵犯著作权罪,也可认定为《刑法》第218条的“销售”而构成销售侵权复制品罪,区别的关键在于销售者与复制者就复制、销售行为有无共谋和分工,以及是否具备“广告方式推销”的条件。

【案号】

一审:上海市浦东新区人民法院〔2010〕浦刑初字第3240号

二审:上海市第一中级人民法院〔2011〕沪一中刑终字第411号

【案情与裁判】

公诉机关:上海市浦东新区人民检察院

被告人:张乐

被告人(二审上诉人):黄谦

被告人(二审上诉人):梁文宇

被告人:阮晓霞

被告人:刘阳

起诉与答辩

上海市浦东新区人民检察院于2010年12月15日起诉指控,《冒险岛》是经审批引进的互联网游戏出版物,上海盛大网络发展有限公司系该游戏在中国大陆的独家代理运营商。自2007年起,张乐未经许可,同黄谦一起,制作了该游戏的外挂程序,并将之命名为“CS辅助”予以销售。经鉴定,该外挂程序全面引用复制了《冒险岛》网络游戏客户端程序。自2010年2月起,张乐以月卡、周卡的形式将“CS辅助”外挂程序交梁文宇总代理销售,其本人和黄谦负责继续对外挂程序进行修改,以应对《冒险岛》游戏的技术更新。梁文宇明知受托销售的“CS辅助”未经授权制作,仍对外批发该外挂程序,2010年6月至2010年9月,销售金额为人民币1,565,822元(以下币种均为人民币)。阮晓霞、刘阳明知“CS辅助”系外挂程序,仍自梁文宇处购买,并在其开设的淘宝网网店中通过广告对外销售。其中阮晓霞购进金额为537,850元,销售金额为478,802元;刘阳购进金额为870,800元,销售金额为364,461元。

公诉机关认为:张乐、黄谦共同制作外挂程序,是一种共同的复制行为。梁文宇明知张乐在制作外挂程序的情况下,承担了总代理的销售工作。三被告人以营利为目的,未经著作权人许可,复制发行其计算机软件,情节特别严重,均已触犯《刑法》第217条第(1)项之规定,构成侵犯著作权罪。阮晓霞、刘阳系从梁文宇处批发侵权软件,在网店以广告形式销售,属于司法解释规定的发行行为,应分别对其认定为侵犯著作权罪。对五名被告人都应在《刑法》

规定的三年以上七年以下幅度内量刑，并处罚金。张乐、黄谦、梁文宇在共同犯罪中的作用虽有大小，但均不可或缺、必不可少，不应当区分主从犯，但仍可区别其作用酌情量刑。梁文宇能够交代同案犯张乐的有关情况，可酌情予以从轻。建议法庭针对各被告人的不同认罪、悔罪态度酌情区别量刑。

五名被告人对起诉书指控均无异议。张乐的辩护人辩称：张乐与梁文宇并非共同犯罪，故其犯罪数额不应以梁文宇的销售数额认定；张乐并不掌握外挂制作的核心技术，在犯罪中的作用不大，且制作外挂比复制整个软件危害性小，请求从轻处罚并适用缓刑。黄谦的辩护人辩称：黄谦只是在张乐的指使下制作了外挂程序中的一小部分，应定其从犯，请求从轻处罚并宣告缓刑。梁文宇的辩护人辩称：梁文宇未与张乐、黄谦事先通谋制作外挂，也未共享制作外挂的利润，其行为应适用《刑法》第218条的规定，请求减轻处罚并宣告缓刑。阮晓霞及其辩护人辩称：阮晓霞在网店上的产品介绍不属于广告，其行为只是销售侵权复制品。而《刑法》第218条又规定此行为非法所得数额巨大才构成犯罪，请求从轻判处拘役或免予刑事处罚。刘阳的辩护人辩称：刘阳仅是单纯的销售行为，也未达到《刑法》第218条非法所得数额巨大的条件，请求对其免予刑事处罚。

一审审理查明

《冒险岛》(MAPLE STORY)网络游戏版权所有人为韩国内克松(NEXON)公司，2004年由我国国内企业取得韩国NEXON公司许可并经中华人民共和国文化部、新闻出版总署批准运营和网络出版。

2007年起，张乐伙同黄谦针对《冒险岛》网络游戏研究制作外挂程序。2010年2月起，黄谦专门负责制作外挂的功能模块，张乐编写外挂主程序，进行模块整合、功能细化，将外挂程序细分为周卡、月卡，取名为“CS辅助”。“CS辅助”全面引用复制了《冒险岛》网络游戏客户端程序。2010年6～9月黄谦收到张乐转账的违法所得19.9万元。为集中打开销售渠道，张乐与梁文宇通谋，自2010年2月起，由张乐提供外挂，梁文宇担任外挂的销售总代理负责销售外挂。梁文宇还受张乐委托租用服务器用于防止网络攻击。张乐与梁文宇之间以“CS辅助”周卡每张4元、月卡每张14元的价格结算，2010年6月22日～9月16日梁文宇支付给张乐外挂结算款1,412,100元。梁文宇通过其在淘宝网上的店铺将“CS辅助”以周卡约5.5元、月卡约16元的价格对外销售，2010年6月30日～9月16日梁文宇销售给阮晓霞、刘阳等人外挂的金额为1,565,822元。

2010年2月起，阮晓霞以营利为目的，明知系外挂程序于2010年6月18日～9月14日向梁文宇购买“CS辅助”金额为537,850元，事后在其淘宝网上的店铺以周卡10元、月卡30元的价格对外销售。网店首页上部有“品质保证，信誉专卖”字样，分设有不同的销售产品栏目。期间，阮晓霞对外销售外挂金额为478,802元。

2010年6月起，刘阳以营利为目的，明知系外挂程序于2010年6月17日～9月14日向梁文宇购买“CS辅助”金额为870,800元，事后在其淘宝网上的店铺以周卡10元，月卡18元、25元或30元不等的价格对外销售。网店页面上有“祝大家2010年发财　冒险岛”等字句，另挂有各类销售“宝贝”，其中有涉案的外挂。2010年8月11日～9月15日刘阳对外销售外挂金额为364,461元。

2010年7月，上海市公安局浦东分局接到报案，经侦查先后将各被告人抓获。

一审判理和结果

一审法院认为:由韩国 NEXON 公司享有著作权的《冒险岛》网络游戏的计算机软件著作权应受我国法律保护。张乐与黄谦未经权利人许可,共同研发、制作复制该游戏软件客户端程序的外挂程序。张乐又与梁文宇合谋分工,由张乐提供外挂,梁文宇作为销售总代理负责销售,其互相明知,分工明确,符合共犯的特质。三被告人以营利为目的,未经著作权人许可共同复制发行《冒险岛》网络游戏软件客户端程序,且非法经营数额巨大,情节特别严重,依照《刑法》第 217 条的规定,构成侵犯著作权罪。阮晓霞、刘阳以营利为目的,明知《冒险岛》外挂程序侵犯游戏软件著作权人权利,仍然大量购进并销售,且销售金额、未销售的侵权复制品货值金额超过了刑事追诉标准,构成销售侵权复制品罪。

根据五名被告人行为的性质、危害后果、认罪态度等,依照《刑法》第 217 条、第 218 条、第 25 条第 1 款、第 52 条、第 53 条、第 64 条,《最高人民法院、最高人民检察院关于办理侵犯知识产权刑事案件具体应用法律若干问题的解释》第 5 条第 2 款第(1)项和第(2)项、第 12 条第 1 款和第 2 款,《最高人民法院、最高人民检察院关于办理侵犯知识产权刑事案件具体应用法律若干问题的解释(二)》第 4 条之规定,判决:被告人张乐犯侵犯著作权罪,判处有期徒刑五年,罚金人民币 130 万元;被告人黄谦犯侵犯著作权罪,判处有期徒刑四年,罚金人民币 70 万元;被告人梁文宇犯侵犯著作权罪,判处有期徒刑三年六个月,罚金人民币 60 万元;被告人阮晓霞犯销售侵权复制品罪,判处拘役六个月,罚金人民币 30 万元;被告人刘阳犯销售侵权复制品罪,判处拘役六个月,罚金人民币 20 万元;各被告人的违法所得及被扣押的电子设备予以没收。

上诉与答辩

判决后,黄谦、梁文宇不服,提出上诉。黄谦及其辩护人提出:原判定性错误,应当认定为破坏计算机信息系统罪,因为涉案的"CS 辅助"程序并没有复制《冒险岛》软件程序;黄谦在共同犯罪中处于从属地位,应认定为从犯,且认罪态度较好,有退赔行为,故请求二审法院从轻处罚。梁文宇提出其未与张乐、黄谦事先通谋制作外挂程序,也非销售总代理,其行为性质与阮晓霞、刘阳相同,应认定为销售侵权复制品罪;且认罪态度较好,为侦破案件提供了线索,请求二审法院减轻处罚。张乐对原判的定性持有异议,请求对涉案程序进行重新鉴定。阮晓霞、刘阳对原判的定罪量刑均无异议。

上海市人民检察院第一分院出庭意见认为,张乐、黄谦制作的"CS 辅助"外挂程序是对《冒险岛》客户端软件的非法复制,其行为已构成侵犯著作权罪。黄谦积极参与,起了十分重要的作用,不能认定为从犯。梁文宇与张乐共谋商定各自分工,制作和销售外挂软件。原判认定各名被告人犯罪的事实清楚,证据确实、充分,且量刑适当,审判程序合法,建议二审法院驳回上诉,维持原判。

二审判理和结果

二审法院认为,原审经过庭审查证属实的司法鉴定意见书证实,外挂源程序"CS 辅助"对《冒险岛》网络游戏客户端程序进行了全面引用复制。两上诉人和张乐在原审庭审中对该鉴定意见均无异议,现张乐要求重新鉴定,不予支持。黄谦与张乐分工负责制作外挂程序,且黄谦在其中发挥了积极作用,鉴于该外挂程序系对《冒险岛》网络游戏客户端程序的全面引用复制,故原判认定两人未经权利人许可,复制他人的计算机软件并无不当。另外,张乐与梁文宇商定,由梁作为销售总代理负责销售外挂,梁文宇还受张乐的委托租用服务器用于控制周卡、月卡客户的验证及防止验证服务器受到网络攻击。故梁文宇与张乐自2010年2月起,事前预谋,事中帮助,积极实施外挂程序的发行行为。据此,原判认定三名被告人犯侵犯著作权罪,不分主从犯,具有事实和法律依据,应予支持。

二审法院认为,原判认定事实清楚,证据确实、充分,审判程序合法,定罪量刑并无不当。依照《刑事诉讼法》第189条第(1)项之规定,裁定:驳回上诉,维持原判。

熊四传假冒注册商标罪刑事附带民事诉讼案

——阅读提示:在知识产权刑事附带民事诉讼案件的审理中,刑事部分和民事部分有哪些方面的区别?应当如何分别确定刑事责任与民事责任?

【裁判要旨】

审理知识产权刑事附带民事诉讼案件,应分别体现刑事审判有利被告和民事审判平等保护的思维方式,按照刑事诉讼排除合理怀疑和民事诉讼优势证据的证明标准,确定罪刑相适应的刑事责任和依法酌定赔偿数额的民事责任。

【案号】

一审:湖北省宜昌市中级人民法院〔2011〕宜中知刑初字第3号

二审:湖北省高级人民法院〔2011〕鄂知刑终字第1号

【案情与裁判】

原公诉机关:湖北省宜昌市人民检察院

刑事附带民事诉讼原告人(二审被上诉人):宜昌市璜时得黏合剂开发有限公司(以下简称璜时得公司)

被告人、刑事附带民事诉讼被告人(二审上诉人):熊四传

刑事附带民事诉讼被告人(二审上诉人):熊雅梦

起诉与答辩

湖北省宜昌市人民检察院指控被告人熊四传犯假冒注册商标罪,于2011年5月31日向一审法院提起公诉,一审法院在审查中,璜时得公司以熊四传、熊雅梦侵害该公司商标权为由,提起附带民事诉讼,一审法院决定一并受理。

湖北省宜昌市人民检察院指控:被告人熊四传未经“璜时得”黏合剂注册商标所有权人璜时得公司许可,在湖北省鄂州市租赁厂房生产假冒“璜时得”注册商标黏合剂并进行销售,其销售金额为364,232元(人民币,下同),公安机关在抓获被告人熊四传时现场查获假冒“璜时得”注册商标黏合剂产品价值49,140元。被告人熊四传在黏合剂外包装盒容器上使用与“璜时得”注册商标在视觉上基本无差别、足以对公众产生误导的假冒商标,并销售假冒“璜时得”注册商标黏合剂,情节特别严重,其行为已经触犯《刑法》第213条,应当以假冒注册商标罪追究其刑事责任。

刑事附带民事诉讼原告人璜时得公司诉称,熊四传及其子熊雅梦未经该公司许可,生产假冒的“璜时得”注册商标黏合剂

并销售到河北、山东、河南等地，销售假冒“璜时得”注册商标黏合剂时间长、范围广、获利大，给该公司造成巨大经济损失，请求法院判决：熊四传、熊雅梦赔偿璜时得公司经济损失和合理开支合计676,683元。

被告人熊四传辩称：对公诉机关指控的罪名没有异议，但对指控的销售金额和假冒产品数量持有异议；其辩护人认为公诉机关指控熊四传假冒“璜时得”注册商标黏合剂销售金额364,232元的证据不足，故熊四传生产、销售假冒注册商标的产品金额只有49,140元，未达到定罪标准，熊四传的行为不构成犯罪。

被告人熊四传及刑事附带民事诉讼被告人熊雅梦还辩称：对于民事赔偿部分，璜时得公司主张赔偿的依据不足，不应赔偿该公司所主张的676,683元。

一审审理查明

自2007年起，被告人熊四传先后在鄂州市七里界村、鄂州市鄂城区五里墩村租房，然后由其子熊雅梦通过东莞市浩迪五金厂印制假冒“璜时得”注册商标的黏合剂外包装彩印圆罐，伙同熊雅梦大肆生产、销售假冒璜时得公司享有注册商标专用权的“璜时得”黏合剂产品。其中，公安机关2010年11月26日在被告人熊四传制假窝点扣押的假冒“璜时得”注册商标的黏合剂产品鉴定价值49,140元；向河北石家庄、河南洛阳、山东济南等地销售的假冒“璜时得”注册商标的黏合剂产品价值240,432元。具体犯罪事实有：1. 2010年11月26日，公安机关在被告人熊四传的制假窝点及其住所、熊雅梦的住所扣押假冒“璜时得”注册商标的黏合剂732组、固化剂348瓶。经宜昌市物价局价格认证中心鉴定，该批货物价值49,140元。2. 2007年7月至2010年8月，被告人熊四传以及熊雅梦以“付云高”、“刘公平”等名义向河南洛阳市西工区合乐物资供应站的高希云销售假冒“璜时得”注册商标的黏合剂产品共计44件，价值27,720元。3. 2008年4月至2010年9月，被告人熊四传以及熊雅梦以“熊世兴”、“刘公平”等名义向山东济南尚记化工商店的尚随新销售假冒“璜时得”注册商标的黏合剂产品共计162件，价值116,640元。4. 2009年5月至2010年9月，被告人熊四传以及熊雅梦以“刘云喜”、“刘公平”名义向山东济南天丰化工黏合剂公司的张玺强销售假冒“璜时得”注册商标的黏合剂产品共计46件，价值33,120元。5. 2009年2月至2010年10月，被告人熊四传以及熊雅梦以“熊世兴”、“刘公平”名义向河北石家庄中原橡塑有限公司(以下简称石家庄中原公司)销售假冒“璜时得”注册商标的黏合剂产品共计1166套(桶、组)，价值62,952元。

一审判理和结果

宜昌市人民检察院指控被告人熊四传犯假冒注册商标罪的罪名成立，被告人熊四传伙同熊雅梦在实施假冒注册商标犯罪中的非法经营数额达289,572元，情节特别严重，应当依法追究刑事责任。公诉机关指控被告人熊四传犯假冒注册商标罪的部分事实证据不足，其中熊四传、熊雅梦向石家庄中原公司、山东济南尚随新和张玺强、河南洛阳高希云销售的产品既包括假冒“璜时得”注册商标的黏合剂产品，也包括以“配件”、“化工配件”名义销售的不能确定为假冒“璜时得”注册商标的黏合剂产品或者运输货物名称不明，故一审法院对被告人熊四传的部分辩解意见予以采纳。被告人熊四传、熊雅梦共同实施假冒“璜时得”注册商标的黏合剂产品的违法犯罪行为，侵犯了璜时得公司的注册商标专用权，应当对璜时得公司的损失予以赔偿，一审法院酌情决定由熊四传、熊雅梦连带赔偿璜时得公司的经济损失30万元。据此，一审法院判决如下:一、被告人熊四传犯假冒注册商标罪,判处有期徒刑三年,缓刑四年,并处罚金人民币 15 万元(缓刑考验期从判决确定之日起计算;罚金限本判决生效后三个月内缴纳)。二、被告人熊四传、熊雅梦连带赔偿璜时得公司经济损失人民币 30 万元,限本判决生效后一个月内履行。三、驳回璜时得公司的其他诉讼请求。

上诉与答辩

被告人熊四传不服一审判决,上诉提出:一审判决认定熊四传的犯罪事实及非法销售金额错误;一审判决适用法律错误,熊四传的行为不构成假冒注册商标罪;一审判决中附带民事赔偿的数额、计算依据、适用法律错误。请求:(1)撤销一审判决第一项,改判熊四传无罪;(2)撤销一审判决第二项,改判熊四传、熊雅梦连带赔偿璜时得公司经济损失 14,742 元。

熊四传的辩护人的辩护意见为:熊四传假冒“璜时得”黏合剂的事实是存在的,但不构成犯罪,一审认定熊四传销售了 240,432 元假冒“璜时得”黏合剂的事实不清、证据不足。

刑事附带民事诉讼被告人熊雅梦不服一审判决,上诉提出:一审判决认定熊雅梦与熊四传的非法销售金额错误,附带民事赔偿的数额、计算依据、适用法律错误,本案应以一审法院查明并经熊雅梦和熊四传确认的 49,140 元为基数,按照 30% 的利润率,确定赔偿数额为 14,742 元。请求:撤销一审判决第二项,改判熊雅梦赔偿璜时得公司经济损失 14,742 元。

湖北省人民检察院二审出庭履行职务的检察员的意见如下:一审判决认定事实清楚,证据确实充分,定罪准确,量刑适当,审判程序合法,上诉人熊四传的上诉理由及其辩护人的辩护意见均不能成立,建议二审驳回上诉,维持原判。

被上诉人璜时得公司二审庭审答辩称:一审审判程序合法,适用法律正确,请求:驳回上诉,维持原判。

二审判理查明

一审判决认定熊四传以及熊雅梦向高希云销售价值 27,720 元、向尚随新销售价值 116,640 元、向张玺强销售价值 33,120 元假冒“璜时得”注册商标的黏合剂产品的证据不足,二审法院不予认定;一审判决认定熊四传以及熊雅梦向石家庄中原公司销售假冒“璜时得”注册商标的黏合剂产品共计 1166 套(桶、组)、价值 62,952 元错误,二审法院确认为 1214 套(桶、组)、价值 65,448元;一审判决对公安机关在熊四传制假窝点扣押的假冒“璜时得”注册商标的黏合剂产品鉴定价值 49,140 元等其他事实的认定清楚,证据确实、充分,二审法院予以确认。

二审判理和结果

1. 关于认定熊四传向高希云、张玺强、尚随新销售假冒“璜时得”注册商标的黏合剂的证据是否确实、充分的问题。经审查认为,物流公司提供的货运清单并未注明所运黏合剂的品牌为“璜时得”,三名买家证人的证言前后矛盾,一审将熊四传销售给高希云、张玺强、尚随新的“配件”、“化工配件”等予以剔除,而将“黏合剂”全部认定为假冒“璜时得”黏合剂的证据不足。本案因不能确定熊四传向高希云、张玺强、尚随新销售假冒“璜时得”黏合剂的数量,根据有利被告的原则,二审法院对一审认定的熊四传向以上三名买家销售假冒“璜时得”黏合剂的数量及价值,不予认定。

2. 关于熊四传向石家庄中原公司销售假冒“璜时得”注册商标的黏合剂的证据是否确实、充分的问题。经审查,指证熊四传向石家庄中原公司销售假冒“璜时得”黏合剂的证据能够环环相扣,形成锁链:第一,该公司负责"璜时得"黏合剂购销的陈建斌证实,提供"璜时得"黏合剂的供应商使用的手机号码是13039077903;第二,公安机关在熊雅梦的住所查获了上述号码手机一部,证实该手机的持有人为熊雅梦;第三,熊四传的供述和熊雅梦的证言证实该手机号码为此二人使用;第四,佳吉快运公司、宇鑫物流公司提供的货运清单证实,2009~2010年期间,"熊世兴"和"刘公平"向石家庄中原公司的统一收货人魏忠敏提供了13批名称为"黏合剂"、"配件"、"化工配件"和名称不明的货物;第五,熊四传的供述和熊雅梦的证言证实,此二人以"熊世兴"和"刘公平"的名义发货,熊四传的供述和黄志林的证言还证实,熊四传主要通过佳吉快运公司和宇鑫物流公司两家物流公司发货;第六,石家庄中原公司的采购入库明细单证实,2009~2010年期间,该公司共采购了价值76,232元的"璜时得"黏合剂;第七,该公司采购入库的"璜时得"黏合剂中,有价值65,448元的黏合剂,在时间和数量上与两家物流公司货运清单记载的13批货物的情况互相印证,可以证实其中名称为"配件"、"化工配件"和名称不明的货物均为"璜时得"黏合剂,入库单中另有10,784元的"璜时得"黏合剂,因无物流公司的货运清单印证,二审法院不予认定。据此可以认定,熊四传向石家庄中原公司销售价值65,448元的假冒"璜时得"注册商标的黏合剂的证据确实、充分。

3.关于一审判决确定的赔偿数额是否合理的问题。本案中,上诉人熊四传、熊雅梦除二审认定的销售数量之外,还向全国多个省份销售过假冒"璜时得"注册商标的黏合剂产品,其销售数量和金额虽无法确定,但销售侵权产品的事实客观存在,上诉人熊四传、熊雅梦销售侵权产品的全部获利以及被上诉人璜时得公司因被侵权受到的全部损失均无法确定。本案认定扣押和销售的假冒产品的价值只是确定熊四传刑事责任的依据,但不能成为民事赔偿的标准。一审酌情决定由熊四传、熊雅梦连带赔偿璜时得公司的经济损失30万元,符合法律规定,依法予以维持。

综上所述,二审法院认为,上诉人熊四传未经"璜时得"注册商标所有权人璜时得公司许可,在同一种商品上使用与他人注册商标相同的商标,非法经营数额达114,588元,其行为已构成假冒注册商标罪,属于情节严重,应当依法追究刑事责任。一审判决定罪准确,附带民事赔偿处理适当。审判程序合法。但量刑不当,应予纠正。据此,二审法院判决:(1)维持一审刑事附带民事判决中对上诉人熊四传的定罪部分及该判决中的附带民事部分,撤销该判决中对熊四传的量刑部分。(2)上诉人熊四传犯假冒注册商标罪,判处有期徒刑二年,缓刑三年,并处罚金人民币10万元(缓刑考验期从判决确定之日起计算;罚金于判决发生法律效力之日起三个月内缴纳)。

王学海等侵犯著作权罪案

——阅读提示:盗版书籍复制完成后未销售出去即被查获,犯罪形态是既遂还是未遂?其他参与人明知他人侵犯他人著作权,仍然提供帮助,应如何认定其犯罪数额?

【裁判要旨】

未经著作权人许可,复制发行其文字作品及出版他人享有专有出版权的图书后,又销售该侵权复制品,构成侵犯著作权罪。盗版书籍复制完成后虽然有大量盗版书籍未销售出去即被查获,但同样构成侵犯著作权罪的既遂。

其他参与人明知他人侵犯他人著作权,仍然提供印刷、发行、仓储等帮助,应当认定为侵犯著作权的共犯,按照实际参与侵犯盗版图书册数的码洋数来认定其犯罪数额,而不应全部盗版图书册数的码洋数来认定其犯罪数额。

【案号】

一审:湖南省长沙市雨花区人民法院〔2011〕雨刑初字第546号

【案情与裁判】

公诉机关:湖南省长沙市雨花区人民检察院

被告人:王学海

被告人:余艳平

被告人:余云长

被告人:何新兵

被告人:陈细龙

被告人:文献铭,系湖南省长沙市荣鑫印务有限公司法定代表人

被告人:单绪春,系湖南省长沙市师范学校印刷厂经营者

起诉与答辩

湖南省长沙市雨花区人民检察院以长雨检刑诉〔2011〕498号起诉书指控被告人王学海、余艳平、陈细龙、余云长、何新兵、文献铭、单绪春犯侵犯著作权罪,于2011年11月9日向法院提起公诉。湖南省长沙市雨花区人民检察院指控,2008年年底至2011年1月间,被告人王学海、余艳平以营利为目的,制作并销售盗版图书,按码洋的3折或3.5折销往全国各地。2010年4月至案发,被告人王学海、余艳平累计销售盗版图书222,288册,码洋共计5,294,142.3元。期间,被告人王学海先后纠集被告人陈细龙、何新兵、余云长为其制作、销售盗版图书提供协助。其中被告人陈细龙、何新兵负责驾驶面包车按被告人王学海的指令运送盗版图书,包括盗版图书的入库及出库。2010年年初,被告人王学海联系被告人文献铭、单绪春要求印刷图书,二人为牟取非法利益,明知为盗版图书仍然多次帮其印刷,并联系装订厂将印制的盗版图书装订成册。其中,被告人文献铭印制了《儿科学》等盗版图书共计6万余册,码洋达200余万元。被告人单绪春印制《皮肤性病学》等盗版图书,共计27,000册,码洋达1,044,000元。2011年1月19日17时30分许,湖南省长沙市文化市场综合执法局查获了被告人王学海存放的盗版图书共计166种、455,352册,码洋达1300余

万元。

湖南省长沙市雨花区人民检察院认为,被告人王学海、余艳平、余云长、陈细龙、何新兵、文献铭、单绪春以营利为目的,未经著作权人许可,复制、发行其文字作品及出版他人享有专有出版权的图书,情节特别严重,其行为已触犯《刑法》第217条第(1)项、第(2)项之规定,应当以侵犯著作权罪追究其刑事责任。本案系共同犯罪,被告人王学海系主犯,应适用《刑法》第25条第1款,第26条第1款、第4款;被告人余艳平、余云长、陈细龙、何新兵、文献铭、单绪春系从犯,应适用《刑法》第25条第1款、第27条。

被告人王学海、余艳平、余云长、陈细龙、文献铭对于起诉书指控的犯罪事实供认属实,没有提出异议。

被告人王学海的辩护人的主要辩护意见是本案销售的下线没找到,故对起诉指控的销售金额有异议。

被告人余艳平的辩护人的主要辩护意见是本案的胶片是被告人王学海朋友留下来的,故被告人王学海只是在被告人文献铭、单绪春处印刷书籍才构成侵犯著作权罪;被告人余艳平是因为家里条件困难,其丈夫被告人王学海多次提出才参与。

被告人何新兵辩称自己只负责搬货,没有参与运输。

被告人陈细龙的辩护人的主要辩护意见是被告人陈细龙为被告人王学海运输图书,只是为了生计,主观恶性较小,和营利有本质区别。

被告人文献铭的辩护人的主要辩护意见是本案胶片、纸张都是由被告人王学海提供的,被告人文献铭只是从中收受了劳务费,且印刷出来的书籍不能直接销售,定价多少在他那里不能体现,故不能以码洋确定,也不能从非法经营额计算。被告人王学海付的3万元装订费不能算为被告人文献铭的非法所得。

被告人单绪春主要辩称印刷只是侵犯著作权复制、出版、销售中一个较小的环节,前期制作与后期销售自己均没有参与。被告人王学海前来办理印刷业务时自己找被告人王学海要过印刷手续,后来确认是盗版书后就没有再印了,自己只是承接了盗版印刷业务,也只收取了应得的加工费,根本不存在与码洋的关系。

一审审理查明

湖南省长沙市雨花区人民法院一审审理查明:被告人王学海于2007年8月3日因参与梁云(已判刑)等人制作、销售盗版图书一案被作不起诉处理后,于2008年年底至2011年1月间纠集被告人余艳平(被告人王学海之妻)以营利为目的,未经于洁等著作权人许可,复制并发行由于洁等人著作、人民卫生出版社及湖南科技出版社出版的医学类教材《儿科学》等160余种图书。在此期间,被告人王学海还先后纠集被告人陈细龙、何新兵、余云长为其制作、销售盗版图书提供协助,先后租得两个仓库用于存放上述盗版图书,采取开车送货及货运站发货的方式,将盗版图书按码洋的3折或3.5折销往湖南省长沙市、北京市等地。其中被告人王学海负责选定盗版图书种类、联系买家、指令收货及发货等事项;被告人余艳平负责管理账目,发放工资等;被告人何新兵参与租仓库用于存放盗版图书,并与被告人陈细龙按被告人王学海的指令运送盗版图书,包括盗版图书的入库及出库;被告人陈细龙负责驾驶1辆面包车与被告人何新兵按被告人王学海的指令运送盗版图书;被告人余云长负责看守仓库、登记仓库中盗版图书入库和出库数、管理账目等事务。

在此期间,2010年年初,被告人王学海

联系被告人文献铭、单绪春要求印刷图书。被告人文献铭、单绪春为牟取非法利益，明知为盗版图书仍然多次帮其印刷，其中被告人文献铭在其所经营的湖南省长沙市荣鑫印务有限公司内印制了《儿科学》等盗版图书，共计6万余册（码洋达200余万元，非法经营数额为60余万元），被告人王学海实际支付被告人文献铭3万余元。被告人文献铭还联系书刊装订厂将印制的盗版图书装订成册（被告人王学海为此支付装订费3万余元）。被告人单绪春在其所经营的湖南省长沙市师范学校印刷厂内印制了《皮肤性病学》等盗版图书，共计27,000册（码洋达1,044,000元，非法经营数额为30余万元），被告人王学海实际支付被告人文献铭68,000余元。

2010年4月至案发，被告人王学海、余艳平累计销售盗版图书222,288册（码洋共计5,294,142.3元，非法经营数额为100余万元）。2011年1月19日17时30分许，湖南省长沙市文化市场综合执法局查获了被告人王学海存放图书的两个仓库，当场查获涉嫌盗版的图书共计166种、455,352册（码洋达1300余万元，非法经营数额为400余万元）与销售盗版图书的《销售明细账》、送货单、图书目录、人民卫生出版社防伪标志、人民卫生出版社出版《内科学》等图书胶片163种。此外还查获标明为人民卫生出版社出版的《内科护理学》（内芯）半成品2500册、《急救护理技术》（内芯）半成品1200册。经湖南省新闻出版局鉴定，上述查获的图书均属盗版的非法出版物。

一审判理和结果

湖南省长沙市雨花区人民法院认为，被告人王学海、余艳平、余云长、何新兵、陈细龙、文献铭、单绪春以营利为目的，未经著作权人许可，复制、发行其文字作品及出版他人享有专有出版权的图书，情节特别严重，其行为均已构成侵犯著作权罪，应予处罚。公诉机关指控的事实和罪名成立，本院予以支持。在共同犯罪中，被告人王学海起主要作用，是主犯，应当按照其参与的全部犯罪处罚；被告人余艳平、余云长、何新兵、陈细龙、文献铭、单绪春起次要作用，均系从犯，应当减轻处罚。被告人王学海、余艳平、余云长、文献铭案发后自愿认罪，且大部分盗版图书已被查获，依法均可以酌情从轻处罚。

虽然购买本案盗版图书的下线没有找到，但查获的《销售明细账》、送货单、图书目录等书证与各被告人的供述均予以证明，足以认定被告人王学海等人发行盗版图书的事实，且公诉机关对销售的金额作了实事求是的认定，故被告人王学海的辩护人关于本案销售的下线没找到，故对起诉指控的销售金额有异议的辩护意见与客观事实不符，不予采纳。

虽然胶片的来源没有找到，但被告人王学海以此大肆印刷，并进行销售，其行为同样构成侵犯著作权罪，故被告人余艳平的辩护人关于本案的胶片是被告人王学海朋友留下来的，故被告人王学海只是在被告人文献铭、单绪春处印刷书籍才构成侵犯著作权罪的辩护意见于法无据，不予采纳。

被告人何新兵不仅参与到印刷、装订厂收取盗版图书，还参与将盗版图书到货运站销售至全国各地，更参与租用仓库以存放盗版图书，故被告人何新兵关于"自己只负责搬货，没有参与运输"的辩解意见与客观事实不符，不予采纳。

被告人陈细龙为牟取非法利益，明知系盗版图书而参与制作、销售，时间长达近2年，其犯罪行为情节特别严重，不符合免予刑事处罚的条件，故被告人陈细龙的辩护人关于被告人陈细龙只是为了生计，和营利有本质区别,请求对其免予处罚的辩护意见于法无据,不予采纳。

虽然被告人文献铭只收受了印刷费,且印刷出来的书籍需要进行装订才能进行销售,但被告人文献铭明知是用于销售的盗版图书而予以印刷,而用于销售的盗版图书自应有定价,被告人文献铭参与侵犯著作权行为依法应根据被告人王学海按码洋的3折或3.5折销售的实际销售价格确定非法经营数额。至于被告人文献铭没有全部参与侵犯著作权行为中复制、发行的环节,公诉机关已实事求是的认定为从犯,故被告人文献铭的辩护人关于本案胶片、纸张都是由被告人王学海提供的,被告人文献铭只是从中收受了劳务费,且印刷出来的书籍不能直接销售,定价多少在他那里不能体现,故不能以码洋确定,也不能按非法经营额计算的辩护意见不能成立,不予采纳。

印刷作为侵犯著作权行为中复制、发行的1个重要环节是众所周知的,被告人单绪春作为取得合法印刷经营资格的印刷厂的经营者,自应知道印刷书籍前即应取得相关手续,但为了牟取利益,明知系盗版图书而予以印刷,且在案发后不具有悔罪表现,不能适用缓刑,故被告人单绪春的辩解意见既与客观事实不符,也于法无据,不予采纳。据此,湖南省长沙市雨花区人民法院依照《刑法》第217条第(1)项、第(2)项,第25条第1款,第26条第1款、第4款,第27条,第67条第1款,第72条第1款、第3款,第73条第2款、第3款,第64条与《最高人民法院、最高人民检察院关于办理侵犯知识产权刑事案件具体应用法律若干问题的解释》第5条、第12条、第14条第1款,《最高人民法院、最高人民检察院关于办理侵犯知识产权刑事案件具体应用法律若干问题的解释(二)》第1条、第2条、第3条、第4条之规定,于2011年12月19日作出判决:

1. 被告人王学海犯侵犯著作权罪,判处有期徒刑四年零六个月,并处罚金人民币60万元。

2. 被告人余艳平犯侵犯著作权罪,判处有期徒刑二年,并处罚金人民币20万元。

3. 被告人余云长犯侵犯著作权罪,判处有期徒刑一年零三个月,并处罚金人民币10万元。

4. 被告人何新兵犯侵犯著作权罪,判处有期徒刑一年,并处罚金人民币10万元。

5. 被告人陈细龙犯侵犯著作权罪,判处有期徒刑一年,缓刑二年,并处罚金人民币8万元。

6. 被告人文献铭犯侵犯著作权罪,判处有期徒刑十个月,并处罚金人民币7万元。

7. 被告人单绪春犯侵犯著作权罪,判处有期徒刑九个月,并处罚金人民币7万元。

8. 被查获的盗版图书与《销售明细账》1本、送货单28张、图书目录2份、人民卫生出版社防伪标志等涉案物品予以没收;没收被告人陈细龙非法所得人民币二万五千元,追缴被告人王学海、余艳平、何新兵、文献铭、单绪春非法所得,上缴国库;继续追缴已销售的盗版图书,予以没收。

一审宣判后,公诉机关未提出抗诉,被告人亦均未提出上诉,一审判决已发生法律效力。

图书在版编目(CIP)数据

中国知识产权司法保护年鉴. 2012 / 中国知识产权司法保护年鉴编辑委员会编. —北京:法律出版社,2013. 7
ISBN 978 - 7 - 5118 - 5044 - 7

Ⅰ. ①中… Ⅱ. ①中… Ⅲ. ①知识产权保护—中国—2012—年鉴 Ⅳ. ①D923. 4 - 54

中国版本图书馆 CIP 数据核字(2013)第 129659 号

责任编辑/薛 晗 慕雪丹 **装帧设计**/马 帅

出版/法律出版社 **编辑统筹**/法律应用出版分社
总发行/中国法律图书有限公司 **经销**/新华书店
印刷/北京北苑印刷有限责任公司 **责任印制**/翟国磊

开本/787 毫米 × 1092 毫米 1/16 **印张**/47 **字数**/1006 千
版本/2013 年 7 月第 1 版 **印次**/2013 年 7 月第 1 次印刷

法律出版社/北京市丰台区莲花池西里 7 号(100073)
电子邮件/info@ lawpress. com. cn **销售热线**/010 - 63939792/9779
网址/www. lawpress. com. cn **咨询电话**/010 - 63939796

中国法律图书有限公司/北京市丰台区莲花池西里 7 号(100073)
全国各地中法图分、子公司电话:
第一法律书店/010 - 63939781/9782 **西安分公司**/029 - 85388843 **重庆公司**/023 - 65382816/2908
上海公司/021 - 62071010/1636 **北京分公司**/010 - 62534456 **深圳公司**/0755 - 83072995

书号:ISBN 978 - 7 - 5118 - 5044 - 7 **定价:**260. 00 元

(如有缺页或倒装, 中国法律图书有限公司负责退换)

新版“律师业务必备”丛书

最·权·威·的·中·国·律·师·业·务·指·南

法律出版社决定从2006年起，结合中国律师面临的新的执业环境、执业领域以及执业发展需求，原“律师业务必备”丛书进行改版，重新规划，陆续推出新版“律师业务必备”丛书。听闻此事,我很兴。法律出版社的这一举措，将是一次对我国优秀律师的优秀执业经验的集中总结，丛书的作者都是国长期从事相关律师业务的资深律师，他们积累了丰富的实践经验，并且能够花费时间和精力进行认真结，提供非常宝贵的执业策略和操作指引，这些正是目前我国律师业务发展和业务水平提高过程中亟需解和学习的内容，必将对我国律师的职业化发展和执业水平的提高起到良好的促进作用。

—— 中华全国律师协会会长 于

企业法律顾问实务是律师非诉讼业务的主要内容，而本书更是法律顾问业务的扛鼎之作，本书特色：

1.内容全面，操作性强

本书涉及企业设立、管理、解散等企业全流程的法律顾问实务。其中，在企业运营过程中，作者将业可能涉及的合同制作、知识产权、国企改制、房地产、投资并购、税收管理等各项法律顾问业务均一加以分析和讲解，其内容之全面，案例之丰富，操作性之强，是其他同类法律图书望尘莫及的。此次在一版的基础上进行修订出版，将书中过时的内容进行更新，增加了实务中更具操作性的内容，使得全书专业性、实用性大大增强。

2.作者权威，值得信赖

本书主编乔路，系资深律师，办案经验丰富，长期从事企业法律顾问业务，著作颇丰，深受读者迎。

编写组成员，均系长期从事企业法律顾问业务的律师，均为所负责章节业务的资深律师。

3.资料翔实，工具性突出

本书引用了大量的法律文书范本和企业法律顾问法律法规，符合实际问题法律解决方案的诸多要素，其工具价值突出，可操作性强，是律师、企业法务人员必读之书和执业办案的重要参考资料。

与作者携手，打造第一流法律实务图书，以飨读者。

ISBN 978-7-5118-4325-8
9 787511 843258 >
定价：188.00 元

上架建议：公司法 · 非诉讼业务